本书出版得到中国中医科学院
科技创新工程项目（CI2021A00505）资助

新编中国中医古籍总目

上册

主编 李鸿涛

中医古籍出版社

图书在版编目（CIP）数据

新编中国中医古籍总目：上下册／李鸿涛主编. —北京：中医古籍出版社，2023. 12

ISBN 978-7-5152-2044-4

Ⅰ. ①新…　Ⅱ. ①李…　Ⅲ. ①中国医药学-古籍-图书目录-中国　Ⅳ. ①Z88：R2

中国版本图书馆 CIP 数据核字（2022）第 230128 号

新编中国中医古籍总目（上、下册）

主　　编　李鸿涛

责任编辑　郑　蓉　王　梅
责任校对　王安琪　赵月华
封面设计　王　磊
出版发行　中医古籍出版社
社　　址　北京市东城区东直门内南小街 16 号（100700）
电　　话　010-64089446（总编室）　010-64002949（发行部）
印　　刷　北京中献拓方科技发展有限公司
开　　本　880 mm × 1230 mm　1/16
印　　张　100
字　　数　3096 千字
版　　次　2023 年 12 月第 1 版　2023 年 12 月第 1 次印刷
书　　号　ISBN 978-7-5152-2044-4
定　　价　1280. 00 元（上、下册）

《新编中国中医古籍总目》

学术委员会

中国中医科学院中国医史文献研究所　肖永芝
中国中医科学院中医基础理论研究所　郝改梅
首都医科大学附属北京中医医院　张广中
北京中医药大学图书馆　邱　浩
天津图书馆　万　群
天津师范大学　姚伯岳
天津中医药大学图书馆　谢　敬
天津医学高等专科学校图书馆　程　静
石家庄中医医院　赵寿康
河北中医药大学图书馆　周雅杰
山东省图书馆　唐桂艳
山东中医药大学图书馆　刘春华
河南中医药大学图书馆　陈素美
山西省图书馆　郑梅玲
山西中医药大学　杨继红
山西省中医药研究院　赵怀舟
内蒙古自治区图书馆　冯丽丽
内蒙古医科大学　张明锐
陕西省图书馆　薛继民
陕西中医药大学图书馆　曹彩霞
陕西医史博物馆　王　妮

陕西省中医药研究院　李耀辉
甘肃省图书馆　徐双定
甘肃中医药大学图书馆　殷世鹏
青海省图书馆　王建福
辽宁省图书馆　刘　冰
辽宁中医药大学图书馆　杨　健
长春中医药大学图书馆　马　跃
黑龙江中医药大学图书馆　李晓艳
黑龙江省中医药科学院图书馆　史洪艳
上海中医药大学图书馆　姚成刚
中国科学院上海生命科学图书馆　沈东婧
上海市中医文献馆　王春艳
南京图书馆　陆　音
南京中医药大学图书馆　李文林
扬州市图书馆　徐时云
常州市图书馆　田子玲
安徽省图书馆　石　梅
安徽中医药大学图书馆　邓　勇
浙江图书馆　陈　谊
浙江中医药大学图书馆　胡　滨
浙江省中医药研究院　庄爱文

天一阁博物院　饶国庆
江西省图书馆　程学军
江西中医药大学　蒋力生
湖北省图书馆　周　严
武汉大学图书馆　周　荣
湖北中医药大学　刘英杰
湖北中医药大学图书馆　邹　阳
湖南中医药大学图书馆　张宇清
四川省图书馆　钟　文
四川大学图书馆　丁　伟
成都中医药大学图书馆　林　英
成都市图书馆　肖娇娇
重庆市图书馆　袁佳红
贵州省图书馆　黄　琴
贵州中医药大学图书馆　潘明茜
云南省图书馆　计思诚
云南中医药大学图书馆　罗艳秋
福建中医药大学图书馆　王尊旺
广西中医药大学图书馆　覃　丹
广州中医药大学图书馆　张晓红

编纂委员会

主　编

李鸿涛

副主编

张伟娜　佟　琳　陈广坤　程　钢　李　辰　李　萌

编　者

（按姓氏笔画排序）

丁立维　马　越　王　程　王　蕊　王伟斌　王柳青
王盛旺　王婧琳　邓景鹏　包红梅　刘　派　刘　莹
刘思鸿　安　欢　李　林　李　斌　李　强　李　想
李天昊　李晓寅　李筱颖　杨　龙　杨国英　杨照坤
吴晓锋　余　凯　张　华　张　宇　张　聪　张　磊
陈　腾　陈东亮　郑陆峰　孟永亮　孟虎彪　赵　琳
胡译方　胡研萍　段　青　贺信萍　贾思琦　高思嘉
高宴梓　高雅婷　葛　政　董　燕　喻　峰　温　岩

序 言

中医药学是中华优秀传统文化和科学技术的杰出代表，蕴含着丰富的知识、理论和宝贵的实践经验，通过几千年来不断地在传承中实践、实践中发展、发展中创新，为中华民族的繁衍生息做出了巨大贡献，并在传承中被书写或刻印于书籍之上，跨越时空，流传至今。其中，中国中医科学院屠呦呦研究员受东晋葛洪《肘后备急方》启发，发现并研制抗疟新药青蒿素，即是继承和发扬中医药典籍精华的生动范例。因此，古籍文献作为中医药的重要信息载体，亟待深入发掘并加以有效利用。然而，面对浩如烟海、散若繁星的中医古籍资源，如何能穷源溯流、类比勘研、探骊得珠，是摆在中医药传承发展面前不可回避的一道难题。

2007 年国家古籍保护中心启动实施“中华古籍保护计划”以来，中国中医科学院中医药信息研究所/图书馆作为最早参与的七个试点单位之一，积极开展全中医古籍的资源普查、保护和利用工作，经过老中青三代人十余年的辛勤耕耘，在全国中医古籍的保护与利用中取得了斐然的成效。其中一项重要的学术成果是先后编纂完成了《中国中医古籍总目》和《新编中国中医古籍总目》，成为新时代中医古籍发掘、整理和研究的根基。尤其是为近十余年来由国家文化和旅游部、国家中医药管理局组织实施，国家古籍保护中心和全国中医行业古籍保护中心具体实施的《中华医藏》编纂项目，提供了出版选目、文献调研、版本考订的重要依据。

我在通读《新编中国中医古籍总目》后，深感此项工作成效的取得是来之不易的。回顾既往，中国中医科学院图书馆开展中医古籍资源普查工作可以追溯至 20 世纪 50 年代。经历了中华人民共和国卫生部中医研究院图书馆（现中国中医科学院图书馆）与北京图书馆（现中国国家图书馆）通力合作完成的 1961 年版《中医图书联合目录》，以及 20 世纪 70 年代末至 21 世纪初由薛清录先生主编出版的 1991 年版《全国中医图书联合目录》和 2007 年版《中国中医古籍总目》。该项研究的持续开展，开辟并奠定了中医古籍资源调研与中医古籍联合目录编纂的坚实基础。2012 年至 2022 年，在薛清录先生的大力支持下，李鸿涛研究员及其团队学者充分吸纳中华古籍保护计划的普查成果，进一步将此项工作向纵深推进，扩大调研范围、补充完善书目数据；编制《中医古籍著录规则》《中医古籍分类标准》，规范款目著录分类；并重点考订版本刻印传承源流，编撰完成《新编中国中医古籍总目》。相较前三版中医古籍联合目录，本书的突出特点可归纳为两大更新和三大创新：

所谓更新，一是在空间上，收录范围拓展深入到一些市县区级图书馆、文博单位和宗教机构，覆盖了全国34个省级行政区，共收录379家古籍收藏单位，较2007版《中国中医古籍总目》新增231家。二是在时间上，考订并厘清了中医古籍与近代中医文献，将本书目的收录下限严格截至1912年以前。

所谓创新，一是在原有分类编年体例上，综合中医古籍文献学术内容和体裁特征，对原有中医古籍分类做了较大幅度的调整和完善，不仅增强了书目“即类求书、因书究学”的功用，更能体现中医古代文献发展与学术学科进步的基本规律。二是在《古籍著录规则》的指导下，编制了更加适应中医古籍编目著录的《中医古籍著录规则》，以此作为标准，核实、考订、修正了既往的大量由于馆藏单位编目分散、缺乏统一标准、著录疏漏简化引起的阙缪，并通过版本考订，解决了大量古籍重修、递修、后印本和丛书零种本相关问题。三是索引项的细化和创新，新增了著者字号索引和刊刻抄录印行者索引，提升了书目对于书籍流传史等社会文化背景和传播规律考察揭示的功用。

一个甲子以来，中医古籍联合目录编纂实践的意义是重大而深远的，中国中医科学院古籍保护与利用团队，积极开展中医古籍书目资源收集、文献版本考订工作，不仅发掘出许多中医古籍收藏单位和珍贵的中医古籍资源，而且修正了既往文献研究和工具书登记的谬误，并在中医古籍分类和著录方面提出了诸多创新观点，展示了中医古籍文献的传承发展和分类布局，揭示了中医学术与学科发展规律，为中医古籍文献的保护整理，乃至书籍史、医学史研究，提供了必要的目录学储备和支撑，并在中医古籍普查、保护与联合目录的编纂方面做出了重要示范。

今乐其书成，聊以上述体会以为序。

中国国家图书馆 

2023年11月5日

前言

书目是打开古代知识宝库的钥匙，不仅可以反映历代文献之繁衍、学术之嬗变，而且能启迪治学思路，指示治学门径。书系于目，譬犹江河汇于海，掌诸目而源流判、类属清、真伪辨、存佚明。古往今来，历代史官翰林，抑或是鸿儒巨擘，考校经籍，纂修文献，彰明学术，必藉目录方得问途登堂。

中医古籍蕴涵着丰富的理论、原创知识与实践经验，是中医药学传承的重要载体，也是中医药学术进步和科技创新的源泉。然而，由于中医古籍典藏分散、各家著录良莠不齐，导致存藏的“家底”难以彻底厘清，传承的“脉络”尚未完全揭示，并严重制约了保护与利用工作的开展。新中国成立后，在党和政府的正确领导下，我国中医古籍发掘整理也在有计划的逐步推进。其中，开展资源调研，并客观规范地编目著录，成为中医药文献传承发掘中首要而迫切的任务。为此，中国中医科学院中医药信息研究所（中国中医科学院图书馆）自 20 世纪 60 年代持续开展了历时半个世纪之久的 3 次全国中医古籍资源普查与书目编纂。第一次，1961 年，与北京图书馆联合编纂完成《中医图书联合目录》，收录全国 59 个藏书机构和两位藏书家收藏的 1958 年以前抄录或印刷出版的中医图书 7 661 种，开启了中医专科联合书目编纂之先河；第二次，1979 年，通过深入调研、核实、整理，于 1991 年主编出版《全国中医图书联合目录》，收录全国 113 个藏书机构收藏的 1949 年以前抄录或印刷出版的中医药文献 12 124 种，奠定了《中医古籍联合目录》的著录编辑规则基础；第三次，2003 年，进一步扩大调查范围，并整合全国相关馆藏书目和文献研究成果，于 2007 年编纂出版《中国中医古籍总目》，收录全国 150 个藏书机构收藏的 1949 年以前抄录或印刷出版的中医药文献 13 455 种，进一步规范了款目的著录和组织。实践证明，50 年间此项工作的持续深入和 3 版中医古籍目录的相继问世，有效地促进了中医药文献的整理和研究工作的开展，并成为新中国成立后中医古籍整理的标志性成果和被引频次最高的中医文献工具书。对于考镜中医学术发展源流，推动中医药学术进步与科技创新，提供了重要的保障与支撑。

2007 年，中华古籍保护计划启动实施，在国家古籍保护中心的指导下，中国中医科学院中医药信息研究所（中国中医科学院图书馆）作为首批试点单位，全面推进馆藏中医古籍保护利用等工作，并最早完成古籍普查登记。先后被评定授予全国古籍重点保护单位、全国中医行业古籍保护中心、国家级古籍修复中心、全国古籍保护先进单位。2012 年至 2022 年，我们进一步扩大全国中医古籍资源普查的范围和深度，通过开展覆盖全国 34 个行政省区的调研，新增收集 231 家公藏图书机构（包含市县区级图书馆、博物馆、医院及医药院校图书馆）的书目信息 2.6 万条。同时，为加强全国中医行业古籍收藏单位与公共综合图书馆的信息交流，提高中医古籍款目分类和著录的准确性，我们先后制订《中医古籍分类标准》和《中医古籍著录规则》。通过运用书目调研与文献考察相结合的方法，考订书目信息，删汰冗余数据，完善缺漏款目，历经十载，编纂完成《新编中国中医古籍总目》。

本书共收录全国 379 个藏书机构收藏的 1912 年以前写印的中医古籍 8 650 种。在款目的著录和组织上，我们坚持贯彻“联合编目思想”，遵循《中医古籍分类标准》和《中医古籍著录规则》，通过文献调研与版本考订，解决了大量“由卡片到目录”形成的阙谬，实现了“由文献到目录，再由目录到联合目录”的客观、准确呈现。同时，对于古籍在流传中所形成的后印本、重修本、递修本、丛书零种本和汇印本进行重点考订并予以规范化著录，以期明确中医古籍“版”与“本”的权属和时代划分，尽量解决古籍版本著录的疑难，扫清古籍整理校勘的障碍。当前，全国中医古籍保护、整理与研究工作正在按照国家的统一部署有序开展，特别是以《中华医藏》为代表的中医古籍传世工程的顺利实施，将为中医药传承创新助力添彩。而《中国中医古籍总目》和《新编中国中医古籍总目》的相继出版，恰逢其时地为广大中医古籍文献工作者开展版本目录研究和文献整理工作提供了必备的检索工具书，也为全国中医古籍收藏单位馆际交流，以及中医古籍的普查、发掘、保护与利用提供了分类和著录的标准化规范。

最后，在本书即将出版之际，特向在调研修订中给予鼎力相助的图书馆同仁，以及古籍版本目录专家、文献专家、藏书家表示衷心的感谢！并恳请广大读者不吝赐教、匡谬补阙。我们相信，随着全国古籍保护与利用工作的全面推进，本书将不断得到补充和完善，中医药事业也必将蓬勃发展、大放异彩！

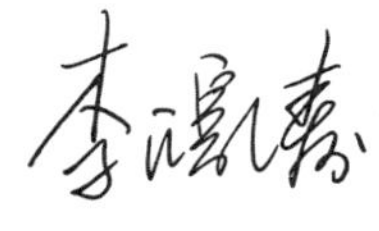

2023 年 11 月 1 日

目录

编纂说明

一、收录范围

1. 本书收录全国 379 家藏书机构所藏中医古籍。

2. 中医古籍是指 1912 年以前书写或印刷于纸质载体上，具有中国古典装帧形式的中医学书籍。

3. 写印于 1912 年以前的史传、谱录、书目、农家、道家、术数类古籍，以及文集、丛书等，凡内容涉及中医药者，酌情予以收录。其中，收录丛书之子目只著录中医古籍，其他从略。

二、体例与内容

1. 编排体例

（1）本书正文按分类编年体例编排。

（2）本书的分类以《中医古籍分类标准》（T/CAS 531-2021）为主要依据，并按照"学科优先"和"首见优先"做适当细化、补充和调整。

① 中国古代医学分科自北宋开创"十三科"始，元代及明代的大部分时期太医院均将医学分为十三科。元代医学十三科为大方脉、杂医、小方脉、风、产、眼、口齿、咽喉、正骨、金疮肿、针灸、祝由、禁。明代医学十三科为大方脉、小方脉、妇人、疮疡、针灸、眼科、口齿、咽喉、接骨、伤寒、金镞、按摩、祝由。据此，并综合考量历代医学书籍编撰的实际情况，将本书临证各科类调整为温病、内科、女科、儿科、外科、伤科、眼科、咽喉、口齿、针灸、推拿、外治、祝由十三科。

② 各科方书、医案、丛书均按学科归类，如妇科方书入妇科，外科医案入外科，儿科丛书入儿科。

③ 两种及两种以上不同学术或学科内容合编、合刻或合抄而成的书籍，以该书首见学术或学科内容归类。如《麻痘新编》入麻疹，《痘麻绀珠》及《痘疹慈航妇科慈航》入痘疹，《信验良方眼科摘要》入单方验方。此外，合刻、合抄书籍中包含的其他书籍另作分析条目归入相应类目中，并注明原参见条目。

（3）本书类目下的排序以书籍的著作年为主要依据。

2. 基本结构

（1）编纂说明、收藏馆代号表、类表。

（2）书目正文。

（3）书名索引。

（4）著者索引。

（5）著者字号索引。

（6）刊刻、抄录、印行者索引。

3. 正文内容

（1）类号、类名。

（2）总序号。

（3）书名（包括卷数、交替书名、附录、子目）。

（4）著作年。

（5）著者（包括朝代、姓名、字、号、著作方式）。

（6）版本（包括出版时间、出版者、地点、版本类别）。

（7）收藏馆代号。

三、著录项说明

本书著录以《中医古籍著录规则》为主要依据，并对重点内容依次说明如下：

1. 总序号

（1）总序号是书籍立目的代码，一种书一个序号。为方便查阅比对，将《中国中医古籍总目》原“总序号”附于本书总序号下。新增条目代码为“00000”。

（2）凡丛书子目、书籍附录或版本附录、合刻书籍析出的条目，亦按总序号编排，其格式为：

总序号　　书名　　著作年

　　　　　著者

　　　　　见某某丛书/见某某书（附录）或某某书（版本附录）/见某某合刻书

2. 书名

（1）古籍题名依据正文卷端所题著录，丛书名据书前总目所题著录。

（2）凡一书多名，或各卷卷端题名各异，取其通行者为正书名予以立目，其他异名冠以“又名”字样，作为交替书名，将书籍中所有题名以及流传中其他异名，附列于书名附注项中，并反映在书名索引中。

（3）对于正文卷端所题书名不足以准确反映其内容（如各卷或各传本卷端题名各异，或详略有别，难以统一）者，可酌情选取该书他卷卷端、卷末、内封、牌记、目录、序文、凡例、版心或封面题签所题书名著录。如：《孟氏幼科六卷》，书版经历了两次挖改和补版，卷端书名先后改为幼科百效、幼科直言，而版心题名“孟氏幼科”未变，故选取版心题名为正书名，其余题名为交替书名，并附注于版本项后。此外，对于原书卷端未题书名，或因残损未见卷端者，可根据书籍内封、尾题、序跋、版心及他卷所题酌补。

（4）本书著录的中医古籍均为独立、完整的著作，对于著作中的部分分卷或某一篇章，虽有独立标题或篇名，按该著作的残本或节抄本处理，并将其依次著录于该著作的版本项中，不予单独著录。

（5）同一书的不同辑本，或经重订、增辑、删订、校注、发挥等再创作，书籍内容变化者，均按不同书种处理，另予立目并编新序号。如：《医学辨正一卷》清光绪七年（1881）山阴张学醇广陵刻本，经过作者修订增补内容后于光绪二十二年改为四卷重刻，虽书名未变，但内容变化较大，故作为新书另编序号，著录为《医学辨正四卷》清光绪二十二年（1896）山阴张学醇退补草堂刻本。

（6）书名前所加“新刊”“增补”“新锲”“鼎雕”“鳌头”“新镌”等冠词，在正书名中照录，并加用圆括号以示区分。

3. 卷数

（1）卷数依据书籍正文所标卷次、卷目，据实合计著录。

（2）当正文卷次以“上中下”，或“干支”“韵目”“成语”“楹联”“诗词”等表示时，合计其卷数著录。

（3）对于一卷之中又分为若干部分者，如“某某卷之上”“又某某卷”，仍著录为一卷。

（4）对于正文前的目录等内容，未分卷者可不著录，已分卷者可著录于书名之后。

（5）对于正文首、末附加的内容，如目录中已列出或版心刻有“卷首”“卷末”“叙录”“附录”“题辞”“图赞”等字样者，应于书名之后分别著录。若目录或版心没有反映者，可不著录。

（6）书籍未标明卷次及数量，但正文内容实分为若干部分，各部分之前有大题（卷目），且这些部分的页（叶）起止和内容归类较为分明，可将这些部分视为独立的“一卷”，全书卷数，可依总数合计著录。

（7）书籍正文内容完整，首有“大题”（卷目），末有“尾题”，或仅有“大题”者，不论篇幅多寡，均著录为一卷。

（8）正文内容虽分为若干部分，各部分或标有小题，或仅为篇名，但这些部分的页（叶）起止和内容归类不甚分明者，可著录为不分卷。

（9）古书流传中因抄刻收藏等原因造成书籍某卷缺佚者，对于可考全书卷数的，应在题名后著录全部卷数，并于附注项中注明存卷或缺卷的卷数和卷次。对于不可考者，可以“□□”卷表示。对于原书阙录、阙刻、嗣刻、未刻者，仍按全部卷数计数，并于版本后附注相应说明，如：《寿世秘典十八卷》清康熙十二年（1673）如皋丁其誉颐吉堂自刻本（卷十三、十五、十六嗣刻原阙）。

（10）凡同一书的不同版本分卷不统一时，分别不同情况做如下处理：多数版本卷数统一时，按此卷数著录，个别版本卷数不同，著录在版本项后；多数版本卷数均不统一时，书名后按较早版本著录卷数，将卷数列于版本项后。

（11）对于中医丛书卷数，按子目所收书籍卷数合计卷数，对于文史丛书所收医书，丛书子目标明卷数，丛书不计卷数。

（12）书籍馆藏版本缺佚者，于馆藏代码后用圆括号注明缺存卷数，经过补配后注明补配卷次。

4. 著作年

（1）著作年指书籍创作完成的时间，除个别经典著作标“战国”外，一律采用阿拉伯数字。

（2）未能考明书籍著作年，但可知其刊刻或抄录年者，则将著作年附于刊刻或抄录年，并加方括号；刊刻或抄录年亦未能确考者，将著作年附于著者其他书籍著作年，或著者卒年，或著者大致生活年代，并加方括号。

（3）不能确考著作年的书籍，标以参考年，并加方括号，例如：明代著作，以明代最后一年［1644］为参考年，清代则标以［1911］。

5. 著者

（1）著者姓名以真实姓名著录，其字、号在著者姓名后用圆括号分别列出，并用顿号分隔。一书有若干著者参与者，依次著录原作者和参与作者并注明著作方式。

（2）官方纂修刻印之书，著者可依据原书所题机构名著录。如：清翰林院编修，清太医院编。

（3）对于僧侣所著之书，俗名法名并可考者，可一并著录，俗名为主，法名作为著者附注项用圆括号附注于后。如：《慎柔五书五卷》（明）胡慎柔（住想）撰。俗名不可考者，著录其法名，并在法名前冠以“释”字，连同朝代一并加圆括号，作为著者姓名前缀，如：《澹寮集验秘方十五卷》（元释）继洪（澹寮）撰。域外著者撰著之书，著者、姓名前加该国国名，如：《医賸三卷附录一卷》（日）丹波元简（廉夫、栎荫拙者）撰。

（4）两个以上著者，如属同朝代人，只在第一著者前冠以朝代，其他人从略。如各个著者所属朝代不同，则一一注明。

（5）托名著者，在其姓名前冠以“原题”字样，如：原题（唐）蓝采和撰。

6. 著作方式

著作方式一般依据正文卷端所题著录，原书所题性质相同或相近的著作方式，可以适当归并为以下几类：

（1）撰：也称为著、述、学、拟、议，是指作者亲自创作、撰写或撰述书籍的著作方式，可统一用撰。如：《针灸甲乙经》（西晋）皇甫谧撰。

（2）注：也称释、解、疏、评、笺、训诂、正义、音译、集译、集传，即指作者对于已有的文献采用注解评点、训释疏义的著作方式，可以依据这些著录方式据实而录。如：《注解伤寒论》（金）成无已注。

（3）辑、编、纂修、选、集：即指作者采用汇录收集编排前人文献而成书的著作方式，可统一用辑或编。如：《神农本草经》（清）孙星衍、孙冯翼辑，《古今医统正脉全书》（明）吴勉学编。

（4）校正、批点、评述、校勘、考订：即指作者对于原有文献进行再加工，修订正讹、评点得失的著作方式，可以依据这些著录方式据实而录。如：《补注释文黄帝内经素问》（唐）王冰（启玄子）注（宋）林亿等校正。

（5）增：也称补、续补，是指对于原著进行增补的著作方式。如：《（新刊）图注指南伤寒活人指掌》（宋）李知先编 （元）吴恕辑 （明）吴文炳增补。

（6）删：也称删节或删润，是指对原著部分内容进行删除截取的著作方式。如：《龙宫十三禁方》原题（唐）孙思邈传 （清）李守永删订。

（7）绘：绘制完成的图谱类书籍，其著作方式称为绘。如：《本草图谱》（明）周诂（淑祐） 周禧（淑禧）绘。

（8）对于书籍有御撰、御纂或奉敕撰、奉敕编的著录情况，凡帝王自撰自编的书籍称为御撰或御纂，著作方式统一著录为撰或编，著者姓名前加庙号或谥号。如：《圣济总录》 （宋）徽宗赵佶撰。

（9）凡奉帝王之命撰写或编辑的书籍称为奉敕撰或奉敕编，著作方式统一著录为撰或编，著者著录实际主持修（纂）人姓名。如：《医宗金鉴》 （清）吴谦等撰。

7. 版本

版本著录一般需包含：刊刻或抄录时间（朝代、年号纪年、公元纪年），责任人或机构（主持刊刻或抄录之人或机构，或在人名前冠以籍贯／郡望），出版地（某书斋、某书林或书铺、某地方），版本类别（稿本、写本、抄本、刻本、活字印本、丛书本、排印本、影印本、石印本、铅印本、汇印本）。因此，对于版本著录信息可考者，应尽可能地登记完全。

（1）著录格式

版本项以书籍中的序跋、牌记、题识等为主要依据，并参考相关文献著录。

完整的版本著录格式为：某朝代 + 某某年号 + 年号纪年（公元纪年）+ 某某籍贯／郡望 + 某某人 + 某某堂、楼、斋、馆等堂号或书斋名 + 某某出版地 + 版本类别（如：稿本、写本、抄本、刻本、活字印本、丛书本、排印本、影印本、石印本、铅印本、汇印本等）。

书籍如果为丛书零种，版本最后要加上：刻／抄某某丛书本。

书籍如果有批校题跋的，在版本后还可附：某某批校题跋。

（2）出版年

出版年以朝代名称和年号纪年表示。

书籍中干支、太岁、佛历等纪年法，在版本著录时，转换为相应朝代及年号纪年。

书籍有序跋、牌记、题识可反映刊刻信息者，可根据其考据著录。若三者时间顺序出现矛盾者，可据考订后结果予以著录。

书籍中可反映始刻年，又知其终刻年者，版本著录其始刻年。若始刻年不详者，即著录终刻年。

对于陆续刊刻的丛书汇印本，若始刻年至终刻年完全明确，汇印年完全明确者，可著录为“某某年至某某年刻某某年汇印本”；若不甚明确者可依次列出。如：《张氏医书七种二十七卷》清康熙七年（1668）金阊刘任之三十四年（1695）长洲张氏隽永堂阊门宝翰楼刻四十八年（1709）宝翰楼汇印本。抄稿本同。

对于原书无序跋、牌记、题识等反映刊刻年代者，可根据其版刻特征并参考相关文献，考定版本时代。如：元刻本、明刻本、清刻本。而对于未能确定具体出版年份的明清刻本，并可根据其版刻特征并参考相关文献，对其刊刻年代予以大致判定。如：明初刻本、明末刻本、清初刻本、清末刻本。

已知书籍大概刊刻年而不能确定其具体纪年时间者，如原刻序跋反映作序时其书刻毕或即将付梓，可将其出版年著录为：某朝某某年号刻本。

书版刻成后经过后世转版后印的书籍，若能考出版刻和再印的具体时间和责任者，需予具体著录。如：《幼幼心裁二卷》清康熙四十七年（1708）寿康堂刻嘉庆五年（1800）天德堂印本。书版刻成后经过后世修整再印的书籍，若能确考其版刻和重修再印的具体时间和责任者，需予具体著录。如：《痘疹心法十二卷》明万历三十八年（1610）夏邑彭端吾刻清康熙二十六年至二十九年（1687—1690）崔华贾东井重修本。

抄本或稿本可根据其书题识和版本特征，如纸质、行格、字迹、避讳、印鉴、堂号、装帧等，判定其抄写年代，著录方法同刻本，如：《本草集注序录□□卷》唐开元写本。若可确定具体写抄年代、抄写人信息者，可著录为：某朝某年某氏／某某机构稿本，或某朝某年某某人／某某机构抄本。如：《全体图经一卷》清光绪四年（1878）书带草堂稿本；《产宝百问二卷》清道光二十一年（1841）海宁连批正抄本。

丛书刊刻出版有明确依据的，著录方法同单刻本。对于汇印前人刻版而成的丛书，其著录时若能考出原刻及汇印年代，需一并著录。如：《莫氏锦囊十二种》清顺治至康熙（1638—1722）刻乾隆六年（1741）汇印本。

丛书零种出版年，若丛书为一次刻成，丛书之刻年即为该零种之刻年，如：《广嗣纪要十六卷》清雍正二年（1724）金溪胡略清畏堂刻万密斋医学丛书本。若丛书为陆续刊刻，各零种均有各自刻年，即著录该零种之刻年，并注明为某某丛书本，如：《医学真传一卷》清乾隆三十二年（1767）钱塘王琦刻宝笏楼汇印医林指月本。若丛书中一书，确系先以单刻印行，后始编入丛书者，即著录其单刻年代，不再缀以“某某丛书本”，如：《慎疾刍言一卷》清咸丰七年（1857）海昌蒋光堉衍芬草堂刻本。

（3）出版地

出版地即书籍实际刊刻地，可根据书中序跋、牌记等记录著录，原地名保持原样。如：《素仙简要四卷》清道光二十四年（1844）长白奎瑛明道堂京都刻本。

（4）出版者

出版者即为书籍刊刻的实际责任人或机构，可根据原书序跋、牌记、内封、卷端、版心、板框所题以及相关文献著录。

官刻之书，官方刻书机构即为出版者；坊刻之书，书坊即为出版者；私刻之书，出资人、主持者即为出版者。抄本书的抄写者，即为出版者。出版者姓名（氏），以及室名、堂号、书斋名等一并著录。如：《苏沈内翰良方八卷》清乾隆四十一年（1776）武英殿木活字印本；《养病庸言一卷》清光绪三年（1877）太仓沈嘉澍自刻本；《针灸甲乙经十二卷》明末毛氏汲古阁影宋抄本。

私人主持并出资委托书坊或刊工刊刻书籍者，出版者仍著录为出资人或主持者。如：《本经疏证十二卷/本经续疏六卷/本经续疏要八卷》虽在卷尾刻有"常郡韩文焕斋镌"，但并非此书刊刻的实际主持者，故著录依据实际主持者著录为：清光绪常州长年医局刻本；《赤水玄珠全集五种三十七卷》为明代万历时休宁孙泰来孙朋来出资委托歙县著名刻工黄鼎雕版，版心虽镌有黄鼎姓名，但不作为版本著录中出版者，著录为：明万历二十四年至二十七年（1596—1599）休宁孙泰来孙朋来刻本。

书籍印行及发兑机构不作为出版者著录，如：《三家医案合刻三卷》扉页钤有"苏州绿润堂发兑"，版本著录仍应为：清道光十一年（1831）笠泽吴金寿贮春仙馆刻本。

（5）版本类别

即书籍的版本类型，具体如稿本、写本、抄本、刻本、活字印本、丛书本、排印本、影印本、石印本、铅印本、汇印本等。

由不同印刷方式汇印成书的版本可将印刷方式同时著录，如：《逊敏堂丛书》，著录为：清道光咸丰间（1821—1861）宜黄黄秩模刻本暨木活字印本。

（6）相关问题

① 宋元以前各代抄本、明清宫廷组织编纂缮写的书籍，以及宗教经典、名人稿本，可著录为"写本"。

② 原书或记录刻书人姓名堂号或藏板处，应注意区分刻书人藏板处和非刻书人藏板处。记录刻书人藏板处者（书口下方刻有出版者斋楼堂阁名，或序跋等处已明确写出刊刻者与藏板处有关系）可将藏板处即著录为刻书人。非刻书人藏板处，或为转版，或为借印，著录时酌情处理。

③"本衙藏板"是明末兴起的一种刻记在古书扉页左下方的文字，与上述某某堂 / 某某斋 / 某某阁藏板义相同，用以说明刻成的书版在完成印刷后之存放处或拥有者，以示版权，或用以招揽捐资助印或重印。本衙藏板在著录版本时不予著录。除书中明确指出该书为官府衙门或书坊等主持刻印者，如：《伤寒辨证四卷》原题有本衙藏板，版本应著录为：清嘉庆十一年（1806）阳信劳氏江苏粮储道刻本。此外，本衙又可表示为私人所刻，即与"本家""本府""本堂""本祠""本斋"同义。或径题"于衙""白衙"等，即等同于"于氏""白氏"。对于可考属于"私宅刻本""家刻本"或"自刻本"可以酌情具体予以著录。如《本草洞诠二十卷》原题有本衙藏板，版本著录为清顺治十八年（1661）吴兴沈氏家刻本。

④ 对于"初刻本""重刻本"等，须在明确可考的情况下方可著录。如《本草纲目五十二卷卷首一卷附图二卷》明万历二十一年（1593）金陵胡承龙初刻本。

8. 收藏馆代号

收藏馆代号可以反映其所在版本项的版本收藏地，而不能体现同一收藏馆所藏同一版本存在的多个副本。

对于同一收藏馆所藏同一版本存在的多个副本，仅选择著录存卷相对完好者；对于卷帙残佚者，于收藏馆代码后加括号予以附注。

四、索引

1. 本书书名索引、著者索引、著者字号索引和刊刻抄录印行者索引分别按笔画和音序编排，分为：书名笔画索引、书名音序索引，著者笔画索引、著者音序索引，著者字号笔画索引、著者字号音序索引，刊刻抄录印行者笔画索引、刊刻抄录印行者音序索引。

2. 书名索引中包括正书名、异名、合刻书名、丛书子目、附录著作名等。

3. 书名中的冠词有圆括号者不排序，无圆括号的冠词按冠词首字排序。

五、文字

本书的文字一律采用国家语言文字工作委员会2013年公布的简化字，书名、人名中的异体字照录。

收藏馆代号表

（共计 379 家）

北京市（共计 32 家机构）

1. 中国国家图书馆	1
2. 中国科学院国家科学图书馆	2
3. 中国医学科学院图书馆	3
4. 中国社会科学院图书馆	4
5. 中国社会科学院哲学所	4A
6. 中国社会科学院文学所	4B
7. 中国社会科学院历史所	4C
8. 中国社会科学院考古所	4D
9. 中国社会科学院经济所	4E
10. 中国社会科学院近代史所	4F
11. 中国社会科学院边疆史地中心	4G
12. 中国社会科学院法学所	4H
13. 中国社会科学院民族学与人类学所	4I
14. 中国社会科学院语言所	4J
15. 中国社会科学院研究生院	4K
16. 中国社会科学院杂志社	4L
17. 中国社会科学院宗教所	4M
18. 清华大学图书馆	6
19. 北京大学图书馆	7
20. 中国人民大学图书馆	8
21. 北京师范大学图书馆	9
22. 首都图书馆	21
23. 中国中医科学院图书馆	139
24. 中国中医科学院中国医史文献研究所	139A
25. 故宫博物院图书馆	140
26. 中国民族图书馆	145
27. 中国人民解放军医学图书馆	152
28. 北京大学医学部图书馆	185
29. 北京中医药大学图书馆	186
30. 首都医科大学图书馆	202
31. 北京市中医医院图书馆	203
32. 中国国家博物馆	204

天津市（共计 17 家机构）

1. 天津图书馆	251
2. 南开大学图书馆	252
3. 天津博物馆	253
4. 天津医科大学图书馆	254
5. 天津师范大学图书馆	255
6. 天津市和平区图书馆	256
7. 天津市河东区图书馆	257
8. 天津市红桥区图书馆	258
9. 天津市医学科学技术信息研究所	270
10. 天津医学高等专科学校图书馆	277
11. 天津中医药大学图书馆	279
12. 天津中医药大学第一附属医院图书馆	280
13. 天津市中医院图书馆	281
14. 天津市人民医院图书馆	281A
15. 天津市南开区图书馆	282
16. 天津市塘沽区图书馆	283
17. 天津社会科学院图书馆	284

河北省（共计 5 家机构）

1. 河北省图书馆	285
2. 石家庄中医医院	286
3. 石家庄市图书馆	287
4. 保定市图书馆	288
5. 河北中医药大学图书馆	289

山东省（共计 19 家机构）

1. 山东省图书馆	301
2. 济南图书馆	302
3. 青岛市图书馆	303
4. 蓬莱市图书馆	304
5. 慕湘藏书馆	304A

6. 海阳市图书馆	305
7. 烟台市图书馆	306
8. 招远市图书馆	306A
9. 莱州市图书馆	307
10. 山东大学图书馆	308
11. 山东中医药大学图书馆	308A
12. 青岛大学医学院图书馆	309
13. 栖霞市图书馆	310
14. 孔子博物馆	311
15. 龙口市图书馆	312
16. 莱阳市图书馆	313
17. 山东潍坊学院图书馆	314
18. 山东师范大学图书馆	315
19. 山东省博物馆	316

河南省（共计 20 家机构）

1. 河南省图书馆	351
2. 郑州市图书馆	352
3. 河南大学图书馆	353
4. 洛阳博物馆	360
5. 洛阳市图书馆	360A
6. 洛阳文物考古研究院	360B
7. 洛阳师范学院图书馆	360C
8. 伊川县图书馆	360D
9. 河南中医药大学图书馆	361
10. 河南省中医研究院	362
11. 开封市图书馆	363
12. 新乡市图书馆	364
13. 辉县市博物馆	364A
14. 辉县市图书馆	364B
15. 安阳市图书馆	365
16. 少林寺藏经阁	366
17. 焦作市图书馆	367
18. 偃师市图书馆	368
19. 商丘市梁园区图书馆	369
20. 灵宝市文物保护管理所	370

山西省（共计 6 家机构）

1. 山西省图书馆	381
2. 山西大学图书馆	382
3. 祁县图书馆	383
4. 山西医科大学图书馆	385
5. 山西省中医药研究院图书馆	385A
6. 山西中医药大学图书馆	385B

内蒙古自治区（共计 7 家机构）

1. 内蒙古自治区图书馆	391
2. 内蒙古大学图书馆	392
3. 内蒙古医科大学图书馆	393
4. 呼和浩特市图书馆	395
5. 内蒙古自治区中医药研究所	396
6. 包头医学院图书馆	397
7. 巴彦淖尔市图书馆	398

陕西省（共计 26 家机构）

1. 陕西省图书馆	401
2. 陕西省社会科学院图书馆	402
3. 西安图书馆	403
4. 潼关县图书馆	404
5. 绥德县子洲图书馆	405
6. 勉县图书馆	406
7. 渭南市临渭区图书馆	407
8. 蒲城县图书馆	407A
9. 临潼区图书馆	408
10. 蓝田县图书馆	409
11. 韩城司马迁图书馆	410
12. 华阴市图书馆	410A
13. 佳县国桢图书馆	411
14. 西安交通大学西校区图书馆	412
15. 陕西中医药大学图书馆	412A
16. 陕西省中医药研究院图书馆	412B
17. 陕西师范大学图书馆	413
18. 西安市临潼区图书馆	413A
19. 安康市汉滨区少年儿童图书馆	414
20. 榆林市星元图书楼	415
21. 咸阳市图书馆	416
22. 宝鸡市图书馆	417
23. 陇县图书馆	417A
24. 岐山县图书馆	418
25. 延安中山图书馆	419
26. 榆林米脂县斌丞图书馆	420

甘肃省（共计 7 家机构）

1. 甘肃省图书馆 421
2. 西北师范大学图书馆 422
3. 兰州大学图书馆 431
4. 甘肃省中医院 432
5. 甘肃中医药大学图书馆 433A
6. 兰州文理学院图书馆 433B
7. 天水市图书馆 434

宁夏回族自治区（共计 4 家机构）

1. 宁夏医科大学图书馆 435
2. 宁夏回族自治区图书馆 436
3. 宁夏大学图书馆 437
4. 固原市原州区图书馆 438

青海省（共计 2 家机构）

1. 青海省图书馆 443
2. 青海大学医学院图书馆 444

新疆维吾尔自治区（共计 8 家机构）

1. 新疆医科大学图书馆 450
2. 新疆维吾尔自治区图书馆 450A
3. 石河子大学图书馆 450B
4. 中国科学院新疆分院文献信息中心 451
5. 新疆昌吉回族自治州图书馆 452
6. 新疆大学图书馆 453
7. 新疆师范高等专科学校图书馆 454
8. 新疆社会科学院图书馆 455

辽宁省（共计 10 家机构）

1. 辽宁省图书馆 461
2. 大连市图书馆 462
3. 沈阳市图书馆 463
4. 鞍山市图书馆 464
5. 抚顺市图书馆 465
6. 锦州市图书馆 466
7. 丹东市图书馆 467
8. 辽宁中医药大学图书馆 475A
9. 中国医科大学图书馆 476
10. 辽宁大学图书馆 477

吉林省（共计 9 家机构）

1. 吉林省图书馆 491
2. 长春市图书馆 492
3. 吉林市图书馆 493
4. 吉林大学图书馆 511
5. 东北师范大学图书馆 512
6. 长春中医药大学图书馆 514A
7. 吉林省中医药研究院图书馆 514B
8. 北华大学医学院图书馆 518
9. 延边大学医学院图书馆 519

黑龙江省（共计 11 家机构）

1. 黑龙江省图书馆 521
2. 齐齐哈尔市图书馆 522
3. 哈尔滨市图书馆 523
4. 牡丹江市图书馆 524
5. 大庆市图书馆 525
6. 哈尔滨医科大学图书馆 529
7. 黑龙江中医药大学图书馆 529A
8. 黑龙江省中医药科学院图书馆 529B
9. 伊春市图书馆 530
10. 佳木斯市图书馆 531
11. 大兴安岭地区图书馆 532

上海市（共计 10 家机构）

1. 上海图书馆 541
2. 复旦大学图书馆 542
3. 复旦大学医科图书馆 546
4. 中国科学院上海生命科学图书馆 570
5. 中华医学会上海分会图书馆 572
6. 上海辞书出版社图书馆 579
7. 上海交通大学医学院图书馆 589
8. 上海中医药大学图书馆 590
9. 上海市中医文献馆 603
10. 上海师范大学图书馆 604

江苏省（共计 26 家机构）

1. 南京图书馆	651
2. 南京大学图书馆	663
3. 南京中医药大学图书馆	664
4. 金陵图书馆	665
5. 江苏师范大学图书馆	666
6. 南京晓庄学院图书馆	667
7. 苏州市中医医院图书馆	677A
8. 苏州市图书馆	701
9. 南通市图书馆	702
10. 海安县图书馆	703
11. 仪征市图书馆	704
12. 溧阳市图书馆	705
13. 镇江市图书馆	706
14. 扬州市图书馆	707
15. 扬州大学图书馆	708
16. 扬州市邗江区图书馆	708A
17. 苏州大学图书馆	709
18. 苏州市吴江区图书馆	710
19. 连云港市博物馆	711
20. 南通大学图书馆	712
21. 常州市图书馆	713
22. 盐城市图书馆	714
23. 东台市图书馆	714A
24. 徐州市图书馆	715
25. 无锡市图书馆	716
26. 江阴市图书馆	717

安徽省（共计 7 家机构）

1. 安徽省图书馆	721
2. 安徽博物馆	721A
3. 安徽师范大学图书馆	722
4. 蚌埠市图书馆	723
5. 安徽医科大学图书馆	728
6. 安徽中医药大学图书馆	728A
7. 安徽中医药高等专科学校	728B

浙江省（共计 45 家机构）

1. 浙江图书馆	731
2. 浙江省博物馆	731A
3. 杭州图书馆	732
4. 杭州市余杭区图书馆	732A
5. 天一阁博物院	733
6. 温州医学院图书馆	733A
7. 义乌市图书馆	733B
8. 宁波市图书馆	734
9. 绍兴图书馆	734A
10. 宁波市中医院图书馆	734B
11. 绍兴鲁迅图书馆	735
12. 嵊州市图书馆	735A
13. 昆山市图书馆	735B
14. 嘉兴市图书馆	736
15. 嘉善县图书馆	736A
16. 平湖市图书馆	736B
17. 平湖市第一医院图书馆	736C
18. 嘉兴市中医院图书馆	736D
19. 嘉兴市第二人民医院	736E
20. 温州市图书馆	737
21. 瑞安市文物馆	737A
22. 瑞安市医学情报站	737B
23. 浙江大学图书馆医学分馆	738
24. 浙江中医药大学图书馆	738A
25. 浙江省中医药研究院	738B
26. 浙江师范大学图书馆	738C
27. 金华侍王府博物馆	738D
28. 海宁市图书馆	738E
29. 海盐县张元济图书馆	738F
30. 湖州嘉业堂藏书楼	739
31. 湖州市中医院图书馆	739A
32. 兰溪市博物馆	739B
33. 兰溪市人民医院图书馆	739C
34. 兰溪市中医院图书馆	739D
35. 台州市图书馆	740
36. 临海市图书馆	740A
37. 临海市博物馆	740B
38. 台州黄岩区图书馆	740C
39. 余姚市黎洲文献馆	740D
40. 象山县文物管理委员会	740E
41. 平阳县钱和棠	740F
42. 诸暨市图书馆	740G
43. 丽水市中医院图书馆	740H
44. 龙游县博物馆	740I

45. 金华市博物馆 740J

江西省（共计 7 家机构）

1. 江西省图书馆 741
2. 南昌大学图书馆 746
3. 江西中医药大学图书馆 746A
4. 景德镇市图书馆 742
5. 乐平市图书馆 742A
6. 萍乡市图书馆 743
7. 萍乡市芦溪县图书馆 743A

湖北省（共计 9 家机构）

1. 湖北省图书馆 781
2. 湖北武汉图书馆 782
3. 湖北十堰郧县图书馆 783
4. 湖北十堰竹山县图书馆 784
5. 湖北省中医医院 785
6. 武汉大学图书馆 791
7. 武汉大学图书馆医学分馆 799
8. 湖北中医药大学图书馆 799A
9. 华中科技大学同济医学院图书馆 800

湖南省（共计 5 家机构）

1. 湖南省图书馆 831
2. 湖南省社会科学院图书馆 832
3. 常德市图书馆 833
4. 中南大学医学图书馆 839
5. 湖南中医药大学图书馆 839A

重庆市（共计 28 家机构）

1. 西南大学图书馆 849
2. 重庆师范大学图书馆 850
3. 重庆大学图书馆 850A
4. 重庆市图书馆 852
5. 重庆市中医研究院图书馆 852A
6. 重庆市中医医院医学信息检索中心 852B
7. 重庆北碚图书馆 852C
8. 重庆市万州区图书馆 852D
9. 重庆市江津区图书馆 852E
10. 重庆涪陵少年儿童图书馆 852F
11. 重庆市渝中区图书馆 852G
12. 重庆市长寿区图书馆 852H
13. 重庆市九龙坡区图书馆 852I
14. 重庆市南川区图书馆 852J
15. 重庆市黔江区图书馆 852K
16. 重庆市奉节县图书馆 852L
17. 重庆市开县图书馆 852M
18. 重庆市梁平县图书馆 852N
19. 重庆市綦江县图书馆 852O
20. 重庆市秀山县图书馆 852P
21. 重庆市酉阳土家族苗族自治县图书馆 852Q
22. 重庆市忠县图书馆 852R
23. 重庆三峡高等医药专科学校 852S
24. 重庆中国三峡博物馆 852T
25. 大足石刻研究院图书馆 852U
26. 重庆市巴南区图书馆 852V
27. 重庆市荣昌县图书馆 852W
28. 重庆市武隆县图书馆 852X

四川省（共计 18 家机构）

1. 四川省图书馆 851
2. 成都市图书馆 853
3. 泸州市图书馆 854
4. 成都温江区图书馆 855
5. 成都郫县图书馆 856
6. 成都崇庆市图书馆 857
7. 成都都江堰市图书馆 858
8. 成都都江堰市文管所 859
9. 四川大学图书馆 871
10. 广汉市图书馆 872
11. 绵竹市图书馆 873
12. 广元市图书馆 874
13. 安县图书馆 875
14. 德阳市图书馆 876
15. 犍为县图书馆 877
16. 剑阁县图书馆 878
17. 苍溪县图书馆 879
18. 成都中医药大学图书馆 907C

贵州省（共计2家机构）

1. 贵州省图书馆	891
2. 贵州中医药大学图书馆	896A

云南省（共计2家机构）

1. 云南省图书馆	901
2. 云南中医药大学图书馆	907B

福建省（共计7家机构）

1. 福建省图书馆	911
2. 建瓯市图书馆	912
3. 南平市图书馆	913
4. 邵武市图书馆	914
5. 浦城县图书馆	915
6. 福建医科大学图书馆	917
7. 福建中医药大学图书馆	917A

广西壮族自治区（共计5家机构）

1. 广西壮族自治区桂林图书馆	921
2. 广西壮族自治区图书馆	922
3. 广西中医药大学图书馆	926A
4. 广西中医药研究院	927
5. 广西中医药大学第一附属医院	926B

广东省（共计10家机构）

1. 广东省立中山图书馆	931
2. 中山大学图书馆	939
3. 广州中医药大学图书馆	940
4. 广东省中医院	941
5. 佛山市图书馆	942
6. 广东省医学情报研究所	942B
7. 暨南大学图书馆	943
8. 广州图书馆	944
9. 汕头市图书馆	945
10. 深圳市图书馆	951

海南省（共计3家机构）

1. 海南师范大学图书馆	961
2. 海南省图书馆	962
3. 海口图书馆	963

香港（共计7家机构）

1. 香港大学图书馆	XA
2. 香港浸会大学图书馆	XB
3. 香港新亚研究所图书馆	XC
4. 香港中文大学图书馆	XD
5. 香港中央大学图书馆	XE
6. 香港岭南大学图书馆	XF
7. 香港中山图书馆	XG

澳门（共计1家机构）

1. 澳门大学图书馆	AA

台湾（共计4家机构）

1. 台湾“中央图书馆”	TA
2. 台北故宫博物院	TB
3. 台湾大学图书馆	TC
4. 台湾“中央研究院历史语言研究所”	TD

类表

1 医经

2 医理

3 伤寒金匮

4 诊法

5 本草

6 方书

7 临证综合

8 临证各科

9　养生

10　医案医话医论

11　医史

12　丛书

1 医经

1.1 内经

1.1.1 本文

00001 **黄帝内经素问**十二卷 ［战国］
00001 **黄帝素问灵枢经**十二卷
明嘉靖金溪吴悌刻本 139（存素问） 476 541 731 852

00002 **黄帝内经素问**九卷 ［战国］
00002 **黄帝内经灵枢**九卷
1. 日本宽文（1661—1673）田中清左卫门刻本 139
2. 日本宽文（1661—1673）田中清左卫门刻风月庄龙卫门重修本 139 511
存灵枢 512 907C
3. 清抄本 139 475A

1.1.2 考释

00003 **黄帝内经太素**三十卷（原佚七卷） ［666］
00031 附遗文一卷、内经明堂一卷、附录一卷
（唐）杨上善撰注
1. 日本天保五年（1834）奈须信德抄本 139
2. 日本天保九年（1838）抄本 542（残）
3. 日本天保十年（1839）坂立节春璋抄本 139
4. 日本天保十三年（1842）抄本 TB（存一卷）
5. 日本嘉永二年（1849）宝素堂近藤显抄本（二十二卷，附对经篇续录） 1
6. 清光绪二十三年（1897）桐庐袁昶通隐堂刻渐西村舍汇刊本 1 2 21 139 152 186 202 277 279 280 286 289 303 308A 381 385A 391 412A 450A 461 463（残） 475A 476 491 493 514A 521 529A 541 572 589 590 651 664 677A 706 710 715 721 728A 731 733 734 738 738A 746A 799A 839 851 852 907B 921 927 931 939 XE
7. 清灵溪精舍抄本 1（存二十二卷）
8. 清抄本（据日本卷子本） 1 139 541
9. 日本抄本 7 421 541 570 651 733 839A TA（清·杨守敬跋） TA（附内经明堂一卷、清·翁同龢跋） TB（影抄古写本）
10. 影抄本〔据日本天保十年（1839）坂立节春璋抄本〕 3 TD
11. 清冯梦香抄本 733（存卷八、九、二十五、二十六）
12. 见渐西村舍汇刊

00004 **补注释文黄帝内经素问**十二卷 762
00004 **黄帝内经灵枢**十二卷
附素问遗篇一卷
素问 （唐）王冰（启玄子）注 （宋）林亿等校正
灵枢 （宋）史崧音释
1. 元后至元五年（1339）胡氏古林书堂刻本 1
存素问 3（存卷三、四） 7（卷八第二十六叶抄配） 4C TA
存灵枢 491（存卷七至十二） 570
2. 明成化八年（1472）鳌峰熊宗立种德堂刻本（附素问入式运气论奥三卷、素问运气图括定局立成一卷、黄帝内经素问灵枢运气音释二卷补遗一卷） 1 186（残） 541（缺论奥、图括）
存素问 1 7 476 570 651 TA（缺论奥、图括）
3. 明嘉靖四年（1525）山东布政使司刻本（附素问入式运气论奥三卷、素问运气图括定局立成一卷、黄帝内经素问灵枢运气音释二卷补遗一卷） 731

4. 明嘉靖赵康王朱厚煜居敬堂刻本 1(清·傅山批注) 21 139 202 251 252 279 301 421 475A 476 541 542 572 651(清·丁丙跋) 701 707 731 732(残) 799 800 852 907C 939 TA TB

存素问 7(存卷五至十一) 412A 491 512(残) 721 782

存灵枢 590 664 732A 746A 781

5. 明刻本 1(素问前四卷仿詹林所本、素问后八卷及灵枢附录仿熊宗立本) 541(附素问入式运气论奥三卷、素问运气图括定局立成、黄帝内经素问灵枢运气音释补遗)

6. 明影抄本〔据明成化八年(1472)鳌峰熊宗立种德堂刻本〕 139

7. 明抄本 279(存素问)

8. 清嘉庆吴县袁廷梼贞节堂抄本(题黄帝内经素问灵枢集注二十三卷遗篇五卷) 852

9. 清刻本 436 475A 529A

10. 日本刻本 741

11. 日本抄本 7

00005 **重广补注黄帝内经素问**二十四卷 762

00005 **黄帝内经灵枢**二十四卷

附素问遗篇一卷

素问 (唐)王冰(启玄子)注 (宋)林亿等校正

灵枢 (宋)史崧音释

1. 明嘉靖二十九年(1550)武陵顾从德影宋刻本 TA(明·余玄度、清·秦渊跋) TA(清·杨守敬跋)

2. 明万历刻本 1 139 186 529(存灵枢)

3. 明万历十二年(1584)绣谷书林周曰校刻本 7 21 139 186 351 421 461 475A 541 579 731 738B 791 831 851

存素问 391 529B 732 TB

存灵枢 21 476 590 734 831

4. 日本宽文三年(1663)京师风月庄左卫门刻本〔据明万历十二年(1584)绣谷书林周曰校刻本重刻〕 139 385 433A 541 831 TB

5. 日本宽文三年(1663)京师风月庄左卫门刻中尾氏印本 590

6. 清咸丰二年(1852)金山钱熙祚守山阁刻本(附素问校义一卷) 1 7 139 203 289 308A(存素问) 385B 542 709 733A 734A(存三十五卷) 799A

7. 日本清规堂刻本 741

00006 **重广补注黄帝内经素问**二十四卷 762

00006 **黄帝内经灵枢**十二卷

附素问遗篇一卷

素问 (唐)王冰(启玄子)注 (宋)林亿等校正

灵枢 (宋)史崧音释

1. 明万历二十九年(1601)新安吴勉学刻古今医统正脉全书本 1 139 251 361 541 572 590 741 831 839A 851

存素问 308A 512 664 701 737 738 738F(存卷二十二至二十四)

存灵枢 2 277 279 385 450 529A 716 728A 733 970C 911 TA

2. 明万历二十九年(1601)新安吴勉学刻涵远斋印本 1(附甲乙经、中藏经) 831

3. 明刻本 1 139 541 702 734(存素问卷一至六)

4. 清光绪三年(1877)浙江书局刻二十二子本 1 2 3 4 4H 6 7 9 21 139 186 202 251(灵枢残) 252 253 270 277 279 280 287 301 308A 309 351 353 361 365 381 385A 391 396 406 419 421 434 436 437 450 461 462 464 475A 477 491 511 514A 521 522 523 525 529 529A 541 570 579 589 590 651 677A 702 706(存遗篇) 709 714 723 728A 735 735A 736C 736D 737(缺素问卷十九、二十) 738A 738C 739A 740B 740H 746A 791 799 799A 831 839A 851 852 852P 852T 853 854 871 891 901 907B 907C 911 917A 921 922 926A 927 931 939 940 943 XE TC

存素问 7 8 286 288 289 362

382 412B 433A 572 713 715 735 738A 800 850 850A 852A 852H TA
存灵枢 4H 701 713 721
5. 清光绪十年(1884)京口文成堂刻本〔素问据清道光二十九年(1849)丹徒蒋宝素京口遵仁堂摹宋本翻刻〕 1 3 21 139 186 203 270 279 287 289 306 308A 361 381 385B 412A 432 435 461 475A 514A 522 529A 541 570 590 651 701 706 728A 781 791 799A 831 839 839A 852 891 901 907B 926A 931
存素问 202 277 311 412A 493 519 521 529A 572 589 735 737 851
存灵枢 277 308A 728A 733 800
6. 清光绪十九年(1893)上海鸿文书局石印二十五子汇函本 1 7 139 351 475A 514A 715 721 739B 740B 831 839A 851 852 915 940
存素问 714 742 849 AA
存灵枢 287 707 799A 891
7. 清光绪二十三年(1897)上海图书集成印书局铅印子书二十二种本 21 186 289 301 302 309 351 381 491 529A 541 590 651 701 741 799A 852 901 907C 922 931 939
存素问 256 279 288 732 736 740B 742 831 951
存灵枢 4
8. 清光绪二十三年(1897)新化三味书室刻本 1 2 139 186 279 351 365 651 706(存素问) 721 737 781 831 852A 896A 931
存灵枢 475A 735 740B
9. 清光绪三十三年(1907)京师医局刻本 381 475A 541(存灵枢) 728(存素问)
10. 清宣统三年(1911)上海育文书局石印子书二十八种本 139 302 361 461 465 466 475A 529A 541 738A 799A 896A
存素问 851 852L 852U
存灵枢 364A 852
11. 清刻本 203 450A 708 738E
12. 见医学六经
13. 见古今医统正脉全书
14. 见四库全书

00007 **黄帝内经素问补注释文**五十卷 762
00007 **黄帝内经灵枢略**一卷
黄帝素问灵枢集注二十三卷
素问 (唐)王冰(启玄子)注 (宋)林亿等校正
1. 清抄本 139
2. 见道藏

00008 **(京本校正注释音文)黄帝内经素问灵枢集注**十五卷 ［1468］
附素问入式运气论奥三卷、素问运气图括定局立成一卷、黄帝内经素问灵枢运气音释二卷补遗一卷
原题(隋)全元起训解 (唐)王冰(启玄子)次注 (宋)林亿等校正 (明)赵植吾编正
明闽建书林詹林所进贤堂刻本(素问十二卷、灵枢二卷、素问遗篇一卷) 7(有缺页) 590 651(清·丁丙跋) TA
存素问 731 733

00009 **黄帝内经素问注证发微**九卷 1586
00009 **黄帝内经灵枢注证发微**九卷
附素问补遗一卷
(明)马莳(仲化、元台)注
1. 明万历天宝堂刻本 139 277 306 476 541 831 839A 907B
存素问 3 186 475A 799A
存灵枢 1 491 590 738A
2. 日本宽永五年(1628)武村市兵卫刻本(据宝命堂本翻刻) 7 279 461 476 707(存灵枢)
存素问 541 590
3. 清嘉庆十年(1805)古歙鲍漱芳慎余堂刻本 1 2 186 202 203 251 277 308A 363 381 450B 463 475A 491 521 541 572 590 651 664 677A 713 741 781 799A 831

839A 851 907C 911 921 931 940 XE
存素问 1 21 385B 391 412A 450 493 529A(存卷一至六) 738A 738B
存灵枢 3 361 713 728A
4. 清道光二十三年(1843)润州包氏守研堂刻本 139 570 738A 799A(存素问)
5. 清光绪五年(1879)善成堂刻本 21 186 279 280 289 301 302 308A 361 412B 421 514A 521 523 529A 546 664 728A 735A 738A 740A 741 781 799A 831 839A 852S 871 901 907B 907C 926A 939 940
存素问 361 475A 664 733A 738B(存卷三至八) 740B 852S
存灵枢 1 3 139 140 254 289 412A 433A 715 738 740B(存卷一、二、六至八) 852 896A 911 921
6. 清光绪五年(1879)善成堂刻艺林堂重修本 385A 450 731
7. 清嘉庆十年(1805)古歙鲍漱芳慎余堂刻光绪十四年(1888)广陵邱氏重修本 3 7 139 152 202 277 361 529A 651(灵枢残) 664 706 728A 733B(存十七卷) 738A 800 921
存素问 412A 435 715
存灵枢 746
8. 清光绪芸生堂刻本 202 314 433A 529A 570 746A
存素问 412A 737 911
存灵枢 351 781 852
9. 清光绪经纬堂刻本 361 590
10. 清光绪大文堂刻本 139 361 401 514A 529A 541 590 664 734A 736B 799 896A
存素问 433A 475A 799A
存灵枢 9 385 677A 728A
11. 清光绪刻本 140 412A 781
存灵枢 254 514A 529A 901
12. 清宣统二年(1910)上海锦章书局石印本 421 461 476 942B
13. 清刻本 412A 856
存灵枢 728A(残) 735A(残)
14. 日本刻本〔据宽永五年(1628)金道伴刻本重刻本〕 139

00010 **黄帝内经素问**二十四卷 1620
00010 **黄帝内经灵枢**九卷
附素问补遗一卷
素问 (唐)王冰(启玄子)注
灵枢 (明)马莳(仲化、元台)注
明万历四十八年(1620)古歙潘之恒刻黄海本 139 279(残) 541(残) 570
存素问 2 251 302

00011 **类经**三十二卷 1624
00034 附类经图翼十一卷、附翼四卷
(明)张介宾(景岳、会卿、通一子)类注
1. 明天启四年(1624)会稽张介宾叶秉敬刻本 289 301 303 308A 401 410A 412A(缺图翼、附翼) 421 431 435 443 491 541 579 651 664 701 709 716 721A 728(残) 728A 734 736 737A 858 859 907C 911 917A(扉页有毛笔题光绪三十一年修订)
2. 明刻本 1 6 140 185 202 288(存图翼) 289 302 308A(存图翼、附翼) 361 363 433A 529B 546 590 734(存图翼、附翼) 736B 851 852 907B 907C 931
3. 明天启四年(1624)会稽张介宾叶秉敬刻清初金阊童涌泉印本 2 139 277 279 280 308A 361 476
4. 明天启四年(1624)会稽张介宾叶秉敬刻清初金阊万贤楼印本 1 8 541 731 732(存卷一至三十二)
5. 明天启四年(1624)会稽张介宾叶秉敬刻天德尚贤堂印本 2 361 391 393
6. 明天启四年(1624)会稽张介宾叶秉敬刻清天德堂印本 1 139 202 277 280 308A 385A 391 410A 412A 433A 461 462 475A 476 491 514A 529A(存卷一至十五、十八) 572 590 664 701 721 733(残) 738 741 852 901(残) 907B 911 922
7. 明天启四年(1624)会稽张介宾叶秉敬刻清聚文堂递修本 7 251

8. 日本宽政三年（1791）刻本 1 186 203 542 579 706 738 907C 939
9. 清嘉庆四年（1799）金阊萃英堂刻本 2 3 21 139 152 186 203 251（残） 279 289 301 302 308 308A 313 351 366 385A 396 401 421 432 450B 521 529A 570 589 651 664（残） 677A 721 735A 738A 743 746A 781 831 839A 852 871 896A 907B 907C 922
10. 清道光二十年（1840）宏道堂刻本 2 3 139 202 434（缺图翼卷六、七） 475A 570 651 721 746A 799 799A 856 871 891 896A 926A 927 940 951
11. 清致和堂刻本 664（存十五卷）
12. 清崇让堂刻本 2 254 799A 940 951
存图翼、附翼 475A 927 738B
13. 清末翰文堂刻本 491
14. 清刻本 202 287 288（存附翼） 311 360A 361 462（残） 529A（存卷十六至三十二） 733A 734A 735 736C（缺附翼） 799A 852S（存附翼） 851 951
存图翼、附翼 308A 421 590 859 907B 940
15. 抄本 277（残） 651（存图翼、附翼） 731

00012 00035 **类经精选**一卷 ［1624］
著者佚名
抄本 139

00013 00036 **类经选录**二卷 ［1624］
著者佚名
清抄本 139

00014 00037 **类经摘要**一卷 ［1624］
著者佚名
抄本 529A

00015 00038 **类经集要**一卷 ［1624］
著者佚名
抄本 139

00016 00039 **黄帝内经素问灵枢经合类**九卷 1628
（明）王九达（日逵）撰
1. 明崇祯元年（1628）云间石林精舍刻本 139 511 529A 572 799A TA
2. 抄本 651

00017 00040 **内经知要**二卷 1642
（明）李中梓（士材、念莪、尽凡居士）编注
1. 明崇祯十六年（1643）吴门沈颋刻本 511 702 728A 939
2. 日本宽文二年（1662）武村市兵卫刻本（十卷） 3 590
3. 明崇祯十六年（1643）吴门沈颋刻清康熙金阊传万堂重修本 139
4. 清乾隆二十九年（1764）河东薛雪校扫叶庄刻本 1 2 139 152 185 202 279 286 289 366 412B 450A 461 476 521 541 546 572 590 651 677A 701 702 710 715 721 728A 733 737 738 738F 746A 896A 926A 939
5. 清道光五年（1825）太邑赵道南存心堂刻本 1 279
6. 清咸丰十年（1860）抄本 301
7. 清光绪九年（1883）常熟抱芳阁刻本 139 202 289 412A 433A 529A 541 589 651 664 709 736A 839A
8. 清光绪九年（1883）崇德堂刻本 1 279 308A 385 391 412A 421 475A 589 707 911
9. 清光绪九年（1883）上洋江左书林刻本 1 139 186 301 381 401 431 514B 521 529A 541 651 664 709 721 728A 736 736B 738A
10. 清光绪九年（1883）上洋紫文阁刻本 270 664
11. 清光绪十一年（1885）苏州王氏绿慎堂刻本 1 2 139 270 277 301 391 450 475A 541 651 701 710 715 740A 740B
12. 清光绪十六年（1890）云阳周氏医室刻本 186 308 590
13. 清光绪十六年（1890）云阳周氏医室刻常郡文兴堂印本 277 590 664 746A
14. 清光绪十六年（1890）云阳周氏医室刻常郡振玉山房印本 361 570 713 917A
15. 清光绪二十六年（1900）刻本 651

16. 清光绪三十二年(1906)、宣统二年(1910)上海普新书局石印本 363 734A 735A
17. 清刻本 3 4C 570 651 664 733A 851
18. 清抄本 677A
19. 见删补颐生微论(版本附录)

00018 **黄帝内经素问集注**九卷 1670
00011 **黄帝内经灵枢集注**九卷
(清)张志聪(隐庵)注
1. 清康熙十一年(1672)刻本 2 140 381 461 702(残) 781 939
存素问 3 412A 523
存灵枢 185 651
2. 清康熙十一年(1672)刻大成斋印本 433A(存素问)
3. 清康熙十一年(1672)刻本怡堂印本 413
4. 清康熙十一年(1672)刻三多斋递修本 139 203 308A 475A 728A 839A
存素问 412A
存灵枢 3 746A
5. 清康熙十一年(1672)刻同德堂递修本 314 385A
存素问 514B 799A
存灵枢 852C
6. 清光绪三年(1877)瀛洲书屋刻本 361 907C
存素问 433A 746A 852C 852R
7. 清康熙十一年(1672)刻光绪五年(1879)太医院递修本 3 140 270 381 475A 664 677A 712 746A 839A 852 942B
存素问 277 308A 715 733B 799A
存灵枢 202 351 361 514A 570 731 800
8. 清光绪五年(1879)勤思堂刻本 2 202 436 915
存素问 279 351 746A 799A 912
9. 清光绪五年(1879)勤思堂刻聚锦堂印本 140 203 450
存素问 391 570 799A 915
10. 清光绪十六年(1890)浙江书局刻本 1 3 9 21 139 152 185 186 202 203 251 277 279 285 289 308A 351 361 433A 461 475A 476 511 514A 521 523(残) 529A 541 570 579 590 651 664 677A 702 706 707 709 728A 731 733A 734A 736 736B 736C 736E 738 738B 738D 746A 781 782 799A 831 839 839A 852 907C 926A 931 940
存素问 2 7(残) 202 286 303 308A 309 385 391 451 491 712 728A 735A 737 740C 740J 800 831 852C 871 911 921 939
存灵枢 381 385B 412A 519(残) 546 570 701 728 728A 733 734 735A 738A 740C 742A 791 831 891 896A 901 917A 942B TA
11. 清光绪二十九年(1903)善成堂刻本 140 186 203 289 461 514A 529A 590 664 734A 736A 738A 852D 855 907C 917A 931 940
存素问 511 546 851
存灵枢 286 715 799A 896A
12. 清光绪艺林堂刻本 140 186 301 664 746A(存灵枢)
存素问 1 3 139 202 289 308A 385A 733B
13. 清光绪刘青云刻本(灵枢十卷) 21 139 186 277 361 421 709 723 746A 781 791 799A 852 907B 907C 922
存素问 851 854
存灵枢 279 412A 852E 852H 852K 896A
14. 清光绪抄本 433A(存素问)
15. 清刻本 352 361 417 461 570 651 735 852A 852B 856 939
存素问 433A(存五卷) 708 733 736C 738 742(存卷一、二、五至九) 852E 874
存灵枢 1 311 412A 435 570 728A 736A 742 746A 799A 850A

852A 926A(存卷三至九) 943

00019 **内经要旨**一卷 1673
00041 (清)顾沅(浮伯、潜石子)摘注
清康熙二十三年(1684)顾沅自刻本 2

00020 **灵素合抄**十五卷 1677
00042 (清)林澜(观子)撰
清康熙二十七年(1688)刻本 139 277 728A

00021 **素问灵枢类纂约注**三卷 1689
00043 又名黄帝素问灵枢合纂
(清)汪昂(讱庵)撰
1. 清康熙二十九年(1690)休宁汪昂延禧堂自刻本 139 308A 590 664 737 839A 907C 921
2. 清康熙二十九年(1690)休宁汪昂延禧堂自刻三十三年(1694)重修本 139 746A
3. 清康熙刻本 21 139A 185 202 433A 443 529 529A 702 738B 739B
4. 清乾隆二十三年(1758)刻本 21 391 721 738A 831
5. 清乾隆四十四年(1779)天德堂刻本 1 8 288 351 364A
6. 清乾隆四十四年(1779)书业堂刻本 289(存卷一) 385B 529A 728A 738A 746A
7. 清乾隆宝仁堂刻本 139 302 308A 651 721 728A 931
8. 清嘉庆九年(1804)扫叶山房刻本 139 277 279 303 421 475A 529A 651 703 740A 740B
9. 清嘉庆二十二年(1817)令德堂刻本 21 308A 740A 743 746A 831
10. 清嘉庆二十二年(1817)巽记刻本 202 381 511 541 664 707 721 728A 740A 746A
11. 清嘉庆二十二年(1817)宏德堂刻本 186 362 381
12. 清道光四年(1824)吴郡山渊堂刻本 475A
13. 清道光四年(1824)吴郡山渊堂刻书艺堂印本 202 514A 651
14. 清道光九年(1829)继溪堂刻本 799A
15. 清道光俞锡禧涵春堂抄本 1
16. 清咸丰元年(1851)同文堂刻本 289 433A 514A 746A 917A
17. 清咸丰十年(1860)善成堂刻本 21 186 277 286 301 361 391 476 541 590 746A 781 856
18. 清同治元年(1862)三元堂刻本 514A 529
19. 清同治六年(1867)佛山镇翰宝楼刻本 462 728A 911 931
20. 清同治九年(1870)金玉楼刻本 741
21. 清同治十年(1871)宏道堂刻本 1 301 381 706 746A
22. 清同治十年(1871)扫叶山房刻本 202 289 450A 491 514A 529 541 589 590 701 715 722 731 734A 736B 746A 799A 839A 896A 922 927
23. 清光绪六年(1880)紫文阁刻本 139 139A 277 279 351 362 412A 433A 461 475A 514A 521 529A 721 731 741 746A 839A 852G 907C 922
24. 清光绪六年(1880)上海江左书林刻本 1 3 186 289 302 381 401 465 475A 514A 521 541 713 728A 746A 831 839A 852 926A
25. 清光绪六年(1880)尚德堂刻本 139 433A 465 514A 521 529A 651 664 703 781 799A 831 839 839A 871 891 907B
26. 清光绪七年(1881)苏州绿荫堂刻本 139 289 301 391 514A 651 664 677A 709 746A
27. 清光绪十三年(1887)上洋大文堂刻本 308 529A 541 664 701 738B 740B 896A 921
28. 清光绪十三年(1887)扫叶山房刻本 1 139 186 203 251 253 277 286 308 361 385 385B 491 514A 529A 570 590 651 664 701(存二卷) 710 728A 731 738B 740D 746A 799A 839A 917A 922
29. 清光绪十六年(1890)镇江文成堂刻本

529A 603 664 712 799A 922 926A

30. 清光绪二十一年（1895）醉六堂刻本 1 385A 475A 519 529A

31. 清光绪二十一年（1895）文富堂刻本 1 277 421 450 514A 541 677A 746A 799A 896A

32. 清光绪二十二年（1896）上海图书集成印书局铅印本 1 277 365 412A 463 541 572 738B 740A 740C 891 931

33. 清光绪二十七年（1901）上海源记书局石印本 931

34. 清光绪二十九年（1903）石印本 139 277 351 461 541

35. 清江阴宝文堂书庄刻本 279 529A 570 590 651 664 709 738A 740A 740B 799A 907C 917A

36. 清日新书庄刻本 21 287 475A 541 651 709 746A 917A

37. 清翰海楼刻本 186（存卷一、二） 746A

38. 清两仪堂刻本 514A

39. 清刻本 4C 21 139 186 202 277 287 288 289（存卷中、下） 308A（残） 366 401 412A 521（残） 590 651 664 708 710 728A 734 736A 736B 738A（存二卷） 740A 746A 784 852E 896A 926A

40. 清抄本 734

00022 / 00044 **内经纂要**二卷 1694

（清）冯兆张（楚瞻）撰

1. 清刻冯氏锦囊秘录本 1 514A

2. 清咸丰十一年（1861）抄本 921

3. 抄本 361 412A

4. 见冯氏锦囊秘录

00023 / 00012 **黄帝内经素问要语集注**九卷 1699

黄帝内经灵枢要语集注九卷

（日）竹中敬（通庵）集注

1. 日本宝永三年（1706）丸屋市兵卫刻本 7

2. 日本享保二十年（1735）中野宗左卫门儿玉勘十郎刻本 139

存素问 3 186

00024 / 00046 **内经必读**二卷 1710

（清）郑道煌（春山）编

1. 清康熙四十九年（1710）伊文光竹悟轩抄本 728A

2. 清光绪十二年（1886）秀彦之抄本 570

3. 清顾时田抄本 139

00025 / 00049 **经要纂言**三卷 1730

（日）鹫崎顺承撰

日本享保十五年（1730）刻本 570

00026 / 00050 **医经原旨**六卷 1754

（清）薛雪（生白、一瓢）撰

1. 清乾隆十九年（1754）河东薛雪扫叶庄刻本 1 2 7 139 140 152 185 186 202 203 251 252 270 277 280 301 361 362 391 401 412A 412B 421 431 433A 435 443 450A 461 475A 476 511 529A 546 570 589 651 677A 702 706 709 715 728A 728B 731 732 734 734B 736 736A（存四卷） 736B 738A 738E 741（存卷四至六） 746A 781 831 851 852 911 926A 927 931 939 940 943

2. 清同治至光绪（1862—1908）苏州扫叶山房刻本 21 139 202 277 279 289 303 308 361 381 385A 412B 421 450 450B 476 491 529B 541 590 664 677A 701 709 710 715 728A 734A 839A 852 896A 907B 926A 940

3. 清宣统元年（1909）同文会刻本 139 361 741 746A 852A 871 907C 951

4. 清宁郡简香斋刻本 2 3 139 186 203 254 270 277 279 286 289 301 308 308A 361 381 385 391 401 412A 412B 432 491 514A 529A 541 570 572 589 590 651 664 701 710 712 728A 734 737 738 738A 738B 740A 740B 740C 746A 799A 839A 851 852 896A 901 907B 907C 917A 926A 940

5. 清刻本 1 21 139A 186 277 279

301 308A(残) 361 391 421 443 529A 570 590 664 710 715 728A 731 733A 734A 735A 736A 736C 737 743(卷卷二至四、六) 746A 852 901 907C 917A 931 939

6. 抄本 746A(题内经素问类注抄九卷)

00027 **内经诠释**一卷 [1764]
00053

又名内经要略

原题(清)徐大椿(灵胎、洄溪老人)撰

1. 见徐灵胎医略六书
2. 见徐灵胎医学全书
3. 见徐灵胎医书三十二种

00028 **灵枢素问节要浅注**十二卷 1803
00054

又名灵素集注节要、灵素节要浅注、灵素提要浅注

(清)陈念祖(修园、良有、慎修)注

1. 清同治四年(1865)文奎堂刻南雅堂医书全集本 21 351 363 461 664 702
2. 清同治四年(1865)友文堂刻南雅堂医学全书本 876
3. 清同治五年(1866)南雅堂刻本 186 381 433A 651 702 738A 781 915 921
4. 清同治九年(1870)奎璧堂刻南雅堂医学全书本 434 436 856
5. 清光绪元年(1875)善成堂刻本 308A 361 433A 651 712 733A 743(存卷一) 781 852 852M 907C
6. 清光绪元年(1875)刻经国堂印本 351 450 677A
7. 清光绪元年(1875)文华堂刻本 665 799A
8. 清光绪元年(1875)刻本 203 491 740A
9. 清光绪二年(1876)聚元堂刻本 651 852
10. 清光绪三年(1877)渔古山房刻南雅堂医书全集本 203 746A 781
11. 清光绪十四年(1888)扫叶山房刻本 289(存三至十二) 572 927
12. 清光绪十五年(1889)遂宁务本堂刻南雅堂医书全集本 366
13. 清光绪十五年(1889)江左书林刻陈修园医书十六种本 289 514A 570 852A 852S
14. 清光绪十八年(1892)上海图书集成印书局铅印陈修园医书二十一种本 9 21 713 799A 852Q 912 915
15. 清光绪十八年(1892)敦厚堂刻陈修园医书二十一种本 279 361 514A 529A 651(残) 677A(残) 728A 896A
16. 清光绪二十一年(1895)聚和堂刻陈修园医书二十一种本 139 409 433A
17. 清光绪二十二年(1896)珍艺书局铅印陈修园医书二十一种本 139
18. 清光绪二十四年(1898)成都多文会刻南雅堂医书全集本 361 514A 799A 839A 853 855 856
19. 清光绪二十六年(1900)江右两仪堂刻陈修园医书十六种本 461 491 742
20. 清光绪二十七年(1901)新化三味书局刻陈修园医书二十三种本 9 529A 665 677A
21. 清光绪二十九年(1903)湖南书局刻本 185 412A 728B 831
22. 清光绪三十年(1904)上海经香阁书庄石印陈修园医书三十六种本 742
23. 清光绪三十一年(1905)江右泰和萧敷趣园刻陈修园医书二十一种本 741(存卷一至九) 742A(存卷三至十二)
24. 清光绪三十二年(1906)新都鑫记书庄刻南雅堂医书全集本 514A
25. 清光绪三十三年(1907)巴蜀善成堂刻陈修园医书四十八种本 603 651 852 852C 852H
26. 清光绪三十四年(1908)宝庆经元书局刻陈修园医书二十三种本 799A 850
27. 清光绪三十四年(1908)宝庆经元书局刻富记书局印陈修园医书二十三种本 202 270
28. 清五福堂刻南雅堂医书全集本 852 907C
29. 清宏道堂刻南雅堂医书全集本 433A
30. 见南雅堂医书全集
31. 见陈修园医书十五、十六、十八、二十一、二十三、二十四、二十八、三十、三十二、三

十六、四十、四十八、五十、七十种

00029 **内经翼注**十二卷　1826
00055 附图翼运气经络一卷
(清)周长有(邦桢)编
清道光六年(1826)种德堂木活字印本
186　514A　734

00030 **素灵节要**一卷　1830
00056 又名灵素节录
著者佚名
抄本　139(残)

00031 **灵素节注类编**十六卷　1834
00000 又名医门棒喝二集
(清)章楠(虚谷)编注
清抄本　738B

00032 **内经要论**一卷　1855
00057 (清)罗美(澹生、东美、东逸)原撰　吕震名(建勋、榛村)辑
清咸丰五年(1855)管庆祺抄本　541

00033 **内经摘要**一卷　1863
00060 (清)费伯雄(晋卿、砚云子)辑
清光绪三十一年(1905)鹅溪菊轩氏抄本
139

00034 **类经纂要**三卷　1867
00061 附难经摘抄一卷、寿芝医案一卷
(清)虞庠(西斋)编　王廷俊(寿芝)增注
1. 清同治六年(1867)浙江翰墨斋刻寿芝医略本　1　2　3　139　140　152　186　202　203　254　286　289　381　475A　491　570　572　589　590　651　677A　728A　734　738　738B　740I　831　851　907B　907C　939　951
2. 见寿芝医略

00035 **兰台要旨**三卷　1870
05832 (清)雪樵撰
清同治九年(1870)益寿堂刻本　590

00036 **灵素类言**三卷　1874
00062 又名发藻堂纂集灵素类言
(清)任越安(越庵)撰
清同治十三年(1874)抄本　731

00037 **内经截要**四卷　[1875]
00063 又名内经摘要
附脉诀一卷
著者佚名
清抄本　1

00038 **医经类纂初稿**五卷　1879
00064 (清)田晋蕃(杏邨)撰
见田晋蕃医书七种

00039 **医经句读**十二卷　1889
00000 (清)凌德(嘉六、蛰庵)撰
清光绪十五年(1889)抄本　1

00040 **内经评文**三十六卷　1891
00013 (清)周学海(澄之)注
子目：
(1)内经评文素问二十四卷
(2)内经评文灵枢十二卷
1. 清光绪二十四年(1898)皖南建德周学海刻本　1　21　139　202　203　252　279　309　361　391　412A　433A　476　511　514A　541　664　728A　739D　896A
存素问　385　529A　590　741　799A
存灵枢　706　712
2. 见周氏医学丛书

00041 **内经类要纂注**三十九卷　1898
00065 (清)叶霖(子雨、石林医隐、石林旧隐、鹤轩)注
清抄本　590(存卷一、四至三十九)

00042 **内经灵素经络篇**一卷　1900
00000 (清)味清氏(抚松隐者)撰
见医学索源

00043 **黄帝内经章句**十八卷　1909
00014 (清)孙鼎宜编
稿本　139

00044 **素问提要**三卷　[1909]
00066 **灵枢提要**一卷
(清)王鸿骥(翔鹤)编
见利溥集

00045 **素问灵枢合注**二十卷　1910
00016 又名黄帝内经素问灵枢合编
(明)马莳(仲化、元台)　(清)张志聪(隐庵)注　王成甫编
清宣统二年(1910)上海扫叶山房石印本
2　21　139　139A　186　203　286　288　289　301　308A　385　385A　391　421　433A　450B　461　514A　529A　590　651　664　712　721　738A　739A　746　746A　791　799A　831　839A　852

907C　931　XB

存灵枢　701　852E　876

00046 00017 **补注黄帝内经素问校记**二十四卷　［1911］
补注黄帝内经灵枢校记十二卷
(清)丁士涵撰　(清)陆锦燧校　胡玉缙跋
清吴县高德馨抄本　542

00047 00018 **内经注抄**一卷　［1911］
著者佚名
抄本　514A

00048 00019 **黄帝内经素问注**二十四卷　［1911］
黄帝内经灵枢注二十三卷
著者佚名
日本抄本　3

00049 00070 **素灵类纂注释**十七卷　［1911］
著者佚名
清抄本　590

00050 00072 **素灵汇萃**一卷　［1911］
(清)汪宗淦(稚琢)编
清宣统三年(1911)抄本　590

00051 00073 **张注内经抄**一卷　［1911］
(明)张景岳(介宾、通一子)原撰　辑者佚名
清抄本　541

00052 00074 **内经太素篇目**一卷　［1911］
著者佚名
抄本　476

00053 00000 **内经摘要**一卷　［1911］
辑者佚名
清抄本　1(不分卷)　541

00054 00000 **雷公问黄帝内经**一卷　［1911］
(唐)杨上善原撰　辑者佚名
抄本　382

1.1.3　发挥

00055 00099 **(增补)内经拾遗方论**四卷　［1279］
原题(宋)骆龙吉编　(明)刘浴德(肖斋、子新、壶隐子)　朱练(明羽)增订　林儒(宗汉)校正
1. 清康熙四十九年(1710)德基堂刻本(附种子论)　139　289　738A　839A
2. 清康熙四十九年(1710)德基堂刻乾隆四十一年(1776)武林大成斋重修本(卷端题重订骆龙吉内经拾遗方论)　3　21　139　186　202　251　252　286　301　476　541　572　590　651　664　677A　733　739A　940
3. 清光绪六年(1880)周大章抄本　491
4. 清光绪十一年(1885)杏春氏抄本　511
5. 清张永伯抄本(附种子论)　701
6. 清朱润富节抄本　139
7. 端木鉴珂抄本　911
8. 韩保之抄本　590
9. 抄本　139　709　738A　738E(存卷一、二、四)
10. 见三朝名医方论

00056 00033 **内经类抄**一卷　1539
(明)孙应奎(文宿、东谷)撰
明嘉靖十八年(1539)著者自刻本　733

00057 00101 **黄帝内经始生考**三卷　1567
(明)阴秉旸(子寅、卫涯居士)撰
明隆庆元年(1567)刻本　2　139

00058 00103 **医津一筏**一卷　［1662］
又名内经释要、医经理解、医津筏
(清)江之兰(含征)撰
1. 清道光十三年至二十四年(1833—1844)吴江沈楙德世楷堂刻昭代丛书本　1　9　139　651　739　741　851　901
2. 抄本　728A　831
3. 见昭氏丛书

00059 00105 **内经博议**四卷　1675
(清)罗美(澹生、东美、东逸)撰
1. 清乾隆三十二年(1767)许铀抄本　2
2. 清抄本　590(节抄)　651(清·孙从添校并跋)　831(唐成之题记)
3. 抄本　541　579　737B　781　799A

00060 00106 **内经挈领增删集注**二十二卷　［1675］
(清)罗美(澹生、东美、东逸)撰
清杏林书屋抄本　651(存卷九至二十二)

00061 00107 **内经病机撮要辨证**不分卷　1705
(日)周璞氏原撰　森岛玄胜辑订
日本宝永三年(1706)万屋喜兵卫刻本　139

00062 00108 **素灵微蕴**四卷　1753
(清)黄元御(坤载、研农、玉楸子)撰
1. 清道光十年(1830)阳湖张琦刻宛邻书屋

丛书本 1 202 308A 382 412A 436 476 529A 541 590 742 781 799A 857 922
2. 清咸丰二年（1852）小嫏环山馆刻本 202 385 738B
3. 清咸丰十年（1860）长沙徐树铭燮和精舍刻黄氏医书八种本 2 139 202 277 351 381 491 514A 541 570 590 651 665 713 728A 746A 799A 852 907C 931 940 942B
4. 清同治五年（1866）渝城刻陈氏爱竹山房印黄氏医书八种本 433A
5. 清光绪二十年（1894）上海图书集成印书局铅印黄氏医书八种本 8 306A 738B 740D 921
6. 清光绪二十七年（1901）抄本 139
7. 清同治元年（1862）湘乡左继明望云草庐刻光绪三十一年（1905）经元书室印黄氏医书八种本 519 677 831
8. 清刻本 2 186（存二卷） 361 412A 491 570 852S 854 873 877 926A 940
9. 清阳湖赵氏能静居抄本 TA
10. 清抄本 1
11. 抄本 381
12. 见宛邻书屋丛书
13. 见黄氏医书八种
14. 见张氏医集三种

00063 / 00052 **医经读**四卷 1764
（清）沈又彭（尧封、尧峰）抄订
1. 清乾隆三十年（1765）宁俭堂刻本 139 277 677A 738B
2. 清乾隆三十年（1765）宁俭堂刻三十四年（1769）博古堂重修本 1 590
3. 抄本 186 590
4. 见伤寒卒病论读医经读

00064 / 00109 **内经述**一卷 ［1797］
附象数术三卷
（清）方本恭（鼎篆、山子）撰
清嘉庆刻本 139 186 541 664 739

00065 / 00112 **素灵一隅**一卷 ［1829］
（日）谷其章（元圭）撰
日本抄本 7

00066 / 00000 **素灵杂解**三卷 1840
（清）邹汉璜（仲辰、稼江）撰
见邹氏纯懿庐集

00067 / 00113 **灵素约囊**六卷 1866
（清）陆懋修（九芝、勉旃、江左下工、林屋山人）撰
清同治五年（1866）抄本 738A

00068 / 00115 **内经音义初稿**一卷 1866
附素问难字略、慧琳大藏经音义、杂文
（清）陆懋修（九芝、勉旃、江左下工、林屋山人）撰
见陆九芝先生遗稿

00069 / 00116 **内经音义再稿**一卷 1866
（清）陆懋修（九芝、勉旃、江左下工、林屋山人）撰
见陆九芝先生遗稿

00070 / 00117 **内经音义三稿**一卷 1866
（清）陆懋修（九芝、勉旃、江左下工、林屋山人）撰
见陆九芝先生遗稿

00071 / 00118 **内经音义四稿** 1866
（清）陆懋修（九芝、勉旃、江左下工、林屋山人）撰
见陆九芝先生遗稿

00072 / 00119 **内经病机纂要**二卷 ［1874］
（清）周孝垓（平叔）编
清同治光绪间刻本 202 590 651 733

00073 / 00114 **内经难字音义**一卷 1884
（清）陆懋修（九芝、勉旃、江左下工、林屋山人）撰
1. 清光绪十年（1884）刻十二年（1886）山左书局印世补斋医书本 202
2. 见世补斋医书

00074 / 00121 **中西汇通医经精义**二卷 1884
又名中西医判、中西医解、中西医学入门
（清）唐宗海（容川）撰
1. 清光绪十八年（1892）上海袖海山房石印本 139 541 677A 728A 738A 854 921 940
2. 清光绪二十年（1894）上海顺成书局石印中西汇通医书五种本（题中西医解） 2 289 434 570 713 738A 738E 741 831 901 921

3. 清光绪二十一年(1895)上海书局石印绘图中西医学丛书十种本(题中西医学入门)　139　289　385A　475A　735A　839A
4. 清光绪二十五年(1899)成都正字山房刻中外医书八种合刻本　186　421　852　853　907C
5. 清光绪三十二年(1906)善成堂刻中西汇通医书五种本　664　708　712
6. 清光绪三十二年(1906)重庆精宏书局铅印本　853
7. 清光绪三十三年(1907)上海朱氏焕文书局石印中西汇通医书五种本　931
8. 清光绪三十三年(1907)、宣统二年(1910)成都文伦书局铅印中西汇通医书五种本　491　877　907B　907C
9. 清光绪三十四年(1908)上海千顷堂书局石印中西汇通医书五种本　21　277　288　289　308A　351　381　412A　461　466　475A　476　491　529A　541　664　702　706　712　728A　732　735　736　737　738A　738E　739A　740C　741　742　800　831　859　871　891　896A　917A　921　922　939
10. 抄本　381(题中西医合纂)　514A　529A　799A
11. 见中西汇通医书五种
12. 见(绘图)中西医学丛书十种
13. 见中外医书八种合刻
14. 见中西医通汇函
15. 见中西医学劝读十二种

00075 **灵素音释汇抄**一卷　[1884]
00122 (清)陆懋修(九芝、勉旃、江左下工、林屋山人)辑录
清光绪十年(1884)陆懋修抄本　1

00076 **内经篇名解**一卷　1910
00152 (清)王修卓(成甫)撰
清宣统三年(1911)稿本　746A

00077 **医经精义**一卷　[1911]
00154 (清)王栋辑
清抄本　393

00078 **谢氏摘录灵素微义**一卷　[1911]
00071 著者佚名
清抄本　831(唐成之旧藏)

00079 **论内经**一卷　[1911]
00127 著者佚名
清抄本　1

00080 **素灵精义**一卷　[1911]
00128 (清)吴槐绶(子绂)撰
见金匮方证详解(附录)

00081 **集内经论治法**一卷　[1911]
00129 著者佚名
清抄本　475A

00082 **医学堂内经讲义**二卷　[1911]
00000 附讲论中医求学要旨一卷
(清)潘让撰
清末刻本　715

00083 **内经显化篇**一卷　[1911]
00000 (清)何仲皋(汝夔)辑
见中医学堂讲录

1.2　素问

1.2.1　本文

00084 **黄帝内经素问**九卷　[战国]
00162 清抄本　1　721(缺卷六)

00085 **黄帝内经素问遗篇**五卷　[762]
00164 原题(宋)刘温舒辑
1. 明成化八年至十年(1472—1474)鳌峰熊宗立种德堂刻本　7
2. 明嘉靖四年(1525)山东布政使司刻本　2　TD
3. 明末清初抄本　781(附素问入式运气论奥,聚星堂旧藏,堇斋图书印)
4. 清乾隆诸锦抄本(附素问运气图括定局立成一卷)　701
5. 清光绪三年(1877)浙江书局刻二十二子本　XD
6. 清光绪十年(1884)陆懋修抄本(据白云观道藏本,附黄帝内经灵枢略)　1
7. 清光绪十年(1884)巴陵方功惠刻碧琳琅馆丛书本　541　739
8. 清光绪十年(1884)京口文成堂刻本　570
9. 清光绪十四年(1888)松竹斋抄本(题黄帝内经素问遗篇注,附黄帝内经灵枢略)　1

10. 清光绪二十三年(1897)新化三味书室刻本 740B
11. 清抄本 651
12. 清刻本 728A(残)
13. 见道藏
14. 见灵兰集
15. 见四库全书
16. 见碧琳琅馆丛书
17. 见芋园丛书
18. 见补注释文黄帝内经素问十二卷黄帝内经灵枢十二卷附录
19. 见重广补注黄帝内经素问二十四卷黄帝内经灵枢十二卷附录

00086 00165 **内经素问亡篇**一卷 [1234]
著者佚名
明刻本 651(有清抄配)

00087 00163 **内经素问**一卷 [1907]
又名内经辨言
(清)俞樾(荫甫、曲园居士)撰
清抄本 579

00088 00000 **内经素问存真**一卷 1911
(清)张与权撰
稿本 939

00089 00159 **黄帝内经素问**一卷 [1911]
(清)李中梓(士材、念莪、尽凡居士)辑
清抄本 541

00090 00160 **素问内经**六卷 [1911]
著者佚名
清末抄本 728A

1.2.2 考释

00091 00168 **(新刊)补注释文黄帝内经素问**十二卷 762
(唐)王冰(启玄子)注 (宋)林亿等校正
1. 元刻本 139(存卷四至六) 491
2. 明成化八年(1472)鳌峰熊宗立种德堂刻本 831 TB
3. 明嘉靖四年(1525)山东布政司刻本 1 279(存卷八至十一) 590(存九卷)
4. 见补注释文黄帝内经素问十二卷黄帝内经灵枢十二卷

00092 00169 **黄帝内经素问**十三卷 762
(唐)王冰(启玄子)注 (宋)林亿等校正
日本万治三年(1660)葆真堂活字印本 462

00093 00170 **重广补注黄帝内经素问**二十四卷 762
(唐)王冰(启玄子)注 (宋)林亿等校正
1. 金刻本(附亡篇) 1(存卷三、五、十一至十八、二十)
2. 元读书堂刻本(题新刊黄帝内经素问,附亡篇) 1
3. 明嘉靖二十九年(1550)武陵顾从德影宋刻本 1 2 3 4B 6 7 21 139 140 186 202 251(存卷十一至十六) 277 279 286 301 308A 352 361 401 412A 412B 421 461 476 491 529A 541 542 570 572 590 651(清·丁丙跋) 702 721 728A(清·薛福辰跋) 731 732 733 734A 735 738B 740A 746A(有抄配) 831 839A 851 852 931 TB TB(清·杨守敬题跋) TD
4. 明嘉靖二十九年(1550)武陵顾从德影宋刻明末童敬山印本 139
5. 明刻本 1 2 21 301 308A 412B 475A(存卷一至十五) 476 529B 570 852
6. 明抄本 139
7. 清道光二十九年(1849)丹徒蒋宝素京口遵仁堂摹宋刻本 1 301 308 308A 433A 511 541 721 734A 746A 831 939(存卷一至二十)
8. 日本安政四年(1857)占恒室刻本 2 3 7 8 139 461 475A 476 541 590 651 677A 701 731 738A 741 851 907C
9. 清同治九年(1870)无锡薛福辰刻本 308A 412A 701 728A 738B 940
10. 清光绪三年(1877)新会李元纲刻本 1 186 251 308 385A 412A 443 522 851 931(存卷一至八、十五至十九)
11. 清光绪十九年(1893)上海鸿文书局石印二十五子汇函本 665
12. 清光绪二十二年(1896)上海积山书局石印二十二子合刻本 651
13. 清刻本 203 279 302 383 511

514A 529A 541 677A 708 728A 733A 741 800 852A 852D 871 877 927（缺卷一至三）
14. 清抄本 1（清·莫友芝校）
15. 日本铜活字印本 2 738
16. 朝鲜刻本 461 475A 476
17. 抄本 514A TA（存卷一至三）
18. 见医学六经
19. 见二十二子合刻
20. 见重广补注黄帝内经素问二十四卷黄帝内经灵枢二十四卷
21. 见重广补注黄帝内经素问二十四卷黄帝内经灵枢十二卷

00094 00171 **读素问抄**九卷 1519
（元）滑寿（伯仁、撄宁生）编 （明）汪机（省之、石山居士）注
1. 明嘉靖三年至五年（1524—1526）程玘纲程文杰戴殷等刻本 1 2 7 139 286 491 541（存四卷） 664 731 TA（存四卷）
2. 明嘉靖十二年（1533）明德书堂刻本（二卷） 2
3. 明嘉靖三年至五年（1524—1526）程玘纲程文杰戴殷等刻明嘉靖二十年（1541）□时利递修本 202 541 664 713 721 911
4. 明嘉靖刻本 8 202 289 511 651 733
5. 明万历三十年（1602）沈府刻本（十二卷） 21 511 541 733（清·杨伟鸿跋）
6. 明刻本 139（缩微胶卷） 186（存卷一至四） 301 541 590 733 733A 931
7. 清抄本 570
8. 见汪石山医书

00095 00172 **（刻）黄帝素问抄**七卷 1519
（元）滑寿（伯仁、撄宁生）编 （明）汪机（省之、石山居士）续注
明万历四十年（1612）闽建刘大易乔木山房刻本 3 139 541 721 721A 731

00096 00173 **素问抄补正**十二卷 1529
又名素问补抄
附运气图、诊家枢要一卷
（元）滑寿（伯仁、撄宁生）原编 （明）丁瓒（点白）补正 王宫辑
1. 明嘉靖八年（1529）京口丁瓒温州刻本 541 733
2. 明刻本 590

00097 00174 **黄帝内经素问注证发微**九卷 1586
（明）马莳（仲化、元台）注
1. 明万历十四年（1586）宝命堂刻本 1 186 514A（卷一抄配） 541
2. 明万历十四年（1586）宝命堂刻明末金阊叶瑶池印本 288
3. 清嘉庆十年（1805）古歙鲍漱芳慎余堂刻本 305 363（缺卷四） 391 715
4. 清刻本 305 407 714A
5. 清抄本 590
6. 日本活字印本 TB
7. 见黄帝内经素问注证发微九卷黄帝内经灵枢注证发微九卷

00098 00175 **黄帝内经素问节文注释**十卷 1586
（明）黄俅（谷如）撰
明万历四十七年（1619）新都黄俅琼芝室刻本 2 4 7 139 279 541 572 590 731 831 852

00099 00176 **黄帝内经素问吴注**二十四卷 1594
（明）吴崑（山甫、鹤皋山人、参黄子）注
1. 明万历三十七年（1609）刻本 1 139
2. 明万历三十七年（1609）刻石室印本 1 2 3 7 139 140 186 202 251 277 279 286 308A 351 381 391 393 412A 412B 434（存卷一至三） 461 475A 476 491 514A 529A 529B 541 570 590 701 709 713 716 731 734A 738 738B 739A 741 746A 781 799 831 851 896A 901 907C 931 939 940 TA
3. 明刻本 1 2 3 186 491 734A 738 741（存卷二十、二十一） 799 901（存卷一至十二）
4. 明万历三十七年（1609）刻明清递修本 139 412A
5. 日本元禄六年（1693）书林吉村吉左卫门刻本 7
6. 日本宝永三年（1706）出云寺和泉刻本

651

7. 清光绪二十五年（1899）绩溪程梁刻本 1 21（残） 139 186 202 270 277 279 286 361 385A 412A 433A 491 529A 541 546 570 572 589 590 664 721 728A 728B 738A 781 799A 852 926A

8. 清宏道堂刻本 139 203 308A 361 461 475A 477 529A 570 728A 746A 799A 831 839A

9. 清隆文堂刻本 139 186 361 381 413（存卷一至七、十三至二十四） 541 590 651 799A 851 907C

10. 清大兴堂刻本 3 8 186 203 289 541 728A 734 738A 853 901

11. 清刻正学斋印本 186 361 871 907C

12. 清巴川儒兴勋记刻本 361

13. 清刻本 140 414 514A 541 590 651 677A 728A 728B 734 736A 799A 852A 896A 901 921 922 931 939

14. 清抄本 2 831 TA（六卷）

15. 抄本 139

00100 00177 **素问经注节解**九卷 1669

（清）姚绍虞（止庵）撰

清康熙十八年（1679）抚松堂刻本 715 734（存卷一至四）

00101 00178 **黄帝内经素问集注**九卷 1670

（清）张志聪（隐庵）注

1. 清康熙十一年（1672）刻本 139 360A 541

2. 抄本 139

3. 见黄帝内经素问集注九卷黄帝内经灵枢集注九卷

00102 00179 **黄帝素问直解**九卷 1695

（清）高世栻（士宗）注

1. 清康熙三十四年（1695）钱塘高世栻侣山堂刻本 2 139 203 279 308A 366 385 475A 491 512 514A 589 590 651 664 734 896A 926A 939 940

2. 清光绪十三年（1887）浙江书局刻本 1 3 6 21 139 139A 140 152 185 186 202 251 254 277 279 286 289 308 308A 361 385 391 401 412A 412B 433A 461 462（残） 475A 491 493 514A 521 529A 541 546 570 572 579 590 603 651 664 677A 702 706 707 728A 728B 731 734 734A 735 736A 736B 737 738 738A 738B 742A 746A 781 791 799A 800 831 839A 851 852 852A 853 871 896A 901 907B 907C 911 921 926A 931

3. 清刻本 1 139A 364A 522 740A

00103 00180 **黄帝内经素问要语集注**九卷 1699

（日）竹中敬（通庵）集注

见黄帝内经素问要语集注九卷黄帝内经灵枢要语集注九卷

00104 00181 **素问**九卷 1713

附纂述素问说意一卷

（清）薛本宗（道凝）撰

清康熙五十五年（1716）山阴薛鸣鹤兰陵刻本 664 728A（存卷八）

00105 00182 **素问识**八卷 1806

（日）丹波元简（廉夫、栎荫拙者）撰

1. 日本天保八年（1837）青云堂刻本 1 7 21 139 186 203 252 412B 461 462 475A 476 514A 541 570 589 664 728A 732 738 739A 931

2. 抄本 651

00106 00183 **王注素问撮要**三卷 1826

（日）武田道安撰

日本文政九年（1826）稿本 139

00107 00184 **素问释义**十卷 1829

（清）张琦（翰风、玉可、宛邻）撰

1. 稿本 1

2. 清道光十年（1830）阳湖张琦刻宛邻书屋丛书本 1 2 3 139 140 152 186 203 251 286 289（存卷一至五） 301 302 308A 361 491 511 529 529B 570 651 664 677A 732 734 781 851 852 907C

3. 见张氏医集三种

4. 见宛邻书屋丛书

00108 **刺热篇解**一卷 1840
00185 （清）邹汉璜（仲辰、稼江）撰
1. 抄本 781
2. 见邹氏纯懿庐集

00109 **素问绍识**四卷 1846
00186 （日）丹波元坚（亦柔、茝庭）撰
1. 日本文久元年（1861）抄本 1
2. 日本观养斋抄本 589
3. 日本抄本 TB

00110 **黄帝内经素问详注直讲全集**九卷 1867
00188 又名素问直讲、黄帝内经素问完壁详注
（清）高亿（士亿、玉章）撰 罗济川（衡峰） 张映川（月舫）校注
清同治十一年（1872）西蜀大愚子绿云冈寿生馆刻本 139 140 412A 475A 590（卷九残）

00111 **黄帝内经素问傍训**四卷 ［1875］
00189 （清）李守真（观丹）撰
清光绪元年（1875）抄本 1（存卷一）

00112 **内经素问校正**不分卷 1879
00190 （清）田晋蕃（杏邨）撰
见田晋蕃医书七种

00113 **内经评文素问**二十四卷 1896
00191 （清）周学海（澄之）注
1. 清光绪二十四年（1898）皖南建德周学海刻本 732 733 736
2. 见周氏医学丛书
3. 见内经评文

00114 **素问校勘记**一卷 ［1911］
00192 （清）冯一梅（梦香）撰
稿本 734

00115 **黄帝内经素问摘录**二十四卷 ［1911］
00194 著者佚名
抄本 421

00116 **素问撮要句解**一卷 ［1911］
00195 著者佚名
稿本 139

1.2.3 发挥

00117 **素问玄机原病式**一卷 1186
00199 （金）刘完素（守真、河间居士、通玄处士）撰
1. 明嘉靖元年（1522）留克全刻本（二卷） 1 139 286 314 733
2. 明嘉靖刻本 139
3. 明嘉靖七年（1528）刻本 186
4. 明嘉靖十四年（1535）胡缵宗刻本 651
5. 明万历刻本 491
6. 日本宽永七年（1630）梅寿刻本 139 570
7. 明刻本 TA
8. 日本庆安四年（1651）村上平休寺刻本 511
9. 日本延宝五年（1677）武村新兵卫刻本（据吴勉学本翻刻） 139 476 511
10. 清光绪十八年（1892）浙江书局刻三十三年（1907）京师医局重修古今医统正脉全书本 308A 891
11. 清光绪石印本 852E
12. 清刻本 139A 651 731 737 740C 743 799 896A
13. 见刘河间医学六书
14. 见古今医统正脉全书
15. 见四库全书

00118 **素问病机气宜保命集**三卷 1186
00200 （金）刘完素（守真、河间居士、通玄处士）撰
1. 明宣德六年（1431）宁王朱权刻本 TB TD
2. 明万历十三年（1585）金陵吴谏怀德堂刻刘河间伤寒三书本 922
3. 明万历十三年（1585）王来贤钱楷等刻本 2 202 651
4. 明万历二十九年（1601）新安吴勉学刻古今医统正脉全书本 139 385B 529A 570 664 737 TA
5. 明万历十三年（1585）金陵吴谏怀德堂刻明清递修刘河间伤寒三书本 1 2 139 203 279 308 314 362 385 522 572 590 651 664 721 728A 731 738 738A 799 896A 911 921 939
6. 清宣统元年（1909）上海千顷堂书局石印刘河间伤寒六书本 139 277 852E
7. 清刻本 139 139A 288 301 464（残） 475A 541 572 651 735 741 907C
8. 抄本 412A
9. 见刘河间伤寒三书

10. 见刘河间医学六书
11. 见古今医统正脉全书
12. 见四库全书

00119 00201 **黄帝素问宣明论方**十五卷 1186
又名黄帝素问药证宣明论方
（金）刘完素（守真、河间居士、通玄处士）撰
1. 元刻本（七卷） 139
2. 明成化鳌峰熊宗立刻本 139（存卷一、二、七至十五）
3. 明万历十三年（1585）金陵吴谏怀德堂刻刘河间伤寒三书本 2 186 308A 391 476 541 542 651 728A
4. 明万历十三年（1585）王来贤钱楷等刻刘河间伤寒三书本 1
5. 明万历二十九年（1601）新安吴勉学刻古今医统正脉全书本 139 277 302 385B 716 728A 738A 852 896A TA
6. 明万历十三年（1585）金陵吴谏怀德堂刻清康熙步月楼清同德堂递修刘河间伤寒三书本 1 728A
7. 日本元文五年（1740）皇都书铺植村藤右卫门刻本 7
8. 清光绪十八年（1892）浙江书局刻三十三年（1907）京师医局重修古今医统正脉全书本 279 491 891
9. 清宣统元年（1909）上海千顷堂书局石印刘河间伤寒三书本 139 412A 677A
10. 清宣统三年（1911）宁波汲绠斋刻三朝名医方论本 514A 852S 896A
11. 清刻本 1 287 288 289 361 713 732 740A（存卷五至十五） 799A 852 907B 907C
12. 见刘河间伤寒三书
13. 见刘河间医学六书
14. 见古今医统正脉全书
15. 见四库全书
16. 见三朝名医方论

00120 00000 **素问臆说**二卷 1579
（明）王来宾撰
明万历七年（1579）种芝堂刻本 651

00121 00202 **（新刊）注释素问玄机原病式**二卷 ［1585］
（金）刘完素（守真、河间居士、通玄处士）撰 （元）薛时平注
1. 明万历十三年（1585）金陵吴谏怀德堂刻刘河间伤寒三书本 1 2 279 461 590 907C
2. 明万历十三年（1585）王来贤钱楷等刻刘河间伤寒三书本 651
3. 清宣统元年（1909）上海千顷堂书局石印刘河间伤寒三书本 277
4. 明万历十三年（1585）金陵吴谏怀德堂刻明清递修刘河间伤寒三书本 288 464（残） 589 590 706 713 734A 735 740A
5. 清抄本 139 541
6. 见刘河间伤寒三书

00122 00204 **素问心得**二卷 ［1592］
（明）胡文焕（德甫、全庵、抱琴居士）撰
1. 明万历二十四年（1596）钱塘胡文焕刻本 940
2. 见医家萃览

00123 00205 **（鳌头）素问玄机原病式**二卷 ［1690］
（金）刘完素（守真、河间居士、通玄处士）撰 （日）冈本为竹（一抱子）校订
日本元禄三年（1690）秋田屋五郎兵卫刻本 7 139 590 731

00124 00000 **河间原病式**一卷 1713
又名删润原病式
（金）刘完素（守真、河间居士、通玄处士）原撰 （日）裴一中（兆期、复庵居士）辑订 裴翰（健飞）注
见裴子言医（版本附录）

00125 00220 **素问纠略全集**不分卷 ［1720］
原题（元）朱震亨（彦修、丹溪）撰
清康熙五十九年（1720）钱倚抄本 570（残）

00126 00206 **素问悬解**十三卷 1755
附校余偶识一卷
（清）黄元御（坤载、研农、玉楸子）注
1. 清同治十一年（1872）阳湖冯承熙刻黄氏遗书三种本 1 3 186 202 279 280 286 289 308A 361 385 412A 542 570 579 651 664 708 713 799A 907C 940
2. 清抄本 931（残）
3. 见黄氏遗书三种

00127 00207 **徂徕先生素问评**一卷　1765
(日)物茂卿(双松、徂徕先生)撰　宇惠子迪编
日本明和三年(1766)东都书肆乔山堂伏见屋宇兵卫刻本　3　139　462　476

00128 00208 **素问解题**一卷　1780
(日)丹波元简(廉夫、栎荫拙者)撰
1. 日本天明七年(1787)跻寿馆木活字印本　1
2. 见素问解题难经解题

00129 00210 **素问劄记**三卷　1851
(日)喜多村直宽(士栗、安斋、安正、栲窗、香城)编
抄本　1　590　664

00130 00211 **黄帝内经素问讲义**十二卷　1854
(日)喜多村直宽(士栗、安斋、安正、栲窗、香城)撰
日本文久三年(1863)江户长壶抄本　3

00131 00212 **素问难字略**一卷　1866
(清)陆懋修(九芝、勉旃、江左下工、林屋山人)撰
见陆九芝先生遗稿

00132 00213 **黄帝内经素问校义**一卷　[1872]
(清)胡澍(荄甫、甘伯、石生)撰
1. 稿本　1
2. 清同治吴县潘祖荫京师刻滂喜斋丛书本　139　541　651　702　739　853　922　939
3. 清光绪五年(1879)胡培系世泽楼刻本　1　2　140　286　391　461　491　521　541　590　651　664　731　733　734　734A　737　740A　740B　741　781　851　907C
4. 清光绪九年(1883)蛟川二仁堂刻本　1　2　3　7　139　186　301　309　462　529A　541　579　651　664　677A　715　733　734　738　738B　741　781　839A　851　896A
5. 清光绪刻本　735　961
6. 清刻本　1　186　493
7. 清仪征刘寿曾影抄本　1

00133 00214 **黄帝内经素问指归**九卷　[1885]
又名素问指归
(清)戈颂平(直斋、直哉)撰
1. 清抄本　186
2. 抄本　2　590(五卷)
3. 见戈氏医学丛书

00134 00217 **素问玄机歌诀**一卷　[1892]
附补遗、脉体捷法、脉诀撮要
(清)王应震(震云)原撰　佚名增订
清抄本　590(残)

00135 00216 **黄帝内经素问校义**十卷　1911
(清)姚凯元(子湘、雪子)撰
稿本　1(存卷一)　TD(存卷三至六)

00136 00218 **素问说意**二卷　[1911]
(清)叔子(惜余)撰
清惜余主人抄本　1

00137 00219 **素问诸说**二卷　[1911]
著者佚名
日本抄本　7

00138 00229 **素问篇目论**一卷　[1911]
(清)朱恩华(雅南)撰
抄本　412A

00139 00166 **素问补遗**一卷　[1911]
著者佚名
清抄本　2

1.3　灵枢

1.3.1　本文

00140 00230 **黄帝内经灵枢**十二卷　[战国]
又名黄帝素问灵枢经、黄帝内经灵枢集注
(宋)史崧音释
1. 元刻本　7(题黄帝内经灵枢集注,存卷六至十二)
2. 明嘉靖金溪吴悌刻本(题黄帝素问灵枢经)　7　651(清·丁丙跋)
3. 明刻本　701　721
4. 清光绪刻本　1　733A
5. 清刻本　1　4A　279　303　366　381　383　421　422　511　514A　529A　541　542　709　715　721　728A　731A　733　733A　734A　738D　805A　852A　852D　854　926A
6. 见补注释文黄帝内经素问十二卷黄帝内经灵枢十二卷

7. 见二十二子合刻

00141 00231 **黄帝内经灵枢**二十四卷 ［战国］
（宋）史崧音释
1. 明万历刻本 277 541
2. 明万历十二年（1584）绣谷书林周曰校刻本 391 475A
3. 明刻本 1 476 651 701 728A 731 832
4. 抄本 2
5. 见重广补注黄帝内经素问二十四卷黄帝内经灵枢二十四卷

00142 00232 **黄帝内经灵枢略**一卷 ［762］
著者佚名
1. 清抄本 1
2. 见黄帝内经素问补注释文五十卷黄帝内经灵枢略一卷黄帝素问灵枢集注二十三卷
3. 见道藏
4. 见黄帝内经素问遗篇（附录）

00143 00233 **内经灵枢**一卷 ［1911］
著者佚名
清晓墀抄本 651

1.3.2 考释

00144 00234 **黄帝内经灵枢注证发微**九卷 1586
又名黄帝内经灵枢注
（明）马莳（仲化、元台）注
1. 明万历十六年（1588）宝命堂刻本 139 651
2. 日本宽永二年（1625）梅寿刻本 TB
3. 明刻本 475A 707
4. 清嘉庆十年（1805）古歙鲍漱芳慎余堂刻本 361 713
5. 清光绪刻本 306 361 542
6. 见黄帝内经素问注证发微九卷黄帝内经灵枢注证发微九卷

00145 00235 **黄帝内经灵枢集注**九卷 1670
（清）张志聪（隐庵）注
1. 清光绪五年（1879）勤思堂刻聚锦堂印本 287 360A 418
2. 清刻本 139 353 874
3. 清抄本 831
4. 见黄帝内经素问集注九卷黄帝内经灵枢集注九卷

00146 00236 **黄帝内经灵枢要语集注**九卷 1699
（日）竹中敬（通庵）注
见黄帝内经素问要语集注九卷黄帝内经灵枢要语集注九卷

00147 00237 **灵枢识**六卷 1808
（日）丹波元简（廉夫、栎荫拙者）撰
1. 日本文久三年（1863）跻寿馆木活字印本 3 139 491 514A
2. 抄本 476

00148 00238 **灵枢经校勘记**一卷 ［1844］
（清）顾观光（宾王、尚之、武陵山人）撰
吴县王大隆学礼斋抄本 542

00149 00239 **内经评文灵枢**十二卷 1896
（清）周学海（澄之）注
见内经评文

00150 00240 **灵枢知要**四卷 ［1911］
（清）王羲桐辑注
抄本 651

1.3.3 发挥

00151 00241 **灵枢心得**二卷 ［1592］
（明）胡文焕（德甫、全庵、抱琴居士）撰
见医家萃览

00152 00242 **灵枢悬解**九卷 1754
（清）黄元御（坤载、研农、玉楸子）注
1. 清光绪六年（1880）阳湖冯承熙刻本 1 186 308A 385 590 651 664 708 907C
2. 清抄本 514A
3. 见黄氏遗书三种

1.4 难经

1.4.1 本文

00153 00245 **难经**一卷 ［战国］
又名八十一难经
原题（战国）秦越人（扁鹊）撰
1. 明刻医要集览本 907C TA
2. 清抄本 139 529A 541

3. 见医要集览

1.4.2 考释

00154 **黄帝八十一难经**一卷 618
00250
原题（三国）吕广注 （唐）杨玄操演
清同治三年（1864）北厓主人抄本 139

00155 **王翰林集注黄帝八十一难经**五卷 ［1026］
00251
又名难经集注
（宋）王惟一（惟德）等编 （明）王九思校正
1. 日本庆安五年（1652）武村市兵卫刻本 541 TB（森立之校） TB（小岛质跋） TB（小岛尚纲校）
2. 日本文化元年（1804）濯缨堂重刻本 1 139 590 701
3. 清道光二十四年（1844）金山钱熙祚刻守山阁丛书本 311 728A（存卷二、四） 739
4. 清光绪八年（1882）上海黄润生木活字印佚存丛书本 251 462 651 677A 701 739 851 852 TA TB
5. 清抄本 7 572
6. 日本影抄古抄本 TB

00156 **扁鹊八十一难经辨正条例**一卷 ［1127］
00000
（宋）周与权（仲立）撰
1. 日本考古斋抄本 TB（日·小岛质校）
2. 日本文化十二年（1815）小岛质校本 TB

00157 **黄帝八十一药注难经**四卷 1186
00252
原题（战国）秦越人（扁鹊）撰 （金）张元素（洁古）注
抄本 139（残）

00158 **难经本义**二卷 1361
00254
（元）滑寿（伯仁、撄宁生）注
1. 元至正二十六年（1366）刻本 152（存卷上，胤祥、潘祖荫递藏）
2. 明成化十五年（1479）吴诚刻本 TD
3. 明嘉靖吴郡薛己刻万历十八年（1590）南京太医院重修蓝印本 541
4. 明万历二十九年（1601）新安吴勉学刻古今医统正脉全书本 2 139 277 279 308A 313 421 590 651 733 738A TB
5. 明刻薛氏医按二十四种本 1 139 307（存一卷） 443
6. 日本庆长十二年（1607）刻本 541
7. 日本宽永十年（1633）吉田原仁左卫门刻本〔据元至正二十六年（1366）刻本翻刻〕 511 541
8. 明刻本 2（残） 279 364 412B 421 476 541 590 665 852
9. 日本庆安元年（1648）敦贺屋久兵卫刻本 7 TA
10. 日本万治三年（1660）刻本（据薛氏医案本翻刻） 1 651 733
11. 日本贞享元年（1684）芳野屋作十郎刻医家七部书本 3 7 21 139
12. 日本正保至宝永（1644—1710）山本长兵卫刻医家七部书本 1
13. 清雍正十二年（1734）抄本 590
14. 清嘉庆十四年（1809）书业堂刻薛氏医按二十四种本 529A 651 871
15. 清道光东溪堂刻薛氏医按二十四种本 529A 541 651
16. 日本嘉永三年（1850）刻本 589
17. 清光绪十七年（1891）池阳周学海刻周氏医学丛书本 186 251 270 279 381 521 529A 590 664 709 728B 738E 907C
18. 清光绪十八年（1892）浙江书局刻古今医统正脉全书本 907B
19. 清刻本 139 289 381 491 709 736C 739D 907C
20. 日本出云寺刻本 541（据医统正脉全书本翻刻）
21. 日本聚文堂刻本 385
22. 日本刻本 1 203 511 570 738A
23. 见薛氏医按二十四种
24. 见医学六经
25. 见古今医统正脉全书
26. 见周氏医学丛书
27. 见四库全书
28. 见医家七部书

00159 **难经本义抄**六卷 ［1361］
00255
（元）滑寿（伯仁、撄宁生）注 （日）玄由再注
日本正保元年（1644）黑泽玄长刻本 139

00160
00256 **勿听子俗解八十一难经**六卷卷首一卷 1438
(明)熊宗立(道轩、勿听子)注
1. 明刻本(题刻京本八十一难经四卷) 1
2. 日本天文五年(1536)刻本 TB
3. 日本宽永四年(1627)岩田七兵卫刻本 7
4. 日本刻本 139(据明成化八年鳌峰熊氏中和堂刻本翻刻) 572
5. 日本抄本 TB

00161
00257 **(新刊)勿听子俗解八十一难经纂图隐括**一卷后集一卷 [1446]
(明)熊宗立(道轩、勿听子)撰
明书林刘氏闽山房刻本 651

00162
00258 **八十一难经经络解**四卷 [1446]
(明)熊宗立(道轩、勿听子)撰
明万历六年(1578)金陵唐氏富春堂刻本 851

00163
00259 **图注八十一难经辨真**四卷 1510
(明)张世贤(天成、静斋)注
1. 明正德五年(1510)吕邦佑刻本(题图注八十一难经八卷) 139 541(清·戈襄跋) 710
2. 明嘉靖三十三年(1554)吴门沈氏碧梧亭刻本(八卷) 1 139 203 363 541 590 651
3. 明万历元年(1573)闽建书林熊冲宇刻本 1 139 412B
4. 明万历六年(1578)文英堂刻本 362
5. 明刻本 139 361 363 381 412A 450B 529B 590 651 664 733 734A 738A
6. 清顺治七年(1650)刻本 450A
7. 清康熙十八年(1679)还读斋刻图注难经脉诀八卷本 139
8. 清康熙三十二年(1693)鼎翰楼刻图注难经脉诀六卷本 746A
9. 清康熙四十一年(1702)瀛津沈镜中和堂刻本(二卷) 139 308A 381 511 514A 907C 927
10. 清初怀德堂刻图注难经脉诀八卷本 8 279 351 664
11. 清乾隆二年(1737)武林瀛经堂刻本 381
12. 清乾隆十六年(1751)玉树堂刻本 306 731(存卷一、二,清·薛雪校注并跋)
13. 清乾隆十六年(1751)西山堂刻本 943
14. 清乾隆三十四年(1769)刻本 852A
15. 清乾隆四十五年(1780)武林万卷堂刻图注难经脉诀八卷本 139 736
16. 清嘉庆六年(1801)文星堂刻本 21 152 413 433A
17. 清嘉庆七年(1802)经国堂刻图注难经脉诀八卷本 308A
18. 清嘉庆十二年(1807)老三余堂刻图注难经脉诀八卷本 738B
19. 清咸丰七年(1857)经纶堂刻图注难经脉诀六卷本 651
20. 清咸丰九年(1859)张云录抄本 664
21. 清光绪二年(1876)通州西山堂刻本 570 702 922
22. 清光绪八年(1882)儒兴堂刻图注难经脉诀六卷本 475A 852
23. 清光绪八年(1882)北京文蔚堂刻图注难经脉诀八卷本 256 366
24. 清光绪九年(1883)宝兴堂刻图注难经脉诀八卷本 436
25. 清光绪十五年(1889)京都泰山堂刻图注难经脉诀八卷本 139 366 433A
26. 清光绪十五年(1889)京都文成堂刻图注难经脉诀八卷本 282 365 728A
27. 清光绪十六年(1890)同元堂刻图注难经脉诀八卷本 139A
28. 清光绪二十年(1894)维新书局刻图注难经脉诀六卷本 852G
29. 清光绪二十二年(1896)冯氏三义堂刻图注难经脉诀八卷本 8
30. 清光绪二十二年(1896)上海著易堂石印图注难经脉诀六卷本 541 911
31. 清光绪二十三年(1897)湖南经纶元记书局刻图注难经脉诀六卷本 852
32. 清光绪二十五年(1899)上海书局石印图注难经脉诀八卷本 9 413 912
33. 清光绪二十六年(1900)通州西山堂刻本 664 746A
34. 清光绪二十七年(1901)上海焕文书局石印图注难经脉诀八卷本 664
35. 清光绪二十九年(1903)有益堂刻图注难

经脉诀八卷本 364A
36. 清光绪三十一年（1905）扫叶山房刻图注难经脉诀八卷本 139 270 381 433A 450A 475A 541 677A 728A 746A 831
37. 清光绪三十二年（1906）上海福记书局石印图注难经脉诀八卷本 308A
38. 清大文堂刻图注难经脉诀六卷本 529A 728A
39. 清四明江左书林刻图注难经脉诀八卷本 651 664
40. 清光绪浙江亦西斋刻图注难经脉诀八卷本 740A
41. 清文光堂刻图注难经脉诀八卷本 664
42. 清小西山房刻图注难经脉诀六卷本 664
43. 清光霁堂刻图注难经脉诀八卷本 1
44. 清聚盛堂刻图注难经脉诀六卷本 186 733
45. 清苏州绿荫堂刻图注难经脉诀八卷本 570 746A
46. 清尚德堂刻图注难经脉诀八卷本 921
47. 清书业堂刻图注难经脉诀八卷本 433A
48. 清务本堂刻图注难经脉诀六卷本 302
49. 清善成堂刻图注难经脉诀六卷本 279 302 311 352 362 363 433A 852 852D 852P
50. 清崇文堂刻图注难经脉诀八卷本 1
51. 清海清楼刻图注难经脉诀六卷本 279 308A 878
52. 清爱日堂刻图注难经脉诀六卷本 280 433 728A
53. 清龙典堂刻本 852A
54. 清奎元堂刻本 907B
55. 清光绪成都薛崇礼堂刻本 651
56. 清光绪大足县龙水镇萧氏文兴堂刻本 852 852C
57. 清文奎堂刻本 433A 514B 529
58. 清书林乾元堂刻本 907C
59. 清三畏堂刻本 304
60. 清刻本 1 4 21 139 139A 251 279 286 301 304 306 308A 351 360B 361 365 366 368 383 385B 391 401 408 412A 413A 415 418 421 434 435 461 464 475A 491 514A 529 529A 541 590 651 664 665 713 714 716 721 728A（残） 734 734A 736（存卷三、四） 736A 737 737A 738A 740A 740C 740D 741 743 799 831 852M 852R 852S 853 854 855 857 871 874 896A 901 907C 912 921 927 940 943
61. 木活字印本 541
62. 抄本 541
63. 见图注难经脉诀八卷
64. 见图注难经脉诀六卷

00164 / 00000 **难经正义**九卷 1580
（明）马莳（仲化、元台）撰
明万历八年（1580）宝命堂刻本 2（存卷一至五）

00165 / 00260 **图注八十一难经评林捷径统宗**六卷 1599
（明）王文洁（冰鉴、抚东无为子）图注
1. 明万历二十七年（1599）闽建书林刘朝琯安正堂刻本 1 3 541
2. 日本刻本（据安正堂本翻刻） 590
3. 见合并脉诀难经太素评林

00166 / 00261 **难经注疏**一卷 ［1599］
原题（战国）秦越人（扁鹊）撰 （日）吉田宗恂（又玄子）注
日本抄本 3

00167 / 13030 **图注八十一难经定本**二卷 1631
增补王叔和脉诀图注定本一卷
（明）童养学（壮吾）图注
明崇祯三台宫刻本 1 139

00168 / 00262 **图注八十一难经定本**二卷 1631
（明）童养学（壮吾）图注
1. 明崇祯三台宫刻本 139
2. 见图注八十一难经定本增补王叔和脉诀图注定本

00169 / 00263 **难经捷径**二卷 1637
（日）寿德庵玄由（九拜）撰
日本庆安二年（1649）武林市兵卫刻本 139

00170 / 00264 **难经校径**一卷 1637
（日）寿德庵玄由（九拜）撰
日本东京都盛文堂影印本 139

00171 **难经本义摭遗**十卷 1649
00265 （日）贞竹玄节撰
日本万治二年（1659）谷冈七左卫门刻本 139

00172 **难经直解**二卷 1669
00266 （清）莫熺（丹子、皋亭）注
1. 清康熙十一年（1672）刻本 289 738A
2. 清康熙十一年（1672）刻乾隆六年（1741）印莫氏锦囊十二种本 286 361 734A（存卷上） 839A
3. 抄本 590
4. 见莫氏锦囊十二种

00173 **难经本义抄**二十五卷图解二卷 1678
00267 （日）森本昌敬斋（玄闲）撰
日本延宝六年（1678）刻本 139

00174 **难经正意**一卷 1678
00268 又名难经正义愚案
（日）草刈三越撰
1. 抄本 579
2. 见医教正意

00175 **难经注疏**二卷 1679
00269 附三焦心包络命门辨一卷
（日）名古屋玄医（阅甫、富润、丹水子、宜春庵、桐溪）撰
日本天和四年（1684）洛寺德田十兵卫刻本 3 541

00176 **难经或问**二卷附录一卷 1711
00270 （日）古林正祯（调神子、见宜堂后主）撰
日本正德五年（1715）皇都书肆文英阁文泉堂刻本 139 590

00177 **卢经裒腋**二卷附或问一卷 1714
00271 （日）加藤宗博（元庵、与厚）撰
日本享保六年（1721）柳枝轩刻本 139

00178 **难经经释**二卷 1727
00273 （清）徐大椿（灵胎、洄溪老人）注
1. 清雍正五年（1727）吴县徐大椿洄溪草堂刻本 1 3 7 8 139 306 381 450A 541 570 590 664 728A 731 734A 736 738E 739 TA
2. 日本宽政十二年（1800）聿修堂刻本 139 514A 590
3. 清咸丰七年（1857）海昌蒋光焴衍芬草堂刻徐氏医书八种本 712
4. 清同治三年（1864）吴江半松斋刻徐氏医书六种本 491 712 728A 781 852
5. 清同治三年（1864）月山彭树萱善成堂刻徐氏医书八种本 287 289 541 651 746A 852
6. 清同治十二年（1873）湖北崇文书局刻徐氏医书六种本 514B 651 713 736C 746A 831 921
7. 清光绪四年（1878）扫叶山房刻徐氏医书八种本 1 391 529 529A 541 651 731 741 839
8. 清光绪十五年（1889）上海江左书林刻徐氏医书八种本 741 911
9. 清光绪十八年（1892）湖北官书处刻徐氏医书八种本 856
10. 清光绪二十二年（1896）上海珍艺书局石印徐氏医书八种本 733 743
11. 清光绪三十三年（1907）上海章福记书局石印徐灵胎医学全书本 853（残）
12. 清光绪三十三年（1907）上海六艺书局石印徐灵胎医学全书本 139 202 651 854
13. 清经纶堂刻徐灵胎十二种全集本 475A 728A 746A
14. 清刻本 1 491 529A 713 728A 733A 852D 926A
15. 见徐氏医书六种
16. 见徐氏医书八种
17. 见徐灵胎医学全书
18. 见徐灵胎十二种全集

00179 **难经本义摘注**二卷 1734
00274 （清）郭大铭（书台）摘注
清雍正十三年（1735）凝和堂刻本 152 651

00180 **古本难经阐注**二卷 1736
00275 （清）丁锦（履中）注
1. 清乾隆三年（1738）苏州刻本 139 651 907C
2. 清嘉庆五年（1800）张基刻本（不分卷） 570 572
3. 清同治三年（1864）高邮赵春普刻本 1 2 3 139 279 286 289 308A 352 412A 433A 443 450 475A 514A

541　570　579　589　590　651　664　677A　706　707　709　731　738A　738B　741　746A　839A　921　922
4. 清广陵守素主人抄本（据同治三年本抄）　139
5. 清抄本　1　514A　590

00181 / 00277 **难经悬解**二卷　1756
（清）黄元御（坤载、研农、玉楸子）撰
1. 清同治十一年（1872）阳湖冯承熙刻黄氏遗书三种本　1　270　308　590　651　664　677A　907C　931　940
2. 清抄本　139　279　542　738
3. 见黄氏遗书三种

00182 / 00278 **难经古义**二卷　1760
（日）滕万卿（俊文）撰
1. 日本宝历十年（1760）筑水刻本　7
2. 日本抄本　737B
3. 抄本　579

00183 / 00279 **难经释义**二卷　1760
（日）菊池玄藏（周之）撰
日本宝历十年（1760）刻本　7

00184 / 00280 **难经彻注**一卷　1793
著者佚名
稿本　511

00185 / 00281 **难经本义备考**二卷　［1804］
（日）香月启益（负庵）撰
日本享和四年（1804）抄本　1

00186 / 00282 **扁鹊脉书难经**六卷　1817
（清）熊笏（叔陵）辑注
1. 清嘉庆二十二年（1817）高桐熊氏抱经堂刻本　2　139　286　308　541
2. 抄本　139

00187 / 00283 **难经疏证**二卷　1819
（日）丹波元胤（绍翁、奕禧、柳片）撰
1. 稿本　651
2. 日本文政二年（1819）东都书林青云堂刻本　1　3　21　139　475A　541　677A　728A　738B　791　901
3. 见聿修堂医学丛书

00188 / 00000 **难经经解**二卷　1840
（清）邹汉璜（仲辰、稼江）撰
见邹氏纯懿庐集

00189 / 00000 **难经文字考**二卷　［1850］
（日）伊藤馨（子德）撰
清抄本　1

00190 / 00247 **难经摘抄**一卷　1867
（清）王廷俊（寿芝）辑
见类经纂要（附录）

00191 / 00284 **难经本义疏**不分卷　1872
（元）滑寿（伯仁、撄宁生）撰　（日）山田业广（子勤、昌荣、椿庭）疏
日本明治五年（1872）稿本　139

00192 / 00285 **难经晰解**二卷　［1875］
（清）袁崇毅（进之）撰
抄本　1　139

00193 / 00286 **增辑难经本义**二卷　1891
（元）滑寿（伯仁、撄宁生）注　（清）周学海（澄之）增辑
1. 清光绪十七年（1891）池阳周学海刻周氏医学丛书本　139　186　202　270　279　361　381　529A　603　651　664　706　709　721　732　735　852　907C　942B
2. 见周氏医学丛书

00194 / 00000 **难经校订识略**一卷　［1892］
（清）姚凯元（子湘、雪子）撰
稿本　TD

00195 / 00287 **难经正义**六卷　1895
（清）叶霖（子雨、石林医隐、石林旧隐、鹤轩）撰
1. 清抄本　579（裘吉生旧藏）
2. 稿本　737B

00196 / 00289 **医法通汇大全难经本义**三卷　［1911］
（清）童圣功补
清怀初堂抄本　1（存二卷）

00197 / 00290 **难经古注校补**四卷　［1911］
附史记正义难经考一卷、难经本义增辑一卷、难经经释补一卷
（清）力钧（轩举、医隐）辑
稿本　139

00198 / 00298 **秦越人难经剪锦**不分卷　［1911］
（清）施麟昌（卓人）撰
清抄本　589

1.4.3 发挥

00199 **难经广说**一卷 1650
00303
（清）王三重（伯俞）撰
1. 清顺治七年（1650）刻本 476
2. 清郁宦光抄本 731

00200 **越人难经真本说约**四卷 1739
00304
附金兰指南集三卷
（清）沈德祖（玉修、中华子）编
清乾隆四年（1739）亦政堂刻本 2 572 731 734 851 940

00201 **难经启蒙**二卷 1893
00305
（清）丁锦（履中）订 龚遒疆（子封）释
清光绪十九年（1893）抄本 589

00202 **难经笔记**二卷 1908
00307
又名黄帝八十一难经笔记
（清）任锡庚（修如、隐壶生）撰
清抄本 140

1.5 内难合编

00203 **黄氏遗书三种**二十五卷 1756
00323
（清）黄元御（坤载、研农、玉楸子）撰
子目：
（1）素问悬解十三卷附校余偶识一卷
（2）灵枢悬解九卷
（3）难经悬解二卷
1. 清同治十一年至光绪六年（1872—1880）阳湖冯承熙刻本 1 3 139 152 185 202 203 277 351 432 546 570 572 651 664 741 781 791 831 926A
2. 清燮和精舍抄本 831（唐成之、徐痣立题跋）

00204 **素问解题**一卷 1780
00324
难经解题一卷
（日）丹波元简（廉夫、栎荫拙者）撰
日本天明七年（1787）跻寿馆刻木活字印本 3

00205 **素问明义**一卷 1820
00000
难经明义一卷
（日）田扬撰
日本文政三年（1820）抄本 TB

00206 **二经类纂**三卷 1849
00325
（日）山田业广（子勤、昌荣、椿庭）编
日本安政二年（1855）源淳氏抄本 590

00207 **内经通论**不分卷 1909
00326
难经通论不分卷
（清）丁福保（仲祜、畴隐居士）编
清宣统元年（1909）上海文明书局石印本 1 301 572 651 731 746A

00208 **删正黄帝脉书**四卷 [1911]
00327
删正扁鹊脉书三卷
（日）穗积惟正撰
日本玄玄塾抄本 3

2 医理

2.1 医理通论

00209 **中藏经**八卷 [234]
00334 又名华氏中藏经、华先生中藏经
附内照法一卷
原题(汉)华佗(元化)撰
1. 明万历二十九年(1601)新安吴勉学刻古今医统正脉全书本 277 279 412A 664
2. 明万历二十九年(1601)新安吴勉学刻五车楼印本 738
3. 明刻本 1 2 21 461 476 491 511 514A 541 590 721 851
4. 日本宽保二年(1742)浪华书林刻本 139 511 664
5. 清嘉庆五年(1800)扫叶山房刻本 361 546 664
6. 清嘉庆十三年(1808)阳湖孙星衍刻平津馆丛书本(三卷) 1 2 3 6 7 21 308A 381 421 475A 514A 529A 541 572 590 651 664 701 707 709 732 734 738 738B 781 831 852 891 907C 927 943
7. 清光绪六年(1880)上虞徐舜山兰兰山房刻本 1 139 202 279 301 361 363 381 391 393 401 450 450B 491 514A 541 570 572 589 590 651 664 677A 728A 731 734 734A 736 738A 739 740D 799A 800 831 839A 907B 907C 911 917A 926A 927 939 942B
8. 清光绪九年(1883)刻本(三卷,据平津馆丛书本重刻) 2 139 186 412B 475A 529A 603 839 851 907C 931
9. 清光绪十一年(1885)吴县朱记荣槐庐家塾刻本(三卷) 1 21 139 251 288 289 303 308A 381 393 401 514A 651 702 706 709 739 741 781 851 901 907C 927
10. 清光绪十七年(1891)池阳周学海刻周氏医学丛书本(三卷) 202 254 286 308A 381 385A 461 521 529A 541 570 590 651 732 739D 940 942B 951
11. 清光绪十九年(1893)刻本(三卷,据平津馆本翻刻) 715
12. 清光绪粤东联兴堂冯烘记刻本(据兰兰山房本翻刻) 931 939 940
13. 清光绪江左书林刻本(据兰兰山房本翻刻) 4 203 270 277 279 289 382 391 412B 463 475A 476 541 570 736A 737A 738 738A 800
14. 清宣统三年(1911)华英书局石印本(三卷) 572 664 677A 710 734A 738B 740C 907B 931
15. 清古渝卫生医馆刻本 907C
16. 清刻本 3 289 364 728A(残) 738A 740
17. 清抄本 139
18. 抄本 139 202 412A 421 461 TB (传录赵孟頫写本三卷)
19. 见医学六经
20. 见古今医统正脉全书
21. 见平津馆丛书
22. 见宛委别藏
23. 见周氏医学丛书

00210 **(宋徽宗)圣济经**十卷 1118
00335 (宋徽宗)赵佶撰 吴禔注
1. 明崇祯十二年(1639)华亭施沛啬斋刻本 TA
2. 清光绪二年至十三年(1876—1887)归安陆心源刻十万卷楼丛书本 1 139 140

186 251 279 280 289 301 308A 360A 362 385A 401 461 462 475A 542 572 589 590 651 664 677A 701 702 731 734 739 781 851 852 854 940

3. 抄本 731(残)

4. 见十万卷楼丛书

00211 00336 **医学启源**三卷 1186

(金)张元素(洁古)撰

1. 明嘉靖十一年(1532)安正堂刻本 1 572

2. 明刻本 541

3. 抄本(据安正堂本抄录) 590

00212 00337 **圣济经解义**十卷 [1279]

(宋)吴禔撰

1. 明嗣雅堂抄本 731(存卷一)

2. 清抄本(清·翁同龢跋) 1

00213 00339 **医旨绪余**二卷 1573

(明)孙一奎(文垣、东宿、生生子)撰

1. 明万历二十四年至二十七年(1596—1599)新安孙泰来孙朋来刻赤水玄珠全集五种本 1 186 279 289 308A 475A 541 716 732 TA

2. 明万历二十四年至二十七年(1596—1599)新安孙泰来孙朋来刻清康熙杭州吴氏重修赤水玄珠全集五种本 139 443 590 728A

3. 清刻本 202 279 289 412A 708

4. 抄本 139 529A

5. 见赤水玄珠全集五种

6. 见四库全书

00214 00340 **医学要数**二卷 1592

(明)胡文焕(德甫、全庵、抱琴居士)撰

1. 明刻本 708

2. 抄本 139 308 436

3. 见明刊医书五种

00215 00341 **传忠录**三卷 1624

(明)张介宾(景岳、会卿、通一子)撰

1. 抄本 709

2. 见景岳全书

00216 00102 **医经理解**九卷 1653

又名医解

(清)程知(扶生、蒿庵)撰

清抄本 1

00217 00343 **医学阶梯**二卷 1704

(清)张叡(仲岩)撰

1. 清康熙四十三年(1704)刻医学阶梯修事指南合刻本 1 3 21 139 140 152 251 431 433 570

2. 清康熙四十三年(1704)刻雍正九年(1731)文光堂增修医学阶梯修事指南合刻本 475A 572 651 677A

3. 见医学阶梯修事指南合刻

00218 13035 **医学阶梯**四卷 1704

修事指南一卷

(清)张叡(仲岩)撰

1. 清康熙四十三年(1704)刻本(无修事指南) 570

2. 清康熙四十三年(1704)刻雍正九年(1731)文光堂增修本 1 139 572 651 701(缺卷一) 709 942B

00219 00342 **医门约理**一卷 1705

(清)莫熺(丹子、皋亭)撰

见莫氏锦囊十二种

00220 00344 **阊斋姤复遗音**三卷 1722

附明堂图

(清)巩文光(射墟、阊斋)撰 巩子固 巩仁椝参校

清康熙存儿堂刻本 476

00221 00345 **彻剩八编内镜**二卷 1722

(清)刘思敬(觉岸、碧幢山隐)撰

清康熙刻本 139

00222 00350 **松菊堂医学溯源**四十一卷 [1722]

(清)李奇勋(德树)编

清康熙松菊堂刻本 139A(存卷一、十八至三十八) 139A〔缺卷十三至四十一,附道光十四年(1834)冯相棻弁言〕

00223 00487 **医学窥源论**□□卷 [1737]

著者佚名

日本元文二年(1737)芳润堂文英堂刻本 139(存下卷)

00224 00346 **四圣心源**十卷 1753

(清)黄元御(坤载、研农、玉楸子)撰

1. 清道光十二年(1832)阳湖张琦刻宛邻书屋丛书本 139 308A 401 417 475A 514A 799A 891 907C 911

2. 清道光二十二年（1842）丹徒赵克宣赵克宣刻本 289（存卷六至十） 412A（附庄氏慈幼二书） 529A 590 651
3. 清道光二十九年（1849）诸城李璋煜粤东刻本 381 911
4. 清咸丰二年（1852）长沙小嫏嬛山馆刻本 308A
5. 清咸丰六年（1856）刻本 140 412A
6. 清咸丰七年（1857）刻本 21 139 203 289 412B
7. 清咸丰十年（1860）长沙徐树铭燮和精舍刻黄氏医书八种本 139 202 308A 381 412A 491 514A 518 529 541 651 665（存卷四至六） 709 713 728A 738A 743（存卷一至四） 799A 831 839A 907C（存卷一至五） 921
8. 清同治元年（1862）湘乡左继明望云草庐刻黄氏医书八种本 308A
9. 清同治五年（1866）渝城刻陈氏爱竹山房印黄氏医书八种本 831
10. 清同治七年（1868）江夏彭汝琮成都刻黄氏医书八种本 139 251 279 514A 541 742 799A 907C
11. 清同治十二年（1873）刻本 701 891
12. 清光绪二十年（1894）上海图书集成印书局铅印黄氏医书八种本 308A 651
13. 清光绪二十六年（1900）源记书庄石印黄氏医书八种本 306A
14. 清光绪三十一年（1905）经元书室刻黄氏医书八种本 519
15. 清宣统元年（1909）上海江左书林石印黄氏医书八种本 139 443 921（缺卷五）
16. 清富文堂刻本〔据道光二十九年（1849）本翻刻〕 186
17. 清刻本 139 270 381 738 739D 850A 852S（存卷二至五） 854 872 873
18. 清刘鸾翔抄本 514A
19. 清抄本 139 541
20. 抄本 2 397 728A
21. 见黄氏医书八种
22. 见宛邻书屋丛书
23. 见回春集

00225 00347 **羲黄神业**二卷 1755
(清)张紫强(健若)撰
清乾隆二十一年(1756)曲沃张紫强存古斋刻本 251

00226 00000 **释人**一卷 ［1808］
(清)孙星衍(渊如、伯渊)撰
1. 清嘉庆九年(1804)承德孙冯翼刻问经堂丛书本 1
2. 见平津馆丛书

00227 00111 **医经津渡**四卷 1814
(清)范在文(于兹、美中)撰
清嘉庆二十三年(1818)绵上范在文都门听云话月山房刻本 139A 664

00228 05736 **俞氏医学经论**七卷 1817
(清)俞新(浩明、超英)撰
清嘉庆二十二年(1817)抄本 541(存卷一、二、七)

00229 13039 **董氏家藏医抄**十二集 ［1820］
原题(清)董氏撰
清道光稿本 139(残)

00230 00000 **医宗经旨**四卷 ［1823］
(清)蔡贻绩(乃庵)撰
清光绪二十二年(1896)分州怀远官舍刻本 289

00231 00348 **医学寻源**二卷 1824
(清)郑昭(旋宫)编 米家骅参订
清道光四年(1824)金溪郑昭自刻本 139 186 572

00232 00349 **医学溯源**二卷 ［1826］
(清)程文囿(杏轩、观泉)撰
1. 清道光七年(1827)刻医述本 412A
2. 见医述

00233 00351 **医谈传真**四卷 1844
(清)陈定泰(弼臣)撰 陈相静(授尊、唐门)辑补
清光绪元年(1875)绿云洞天刻本 139(残)

00234 00352 **医学一统**一卷 1847
(清)黄为良编 王锡鑫(文选、席珍子、亚拙山人)校订
1. 清道光二十七年(1847)重庆饶氏刻光绪五年(1879)重修三十三年(1907)印医学切要全集本 852B(附疗疮要书一卷)

2. 清古渝善成堂刻蔚文山房印医学切要全集本　139
3. 见医学切要全集（六种）

00235 00353 **医学指归**二卷　1848
（清）赵术堂（观澜、双湖）撰
1. 清同治元年（1862）高邮赵春普旌孝堂刻本　1　2　3（残）　139　139A　185　186　202　270　286　288　289　301　303　360　412A　412B　433　435　443　450　461　475A　476　491　511　514A　514B　541　570　572　579　589　590　651　664　677　677A　706　707　709　728　728A　731　738A　781　799A　831　839A　921　926A　927　939　940
2. 清柳溪主人抄本　570
3. 清抄本　286
4. 见广陵医籍丛刊

00236 00354 **医宗宝笈**一卷　［1861］
（清）凌堃（仲讷、厚堂）撰
清刻本　139　651　851

00237 00000 **人身谱**一卷　1874
（清）祝源（春渠）撰
见歌方集论（附录）

00238 00356 **医易通说**二卷　1892
（清）唐宗海（容川）撰
1. 清光绪二十七年（1901）刻本　139　361　514A　664　877　940
2. 清宣统元年（1909）成都文伦书局铅印本　186　851　852K
3. 见医易通说医易详解

00239 00489 **释人疏证**二卷　［1902］
（清）孙星衍（渊如、伯渊）原撰　叶德辉（奂彬、直山、郎园）
清光绪二十八年（1902）长沙叶德辉刻观古堂丛书本　4L　251　253　284　542

00240 00000 **医理入门**一卷　［1902］
著者佚名
清光绪二十八年（1902）丽春斋主抄本　831

00241 00000 **医易通说**二卷　1904
医易详解一卷
（清）唐宗海（容川）撰
清光绪三十年（1904）文汇堂刻本　590

00242 00000 **医易详解**一卷　1904
（清）唐宗海（容川）撰
见医易通说医易详解

00243 00358 **（简明）中西汇参医学图说**二卷　1906
（清）王有忠（盖圣、荩臣）撰
1. 清光绪三十二年（1906）上海广益书局石印本　139　139A　186　279　281A　286　288　301　308　308A　411　412A　412B　413　421　450B　463　466　475A　491　514A　514B　529A　541　589　590　651　664　709　728A　734A　738B　738E　739　740C　741　791　799A　839A　871　907B　921　940　XD
2. 清光绪三十三年（1907）上海乐群图书局石印本　6　139　254　401　590　907C

00244 00359 **中西会参医书**二卷　1907
著者佚名
见中西医学劝读十二种

00245 00360 **六经撮要**一卷　1911
（清）肇坤撰
见肇坤医稿五种

00246 01359 **金匮直解**一卷　［1911］
著者佚名
清抄本　186

00247 00363 **医易经传会通**一卷　［1911］
（清）葛自申撰
抄本　514A

00248 00364 **拣选医理要论**一卷　［1911］
著者佚名
清抄本　1

00249 00365 **医易合参**一卷　［1911］
著者佚名
抄本　529A

00250 00366 **医学门径图说**不分卷　［1911］
著者佚名
清抄本　590

00251 00000 **医理阐微**一卷　［1911］
著者佚名
清抄本　203

00252 00000 **五经类要**不分卷　［1911］
著者佚名
稿本　286

2.2 医理专论

2.2.1 阴阳五行

00253 **五行大义**五卷 617
00374 （隋）萧吉（文休）撰
1. 日本元禄十二年（1699）井上忠兵卫刻本 139
2. 清嘉庆九年（1804）刻本 4
3. 清光绪二十三年（1897）武进盛氏思惠斋刻本 4C 943
4. 清刻本 665
5. 见佚存丛书

00254 **阴阳管见**一卷 1584
00000 （明）何瑭（粹夫、柏斋）撰
见百陵学山

2.2.2 五运六气

00255 **元和纪用经**一卷 762
00375 （唐）王冰（启玄子）撰
1. 清乾隆五十一年至五十九年（1786—1794）元和程永培刻修敬堂汇印六醴斋医书本（书口题於然室） 1 308A 385 570 590 651 710 728A 746A
2. 清光绪十七年（1891）广州藏修堂刻六醴斋医书本 279 541 590 728A
3. 日本明治二十四年（1891）抄本 7
4. 清光绪十七年（1891）广州藏修堂刻儒雅堂印六醴斋医书本 381 728B
5. 清刻本 281A 728A 731 733A 939
6. 日本抄本 462
7. 抄本 186
8. 见六醴斋医书

00256 **素问六气玄珠密语**十七卷 762
00376 又名素问元密
（唐）王冰（启玄子）撰
1. 明抄本 1 2
2. 清乾隆二十年（1755）成孚氏抄本 572
3. 清乾隆四十六年（1781）东仓听松居士抄本 514A（存十卷）
4. 清乾隆嘉庆间吴县袁廷梼抄本 542（清·陈鳣校跋）
5. 清抄本 1（十六卷，题素问元密，十一、十二卷合为一卷） 7 139 186 651 731（存十卷） 851
6. 抄本 529 541
7. 见道藏

00257 **天元玉册**二十八卷 762
00377 原题（唐）王冰（启玄子）撰
1. 明成化抄本 139
2. 清道光二年（1822）影抄本 475A 907B

00258 **六甲天元气运钤**二卷 1060
00000 （宋）赵从古撰
宋政和二年（1112）刻本 1

00259 **（新刊）素问入式运气论奥**三卷 1099
00379 （宋）刘温舒撰
1. 元后至元五年（1339）胡氏古林书堂刻本 1（附黄帝内经素问遗篇一卷） 651（附遗篇一卷，清·叶桂跋） 931（配补明刻本，附素问遗篇一卷，抱素楼、五十万卷楼旧藏） TA（附遗篇一卷）
2. 明成化十年（1474）鳌峰熊宗立种德堂刻本（附素问运气图括定局立成一卷、黄帝内经素问灵枢运气音释补遗一卷） 541 651 799 TA TD
3. 明嘉靖七年（1528）刻本 589 799
4. 明刻本 1 651
5. 日本宽永二年（1625）刻本 139 186 491 511
6. 日本宽永十二年（1635）刻本〔附运气论奥得助图一卷 （日）回生庵玄璞撰〕 1 139 590 651
7. 日本正保三年（1646）文台屋次郎兵卫刻本 476 590
8. 日本正保三年（1646）芳野屋兆十郎刻本 7（汇入医家七部书）
9. 日本庆安二年（1649）吉野屋权兵卫刻本 733
10. 日本元禄七年（1694）铜驼坊书肆上平乐寺刻本 139 511
11. 清乾隆诸锦抄本 701
12. 清光绪十年（1884）巴陵方功惠刻碧琳琅馆丛书本 739
13. 清光绪十四年（1888）松竹斋抄本 1

14. 清宣统三年(1911)许昭文抄本 907C
15. 见补注释文黄帝内经素问十二卷黄帝内经灵枢十二卷(版本附录)
16. 见黄帝内经素问遗篇(版本附录)
17. 见医家七部书
18. 见道藏
19. 见四库全书
20. 见碧琳琅馆丛书

00260 00380 **运气论奥疏钞**十卷 1099
(宋)刘温舒撰 (日)松下见林录
1. 日本宽文五年(1665)刻本 139 541 590
2. 清同治十年(1871)抄本(附运气图注) 664

00261 00203 **(新刊)图解素问要旨论**八卷 [1186]
(金)刘完素(守真、河间居士、通玄处士)撰 (元)马宗素编
清抄本 1

00262 00381 **素问运气图括定局立成**一卷 1465
(明)熊宗立(道轩、勿听子)撰
1. 明成化八年(1472)鳌峰熊宗立种德堂刻本 701
2. 明刻本 1
3. 清抄本 851
4. 见补注释文黄帝内经素问十二卷黄帝内经灵枢十二卷(版本附录)
5. 见(京本校正注释音文)黄帝内经素问灵枢集注十五卷(附录)
6. 见黄帝内经素问遗篇(版本附录)
7. 见(新刊)素问入式运气论奥(版本附录)

00263 00100 **黄帝内经素问灵枢运气音释**二卷补遗一卷 1465
(明)熊宗立(道轩、勿听子)撰
1. 明嘉靖四年(1525)山东布政使司刻本(附运气图括) 799 TD
2. 见补注释文黄帝内经素问十二卷黄帝内经灵枢十二卷(版本附录)
3. 见(京本校正注释音文)黄帝内经素问灵枢集注十五卷(附录)
4. 见(新刊)素问入式运气论奥(版本附录)

00264 00382 **运气易览**三卷 1519
(明)汪机(省之、石山居士)编
1. 明嘉靖十二年(1533)新安程鐈刻本 1 279 289 511 529 541 572 590 664 721 733 739A TA
2. 见汪石山医书(石山医案丛书本)

00265 00000 **运气占候补遗**一卷 1565
(明)邵弁(伟元)撰
1. 见医学纲目(附录)
2. 见伤暑全书(版本附录)

00266 00383 **运气总论**一卷 1575
(明)李梴(健斋)撰
见宗圣要旨

00267 00384 **运气略**一卷 1609
(明)张三锡(叔承、嗣泉)撰 王肯堂(宇泰、损庵、念西居士)校
1. 明万历三十八年(1610)刻崇祯十七年(1644)应天张维藩等重修医学六要本 590 716 738B
2. 抄本 738A 738B
3. 见医学六要

00268 00385 **运气指明**二卷 1614
(明)王三乐(存斋)撰
抄本 590

00269 00386 **运气彀**一卷 1619
(明)张昶(甲弘、海澄)编
明万历四十七年(1619)刻本 2

00270 00387 **五运六气详解**一卷 1632
(明)董玹(橘斋)编
见十竹斋刊袖珍本医书

00271 00388 **运气商**一卷 1634
(明)徐亦穉(季孺)撰
明崇祯刻本 738A

00272 00389 **运气抄**三卷附图一卷 1635
(日)回生庵玄璞(可敬)撰
日本宽永十二年(1635)刻本 721

00273 00390 **运气一言集**四卷 1654
(日)吉田宗恂(又玄子)撰
日本承应三年(1654)刻本 651

00274 00391 **运气论奥纂要全解**三卷 1684
原题(日)闲流子(元仲)注
日本贞享元年(1684)刻本 541

00275 00392 **运气纂要图说**三卷附录一卷 1684
(日)闲流子(元仲)注
日本贞享元年(1684)刻本 541

00276 **运气论奥谚解**七卷 1704
00393 (日)冈本为竹(一抱子)撰
日本宝永元年(1704)刻本 139 664

00277 **年中运气指南**一卷 1714
00394 (日)冈本为竹(一抱子)撰
日本正德五年(1715)栂村九兵卫刻本 139

00278 **运气要诀**一卷 1742
00396 (清)吴谦(六吉)等撰
1. 清乾隆武英殿刻本 944
2. 清袁鹤皋抄本 832
3. 清刻本 308A
4. 见(御纂)医宗金鉴

00279 **运气**二卷 [1742]
00397 著者佚名
抄本 140

00280 **天人解**一卷 1753
00398 **六气解**一卷
(清)黄元御(坤载、研农、玉楸子)撰
1. 清光绪二十九年(1903)刻医学摘粹本 590
2. 见医学摘粹(附录)

00281 **运气要略**一卷 1753
00399 (清)朱音恬(咏清、蓥峰)撰
见医理元枢

00282 **医原图说**二卷 1758
00400 (清)金理(天和、水一道人)撰
1. 清乾隆二十六年(1761)养恬书屋刻本 152 186 279 590 728 728A 738
2. 清抄本 251

00283 **运气摘要**一卷 1761
00401 又名盘珠集气运汇纂
(清)严洁(西亭、青莲)等撰
1. 抄本 677A
2. 见盘珠集

00284 **天地人三图大旨论**不分卷 1772
00000 (清)丁平(正则)撰
清抄本 572

00285 **宋陈无择三因司天方**二卷图说一卷 1786
03532 (宋)陈言(无择)撰 (清)缪问(芳远)释
1. 清嘉庆二年(1797)问芝堂刻本 1 572 590 651 728A
2. 清抄本 1 279 572 907C
3. 抄本 514A 570 709

00286 **六气论**一卷 [1815]
00423 (清)王之政(献廷、九峰)编
清抄本 589

00287 **易范医疏**四卷 1826
00402 (清)茅松龄(云涛)撰
清道光六年(1826)木活字印本 139 572 590 740A 740B

00288 **图翼运气经络**一卷 1826
00000 (清)周长有(邦桢)编
见内经翼注(附录)

00289 **五运六气**一卷 1832
00403 (清)崔昌龄(锡武)撰
见保赤摘录(附录)

00290 **运气辨**一卷 1837
00404 (清)陆儋辰(筦泉、耳乡、六一老人)撰
1. 清道光二十二年(1842)刻本 139A
2. 见海陵丛刊

00291 **运气掌诀录**一卷 1838
00405 (清)曹乐斋撰
1. 清光绪二十年(1894)成都邓少如崇文斋刻仲景全书本 1 541 651 871
2. 见仲景全书(五种本)

00292 **月令七十二候赞**一卷 1849
00000 (清)叶志诜(东卿、仲寅、遂翁)撰
见汉阳叶氏丛刻神农本草经赞(附录)

00293 **医易引端**一卷 1856
00406 (清)李雨村(万春、鹤龄、清源居士)编
抄本 2 728

00294 **内经运气表**一卷 1866
00407 (清)陆懋修(九芝、勉旃、江左下工、林屋山人)撰
1. 稿本 589
2. 清光绪十二年(1886)山左书局刻世补斋医书本 855
3. 见世补斋医书

00295 **内经运气病释**九卷 1866
00408 附内经遗篇病释一卷
(清)陆懋修(九芝、勉旃、江左下工、林屋山人)撰
1. 稿本 421(存内经遗篇病释)
2. 见世补斋医书(附录)

00296 **时节气候决病法**一卷　[1866]
00409 （清）王丙（绳林、绳孙、朴庄）撰
1. 清宣统二年（1910）刻本　651
2. 见世补斋医书

00297 **素问运气图说**一卷　1870
00410 （清）薛福辰（抚屏、时斋）撰
清同治九年（1870）抄本　738

00298 **运气举要**一卷　1882
00411 （清）陈在山编
清光绪八年（1882）抄本　139

00299 **医学气运治谱**二卷　1886
00412 （清）邱大成（有孚）编
清光绪十二年（1886）忠实堂抄本　361

00300 **素问运气钞**三卷　[1892]
00413 著者佚名
日本铜活字印本　1

00301 **医易一理**一卷　1897
00357 （清）邵同珍（葆诚、葆丞、四九居士）编
清光绪二十三年（1897）小安乐窝刻本　139　590　728A　746A　781

00302 **素问运气浅说**一卷　1906
00415 （清）朱恩华（雅南）撰
1. 清光绪三十二年（1906）商务印书馆铅印本　514A　590
2. 抄本　514A

00303 **医法还丹**一卷　1907
12125 又名医法大还丹、医门大还丹
（清）瑞农（山阴道上人）撰
清光绪三十三年（1907）红杏书屋石印本　289　590　738B

00304 **内经运气辑要**五卷　1907
00422 附内经素问目录注解、逐年运气次序、辨证五运六气
朱振声（醴泉、启源子）编
抄本　541（无附录）　590

00305 **五运六气天干地支等法并论**一卷　[1911]
00416 著者佚名
清抄本　1

00306 **五运六气脉象心得秘诀**一卷　[1911]
00000 著者佚名
抄本　279

00307 **运气口诀**不分卷　[1911]
00417 著者佚名
抄本　251

00308 **运气心法脉诀**一卷　[1911]
00429 （清）裴卿子辑
清抄本　709

2.2.3 病源病机

00309 **巢氏诸病源候论**五十卷　610
00522 （隋）巢元方等撰
1. 元刻本　1　7（卷六至十一抄配）　TD（邓邦述题记）
2. 明嘉靖歙岩镇汪济川主一斋刻本　461　541　572　590　651（清·丁丙跋）　733（存纲目一卷）　TA
3. 明嘉靖歙县方东云聚奎堂刻本　1　2　139　462　541　709　738　851（残）　939
4. 明万历新安吴勉学刻本（据聚奎堂本翻刻）　462　541　570　590
5. 明刻本　733（存卷十四至二十一）　831（存卷十九至二十三）　TB
6. 明抄本　541
7. 日本正保二年（1645）木村源兵卫刻本　1　3　6　139　186　491　541　590　728A　731　TA
8. 清乾隆五十一年（1786）抄本　152
9. 清嘉庆十四年（1809）吴门经义斋刻本　2　7　21　139　140　186　202　308　361　393　396　401　443　491　493　511　521　529A　541　546　572　651　709　731　733　737　799A　831　926A　931　939　TB（日·小岛质校、清·杨守敬跋）
10. 清光绪元年（1875）湖北崇文书局刻本　2　7　9　270　280　286　308A　385A　391　401　412A　476　492　514A　529A　590　651　664　707　734　736B　746A　800　852　921　940　951
11. 清光绪元年（1875）湖北崇文书局刻十二年（1886）湖北官书处印本　1　3　7　21　139　140　185　202　203　204　252　286　308A　311　385B　391　401　412B　432　433A　461　463　475A　476　514A　514B　522　529A　541　651　706　713　715　728A　731　732

733 736B 738 738F 739A 741 781 782 799A 831 852 854 907C (存卷一至二十) 917A 926A 931 940

12. 清光绪十七年(1891)池阳周学海刻周氏医学丛书本 252 270 277 280 289 385 412B 450 512 519 521(存卷二十八至四十一) 522 529A 541 570 590 651 677A 709 728B 733 739D 799A 927 940(残)

13. 清光绪二十二年(1896)博文书局石印本 1 21 139 202 289 514A 529 677A 728 907C 926A

14. 清涵春堂抄本 651

15. 清刻本 280 491 529B 728(残) 732 733 734

16. 清抄本 1 851 TB(存卷十四至十九)

17. 影宋抄本 TB(清·杨守敬题跋)

18. 见四库全书

19. 见周氏医学丛书

00310 **(新编)注解病机赋**一卷 1484
00523 (明)刘全备(宝善、克用)撰
见刘氏四种

00311 **校注解病机赋**三卷 1566
00524 (明)刘全备(宝善、克用)原撰 徐师曾(伯鲁)校注
明嘉靖四十五年(1566)钦懋熙刻本 1

00312 **病机赋**一卷 [1595]
00525 (明)叶文龄(德征、石峰子)撰
日本享保元年(1716)滕野九刻本 139

00313 **考证病源**一卷 1597
00526 又名医学传心录、医药传心录、传心诀、医学传心赋
(明)刘全德(一仁、完甫)撰
1. 清嘉庆元年(1796)祝多抄本 590
2. 抄本 412A 541(题医药传心录) 590(题传心诀)
3. 见赵双修医书十四种

00314 **病机部**二卷 1609
00527 (明)张三锡(叔承、嗣泉)撰
1. 明万历三十八年(1610)刻崇祯十七年(1644)应天张维藩等重修医学六要本 2 139 186 412A 541 590 677A 701 709 734
2. 抄本 738B
3. 见医学六要

00315 **病机要旨**一卷 1626
00000 (明)李盛春(日新)编
见医学研悦

00316 **六淫分类**一卷 [1641]
00529 (明)陈澈(三山、雪潭)撰
见雪潭居医约

00317 **病名汇解**七卷 1686
05750 (日)桂洲(洌子)撰
1. 日本贞享三年(1686)植村藤右卫门刻本 570
2. 日本抄本 590(盛宣怀愚斋旧藏)

00318 **医原集**一卷 1692
00530 (清)黄念(无念)撰
1. 清康熙三十二年(1693)刻本 1
2. 清康熙抄本 139

00319 **重订症脉治辨**□□卷 [1749]
00000 (清)王洪绪(维德、林屋山人、定定子)撰
清抄本 541(清·陈莲舫题跋,存卷下)

00320 **校正病因考**一卷 1753
00531 (日)后藤敏(子文)撰
日本文化十年(1813)养浩园刻本 476

00321 **诸病源候论解题**一卷 1815
00532 **劄记**三卷
(日)山本恭庭(惟允) 丹波元简(廉夫、栎荫拙者)撰
日本抄本 139

00322 **病因精义**十卷 1826
00554 (日)小森桃坞(义启、玄良)撰
日本文政九年(1826)贻安斋刻本 3

00323 **巢氏诸病源候论校**一卷 1876
00533 (清)陆心源(刚甫、存斋、潜园老人)编
见潜园总集

00324 **虚邪论**二卷 1882
00556 (清)费涵(养庄)撰 李龄寿(辛坨、匏斋)莫枚士(文泉、苕川迂叟)评
稿本 590

00325 **病机纂要**一卷 [1894]
00536 (明)方广(约之、古庵)原撰 (清)赵勇纂订
清光绪二十年(1894)赵明抄本 139

00326 00557 **华医病理学**四卷 1911
(清)陈登铠(铁生)编
清宣统三年(1911)三山医学传习所铅印本 277(残) 590 911

00327 00000 **百病探源**一卷 [1911]
(清)魏蝉撰
清抄本 287

00328 00537 **病机策**一卷 [1911]
附药品制度说、药品采造真伪宜辨说
(清)席纫斋撰 严安(卧云)辑
清抄本 701 709(附卢不远医案)

00329 00538 **病机赋**不分卷 [1911]
著者佚名
1. 清抄本 590(一卷)
2. 抄本 514A 738A 922

00330 00539 **病机考**一卷 [1911]
辑者佚名
清抄本 590

00331 00540 **病机摘髓**一卷 [1911]
著者佚名
清抄本 139

00332 00541 **病机摘要**一卷 [1911]
著者佚名
抄本 541

00333 00542 **病机论**一卷 [1911]
王云潞编
抄本 677A

2.2.4 经络腧穴

00334 02083 **黄帝明堂经**十三卷(存一卷) [619]
又名黄帝内经明堂
(唐)杨上善撰注
1. 清刻本 476
2. 清刻朱印本 731A
3. 清抄本 732
4. 清末民初四川存古书局刻本 541 859
5. 日本影抄卷子本 7 139(残) 590
6. 据日本影抄卷子本抄本 738A
7. 见黄帝内经太素(附录)
8. 见渐西村舍汇刊
9. 见六译馆丛书

00335 02084 **铜人腧穴针灸图经**三卷 1026
附穴腧都数一卷
(宋)王惟一(惟德)编
1. 明万历刻本〔据明正统八年(1443)刻本翻刻〕 139 476
2. 明万历刻清重修本 734
3. 明万历书林郑继华宗文堂刻本 139(扉页题振贤堂梓) 412A 721 738B
4. 明万历刻清金陵三多斋递修本 1 139 514A 740A(存卷中)
5. 明石刻拓本 2(残) 139(存卷上、中)
6. 日本承应三年(1654)吉且上村次郎右卫门刻本 706
7. 清康熙三年(1664)会稽姜希辙刻本 546 589 590 731
8. 清康熙三十九年(1700)书林刘锡公刻本(据姜本翻刻,序落款改为康熙甲戌) 139 839A
9. 清雍正十二年(1734)刻本 1
10. 清乾隆吴县薛雪抄本 139
11. 清金陵三多斋刻本 139
12. 清刻本 736A(存卷下) 921
13. 清吴县曹氏笺经室抄本(附避针灸诀) 542
14. 抄本 2 651 734(存一卷)
15. 见铜人图经徐氏针灸合刻

00336 02085 **(新刊)补注铜人腧穴针灸图经**五卷 [1234]
(宋)王惟一(惟德)原撰 (金)闲邪聩叟补注
1. 元刻本 TA(清·刘世珩跋,杨守敬印)
2. 清宣统元年(1909)贵池刘世珩玉海堂刻朱印本(据元刊本影刻本) 1 461
3. 清宣统元年(1909)贵池刘世珩玉海堂刻本 1 2 3 7 9 139 139A 186 202 203 204 251 255 270 286 288 289 301 303 308A 309 361 381 401 412B 433 443 461 462 475A 476 493 511 522 529A 541 546 570 579 589 590 651 664 701 709 723 728A 733 734 737 738 738A 741 781 799A 831 839A 852 907B 922 931 939
4. 日本活字印本(据元崇化余氏勤有堂刻

本） TB
5. 日本抄本 TB

00337 02086 **针经节要**一卷 [1308]
(元)杜思敬(亨甫、宝善老人)编
见济生拔粹

00338 02087 **十四经穴歌**一卷 1341
(元)滑寿(伯仁、撄宁生)撰
1. 日本抄本 139 476
2. 抄本 TA

00339 02088 **十四经发挥**三卷 1368
(元)滑寿(伯仁、撄宁生)撰
1. 明抄本 651
2. 日本宽永二年(1625)洛阳二条梅寿刻本 3
3. 日本庆安二年(1649)大阪河内屋喜兵卫刻本 139
4. 日本宽文五年(1665)山本长兵卫刻本 3 476 728A 738A
5. 日本延宝三年(1675)松会刻本 7
6. 日本宝永六年(1709)芳野屋权兵卫刻本(汇印入医家七部书) 139 541
7. 日本享保十六年(1731)皇都书林永田调兵卫刻本 139
8. 日本宝历十二年(1762)大阪河内屋喜兵卫刻本 139
9. 日本宽政十年(1798)京都书林须原屋平龙卫门刻本 7 491 570
10. 清嘉庆十四年(1809)书业堂刻薛氏医按二十四种本 514A
11. 清道光间东溪堂刻薛氏医按二十四种本 541
12. 抄本 931
13. 见薛氏医按二十四种
14. 见医学集览(题十四经络发挥,二卷)
15. 见医家七部书

00340 02089 **明堂图**四幅 [1368]
又名铜人明堂图
(元)滑寿(伯仁、撄宁生)撰 (明)吴崑(山甫、鹤皋山人、参黄子)校
1. 清乾隆四十七年(1782)吴郡魏玉麟抄本 1
2. 清同治刻本 907C

00341 02090 **全身百穴歌**一卷 1425
(明)陈会(善同、宏纲)撰
见观身集

00342 02091 **灵枢经脉翼**三卷 1479
(明)夏英(时彦)编
1. 明抄本 139
2. 抄本 301

00343 02092 **奇经八脉考**一卷 1572
(明)李时珍(东璧、濒湖)撰
1. 明万历五年(1577)刻本 1 308A 363 381 383 491 590 939
2. 清同治六年(1867)天德堂刻本 856
3. 清光绪十一年(1885)合肥张绍棠味古斋刻本 287
4. 清光绪三十一年(1905)扫叶山房刻本 570
5. 清末同文堂刻本 856
6. 清春明堂刻本 467
7. 清书业德刻本 521
8. 清文成堂刻本 289
9. 清刻本 139 139A 145 251 308A 361 398 465 476 491 514A 529 664 702 733 735A 740A 740B 742 831 854 891 921
10. 清抄本 491
11. 清末石印本 465 741 742
12. 见本草纲目(版本附录)
13. 见医方全书五种(二卷)
14. 见四库全书
15. 见脉学丛书初编
16. 见脉学本草医方全书

00344 02093 **经络考**一卷 1585
(明)张三锡(叔承、嗣泉)撰
1. 明万历三十八年(1610)刻崇祯十七年(1644)应天张维藩等重修医学六要本 315 738A
2. 明万历三十八年(1610)刻崇祯十七年(1644)应天张维藩等重修聚锦堂印医学六要本 2 800
3. 明刻本 716
4. 见医学六要

00345 02094 **铜人明堂之图**四幅 1601
(明)赵文炳(含章)绘制

1. 清乾隆刻本 139
2. 清嘉庆九年（1804）刻本（据清康熙林起龙刻本摹刻本） 139 301
3. 清邵岐摹绘刻本 590
4. 清老二酉堂摹刻本 521
5. 彩绘本 279

00346 02095 **经络汇编**一卷 1612
（明）翟良（玉华）撰
1. 明万历四十年（1612）抄彩绘本 1
2. 清康熙六年（1667）刻本 21 139 251 277 406 514A
3. 清康熙六年（1667）刻天绘阁印本 385
4. 抄本 279 590（残）
5. 见翟氏医书五种汇刻

00347 02096 **循经考穴编**二卷 1619
著者佚名
清康熙抄本 2 139

00348 02097 **经络图说**一卷 1630
（明）张明编绘
1. 清初彩绘本 7
2. 清初抄本 799A

00349 02098 **经络考略**三卷 1636
（明）韦编（勤甫、恂庵、陶集、惊台、湖滨人）撰 韦明辅订正
明抄本 1（缩微胶卷）

00350 02099 **经穴指掌图**一卷 1639
（明）施沛（沛然、元元子、笠泽居士）撰
抄本 839A（残）

00351 00000 **子午流注图说**一卷 1643
（明）凌云（汉章、卧岩）撰
抄本 664

00352 02100 **经学会宗**不分卷 1644
（明）凌云（汉章、卧岩）撰 凌振湖（士麟、成孺）辑
抄本 572 651

00353 02101 **足经图**一卷 ［1644］
著者佚名
明抄绘本 1（残）

00354 02102 **经络穴法**二卷 ［1644］
著者佚名
明抄彩绘本 541（90 叶）

00355 02104 **按部分经络**一卷 ［1644］
（明）宁一玉编
见一隅草堂医书

00356 02188 **节穴身镜**二卷 ［1644］
（明）张星余（淡初、白岳山人）撰
明稿本 1

00357 02105 **十四经发挥抄**十卷 1659
（元）滑寿（伯仁、撄宁生）原撰 （日）谷村玄仙编
日本万治二年（1659）吉野屋权兵卫刻本 3 139

00358 00000 **经诀**一卷 1663
（清）张志聪（隐庵）撰
见医学要诀

00359 02106 **黄帝秘传经脉发挥**七卷 1668
（日）东庵立伯（飧庭）撰
日本活字印本 7

00360 02117 **身经通考**四卷 1671
（清）李潆（伯清、禹门、浠道人）撰
清康熙十一年（1672）沛水李潆三希堂自刻本 2

00361 02107 **十四经穴便览**一卷 1680
（日）松井敬庵撰
日本延宝八年（1680）今井五兵卫刻本 139

00362 02108 **经络全书**二卷 1688
（明）沈子禄（承之）原撰 徐师曾（伯鲁）删订 （清）尤乘（生洲、无求子、信天翁）编
1. 清康熙三十年（1691）吴门尤乘林屋刻博物知本本 1 475A 651 701 721
2. 清康熙三十一年（1692）晤岐堂刻本 289
3. 清抄本 1
4. 清江钖碬抄本 391
5. 抄本 139 901（存卷二）
6. 见博物知本

00363 02109 **经络歌诀**一卷 ［1689］
（清）汪昂（讱庵）撰
1. 清同治八年（1869）刻本 541
2. 清同治九年（1870）古冈刘晚荣刻光绪十六年（1890）增刻汇印藏修堂丛书本 739
3. 清刻本 367 393 896A
4. 抄本 139 421 651
5. 见脉草经络五种会编
6. 见述古丛钞

7. 见藏修堂丛书
8. 见卫生纂要
9. 见汤头歌诀(附录)
10. 见增订本草备要(版本附录)
11. 见牖蒙丛编

00364 02110 **改正内景五脏六腑经络图说**一卷 [1689]
(清)汪昂(讱庵)编
见脉草经络五种会编

00365 02111 **经络穴道歌**一卷 1694
(清)汪昂(讱庵)编
鲁氏抄本(附内景仿真说) 139

00366 02112 **隧输通考**六卷 [1706]
(日)堀元厚(北渚) 衢昌柏(甫山)合编
抄本 7 139

00367 02113 **经络正统**二卷 1711
附引经口诀二卷
(日)浅井正纯撰
日本抄本 3

00368 02114 **引经口诀**二卷 1711
(日)浅井正纯撰
日本正德元年(1711)杉山氏抄本 3

00369 02118 **铜人新图**一卷 [1738]
著者佚名
见环秀堂医书丛刻

00370 02119 **经络发明**一卷 1753
(日)菊池玄藏(周之)撰
日本宝历三年(1753)万屋太次右卫门刻本 139 511

00371 02120 **穴名备考**一卷 1756
(日)竹田景淳撰
日本宝历六年(1756)皇都书肆刻本 139

00372 02121 **挨穴捷径**一卷 1761
(日)杉原敦撰
日本宝历十一年(1761)平安书林刻本 21

00373 02123 **经络诊视图**一卷 1764
(清)徐大椿(灵胎、洄溪老人)辑
1. 见徐灵胎医书三十二种
2. 见脉诀启悟注释(附录)

00374 02124 **考定经穴**一卷 1764
(清)吴超士撰
稿本(徐洄溪跋) 731

00375 02125 **经穴考**一卷 1780
著者佚名
日本安永九年(1780)抄本 572

00376 02158 **经俞须知**不分卷 1789
(清)贾飞(寓亭)编
清乾隆五十四年(1789)抄本 541

00377 02126 **凌门传授铜人指穴**一卷 [1795]
著者佚名
清乾隆抄本(经折装) 139

00378 02127 **人体经穴脏腑图**一卷 [1795]
著者佚名
清抄彩绘本 731

00379 02128 **周氏经络大全**不分卷 [1796]
(清)周世教(孔四)撰
清嘉庆元年(1796)抄本 139(唐成之旧藏)

00380 02129 **经穴汇解**八卷 1803
(日)原昌克(玄玙、子柔、南阳)编
1. 日本文化四年(1807)丛桂亭刻本 1 7 139 152 541 590
2. 日本文化四年(1807)丛桂亭刻嘉永七年(1854)印本 3

00381 02130 **假名读十四经**四卷 1805
(元)滑寿(伯仁、撄宁生)撰 (明)薛铠(良武)校 (日)长泽柳杏(丹阳轩主人)题
子目:
(1)假名读十四经发挥二卷 (元)滑寿撰 (明)薛铠校
(2)假名读十四经治法二卷 (日)津山彪编
日本文化六年(1809)东都甘泉堂刻本 511 590

00382 02131 **经穴纂要**五卷 1806
(日)小阪营升(元祐)撰
1. 日本文化七年(1810)东都十轩店万笈堂刻本 3 7 139 308A 541
2. 日本文化七年(1810)东都十轩店万笈堂刻青云堂重修本 2 7 21 139 185 186 301 361 381 412A 435 541 590 651 664 712 728A 738B 741 791 799 799A 907C TB
3. 抄本 152 590
4. 见聿修堂医学丛书

00383 02132 **医会元要**一卷 1812
(清)蔡贻绩(乃庵)编

1. 清道光二年（1822）翰墨园刻医学四要本 308A（附伤寒温疫抉要） 491
2. 见医学四要

00384 02134 **针灸内篇**一卷 ［1821］
经络图歌一卷
（清）江上外史撰 凌声臣 宣佩九传
清抄本 139

00385 02135 **十四经穴法识**一卷 1829
（日）相忘亭本履（俊伯）撰
日本文政十二年（1829）抄本 139

00386 02136 **经穴指掌**一卷 1829
（日）谷其章（元圭）编
日本赤山堂抄本 3

00387 02137 **经穴备要**一卷 ［1831］
（日）谷其章（元圭）编
1. 清抄本 139
2. 日本抄本 590（清·余姚谢氏永曜楼旧藏）

00388 02138 **经穴图**一卷 1832
绘者佚名
1. 日本安政二年（1855）佐藤氏绘本 3
2. 见飨庭口诀等四种

00389 02164 **脏腑经络指掌**二卷 1834
著者佚名
清道光十四年（1834）抄本 590（附图45幅）

00390 02139 **经脉图考**四卷 1838
（清）陈惠畴（寿田）撰
1. 清光绪四年（1878）贵州黎培敬巡抚部院刻本 1 139 152 202 251 280 308A 412B 461 475A 476 541 546 572 664 709 716 731 736（存卷四） 799A 831 839A 852C 871 901 907C 917A 921
2. 清光绪二十年（1894）浙江朱熙刻本 139 186 286 301 308A 361 529A 590 664 709 831 940
3. 清光绪二十年（1894）浙江朱熙刻二十四年（1898）印本 664
4. 清光绪花县骆浩泉广州登云阁刻本 277
5. 清刻本 3 21 289 491 529A 736（存一卷） 839A 907C
6. 清冯普光抄本 279

00391 02140 **十二经脉络**一卷 1850
（清）沈绂撰
见观身集

00392 02141 **十二经脉歌**一卷 ［1868］
（清）栗山痴叟撰
1. 清抄本 831
2. 见医学便览（栗山痴叟编）

00393 02142 **按部分经录**一卷 ［1870］
著者佚名
见黄寿南抄辑医书二十种

00394 02143 **考正周身穴法歌**一卷 1874
（清）廖润鸿（逵宾）撰
清同治十三年（1874）都门善成堂刻本 139 308A 476

00395 02144 **针灸穴法**一卷 1875
著者佚名
清光绪元年（1875）冯文轩抄本 139

00396 02146 **医学秘本**一卷 1879
又名经络穴位
附新著四言脉诀一卷、图一卷
（清）仲山氏编
清光绪五年（1879）抄本 590

00397 00000 **经络穴位**一卷 ［1879］
著者佚名
清抄本 590

00398 02166 **十二奇经循行图**一卷 ［1886］
（清）汪锡椵辑
清抄本 590

00399 02147 **经络图说**一卷 1889
原题（清）虚白子 七宝生校
清光绪十五年（1889）南昌天禄阁刻本 541 741

00400 02148 **脉度运行考**一卷 1898
附营气脉度运行六言歌
（清）李盛卿（彰五、肄灵素凡吏）撰
清光绪二十四年（1898）李盛卿云南昆阳观海轩刻本 901

00401 02149 **中西汇参铜人图说**一卷 1899
（清）刘钟衡（时育）撰
1. 清光绪二十五年（1899）上海江南机器制造总局石印本 139 140 152 186 288 289 362 475A 541 590 706 831 832 839A 852 871 907C 921

940
2. 抄本 529A

00402 02152 **十二经络图典义**不分卷 ［1907］
著者佚名
清光绪三十三年（1907）抄本 139（唐成之旧藏）

00403 02153 **杨氏家传针经图像**一卷 1908
著者佚名
清锦堂抄本 139

00404 02154 **脏腑总论经穴起止**一卷 ［1909］
著者佚名
抄本 139

00405 02155 **十二经经图并见症用法**一卷 1910
（清）石顽（更叟）编
见石室丛抄医书十七种

00406 02159 **十四经穴发挥**一卷 1911
奇方萃录一卷
著者佚名
清抄本 139

00407 00000 **铜人腧穴针灸图经**九卷附录一卷 ［1911］
（宋）王惟一（惟德）撰 （日）山崎次善补注
日本寄所寄楼抄本 TA

00408 02160 **针灸穴道图**一卷 ［1911］
绘者佚名
清抄彩绘本 651

00409 00000 **经穴辑要**一卷 ［1911］
著者佚名
清抄本 738B

00410 02161 **经穴辑要**不分卷 ［1911］
卷首疡医心法一卷
著者佚名
清抄本 572（伍连德旧藏）

00411 02162 **明堂脏腑经络图解**一卷 ［1911］
著者佚名
抄本 572

00412 02163 **十二经分寸歌**一卷 ［1911］
附脉诀入门
（清）陈秉钧（莲舫、庸叟、乐余老人）编
清许鼎安抄本 590

00413 02165 **十二经总歌**一卷 ［1911］
著者佚名
希凡道人抄本 2

00414 02167 **经络歌**一卷 ［1911］
著者佚名
抄本 590（陈存仁旧藏，附图 5 幅）

00415 02168 **脏腑经络图注**一卷 ［1911］
著者佚名
1. 清缪云亭抄本 2（附《针灸大成·诸穴异名录》、王清任《脏腑改错·图记》）
2. 抄本 851

00416 02169 **奇经八脉总论**一卷 ［1911］
著者佚名
抄本 2

00417 02170 **经络真经**一卷 ［1911］
著者佚名
抄本 514A

00418 02171 **经络总括附方**一卷 ［1911］
著者佚名
抄本 361

00419 02172 **医学简粹十二经脉起止诀**一卷 ［1911］
著者佚名
清折桂斋抄本 590

00420 02173 **内经藏府经络穴名绘考**二卷 ［1911］
著者佚名
清抄本 590

00421 02174 **十二经脉碎金**一卷 ［1911］
著者佚名
清抄本 590

00422 10940 **遵生秘笈**一卷 ［1911］
著者佚名
清抄本 939

00423 02175 **藏腑经络摘要**一卷 ［1911］
著者佚名
抄本 412B

00424 02176 **脏腑经络辑要**一卷 ［1911］
毋自欺斋主人辑
抄本 738B

00425 02177 **奇经八脉图歌**一卷 ［1911］
附内景图
著者佚名
抄本 590（22 幅图）

00426 02179 **经穴摘要**一卷 ［1911］
附虚劳论治
著者佚名
抄本 901

00427 **十二经脉篇**一卷 ［1911］
02180 附医学三字经
著者佚名
1. 清河东薛雪抄本　541
2. 抄本　738B

00428 **铜人图考正穴法** ［1911］
02181 著者佚名
抄本　851

00429 **经脉图**一卷 ［1911］
02182 著者佚名
抄本　541　931

00430 **十二经络奇经八脉**一卷 ［1911］
02183 著者佚名
抄本　139

00431 **奇经八脉总说**一卷 ［1911］
02184 著者佚名
清抄本　491

00432 **素灵约选经穴歌括**一卷 ［1911］
02185 著者佚名
清抄本　1

00433 **经俞选**三卷 ［1911］
02186 （日）源常彧撰　源常斌校　源常言等重订
日本抄本　3（残）

00434 **十四经考**一卷 ［1911］
02187 （日）宫本家传
抄本　511

00435 **刺络篇**一卷 ［1911］
02189 （日）荻元虬子元撰
抄本　738A

00436 **铜人图经络纂要**一卷 ［1911］
02190 著者佚名
清时敬斋抄朱丝栏本　1

00437 **十四经发挥表图**一卷 ［1911］
00000 （日）亲方宗占撰
稿本　TA

00438 **铜人腧穴分寸图**一卷 ［1911］
02243 著者佚名
1. 清卫氏九千卷楼抄本　731
2. 抄本（有批注）　738

00439 **医灿原始经脉**不分卷 ［1911］
00000 著者佚名
清抄本　203

00440 **经络指南**二卷 ［1911］
00000 （清）卜子修辑
清咸丰抄本　203

00441 **针灸穴位**一卷 ［1911］
00000 著者佚名
清末抄本　734A

00442 **治病要穴**一卷 ［1911］
00000 著者佚名
清抄本　1

00443 **针灸穴法图**一卷 ［1911］
00000 著者佚名
抄本　286

2.2.5　藏象骨度

00444 **内照法**一卷 ［234］
00431 原题（汉）华佗（元化）撰
1. 明刻本　1（残）
2. 清宣统三年（1911）刻本　1
3. 抄本　475A
4. 见中藏经（附录）
5. 见周氏医学丛书

00445 **华佗玄门脉诀内照图**三卷 ［234］
00432 原题（汉）华佗（元化）编
1. 明嘉靖刻本（二卷）　1　139
2. 清抄本　139
3. 抄本　3（题华佗先生内照图）　475A　651　TA
4. 日本抄本　TB
5. 见平阳府所刻医书六种

00446 **藏经**一卷 ［234］
00434 附运气略
原题（汉）张伯祖撰　张机（仲景）校订
清抄本　590

00447 **存真图**一卷 ［1279］
00435 （宋）杨介（吉老）撰
清抄绘本　1

00448 **尊生图要**一卷 1547
00436 原题（明）文璧（徵明）撰
明抄绘本　251

00449 **脏腑证治图说人镜经**八卷附录二卷续录二卷 1606
00437 又名寿世内镜图说

著者佚名　(明)王宗泉传　(明)钱雷(豫斋)　张俊英(钟奇)　(清)张吾瑾(鹤洲)辑补
1. 明万历三十四年(1606)汤阴洪启睿刻本(无续录)　3　475A　541　590　651　731
2. 明万历四十年(1612)桐城吴用先浙江紫微堂刻本(无附录)　781
3. 明崇祯十三年(1640)衡漳张俊英徐州河防府刻本　1(存附录)　140　362　541　851
4. 清康熙元年(1662)益州张吾瑾刻本　3　7　251　279　286　362　831(唐成之题识)851　907C
5. 清康熙三十六年(1697)江宁陈铎刻本(题寿世内镜图说)　3　139　186　412A　651　728A
6. 清雍正十一年(1733)刻本　2　139　139A　186　202　254　289　361　412A　450B　461(有抄配)　491　541　590　664　741　871　896A　917A
7. 清刻本　277　854　857
8. 清归莲堂抄本　651
9. 清抄本　1(无附录、续录)　139(存附录)　308A　738B〔存附录二卷,据崇祯十三年(1640)刻本抄录〕　853
10. 抄本　139　302　308A　651　721

00450/00440 **身体图会**七卷　[1607]
(明)王思义(允明)编
1. 明万历三十七年(1609)王圻刻本　3
2. 明万历三十七年(1609)王圻刻清谭滨黄晟槐荫草堂补刻本　139
3. 见三才图会

00451/00438 **脏腑指掌图**一卷　[1640]
(明)施沛(沛然、元元子、笠泽居士)撰
见灵兰集

00452/00439 **析骨分经**一卷　1644
(明)宁一玉撰
1. 清顺治三年(1646)周南李际期宛委山堂刻说郛续本　739
2. 见采艾编(版本附录)
3. 见说郛续

00453/00442 **脏腑性鉴**二卷　1668
(清)贾诠(所学、九如)撰　尤乘(生洲、无求子、信天翁)增补
1. 清康熙三十年(1691)吴门尤乘林屋刻博物知本本　277
2. 抄本　475A
3. 见博物知本

00454/05653 **医学原始**九卷　1688
(清)王宏翰(惠源、浩然子)撰
清康熙三十一年(1692)刻本　572(存卷一至四)

00455/00443 **脏腑辨论**一卷　[1696]
(清)汪启贤(肇开)等撰
见济世全书

00456/00445 **医学三藏辨解**不分卷　[1700]
(日)冈本为竹(一抱子)撰
日本元禄十三年(1700)帝畿书舍西村市郎右卫门刻本　139

00457/00447 **人体辨**一卷　[1722]
(日)寺岛良安(尚顺)撰
日本安政六年(1859)抄本　7

00458/00448 **骨度正误图说**一卷　1744
(日)村上亲方(宗占)撰
日本宝历二年(1752)江户须原屋平左卫门刻本　7　139

00459/00449 **释骨**一卷　[1752]
(清)沈彤(贯云、果堂)撰
1. 清乾隆十五年(1750)刻沈果堂全集本　462　651
2. 清道光十三年至二十四年(1833—1844)吴江沈懋德世楷堂刻昭代丛书本　651
3. 清光绪二十九年(1903)抄本　139
4. 清抄本　1　279
5. 日本抄本　7
6. 见观身集
7. 见昭代丛书

00460/00450 **藏志**一卷　1754
(日)山胁尚德(玄飞、东洋)撰
1. 日本平安养寿院刻本　572(残)
2. 日本宝历四年(1754)抄本　139

00461/00451 **解尸编**一卷　1771
(日)河口信任(子远)撰
日本安永元年(1772)平安书林刻本　139

00462 **募原考**一卷 1792
00452 **屠苏名义考**一卷
（日）丹波元简（廉夫、栎荫拙者）撰
日本文化四年（1807）抄本 186

00463 **解体发蒙**四卷卷首一卷附录一卷 1809
00454 （日）三谷朴（公器）编
日本文化十年（1813）藏六轩刻本 3

00464 **上池涓滴**一卷 1812
00453 （清）黄凯钧（南薰、退庵）撰
见友渔斋医话

00465 **医林改错**二卷 1830
00455 （清）王清任（勳臣）撰
1. 清道光十年（1830）京都隆福寺三槐堂刻本 1 2 139 140 186 204 289 301 308A 311 412A 461 572 590 651 713
2. 清道光二十七年（1847）金阊书业德记刻本 1 139 381 590
3. 清道光二十九年（1849）金陵文英堂刻本 139 401 728A 852 891 907C
4. 清道光刻本 1 139 277 651
5. 清咸丰元年（1851）潘永元堂刻本 270 302 351 521
6. 清咸丰三年（1853）两广都署刻本 476
7. 清咸丰三年（1853）顺天张润波广州刻本 3 140 279 363 391 412A 431（双门底发兑） 514A 519 852 855 931
8. 清咸丰六年（1856）顺天九思堂张纯山刻本 491 931
9. 清咸丰十年（1860）竹园刻本 443 852 907C
10. 清同治三年（1864）三让堂刻本 931
11. 清同治四年（1865）文光堂刻本 314
12. 清同治五年（1866）星沙经济堂刻本 139 185 541 831 931
13. 清同治七年（1868）广州萃芳楼刻本 728A 931
14. 清同治七年（1868）广州三元堂刻本 590 651 664 738 738A 741 746A
15. 清光绪五年（1879）扫叶山房刻本 3 139 279 363 493 524 529A 541 590 651 664 713 799A
16. 清光绪十年（1884）正学斋刻本 139 651 728A
17. 清光绪十四年（1888）衡水三义堂刻本 285 301 360A
18. 清光绪十五年（1889）上海扫叶山房刻本 1 203 251 279 289 475A 523 590 664 677A 702 734B 736 739A 800 940
19. 清光绪十七年（1891）常熟三峰寺刻本 139 152 202 277 412A 450 570 664 677A 701 706 707 709 713 721 728A 799A 901 911 926A
20. 清光绪十七年（1891）文成堂刻本 701 746A
21. 清光绪二十年（1894）文林书局石印本 251
22. 清光绪二十二年（1896）鄂藩使署刻本 139 514A 541 542 590 731 831 931
23. 清光绪二十六年（1900）善成堂刻本 139 728A 734
24. 清光绪二十七年（1901）京都善成堂刻本 1 2 21 139 186 280 308A 361 391 412A 475A 570 664 713 728A 734 734B 854
25. 清光绪二十九年（1903）宏道堂刻本 381 435 412A 907C
26. 清光绪三十年（1904）上海飞鸿阁石印本 736B
27. 清光绪三十年（1904）京都文成堂刻本 279 288 308A 461 491 579 852
28. 清光绪三十二年（1906）校经山房刻本 1 139 289 308A 514A 570 738A 799A 927
29. 清光绪三十三年（1907）上海焕文书局石印本 529A 728A 741
30. 清光绪三十四年（1908）上海理文轩书庄石印本 735A 852 931
31. 清光绪刻本 590 706 721 922
32. 清宣统元年（1909）仁记书庄刻本 361 450 728A 799 931
33. 清粤东五经楼刻本（据文英堂本翻刻） 139 940
34. 清三省堂刻本 351

35. 清京都有益堂刻本 1 139 852
36. 清京都宝经堂刻本 1 21 279 433A 541
37. 清经纶堂刻本 781
38. 清纬文堂刻本 491 921
39. 清经纶森宝刻本 270 381 529A 781 799A 839A
40. 清刻本 1 279 391 466 476 493 511 664 721 740A 852
41. 清抄本 279 911
42. 抄本 139(节录) 202
43. 见石室丛抄医书十七种
44. 见中西医通汇函

00466 00457 **导窾私录**三卷 1839
导窾私录补二卷
(日)小出龙君德撰
日本天保十年(1839)浪华三书堂刻本 139 590

00467 00458 **内景备览**一卷 1840
(日)石坂宗哲(廷玉、竿斋)撰
日本天保十一年(1840)刻本 139

00468 00459 **观身集**四卷 1850
(清)叶志诜(东卿、仲寅、遂翁)编
子目：
(1)全身百穴歌一卷 (明)陈会撰
(2)脉象统类一卷 (清)沈金鳌撰
(3)十二经脉络一卷 (清)沈绂撰
(4)释骨一卷 (清)沈彤撰
1. 清咸丰三年(1853)汉阳叶志诜两广督署刻本 1 251 476 939
2. 见汉阳叶氏丛刻

00469 00460 **人身通考**八卷 1851
(清)周振武撰 唐楚田(执镇)校订
1. 清光绪八年(1882)宁乡唐氏慎余山房刻本 139
2. 清抄本 139

00470 00461 **骨经**一卷 [1868]
(日)石坂宗哲(廷玉、竿斋)撰
日本明治元年(1868)阳州园刻本 139

00471 00462 **全体图经**不分卷 1878
(清)张若泉撰
清光绪四年(1878)书带草堂稿本 590

00472 00463 **脏腑图说症治要言合璧**三卷 1882
附医案类录一卷
又名中西医粹、脏腑图说症治合璧
(清)罗定昌(茂亭)撰 童愻庵评点
1. 清光绪二十年(1894)刻本 139 139A 202(残) 279 361 412A 421 651(存二卷) 728A 852 907C
2. 清光绪二十年(1894)刻二十七年(1901)正字山房增刻汇印中外医书八种合刻本 412A 421 434 852S
3. 清光绪三十年(1904)成都文汇堂刻中外医书八种合刻本 896A 907C
4. 见中外医书八种合刻

00473 00465 **骨格图说**一卷 1887
著者佚名
清光绪十三年(1887)六濠义冢局刻本 139(附图12幅)

00474 00441 **历藏篇**一卷 1891
又名医学引蒙新说
附论鼠疫病情鼠疫验方
(清)罗浮山人撰
1. 清光绪十七年(1891)抄本 3
2. 清抄本 940

00475 00466 **华洋藏象约纂**三卷附录一卷 1892
又名中西脏腑图像合纂
(清)朱沛文(少廉、绍溪)编
1. 清光绪十九年(1893)佛山刻本 139 664 733B 738A 939 940 944
2. 清光绪二十三年(1897)宏文阁石印本(题中西医脏腑图像合纂) 21 139 289 491(残) 590 677A 921

00476 00467 **内景求真**四卷 [1892]
(清)李延钺撰
清光绪十八年(1892)鄂城三寤楼刻本 139

00477 00000 **中西医学入门**二卷 1895
(清)唐宗海(容川)撰
1. 清光绪二十一年(1895)上海书局石印中西医学丛书十种本
2. 见(绘图)中西医学丛书十种

00478 00468 **医意内景图说**二卷 1896
(清)徐延祚(龄臣)编
1. 清光绪二十二年(1896)奉天徐延祚刻铁如意轩医书四种本 3 21 139 277

412A 590 677A 839A
2. 抄本 590
3. 见铁如意轩医书四种

00479/00469 **中西骨格辩正**六卷 1897
附图说一卷
（清）刘廷桢（铭之）撰
1. 清光绪二十九年（1903）上海广学会铅印本 3 139A 145 308 308A 491 664 739A 799A 907C 951
2. 抄本 851
3. 见六译馆丛书

00480/00470 **中西骨格图说**一卷 1897
（清）刘廷桢（铭之）编绘
1. 清光绪二十九年（1903）上海广学会铅印本 851
2. 见中西骨格辩正（附录）

00481/00474 **五藏六腑变化旁通诀**一卷 ［1911］
著者佚名
日本医学馆刻本 590

00482/00475 **五脏六腑并包络命门解**一卷 ［1911］
著者佚名
抄本 186

00483/00478 **五脏次第图**一卷 ［1911］
著者佚名
日本抄本 139

00484/00000 **内景真传说**一卷 ［1911］
著者佚名
清抄本 362

3 伤寒金匮

3.1 伤寒金匮合编

3.1.1 合刻合编

00485 00597 **仲景全书**二十六卷　1599
(汉)张机(仲景)等原撰　(明)赵开美(玄度、如白、清常道人)编
子目:
(1)伤寒论十卷　(汉)张机撰
(2)注解伤寒论十卷　(金)成无己注
(3)伤寒类证三卷　(金)宋云公撰
(4)金匮要略方论三卷　(汉)张机撰
1. 明万历二十七年(1599)海虞赵开美刻本　139　541　590
2. 明万历二十七年(1599)海虞赵开美刻明末重修本　476　TB

00486 00598 **伤寒全书**三十九卷　[1601]
(汉)张机(仲景)等原撰
子目:
(1)注解伤寒论十卷　(金)成无己注
(2)伤寒明理论四卷　(金)成无己撰
(3)金匮要略方论三卷　(汉)张机撰
(4)增注类证活人书二十二卷　(宋)朱肱撰
明万历二十九年(1601)新安吴勉学刻步月楼印本　203　590

00487 00000 **仲景全书**三种十六卷　1668
(汉)张机(仲景)等原撰　(日)秋田屋总兵卫书肆辑
子目:
(1)集注伤寒论十卷　(金)成无己注　(明)张卿子参注
(2)金匮要略方论三卷　(汉)张仲景撰
(3)伤寒类证三卷　(金)宋云公编
1. 日本宽文八年(1668)上村次郎右卫门刻本　139(存前二种)　738B
2. 日本宽文八年(1668)上村次郎右卫门刻秋田屋总兵卫印本　2　7　279
3. 日本宝历六年(1756)出云寺和泉等刻本　3(残)　590　651

00488 00599 **仲景全书**五种二十卷　1894
(汉)张机(仲景)等原撰　(清)胡乾元(子善)增辑
子目:
(1)集注伤寒论十卷　(金)成无己注　(明)张卿子参注
(2)金匮要略方论三卷　(汉)张机撰
(3)伤寒类证三卷　(金)宋云公编
(4)伤寒明理论三卷　(金)成无己撰
(5)运气掌诀录一卷　(清)曹乐斋撰
1. 清光绪二十年(1894)成都邓少如崇文斋校刻本　1　3　139　139A　202　204　254　270　277　279　280　353　361　391　401　412A　432　491　511　514A　519　521　525　529A　529B　541　572　590　651　664　715　727　728A　728B　738　738A　746A　799A　831　851　852　852S　852T　854　871　876(存十三卷)　896A　901　907C　917A　926A　927　940
2. 清光绪二十二年(1896)羊城文升阁刻本　493　710(存十二卷)　715　931　939(存二种)

00489 00600 **汉张仲景伤寒杂病论**十六卷　1900
(清)田伯良(捷卿)辑
见中华古圣医经大全

00490 00601 **仲景条文类录**一卷　1910
著者佚名
清宣统二年(1910)抄本　139

00491 00000 **伤寒卒病论集**不分卷　[1911]
(汉)张机(仲景)撰
日本抄本　TB

3.1.2 考释发挥

00492 00653 **伤寒正医录**十卷 1744
（清）邵成平（庸济）编
清乾隆九年（1744）三当轩刻本 139 590 734（存卷一至三、九、十）

00493 00000 **伤寒卒病论读**一卷 1764
医经读一卷
（清）沈又彭（尧封、尧峰）撰
1. 清乾隆三十年（1765）宁俭堂刻本 401 733 734
2. 清乾隆三十年（1765）宁俭堂刻博古堂重修本 186

00494 00607 **伤寒杂病论类编**十三卷 1765
附伤寒杂病论类编附言、平脉法贬伪
（日）内藤希哲（师道、泉庵）原撰 小岛瑞（伯玉）续编
1. 稿本 3
2. 日本文政二年（1819）大岛燮即省庵刻本 3 541
3. 日本抄本 1（钤星吾海外访得秘笈）

00495 00608 **史氏实法寒科**一卷 1781
（清）史大受（春亭）编
1. 清抄本 139
2. 抄本 701

00496 00654 **伤寒金匮秤量考**一卷 1781
分量筭考一卷
（日）浅野韫玉 正本先醒合撰
日本宽政三年（1791）文刻堂刻本 139 590

00497 00609 **长沙正经证汇**一卷 1790
又名长沙证汇
（日）田中荣信（愿仲）编
日本宽政三年（1791）温故堂抚松亭刻本 139

00498 00610 **伤寒杂病论集注**十六卷卷首一卷卷末一卷 ［1795］
（清）曹家珍撰
清乾隆稿本 651

00499 00612 **要略厘辞**四卷 1796
（清）于溥泽（皆霖、芥林、云巢、之莱山人）撰
1. 清嘉庆元年（1796）木活字印本 1 186 590
2. 清抄本 1 139

00500 00614 **伤寒杂病全论解**十八卷 1800
（日）德内常矩撰 杉本法桥 杉本厄迫政膜订
日本宽政十二年（1800）抄本 590（清·盛宣怀愚斋旧藏）

00501 00611 **治病要言**四卷 1806
又名治证要言、伤寒杂证论案
（清）何世仁（元长、澹安、福泉山人）撰
清抄本 139

00502 00617 **伤寒杂病论正义**十六卷 1825
（清）孙桢（均文、松涛）编注
清道光五年（1825）抄本 572

00503 00615 **订正医圣全集保身寿世真经**三卷 1888
又名保寿经、伤寒论释义
附针线拾遗
（清）李缵文（彦仲、散花痴侬）撰
1. 清光绪十四年（1888）苏州李缵文自刻本（无附录） 734
2. 清光绪十四年（1888）苏州李缵文刻十九年（1893）增刻本 139 152 289 476 590（残） 651 664 677A
3. 清光绪十四年（1888）苏州李缵文刻十九年（1893）增刻宣统元年（1909）上海文瑞楼印本（扉页题伤寒论释义） 3 139 203 286 302 361 475A 541 570 572 589 590 651 664 677A 728 728A 738 738B 800 851 921

00504 00616 **伤寒卒病论渊源**一卷 ［1910］
著者佚名
清末抄本（据敏求斋丛书本） 139

00505 00618 **仲景伤寒轨伦**四卷 ［1911］
（汉）张机（仲景）原撰 （清）周一宁（溯菴）编
清古董陈又森抄本 1

00506 00000 **伤寒杂病论集解**三卷 ［1911］
（日）高亨元贞撰
日本抄本 TB

3.1.3　方论歌括

00507 **方极**一卷　1755
00633 （日）吉益为则（公言、东洞）撰　品丘明编
日本享和三年（1803）蒲芦亭刻本　139

00508 **东洞先师方极删定考证**一卷　1772
00634 （日）邨井杶（大年）撰
日本宽政二年（1790）平安书肆林权兵卫刻本　139

00509 **古方通览**不分卷　1799
00635 又名古方鉴
（日）佐藤正昭（春杏）撰
1. 日本嘉永三年（1850）松敬堂刻本　139　152
2. 日本嘉永三年（1850）松敬堂刻清光绪十一年（1885）上海福瀛书局印本　139　289　421　590　706　839A
3. 清抄本　139

00510 **方机**一卷　1811
00636 又名古方兼用方机
（日）吉益为则（公言、东洞）撰　乾省守业编
日本文政八年（1825）刻明治十六年（1883）印本　139

00511 **上世方证鉴**不分卷　1816
00637 （日）铃木一贯撰
日本文政四年（1821）三岛馆刻本　139

00512 **张氏方函**一卷　1823
00638 附分量考略剂率一卷
（日）藤田大信（子约、椿斋）编
日本文政六年（1823）终古堂刻本　139

00513 **伤寒论大方图解**二卷　1833
00639 **金匮要略大方图解**二卷
（清）何贵孚（菽田）撰
1. 清道光十三年（1833）甲戌坊乙藜斋刻本　139　139A
2. 清抄本　907C

00514 **张仲景伤寒金匮方**一卷　［1850］
00640 著者佚名
清抄本　139

00515 **伤寒杂病类方**一卷　1852
00641 （日）喜多村直宽（士栗、安斋、安正、栲窗、香城）撰
日本嘉永五年（1852）刻本　139

00516 **金匮伤寒论方**一卷　1854
00000 （清）陆懋修（九芝、勉旃、江左下工、林屋山人）撰
稿本　1

00517 **经方权量略说**一卷　1854
00642 （日）喜多村直宽（士栗、安斋、安正、栲窗、香城）撰
日本学训堂木活字印本　570　590　781

00518 **仲景方汇录**一卷　1866
00643 （清）陆懋修（九芝、勉旃、江左下工、林屋山人）撰
清吴兴陆氏林屋丹房稿本　1

00519 **医学真传**一卷　1866
00644 （清）宫藻（建章）编
清光绪十二年（1886）稿本　139

00520 **经方歌括**二卷　1871
00645 （清）黄钰（宝臣）撰
1. 清光绪十九年（1893）璧山黄钰芸经堂自刻本　139　152
2. 见伤寒辨证集解四种合刻

00521 **伤寒类方歌纂**不分卷　1896
00646 **金匮方歌纂**不分卷
（清）耿刘霈（蕉录）编
抄本　139

3.2　伤寒论

3.2.1　本文

00522 **伤寒论**十卷　219
00656 又名校正伤寒论、宋本伤寒论
（汉）张机（仲景）撰　（晋）王熙（叔和）编　（宋）林亿校
1. 日本宽政九年（1797）浅野元浦徽刻本（题校正宋版伤寒论）　2　3　203　381　541　572　579　590　781　799A
2. 日本享和元年（1801）顺受居刻本　1　286　512
3. 日本文政十年（1827）京都书林风月庄左卫门刻本　7　21　139　308A
4. 日本弘化元年（1844）存诚药室刻本　7

139 462

5. 日本安政三年(1856)江户堀川济重刻本（据明赵开美本） 1 2 3 139 279 280 289 475A 541 570 590 651 741 839A 939 TA

6. 清末宋福臣抄本 139

7. 清抄本(不分卷) 651

8. 日本山本长兵卫刻本 139 514A

9. 日本刻本 2 421 709 741 939

10. 抄本 2(不分卷) 277 521 529A 738A 738B 799A 851 921 939 TA

11. 见仲景全书(四种本)

12. 见医种子

13. 见武昌医学馆丛书

00523/00665 **金匮玉函经**八卷 219

(汉)张机(仲景)撰 (宋)林亿校

1. 清康熙五十六年(1717)上海陈世杰起秀堂刻本 1 3 139 139A 152 204 279(缺卷二) 401 572 590 651 710 735A(存卷五至八)

2. 日本延享三年(1746)平安成美堂刻本 139 541

3. 日本延享平安博文堂刻本 7

4. 清刻本 723 735A(残) 736C

5. 清抄本 139 570(题医经八卷) 939 TA

6. 见起秀堂刊医书两种

00524/00667 **金匮玉函经**三十六卷 [1279]

(晋)郭璞撰 (宋)刘允中释

清抄本 7

00525/00657 **标次张仲景伤寒论**一卷 [1619]

著者佚名

明万历刻本 572

00526/00658 **伤寒尚论篇编次仲景原文**四卷首一卷 1667

(清)喻昌(嘉言、西昌老人)编 徐彬(忠可)录

见喻嘉言先生伤寒尚论篇全书

00527/00660 **古文伤寒论**一卷 1792

(日)吉益为则(公言、东洞)删正 桃井安贞(子忠)编

日本刻本 139

00528/00000 **伤寒论定本**一卷 1813

(日)吉益辰撰

日本文化十年(1813)抄本 TB

00529/00661 **删定伤寒论**不分卷 1813

(汉)张机(仲景)撰 (日)吉益猷(南涯、修夫、谦斋)删定

清宣统二年(1910)上海文明书局铅印丁氏医学丛书本 139 572 731 851 921

00530/00662 **和训伤寒论**一卷 1839

(汉)张机(仲景)原撰 (日)种杏道人编

日本天保十年(1839)皇都书林刻本 139

00531/00663 **订字标注伤寒论**一卷 1840

(日)小原良直校正

日本嘉永元年(1848)群芳轩刻本 139 901

00532/00668 **伤寒类经**不分卷 1894

(清)王祖光撰

1. 清光绪二十年(1894)稿本 590

2. 清光绪二十一年(1895)抄本 590

00533/00664 **伤寒论章节**五卷 1902

(清)包育华(桃初、鹏九、白髯叟)撰 包识生(一虚、德逮)编

1. 清光绪二十八年(1902)刻本 21 651 799A

2. 见无安集活法医书

3.2.2 考释

00534/00671 **注解伤寒论**十卷 1144

(汉)张机(仲景)撰 (晋)王熙(叔和)编 (金)成无已注

1. 元至正二十五年(1365)西园余氏刻本(题伤寒论注解、附图解运气钤一卷) 1 2 7(卷十缺页)

2. 明嘉靖二十四年(1545)歙岩镇汪通值主一斋刻本(附图解运气钤一卷) 1 511 541 TB

3. 明嘉靖三十九年(1560)熊氏种德堂刻本 TA

4. 明万历二十九年(1601)新安吴勉学刻步月楼印本 1 2 7 21 139 277 279 381 385 570 590 651 702 709 738A 851

5. 明万历二十九年(1601)新安吴勉学刻清吴门蕴古堂印本 381

6. 明刻本 511 514A 728A TA

7. 清道光三年（1823）贵文堂刻本（附伤寒明理论四卷） 1 21 251 302 308A 364 385 491 541 572 716 746A
8. 日本天保六年（1835）跻寿馆刻本 2 7 462 541 542 709 TB
9. 清道光二十四年（1844）信元堂刻本（附伤寒明理论四卷） 139 412A
10. 清同治四年（1865）聚锦堂刻本 907C
11. 清同治九年（1870）常郡陆氏双白燕堂刻本（附伤寒明理论四卷） 1 3 7 139 139A 202 203 277 279 286 289 308 385A 385B 391 393 417 421 433A 461 475A 491 514A 521 522 524 529A 541 570 572 590 651 664 677A 709 710 715 728A 734 735A 736B 738 738A 739A 743 746A 799A 851 891 896A 917A 922 927
12. 清光绪六年（1880）扫叶山房刻本（附伤寒明理论四卷） 1 2 7 139 140 186 251 254 277 279 280 301 302 308 308A 362 366 397 401 412A 461 463 475A 491 514A 529A 541 589 651 664 707 709 728A 735A（存卷一至五） 736A 736B 736E 746A 831 896A 907B 907C 926A 951
13. 清光绪十八年（1892）浙江书局刻古今医统正脉全书本 891
14. 清光绪二十年（1894）成都邓少如崇文斋刻仲景全书五种本 464 851 852（存卷一至四） 871
15. 清光绪二十一年（1895）文运书局刻本 385
16. 清光绪二十二年（1896）湖南书局刻本（附伤寒明理论四卷、图解运气图一卷） 1 202 301 351 385 393 396 475A 476 514A 514B 519 529A 541 589 651 664 706 712 714 728A 733（缺卷四、五） 734 736B 746A 799A 831 839A 871 922 931 XE
17. 清光绪二十二年（1896）湖南书局刻汉文书局重修本（附伤寒明理论四卷、图解运气图一卷） 139 287 393 746A 831
18. 清光绪二十二年（1896）湖南书局刻汉文书局重修益元书局印本（附伤寒明理论四卷、图解运气图一卷） 139 185 361 475A 664
19. 清光绪二十二年（1896）复古书斋石印本（附伤寒明理论四卷、图解运气图一卷） 1
20. 清同治九年（1870）常郡陆氏双白燕堂刻光绪二十五年（1899）常郡宛委山庄印本 1 139 203 514A 521 590 739B
21. 清光绪广州大文堂刻本 139 202 253 351 361 728A 911 931 939
22. 清同德堂刻本（附伤寒明理论四卷） 1（有补配） 385
23. 清吴翊隆抄本 709
24. 清刻本 139A 186 203 253 279 308 366（存卷一至四） 382 433A 475A（附伤寒明理论四卷） 511 514A 541（附伤寒明理论四卷） 731 733A 737A（缺卷二、七） 738A 742（存六卷） 831（残） 839 931
25. 清抄本 401 491
26. 日本浅野徽刻本（据元刻本影刻） 7 412A TA
27. 抄本 301 421
28. 见仲景全书（四种本）
29. 见古今医统正脉全书
30. 见伤寒全书
31. 见四库全书

00535 **伤寒摘锦**二卷 1569
00672
（明）万全（密斋）撰
1. 清顺治十六年（1659）罗田万达刻万密斋全书本 139（有配补）
2. 清康熙五十一年（1712）汉阳张坦议视履堂刻万密斋医学全书本 21 412B 572 651 781
3. 清雍正二年（1724）金溪胡略清畏堂刻万密斋医学全书本（书口下镌“敷文堂”） 139
4. 清雍正二年（1724）金溪胡略清畏堂刻乾隆六年（1741）同人堂印万密斋医学全书本 139（书口下镌“敷文堂”） 541 706

712 781
5. 清忠信堂刻万密斋医学全书 139 361
6. 清抄本 939
7. 见万密斋医学全书

00536/00673 **伤寒论条辨**八卷 1589
附本草抄一卷、或问一卷、痉书一卷
（明）方有执（中行）撰
1. 明万历二十一年（1593）新安方有执自刻本 1 139 203 491 541 570 715 731
2. 清康熙十三年（1674）大兴林起龙补拙斋刻本 1
3. 清康熙五十八年（1719）桐川陈廷柱浩然楼刻本 1 2 3 21 139 152 186 202 251 270 277 279 301 361 363 381 385 391 409 412A 461 475A 476 491 514A 541 572 603 651 664 701 706 710 728A 731 734 734A 738 738A 738B 746A 831 851 871 939
4. 日本享保八年（1723）京都书林刻本 TB
5. 清抄本 651
6. 抄本 2 514A
7. 日本抄本 1
8. 见补拙斋重梓伤寒论条辨尚论篇
9. 见四库全书

00537/00674 **校定伤寒论旧文理镜**六卷 1602
又名伤寒理镜
（明）王肯堂（宇泰、损庵、念西居士）校 卜曰乂（康侯）注
明刻本 1 139

00538/00675 **张卿子伤寒论**七卷 1644
又名张仲景伤寒论
（明）张遂辰（卿子、相期、西农）注
1. 清初圣济堂刻本 3 139 664 851
2. 日本宝历六年（1756）京师书坊刻仲景全书本（十卷） 139
3. 清道光刻本 XG
4. 清文翰楼刻本 572 907C
5. 清锦和堂刻本 139
6. 见仲景全书（五种本）

00539/00739 **何氏伤寒纂要**不分卷 ［1644］
又名伤寒纂要
（明）何汝阈（宗台）撰 （清）何炫（令昭、自宗、嗣宗）编
1. 清光绪九年（1883）醉书庐主人抄本 709
2. 清何履亨抄本 139
3. 清抄本 2 590 677A 701

00540/00000 **尚论篇**四卷卷首一卷 1648
又名尚论张仲景伤寒论重编三百九十七法
（清）喻昌（嘉言、西昌老人）撰
1. 清顺治八年（1651）刻本 1 431 541
2. 清康熙七年（1668）槜李徐彬刻本 139 677A
3. 见尚论篇四卷卷首一卷尚论后篇四卷
4. 见补拙斋重梓伤寒论条辨尚论篇

00541/00676 **仲景伤寒论疏钞金錍**十五卷 ［1654］
（明）卢之颐（子繇、繇生、晋公）撰 陈祚明订录
1. 清顺治十四年（1657）刻本 3 139 511 541 677A 738B
2. 抄本（十四卷） 139 590

00542/00678 **伤寒论全书本义**十三卷 ［1661］
（清）许宋珏（式如）撰
清精抄本 475A

00543/00679 **伤寒论宗印**八卷 1663
（清）张志聪（隐庵）注
1. 清康熙二年（1663）刻本 202 590
2. 清末抄本 3（存三卷）
3. 抄本 839A

00544/00681 **伤寒手援**二卷 1667
（清）施端教撰
清康熙六年（1667）啸阁刻本 590（残）

00545/00682 **喻嘉言先生伤寒尚论篇全书**九卷 1667
（清）徐彬（忠可）编
子目：
（1）尚论篇四卷卷首一卷 （清）喻昌撰
（2）喻嘉言先生伤寒尚论篇编次仲景原文一卷 （清）喻昌编
（3）伤寒百十三方发明一卷 （清）徐彬撰
（4）伤寒抉疑一卷 （清）徐彬撰
（5）伤寒图论一卷 （清）徐彬撰
1. 清康熙七年（1668）书林李秀芝朱诚甫刻本 139（存前二种）
2. 日本元禄九年（1696）平安城书林博古堂

刻本　1　7　139　289　572　651

00546 **伤寒论注**四卷　1669
00683 (清)柯琴(韵伯、似峰)撰
1. 清乾隆二十年(1755)昆山马中骅绥福堂刻伤寒论注来苏集本　1　186　280　309　381　401　450A　511　541　590　651　706　731　732A　733　737　738A　740D　852　907C　926A　939
2. 清乾隆三十一年(1766)博古堂刻伤寒论注来苏集本　1　3　21　251　570　590　651　731　738E
3. 清乾隆刻本　255(残)　491　907C
4. 清金阊经义堂刻伤寒论注来苏集本　279　381　721　XD
5. 清金阊经义堂刻绿慎堂递修伤寒论注来苏集本　139　277　302　351　391　393　541　570　590　651　702　734　738F　739　839A　911
6. 清金阊经义堂刻扫叶山房递修伤寒论注来苏集本　570　651　926A
7. 清文聚堂刻伤寒论注来苏集本　351　412A　651　677A　738A　740B
8. 清古香室刻务本堂印伤寒论注来苏集本　202　433A
9. 清文富堂刻伤寒论注来苏集本　931
10. 清文魁堂刻本　746A
11. 清弘仁会刻伤寒论注来苏集本　396　927
12. 清光绪十二年(1886)马讱之抄本　746A
13. 清宣统元年(1909)同文会刻伤寒论注来苏集本　651　713　732　734　852A　871　891
14. 清刻本　1　139　186　286　289　361　391　393　493　710　713　733A　735A　737　738E　740A　743(存卷二)　781　800　831　852A　877　907C　915　951
15. 清抄本　734
16. 抄本　21　139　308　590　931
17. 见伤寒论注来苏集
18. 见医理元枢

00547 **伤寒晰疑**四卷　1669
00684 (清)柯琴(韵伯、似峰)撰　钱谅臣(逸宣)集注
清嘉庆二十一年(1816)白鹿山房刻本　139　572　590　651

00548 **伤寒经注**十三卷卷首一卷　1669
00685 (清)程知(扶生、蒿庵)编
1. 清康熙三十八年(1699)澹远堂刻本　541　572　590　712　738B　907C
2. 清康熙三十八年(1699)澹远堂刻乾隆三十一年(1766)勤慎堂印本　1　139　514A　664

00549 **伤寒论后条辨**十五卷　1670
00686 (清)程应旄(郊倩)撰
1. 清康熙十年(1671)式好堂刻本(版心下镌“式好堂”)　1　2　139　301　308A　476　491　572　664　677A　707　712　728A(附读伤寒论赘余一卷)　738A　738B　831　851　852　XD
2. 日本宝永元年(1704)博古堂刻本　3　361　541　590
3. 清乾隆九年(1744)文明阁刻本　3　443　541　546　570　664　677A　709　728A　738　831　851　940(存卷一至八)
4. 清乾隆九年(1744)文明阁刻美锦堂印本　21　139　202　203　280　308A　351　381　511　738
5. 清乾隆九年(1744)文明阁刻致和堂印本　139　277　279　289　308A　361　385　412A　412B　475A　514A　589　590　734　738B　831　922
6. 清刻本　139　140　286　302　590　738A
7. 抄本　940(残)

00550 **伤寒论纲目**九卷　1673
00687 附伤寒论白文一卷
(清)张志聪(隐庵)撰
清康熙十二年(1673)钱塘张志聪自刻本　139

00551 **补拙斋重梓伤寒论条辨**八卷　1674
00000 附本草抄一卷或问一卷痉书一卷
尚论篇四卷
(明)方有执(中行)　(清)柯琴(韵伯、似峰)撰　林起龙(北海)评定
清康熙十三年(1674)大兴林起龙补拙斋刻本　289　511

00552 **伤寒折衷**二十卷　1675
00688 （清）林澜（观子）撰
清康熙十九年（1680）刻本　3　289　590　733（存卷一、二、五至八）　746A

00553 **伤寒论三注**十六卷　1677
00689 （清）周扬俊（禹载、东园老人）编注
1. 清康熙二十二年（1683）金阊天禄阁刻本　1　202　476　570　579　589　731　922
2. 清乾隆四十五年（1780）松心堂刻本　1　3　21　139　186　202　251　254　270　289　301　308A　432　514A　541　546　570　651　664　677A　701　710（存卷一、二、五至七、十一至十六）　728A　734　738A　738B　741　831
3. 清乾隆四十五年（1780）松心堂刻嘉乐堂印本　139　308A　362　590　871　907C
4. 清乾隆四十五年（1780）松心堂刻经锄堂印本　1　139　733　896A
5. 清道光六年（1826）程晓抄本　734
6. 清光绪十三年（1887）味经堂刻本　140　185　289　301　361　421　433A　475A　514B　529A　572　590　651　704　721　728A　728B（缺卷二至四）　738　738A　911　926A　931　940
7. 清光绪十三年（1887）味经堂刻渔古山房印本　21　139　202　277　279　280　289　391　393　475A　529A　590　651　664　677A　701　709　738A　746A　896A　907B　926A
8. 清宣统二年（1910）扫叶山房石印本　279　280　361　523　529A　590　677A　733A　839A　901　917A
9. 清刻本　738A　917A
10. 清抄本　715　738A
11. 抄本　651（残）

00554 **伤寒论辨证广注**十四卷卷首一卷　1680
00691 附中寒论辨证广注三卷卷首一卷
（清）汪琥（苓友、青溪子）撰
1. 清康熙十九年（1680）吴郡汪琥自刻本　1　139　139A　203　251　308A　360A　450A　476　514A　541　572　651　712　731（存附录）　734A　736（缺卷七至十）　738A　851
2. 清康熙十九年（1680）吴郡汪琥刻槐荫堂印本　139　186　279　308A　514A　590　677A　728A　738A　896A
3. 抄本　514A（存前五卷）

00555 **伤寒论集注**六卷　1683
00692 又名伤寒集注
（清）张志聪（隐庵）注　高世栻（士宗）纂集
1. 清康熙二十二年（1683）刻本　139（扉页题张仲景先生伤寒论集注）　651
2. 清道光平远楼刻本　7　139　186　202　279　289　301　308A　361　443　475A　541　572　651　738A　746A　907C
3. 清咸丰六年（1856）刻本　907C
4. 清咸丰十一年（1861）湘乡左继明望云草庐刻本　6　202　289
5. 清同治四年（1865）灵兰堂刻本（题伤寒论六卷附伤寒论本义一卷，书口题伤寒集注）　712　733　911
6. 清同治九年（1870）内邑公局刻本　139　287　361　433A　701　738　851　852　852A　853　901　911　912　940
7. 清光绪二十五年（1899）石印本　21　203　361　433A　461　466　514A　541　570　590　651　707　728A　731　733A　739A　740C（残）　746A　831　931
8. 清光绪三十四年（1908）石印本（四卷）　203　521　651　665　707　734　741　742　931
9. 清刻本　2　3　139　203　280　305（残）　412A　491　529A　570　589　728A　731　734　734A（残）　736A　831　854　915
10. 清抄本　289（存七篇）　514A（据平远楼本）　651　740I
11. 京都琉璃厂印本　361

00556 **伤寒六经辨证治法**八卷　1693
00693 （清）沈明宗（目南、秋湄）编
1. 清康熙三十一年（1692）大观堂刻本　277
2. 清乾隆间世德堂刻本　139　570　677A
3. 清康熙三十一年（1692）大观堂刻嘉庆十四年（1809）印本　541
4. 清乾隆间世德堂刻步月楼印本　139　351　702　746A

5. 清乾隆间世德堂刻致和堂重修本 277
6. 见医征

00557 00694 **伤寒源流全集**六卷 1697
又名伤寒源流
（清）陶之典（惝庵、石溪逸叟）编
清康熙三十六年（1697）湘西汤师伯杨家修等刻本 139

00558 00744 **伤寒论正误集注**十卷 1699
（清）谌玮（玉璋、修瑕）编注
清嘉庆十九年（1814）明彰堂刻本 589

00559 00695 **医宗承启**六卷 1702
（清）吴人驹（灵稚、非白、歙西逸民）注
1. 清康熙四十一年（1702）戴增顺戴大观等刻本 139 152 289 541 572 590 738B
2. 清康熙四十一年（1702）戴增顺戴大观等刻永思堂印本 3 139 590 734
3. 清康熙四十一年（1702）戴增顺戴大观等刻道光二年（1822）兰松堂印本 1 139A 251 572 677A 738B

00560 00702 **伤寒总注**四卷 ［1702］
（清）詹法祖（存古）撰
清雍正元年（1723）大名成光湖南观察使署刻本 570

00561 00696 **伤寒论条辨续注**十二卷 1705
（明）方有执（中行）原撰 （清）郑重光（在辛、素圃、完夫、贞慤先生）续注
1. 清康熙四十四年（1705）襄陵乔国桢广陵秩斯堂刻本 1 139 186 270 590 738A 911
2. 见郑素圃医书五种

00562 00698 **伤寒溯源集**十卷 1707
又名（重编）张仲景伤寒论证治发明溯源集
（清）钱潢（天来、虚白）撰
1. 清康熙四十七年（1708）虚白室刻本 21（残） 366 514A 541 651 734 738B
2. 清乾隆四十二年（1777）抄本 701
3. 日本享和三年（1803）东都台寿堂刻本 590 664 851
4. 清月枢阁抄本 738B

00563 00699 **伤寒论直解**六卷 1712
附伤寒附余一卷
（清）张锡驹（令韶）注
1. 清康熙五十一年（1712）钱塘张锡驹自刻本（扉页题本衙藏板） 1 139 186 277 279 412A 433A 738B
2. 清康熙五十一年（1712）钱塘张锡驹刻三余堂印本 2 139 186 202 277 280 289 381 421 475A 491 529A 541 572 651 664 677A 709 712 728A 728B 734 738 738A 740A 740B 740C（存卷四、五） 799A 800 839A 853 921
3. 清乾隆二十四年（1759）抄本 664
4. 清光绪十一年（1885）福州醉经阁刻本 1 2 139 186 202 203 270 279 289 381 412A 433A 450B 475A 491 514A 529A 603 664 728A 736A（存卷五、六） 740A 740B 740C（存卷四、五） 746A 799A 839A 907B 907C（存卷四至六） 917A 939
5. 清刻本 3 186 590 921 931
6. 抄本 514A 738B

00564 00700 **伤寒论三注**十八卷 1713
附伤寒医方歌诀一卷
（清）周扬俊（禹载、东园老人）编 刘宏璧（廷实）删补
1. 清康熙五十二年（1713）沈阳范时崇刻本 279
2. 清康熙五十二年（1713）沈阳范时崇刻雍正元年（1723）六经堂印本 3 139 712 738B 741（缺卷十六）
3. 清康熙五十二年（1713）沈阳范时崇刻乾隆八年（1743）世德堂印本 361 381 664
4. 清康熙五十二年（1713）沈阳范时崇刻乾隆五十年（1785）二南堂增修本 302 734
5. 清光绪十六年（1890）平江李毓芳刻本（附伤寒舌鉴一卷） 139 412A 491 523 590 664 831 839A
6. 清浙江书局刻本 280 308A 412A 514A 799A 839A 851 871 896A 907C
7. 清刻本 417 529A 728A 740C 799 907C（存卷八至十、十五、十七）

8. 抄本 385A

00565/00701 **伤寒论本义**十八卷卷首一卷卷末一卷 1721
(清)魏荔彤(念庭、淡庵、怀舫)撰
1. 清雍正三年(1725)宝纶堂刻本 2 3 139 279 301 385 475A(缺卷三、四) 514A 541 590 677A 728A 734 738 738A 738B 851 911 921 940
2. 清雍正三年(1725)宝纶堂刻学耕堂印本 139 186 308A 412A 664 712
3. 清雍正三年(1725)宝纶堂刻乾隆金阊绿荫堂印本 277 279 514A 590

00566/00703 **伤寒句解释意**十二卷 [1722]
(清)陈裕(无知子)编
清乾隆抄本 139

00567/00704 **伤寒经解**八卷 1724
(清)姚球(颐真、勾吴逋人)集注
1. 清抄本 664
2. 抄本 651 677A 721

00568/00705 **伤寒论集注**十卷 1727
附伤寒论集注外篇四卷
(清)徐赤(五成)集注 吴士镇增订
清乾隆十七年(1752)瓜泾蒋棨刻本 2 139 203 590 734 736 738B 831 851 931

00569/00706 **伤寒贯珠集**八卷 1729
又名宗圣要旨伤寒贯珠集
(清)尤怡(在泾、拙吾、饲鹤山人)编注
1. 清嘉庆十五年(1810)二然朱陶性木活字印本 1 139 251 301 391 433A 450 521 541 651 702 709 731 736 738B 743 831 922 931 943 XE
2. 清嘉庆苏州会文堂刻本 21 139 202 203 280 308 412A 475A 514B 521 664 738A 746A 926A(首有光绪四年味三氏题记)
3. 清道光十九年(1839)抄本 590
4. 清道光抄本 709(清·潘道根批注)
5. 日本文政九年(1826)小川汶庵稽古斋刻本 2 3 7 139 475A 476 541 590 651 677A
6. 清嘉庆苏州会文堂刻绿润堂印本 139 139A 186 286 289 351 352 361 393 461 475A 651 664 707 728 728A 736B 738A 738B 739A 746A 799A 839A 921
7. 清嘉庆苏州会文堂刻来青阁重修本 139 203 270 308A 361 381 385B 461 475A 541 707 728A 734A 738B 746A 799 799A 839A 917A 926A
8. 清嘉庆苏州会文堂刻来青阁重修绿荫堂印本 139 186 277 401 475A 491 514A 521 522 541 570 590 677A 728A 737 851 852 907B 917A
9. 清光绪二年(1876)刻宗圣要旨本(附条目古方,题宗圣要旨伤寒贯珠集) 738 851
10. 清光绪二十四年(1898)钱塘祝氏抄本 412A
11. 清光绪绿丝栏抄本 1
12. 清末广州惠济仓刻本 2 139 361 412A 521 572 746A 896A 939 940
13. 清刻本 308A 461 664 734A(残) 736A 852 852A(残) 896A
14. 清抄本 1(六卷,清·陆懋修题跋) 139 541
15. 抄本 381 412A 738 738B 896A
16. 见宗圣要旨

00570/00000 **伤寒论集注**十卷 [1735]
附辨注刺灸法图一卷
(清)延陵居士撰
抄本 TD

00571/00707 **伤寒论类编**十卷 1736
(清)虞镛注
抄本 590

00572/00677 **尚论篇**四卷卷首一卷 1739
尚论后篇四卷
又名尚论张仲景伤寒论重编三百九十七法
(清)喻昌(嘉言、西昌老人)撰
1. 清乾隆四年(1739)靖安在兹园刻本 3 21 202 308A 381 413(存后一卷) 570 590 706(残) 721 741 746A 831 839A 852 854 917A
2. 清顺治八年(1651)刻乾隆七年(1742)葵

锦堂汇印喻氏医书三种本（附会讲温证语录、伤寒问答）　139　476　852

3. 清乾隆二十八年（1763）黎川陈守诚集思堂刻喻氏医书三种本　21　139　139A　203　308　308A　412B　433　475A　541　570　590　651　677A　733　736A　871　907C　911

4. 清乾隆二十八年（1763）黎川陈守诚集思堂刻三十年（1765）嵩秀堂印喻氏医书三种本　7　21　279　303　381　393　412B　417　431　433　433A　443　475A　541　590　712　715　728A　731　737　738　738A（缺后篇）　740D　746A　922

5. 清乾隆五十年（1785）步月楼刻喻氏医书三种本　6　393　412A　431　433　529A　741

6. 清乾隆二十八年（1763）黎川陈守诚集思堂刻六十年（1795）博古堂重修喻氏医书三种本　302　381　412（残）　839A

7. 清乾隆嘉庆间宏道堂刻喻氏医书三种本　852

8. 清道光同治间重庆善成堂刻喻氏医书三种本　363　529A　570　731　746A　799A　839A　852　940

9. 清同治竹秀山房刻喻氏医书三种本（尚论篇为二卷）　186　308A　361　367　514A　521　541　572　590　677A　701　714A　728A　781　831　851　852　871　872　951

10. 清同治光绪间羊城同志堂刻喻氏医书三种本　1

11. 清光绪二十年（1894）锡环堂刻喻氏医书三种本　421　712（缺后篇）

12. 清光绪二十年（1894）上海图书集成印书局铅印喻氏医书三种本　202　381

13. 清光绪二十四年（1898）、二十六年（1900）、宣统元年（1909）上海扫叶山房石印喻氏医书三种本　277　303　363　381　514A　542　590　701　736A　742　743　854　891

14. 清光绪二十六年（1900）校经山房石印喻氏医书三种本　185　280（缺后篇）　385A　391（缺后篇）　433A　603　734A　831　907B　931　951

15. 清光绪三十一年（1905）经元书室刻喻氏医书三种本　21　139　251　255　270　393　412A　514A　570　589　590　728B　733A　781　799　800　896A　921

16. 清光绪三十三年（1907）上海简青斋书局石印喻氏医书三种本　288　351　353　401　413　421　461　475A　476　491　514A　570　677A　709　721　728A　737　738A　746A　831　896A　901　907C　915（存后篇）　921　922　951

17. 清右文堂刻喻氏医书三种本　702

18. 清同仁堂刻本　412A

19. 清同文堂刻喻氏医书三种本　391　393　443　572（缺后篇）　728A　733（存后篇卷一、二）　734A　740A　740B　940

20. 清末三让堂刻喻氏医书三种本　570　710　712　728A　743　839A

21. 清末两仪堂刻本　734A　741（存尚论篇卷三、四，后篇卷一、二）　742（存后篇）

22. 清曹仁伯抄本　572

23. 清刻本　1（残）　140　185　186　306　393　401　412A　412B　413　417　421　475A　529　570　708　712（二卷）　721　733B　734A　735　736　737　738E　740A　740B　743（存二卷）　746A　799A　851　852　852D　852L　853　856　872　907C　940

24. 清抄本　139（存卷一、二、四）　664

25. 抄本　277　412B　541　651

26. 见喻嘉言先生伤寒尚论篇全书

27. 见喻氏医书三种

28. 见四库全书

00573
00708　**舒氏伤寒集注**十卷附录五卷　1739

又名伤寒集注大成

（清）舒诏（驰远、慎斋学人）撰

附录子目：

（1）六经说约一卷

（2）痢门挈纲一卷

（3）痘疹心悟一卷

（4）女科要诀一卷

（5）摘录瘟疫一卷

1. 清乾隆二十五年(1760)进贤舒诏刻本 3
2. 清乾隆三十五年(1770)三乐堂刻本 651
3. 清乾隆三十五年(1770)双峰堂刻本(扉页题伤寒集注大成) 433A 514A 799A
4. 清乾隆三十七年(1772)刻本 139
5. 清乾隆三十七年(1772)刻令德堂印本 475A 579 677A 839A
6. 清乾隆三十七年(1772)刻味经堂重修本 514A 896A
7. 清乾隆四十六年(1781)刻本 1 139 381
8. 清乾隆英德堂刻本 3 361 529B 589 651 728A 743 799A 939
9. 清乾隆英德堂刻文元堂印本 738A
10. 清乾隆英德堂刻两仪堂印本 896A 921(残)
11. 清乾隆刻本 1 277 289 308A 364A 421 436 475A 511 529A 570 677A 728A 734 738 738B 743(存二卷) 746A
12. 清渝城宏道堂刻本 308 308A 393 413 514A 546 907C
13. 清经元堂刻本 139 931
14. 清竹秀山房刻本(版心下镌竹秀山房) 139 590
15. 清立德堂刻本 202 308A 664 738A 741
16. 清光绪二十年(1894)汪石琴抄本 139
17. 清文光堂刻本 3 280 286 514A 839A 852 896A 907C
18. 清文富堂刻本 740A
19. 清文胜堂刻本 186 311 361 433A 664 731 734 738A 799A 831 851
20. 清江西南城崇德堂刻本 746A
21. 清渝城恒新书社刻本 799
22. 清经国堂刻本(版心下镌经国堂) 139
23. 清刻本 202 301(残) 308A 361 414 475A(存卷一至七) 651 728A 733A 734(残) 734A 743(残) 743A(存卷三) 782 852S 962
24. 清抄本 651

00574 / 00998 **尚论翼**八卷 1739
(清)舒诏(驰远、慎斋学人)撰
清乾隆五十四年(1789)敬直堂刻本 590

00575 / 00709 **伤寒论集注**不分卷 1741
(清)王广运(芥庵)编
清乾隆六年(1741)抄本 289

00576 / 00710 **订正伤寒论注**十五卷 1742
(清)吴谦(六吉)等撰
1. 日本宽政三年(1791)刻本(题医宗金鉴伤寒论) 139
2. 清宣统元年(1909)上海铸记书局石印医宗金鉴本 366
3. 抄本 139
4. 见(御纂)医宗金鉴

00577 / 00711 **(新编)伤寒指南详解**十卷 1744
(清)倪大成(焕章、复初居士)编注
清乾隆九年(1744)抄本 590(清·盛宣怀愚斋旧藏)

00578 / 00712 **伤寒论**一卷 [1753]
(清)郭治(元峰)注
1. 清道光七年(1827)刻本 931 940 944
2. 见脉如(附录)

00579 / 00791 **李千古伤寒论**不分卷 1754
又名伤寒指南
(清)李溶(千古)撰 程有为(双清居士)补正
清宣统三年(1911)石印本 351

00580 / 00697 **伤寒论注来苏集**八卷 1755
(清)柯琴(韵伯、似峰)撰 马中骅(骧北、杏村主人)辑订
子目：
(1)伤寒论注四卷
(2)伤寒论翼二卷
(3)伤寒附翼二卷
1. 清乾隆二十年(1755)昆山马中骅绥福堂刻本 1(缺论翼) 2 139 139A 140 203 255 301 308A 351 361 381 412A 433A 450B 475A 529 529A 546 651 721 728A 731(缺附翼) 738A(缺附翼) 740(残) 746A(残) 781 799 839A 851 852 911 926A
存论注 139 185

2. 清乾隆三十一年（1766）博古堂刻本 1 3 21 279 361 590 664 738B 740C（残） 746A 921
3. 清金阊经义堂刻本 202 311 352 361 381 931 951
4. 清金阊经义堂刻金阊静远堂重修本 1（缺论翼） 385A 733
5. 清金阊经义堂刻绿慎堂递修本 139（残） 286 361 391 413 433A（存论注、论翼） 461 514A 514B 590 664 677A 728A 736B 738A 739A 746A 799A 913 917A 921 922
存论注、附翼 279 475A 541
6. 清金阊经义堂刻苏州扫叶山房递修本 139 202 279 289（缺论翼） 303 308A 361 393 421 433A（存六卷） 475A 514A（缺论翼） 529A 589 590 664 677A 740A（存二种） 746A 799A 907C 917A 922 940 943
7. 清古香室刻本 139 279 308A 385B 433A 514A 590 714A 733（缺附翼下） 735A 746A 839
8. 清古香室刻务本堂印本 1（缺附翼） 139 186 202 279 301 413 433A 514A 707（缺附翼） 728A 739 740D 852C
9. 日本文政四年（1821）京都须原屋平左卫门刻本 7 139 651
10. 清乾隆三十一年（1766）博古堂刻道光二十年（1840）一经堂递修本 746A
11. 清文聚堂重修本 21 286 385 412A 412B 475A 738A（存六卷） 740A 746A
12. 清文富堂刻本 308A 361 461 738A（缺论翼） 746 852
13. 清同治四年（1865）灵兰堂刻本 911
14. 清同治四年（1865）灵兰堂刻宏文阁印本 433A
15. 清光绪十九年（1893）上海文瑞楼石印本 421 491 514A 590 728A 738 738A 791 831 871 907C 917A 931
存论注、附翼 8 308A
16. 清光绪二十六年（1900）分宁世德堂刻本 738 852
17. 清光绪三十二年（1906）上海玉麟局石印本（六卷） 186 203 289 301 677A 707 737 738A
18. 清宣统元年（1909）同文会刻本 308 385 401 417 491 664 728A 731 746A 839A 851（缺论翼） 852 853 854 891
19. 清末三多斋刻本 277（缺论翼） 381（缺论翼） 746A 907B
20. 清末三多斋刻宏道堂印本 385 664 728A 746A 839A 852 854
21. 清弘仁会刻本 351 397 461 728A 746A 852 907C 926A
22. 清文魁堂刻本 279（缺论翼）
23. 清刻本 1（缺论翼） 139A 140 202 270 361 412A 433A 514A 529A 529B 541 570 590 677A 709 728 728A 733A 734A 736A 736C 746A 799A 831（残） 851 852U（缺附翼） 891（缺论翼） 907C 917A 922 927（缺论翼） 931
24. 抄本 391 529A 541

00581 **仲景分两考**一卷 1763
00000 （日）周轩（庭就、琶湖散人）撰
日本明和二年（1763）稿本 1

00582 **伤寒卒病论读**一卷 1764
00715 又名伤寒论读、伤寒卒病论
（清）沈又彭（尧封、尧峰）撰
1. 清乾隆三十年（1765）宁俭堂刻本 1 139 139A 251 277（残） 514A 541 590 664 677A 709 712 738B
2. 清乾隆三十年（1765）宁俭堂刻三十四年（1769）博古堂重修本 3 277 279 401 921
3. 清光绪六年（1880）平安氏抄本 475A
4. 清抄本 308A 421 746A
5. 见伤寒卒病论读医经读

00583 **伤寒论句解**二十一卷 ［1764］
00713 （清）李文锦（襄浥、淑景堂主人）撰
子目：
（1）医圣张仲景伤寒杂病论十四卷 （清）李文锦辑
（2）淑景堂考订注解寒热温平药性赋七卷 （清）李文锦撰

清乾隆三十年(1765)三多斋刻本 1

00584 **医圣张仲景伤寒杂病论**十四卷 [1764]
00714 (汉)张机(仲景)原撰 (清)李文锦(襄浥、淑景堂主人)辑
见伤寒论句解(李文锦)

00585 **伤寒分经**十卷 1766
00716 又名吴氏医学述第五种
(清)吴仪洛(遵程)订
清乾隆三十一年(1766)澉水吴仪洛硖川利济堂刻本 1 2 3 21 139 139A 186 202 203 251 270 277 279 280 286 289 308A 361 362 366 381 412A 475A 476 491 511 514A 514B 529 529A 541 546 570 572 590 651 664 677A 706 712 721 728A 731 732 734 736A 736B 738 738A 738B 739A 743(存卷二至七、九、十) 839A 852 853 907B 907C 926A 939

00586 **伤寒论刘氏传**四卷 1772
00717 (日)刘栋(田良)撰
日本明和九年(1772)一方堂刻本 7 570

00587 **伤寒论选注**十卷卷首一卷 [1772]
00718 (清)臧应詹(枚吉)撰
1. 清乾隆三十七年(1772)抄本 541
2. 清抄本 308A
3. 庄湛然抄本 301

00588 **伤寒论纲目**十六卷卷首二卷 1773
00719 (清)沈金鳌(芊绿、汲门、尊生老人)撰
1. 清乾隆四十九年(1784)锡山奇丰额安徽刻沈氏尊生书本 139 303 361 381 541 651 728A 738B 741 907C
2. 清同治十三年(1874)湖北崇文书局刻沈氏尊生书本 186 351 514A 541 732 736D 852
3. 清宣统元年(1909)石印沈氏尊生书本 186 279 665 738A
4. 清刻沈氏尊生书本 1 279 308A 433A 651 736C 921
5. 清抄本 701
6. 见沈氏尊生书

00589 **伤寒易简**三卷 1775
00720 (清)王廷瑞(辑五、鉴庵)编 舒应龙(协飞)参订
清乾隆四十一年(1776)嵊州桂岩舒嘉谟刻本 139

00590 **伤寒论参注**二十二卷 1776
00721 (清)王更生(求正)编
清乾隆四十一年(1776)稿本 139

00591 **伤寒论国字解**十卷 1778
00722 (日)云林院了作撰
日本明治二十四年(1891)桧皮屋善七刻本 2

00592 **伤寒论笺注**三卷 1779
00794 (日)山边笃雅(安伯)撰
日本安永八年(1779)浣花堂刻本 677A

00593 **仲景伤寒集注**四卷 1781
00000 又名张仲景伤寒心法集注
著者佚名
清乾隆四十六年(1781)武林大顺堂刻本 186 664 701

00594 **伤寒论集注**四卷 1785
00723 (清)熊寿试(青选)编
1. 清乾隆五十年(1785)奉时堂刻本 514A 589 731 741
2. 清同治三年(1864)瑞霭堂刻本 361 728A 907C 940
3. 抄本 590

00595 **金匮玉函伤寒论定本**七卷 1785
00725 (日)高谷德彰撰
1. 日本天明五年(1785)刻本 476
2. 日本抄本 139

00596 **伤寒经集解**九卷卷首一卷 1786
00727 (清)屠人杰(俊夫)撰
1. 清乾隆五十三年(1788)嘉善屠人杰稽古堂刻本 541 590(残) 712
2. 清抄本 279(缺卷四)

00597 **伤寒论选注**二卷 1787
00726 (日)津田世赏(子延)编
日本天明七年(1787)逢原居刻本 651

00598 **伤寒点精**二卷 1788
00728 (清)孟承意撰
清同治十三年(1874)覃怀董春刻本 3 139 139A 186 202 572 590 712 799A 871 907C

00599 **伤寒论集成**十卷 1789
00729 (日)山田正珍(宗俊)撰

1. 日本宽政元年（1789）刻享和二年（1802）印本 1 7 139 139A 152 186 308 491 590 651
2. 日本宽政元年（1789）刻天保三年（1832）杏花园补刻本 1 2 3 139 289 541 570
3. 日本抄本 3

00600 00730 **伤寒论特解**十卷 1789
(日)斋必简(斋宫静斋、大礼、静斋先生)撰 浅野徽(元甫、养老)补注
日本宽政三年(1791)尾张浅野徽拙庵刻本 3 7 139 590

00601 00731 **张仲景伤寒论集成**四卷 [1789]
(清)李璜注 李书吉校
抄本 746A

00602 00732 **伤寒论辨正**不分卷 1790
(日)中西惟忠(子文)撰
1. 日本宽政二年(1790)澄霞园刻本 3 7 139 139A 308A 462 493 514A 590 651 781
2. 日本天保十三年(1842)常信抄本 3
3. 日本嘉永元年(1848)吉野屋仁兵卫刻本 139
4. 日本抄本 1

00603 00733 **伤寒论纲要**一卷 1791
又名伤寒论分注
(日)橘南溪(春晖)撰
日本宽政三年(1791)平安书林菊屋源兵卫刻本 511

00604 00735 **伤寒论精义**五卷图说一卷附录一卷 1793
又名伤寒精义
(日)原元麟(子振、吾堂子)撰
日本文化五年(1808)昭昭坊刻本 7 491 590

00605 00734 **(家刻)伤寒论**七卷 1796
(日)广冈元(子长)编
日本文化七年(1810)折肱堂刻本 3 721 831

00606 00736 **伤寒论浅注**六卷 1797
又名张仲景伤寒论原文浅注
(清)陈念祖(修园、良有、慎修)撰
1. 清嘉庆二十五年(1820)刻本 277 421 436 514A 907B
2. 清嘉庆刻本 852S
3. 清道光二十一年(1841)刻本 651 721 737 743 831 852A 914
4. 清同治元年(1862)经纶堂刻陈修园医书二十三种本 202 739 799A 831 891 931
5. 清同治元年(1862)恭寿堂刻本 21 279 361
6. 清同治元年(1862)务本山房刻本 202 421 799A
7. 清同治元年(1862)文奎堂刻南雅堂医书全集本 203 277 360B
8. 清同治三年(1864)敦厚堂刻本 677A
9. 清同治五年(1866)南雅堂刻南雅堂医书全集本 289 412A 475A 541
10. 清同治六年(1867)善成堂刻南雅堂医书全集本 279 302 308A 351 360A 461 712 734A 781
11. 清同治八年(1869)广州同文堂刻本(附长沙方歌括) 421 931
12. 清光绪二年(1876)懿惠堂刻本 361
13. 清光绪三年(1877)渔古山房刻南雅堂医书全集本 203 412A 450 514A 590 738A 746A 781 799A
14. 清光绪六年(1880)经国堂刻南雅堂医书全集本 421 831
15. 清光绪十五年(1889)江左书林刻陈修园医书十六种本 1 3 251 289 433A 590 728A 738A 742 746A
16. 清光绪十五年(1889)务本堂刻南雅堂医书全集本 852 871
17. 清光绪十八年(1892)上海图书集成印书局铅印陈修园医书二十一种本 590 799A
18. 清光绪二十一年(1895)宏道堂刻南雅堂医书全集本 799A
19. 清光绪二十四年(1898)成都多文会刻南雅堂医书全集本 435 746A 853 855 856 871 951
20. 清光绪二十七年(1901)新化三味书局刻陈修园医书二十三种本 202 436 475A 665 706 712 831
21. 清光绪三十年(1904)湖南益元书局刻本

514A 728B
22. 清光绪三十年(1904)湖南益元书局刻汉文书局印本 475A 529A 781
23. 清光绪三十年(1904)抄本 738B
24. 清光绪三十年(1904)上海经香阁书庄石印本 351 436
25. 清光绪三十一年(1905)上海文盛堂书局石印陈修园医书三十种本 742
26. 清光绪三十三年(1907)重庆善成堂刻陈修园医书四十八种本 301 360B 433A 570 781 799A 850 852 852H
27. 清光绪三十四年(1908)上海章福记书局刻陈修园医书七十种本 288 413 831
28. 清光绪三十四年(1908)宝庆经元书局刻陈修园医书二十三种本 186 570 651 799 831 850
29. 清光绪三十四年(1908)宝庆经元书局刻富记书局印本 381 521 799A 831 926A
30. 清羊城纬文堂刻南雅堂医书全集本 279 381 921
31. 清末广东佛镇连元阁刻陈修园医书十五种本 365 922
32. 清咸阳南华宫刻本 854(残)
33. 清禅山翰宝楼刻本 799A 931
34. 清裕成堂刻本 651
35. 清漱六堂刻本 351
36. 清末石印本 360B 409 742
37. 清刻本 2 277 288 302 308A(缺卷二) 360A 361 366 412A 414 418 434 664 738A 739A 739B 740A 742(存卷四至六) 784 852M 852S 856 857 871 876 915
38. 见南雅堂医书全集
39. 见陈修园医书十五、十六、十八、二十一、二十三、二十四、二十八、三十、三十二、三十六、四十、四十八、五十、七十种
40. 见回春集

00607 00737 **伤寒论辑义**七卷 1801
(日)丹波元简(廉夫、栎荫拙者)编注
1. 日本文政五年(1822)聿修堂刻清光绪十年(1884)宜都杨守敬印本 1 2 3 7 21 139 139A 140 203 251 289 308A 381 391 412A 412B 432 433A 475A 491 511 541 570 589 590 651 721 728A 738B 739A 741 781 791 799 839A 851 907C 926A 939 XE
2. 抄本 2 203 529A
3. 见聿修堂医学丛书

00608 00738 **伤寒论考文**不分卷 1801
(日)本山观 稻叶德基撰
日本享和元年(1801)刻本 511

00609 00740 **伤寒论浅注条论摘要**五卷 1803
(清)陈念祖(修园、良有、慎修)原撰 黄子言编
清嘉庆八年(1803)抄本 590

00610 00741 **伤寒论古训传**五卷 1804
(日)及川达(叔山)撰
1. 日本文化元年(1804)蒙园刻本 7 139 511 939
2. 日本文化元年(1804)蒙园刻天保十二年(1841)补刻本 3
3. 日本抄本 1

00611 00742 **伤寒论脉证式**八卷 1804
(日)川越正淑(大亮、衡山)撰
1. 日本文化十三年(1816)菶萋园刻本 2 3 7 270 476 511
2. 日本抄本 139

00612 00743 **伤寒论精义**六卷 1813
(日)吉益猷(南涯、修夫、谦斋)撰
1. 日本明治十八年(1885)御园生文四部抄本 139
2. 日本抄本 3 139 467(残) 590

00613 00745 **伤寒论注释**四卷 1818
(清)王元济(汝川、丹舟)撰
清嘉庆二十三年(1818)抄本 590

00614 00746 **仲景伤寒论注解**一卷 [1819]
(明)方有执(中行)原撰 (清)北园主人删订
清嘉庆二十四年(1819)尹龙图稿本 139

00615 00747 **伤寒大乘**七卷 1820
(清)沈元凯(苍舒、少微山人)撰
稿本 139

00616 00000 **伤寒分经节要**六卷 [1820]
著者佚名

稿本 139

00617 **伤寒论考**不分卷 1821
01312 （日）乾乾堂主人撰
日本文政四年（1821）谷其章抄本 139

00618 **重雕宋刻伤寒总病论札记**一卷 ［1823］
00000 （清）黄丕烈（绍武、荛圃、复翁）撰
日本抄本 TB

00619 **伤寒论要解**十四卷 1825
00748 （日）平山直则（谷山）撰
日本文政八年（1825）叒叒堂木活字印本 3

00620 **伤寒论实义**五卷 1825
00749 （日）早川宗安（宗庵）撰
日本文政八年（1825）复阳堂刻本 3 7

00621 **伤寒论正解**八卷附录一卷 1826
00750 （日）中茎谦（旸谷）撰
日本文政九年（1826）砚斋刻本 1（存六卷） 3

00622 **伤寒杂病论**十六卷 1826
00751 （清）胡嗣超（鹤生）编注
清道光二十七年（1847）海隐书屋刻本 3 21 139 139A 140 186 251 277 279 289 413 476 590 738 951

00623 **伤寒节录**一卷 1829
00752 （清）王华文（云溪）编
清道光九年（1829）沈阳达三松崖氏刻本 139 139A 590 728A 738B

00624 **读伤寒论**二卷 ［1831］
00753 （清）潘道根（确潜、晚香、徐村老农、梅心老农、饭香老人）撰
稿本 709

00625 **伤寒论辑义释字草稿**一卷 1832
00754 **金匮要略辑义释字草稿**一卷
难经疏证释字稿二卷
（日）扶阳老人撰
日本天保三年（1832）稿本 3

00626 **伤寒论正文解**八卷 1837
00755 （日）和田璞（东郭）撰 加门笃（恭辅）校订
日本天保八年（1837）备前加门笃刻本 3 511

00627 **伤寒论夜话**四卷 1839
00756 （日）原昌克（玄玙、子柔、南阳）撰
1. 日本弘化三年（1846）丛桂亭刻本 3 475A
2. 抄本〔据日本弘化三年（1846）刻本〕 139

00628 **伤寒卒病论笺**二十六卷 1840
00757 （清）邹汉璜（仲辰、稼江）撰
1. 抄本 781
2. 见邹氏纯懿庐集

00629 **伤寒论章句**四卷 1846
00761 **伤寒论方解**二卷
（清）陈恭溥（退翁）编
1. 清咸丰五年（1855）长乐刘孝春刻本 3 277 308A 541（存方解） 590 911
2. 抄本 139

00630 **伤寒论圆机**四卷 1847
00758 （日）冈鲁昌平注
1. 日本弘化四年（1847）混成堂刻本 3
2. 抄本〔据日本弘化四年（1847）刻本〕 139

00631 **松庵先生伤寒论撷余外篇**一卷 1847
00760 （日）井敏卿撰 信焕宗俊注
日本弘化四年（1847）抄本 731

00632 **伤寒论文字考**二卷 1850
01314 **伤寒论文字考续编**二卷 1853
（日）伊藤馨（子德）撰
1. 日本嘉永四年（1851）熙熙堂刻本（无续编） 1 3 7 139 541 590
2. 日本嘉永四年（1851）熙熙堂刻六年（1853）苏堂增刻本 1 2 3 7 21（存续编） 139 541 590

00633 **伤寒论疏义**七卷 1851
00762 （日）喜多村直宽（士栗、安斋、安正、栲窗、香城）撰
日本嘉永五年（1852）江都喜多村直宽江户学训堂木活字印本 1 3 7 139A 475A 590 939

00634 **伤寒论绎解**十卷 1853
00763 （日）柳田济（子和）撰
日本嘉永六年（1853）包荒堂刻本 3

00635 **千金方伤寒论注**二卷 ［1857］
00000 （清）蔡玮（葆民）注
稿本 1

00636 **伤寒例考文**一卷 ［1861］
00000 （日）喜多村直宽（士栗、安斋、安正、栲窗、香城）撰
日本考古斋抄本 TB

00637 **伤寒论正文复圣解**四卷 1863
00764 附内外表里四位图洛书易数义
(日)古矢知白(刚斋)编
日本文久三年(1863)织田信贞山田春隆刻本 3

00638 **伤寒论注**六卷 1866
00765 又名校正王朴庄伤寒论注
附伤寒论附余二卷、伤寒例新注一卷、读伤寒论心法一卷、回澜说一卷、时节气候决病法一卷
(清)王丙(绳林、绳孙、朴庄)撰 陆懋修(九芝、勉旃、江左下工、林屋山人)校
1. 稿本 1(题伤寒例新证)
2. 清宣统二年(1910)元和陆润庠刻世补斋医书本 289(存卷一、二) 361(残) 461(残)
3. 见世补斋医书

00639 **伤寒集注辨诬篇**十卷 [1866]
00766 (清)秦克勋(禹功、相台)撰
清抄本 907C

00640 **伤寒读本**二卷首一卷 1868
00767 (清)栗山痴叟撰
1. 清同治七年(1868)刻医学便览本 907C
2. 见医学便览(栗山痴叟编)

00641 **伤寒新集详解便览**一卷 1869
00768 (清)王恒楚编
清同治八年(1869)抄本 931

00642 **伤寒恒论**十卷 1869
00769 (清)郑寿全(钦安)编
清光绪二十三年(1897)刻本 186 203 289 381 590(存卷一至四) 746A 852 944

00643 **伤寒论读本**二卷首一卷 [1869]
00800 著者佚名
清同治八年(1869)刻本 279 907C

00644 **伤寒正解**四卷 1871
00770 (清)戴耀墀(式尹、旭斋)撰
清同治十年(1871)临川戴耀墀刻本 277(残) 589 590 728A 799(残)

00645 **伤寒论尚论篇体例摘要**一卷 [1872]
00000 (清)高学山(汉峙)辑
清抄本 412A

00646 **仲景伤寒论指归小注**十一卷 1873
00771 (清)陈桂林(孔授、心斋)编
清抄本 590

00647 **伤寒辨证集解**八卷 1874
13048 **本经便读**四卷
脉法歌括一卷
经方歌括二卷
(清)黄钰(宝臣)编
清光绪十九年(1893)四川璧山黄钰芸经堂自刻本 139 202 940

00648 **伤寒辨证集解**八卷 1874
00772 (清)黄钰(宝臣)编
1. 清光绪十九年(1893)璧山黄钰芸经堂自刻本 728A 851
2. 见伤寒辨证集解等四种合刻

00649 **伤寒论读**二卷 [1874]
00773 著者佚名
日本抄本(铃朱师辙观、杨守敬印、星吾东瀛访古记) 1

00650 **伤寒分类集成**三卷 1875
00774 (清)沈灵犀编
见泉唐沈氏医书九种

00651 **伤寒论原文贯义**不分卷 1876
00775 (清)万思村(青藜)编
清光绪二年(1876)抄本 712

00652 **伤寒杂病论集**一卷 1883
00776 又名伤寒杂病论补注
(清)顾观光(宾王、尚之、武陵山人)撰
1. 清光绪九年(1883)独山莫祥芝刻武陵山人遗书本 1(残) 3 139(残) 475A(残) 542 664 702 739 746 851
2. 见武陵山人遗书

00653 **伤寒论撮解**一卷 1883
00777 (日)河野通定述 河野通德辑
稿本 139

00654 **伤寒论浅注补正**七卷 [1884]
00778 附长沙方歌括、灵素集注节要
(清)陈念祖(修园、良有、慎修)撰 唐宗海(容川)补正
1. 清光绪二十年(1894)申江袖海山房书局石印中西汇通医书五种本 434 541 570 664 677A 728A 738A 739A 799A 871 911

2. 清光绪二十六年（1900）成都两仪堂刻本 139 289 570 734 746A 799A 852 896A 907C
3. 清光绪三十一年（1905）上海顺成书局石印本 289 363 831
4. 清光绪三十二年（1906）善成堂刻中西汇通医书五种本 308 361 738B 856
5. 清光绪三十二年（1906）重庆中西书局铅印本 851 852
6. 清光绪三十二年（1906）重庆精宏书局铅印本 853
7. 清光绪三十四年（1908）上海千顷堂书局石印中西汇通医书五种本 21 277（残） 279 302 351 366 381 433A 434 475A（缺附录） 511 514A 529A 541 651 677A 709 728A 734 737 738A 739A 740B 740D 742 781 799A 850 852 852B 852R 853 854 871 896A 907B 907C 917A 922 931 963
8. 清光绪三十四年（1908）赞化文社刻中西医学劝读十二种本 831
9. 清光绪刻本 708 735
10. 清宣统二年（1910）成都文化书局刻本 855
11. 清石印本 383 415 665 735 742（存卷二至七） 850
12. 见中西汇通医书五种
13. 见中西医学劝读十二种

00655 00779 **伤寒指归**六卷 1885
（清）戈颂平（直斋、直哉）撰
1. 稿本 709
2. 抄本 2 203 421 541
3. 见戈氏医学丛书

00656 00000 **伤寒启蒙集稿**七卷 1889
（清）柯琴（韵伯、似峰）原撰 余景和（听鸿）注
清光绪十五年（1889）稿本 475A

00657 00782 **伤寒六经病解**一卷 1889
（清）柯琴（韵伯、似峰）原撰 余景和（听鸿）编
清光绪十七年（1891）稿本 475A

00658 00781 **寄梦庐伤寒述注**八卷 1890
（清）秦冠瑞（倜松、铁松）撰
清光绪十六年（1890）稿本 590（巢念修旧藏）

00659 00000 **医学崇正伤寒便读**一卷 1894
（清）罗绶堂撰
1. 清光绪二十二年（1896）斐江涪陵刻本 851
2. 见医学崇正

00660 00784 **伤寒论恒解**七卷 1903
（清）金纯煦撰
清末抄本 139A

00661 00785 **永嘉先生伤寒论讲义**三卷 1906
又名内科伤寒论讲义
（清）徐定超（班侯）编
1. 清光绪三十二年（1906）刻本 1 3 277 590 709 733A 737 738 738A 738B 740C 746A
2. 清抄本 736A

00662 00786 **伤寒条辨**一卷 1907
（清）赵廷玉（伯亭、双修）编
1. 清抄本 139
2. 见赵双修医书十四种

00663 00787 **伤寒论浅注方论合编**六卷卷首一卷 1908
（清）陈念祖（修园、良有、慎修）注 严岳莲（祖馨、德与、雁峰、贲园居士）编
1. 清宣统元年（1909）渭南严岳莲成都刻本 21 139 186 203 254 366 450B 491 712 852 852E 871 896A 907C
2. 见医学初阶

00664 00788 **济世元真伤寒全部解义先圣遗范**六卷 1910
（清）凭虚子（中台）撰 宝斋氏编
475A（四卷，序残）

00665 00789 **伤寒解义**□□卷 ［1910］
著者佚名
清精抄本 139（残）

00666 00792 **伤寒卒病论分证辑注**六卷 ［1911］
（清）刘南辉编
抄本 851

00667 00793 **伤寒论原文浅注集解**七卷卷首一卷 ［1911］
（清）陈立观撰
抄本 731

00668 00795 **伤寒条例解释**一卷 ［1911］
附半斋医学小识一卷、幼科条解一卷
著者佚名

清抄本 590

00669 **伤寒纂要备解**一卷 ［1911］
00796 （清）吴耀（汉若）撰 张霖旭订
清抄本 907C

00670 **伤寒卒病论疏证**不分卷 ［1911］
00798 著者佚名
抄本 277

00671 **伤寒入门**二卷 ［1911］
00799 著者佚名
抄本 651

00672 **张仲景用药分量考**一卷 ［1911］
01317 （日）源真赖（平井）撰
日本抄本 738B

00673 **伤寒折中**不分卷 ［1911］
00801 著者佚名
抄本 541（残）

00674 **伤寒略**一卷 ［1911］
00000 著者佚名
清聚星草堂刻本 203

00675 **张仲景先生一百十三方论**不分卷 ［1911］
00000 （清）喻昌（嘉言、西昌老人）撰
清抄本 289

00676 **太阳正治法**一卷 ［1911］
00000 著者佚名
清抄本 541

00677 **太阳经证治大意**一卷 ［1911］
00000 著者佚名
清抄本 743

3.2.3 发挥

00678 **伤寒微旨论**二卷 1086
00895 又名伤寒微旨
（宋）韩祇和撰
1. 清道光金山钱熙祚刻珠丛别录本 4A
2. 清咸丰四年（1854）新昌庄肇麟过客轩刻长恩书室丛书本 3 139（附旅舍备要方一卷） 202 303 541 572 739 741 799A 851 922 940
3. 清同治新建吴坤修皖城刻半亩园丛书本 664 739（附旅舍备要方一卷）
4. 清嘉庆吴县袁延梼贞节堂抄本 852（题伤寒微旨）
5. 清收桑榆山馆抄本 491
6. 清抄本 570
7. 抄本 139（据文溯阁四库全书影） 139（据长恩书室丛书本） 202 651
8. 见四库全书
9. 见影钞文溯阁四库全书医书十二种
10. 见墨海金壶
11. 见珠丛别录
12. 见长恩书室丛书
13. 见半亩园丛书
14. 见求志居丛书

00679 **伤寒总病论**六卷 1100
00896 （宋）庞安时（安常）撰
1. 日本宽永四年（1627）抄本 139（残）
2. 日本宽政六年（1794）抄本 476
3. 日本江户抄本（日·多纪元简、多纪元昕校） 590
4. 清道光三年（1823）吴县黄丕烈士礼居覆宋刻本（附札记一卷） 1 3 7 21 139 139A 203 286 289 412A 433A 491 493 514A 590 664 665 677A 714（存卷一至三） 733 738 738B 799A 852 852D 915 921 922 943
5. 清道光长洲汪士钟艺芸书舍影宋抄本 541（清·黄丕烈跋）
6. 清光绪十三年（1887）上海蜚英馆石印士礼居黄氏丛书本 21
7. 清末上海千顷堂书局影印本（据士礼居黄氏丛书） 2 139 139A 186 279 303 308 309 393 433 450B 476 491 590 664 677A 721 738A 738B 852 871 896A 907B 907C
8. 清抄本 709 734
9. 日本抄本 3 7 476 TB（日·森立之批校）
10. 见四库全书
11. 见影钞文溯阁四库全书医书十二种
12. 见士礼居黄氏丛书
13. 见武昌医学馆丛书

00680 **伤寒辨类括要**一卷 ［1100］
00897 原题（宋）刘元宾（子仪、通真子）撰
清抄本 677A

00681 **增注类证活人书**二十二卷 1107
00898 又名南阳活人书、伤寒类证活人书
(宋)朱肱(翼中、大隐、无求子)撰
1. 元刻本(题增注类证活人书十卷) TA
2. 明秣陵吴鸣凤刻本(附伤寒十劝一卷) 2 728A
3. 明万历二十九年(1601)新安吴勉学刻古今医统正脉全书本 1 2 21 203 366(存卷一至十六) TA
4. 明万历四十四年(1616)关中张惟任刻本(二十卷卷首一卷) 1 2 139 286 412B
5. 明刻本 1 21 306(存卷五至十二) 361 391 450B 475A 476 541 590 738A 907B 939 TA
6. 清乾隆五十二年(1787)浙江问梅居士抄本(二十一卷) 139
7. 日本宽政六年(1794)台州荻氏刻本 738
8. 日本宽政十一年(1799)皇都书林刻本 590
9. 清光绪十年(1884)古吴潘露江南机器制造总局刻本 1 6 7 21 139 186 202 203 251 270 279 280 289 351 381 391 393 398 401 412A 421 437 461 491 493 511 541 570 589 664 707 721 731 738A 791 800 831 839A 921 922 926A 943
10. 清光绪十二年(1886)苏州交通图书馆刻本 2 3 139 186 203 270 279 289 301 308A 361 381 391 412A 412B 431 433A 491 514A 541 570 590 664 701 712 713 722 728A 746A 831 901 911 917A 926A 940 943
11. 清光绪二十三年(1897)儒林堂刻本(二十卷) 139 186 203 308A 361 362 391 421 433A 461 491 728A 738 746A 799A 831 839A 852 871 907B 907C
12. 清光绪二十三年(1897)广州拾芥园刻本 186 279 308A 412B 435 491 664 839A 851 931 940 942(存卷一至三、十六至二十二)
13. 清光绪二十七年(1901)逊志斋主人抄本 737
14. 清光绪二十八年(1902)抄本 279
15. 清光绪十八年(1892)浙江书局刻三十三年(1907)京师医局印古今医统正脉全书本 203 289 570 709
16. 清刻本 203 279 308A 361(十六卷) 385A 391 393 401 431 514A 541 570 604 707 708 709 734A(存卷五至二十二) 736A(存卷八至十一) 852A 852B 891 896A 911 922
17. 见古今医统正脉全书
18. 见伤寒全书

00682 **伤寒百问**六卷 1107
00899 (宋)朱肱(翼中、大隐、无求子)撰
日本宝历三年(1753)书林涩川清右卫门刻本 139

00683 **伤寒发微论**二卷 1132
00900 (宋)许叔微(知可、元同先生)撰
1. 元刻本(题新编张仲景注解发微论) 1 651
2. 明万历三十九年(1611)闽建书林刘龙田乔山堂刻本(四卷) 1 541
3. 清光绪七年(1881)归安陆心源刻十万卷楼丛书本 1 4C 139A 203 286 308A 381 393 514A 590(附伤寒百证歌五卷) 664 716 741 782 852 853 921 939
4. 清光绪十年(1884)上海王氏文海堂刻本 664
5. 清常熟瞿氏铁琴铜剑楼影元抄本 1
6. 清抄本 139(附伤寒百证歌五卷) 651 664 709
7. 见十万卷楼丛书

00684 **伤寒九十论**一卷 1132
00901 (宋)许叔微(知可、元同先生)撰
1. 清咸丰三年(1853)仁和胡珽木活字印琳琅秘室丛书本 139 541
2. 清光绪十四年(1888)会稽董金鉴云瑞楼木活字印琳琅秘室丛书本 1 651 739 741
3. 清光绪二十五年(1899)成都邓少如崇文

斋刻本 254 476 733A 831 839A 851 871 951
4. 抄本 651 677A
5. 见琳琅秘室丛书
6. 见求志居丛书

00685/00902 **伤寒明理论**三卷**方论**一卷 1142
(金)成无己撰
1. 宋刻本 1(有抄配) 831
2. 明嘉靖四十四年(1565)泾川查氏书林刻本 1 475A
3. 明万历二十年(1592)安正堂刻本(题新刊伤寒明理论) 1
4. 明万历二十九年(1601)新安吴勉学刻古今医统正脉全书本 277 286 301 385 391 396 521 572 579 710 715 721
5. 明万历古濠葛澄刻本 1
6. 日本享保十三年(1728)洛阳万卷堂刻本 7 391 TB
7. 清道光六年(1826)刻本 716
8. 清同治九年(1870)常郡陆氏双白燕堂刻本 707 728 943
9. 清光绪六年(1880)扫叶山房刻本 7 140 186 382 491 831
10. 清光绪二十年(1894)成都邓少如崇文斋刻仲景全书五种本 541 651 831 851 856 871 877
11. 清光绪二十二年(1896)羊城文升阁刻仲景全书五种本 728A(残)
12. 清光绪二十二年(1896)湖南书局刻本 589 831
13. 清光绪二十二年(1896)湖南书局刻汉文书局重修本 831
14. 清光绪二十二年(1896)湖南书局刻汉文书局重修益元书局印本 139
15. 清光绪刻本 491 714
16. 清广州大文堂刻本 931
17. 清刻本 1 7 139 253 277 279 286 301 361 363 366 391 393 412A 450 461(残) 462(残) 491 514A 521 524 541 570 651 664 677A 707 708 710(存卷三、四) 712 728 728A 734A(存卷三、四) 735A 737 738A 740A 746A 799A 831 852 896A 907C 917A XE
18. 抄本 301 677A TA(钤吴镇印) TB(影宋抄本)
19. 见注解伤寒论(版本附录)
20. 见古今医统正脉全书
21. 见伤寒全书
22. 见仲景全书(五种本)
23. 见宛委别藏
24. 见赵双修医书十四种

00686/00904 **伤寒类证**三卷 1163
(金)宋云公撰
1. 日本宝历十一年(1761)皇都书林山本长兵卫等刻本 139
2. 清光绪二十年(1894)成都邓少如崇文斋刻仲景全书五种本 907C
3. 见仲景全书

00687/00905 **伤寒要旨**一卷 1171
附药方一卷
(宋)李柽(与几)撰
宋乾道七年(1171)姑孰郡斋刻本 1(清·黄丕烈跋,清·杨象济题记)

00688/00906 **伤寒补亡论**二十卷 1181
(宋)郭雍(子和、白云先生、冲晦居士)撰
1. 清道光元年(1821)长州徐锦心太平轩刻本 2 3 7 139 186 277 279 280 308A 412A 412B 491 541 651 664 677A 701 733 734 734A 735 738A 781 851 907C 911 943
2. 清宣统元年(1909)海丰吴重憙梁园节署铅印豫医双璧本 9 21 301 364 412B 462 476 514A 871
3. 清宣统三年(1911)武昌医馆刻本 1 3 9 21 139 139A 185 186 202 203 204 251 270 277 279 280 288 289 308A 366 381 385A 412A 476 493 511 529B 572 590 715 731 738 781 799 799A 831 851 852 917A 922 927 940
4. 清抄本 1(五卷) 139 651 709
5. 见豫医双璧

00689/00907 **伤寒直格**三卷 1186
又名刘河间伤寒直格论方、河间刘守真伤

寒论方、刘河间伤寒直格方
(金)刘完素(守真、河间居士、通玄处士)撰
(元)葛雍(仲穆、华盖山樵夫)编
1. 元天历元年(1328)建安翠岩精舍刻本 7
2. 明洪武六年(1373)陈氏书堂刻本(附后集伤寒心要论一卷、续集伤寒医鉴一卷、张子和心镜别集一卷) 1
3. 明万历二十九年(1601)新安吴勉学刻古今医统正脉全书本 277 314 412A 491 529A
4. 明万历三十七年(1609)书林张斐刻本(附后集伤寒心要论一卷、续集伤寒医鉴一卷、张子和心镜别集一卷) 541
5. 日本享保十一年(1726)武城玄赏斋刻本 139
6. 清光绪十年(1884)王锦梧抄本 590
7. 清光绪十八年(1892)浙江书局刻三十三年(1907)京师医局重修古今医统正脉全书本 491 891(存卷二、三) 907C(附伤寒标本心法类萃、伤寒医鉴)
8. 清宣统元年(1909)上海千顷堂石印刘河间医学六书本 852E
9. 清刻本 186(残) 288 896A
10. 见刘河间伤寒医鉴(版本附录)
11. 见刘河间医学六书
12. 见古今医统正脉全书
13. 见四库全书

00690 00908 **伤寒标本心法类萃**二卷 1186
(金)刘完素(守真、河间居士、通玄处士)撰
1. 明万历二十九年(1601)新安吴勉学刻古今医统正脉全书本 186 381 522 541 570(附刘河间伤寒医鉴一卷) 664 706 907C 931
2. 清光绪十八年(1892)浙江书局刻古今医统正脉全书本 288
3. 见刘河间医学六书
4. 见古今医统正脉全书
5. 见四库全书
6. 见丛书集成初编

00691 00909 **伤寒心镜**一卷 1217
又名伤寒心镜别集、张子和心镜别集
(金)张从正(子和、戴人)撰 常德编
1. 清刻刘河间医学六书本 728A(附伤寒心要一卷)
2. 见伤寒直格(版本附录)
3. 见刘河间医学六书
4. 见古今医统正脉全书

00692 00910 **伤寒十劝验症舌法**一卷 [1217]
(宋)李子建撰
见温疫辨论温疫方论

00693 00911 **刘河间伤寒医鉴**一卷 1234
(元)马宗素撰
1. 清宣统元年(1909)上海千顷堂书局石印刘河间医学六书本 139
2. 清刻本 308A 735 799(附伤寒直格论方)
3. 清抄本 737(附刘河间伤寒直格方)
4. 见伤寒直格(版本附录)
5. 见刘河间医学六书
6. 见古今医统正脉全书

00694 00912 **伤寒钤法**一卷 1234
(元)马宗素 程德斋撰
1. 清乾隆十四年(1749)抄本 362
2. 清乾隆六十年(1795)龙世韬抄本 139
3. 清道光东溪堂刻薛氏医案二十四种本 541
4. 清抄本 664(附伤寒金镜录一卷)
5. 见薛氏医按二十四种
6. 见医学集览

00695 00913 **伤寒心要**一卷 1234
又名河间伤寒心要、伤寒心要论
(金)镏洪(瑞泉野叟)编
1. 见伤寒直格(版本附录)
2. 见刘河间医学六书
3. 见古今医统正脉全书

00696 00914 **阴证略例**一卷 1237
(元)王好古(进之、海藏)撰
1. 清光绪五年(1879)归安陆心源刻十万卷楼丛书本 1 4F 21 139 186 202 203 251 270 277 289 303 308 308A 361 385 391 396 401 412B 491 514A 541 570 589 590 651 677A 702 706 707 709 738 738B 739 741 781 851 852 854 871 877 901 931 XE

2. 清光绪抄本 1
3. 清末抄本 1
4. 见济生拔粹
5. 见东垣十书（曹灼辑）
6. 见十万卷楼丛书

00697 00915 **伤寒类书活人总括**七卷 1264
（宋）杨士瀛（登父、仁斋）撰 詹宏中校正
1. 元环溪书院刻本 1 TB
2. 明刻本（二卷） 851
3. 清道光八年（1828）棠樾鲍泰圻木活字印本 2 7 139 279 541（清·黄丕烈补目） 570 572 590 651
4. 清抄本〔据清道光八年（1828）刻本〕 186
5. 抄本 677A
6. 见（新刊）仁斋直指
7. 见四库全书
8. 见鲍氏汇校医书四种

00698 00916 **此事难知**二卷附录一卷 1308
又名东垣先生此事难知集
（元）王好古（进之、海藏）撰
1. 明初刻本 590
2. 明成化二十年（1484）刻本 139 277 476 529 854 942B
3. 明成化二十二年（1486）荆南一人刻本 541
4. 明嘉靖八年（1529）辽藩朱宠瀼梅南书屋刻东垣十书本 21（存卷上） 570 664 701 738A
5. 明万历二十九年（1601）新安吴勉学刻古今医统正脉全书本 1 139 277 391 412A 710（存卷一） 728A 731 733 831 911 XE
6. 明书林杨懋卿刻东垣十书本（四卷） 701
7. 明刻本 3 279 512 944（存卷下）
8. 明抄本 1
9. 清光绪七年（1881）羊城云林阁刻东垣十书本 1 412A 541 732 871
10. 清光绪十八年（1892）浙江书局刻三十三年（1907）京师医局重修古今医统正脉全书本 1 139 728A 731
11. 清光绪三十四年（1908）成都肇经堂刻东垣十书本 1 940
12. 清文奎堂刻东垣十书本 139 651
13. 清刻本 3 361 393 461 728A 733A 735 741（残） 852 907B
14. 见济生拔粹
15. 见东垣十书
16. 见东垣十书（曹灼辑）
17. 见古今医统正脉全书
18. 见四库全书

00699 00918 **云岐子保命集论类要**二卷 ［1308］
（元）张璧（云岐子）撰
1. 明宣德钱氏刻本 2
2. 抄本 433A
3. 见济生拔粹
4. 见东垣十书（曹灼辑）

00700 00919 **伤寒纪玄妙用集**十卷 1331
又名伤寒纪元、尚氏伤寒纪选
附仲景药性论治一卷
（元）尚从善（仲良）编
1. 清抄本 731（清·汪士钟旧藏）
2. 抄本 541

00701 00920 **仲景药性论治**一卷 1331
（元）尚从善（仲良）撰
1. 清抄本 731
2. 见伤寒纪玄妙用集（附录）

00702 00921 **伤寒治例**一卷 1396
（明）刘纯（宗厚）撰 萧谦（子豫、易庵居士）校正
明成化十五年（1479）长安萧谦刻本 1 139（残） 475A 733 TD

00703 00955 **伤寒海底眼**二卷 1416
（明）何渊（彦澄）撰
1. 清初抄本 590（三卷）
2. 清同治九年（1870）真州石生氏抄本 2
3. 映雪山房抄本 651
4. 守一斋抄本 651
5. 抄本 412B 572 590（题伤寒证治海底眼秘法） 709（题仁寿堂秘传海底眼，附戒烟忌酸丸方）

00704 00922 **伤寒全生集**四卷 1445
（明）陶华（尚文、节庵）撰
1. 明万历四十三年（1615）关中薛贞苏州刻本 186 590 664 701 732 734 907C
2. 明万历四十三年（1615）关中薛贞苏州刻养正堂印本 306 734

3. 明崇祯十三年（1640）娄东蔡懋德刻本　1　2　3　139　186　202　462　511　541　546　572　589　701　709　731　851　907B　907C　921　926A　931　939
4. 明崇祯十三年（1640）娄东蔡懋德刻吴门宝鸿堂印本　139
5. 明崇祯十三年（1640）娄东蔡懋德刻豫章长春堂印本　139（存卷一、二）　279　361　746A　799A　896A　907B　926A
6. 明刻本　1　2　306（存卷一）　401　541　651　701　799A　851　896A　942B
7. 明万历四十三年（1615）关中薛贞苏州刻清初吴郡大来堂印本　139　251　491　514B　709　736A（存卷一、四）　746A
8. 明万历四十三年（1615）关中薛贞苏州刻清乾隆初绿荫堂印本　139　475A
9. 明万历四十三年（1615）关中薛贞苏州刻清乾隆三十七年（1772）松荫堂印本　308A　746A　799A
10. 明万历四十三年（1615）关中薛贞苏州刻清吴门裕兹堂重修本　541
11. 清乾隆四十七年（1782）古越尺木堂刻本　139　186　270　277　286　289　308　401　412B　461　475A　476　529A　546　570　707　731　738A　746A　907C　939
12. 清嘉庆十五年（1810）叶眉寿堂刻本　279　590
13. 清嘉庆十五年（1810）叶眉寿堂刻扫叶山房重修本　1　6　7　21　139　186　202　203　254　277　279　280　286　289　301（残）　308A　361　362　364A　366　381　385B　391　401　412A　417　421　435　461　491　514A　524　529A　529B　541　570　590　651　664　677A　706　709　712　715　728A　738A　781　799A　839A　871　896A　907C　917A　921　922　926A　940
14. 清嘉庆二十四年（1819）长州书业堂刻本　381　393
15. 清嘉庆二十四年（1819）长州书业堂刻桐石山房印本　280　396　450　570　799A
16. 清光绪二十二年（1896）刘清堂蜀中广安刻本　799A
17. 清刻本　2　140　279　301　421　541　570　590　651　677A　708　728　733（存卷一、二）　736A　742（存卷二至四）　896A
18. 清抄本　1　417　541　740A（存卷三）

00705
00923　**伤寒明理续论**一卷　1445
（明）陶华（尚文、节庵）撰
1. 明刻本　541（五卷）
2. 清乾隆二十二年（1757）竹友草堂主人抄本　541
3. 见伤寒六书
4. 见古今医统正脉全书

00706
00924　**伤寒家秘的本**一卷　1445
（明）陶华（尚文、节庵）撰
1. 明嘉靖八年（1529）胡汝诚刻本　541
2. 明刻本　7
3. 清抄本（附伤寒琐言）　7
4. 抄本　139
5. 见伤寒六书
6. 见古今医统正脉全书

00707
00925　**伤寒六书**六卷　1445
（明）陶华（尚文、节庵）撰
子目：
（1）伤寒家秘的本一卷
（2）伤寒明理续论一卷
（3）伤寒琐言一卷
（4）伤寒杀车槌法一卷
（5）伤寒一提金启蒙一卷
（6）伤寒证脉截江网一卷
1. 明嘉靖十二年（1533）湖广布政使司刻本（十卷）　2　301　541　907C　TA（清·黄丕烈、诸彝德题跋）
2. 明万历四十年（1612）李存济刻本　1　3　185　529A　664　721　728A　741　839A　852　911
3. 明万历四十二年（1614）王轩刻本　651
4. 明万历二十九年（1601）新安吴勉学刻清初步月楼印本　1　3　139　251　279　301　302　396　421　433A　529A　590　651　677A　728A　731　738A　738B　799A　851　907B　922　926A

5. 明万历二十九年(1601)新安吴勉学刻清吴门蕴古堂递修古今医统正脉全书本 21
6. 明万历二十九年(1601)新安吴勉学刻清敦化堂递修刻本 21 139 139A 186 202 203 251 279 280 289 381 393 412A 493 514A 529A 677A 734 746A 907C 927
7. 明溥济堂刻本 1 139(缩微胶卷)
8. 明万历书林锡环堂刻本 139 277 514A
9. 明武林何景道刻本 3 279 462 493 852
10. 明刻本 2 277 289 393 401(存卷一、二、六) 541 651 710 734 891(存卷二至六) 907C 922 TB
11. 日本宽永七年(1630)书林道伴刻本〔据万历四十年(1612)李存济刻本翻刻〕 139 589 590 651 939 TA
12. 清嘉庆道光间三让堂刻本(版心下镌三让堂) 277 728A 743(存卷四至六)
13. 清道光十三年(1833)文发堂刻本 139 186 352 361 366(存卷二至六) 461 475A 491 529A 851 907C 926A
14. 清同治三年(1864)经国堂刻本 277 385A 541 590 942B
15. 清同治三年(1864)经国堂刻本立堂印本 2 514A
16. 清光绪十八年(1892)浙江书局刻古今医统正脉全书本 139 289 728A
17. 清光绪十八年(1892)浙江书局刻三十三年(1907)京师医局递修古今医统正脉全书本 139 546 677A
18. 清学畲堂刻本 308A
19. 清怀德堂刻本 475A
20. 清遵德堂刻本 303 361 728A
21. 清书林大兴堂刻本 279 385B 475A 590 799A
22. 清藜照书屋刻本 361
23. 清鸣盛堂刻本 476 728A 852
24. 清裕元堂刻本 351 461 529A 728A
25. 清保宁堂刻本 361 413
26. 清味经堂刻本 529A 677A 907C 917A
27. 清竹园书林刻本 570
28. 清谢岐庵抄本(题伤寒家秘六书附本草纂要) 1
29. 清刻本 139A 203 401 413(存卷二至六) 476 541 702 733 738A 740A(存卷一、二) 852 852L(残) 852S(存卷一、二) 891(残) 896A
30. 清抄本 7(存伤寒杀车槌法、截江网、伤寒一提金) 728A 738B
31. 见古今医统正脉全书

00708 / 00926 **(新刊)陶节庵伤寒十书**□□卷 1445
(明)陶华(尚文、节庵)撰
明嘉靖十年(1531)明德书屋刻本 1(存五卷)

00709 / 00927 **伤寒一提金启蒙**一卷 1445
(明)陶华(尚文、节庵)撰
1. 见伤寒六书
2. 见古今医统正脉全书

00710 / 00928 **伤寒琐言**二卷 1445
(明)陶华(尚文、节庵)撰
1. 明嘉靖元年(1522)王子言刻本 572
2. 明万历二十九年(1601)新安吴勉学校刻古今医统正脉全书本 308A(附伤寒家秘的本一卷) 579 TA(附伤寒家秘的本一卷)
3. 明刻本 541
4. 清刻本 529B 590 736A 896A
5. 见伤寒六书
6. 见刘氏四种
7. 见古今医统正脉全书
8. 见伤寒三书合璧

00711 / 00929 **伤寒杀车槌法**一卷 1445
(明)陶华(尚文、节庵)撰
1. 清嘉庆二十一年(1816)抄本 139
2. 见伤寒六书
3. 见古今医统正脉全书

00712 / 00930 **伤寒证脉截江网**一卷 1445
(明)陶华(尚文、节庵)撰
1. 见伤寒六书
2. 见古今医统正脉全书

00713 / 01309 **重编伤寒必用运气全书**五卷 [1458]
(明)熊宗立(道轩、勿听子)编
明刻本 590(存卷一至五)

00714 **伤寒类证便览**十一卷首一卷 1499
00932 (明)陆彦功辑 张政鸿补
1. 明弘治十二年(1499)新安陆彦功保和堂刻本 475A(存卷七至十二) 851
2. 抄本 590

00715 **伤寒蕴要全书**四卷 1501
00933 又名伤寒蕴要图说、伤寒蕴要图说玄微、伤寒蕴要方脉药性汇要
(明)吴绶(梦斋)撰
1. 明弘治十七年(1504)刻本 651 733(存卷二至四)
2. 清康熙三十三年(1694)刻本(题重订伤寒蕴要方脉药性汇要,吴家震、徐涛辑订) 186 590
3. 日本抄本(据明刻本) 590
4. 抄本 3 139

00716 **伤寒全书**一卷 1521
00935 著者佚名
明正德刻本 139

00717 **考证注解伤寒论**十卷 1545
00937 (明)黄甲(鞠潭)撰
明嘉靖二十四年(1545)冯岳刻本 421

00718 **伤寒摘玄**二卷 [1560]
00938 (明)杨珣(楚玉、恒斋)撰 黄伯淳编
明嘉靖抄本 731(残)

00719 **潜溪续编新增伤寒蕴要全书**二卷 1561
00934 又名续编伤寒蕴要
(明)彭用光编
明嘉靖四十年(1561)南阳胡糙江西刻本 152 570 TA

00720 **王氏家宝伤寒证治明条**九卷 1561
00939 (明)王震(子鸣、心春)编
1. 明嘉靖四十年(1561)双泉书斋刻本 139(缩微胶卷) 541
2. 明天启刻本 651(存卷四、五,题刻王氏家宝伤寒证治明条备览)
3. 清抄本(六卷,题刻王氏家宝伤寒证治明条备览) 1 541 TA(存卷一至三)
4. 抄本 570(题王氏家宝伤寒览) 590(存卷一至六)

00721 **伤寒明理补论**四卷 1565
00000 (金)成无己撰 (明)巴应奎(西野)增补
明刻本 1

00722 **(新刊)伤寒撮要**六卷 1567
00940 (明)缪存济(慕松)撰
1. 明隆庆元年(1567)新安汪滋刻本 21 139 541 731
2. 抄本 279

00723 **东垣先生伤寒正脉**十二卷附拾遗一卷 1580
00941 又名东垣先生医学纲目、伤寒纲目益寿全书、东垣伤寒正脉
(明)王执中(允甫、三阳)撰
1. 明万历八年(1580)云间姚氏世征堂刻本 541 677A(缺卷七) TA
2. 抄本 590(存卷一至四、六至九、十一、十二)

00724 **伤寒三秘**不分卷 1596
00942 (明)刘浴德(肖斋、子新、壶隐子)编
明万历二十四年(1596)抄本 475A

00725 **伤寒准绳**八卷 1602
00943 又名伤寒证治准绳
(明)王肯堂(宇泰、损庵、念西居士)辑
1. 明万历三十二年(1604)刻本 2 185 277 301 363 412A 521 529A 529B 541 589 590 651 677A 831(清·吴仪洛批点,巢念修题识) 851 871 907B 915(残) 940 944(存卷五、六) TA TB
2. 日本宽文十三年(1673)村上平乐寺刻本 1 3 940
3. 清康熙三十八年(1699)金坛虞氏刻六科证治准绳本 139 285 286 361 381 412B 572 707 746A 917A
4. 清乾隆十四年(1749)带月楼刻六科证治准绳本 288
5. 清乾隆五十八年(1793)程永培修敬堂刻六科证治准绳本 289 308A(残) 309 381 382 421 491 529A 664 715 852S 907C 922
6. 清嘉庆道光间嘉兴九思堂刻六科证治准绳本 3 139 140 277 279 289 308 308A 590 651 677A 736A 741 852 907C 911 917A
7. 清光绪十八年(1892)上海图书集成印书局铅印六科证治准绳本 139 351 381 433A 738B 854 907C

8. 清光绪二十五年(1899)西蜀善成堂刻六科证治准绳本 733A 799
9. 清刻本 286 308A(缺卷一、八) 366 393 436 541 651(存六卷) 737 746A
10. 见六科证治准绳

00726 01128 **伤寒概论**一卷 [1604]
著者佚名
明万历三十二年(1604)抄本 741

00727 00944 **伤寒百问**不分卷 [1613]
原题(明)雷顺春(杏泉)撰
抄本 851

00728 00967 **撰集伤寒世验精法**八卷卷首一卷 1620
附补修伤寒金镜录辨舌世验精法一卷
(清)张吾仁(春台)撰 张于乔(孟迁)编
1. 清康熙五年(1666)刻本 2 139
2. 清乾隆八年(1743)甘棠楚芬项城刻本 3 572
3. 清乾隆嘉庆间抄本(无附录) 3
4. 清嘉庆二十二年(1817)宜阳杜氏思诚堂刻本 1 139 728A
5. 清光绪十六年(1890)广东文乐轩刻本 940(无附录,残) 944
6. 清刻本 279(存附录) 651(残)
7. 清抄本 412A 541
8. 三元斋抄本(无附录) 301

00729 00945 **伤寒典**二卷 1624
(明)张介宾(景岳、会卿、通一子)撰
1. 清抄本 308A
2. 见景岳全书

00730 00946 **治伤寒全书**一卷 1626
(明)李盛春(日新)编
见医学研悦

00731 00947 **伤寒五法**五卷 1631
又名陈养晦先生伤寒五法
(明)陈长卿(宁澜)传 陈志明(养晦)辑订
1. 清康熙六年(1667)天都陈维坤刻树滋堂印本 2 3 203 491 541 572 590 651 701 738B 907C
2. 清康熙六年(1667)天都陈维坤刻颐志堂印本 3 202 251 286 572 651 701 734
3. 清康熙二十二年(1683)海盐石楷重刻本(四卷) 139 279 286 289 412A 491 511(残) 541 664 677A 712 734
4. 日本宝历八年(1758)浪华好古堂梧桐馆刻本 3
5. 清道光二十七年(1847)蔡氏抄本(六卷,清·吴子向注解) 1
6. 清咸丰三年(1853)月溪抄本(一卷) 521
7. 清抄本 139(残) 279 385A 541 734
8. 见十竹斋刊袖珍本医书
9. 见医宗备要
10. 见曾氏医书四种

00732 00948 **伤寒秘要**二卷 [1631]
(明)董玹(橘斋)原撰 胡正心(无所)参补 胡正言(曰从)校订
1. 明崇祯六年(1633)休宁胡正言十竹斋刻本 1
2. 抄本 746A
3. 见十竹斋刊袖珍本医书

00733 00949 **伤寒六书纂要辨疑**四卷 1632
(明)童养学(壮吾)撰
1. 明崇祯五年(1632)金陵刻本(题太医院纂要陶节庵伤寒六书,附伤寒活人指掌补注辨疑三卷) 1 139 286
2. 清顺治十五年(1658)大梁周氏醉耕堂刻本(附伤寒活人指掌补注辨疑三卷) 1(无附录) 139 412B(残) 570(无附录) 590 651
3. 清顺治十八年(1661)新筑玉堂书室刻本 712 921
4. 清嘉庆二年(1797)那晓塘乐道堂刻本 2 139 279
5. 清刻本 277(存卷二) 852B
6. 日本刻本 3
7. 清末萧品抄本 743(存卷一、二)
8. 清抄本 139 202 279 436 664 728A 731 738B(题陶节庵先生六书辨疑,存卷一、二) 901

00734 00950 **伤寒活人指掌补注辨疑**三卷 1632
(明)童养学(壮吾)撰
1. 明崇祯五年(1632)金陵刻本 289
2. 清乾隆二十一年(1756)新安汪永锡抄本 728A

3. 清乾隆三十七年(1772)抄本 839A
4. 清乾隆六十年(1795)黄鹤龄家刻本 712 854
5. 清乾隆古越溆东朱源抄本 1
6. 清光绪十四年(1888)刻本(附金镜录) 279
7. 抄本 728A 731
8. 见伤寒六书纂要辨疑(版本附录)

00735 **窥垣秘术**二卷 [1632]
05586 又名五法总论
(明)陈长卿(宁澜)传 陈志明(养晦)辑订
1. 明崇祯五年(1632)安陆雷芳刻本 541 (张明钦跋)
2. 清初抄本(不分卷) 541
3. 清抄本 590(孟河丁氏三氏医庐旧藏) 728A 738A
4. 日本抄本 139

00736 **伤寒集验**六卷 1633
00951 (明)陈文治(国章、岳溪)编
1. 明崇祯六年(1633)四川布政司刻本 590
2. 抄本 277(存卷一至三、五)

00737 **伤寒会要**□□卷 1637
00952 (明)江原岷(衡南子)编
明崇祯十年(1637)江氏生生室抄本 590 (存卷下)

00738 **伤寒总论**一卷 [1641]
00953 (明)秦昌遇(景明、广埜道人、乾乾子)撰
清道光北平李登螭刻本 590

00739 **伤寒意珠篇**二卷 [1644]
00954 (明)韩籍琬(来鹤)撰
1. 清康熙二十二年(1683)昼锦堂刻本 570 701
2. 抄本 590

00740 **伤寒补天石**二卷 [1644]
00956 **续伤寒补天石**二卷
(明)戈维城(存橘)撰
1. 清康熙六十一年(1722)抄本 139
2. 清嘉庆十六年(1811)吴县朱陶性木活字印本 3 7 21 186 203 286 308A 362 381 391 412A 412B 433 461 491 493 514A 514B 541 570 589 590 651 664 706 707 709 728A 733 737 741 831 852 896A 926A 940
3. 清金阊经义堂刻本 7 139 202 280 301 361 412B 461 572 590 728A 738 738B 746A 831 896A 931
4. 清金阊经义堂刻宁波汲绠斋印本 1 2 139 203 251 270 277 289 361 391 401 433A 443 461 475A 476 491 514A 514B 521 529A 570 590 664 677A 728A 728B 736(存卷一、二) 737 738B 740A 746A 839A 907C 921 926A 939 940
5. 清光绪二十九年(1903)顾时田抄本 139 (题伤寒秘要)
6. 清光绪三十三年(1907)抄本 709
7. 清刻本 1 152 286 308A 361 431 712 733A 737 831(残) 896A 921 931
8. 抄本 541 651 701 907C 917A(残)
9. 见活人精言

00741 **伤寒心法大成**四卷 [1644]
00957 (明)龚太守撰 (清)陈法昂(肇庵)订
1. 清康熙四十三年(1704)艺兰堂刻本 381 579
2. 清康熙四十三年(1704)艺兰堂刻天盖楼印本 139 572 590 712
3. 清抄本 475A

00742 **伤寒备览**二卷 [1644]
01135 原题(明)吴中秀(端所)撰
1. 清抄本(题刻王氏家宝伤寒备览、附经络传变图六卷) 570
2. 抄本 709

00743 **伤寒述微**三卷 1646
00958 (清)李栻(与一、二南)撰
清顺治三年(1646)南益堂刻本 590

00744 **伤寒括要**二卷附方二卷 1649
00959 又名伤寒金丹
(明)李中梓(士材、念莪、尽凡居士)撰
1. 清康熙元年(1662)朱泾胡洵龙刻本 590 712
2. 清嘉庆吴县朱陶性木活字印本 139 590
3. 清嘉庆十五年至道光五年(1810—1825)华亭张应时书三味楼刻书三味楼丛书本 541 590

4. 抄本 391 541(残) 542 570(题伤寒金丹) 572 590 851
5. 见书三味楼丛书

00745 **伤寒起景集**一卷 1659
00960 (清)吴殳(修龄、沧尘子)撰
清抄本 590

00746 **伤寒指下活人秘书**一卷 [1661]
00961 (清)芙蓉城山人撰
清抄本 1(铃辅国公卓、载卓之印)

00747 **伤寒缵论**二卷 1663
00962 (清)张璐(路玉、石顽老人)撰
1. 清康熙六年(1667)金阊刘任之刻本 3 7 21 139 186 289 308 362 393 412A 421 491 514A 529 529A 590 677A 736E 740B 741 746A 799A 839 896A 907C 922
2. 清康熙四十八年(1709)宝翰楼刻嘉庆六年(1801)重修张氏医书七种本 393 852(残) 896A
3. 清乾隆嘉庆间金阊书业堂刻本 7 393 799A 896A
4. 日本文化元年(1804)思得堂刻张氏医书七种本 2 3 289 412A 514A 589 713 738A 746A 951
5. 清光绪二十年(1894)上海图书集成印书局铅印张氏医书七种本 203 363 514B 912
6. 日本文化元年(1804)思得堂刻清光绪二十五年(1899)浙江官书局杭州印张氏医书七种本 289 301 433A 541 907C
7. 清光绪三十三年(1907)上海书局石印张氏医书七种本 738D
8. 清末明德堂刻张氏医书七种本 491 514A
9. 清末明德堂刻同德堂印张氏医书七种本 412A 728A
10. 清刻本 713 733A 746A 854 921 943
11. 清抄本 651 701(残) 738A
12. 见伤寒大成
13. 见张氏医书七种

00748 **伤寒绪论**二卷 1665
00963 (清)张璐(路玉、石顽老人)撰
1. 清康熙七年(1668)金阊刘任之刻本 3 139 186 412A 514A 570 590 677A 707 721 728A 839
2. 清康熙七年(1668)金阊刘任之刻金阊书业堂印张氏医书七种本 361
3. 清康熙七年(1668)金阊刘任之刻嘉庆六年(1801)金阊书业堂重修张氏医书七种本 852(残) 896A
4. 清道光十五年(1835)京都刻伤寒辨证绪论合编本 361
5. 日本文化元年(1804)思得堂刻张氏医书七种本 3 186 529 529A 570 589 746A
6. 清明德堂刻张氏医书七种本 664(附伤寒缵论二卷)
7. 清光绪二十年(1894)上海图书集成印书局铅印张氏医书七种本 363 590 651 854 907B 911
8. 清光绪三十三年(1907)上海书局石印张氏医书七种本 907C(存卷上)
9. 清刻本 139 202 288 393 412A 412B 421 491 570 721 728A 733A 738A 741 839A 854 896A 917A
10. 抄本 521 541 651 701 746A
11. 见伤寒大成
12. 见张氏医书七种
13. 见伤寒缵论伤寒绪论
14. 见伤寒辨证绪论合编

00749 **伤寒缵论**二卷 1665
00964 **伤寒绪论**二卷
(清)张璐(路玉、石顽老人)撰
1. 清康熙七年(1668)刻本 2 139 203
2. 清光绪三十三年(1907)上海书局石印张氏医书七种本 831

00750 **伤寒兼证析义**一卷 1665
00965 (清)张倬(飞畴)撰
1. 清康熙七年(1668)金阊刘任之刻伤寒大成本 1(附伤寒舌鉴) 3 202 251 491 901
2. 清康熙七年(1668)金阊刘任之刻金阊书业堂印伤寒大成本 1(附伤寒舌鉴) 2 529 651
3. 清康熙七年(1668)金阊刘任之刻四十八

年（1709）宝翰楼汇印张氏医书七种本　664
4. 日本享保十三年（1728）西都玉芝堂刻本　139
5. 日本文化元年（1804）思得堂刻张氏医书七种本　1　3　270　541　542　570　664　738A
6. 清光绪二十年（1894）上海图书集成印书局铅印张氏医书七种本　139（附伤寒舌鉴）　363　911
7. 日本文化元年（1804）思得堂刻清光绪二十五年（1899）浙江官书局杭州印张氏医书七种本　732
8. 清光绪三十三年（1907）上海书局石印张氏医书七种本　351　651　677A　728A
9. 清刻本　7　139　186　279　289　308A　475A　491　570　709　728A　781　854　907B　907C　931
10. 抄本　139
11. 见伤寒大成
12. 见张氏医书七种
13. 见四库全书

00751 00966 **伤寒大成**六卷　1665
（清）张璐（路玉、石顽老人）　张登（诞先）　张倬（飞畴）撰
子目：
（1）伤寒缵论二卷　（清）张璐撰
（2）伤寒绪论二卷　（清）张璐撰
（3）伤寒舌鉴一卷　（清）张登撰
（4）伤寒兼证析义一卷　（清）张倬撰
1. 清康熙七年（1668）金阊刘任之刻本　1　21　285　839A
2. 清康熙七年（1668）金阊刘任之刻金阊书业堂印张氏医书七种本　139　203　254　270（缺缵论）　391　433A　450B　475A　491　529　541　590　651　740A（存二种）　852　901　917A　940
3. 清康熙七年（1668）金阊刘任之刻嘉庆六年（1801）印张氏医书七种本　412A　475A　491　852（存缵论、绪论）
4. 日本文化元年（1804）思得堂刻张氏医书七种本　1（存缵论、绪论）　186　203　412A　511　541　570　709　728A　738A　896A　907C
5. 清光绪二十年（1894）上海图书集成印书局铅印张氏医书七种本　139（存缵论、绪论）　741
6. 日本文化元年（1804）思得堂刻清光绪二十五年（1899）浙江官书局杭州印张氏医书七种本　289
7. 清末明德堂刻张氏医书七种本　491（存缵论、绪论）
8. 清末明德堂刻同德堂印张氏医书七种本　289　570　677A　746A　907B　926A
9. 清天禄堂刻本　285　351

00752 00968 **伤寒抉疑**一卷　1667
（清）喻昌（嘉言、西昌老人）撰　徐彬（忠可）编
见喻嘉言先生伤寒尚论篇全书

00753 00969 **徐忠可伤寒图论**一卷　1667
（清）徐彬（忠可）撰
见喻嘉言先生伤寒尚论篇全书

00754 00970 **伤寒论翼**二卷　1674
（清）柯琴（韵伯、似峰）撰
1. 清康熙五十五年（1716）江都王栋秩斯堂刻本　286　728A　852　911　921
2. 清乾隆十二年（1747）歙州程氏刻本（附王晋三古方选注）　541　651　734
3. 清乾隆二十年（1755）昆山马中骅绥福堂刻伤寒论注来苏集本　306　651　728A　733
4. 清乾隆三十一年（1766）博古堂刻伤寒论注来苏集本　2　381　476　733　839A　907B
5. 清乾隆三十一年（1766）博古堂刻道光六年（1826）一经堂重修伤寒论注来苏集本　734（存卷上）
6. 清文聚堂刻伤寒论注来苏集本　351
7. 清古香室刻伤寒论注来苏集本　308A　391　393　412A　511　706　707　728A　781　799A
8. 清古香室刻务本堂印伤寒论注来苏集本　1　590　738B　852　852A
9. 清光绪十九年（1893）上海文瑞楼石印伤寒论注来苏集本　139　280　664　733　737

10. 清宣统元年(1909)同文会刻伤寒论注来苏集本 852A 854
11. 清末三多斋刻伤寒论注来苏集本 1 412A 491 664 738A
12. 清末三多斋刻宏道堂印伤寒论注来苏集本 139 433A 852
13. 清刻本 1 289(附伤寒附翼二卷) 306 311(存卷上) 381 412A 529A 541 728A 733 735A(存卷下) 738A(附伤寒附翼) 852 907C 917A
14. 清萃古斋抄本 139
15. 清锄金堂抄本 1
16. 清东亭罗树森抄本 514A
17. 棲松堂抄本 2
18. 抄本 2 21 139 279 590 702 731 738B
19. 见伤寒论注来苏集
20. 见郑素圃医书五种
21. 见艺海珠尘
22. 见伤寒辨证绪论合编

00755 / 00690 **伤寒正宗**八卷 1678
(清)史以甲(子仁、学圃老人)编
清康熙十九年(1680)刻本 3

00756 / 00972 **伤寒辨证**四卷 1678
又名伤寒活人辨证、伤寒活人书
(清)陈尧道(素中)撰
1. 清康熙十八年(1679)三原陈嘉绩大道堂刻本 3 186 289 308A 363 412B 413 417 421 491 572 728A 896A 907C
2. 清乾隆二十七年(1762)至诚堂刻本 308 412B 431 715 746A 852
3. 清嘉庆十一年(1806)信阳劳树棠江苏粮储道署刻本 2 3 7 139 139A 202 203 251 277 289 306 308A 351 385 436 476 514A 541 590 651 677A 721 734 734A 735 738 851 852 871 896A 926A 939
4. 清嘉庆十一年(1806)瀛洲书屋刻伤寒痘疹辨证本 907C
5. 清咸丰二年(1852)聚奎堂刻伤寒痘疹辨证本 186 875(存卷三、四) 907C
6. 清浣花室主人抄本 664
7. 清末上海会文堂书局石印本 1 303 514A 664 738A 799A 907C
8. 抄本 139 570 579 701 746A 896A 901
9. 见伤寒痘疹辨证

00757 / 00973 **伤寒括义必读**三卷 1678
附一百一十三方歌诀一卷
(清)刘古汝(生一、若庵)撰
清康熙十七年(1678)长洲刘古汝修吉堂自刻本 701

00758 / 00974 **伤寒论遥问**十四卷 1678
附伤寒原方遥问一卷、伤寒续方遥问一卷
(清)徐行(周道、还园)编
1. 清抄本(附伤寒平脉法) 139 572 741
2. 抄本 590 709(存卷一至三)

00759 / 00975 **伤寒续论遥问**四卷 1678
(清)徐行(周道、还园)编
1. 清咸丰同治间抄本 139 590
2. 抄本 572(一卷) 728(残) 728A(存卷二、三)

00760 / 00976 **中寒论辨证广注**三卷 1680
(清)汪琥(苓友、青溪子)辨注
见伤寒论辨证广注(附录)

00761 / 00977 **伤寒汇参**四卷 1689
(清)张世炜(雪窗)辑 张守坚(非磷)订补
清抄本 1(存卷一、二)

00762 / 00978 **伤寒近编**前集五卷后集五卷 1697
(清)陈治(三农)撰
见证治大还

00763 / 00979 **伤寒一鉴**一卷 [1699]
(清)张镜庵(酣道人)撰
清康熙三十八年(1699)抄本 728A

00764 / 00980 **伤寒证治准绳增删**八卷 1703
(清)陆遇霖(商岩)撰
清康熙四十二年(1703)最乐堂刻本 721

00765 / 00981 **伤寒选珠**二卷 1707
(清)蓝德光(慧老)辑
清康熙四十六年(1707)刻本 1

00766 / 00982 **伤寒伐洗十二稿**三卷 1710
(清)钱座书撰
清康熙四十九年(1710)抄本 590

00767 / 00983 **伤寒论方法正传**六卷 1711
又名发明张仲景伤寒论方法正传

(清)程瑗(绳玉)纂注
1. 清康熙五十年(1711)觉后堂刻本 3(残)
2. 清抄本 590

00768 00984 **伤寒论证辨**二卷 1711
(清)郑重光(在辛、素圃、完夫、贞慤先生)编
1. 清康熙五十年(1711)古歙许华广陵劲堂刻本 139A
2. 见郑素圃医书五种

00769 00985 **伤寒附余**一卷 1712
(清)张锡驹(令韶)撰
1. 抄本 917A
2. 见伤寒论直解(附录)

00770 00986 **伤寒大白**四卷总论一卷 1714
(清)秦之桢(皇士)撰
1. 清康熙五十三年(1714)新安陈懋宽其顺堂刻本 1 2 3 21 139 139A 140 186 202 251 279 289 301 361 381 433A 434 435 475A 514A 529A 541 570 590 651 664 701 709 721 731 735 746A 917A 921 940
2. 清康熙五十三年(1714)新安陈懋宽其顺堂刻博古堂印本 1 203 308A 412A 475A 491 541 590 677A 709 728A 734A 737 738A 738B 917A
3. 清光绪九年(1883)上海味兰书屋刻本 139A 279 412B 579 733 926A 927
4. 清光绪九年(1883)上海味兰书屋刻十年(1884)还读楼印本 2 139 202 279 308A 385A 385B 491 514A 541 651 706 713 721 728A 734 737A 738 740A 831 839A 926A
5. 滋兰书屋抄本 529A

00771 00987 **陶氏伤寒完书**四卷 1719
附临症舌辨
(明)陶华(尚文、节庵)撰 (清)何损(伯吹)编
清康熙五十八年(1719)抄本 139

00772 00988 **伤寒论类注**八卷 1720
又名伤寒论类证发挥
(清)余谦牧(心恭)注
抄本 590 651(存六卷)

00773 00989 **伤寒书稿**一卷 1722
著者佚名
清康熙六十一年(1722)稿本 139

00774 00991 **伤寒论集注外篇**四卷 1727
(清)徐赤(五成)撰
见伤寒论集注(徐赤撰,附录)

00775 00917 **东垣此事难知节抄**三卷 [1730]
(元)王好古(进之、海藏)原撰 □风林辑
清初抄本 1(安乐堂旧藏)

00776 00992 **医经解惑论**三卷 1731
(日)内藤希哲(师道、泉庵)撰
1. 日本文化元年(1804)崇古堂刻本 7 541 590 651 701
2. 日本抄本 572

00777 00993 **孝慈备览伤寒编**四卷 1734
又名伤寒心悟
(清)汪纯粹(春圃、惇士)撰
1. 清雍正十二年(1734)新安汪纯粹杭城并育堂刻本 139 202 280 286 590 738B XA
2. 清雍正十二年(1734)新安汪纯粹杭城并育堂刻乾隆三年(1738)增刻本(附游秦医案一卷) 1
3. 清雍正十二年(1734)新安汪纯粹杭城并育堂刻乾隆三年(1738)增刻清中末重修本(重修后书名挖改为伤寒心悟) 677A 852
4. 清郑毓卿抄本 279
5. 清抄本 2 3 590 738B(存卷二、四)

00778 00995 **伤寒辟误真经**六卷 1737
(清)汪文誉(广期、文芳)等撰
清道光二十三年(1843)新安汪时泰抄本 721

00779 00996 **伤寒医验**六卷 1738
(清)卢云乘(鹤轩、在田道人)撰
清乾隆三年(1738)得一堂刻本 139 590

00780 00997 **舒氏伤寒六经定法**一卷 1739
(清)舒诏(驰远、慎斋学人)撰
1. 清同治九年(1870)新会刘晚荣刻光绪十六年(1890)印藏修堂丛书本(附伤寒问答) 739
2. 抄本 529A 590 852C 854

3. 见医要三书
4. 见述古丛钞
5. 见藏修堂丛书

00781 00999 **伤寒问答**一卷　1739
(清)舒诏(驰远、慎斋学人)撰
1. 抄本　139
2. 见述古丛钞
3. 见藏修堂丛书

00782 01000 **伤寒三阴篇**一卷　1739
(清)舒诏(驰远、慎斋学人)撰
抄本　475A

00783 01001 **伤寒神秘精萃录**一卷　1742
(清)吴谦(如敬)编
清抄本　1　277

00784 01002 **医效秘传**三卷　1742
原题(清)叶桂(天士、香岩、南阳先生)撰
1. 清道光十一年(1831)笠泽吴金寿刻三家医案合刻本　2　3　21　139　139A　152　186　202　203　251　254　277　279　280　286　288　289　301　302　303　306(缺卷一)　308　308A　361　364　366　381　385A　391　396　401　412A　412B　421　433A　443　450　450A　461　463　465　491　514A　521　522　529A　529B　541　546　570　572　589　590　603　664　677A　702　706　710　712　713　715　721　728　728A　733　734　734A　735　735A　736B　737　737A　738A　738B　740A　746A　799　799A　831　839A　852　852A　852E　852S　853　871　891　896A　917A　921(残)　922　940　951　XE
2. 清光绪二十七年(1901)上海汉读楼石印三家医案合刻本　308A　361　590　664　701　702　721　734A　852　896A　911　921
3. 清光绪三十三年(1907)上洋海左书局石印三家医案合刻本　270　461　603
4. 清宣统元年(1909)曾石森抄本　831
5. 清务本堂刻三家医案合刻本　738A　741
6. 清刻本　279　308A　361　401　541　708　736　740A　740C　746A　799　799A　852　852S　854　907C　922
7. 清抄本　139　366　701
8. 见三家医案合刻(附录)

00785 01003 **叶氏伤寒家秘全书**四卷　1746
又名叶氏伤寒家秘、伤寒家秘
原题(清)叶桂(天士、香岩、南阳先生)撰
1. 清刻本　286
2. 清吟蕖仙馆抄本　590

00786 01004 **伤寒悬解**十四卷卷首一卷卷末一卷　1748
(清)黄元御(坤载、研农、玉楸子)撰
1. 清道光十二年(1832)阳湖张琦刻宛邻书屋丛书本　203　433A　521　911
2. 清咸丰十年(1860)长沙徐树铭燮和精舍刻黄氏医书八种本　2　3　139　152　202　277　289　303　362　381　433A　461　476　521　529A　590　665　728A　738A　741　781　800　831(残)　852　852S　871　907B　911　922　943(存卷五至七)
3. 清咸丰十年(1860)长沙徐树铭燮和精舍刻七曲会印黄氏医书八种本　381　491　852　907B
4. 清同治元年(1862)湘乡左继明望云草庐刻黄氏医书八种本　412A　728A
5. 清同治五年(1866)渝城刻黄氏医书八种本　2　139　308A　435　664　712　738　831　852A
6. 清同治十三年(1874)谭氏抄本　279
7. 清光绪二十年(1894)上海图书集成印书局铅印黄氏医书八种本　279　288　306A　308　391　710　891　907B　907C　921
8. 清光绪三十一年(1905)经元书室刻黄氏医书八种本　514A　529A　664　799A
9. 清善成堂刻黄氏医书八种本　308A　799A
10. 清刻本　202　311(存卷四至八)　351　393　407　412A　461　541(附温热赘言)　590　707　742(缺卷一至四)　799A　831(存卷二、三)　852S
11. 清抄本　7　139　381(存卷七至十四、卷末)　397　421　541(附仲景伤寒微旨)
12. 抄本　541
13. 见宛邻书屋丛书
14. 见黄氏医书八种

00787 01005 **伤寒归**二卷　1749
附伤寒归选方一卷
（清）谢景泽（汝霖、曙林居士）撰
清乾隆十四年（1749）稿本　590

00788 01006 **医抄醇粹首集**二卷　1752
又名伤寒论翼
（清）高赓歌（嗣庭）编　高起鹏校
清乾隆十七年（1752）保艾堂木活字印本　590

00789 01007 **伤寒说意**十卷卷首一卷　1756
（清）黄元御（坤载、研农、玉楸子）撰
1. 清道光十四年（1834）赵汝毅刻本　139　301　381　391　461　491　529A　738　738B　742　831　839A　852　871
2. 清咸丰十年（1860）长沙徐树铭燮和精舍刻黄氏医书八种本　139　202　203　277　279　308A　362　381　391　412A　461　529A　590　664　665　716　728A　781　852　854　911　917A
3. 清同治元年（1862）湘乡左继明望云草庐刻黄氏医书八种本　519　651
4. 清同治七年（1868）江夏彭汝琮成都刻黄氏医书八种本　139　251　541
5. 清光绪二十年（1894）上海图书集成印书局铅印黄氏医书八种本　279　288　306A　391　915　940
6. 清光绪三十一年（1905）经元书室刻黄氏医书八种本　529A　651　940
7. 清宣统三年（1911）上海江左书林石印黄氏医书八种本　921
8. 清刻本　279　281A　361　385A　397　514A　728A　852　852Q　852S　873　907C　940
9. 清抄本　1　279　542　907C
10. 抄本　301　907C　TA（李知先抄）
11. 见黄氏医书八种

00790 01008 **伤寒论近言**七卷　1757
（清）何梦瑶（报之、西池、砚农）撰
1. 清乾隆二十四年（1759）乐只堂刻本　270　944
2. 见乐只堂医书汇函

00791 01009 **六经病解**一卷　1759
（清）徐大椿（灵胎、洄溪老人）撰
1. 清光绪三十三年（1907）上海六艺书局石印徐灵胎医学全书本　21　139　202　541　651　733A　931
2. 清抄本　279（题伤寒六经辨释）
3. 见徐灵胎医略六书
4. 见徐灵胎医学全书

00792 01010 **伤寒约编**六卷　1759
（清）徐大椿（灵胎、洄溪老人）撰
1. 清光绪三十三年（1907）上海六艺书局石印徐灵胎医学全书本　21　139　202　541　590　721　733A　854
2. 见徐灵胎医略六书
3. 见徐灵胎医学全书

00793 01011 **伤寒三书合璧**六卷　1760
（清）顾沧筹编
子目：
（1）伤寒琐言二卷　（明）陶华撰
（2）伤寒方法二卷　（清）王子接注
（3）伤寒舌辨二卷　（明）申斗垣撰
清乾隆二十五年（1760）吴门金丹成等乐真堂刻本　1

00794 00000 **伤寒六辨**一卷　1760
（清）王苍撰
清乾隆二十五年（1760）抄本　286

00795 00903 **伤寒直指**十六卷　1763
（清）强健（行健、顺之、易窗道人）撰
1. 清乾隆二十八年（1763）上海强健稿本　664
2. 清抄本（据强健稿本影抄）　590
3. 抄本　907B

00796 01012 **六经脉诊**一卷　1764
（清）徐大椿（灵胎、洄溪老人）编
见徐灵胎医书三十二种

00797 01033 **辑光伤寒论**二卷　1765
（日）吉益为则（公言、东洞）撰　吉益猷（南涯、修夫、谦斋）编
1. 日本文政五年（1822）辨庆桥等刻本　444
2. 日本抄本　139　590

00798 01110 **伤寒提纲主意**一卷　［1770］
（清）薛雪（生白、一瓢）撰
清抄本　701

00799 00000 **伤寒纂要**一卷　［1771］
（清）徐时进（学山）撰

清抄本 286(附河间心法)

00800 **伤寒名数解**五卷 1774
01014 (日)中西惟忠(子文)撰
1. 日本安永三年(1774)澄霞园刻本 1 2 3 7 21 139 202 511 541 570 590
2. 抄本 2

00801 **伤寒秘诀**一卷 1775
00000 著者佚名
清乾隆四十年(1775)轩严抄本 743

00802 **伤寒导窍**一卷 [1777]
01013 (清)徐时进(学山)撰
清抄本 701

00803 **伤寒考**一卷 1779
01310 (日)山田正珍(宗俊)撰
1. 日本安永八年(1779)刻本 2 139 475A 572 590 651
2. 日本安永八年(1779)刻文政九年(1826)青藜阁印本 3 677A
3. 清抄本 570 579

00804 **复古伤寒论征**四卷 1780
01015 (日)天野玖(泰岳)撰
日本安永九年(1780)静好堂刻本 651

00805 **伤寒第一书**四卷附余二卷 1780
01311 (清)车宗辂(质中) 胡宪丰(骏宁)同撰
1. 清乾隆四十五年(1780)刻本(无附余) 541 709
2. 清乾隆四十五年(1780)刻四十九年(1784)增修本 2 433A 746(残)
3. 清咸丰六年(1856)抄本 139
4. 清光绪十一年(1885)浙绍奎照楼刻本 1 2 3 139 139A 140 152 277 279 280 289 302 361 381 393 475A 476 511 514A 590 651 734 738 738A 738B 740A 746A 800 839A 871 907B 917A 926A 931 939

00806 **(增订)伤寒证治明条**八卷 1782
01016 (清)马中骅(骧北、杏村主人)撰 思恒居士增订
1. 清抄本 139(存四卷)
2. 清丁忠达抄本 709
3. 清抄本 203 361(三卷,首一卷,附五运时行民病症治、伤寒备览、仲景伤寒三百九十七铃法秘奥真诀、家传本方) 664

00807 **伤寒译通**二卷 1783
01019 (日)铃木定宽(温卿)撰
日本天明七年(1787)东都书林前川六左卫门浪华书林柳原喜兵卫刻本 511

00808 **张仲景伤寒论一得篇**十卷 1787
01017 (清)丁瑶宗(石渠)编
清乾隆五十二年(1787)抄本 202

00809 **伤寒谱**八卷 1787
01018 (清)沈凤辉(梧冈)撰
清嘉庆八年(1803)金山钱树棠钱树立刻本 308A 541(残) 702

00810 **伤寒六经**一卷 1789
01020 原题(汉)张机(仲景)撰 李氏(不退山人)辑订
清乾隆五十四年(1789)李氏刻本 839A

00811 **伤寒津氏微**一卷 1790
01021 (日)津田尝(子延、道斋)撰
日本宽政四年(1792)江都书肆万屋太次右卫门刻本 139

00812 **伤寒论逢源**十六卷 [1790]
00000 附考证
(日)田中荣信(愿仲)撰
日本抄本 TB

00813 **伤寒启微**三卷 1792
01022 又名医学质验仁集
(日)片仓元周(深甫、鹤陵)撰
日本宽政五年(1793)静俭堂刻本 3 7 139 139A 277 289 462 511 541 570 590 738 939

00814 **伤寒杂病心法集解**四卷 1795
01023 附医方合编二卷
(清)郑玉坛(彤园)撰
见郑彤园医书

00815 **伤寒杂病论类编附言**一卷 1795
01024 (日)内藤希哲(师道、泉庵)撰
见伤寒杂病论类编(附录)

00816 **伤寒证治约言**一卷 1795
01025 (日)后藤省(仲介、椿庵)撰
日本宽政七年(1795)文泉堂刻本 7 651

00817 **伤寒指掌**四卷 1796
01026 又名感证宝筏
(清)吴贞(坤安)撰

1. 清嘉庆十二年(1807)归安吴钧刻本 2 139 139A 279(存卷一、二) 308A 412B 491 677A 738 738A 746A 907C
2. 清嘉庆道光间刻道光二十四年(1844)江春晖印本 139 738
3. 清嘉庆道光间刻道光二十四年(1844)江公专祠印本 2 301 412B 852E
4. 清光绪三年(1877)云邑广运甲三星砦刻本 186
5. 清光绪二十一年(1895)蛟川王鸿钧抄本 709
6. 清宣统三年(1911)绍兴浙东书局铅印本(题感症宝筏) 270 279 308A 391 412A 412B 433A 475A 514A 514B 521 529A 541 590 664 677A 728A 738A 738B 896A 907B 907C 907C 921
7. 清刻本 186 279 461 733A
8. 清抄本 1 139 381 475A 521 664 710
9. 抄本 277 279 412A 541 709 721 731 738B 746A 917A

00818/01027 **伤寒外传**三卷 1796
(日)橘南溪(春晖)撰
日本宽政八年(1796)黄华堂刻本 3 139 511 590

00819/01106 **类伤寒辨**四卷 [1796]
附九方便览一卷
(清)吴贞(坤安)原撰 平昌谷人辑录
清光绪三十一年(1905)怡怡堂平昌氏谷人抄本 709

00820/01028 **伤寒用药研究**二卷 1797
又名伤寒药品体用
(日)川越正淑(大亮、衡山)撰
1. 日本宽政九年(1797)奉萋园刻本 139 511
2. 抄本 746A

00821/01029 **伤寒撮要**四卷 1799
(清)王梦祖(竹坪)辑注
1. 清道光十九年(1839)瑞鹤堂刻本 1 2 3 139 251 279 301 308 381 412B 475A 514A 541 572 589 738 839A 911
2. 清道光十九年(1839)瑞鹤堂刻咸丰元年(1851)京都琉璃厂篆云斋印本 1 2 140 279 491
3. 清咸丰八年(1858)孙鼎孙绂刻本 139
4. 清光绪六年(1880)桂林张琮顺德县署刻本 277 286 677A 907C 940
5. 清刻本 3 413

00822/01030 **伤寒医诀串解**六卷 1803
(清)陈念祖(修园、良有、慎修)撰
1. 清咸丰六年(1856)南雅堂刻本 2 529A 741 852 856 931
2. 清咸丰七年(1857)远安堂刻本 279(附十药神书注解)
3. 清同治四年(1865)文奎堂刻南雅堂医书全集本 475A 951
4. 清同治六年(1867)善成堂刻南雅堂医书全集本 851 896A
5. 清光绪二年(1876)懿惠堂刻本 308A 360A 521 529A 651 712
6. 清光绪四年(1878)益丰坊抄本 896A
7. 清光绪八年(1882)味根斋刻南雅堂医书全集本 8 203 279 365 381 393 412A(附十药神书注解一卷) 412B 418 433A 491 514A 702 740A 781 876 907C 931
8. 清光绪十五年(1889)务本堂刻南雅堂医书全集本 270(附十药神书注解一卷) 450B 529A 852
9. 清光绪十五年(1889)江左书林刻陈修园医书十六种本 202 289 391 940
10. 清光绪十八年(1892)敦厚堂刻陈修园医书二十一种本 279 921
11. 清光绪十八年(1892)上海图书集成印书局铅印陈修园医书二十一种本 302 707
12. 清光绪二十一年(1895)成都多文会刻南雅堂医书全集本 409 733A 746A 853 855
13. 清光绪二十一年(1895)宏道堂刻南雅堂医书全集本 746A 850 852S
14. 清光绪二十二年(1896)珍艺书局铅印陈修园医书二十一种本 139 781

15. 清光绪二十七年(1901)新化三味书局刻陈修园医书二十三种本 450 665
16. 清光绪二十九年(1903)湖南益元书局刻陈修园医书二十三种本 412A 514A 529A 721 728B 781
17. 清光绪三十年(1904)上海经香阁书庄石印本 351 742
18. 清光绪三十一年(1905)上海商务印书馆铅印陈修园医书三十种本 139 361 475A
19. 清光绪三十一年(1905)上海醉六堂书局石印陈修园医书三十二种本 742(附伤寒真方歌括六卷)
20. 清光绪三十一年(1905)上海文盛堂书局石印陈修园医书三十种本 742(附伤寒真方歌括六卷)
21. 清光绪三十四年(1908)宝庆经元书局刻富记书局印陈修园医书二十三种本 289 491 746A 839A
22. 清光绪三十四年(1908)上海章福记书局石印陈修园医书四十八种本 874
23. 清光绪同德堂刻本 677A
24. 清刻本 412A 414 476 907C 917A 942B
25. 抄本 738B 831(残)
26. 石印本 413 514A 651 831 944
27. 见南雅堂医书全集
28. 见陈修园医书十五、十六、十八、二十一、二十三、二十四、二十八、三十、三十二、三十六、四十、四十八、五十、七十种
29. 见陈修园先生晚余三书

00823/01032 **何氏秘本伤寒辨类**二卷 1806
(清)何世仁(元长、澹安、福泉山人)撰
抄本 139

00824/01034 **伤寒三说辨**一卷 1816
(清)汪必昌(燕亭)撰
清嘉庆二十一年(1816)新安汪必昌自刻本 3 152 651 664 701 738B

00825/01035 **伤寒举踣**四卷 1817
(日)无量居士撰
日本文化(1804—1817)如如庵刻本 572

00826/01036 **伤寒论类编**十三卷 [1819]
(日)小岛瑞(伯玉)纂注 大岛燮删定
日本文政二年(1819)省庵刻本 541

00827/01037 **伤寒传变大略**一卷 [1820]
附疫病证治大略
(清)沈竹安撰
清邀月书屋抄本 664

00828/01038 **补正辑光伤寒论**二卷 1821
(日)吉益为则(公言、东洞)原撰 藤田大信(子约、椿斋) 鹤田真 向田迪补正
日本天保九年(1838)终古堂刻本 444 462 590 651

00829/01039 **伤寒论本旨**九卷 1825
又名医门棒喝二集
(清)章楠(虚谷)编
1. 清道光十六年(1836)山阴吴国梁刻本 1
2. 清道光十六年(1836)山阴吴国梁刻同治六年(1867)聚文堂重修医门棒喝本 3 412A 421 450A 514A 590 799A 940
3. 清抄本 734A
4. 见医门棒喝

00830/01040 **伤寒广要**十二卷 1825
(日)丹波元坚(亦柔、茝庭)撰
1. 日本文政十年(1827)聿修堂刻本 21 277(残) 289 381 393 412A 511 529A 541 590 664 728A 738B 741 791 799 852
2. 抄本 664
3. 见聿修堂医学丛书

00831/01042 **医门窥观**一卷 1825
(日)关口本贞(子道)撰
日本文政八年(1825)东都逍遥堂刻本 7

00832/01043 **伤寒提钩**二卷 1826
(清)程文囿(杏轩、观泉)撰
见医述

00833/01044 **伤寒析疑**四卷 1826
(清)程文囿(杏轩、观泉)撰
见医述

00834/01045 **伤寒发微**一卷 1827
(日)中川故(壶山、修亭)撰
日本文政十年(1827)刻本 590

00835/01046 **伤寒论述义**五卷 1827
附伤寒论述义补一卷
(日)丹波元坚(亦柔、茝庭)撰
1. 日本天保十五年(1844)江户青云堂刻嘉

永四年(1851)印本(版心题存诚药室丛书) 1 7 139 186 289 391 462 (残) 476 541 572 590 664 728A 738B 791 799 931
2. 日本抄本 3 664
3. 见聿修堂医学丛书

00836 **伤寒论私考**一卷 [1830]
01047 (日)平野和雨撰
日本文政(1818—1830)浸月楼刻本 7

00837 **伤寒辨证绪论合编**四卷 1835
00000 (清)周朴亭辑
子目:
(1)伤寒论翼二卷 (清)柯琴撰
(2)伤寒绪论二卷 (清)张璐撰
清道光十五年(1835)京都刻本 871

00838 **伤寒辨术**一卷 1838
01048 (日)浅田惟常(栗园、宗伯)撰
日本弘化二年(1845)勿误药室刻本 3 7 139 186 277 462 476 541 570 590

00839 **伤寒论翊**十二卷 1840
01117 又名伤寒论翼
原题(清)邹汉璜(仲辰、稼江)编
1. 抄本 781
2. 见邹氏纯懿庐集

00840 **修正伤寒全论考**一卷 1841
00000 著者佚名
日本天保十二年(1841)抄本 TB

00841 **伤寒经晰疑正误**十二卷 1841
01050 (清)汪时泰(春溥、惟诚子)撰
清道光二十四年(1844)新安汪时泰梯云书屋稿本 721

00842 **证法格**三卷 1842
01049 (日)中茎谦(旸谷)撰
日本天保十三年(1842)晛斋刻本 3

00843 **伤寒论私撰**二卷附一卷 1842
01313 (日)佐井间庵撰
日本天保十三年(1842)古我堂刻本 3

00844 **玉函广义**不分卷 [1844]
01404 (清)祝补斋(西溪外史)辑
清抄本 541(1820叶)

00845 **医津指迷**三卷 1845
01051 著者佚名
抄本 2

00846 **伤寒秘论**一卷 1845
01052 (清)李思道撰
清道光二十八年(1848)福善堂刻本 279

00847 **伤寒论类辨**三卷 1846
01053 (日)古田原(仲本、玄道)撰
日本弘化四年(1847)千钟房刻本 590

00848 **伤寒水火交易国字辨**五卷 1847
00759 (日)金古景山注
日本弘化四年(1847)刻本 3

00849 **伤寒论归真**七卷 1849
01054 又名仲景归真
(清)陈焕堂(福斋)编
1. 清道光二十九年(1849)五云楼刻本 139
2. 清道光二十九年(1849)五云楼刻广东光华堂重修本 286 922(残) 940 944 XA
3. 清光绪三十三年(1907)四美堂重刻本 289 412B 514A 590 940

00850 **伤寒论方法琐辨**二卷 1849
01055 (日)冈田忠(省吾)撰
日本嘉永二年(1849)成美堂刻本 511

00851 **伤寒寻源**三卷 1850
01056 (清)吕震名(建勋、榛村)撰
1. 清咸丰四年(1854)吴门潘遵祁刻本 1 570 738B 896A
2. 清光绪七年(1881)刻本 1 2 3 139 139A 186 202 203 270 277 279 281A 289 301 303 361 362 412A 412B 475A 476 491 514A 541 572 589 590 651 664 677A 728B 731 734 746A 839A 851 907B 907C 917A 922
3. 抄本 1 590 709 907C
4. 见辟阴集说

00852 **伤寒摘粹秘览**一卷 1850
01057 (清)程资(尔资)编
见程尔资抄辑医书八种

00853 **伤寒验证如鉴**四卷 [1850]
01148 (清)陈克昌(柏龄)撰
稿本 251

00854 **伤寒六经析义**一卷 1851
01058 (日)喜多村直宽(士栗、安斋、安正、栲窗、香城)撰
日本嘉永四年(1851)学训堂刻本 590

781 TB

00855 **改正伤寒论**五卷 ［1851］
00000 (日)中岛国光撰
日本抄本 TB

00856 **伤寒授读编**不分卷 1852
01060 著者佚名
日本嘉永五年至六年(1852—1853)抄本 139

00857 **伤寒杂病辨证**三卷 1853
01061 (日)浅田惟常(栗园、宗伯)撰
日本抄本 3

00858 **伤寒论注补余**不分卷 1854
01115 (清)朱梦元(西堂)编
清咸丰四年(1854)本 731

00859 **伤寒剖绪**二卷 1854
01062 (清)陈国笃(厚溪)撰
清咸丰四年(1854)贵州遵义陈国笃自刻本 738A

00860 **伤寒法祖**二卷 ［1854］
01063 (清)柯琴(韵伯、似峰)原撰 任越安(越庵)辑
清道光二十二年(1842)陶观永抄本 579

00861 **伤寒论札记** 1858
01064 (日)喜多村直宽(士栗、安斋、安正、栲窗、香城)撰
1. 日本学训堂木活字印本 511 590
2. 抄本 738A

00862 **伤寒论阳明病释**四卷 1866
01065 (清)陆懋修(九芝、勉旃、江左下工、林屋山人)撰
1. 清光绪十年(1884)刻世补斋医书本 706 855
2. 清光绪十年(1884)刻十二年(1886)山左书局重印世补斋医书本 186 202 362 855
3. 清抄本 590
4. 见世补斋医书

00863 **读伤寒论心法**一卷 1866
01066 (清)王丙(绳林、绳孙、朴庄)撰
1. 见世补斋医书
2. 见伤寒论注(附录,王丙撰)

00864 **伤寒例新注**一卷 1866
01067 (清)王丙(绳林、绳孙、朴庄)撰 陆懋修(九芝、勉旃、江左下工、林屋山人)重订
1. 见世补斋医书
2. 见伤寒论注(附录,王丙撰)

00865 **伤寒论附余**二卷 1866
01068 (清)王丙(绳林、绳孙、朴庄)撰
1. 抄本 514A
2. 见世补斋医书
3. 见伤寒论注(附录,王丙撰)

00866 **回澜说**一卷 ［1866］
00000 (清)王丙(绳林、绳孙、朴庄)撰 陆懋修(九芝、勉旃、江左下工、林屋山人)辑
见伤寒例新证

00867 **伤寒论大意**二卷 1867
01069 (日)泽田贞致道(良敬)撰
日本庆应三年(1867)自修馆刻本 186

00868 **伤寒尚论辨似**不分卷 1872
01070 (清)高学山(汉峙)撰
1. 清同治十一年(1872)会稽陈锡朋抄本 590
2. 清抄本 541 590 939
3. 清读有用书楼抄本 590(题伤寒辨似发明,附仲景伤寒方)
4. 抄本 139(缺太阳经总说) 396 738B 746A

00869 **伤寒论尚论篇辨似补抄**□□卷 ［1872］
01071 (清)高学山(汉峙)编
1. 稿本 3(存六卷)
2. 清抄本 734A(四卷)

00870 **六经伤寒辨证**四卷 1873
01072 (清)蔡宗玉(茗庄、象贞)编 林昌彝(茶叟)补
清同治十二年(1873)刻本 2 3 139 461 476 733 781 911 917A

00871 **伤寒法眼**二卷 1875
01074 (清)麦乃求(务耘、飞驼山人)撰
清光绪元年(1875)会稽陶广荣广州刻本 541 590 800 839A 940

00872 **伤寒摘要**二卷 ［1875］
01073 (清)沈灵犀编
见泉唐沈氏医书九种

00873 **切总伤寒**一卷 1877
00000 (清)汪百川撰
1. 清同治十年(1871)会元堂刻医学五则本

434
2. 清光绪三年(1877)兴发堂刻医学五则本 139
3. 清光绪三十三年(1907)刻医学五则本 857
4. 见医学五则

00874 01075 **伤寒辨要**一卷 1881
(日)浅田惟常(栗园、宗伯)撰
1. 日本明治十四年(1881)好生医院铅印本 139 476 511 590
2. 日本抄本 7 541

00875 01077 **伤寒锦囊**二卷 1881
(清)刘渭川(浊翁)撰
清光绪七年(1881)三槐堂汇以氏抄本 475A

00876 12101 **病证疑问**一卷 [1882]
著者佚名
清抄本〔清光绪八年(1882)世补老人题记〕 1

00877 01078 **外感伤寒证提纲**一卷 1886
(清)王廷钰(西岑)编
见正谊堂医书

00878 01079 **澄园医类**十五卷 1886
(清)关耀南(道吾、远意)撰
子目:
(1)伤寒类证十卷
(2)伤寒类脉三卷
(3)伤寒类方二卷
清光绪十二年(1886)信江书院刻本 139 186 385A 514A 738B 741

00879 01080 **伤寒类证**十卷 [1886]
(清)关耀南(道吾、远意)撰
见澄园医类

00880 01081 **伤寒类脉**三卷 [1886]
(清)关耀南(道吾、远意)撰
见澄园医类

00881 00780 **订正伤寒全生集**五卷 [1886]
(明)陶华(尚文、节庵)原撰 (清)陈之濂(文生、用中子)重辑 韩瀛(国玲)订录
清抄本 475A

00882 01082 **余注伤寒论翼**四卷 1888
(清)柯琴(韵伯、似峰)原撰 余景和(听鸿)重订 能静居士评
1. 稿本(附伤寒论翼白文) 2
2. 清光绪十九年(1893)会稽孙思恭刻本 1 2 3 139 139A 140 186 202 203 277 286 289 308A 361 362 393 412A 412B 433A 461 475A 476 491 514A 529A 541 579 590 651 664 701 702 709 728A 734 736 737 738 738A 738B 746A 799A 839A 871 907C 926A
3. 清光绪十九年(1893)会稽孙思恭刻三十一年(1905)集古山房印本 186 546 738E
4. 清末上海文瑞楼石印本 139 280 308A 385B 412A 475A 514A 529A 529B 570 589 590 651 664 677A 733 735A 736A 738A 738B 839A 915

00883 01083 **伤寒方法**一卷 1888
又名伤寒杂病论方法
附经方歌括一卷
(清)包育华(桃初、鹏九、白髯叟)撰
见无妄集活法医书

00884 01084 **证治集解**四卷 1891
又名伤寒捷解
(清)庞润田(作云)撰
清光绪十七年(1891)诚心堂刻本 139 139A 186 277 279 308A 734A

00885 01085 **伤寒补例**二卷 [1891]
(清)周学海(澄之)撰
1. 清宣统二年(1910)池阳周学海福慧双修馆刻周氏医学丛书本 21 139 251 541 546 731 738A 839A 851 896A 901
2. 见周氏医学丛书

00886 01133 **伤寒要法十三章**一卷 [1892]
(清)蔡氏撰
1. 清抄本 572(绍宗国学藏书楼旧藏)
2. 抄本 572(题京江蔡氏十三章)

00887 01086 **伤寒论解故**不分卷 1894
(日)铃木素行(目耕道人)撰
日本明治二十七年(1894)内藤福弥抄本 139

00888 01087 **伤寒秘传**一卷 1896
著者佚名
清光绪二十二年(1896)耀荣氏抄本 831

(57叶)

00889 / 01089 **伤寒证辨**一卷 1896
(清)庆恕(云阁)编
1. 清光绪二十九年(1903)刻医学摘粹本 541
2. 见医学摘粹

00890 / 01090 **平脉辨证伤寒论辑要**一卷 1904
(清)金藤编
清崧生氏抄本 139

00891 / 01091 **伤寒论类纂**十二卷 1905
(清)周庭华编
清光绪三十一年(1905)抄本 361

00892 / 01094 **张仲景治伤寒三百九十七法**不分卷 [1908]
附四诊心法诸病辨似
著者佚名
清光绪抄本 2

00893 / 01095 **伤寒论通论**一卷 1909
又名新伤寒论
(清)丁福保(仲祜、畴隐居士)编
清宣统元年(1909)上海文明书局铅印本 21 139 277 361 401 412A 572 590 852

00894 / 01096 **三订伤寒门**二卷 1909
(清)多弘馨撰
清季俭堂抄本(素庵六书之一) 279

00895 / 01097 **伤寒证治**一卷 1910
原题(清)张璐(路玉、石顽老人)撰
1. 抄本 541(题伤寒诸病杂论) 738B(题伤寒论说)
2. 见石室丛抄医书十七种

00896 / 01098 **伤寒说约编**一卷 1910
附杂治方一卷
(清)俞文起撰
清抄本 139

00897 / 12409 **西河医约**一卷 1911
(清)蔡西河撰
湖州凌氏抄本 541

00898 / 01100 **伤寒论合解**一卷 1911
(清)许星东(宗立)编
清宣统三年(1911)刻本 361 871 907C 917A

00899 / 01101 **伤寒指南**十五卷 [1911]
又名医法指南
(清)王守信撰
抄本 728A(存卷一至三、八至十五)

00900 / 01102 **伤寒寿世良编**六卷 [1911]
(清)吴达先(坦庵)撰
1. 抄本 529A(存卷一至四)
2. 世德堂抄本 391(存卷六)

00901 / 01104 **伤寒明镜**一卷 [1911]
著者佚名
清抄本 831

00902 / 00000 **伤寒专论**不分卷 [1911]
(清)章成达撰
清抄本 728A

00903 / 01107 **伤寒类证要诀**四卷 [1911]
又名伤寒类证
附伤寒活人指掌赋、六经定法、家秘伤寒论
(清)苏顺深(碧泉)编
清会林氏抄本 831

00904 / 01111 **伤寒六经要诀**一卷 [1911]
著者佚名
清抄本 139

00905 / 01112 **伤寒一宗**不分卷 [1911]
著者佚名
清抄本 139

00906 / 01113 **伤寒发挥四种**不分卷 [1911]
著者佚名
清抄本 139

00907 / 01114 **吴氏世传调理伤寒捷法**一卷 [1911]
附随症用药加减歌诀
著者佚名
抄本 139

00908 / 01118 **伤寒活人书纂注**一卷 [1911]
著者佚名
清抄本 277

00909 / 01120 **伤寒捷要**一卷 [1911]
(明)万全(密斋)原撰 辑者佚名
清抄本 541 590(清·盛宣怀旧藏)

00910 / 01121 **伤寒玄珠**一卷 [1911]
著者佚名
抄本 277

00911 / 01122 **伤寒扩论**一卷 [1911]
附附子辨
著者佚名
清抄本 831

00912 **伤寒杂说**五卷 [1911]
01123 著者佚名
抄本 664(残)

00913 **伤寒一掌经**不分卷 [1911]
01124 著者佚名
抄本 590

00914 **伤寒虚实辨**一卷 [1911]
01125 著者佚名
抄本 712

00915 **伤寒奥旨**九卷 [1911]
01126 著者佚名
抄本 712

00916 **伤寒新书**一卷 [1911]
01127 (清)苏惠庵撰
清从郁抄本 361

00917 **伤寒□□**卷 [1911]
01131 附医案
著者佚名
抄本 572(残)

00918 **伤寒杂记**不分卷 [1911]
01316 (清)巴应奎(西野)辑著
清抄本 579

00919 **伤寒得心录**一卷 [1911]
01315 著者佚名
1. 稿本 709
2. 清抄本 728A

00920 **伤寒要言**一卷 [1911]
01132 著者佚名
抄本 590

00921 **伤寒宗正全书**□□卷 [1911]
01136 (清)陆经正(文定)撰
稿本 590(存卷四、五)

00922 **伤寒便读**二卷 [1911]
01137 著者佚名
抄本 541

00923 **伤寒辨论**一卷 [1911]
01138 著者佚名
抄本 277

00924 **伤寒便读论**一卷 [1911]
01139 著者佚名
清抄本 831

00925 **伤寒门余氏藏稿**一卷 [1911]
01140 著者佚名
抄本 707

00926 **伤寒家秘**一卷 [1911]
01141 附脏气法时论、脏腑诊候图
(清)龙衡英辑
清衡阳抄本 831

00927 **伤寒遗书**六卷 [1911]
01142 (清)李璋(襄文)撰
清抄本 572(伍连德旧藏)

00928 **伤寒的秘珠玑**二卷 [1911]
01143 著者佚名 (清)顾士魁(介标)鉴定 顾兆熊(啸峰)订正
清抄本 590

00929 **伤寒病药症治分类集注**一卷 [1911]
01144 著者佚名
抄本 139

00930 **伤寒表里见症治则活法**一卷 [1911]
01145 著者佚名
清末抄本 853

00931 **伤寒六经辨证**一卷 [1911]
01146 著者佚名
清抄本 542

00932 **伤寒论辨害**八卷 [1911]
01147 (日)万年栎山撰
日本抄本 7

00933 **仁寿堂伤寒定本**一卷 [1911]
01149 (清)陶鸿宾(羽逵)编
清抄本 590

00934 **伤寒琐屑附翼**一卷 [1911]
01150 (清)吴开业(勋臣)编
抄本 590

00935 **伤寒论折衷**一卷 [1911]
01151 著者佚名
日本抄本 732

00936 **伤寒从新**十六卷 [1911]
00000 (清)王少峰编
稿本 728A

00937 **述龄公伤寒论**一卷 [1911]
00000 著者佚名
清抄本 728A

00938 **伤寒脉证要法**不分卷 [1911]
00000 (清)马骧驳撰
清抄本 286

00939 **伤寒夺命提纲**一卷 ［1911］
00000 著者佚名
清抄本 362

00940 **伤寒类伤寒辨**一卷 ［1911］
00000 著者佚名
清抄本 944

00941 **辨伤寒脉症论**一卷 ［1911］
00000 (清)程丽棻撰
清程承濂抄本 728A

00942 **伤寒六经摘要**一卷 ［1911］
00000 著者佚名
清抄本 306

00943 **伤寒论揣摩集**一卷 ［1911］
00000 著者佚名
清抄本 944

00944 **伤寒集成**不分卷 ［1911］
00000 著者佚名
抄本 TA

3.2.4 方论

00945 **金镜内台方议**十二卷 1422
01223 (明)许宏(宗道)撰
1. 清初抄本 590(章太炎跋)
2. 清乾隆五十九年(1794)元和程永培心导楼刻本 1 139 139A 289 391 461 529A 541 572 590 664 677A 710(存卷三至九) 728A 738A 931
3. 日本文政四年(1821)敬业乐群楼刻本 2 279 590 651
4. 抄本 2 139 579 709 721
5. 日本抄本 279

00946 **伤寒百十三方发明**一卷 1667
01224 又名张仲景先生百十三方论、伤寒方论
(清)徐彬(忠可)撰
1. 清康熙七年(1668)书林李秀芝朱诚甫刻喻嘉言先生伤寒尚论篇全书本 651 677A
2. 日本元禄九年(1696)平安城书林博古堂刻喻嘉言先生伤寒尚论篇全书本 139
3. 抄本 139(题伤寒方论) 139A 590
4. 见喻嘉言先生伤寒尚论篇全书

00947 **伤寒附翼**二卷 1674
01225 又名伤寒方翼
(清)柯琴(韵伯、似峰)撰
1. 清乾隆二十年(1755)昆山马中骅绥福堂刻伤寒论注来苏集本 3 277 286 289 301 433A 733 738A
2. 清乾隆三十一年(1766)博古堂刻伤寒论注来苏集本 1 308 381 391 529A 746A
3. 清乾隆五十八年(1793)刻本 450A
4. 清道光二十八年(1848)抄本 6
5. 清金阊经义堂刻金阊绿慎堂递修伤寒论注来苏集本 139 351 443
6. 清金阊经义堂刻扫叶山房递修伤寒论注来苏集本 139 186 590 709
7. 清文聚堂刻本 351 709
8. 清古香室刻伤寒论注来苏集本 714A 746A
9. 清古香室刻务本堂印伤寒论注来苏集本 746A
10. 清光绪十二年(1886)刻本 713 852A
11. 清光绪二十六年(1900)分宁世德堂刻伤寒论注来苏集本 651 721 735
12. 清末三多斋刻伤寒论注来苏集本 433A
13. 清刻本 3 186 277 286 302 308A 351 381 391 443 491 511 514A 521 590 664 707 713 721 728A 738B 746A 781 799 799A 831 852 852A 854 896A 907B 907C 913 931
14. 抄本 1(题伤寒方翼) 746A
15. 见伤寒论注来苏集

00948 **伤寒古方通**六卷 1731
01227 (清)王子接(晋三)注
1. 清雍正九年(1731)刻光绪上海乐善堂重修本 1 2 139 152 251 279 286 301 308A 361 412A 421 433A 475A 514A 590 706 709 712 728A 731 738A 799A 896A 901 907C 940
2. 抄本 361

00949 **伤寒方法**二卷 1732
01228 (清)王子接(晋三)撰
1. 清乾隆二十五年(1760)古吴金丹成等刻伤寒三书合璧本 572 709

2. 抄本 590
3. 见伤寒三书合璧

00950 01230 **伤寒论类方**一卷 1759
又名伤寒类方
(清)徐大椿(灵胎、洄溪老人)编
1. 清乾隆二十四年(1759)古吴徐大椿刻本 7 21 185 279 301 308A 381 391 412B 431 433 475A 521 529A 589 712 731 741 746A 854 871 907B XE
2. 清同治三年(1864)月山彭树萱善成堂刻徐灵胎十二种全集本 1 21 521 541 651 853 855 856
3. 清光绪十五年(1889)吴县朱记荣槐庐家塾补刻徐氏医书八种本 279 701 741
4. 清同治十二年(1873)湖北崇文书局刻光绪十八年(1892)湖北官书处增刻徐氏医书八种本 139 853
5. 清光绪十九年(1893)上海图书集成印书局铅印徐氏医书八种本 139 381 701
6. 清光绪三十三年(1907)上海六艺书局石印徐灵胎医学全书本 139 202 728A
7. 清宣统二年(1910)陇右乐善书局刻本 421 431 433A 436
8. 清刻本 279 289 303 351 381 391 401 414 493 529B 651 664 713 733A 735 736A 737 799A 852A 854 901 911 922 931
9. 清末铅印本 363(附兰台轨范八卷)
10. 抄本 2 541 590 738B 922
11. 石印本 728A 737 852A 931
12. 见徐氏医书六种
13. 见徐氏医书八种
14. 见徐灵胎医学全书
15. 见徐灵胎十二种全集
16. 见四库全书

00951 01233 **方义指微**一卷 1786
(清)杨炜(紫来、槐占、星园)撰
清乾隆五十一年(1786)刻本 1 2

00952 01234 **伤寒方论辑要**十六卷 1790
又名伤寒辑要
(清)林玉友(渠清、寸耕居士)编
1. 清道光十一年(1831)侯官林玉友寸耕堂刻本草伤寒辑要合编本 139 286 289 366 385A 590 651 839A
2. 抄本 590 907C(节抄)
3. 见本草伤寒辑要合编

00953 01235 **伤寒方集注**不分卷 1794
又名伤寒一百十三方集注
(清)缪遵义(方彦、宜亭、松心居士)编
1. 清管鼎抄本 139
2. 清嘉庆二十二年(1817)钱文光抄本 289(题伤寒一百一十三方集注)

00954 01237 **古医方晰义**五卷 1794
(日)儿岛翮(冲夫)撰
日本享和二年(1802)东都逍遥堂刻本 3

00955 01239 **伤寒四象类方**二卷 1817
(日)由良切(子言、养民、采薇山人)撰
日本天保三年(1832)清白堂刻本 3

00956 01240 **观症辨疑**一卷 1831
(日)吉益猷(南涯、修夫、谦斋)撰
日本天保二年(1831)千叶寿助抄本 3

00957 01241 **百一三方解**三卷 1834
(清)文通(梦香)撰
1. 稿本(四卷) 572
2. 清道光十八年(1838)长白文氏家刻本 1 3 139 139A 186 202 251 270 288

00958 01242 **伤寒论百十三方解略**六卷 1852
(清)杨希闵(铁佣、卧云居士)编
1. 清咸丰二年(1852)稿本 3
2. 清抄本 741
3. 抄本(据杨氏稿本) 139

00959 01243 **伤寒方经解**一卷 1861
又名经方解
(清)姜国伊(尹人)注
1. 清光绪八年(1882)西充李澄刻本 3 139
2. 清光绪八年(1882)西充李澄刻光绪十三年(1887)印本 139 186 475A 746A 781 907C
3. 清光绪八年(1882)西充李澄刻光绪十八年(1892)成都茹古书局汇印姜氏医学丛书本 2 289 529 590 709 853 942
4. 清刻本 589 852B
5. 见姜氏医学丛书
6. 见守中正斋丛书

00960 01244 **增辑伤寒论类方**四卷 1865
(清)徐大椿(灵胎、洄溪老人)编 潘霨(伟如、韡园居士)增补
1. 清同治五年(1866)古吴潘霨刻本 2 21 139 186 202 203 277 279 289 301 361 385 432 461 475A 476 491 514A 521 541 570(附长沙方歌括一卷) 579 589 590 651 664 712 714 728 728A 734 738B 740A 746A 781 799 799A 839A 852 871 891 896A 907C 917A 926A 951
2. 清光绪九年至十年(1883—1884)江西书局刻韡园医书六种本 139 461 570 603 651 871
3. 见韡园医学六种

00961 01245 **金鉴伤寒论方**一卷 1866
又名宏维新编
(清)陆懋修(九芝、勉旃、江左下工、林屋山人)撰
稿本 1

00962 01246 **经方辨**一卷 1879
(日)山田业广(子勤、昌荣、椿庭)撰
日本明治十二年(1879)济众病院铅印本 139 590

00963 01247 **伤寒翼方**一卷 1881
(日)浅田惟常(栗园、宗伯)撰
1. 日本明治十四年(1881)乾诚轩铅印本 139
2. 抄本 590

00964 01248 **伤寒类方**二卷 [1886]
附医学真传四言歌诀
(清)关耀南(道吾、远意)撰
见澄园医类

00965 01249 **伤寒十六证类方**二卷 1895
(清)庆恕(云阁)编
1. 清光绪二十九年(1903)刻医学摘粹本 541
2. 医学摘粹

00966 01250 **伤寒病类方**一卷 1900
又名伤寒类方附
(清)味清氏(抚松隐者)撰
1. 清光绪二十六年(1900)铅印本 590
2. 见医学索源

00967 01251 **南阳药证汇解**五卷首一卷 1908
又名汉张仲景先师用药分量考
(清)吴槐绶(子绂)撰
见吴氏医学丛刊

00968 01252 **汉张仲景伤寒一百一十三方**一卷 [1908]
著者佚名
清糊涂道士抄本 1

00969 01253 **伤寒论撮要**一卷 1911
(清)肇坤撰
见肇坤医稿五种

00970 01254 **太阳方**一卷 [1911]
著者佚名
1. 清抄本 1
2. 抄本 412B

00971 01255 **伤寒程约类方**□□卷 [1911]
(清)汪隽编
抄本 391(残)

00972 00000 **伤寒证方条辨**一卷 [1911]
附殷氏验证舌法一卷
著者佚名
清抄本 286

3.2.5 歌括

00973 01264 **伤寒百证歌**五卷 1132
(宋)许叔微(知可、元同先生)撰
1. 元刻本 1 651
2. 清常熟瞿氏铁琴铜剑楼影元抄本 1
3. 清咸丰抄本 279
4. 清光绪七年(1881)归安陆心源刻十万卷楼丛书本 1 9 381 475A 476 514A 529A 590 651 677A 716 738B 739 741 782 799A 852 896A
5. 清光绪十五年(1889)上海江左书林石印本 139 279 738A 896A 940
6. 清同治九年(1870)古冈刘晚荣藏修书屋刻述古丛钞本 280 361 475A 529 589 590 677A 701 733 736 739 799A 839A 851 896A 907C 921
7. 清末汀州张介祉励志斋刻本(据藏修书屋刻本) 139 351
8. 清抄本 277 381 651 710

9. 抄本　139(存一至七十七证)　277(残)　279　433A　521　529A　541　651
10. 见述古丛钞
11. 见十万卷楼丛书
12. 见藏修堂丛书

00974 01265 **(新镌)注解张仲景伤寒百症歌发微**四卷　1132
(宋)许叔微(知可、元同先生)撰
1. 明万历雷顺春刻本　6(存证一至二十三、二十八至九十七)
2. 日本明和二年(1765)阿波越元中立节刻本　139
3. 抄本(二卷)　203

00975 01266 **类证增注伤寒百问歌**四卷　[1162]
(宋)钱闻礼撰
1. 元至大二年(1309)刻本　541
2. 清抄本　21
3. 见武昌医学馆丛书

00976 01267 **伤寒图歌活人指掌**五卷卷首一卷　1337
(元)吴恕(如心、蒙斋)撰
1. 明万历二十八年(1600)闽建书林刘龙田乔山堂刻本　1　TA　TB
2. 明万历四十三年(1615)刻本　570　590
3. 明万历福建师俭堂刻本(题新刻明医考证图注伤寒活人指掌)　286
4. 明末致和堂刻本　2　3　139　251　277　279　289　301　308A　361　443(存卷一、三至五)　475A　476　514A　529(残)　572　590　664　734　738　746A　926A
5. 明末刻本　541
6. 清刻本　1　251　361　364A(存三至五)　462(缺卷一)　851
7. 抄本　139(三卷)　741

00977 01268 **伤寒活人指掌图**一卷　1337
附药方料例一卷
(元)吴恕(如心、蒙斋)撰
1. 元刻本　139
2. 元刻明成化六年至十二年(1470—1476)重修本　733
3. 清抄本　677A

00978 01269 **伤寒活人指掌提纲**一卷　[1337]
(元)吴恕(如心、蒙斋)撰
1. 明刻医要集览本　139　203　TA
2. 清中期抄本　279
3. 抄本　362
4. 见医要集览

00979 01271 **类编伤寒活人书括指掌图论**十卷卷首一卷　[1337]
(宋)李知先(元象、双钟处士)编　(元)吴恕(如心、蒙斋)原撰　(明)熊宗立(道轩、勿听子)编
1. 明天顺五年(1461)鳌峰熊宗立种德堂刻本　514A
2. 明嘉靖四十三年(1564)日新书堂刻本　541
3. 明嘉靖刻本　139
4. 明万历十七年(1589)金陵书坊唐少桥刻本　1(存卷五至十)　7　139(有配补)　186　570(附伤寒活人指掌提纲)　733
5. 明崇义詹道坚进贤堂刻本　541
6. 明刻本　186　541(残)
7. 抄本　541　590

00980 01272 **(新刊)图注指南伤寒活人指掌**四卷　[1593]
(宋)李知先(元象、双钟处士)编　(元)吴恕(如心、蒙斋)辑　(明)吴文炳(绍轩、光甫、沛泉)增补
明万历三十三年(1605)闽书林熊成治刻本　541

00981 01273 **伤寒脉证歌**二卷　[1664]
(清)喻昌(嘉言、西昌老人)编
1. 清乾隆十六年(1751)淮阴张超虚白山房刻本　590
2. 抄本　931

00982 01274 **伤寒心法要诀**三卷　1742
(清)吴谦(六吉)等编
1. 清抄本　139
2. 抄本　2(附色脉要诀)　391
3. 见(御纂)医宗金鉴

00983 01275 **伤寒类证解惑**四卷　1745
(清)张泰恒(德一、踽踽子)撰
清光绪十五年(1889)邓州张炳义家刻本　3

00984 01276 **伤寒论图说**一卷附录一卷　1798
(日)原元麟(子振、吾堂子)撰
日本宽政十二年(1800)刻本　2　3　139　590　709

00985 **长沙方歌括**六卷 1803
01277 （清）陈念祖（修园、良有、慎修）撰
1. 清嘉庆十三年（1808）天禄阁刻本 139 529A 832
2. 清同治四年（1865）文奎堂刻南雅堂医书全集本 2 856
3. 清同治六年（1867）善成堂刻南雅堂医书全集本 461（残） 914
4. 清同治八年（1869）羊城纬文堂刻南雅堂医书全集本 493 931
5. 清同治五年（1866）古吴潘霨敏德堂刻光绪三年至五年（1877—1879）增刻韡园医学六种本 541 728A
6. 清光绪十四年（1888）刻南雅堂医书全集本 851
7. 清光绪十五年（1889）扫叶山房刻陈修园医书十八种本 433A 852A
8. 清光绪十五年（1889）遂宁务本堂刻南雅堂医书全集本 742 852
9. 清光绪十八年（1892）上海图书集成印书局铅印陈修园医书二十一种本 590
10. 清光绪十八年（1892）敦厚堂刻陈修园医书十八种本 677A 741
11. 清光绪二十一年（1895）宏道堂刻陈修园医书十八种本 850 891 896A
12. 清光绪二十一年（1895）聚和堂刻陈修园医书二十一种本 301
13. 清光绪二十二年（1896）珍艺书局铅印陈修园医书二十一种本 139
14. 清光绪二十四年（1898）多文会刻南雅堂医书全集本 728A 746A 799A 853 855 856 857 871
15. 清光绪二十七年（1901）新化三味书局刻陈修园医书二十三种本 435 461 665 706
16. 清光绪二十九年（1903）湖南益元书局刻陈修园医书二十三种本 139 412A 514A 664 728B 781 831 922
17. 清光绪三十年（1904）上海经香阁书庄石印本 351 901 915
18. 清光绪三十三年（1907）巴蜀善成堂校刻陈修园医书四十八种本 186 351 746A
19. 清光绪三十四年（1908）上海章福记书局石印陈修园医书四十八种本 742 874
20. 清光绪三十四年（1908）宝庆经元书局刻陈修园医书二十三种本 139 461 514A 521
21. 清光绪三十四年（1908）宝庆经元书局刻富记书局印陈修园医书二十三种本 412A 521 746A
22. 清光绪三十四年（1908）渔古山房刻本 251 734A 781
23. 清南雅堂家刻南雅堂医书全集本 21 139 202 475A 522 572 590 721 731 738A 799A 922
24. 清三让堂刻本 831
25. 清文林堂刻本 186
26. 清大文堂刻本 363 421
27. 清刻本 8 288 308A 351 360A 366 414 421 434 450 461 522 529 712 713 731 733A 738A 740A 740J 831 853M 857 874 891 921
28. 抄本 139（附五脏受病诊脉用药心药要诀） 301 450 738B
29. 见南雅堂医书全集
30. 见陈修园医书十五、十六、十八、二十一、二十三、二十四、二十八、三十、三十二、三十六、四十、四十八、五十、七十种
31. 见韡园医学六种

00986 **伤寒真方歌括**六卷 1803
01278 （清）陈念祖（修园、良有、慎修）撰
1. 清道光二十一年（1841）抄本 721
2. 清道光二十八年（1848）陈庭梦抄本 3
3. 清咸丰九年（1859）三山林氏味根斋刻陈修园先生晚余三书本 203 308A 351 381 393 412A 475A 529A 590 651 702 715 741 781 850 852L 907C 911 915 931 951
4. 清同治四年（1865）文奎堂刻南雅堂医书全集本 363
5. 清光绪元年（1875）南雅堂刻陈修园先生晚余三书本 476
6. 清光绪八年（1882）三山林氏味根斋刻南雅堂医书全集本 433A 476 907C

7. 清光绪十三年(1887)务本堂刻十五年(1889)闽长乐书局增刻南雅堂医书全集本 741 852 907C
8. 清光绪十五年(1889)上海江左书林刻陈修园医书十六种本 381 391 742
9. 清光绪十五年(1889)江左书林刻陈修园先生晚余三书本 461
10. 清光绪十五年(1889)务本堂刻陈修园先生晚余三书本 361
11. 清光绪十五年(1889)扫叶山房刻陈修园医书十八种本 852A
12. 清光绪十八年(1892)敦厚堂刻陈修园医书十八种本 279 728A
13. 清光绪二十一年(1895)宏道堂刻南雅堂医书全集本 464(残) 541 839A 852
14. 清光绪二十二年(1896)珍艺书局铅印陈修园医书三十种本 781
15. 清光绪二十四年(1898)多文会刻南雅堂医书全集本 435 746A 799A 852S
16. 清光绪二十七年(1901)新化三味书局刻陈修园医书二十三种本 665 781
17. 清光绪二十九年(1903)湖南益元书局刻陈修园医书二十三种本 412A 721 781
18. 清光绪三十年(1904)日新书局石印陈修园医书二十八种本 742
19. 清光绪三十三年(1907)渝城善成堂刻陈修园医书四十八种本 733A 852 852C
20. 清光绪三十四年(1908)宝庆经元书局刻陈修园医书二十三种本 461 521 746A 839A
21. 清光绪三十四年(1908)宝庆经元书局刻富记书局印陈修园二十三种本 270
22. 清远安堂刻本 590
23. 清刻本 351 414 493 529A 712 733A 911 914
24. 抄本 139(附五脏受病诊脉用药心药要诀) 738B
25. 见南雅堂医书全集
26. 见陈修园医书十五、十六、十八、二十一、二十三、二十八、三十、三十二、三十六、四十、四十八、五十、七十种
27. 见陈修园先生晚余三书

00987 01281 **伤寒医约录**三卷 1859

又名仲景存真集

(清)吴蓬莱编

1. 清咸丰九年(1859)杭州守克氏书林南雅堂刻本 139 852A
2. 清同治五年(1866)合州怀德堂刻本(题仲景存真集) 289 361 677A 852R 871 940
3. 清光绪八年(1882)合州文星堂刻本(题仲景存真集) 139 852C 907C
4. 清宣统三年(1911)潼南文裕堂刻本(题仲景存真集) 491 514A 651 712 851 852 907C
5. 清末二友堂刻本 529A 907C
6. 清刻本(题仲景存真集) 738B 799A

00988 01282 **伤寒审症表**一卷 1870

(清)包诚(兴言)撰

1. 清同治十年(1871)湖北崇文书局刻本 1 2 3 6 21 139 139A 186 252 277 279 286 288 289 308A 351 361 364 385A 401 412A 433A 475A 491 514A 522 529B 541 542 570 589 590 651 664 706 707 721 728A 731 733 737 738 740C 741 746A 799A 800 831 839 839A 896A 901 907C 911 926A 940
2. 清光绪二十七年(1901)上海商务印书馆铅印本 412A 677A

00989 01283 **伤寒悬解经方歌诀**十一卷 1875

又名伤寒歌诀

(清)钟文焕(霁帆)编

1. 清光绪十三年(1887)宜宾徐廷卫师德堂宜人精舍刻钟氏医书歌诀四种本 186 491 851
2. 见钟氏医书歌诀四种

00990 01284 **伤寒六经辨证歌括**一卷 1875

附医学要义歌括、校订温病提要正续编

(清)吴楚(小山)撰 吴亨谦(再山)补注

抄本 139

00991 01285 **伤寒直解辨证歌**不分卷 [1878]

附四明心法

(清)薛承基(公望、性天)撰

1. 清傅钟敏抄本 1
2. 清黄寿南抄本 139
3. 见南病别鉴

00992 01286 **读伤寒论歌**一卷 1886
(清)王廷钰(西岑)编
见正谊堂医书

00993 01279 **调治伤寒论脉诀**一卷 ［1886］
(清)顾积庵撰
清抄本 701

00994 01287 **伤寒方歌**一卷 1887
(清)甘席隆(襄士)撰
清光绪十三年(1887)渝城尊古堂刻本 740A 851

00995 01288 **伤寒择要敲爻歌**一卷 1888
(清)李承纶传 著者佚名
抄本 361

00996 01289 **(增订)伤寒百证歌注**四卷 1892
又名新编张仲景注解伤寒百证录
(宋)许叔微(知可、元同先生)撰 (清)何其昌(右菱)增注 何廉臣(炳元、印岩)增订
1. 清光绪十八年(1892)抄本 139(缺卷四)
2. 见何氏医学丛书

00997 03697 **酤寒亭验录**不分卷 1905
著者佚名
抄本 139

00998 01291 **伤寒捷诀**一卷 1908
(清)严宫方(则庵)编
清抄本 579(裘吉生旧藏)

00999 01292 **伤寒论脉证治歌**一卷 ［1911］
著者佚名
抄本 139

01000 01293 **伤寒证论传经验舌图**一卷 ［1911］
(明)陶华(尚文、节庵) (清)严宫方(则庵)原撰 佚名辑绘
清抄绘本 590(36幅彩图)

01001 01294 **伤寒五色舌赋并图**一卷 ［1911］
又名伤寒万金歌
著者佚名
抄本 831(57叶)

01002 00000 **伤寒赋**一卷 ［1911］
(清)任大治增删
清抄本 279

3.3 金匮要略

3.3.1 本文

01003 01324 **金匮要略方论**三卷 219
又名金匮玉函要略方论、金匮要略
(汉)张机(仲景)撰 (晋)王熙(叔和)集 (宋)林亿校
1. 元后至元六年(1340)南平邓珍刻本 7 (清·杨守敬跋)
2. 明洪武二十八年(1395)吴迁影抄本〔据宋绍圣三年(1096)国子监刻本〕 541
3. 明万历二十九年(1601)新安吴勉学刻古今医统正脉全书本 2 277 476 572 590 738A 738B 852 907C 936 XE
4. 明万历四十八年(1620)钱塘卢之颐刻医种子本 570
5. 日本宽保二年(1742)平安书肆林权兵卫刻本 139
6. 日本宽政元年(1789)芳兰榭刻本 7
7. 日本享和元年(1801)京都谐仙堂刻本 2 7 781
8. 日本享和元年(1801)文泉堂刻本 1 728A 741
9. 日本文化三年(1806)顺受居刻本(版心题顺受居藏) 139 289
10. 清光绪二十年(1894)成都邓少如崇文斋刻仲景全书五种本 279 289 521 831 854
11. 清光绪十八年(1892)浙江书局刻三十三年(1907)京师医局重修古今医统正脉全书本 139 677A
12. 清刻本 3 186 475A 491 728A
13. 清有余师斋抄本 731
14. 清抄本 491
15. 日本武村新兵卫刻本(据明·俞桥本影刻、题新编金匮要略方论三卷) 572 TB (日·小岛质题跋)
16. 日本吉野屋德兵卫刻本 7 542
17. 日本刻本 391 542
18. 抄本 139 433 728A 738E 931

19. 日本抄本 TB(存卷上、中) TB(影抄赵开美本,存卷上)
20. 见仲景全书
21. 见古今医统正脉全书
22. 见医种子
23. 见伤寒全书

3.3.2 考释

01004 01325 **金匮方论衍义**三卷 1368
(元)赵良仁(以德、云居、太初子)撰
1. 清同治十二年(1873)抄本 139
2. 抄本 2 732

01005 01326 **金匮要略注**四卷 1664
(清)张志聪(隐庵)注
1. 清康熙二十二年(1683)文瑞堂刻本 2 651 677A
2. 清抄本 3(有清·董儒林序) 139 541

01006 01327 **金匮要略论注**二十四卷 1671
(清)徐彬(忠可)注
1. 清康熙十年(1671)刻本 2 3 7 8 21 139 152 202 203 251 277 301 308A 385 475A 476 541 546 570 651 664 710 728A 733 734 736 871 896A 907C 939
2. 清康熙十年(1671)刻益盖堂印本 514A
3. 清光绪五年(1879)扫叶山房刻本 1 3 186 203 279 286 308 308A 309 361 381 385A 412A 433A 529B 541 590 664 701 709 710 728A 734A 738 738A 738B 740A 746A 799A 851 852 896A 926A 940 943
4. 清光绪五年(1879)扫叶山房刻校经山房印本 1 139 186 202 280 286 308 308A 412A 412B 433A 443 511 514A 519 529 572 677A 701 721 728A 731 734A 735 737 740B 800 851
5. 清刻本 288 301 728A 733A 931 940 943 951
6. 清抄本 541
7. 见四库全书

01007 01328 **金匮要略直解**三卷 1673
附广成先生玉函经三卷
(清)程林(云来、静观居士)注
1. 清康熙十二年(1673)中州李锦正和堂刻本 308(缺卷中,卓观堂藏板,无附录)
2. 清康熙十二年(1673)中州李锦正和堂刻后印本 1 3 8 139 140 204 277 289 361 381 417 476 514A 541 590 677A 709 710(存卷二) 738A 738B
3. 抄本 2 277
4. 日本抄本 3(节抄) 590

01008 01329 **金匮要略广注**三卷 1682
(清)李彣(珥臣)注
1. 清康熙二十一年(1682)刻本 514A 522 677A
2. 清渊点堂抄本 186
3. 抄本 TA

01009 01330 **金匮玉函经二注**二十二卷 1687
又名金匮玉函经衍义补注
附补方一卷、十药神书一卷
(元)赵良仁(以德、云居、太初子)衍义
(清)周扬俊(禹载、东园老人)补注
1. 清康熙二十六年(1687)广宁丁思孔刻本 412B 541
2. 清嘉庆二然朱陶性白鹿山房木活字印本 433A 514A 651(清·潘道根批校并跋) 940
3. 清道光十八年(1838)元和李清俊刻吴郡经义斋印本 1 2 139 139A 152 186 202 270 301 351 361 381 385A 391 450B 461 475A 514A 529A 529B 572 664 677A 701 707 715 728A 731 733(存卷三至十八) 736 737 738E 746 746A 799A 831 851 852 856 871 907C 921
4. 清道光十八年(1838)元和李清俊刻同治二年(1863)上洋经义斋印本 1 3 21 139 140 185 186 203 270 277 279 280 289 301 308A 361 412A 412B 443 475A 491 511 514A 521 570 590 651 664 677A 712 715 728A 733 734 734A 735 736A 736C 737 738A 738B 746A 781 799A 831

871　891　917A　926A　939

5. 清道光十八年（1838）元和李清俊刻同治二年（1863）怀德堂印本　712　736B

6. 清道光十八年（1838）元和李清俊刻光绪二十四年（1898）宏道堂印本　4F　287　308A　522　570　590　728B

7. 清古歙吕日表抄本　542

8. 清抄本　541　542　570

9. 抄本　139　251　541　570　677A

01010 01331 **张仲景金匮要略**二十四卷　1692

又名沈注金匮要略、金匮要略编注、医征金匮要略

（清）沈明宗（目南、秋湄）编注

1. 清康熙三十二年（1693）大观堂刻本　731

2. 清康熙三十二年（1693）大观堂刻存朴堂印本　926A

3. 日本享保十七年（1732）刻本（据大观堂本翻刻）　7

4. 清康熙三十二年（1693）大观堂刻致和堂印本　2　139　202　308A　361　412A　413　432　461　475A　476　514A　572　590　664　677A　715　728A　731　737　746A　907C　921　940

5. 清康熙三十二年（1693）大观堂刻乾隆三十年（1765）重修本　152　731　737

6. 清道光二十二年（1842）扫叶山房刻本　139A　279　285　381　433A　701　746A　907C　951

7. 清道光沈宜抄本　590（残）

8. 清刻本　590　939

9. 抄本　139　541　590　738B

10. 见医征

01011 01332 **金匮要略注解**二十三卷　1696

（日）名古屋玄医（阅甫、富润、丹水子、宜春庵、桐溪）注

1. 日本元禄九年（1696）玄笃刻本　541　651

2. 日本天明八年（1788）大阪书林崇高堂刻本　139

01012 01333 **金匮要略方论本义**二十二卷　1720

（清）魏荔彤（念庭、淡庵、怀舫）注

1. 清康熙六十年（1721）宝纶堂刻本　1　2（残）　139　202　302　381　475A　514A　541　570　572　664　728A　733　734　738A

2. 清康熙六十年（1721）宝纶堂刻雍正二年（1724）兼济堂印本　1　139　590　651　664

3. 清康熙六十年（1721）宝纶堂刻乾隆金阊绿荫堂印本　2　3　139　152　202　277　279　361　381　385　391　433A　476　651　677A　707　728A　733　737　907C　922

4. 清抄本　381

01013 01334 **金匮心典**三卷　1729

（清）尤怡（在泾、拙吾、饲鹤山人）集注

1. 清雍正十年（1732）遂初堂刻本　1　139（清·徐大椿题识批校）　203　277　279　361　381　412B　417　450A　461　519　522　541　589　664　701　710　728A　733　734　736　743　799A　911　926A

2. 清雍正十年（1732）遂初堂刻乾隆书业堂印本　279　728A

3. 清雍正十年（1732）遂初堂刻乾隆苏州扫叶庄重修本　139A　277　308A　461　514A　570　799A　911

4. 日本文政六年（1823）京师御书物所刻本　3　7　139　476　651

5. 清同治八年（1869）常郡陆氏双白燕堂刻本　1　3　21　139　139A　202　279　288　289　301　303　308A　361　381　385A　385B　393　401　412A　412B　421　433A　436　443　475A　514B　521　541　542　570　590　604　664（存卷上、中）　677A　702　706　710　715　728　728A　733（存卷上、下）　734　734A　735　736　738A　738E　740C（存卷下）　746A　799A　831　871　907C　926A　951

6. 清光绪七年（1881）崇德书院刻本　2　7　21　139　139A　152　202　203　279　280　288　289　301　303　306　308　361　381　393　401　412B　421　475A　491　514A　529A　541　570　572　590　603　664　702　709　721　728　728A

733 734 736 736A 736B 736D 737 738A 738B 739A 746A 799A 831 839A 852 853 917A 921 922 926A 940 943
7. 清光绪二十五年（1899）常郡宛委山庄刻本 139 277 475A 737 799A 926A
8. 清光绪二十七年（1901）上海醉六堂石印本 1 461 701 738 781
9. 清光绪三十年（1904）上海国文书局石印本 289 746A 931
10. 清宣统元年（1909）成都同文会刻本 396 851 858
11. 清刻本 2 203 279 301（存卷一、二） 306（存卷下） 308A（缺卷下） 311 391 393 476 701 706 710（存卷上、中） 728A 731 733A 736A（存卷中） 737 740A 740B 911 922
12. 清抄本 308A 896A
13. 见尤在泾全集

01014 00000 **金匮要略绎注**三卷 ［1735］
（清）延陵居士撰
清雍正抄本 TD（清·邓邦述题记）

01015 01335 **订正金匮要略注**八卷 1742
（清）吴谦（六吉）等撰
1. 清刻医宗金鉴本 308A 367
2. 见（御纂）医宗金鉴

01016 01336 **金匮要略注**二卷 1753
（清）朱音恬（咏清、蓉峰）撰
见医理元枢

01017 01337 **金匮悬解**二十二卷卷首一卷卷末一卷 1756
（清）黄元御（坤载、研农、玉楸子）注
1. 清咸丰十年（1860）长沙徐树铭燮和精舍刻黄氏医书八种本 139 186 202 203 270 279 308A 385 391 412A 491 514A 529A 541 651 665 709 716 728A 738A 781 799A 852 854 907C 926A
2. 清咸丰十年（1860）长沙徐树铭燮和精舍刻七曲会印黄氏医书八种本 362
3. 清同治元年（1862）湘乡左继明望云草庐刻黄氏医书八种本 285 728A 781（残） 921 931
4. 清同治七年（1868）江夏彭汝琮成都刻黄氏医书八种本 2 139 541 664 732 852A
5. 清光绪二十年（1894）上海图书集成印书局铅印黄氏医书八种本 306A 308A 391 431 740D 746A
6. 清光绪三十一年（1905）宝庆经元书局刻黄氏医书八种本 251 529A 664 907C
7. 清刻本 1 2 254 279 306（存卷七至十一） 308A 311（存卷七至十三） 361 367 381 412A 435 491 514A 529A 541 677A 706 709 728A 732 738A 740A（存卷十六至二十二） 742（存卷一至十一） 799A 852S 873 877 896A 907B
8. 清抄本 7 381 738A
9. 抄本 2 308A 397 738A
10. 清末石印本 288
11. 见黄氏医书八种

01018 01338 **金匮要略发明**二卷 ［1756］
（清）周泗斋（世教）撰
稿本 831

01019 01339 **金匮要略方论衬注**三卷 1773
（日）刘栋（田良）撰
日本文化四年（1807）一方堂刻本 3 651

01020 01340 **金匮要略国字解**不分卷 1778
附脚气肿满之辨
（日）古野了作撰
日本安永九年（1780）定荣堂弘昭堂刻本 139

01021 01341 **金匮要略浅注**十卷 1803
又名汉张仲景金匮要略原文浅注、金匮要略原文浅注
（清）陈念祖（修园、良有、慎修）撰
1. 清道光十年（1830）刻本 203 251 301 302 361 365 412A 431（存卷一至八） 436 529A 721 734 738D 741 891 907B 915 XA
2. 清道光十六年（1836）佛镇文林阁刻本 939（附金匮方歌括六卷）
3. 清道光十六年（1836）刻本 721（附金匮方歌括六卷）
4. 清道光十七年（1837）南雅堂刻本 2 251 279 361 381 412A 572 651

721 915

5. 清道光二十五年（1845）刻本 742
6. 清咸丰五年（1855）重庆刘聚兴堂刻本 852
7. 清咸丰五年（1855）重庆阎氏书业堂刻陈修园医书十五种本 1 202 302 308 361 450 519 665（存卷七至十） 712 713 743（存卷九、十） 781 831（残） 907C 911 922
8. 清同治元年（1862）经纶堂刻陈修园医书二十三种本 363
9. 清同治八年（1869）广州纬文堂刻南雅堂医书全集本 433A 921
10. 清同治光绪间佛山镇翰文堂刻本 931
11. 清光绪元年（1875）宏道堂刻本 852
12. 清光绪二年（1876）友文会刻南雅堂医书全集本 746A
13. 清光绪十三年（1887）重庆五福堂刻南雅堂医书全集本 907C（存卷一至八）
14. 清光绪十四年（1888）上海扫叶山房刻陈修园医书十八种本 414 852A
15. 清光绪十五年（1889）光裕书屋刻本 21（存卷一至五） 139 279 280 289 301 461 511 514A 514B 570 800
16. 清光绪十五年（1889）遂宁务本堂刻南雅堂医书全集本 287 852 907C
17. 清光绪十五年（1889）周镇堂刻本 3 896A
18. 清光绪十七年（1891）新化三味书室刻本 743（存六卷） 915 926A
19. 清光绪十八年（1892）敦厚堂刻陈修园医书二十种本 914
20. 清光绪十八年（1892）上海图书集成印书局铅印陈修园医书二十一种本 713
21. 清光绪二十一年（1895）聚和堂刻本 301 308 360B（存卷一至五）
22. 清光绪二十一年（1895）学库山房刻陈修园医书二十三种本 139 414 891
23. 清光绪二十二年（1896）上洋珍艺书局刻陈修园医书二十一种本 139
24. 清光绪二十二年（1896）福建三成堂刻本 412A
25. 清光绪二十四年（1898）成都多文会刻南雅堂医书全集本 277（残） 361 799A 850 855 871 907C
26. 清光绪二十六年（1900）两仪堂刻陈修园医书二十四种本 728A
27. 清光绪二十七年（1901）新化三味书局刻陈修园医书二十三种本 412A 514A 665 677A 781
28. 清光绪二十九年（1903）湖南益元书局刻陈修园医书二十三种本 1 521 728B 781
29. 清光绪二十九年（1903）汉文书局刻本 514A 781
30. 清光绪三十二年（1906）精宏书局铅印本 853
31. 清光绪三十三年（1907）巴蜀善成堂刻陈修园医书四十八种本 570 852H
32. 清光绪三十四年（1908）宝庆经元书局刻陈修园医书二十三种本 1 139 255 279 541
33. 清光绪三十四年（1908）宝庆经元书局刻富记书局印陈修园医书二十三种本 139 521 926A
34. 清光绪三十四年（1908）上海章福记书局石印陈修园医书四十八种本 874
35. 清梓潼会刻本 139 395
36. 清汀城崇英堂刻本 279
37. 清羊城味经堂刻本 529A
38. 清林礼丰文贤堂刻本 715
39. 清漱六堂刻本 739A
40. 清刻本 279 305（残） 360A 360B 418 421（残） 731A 736A（残） 740A（残） 740J 746 831（残） 852S（存卷三至十） 874
41. 清末民初书业德记刻本 302
42. 清抄本 2 139 702 733（清·冯贞群批并跋） 831（不分卷）
43. 石印本 202 311 364A 541 707 715 733 736 737 740C 742 831（附金匮方歌括六卷） 854 907C 922 940
44. 见南雅堂医书全集
45. 见陈修园医书十五、十六、十八、二十一、二十三、二十四、二十八、三十、三十二、三十六、四十、四十八、五十、七十种

46. 见回春集（周镇辑）

01022 **金匮要略浅注摘要**一卷　1803
01342 又名闽省陈修园先生金匮要略浅注摘要
（清）陈念祖（修园、良有、慎修）原撰　黄子言编
清嘉庆八年（1803）抄本　590

01023 **金匮要略正义**二卷　[1805]
01343 又名金匮读本
（清）朱光被（峻明）撰
1. 日本跻寿馆木活字印本　3　139　514A　TA
2. 日本文化二年（1805）抄本　590（日·丹波元胤题跋）
3. 日本抄本　TB（日·丹波元坚题跋）

01024 **金匮玉函要略辑义**六卷　1807
01344 又名金匮要略辑义
（日）丹波元简（廉夫、栎荫拙者）撰
1. 日本文化八年（1811）东都书肆青云堂刻本　2　3　7　139　203　251　277　279　361　391　412A　412B　432　514A　541　590　728A　732　739A　741　799　800　917A　931
2. 日本文化八年（1811）东都书肆青云堂刻清光绪十年（1884）宜都杨守敬汇印聿修堂医学丛书本　743
3. 抄本　2
4. 见聿修堂医学丛书

01025 **金匮要略阙疑**二卷　1827
01352 （清）叶霖（子雨、石林医隐、石林旧隐、鹤轩）撰
1. 清道光七年（1827）抄本　203
2. 清抄本　514A　590　896A
3. 抄本　139　728A　738A　738B

01026 **金匮要略集解**三卷　1838
01345 （清）周孝垓（平叔）编
清道光二十七年（1847）刻本　590　651

01027 **金匮要略解**一卷　1840
00000 （清）邹汉璜（仲辰、稼江）撰
见邹氏纯懿庐集

01028 **金匮玉函要略述义**三卷　1842
01346 （日）丹波元坚（亦柔、茝庭）撰
1. 日本嘉永六年（1853）刻存诚药室丛书本　1　2　3　7（存二卷）　21　139　140　186　251　277　381　385　412A　412B　432　514A　590　677A　709　728A　738　738B　739A　799　907C　917A
2. 见聿修堂医学丛书

01029 **（新编）金匮要略集注**不分卷　1858
01347 （日）山田业广（子勤、昌荣、椿庭）编
日本安政五年（1858）稿本　139

01030 **金匮要略阐义**四卷　1860
01355 （清）汪近廷编
清咸丰十年（1860）抄本　651

01031 **金匮玉函要略疏义**六卷　1861
01348 又名金匮要略方论疏义
（日）喜多村直宽（士栗、安斋、安正、栲窗、香城）撰
日本文久元年（1861）学训堂木活字印本　3　139　444　579　590

01032 **高注金匮要略**八卷　[1872]
01349 又名金匮要略注
（清）高学山（汉峙）注
1. 稿本　139（残）
2. 清抄本　152　393

01033 **金匮要略浅注补正**九卷　[1884]
01351 （清）陈念祖（修园、良有、慎修）注　唐宗海（容川）补注
1. 清光绪二十年（1894）上海顺成书局石印中西汇通医书五种本　412A　590　831　901
2. 清光绪二十年（1894）上海袖海山房书局石印中西汇通医书五种本　434　541　570　590　677A　738A　739A　742　911
3. 清光绪三十二年（1906）善成堂刻中西汇通医书五种本　708　738B　799A
4. 清光绪三十二年（1906）重庆中西书局铅印本　850　851　852
5. 清光绪三十三年（1907）上海文新书局石印本　529A　XE
6. 清光绪三十四年（1908）上海千顷堂书局石印中西汇通医书五种本　21　279　287　289　308A　351　381　412A　434　511　514A　529A　541　664　702　709　712　714A　728A　734A　738A　739A　740C　740D　741（残）　742（存卷一至六）　781　799A　831　852　852R　854

871 891 896A 907B 907C 915 917A 922 940
7. 清抄本 139（节抄）
8. 见中西汇通医书五种
9. 见中西医学劝读十二种

01034 **杂病论章节**一卷 1902
00000 （清）包育华（桃初、鹏九、白髯叟）撰 包识生（一虚、德逮）编
见无妄集活法医书

01035 **金匮要略浅注方论合编**十卷 1908
01353 （清）陈念祖（修园、良有、慎修）撰 严岳莲（祖馨、德与、雁峰、贲园居士）编
1. 清宣统元年（1909）渭南严岳莲成都刻本 204 289 476 491 512 529A 541 746A（残） 852B 852E
2. 见医学初阶

01036 **济世元真金匮全部解义先圣遗范**四卷 1910
01354 （清）凭虚子（中台）撰
抄本 475A

01037 **金匮方证详解**六卷 1911
01358 附素灵精义一卷
（清）吴槐绶（子绂）撰
见吴氏医学丛刊

01038 **金匮要略读本**不分卷 ［1911］
01356 （清）李保常（子牧）编辑
清抄本 139

01039 **金匮悬解详释**二十二卷 ［1911］
00000 （清）黄元御（坤载、研农、玉楸子）原撰 吕兰痴释
1. 稿本（题金匮详解二卷） TA
2. 清旌德吕氏稿本 TA

3.3.3 发挥

01040 **张仲景金匮要略纂要**一卷 1736
01398 著者佚名
清乾隆元年（1736）雪渔氏来苏堂抄本 541

01041 **金匮要略集成**三卷 1789
01400 （日）山田正珍（宗俊）撰
日本文久元年（1861）平安广济堂抄本 139

01042 **金匮要略辑义释字草稿**一卷 ［1806］
01401 （日）扶阳老人撰
见伤寒论辑义释字草稿（附录）

01043 **金匮要略约说**三卷 1829
01402 （日）谷其章（元圭）撰
日本文政赤山堂抄本 7

01044 **金匮要略方论考证**五卷 1848
01405 （日）饭田鼎（养贤）撰
1. 日本嘉永元年（1848）立生堂刻本 3
2. 抄本 139

01045 **金匮要略札记**不分卷 1858
01406 （日）山田业广（子勤、昌荣、椿庭）撰
日本安政五年（1858）稿本 139

01046 **诸证灵犀**二卷 1861
01407 （清）陈蔚山编
清咸丰十一年（1861）抄本 152

01047 **金匮读本**二卷 1868
01408 （清）栗山痴叟辑
见医学便览（栗山痴叟编）

01048 **读金匮要略大意**一卷 ［1875］
01409 （清）沈灵犀辑
见泉唐沈氏医书九种

01049 **金匮平脉辨脉汇编**一卷 1884
01410 （清）王介庵编
清抄本 139

01050 **伤寒杂病论金匮指归**十卷 1885
01411 又名金匮指归
（清）戈颂平（直斋、直哉）撰
1. 抄本 393（残） 541（存卷二至十）
2. 见戈氏医学丛书

01051 **金匮杂病辨**三卷 1897
01412 （清）韩善徵（止轩）撰
见韩氏医书六种

01052 **金匮类补**二十二卷 1909
01414 （清）王霖（新之）编
清光绪三十五年（1909）留耕堂抄本 677A

01053 **金匮原理论**□□卷 ［1911］
01413 （清）汪广（寅亮）撰
清抄本 2（存一卷）

01054 **金匮杂病论**一卷 ［1911］
01415 （清）冠时编
见医学汇编三种

01055 **金匮论义**三卷 ［1911］
00000 （清）葛廉夫撰
清抄本 203

3.3.4　方论

01056/01428 **金匮百七十五方解略**六卷　1852
(清)杨希闵(铁佣、卧云居士)编
清咸丰二年(1852)稿本　3

01057/01429 **金匮方解**不分卷　[1911]
(清)苏国梁撰
清末蜀东苏国梁自刻本　852

3.3.5　歌括

01058/01434 **金匮方歌括**六卷　1830
(清)陈元犀(灵石)编
1. 清道光十六年(1836)南雅堂刻本　21　139　203　280　285　302　306　351　361　393　414　421　431　433A　436　572　651　677A　734　742　746A　878　914　922　XD
2. 清道光十八年(1838)聚文书局校刻本　856
3. 清咸丰五年(1855)重庆阎氏书业堂刻本　308　381　529A　570　710　712　713　715(存卷四至六)　781　907B
4. 清同治四年(1865)文奎堂刻南雅堂医书全集本　8(附伤寒真方歌括六卷)　280　514A　713　915
5. 清同治五年(1866)刻南雅堂医书全集本　21
6. 清同治光绪间佛山镇翰文堂刻本　931　XE
7. 清光绪二年(1876)懿惠堂刻本　139　280
8. 清光绪二年(1876)友文会刻南雅堂医书全集本　431
9. 清光绪十三年(1887)五福堂刻南雅堂医书全集本　277　873　907C
10. 清光绪十五年(1889)江左书林刻陈修园医书十六种本　308　514A
11. 清光绪十五年(1889)遂宁务本堂刻南雅堂医书全集本　852　907C
12. 清光绪十五年(1889)新化三味书局刻本　514A
13. 清光绪十五年(1889)光裕书屋刻本　302
14. 清光绪十五年(1889)吴郡扫叶山房刻本　280　491　852A　852S
15. 清光绪十八年(1892)上海图书集成印书局铅印陈修园医书十八种本　381　475A　799A　854　901
16. 清光绪二十一年(1895)宏道堂刻本　409　433A
17. 清光绪二十二年(1896)上洋珍艺书局刻陈修园医书二十一种本　852
18. 清光绪二十四年(1898)成都多文会刻南雅堂医书全集本　361　746A　799A　853　855　907C
19. 清光绪二十七年(1901)新化三味书局刻陈修园医书二十三种本　393　436　450　514A　665　677A
20. 清光绪二十九年(1903)湖南益元书局刻陈修园医书二十三种本　139　412A　721　728B　742A　781
21. 清光绪三十年(1904)上海经香阁书庄石印本　351　742(存卷一至三)
22. 清光绪三十一年(1905)上海文盛堂书局石印本　421　742
23. 清光绪三十二年(1906)吴闽医学书会石印陈修园医书三十三种本　351
24. 清光绪三十二年(1906)上海文新书局石印本　351
25. 清光绪三十三年(1907)巴蜀善成堂刻陈修园医书三十三种本　433A　475A　741　852
26. 清光绪三十四年(1908)宝庆经元书局刻陈修园医书二十三种本　139　270　279　381　521
27. 清光绪三十四年(1908)上海章福记书局石印陈修园医书四十八种本　395　874
28. 清文林堂刻本　3　529A　896A
29. 清梓潼会刻本　799A　852
30. 清纬文堂刻南雅堂医书全集本　431　433　476
31. 清崇英堂刻本　289　514A　728A　738A
32. 清刻本　21　285　301　306　360A　383　391　412A　415　733A　740A(存卷三)　741　852　852M　852R　922
33. 抄本　707　728A　738

34. 见南雅堂医书全集

35. 见陈修园医书十五、十六、十八、二十一、二十三、二十四、二十八、三十、三十二、三十六、四十、四十八、五十、七十种

01059/01436 **金匮悬解经方歌诀**八卷 1875

（清）钟文焕（霁帆）编

1. 清光绪十三年（1887）宜宾徐廷卫师德堂宜人精舍刻钟氏医书歌诀四种本 746A

2. 见钟氏医书歌诀四种

01060/01438 **金匮方歌**二卷 1880

（清）李蓉墀辑

1. 清抄本 412A

2. 见医学同源

01061/01437 **金匮方歌括**不分卷 ［1897］

（清）韩氏撰 韩鸿（印秋）校补

见韩氏医课

01062/01439 **金匮方歌**□□卷 ［1911］

著者佚名

抄本 139 590（一卷，题张仲景先生金匮方歌） 922

4 诊法

4.1 诊法通论

01063 **伤寒点点金书**一卷 ［1151］
01857 著者佚名　原题（宋）陈师文　石卜尼校正
明嘉靖抄本（附彩绘图）　139

01064 **察病指南**三卷 1241
01442 （宋）施发（政卿、桂堂）撰
1. 日本正保三年（1646）中野小左卫门刻本　3
2. 日本庆安二年（1649）林甚右卫门刻本　139　590
3. 日本刻本　1　7　TB
4. 抄本　572　579　590

01065 **识病捷法**十卷 1567
00000 （明）缪存济（慕松）编
1. 明万历十一年（1583）刻本　3　139　931
2. 明抄本　511

01066 **诊断治要**一卷 ［1581］
01444 原题（明）龚廷贤（子才、云林、悟真子）撰
抄本　901

01067 **诊翼**二卷 1600
01445 又名许培元诊翼
（明）许兆祯（培元）撰
1. 明万历盱水曹洪洲刻本　677A（书口题许培元诊翼）
2. 见医四书

01068 **四诊法**一卷 1609
01446 （明）张三锡（叔承、嗣泉）撰　王肯堂（宇泰、损庵、念西居士）校
见医学六要

01069 **四诊心传**不分卷 1630
01447 （明）王九达（日逵）撰
明崇祯三年（1630）刻本　2

01070 **医抄**一卷 ［1644］
00000 著者佚名
明抄本　590

01071 **诊法集成**三卷 1691
01448 （清）沈李龙（云将）编
抄本　651

01072 **四诊脉鉴大全**九卷 1693
01449 （清）王宏翰（惠源、浩然子）撰
清康熙三十三年（1694）体仁堂刻本　139　286

01073 **行医八事图**一卷 1695
01926 （清）丁雄飞（菡生）撰
1. 清康熙三十四年（1695）武林王晫天都张潮刻檀几丛书本　3　651　701　739　781　851　852　921
2. 抄本　3　139
3. 檀几丛书

01074 **诊视近纂**二卷 1697
01450 （清）陈治（三农）撰
见证治大还

01075 **四诊抉微**八卷 1723
01452 附管窥附余一卷
（清）林之翰（宪百、慎庵、苕东逸老）撰
1. 清雍正四年（1726）玉映堂刻本　1　2　3　139　152　186　203　277　279　280　308A　381　391　393　412A　412B　433A　475A　491　514A　529A　541　570　572　579　589　590　651　664　706　712　721　728B　731　733　734　737　746A　781　839A　852　921　926A　939
2. 清光绪二十六年（1900）稽阳主人石印本　541　677A
3. 清末近文堂刻本　461　491　514B　731　734　734A　737　917A
4. 清刻本　308A　412B　514A　734A　734B　738A　739　799A
5. 清上海广益书局石印本　301　443　728A　931

01076 01453 **(编辑)四诊心法要诀**二卷 1742
(清)吴谦(六吉)等撰
1. 清乾隆七年(1742)内府稿本 475A
2. 清李念慈抄本 541(附刺灸心法要诀)
3. 抄本 139 289 746A 931
4. 见(御纂)医宗金鉴

01077 01454 **诊视要诀**一卷 1809
(日)水走嘉言(孟彰)撰
日本文化九年(1812)平冈馆刻本 139

01078 01461 **医法征验录**二卷 [1818]
(清)李文庭撰 王名声(熙和)补注
清光绪二十年(1894)四川资州官廨刻本 3 139 289 308 412A 851 852 853

01079 01456 **医学辑要**四卷 1825
(清)吴燡(小珊)编
1. 清道光五年(1825)梓州方浦海陵刻本 3 279 435 734A
2. 清道光五年(1825)梓州方浦海陵刻十六年(1836)三槐堂印本 279 286
3. 清同治七年(1868)山阴陈照刻本 1 186 277 514A 572 590 651 677A 701 728A 831 907C
4. 清同治七年(1868)山阴陈照刻十三年(1874)鉴湖陈暭增刻本 541 733 734 738A
5. 抄本 139

01080 01457 **四诊歌括**一卷 [1833]
(清)万恩村(青藜)撰
1. 清光绪九年(1883)抄本 1
2. 抄本 2

01081 01458 **四诊集成**八卷 1835
(清)吕绍元(玉峰)编 张厚成(止山) 陈经国(南庐)订补
清道光二十年(1840)双遂堂刻本 590 728B

01082 01462 **医学辑要**八卷 1877
(清)谢甘澍(杏园、遯园)编
清光绪二十六年(1900)浒湾旧学山房刻本 289 570 590 664 728A

01083 01463 **临症辨似**一卷 1882
(清)凌旭(苏生)撰
清光绪八年(1882)吴兴凌旭自刻本 139 279 590 677A

01084 00000 **临症外辨**一卷 1891
(清)曾觉轩撰
清光绪十七年(1891)广州石经堂书局石印本 940 944

01085 01464 **医学心领**一卷 1892
著者佚名
清光绪十八年(1892)小墨仙馆抄本 139

01086 00000 **症色备要**一卷 1900
(清)罗得云撰
抄本 279

01087 01465 **诊断举要**不分卷 [1908]
著者佚名
抄本 139

01088 01466 **诊法丛抄**不分卷 1910
(清)清和堂辑
清宣统二年(1910)抄本 139

01089 01468 **四诊精义**一卷 [1910]
(清)姜勲阁撰
清抄本 1

01090 02646 **药书摘要**一卷 [1911]
(清)于冠三编
抄本 541

01091 01471 **医理撮要**一卷 [1911]
著者佚名
医隐庐抄本 139

01092 01472 **辨症**二卷 [1911]
著者佚名
清末抄本 590 931

01093 06979 **大方脉**一卷 [1911]
著者佚名
抄本 579

01094 00000 **诊略**一卷 [1911]
著者佚名
清抄本 286

01095 00000 **四诊约言**一卷 [1911]
著者佚名
清抄本 728A

4.2　诊法专论

4.2.1　望诊

01096 **望诊补**一卷　1869
01860 （清）连自华（书樵）撰
见连自华医书十五种

01097 **望诊遵经**二卷　1875
01861 （清）汪宏（广庵）撰
1. 清光绪元年（1875）求志堂刻本　21　139　279　412A　491　541　572　721　738B　746A
2. 见汪氏医学六种

01098 **形色外诊简摩**二卷　1894
01862 （清）周学海（澄之）编
1. 清宣统二年（1910）池阳周学海福慧双修馆刻周氏医学丛书本　139　366　529A　677A　706　732　736　739D　831　901　939　940
2. 见周氏医学丛书

01099 **看眼审症**一卷　1906
01931 著者佚名
抄本　139

4.2.2　舌诊

01100 **敖氏伤寒金镜录**一卷　1341
01864 又名伤寒舌诊、外伤金镜录、金镜录、三十六舌金镜录
（元）敖氏原撰　杜本（原父、清碧先生）增订
1. 明嘉靖三十八年（1559）北海尧岗马崇儒刻本　1　139　279　475A　541
2. 明崇祯元年（1628）朱明刻薛氏医案十六种本　734
3. 日本承应三年（1654）武村市兵卫刻薛氏医案十六种本　TA
4. 清康熙刻本　572
5. 清初抄绘本　572
6. 清乾隆二十九年（1764）钱塘王琦刻宝笏楼汇印医林指月本　1　590
7. 清道光十五年（1835）宏道堂刻本（题太医院御纂金镜录）　413　461　799　917A
8. 清道光十五年（1835）两仪堂刻本（题太医院御纂金镜录）　279　871
9. 清咸丰元年（1851）刻鷦鹩会约本（题敖氏金镜录验舌法）　541
10. 清咸丰六年（1856）顺德罗叶祥刻本　529A
11. 清光绪三年（1877）铜邑兴隆庄刻本（题明薛立斋润图）　289
12. 清光绪二十二年（1896）刻本　871
13. 清文林堂刻本（题御纂三十六舌金镜录）　289
14. 清刻本　152（题伤寒舌辨）　921（残）
15. 清抄本　139（题伤寒金镜录验舌法）　203　308A　529A　572（题伤寒金镜录验证舌法）　907C
16. 见薛氏医按十六种
17. 见摄生众妙方（版本附录）
18. 见医学集览
19. 见撰集伤寒世验精法（附录）
20. 见十竹斋刊袖珍本医书
21. 见医林指月
22. 见遵生集要
23. 见陈修园医书四十八种
24. 见陈修园医书七十种
25. 见鷦鹩会约（附录）

01101 **乾坤元脉录**一卷　［1578］
01933 （□）逍遥子口授　（释）智修撰
清槐荫书屋主人抄本　590

01102 **伤寒舌辨**二卷　［1604］
01865 （明）申拱辰（斗垣、子极）撰
1. 清抄本　590
2. 见伤寒三书合璧

01103 **修补伤寒金镜录辨舌世验精法**一卷　1620
00000 又名伤寒辨舌世验精法
（元）敖氏原撰　（明）张吾仁（春台）增补
1. 清抄本〔据康熙五年（1666）张于乔刻本抄〕　541
2. 见撰集伤寒世验精法（附录）

01104 **伤寒舌鉴**一卷　1665
01866 （清）张登（诞先）编
1. 清康熙七年（1668）长洲张登隽永堂自刻

本　1　3　139　308A　450A　461　476　491　734　746A　852　871　907B
2. 日本文化元年（1804）思得堂刻张氏医书七种本　3　529A　541　590　907C
3. 清嘉庆道光间桐乡张千里抄本　940
4. 清道光十二年（1832）芝庭抄本　931
5. 清康熙七年（1668）长洲张登隽永堂自刻同治九年（1870）上洋大魁桢记重修本　279　521　709　712　728　728A　917A
6. 清光绪三年（1877）维扬文富堂刻本　450　664　703　714　746A
7. 清光绪四年（1878）刻本　1　2　3　139　308A　433　450B　491　541　664　702　721　728A　733　735A　738A　740A　740B　799A　800　839A　896A　922　926A　940
8. 清光绪十一年（1885）校经山房刻本　270　412A　491　799　799A
9. 清光绪十一年（1885）校经山房刻扫叶山房印本　1　351　412A　433　461　511　529A　589　736A　746A　799A
10. 清光绪十二年（1886）锡山月琴阁刻本（据文富堂翻刻）　746A
11. 清光绪十三年（1887）古吴绿慎堂刻本　277　491　664　728A　839A
12. 清光绪二十年（1894）上海图书集成印书局铅印张氏医书七种本　363
13. 清光绪二十一年（1895）维扬聚盛堂刻本（据文富堂翻刻）　139
14. 日本文化元年（1804）思得堂刻清光绪二十五年（1899）浙江官书局杭州印张氏医书七种本　732　740B
15. 清光绪三十年（1904）扫叶山房重刻本　139　393　529A　590　746A
16. 清刻本　279　308A　395　570　733A　735　740B　854　931　939　943
17. 清抄本　1　139　381　412A　541（计文正抄本）
18. 抄本　139（题伤寒舌鉴歌诀）　277　391　529A　541（题白胎舌总论）　590　709（题白苔总论）　721　921　940
19. 见伤寒大成
20. 见张氏医书七种
21. 见环秀堂医书丛刻
22. 见伤寒论三注十七卷（版本附录）
23. 见四库全书
24. 见陈修园医书三十六、四十、五十种
25. 见中西医书六种

01105/01867 **三家舌辨**一卷　［1700］
原题（清）张璐（路玉、石顽老人）撰
抄本　289

01106/01868 **舌镜**二卷　1701
（清）王景韩（逊魏）撰
1. 清三省堂刻本　572
2. 清抄本　139　590
3. 抄本　277　736

01107/01869 **金镜伤寒验证舌法图说**一卷　［1722］
原题（元）敖氏撰　杜本（原父、清碧先生）增订　（明）薛已润图
1. 清初仁寿堂刻仁寿堂医书四种本　1
2. 见仁寿堂医书四种

01108/01870 **舌鉴图**一卷　1741
又名舌鉴总论、舌苔图说
（清）徐大椿（灵胎、洄溪老人）撰
1. 见徐灵胎医略六书
2. 见徐灵胎医书三十二种
3. 见徐灵胎医学全书

01109/01871 **临症验舌新法**二卷　1745
（清）杨乘六（以行、云峰、潜村）撰
清乾隆十年（1745）刻本　738A

01110/01872 **舌辨要略**不分卷　1751
（清）葛骏（集生）辑
清乾隆十六年（1751）葛骏抄本　590

01111/01875 **活人心法诊舌镜**六卷　［1778］
（清）刘鉴（以仁、以人）撰
清光绪二十八年（1902）贯月堂刻本　572

01112/01873 **伤寒辨舌秘录**一卷　1789
附三十六舌歌诀一卷
（清）王苏门（兰亭）编
1. 清道光六年（1826）聚奎堂刻本　738B　746
2. 清光绪十五年（1889）影抄本　734

01113/01874 **伤寒玉液辨舌色法**一卷　1830
（清）叶氏撰
清道光十年（1830）叶氏白豸山房稿本　590（附舌图192幅）

01114 01876 **三十六舌歌**一卷　1840
附药性要考一卷
（清）辛廷钥撰
抄本　901

01115 01878 **叶天士先生辨舌广验**一卷　［1855］
附九龙虫治病方一卷
原题（清）叶桂（天士、香岩、南阳先生）撰
清咸丰五年（1855）抄本　1

01116 01879 **舌鉴新书**不分卷　1866
（清）詹恩（少卿）辑
清同治五年（1866）詹恩抄本　590

01117 01880 **舌图辨证**一卷　1877
（清）张子襄原撰　何愚　朱龢编
1. 清光绪三年（1877）寄隐轩刻本　1　277　433A　541　590　721
2. 清抄本　308A

01118 01882 **真传察伤寒舌苔图论**一卷　［1877］
著者佚名
抄本　541

01119 01898 **伤寒观舌法**一卷　1892
又名伤寒观舌心法
（清）马文植（培之）撰
清抄本　1

01120 01883 **舌鉴辨正**二卷　1894
（清）梁玉瑜（特岩）撰　陶保廉（拙存）录
1. 清光绪二十三年（1897）兰州固本堂书局刻本　139　185　203　251　277（残）　590　709　734A　735　851　940
2. 清光绪三十一年（1905）云南高等学堂铅印本　139　279　361　901　907B
3. 清光绪三十二年（1906）上海石印本　277　590　734A
4. 抄本　433A　529A

01121 01919 **论舌**一卷　1895
（元）杜本（原父、清碧先生）　（清）张三锡（叔承、嗣泉）等原撰　张峻豫辑
清光绪二十一年（1895）抄本　709

01122 01884 **舌诊**一卷　1896
著者佚名
清光绪二十二年（1896）抄本　139

01123 01885 **伤寒舌**不分卷　1896
（清）周镜湖编
清光绪二十二年（1896）抄本　738

01124 01887 **舌苔歌**一卷　1906
（清）方仁渊（耕霞、倚云、思梅）编
清光绪三十四年（1908）常熟方亦政堂刻本　139　476　546　651

01125 01889 **舌胎辨讹**二卷　［1910］
著者佚名
清抄本　1

01126 01890 **舌辨三十六种**一卷　［1910］
著者佚名
抄本　139

01127 01891 **伤寒验症三十六种活法捷要**一卷　［1911］
著者佚名
清抄本　139

01128 00000 **殷氏验证舌法**一卷　［1911］
著者佚名
见伤寒证方条辨（附录）

01129 00000 **殷氏验证舌法**一卷　［1911］
著者佚名
见伤寒证方条辨（附录）

01130 01893 **伤寒热症看舌心法**一卷　［1911］
著者佚名
清末抄本　701

01131 01895 **舌苔条辨**不分卷　［1911］
杨三辰编
抄本　664

01132 05866 **医学心传**不分卷　［1911］
著者佚名
抄本　731

01133 01899 **舌苔赋**一卷　［1911］
（清）吴贞（坤安）　张登（诞先）原撰　严燮（兼三、武林遁叟）辑
清抄本　570

01134 00000 **舌鉴十三方**一卷　［1911］
著者佚名
清抄本　1

4.2.3　脉诊

4.2.3.1　脉经

01135 01525 **脉经**十卷　［280］
又名脉经真本、王叔和脉经、王氏脉经
（晋）王熙（叔和）撰

1. 元天历三年（1330）广勤书堂刻本（题新刊王氏脉经） 1（有补配）
2. 明成化十年（1474）苏州毕玉刻本 1（清·叶德辉跋） 462 541
3. 明正德十三年（1518）建阳刘洪慎独斋刻本（十卷首一卷） 831（存卷首、卷一至七）
4. 明嘉靖赵康王朱厚煜居敬堂刻本（题王氏脉经） 1 7 139（残） 251 383 541 732（存卷一至三） 799 800 831 851 TD
5. 明嘉靖影刻本（据宋嘉定何大任刻本） 1 TB
6. 明万历三年（1575）晋安袁表刻本 1 7 139（残） 202 476 541 590 664 677A 701 721 733
7. 明万历五年（1577）书林童文举吴兴书舍刻本 1 202 707 907C TB
8. 明万历二十九年（1601）新安吴勉学刻步月楼印古今医统正脉全书本 1 7 139（残） 251 286 301 381 412A 461 476 491 511 570 590（残） 651 721 738A 939 TA
9. 明万历二十九年（1601）新安吴勉学刻五车楼印本 139
10. 明天启四年（1624）海虞缪希雍金坛刻本（附人元脉影归指图说二卷） 1 7 139 289 412B 475A 541
11. 明崇祯鹿城沈际飞刻本（附人元脉影归指图说二卷） 7 139 476 541 590 701 707 TB
12. 明刻本 301（残） 851
13. 明末刻清顺治三年（1646）周南李际期宛委山堂续刻汇印说郛本 739
14. 日本庆安三年（1650）村上平乐寺刻本（附人元脉影归指图说二卷） 139 738B 831
15. 日本元禄十三年（1700）刻本 421
16. 清嘉庆十七年（1812）会稽沈礼意刻本 385A 475A 491 529A 743（存卷一至四、八） 851 852
17. 清嘉庆二十五年（1820）洪洞刘杰凤克复堂刻本 139
18. 清道光十三年（1833）侯官朱锡穀蜀中怡山馆刻本 1 3 7 139 251 450 475A 529B 721 738B 831 871 917A
19. 清道光二十三年（1843）嘉定黄铉西溪草庐刻本 1 139 140 202 277 279 288 289 301 412A 475A 511 541 713 734 741 926A 940
20. 清道光二十四年（1844）金山钱熙祚刻守山阁丛书本 251 311 461 707 739 781 851 901
21. 清道光二十五年（1845）安康张鹏飞来鹿堂刻本 361 734A 735
22. 清道光二十九年（1849）奉新廖积性刻本 203 251 289 391 461 475A 529 529A 709 732 738 741 742A 746A 852 939
23. 清咸丰七年（1857）泾阳张柯刻本（题脉经真本十卷首一卷） 21 139 361 401 412A 412B 418 514A 738
24. 清同治元年（1862）郫县姜国伊紫东阁刻本 139A 728A 853
25. 清光绪十五年（1889）上海鸿文书局石印本 702 741
26. 清光绪十六年（1890）蜀中何敷五刻本（题叔和脉经真本） 139 491 651 728A 738A 781 851 852 856 891 901
27. 清光绪十七年（1891）池阳周学海刻周氏医学丛书本 1 139 186 202 251 252 270 279 280 288 289 301 396 401 475A 491 514B 521 529A 541 570 590 651 664 677A 706 707 709 715 721 728B 737 738A 746A 781 852 854 907C 940
28. 清光绪十七年（1891）汀州张介祉励志斋刻本 491 651 728 734 737
29. 清光绪十七年（1891）菁华阁刻本（附脉诀刊误集解二卷附录二卷） 381 412A 852 931 940 XD
30. 清光绪十九年（1893）宜都杨守敬景苏园影宋刻本 1 7 21 139 186 202 203 204 251 279 280 289 361 364 381 382 391 421 491 514A 529A（残） 541 542 570 572 579

590　651　664　716　721　731　738　741　746A　781　782　799　831　851　852　852C　907C　917A　926A　939　TB　XE

31. 清光绪二十年(1894)上海图书集成印书局铅印本　139　279　289　301　491　572　701　707　738

32. 清光绪二十二年(1896)新化三味堂刻本　1　140　202　361　385　521　529A　546　590　651　739A　791　799A　831　907C　926A

33. 清光绪二十七年(1901)抄本　461

34. 清光绪三十一年(1905)长沙徐德立橘隐园刻本　1　2　139　186　202　286　361　385　401　412B　475A　579　651　712　738　738B　831　839　852　891　940

35. 清光绪十八年(1892)浙江书局刻三十三年(1907)京师医局递修古今医统正脉全书本　139　491　738A

36. 清宣统元年(1909)借月山房刻本　289　361　491　529A　715　850A　852　854　907C

37. 清刻本　2　7　401　708　709　732　733A　736A　852(存卷一、七至十)　873　XE

38. 清抄本　139　365　741　TA(影抄宋嘉定刊小字本,清·韩应陛跋)

39. 抄本　381　412A(缺卷一至七)　514A(附人元脉影归指图说二卷)　521　572　731　736　TB(影抄宋嘉定何大任刻本)

40. 日本抄本　TB〔影抄明成化十年(1474)苏州毕玉刻本〕

41. 见说郛(一百二十卷本)

42. 见医学六经

43. 见古今医统正脉全书

44. 见宛委别藏

45. 见守山阁丛书

46. 见姜氏医学丛书

47. 见周氏医学丛书

48. 见守中正斋丛书

49. 见石室丛抄医书十七种

01136/01526 **脉经辑要**一卷附图一卷　［1609］
(明)张三锡(叔承、嗣泉)辑
清毛绥寿抄本　541

4.2.3.2　脉诀

01137/01529 **脉诀**一卷　［280］
又名王叔和脉诀
原题(晋)王熙(叔和)撰　(刘宋)高阳生撰
1. 明初刻本　TA
2. 清末抄本　743
3. 见体仁汇编
4. 见医要集览

01138/01530 **脉赋**一卷　［907］
原题(晋)王熙(叔和)撰
见医要集览

01139/01531 **(新刊通真子)补注王叔和脉诀**一卷　1090
(新刊补注通真子)脉要秘括一卷
原题(晋)王熙(叔和)撰　(宋)刘元宾(子仪、通真子)补注
1. 明万历六年(1578)金溪唐氏富春堂刻本　1
2. 日本抄本　TB(日·四仓玄豹校)

01140/01532 **脉法微旨**一卷　［1142］
著者佚名
1. 见紫虚崔真人脉诀秘旨(附录)
2. 见脉书八种

01141/01533 **紫虚崔真人脉诀秘旨**一卷　［1190］
附玄白子西原正派脉诀一卷、玄白子相类脉诀一卷、玄白子诊脉八段锦一卷、脉法微旨一卷、严三点脉法一卷
(宋)崔嘉彦(希范、子虚、紫虚真人)撰
(元)张道中(玄白子)纂集
1. 明嘉靖三十七年(1558)汝南周子抄本(卷末题脉法捷要)　139
2. 清末金华县衙刻本　856
3. 见脉书八种

01142/01535 **云岐子七表八里九道脉诀论并治法**一卷　［1237］
(金)张元素(洁古)注　张璧(云岐子)述
1. 见济生拔粹
2. 见东垣十书(曹灼辑)

01143/01536 **刘三点脉诀**一卷　1241
又名脉诀理玄秘要
(宋)刘开(立之、三点、复真先生)撰
1. 清乾隆二十八年(1763)王鸿溪抄本　139

2. 见医要集览

01144 / 01537 **玄白子西原正派脉诀**一卷 1330

又名脉诀、崔真人脉诀、东垣脉诀

（元）张道中（玄白子）撰 原题（宋）崔嘉彦（希范、子虚、紫虚真人）撰

1. 清刻本 939
2. 抄本 139（题东垣脉诀） 393 412B 433 529A 572（附药要便蒙新编） 831 931
3. 见紫虚崔真人脉诀秘旨（附录）
4. 见东垣十书
5. 见寿养丛书选抄三种
6. 见古今医统正脉全书
7. 见脉书八种

01145 / 01538 **玄白子相类脉诀**一卷 ［1330］

（元）张道中（玄白子）撰

1. 见紫虚崔真人脉诀秘旨（附录）
2. 见脉书八种

01146 / 01539 **脉诀刊误集解**二卷附录二卷 1333

又名脉诀刊误

（元）戴起宗（同父）原撰 朱升（允升、枫林）辑 （明）汪机（省之、石山居士）补订

1. 明嘉靖元年（1522）吴躲刻本 1 852（存卷二、附录一卷）
2. 明万历二十四年（1596）刻本 511 590
3. 明崇祯六年（1633）祁门朴墅汪邦铎刻本 139 289 529 541 572 721 741 799A 831 871 907B 917A TA
4. 明崇祯六年（1633）祁门朴墅汪邦铎刻十四年（1641）印本 2 721
5. 日本宽永十九年（1642）刻本 590
6. 清道光十九年（1839）金山钱熙祚刻守山阁丛书本 279
7. 清光绪十七年（1891）池阳周学海刻周氏医学丛书本 2 139 185 202 270 279 289 308A 412B 476（残） 491 514A 521 529 529A 570 572 590 664（存卷上） 708 709 721 728A 734 739D 839A 896A XE
8. 清光绪二十年（1894）上海图书集成印书局铅印本 139 152 289 491 572 701 728A 737 738
9. 清光绪二十二年（1896）汀州张介祉励志斋刻本 204 366 491 651 728A 734 737
10. 清宣统元年（1909）借月山房刻本 289 412A 435 491 529A 570 852 856 873 907C
11. 日本刻本（题脉诀刊误抄） 139
12. 见汪石山医书
13. 见医学集览
14. 见四库全书
15. 见守山阁丛书
16. 见周氏医学丛书
17. 见脉经（版本附录）

01147 / 01540 **脉诀指掌病式图说**一卷 ［1347］

又名丹溪重修脉诀、丹溪脉诀、脉诀指掌图说、脉诀指掌

原题（元）朱震亨（彦修、丹溪）撰

1. 明嘉靖八年（1529）章拯抄本（题重修脉诀指掌病式图说） 1
2. 明嘉靖刻本（题重修脉诀指掌病式图说） 541（残）
3. 明万历二十九年（1601）新安吴勉学刻古今医统正脉全书本（题新刻校定脉诀指掌病式图说） 1（附脉诀一卷） 139 476 TA
4. 清嘉庆尚德堂刻丹溪心法附余六种本 590
5. 清慎修堂刻丹溪心法附余六种本 288
6. 清光绪十八年（1892）浙江书局刻三十三年（1907）京师医局重修古今医统正脉全书本 1
7. 清二酉堂刻丹溪心法附余六种本 277（残） 433A 529A 740B 741
8. 清宏德堂刻丹溪心法附余六种本 412A 570（附医学发明一卷） 740B
9. 清刻本 412B 735
10. 清抄本 139 361（题丹溪脉诀）
11. 见丹溪心法附余六种（吴中珩辑）
12. 见古今医统正脉全书
13. 见丹溪全书十种

01148 / 01541 **纂图方论脉诀集成**四卷 1349

著者佚名

1. 元至正九年（1349）庐陵竹坪书堂刻本 TD

2. 明万历四十年(1612)朝鲜内医院刻本　139

01149 **(新刊)校正王叔和脉诀**四卷　1437
01542 又名(新刊)勿听子俗解脉诀大全、(新刊)校正图注指南王叔和脉诀、图注王叔和脉诀难经、图解王叔和脉诀大全
原题(晋)王熙(叔和)撰　(明)熊宗立(道轩、勿听子)注解
1. 明隆庆元年(1567)四仁堂刻本　462
2. 明万历闽建书林熊冲宇种德堂刻本　1　TA
3. 明刻本　541(题新刻吴氏家传增补图解王叔和脉诀大全,存卷一至三)
4. 明刻清聚文堂张心所重修本(卷端题重刻王叔和脉诀提要秘诀前集二卷、扉页题脉诀难经)　541
5. 清抄本　701　939

01150 **(新刊)王叔和脉诀图**一卷　1437
00000 **(新刊)勿听子俗解脉诀**六卷
原题(晋)王熙(叔和)撰　(明)熊宗立(道轩、勿听子)注
明嘉靖九年(1530)集义书堂刻本　TB

01151 **图注脉诀辨真**四卷附方一卷　1510
01543 又名图注王叔和脉诀、图注王叔和脉诀琮璜、图注叔和脉诀辨真、图注脉诀
(明)张世贤(天成、静斋)注
1. 明正德五年(1510)刻本　491　514A　738B
2. 明嘉靖吴门沈氏碧梧亭刻本　1　139　203　363　651　TA
3. 明刻本　1　2　203　412A　529A　541(题锓图注王叔和脉诀琮璜五卷)　590(清·蒋宝素批校)　721　799A
4. 明末刻清初印本　491
5. 清康熙还读斋刻本　412A
6. 清康熙三十二年(1693)爱日堂刻本　280
7. 清乾隆四十五年(1780)柳碧梧斋刻本　491
8. 清嘉庆七年(1802)经国堂刻图注难经脉诀八卷本　360B
9. 清嘉庆二十一年(1816)刻本　139A　369
10. 清道光三年(1823)崇顺堂刻图注难经脉诀八卷本　366
11. 清咸丰八年(1858)无锡日升山房刻图注难经脉诀八卷本　433
12. 清同治六年(1867)蜀北果城海清楼刻本　529A
13. 清光绪元年(1875)郭照铁如意室抄本(三卷)　651
14. 清光绪九年(1883)宝兴堂刻图注难经脉诀八卷本　912
15. 清光绪十五年(1889)京都泰山堂刻图注难经脉诀八卷本　281A
16. 清光绪二十二年(1896)冯氏三义堂刻图注难经脉诀八卷本　8
17. 清光绪二十二年(1896)上海著易堂石印本(附濒湖脉学一卷奇经八脉考一卷)　364A　541
18. 清光绪三十一年(1905)上海日新书庄石印图注难经脉诀八卷本　590　831
19. 清光绪三十一年(1905)扫叶山房刻图注难经脉诀八卷本　139　381　475A　491　541　590　651　677A　728A　736B
20. 清光绪三十三年(1907)周村益友堂刻本　302
21. 清宣统三年(1911)书业德记刻图注难经脉诀八卷本　381　831
22. 清善成堂木活字印本　287　288　361　731
23. 清宏道堂刻本　139　737　783　852S
24. 清怀初堂抄本　1
25. 清三元堂刻图注难经脉诀八卷本　590　739A
26. 清浙江亦西斋刻图注难经脉诀八卷本　738A　799A
27. 清金阊桐石山房刻图注难经脉诀八卷本　590
28. 清古吴仁济堂刻本　590(残)
29. 清文华堂刻本　740(残)　907C
30. 清刻本　2　139　279　289　304　308A　360B　361　364A　366　368　381　411　414　418　465　493　529　541　579　590　665　708　712　716　735　736(存附方)　736B　740A　740B　740J　741　799　852A　896A　912　943

31. 见图注难经脉诀八卷

01152 01544 **四言举要**一卷 ［1515］
原题（宋）崔嘉彦（希范、子虚、紫虚真人）撰（明）李言闻（子郁、月池子）删补
1. 清光绪十四年（1888）南京李光明庄刻医门初学万金一统要诀分类本 541
2. 清光绪三十年（1904）宝庆隆祥书社刻劝学书社印医门初学万金一统要诀分类本 361 443 839A
3. 清刻本 436
4. 清末抄本 734A
5. 修竹堂抄本 746A
6. 宋福臣抄本 139
7. 抄本 709 738A 901 931
8. 见牖蒙丛编
9. 见脉学本草医方全书
10. 见医门初学万金一统要诀分类
11. 见本草纲目（版本附录）
12. 见医宗备要
13. 见曾氏医书四种

01153 01545 **脉诀考证**一卷 1564
（明）李时珍（东璧、濒湖）撰
1. 清康熙芥子园刻本 728A
2. 清刻本 289（附奇经八脉考一卷）
3. 抄本 514A
4. 见濒湖脉学奇经八脉考脉诀考证
5. 见本草纲目（版本附录）
6. 见莫氏锦囊十二种
7. 见医方全书五种
8. 见脉学本草医方全书

01154 01546 **（新刊）四海同春**二卷 1597
（明）朱栋隆（子吉、春海、瓶城子）撰
1. 明万历二十五年（1597）刻本 590
2. 抄本 901

01155 01547 **王氏秘传叔和图注释义脉诀评林捷径统宗**八卷 1599
（明）王文洁（冰鉴、抚东无为子）撰
1. 明万历二十七年（1599）闽建书林刘朝琯安正堂刻合并脉诀难经太素评林本 3 541 TB
2. 日本刻合并脉诀难经太素评林本 7
3. 见合并脉诀难经太素评林

01156 01548 **脉赋训解**一卷 1603
原题（宋）刘元宾（子仪、通真子）撰 （明）刘浴德（肖斋、子新、壶隐子）训解
1. 抄本 475A
2. 见壶隐子医书四种
3. 见脉学三书

01157 01549 **壶隐子应手录**一卷 1603
（明）刘浴德（肖斋、子新、壶隐子）撰
1. 见壶隐子医书四种
2. 见脉学三书

01158 13029 **脉诀汇编说统**一卷 1628
经络汇编一卷
（明）翟良（玉华）编
1. 清康熙六年（1667）刻老二酉堂增刻本 139 251 279 280 514A
2. 见翟氏医书五种汇刻

01159 01550 **脉诀汇编说统**一卷附录二卷 1628
（明）翟良（玉华）撰
1. 清顺治十四年（1657）益都孙廷铨刻翟氏医书五种汇刻本 1 302
2. 清康熙六年（1667）刻本 1 277
3. 清康熙六年（1667）刻天绘阁印本 385
4. 清康熙六年（1667）刻老二酉堂增刻本 2 3 139 186 270 279 385
5. 见脉诀汇编说统经络汇编合刻
6. 见翟氏医书五种汇刻

01160 01551 **脉诀炬灯**二卷 ［1630］
（明）顾逢伯（君升、友七散人）撰
抄本 186（存卷下）

01161 01552 **增补王叔和脉诀图注定本**一卷 ［1631］
原题（晋）王熙（叔和）原撰 （明）童养学（壮吾）图注
1. 明崇祯四年（1631）三台宫刻本 541
2. 见图注八十一难经定本增补王叔和脉诀图注定本

01162 01553 **医灯续焰**二十一卷 1650
又名崔真人脉诀详解
原题（宋）崔嘉彦（希范、子虚、紫虚真人）原撰 （明）李言闻（子郁、月池子）删补（清）潘楫（硕甫、邓林）增注
1. 清顺治九年（1652）陆地舟刻本 1 2 139 139A 251 270 279 286 412A 514A 541 570 572 590 651 664

677A 721 731 734 734A 738 738B 871 939
2. 清抄本 361 391 412B 701

01163
01554
脉诀汇辨十卷 1662
(清)李延昰(辰山、期叔)撰
1. 清康熙五年(1666)赵郡李延昰刻本 2 3 139 139A 152 251 277 279 286 361 391 461 475A 491 522 529A 570 572 579 590 590(残) 651 664 677A 712 721 734A(存卷一、二) 738A 738B 740D 741 746A 851 907C 940
2. 抄本 738B

01164
00000
脉诀一卷 1663
原题(宋)崔嘉彦(希范、子虚、紫虚真人)撰 (明)李言闻(子郁、月池子)删补 (清)潘邓林注 张志聪(隐庵)删订
见医学要诀

01165
00000
名心合参六卷 1684
又名合参心朗
(清)郎嵘(冲霄、心朗)撰
1. 清康熙二十三年(1684)山东莱州府潍县郎嵘稿本 308A
2. 清道光八年(1828)山东郎迁若抄本 279

01166
01556
脉学入门四言举要一卷 1686
原题(宋)崔嘉彦(希范、子虚、紫虚真人)撰 (明)李言闻(子郁、月池子)删补 (清)莫熺(丹子、皋亭)注
1. 清顺治康熙间刻乾隆六年(1741)武林莫熺汇印莫氏锦囊十二种本 286
2. 见莫氏锦囊十二种

01167
01557
脉旨四言举要注一卷 [1686]
原题(宋)崔嘉彦(希范、子虚、紫虚真人)撰 (明)李言闻(子郁、月池子)删补 (清)朱天壁(蓬庵)校注
清康熙四十五年(1706)刻本 590

01168
01558
(洞垣全书)脉诀阐微一卷 [1687]
又名鬼真君脉诀
(清)陈士铎(敬之、远公、朱华子、大雅堂主人)撰
1. 清雍正三年(1725)广宁年希尧刻乾隆十三年(1748)喻义堂重修本 541
2. 抄本 514A 851 907C
3. 见辨证录(附录)

01169
01560
删注脉诀规正二卷 1693
(清)沈镜(薇垣、中和主人)删注
1. 清康熙三十二年(1693)刻本 139 270 286 361 412B 431 511 541 728A 731 738A 911
2. 清康熙三十二年(1693)鼎翰楼刻图注难经脉诀六卷本 651 831
3. 清乾隆四十九年(1784)桂月楼刻本 783
4. 清嘉庆十年(1805)英德堂刻本 21 737 852
5. 清道光二十七年(1847)宏道堂刻图注难经脉诀六卷本 1 351 401(存卷下) 491 799A 852 907C
6. 清道光善成堂刻图注难经脉诀六卷本 279 352 362 514A 852P 856 907B
7. 清咸丰七年(1857)经纶堂刻图注难经脉诀六卷本 139 279 475A 570 664 707 734 746A 831 852 921 931
8. 清咸丰十一年(1861)英德堂重刻本 21
9. 清同治五年(1866)姑苏全茂堂刻图注难经脉诀六卷本 858 907C
10. 清光绪二年(1876)通州西山堂刻图注难经脉诀六卷本 664
11. 清光绪二年(1876)文兴堂刻本 852 852C
12. 清光绪八年(1882)儒兴堂刻图注难经脉诀六卷本 412A 475A 746A 850
13. 清光绪十七年(1891)金溪三让堂刻图注难经脉诀六卷本 203 360B 391 529A 664 734 839A
14. 清光绪十八年(1892)宝庆经世书局刻图注难经脉诀六卷本 922
15. 清光绪十八年(1892)宝庆务本书局刻图注难经脉诀六卷本 412A
16. 清光绪二十年(1894)澹雅书局刻本 541 737A 746A 799A 921
17. 清光绪二十年(1894)益元书局刻图注难经脉诀六卷本 401(存卷上) 412A 421 712
18. 清光绪二十年(1894)维新书局刻图注难经脉诀六卷本 203 308 541 852G 907B 940

19. 清光绪三十年（1904）文林堂刻本 431（存卷一）
20. 清宣统元年（1909）成都同文公会刻图注难经脉诀六卷本 21 139 202 412A 412B 435 491 664 746A 799A 839A 853 854 855 871 907C
21. 清宣统元年（1909）仁记书局刻图注难经脉诀六卷本 381 831
22. 清大文堂刻图注经脉诀本 8 308A 361 529 546 572 590 721 731 741 799 799A
23. 清小西山房刻图注难经脉诀六卷本 4 308A 529A 541 590 651 664 738A 738E 740（存卷一） 740B
24. 清两仪堂刻图注难经脉诀六卷本 279 385 733
25. 清起凤堂刻图注难经脉诀六卷本 907C
26. 清海清楼刻图注难经脉诀六卷本 308A
27. 清聚盛堂刻图注难经脉诀六卷本 381 590 852
28. 清明德堂刻图注难经脉诀六卷本 450B 529A
29. 清经国堂刻本 351
30. 清文奎堂刻本 677A
31. 清贵文堂刻本 491
32. 清永顺堂刻本 401
33. 清巴川奎元堂刻本 907C
34. 清文光堂刻本 940
35. 清友于堂刻本 852P
36. 清世顺堂刻本 412A
37. 清聚奎堂刻本 783
38. 清致盛堂刻本 412B 907C
39. 清复真堂刻本 362
40. 清文贤堂刻本 385B
41. 清西山堂刻本 475A 529A 664 702 706
42. 清青藜阁刻本 393
43. 清刻本 21 139 152 202 252 270 277 279 308A 351 363 383 391 398 401 409 443 475A 491 514A 514B 541 664 701 721 728A 733 734A 735A（存卷二） 738A 743 831 852R 856 891（存卷一）
44. 抄本 289 590
45. 见图注难经脉诀六卷

01170 / 01561 **脉诀纂要**一卷 ［1694］
（清）冯兆张（楚瞻）撰
1. 清抄本 746A
2. 见冯氏锦囊秘录

01171 / 01562 **脉诀宗机**一卷 1696
（清）汪启贤（肇开） 汪启圣（希贤）撰 汪大年（自培）增补
见济世全书

01172 / 01555 **脉诀四言举要**二卷 1701
原题（宋）崔嘉彦（希范、子虚、紫虚真人）撰 （清）王道纯注
见本草品汇精要本草品汇精要续集（版本附录）

01173 / 01563 **脉诀筌蹄**不分卷 1710
（清）吴甡（鹿友、紫庵、时乘）撰
清康熙五十五年（1716）可继堂刻本 139 589 738A

01174 / 01564 **脉诀阶梯选要**一卷 1720
（清）邵柏（鹤年、柳溪逸夫）编
清康熙五十九年（1720）抄本 746A

01175 / 01565 **脉诀秘鉴**一卷 ［1735］
（清）郭大铭（书台）撰
清雍正十三年（1735）凝和堂刻本 651

01176 / 01566 **脉诀合参**一卷 1737
著者佚名
清抄本 921

01177 / 01567 **脉诀总论**一卷 1745
著者佚名
1. 清乾隆十二年（1747）语溪王凤岐抄本 529A
2. 抄本 651

01178 / 01568 **脉诀启悟注释**一卷 1764
又名脉诀启悟
附经络诊视图
原题（清）徐大椿（灵胎、洄溪老人）撰
1. 见徐灵胎医略六书
2. 见徐灵胎医学全书
3. 见徐灵胎医书三十二种

01179 / 01570 **脉诀引方论证**一卷 ［1794］
（清）王丙（绳林、绳孙、朴庄）撰
清末方山公抄本 1

01180 01571 **脉诀提要**二卷 ［1795］
附药性赋四卷
著者佚名
清乾隆抄本 301

01181 01573 **脉诀元微**一卷 ［1804］
（宋）刘开（立之、三点、复真先生）原撰 （清）许嗣灿（省晨）编
见叶氏四种

01182 01574 **新著四言脉诀**一卷 1830
原题（明）李中梓（士材、念莪、尽凡居士）撰
1. 清光绪二十一年（1895）奉新许氏刻本 139
2. 见脉诀舌苔药性三种汇集

01183 01575 **四言脉诀**一卷 ［1837］
药性赋一卷
（清）何其伟（韦人、书田、竹竿山人）撰
清抄本 139

01184 01576 **易简集增删四言脉诀**一卷 1842
又名四言脉诀
（清）倪汉梁（石泉）编
1. 清道光二十六年（1846）恒春堂刻本 907C
2. 清抄本 434 738A

01185 00000 **增补脉诀**一卷 1844
（清）廖云溪撰
1. 清光绪六年（1880）刻本 850
2. 清光绪十三年（1887）兴发堂刻医学五则本 852S
3. 见医学五则

01186 01572 **脉诀真传**一卷 ［1844］
（清）王世钟（小溪）原撰 佚名辑抄
清抄本 590（节抄《家藏蒙筌》）

01187 01602 **脉诀条辨**二卷 1848
（清）夏政（秉钧、拙斋）撰
清冯仁俗抄本 572

01188 01577 **脉诀汇参**一卷 1850
著者佚名
清道光三十年（1850）抱灵居士抄本 139

01189 01578 **脉诀汇纂**二卷 1863
（清）屠道和（燮臣）撰
1. 清同治二年（1863）湖北育德堂刻医学六种本 139 541 728A（残） 738 738B
2. 见医学六种

01190 01579 **脉诀订真**一卷 1866
（清）连自华（书樵）辑
见连自华医书十五种

01191 01580 **朱氏脉诀**一卷 1874
（清）朱铭石（阁书）撰
清抄本 701

01192 01601 **辨难大成脉诀附摭余录**不分卷 1881
（清）庞志先（继轩）编
清光绪七年（1881）谢名杰抄本 21

01193 01581 **（新增）脉诀图象**四卷 1888
（清）黄鉴定撰
清光绪十四年（1888）豫章过念良刻本 590 738B

01194 01582 **脉诀乳海**六卷 1891
（清）王邦傅撰 叶霖（子雨、石林医隐、石林旧隐、鹤轩）参订
抄本 185 572

01195 01583 **四言脉法全书**一卷 1900
著者佚名
清抄本 139

01196 01584 **脉诀杂录**不分卷 1904
著者佚名
清光绪三十年（1904）冯会昌抄本 139

01197 01585 **持脉大法**一卷 1909
（清）张节（心在、梦畹）撰
见张氏医参

01198 01586 **脉诀采真**三卷 1909
（清）王鸿骥（翔鹤）编
1. 清宣统二年（1910）成都闲存斋刻利溥集本 491 590（残） 852B 907C
2. 见利溥集

01199 01587 **脉经歌括**不分卷 1909
著者佚名
清宣统三年（1911）抄本 139

01200 01588 **脉诀须知**一卷 1910
著者佚名
清宣统二年（1910）抄本 907C

01201 13061 **脉诀要览**一卷 ［1910］
药性要览一卷
著者佚名
抄本 139

01202 01591 **脉诊歌诀**一卷 ［1910］
著者佚名

抄本 139

01203/01592 **脉诀真传**一卷 ［1910］
著者佚名
清刻本 901

01204/01593 **脉诀**□□卷 ［1910］
著者佚名
1. 清晓墀抄本 651
2. 清绳庵抄本 1
3. 清抄本 701
4. 抄本 529A 541（节抄《四诊心法要诀》《濒湖脉学》《四言脉诀》） 931（附伤寒治例）

01205/01595 **脉诀图证汇参**一卷 ［1910］
（清）钟石顽（更叟）编
见石室丛抄医书十九种

01206/00000 **脉诀言**一卷 ［1911］
痘疹要诀一卷
小儿百病要方一卷
辑者佚名
清玉轩氏抄本 734A

01207/01597 **刘三点脉诀**一卷 ［1911］
（宋）刘开（立之、三点、复真先生）原撰 （清）范歆删定
清抄本 731

01208/01598 **蒋紫贞先生脉诀**一卷 ［1911］
（清）蒋理正撰
赵舒安存存斋抄本 139

01209/01599 **删补脉诀**一卷 ［1911］
著者佚名
抄本 139

01210/01600 **新著四言脉诀**一卷 ［1911］
著者佚名
抄本 139

01211/01603 **脉诀入门**一卷 ［1911］
著者佚名
见十二经分寸歌（附录）

01212/01604 **脉诀歌括**一卷 ［1911］
（清）黄序（六苍、鹊溪）原撰 马觉编
清湄阳马应奎抄本 709

01213/01606 **脉要歌诀**一卷 ［1911］
著者佚名
抄本 277

01214/01607 **家秘脉诀**一卷 ［1911］
（清）张佐臣撰
清抄本 570

01215/00000 **丹溪脉诀**一卷 ［1911］
（元）朱震亨（彦修、丹溪）撰
清末抄本 743

01216/00000 **脉诀集论**一卷 ［1911］
著者佚名
清抄本 203

01217/00000 **脉诀汇编**一卷 ［1911］
著者佚名
清抄本 308A

01218/00000 **脉诀秘录**一卷 ［1911］
著者佚名
清抄本 728A

4.2.3.3 诸家脉学

01219/01633 **脉粹**一卷 1066
（宋）萧世基（处厚）撰
1. 抄本 139
2. 日本永正五年（1508）抄本 TB（清·杨守敬跋）

01220/01634 **玉函经**三卷 ［1260］
又名广成先生玉函经
原题（五代）杜光庭（圣宾、东瀛子、广成先生）撰 （宋）黎民寿（景仁、水月）注
1. 元刻本（一卷） 1（清·黄丕烈、瞿启甲跋） TB
2. 清顺治四年（1647）程林居易斋刻本（题宋崔嘉彦注） 1 139 204 279
3. 清光绪二年（1876）南陵徐乃昌摹宋刻随庵徐氏丛书本（题广成先生玉函经一卷） 139 401 450A 476 590 702 733 739
4. 清光绪七年（1881）上虞徐沛兰兰山房刻本 1 139 185 541 572 590 651 664 721 736A 738B
5. 清刻本 277 392 529A 664 728A
6. 清抄本 251［据顺治四年（1647）程林居易斋刻本抄录］
7. 抄本 139（附海上方） 475A 579 851
8. 日本影元抄本 462
9. 日本抄本 476

10. 见宛委别藏
11. 见医苑
12. 见金匮要略直解（附录）

01221 01635 **（新刊）医脉真经**二卷 1264
（宋）杨士瀛（登父、仁斋）撰
1. 元刻本 TB（题医学真经察脉总括一卷）
2. 见（新刊）仁斋直指

01222 01636 **严三点脉法**一卷 [1268]
又名脉法捷要、脉法撮要
（宋）严三点撰
1. 见紫虚崔真人脉诀秘旨（附录）
2. 见脉书八种

01223 01637 **玄白子诊脉八段锦**一卷 [1333]
（元）张道中（玄白子）撰
1. 见紫虚崔真人脉诀秘旨（附录）
2. 见脉书八种

01224 01638 **诊家枢要**一卷 1359
（元）滑寿（伯仁、撄宁生）编
1. 明天顺七年（1463）宋宗鲁刻本 TD
2. 明弘治十七年（1504）古绛韩刻本 139
3. 明万历新安吴勉学刻本（附滑寿医案一卷、十药神书一卷） 475A
4. 清光绪二十四年（1898）池阳周学海刻本 308A 901
5. 清抄本 475A（存总论，附脉要、四言脉诀、四言举要） 590
6. 见素问补抄（附录）
7. 见（订补）明医指掌（附录）
8. 见医学统宗
9. 见脉诊（附录）
10. 见周氏医学丛书
11. 见中西医学群书
12. 见卫生纂要

01225 05512 **（秘传）脉药玄微**一卷 [1418]
（明）盛寅（启东、退庵）编
稿本 590

01226 01639 **诊脉捷法**一卷 [1498]
（明）周文采撰
抄本 901

01227 01640 **医萃**一卷 1501
（明）萧昂（士颙、申立、正斋道人）著 彭浩（彦洪、识中子）订正
1. 明抄本 139
2. 陆子和抄本 277
3. 见医苑

01228 01641 **脉荟**二卷 1547
（明）程伊（宗衡、月溪）撰
明嘉靖三十一年（1552）刻本 1

01229 01642 **濒湖脉学**一卷 1564
（明）李时珍（东璧、濒湖）撰
1. 清咸丰三年（1853）双梧书室抄本 139
2. 清同治五年（1866）刻本 677A 871
3. 清同治六年（1867）天德堂刻本 856
4. 清光绪五年（1879）姑苏扫叶山房刻本 465 493 922
5. 清光绪二十一年（1895）扬州文□堂刻本 514A
6. 清浙江元西斋刻本 736
7. 清末同文堂刻本 853 856
8. 清吴邑俞锡禧抄本 1
9. 清学库山房刻本 289（附奇经八脉考一卷）
10. 清末砚山书屋抄本 139
11. 清刻本 1 301 366 370 382 491 514A 713 728A 734A 740B
12. 清抄本 651 731A TA
13. 鸿远书屋抄本（附脉诀附方一卷） 139
14. 抄本 139（附汤头歌诀） 145 277 522 529A 541（附病机赋） 721 901 922 931
15. 见本草纲目（版本附录）
16. 见莫氏锦囊十二种
17. 见医方全书五种
18. 见四库全书
19. 见濒湖脉学奇经八脉考脉诀考证
20. 见脉学丛书初编
21. 见医宗备要
22. 见曾氏医书四种

01230 01643 **濒湖脉学**一卷 1564
奇经八脉考一卷
脉诀考证一卷
（明）李时珍（东璧、濒湖）撰
1. 明万历三十一年（1603）夏良心张鼎思江西刻本 139 308A 412A（残） 677A 715 728A 738A 741 746A 852 907C 939 TA

2. 明刻本 308A 475A 590 734A 746A 922 939
3. 清初刻本 1 521 831
4. 清康熙本立堂刻本 944
5. 清咸丰八年(1858)无锡日升山房刻图注难经脉诀八卷本 433 529A
6. 清咸丰九年(1859)刻本 939
7. 清同治六年(1867)天德堂刻本 404 907C
8. 清同治十一年(1872)芥子园刻本 401 664 707 740D
9. 清光绪四年(1878)蜀东善成堂刻本 738A
10. 清光绪五年(1879)扫叶山房刻图注难经脉诀八卷本 139 381 461 476 541 570 590 664 677A 728A 746A 940
11. 清光绪五年(1879)扫叶山房刻校经山房重修图注难经脉诀八卷本 251 529A 541
12. 清光绪九年(1883)天津文成堂刻本 1 139 781
13. 清光绪十一年(1885)合肥张绍棠味古斋刻本 139 186 738B 799
14. 清光绪二十二年(1896)扬州文富堂刻本 529A
15. 清光绪二十二年(1896)上海图书集成印书局铅印本 1 139 461 911
16. 清光绪二十九年(1903)芥子园刻本 707 743
17. 清光绪三十一年(1905)上新书局石印本 401 570 921 922
18. 清宣统二年(1910)上海中医书局铅印本 1 301 308 308A 589 931
19. 清春明堂刻本 677A 712 721 852 907C
20. 清碧梧山房刻本 140
21. 清三元堂刻本 311
22. 清文聚堂刻本 572
23. 清刻本 21 139 289 308A 351 352 381 393 412A 475A 476 491 541 590 706 712 728A(缺奇经考) 733A 735 736B 738A 743 746A 781 851 911 940
24. 日本刻本 476
25. 清抄本 277 418
26. 见本草纲目(版本附录)
27. 见四库全书
28. 见图注难经脉诀八卷(版本附录)
29. 见脉学本草医方全书

01231 01644 **脉理集要**一卷 [1572]
(明)汪宦(子良)撰
江苏泰州新华书店抄本 139 203 412A 664 907B

01232 01645 **脉经直指**七卷 1574
(明)方谷(龙潭)撰
1. 明万历二年(1574)刻本 572 590(残)
2. 清乾隆五十二年(1787)李源抄本(四卷,附脉诀理玄秘要) 139
3. 抄本 733

01233 01646 **脉法汇编**三卷 [1579]
(明)程式(心源、道承、若水、建武居士)撰 李梴(仙棍)撰 (清)葛效绩(宛陆)编
1. 清嘉庆六年(1801)抄本 475A
2. 清抄本 709

01234 01647 **脉镜**二卷 1584
(明)许兆祯(培元)撰
1. 清抄本 590
2. 抄本 738B

01235 01648 **脉语**二卷 1584
又名脉学精华、脉诀精选
(明)吴崑(山甫、鹤皋山人、参黄子)撰
1. 明万历刻本 541 731
2. 清抄本 541(题脉诀精选)
3. 见医方考(吴崑撰,版本附录)

01236 01649 **脉便**二卷 [1587]
(明)张懋辰(远文)撰
1. 明刻本 721 731
2. 见医便五卷

01237 01650 **脉记**一卷 [1601]
附勿听子察脉神诀一卷
著者佚名
日本庆长六年(1601)抄本 1

01238 01651 **端本堂考正脉镜**一卷绪余一卷 1602
(明)王肯堂(宇泰、损庵、念西居士)辑 (清)叶霖(子雨、石林医隐、石林旧隐、鹤

轩)续增
1. 清光绪十年(1884)叶霖抄本 139
2. 清抄本 139(附脉镜绪余) 831
3. 抄本 907C TA

01239 01652 **脉学三书**三卷 1614
附医林续传一卷、壶隐子日用方括一卷
(明)刘浴德(肖斋、子新、壶隐子)撰
子目:
(1)脉赋训解一卷
(2)脉诀正讹一卷
(3)壶隐子应手录一卷
1. 明万历四十二年(1614)刻本 2
2. 抄本 2 799A

01240 01653 **脉学正讹**一卷 1614
(明)刘浴德(肖斋、子新、壶隐子)撰
1. 见壶隐子医书四种
2. 见脉学三书

01241 01654 **人元脉影归指图说**二卷 1624
原题(晋)王熙(叔和)编 (明)沈际飞重订
1. 明崇祯鹿城沈际飞刻本 139
2. 日本庆安三年(1650)村上平乐寺刻本 3 139 186 541 746A
3. 见脉经(版本附录)

01242 01655 **脉神章**二卷 1624
又名景岳脉神章
(明)张介宾(景岳、会卿、通一子)编
1. 抄本 139 361 541 907C
2. 见景岳全书

01243 00000 **脉理原始**一卷 1626
附诸症脉一卷
(清)李盛春(日新)编
见医学研悦

01244 13028 **脉法的要**一卷 1628
汤散征奇一卷
(明)闾丘煜(芝林、参微子)编
1. 明崇祯二年(1629)闾丘氏树德堂抄本 1
2. 抄本 139

01245 00000 **陈文治辑脉学**一卷 [1633]
(明)陈文治(国章、岳溪)辑
清抄本 308A

01246 01656 **脉理正义**六卷 1635
(明)邹志夔(鸣韶、丹源子)撰
清康熙十九年(1680)经济堂刻本 139 590

01247 01657 **先天脉镜**一卷 1637
(明)孙文胤(对薇、薇甫、在公)撰
1. 清抄本 139
2. 抄本 514A
3. 见丹台玉案

01248 01658 **脉微**二卷 1639
又名脉要精微
(明)施沛(沛然、元元子、笠泽居士)纂述
1. 明崇祯十二年(1639)刻本 139
2. 见灵兰集

01249 01659 **脉法颔珠**二卷 1641
(明)秦昌遇(景明、广埜道人、乾乾子)编 朱国盛订正
清末抄本 7

01250 01660 **脉色解微**一卷 1641
(明)陈澈(三山、雪潭)编
见雪潭居医约

01251 01661 **诊家正眼**二卷 1642
(明)李中梓(士材、念莪、尽凡居士)撰 (清)尤乘(生洲、无求子、信天翁)增补
1. 清顺治十七年(1660)二雅堂刻本 139 476 590
2. 清康熙六年(1667)刻本 21 145 529B 589 677A 931
3. 清乾隆三十四年(1769)刻士材三书本 710
4. 清道光二十九年(1849)南邑火惟新抄本 541
5. 清咸丰十一年(1861)段湛然清吉堂刻本 366
6. 清光绪上海扫叶山房石印士材三书本 301
7. 清宏道堂刻士材三书本 541
8. 清上海纬文阁铅印本 139 461 731A
9. 清刻本 289 391 434 462 570 713 728A 731(残) 852 856
10. 清抄本 1 542 651(存卷一) 706 921
11. 抄本 541 738B(题李士材四诊要诀)
12. 节抄本 152 541(题诊家正眼录要) 709(题诸脉详辨论) 901
13. 见士材三书
14. 见脉学丛书初编

01252 01662 **学古诊则**四卷 ［1644］
（明）卢之颐（子繇、繇生、晋公）编
1. 清乾隆三十五年（1770）钱塘王琦刻宝笏楼汇印医林指月本 1 139 186 270 279 286 308A 362 385 391 462（残） 514A 664 709 728A 851 921 939 940 951
2. 清光绪二十二年（1896）上海图书集成印书局铅印医林指月本 139 871
3. 清末杏春氏抄本 1
4. 见医林指月

01253 01663 **（新刊）医要见证秘传**三卷 ［1644］
又名脉学秘传、医要脉学秘传
（明）张文介（玉泉子）编
明刻本 541

01254 01664 **诊家删要**不分卷 ［1644］
著者佚名
明抄本 7

01255 01665 **脉考**一卷 ［1644］
（明）方以智（密之、曼公）撰
清康熙浮山此藏轩刻本 721

01256 01666 **脉会辨**一卷 1656
又名脉诀会辨
（清）莫熺（丹子、皋亭）撰
1. 清初刻本 590
2. 见莫氏锦囊十二种

01257 01667 **周慎斋先生脉法解**二卷 ［1661］
又名脉法解
（清）周之干（慎斋）撰 陈嘉璴（树玉、友松）注
1. 清抄本 461
2. 见医学粹精

01258 01668 **石顽老人诊宗三昧**一卷 ［1665］
又名诊宗三昧
（清）张璐（路玉、石顽老人）撰 张登（诞先）编
1. 清康熙二十八年（1689）刻本 7 139 186 270 412A 733
2. 清康熙二十八年（1689）刻金阊书业堂递修张氏医书七种本 3 254 279 286 308A 362 491 529 702 721 728A 739A 852
3. 日本文化元年（1804）思得堂刻张氏医书七种本 1 3 186 289 491 529A 541 570 590 733A 852 907C 926A 940 951
4. 清光绪二十年（1894）上海图书集成印书局铅印张氏医书七种本 139 279 651 728A 854 911
5. 清光绪三十三年（1907）上海书局石印张氏医书七种本 738D
6. 清刻本 1 202 203 279 308A 363 461 491 514A 542 664 713 721 728A 733 734A 735 738B 740A 740B 746A 781 896A 901 943
7. 清河枫江陈锐抄本 308A
8. 见伤寒大成
9. 见张氏医书七种

01259 00000 **石顽老人诸症脉候条辨**一卷 ［1665］
（清）张璐（路玉、石顽老人）撰
清抄本 412A

01260 01669 **脉学正传**二卷 ［1666］
（清）石震（瑞章）纂述
清康熙五年（1666）刻本 1

01261 01670 **医径句测**二卷汇方一卷 1670
（明）程玠（文玉、松崖）原撰 （清）程应旄（郊倩）辑订
1. 清康熙九年（1670）式好堂刻本 139 203 251 476
2. 清雍正六年（1728）汪绍锡山僧舍抄本 139
3. 日本抄本 139

01262 01671 **脉几经脉发挥**五卷 1682
（清）闵钺（晋公、冶庵）撰
子目：
（1）脉几二卷
（2）经脉发挥删补三卷
清康熙二十一年（1682）默堂主人刻本 589

01263 00000 **脉几**二卷 1682
（清）闵钺（晋公、冶庵）撰
见脉几经脉发挥

01264 00000 **经脉发挥删补**三卷 1682
（清）闵钺（晋公、冶庵）撰
见脉几经脉发挥

01265 **石顽老人诸症脉候条辨**一卷　1689
01672 原题（清）张璐（路玉、石顽老人）撰
清抄本　412A

01266 **医家大业要览**二卷　1704
01673 （日）古林正祯（调神子、见宜堂后主）撰
日本宝永二年（1705）京师中村氏七兵卫刻本　7

01267 **脉贯**九卷　1710
01674 （清）王贤（世瞻）撰
1. 清康熙五十年（1711）桐溪王贤盛德堂自刻本　3　139　251　541　590（残）　731　732
2. 清末抄本（据康熙刻本影抄）　203　701（残）
3. 抄本　139（四卷）　746（五卷）

01268 **脉理会参**三卷　［1719］
01676 （清）余之俊（吁三、抑庵）撰
1. 清康熙六十年（1721）刻本　1　450A　570　572　590
2. 清光绪十九年（1893）新安李英元刻本　139
3. 清光绪二十八年（1902）漱玉生抄本　590
4. 清抄本　302　541　728A
5. 抄本　186　514A　651（二卷）　851　901

01269 **藏象脉法**一卷　1720
01675 著者佚名
清抄本　139

01270 **脉法指南**六卷　1729
01679 （日）冈本为竹（一抱子）撰
日本寺岛治恒校刻本　2　139

01271 **脉要纂注**二卷　1736
01680 （清）周南（峻来、召南、慎斋）编注
1. 清乾隆元年（1736）稿本　2
2. 抄本　799A

01272 **辨脉篇**不分卷　1739
01681 （清）舒诏（驰远、慎斋学人）撰
清乾隆四年（1739）刻本　590　738A

01273 **脉学注释汇参证治**一卷　1744
01682 又名卫生弹求集、证治汇参
（清）汪文绮（蕴谷）撰注　戴敏（逸夫）校订
1. 清道光十二年（1832）杨德先近文堂刻本　1　139　361　514A　579
2. 清道光二十四年（1844）海阳汪时泰抄本　1（附诊脉初知二卷）　286　TA（二卷）
3. 清光绪二十六年（1900）抄本　2
4. 抄本　572

01274 **诊脉初知**二卷　［1744］
01683 （清）汪文绮（蕴谷）撰
见脉学注释汇参证治（版本附录）

01275 **脉确**一卷　1746
01684 （清）黄琳（蕴兮）撰
1. 清王文藻抄本　707
2. 见宗圣要旨

01276 **叶天士先生脉论翼**一卷　［1746］
00000 （清）莲花峰散人辑
清抄本　139

01277 **脉学全书**二卷　1747
01723 （清）李崇素（白艳）撰　陈虞宾增补
清同治八年（1869）刻本　851

01278 **医学脉灯**二卷　1749
01685 （清）常朝宣（浣枫、妙悟子）撰
清乾隆十四年（1749）星沙常氏家刻本　139　799A

01279 **脉如**二卷　1753
01687 附伤寒论一卷
（清）郭治（元峰）撰　郭廖标（帜城）编
清道光七年（1827）刻本　1　3　139　139A　270　286　385　412A　476　590　664　831　931　942B　944

01280 **脉法心参**一卷　1753
01688 （清）朱音恬（咏清、鋆峰）编
见医理元枢

01281 **脉学汇观**三卷　1757
01692 （清）冯学震（巽昌、东崖、昨非子）编
清乾隆二十二年（1757）调元堂刻本　741

01282 **洄溪脉学**一卷　1759
01689 原题（清）徐大椿（灵胎、洄溪老人）撰
1. 见徐灵胎医书三十二种
2. 见徐灵胎医学全书

01283 **脉理入门**一卷　1759
01690 **失血大法**一卷
（清）杨凤庭（西山、瑞虞）撰
清光绪二十四年（1898）古任马韵秋抄本　308A

01284 **脉法大成**二卷　1761
01691 （清）严洁（西亭、青莲）等撰

1. 清刻本 738B
2. 见盘珠集

01285 **脉理求真**三卷 1769
01693 (清)黄宫绣(锦芳)撰
1. 清乾隆三十九年(1774)绿圃斋刻本 279 740G 782 852 852A 901
2. 清乾隆文奎堂刻本 139 901
3. 清文富堂刻学源堂印本 279 421 721 746A
4. 清文富堂刻兴顺堂印本 664
5. 清光绪四年(1878)荆郡务本堂刻本 491 901
6. 清光绪三十四年(1908)上海纬文阁石印本 740A
7. 清刻本 391 921
8. 清抄本 308A 734
9. 见本草求真(附录)
10. 见中西医书六种

01286 **脉象统类**一卷 1773
01694 (清)沈金鳌(芊绿、汲门、尊生老人)撰
见观身集

01287 **诸脉主病诗**一卷 1773
01695 附运动规法
(清)沈金鳌(芊绿、汲门、尊生老人)撰
1. 抄本 931
2. 见杂病源流犀烛(卷首下)

01288 **脉证清白**二卷 1773
01696 著者佚名
清抄本 907C

01289 **辨脉法**不分卷 [1775]
01697 (清)缪遵义(方彦、宜亭、松心居士)撰
清抄本 734

01290 **脉法条辨**一卷 [1778]
01710 又名刘氏以仁先生编辑脉法条辨
(清)刘鉴(以仁、以人)撰
1. 清光绪四年(1878)蜀省崔誉侯刻善成堂印本 254 270 831 852B
2. 清光绪四年(1878)蜀省崔誉侯刻德星书屋印本 590 851
3. 抄本 664

01291 **脉要图注**四卷 1783
01698 又名图注脉诀详解
(清)贺升平(奠邦、鸿磐)编
1. 清嘉庆五年(1800)佽北贺升平锄经堂刻本 139 152 421 541 590 743(存卷一、三) 831
2. 清嘉庆五年(1800)佽北贺升平锄经堂刻思本堂印本 2 186 706(残) 709 733

01292 **孙真人千金平脉法**不分卷 [1784]
00000 (清)王廷瑞(辑五、鉴庵)撰
见温热病论(附录)

01293 **脉法悟宗**一卷 1789
01699 (清)贺大文(藻亭)编
见医林棒睡等三种

01294 **脉学辑要**三卷 1795
01700 (日)丹波元简(廉夫、栎荫拙者)撰
1. 日本宽政七年(1795)江户万笈堂刻本 1 2 3 7 21 139 140 277 279 286 381 461 541 572 590 664 728A 738B 746A 799 799A 852 854 926A 940
2. 清光绪十二年(1886)李兰轩刻本 590
3. 清光绪二十三年(1897)文芳堂刻本 664 852 853
4. 清光绪二十三年(1897)文芳堂刻成都尚古堂印本 907C
5. 清光绪二十七年(1901)成都正字山房刻中外医书八种合刻本 289
6. 清刻本 186 852S
7. 抄本 514A
8. 见聿修堂医学丛书
9. 见脉学丛书初编
10. 见中外医书八种合刻

01295 **古脉法图解**一卷 [1796]
01701 (日)村山维益(伊势)撰
日本宽政八年(1796)皇都书肆文德堂五车楼刻本 677A

01296 **诊家索隐**二卷 1799
01702 (清)罗浩(养斋)编
1. 清嘉庆四年(1799)郑柿里刻本 1 2 541 570 590 651 664 677A
2. 抄本 139 514A

01297 **医阶诊脉**一卷 1810
01703 (清)汪必昌(燕亭)撰
见聊复集

01298 **脉法统宗**不分卷 1820
01704 (清)孙德润(慎之、笠山)撰
清道光六年(1826)刻医学汇海本 491 514A 737

01299 **诊脉**一卷 1821
01738 附难经病脉
著者佚名
清光绪十七年(1891)孟埙抄本 139

01300 **三指禅**三卷 1827
01706 又名三指禅脉诀
(清)周学霆(荆威、梦觉道人)撰
1. 清道光十二年(1832)星沙王佐荩换鹅堂刻本 139 381 385 728A 736B 746A 831
2. 清道光十二年(1832)大文堂羊城刻本 251 289 301 461 664 721 831
3. 清道光十三年(1833)刻本 701 917A
4. 清道光二十七年(1847)同志堂刻本 186
5. 清道光三十年(1850)志远堂刻本 361 728A 907C
6. 清咸丰十一年(1861)三让堂刻本 302 393
7. 清同治七年(1868)经元堂刻本 443 450B
8. 清同治十二年(1873)经纶堂刻本 139 491
9. 清同治十三年(1874)抚会堂刻本 391 651
10. 清光绪二年(1876)刻本 308 412B 461 476 731 931
11. 清光绪十年(1884)金粟庵行者抄本 664
12. 清光绪二十一年(1895)澹雅书局刻本 3 202 277 308A 401 412A 461 476 541 664 677A 709 728A 743 746A 831 921 926A 931
13. 清光绪二十九年(1903)文益书局刻本 1 3 21 139 746A 852 871 874 907C
14. 清光绪三十一年(1905)扫叶山房刻本 664
15. 清光绪湖南书局刻本 1 2 139 279 303 308 308A 421 514A 514B 521 541 590 651 664 677A 706 732 733 734 734A 746A 831 851 891
16. 清光绪湖南益元书局刻本 279 289 431 475A 831 911 921
17. 清光绪蓝丝栏抄本 1
18. 清末富记书局刻本 139 412A 921
19. 清余聚贤堂刻本 738B
20. 清翰文堂刻本 942
21. 清味经堂刻本 251
22. 清三益堂刻本 739A 799A
23. 清宏道堂刻本 139 279 286 362 461 541 721 854
24. 清刻本 139 361 381 401 476 651 664 733A 831 852 931 939

01301 **三指禅脉诀度针**一卷 [1827]
01705 原题(清)陈念祖(修园、良有、慎修)撰
清刻本 186 664 831 852

01302 **脉论**一卷 1828
00000 (清)周学霆(荆威、梦觉道人)原撰 欧阳辑瑞(聘侯、南坡居士)评撰
清光绪四年(1878)许治顽奉天岫岩官舍抄本 541

01303 **切脉一苇**三卷 1831
01707 (日)中茎谦(旸谷)撰
日本天保二年(1831)岘斋刻本 3

01304 **脉理图**不分卷 1834
01708 著者佚名
清道光二十九年(1849)荫德堂抄本 541

01305 **脉法探微**一卷 1837
01709 著者佚名
清道光十七年(1837)小葫芦斋刻本 202 289

01306 **脉法增注释疑**一卷 1846
01711 (清)陆士虔撰
清道光二十六年(1846)抄本 590(巢念修旧藏)

01307 **医学正脉**一卷 [1850]
01712 (清)潘道根(确潜、晚香、徐村老农、梅心老农、饭香老人)撰
稿本 709

01308 **脉法私言**一卷 1853
01713 (日)浅田惟常(栗园、宗伯)撰

1. 日本嘉永六年(1853)勿误药室木活字印本 514A
2. 日本明治十四年(1881)辅仁社铅印本 7 139 476
3. 日本抄本 7

01309 01714 **脉法须知**三卷 1854
(清)钱经纶(业巨)撰
清咸丰四年(1854)襄城计光炘刻本 3 572

01310 01715 **脉学类编**一卷 1858
(清)玄庵山人编
1. 清咸丰八年(1858)抄本 664(题脉学类编玄庵山人妙法注)
2. 抄本 590

01311 01716 **脉原**三卷 1860
附二十七脉歌
(日)大西葆光(昇庵、处顺)编
日本文久元年(1861)桂林堂刻本 3 7 152 289 651

01312 00000 **费晋卿脉法**一卷 [1865]
神农寿世一卷
附诸经摘略一卷、病机赋一卷
(清)费伯雄(晋卿、砚云子)撰
稿本 286

01313 01717 **古医道脉传**一卷 [1867]
(日)权田直助撰
日本抄本 139

01314 01718 **脉理宗经**三卷补集一卷 1868
(清)张福田(郁彬)编
清光绪六年(1880)武宁张绛雪堂刻本 139

01315 01719 **脉法歌括**一卷 1869
又名平脉法歌括
(清)黄钰(宝臣)撰
1. 清光绪十九年(1893)璧山黄钰芸经堂自刻本 139
2. 见陈修园医书四十八、五十、七十种

01316 01720 **诊家枢机脉论**一卷 1869
著者佚名
清同治八年(1869)抄本 529A

01317 00000 **三坟汇要**一卷 1869
著者佚名
清裔卿抄本 279

01318 00000 **脉理详辨**一卷 [1870]
著者佚名
1. 清同治九年(1870)夔州府云阳县培贤斋刻本 873
2. 抄本 2

01319 01721 **观证辨拾遗**一卷 1873
(日)森波正心诚撰
日本明治六年(1873)抄本 511

01320 01722 **脉学归源**五卷 1874
(清)姚克谐(海艖)编
1. 清光绪元年(1875)学海堂刻本 2 202 590 738B 741 799A
2. 清王寿康抄本 203

01321 01724 **研思堂家传医宗心法全书**二卷 [1875]
(清)马应麟(石农)撰
清抄本 1

01322 01751 **陈氏脉学**二卷 [1875]
(清)陈际昌撰
清同治刻本 412A

01323 01725 **脉理存真**三卷 1876
附滑伯仁先生传
(元)滑寿(伯仁、撄宁生) (清)余含辉(燕峰)原撰 (清)余显廷(廉斋、橘泉子)纂辑
1. 清光绪二年(1876)婺源余氏慎德堂刻本 1 2 139 391 435 514A 541 590 651 677A 701 738A 741 940
2. 清光绪二年(1876)婺源余氏慎德堂刻三让堂印本 385A
3. 见保赤存真(附录)

01324 01726 **脉镜须知**二卷 1876
(清)梅江村撰 刘凤翥(汉卿)编
清光绪八年(1882)贵池周明亮铅印本 1 2 139 590 651 664 709 710 740D 940

01325 01727 **(重订)濒湖脉学**一卷 1883
(明)李时珍(东璧、濒湖)原撰 (清)迈龛居士增补
清光绪九年(1883)灵兰馆抄本 590

01326 01730 **脉诊便读**一卷 1887
(清)张秉成(兆嘉)撰
1. 清光绪二十九年(1903)袁彦本刻本 381 664 706 713 741 746A

2. 抄本 651

01327 **七表八里总归四脉**一卷 1889
01732
著者佚名
清光绪十五年（1889）抄本 139

01328 **脉诊**一卷 1890
01733
附诊家枢要
著者佚名
清抄本 139

01329 **脉义简摩**八卷 1891
01729
（清）周学海（澄之）撰
1. 清光绪二十二年至宣统二年（1896—1910）池阳周学海刻周氏医学丛书本 309 412B 521 529A（残） 529B 541 706 721 728A 728B 736 739D 907C 917A 922 940
2. 抄本（附脉简补义） 590
3. 见周氏医学丛书
4. 见周氏脉学四种

01330 **脉简补义**二卷 1891
01735
（清）周学海（澄之）撰
1. 清光绪二十二年至宣统二年（1896—1910）池阳周学海刻周氏医学丛书本 186 308A 521 522 529A 570 572 706 728A 728B 739D 741（残） 746（残） 917A 940（存下卷）
2. 见周氏医学丛书
3. 见周氏脉学四种

01331 **诊家直诀**二卷 1891
01734
（清）周学海（澄之）撰
1. 清光绪二十二年至宣统二年（1896—1910）池阳周学海刻周氏医学丛书本 186 281A 514A 664 728A 728B 738A 917A 940
2. 抄本 664
3. 见周氏医学丛书
4. 见周氏脉学四种

01332 **辨脉平脉章句**二卷 1891
01737
（清）周学海（澄之）撰
1. 清光绪二十二年至宣统二年（1896—1910）池阳周学海刻周氏医学丛书本 186 302 677A 702 852
2. 见周氏医学丛书
3. 见周氏脉学四种

01333 **仲景脉法续注**二卷 1891
01736
（清）张志聪（隐庵）注 李盛卿（彰五、肄灵素凡吏）续注
1. 清光绪二十四年（1898）滇省刻本 1 2 3 139 286 385 521 901
2. 清光绪二十六年（1900）刻本 152

01334 **脉学**一卷 1892
01739
又名病解论篇
著者佚名
清抄本 139

01335 **周氏脉学四种**十四卷 1892
01740
又名周澄之脉学四种
（清）周学海（澄之）撰
子目：
（1）脉义简摩八卷
（2）脉简补义二卷
（3）诊家直诀二卷
（4）辨脉平脉章句二卷
清光绪二十二年（1896）池阳周学海刻周氏医学丛书本 3 139（存三种） 185 279 280 281A 288 289 361 385A 391 491（残） 651 664 677A 706 709 721 732 839 839A

01336 **脉学脉诀**一卷 ［1894］
01742
著者佚名
见李自求抄医书四种

01337 **脉学丛书初编**七卷 1896
01743
又名三家诊法
著者佚名
子目：
（1）濒湖脉学一卷 （明）李时珍撰
（2）奇经八脉考一卷 （明）李时珍撰
（3）诊家正眼二卷 （明）李中梓撰
（4）脉学辑要三卷 （日）丹波元简撰
清光绪二十二年（1896）上海图书集成印书局铅印本 186 529A

01338 **诊脉捷诀**一卷 1900
01744
著者佚名
抄本 139

01339 **脉经图注**一卷 1901
01745
著者佚名
清光绪二十七年（1901）新化三味书局刻本 139 308 831 851 871

01340 **诊脉丛抄**一卷 1902
01746 附伤寒脉法
著者佚名
清光绪二十八年(1902)抄本 139

01341 **内科秘抄诊脉法**一卷 1904
00000 著者佚名
清光绪三十年(1904)抄本 279

01342 **脉学杂抄**一卷 1905
01748 (清)吉孝骐 吉孝敬辑
清光绪三十一年(1905)抄本 139

01343 **脉法摘要**一卷 [1909]
01750 (清)杏林居士编
清宣统元年(1909)抄本 590

01344 **居易堂抄脉书**不分卷 1909
00000 辑者佚名
清抄本 301

01345 **(重订)诊家直诀**二卷 1910
00000 (清)周学海(澄之)撰
1. 清光绪二十二年至宣统二年(1896—1910)池阳周学海刻周氏医学丛书本 1 139 728A 732 940
2. 见周氏医学丛书

01346 **华氏脉经**一卷 [1910]
01755 著者佚名
清抄本 139

01347 **脉理穷源**二卷 [1910]
01754 (清)罗友竹辑
清刻本 831(存卷下)

01348 **七言脉诀**一卷 1911
01753 附病机赋、新编汤头歌诀
(清)丁承柏(少鹤)辑
清宣统三年(1911)丁承棣抄本 541

01349 **经脉直指**一卷 [1911]
02178 **药性赋**一卷
著者佚名
抄本 590

01350 **内经脉法**一卷 [1911]
01756 著者佚名
稿本 7

01351 **病机赋脉要**一卷 [1911]
00543 著者佚名
抄本 308A

01352 **脉书八种**八卷 [1911]
01757 不著编者
子目：
(1)紫虚崔真人脉诀秘旨一卷 (宋)崔嘉彦撰
(2)玄白子西原正派脉诀一卷 (元)张道中述
(3)玄白子疑脉相类一卷 (元)张道中撰
(4)玄白子诊脉八段锦一卷 (元)张道中撰
(5)脉法微旨一卷
(6)严三点脉法捷要一卷 (宋)严三点撰
(7)佛□□□训一卷
(8)□东金氏全婴便览脉诗一卷
清抄本 139

01353 **脉要集录**一卷 [1911]
00000 著者佚名
清抄本 734A

01354 **活泼斋经旨心解**一卷 [1911]
01758 (清)沈朝桢(绍桢、古村)撰 冯霖(霁园)订
清抄本 572

01355 **经脉一览**一卷 [1911]
01759 (清)岳尊撰
抄本 651

01356 **诊脉法**一卷 [1911]
00000 (清)吕献采辑
1. 稿本 734
2. 抄本 277

01357 **诊脉要览**不分卷 [1911]
00000 (清)王祖庆(赓云、庆余书室主人)辑
清抄本 589

01358 **脉法大略**一卷 [1911]
00000 著者佚名
抄本 277

01359 **医家脉法**一卷 [1911]
01760 著者佚名
抄本 139

01360 **脉学汇精**一卷 [1911]
01761 著者佚名
清抄本 139

01361 **审定虚实大法**一卷 [1911]
01762 著者佚名
抄本 139

01362 **脉书**一卷 [1911]
01763 著者佚名

清抄本　721

01363 **脉辨**一卷　［1911］
01764 著者佚名
清张锬抄本　701

01364 **脉理全集**二卷补遗一卷　［1911］
01765 著者佚名
抄本　721

01365 **脉理**不分卷　［1911］
01766 著者佚名
清抄本　590（6册）

01366 **读脉约编**一卷　［1911］
01768 著者佚名
清抄本　851

01367 **脉经**一卷　［1911］
00000 （清）刘原鸥撰
清符金式抄本　541

01368 **脉髓药鉴**二卷　［1911］
00000 著者佚名
清抄本　279（辑自《濒湖脉学》）

01369 **脉学汇注**一卷　［1911］
00000 著者佚名
抄本　286

01370 **内经三部九候脉法**一卷　［1911］
00000 著者佚名
清抄本　944

01371 **脉法**一卷　［1911］
00000 附医方一卷
著者佚名
抄本　TD

01372 **诊脉法窍**一卷　［1911］
00000 著者佚名
清抄本　362

01373 **陆公脉诀**一卷　［1911］
00000 著者佚名
清仁济堂抄本　436

01374 **切诊捷径**一卷　［1911］
00000 （清）王寿君撰
见医学捷径（王寿君集）

4.2.3.4　太素脉

01375 **太素运气脉诀**二卷　1544
01921 （明）彭用光撰
1. 抄本（题太素脉诀）　651
2. 清末黄丝栏抄本　21（不分卷，题明彭用光太素脉诀）
3. 见体仁汇编

01376 **太素张神仙脉诀玄微纲领宗统**七卷　1575
01922 原题（□）张太素（青城山人）撰　（明）刘伯详注　王文洁（冰鉴、抚东无为子）编
1. 明万历二十七年（1599）闽建书林刘朝琯安正堂刻本　3　7　139（残）　TB
2. 明万历刻本（三卷）　139
3. 明刻本　1（残）　541　570（四卷）
4. 日本承应二年（1653）刻本〔据明万历二十七年（1599）安正堂刻本〕　541
5. 日本宽文三年（1663）刻本〔据明万历二十七年（1599）安正堂刻本〕　590
6. 清初刻本（三卷）　2　572　852　871
7. 清末京都琉璃厂刻本　289　475A　491　875
8. 抄本　139（四卷）　541（三卷）
9. 见合并脉诀难经太素评林

01377 **太素脉秘诀**二卷　1575
01923 又名太素脉、太素秘诀、太素脉诀
原题（明）张太素（青城山人）撰　（明）刘伯详注　周文炜校
1. 明万历四十三年（1615）书林周文炜致和堂刻本　1　2　3　6　7　139　152　277　279　285　286　289　308A　361　381　412B　461　476　514A　521　541　570　590　664（存卷下）　677A　701　721　728A　731　734　839A　907C　917A
2. 明万历四十三年（1615）书林周文炜致和堂刻大业堂印本　279
3. 明末抄本　738
4. 清光绪十四年（1888）致贺堂刻本　311
5. 清光绪三十三年（1907）抄本　9（一卷）
6. 日本明治四十一年（1908）东京合资会社吉川弘文馆影印本　651
7. 清抄本（据明周文炜刻本影抄）　491
8. 清虞山徐幼泉朱格抄本　1
9. 清刻本　139A　351　433A　741
10. 抄本　139　202　709

01378 **太素脉要**一卷　1591
01925 （明）程大中（时卿）撰

明万历刻本 1

01379 **（新刻）太素心要**二卷 1592
01924 著者佚名 （明）胡文焕（德甫、全庵、抱琴居士）校
1. 明万历虎林胡文焕刻本 907C
2. 见医家萃览
3. 见明刊医书五种

01380 **杏圃秘传先天太素脉诀**五卷 1779
01927 原题（唐）杨上善撰 （清）江应松（鹤亭）编
清乾隆四十四年（1779）江应松稿本 152

4.2.4 腹诊

01381 **腹证奇览**不分卷 1799
01928 （日）稻叶克（文礼） 和久田寅（叔虎）撰
日本享和元年（1801）和州书林大阪书林刻本 139

01382 **腹证奇览**不分卷 1810
01929 **腹证奇览后编**不分卷
腹证奇览翼不分卷
（日）稻叶克（文礼） 和久田寅（叔虎）撰
日本享和元年（1801）和州书林大阪书林刻嘉永六年（1853）增刻本 139

01383 **诊病奇侅**二卷 1843
01930 又名诊腹学讲义
附五云子腹诊法二卷
（日）丹波元坚（亦柔、茝庭）撰 松井操（子静）译
1. 清光绪十四年（1888）四明王仁乾日本铅印本 1 3 139 139A 202 286 462 475A 514A 541 570 572 589 590 664 677A 709 721 731 734 738A 839A 851 853 907C
2. 抄本 277（残）

01384 **台州先生腹诊秘诀**一卷 ［1910］
01932 著者佚名
清抄本 1

01385 **诊极图说**一卷 ［1911］
00000 （日）濑丘氏撰
清抄绘本 1

5 本草

5.1 本经

5.1.1 辑本

01386 **神农本经**三卷 1616
02436
(明)卢复(不远、芷园)辑 卢之颐(子繇、繇生、晋公) 卢琏校
1. 日本宽保三年(1743)泉屋卯兵卫刻本 3 476
2. 日本宽政十一年(1799)江户橘黄堂刻本 7 139 511 733
3. 抄本 139 203
4. 见医种子

01387 **本草经**三卷 1687
02437
(清)过孟起(绎之)辑
清康熙二十六年(1687)刻本 590(存卷一)

01388 **神农本草经**三卷 1799
02438
原题(魏)吴普等撰 (清)孙星衍(渊如、伯渊) 孙冯翼(凤卿)辑
1. 清嘉庆四年(1799)承德孙冯翼刻问经堂丛书本 1 9 303 462 477 491 590 651 731 733 737 741 781 839A 852 939
2. 清光绪十七年(1891)池阳周学海刻周氏医学丛书本 139 186 202 270 279 286 288 289 361 521 529A 541 546 572 590 664 677A 728A 728B(缺卷三) 731 732 781 839A 851 856 901 917A 942B XA
3. 清刻本 1 2 253 740B
4. 清抄本 491
5. 抄本 922 942B XA

01389 **神农本草经**三卷 1824
02439
(日)狩谷望之志(卿云、掖斋)辑
日本天保八年(1837)井山维熙抄本 651

01390 **神农本草经**四卷 1844
02440
原题(魏)吴普等述 (清)顾观光(宾王、尚之、武陵山人)辑
1. 稿本 541
2. 清光绪九年(1883)独山莫祥芝刻武陵山人遗书本 3 7 139 401 462 542 590 651 677A 702 731 739 781 851 907C
3. 见武陵山人遗书

01391 **神农本草经**三卷附序录一卷考异一卷 1854
02441
又名本草经
(日)森立之(立夫、枳园)辑
日本嘉永七年(1854)温知药室刻本 2 7 139 186 391 462 476 541 570 731 735(缺序录) 736

01392 **神农本草**一卷 [1874]
02442
原题(魏)吴普等述 (清)王仁俊(籀许、捍郑、干臣)辑
见玉函山房辑佚书续编

01393 **神农本草**三卷附本说一卷 1885
02443
(清)王闿运(纫秋、湘绮)辑
1. 清光绪十一年(1885)成都尊经书院刻本 1 2 7 139 279 461 475A 781 852 853 858 871 891 931
2. 清光绪三十二年(1906)善成堂刻本 8 139 289 476

01394 **神农本经**一卷 [1887]
02444
(清)姜国伊(尹人)辑
1. 清光绪九年(1883)刻十八年(1892)成都黄氏茹古书局汇印姜氏医学丛书本 2 139 186 590 781 799A 851 891
2. 见姜氏医学丛书
3. 见守中正斋丛书

01395 **本草经诸家补著集抄**二卷 1898
02445
(清)苏龙瑞辑
清光绪二十四年(1898)苏龙瑞抄本 302

01396 **本草经汇校**一卷 [1911]
02446 又名本草经校勘记
著者佚名
清望嵓堂朱丝栏抄本 139

5.1.2 考释

01397 **续神农本经序例**三卷 1624
02448 **读神农本草经疏**九卷
又名方药宜忌考
(明)缪希雍(仲醇、慕台)撰
明天启四年(1624)朱之黯等刻本 1 572(残) 590 651

01398 **本草经疏**三十卷 1625
02449 又名神农本草经疏
(明)缪希雍(仲醇、慕台)撰 李枝参订
1. 明天启五年(1625)海虞毛氏绿君亭刻本 1 2 3 4C 6 21 139 140 185 186 202 277 279 287(存卷十至三十) 288 289 301 308A 385A 401 412A 421 461 475A 476 491 514A 521 523 529A 541 546 570 572 579 590 651 677A 701 715 716 721 731 733 734A(存卷二至十、十六至三十) 736 736B 738 738A 741(残) 851 852(抄配) 907B 907C 917A 939 940 TA TB XA
2. 明天启五年(1625)海虞毛氏绿君亭刻明末清初金陵蕴古堂印本 709
3. 明天启五年(1625)海虞毛氏绿君亭刻清初吴郡大来堂印本 279 491 572
4. 清光绪十七年(1891)池阳周学海刻周氏医学丛书本 139 139A 186 202 252 270 302 308A 361 385 385A 412A 462 475A 491 511 514A 521 529 529A 529B 541 546 570 572 590 651 664 677A 702 721 728A 732 734 738A 739D 781 799A 831 852 901 907A 926A
5. 日本活字本 7
6. 抄本 541 579(残)
7. 见四库全书
8. 见周氏医学丛书

01399 **本草崇原**三卷 1663
02450 (清)张志聪(隐庵)撰 (清)高世栻(士宗)编订
1. 清乾隆三十二年(1767)钱塘王琦刻本 1 139 270 279 289 385 433A 491 514A 541 590 701 728A 735 737 746A 831 852 871 911 926A 939 940 XD
2. 清光绪二十四年(1898)香南书屋刻本(五卷) 385 651 871 921
3. 清抄本 1
4. 抄本 907C 917A
5. 见医林指月

01400 **草诀**一卷 1663
00000 (清)张志聪(隐庵)撰
1. 清康熙刻本 901
2. 见医学要诀

01401 **本草经解要**四卷附余一卷 1724
02452 又名本经经解、本草经解、临证指南本草经解
原题(清)叶桂(天士、香岩、南阳先生)集注 姚球(颐真、勾吴逋人)撰
1. 清雍正二年(1724)河东杨缉祖敬德堂刻本 1 3 21 139 152 286 303 461(残) 476 511 572 589 590 651 731 741 831 853 917A 939
2. 清雍正二年(1724)河东杨缉祖敬德堂刻乾隆四十六年(1781)卫生堂印本 139A 186 280 289 301 590 734 736A
3. 清雍正二年(1724)河东杨缉祖敬德堂刻金阊书业堂重修本 1 361 491 677A 707 839A
4. 清光绪十四年(1888)古吴潘霨刻本 1 139 385 651 731 738A 921
5. 清光绪十九年(1893)羊城大文堂刻本 921
6. 清刻本 728A(存卷三) 736A(存卷一至三) 831
7. 清抄本 139

01402 **神农本草经百种录**一卷 1736
02453 (清)徐大椿(灵胎、洄溪老人)撰
1. 清乾隆元年(1736)吴江徐氏刻本 1 7

202 381 412A 541 570 590 708 728A 738E 740J 746A 852S 854 871 907B

2. 清乾隆元年(1736)吴江徐氏刻半松斋汇印徐氏医书六种本 433A 570 736(合订难经经释) 871 907C
3. 清同治三年(1864)月山彭树萱善成堂刻徐灵胎十二种全集本 541 651 853 859
4. 清同治十二年(1873)湖北崇文书局刻徐氏医书六种本 737
5. 清光绪三十三年(1907)陇右乐善书局刻本 421 436
6. 清光绪三十三年(1907)上海章福记书局石印徐氏医学十六种本 856
7. 清光绪抄本 421
8. 清刻本 1 139 186 289 391 393 464 475A 476 493 514A 579 664 707 708 713 734A 736A 740C 743 852 852E 853 854 856 896A 901 917A 931
9. 日本跻寿馆活字印本 7 651
10. 清末石印本 4 491 721
11. 见徐氏医书六种、八种
12. 见本草三家合注(附录)
13. 见徐灵胎十二种全集
14. 见徐灵胎医学全书
15. 见徐灵胎医书三十二种
16. 见四库全书
17. 见南雅堂医书全集
18. 见陈修园医书五十种
19. 见医籍汇录

01403 **神农本草经读**四卷 1803
02454 又名神农本经便读
(清)陈念祖(修园、良有、慎修)撰

1. 清嘉庆八年(1803)樟藟书屋刻本 139 433A 541 721 742 746A 891 907C
2. 清道光渔古山房刻公余医录六种本(附本草附录) 139 731 741
3. 清道光两仪堂刻公余医录六种本 741 914
4. 清咸丰四年(1854)会稽王吉元刻本 301
5. 清同治七年(1868)儒兴堂刻本 854
6. 清同治七年(1868)稽古堂刻公余医录六种本 306 407A 852 854
7. 清同治九年(1870)奎璧堂刻南雅堂医书全集本 302
8. 清同治五年(1866)南雅堂刻光绪三年(1877)印南雅堂医书全集本 398 412A 713 741
9. 清光绪十三年(1887)重庆五福堂刻南雅堂医书全集本 139 852 873
10. 清光绪十五年(1889)务本堂刻南雅堂医书全集本 361 412A 421 852S 853 858
11. 清光绪十五年(1889)上海江左书林刻公余医录五种本 289 301 306 421 463 475A 666 746A 939
12. 清光绪十八年(1892)敦厚堂刻陈修园医书二十一种本 514A 677A 728A 738A 896A 917A
13. 清光绪十八年(1892)上海图书集成印书局铅印陈修园医书二十一种本 366 381 414 740E 781
14. 清光绪二十一年(1895)宏道堂刻南雅堂医书全集本 409 852 852K
15. 清光绪二十二年(1896)梓橦会刻本 907C
16. 清光绪二十四年(1898)成都多文会刻南雅堂医书全集本 856
17. 清光绪二十五年(1899)上海文澜书局石印陈修园医书二十一种本 728A
18. 清光绪二十七年(1901)新化三味书局刻陈修园医书二十三种本 2(附时方妙用四卷) 367 665
19. 清光绪二十九年(1903)湖南益元书局刻陈修园医书二十三种本 514A 728B 799A
20. 清光绪二十九年(1903)湖南益元书局刻汉文书局印陈修园医书二十三种本 412A 491
21. 清光绪三十年(1904)上海经香阁书庄石印本 351
22. 清光绪三十一年(1905)上海商务印书馆铅印陈修园医书三十种本 742

23. 清光绪三十一年(1905)上海文盛堂书局石印陈修园医书三十种本 21 412A 922
24. 清光绪三十二年(1906)吴闽医学会石印陈修园医书四十八种本 721 912
25. 清光绪三十四年(1908)宝庆经元书局刻陈修园医书二十三种本 270 412B 521 850 926A
26. 清光绪三十四年(1908)宝庆经元书局刻富记书局印陈修园医书二十三种本 514A
27. 清光绪三十四年(1908)上海章福记书局刻陈修园医书四十八种本 360B 931
28. 清光绪善成堂刻公余医录六种本 741 852 852C
29. 清末连元阁刻陈修园医书十五种本(附本草附录) 139 436 856
30. 清桂芸堂刻本 541
31. 清禅山文华阁刻本 931
32. 清刻本 203 282 733A 733B(存卷三、四)
33. 清末石印本 364A
34. 抄本 2
35. 见公余医录五种
36. 见公余医录六种
37. 见南雅堂医书全集
38. 见陈修园医书十五、十六、十八、二十一、二十三、二十四、二十八、三十、三十二、三十六、四十、四十八、五十、七十种

01404 02455 **本草经疏辑要**八卷 1809

附朱紫垣痘疹秘要等五篇一卷、集效方一卷

(清)吴世铠(怀祖)编

1. 清嘉庆十四年(1809)书带草堂刻本 1 2 3 21 139 139A 186 203 270 277 289(存卷六、七) 308 385 433A 475A 476 491 541 572 589 590 664 677A 709 715 728A 731 734 736A 839A 851 939 940
2. 清光绪十一年(1885)体元堂刻本 270 851 852 871
3. 清光绪十一年(1885)体元堂刻锦文堂印本 461 799A 907C
4. 清末抄本 738A

01405 02456 **本经疏证**十二卷 1837

本经续疏六卷

本经序疏要八卷

(清)邹澍(润安、闰庵)撰

1. 清道光二十九年(1849)刻本 1 2 7 21 139 139A(存疏证) 185 202 251 277 280 281A 308A(缺疏证) 385A 391 396 401 412A 432 475A 476 521 529 541(缺续疏) 570(存疏要) 579 590(存疏要) 651 664 677A(存疏要) 709 712 713 722 728B 731 735 737 738A 839A 851 917A 943
2. 清同治十二年(1873)张周卿三原反经堂刻本 1 3 21 139(存序疏要) 203 279 289(存续疏) 361 381 385B 393(存续疏) 396 401 405(存疏证) 408 412A 412B 413 417 421 434(存疏证) 514A 664 732(存疏证) 736(存疏证) 737 746A 781 839A 852 891 907B 917A
3. 清光绪常州长年医局刻本 1 2 3 9 21 139 186 202 203 277 279 289 308A 351 361 381 385A 385B 396 412A 433A 434(存疏要) 461 491 514A 529A 570 590 664 710 716 728A(残) 731 732 733 734A 736(存疏证) 736C 737(缺疏要卷四至八) 739A(存疏证) 739B 746A 831 839A 852 852B 907C 921 939 940
4. 清光绪常州长年医局刻麟玉山房印本 450B 589 664 728A(存续疏) 738
5. 清光绪常州长年医局刻常郡晋升山房印本 280 475A 738A 738B 746A
6. 清刻本 383 701(存十九卷) 728A(残) 733A 736A 852D
7. 节抄本(题本经疏证精华) 702 901

01406 02457 **本草三家合注**六卷 [1850]

又名神农本草经合注

附神农本草经百种录一卷

(清)郭汝骢(小陶)编

1. 清道光宛平李佐尧刻本 139 511
2. 清聚经阁刻本 1 139 186 202 203 251 277 279 280 281A 351 361 461 475A 491 511 570 589 677A 713 831 852 891 901 917A 922 926A 931 940 942B
3. 清内邑青云阁刻本 1 3 139 203 279 361 475A 491 514A 529A 529B 651(残) 728A 740J 799A 831 852 854 855 856 858 871 901 907C
4. 清两仪堂刻本 1 2 139 202 203 277 289 301 302 361 362 381 391 393 421 450 450B 491 521 529A 572 590 651 664 712 713 728A 731 736B 737 740C 740D 741 746A 799A 800 831 896A 907B 911 917A 921 931 940
5. 清宏道堂刻本 799A 852C
6. 清内邑文庙公板局刻本 279 308A 529A
7. 清四川铜邑荣丰堂刻本 852 907C
8. 清瀛洲书局刻本 800 852
9. 清光绪十六年(1890)小琅嬛阁刻本 1 308A 734A 891 940
10. 清光绪二十九年(1903)中文书屋刻本 734 XA
11. 清光绪二十九年(1903)上海飞鸿阁书庄石印本 202(残) 279 385A(残) 401 412B 461
12. 清光绪三十四年(1908)上海理文轩书庄石印本 139 541 702 731 736 737 931
13. 清光绪泸县文汇堂刻本 286 396
14. 清光绪花县骆浩泉广州登云阁刻本 931
15. 清宣统元年(1909)镜清书屋刻本 529A 738
16. 清宣统元年(1909)镜清书屋刻汉文书屋印本 202 524 731 799 852 926A 939
17. 清宣统元年(1909)镜清书屋刻益元书屋印本 4 139 186 202 203 279 308 361 381 475A 529A 651 733B 734 737 739A 781 854
18. 清刻本 1 2 21 139 139A 140 152 202 252 277 279 289 301 364A 366 391 413 435 462 476 511 541 570 579 664 708 710 721 733A 737 741 839A 851 852 852P 852S 853 859 907C
19. 清抄本 1 361 854
20. 清石印本 139A 721
21. 杨万明节抄本 139

01407 00000 **本草经考注**十八卷 [1854]
(日)森立之(立夫、枳园)撰
稿本 TB

01408 02458 **注解神农本草经**九卷卷首一卷 1885
(清)汪宏(广庵)编注
1. 清光绪十四年(1888)会贤堂刻本 738B
2. 见汪氏医学六种

01409 02459 **汤液本草经雅正**十卷 1885
(清)钱敏捷(勤民) 钱雅乐(韵之) 质和(淡人)撰
稿本 590

01410 02460 **神农本草经指归**四卷附录一卷 1885
(清)戈颂平(直斋、直哉)撰
1. 抄本 590
2. 见戈氏医学丛书

01411 02461 **神农本草经经释**一卷 [1887]
又名神农本经经释
(清)姜国伊(尹人)撰
1. 清光绪九年(1883)刻十八年(1892)成都黄氏茹古书局汇印姜氏医学丛书本 139 152 279 280 289 361 393 412A 412B 475A 514A 529A 589 590 664 709 799A 852B 854 891 896A 926A 942B
2. 见姜氏医学丛书
3. 见守中正斋丛书

01412 02462 **神农本草经摘谈**一卷 [1894]
(清)陆懋修(九芝、勉旃、江左下工、林屋山人)撰
清末稿本 1

01413 02463 **神农本草经解故**八卷 1896
又名神农本经解故
(日)铃木素行(目耕道人)撰

1. 稿本 139
2. 抄本(十二卷) 476

01414 02469 **本经阐幽辑要**一卷 1898
又名神农本草经徐陈注合纂
原题(清)徐大椿(灵胎、洄溪老人) 陈念祖(修园、良有、慎修)等纂
1. 清冬友抄本 570
2. 清光绪二十四年(1898)冬友抄本 570

01415 02465 **神农本草经校注**三卷 1900
(清)莫文泉(枚士、苕川迂叟)校注
清光绪二十六年(1900)归安月河莫文泉自刻本 8 152 286 590 677A 728A 731 851

01416 02466 **本草崇原集说**三卷附录一卷 [1909]
又名本草崇原集解
(清)仲学辂(昂庭)撰
清宣统二年(1910)钱塘仲学辂自刻本 2 3 21 139 152 185 186 202 203 251 254 279 280 281A 286 289 303 308A 361 391 396 412B 475A 476 491 511 514A 529A 529B 541 546 570 572 579 589 590 651 664 677A 709 715 721 728A 728B 731 734 734A 736A 736E 737 737A 738 738A 738B 740A 740B 799A 800 831 839A 852 871 907B 907C 917A 926A 931 939 940

01417 02467 **神农本草经抄今注**不分卷 1910
著者佚名
清末抄本 139(残)

01418 02468 **神农本草经集注**一卷 [1911]
著者佚名
1. 清张铭甫抄本 541
2. 抄本 2

5.2 历代本草

5.2.1 唐及唐以前

01419 02478 **药录**一卷 [220]
(魏)李当之撰
见说郛(一百二十卷本)

01420 02479 **吴氏本草**不分卷 [239]
又名吴普本草
(魏)吴普原撰 (清)焦循(理堂)辑
清乾隆五十八年(1793)稿本 541

01421 02480 **吴氏本草**一卷 [239]
又名吴普本草
(魏)吴普原撰 (清)曹元忠(夔一、揆一、君直、凌波居士)辑
清抄本 542(3叶)

01422 02482 **新修本草**二十卷 659
又名唐卷子本新修本草、唐本草
(唐)苏敬等撰
1. 日本天保三年(1832)稿本 TB(存卷三至十一、十三、十四、十六)
2. 日本文久二年(1862)刻本 651
3. 清光绪十五年(1889)德清傅云龙刻本(据日本仁和寺簑喜庐丛书卷子本影刻,原存卷三至五、十二至十五、十七至二十) 1 3 7 9 139 185 251 277 279 280 286 308(残) 392 462 512 541 572 589 590 651 702 712 728A 731 831 851 852 852C 901 914 917A 939
4. 日本影抄本[据日本天平三年(731)古写本] TB(存卷四、五、十二至十五、十七至二十)
5. 日本影抄本(据卷子本) 3 7 185 701 TB(存卷四、五、十二至十五、十七至二十)

5.2.2 宋辽金元

01423 02483 **经史证类大观本草**三十一卷 1108
又名大观经史证类备急本草、经史证类大全本草
(宋)唐慎微(审元)原撰 艾晟(叔来)校补
1. 宋嘉定四年(1211)刘甲刻本 1
2. 元大德六年(1302)宗文书院刻本(附本草衍义二十卷) 1(存卷二、十三至二十四、二十八至三十一) 7(有抄配) 279(存卷四、五) 541(残) 570(存卷二) 590(存卷二) 737(有补配) TA(清·杨守敬题跋) TB(清·杨守敬题跋)

3. 元刻本（附本草衍义二十卷） 1（存七叶） 541（有配补） TA（存卷二至七、九至十二、十四至十六、十八、十九、二十三至二十五、二十九至三十一）
4. 明万历五年（1577）宣郡王秋尚义堂刻本 6 139 202 491 541 590 733 734A 735 852 907B 940（存卷一至十一） TA TB
5. 明万历二十八年（1600）武昌朱朝望籍山书院刻本 1 2 381 382 514A 589 651（残） 721 871 907C TA TD
6. 明万历二十八年（1600）武昌朱朝望籍山书院刻三十八年（1610）夏邑彭端吾重修本 1 2 3 7（残） 393 529A 541 590 651（清·丁丙跋） 734A 831 851 852 939 TB
7. 明万历二十八年（1600）武昌朱朝望籍山书院刻三十八年（1610）夏邑彭端吾、清顺治十四年（1657）杨必达递修本 3 139 186 251 270 301（存卷十三至三十） 541（清·曹元忠跋） 831 852
8. 明刻本 1 139 733（存卷十至二十、二十四至二十九） 852（存卷十三）
9. 日本安永四年（1775）江都医官望草玄刻本 251 461（残） 541 739
10. 清光绪三十年（1904）武昌柯逢时影宋刻本（附大观本草札记） 1 2 4B 7 9 21 139 202 204 251 277（残） 280 286 289 308A 361 381 391 412B 432 450A（存卷一至二十三） 476 541 570 579 590 651 664 677A 701 721 728A 731 738 746A 781（清·杨守敬题跋） 791 799 799A 800 831 839A 851 852 853 896A 917A
11. 清光绪三十年（1904）武昌柯逢时影宋刻朱印本 1 TB（清·杨守敬校）
12. 朝鲜刻本（据元大德本翻刻） TB（清·杨守敬题跋）
13. 见武昌医学馆丛书

01424 02484 **本草衍义**二十卷 1116

（宋）寇宗奭撰

1. 宋淳熙十二年（1185）江西转运司刻庆元元年（1195）重修本 1
2. 宋刻本 1（存卷一至十一）
3. 元大德六年（1302）宗文书院刻本 541（存卷一至十七）
4. 元刻本 1（存卷九至二十） 7（有抄配） 139 TA（覆宋宣和元年本，清·杨守敬题跋）
5. 日本文政六年（1823）丹波元胤刻卫生汇编本 3 799A TB
6. 清光绪三年（1877）归安陆心源刻十万卷楼丛书本 1 2 3 4F 21 139 152 186 203 270 281A 286 391 412A 433 450B 461 462 475A 491 511 514A 541 570 572 590 651 664 677A 702 706 707 731 732A 737 738B 738C 739 739A 741 746A 831 852A 951 XE
7. 清宣统二年（1910）湖北柯逢时武昌医馆刻本（附校记一卷） 2 21 139 202 360A 443 450A 475A 476 491 493 541 579 728B 738 738B 781 799 799A 800 831 851 853 917A 942B
8. 清抄本（附本草衍义补遗） 1
9. 见武昌医学馆丛书
10. 见卫生汇编第一集

01425 02485 **新编证类图注本草**四十二卷序例五卷 [1116]

又名类编图经集注衍义本草、图经衍义本草、类要图注本草

（宋）唐慎微（审元）原撰 寇宗奭编 许洪（可人） 刘明之（信甫、桃溪居士）校正

1. 元建明坊刻本 140（存卷七至十、十二至十四） TD（邓邦述题记）
2. 元僧慧昌刻本 139（存序例、目录、卷一至三） 831
3. 元刻本 1（存序例、卷一至六、十七至四十二） TB（存卷四、五、十六至二十）
4. 见道藏

01426 02486 **（绍兴校定）经史证类备急本草**二十二卷 1159

又名绍兴校定本草、绍兴本草

（宋）唐慎微（审元）原撰 王继先等校定

1. 日本天保七年（1836）神谷克桢抄本（十九卷） 7
2. 清抄本（五卷） 570（存卷一至四）
3. 日本抄本（五卷） TB TD

01427 02487 **（增广）和剂局方指南总论**三卷 1208
又名（增广）太平惠民和剂局方用药总论
（宋）许洪（可人）编
1. 清嘉庆十年（1805）虞山张海鹏照旷阁刻学津讨原本 139 734 851
2. 清道光渤海高承勋续刻知不足斋丛书本 363
3. 清抄本 7 139
4. 日本抄本 TB
5. 见太平惠民和剂局方（版本附录）

01428 02488 **（增广）和剂局方图经本草药性总论**一卷 ［1216］
（宋）刘明之（信甫、桃溪居士）编
见太平惠民和剂局方（版本附录）

01429 02489 **履巉岩本草**三卷 1220
（宋）王介（圣与、默庵）编绘
明抄彩绘本 1

01430 02490 **洁古珍珠囊**一卷 ［1234］
（金）张元素（洁古）撰
1. 明嘉靖万卷楼抄本（题李东垣先生珍珠囊） 139
2. 见济生拔粹

01431 02491 **宝庆本草折衷**二十卷 1242
（宋）陈衍（万卿、丹丘隐者）撰
元刻本 1（存卷一至十三）

01432 02492 **重修政和经史证类备用本草**三十卷 1249
又名重修政和本草
（宋）唐慎微（审元）原撰 曹孝忠校 （元）张存惠（魏卿）校补
1. 蒙古定宗四年（1249）平阳张存惠晦明轩刻本 1（清·钱谦益跋） 301（存卷六至三十） 541（存目录一卷） 590（存卷六、三十） 651（存二十卷，缩微胶卷） TA（存卷三至九、十一、十二、十四至二十三、二十七）
2. 明成化四年（1468）山东原杰雷复等刻本（据平水许宅本） 1 2 3 139 301（存卷一至十一） 393 579 589 651 702 731 733（存卷十三至三十） 852（存卷六、七、十、十一、十九至二十二、二十七至三十） TA TB
3. 明嘉靖二年（1523）山东陈凤梧刻本〔据成化四年（1468）山东原杰雷复等刻本〕 7 139 277 381 412A 421 462 541 651 731 739 799 800 851 852 901（存卷十一至十五、二十三）
4. 明嘉靖十六年（1537）楚府崇本书院刻本 3（存卷十二至三十） 202 251 279 491 TA
5. 明嘉靖三十一年（1552）山东周珫李迁刻本〔据嘉靖二年（1523）山东陈凤梧刻本〕 1 2 3 7 139 186 301（存卷一至十一） 361 385A 397 462 476 541 590 702 721 731 732（存卷二十三至二十六） 733 831 851 852（存卷八至十三、二十三至二十五） 891 TA
6. 明隆庆四年（1570）海丰谷中虚刻本 2 3 6 7 139 461（存二十八卷） 476 651（清·丁丙跋） 677A 852 939 TA
7. 明隆庆六年（1572）青阳施笃臣中阳曹科刻本 1 2 7 253 361 412B 461（公文纸印本，罗振玉题识） 570 590 651 851 852 907B TA
8. 明万历五年（1577）蜀府陈瑛刻本 3
9. 明万历六年（1578）书林杨先春归仁斋刻本 1 139 476 590 651 852 TA
10. 明万历十五年（1587）内府刻本 1 3 139 301 366 476 541 651（清·丁丙跋）
11. 明天启四年（1624）胡驯陈新刻本 139 251 351 851
12. 明金陵唐氏富春堂刻本 1 3（存卷二十三） 381
13. 明刻本 1 2 7 203 301（存卷一至十一） 308A（存卷一至十） 381 541（有配补） 651 721（存卷一、二） 731 731A（残） 732（存卷一、二十三） 733（存卷三至五、十至十一、十九至二十二、二十七至三十） 740（残） 781（存二十九卷） 852
14. 日本刻本 139（残）

15. 明万历间朝鲜刻本（据成化本翻刻）　TB
16. 见四库全书

01433 **禅本草**一卷　［1279］
02493 （宋释）慧日撰
见说郛

01434 **汤液本草**三卷　1308
02494 （元）王好古（进之、海藏）撰
1. 明嘉靖八年（1529）辽藩朱宠瀼梅南书屋刻东垣十书本（二卷）　139　462　541（存下卷）
2. 明万历二十九年（1601）新安吴勉学刻古今医统正脉全书本　139　202　286　302　308A　391　461　476　523　706　728A　731
3. 明刻本　1　7（二卷有抄配）　139　421　491　493　514A　521　529　651　716　733　740B　944（存卷一、二）
4. 清光绪七年（1881）羊城云林阁刻东垣十书本　139　361　433A　461　476　677A　732
5. 清光绪十八年（1892）浙江书局刻三十三年（1907）京师医局重修古今医统正脉全书本　139　202　491　926A
6. 清光绪三十四年（1908）肇经堂刻东垣十书本　852　852S　871　907C
7. 清刻本　139　139A　381　391　396　401　475A　491　529B　541　721　728　733A　740A　741　799　851　852　852D　854　891　922　XE
8. 清抄本　2　590　917A
9. 日本刻本　2　21
10. 日本抄本　3
11. 见东垣十书（又名医学十书）
12. 见古今医统正脉全书
13. 见四库全书

01435 **本草元命苞**九卷　1331
02495 （元）尚从善（仲良）撰
清嘉庆二年（1797）吴县黄丕烈补抄本　139（存卷五至九）

01436 **本草衍义补遗**一卷　1347
02496 （元）朱震亨（彦修、丹溪）撰
1. 明嘉靖十五年（1536）刻丹溪心法附余本　731
2. 见本草衍义（版本附录）
3. 丹溪心法类集
4. 见丹溪心法附余（书首）

01437 **本草发挥**四卷　1368
02497 （元）徐彦纯（用诚）撰
1. 明刻本　2　523　733（残）　896A
2. 明刻薛氏医按二十四种本　366
3. 清聚锦堂刻薛氏医按二十四种本　731　736C
4. 清刻本　412A
5. 见薛氏医按二十四种

5.2.3　明代

01438 **滇南本草**三卷　［1436］
02498 又名滇南草本、滇南草本图注
原题（明）兰茂（廷秀、止庵、和光道人）撰
1. 清初云南刻本　139
2. 清光绪十三年（1887）昆明务本堂刻本（附医门揽要）　1　6　8　139　152　202　279　286　289　450A　491　514A　541　589　664　732　737　800　831　832　851　852　871　901　907B　922
3. 清刻本　353　728A
4. 抄本　1（二卷）　139

01439 **本草纂要**不分卷　［1445］
02639 （明）郑一先撰
清谢岐庵抄本　1（附于陶华《伤寒家秘六书》后）

01440 **本草集要**八卷　1500
02499 又名王氏本草集要
（明）王纶（汝言、节斋）编
1. 明正德六年（1511）罗汝声刻本　476（存五卷）
2. 明嘉靖八年（1529）王孚刻本　1
3. 明嘉靖章元纶刻本　590　TD
4. 明万历三十年（1602）闽建书林刘龙田乔山堂刻本　572
5. 明刻本　139　701（存卷二、三）
6. 明抄本　733（存卷五至八）

01441 **神农本经会通**十卷　［1500］
02500 （明）滕弘（可斋）辑
明万历四十五年（1617）邵阳滕万里刻本　2

01442 **雷公炮制药性赋解**十卷 1501
02526 辑者佚名

子目：

（1）珍珠囊指掌补遗药性赋四卷 原题（金）李杲编

（2）雷公炮制药性解六卷 （明）李中梓编 钱允治补

1. 明末刻本 734（扉页题雷公炮制药性赋注解合集）
2. 清乾隆三十九年（1774）金阊古讲堂刻本 139
3. 清乾隆四十一年（1776）金陵四教堂刻本 139 391
4. 清乾隆四十一年（1776）金陵四教堂刻培仁堂印本 391
5. 清乾隆五十年（1785）金阊传万堂刻本 361 411 852
6. 清乾隆末杏园刻本 3 740B
7. 清乾隆刻本 664
8. 清乾隆三十九年（1774）金阊古讲堂刻嘉庆九年（1804）印本 381 412A
9. 清嘉庆二十四年（1819）刻本 365
10. 清中期玉振堂刻本 308A
11. 清道光元年（1821）扫叶山房刻本 1 139 461 514A
12. 清道光三年（1823）武林三德堂刻本 381 412A
13. 清道光三年（1823）金阊绿荫堂刻本 277 301 412B 852
14. 清道光十八年（1838）金阊会文堂刻本 279 301 746A
15. 清道光二十二年（1842）绍兴丽泽堂刻本 302 308A（药性赋缺卷四）
16. 清光绪五年（1879）上洋紫文阁刻本 279 493 523 734 738A 896A
17. 清光绪六年（1880）姑苏绿润堂刻本 677A 736B 746A
18. 清光绪十二年（1886）上海江左书林刻本 139 301 514A 677A 728A 734A 799A
19. 清光绪十三年（1887）善成堂刻本 140 270 279 364 385 431 651 677A 738A 911
20. 清光绪十三年（1887）群玉山房刻本 1 475A 521 590 734 736B 740A 746A（残）
21. 清光绪十三年（1887）群玉山房刻苏州扫叶山房印本 1 139 202 277 289（缺雷公炮制卷一至三） 301 303 308A 461 476 514A 522 529B 664 677A 746A
22. 清光绪十三年（1887）群玉山房刻浙绍奎照楼印本 450A 664
23. 清光绪十九年（1894）上海珍艺书局铅印本 709
24. 清光绪二十年（1894）上海文瑞楼石印本 9 139 251 461 677A 734A 736
25. 清光绪二十三年（1897）南京李光明庄刻本 251 277 289 301 492 677A 701 852
26. 清光绪二十六年（1900）文宜书局石印本 677A
27. 清光绪三十一年（1905）章福记书局石印本 186 302 438 734A 931 942B
28. 清光绪三十一年（1905）校经山房刻本 277 301 467 475A 523 734A 739
29. 清光绪三十三年（1907）锦文堂石印本 301 391 491 521 728A 734A
30. 清光绪三十四年（1908）苏州振新书社石印本 301 664 734A 736B 799A 931
31. 清光绪三十四年（1908）上海普新书局石印本 746A（残）
32. 清光绪文成堂刻本 467 702
33. 清宣统二年（1910）扫叶山房石印本 139 461 907B
34. 清宣统三年（1911）江东书局石印本 277 461 522
35. 清宣统三年（1911）上海会文堂书局石印本 270 279 288 385 461 522 529B 590 721 734A 735A（残） 907B
36. 清上海文渊山房刻本 391
37. 清江阴宝文堂刻本 799A（残）
38. 清经纶堂刻本 139 140 186 289 746A 839 921 940

39. 清桂华楼刻本　741
40. 清桂华楼刻文盛堂印本　302　351　401　651　728A　852　896A
41. 清资善堂刻本　351
42. 清宏道堂刻本　734A
43. 清大文堂刻本　737
44. 清聚文堂刻本　140
45. 清三槐堂刻本　3
46. 清经国堂刻本　475A　590
47. 清丹阳文星堂兴记书局刻本　270
48. 清刻本　1　381　491　590　651　735　831　891　922
49. 清末石印本　361　735A　737

01443
02501
（御制）本草品汇精要四十二卷　1505
（明）刘文泰等撰　王世昌等绘
1. 明抄彩绘本　1（存卷一、二、十三、二十四至二十六、三十、三十二、三十四、三十五、四十）
2. 清康熙三十九年（1700）抄绘本　1（存十二卷）
3. 清康熙四十年（1701）进呈朱墨写本　140
4. 清抄绘本　204（存四册）
5. 清抄本　2（存二十六卷）　139（存十一卷）　541（存二卷）

01444
02504
古庵药鉴二卷　［1536］
（明）方广（约之、古庵）撰
1. 陶湘抄本　2（残）
2. 见丹溪心法附余医经大旨本草发明医法指南

01445
02506
十二经络脏腑病情药性一卷　1549
（明）彭用光撰
1. 抄本　139
2. 见体仁汇编

01446
02505
释药集韵二卷　［1554］
又名释药
（明）程伊（宗衡、月溪）撰
明嘉靖四十年（1561）刻本　1（存卷一）

01447
02507
滇南本草图说十二卷　1556
原题（明）兰茂（廷秀、止庵、和光道人）撰　范洪（守一子）述　（清）高宏业辑
清乾隆三十八年（1773）昆明朱景阳抄本　139（存卷三至十二）

01448
02508
本草纂要十二卷　1565
又名本草纂要至宝
（明）方谷（龙潭）撰
1. 明万历十五年（1587）杨鹤泉抄本　475A　590（存九卷）
2. 抄本　738A（存九卷）

01449
02509
本草蒙筌十二卷总论一卷　1565
又名撮要便览本草蒙筌、图像本草蒙筌、撮要本草蒙筌、本草发明蒙筌
（明）陈嘉谟（廷采、月朋子）撰
1. 明万历元年（1573）金陵周曰校仁寿堂刻本　590
2. 明万历醉耕堂刻本（题图像本草蒙筌）　139　421
3. 明万历谭阳刘肇庆刻本　721
4. 明崇祯元年（1628）宛陵香醉庵释在喆刻本（七卷总论一卷）　1　541（存卷一至五）　572　651
5. 明崇祯元年（1628）金陵刘孔敦万卷楼刻本（附历代名医考及药图）　1　2　139　421　541　677A　721
6. 明书林刘氏本诚书堂刻本（题撮要便览本草蒙筌七卷）　7　462　651
7. 明末醉耕堂刻本（附历代名医考及药图）　421　721
8. 明刻本　1　2　139　289　351　721　738B　939　942B
9. 明刻清文茂堂重修本　139
10. 清初刻本　139
11. 清抄本　529A　570

01450
02686
（春庄肤见）本草发明不分卷　［1566］
（明）黄炫（春庄）编
明抄本　590

01451
02510
本草发明六卷　1578
（明）皇甫嵩（灵石山人）编
明万历六年（1578）吴县陈子春刻本　139（存卷一至四）　541（明善堂旧藏）　731

01452
02511
本草纲目五十二卷卷首一卷附图二卷　1578
（明）李时珍（东璧、濒湖）撰　李建中　李建元校正　李建元　李建木图
1. 明万历二十一年（1593）金陵胡承龙初刻本　139　541
2. 明万历三十一年（1603）夏良心张鼎思江

西刻本（附濒湖脉学、奇经八脉考） 1 3（缺卷三十九至四十二） 139 140 186（残） 289 301 302 462 521 541 570 590 728A 731 733（存十六卷） 733（存五十三卷） 851 852 TA
3. 明万历三十四年（1606）晋江薛三才杨道会湖北刻本（附濒湖脉学、脉诀考证、奇经八脉考） 139（残） 541 590 651（残） 733
4. 明万历刻本 1（残） 185 253 570 715
5. 明崇祯十三年（1640）武林钱蔚起杭州六有堂刻本 3 139 203 385A 476 542 590 907C 931 939（残） TB
6. 明末刻石渠阁重修本〔据明万历三十一年（1603）夏良心张鼎思江西刻本翻刻〕 1 21 907B
7. 明刻本 8（存卷八至十七、二十七至四十六） 204 366 541
8. 明万历三十一年（1603）夏良心张鼎思江西刻清初立达堂印本 1
9. 明崇祯十三年（1640）武林钱蔚起杭州六有堂刻清顺治十二年（1655）武林吴毓昌太和堂重修本（附濒湖脉学、脉诀考证、奇经八脉考、本草万方针线） 1 2 3 7 139 185 186 251 288 289（存五卷） 303 308A 381 383 408 413A 514A 541 651 677A 702 721 731 736E 738A 781 831 839A 851 852 917A
10. 清顺治十五年（1658）三韩张朝璘刻本 1 2 4C 4F 21 139 139A 140 185 289 351 391（缺卷三至六） 412A 421 451 454 461 462 514A 572 651 721 731 733 741
11. 清顺治十五年（1658）三韩张朝璘刻乾隆清畏堂重修本（附濒湖脉学、奇经八脉考、脉诀考证、本草万方针线、本草纲目拾遗） 21 391 734A
12. 清顺治刻本 366 398 462 542 570 664 708 721 740G
13. 清康熙二十三年（1684）金阊绿荫堂文雅堂刻本 7 361 393 417 462 721 731
14. 日本正德四年（1714）含英豫章堂刻本（附濒湖脉学、脉诀考证、奇经八脉考、本草图翼、结髦居别集） 139 301 421 450 461 572 TA
15. 清康熙本立堂刻本（附濒湖脉学脉诀考证奇经八脉考） 1 252 279 541 590 702 733
16. 清康熙芥子园刻本（附濒湖脉学本草万方针线） 139 203 511 702 734A 736B 738E
17. 清雍正十三年（1735）三乐斋刻本 1 203 301 366 382 401 732 740B 852A
18. 清雍正十三年（1735）三乐斋刻乾隆三十二年（1767）增刻本（附濒湖脉学、脉诀考证、奇经八脉考、本草万方针线） 8 139（残） 140 361（缺卷十二） 412A（缺二十二卷） 530 711 944
19. 清雍正十三年（1735）三乐斋刻乾隆三十二年（1767）增刻衣德堂印本（附濒湖脉学、脉诀考证、奇经八脉考、本草万方针线） 139（残） 277（残） 279 301 738A 917A
20. 清乾隆四十九年（1784）金阊书业堂刻本（附濒湖脉学、奇经八脉考、本草万方针线） 3 202 301 303 351 353 361 363 381 385 391 412A 461 475A 521 525 590 664 701 702 728A 733 733B 734 734A 734B 737 738 740E 741（缺卷九、五十二） 852S 911 940（缺卷十四）
21. 清道光六年（1826）英德堂刻本（附濒湖脉学、脉诀考证、奇经八脉考、本草万方针线） 1 7 21 139 185 202 302 314 363 450A 461 651 721 743（存五十六卷） 940 944
22. 清道光十三年（1833）本立堂刻本（附奇经八脉考、本草万方针线） 435 491 570
23. 清道光十五年（1835）务本堂刻本（附濒湖脉学、脉诀考证、奇经八脉考、本草万方针线、本草纲目拾遗） 21 139 139A

140　308A　433A　706　734A　736A　738A　907C　942B　XA

24. 清道光二十五年(1845)文光堂刻本　21　140　301　385A　570　926A

25. 清道光二十九年(1849)苏州天德堂刻本(附本草万方针线、濒湖脉学、脉诀考证、四言举要、奇经八脉考)　186

26. 清道光三十年(1850)翰苑阁刻本　664　731

27. 清道光刻本　251　912

28. 清同治六年(1867)成都藜照书屋刻本　907C

29. 清同治六年(1867)天德堂刻本　434　854　856　907C

30. 清同治十年(1871)古心堂刻本(附濒湖脉学、脉诀考证、奇经八脉考、本草万方针线)　734A

31. 清同治十一年(1872)芥子园重刻本(附濒湖脉学、脉诀考证、奇经八脉考、本草万方针线)　1　8　139　140　145　185　289(残)　302　308A　398　418(存序例)　433A　461　467　522　589　590　651　665　677A　709　714　715　721　728　728A　733B　734A　736B　738A　740A　740C　741　742A　746A　781　831　834　851　852　852C　852M　852R　856　931　940

32. 清同治十一年(1872)书业堂刻本　1　391　401　702

33. 清同治十一年(1872)善成堂刻本　522　721

34. 清同治十一年(1872)刻本　145　434　493　852T

35. 清同治刻本　677A　709

36. 清光绪元年(1875)、三十年(1904)、宣统元年(1909)上海经香阁石印本(附濒湖脉学、脉诀考证、奇经八脉考、本草万方针线、本草纲目拾遗)　139　256　288　306　412A　461　462(残)　464　467　475A　493　541　542　651　709　710　713　728A　731　734　734A　736　736B　740C　791(缺卷三至五、二十)　907C　917A　922

37. 清光绪十一年(1885)合肥张绍棠味古斋校刻本(附图三卷、濒湖脉学、脉诀考证、奇经八脉考、本草万方针线、本草纲目拾遗)　1　2　3　4I　7　9　21　139　139A　140　152　186　202　203　204　251　252　253　270　277　279　280　281A　285　286　289　301　302　306　308　308A　311　315　361　381　385　385A　385B　391　397　401　412A　412B　422　432　433　434　436　443　450A　450B　461　462　464　475A　476　491　493　511　514A　514B　521　522　529A　541　570　579　590　604　651　666　706　709　714　715　722　728　728A　731　733　734A　735　737　738　738B　739　739A　746A　781　799　799A　800　831　839A　851　852　853　854　901　907B　907C　911　921　926A　931　940　TA　TD

38. 清光绪十四年(1888)、十八年(1892)、十九年(1893)、三十三年(1907)、宣统元年(1909)鸿宝斋书局石印本(附濒湖脉学、脉诀考证、奇经八脉考、本草万方针线、本草纲目拾遗)　1　139　203　251　286　288　289　301　303　305　351　360A　392　396　401　412A　467　491　514B　521　529A　541　542　570　651　664　677A　701　702　707　709　714　728A　733　734A　736A　736B　746A　850　871　896A　901　907B　911　912　915　XD

39. 清光绪十七年(1891)古经阁刻本(附濒湖脉学、脉诀考证、奇经八脉考、本草万方针线)　139　302　413

40. 清光绪二十年(1894)、三十三年(1907)上海图书集成印书局铅印本(题增广本草纲目)　4　9　139　140　251　286　288　308A　351　361　385　396　461　462(残)　463　677A　731　733　734A　736B　737　738　738E　740C　741　746A　907B　911　931　XF

41. 清光绪二十二年(1896)刻本　139

42. 清光绪三十年(1904)上海同文书局石印

本（题增广本草纲目，附濒湖脉学、脉诀考证、奇经八脉考、本草万方针线）　139　145　315　451　651　701　732　735A　741　926A

43. 清光绪三十二年（1906）萃珍书局石印本（附本草万方针线、奇经八脉考、本草纲目拾遗）　139　734A　854　907C

44. 清光绪三十三年（1907）益元书局刻本（附濒湖脉学、奇经八脉考、本草万方针线）　746A

45. 清光绪三十三年（1907）上海华商集成书局铅印本　1　462　463　850

46. 清光绪三十四年（1908）上海商务印书馆石印本（附本草万方针线、奇经八脉考、本草纲目拾遗）　288　351　475A　839A　907C

47. 清光绪刻本　452　519　708

48. 清末广州连云阁刻本　2

49. 清春明堂刻本（附濒湖脉学、脉诀考证、奇经八脉考、本草万方针线）　270　351　381　453　907B　907C

50. 清天宝楼刻本　493　931

51. 清学源堂刻本　740A

52. 清学库山房刻本　351

53. 清同人堂刻本（附濒湖脉学、脉诀考证、奇经八脉考、本草万方针线）　367　734

54. 清福文堂刻本（附濒湖脉学、脉诀考证、奇经八脉考、本草万方针线）　308A　361（缺卷四十四）

55. 清同文堂刻本（附濒湖脉学、本草万方针线）　421（残）　462　734A　746A　852　853　854　855　876　907C

56. 清文会益刻本（附五色图谱、濒湖脉学、脉诀考证、奇经八脉考、本草万方针线）　139　301

57. 清碧梧山房刻本　453

58. 清务本书局刻本　285　931

59. 清松盛堂刻本　734A

60. 清三让睦记刻本（附本草万方针线八卷、濒湖脉学一卷、脉诀考证一卷、奇经八脉考一卷）　289　302　651　715　734A　738F　746A　831

61. 清本衙刻本（附濒湖脉学、脉诀考证、奇经八脉考、本草万方针线）　1　139（存卷一至十七、四十至五十二）

62. 清五芝堂刻本（附濒湖脉学、脉诀考证、奇经八脉考、本草万方针线、本草纲目拾遗）　139

63. 清文盛堂刻本　728A

64. 清敦化堂刻本（附本草万方针线）　139

65. 清刻本　1（题精绘五色图注本草纲目）　7　8（残）　139　203　287　288　302　305　310　311　360A　364A　366　368　391　397　398（残）　404　407A　409　410A　413　414　417　434　453　493　570　708　713　714　716　716（残）　721　728A　733　733B　734　734A　735　735A（残）　736　736A　740A　740B　740C　740D　740G　742（残）　743　831　850　852M　852S　874　931　939

66. 清石印本　1　9　287　709　740I

67. 日本刻本（附濒湖脉学、脉诀考证、奇经八脉考）　511（残）　541　733（存卷一至三、八至十、十六、十七、附录）

68. 朱丝栏抄本　140

01453 / 02502　**本草约言**四卷　［1578］

原题（明）薛己（新甫、立斋）编

子目：

（1）药性本草二卷

（2）食物本草二卷

1. 明刻本　139　570

2. 日本万治三年（1660）田原二左卫门刻本　3　7　651

01454 / 02503　**药性本草**二卷　［1578］

原题（明）薛己（新甫、立斋）编

见本草约言

01455 / 02512　**精选十二经络本草经纬**一卷　［1578］

著者佚名

明万历抄本　721

01456 / 02513　**本草便**二卷　［1587］

又名草木便

（明）张懋辰（远文）编

1. 明刻本　731

2. 见医便五卷

01457 **本草钞**一卷　［1589］
02514 （明）方有执（中行）撰
1. 见伤寒论条辨（附录）
2. 见宗圣要旨

01458 **（新刊）雷公炮制便览**五卷　［1590］
02515 （明）俞汝溪编
明刻本　1

01459 **补遗雷公炮制便览**十四卷　1591
02516 著者佚名
明万历十九年（1591）彩绘稿本　139（存十三卷）

01460 **药性类明**二卷　［1592］
02535 （明）张梓（隆阳）撰
抄本　139A

01461 **（新刻）药鉴**二卷　1598
02517 （明）杜文燮（仙源、汝和）编
1. 明万历二十六年（1598）闽建书林刘龙田乔山堂刻本　139（有抄配）
2. 清抄本　728A

01462 **（新刻）太乙仙制本草药性大全**八卷　1599
02518 （明）王文洁（冰鉴、抚东无为子）辑
明万历陈孙安积善堂刻本　139

01463 **药准**二卷　1600
02519 （明）许兆祯（培元）撰
1. 明万历刻本　1
2. 见医四书

01464 **（新刊官板）本草真诠**二卷　1602
02520 （明）杨崇魁编
明万历三十年（1602）建邑余良进怡庆堂刻本　7

01465 **草木图会**十二卷　［1607］
00000 （明）王思义（允明）编
见三才图会

01466 **本草选**六卷　1609
02521 又名本草发明切要
（明）张三锡（叔承、嗣泉）撰
1. 明万历三十八年（1610）刻崇祯十七年（1644）应天张维藩等重修医学六要本　677A
2. 明万历三十八年（1610）刻崇祯十七年（1644）应天张维藩等重修聚锦堂印医学六要本　731　939
3. 月枢阁抄本　152
4. 见医学六要

01467 **本草原始**十二卷　1612
02522 又名本草原始合雷公炮制、增图本草原始、新增图考本草原始
（明）李中立（正宇）纂辑
1. 明万历四十年（1612）雍丘李中立刻本　1　731
2. 明崇祯十一年（1638）鹿城葛鼐永怀堂刻本（与纪效新书合刻）　139　511　677A　728A（残）
3. 明抄本（原题胡景岐慎庵集注）　907B
4. 清乾隆十九年（1754）存诚堂刻本（书口镌存诚堂）　252
5. 清乾隆十九年（1754）存诚堂刻五十一年（1786）安雅堂重修本　139　286　367　412A　433A　467　896A　940
6. 清嘉庆二十三年（1818）经余堂刻本　1　186　203　252　277　351　363　366　412B　413　415　421　431（存卷一至四）　475A　476　529B　541　570　735A（存卷九至十二）　921
7. 清道光十一年（1831）三畏堂刻本　907B
8. 清道光二十四年（1844）信元堂刻本　139　203　279　289　311　351　391　461　529A　590
9. 清道光二十八年（1848）友于堂刻本　476　728A
10. 清嘉庆二十三年（1818）经余堂刻咸丰元年（1851）文会堂印本　1　139　385　393　412B
11. 清咸丰元年（1851）奎光堂刻本（题本草原始合雷公炮制）　139　514A　907C
12. 清光绪五年（1879）扫叶山房刻本（巾箱本）　139　185　412A　651　664　746A
13. 清光绪善成堂刻本（版心镌善成堂）　139　186　202　251　254　270　280　287　288　301　302　308　308A　361　365　396　491　514A　541　546　579　664　728A　731
14. 清青藜阁刻本　361　572　664　896A
15. 清青藜阁刻宏道堂印本　301　308A　799　839A　851　907C　926A
16. 清翠筠山房刻本　3　203　277　280

303 514A 529A 706 736 739A 839A 907C
17. 清四美堂刻本 279 421 461 664 738
18. 清刻本 139 286 306 360A 364A 366 381 401 414 415 433A 579 706 728A 740B 871
19. 清石印本 152 363 926A
20. 清抄本 139 251(存二卷)

01468 02524 **芷园臆草题药**一卷 1619
(明)卢复(不远、芷园)撰
见医种子(附录)

01469 02525 **本草汇言**二十卷 1619
又名绘图本草纲目汇言
(明)倪朱谟(纯宇)撰
1. 清顺治二年(1645)大成斋刻本 1 139(有抄配) 251 289 541 570 572 590 677A 709 721 737(存卷十二)
2. 清顺治二年(1645)大成斋刻康熙三十三年(1694)重修本 1 2 152(首册抄补) 185(存卷一至八) 709 731 851 911
3. 清顺治二年(1645)大成斋刻康熙三十三年(1694)重修有文堂印本 186 737(残) 741(缺卷八)
4. 抄本 1 139 831

01470 02527 **(镌补)雷公炮制药性解**六卷 1622
又名雷公药性解
(明)李中梓(士材、念莪、尽凡居士)编 钱允治校订
1. 明天启二年(1622)翁氏刻本 139 721A
2. 明末金陵唐鲤飞刻本 731
3. 明刻本 139(缩微胶卷) 270 286 461 541
4. 清乾隆十一年(1746)金阊古讲堂刻雷公炮制药性赋解本 746A
5. 清乾隆末杏园刻雷公炮制药性赋解本 746A
6. 清光绪十二年(1886)上海江左书林刻雷公炮制药性赋解本 433A
7. 清光绪十三年(1887)善成堂刻雷公炮制药性赋解本 911
8. 清光绪十三年(1887)宁波群玉山房刻雷公炮制药性赋解本 2 303 393 412A(卷一至三补配会文堂本) 421 491 541 701 709 734A 738B 740A 740B 740C 741 911 922
9. 清光绪二十三年(1897)南京李光明庄刻雷公炮制药性赋解本 186 202 523 852 891 896A
10. 清光绪三十一年(1905)上海章福记书局石印雷公炮制药性赋解本 308A
11. 清光绪三十二年(1906)苏州扫叶山房刻本 202 385A 433A 523 709 728A 738A 740B 746A 799A 917A
12. 清光绪三十三年(1907)锦文堂石印雷公炮制药性赋解本 521
13. 清光绪上海图书集成印书局铅印本 1 351
14. 清经纶堂刻雷公炮制药性赋解本 433A 731
15. 清桂华楼刻雷公炮制药性赋解本 746A
16. 清大文堂刻雷公炮制药性赋解本 139
17. 清文盛堂刻雷公炮制药性赋解本 731 741 896A
18. 清文成堂刻雷公炮制药性赋解本 709 922
19. 清刻本 1 139 139A 186 202 286 301(残) 360B 363 367 412B 461 541 664 709 713 733 735 735A(残) 736A 736B(存卷一至三) 737 740A 740B 740E 740G 746A 831 839A 921 931
20. 抄本(据明刻本影抄) 139
21. 清石印本 277 521 651 734A 735A(残) 742
22. 见雷公炮制药性赋解
23. 见订补名医指掌(版本附录)

01471 02528 **本草正**二卷 1624
又名景岳全书本草正
(明)张介宾(景岳、会卿、通一子)撰
1. 清刻景岳全书本 139 728A(残)
2. 抄本(题本草类考) 139
3. 见景岳全书

01472 02529 **分部本草妙用**十卷 1630
(明)顾逢伯(君升、友七散人)撰
明崇祯三年(1630)刻本 1(存卷一至五) 139 590(残) 721 733(存卷一至五)

01473 02530 **本草图谱**□□卷　1630
（明）周祐（淑祜）　周禧（淑禧）绘　周仲荣（荣起）撰文
明抄彩绘本　1（存三册）　139（存二册）

01474 02531 **本草征要**二卷　1637
（明）李中梓（士材、念莪、尽凡居士）编
1. 抄本　139（节抄）　514A　572　651　721　851　931
2. 见医宗必读（卷三、四）

01475 02533 **药症忌宜**一卷　1641
（明）陈澈（三山、雪潭）辑
1. 清同治九年至光绪五年（1870—1879）古冈刘晚荣藏修书屋刻述古丛钞本　1　140　203　308A　461　462　579　589　590　651　665　702　731　781　839A　851　852
2. 清同治九年至光绪五年（1870—1879）新会刘晚荣藏修书屋刻光绪十六年（1890）增刻汇印藏修堂丛书本　1　739　853
3. 抄本　139　907C
4. 见雪潭居医约
5. 见述古丛钞
6. 见翠琅玕馆丛书（黄任恒重辑）
7. 见藏修堂丛书

01476 00000 **（缪仲淳先生）诸药治例**一卷　［1641］
辑者佚名
明抄本　572

01477 02682 **药性单方**四卷　［1644］
著者佚名
明末还朴堂刻本　590（存卷四）

01478 02534 **药品化义**十三卷　［1644］
（明）贾所学（九如）撰　（清）李延昰（辰山、期叔）补订
1. 清康熙十九年（1680）赵郡李延昰刻本　139　186　475A　736　851　907C
2. 清道光二十八年（1848）朱丹葽江西督粮道署刻本　907B
3. 清光绪三十年（1904）滇南朱家宝天津文华印字馆铅印本　3　186　203　279　286　287　289　521　871　907C
4. 清光绪三十二年（1906）北京郁文书局铅印本　3　139　139A　152　279　280　491　523　529A　541　572　590　664　677A　746A　871
5. 清抄本　8
6. 涤浴草堂抄本　590
7. 抄本　139A　738

01479 02536 **药性便览**二卷　［1644］
（明）戚日旻（肇升）撰
1. 清抄本（题著者佚名）　1
2. 抄本　2

01480 02537 **禅门本草补**一卷　［1644］
（明）袁中道撰
见说郛续

01481 00000 **药名异谱**一卷　1645
著者佚名
见水边林下

01482 02538 **本草乘雅半偈**十一卷　1647
（明）卢之颐（子繇、繇生、晋公）撰
1. 清顺治四年（1647）钱塘卢之颐月枢阁刻本　139　140　152　185　279　590　733（存卷一至四）　738A　851　TA
2. 清抄本　651
3. 抄本　2　139　677A　731　738B　917A
4. 清四库全书本　542
5. 见四库全书

01483 02539 **本草通玄**二卷　1655
又名本草通元
（明）李中梓（士材、念莪、尽凡居士）撰
1. 清康熙十七年（1678）云南刻本　3　139　677A　877
2. 清光绪十三年（1887）上海江左书林刻士材三书本（四卷）　728A
3. 清光绪三十一年（1905）善成堂刻士材三书本　529A　852　901　907C
4. 清刻本　360B　362　391　434（存卷三、四）　709
5. 清抄本　139　251　313　570　701
6. 抄本　521
7. 见士材三书

5.2.4　清代

01484 02540 **本草汇笺**十卷首一卷末一卷图一卷　1660
又名增补图像本草备要汇笺
（清）顾元交（焉文、敷尹）撰

1. 清康熙五年（1666）龙耕堂刻本 1 139 277 570 677A 721

2. 清康熙五年（1666）龙耕堂刻友石居印本 590

3. 清康熙五年（1666）龙耕堂刻古吴振秀堂印本 590 651

01485 02541 **本草洞诠**二十卷 1661

（清）沈穆（石匏）撰

1. 清顺治十八年（1661）吴兴沈氏家刻本 3 139 139A 541 570

2. 日本抄本 3

01486 00000 **药性备考**一卷 1663

（清）张志聪（隐庵）撰

见医学要诀

01487 02542 **本草述**三十二卷卷首一卷 1664

（清）刘若金（用汝、云密、蠡园逸叟）撰

1. 清康熙三十九年（1700）忠救堂刻本 4C 139 185 308A（卷三十一至三十二配补还读山房本） 381 475A 541 721

2. 清嘉庆十五年（1810）武进薛恮还读山房刻本（版心镌还读山房） 1 6 21 139 139A 140 152 203 251 270 277 280（存卷八至三十二） 286 289 308A 351 381 385B 393 401 412B 433 443 450 461 475A 493 511 522 579 590 651 677A 706 707 721 728A 731 732 733（存卷六、八至十四、二十三） 734 734A（存卷十至三十二） 736A 739 739A 781 839A 850 852 852A 871 907B 907C 911 939 940 XE

3. 清嘉庆十五年（1810）武进薛恮还读山房刻光绪二年（1876）姑苏来青阁印本 1 2 3 9 139 186 251 279 302 361 412A 461 462 476 491 512 514A 522 529A 541 589 664 677A 706 709 728A（残） 732 736A（存卷首、一至四、八） 736B 737 738 738A 738B 746A 800 851 854（残） 907C 917A 926A 940

4. 清刻本 708 901

01488 02543 **（新镌）本草纲目类纂必读**十二卷卷首二卷主治必读四卷图说十一卷 1666

何氏家传集效方二卷

何氏附方济生论必读十八卷

（清）何镇（龙符、培元）纂辑

清康熙十五年（1767）古延张氏毓麟堂刻本 2 3 186（缺卷首二卷） 572 590（存类纂必读十二卷、图说十一卷、何氏附方济生论必读五卷） 651（缺何氏家传保效方二卷、类纂必读首二卷、何氏附方济生论卷一至五、十二至十八）

01489 02544 **本草汇**十八卷附补遗一卷 1666

（清）郭佩兰（章宜）纂辑

1. 清康熙五年（1666）吴门郭氏梅花屿刻本（附本草汇图一卷、本草汇源流一卷、本草汇图藏腑络穴一卷） 1 2 7 139 139A 152 202（残） 270 277（残） 286（缺卷一） 289 302 411 413（存卷一至八、十五、十六） 541 570 579 589 590 651（存卷一至十七） 664 677A 738 851 852 940

2. 清康熙五年（1666）吴门郭氏梅花屿刻文萃堂印本 186 475A

3. 日本元禄六年（1693）武江山田屋刻本 3

01490 02545 **本草纲目必读**二十四卷 1667

（清）林起龙（北海）编

清康熙六年（1667）大兴林起龙补拙斋刻朱杨武三奇斋重修本 139

01491 02546 **本草纲目摘要**四卷 1669

（清）莫熺（丹子、皋亭）编

1. 清乾隆六年（1741）刻本 590

2. 见莫氏锦囊十二种

01492 03503 **方便书**十卷补遗一卷 1675

附急救须知一卷

（清）朱仁（鸿雪、若瑛）撰

清康熙十六年（1677）抄本 590

01493 02556 **本经逢原**四卷 1679

又名师利心

（清）张璐（路玉、石顽老人）撰

1. 清康熙十八年（1679）稿本（二卷，题师利心） 732

2. 清康熙三十四年（1695）长洲张氏隽永堂刻本 1 3 21 152 393 462 476 511 570 579 590 651 664 677A 709 731 741 831 851 917A 926A 940

3. 清康熙三十四年(1695)长洲张氏隽永堂刻四十八年(1709)金阊宝翰楼印本 203 251 839A
4. 清康熙三十四年(1695)长洲张氏隽永堂刻嘉庆六年(1801)递修张氏医书七种本 139 301 391 514A 541 677A 736A 740B 831
5. 清康熙三十四年(1695)长洲张氏隽永堂刻天禄堂递修本 139 362 529
6. 清嘉庆金阊书业堂刻张氏医书七种本 1 2 139 185 202 279 280 351 391 412A 461 491 529A 546 589 590 651 706 737 746A 781 799A 831 839A 921
7. 日本文化元年(1804)思得堂刻本 3 21 139 277 301 308 362 412B 529A 541 712 737 746A 799A 854 907C 951
8. 日本文化元年(1804)思德堂刻清光绪二十五年(1899)浙江官书局杭州印张氏医书七种本 3 21 139 186 277 279 385B 412A 491 529A 529B 541 737 738A 901
9. 清光绪二十年(1894)上海图书集成印书局铅印张氏医书七种本 139 289 721 728 728A 738B 799A
10. 清光绪三十四年(1908)渭南严岳莲成都刻本 139 270 279 286 412A 412B 433 433A 435 475A 491 746A 839A 852B 852E 852S 855 871 940
11. 清明德堂刻本 746A 922
12. 清明德堂刻同德堂印本 139A 289 351 412B 570 728A 746A
13. 清刻本 311 461 491 728 728A 733 733A 736A 738A 740B 831 854
14. 清张若凡抄本(题得宜本草) 541
15. 见张氏医书七种
16. 见医学初阶

01494 02547 **本草择要纲目**二卷 [1679]
(清)蒋居祉(介繁、觉今子)撰
清康熙十八年(1679)古歙蒋浣家刻本 738A

01495 02548 **本草详节**十二卷 1681
(清)闵钺(晋公、冶庵)撰 卢煌(季辉)校正
清康熙二十年(1681)默堂主人刻本 590

01496 02549 **握灵本草**十卷序例一卷补遗一卷 1682
又名东皋握灵本草
(清)王翃(翰臣、东皋、辑汝)编
1. 清康熙二十二年(1683)吴郡李氏刻本 139A 152 185 186 251(存卷一至四) 514A 546 570 589 590 651(存卷一、二、六至十) 728A 738A 851
2. 清康熙二十二年(1683)吴郡李氏刻乾隆五年(1740)朱钟勋重修本 1 139 251 270 289 361 385A 491 541 570 651 677A 734 741 907C 921 940
3. 抄本 579

01497 02550 **本草备要**二卷 1683
(清)汪昂(讱庵)撰
日本享保十四年(1729)植村藤治郎等刻本 476

01498 02551 **药性纂要**四卷 1686
(清)王逊(子律、墙东圃者)撰
1. 清康熙二十五年(1686)王逊稿本 139(存二卷)
2. 清康熙三十三年(1694)刻本 3 7

01499 02552 **本草新编**五卷卷首一卷 1687
又名本草秘录
(清)陈士铎(敬之、远公、朱华子、大雅堂主人)撰
1. 清康熙三十年(1691)本澄堂刻本 1 139(缩微胶卷) 152(存卷一、二、五,卷五抄配) 728A
2. 日本宽政元年(1789)东园松田义厚刻本 3
3. 清抄本(题尚论本草新编) 541(存二卷)
4. 方塘抄本 186
5. 清抄本 2(存卷一、三、五) 541

01500 02553 **药品辨义**三卷 1691
(明)贾所学(九如)原撰 (清)尤乘(生洲、无求子、信天翁)增订
1. 清康熙三十年(1691)吴门尤乘林屋刻博

物知本本 1(残) 139 664
2. 见博物知本

01501 **增订本草备要**四卷 1694
02555 (清)汪昂(讱庵)撰
1. 清康熙三十三年(1694)休宁吴德辉还读斋刻本(附医方汤头歌括一卷、经络歌诀一卷) 1 6 7 139A 255 361 433A 546 701 715 734A 736D 741
2. 清乾隆五年(1740)天德堂刻本草医方合编本 401 912
3. 清乾隆四十六年(1781)博古堂刻本 731
4. 清乾隆四十九年(1784)书业堂刻本 541 740G
5. 清乾隆五十八年(1793)文苑堂刻本 2 139 541 731 740A 740B
6. 清嘉庆抄本 891
7. 清道光五年(1825)扫叶山房刻本(附汤头歌括一卷、经络歌诀一卷) 746A
8. 清道光七年(1827)古越东璧书院刻本(附医方汤头歌括一卷、经络歌诀一卷) 1 740C(存四卷)
9. 清道光二十五年(1845)瓶花书屋刻本(八卷) 1 2 7 21 139 186 203 256 361 391 412A 450 476 511 541 590 651 664 708 731 738 739 799 852B 907C 926A
10. 清道光二十七年(1847)刻本 433A
11. 清道光抄本 708 732
12. 清咸丰元年(1851)苏州桐石山房刻本 301 433A 677A 734A(存二卷)
13. 清咸丰四年(1854)宝善堂刻本 301 514A 917A
14. 清咸丰十年(1860)福文堂刻本 186
15. 清同治元年(1862)樊川文成堂刻本 279 303 421 541 589 651 712
16. 清同治三年(1864)醉六堂刻本(附汤头歌诀一卷、经络歌诀一卷) 514B 541 651 709 734A 738A 746A 917A
17. 清同治三年(1864)志雅堂刻本 301 713 721 728A 731
18. 清同治四年(1865)海陵怀德堂刻本 706
19. 清同治八年(1869)江宁崇文堂刻本(附经络歌诀一卷、医方汤头歌诀一卷) 1 139A 277 279 288 302 308A 466 712 734A
20. 清同治姑苏延禧堂刻本 412A 734A
21. 清光绪五年(1879)上海校经山房刻本(八卷) 1 306 401
22. 清光绪六年(1880)辅仁堂刻本 917A
23. 清光绪七年(1881)扫叶山房刻本(八卷) 139 279 301 303 305 311 461 466 467 521 522 524 666(存卷一至四) 677A 710 721 728A 731 734
24. 清光绪七年(1881)苏城江右同文公所刻本(附经络歌诀一卷、汤头歌诀一卷) 308A 715 734A(存卷一) 852
25. 清光绪七年(1881)永顺堂刻本(附汤头歌诀一卷、经络歌诀一卷) 391 421 431
26. 清光绪七年(1881)苏州绿慎堂刻本 603 738F 746A
27. 清光绪七年(1881)京都老二酉堂刻脉草经络五种会编本 1 139 140 202 285 391 412A 421
28. 清光绪九年(1883)长沙遐龄精舍刻本草医方合编本(六卷,附汤头歌诀一卷、经络歌诀一卷) 301 366 664 831(唐成之题记) 921
29. 清光绪十年(1884)学库山房刻本(不分卷) 308A 401 704 746A
30. 清光绪十一年(1885)宝兴堂刻脉草经络五种会编本 279 393
31. 清光绪十二年(1886)敬文堂刻脉草经络五种会编本 366 799A
32. 清光绪十三年(1887)鸿文书局石印本草医方合编本(八卷) 279 280 287 303 361 651 664 677A 701 702 709 721 831 851 854
33. 清光绪十四年(1888)三义堂刻脉草经络五种会编本 1 287 288 385 412A
34. 清光绪十六年(1890)重庆善成堂刻本 1 139 270 279 287 288 308A 385 514A 740D 746A 799A 852 854
35. 清光绪十七年(1891)北京文成堂刻脉草

经络五种会编（附汤头歌诀一卷、经络歌诀一卷）　1　2　145　289　302　514A　712　871
36. 清光绪十七年（1891）顺庆文林堂刻本（内封题神农本草备要）　746A
37. 清光绪十八年（1892）崇德堂刻本（不分卷）　139　277　529　541　572　911　912　915
38. 清光绪十九年（1893）东昌书业德刻本（六卷）　302
39. 清光绪二十一年（1895）扫叶山房铅印本（八卷）　401（存卷一）　541
40. 清光绪二十二年（1896）海陵大酉山房刻本　396　664　728A
41. 清光绪二十二年（1896）上海图书集成印书局铅印本草医方合编本（八卷）　301　443　731　831　907B　911　915
42. 清光绪二十四年（1898）京都文盛堂刻本（附汤头歌诀一卷、经络歌诀一卷）　1　186　277　279　475A
43. 清光绪二十四年（1898）京都泰山堂刻本（附汤头歌诀一卷、经络歌诀一卷）　202　412A　728A
44. 清光绪二十四年（1898）成文堂刻本　301　723
45. 清光绪二十四年（1898）刻本　139A　412A
46. 清光绪二十六年（1900）上海文宜书局石印本（八卷）　746A
47. 清光绪二十六年（1900）百成堂刻本　431　433
48. 清光绪二十七年（1901）古青堂怡翰斋刻本（附汤头歌诀一卷、脉诀歌诀一卷）　288　308（存卷二、三）
49. 清光绪二十七年（1901）有益堂刻本草医方合编本（八卷）　287　288　302　306　664
50. 清光绪三十年（1904）晋升山房刻本（不分卷）　139　433A　651　664　721　731　746A
51. 清光绪三十年（1904）上海周月记书局石印本　351
52. 清光绪三十年（1904）上海六艺书局石印本草医方合编本（八卷）　301　412A　702　708　712　854
53. 清光绪三十年（1904）扫叶山房刻本　917A
54. 清光绪三十一年（1905）上海飞鸿阁石印本（八卷）　491
55. 清光绪三十二年（1906）聚元堂刻本（不分卷）　256　279
56. 清光绪三十三年（1907）书业德记刻本（附经络歌诀一卷、经络图说一卷、濒湖二十七脉歌一卷、汤头歌诀一卷）　302　570
57. 清光绪三十三年（1907）上海同文书局石印本（八卷）　279　364A　412A　463　491　522　541　721　738A　742（存卷一）　852　911
58. 清光绪三十四年（1908）承文新刻本　302
59. 清光绪文质堂刻本　139　145　302　351　590
60. 清光绪上海大成书局石印本　282　302
61. 清光绪刻本　139　251　570
62. 清宣统元年（1909）刻本　1　152　721
63. 清宣统二年（1910）玉书堂刻本（不分卷）　664
64. 清宣统三年（1911）三益堂刻本（六卷）　302　351　366　728A
65. 清宣统三年（1911）上海会文堂粹记石印本　734A
66. 清末巴川兴龙堂刻本　651　850　852　852L
67. 清蔚文书局刻本　7
68. 清敦仁堂刻本草医方合编本　740B
69. 清集新堂刻本　746（残）
70. 清保阳文富堂刻本草医方合编本（八卷）　939
71. 清三味堂刻本　746A
72. 清文会堂刻本　351
73. 清利济堂刻本　541
74. 清文光堂刻本　921
75. 清书业堂刻本　139　651
76. 清大文堂刻本　139　651　731
77. 清松秀堂刻本　852　896A
78. 清两仪堂刻本　301　351　464　541

852
79. 清茂选楼刻本 921
80. 清江左书林刻本 301 393 467 475A 514B 707 734A 737A
81. 清宏道堂刻本 351
82. 清江阴宝文堂书庄刻本 385B 570 579 746A
83. 清芥子园刻本 270
84. 清聚秀堂刻本（附经络歌诀一卷、医方汤头歌括一卷） 391 733B
85. 清成裕堂刻本（题新镌增补详注本草备要，附医方汤头歌括一卷、经络歌诀一卷） 21 728A 735A（存卷三）
86. 清紫文阁刻本（附医方汤头歌括一卷） 531
87. 清味经堂刻本（附经络歌诀一卷、医方汤头歌括一卷） 733B 740J（缺附录）
88. 清顺庆博古斋刻本 279
89. 清刻本 139 139A 145 256（八卷） 301（残） 311 353 361 363 364A 366（八卷） 370 381 391 407 414 415（存卷五至七） 416 434 450A 491 521 542 651 665 701 704 709 715 721 731 733 733A 734 736 736C 740A 850 851 911 931 944 TA（存卷一至五）
90. 清进呈朱格抄本（五卷） 140
91. 清抄本 2 139 279 732（存卷一）
92. 清石印本 403 415 493（八卷，附汤头歌诀） 704
93. 见脉草经络五种会编
94. 见本草医方合编
95. 见瓶花书屋医书
96. 见脉学本草医方全书
97. 见汤头歌诀（附录）

01502 / 02557 **山居本草**六卷 1696
（清）程履新（德基）撰
清康熙三十五年（1696）高氏刻本 541

01503 / 02558 **药理近考**二卷 1697
（清）陈治（三农）撰
1. 清康熙云间贞白堂刻证治大还本 1（附诊视近纂二卷） 664
2. 见证治大还

01504 / 02559 **本草品汇精要**四十二卷 1700
本草品汇精要续集十卷
附脉诀四言举要、本草品汇精要校勘记
（明）刘文泰等撰 （清）王道纯等续编
清抄本 140

01505 / 02561 **生草药性备要**二卷附方一卷 ［1711］
又名生草药性、新选生草药性
（清）何谏（青萝道人）辑 （清）罗浮山道人（云中子）校
1. 清光绪广州五桂堂刻本 931（存卷一）
2. 清光绪广州守经堂刻本 921 931
3. 清光绪宣统间广州写经堂刻本 931
4. 清日新堂刻本 677A
5. 清丹桂堂刻本 944
6. 清刻本 922 939（存下卷）

01506 / 02562 **本草摘要药性**不分卷 ［1721］
（清）李元素撰
抄本 139

01507 / 02563 **药性通考**六卷 1722
附集录神效单方二卷
原题（清）太医院编 （清）刘汉基撰
清道光二十九年（1849）京都刻本 2 139 277 289 433A 851 852A 871

01508 / 02564 **本草清裁**一卷 ［1722］
（清）潘时（尔因）撰
抄本 412B

01509 / 00000 **本草约编**十四卷 ［1722］
本草选余备考二卷
（清）王如鉴（粝香）撰
稿本 TA

01510 / 00000 **本草约编**十四卷 ［1722］
（清）王如鉴（粝香）撰
1. 清康熙刻本 651
2. 见本草约编本草选余备考

01511 / 00000 **本草选余备考**二卷 ［1722］
（清）王如鉴（粝香）撰
见本草约编本草选余备考

01512 / 02579 **本草搜根**一卷 ［1724］
（清）姜礼（天叙）撰
清抄本 1

01513 / 02672 **本草拔萃**二卷 1725
（清）陆太纯（仲德、贞阳子）辑
清雍正三年（1725）谭位坤抄本 570

01514 **得宜本草**一卷　1732
02565 又名绛雪园得宜本草
（清）王子接（晋三）编
1. 清乾隆二年（1737）介景楼刻本　139
2. 清光绪二十七年（1901）滃斋氏抄本　740A
3. 见绛雪园古方选注（附录）
4. 见四库全书
5. 见轩岐之术

01515 **得宜本草分类**一卷　［1732］
02566 （清）陆陈宝（修竹吾庐主人）辑
清抄本　651

01516 **药性切用**六卷　1741
02567 原题（清）徐大椿（灵胎、洄溪老人）编
1. 见徐灵胎医略六书
2. 见徐灵胎医书三十二种

01517 **长沙药解**四卷　1753
02568 （清）黄元御（坤载、研农、玉楸子）撰
1. 清道光十二年（1832）阳湖张琦刻宛邻书屋丛书本　412A　421　917A　TA
2. 清咸丰十年（1860）长沙徐树铭燮和精舍刻黄氏医书八种本　7　139　186　202　252　280　308A　351　362　381　412A　433A　475A　491　529A　590　665　713　716　731　781　799　799A　850　852　854　871　907B　907C　926A　931　940　943
3. 清同治元年（1862）刻黄氏医书八种本　1　7　709
4. 清同治五年（1866）渝城刻黄氏医书八种本　738
5. 清同治五年（1866）渝城刻陈氏爱竹山房印黄氏医书八种本　831
6. 清光绪二十年（1894）上海图书集成印书局铅印黄氏医书八种本　279　306A　391　433A　728A　740D　921
7. 清光绪三十一年（1905）经元书室刻黄氏医书八种本　677A
8. 清刻本　251　308A　491　651　728A　852M　852S　873　901
9. 清栖霞山房抄本　139
10. 清抄本　1
11. 见宛邻书屋丛书
12. 见黄氏医书八种

01518 **玉楸药解**八卷　1754
02569 （清）黄元御（坤载、研农、玉楸子）撰
1. 清咸丰十年（1860）长沙徐树铭燮和精舍刻黄氏医书八种本　1　139　202　251　351　523　529A　590　651　665　716　728B　731　738A　738B　852　926A
2. 清同治七年（1868）江夏彭汝琮成都刻黄氏医书八种本　2（附金匮悬解）　139
3. 清光绪二十年（1894）上海图书集成印书局铅印黄氏医书八种本　279　306A　740D　781　901
4. 清光绪三十一年（1905）经元书室刻黄氏医书八种本　519　677A　736A
5. 清宣统元年（1909）上海江左书林石印黄氏医书八种本　491　733
6. 清刻本　381　412A　651　728A（六卷）　742　852　852S（残）　854
7. 清抄本（四卷）　1
8. 见黄氏医书八种

01519 **本草从新**六卷　1757
02570 附药性总义一卷
又名吴氏医学述第三种
（清）吴仪洛（遵程）编
1. 清乾隆二十二年（1757）硖川利济堂刻本　1　139　139A　140　280　385　391　413　415（存卷六）　450B　461　529A　541　579　590　728A　731　738B　742　746A　839　852　921　922
2. 清乾隆二十二年（1757）杭州敦古堂刻本　570
3. 清乾隆二十六年（1761）刻本　450A（十八卷）
4. 清乾隆四十三年（1778）金阊映雪堂刻本　746A
5. 清乾隆五十三年（1788）刻本　139　740G
6. 清乾隆六十年（1795）仁和堂刻本　139　746　746A
7. 清嘉庆十一年（1806）书业堂刻本　139　140　308　308A　461　462　466　467　476　492　493　521　522　523　529A　731　734　736A　746A

8. 清嘉庆二十二年（1817）山渊堂刻本 252 270 279 511 728A
9. 清道光五年(1825)宝仁堂刻本 1 139 202 412B 702 931
10. 清道光二十六年（1846）瓶花书屋刻本（十八卷） 9 139 203 270 289 301 308A 366 412A 476 541 572 579 651 715 733 734A 736A 736B 738 739 739A 746A 891
11. 清道光二十八年（1848）刻本（十八卷） 139 140 303 541 677A 939
12. 清同治四年（1865）文富堂刻本 737 746A 852C
13. 清道光二十六年（1846）瓶花书屋刻同治九年（1870）印本 289 301 391 401 412A 433A 461 541 664 701 713 731 733 740D 746A 852B
14. 清同治至光绪宏道堂刻本 852C
15. 清光绪六年(1880)紫文阁刻本(十八卷) 21 570 709
16. 清光绪六年（1880）扫叶山房刻本（十八卷） 1 4 21 139 186 202 270 277 289 301 308 351 361 433A 443 491 511 521 522 523 529A 541 651 677A 715 721 731 734A 737 746A 917A 926A 942B
17. 清光绪六年（1880）校经山房刻本（十八卷） 1 306 308A 461 462 466 475A 736B 852E
18. 清光绪七年(1881)恒德堂刻本(十八卷) 1 3 289 301 308A 381 475A 521 664 734 734A 735 736A 737 738A 738B 740B 746A 896A 926A
19. 清光绪十二年（1886）成文信刻本（十八卷） 139 305 306 308A 514A
20. 清光绪十二年（1886）江左书林刻本（十八卷） 1 139 140 186 279 302 308 351 412A 450A 467 514A 521 721 741 746A 800 891
21. 清光绪十五年（1889）镇江文成堂刻本（十八卷） 308A 529A 746A
22. 清光绪二十年（1894）学库山房刻本（十八卷） 139 145 186 286 351 391 395 433A 514A 651 728A 734A 738E 743（存卷一至三） 746A 799 901
23. 清光绪二十年（1894）宝善书局刻本（十八卷） 746A
24. 清光绪二十年(1894)刻本 2 360A
25. 清光绪二十一年（1895）上海书局石印本（十八卷） 21 251 541 721 746A 839A 854(残)
26. 清光绪二十二年（1896）上海图书集成印书局铅印本（十八卷） 1 288 365 491 514A 590 664 702 713 734A 736A 737 740C 896A XF
27. 清光绪二十九年（1903）上海醉六书局石印本（十八卷） 353 385A 701 734A
28. 清光绪三十一年（1905）福记书局石印本 493
29. 清光绪三十三年（1907）上海同文新译书局石印本（十八卷） 1 740A 740J
30. 清光绪三十三年（1907）、宣统二年（1910）上海章福记书局石印本（十八卷） 541 709 907C
31. 清光绪三十四年（1908）上海理文轩书庄石印本（十八卷） 21 277 541 731 734A 741 853 931
32. 清光绪三十四年（1908）刻本（十八卷） 152 746A
33. 清末闽省灵兰堂刻本 911
34. 清末浙江回回堂刻本 491
35. 清善成堂刻本 1 139 256 277 302 308 308A 381 664 736A 746A 799 851 852 907C 931
36. 清经纶堂刻本 139 311 741 746 831
37. 清三益堂刻本 529A 741
38. 清经元堂刻本 1 308A 746A
39. 清文奎堂刻本 541 714 734A 741
40. 清大文堂刻本 21 139 279 721 731 734A 746A 799 922
41. 清爱日堂刻本 139 541 664 746A
42. 清同文堂刻本 491 746A
43. 清宏德堂刻本 301 385A
44. 清富春堂刻本 302

45. 清三让堂刻本 21 202 381 733B(存卷一、二上、六) 734A 738A 746A
46. 清两仪堂刻本 746A
47. 清英德堂刻本 746A
48. 清务本堂刻本 746A
49. 清聚盛堂刻本 746A
50. 清文盛堂刻本 746A
51. 清玉尺堂刻本 746A
52. 清刻本 139 186 279 301 305 351 361 364A 366 391 415 514A 541 651 665 666(十八卷) 706 708(十八卷) 721 728A(残) 734 734A(十八卷) 735A 736B 740A 742 746A 831 850 913 931
53. 清抄本 1
54. 抄本 2(题本草从新药性) 421
55. 石印本(十八卷) 139 301 351 412A 731A 733A 739B 740A 740B 740C 740J(存卷四至十八) 742(存卷四至十八) 831 917A 922 931
56. 见瓶花书屋医书

01520 **药性本草**四卷 [1757]
02571 原题(清)吴仪洛(遵程)编
抄本 731

01521 **得配本草**十卷 1761
02572 (清)严洁(西亭、青莲) 施雯(澹宁、文澍) 洪玮(缉庵、霞城)撰
1. 清嘉庆九年(1804)小眉山馆木活字印本 361 738B 746A
2. 见盘珠集

01522 **本草纲目拾遗**十卷卷首一卷 1765
02573 (清)赵学敏(恕轩、依吉)撰
1. 清同治张氏校刻底本 139
2. 清同治十年(1871)钱塘张应昌吉心堂刻本 1 2 3 4C 7 139 139A 140 145 186 202 204 270 302 351 361 381 391 401 412A 421 433A 461 476 491 511 512 521 529B 541 570 572 579 589 651 664 701 706 709 713 715 728A 731 733 735A 736 736A 738A 738B 738E 738F 741 746A 781 831 850 851 854 896A 911 921 922 926A 939 940
3. 清光绪十一年(1885)合肥张绍棠味古斋刻本 1 9 21 152 186 251 287 353 361 422 443 463 491 514A 523 529 664 714 738B 799 831 854
4. 清光绪十四年(1888)、宣统元年(1909)鸿宝斋石印本 1 279 522 523 664 738B 742(存卷七至十) 911
5. 清光绪十六年(1890)刻本 285
6. 清光绪二十二年(1896)刻本 139
7. 清光绪三十年(1904)上海同文书局石印本 740C
8. 清光绪三十三年(1907)上海华商集成图书公司铅印本 1 360A
9. 清光绪三十四年(1908)上海商务印书馆石印本 831 896A 907C
10. 清宣统元年(1909)上海经香阁书庄石印本 256 736B 740C XD
11. 清刻本 289(缺卷八) 728A(残) 734A
12. 清抄本 1 21 651 939
13. 见本草纲目(版本附录)

01523 **本草求真**九卷 1769
02574 附本草求真主治二卷、脉理求真三卷
又名本草纲目摘要求真
(清)黄宫绣(锦芳)撰
1. 清乾隆三十九年(1774)绿圃斋刻本(无附录) 1 2 139A 252 289 311 361 381 401 492 541 664 831 853
2. 清乾隆文奎堂刻本 139 186 289 301 381 570 589 651 677A(缺脉理求真) 709(缺脉理求真) 721(残) 728A 738 831 940
3. 清乾隆三十九年(1774)绿圃斋刻四十三年(1778)重修本 3 852 907B
4. 清嘉庆十一年(1806)刻本(题太史本草求真) 2 21 202 701 743 831
5. 清文富堂刻本 385A
6. 清文富堂刻学源堂印本 3 361 412A 738A 746A
7. 清文富堂刻兴顺堂印本 381 421 664 746 871 907B

8. 清光绪四年（1878）荆郡务本堂刻本 139 202 308A 491 706 737A 741 852 907B
9. 清光绪三十四年（1908）上海纬文阁石印本 279 361 541 736A 739 839A 854 931
10. 清光绪花县骆浩泉广州登云阁刻本 541 942（缺卷八、九）
11. 清光绪广州宝光阁刻本 139 361
12. 清宣统二年（1910）广州关东雅石印局石印本 931
13. 清广州福芸楼刻本 931
14. 清光绪广州翰文堂刻本 737 742（缺卷六） 931
15. 清维经堂刻本 546
16. 清同文堂刻本 140
17. 清末宏道堂刻本（据务本堂翻刻） 2 139 289 301
18. 清古书堂刻本 746A
19. 清刻本 1 139 202 301 313 364A 391 433A 450 461 476 579 664 737（缺卷一） 839A 851 896A 907B 917A 921 931
20. 抄本 361（存卷一） 514A 738E
21. 见医学便览（栗山痴叟节选）
22. 见中西医书六种

01524/02575 **要药分剂**十卷 1773
（清）沈金鳌（芊绿、汲门、尊生老人）撰
1. 清乾隆四十九年（1784）锡山奇丰额安徽刻沈氏尊生书本 570 852（存卷一至三）
2. 清同治十三年（1874）湖北崇文书局刻沈氏尊生书本 351 461 514A 664 732 736D
3. 清光绪二十一年（1895）上海图书集成印书局铅印沈氏尊生书本 461
4. 见沈氏尊生书

01525/02576 **法古录**不分卷 1780
（清）鲁永斌（宪德）撰
清乾隆四十五年（1780）稿本 590

01526/00000 **东垣先生用药大旨**一卷 1784
（清）纪桂芳（茨荷、中纬）撰
见乾隆吴陵纪桂芳医学丛书

01527/02577 **药义明辨**十八卷 1788
（清）苏廷琬（韫辉）撰
1. 清乾隆五十三年（1788）刻本 475A
2. 清乾隆五十八年（1793）敦善堂刻本 1
3. 抄本 664（存二卷）

01528/02578 **本草辑要**六卷 1790
（清）林玉友（渠清、寸耕居士）编
1. 清道光十一年（1831）侯官林玉友寸耕堂刻本草伤寒辑要合编本 139 252 286 391 715
2. 见本草伤寒辑要合编

01529/00000 **本草分经**一卷 1801
（清）张节（心在、梦畹）撰
见张氏医参

01530/02580 **本草翼**一卷 1804
（清）王子接（晋三）撰 许嗣灿（省晨）增辑
见叶氏四种

01531/03258 **药会图**十回一卷 1804
又名药会图曲谱
（清）郭秀升（庭选）撰
1. 清道光三十年（1850）抄本 139
2. 清咸丰四年（1854）抄本 287
3. 清光绪二十二年（1896）抄本 310
4. 清光绪朱格抄本 1
5. 清抄本 443
6. 抄本 590 651

01532/02581 **医阶辨药**一卷 1810
（清）汪必昌（燕亭）撰
见聊复集

01533/02582 **药笼小品**一卷 1812
（清）黄凯钧（南薰、退庵）撰
见友渔斋医话

01534/02583 **本草纂要稿**一卷 ［1815］
原题（清）王龙（九峰）撰
清抄本 7（残）

01535/00000 **本草明辨**四卷 1815
（清）项元麟（震川、云峤山樵）撰
清嘉庆二十年（1815）白鹿山房刻本 286

01536/02584 **本草精华**十六卷卷首一卷 ［1823］
（清）周纪常（卓人）编
抄本 731

01537/02585 **简易草药方图说**一卷 1827
又名草药图经、简易本草

（清）德丰（怀庭）编
1. 清道光七年（1827）乐只堂刻本　139
2. 清道光十四年（1834）刻二十年（1840）印本　707
3. 见集验简易良方

01538 02586 **类经证治本草**四卷　1827
（清）吴钢（诚斋）编
清道光七年（1827）抄本　139

01539 02587 **本草正义**二卷　1828
（清）张德裕（钜标、目达子、术仙）撰
清道光八年（1828）刻本　139　475A　734

01540 02588 **本草述录**六卷　1829
（清）刘若金（用汝、云密、蠡园逸叟）原撰　张琦（翰风、玉可、宛邻）节录
1. 清道光十年（1830）阳湖张琦刻宛邻书屋丛书本　139　186
2. 抄本　139　186

01541 02589 **公余本草**一卷　1830
又名分经本草
（清）翁藻（稼江）撰
清咸丰十年（1860）博古斋刻本　270

01542 02590 **药达**□卷　1830
（清）顾以恢（墨耕、丽中）撰
抄本　541（存卷下）

01543 02591 **本草述钩元**三十二卷　1833
（清）刘若金（用汝、云密、蠡园逸叟）原撰　杨时泰（贞颐、穆如）编
1. 清道光二十二年（1842）毗陵涵雅堂刻本　1　3　7　21　139　139A　185　186　203　258　277　279　286　289　301　308A　361　362（残）　381　385　401　410A　412　412A　412B　433A　443　450B　461　463　475A　476　491　511　519　521　529A　529B　541　546　570　572　579　590　651　664　677A　701　713　728A　731　732　733　734A　735　738　738A　746A　781　839A　851　852　871　896A　901　907B　907C　917A　921　939　940
2. 清同治十一年（1872）常州韩文焕斋木活字印本　2　21　139　301　303　308A　391　432　436　590　728A　734A　921
3. 抄本（不分卷）　831

01544 02592 **本草随录徵实**不分卷　1834
（清）武溱（霁苍）编
清道光十四年（1834）清溪武溱稿本　139

01545 02593 **寿世医窍**二卷　1838
著者佚名　（清）陈廷沄（仲卿）辑
1. 清道光十八年（1838）锡羡堂刻本　1　2　139　152　302
2. 清光绪抄本　301（存卷一）　590　651

01546 02594 **本草分经**四卷　1840
又名本草分经审治
（清）姚澜（涴云、广文先生、维摩和尚）编
1. 清道光二十年（1840）桐城方秉刻本　1　461　590　677A　728A
2. 清同治四年（1865）黄梅梅雨田刻本（题本草分经审治）　1　529A　940
3. 清光绪十四年（1888）无锡日升山房刻本　139A　277　279　289　381　431　433　475A　541　570　572　590　664　702　709　799　799A
4. 清光绪十五年（1889）江西戊子牌天禄阁刻本　1　2（残）　3　139　186　251　270　286　289　391　401　461　476　514A　541　590　664　707　741
5. 清光绪十八年（1892）刻本　139　277　280
6. 清刻本　1　203　306
7. 抄本　139A　412A　651　917A　944

01547 02595 **本草观止**二卷　1840
（清）张对扬撰
1. 稿本　590
2. 抄本　361（三卷）　709

01548 02596 **本草分队**二卷　1840
又名本草分队发明
（清）吴芹（瘦生、古年）撰
清抄本　139

01549 02597 **药队补遗**一卷　［1840］
著者佚名
抄本　590

01550 02598 **本草再新**十二卷　1841
（清）叶桂（小峰）撰　王源补注
清道光二十一年（1841）临桂白从瀛清介堂刻本（附难产篇）　139

01551 **本草求原**二十七卷 1848
02599 附奇病症治一卷
(清)赵其光(寅谷)编
清道光二十八年(1848)陈旸谷刻本 2 277(残) 590 664(存卷一至二十六) 851 931 940

01552 **药性摘录**一卷 1850
02600 附常用药物食物一卷
(清)文晟(叔来)编
1. 清同治十一年(1872)萍乡文星瑞延庆堂维扬刻光绪十一年(1885)京江文成堂重修六种新编本 186 277 285 289 651
2. 清光绪穗城西湖街藏珍阁刻六种新编本 139 279 281 491 541 572
3. 见六种新编

01553 **一隅本草**三卷 [1850]
02601 (清)孙兆蕙(笠江)撰
清道光刻本 939(缺卷一)

01554 **本草明览**十一卷 1854
02603 著者佚名 (清)刘东孟传
清咸丰四年(1854)钮文鳌抄本 541

01555 **本草串珠**一卷 1854
02687 (清)汪益三(远山)撰
清咸丰四年(1854)抄本 277

01556 **本草别名**一卷 1856
02604 (清)朱春柳编
1. 清咸丰六年(1856)抄本 514A 541
2. 抄本 301

01557 **刀枪火箭拳打脚踢神妙药草秘传**一卷
00000 [1856]
(清)章剑青传
清抄彩绘本 139

01558 **橘井堂药絮**一卷 [1861]
00000 (清)橘井堂编
清咸丰刻本 286

01559 **本草害利**不分卷 1862
02605 (清)凌奂(维正、晓五、折肱老人)撰
1. 稿本 1 590
2. 抄本 579

01560 **本草汇纂**三卷 1863
02606 (清)屠道和(燮臣)撰
1. 清同治二年(1863)湖北育德堂刻医学六种本 139 152 412A 651 677A
2. 清光绪二十九年(1903)思贤书局刻本(十卷,附药品分类主治一卷) 139 186 203 251 289 308 463 475A 529A 570 590 664 701 738 831 839A 871 931 940
3. 抄本 3
4. 见医学六种

01561 **分类主治**一卷 1863
02607 **药性主治**一卷
(清)屠道和(燮臣)撰
1. 清同治二年(1863)育德堂刻本 412A 677A 738
2. 抄本 152
3. 见医学六种

01562 **药性论**一卷 [1863]
02608 (清)黄承谷撰
清同治二年(1863)羊城广文堂刻本 734

01563 **本草二十四品**二十四卷 1866
02609 (清)陆懋修(九芝、勉旃、江左下工、林屋山人)集
1. 清宣统二年(1910)冯汝久抄本 139
2. 抄本 2 139A

01564 **本草述录**八卷 1870
00000 (清)刘若金(用汝、云密、蠡园逸叟)原撰 张琦(翰风、玉可、宛邻)节录 蒋溶(圃文)增辑
清同治九年(1870)蒋溶抄本 139 521(残)

01565 **(新刻)药性巧合记**八回一卷 [1870]
03260 著者佚名
1. 清同治九年(1870)抄本 1
2. 清抄本 541

01566 **本草要略**一卷 1874
00000 辑者佚名
清抄本 139

01567 **各种药材价钱簿**一卷 [1875]
03262 著者佚名
清光绪元年(1875)、十三年(1887)抄本 1

01568 **岳氏秘传**一卷 [1877]
04528 著者佚名
清抄本 709

01569 **药性类抄**一卷 1882
02613 著者佚名

清光绪八年（1882）抄本 741

01570 02615 **读本草纲目摘录**不分卷 ［1883］
（清）徐用筌（书呆子）编
清光绪九年（1883）抄本 590

01571 02616 **本草问答**二卷 ［1884］
（清）唐宗海（容川）撰
1. 清光绪十九年（1893）善成裕记刻本 139 186 203 476 709 713 738B 907C
2. 清光绪二十年（1894）申江顺成书局石印中西汇通医书五种本 541 707 728A 734A 831 921
3. 清光绪二十年（1894）申江袖海山房书局石印中西汇通医书五种本 434 570 741
4. 清光绪二十一年（1895）上海书局石印中西医学丛书十种本 393 839A
5. 清光绪三十二年（1906）善成堂刻中西汇通医书五种本 712 738B
6. 清光绪三十二年（1906）精宏书局铅印本 361 850 853
7. 清光绪三十三年（1907）上海文新书局石印本 511 931
8. 清光绪三十四年（1908）上海千顷堂书局石印中西汇通医书五种本 21 289 302 306 352 381 412A 421 462 529A 651 702 706 712 728A 738 738E 740B 740J 742 799A 831 852 854 871 896A 907B 917A 921 939 951
9. 清宣统元年（1909）文化书局铅印本 746A 907C
10. 清刻本 308A 708
11. 清石印本 570 735 931
12. 抄本 2 306 589 799A
13. 见中西汇通医书五种
14. 见中西医学全书（辑者佚名）
15. 见（绘图）中西医学丛书十种
16. 见中西医学丛书
17. 见中西医学劝读十二种

01572 02617 **本草纲目易知录**八卷 1885
附万方针线易知录
（清）戴葆元（心田）编
1. 清光绪十三年（1887）婺源思补山房刻本 289 728A 741
2. 清抄本 302

01573 02618 **本草撮要**十卷 1886
（清）陈其瑞（蕙亭）编
1. 清光绪二十八年（1902）资生堂刻本 289 433 541 572 651 677A 709 731 739
2. 抄本 203

01574 02619 **药性真知益编**一卷 1886
（清）朱晓林（鸣春）撰
清光绪十二年（1886）抄本 907C

01575 00000 **药性补遗**一卷 1886
（清）叶金贵（少溪）辑
清光绪十二年（1886）抄本 651

01576 02620 **本草简明图说**四卷 1887
（清）高承炳（砚五、念岵）撰
清光绪十八年（1892）上海古香阁石印本 21 152 202 251 301 351 412A 476 491 521 541 590 651 677A 713 721 733 851 871 931 951

01577 05885 **医门小学本草快读贯注**四卷卷首一卷卷末一卷 1887
又名医门小学快读
（清）赵亮采（见田）编
1. 清光绪十三年（1887）鹿门慎业斋刻本 139 289 391 511 570 589 677A 706 781 940
2. 清宣统三年（1911）上海文艺书局石印本（题医门小学快读二卷） 412A 590 709
3. 抄本 514A（存卷首、卷末）

01578 02621 **脏腑标本药式**一卷 1891
原题（金）张元素（洁古）撰 （清）周学海（澄之）校正
1. 清光绪十七年至宣统三年（1891—1911）池阳周学海刻周氏医学丛书本 308A
2. 见周氏医学丛书
3. 见古今医学会通
4. 见中西医学群书

01579 02622 **本草撮要类编**不分卷 ［1897］
（明）王象晋（荩臣、康侯、三晋、子进、康宇、好生居士、名农居士）原撰 （清）韩鸿

（印秋）订补
1. 清光绪二十三年（1897）抄本 590
2. 清光绪抄本 412B
3. 见韩氏医课

01580 00000 **岳氏秘传**一卷 1897
（清）指南氏辑
清光绪二十三年（1897）抄本 709

01581 02623 **本草集要按**十八卷 1898
（清）陈配笙 陈又笙 陈镇（仲卿、蕺山居士）编
清光绪二十四年（1898）陈镇稿本 590

01582 02624 **苦欲补泻论**二卷 1900
著者佚名
清光绪二十六年（1900）抄本 139

01583 02625 **破气药论**一卷 ［1900］
著者佚名
抄本 139

01584 02651 **药论**二卷 1901
（清）沈文彬（杏苑）编
清光绪二十七年（1901）抄本 590

01585 02627 **本草思辨录**四卷卷首一卷 1904
（清）周岩（伯度、鹿起山人）撰
1. 清光绪三十年（1904）山阴周岩微尚室自刻本 1 2 3 139 139A 152 186 203 270 279 280 361 391 461 491 514A 529A 541 572 579 590 651 677A 701 706 728A 732 734A 735 738A 738B 740G 746A 839A 896A 926A 940
2. 稿本 734A
3. 清抄本 734A

01586 02629 **要药分剂补正**不分卷 1905
（清）沈金鳌（芊绿、汲门、尊生老人）原辑 刘鹗（铁云、公约、洪都百炼生）补正
稿本 139

01587 02630 **脉诀本草录**一卷 1905
著者佚名
清光绪三十一年（1905）抄本 2

01588 02631 **本草简摩集**二卷 ［1905］
（清）周岩（伯度、鹿起山人）撰
抄本 139

01589 02632 **用药准绳**二卷 ［1905］
著者佚名
抄本 391 590

01590 02633 **分类草药性**一卷 1906
又名草药性
著者佚名
1. 清光绪三十二年（1906）重庆文华堂刻本（题草药性） 852
2. 清宣统元年（1909）隆邑清和堂刻本 854
3. 清抄本 907C
4. 见分类草药性天宝本草

01591 02634 **本草**一卷 1907
（清）赵廷玉（伯亭、双修）编
见赵双修医书十四种

01592 02635 **简明药性**不分卷 1907
著者佚名
清光绪三十三年（1907）抄本 139

01593 02636 **本草从真**二卷 1909
又名本草入门歌解、本草入本
（清）颜耕塘（熊溪、江阳下工）撰
清宣统元年（1909）泾南文道堂刻本 854

01594 00000 **药性秘录**十一卷 ［1909］
（清）张瞻甫撰
清光绪刻本 915

01595 02626 **大观本草札记**二卷 1910
（清）柯逢时（巽庵）撰
1. 清宣统二年（1910）武昌医馆柯逢时刻武昌医学馆丛书本 139 277
2. 见武昌医学馆丛书

01596 02637 **药性要略**一卷 1910
（清）钱国祥（吴下迂叟）编
清宣统二年（1910）抄本 139

01597 02638 **本草集**十二卷 ［1910］
（清）千彰撰
清刻本 1

01598 02640 **释药**一卷 ［1910］
（清）夏珀撰
清宣统二年（1910）巴黎远东生物学研究会铅印本 1 251

01599 02641 **本草别裁分类药鉴**一卷 ［1910］
著者佚名
抄本 2

01600 02642 **药性**一卷 ［1910］
著者佚名
清朱丝栏抄本 1

01601 **药性分类**不分卷 ［1910］
02643 清太医院辑
清抄本 140

01602 **本草约品**一卷 ［1910］
02644 著者佚名
清末抄本 139

01603 **化名药性**一卷 1911
02645 又名药物别名
著者佚名
清抄本 139

01604 **分类草药性**一卷 1911
00000 **天宝本草**一卷
著者佚名 （清）龚锡麟编
清宣统三年（1911）诚德堂刻本 851 907C

01605 **药性合纂**一卷 ［1911］
00000 （清）潘家祥辑
清抄本 736A

01606 **本草切要分职录**一卷 ［1911］
02648 （清）赵仲简撰
抄本 651

01607 **本草须知**一卷 ［1911］
02649 （清）李震甲（秀之）撰
稿本 301

01608 **用药须知**一卷 ［1911］
02650 （清）李膺任撰
抄本 491

01609 **（补读轩）药引杂考**二卷 ［1911］
03266 （清）王德爵（雨时）撰
稿本 590

01610 **本草注可**不分卷 ［1911］
02652 （清）陈立观撰
稿本 731

01611 **本草桴应**一卷 ［1911］
02653 （清）陈立观撰
清陈基抄本 731

01612 **本草分类**一卷 ［1911］
02654 （清）陈洪绶（章侯）撰
抄本 851

01613 **本草**一卷 ［1911］
02655 （清）程龄源编
抄本 139

01614 **各药别法**一卷 ［1911］
00000 著者佚名
清均甫抄本 728A

01615 **本草约编**一卷 ［1911］
02658 著者佚名
清抄本 541

01616 **药性汇集**不分卷 ［1911］
02659 著者佚名
清抄本 139

01617 **新著本草精义**不分卷 ［1911］
02660 （清）吴恂如编
清翰苑春稿本 590

01618 **校正药性**一卷 ［1911］
02662 胡云波撰
抄本 139

01619 **（类编）药性脉法方论**不分卷 ［1911］
02663 著者佚名 （清）冯贞群编
清抄本 541

01620 **药性八略**不分卷 ［1911］
02664 著者佚名
1. 清张峻豫抄本 709
2. 抄本 738B

01621 **本草衡精**一卷 ［1911］
02665 （清）乐山山人撰
清抄本 831（52 叶）

01622 **药经详辨**一卷 ［1911］
02667 著者佚名
抄本 412B

01623 **分类本草摘要**一卷 ［1911］
02668 著者佚名
抄本 738B

01624 **本草纲目选补**四卷 ［1911］
02669 著者佚名
抄本 721

01625 **本草参解**一卷 ［1911］
02670 著者佚名
清书业德抄本 308A

01626 **类集本草**二卷 ［1911］
02671 著者佚名
抄本 901

01627 **本草摘新**二卷 ［1911］
02673 著者佚名
抄本 701

01628 **用药总法**一卷 ［1911］
02674 著者佚名

抄本 589

01629 **用药法程**不分卷 [1911]
02675 著者佚名
抄本 541

01630 **本草诸种摘录**不分卷 [1911]
02676 著者佚名
酣墨草庐抄本 590

01631 **本草**□□卷 [1911]
02677 著者佚名
抄本 277 541

01632 **药性默识**一卷 [1911]
02678 著者佚名
抄本 277

01633 **药性阴阳论**一卷 [1911]
02679 著者佚名
抄本 570

01634 **药性必读**三卷 [1911]
02680 著者佚名
抄本 709

01635 **本草精义类编**二卷 [1911]
02681 著者佚名
抄本 590(52类、526种药物)

01636 **钱氏本草**一卷 [1911]
02683 钱竹荪撰
抄本 277

01637 **五经药性**一卷 [1911]
02684 著者佚名
抄本 529A

01638 **本草必秘**十卷 [1911]
02685 附本草思问录四卷
著者佚名
日本抄本 3

01639 **药性要领**一卷 [1911]
02690 著者佚名
抄本 931

01640 **药性探源**一卷 [1911]
02691 著者佚名
鞠斋氏抄本 741

01641 **周氏医书摘髓—本草正**一卷 [1911]
02692 著者佚名
也溪抄本 590

01642 **本草摘要**□□卷 [1911]
02693 著者佚名
抄本 450 541 590

01643 **本草抄**一卷 [1911]
02694 著者佚名
抄本 541

01644 **本草要录**一卷 [1911]
00000 著者佚名
清抄本 734A

01645 **药性易记**一卷 [1911]
00000 著者佚名
清抄本 313

01646 **药性集**一卷 [1911]
00000 著者佚名
清抄本 736A

01647 **生草药性**一卷 [1911]
00000 著者佚名
清末樊根生抄本 734A

01648 **本草钩元**一卷 [1911]
00000 著者佚名
清抄本 831

01649 **药性摭要**一卷 [1911]
00000 著者佚名
清抄本 139

01650 **本草镜**一卷 [1911]
00000 著者佚名
清抄本 286

01651 **本草按**一卷 [1911]
00000 著者佚名
见洒心斋医稿

01652 **药材出处**一卷 [1911]
00000 附药材别名一卷
著者佚名
清抄本 651

01653 **本草徵要**一卷 [1911]
00000 著者佚名
清抄本 738E

01654 **本草必阅**一卷 [1911]
00000 著者佚名
清抄本 TD

01655 **分经药性**一卷 [1911]
00000 著者佚名
清抄本 736A

01656 **药性分类体用**一卷 [1911]
00000 著者佚名

清抄本　286

01657 00000 **药性**一卷　［1911］
著者佚名
清抄本　736B

01658 00000 **药性摘要**一卷　［1911］
辑者佚名
清末魏生哉抄本　734A

01659 00000 **本草精要**一卷　［1911］
辑者佚名
清抄本　139

5.3　国外本草

01660 02860 **本草和名**二卷　918
（日）深江辅仁编
1. 日本宽政八年（1796）刻本　1　2　3　7　139　462　475A
2. 日本万延元年（1860）森立之抄本　TB
3. 清抄本　462　708
4. 抄本　139　202　279　436　514A

01661 02862 **能毒**一卷　1566
（日）曲直濑正盛（一溪、道三、虽知苦斋、盍静翁）编
1. 日本永禄二年（1559）抄本　590（清·盛宣怀旧藏）
2. 日本永禄九年（1566）稿本　3

01662 02863 **宜禁本草**四卷　［1566］
（日）曲直濑正盛（一溪、道三、虽知苦斋、盍静翁）编
日本宽永八年（1631）刻本　139

01663 00000 **药性能毒**二卷　1604
著者佚名
日本庆长十三年（1604）山田意斋道启刻本　TB

01664 02864 **本草序例抄**七卷　1641
（日）吉田宗恂（又玄子）撰
日本宽永十八年（1641）西田胜兵卫尉刻本　3

01665 02867 **灵宝药性能毒**六卷　1669
（日）东井道三撰
日本宽文九年（1669）刻本　511

01666 02869 **和名集并异名制剂**二卷　1671
著者佚名
日本宽文十一年（1671）刻本　139

01667 02871 **本草药名备考**九卷　1678
著者佚名
日本延宝六年（1678）梅村弥右卫门刻本　511

01668 02876 **（图画）和语本草纲目**十三卷　1698
又名广益本草大成
（日）冈本为竹（一抱子）撰
日本元禄十一年（1698）书林长村半兵卫刻本　511

01669 02877 **六十味药性记辨解**一卷　1699
著者佚名
日本元禄十二年（1699）林九兵卫西林市良右卫门刻本　511

01670 02878 **大倭本草**十六卷　1709
（日）贝原笃信（益轩、子诚）编
日本宝永六年（1709）京都书林刻本　511

01671 02879 **本草附翼**不分卷　1714
又名本草图翼
（日）稻若水撰
见本草纲目（版本附录）

01672 02880 **药性能毒大成**九卷　1715
又名合类广宜灵宝药性能毒大成
（日）三村玄硕子撰
日本正德五年（1715）雒下书林刻本　139

01673 02881 **大和本草诸品图**二卷　1715
（日）贝原笃信（益轩、子诚）辑
日本正德五年（1715）刻本　7

01674 02883 **百味主能师言钞**二卷　1722
又名百味主能谚解、本草百味主能谚解
（日）冈本为竹（一抱子）撰
日本东京都盛文堂刻本〔据日本享保七年（1722）戴文堂文林堂本重刻〕　139

01675 02884 **六八本草**不分卷　［1723］
（日）加藤谦斋（乌巢道人）撰
日本享保八年（1723）刻本　570

01676 02885 **用药须知前编**五卷　1726
用药须知后编四卷
（日）松冈玄达（成章）编
1. 日本享保十一年（1726）翠柏堂刻本（前编）　3　139　511
2. 日本宝历九年（1759）卢橘堂刻本（后编）　139

01677 02887 **(袖珍)本草隽**一卷 1726
又名中国药物学大纲
(日)伊豫专安(平住)编 松冈玄达(成章)鉴定
日本宝历五年(1755)植村玉枝轩刻本 139 590

01678 02888 **药笼本草**三卷 1727
(日)香月则实(启益、牛山、贞庵、被发翁)撰
日本享保十二年(1727)刻本 475A

01679 02889 **一本堂药选**三卷续编一卷附录一卷 1729
(日)香川修德(太冲、修庵)编
1. 日本享保十六年(1731)文泉堂刻本 139 277 541 590
2. 日本天保十二年(1841)京都书林林权兵卫林芳兵卫刻本 511

01680 02892 **本草纲目补物品目录**二卷 [1752]
(日)后藤光生(黎春)编辑
日本宝历二年(1752)东都书肆鹤本平藏刻本 541

01681 02942 **采药使记**三卷 [1758]
(日)阿部照任 松井重康撰 后藤光生补 高大醇编
日本抄本 570

01682 02893 **草木辨疑**三卷 1759
(日)内山觉顺编
日本宝历九年(1759)平安润古堂刻本 139

01683 02894 **本草辨明**不分卷 1765
附食品辨明一卷
(日)林贞亮编
日本明和二年(1765)姬路籐仲刻本 139

01684 02895 **药征**三卷 [1771]
(日)吉益为则(公言、东洞)撰
1. 日本天明五年(1785)皇都书林刻本 1 3 139 570 721
2. 日本抄本 139 TB
3. 见药征药征续编

01685 02896 **毒药考**一卷 1774
(日)邨井杶(大年)撰
日本安永三年(1774)村井杶抄本 511

01686 02897 **日用药品考**一卷 1777
(日)柴田正简(子廉、溶溶斋)撰
日本文化七年(1810)张海壁书庄刻本 3 139

01687 02898 **药品手引草**二卷 1777
(日)加地井高茂(九畹)编
日本安永七年(1778)摄阳书铺柏原屋清右卫门等刻本 139

01688 02900 **质问本草**内篇四卷外篇四卷附录一卷 1785
(日)吴继志(子善)撰
1. 日本天保八年(1837)刻本 2 139 185 541
2. 抄本 251 361

01689 02901 **本草纲目补物品目录后编**三卷 1789
(日)后藤光生(黎春)原编 黑弘休(伯芝)订补
日本宽政元年(1789)稿本 541

01690 02902 **本草记闻**十五卷 1791
又名本草纲目纪闻
(日)小野职博(以文、兰山)撰
日本宽政三年(1791)抄本 511

01691 02899 **药征续编**二卷附录一卷 1794
(日)邨井杶(大年)撰
1. 日本宽政六年(1794)皇都书林刻本 3 590
2. 日本宽政六年(1794)皇都书林刻文化九年(1812)重修本 7
3. 见药征药征续编

01692 02903 **本草纲目启蒙**四十八卷 1802
(日)小野职博(以文、兰山)撰 小野职孝(士德)校
1. 日本享和三年(1803)众芳轩刻本 139
2. 日本弘化四年(1847)岸和田邸学刻本(题重订本草纲目启蒙) 3

01693 02904 **本草药名备考和训钞**七卷 1806
(日)丹波赖理(泽山)编
日本文化四年(1807)锦小路家刻本 139

01694 02905 **药性提要**一卷 1807
(日)丹波元简(廉夫、栎荫拙者)撰
1. 日本文化四年(1807)逍遥堂宫商阁刻本 139
2. 日本文化四年(1807)逍遥堂宫商阁刻庆元堂印本 139 541 590 901
3. 日本天保八年(1837)为可堂刻本(题订补药性提要) 589

01695 02906 **药物和名考**一卷　1807
（日）百百俊德撰
日本文化四年（1807）井泽元珉抄本　139

01696 00000 **药征**三卷　［1812］
药征续编二卷附录一卷
（日）吉益为则（公言、东洞）　邨井杶（大年）撰
日本天明五年（1785）皇都书林刻宽政六年（1794）续刻文化九年（1812）京都书林浪华书林重修本　3　7　21　139　202　511　651　901

01697 02907 **兰畹摘芳**三卷　1817
（日）大槊茂质（玄泽、磐水）撰
日本文化十四年（1817）刻本　6

01698 02908 **草木性谱**三卷　1823
有毒草木图说二编
（日）清原重巨撰
日本文政十年（1827）永乐屋东四郎刻本　139　570

01699 02909 **药性讨源**一卷　1825
（日）曾槃撰
日本文政八年（1825）钱知彰抄本　511

01700 02910 **药雅**一卷　1827
（日）丹波元胤（绍翁、奕禧、柳片）撰
1. 日本文久二年（1862）抄本　3　139
2. 日本抄本　TB（日·小岛质题跋）
3. 抄本　7　476　572　677A

01701 02911 **巽庵释药**一卷　1827
（日）曾槃撰
日本文政十年（1827）抄本　511

01702 02912 **本草图谱**九十三卷索引二卷　1828
（日）岩崎常正（灌园）撰
1. 日本文政十一年（1828）刻东京博文馆印本　728A（残）
2. 日本文政十一年（1828）刻江户书林玉山堂印本　579（残）

01703 02913 **植学启原**三卷　1833
（日）宇田川榕（榕菴）撰
日本天保四年（1833）青藜阁刻本　139

01704 02914 **药治通义**十二卷　1836
（日）丹波元坚（亦柔、茝庭）撰
1. 稿本　651
2. 日本天保十年（1839）刻本（书口题存诚药室丛书）　1　286　289　541　738B　896A　TB
3. 日本天保十年（1839）刻江户书林英氏万笈堂印本（书口题存诚药室丛书）　1　521　728A
4. 日本天保十年（1839）刻东都青云堂印本　491
5. 见聿修堂医学丛书

01705 02915 **药能篇**五卷　1836
又名药能方法辨
（日）宇津木益夫（昆台、天敬、太一郎）撰
1. 清同治三年（1864）抄本　391
2. 见古训医传

01706 02916 **（和兰）用药便览**一卷　1837
原题（日）六六先生撰
日本天保八年（1837）三都书肆刻本　475A

01707 02917 **百品考**一卷　1838
（日）山本世孺（仲直）撰
日本天保九年（1838）稿本　3

01708 02918 **笃庆采药记**九卷　［1840］
（日）山本笃庆撰
日本天保抄本　491

01709 12911 **古方药品考**五卷　1841
（日）内藤尚贤（刚甫）撰
日本天保十二年（1841）须原屋茂兵卫刻本　3　139　251　590　677A

01710 02920 **诸病主药**一卷　［1841］
（日）尾张医学馆辑
1. 日本天保十二年（1841）刻本（附十四经穴分寸歌傍通诀）　541
2. 日本医学馆刻本　186　590

01711 02921 **越俎药志**一卷　1849
（日）喜多村直宽（士栗、安斋、安正、栲窗、香城）撰
日本嘉永二年（1849）学训堂刻本　139　677A　721

01712 02923 **（新订）草木图说前篇**二十卷　1852
（日）饭沼欲斋撰
日本明治七年（1874）平林庄刻本〔据日本安政三年（1856）刻本重刻〕　139

01713 02924 **妙药奇览后篇**一卷　1852
（日）宫地惠撰
日本嘉永五年（1852）浪华介寿堂刻本　3

01714 **二经类纂服法类**一卷 1855
02926 著者佚名
日本抄本 590

01715 **古方药议**五卷 1864
02928 （日）浅田惟常（栗园、宗伯）撰
日本元治元年（1864）抄本 511

01716 **古医方药能略**六卷 1867
02929 （日）权田直助撰
日本抄本 139

01717 **诗本草**一卷 1867
02930 （日）柏昶（永日、如亭山人）撰
日本明治十六年（1883）善堂刻本 651

01718 **本草余纂**十一卷 ［1870］
02932 （日）小原良贵撰
抄本 186

01719 **能毒**一卷 ［1887］
02935 （日）羽仓简堂（用九）撰
日本明治二十年（1887）刻小四海堂丛书本 579

01720 **有用植物图说**七卷附目录解说索引 1891
02936 （日）田中芳男 小野职悫撰 服部雪斋绘图
日本明治二十四年（1891）日本农会刻本 139

01721 **本草纲目指南**六卷 ［1911］
02939 著者佚名
日本平安文泉堂林权兵卫刻本 139 738

01722 **六书三国药名言考**一卷 ［1911］
02940 著者佚名
日本刻本 572

01723 **采药录**一卷 ［1911］
02941 著者佚名
日本抄本 3

5.4 歌括便读

01724 **图经节要补增本草歌括**八卷 ［1295］
02972 （元）胡仕可（可丹）编 （明）熊宗立（道轩、勿听子）增补
明刻本 541

01725 **药性赋**一卷 ［1368］
02973 原题（金）张元素（洁古）撰
见医要集览

01726 **（新刊太医院校正京本）珍珠囊药性赋**二卷 ［1465］
02974 原题（金）李杲（明之、东垣）撰 （明）熊宗立（道轩、勿听子）校补
1. 明万历二年（1574）书林叶清庵刻本 TA
2. 清怀初堂抄本（四卷） 1

01727 **（新编）注解药性赋**一卷 1484
02975 附新编论四时六气用药权正活法一卷
（明）刘全备（宝善、克用）撰
1. 明成化二十年（1484）近圣居刻本 7 541（残）
2. 清光绪三十年（1904）宝庆勤学书舍刻本 251
3. 见刘氏四种

01728 **药性粗评**四卷 1551
02977 （明）许希周（近濂、以忠）撰
明嘉靖三十年（1551）刻本 1（存卷二、三） 139（存卷三） 289 541（存卷一） 570 939（残）

01729 **药性歌**一卷 1581
02978 （明）龚廷贤（子才、云林、悟真子）编
1. 日本天保十年（1839）尾张医学馆刻本 186
2. 朝鲜刻本 139
3. 清抄本 139

01730 **（太医院补遗）本草歌诀雷公炮制**八卷 ［1583］
02979 又名增补雷公炮制药性赋解
原题（金）李杲（明之、东垣）编 （明）余应奎补遗
1. 明书林陈乔刻本 7（存卷一、二、五至八）
2. 清康熙三十五年（1696）刻三多斋印本（与珍珠囊补遗药性赋四卷合刻） 363 401 907C
3. 清康熙三十五年（1696）刻道光间渔古山房印本（附药性诗歌便览） 139 351
4. 清四海堂刻本 277 287

01731 **（新镌三集）本草炮制药性赋**十三卷卷首二卷 ［1596］
02980 （明）龚信（瑞芝）增补
明万历书林洪宇李良臣刻本 139

01732 **王宇泰药性赋**一卷 1602
02981 附脉诀

（明）王肯堂（宇泰、损庵、念西居士）撰
清紫芝仙馆抄本 590

01733 02983 **珍珠囊指掌补遗药性赋**四卷 1622
又名药性赋珍珠囊、李东垣先生珍珠囊、李东垣先生珍珠囊药性赋
原题（金）李杲（明之、东垣）撰
1. 明弘治十四年（1501）刻本 270
2. 明万历唐富春刻本（题新刻官板补遗药性赋三卷） 2
3. 清康熙刻本 202 572
4. 清乾隆四十一年（1776）金陵四教堂刻雷公炮制药性赋解本 364A
5. 清乾隆五十年（1785）金阊传万堂刻雷公炮制药性赋解本 409 852
6. 清乾隆末杏园刻雷公炮制药性赋解本 651
7. 清嘉庆十九年（1814）云林藜照楼刻本 1 363
8. 清道光三年（1823）金阊绿荫堂刻雷公炮制药性赋解本 254
9. 清道光二十二年（1842）绍兴丽泽堂刻雷公炮制药性赋解本 541
10. 清道光藜照书屋刻本（二卷，题李东垣先生珍珠囊） 856
11. 清光绪三年（1877）聚盛堂刻本（题重刻京版药性赋二卷） 651
12. 清光绪六年（1880）姑苏绿润堂刻雷公炮制药性赋解本 741
13. 清光绪六年（1880）浙江小酉堂刻本 746A
14. 清光绪十三年（1887）宁波群玉山房刻本 2（残） 521 541 710 736B 740A 740B
15. 清光绪十三年（1887）宁波群玉山房刻浙绍奎照楼印雷公炮制药性赋解本 734
16. 清光绪十三年（1887）文华堂刻本 301
17. 清光绪十三年（1887）善成堂刻雷公炮制药性赋解本 931
18. 清光绪十九年（1893）潮城吴氏瑞文堂刻本 931（二卷）
19. 清光绪二十年（1894）上海文瑞楼石印雷公炮制药性赋解本 251 385A 461 713 746A
20. 清光绪二十二年（1896）书业德记刻本（题太医院增补珍珠囊药性赋） 302 308A
21. 清光绪二十三年（1897）南京李光明庄刻雷公炮制药性赋解本 1 139 277 302 308A（残） 664 701 728A 852
22. 清光绪三十一年（1905）上海章福记书局石印雷公炮制药性赋解本 289 366 434 736 831
23. 清光绪十三年（1887）宁波群玉山房刻三十二年（1906）苏州扫叶山房印雷公炮制药性赋解本（版心下镌群玉山房） 280 308A 393 433A 541 603 651 664 713 721 738A
24. 清光绪三十二年（1906）苏州扫叶山房刻雷公炮制药性赋解本（版心下镌扫叶山房） 664
25. 清光绪三十三年（1907）锦文堂石印雷公炮制药性赋解本 301 450A 491 521 799A 912
26. 清光绪三十四年（1908）苏州振新书社石印雷公炮制药性赋解本 139 736
27. 清宏道堂刻雷公炮制药性赋解本（二卷） 461
28. 清桂华楼刻文盛堂印雷公炮制药性赋解本 651 741
29. 清永顺堂刻本（二卷） 907C
30. 清玉轴堂刻本（二卷） 351
31. 清广善堂刻本（二卷） 351 738A
32. 清敬慎堂刻本（二卷） 351
33. 清荫香堂刻本（二卷） 301
34. 清聚经阁刻本（二卷） 746A
35. 清重庆二友堂刻本（二卷） 852
36. 清聚秀堂刻本 784
37. 清翰墨林刻本（二卷） 931
38. 清文兰阁刻本（二卷） 931
39. 清文信堂刻本 139
40. 清维扬名山堂刻本（二卷，题新刻校正李东垣先生珍珠囊） 139
41. 清京都宝文堂刻本（二卷，题新刻校正李东垣先生珍珠囊） 139 746A
42. 清同文堂刻本（二卷） 362
43. 清文发堂刻本（二卷） 443

44. 清崇让堂刻本（二卷） 901
45. 清崇顺堂刻本（二卷，题李东垣先生珍珠囊药性赋） 308A
46. 清三让堂刻本 746A
47. 清渝城书帮公所刻本（二卷） 839A
48. 清刻本 203 270 311 360A 360A（二卷） 360B 363（二卷） 413 433A 521 651 721 735（二卷） 736B（二卷） 740B 831 850（二卷） 852（二卷） 852S 853（二卷） 855（二卷） 907C
49. 抄本 139 421 589 701 733B 738B
50. 见雷公炮制药性赋解

01734 02984 **（太医院增补）青囊药性赋直解**三卷 ［1627］
又名太医院增补珍珠囊药性赋直解
（明）罗必炜（右源、光国）编
1. 明闽建书林黄灿宇余庆堂刻本（题鼎刻京板太医院校正分类青囊药性赋） 1 475A
2. 明闽建书林黄心岫益智堂刻本（题鼎刻京板太医院校正分类青囊药性赋） 139
3. 清乾隆三十三年（1768）文光堂刻本 741 931
4. 清咸丰四年（1854）刻本 912
5. 清咸丰十一年（1861）刁爱堂刻本 741
6. 清光绪十二年（1886）经国堂刻本（二卷） 921
7. 清光绪十四年（1888）两仪堂刻本（题增补珍珠囊药性全书十卷） 741 742
8. 清光绪十七年（1891）聚德堂刻本（题太医院增补珍珠囊药性赋直解四卷） 365
9. 清光绪十八年（1892）四合堂刻本（题太医院增补珍珠囊药性赋直解四卷） 364A
10. 清聚和堂刻本（题太医院增补珍珠囊药性赋直解四卷） 302
11. 清松盛堂刻本 742（一卷）
12. 清汲古堂刻本 734A
13. 清大鳌堂刻本（八卷首一卷） 735A
14. 清三昧堂刻本 738A
15. 清令德堂刻本 677A
16. 清文成堂刻本（题太医院增补珍珠囊药性赋直解四卷） 186
17. 清成文信刻本（题太医院增补珍珠囊药性赋直解四卷） 139 186
18. 清校经山房刻医方药性合编本 799
19. 清刻本 391 396 743
20. 见医方药性合编
21. 见医门初学万金一统要诀分类

01735 02985 **药镜**四卷 1641
（明）蒋仪（仪用）撰
1. 清康熙三年（1664）嘉善蒋仪刻鸳水陈诞印医药镜本 1 2 186 203 476 572 734A（存卷一） 739A 896A
2. 清康熙三年（1664）嘉善蒋仪刻古吴成裕堂印医药镜本 3 7 139 152 590
3. 见医药镜

01736 02986 **药性主治品部证类歌总要**不分卷 ［1644］
著者佚名
明抄本 1

01737 02987 **药性主病便览**不分卷 ［1644］
著者佚名 王菊人人（志絜）传
明抄本 590（残）

01738 02988 **药性赋秘抄**一卷 ［1662］
（清）蒋示吉（仲芳、自了汉）撰
抄本 529A 664（附寿世保元、四言药歌） 734A（题药性歌）

01739 02990 **药性便蒙**二卷 ［1700］
又名骈体药性便蒙
（清）陈古（石云）撰
1. 清抄本（不分卷） 1
2. 石震抄本 139
3. 抄本 709

01740 02991 **本草便读**一卷 1733
（清）缪占魁撰
清雍正十一年（1733）抄本 651

01741 02992 **本草诗笺**十卷 1739
又名惠民局本草诗笺
（清）朱钥（东樵）撰
1. 清乾隆二十二年（1757）刻本 139 361 391 461 476 491 541 542 570 664 709 721
2. 清道光九年（1829）明教堂刻本 1 7 139 651 738 851
3. 清光绪八年（1882）鄚城群玉山房刻本

2　21　152　186　251　270　277　280　286　301　351　412A　412B　475A　512　521　523　529A　541　546　570　572　589　677A　734A　738A　739A　831　852　907C　917A　940
4. 清光绪二十五年（1899）上海千顷堂刻本　6　21　139A　203　289　302　361　385A　443　475A　514A　541　590　651　664　728A　738B　746　931
5. 清末上海千顷堂石印本　21　139　433　443　514A　529B　570　590　721　733A　738　738A　799A　839A　871　896A　907C　921
6. 清刻本　1　361　476　926A　939

01742 **淑景堂考订注解寒热温平药性赋**七卷　1764
02993 又名思问集
(清)李文锦（襄浥、淑景堂主人）撰
1. 清乾隆三十年（1765）三多斋刻本　590　728A　738B
2. 见伤寒论句解（李文锦撰）

01743 **九九赋**一卷　［1784］
00000 (清)王廷瑞（辑五、鉴庵）撰
见温热病论（附录）

01744 **脉药联珠药性考**四卷　1795
02994 (清)龙柏（佩芳、青霏子）撰
1. 抄本　738
2. 见脉药联珠合刻

01745 **药性赋注释**一卷　［1798］
02995 (清)陆氏撰
清嘉庆三年（1798）刻朱墨套印本　1

01746 **药性歌**八卷　1807
02996 (清)蔡恭（涵真、筠溪逸士）撰
清同治八年（1869）筠溪灌蕙书屋刻本　541

01747 **四言药性**一卷　1819
02997 著者佚名
1. 清光绪抄本　852C
2. 清抄本　139　651　736A（二卷）
3. 抄本（题四言药性分类精要）　736A

01748 **四言本草**五卷　［1820］
03038 著者佚名
清木活字印本　308A（残）　412A（附卫生必读四卷）　541

01749 **何氏药性赋**一卷　［1837］
03019 (清)何其伟（韦人、书田、竹竿山人）
1. 王丕显抄本　541
2. 抄本　541　731

01750 **药性赋音释**一卷　［1840］
03259 (清)范在文（于兹、美中）撰　余苹皋音释
清明辨斋刻本　651

01751 **药性集要便读**三卷　1843
02998 (清)岳昶（德佑、晋昌）撰
1. 清道光二十三年（1843）兰陵岳昶嵩阳书屋木活字印本　139　475A　677A
2. 清咸丰元年（1851）兰陵岳昶嵩阳书屋刻本（六卷，附医药要览一卷）　152　529A　570　590

01752 **药性简要**一卷　1844
02999 又名药性简要三百首
(清)廖云溪编
1. 清光绪三年（1877）贵发堂刻医学五则本　361　514A
2. 清光绪十三年（1887）兴发堂刻医学五则本　852S
3. 见医学五则

01753 **务中药性**十八卷卷首一卷卷末一卷　1844
03000 (清)何本立（务中）撰
清道光二十五年（1845）清江何氏怀仁堂自刻本　1　139　279　475A　476　677A

01754 **(编注)本草骈文便读**十卷　1845
03001 (清)华壎（昌伯）撰
稿本　1　651（缩微胶卷）

01755 **药性弹词**一卷　1847
03002 (清)王锡鑫（文选、席珍子、亚拙山人）撰
1. 抄本　2
2. 见医学切要全集

01756 **神农本草经赞**三卷　1850
03003 附月令七十二候赞一卷
(魏)吴普等述　(清)叶志诜（东卿、仲寅、遂翁）撰
1. 清道光三十年（1850）汉阳叶志诜粤东抚署刻本　1　2　3　139　139A　140　185　204　279　289　361　385A　461　493　541　579　590　651　677A　731　741
2. 见汉阳叶氏丛刻

01757 **本草备录**一卷 ［1851］
03004 （清）吴辉模（焕庭）编
清光绪二十一年（1895）上海书局石印本 839A

01758 **药性蒙求**一卷 1856
03005 （清）张仁锡（希白）编
1. 稿本 541（残）
2. 抄本 139 570 590 736 736A 738E

01759 **四言药性分类精要**二卷 1864
03036 著者佚名 （清）吴瑚卿（雪蕉居士）辑录
清抄本 541

01760 **本草便读二集**一卷 1868
00000 （清）包润苍（省斋、孝泽、伯原）撰
清同治七年（1868）抄本 401

01761 **本经便读**四卷 1869
03007 （清）黄钰（宝臣）编
1. 清光绪十九年（1893）璧山黄钰芸经堂自刻本 139
2. 抄本 279
3. 见陈修园医书四十八、五十、七十种
4. 见伤寒辨证集解等四种合刻

01762 **绘图草木药性歌诀**二卷 1870
02610 又名草木便方、草木便方一元集、绘图草木便方
（清）刘兴（善述）撰
清光绪六年（1880）岳池学文堂刻本 1

01763 **长沙药解歌诀**四卷 1875
03017 （清）钟文焕（霁帆）撰
见钟氏医书歌诀四种

01764 **玉楸药解歌诀**六卷 1875
00000 （清）钟文焕（霁帆）撰
见钟氏医书歌诀四种

01765 **本草经附经歌括**三卷 ［1875］
03008 （清）汪宏（广庵）撰
1. 清光绪十四年（1888）刻本 738B
2. 见汪氏医学六种

01766 **天宝本草**一卷 1876
03010 （清）龚锡麟编
1. 清光绪二年（1876）刻本 279 855 871
2. 清光绪十年（1884）绵邑文茂堂刻本 852
3. 见分类草药性天宝本草

01767 **药性赋**一卷 1878
03011 著者佚名
清光绪四年（1878）汪致尧节抄本 139

01768 **本草诗补**一卷 1880
03012 （清）蘋香居士原撰 江诚（抱一）增补
1. 稿本 590
2. 清余子和五之轩 731

01769 **药要便蒙新编**二卷 1881
03013 又名药性新赋
（清）谈鸿鋆（问渠）编
1. 清光绪八年（1882）岫云书屋刻本 139 858
2. 清光绪十三年（1887）抄本〔据光绪八年（1882）岫云书屋刻本抄录〕 514A
3. 清光绪十八年（1892）京都龙光斋刻笔花医镜药要便蒙合刻本 1 2 139 145 186 202 277 433A 475A 491 514A 529A 590 651 706 731 740A 740B 799A 852F
4. 见笔花医镜药要便蒙合刻

01770 **本草衍句**一卷 1885
03014 （清）黄光霁（步周）撰 金山农（履升）录
抄本 139 572

01771 **分经药性赋**一卷 1886
03015 又名药性分剂赋
（清）潘宗元撰
1. 清光绪十二年（1886）汪锡嘏抄本 421
2. 清何仲皋抄本 361
3. 见轩岐之术

01772 **本草便读**二卷 1887
03016 又名本草新读本
（清）张秉成（兆嘉）编
1. 清光绪二十二年（1896）毗陵盛春颐鄂渚刻本 186 286 393 579 746A 831
2. 清光绪二十二年（1896）毗陵盛春颐鄂渚刻二十四年（1898）张氏印本 1 3 21 139 140 152 270 277 280 301 391 412A 412B 421 443 465 476 491 514A 529A 572 590 664 709 713 728A 738A 738B 746A 781 799A 839A 907C 917A 940
3. 清宣统二年（1910）扫叶山房石印本 701

01773 **吴氏摘要本草**一卷　1892
03018 （清）吴成荣（线文、显文）编
清光绪十八年（1892）抄本　590

01774 **寿世保元四言药歌**一卷　1894
02982 附药歌拾遗、十二经温凉补泻药品大略、制反恶畏药误须知
（明）龚廷贤（子才、云林、悟真子）编
清光绪二十年（1894）湘西唐氏刻本　139

01775 **药性诗解**一卷　1895
03020 （清）李东瑞（桂庭）等撰
稿本　139

01776 **药性诗解**一卷　1895
03021 （清）徐爔（鼎和）编
见徐灵胎医书三十二种

01777 **本草韵语**二卷　1895
03022 （清）陈明曦（星海）撰
清光绪二十四年（1898）星沙陈明曦毓芝山房自刻本　1　139（唐成之旧藏）

01778 **药性粗评全注**一卷　1896
03023 （清）黄彝鬯（虔僧）撰
清光绪二十二年（1896）铅印本　139　939

01779 **药性歌括**不分卷　1896
03024 著者佚名
1. 日本医学馆刻本　590
2. 抄本　2

01780 **沈氏药性赋**一卷　1896
03025 著者佚名　（清）戴书常辑录
清光绪二十二年（1896）戴书常抄本　709

01781 **本草诗**二卷　1896
03026 （清）赵瑾叔注　陆文谟（典三）补
清潘氏抄本　7

01782 **药性赋**一卷　1900
03027 **用药入门要诀**一卷
著者佚名
清宋福臣抄本　139

01783 **药性赋**一卷　1908
03028 （清）福寿堂主人编
清光绪三十四年（1908）粤东新宁城福寿堂铅印本　139

01784 **药性选要**四卷　1909
03029 （清）王鸿骥（翔鹤）编
1. 清宣统二年（1910）成都闲存斋刻利溥集本　186　361　491　738B　907C
2. 见利溥集

01785 **药性赋**一卷　1910
03030 著者佚名
清宣统二年（1910）云兰阁抄本　139

01786 **药性赋**三卷　[1910]
03031 著者佚名
抄本　541

01787 **药性撮要歌**一卷　[1910]
03032 郑氏原著　汪方元校
抄本　139

01788 **药性脉诀**一卷　[1910]
03034 著者佚名
清赵廷芝抄本　302

01789 **戴承澍得宜本草文**一卷　1911
03035 （清）戴承澍辑
清宣统三年（1911）抄本　139

01790 **本草便诵**十二卷　[1911]
03037 附随证查方、服药所忌食物、妊娠禁忌
（清）张艮西（安钝）编
清抄本　541

01791 **药性赋**一卷　[1911]
00000 **四言脉诀**一卷
十言脉诀一卷
神咒并符一卷
辑者佚名
清抄本　831

01792 **药赋**一卷　[1911]
03039 著者佚名
清抄本　800

01793 **诸品药性赋**不分卷　[1911]
03040 著者佚名
清抄本　706

01794 **脉诀药性病机赋**一卷　[1911]
03041 著者佚名
清抄本　139

01795 **分经四言药性扼要**二卷　[1911]
00000 著者佚名
抄本　139

01796 **增补药性赋**一卷　[1911]
00000 （清）程裕甫辑　程柽甫订
清抄本　736A

01797 **药性简要三百首**一卷　[1911]
03042 著者佚名

抄本 412B

01798 03043 **本草诗解**一卷 ［1911］
著者佚名
抄本 277

01799 03044 **广药性赋**三卷 ［1911］
著者佚名
抄本 664

01800 03045 **药性四言赋**一卷 ［1911］
著者佚名
清抄本 1

01801 03046 **本草要诀**一卷 ［1911］
著者佚名
抄本 901

01802 03047 **药性抄**一卷 ［1911］
著者佚名
抄本 541

5.5 单味药及专类药研究

01803 03169 **何首乌录**一卷 ［813］
（唐）李翱（习之）撰
1. 抄本（据说郛本） 139
2. 见说郛（一百二十卷本）

01804 03172 **龙骨辨**一卷 989
（日）源通魏撰
日本宝历十年（1760）抄本 738B

01805 03170 **彰明附子记**一卷 ［1100］
（唐）杨天惠（伯文）撰
1. 抄本（据《说郛》抄录） 139
2. 见说郛（一百二十卷本）

01806 03171 **菌谱**一卷 ［1279］
（宋）陈仁玉撰
1. 见说郛（一百卷本）
2. 见说郛（一百二十卷本）

01807 02890 **人参辨**一卷 1733
（日）西村章次编
日本享保十八年（1733）稿本 186

01808 02891 **和汉人参考**一卷 1748
和汉人参考后编一卷
和汉人参考追加一卷
（日）滕懿之（秀顺）撰
见主笃庵医书四种

01809 03173 **人参考**一卷 1778
（清）唐秉钧（衡铨）撰
1. 清乾隆四十三年（1778）嘉定唐氏竹瑛山庄刻本 731
2. 清嘉庆十年（1805）海洋吴振氏抄本 421
3. 清光绪二十二年（1896）元和江氏刻本 21 139 391 401 421 462 651 702 707 781 851 901 921
4. 清黄廷鉴抄本 541

01810 03174 **和汉人参考**一卷 ［1794］
（日）三河笃斋撰
见治痢经验（附录）

01811 03175 **人参谱**四卷 1795
（清）陆烜（子章、梅谷）编
1. 清乾隆平湖陆氏刻梅谷丛书十种本 1 421 541
2. 清乾隆春草堂刻本 421 541
3. 清道光十三年至二十四年（1833—1844）吴江沈楙德世楷堂刻昭代丛书本（一卷） 1 21 303 401 462 731 851 901 921
4. 影抄本（据清乾隆陆氏刻本） 734
5. 清抄本 279 831（存卷一至三）
6. 见昭代丛书

01812 03176 **人参图说**一卷 ［1802］
（清）郑轩哉撰
1. 清嘉庆七年（1802）荻浦书屋刻本 391 733
2. 抄本 590

01813 03177 **参谱**一卷 1808
（清）黄叔灿（牧村）编
1. 清嘉庆十三年（1808）刻本 734
2. 见借月山房汇抄
3. 见泽古斋重钞

01814 02927 **麞麝考**六卷附录一卷 1859
（日）大渊常范撰
日本文久元年（1861）刻本 3 186

01815 03178 **桂考**一卷 1889
（清）张光裕（近人、亮臣）撰
清光绪十七年（1891）湘霞仙馆刻本 1 185

01816 03179 **虫荟**五卷 1890
（清）方旭（晓卿）编

清光绪十六年（1890）严陵刻本　270　450A　453　740A

01817 03180 **九龙虫治病方**一卷　1908
著者佚名
1. 抄本　139
2. 见叶天士先生辨舌广验（附录）

5.6　炮制

01818 03196 **炮炙大法**一卷　1622
（明）缪希雍（仲醇、慕台）撰
1. 明天启二年（1622）延陵庄绥光刻本　2　139　475A　709　TB
2. 明刻本　579（附用药凡例）
3. 见先醒斋医学广笔记（附录）
4. 见缪仲醇先生医案（先醒斋医学广笔记附录）

01819 02873 **炮炙全书**四卷　1689
（日）稻生宣义（彰信、正助、若水）撰
日本元禄十五年（1702）平安书坊大和屋重左卫门刻本　3　139

01820 03198 **修事指南**一卷　［1704］
又名炮制论
（清）张叡（仲岩）撰
1. 清雍正九年（1731）文光堂刻医学阶梯修事指南合刻本　3　139　570　701
2. 见医学阶梯修事指南合刻

01821 03199 **增补药性雷公炮制**八卷　1714
（清）张光斗（微垣）增补
1. 清康熙书林陈国旺继善堂刻本　541　721　746A
2. 清嘉庆十四年（1809）素位堂刻本（十卷）　931
3. 清嘉庆十四年（1809）春华堂刻本（十卷）　741　896A　912
4. 清同治四年（1865）广州连元阁刻本（十卷）　475A　931
5. 清同治十年（1871）金玉楼刻本　572
6. 清同治翰文堂刻本　931
7. 清光绪二年（1876）天宝楼刻本　931
8. 清光绪十三年（1887）联墨堂刻本　3　931
9. 抄本　738B

01822 03200 **作剂鉴**二卷　［1774］
（日）刘栋（田良）撰
日本安永三年（1774）皇都书肆山本长兵卫刻本　511

5.7　本草谱录

01823 03207 **南方草木状**三卷　304
（晋）嵇含（君道、亳丘子）撰
1. 清乾隆五十六年（1791）金溪王氏刻增订汉魏丛书本　288　370
2. 清咸丰六年（1856）吴江沈兆奎刻本　4C　139　461
3. 清刻本　139　409　708
4. 见说郛（一百卷本）
5. 见说郛（一百二十卷本）
6. 见格致丛书
7. 见四库全书

01824 03208 **石药尔雅**二卷　806
（唐）梅彪编
1. 清初毛氏汲古阁精抄本（比利时·南怀仁跋）　1
2. 清抄本　476　651
3. 抄本　3　139　476
4. 见道藏
5. 见别下斋丛书

01825 03209 **药谱**一卷　935
又名药异名谱、药名谱
（后唐）侯宁极撰
1. 清嘉庆十一年（1806）天门渤海马纬云弁山楼刻唐代丛书本　651
2. 抄本　139
3. 见说郛（一百二十卷本）
4. 见水边林下
5. 见唐人说荟（又名唐代丛书）
6. 见逊敏堂丛书
7. 见古愚老人消夏录

01826 03210 **南产志**二卷　1619
又名闽书南产志
（明）何乔远（稺孝、匪莪、镜山先生）编　（日）大江都贺校
日本宽延四年（1751）浪华书铺菊屋揔兵卫刻本　139

01827 **二如亭群芳谱**二十八卷卷首一卷 ［1619］
03211 （明）王象晋（荩臣、康侯、三晋、子进、康宇、好生居士、名农居士）撰 陈继儒（仲醇、眉公）等校
1. 明崇祯二年（1629）刻本 1 2 21 145（存十四卷） 279 288 413 451 541 651 708 852
2. 明刻本 1 4C 7 9 140 253 285 304A 308A 360A 361 364 391 404 443 451 461 462 477 491 651 710 713 714 715 728A 735A 736 738B 740J（存十八卷） 831 901 911 940 944（存六卷）
3. 明崇祯刻清增刻本 4F 288 315
4. 明末清初毛氏汲古阁刻本 1 7 21 251 255 288 301 313 353 361 365 415 491 521 651 664 737 831 852 891
5. 明末刻清印本 315
6. 明末清初沙村草堂刻本 21 139 287 288 303 363 401 413 418 432 443 461 514B 651 709 710 733 734A 740C 831 907C
7. 明末刻清康熙济南王氏重修本 21 288 364A 366 733 736
8. 清初书业古讲堂刻本 1 288 412B 413 651 708 709 731 736 740A 741 852 852C 917A
9. 清光绪扬州文富堂刻本 353 413 461 722 740A 871
10. 清虎丘礼宗书院刻本 1 7
11. 清两仪堂刻本 287 353 722
12. 清陆嗣章节抄本 651
13. 清刻本 1 2 139 252 253 255 279 286（残） 287 305（残） 306 308A 311 360A 360B 363 364 364A 391 401 414 450A 491 590 651 677A 708 728A 733 736A 736B 737A 740A 741 781 849 852 852M 940 943
14. 清抄本 651

01828 **种药疏**一卷 ［1643］
03212 （明）俞宗本编
1. 见居家必备
2. 见水边林下

01829 **药圃同春**一卷 ［1644］
03255 （明）夏旦撰
见说郛续

01830 **农经酌雅**二卷 ［1662］
03213 （清）黄山采药翁编
清秀埜草堂抄本 7

01831 **（秘传）花镜**六卷 1688
03214 （清）陈淏子（扶摇、西湖花隐）撰
1. 清康熙二十七年（1688）金阊书业堂刻本 139 475A 728A
2. 清乾隆慎德堂刻本 4F 412A
3. 清同治八年（1869）万卷楼刻本 139
4. 清光绪刻本 852C
5. 清刻本 514B 713

01832 **国药出处**一卷 ［1694］
03222 著者佚名
1. 清光绪四年（1878）陈志卿抄本 541
2. 清抄本（题各药出处）

01833 **（佩文斋）广群芳谱**一百卷 1707
03215 （清）刘灏 汪灏 张逸少等撰
1. 清康熙四十七年（1708）武英殿刻本 1 2 4 4B 7 21 139 288 301 391 412B 421 432 450A 451 461 462 514B 541 651 666 722（卷八十七、八十八抄配） 731 734A 740A 741 781 849 871
2. 清同治七年（1868）姑苏亦西斋刻本 1 4C 4I 7 412B 422 461 475A 541 604 706 734A 740A 831 852 852E 873 951
3. 清同治七年（1868）姑苏亦西斋刻江左书林印本 1 21 255 279 308A 461 664 708 741 852T 877 907C 917A
4. 清刻本 4H 7 279（附药谱八卷） 301 308A 311 360B 453 651 704 728A 733A 736A 736B 740C

01834 **古今图书集成草木典**三百二十卷 1723
03217 （清）蒋廷锡（扬孙、西谷）等编
1. 清光绪十年（1884）上海图书集成印书局铅印本 9 139 461 731 851
2. 清光绪十六年（1890）同文书局石印本 9 461 462 831 851

01835 **撷芳要录**四卷卷首一卷 1818
03218 （清）赵叔子（西樵、青城山老人）编
清嘉庆二十三年（1818）赵氏思牧斋抄本 590

01836 **诸药异名**一卷 1840
03219 戚保三主人撰
清道光二十年（1840）抄本 590

01837 **诸药出处**一卷 1842
03220 著者佚名
1. 清道光二十二年（1842）抄本 664
2. 清抄本 701

01838 **植物名实图考**三十八卷 1848
03221 **植物名实图考长编**二十二卷
（清）吴其濬（瀹斋、雩娄农）撰
1. 清道光二十八年（1848）蒙自陆应谷刻本 1（残） 4 7 139A 287 651 704 740C 831
2. 清道光二十八年（1848）蒙自陆应谷刻光绪六年（1880）山西濬文书局重修本 1 2 3 4D 4F 9 139 139A 255 277 286 288 301 412A（存图考） 422（存长编） 451 453 462 541 651 731 781 831 849 943
3. 日本明治十六年（1883）东京奎文堂铅印本 139 412B 664 831

01839 **本草释名类聚**二卷 ［1877］
03230 著者佚名
1. 清光绪三年（1877）李慰堂抄本 139
2. 抄本 139

01840 **本草释名**二卷 1883
03237 （清）颜懋福撰
清道光十三年（1833）曲阜颜懋福稿本 308A

01841 **闽产录异**六卷 1886
03223 （清）郭柏苍（蒹秋）撰
清光绪十二年（1886）福建刻本 4 4E 422 453 651 728A 849

01842 **品芳录**一卷 1886
03224 （清）徐寿基（桂瑶）撰
清光绪十二年（1886）乐意吟馆刻本 590

01843 **海错百一录**一卷 1886
00000 （清）郭柏苍（蒹秋）撰
清光绪十二年（1886）福建刻本 475A

01844 **本草正别名总录**不分卷 1890
03225 又名本草药品正别名总目
（清）孔昭度（梦丹子）撰
清光绪十六年（1890）抄本 421

01845 **药材别名**不分卷 1897
03226 又名药宗别名、药材别名要略
（清）吟香主人撰
1. 清光绪二十三年（1897）抄本 738B
2. 清抄本 728A

01846 **群芳补药录**一卷 ［1900］
03227 （清）朱绵琮编
清抄本 731

01847 **总药释名录**一卷 ［1902］
03228 （清）成汝渊（蓉泉）撰
清光绪二十八年（1902）成寿康堂抄本 896A

01848 **药谱字类**一卷 1906
03231 著者佚名
稿本 139

01849 **药物产地录**一卷 ［1911］
03229 著者佚名
清抄本 3

01850 **诸药别名摘要**一卷 ［1911］
00000 辑者佚名
清抄本 139

6 方书

6.1 历代方书

6.1.1 唐及唐以前

01851 03303 **肘后备急方**八卷 [315]

又名附广肘后备急方、补阙肘后百一方、肘后救卒方、葛仙翁肘后备急方、附广肘后百一方、精选百一方

(晋)葛洪(稚川、抱朴子)撰 (梁)陶弘景(通明、华阳居士、华阳真人、贞白先生)补阙 (金)杨用道增广

1. 明嘉靖三十年(1551)襄阳吕氏刻本 541(存六卷)
2. 明万历二年(1574)剑江李栻刻本 1 139 185 412B 541 TD
3. 日本宝历七年(1757)浪华沼文进刻浪华称觥堂印本 139 462
4. 日本宝历七年(1757)浪华沼文进刻浪华兴文堂印本 1 590
5. 日本宝历七年(1757)浪华沼文进刻摄阳书林积小馆印本 139 541 589 721 939
6. 清乾隆五十一年至五十九年(1786—1794)元和程永培刻修敬堂汇印六醴斋医书本 139 202 251 279 385 491 541 572 579 590 707 710 907C
7. 清道光五年(1825)施继常刻本〔据万历二年(1574)剑江李栻本重刻〕 590
8. 清道光十年(1830)阳湖徐逸堂徐仲平依云堂刻本 1 361 381
9. 清道光二十八年(1848)瓶花书屋刻瓶花书屋丛书本 6 733 TA
10. 清光绪十一年(1885)湖州王文光斋刻本 139 186 289 351 529A 541 590 664 677A 733 734 736 736B 737A 740A 740B 746A 852
11. 清光绪十七年(1891)广州藏修堂刻儒雅堂印六醴斋医书本 728B
12. 清光绪二十二年(1896)上海图书集成印书局铅印本 139 476 514A 709 738A 799A 854 922
13. 清光绪三十二年(1906)成都二仙庵刻道藏辑要本 401 852 852M TA
14. 清光绪三十三年(1907)上海时中书局铅印本 289 572
15. 清刻本 308A(存卷二至八) 570 728A 943
16. 清抄本 1 541(题精选百一方、清·孙星衍题跋) 542 TA TD
17. 抄本 579(题霁云校述)
18. 见道藏
19. 见四库全书
20. 见六醴斋医书
21. 见(重刊)道藏辑要

01852 03304 **风眩方**一卷 [501]

(南齐)徐嗣伯(叔绍)撰

清末刻本 1 7 9 139 139A 186 203 279 491 590 738 891 901

01853 03305 **都邑师道兴造石像记并治疾方**一卷 [575]

又名都邑师道兴造像并古验方、龙门药方碑

著者佚名

1. 清乾隆嘉庆间(1736—1820)拓本 1(清·顾广圻、瞿氏旧藏)
2. 日本文政八年(1825)丹波元坚抄本 590
3. 清拓本 1(清·梁启超旧藏)
4. 拓本 1(清·缪纪珊旧藏)
5. 巢念修抄本 590

01854 03306 **备急千金要方**三十卷 651

又名孙真人备急千金要方

(唐)孙思邈(紫尘真人)撰 (宋)林亿校

1. 宋末刻本 TB(存卷二、三、五、七、八、十六至十九、三十)

2. 元刻本 1 7 139(存卷十一、二十九) 251(存卷一、三至五、七至九、十一、十三至三十) 301(残) 541 XA(赵氏旧山楼旧藏)
3. 明正德十六年(1521)建阳刘洪慎独斋影元刻本 731
4. 明嘉靖二十三年(1544)耀州乔世定小丘山房刻本(九十三卷目录二卷) 1 4B 139 186 251 279 308 308A 461 529A(残) 541(残) 651 728A 731 733 831 939 TA TD
5. 明万历十六年(1588)祝氏刻本(九十三卷目录二卷) 412B 852 TA
6. 明万历三十一年(1603)莆中吴氏江西刻本(九十三卷目录二卷) 3 279 308A 412A 733 736 739B(存卷十至十五) 852 TB
7. 明嘉靖二十三年(1544)耀州乔世定小丘山房刻万历二十五年(1597)三十五年(1607)递修本 401(存卷二十二至二十五、三十二至三十七、四十二至四十六、七十八至八十二、八十九至九十三) 541 733(缺卷八十九至九十三) 891(存卷一至五、八至三十三)
8. 明抄本 2(六十卷) TA(九十三卷)
9. 日本万治二年(1659)敦贺屋久兵卫刻本〔据万历三十一年(1603)莆中吴氏刻本翻刻〕 2 3 139 202 412A 572 791 TA
10. 明嘉靖二十三年(1544)耀州乔世定小丘山房刻万历二十五年(1597)三十五年(1607)清康熙六年(1667)清苑刘源溥递修本 721
11. 清康熙三十年(1691)金州喻成龙江西临江府署刻本(九十三卷) 1 2 4J 139 152 279 351 381 421 476 514A 541 651 664 707(残) 746A 852 907B 931(存19册)
12. 清康熙四十一年(1702)殷彬抄本 139
13. 日本天明五年(1785)皇都书林村上勘兵卫刻本 21 139 186 308A 361 391 529A 541 800
14. 日本宽政十一年(1799)京都书林林喜兵卫刻本 139 308A 391 541
15. 日本嘉永二年(1849)江户医学影北宋刻本 1 2 7 21 139 186 203 251 279 280 289 301 361 393 396 412A 412B 475A 491 523 541 542 546 570 572 677A 701 721 728A 733 738 746 791 831 852 891 901 921 TD XD
16. 清同治七年(1868)京都太医院刻本 385A 529A 746A 871 874 907C
17. 清同治七年(1868)王培桢刻本(九十三卷目录二卷,续刻海上方一卷、风药论枕上方一卷、枕中秘拾遗一卷) 139 289 382 521 731 746A 852 907C
18. 日本嘉永二年(1849)江户医学影宋刻清光绪四年(1878)长洲黄学熙上海印本 1 139 203 253 461 664 714 732 943 TB
19. 日本嘉永二年(1849)江户医学影宋刻长洲麟瑞堂上海印本 1 3 7 8 21 139 270 277 279 280 301 308A 361 366 385B 401 402 412A 432 443 491 492 493 511(残) 514B 529A 541 570 579 664 738B 746A 839A 926A 940 951 XD
20. 日本嘉永二年(1849)江户医学影宋刻苏州徐敏甫印本 2 3 139 203 270 279 361 381 401 412A 572 677A 709 732 734 739A 746A 839A 891 911
21. 日本嘉永二年(1849)江户医学影宋刻苏州崇德书业公所印本 139 270 277 279 286 289 308A 361 412A 461 463 476 529B 541(残) 570 590 702 710 738A 740D 741 746A 781 799A 839 852C 853 854 907B 931
22. 清光绪三十二年(1906)成都二仙庵刻道藏辑要本(五卷) 721 852(残) 852M
23. 清光绪三十四年(1908)上海久敬斋书庄铅印本 21 140 203 288 401 410 443 511 529A 541 664 734A(存卷十一至十四) 736A(存卷十至十一)

852（存卷十六至三十）　896A　907C　912　917A

24. 清刻本　306　361　401（残）　465　467　476　736C　852　852T（九十三卷）　854　907C

25. 日本尚文馆刻本（据元刻本翻刻）　1

26. 日本浪华书屋刻本　800（残）

27. 清朱丝栏抄本　4

28. 抄本　401（残）

29. 见道藏

30. 见四库全书

31. 见（重刊）道藏辑要

32. 见备急千金要方备急千金翼方

01855 03307 **（真本）千金方**□□卷　651

（唐）孙思邈（紫尘真人）撰

1. 日本天保三年（1832）江户松本幸彦影刻本　139（清·罗振玉题记）　475A　476　572　590

2. 抄本（题孙真人千金方）　139　651

01856 03308 **千金翼方**三十卷　［682］

（唐）孙思邈（紫尘真人）撰

1. 明万历三十三年（1605）王肯堂刻本　1　139　140　186　315　397　412B　462　541　542　570　579　590　731　732　741　851（清·孙星衍跋）　852　TB（卷一至十四抄配）

2. 清乾隆二十八年（1763）金匮华希闳刻本　1　2　3　6　7　139　185　204　277　301　308　351　361　364A　381　385　401　436　467（残）　493　570　651　721　728A　734　736（存卷一至七）　741（残）　852　907B　911　922　926A　939

3. 日本明和六年（1769）东都鹿门华本刻本　476　541　651

4. 日本文政十二年（1829）刻本（据元大德梅溪书院刻本影刻）　1　7　139　462　529A　651　721　TB　TD

5. 清同治七年（1868）苏州扫叶山房刻本〔据乾隆二十八年（1763）金匮华希闳刻本翻刻〕　3　7（残）　139　139A　140　202　251　257　279　301　308　308A　311　351　364　381　385　393　395　401　412B　421　433A　434　467（残）　514A　529　570　677A　706（残）　733　736（残）　738A　746A　831　896A　907C　926A　XB

6. 清光绪四年（1878）独山莫氏影印本〔据日本文政十二年（1829）刻本〕　1　2　3　6　7　139　186　203　252　253　270　277　279　280　289　301　308A　361　366　393　401　412A　432　433A　443　461　463　475A　476　493　511　514A　514B　519　522　523　529A　541　570　572　589　590　603　651　664　677A　702　706　707　709　721　731　732　734　734A（存卷二十至三十）　738　738A　738B　739A　741　746A　781　799（残）　799A　831　839A　851　852　852C　853　854　871　891　901（残）　907B　907C（存卷一至三、九至三十）　921　940　943　951

7. 清光绪三十四年（1908）上海久敬斋书庄铅印本　139　279　391　493　572　651　677A　710　728A　732　734　737　852　852C　852F　926A

8. 清刻本　412A　412B　736A　739　799A　839

9. 抄本　590（残）　651

10. 见备急千金要方备急千金翼方

01857 03309 **备急千金要方**三十卷　［682］

备急千金翼方三十卷

（唐）孙思邈（紫尘真人）撰

1. 日本嘉永二年（1849）江户医学影宋刻长洲黄学熙上海印本　1　2　21　139　202　203　204　277　279　280　381　412A　421　514A　541　546　651　701　731　839A　907C　917A　921　931

2. 日本嘉永二年（1849）江户医学影宋刻长洲麟瑞堂上海印本　541　731

3. 日本嘉永二年（1849）江户医学影宋刻苏州徐敏甫印本　1　202　570

4. 日本嘉永二年（1849）江户医学影宋刻苏州崇德书业公所印本　3　139　202　301　381　421　541　664　702　728　839A　存翼方　277　461　590　709　781

5. 清光绪三十四年（1908）上海久敬斋书庄铅印本 152

01858 **孙真人海上方**一卷 ［682］
03310 又名海上方、海上仙方、龙宫秘藏海上方
原题（唐）孙思邈（紫尘真人）撰
1. 清嘉庆二十二年（1817）云南深柳堂刻本（题龙宫秘藏海上方） 901
2. 清道光二年（1822）萧山陆成本刻本 139 381 664 738
3. 清道光十八年（1838）孝友堂刻本 251 514A 701
4. 清咸丰四年（1854）来鹿堂刻本（附素女方） 279
5. 清咸丰九年（1859）敬胜书屋刻本（附枕上记、养生铭） 590 677A
6. 清光绪四年（1878）永盛斋刻本 1 139 145 461 570 746A
7. 清光绪十一年（1885）武林红蝠山房刻本 541 731
8. 清光绪二十二年（1896）刻本 1
9. 清经锄堂抄本（缩微胶卷） 1 651
10. 清刻本 139 251 279 289 351 360A 514A 590 731 851 896A
11. 日本抄本 TB（日·小岛质题跋）
12. 见备急千金要方（版本附录）
13. 见敬信录（附录）
14. 见千金宝要（版本附录）
15. 见医家萃览
16. 见医方六种
17. 见摘录千金宝要海上仙方

01859 **外台秘要**四十卷 752
03312 （唐）王焘撰
1. 宋绍兴两浙东路茶盐司刻本 1（存卷一至二十、二十四至三十二、三十四至四十） 7（存卷三第二至二十三页） 651（缩微胶卷，存卷一、二）
2. 明崇祯十三年（1640）新安程衍道经余居刻本 1 2 7 8 139 140（残） 202 279 286 301 361 381 382 391 393 397 412A 412B 421 475A 491 522（存卷二十一至三十） 541 572 579 590 651 709 721 721A 731 733A 736B 737 739A 740A 799A 851 852 852T 922 931 939 TA TB XA
3. 清康熙影宋抄本 572
4. 清初武林陆氏经德堂刻本〔据明崇祯十三年（1640）新安程衍道经余居刻本翻刻〕 139 203 279 280 432 709 TC
5. 日本延享三年（1746）平安养寿院刻本 1 2 3 139 270 279 308A 381 412B 462 491 512 541 570 651 731 737 891 TA
6. 日本天保二年（1831）抄本（据宋刻本） 3（残）
7. 日本延享三年（1746）平安养寿院刻天保十年（1839）印本 139 270 421（残） 590 740C 800
8. 日本弘化四年（1847）抄本 7
9. 日本嘉永间影宋抄本 TB（清·杨守敬题识）
10. 清同治十三年（1874）广东花县骆浩泉翰墨园刻本〔据日本延享三年（1746）平安养寿院刻本翻刻〕 1 3 6 7 139 185 186 202 203 251 253 255 277 279 280 287 289 301 303 306 308 308A 361 381 385 393 401 412A 421 431 433A 436 443 461 463 475A 476 491 493 511 514A 521 529A 541 570 572 579 590 651 664 677A 709 721 728 728A 728B 731 732 733 734 734A 735 736 737（残） 738 738A 738B 741 746 746A 781 799A 831 839A 852 854 871 891 907B 907C 917A 921 922 931 940 943 951 XA XE XG
11. 清光绪二十四年（1898）上海图书集成印书局铅印本 1 4 21 139 203 270 277 286 287 289 302 308 361 363 385A 391 412A 433A 514A 523 529A 570 590 664 677A 706 709 710 714 721 734 734A 736 736A 736B 736C 737 738 738B（残） 739A 740C 831 850（存卷二

至七） 851 852A 907B 907C 911 915 931

12. 清刻本 1 204 253 305（残） 306 476 491 523 721 728A（残） 735 736A（残） 740A 831 852（存卷二十四至四十） 852S（残） 854

13. 抄本 139 572

14. 见四库全书

01860 03313 **异疾志**一卷 863

（唐）段成式撰

1. 见唐人说荟（又名唐代丛书）

2. 见逊敏堂丛书

6.1.2 宋辽金元

01861 03315 **太平圣惠方**一百卷 992

（宋）王怀隐等编

1. 日本永正十一年（1514）抄本 7（存卷一至二十）

2. 清光绪抄本 851（清·杨守敬跋）

3. 抄本 1（存卷二、五至四十四、四十六至七十一、七十三至一百） 139（残） 185 851 TA

4. 日本抄本 7 139（残） 277（残） 651 721（残） TB（清·杨守敬题跋）

01862 03316 **（王氏）博济方**五卷 1047

（宋）王衮编

1. 清嘉庆十三年至十六年（1808—1811）海虞张海鹏刻嘉庆二十二年（1817）汇印墨海金壶本 279

2. 清嘉庆吴县袁廷梼贞节堂抄本 852

3. 清道光二十八年（1848）瓶花书屋刻本 491

4. 清道光金山钱熙祚守山阁刻珠丛别录本 139

5. 清抄本 186 570

6. 见四库全书

7. 见墨海金壶

8. 见珠丛别录

9. 见求志居丛书

01863 00000 **简要济众方**一卷 1051

（宋）周应撰

日本考古斋抄本 TB

01864 03317 **苏沈内翰良方**十卷 1075

又名苏沈良方、内翰良方

（宋）苏轼（子瞻、东坡） 沈括（存中）等编

1. 明嘉靖康王庙前陆氏刻本 139

2. 清乾隆四十一年（1776）武英殿木活字印武英殿聚珍版书本（八卷） 1 140 185 450B 512 651 740G 852S

3. 日本宽政三年（1791）抄本 462（残）

4. 清乾隆长塘鲍廷博柳塘寓庐抄本 736

5. 清乾隆五十八年（1793）长塘鲍廷博刻知不足斋丛书本（书口镌知不足斋丛书） 1 21 186 279 651 709 831 907C 943（存卷一、二）

6. 清乾隆五十一年至五十九年（1786—1794）元和程永培刻修敬堂汇印六醴斋医书本 21 139 186 203 366 385 401 412A 421 475A 491 541 546 590 651 710 728A 728B 738B 831 851 854 926A

7. 清嘉庆南汇吴省兰听彝堂刻艺海珠尘本 651 739

8. 日本宽政十一年（1799）恬淡居刻本 590 651

9. 日本宽政十一年（1799）恬淡居刻文化二年（1805）风月堂大观堂印本 7 651

10. 日本宽政十二年（1800）良光通刻本 3（残） 308

11. 清道光二十六年（1846）大兴施禹泉刻本 139

12. 清咸丰九年（1859）聚经堂刻本 139 511

13. 清同治十年（1871）福建刻武英殿聚珍版书本 21 140 308A 421 461 462 572 651 781 851 901 911 917A 921 926A

14. 清光绪十七年（1891）广州藏修堂刻儒雅堂印六醴斋医书本 21 381 728B 831 871

15. 清光绪十九年（1893）刻本 677A 728 738 799A 831 851 917A 940

16. 清光绪二十一年（1895）福建布政使署刻本（八卷，附拾遗二卷、校勘记一卷） 7 21 315 353 412A 433A 703 709 831

17. 清光绪二十三年（1897）武强贺氏刻本（据知不足斋本重刻） 1 139 202 203 251 270 279 286 289 302 308A 361 381 385 385A 401 412B 421 433A 434 461 475A 476 491 492 514A 529A 570 721 728A 739 746A
18. 清光绪二十五年（1899）广州广雅书局刻本（八卷） 289 462 651 739 799 851 852 922 939 940 943
19. 清光绪三十年（1904）四川善成堂裕记刻本（八卷） 851 852 852B 951
20. 清宣统元年（1909）上海焕文书局石印本（附拾遗二卷、校勘记一卷） 443 852B 853
21. 清末钱塘潘恭豫抄本 279
22. 清刻本 391 393 396 665 701（存卷一） 728（残） 740B 850A
23. 抄本 2（残） 279 570 651 736 TA（二卷）
24. 日本抄本 462（八卷，残） TB（仿宋抄本，存卷一、八、九，日·丹波元信题识）
25. 见武英殿聚珍版书
26. 见四库全书
27. 见六醴斋医书
28. 见艺海珠尘

01865 **苏沈良方拾遗**二卷 ［1075］
03318 （宋）苏轼（子瞻、东坡） 沈括（存中）编
1. 清光绪二十一年（1895）福建布政使署刻本 462 677A
2. 见武英殿聚珍版书
3. 见苏沈内翰良方（版本附录）

01866 **史载之方**二卷 1085
03319 （宋）史堪（载之）撰
1. 清光绪二年（1876）吴兴陆心源刻十万卷楼丛书本 1 4F 21 139 139A 186 202 203 270 277 279 280 289 303 412A 450B 491 542 570 590 677A 709 728A 732 734 736 738B 739 746 799A 852 854 871 940 943（存卷下） XE
2. 清宣统二年（1910）池阳周学海福慧双修馆刻周氏医学丛书本 421 529A 541 739D 896A
3. 清刻本 877
4. 清抄本 1（清·王振声跋） 651（清·黄丕烈跋） 733
5. 抄本 139 TB
6. 见宛委别藏
7. 见十万卷楼丛书
8. 见周氏医学丛书

01867 **传家秘宝脉证口诀并方**三卷 1085
03320 （宋）孙尚（用和）编
1. 日本天保十三年（1842）影宋抄本 590（存卷中、下） 651（残）
2. 日本抄本 TB

01868 **旅舍备要方**一卷 1093
03321 （宋）董汲（及之）撰
1. 清嘉庆十三年至十六年（1808—1811）海虞张海鹏刻嘉庆二十二年（1817）汇印墨海金壶本 514A（二卷，附伤寒微旨论）
2. 清道光金山钱熙祚守山阁刻珠丛别录本 4A
3. 清咸丰四年（1854）新昌庄肇麟过客轩刻长恩书室丛书本 3 21 139 303 461 462 541 572 590 651 677A 734 739 741 781 799A 851 852 901
4. 清同治新建吴坤修皖城刻半亩园丛书本 289 651 664 738B 739 852
5. 清光绪二十二年（1896）虞山陈隆泽翰香楼刻求志居丛书本 475A
6. 清宣统三年（1911）华亭封氏篑进斋刻本 139
7. 清沈复粲鸣野山房抄本 542
8. 抄本 570 651
9. 见四库全书
10. 见墨海金壶
11. 见珠丛别录
12. 见长恩书室丛书
13. 见半亩园丛书
14. 见求志居丛书
15. 见味因丛书

01869 **古今录验养生必用方**三卷 1099
00000 （宋）初虞世（和甫）撰
1. 清同治二年（1863）吴县叶廷琯抄本 651

2. 见四时养生常用要方(附录)

01870 03322 **圣散子方**一卷 1100

(宋)苏轼(子瞻、东坡)传

明嘉靖刻本 139

01871 03323 **圣济总录**二百卷 [1117]

又名政和圣济总录、大德重校圣济总录

(宋徽宗)赵佶敕撰

1. 元大德四年(1300)江浙等处行中书省刻本 1(存三十九卷) 139(存二卷) 476(残) 739A 852(存卷二十四) TA(存六卷)
2. 明抄本 251(题重校圣济总录) 301 TA(存九卷) TB
3. 清乾隆五十四年(1789)震泽汪氏燕远堂刻本 1 3 6 139 140(残) 202 279 289(存卷一至四十二、五十八至二百、目录一卷) 361(缺卷一至四、四十六、四十七、六十二至六十四、一百四十六至一百五十九、一百九十三至二百) 383 385 412B 511 514A 541 570 579 651 702(残) 731(缺七十四、七十八、一百九十九) 734 736A 831(唐成之题记) 911 931(残) 940
4. 日本文化十年(1813)江户医学馆活字印本 1 7 203 393 476 529A 572 651 931
5. 日本文化十三年(1816)东都医学活字印本 7 202 280 579
6. 清朝鲜刻本 1
7. 日本影元抄本 251(一百卷) TB(日·丹波元坚题识) TD(邓邦述题识)
8. 抄本 7(残)

01872 03324 **千金宝要**六卷 1124

(唐)孙思邈(紫尘真人)原撰 (宋)郭思(得之)编

1. 明隆庆六年(1572)名伦堂刻本(四卷) 1
2. 清嘉庆十二年(1807)兰陵孙星衍平津馆刻平津馆丛书本 2 3 139 140 202 277 286 289 308A 311 491 541 572 590 677A 706 709 721 735 738 738A 740B 741 799A 839A 852 896A 907C 911 939 940 943
3. 清道光二年(1822)南河节署刻本 741
4. 清道光四年(1824)河南开归道署刻本 2 139 280 461 572
5. 清咸丰来鹿堂刻本 279
6. 清光绪十一年(1885)吴县朱记荣槐庐家塾刻平津馆丛书本 139 279 308A 432 437 462 731 739 741
7. 清光绪二十一年(1895)上海石印书局石印本 1 139A 572 664 677A 734A(存卷六)
8. 清曹元忠节抄本 542
9. 清刻本 412B(残) 476
10. 清抄本 1
11. 拓本〔据明隆庆六年(1572)秦王邹风皋刻石,四卷,附孙真人海上方一卷〕 1 2 139 139A 140 186 277(存附录) 279 289 308A 361 382 412A 412B 475A 476 491 514A 529 572 590 706 709 851 896A 917A TA
12. 抄本 2(十八卷) 139 289 421 433A 541(残) 579 589 731 TB
13. 见平津馆丛书
14. 见宛委别藏

01873 03325 **济世全生指迷方**四卷 [1125]

又名全生指迷方

(宋)王贶(子亨)撰

1. 清嘉庆十三年至十六年(1808—1811)海虞张海鹏刻嘉庆二十二年(1817)汇印墨海金壶本 2
2. 清咸丰四年(1854)新昌庄肇麟过客轩刻长恩书室丛书本 3 139 303 462 541 572 651 664 677A 702 739 741 781 851 852 940
3. 清同治新建吴坤修皖城刻半亩园丛书本 289 664 738B 739
4. 清光绪二十二年(1896)虞山陈隆泽翰香楼刻求志居丛书本 799A
5. 清抄本 570(据四库全书抄录) 651
6. 见四库全书
7. 见墨海金壶
8. 见珠丛别录
9. 见长恩书室丛书

10. 见半亩园丛书
11. 见求志居丛书

01874 03326 **卫生家宝**五卷 1127
(宋)张永撰
日本抄本 139

01875 00000 **芝田余居士证论选奇方后集**十卷 [1127]
(宋)余纲(芝田)撰
日本抄本 TB(存卷二至五)

01876 03327 **类证普济本事方**十卷 1132
又名本事方
(宋)许叔微(知可、元同先生)撰
1. 宋刻本 541(存卷一至五)
2. 明刻本 831(唐成之题记)
3. 清康熙刻本 152 572
4. 日本享保二十一年(1736)大阪向井八三郎刻本 491
5. 清乾隆十五年(1750)芸晖堂抄本 1
6. 清乾隆四十二年(1777)云间王陈梁刻本 2 3 139 186 286 289 301 361 381 412A 462 511 541 570 572 590 651 664 677A 712(残) 728A 732A 734 736 738B 852 926A 931
7. 清乾隆钱氏萃古斋抄本 1
8. 清光绪三年(1877)杨沂孙抄本 279
9. 清刻本 1 3 286 361 391 412B 462 541 542 589 651 740A(存卷一至四) 911
10. 清抄本 1 279 308A 393 570 651(清·黄丕烈题识,清·丁丙跋) 907C TB(日·丹波元胤题记)
11. 抄本 1(清·翁斌孙题识) 139 139A
12. 日本抄本 7 TB(存卷四至十)
13. 清涧南吕昱抄本 TA(附补遗三卷)
14. 见普济本事方本事方续集
15. 见四库全书

01877 03328 **普济本事方**十卷 [1132]
本事方续集十卷
(宋)许叔微(知可、元同先生)撰
1. 日本享保二十一年(1736)大阪向井八三郎刻本 3 139 462 541 590 738 831 TA TB
2. 日本元文三年(1738)刻本 7
3. 清树滋堂抄本 734
4. 抄本 738A TA

01878 03329 **本事方续集**十卷 [1132]
又名类证普济本事方后集
(宋)许叔微(知可、元同先生)撰
1. 日本享保二十一年(1736)大阪向井八三郎刻本 279(存卷一至五)
2. 日本六珍书屋刻本 731
3. 抄本 277
4. 日本影抄宋建安余唐卿本 TA TB
5. 见普济本事方本事方续集

01879 03331 **鸡峰普济方**三十卷 1133
(宋)张锐(子刚)撰
1. 清道光八年(1828)长洲汪士钟艺芸书舍覆南宋刻本 1 2 3 6 7 139 139A 185 186 202 251 286 289 308A 476 491 514A 541 542 570 590 651 664 677A 731 734 734A 736 738A 739 781 831 851 907C
2. 抄本 6 421 514A 542

01880 00000 **扁鹊心书神方**一卷 1146
(宋)窦材撰
1. 见扁鹊心书(附录)
2. 见医林指月
3. 见中西医学劝读十二种

01881 03332 **太平惠民和剂局方**十卷 1151
附太平惠民和剂局方指南总论三卷、增广图经本草药性总论一卷
(宋)陈师文等校正
1. 元大德八年(1304)余氏勤有堂刻本(无附录) TB
2. 元至正二十六年(1366)建安高氏日新堂刻本 1
3. 元建安宗文书堂郑天泽刻本(缺图经本草) 1
4. 元建安双璧陈氏留耕堂刻本 270
5. 元刻本 1 3(残) 7 651(有抄配无附录) TB(清·杨守敬题识)
6. 明正德六年(1511)陈氏存德堂刻本(无附录) 541
7. 明崇祯十年(1637)朱葵袁元熙刻本(无附录) 1 590 TB(缺卷五、六)
8. 明刻本 1

9. 日本正保四年（1647）平乐寺刻本〔据明崇祯十年（1637）朱葵袁元熙刻本翻刻〕 1 139 139A 186 444 590 851
10. 日本享保十七年（1732）东都书林西村又右卫门等刻本（附增广太平惠民和剂局方诸品药石炮制总论） 3 7 139（缺本草药性总论） 140 277（残） 738 921
11. 日本享保十七年（1732）东都书林西村又右卫门等刻宽政元年（1789）京都书林林伊兵卫等印本 2 3 139 579
12. 清嘉庆十年（1805）虞山张海鹏照旷阁刻本（无附录） 21 277（存卷一、二） 280 289 412B 462 475A 511 651 664 677A 709 738B（补配本） 852 907C（存卷一至六） 940
13. 清道光渤海高承勋刻续知不足斋丛书本（附用药总论三卷） 421 664 677A 702 709 733 851 852 854 940
14. 清光绪二十六年（1900）唐成之抄本（缺药性总论） 831
15. 清刻本 476 665（无附录） 710（存卷三至五、九、十，无附录）
16. 清抄本（缺药性总论） 541
17. 日本活字本 476
18. 抄本 139（据元建安宗文书堂郑天泽刻本，缺药性总论） 277（无附录） 476（据文溯阁四库全书，无附录） 831（无附录）
19. 见四库全书
20. 见学津讨原

01882 03333 **琐碎录医家类**三卷 〔1160〕
(宋)温革（叔皮）撰 陈晔（日华）续增
日本安政二年（1855）抄本 139

01883 03334 **夏子益奇疾方**一卷 〔1162〕
附李楼怪证方一卷、怪证奇方一卷
(宋)夏德（子益）撰
1. 清刻本 1 351
2. 曹元忠抄本 542
3. 见奇方类编（附录）

01884 03335 **洪氏集验方**五卷 1170
(宋)洪遵（景严）撰
1. 宋乾道六年（1170）姑苏郡斋刻本（清·黄丕烈、顾广圻跋） 1
2. 清嘉庆二十四年（1819）吴门黄丕烈士礼居刻本 1 2 3 4C 139 185 186 279 308A 362 391 421 461 462 529B 590 651 664 677A 702 712 733 736 737 738B 739A 740J 746A 851 852A 901 922 939 940
3. 清光绪元年（1875）杉直槐清之馆刻本 3 139 286 301 361 450A 514A 541 664 651 701 703 709 737 746A 839 852D 931 940
4. 清光绪十三年（1887）上海蜚英馆石印士礼居黄氏丛书本 364A 721 734A 922
5. 清光绪二十五年（1899）上海千顷堂书局影印本〔据清嘉庆二十四年（1819）黄氏士礼居刻本〕 139 140 186 251 308 351 412A 412B 450 476 514A 519 529（残） 570 589 590 664 706 721 738 738A 738D 746A 907C 917A 921 926A 940
6. 清抄本 651
7. 抄本 202 831
8. 见士礼居黄氏丛书

01885 03336 **续附经验奇方**一卷 1172
(宋)李日普编
明万历刻本 461（残） 733

01886 03337 **三因极一病证方论**十八卷 1174
又名三因极一病源论粹、三因方
(宋)陈言（无择）撰
1. 南宋刻本 7（卷十至十三、十七、十八配元麻沙刻本）
2. 元刻本 1 7（有抄配）
3. 日本宽文二年（1662）伊吹权兵卫刻本 251 421
4. 日本元禄六年（1693）越后屋治兵卫刻本 1 139 203 541 579 677A 709 736 738（存卷一、二） 738A（存卷五至十八） TB
5. 日本文化七年（1810）平安书林尚书堂刻本 186
6. 日本文化十一年（1814）石田治兵卫刻本 3
7. 清道光二十三年（1843）石门蔡载鼎录青

莲花馆刻书底稿本 139
8. 清道光二十三年（1843）青莲花馆刻本 1 2 139 186 202 433 491 514A 541 570 651 677A 728A 728B 731 733 738B 739A 851 871 891 907B 940
9. 清竹溪书屋抄本 251
10. 清长洲何钜抄本 7
11. 清瑞竹堂抄本 917A
12. 清徐行抄本 139（残）
13. 清抄本 6 139 461（残） 733（残）
14. 日本刻本 7 590 891
15. 日本影元抄本 1 TB（日·小岛质题记）
16. 涵春堂抄本 651
17. 抄本 541 589 590 TA
18. 日本抄本 TB（存卷三、四、九、十、十三、十四）
19. 见四库全书

01887 03338 **杨氏家藏方**二十卷 1177
（宋）杨倓（子敬）撰
1. 日本安永六年（1777）松枝元亮木活字印本 1 7 590 TB
2. 日本浦井宗德抄本〔据南宋淳熙十二年（1185）福建官刻本〕 664
3. 抄本（据日本刻本） 572
4. 日本抄本 3 7

01888 03339 **传信适用方**四卷 1180
（宋）吴彦夔（拙庵）撰
1. 清道光八年（1828）棠樾鲍泰圻广陵木活字印鲍氏汇校医书四种本 7 152 514A 572 714A 728A
2. 清光绪四年（1878）钱塘丁丙当归草堂刻当归草堂医学丛书本 139 279 381 541 713 733A 740B
3. 清抄本 1（二卷，附夏子益治奇疾方一卷） 541
4. 抄本（据四库全书） 572
5. 见四库全书
6. 见鲍氏汇校医书四种
7. 见当归草堂医学丛书初编

01889 03340 **卫生家宝方**六卷 [1184]
附卫生家宝汤方三卷、家宝方药件修制总例一卷
（宋）朱端章辑 徐安国（衡仲、春渚）补
1. 日本天明九年（1789）丹波元简抄本（存家宝方卷二至五、家宝汤方卷一） 590
2. 日本抄本 3

01890 03341 **叶氏录验方**三卷 1186
（宋）叶大廉编
1. 日本文政六年（1823）抄本 1
2. 日本抄本 TB（缺卷上）

01891 03342 **易简方**一卷 1191
又名易简方论
（宋）王硕（德肤）撰
1. 日本宽延元年（1748）户仓屋喜兵卫刻本 462 737 TB
2. 日本宽政九年（1797）丹波元简抄本 TB
3. 日本文化十四年（1817）观宜堂刻本 651 728A
4. 清光绪十四年（1888）瑞安集古斋刻本 677A
5. 清光绪二十四年（1898）孙诒让里安刻本 1 2 4 139 541 590 651 706 731 737 737A 907B 940
6. 清刻本 186 901
7. 日本抄本 TB（日·丹波元简题识）

01892 03343 **是斋百一选方**二十卷 1196
（宋）王璆（孟玉、是斋）撰
1. 日本宽政十一年（1799）濯缨堂影元刻本 462 590 664 TB
2. 抄本 1 TA TB
3. 日本抄本 3（存十七卷） 139 TB

01893 03344 **新编近时十便良方**四十卷 1196
又名备全古今十便良方
（宋）郭坦（履道）撰
1. 宋万卷堂刻本 1（存卷十一至十七、二十一至二十三）
2. 日本抄本 1（存卷一至二十二、三十一至四十） 590（存卷一至十二、二十二至二十六、三十一至四十） TB（缺卷十三至二十一）

01894 00000 **方氏编类家藏集要方**二卷 1197
又名方氏家藏集要方
（宋）方导（夷吾）撰
日本影宋抄本 TB（存卷一，日·丹波元坚题跋）

01895 03346 **活人事证方**二十卷　1216
(宋)刘明之(信甫、桃溪居士)撰
1. 日本抄本　7
2. 日本影抄本(据宋建安余恭礼刻本)　TB

01896 00000 **助道方服药须知**一卷　1216
(宋)温大明(隐居)撰
1. 日本抄本　TB
2. 抄本　TB

01897 00000 **活人事证方后集**二十卷　[1216]
(宋)刘明之(信甫、桃溪居士)撰
影宋抄本　TB

01898 03347 **魏氏家藏方**十卷　1227
(宋)魏岘撰
1. 日本凤鸣堂抄本　TB(缺卷三)
2. 日本抄本　1(缺卷三)　3(缺卷三)　7　664

01899 03372 **本草集方**□□卷　[1234]
著者佚名
1. 金刻本　TB(存八卷)
2. 元刻本　7(存卷四、七)

01900 03348 **(新编)备急管见大全良方**十卷　[1237]
附诊脉要诀一卷
(宋)陈自明(良甫)编撰
1. 清影宋抄本　1
2. 清抄本　911

01901 00000 **续易简方论**六卷　1243
续易简方论后集五卷附录一卷
(宋)施发(政卿、桂堂)　卢檀(祖常、砥镜老人)撰
日本文政十年(1827)松屏舍刻本　590(存四卷)　651　TB

01902 03349 **续易简方论**六卷　1243
(宋)施发(政卿、桂堂)撰
1. 日本抄本　139　TB(日·村田章题识)
2. 见续易简方论续易简方论后集

01903 03350 **续易简方论后集**五卷　[1243]
(宋)卢檀(祖常、砥镜老人)撰
1. 日本抄本　TB
2. 见续易简方论续易简方论后集

01904 03351 **严氏济生方**十卷　1253
(宋)严用和(子礼)撰
1. 宋刻本　TB(卷二至十抄配)
2. 日本享保十九年(1734)平安植村玉枝轩刻本　139　462　570　589　732
3. 日本享保十九年(1734)平安植村玉枝轩刻天明元年(1781)河内屋八兵卫重修浪华崇高堂印本　590　664
4. 日本享保十九年(1734)平安植村玉枝轩刻天明元年(1781)河内屋八兵卫重修后印本　139　590
5. 清嘉庆吴县袁廷梼贞节堂抄本(八卷)　852
6. 清光绪四年(1878)钱塘丁丙当归草堂刻当归草堂医学丛书本　21　279　280　308A　541　651(残)　664　677A　702(残)　713　728A　733A　736　931
7. 抄本　152　202　651
8. 日本抄本　TB(日·小岛质题识)
9. 见四库全书
10. 见当归草堂医学丛书初编

01905 00000 **黎居士简易方论**十一卷　1260
(宋)黎民寿(景仁、水月)撰
日本抄本　TB

01906 03352 **岭南卫生方**三卷　1264
附八证标类、东垣药性赋、募原偶记
(宋)李璆　张致远原编　(元释)继洪(澹寮)撰
1. 日本天保十二年(1841)平安学古馆刻本　7　139
2. 日本抄本　7　590

01907 03353 **(新刊)仁斋直指附遗方论**二十六卷　1264
(宋)杨士瀛(登父、仁斋)撰
1. 元环溪书院刻本　TB
2. 明嘉靖二十九年(1550)朱崇正刻本　279　401(存卷二十三至二十六)　TA(清·黄丕烈跋)
3. 日本抄本(据朝鲜活字本)　TB(清·杨守敬题识)
4. 抄本　TA(十三卷)
5. 见(新刊)仁斋直指

01908 03374 **伊尹汤液仲景广为大法**三卷　[1264]
附录皆效方一卷
原题(元)王好古(进之、海藏)撰
1. 明嘉靖刻本　541　733
2. 抄本　738A

01909 **类编朱氏集验医方**十五卷 1265
03354 (宋)朱佐(君辅)编
1. 宋咸淳二年(1266)刻本 TA
2. 抄本 TB
3. 见宛委别藏

01910 **新大成医方**十卷 1265
00000 原题(宋)王元福辑 (宋)严用和(子礼)撰
宋咸淳三年(1267)刻本 TA

01911 **东垣先生试效方**九卷 1266
03355 (元)李杲(明之、东垣)原撰 罗天益(谦甫)编
明刻本 139 301 541 590(有抄配)

01912 **(新刊全补)医方便懦**三卷 [1266]
03356 原题(金)李杲(明之、东垣)撰 (明)吴望皋校正
1. 明万历书林刘龙田乔山堂刻本 590
2. 日本抄本 TB(存卷一)

01913 **(癸巳新刊)御药院方**十一卷 1267
03357 (元)许国桢编纂
日本宽政十年(1798)精思堂木活字印本 7 139

01914 **严氏济生续方**八卷附补遗一卷 1267
03358 (宋)严用和(子礼)撰
1. 日本文政六年(1823)丹波元胤刻卫生汇编本 1 139 277 462 677A
2. 抄本 572
3. 见卫生汇编第一集

01915 **急救仙方**六卷 [1279]
03359 著者佚名
1. 清道光八年(1828)棠樾鲍泰圻广陵木活字印鲍氏汇校医书四种本 203 529A
2. 清光绪四年(1878)钱塘丁丙当归草堂刻当归草堂医学丛书本 475A 677A 728A 733A 871 896A 931 940 951
3. 见四库全书
4. 见鲍氏汇校医书四种
5. 见当归草堂医学丛书初编

01916 **急救仙方**十一卷 [1279]
03360 著者佚名
1. 明抄本 651(清·丁丙跋)
2. 日本抄本 TB(存卷十、十一)
3. 见道藏

01917 **澹寮集验秘方**十五卷 1283
03361 (元释)继洪(澹寮)编
日本文化九年(1812)蓝川慎抄本 3(序文、卷七残) 139

01918 **杂类名方**一卷 [1308]
03362 (元)杜思敬(亨甫、宝善老人)编
见济生拔粹

01919 **新编南北经验医方大成**十卷 1321
03363 (元)孙允贤(文江)编
1. 元郑氏宗文书堂刻本 TB(卷三、四抄配)
2. 明初刻本 651(清·丁丙跋)
3. 明成化十七年(1481)书林刘氏溥济药室刻本(题新编医方大成) 1

01920 **医方大成论**一卷 1321
03364 又名类编南北经验医方大成、南北经验大成、大成论
(元)孙允贤(文江) (明)熊宗立(道轩、勿听子)撰
1. 明正德三年(1508)宗文书堂刻本 476
2. 日本宽永三年(1626)刻本(据明宗文书堂刻本) 139
3. 日本宽永六年(1629)丸屋市兵卫刻本 3
4. 日本宽永九年(1632)刻本(据明宗文书堂刻本) 511
5. 日本延宝三年(1675)松会刻本(据明宗文书堂刻本) 738A
6. 日本延宝七年(1679)村上勘兵卫刻本 139
7. 日本天和二年(1682)刻本 7
8. 日本刻清光绪浙湖许恒远堂印本 139 289
9. 日本出云寺和泉刻本 139
10. 日本刻本 570 590
11. 日本抄本 TB
12. 抄本 139

01921 **瑞竹堂经验方**十五卷 1323
03367 (元)沙图穆苏(谦斋)撰
1. 明成化十年(1474)鳌峰熊宗立种德堂刻本 541
2. 日本宽政七年(1795)缮生药室木活字印本 139 570 590

3. 清嘉庆吴县袁廷梼贞节堂抄本　852
4. 清光绪四年（1878）钱塘丁丙当归草堂刻当归草堂医学丛书本（五卷附补遗一卷）　139　279　280　308A　475A　514A　541　728A　871　873　931　951
5. 清抄本　139
6. 日本抄本　TB
7. 见四库全书
8. 见当归草堂医学丛书初编

01922 03368 **如宜方**二卷　1323
（元）艾元英撰
1. 明初刻本　1（缺序及前二十二叶）
2. 抄本〔据明万历三十八年（1610）黄廉斋刻本影抄〕　734

01923 03369 **永类钤方**二十二卷卷首一卷　1331
（元）李乃季（天池、栖碧）　李仲南（栖碧山中人）撰
1. 元至顺刻本　7（补配本）　541　651（存卷一至四、卷首）
2. 元刻本　TA（存卷九至十三）
3. 抄本〔据正统三年（1438）朝鲜晋州府刻本〕　TB

01924 00000 **仁存孙氏治病活法秘方**十卷　［1331］
著者佚名
日本文化三年（1806）抄本　TB（日·丹波元简题跋）

01925 03370 **世医得效方**十九卷　1337
（元）危亦林（达斋）编
1. 元至正五年（1345）陈志刻本　7（有抄配）　461（存卷二、三、五、六、九）　651（残）
2. 明正统书林魏氏仁实堂刻本（二十卷）　1　139（存卷一至十二）　541　579（残）　TB（卷十九、二十抄配）
3. 清抄本　3（残）　511　572（残）　651　831（唐成之题识）
4. 日本刻本　TA（有抄配）
5. 朝鲜刻本　TB（存卷三、四、八至十一）
6. 日本抄本　TB（存卷十七、十八）
7. 见四库全书

01926 03371 **回回药方**三十六卷　1367
著者佚名
明抄本（汉文、波斯文对照）　1（存四卷）

01927 03373 **治诸病经验方诸杂方**一卷　［1367］
著者佚名
日本刻家居必用事类全集丛书本　139

01928 00000 **（新锲官板）秘传加减十三方**一卷　［1367］
（元）徐用和撰
1. 明嘉靖括苍吴球刻本　TB（缺卷四、五）
2. 日本抄本　TB（日·小岛质题跋）

01929 03345 **温隐居海上仙方**一卷　［1465］
又名温隐居备急海上仙方
（宋）温大明（隐居）撰　（明）熊宗立（道轩、勿听子）辑订
1. 明万历虎林胡文焕刻本　202
2. 清光绪十九年（1893）自省斋抄本（附外科杂文）　139
3. 日本抄本（据胡文焕本抄录）　TB
4. 见医家萃览
5. 见格致丛书

6.1.3 明代

01930 03375 **（简选）袖珍方书**八卷附拾遗一卷　1369
又名惠济方、简选袖珍良方
（明）王永辅编
明洪武二十四年（1391）刻本　590（存卷一、三至八）　TA

01931 03376 **诸证总录奇方**二十六卷　1384
（明）胡任（孤峰、廷凤）撰
明洪武十七年（1384）刻本　590（存卷一至十一）

01932 03377 **袖珍方**四卷　1390
又名袖珍方大全、魁本袖珍方大全、青囊杂纂袖珍方大全
（明）李恒（伯常）编
1. 明永乐十三年（1415）刻本　1　7　139
2. 明弘治五年（1492）刻本　852（存卷三、四）
3. 明弘治十八年（1505）罗氏集贤书堂刻本　1　651（清·丁丙跋）　TA
4. 明正德二年（1507）杨氏清江书堂刻本　3　7　461　541　664　731　851　852　TB
5. 明嘉靖元年（1522）刘氏明德堂刻本　590
6. 明嘉靖五年（1526）詹氏西清书堂刻本　TA

7. 明嘉靖七年（1528）余氏西园书堂刻本 461
8. 明嘉靖十八年（1539）书林熊氏种德堂刻本 721 731 XA
9. 明刻本 1 2 475A（残） 541（八卷）

01933 03378 **普济方**四百二十六卷 1390
（明）朱橚编
1. 明永乐四年（1406）周藩刻本（一百六十八卷） 1（存十九卷） 476（存卷九十七、九十八） 541（存卷六十三、六十四）
2. 明抄本（一百六十八卷） 1（存三十五卷）
3. 抄本 139 186 851
4. 见四库全书

01934 03379 **证治要诀类方**四卷 1405
（明）戴思恭（原礼、肃斋）编
1. 明万历二十九年（1601）新安吴勉学刻古今医统正脉全书本 541 721 728A 911 TA
2. 明万历二十九年（1601）新安吴勉学刻步月楼印丹溪心法附余六种本 412B 721（附活法机要）
3. 清二酉堂刻丹溪心法附余六种本 1（附活法机要） 728B 738A 742（存卷一、二）
4. 清宏德堂刻文奎堂印丹溪心法附余六种本 738B 740B 942
5. 清末隆文堂刻本 857
6. 清光绪十八年（1892）浙江书局刻三十三年（1907）京师医局重修古今医统正脉全书本 491
7. 清刻本 280（存卷二至十二） 289 590
8. 见证治要诀证治要诀类方
9. 见丹溪心法附余六种（吴中珩辑）
10. 见古今医统正脉全书
11. 见丹溪全书十种

01935 03380 **普济方目录**一卷 ［1406］
（明）朱橚编
抄本 139

01936 03381 **乾坤生意**二卷 ［1406］
（明）朱权（臞仙、玄洲道人、涵虚子、丹丘先生）编
明刻本 1 152（残）

01937 03382 **卫生易简方**十二卷附录一卷 1423
（明）胡濙（源洁）编
1. 明宣德二年（1427）刻本 139 476 733（存卷三、十、十二、附录） 852 TB TD
2. 明嘉靖四十一年（1562）江西布政司姚一元王遵刻本 2 3 7（有抄配） 541 572 651（清·丁丙跋） 733
3. 明嘉靖四十一年（1562）淮安府刻本 1 139 570 572 TA
4. 明嘉靖刻本 1（卷十至十二、附录、后序抄配） 140（残） 570 716
5. 明刻本 1 7（残） 541 728（残） 728A 799
6. 日本元禄八年（1695）纪莺谷抄本 3
7. 清乾隆四十六年（1781）留芝堂刻本 2 139 186 251 286 728A
8. 抄本 465 590 731 738

01938 03384 **慈济方**一卷 1439
（明释）景隆（空谷）编
1. 明正统刻本 1
2. 清宣统二年（1910）海丰吴重憙石莲庵刻本 1 2 3 139 139A 202 279 308A 364 436 514A 570 709

01939 03385 **慈意方**一卷 ［1439］
慈义方一卷
又名慈惠方
（明释）景隆（空谷）编
1. 明刻本 461
2. 清抄本 570
3. 日本抄本 572

01940 03386 **（新编）名方类证医书大全**二十四卷 1446
又名医书大全、名方类证
（元）孙允贤（文江）原撰 熊宗立（道轩、勿听子）增辑
1. 日本大永八年（1528）刻本〔据明成化三年（1467）熊氏种德堂刻本翻刻〕 1 3 139 572
2. 日本抄本 TB（节抄一卷）

01941 03387 **奇效良方**六十九卷 ［1449］
又名太医院经验奇效良方大全
（明）董宿原辑 方贤续纂 杨文翰校正
1. 明成化九年（1473）太医院刻本 1 139 203 491（存卷一至五十三、五十五至五

十八、六十三至六十六)
2. 明成化刻本 7(有抄配) 277(存卷一、二) 279(存卷一至三、六十五) 433(有抄配)
3. 明正德六年(1511)书林刘氏日新书堂刻本 1 651(存六十四卷) 731(卷九至十三补配清抄本) TB
4. 明刻本 3(残) 7(残) 306 393(存卷一至三、三十五至六十二) 444 733(存卷四至十七、二十二至三十四)
5. 明朱丝栏抄本 TA(存卷四十一至四十五、五十四至六十九)
6. 抄本 907B

01942 03388 **救急易方**一卷附录一卷 [1449]
(明)赵季敷(叔文)编
明成化十五年(1479)三山杨成玉刻本 541

01943 03389 **济急仙方**一卷 1459
(明)刘渊然(商道、长春真人)原撰 邵以正(通妙真人)编
见青囊杂纂

01944 03390 **群书抄方**一卷 1474
(明)丘濬(仲深、琼台)编
1. 明刻本(附群方续抄一卷) 1
2. 日本天保九年(1838)多纪元坚抄本 3

01945 03391 **校增救急易方**二卷 [1485]
附补遗经验杂方一卷歌诀一卷
(明)赵季敷(叔文)原撰 张约斋(一之)增辑
1. 明万历二十四年(1596)沅陵张氏广西府江兵巡道刻本 1 412B
2. 日本延宝元年(1673)田中清兵卫刻本 3 462

01946 03392 **济世内外经验全方**三卷首一卷 1487
(明)刘伦(宗序)撰
明成化二十三年(1487)刻本 852(存卷一、二、首一卷)

01947 03393 **医方集论**一卷 1493
(明)俞朝言撰
明弘治六年(1493)刻本 139

01948 03394 **医方选要**十卷 1495
又名薛立斋医方选要
(明)周文采编
1. 明嘉靖二十四年(1545)铅山费寀刻本 21(卷八至十抄配) 139 186 277(存卷一、二、五、十) 301(存八卷) 401(存卷十) 491(存卷一、二) 541 570 651 716 731 738B 942B TA TD
2. 明隆庆四年(1570)东塘胡氏金陵书坊刻本(附外科集验方二卷) 461 462 476
3. 明天启五年(1625)雒源钱承扩刻本 186
4. 明刻本 1 139(残) 301(残) 412A(存卷四) 701(存卷八)
5. 日本刻本 3
6. 抄本 139(残) 541

01949 03395 **本草单方**八卷 1496
又名古单方
(明)王鏊(济之、守谿、震泽先生)撰 王铨续增
1. 明嘉靖二十七年(1548)震泽王延喆刻本 541
2. 清嘉庆抄本(四卷) 139

01950 03396 **不自秘方**一卷 1503
原题·梅山逸叟传
明弘治十六年(1503)赵伦刻本(徐乃昌跋) 1

01951 03397 **保生余录**五卷 [1503]
(明)朱棣
明弘治十六年(1503)龙泉王杲贵州刻本 1 7 733(存卷一)

01952 00000 **续群书抄方**一卷 1504
(明)何孟春(子元、燕泉)辑
见群书抄方(版本附录)

01953 00000 **经验药方**一卷 1510
(明)李文敏撰
见良方类编

01954 00000 **(新刊)经验秘方**一卷 1514
(明)张子麒(恒东)撰
见良方类编

01955 00000 **方外奇方**一卷 1514
(明)张子麒(恒东)撰
见良方类编

01956 00000 **极效数方**一卷 [1514]
(明)杨氏撰
见良方类编

01957 **因应便方**二卷 ［1522］
03398 （明）潘之泮（半水）编
明刻本 139（残）

01958 **经验全方**四卷 1529
03399 （明）薛己（新甫、立斋）撰
明刻本 709（存卷二、三）

01959 **良方类编**四卷 1531
03400 （明）杨瑞编
子目：
（1）经验秘方一卷 （明）张子麒撰
（2）方外奇方一卷 （明）张子麒撰
（3）经验药方一卷 （明）李文敏撰
（4）极效数方一卷 （明）杨氏撰
明嘉靖十年（1531）古燕平政堂刻本 139

01960 **（新刊）扶寿精方**二卷 1534
03401 （明）吴旻（近山）撰
1. 明嘉靖十三年（1534）刻本 1 733（存卷上）
2. 明天启二年（1622）陶氏刻本 2

01961 **（新刊）续补扶寿精方**三卷 1534
03402 （明）吴旻（近山）编 王来贤（用吾）续补
明万历十五年（1587）天津刻本 7 139 TA

01962 **万氏积善堂集验方**三卷 1536
03403 （明）万表（民望、鹿园居士）编
明嘉靖十五年（1536）余氏正慎堂刻本 139

01963 **万氏积善堂秘验滋补诸方**一卷附论一卷 1536
03404 又名万氏积善堂补方
（明）万表（民望、鹿园居士）编
1. 明嘉靖刻本 1（题万氏积善堂补方） 491
2. 清抄本 570

01964 **加减灵秘十八方**一卷 1538
03406 （明）胡嗣廉撰
1. 清乾隆五十一年至五十九年（1786—1794）元和程永培刻修敬堂汇印六醴斋医书本 139 381A 514A
2. 清光绪十七年（1891）广州藏修堂刻儒雅堂印六醴斋医书本 728B
3. 抄本 579 590
4. 见六醴斋医书

01965 **简便单方俗论**二卷 1542
03408 （明）杨起（远林）编 丘玳（次皋）续编
明嘉靖二十一年（1542）古邳杨铨刻本 541

01966 **松篁岗刘氏保寿堂活人经验方**不分卷 1542
03451 又名松篁岗经验方
（明）刘天和（养和、松石）撰
明万历三十七年（1609）刻本 277（残） 541（残）

01967 **试效要方并论**二卷 ［1544］
03409 （明）彭用光编
1. 明继述堂抄本 590
2. 清抄本 412A
3. 见体仁汇编

01968 **医方集略**八卷 1545
03410 （明）郭鉴（丹泉）撰
明嘉靖二十四年（1545）海州杨氏刻本 3（存卷七、八）

01969 **（程氏）释方**四卷附录一卷 1548
03411 （明）程伊（宗衡、月溪）撰
1. 日本文化元年（1804）索须恒德抄本 3
2. 日本文化元年（1804）朝影抄本 590（谢氏永曜楼旧藏）

01970 **医方选要**不分卷 1549
03412 （明）彭用光编
抄本 277

01971 **摄生众妙方**十一卷 1550
03413 附急救良方二卷
（明）张时彻（惟静、东沙、芝园主人）编
1. 明嘉靖二十九年（1550）鄞县张时彻自刻本 1 2 139 152 186 202 277 280（缺卷一、二） 286 301 381 475A 541（抄配） 570 572 579 590 733 940
2. 明隆庆三年（1569）青藩衡王府刻本（附元敖氏捷径伤寒金镜录一卷） 1 7 21 139 152 203 251 277（残） 279 289 301 381 393 461 462（缺附录） 475A 476 491 541 570 579 590 651 664 677A 728A 731 940（缺附录） TA
3. 明万历三十八年（1610）马堂张一栋两淮鹾司刻本 2 3 139 185 301 361

514A 541 651 715（缺卷九至十一） 721（存卷七、八） 733 831 852（存卷三至六）
4. 明刻本 7（存卷七、八） 279（缺卷一、二） 289 362 572 701（存卷七、八） 721（存卷九至十一）
5. 明万历三十八年（1610）马堂张一栋两淮鹾司刻清康熙五十六年（1717）两淮运库重修本 7 432 476 709
6. 明抄本（附伤暑全书） 1
7. 清冠悔堂抄本（据明隆庆刻本） 3
8. 清抄本 570
9. 见伤暑全书（版本附录）

01972 03414 **急救良方**二卷 1550
（明）张时彻（惟静、东沙、芝园主人）撰
1. 明嘉靖二十九年（1550）鄞县张时彻自刻本 1 2 7 139 186 203 277 279 301 361（有抄补） 362 493 541 570 590 651
2. 明隆庆三年（1569）青藩衡王府刻本 461
3. 明万历三十八年（1610）马堂张一栋两淮鹾司刻本 1 7 277 289（存卷一） 361
4. 明万历三十八年（1610）马堂张一栋两淮鹾司刻清康熙五十六年（1717）两淮运库重修本 476
5. 清抄本 746A
6. 见摄生众妙方（附录）

01973 03416 **徐氏二十四剂方经络歌诀**一卷 1556
附汤头歌括
（明）徐春甫（汝元、东皋） （清）汪昂（讱庵）原撰 辑者佚名
清光绪恒德堂主人詹泰抄本 701

01974 03417 **医方约说**二卷 1557
（明）鲍叔鼎（浩川、汝和）撰
明嘉靖三十八年（1559）刻本 590（清·盛宣怀旧藏）

01975 03418 **经验济世良方**十一卷 ［1558］
（明）陈仕贤（邦宪、希斋）编
明嘉靖三十九年（1560）嘉禾沈宏刻本 1 279（存卷四至十一）

01976 03419 **简易普济良方**六卷 1561
（明）彭用光编
1. 明嘉靖四十年（1561）南阳胡糙刻本 139（存卷二至六） TB
2. 明嘉靖四十二年（1563）费增刻本 TA

01977 03420 **亲验简便诸方**一卷 1565
又名类编亲验简便诸方
（明）徐陟（达斋）撰
1. 明嘉靖四十四年（1565）华亭徐陟刻本 733
2. 清刻本（二卷） 541（题简便诸方）

01978 03421 **方书金镜**一卷 ［1566］
著者佚名
明嘉靖刻本 277（残）

01979 03422 **医便**二卷 1569
（明）王君赏（汝懋、四山）辑订
1. 明万历十五年（1587）刘清苑湖南刻本（题增刻医便） 139
2. 明万历三十年（1602）黎阳周三锡刻本 277（存卷二） 572 716（题沈与龄撰）
3. 明万历三十五年（1607）金溪胡桂芳刻本（题增刻医便） 139（存卷一）
4. 明万历四十年（1612）黔南沈一中刻本 541（存卷一）
5. 明万历四十二年（1614）洪有助张汝懋等刻本（附禁方一卷） 1 139 541（存卷一）
6. 明崇祯九年（1636）康庄修竹庐刻本 728A
7. 明杨应聘黄治中刻本（附禁方一卷） 541
8. 明刻本 2（残） 412B 590（残）
9. 见医便医便二集

01980 03424 **良方**二卷 1572
（清）王守中（德宣）编
清嘉庆刻本 677A 721

01981 03425 **（新刊精选）医方摘要**十二卷 1572
（明）杨拱（衡阳医士）编
1. 明隆庆六年（1572）北平陈燕野刻本 931
2. 明刻本 514A（存卷十）

01982 03426 **宦邸便方**二卷 1578
（明）钱后崖编 李齐芳（墟村、广陵清修外史）增辑
明万历八年（1580）广陵李齐芳刻本 351 541（残）

01983/00000 **吴梅坡医经会元保命奇方**八卷 1580
吴梅坡家传神效针灸原枢二卷
(明)吴嘉言(梅坡)撰
明万历八年(1580)书林叶贵刻本 TA

01984/00000 **吴梅坡医经会元保命奇方**八卷 1580
(明)吴嘉言(梅坡)撰
见吴梅坡医经会元保命奇方吴梅坡家传神效针灸原枢

01985/03427 **救急神方**一卷 1581
又名救急良方
原题(明)龚廷贤(子才、云林、悟真子)撰
清荣桂堂刻本 412B

01986/03429 **(新刊)种杏仙方**四卷 1581
(明)龚廷贤(子才、云林、悟真子)编
1. 明万历九年(1581)金陵周庭槐刻本 139(残) 140
2. 日本庆安三年(1650)小鸠弥左卫门刻本 3 7

01987/03431 **医方便览**四卷卷首一卷 1582
(明)殷之屏(次台)编
明万历十年(1582)大足夏镗刻本 1 412B TA

01988/00000 **简便单方俗论**三卷 1583
附经经验奇方一卷
(明)杨起(远林) 徐陟(达斋)原撰 姚弘谟(继文、禹门、禹门山人)辑订
明万历十一年(1583)秀水姚弘谟刻本 139(残) 541

01989/03432 **医方考**六卷 1584
附脉语二卷
(明)吴崑(山甫、鹤皋山人、参黄子)撰
1. 明万历十四年(1586)刻本(无附录) 1 2 139 412A 491 514A 731(存卷一、二) TA
2. 明万历十四年(1586)刻万历增刻亮明斋递修本 1 2 3 139 186 251 301 391 401 421 461 475A 491 514A 541 590 651 677A 738 831
3. 明万历十四年(1586)刻万历增刻亮明斋递修崇善堂印本 733(存卷一至六)
4. 明万历琅嬛刻本 279 738B
5. 明末友益斋刻本(八卷) 1 2 139 279 412A 476 541 590 677A 728A 738 738A 852 TB
6. 明万历刻本 1 3 185 202 251 286 393 421 461 514B 541 570 579 590 651 721 831 851
7. 日本元和五年(1619)梅寿刻本 139 590
8. 日本宽永六年(1629)刻本 511
9. 明崇祯六年(1633)程策刻本(无附录) 2
10. 明刻本 186 710(存卷四) 740A(存卷六、脉语) 852
11. 日本庆安四年(1651)秋田屋平左卫门刻本(无附录) 7
12. 抄本 1 280 541(二卷) 831(一卷)
13. 日本抄本 3

01990/03434 **仁术便览**四卷 1585
(明)张洁(清泉)编
1. 明万历十三年(1585)冀州刻本 139 186(存卷一至三) 541
2. 明万历十三年(1585)冀州刻清顺治递修本 475A

01991/03435 **武林陈氏家传仙方佛法灵寿丹**一卷 1588
附黄帝阴符经阐秘一卷
(明)陈楚良(益元道人)编
明万历十六年(1588)刻本 7

01992/03436 **徐春沂奇效良方辨惑论**一卷 1590
(明)徐镕(镕之、春沂)撰 徐经洪等校
抄本 139

01993/03437 **轩辕黄帝治病秘法**一卷 1592
著者佚名
1. 明万历钱塘胡文焕刻本 139(残)
2. 见医家萃览

01994/03438 **怪症奇方**二卷 [1592]
(明)李楼编
1. 清乾隆二十四年(1759)柴国琏抄本 741
2. 抄本 2
3. 见医家萃览

01995/00000 **(新刻)应急良方**一卷 1592
(明)胡文焕(德甫、全庵、抱琴居士)编
见医家萃览

01996/03440 **(新刊)鲁府禁方**四卷 1594
(明)龚廷贤(子才、云林、悟真子)编 刘应泰校正

1. 明抄本　1（题鲁府秘方）
2. 日本庆安元年（1648）小鸠弥左卫门刻本　7　139　731
3. 抄本〔据日本庆安元年（1648）小鸠弥左卫门刻本〕　139　572

01997 03441 **众妙仙方**四卷　1595
(明)冯时可(元成、敏卿)编
1. 明万历二十四年（1596）吴郡冯时可湖广郧襄刻本　1　139
2. 明万历刻本　139

01998 03448 **壶隐子日用方**三卷　［1595］
(明)刘浴德(肖斋、子新、壶隐子)撰
抄本　590（存卷中、下）

01999 03442 **方纪**二卷　1600
(明)许兆祯(培元)编
1. 明万历二十八年（1600）莒城书林翁古泉刻本　1
2. 清顺治十四年（1657）檇李朱茂时刻本　721　851
3. 抄本　738B
4. 见医四书

02000 03443 **各门新编治症用药歌括**一卷　［1600］
著者佚名
春晖草堂抄本　139

02001 03444 **师古斋汇聚简便单方**七卷　［1601］
(明)吴勉学(师古、肖愚)编
1. 明刻本　277（存卷四、五）
2. 清顺治十七年（1660）刻本　590（残）

02002 03445 **类方准绳**八卷　1602
又名杂病证治类方
(明)王肯堂(宇泰、损庵、念西居士)撰
1. 明万历三十年（1602）刻本　286　308A　443（存卷五、八）　541　852（存卷一、五、六）　TB
2. 日本宽文十年（1670）铜驼书林刻六科证治准绳本　3
3. 清康熙三十八年（1699）金坛虞氏刻六科证治准绳本　139　522（存卷五至八）　664　677A
4. 清乾隆五十八年（1793）程永培修敬堂刻六科证治准绳本　289　301　529A　541　715　731　800
5. 清嘉庆道光间九思堂刻六科证治准绳本　3　139　140　285　289　381　461　491　529A　677A　738B　741　852　871
6. 清光绪十八年（1892）上海图书集成印书局铅印六科证治准绳本　139　251（存四卷）　381　393　401　514B　852B　940
7. 清光绪二十五年（1899）西蜀善成堂刻六科证治准绳本　799A（残）
8. 清刻本　1（存二卷）　286　289（存七卷）　401　412B（残）　491　541　731　734　783　852S
9. 见六科证治准绳

02003 03446 **万氏家抄方**六卷　1602
又名万氏家抄济世良方、医学入门良方、遗香堂万氏家抄方
(明)万表(民望、鹿园居士)编
1. 明嘉靖刻本（五卷）　541
2. 明万历三十年（1602）四明万邦孚刻本　3　7　139（扉页题遗香堂万氏家抄）　491　529　541
3. 明万历三十七年（1609）吴兴沈儆炌刻本　1　7　701
4. 明万历四十四年（1616）金陵文枢堂刻本　541　733（存卷一、六）
5. 明万历萃庆堂刻本　279
6. 日本宽永十年（1633）刻本　651
7. 明崇祯杭城书林翁倚山刻本（五卷）　570
8. 明万历三十年（1602）四明万邦孚刻明重修本（卷端修版为医学入门良方）　139
9. 明刻本　1（三卷）　590（残）
10. 清抄本　1　570　579

02004 03447 **(新刻)经验积玉奇方**二卷　1603
又名积玉单方
(明)艾应期(潼溪)撰
明万历三十一年（1603）大梁周文炜大业堂刻本　279

02005 03449 **类集试验良方**二卷　1605
(明)潘云杰(源常)编
明万历三十三年（1605）云间潘云杰滋德堂自刻本　677A　734（存卷二）

02006 03450 **重证本草单方**六卷　1609
(明)王鏊(济之、守谿、震泽先生)原撰　郑道昭(克明)　方如川(士弱)校

1. 明万历三十八年(1610)歙县郑泽墨宝斋刻本 1 152 541 590(残) 651(残)
2. 清康熙十七年(1678)艳其堂刻本 907B

02007/03452 **墨宝斋集验方**不分卷 [1609]
(明)郑泽(于荥、梦圃居士)集
明万历刻本 570

02008/03454 **䏶后方**一卷 1610
(明)喻政(正之)编
明崇祯七年(1634)乌程闵齐伋闵日观刻本 412B 570

02009/00000 **医方抄**一卷 [1610]
(明)范大澈(子宣、讷庵、南海钓者、句章灌园叟)撰
明抄本 541

02010/03455 **玉笥龙瑞方**一卷 1613
(明)黄建中(斧玉、维玄道人)编
明万历四十一年(1613)稿本 TA

02011/03456 **(新锲)家传诸症虚实辨疑示儿仙方总论**十卷 1620
又名虚实辨疑示儿仙方
著者佚名
明万历闽建书林刘龙田乔山书舍刻本 1

02012/03458 **(新刊)明医秘传济世奇方万病必愈**十一卷 1623
又名万病必愈
(明)沈应旸(绎斋、雰甫)编集
明谭阳詹伯祯文树堂刻本 511

02013/03459 **古方八阵**八卷 1624
(明)张介宾(景岳、会卿、通一子)撰
1. 清康熙四十二年(1703)汪志翰衡素堂刻本 2(附新方八阵二卷) 251 308A(附新方八阵二卷) 541 701
2. 见景岳全书

02014/03460 **新方八阵**二卷 1624
又名景岳八阵全方
(明)张介宾(景岳、会卿、通一子)撰
1. 清康熙十九年(1680)复芹堂刻本 1
2. 清康熙四十二年(1703)汪志翰衡素堂刻本 491
3. 清刻本 21 412A
4. 清抄本 734A(题景岳八阵全方)
5. 杨怀裕抄本 2
6. 抄本 139 421 433A 514A 746A 853 922 939
7. 见景岳全书

02015/03461 **新方八略**一卷 1624
(明)张介宾(景岳、会卿、通一子)撰
1. 清藤溪居士抄本 570(附述临证指南一卷)
2. 清抄本 733
3. 见景岳全书

02016/03464 **奚囊便方**十卷 1625
(明)陈朝阶(所直、金堰主人)编
明天启五年(1625)古临陈钟盛刻本 511 731(存卷一至八)

02017/03465 **本草单方**十九卷 [1627]
(明)缪希雍(仲醇、慕台)编
1. 明崇祯六年(1633)于执侯华阳堂刻本 139
2. 清顺治刻本 7 851

02018/03466 **普门医品**四十八卷 1628
(明)王化贞(元起、肖乾)编
1. 明崇祯元年(1628)瑯琊王化贞自刻本 1 140 TA
2. 见普门医品医品补遗

02019/03473 **医贯奇方**一卷 1628
(明)阴有澜(九峰、汝本)撰
1. 明崇祯元年(1628)书林张起鹏刻本 139 277
2. 日本宽文十年(1670)梅村书林刻本 590
3. 清刻本 743
4. 见医贯(版本附录)

02020/00000 **宋方选录**一卷 1628
(明)侣生氏辑
明崇祯元年(1628)抄本 907C

02021/03467 **悬袖便方**四卷 1629
(明)张延登(济美、华东小黄山居士)编
明崇祯二年(1629)刻本 3

02022/03468 **(订补)简易备验方**十六卷 1631
又名万应验方
(明)胡正心(无所) 胡正言(曰从)编
明崇祯四年(1631)休宁胡正言十竹斋刻本 21(存卷三、六至八、十二、十三、十五、十六) 139 302

02023/03470 **(石渠阁精订)摄生秘剖**四卷 1638
又名胞与堂丸散谱

（明）洪基（九有）参订
1. 明崇祯十一年（1638）石渠阁刻本 203 541 664
2. 清光绪十五年（1889）六吉堂刻摄生总要本 799A
3. 清光绪三十一年（1905）三义堂刻摄生总要本 21
4. 清光绪刻摄生总要本 139 186 491 664
5. 清文瑞堂刻摄生总要本 139A
6. 清德聚堂刻摄生总要本 139A
7. 清抄本（据德聚堂刻本） 308A
8. 见摄生总要

02024 03471 **祖剂**四卷 1640
（明）施沛（沛然、元元子、笠泽居士）撰
明崇祯十三年（1640）刻本 590

02025 03472 **方剂类选**一卷 1641
（明）秦昌遇（景明、广埜道人、乾乾子）编
抄本 541

02026 03474 **（新刊）三丰张真人神速万应方**四卷 1644
（明）孙天仁（探玄子）编
日本抄本（据书林作德堂叶静斋刻本抄录） 572

02027 03475 **（保安堂）三补简便验方**四卷 1644
（明）王象晋（荩臣、康侯、三晋、子进、康宇、好生居士、名农居士）编
明崇祯十七年（1644）新城王象晋自刻本 1 2（残） 139 308A 491（存卷四） 541 570（存卷一）

02028 03477 **家学入门拔萃**一卷 ［1644］
著者佚名
日本抄本 7

02029 03479 **杂病经验方**一卷 ［1644］
著者佚名
明抄本 139

02030 03482 **经验集方**一卷 ［1644］
著者佚名
明刻本 203 733

02031 03483 **小说经验方**一卷 ［1644］
（明）来斯行（道之、马湖、槎庵）编
抄本 590（巢念修旧藏）

02032 03484 **论方合璧**一卷 ［1644］
（明）闾丘煜（芝林、参微子）辑
清闾丘氏树德堂抄本 1

02033 03485 **青囊明辨**一卷 ［1644］
（明）陈双溪撰
见痘疹奇衡（附录）

02034 03487 **穷乡便方**二卷 ［1644］
著者佚名
1. 明崇祯元年（1628）书林张起鹏毓秀堂刻本 186 277 701
2. 见医贯（版本附录）

02035 03488 **医方杂抄**不分卷 ［1644］
（明）王宠编
抄本 677A

02036 04677 **医方通论**一卷 ［1644］
著者佚名
1. 明抄本 651
2. 抄本 1

02037 03489 **医方闻见录**不分卷 ［1644］
著者佚名
明末稿本 590

02038 03490 **明抄医方**一卷 ［1644］
著者佚名
抄本 301 412A（残）

02039 03491 **姱节堂医方**一卷 ［1644］
著者佚名
明抄本 301

02040 03493 **用药歌诀**一卷 ［1644］
著者佚名
见医要集览

02041 03519 **秘方集腋**不分卷 ［1644］
著者佚名
明活字印本 21

02042 00000 **医便**五卷提纲一卷 ［1644］
（明）王三才 饶景曜辑订 吴秀（越贤、平山）增补
1. 明刻本 3
2. 见医便医便二集

02043 00000 **医便**五卷提纲一卷 ［1644］
医便二集六卷提纲一卷
附脉便二卷、本草便二卷
（明）王三才 饶景曜辑订 吴秀（越贤、平山）增补 张受礼（心如） 姚学颜（伯愚）续增 张懋辰（远文）增订
1. 明刻本 1（存初集二卷、续集四卷） 139

（无附录） 570 590
2. 抄本 1

02044 **医便二集六卷提纲一卷** ［1644］
00000 （明）张受孔（心如） 姚学颜（伯愚）辑
见医便五卷

02045 **医方抄**不分卷 ［1644］
00000 著者佚名
明范氏卧云山房抄本 541

02046 **医方选要**一卷 ［1644］
00000 著者佚名
明蓝格抄本 541

02047 **（南北经验）医方大成钞**十卷 1647
03366 又名医方大成论钞
（元）孙允贤（文江）编 （日）就安斋（觉心、玄幽）注
1. 日本庆安二年（1649）林甚右卫门刻本 251 279 541 572 590（愚斋旧藏）
2. 日本庆安二年（1649）林甚右卫门刻后印本 7 139 511 651

02048 **医方大成论谚解**五卷 1685
00000 （元）孙允贤（文江）原撰 宗文书堂辑注
日本贞享二年（1685）宗文书堂刻本 289

02049 **医方大成论和语钞**八卷 ［1702］
03365 （元）孙允贤（文江）撰 （日）冈本为竹（一抱子）注
日本元禄十五年（1702）小红屋喜兵卫刻本 3 677A

6.1.4 清代

02050 **本草万方针线**八卷 1655
03496 附药品总目一卷
（清）蔡烈先（承侯、茧斋）编
1. 清康熙五十八年（1719）武林山寿堂刻本 1 7 186 285 308A 393 412A 514A 541 542 651 728A 731 746A 896A
2. 清乾隆四十九年（1784）金阊书业堂刻本 1 7 21 279 289 301 308A 351 381 391 433A 464 514A 522 529A 590 651 664 702 728A 731 733 733A 733B 741 896A
3. 清道光六年（1826）英德堂刻本 1 139 351 412A 417 572 781
4. 清道光十五年（1835）务本堂刻本 361 412A 450A 523 706 734A 735 735A（残） 799A
5. 清道光二十五年（1845）文光堂刻本 529B 746
6. 清同治六年（1867）天德堂刻本 851 852A 856
7. 清光绪十一年（1885）合肥张绍棠味古斋刻本 21 287 422 462 651 709 799 831
8. 清光绪十六年（1890）刻本 285
9. 清宣统元年（1909）上海鸿宝斋书局石印本 476 677A 713（存卷一至四）
10. 清宣统元年（1909）上海经香阁石印本 735A
11. 清春明堂刻本 1 140 279（附脉学一卷、脉诀一卷、奇经考一卷） 364A 412B 421 467 475A 677A 714 721 831 852（残） 852M 907C
12. 清同文堂刻本 853 907C
13. 清同人堂刻本 2 301 432 677A 746A 854（残）
14. 清芥子园刻本 522 731 740A 746A
15. 清福文堂刻本 746A
16. 清刻本 2 351 364A（存卷七、八） 368 404 413 461 491 493 521 570 590 651 733 734A 735A 740A 741 742 852 852S 854 871 872（存卷六至八） 907C 912 931 940
17. 抄本 940
18. 见本草纲目（版本附录）

02051 **菉竹堂集验方**六卷 ［1656］
03497 又名菉竹堂医方、菉竹堂集验方
（清）姚思仁（善长、罗浮山人）编
清末上海点石斋书局石印本 139 251 286 301 308A 529A 541 570 589 590 677A 728A 731 736A 738A 839A

02052 **医方小品**四卷 ［1657］
03498 （清）宋良弼（六一）编
清初刻本 251

02053 00000 **千金方**二卷　［1661］
（清）雷开祉辑
清光绪二年（1876）雷贞寿堂刻本　401　412A

02054 03415 **（新刻）摄生总论**十二卷　1665
又名（新刻）摄生总论秘授脉诀
（明）张时彻（惟静、东沙、芝园主人）编　（清）王梅（玉林）增订
1. 清康熙四年（1665）三韩王梅刻本　2　491
2. 清康熙五十四年（1715）文林魏瑞昌刻经术堂印本　2　279　514B　570
3. 清康熙五十四年（1715）文林魏瑞昌刻聚锦堂印本　21

02055 03501 **经方衍义**五卷　1671
（清）史树骏（庸庵）编　俞密（卷庵、泯图子）订正
清康熙十年（1671）颐贞堂刻本　139　907C

02056 03502 **古今名医方论**四卷　1675
又名名医方论
（清）罗美（澹生、东美、东逸）编
1. 清康熙十四年（1675）新安罗美古怀堂刻本　1　2　3　7　279　289　301　361　393　401　412B　436　443　461　475A　476　541（有抄配）　570　572　589　590　651　664　677A　702　707　709　728A　733　738　738A　740B　839A　926A
2. 清康熙十四年（1675）新安罗美古怀堂刻金阊步月楼印本　1　139　186　286　351　385　412A　433　475A　799A　853
3. 清末书业堂刻本　2　139　152　186　514A　541　651　734　896A　907C
4. 清末书业堂刻嘉禾存雅堂印本　461　590　734　736　896A　940
5. 清宣统三年（1911）宁波汲绠斋石印三朝名医方论本　288　677A　731　799A　800
6. 清刻本　251　361（存卷二至四）　393　401　412B　514A　514B　570　710　736A　740A　781　839A　911（存卷一、二）　921
7. 清抄本　1（二卷）　6　306　412B　651（残）　677A　728B　746A
8. 见古今名医汇粹古今名医方论合刊
9. 见三朝名医方论

02057 03504 **大全方**五十卷　［1677］
（清）张云翮（飞熊）撰
清康熙十六年（1677）关中张云翮刻本　139A

02058 03505 **圣济总录纂要**二十六卷　1681
（清）程林（云来、静观居士）编
1. 清康熙二十年（1681）新安程林扬州刻本　1　139　286　308A　381　412A　514A　721　733　734　736　891（存卷一）
2. 清康熙二十年（1681）新安程林扬州刻乾隆五年（1740）吴郡张松宁重修养素堂印本　21　270　570　590　664　733　738A　940
3. 见四库全书

02059 00000 **寿世汇编**四十三卷　1681
（清）汪如龙（健川）撰
清康熙间抄本　4A

02060 03506 **医方集解**三卷　1682
（清）汪昂（讱庵）撰
1. 清康熙二十一年（1682）还读斋刻本（附勿药元诠一卷、急救良方一卷）　1　301　351　361　721　736　740C　852
2. 清康熙三槐堂刻本　2　139（残）　139A　140　301　308A　361　434　709　733　734A（存卷一、二）
3. 清康熙刻本　1　2　139　301　353　401　412A　421　475A　529A　710　721　911
4. 日本享保十一年（1726）吉野屋博文堂刻本　7　139　412B　491
5. 清乾隆五年（1740）绣谷胡宗文松云草堂刻本草医方合编本（六卷）　852
6. 清乾隆五年（1740）令德堂刻本草医方合编本（六卷）　590
7. 清乾隆五年（1740）天德堂刻本　401（存卷一、二）
8. 清乾隆五十三年（1788）金阊三槐堂刻本（六卷）　450A　734A
9. 清乾隆五十六年（1791）德馨堂刻本（附

勿药元诠一卷、急救良方一卷）　21　831　839

10. 清乾隆绿荫堂刻本(六卷)　303

11. 清嘉庆四年(1799)书业堂刻本　702　737A　746A

12. 清嘉庆抄本　139

13. 清道光五年(1825)德馨堂刻本(附勿药元诠一卷、急救良方一卷)　306　361　590

14. 清道光十二年(1832)山渊堂刻本　277　301　385B　733

15. 清道光二十一年(1841)六合堂刻本　873（存卷一、二）

16. 清道光二十五年(1845)瓶花书屋刻瓶花书屋医书本(二十一卷,附急救良方一卷、勿药元诠一卷)　1　2　4C　6　7　21　139　202　203　255　279　289　308A　361　412A　421　450　475A　476　491　493　514A　521　541　546　570　579　590　651　701　728A　731　738　742A(存十一卷)　831(唐成之题记)　891　911　939

17. 清道光二十六年(1846)乾元堂刻本　901

18. 清道光二十八年(1848)盛京四合堂刻本(附勿药元诠一卷、急救良方一卷)　279　351　381　401　715　921

19. 清咸丰十年(1860)德馨堂刻本　476

20. 清同治八年(1869)瑞菜山房刻本　186　301　492　514A　529A　541　710　736A　911(残)

21. 清同治八年(1869)集益山房刻本　186　461　746A

22. 清光绪五年(1879)姑苏扫叶山房刻本(二十一卷,附勿药元诠一卷、急救良方一卷)　203　279　289　301　303　306　308A　361　475A　491　514A　522　529A　590　728A　740A　740B　740D　746A　922　926A

23. 清光绪十二年(1886)镇江文成堂刻本(六卷,附勿药元诠一卷、急救良方一卷)　412A　664　707　722　728　746A　931

24. 清光绪十二年(1886)山渊堂刻本　728B　926A

25. 清光绪十三年(1887)苏州扫叶山房刻本(六卷,附勿药元诠一卷、急救良方一卷)　1　2　3　139　186　202　203　277　279　288　308A　361　385　391　412B　461　514A　529A　529B　541　570　572　590　664　677A　702　709　713　728A　731　733B　734　734A　736　737　746A　799A　839A　850(存卷二至十七)　911　926A　931　940

26. 清光绪十三年(1887)上海鸿文书局石印本草医方合编本　21　139A　203　251　308A　393　412B　413　542　651　664　677A　896A　901

27. 清光绪十五年(1889)善成堂刻脉学本草医方全书本(六卷)　1　287　288　393　401　746A

28. 清光绪十六年(1890)上洋藜乙山房刻本(二十一卷,附勿药元诠一卷、急救良方一卷)　279　572　651

29. 清光绪十六年(1890)上洋江左书林刻本(二十一卷,附勿药元诠一卷、急救良方一卷)　139　251　286　361　541　728A　734　839A

30. 清光绪十七年(1891)上海校经山房刻本　139　306　467　529A　589　734　742　940

31. 清光绪二十年(1894)文奎堂刻本(六卷)　421　443　475A　529A　746A　831　940

32. 清光绪二十二年(1896)上海图书集成印书局铅印本(二十三卷)　139　308A　541　590　736A　736B　799A　831　896A　915

33. 清光绪二十九年(1903)青州怡翰书坊刻本　308

34. 清光绪三十年(1904)京都文盛堂刻本草医方合编本　288

35. 清光绪三十年(1904)胶州成文堂刻本(二十一卷)　279

36. 清光绪三十年(1904)上海六艺书局石印本草医方合编本(二十三卷)　288　412A　465　651　664　702　799A　831　854　915　921　931

37. 清光绪三十一年（1905）上海日新书庄石印本 702 896A 912
38. 清光绪三十四年（1908）上海章福记书局石印本草医方合编本（二十三卷） 799A 856
39. 清光绪刻本 701 735 736 738E 914
40. 清宣统元年（1909）上海鸿文书局石印本（不分卷） 465 493 541 570 721 738A
41. 清宣统元年（1909）书业德刻脉学本草医方全书本（六卷） 570
42. 清宣统元年（1909）书业堂刻本 1 302 366 491
43. 清维经堂刻本草医方合编本（四卷） 139 931
44. 清两仪堂刻本草医方合编本 734A 738A 746A
45. 清聚锦堂刻本草医方合编本 288 351 443
46. 清令德堂刻本草医方合编本（六卷） 369
47. 清茂选楼刻本 931
48. 清同文堂刻本 286 701 746A
49. 清桂月楼刻本 831
50. 清文星堂刻本 279 351 431 852F
51. 清富文堂刻本 251 308 664 731
52. 清翼经堂刻本 736
53. 清敬文堂刻本 279 302
54. 清致盛堂刻本 412A 413 431 852
55. 清万卷堂刻本 651
56. 清同德堂刻本 279 734A 746A
57. 清敦化堂刻本 140 301 308A 511
58. 清文焕堂刻本 746A
59. 清有怀堂刻本 139 746A
60. 清益元堂刻本（六卷） 360A 831
61. 清三多斋刻本（六卷） 361
62. 清正业堂刻本 731 740A 740B
63. 清鸿文堂刻本 651
64. 清桂华楼刻本 1
65. 清文盛堂刻本 140 521 746A
66. 清大成斋刻本 301 702 731 734 740A 746A
67. 清多文斋刻本 734A
68. 清富春堂刻本 417
69. 清琴川阁刻本 305
70. 清文会楼刻本 740D（存卷二、三）
71. 清宏道堂刻本 21 277 361 412A 421（残） 431 542 664 706
72. 清大文堂刻本 302 417
73. 清末芥子园刻本 1 491 AA
74. 清刻本 1 21 252 279 301 305 306 308A 311 360A 366 391 401 404 409 411 414 541 651 701 708（二十一卷） 733 733A 734（二十三卷） 734A 735A（六卷） 736（存卷二、三） 736A 736C 738E 740A 740B 743 831 850 852 852R 873 TC
75. 清抄本 279（不分卷） 831（附汤头歌诀） 921 931
76. 见本草医方合编
77. 见医方全书五种
78. 见瓶花书屋医书
79. 见脉学本草医方全书

02061 **易简方论**六卷首一卷 1683
03507 又名程氏易简方论
（清）程履新（德基）编
1. 清康熙三十二年（1693）刻本 152 185 541 931
2. 清嘉庆二十二年（1817）吴县石韫玉独学庐刻本 2 3 139 139A 152 203 277 279 280 286 433A 435 491 541（存卷一至四） 589 590 677A 701（存卷一、二） 706 721 731A（存卷三下）
3. 清嘉庆二十二年（1817）吴县石韫玉独学庐刻道光二十四年（1844）求我斋印本 139 491 706
4. 清嘉庆二十二年（1817）吴县石韫玉独学庐刻道光二十四年（1844）文会堂印本 302 590 734

02062 **仙方合编**六卷 1685
03508 原题（清）傅山（青主、公它、朱衣道人）撰
子目：
（1）男科二卷
（2）妇科二卷

(3)产后二卷
1. 清同治十年(1871)刻本　1
2. 清光绪十二年(1886)刻本　741

02063 03510 **普门医品**四十八卷　［1694］
医品补遗四卷
(明)王化贞(元起、肖乾)编　(清)郎廷模(贞若)补遗
1. 清康熙三十三年(1694)广宁郎廷模娱晖堂刻本　1　2　3　139　140　152　186　251　279　289(存四十六卷)　541　570　572　590　738B　831
2. 清康熙四十一年(1702)临桂王珽植槐堂刻本　590

02064 00000 **药按锦囊治疗方论**一卷　［1694］
(清)冯兆张(楚瞻)撰
见冯氏锦囊秘录

02065 03511 **医通祖方**一卷　1695
(清)张璐(路玉、石顽老人)撰
抄本　541　590(精抄)

02066 03512 **李氏医鉴**十卷　1696
(清)李文来(昌期)汇编　王世宠(锡三)参订
清康熙三十五年(1696)婺源李文来贻安堂刻本　139　152　289　421　475A　570　731

02067 11083 **济世全书汇选方外奇方**一卷　1696
(清)汪启贤(肇开)　汪启圣(希贤)注　汪大年(自培)增补
1. 清康熙刻济世全书本　139
2. 见济世全书

02068 03513 **增补方论**一卷　1696
(清)景日昣(冬阳)撰
见遵生集要

02069 03514 **景冬阳杂方辑抄**二卷　1696
(清)景日昣(冬阳)撰
清抄本　907C

02070 03515 **汤液须知**一卷　1696
(清)汪启贤(肇开)　汪启圣(希贤)撰　汪大年(自培)增补
见济世全书

02071 03433 **医方考绳愆**六卷　1696
附医方考脉语绳愆二卷
(明)吴崑(山甫、鹤皋山人、参黄子)原撰　(日)北山道长(寿安、友松子、仁寿庵主)撰
日本元禄十年(1697)平野北山白梅庵秋田屋平左卫门刻本　3　202　279　433A　491

02072 03516 **千金方衍义**三十卷　1698
原题(清)张璐(路玉、石顽老人)辑注
1. 清嘉庆六年(1801)常熟席世臣扫叶山房刻本　1　2　7　139　139A　186　203　285　286　287　289　301　308　314　361　362　363　381　385A　391　393　401　412A　421　433A　435　461　475A　491　492　514A　521　523　529A　541　590　651　664　677A　706(残)　709　710(存卷三至三十)　715　728A　731　733A　736　737　738A　739　739B　741　781　799A　831　851　852　852N　856　891　896A　907B　907C　911　922　926A　931　942B　XA　XD
2. 清同治六年(1867)四川宝邑利济裕号刻本(据扫叶山房翻刻,版心题扫叶山房)　361　381　432　852　852C
3. 清光绪五年(1879)步月山房刻本(据扫叶山房翻刻,版心题扫叶山房)　1　139　279　351　362　364　412A　541　570　664　737　738　738B　799A　839A　852　940
4. 清光绪三十四年(1908)上海久敬斋书庄石印本　21　203　401　514A　590　733A　896A　931
5. 清嘉庆六年(1801)扫叶山房刻嘉庆至光绪间印本　1　2　3　21　139　140　254　270　279　280　306A　308A　312(存卷十、十三)　361　364　381　393　396　412A　412B　421　475A　514A　529A　529B　541　542(残)　590　664　665(存卷二十四)　706(残)　728B　731　738A　738B　739A　741　799A　831　852　852S　872　907C　917A　939　940
6. 清刻本　285　287　450B　475A　590　746　800　851　852S

7. 清抄本 251 541

02073 **秘授精选药性**一卷 1699
03517
(清)张为铎编
清抄本 2

02074 **医方捷效**三卷 [1722]
03518
(清)曹鼎望(冠五)编
清康熙刻本 570 590

02075 **分类古今论方**一卷 [1722]
03622
著者佚名
清康熙抄本 589(清·袁廷梼五研楼旧藏)

02076 **壶天八法说**四卷 [1722]
00338
原题(元)方壶道人撰 (明)张介宾(景岳、会卿、通一子)
清初龙江书院刻本 1(清·陆嵩、陆懋修题跋)

02077 **绛雪园古方选注**三卷 1731
03520
附得宜本草一卷
又名十三科选注、十三科古方选注
(清)王子接(晋三)注
1. 清雍正十年(1732)刻本(不分卷) 1 2 21 361 381 436 511 570 701 710 715 733 735A 737A 740B 922 943
2. 清乾隆二年(1737)介景楼刻本 1 7 139 140 202 203 251 270 286 289 301 308A 361 381 412B 433A 443 475A 491 529A 529B 541 542 570 572 579 590 651 664 701 709 733 736 736A 738A 738B 738F 741 746A 839A 907B 922 926A 939 940
3. 清乾隆二年(1737)介景楼刻行素堂印本 301 381 709
4. 日本明和八年(1771)浪华书铺石原茂兵卫等刻本 139(残)
5. 清光绪二十四年(1898)维扬同文堂刻本 6 203 514A 721
6. 清光绪二十九年(1903)自省斋抄本 139(缺附录)
7. 清末扫叶山房刻本 1 2 3 21 139 139A 140 186 202 203 254 270 277 279 280 286 288 289 302 303 308A 361 381 385 391 393 396 401 412A 412B 421 431 433 433A 475A 476 514A 514B 523 529A 541 546 570 589 590 651 677A 701 707 728 728A 733 734 736 737 738 738A 739A 740A 746A 799A 831 851 852 854 871 896A 907C 911 921 926A 931 940
8. 清金阊绿荫堂刻本 1(清·陆懋修批注) 139 139A 186 202 270 279 289 301 362 475A 491 529A 541 570 603 709 732 734A 746 746A
9. 清刻本 1 2 21 203 251 279 280 303 308A 412B 433A 435 450 450B 475A 529A 529B 541 542 570 590 677A 701 707 728A 733 734 734A 736 738A 740A 852 907C 917A 921 922 926A
10. 清王少峰抄本 728A
11. 见四库全书
12. 见宗圣要旨

02078 **思济堂方书**四卷续编一卷 1732
03521
(清)贾邦秀(升安)撰
清雍正十年(1732)宛平贾邦秀珍泰斋自刻本 1

02079 **是乃仁术医方集**不分卷 1733
03522
(清)縻世俊(天瑞)编 皓山氏增补
1. 清雍正十一年(1733)稿本 301
2. 清光绪三十年(1904)抄本 732

02080 **本草类方**十卷 1735
03523
又名本草纲目类方
附诸症歌诀一卷
(清)年希尧(允恭、偶斋主人)编
1. 清雍正十三年(1735)广宁年希尧自刻本 2 139 139A 186 412A 664 701 746A 852 901
2. 清乾隆十七年(1752)古歙黄晓峰槐荫草堂刻本 1 3(残) 139 185 186 251 270 289 421(残) 491 590 677A(残) 701 738A(存卷二至十) 738B
3. 清乾隆十七年(1752)古歙黄晓峰槐荫草堂刻嘉庆十年(1805)晋祁书业堂印本

139 301 476 728A
4. 清乾隆十七年（1752）古歙黄晓峰槐荫草堂刻嘉庆十年（1805）古吴书业巽记重修本 139
5. 清嘉庆二十一年（1816）文畲德记刻本（题本草纲目类方） 252

02081 00000 **本草类方补遗**不分卷 ［1736］
著者佚名
清乾隆抄本 203

02082 03524 **卫生编**三卷 1737
（清）石文熿（右容）编
清乾隆二年（1737）刻本 139

02083 03525 **汤引总义**一卷 1741
（清）徐大椿（灵胎、洄溪老人）撰
见徐灵胎医书三十二种

02084 03526 **（删补）名医方论**八卷 1742
（清）吴谦（六吉）等撰
1. 清抄本 139 362
2. 见（御纂）医宗金鉴
3. 见三朝名医方论

02085 03527 **本事方释义**十卷 1746
（宋）许叔微（知可、元同先生）原撰 （清）叶桂（天士、香岩、南阳先生）释义
1. 清嘉庆十九年（1814）长洲叶钟眉寿堂刻本 1 139 203 412A 493 514A 514B 541 651 733
2. 清嘉庆十九年（1814）长洲叶钟眉寿堂刻姑苏扫叶山房印本 1 2 3 21 139 140 186 202 203 251 270 277 279 280 286 289 301 303 308 308A 361 381 385A 391 393 396 412A 433A 435 461 463 475A 476 491 514A 514B 521（残） 529 529A 529B 570 572 589 590 651（残） 664 677A 701 702 706（残） 707 709 710 712 721 728A 728B 731 731A 732 733 734 734A 736B 737 738A 738B 739 746A 799A 800 839A 851 852 853 854 871 896A 907B 907C 911 917A 921 922 926A 931 939 940 942B 951
3. 清末成都藜照书屋刻本 361 381 871 907C
4. 清刻本 839A 940
5. 清抄本 461

02086 05678 **医林玉尺**四卷 ［1749］
（清）尤怡（在泾、拙吾、饲鹤山人）辑
清抄本 701

02087 03528 **成方切用**十二卷卷首一卷卷末一卷 1761
（清）吴仪洛（遵程）编
1. 清乾隆二十六年（1761）海盐吴仪洛硖川利济堂刻本 1 3 139 139A 186 202 251 270 277 279 280 289 301 308A 311 361 381 391 396 401 412B 421 433A 435 443 450B 461 475A 476 491 514A 529A 541 590 651 664 677A 701 707 709 721 728 728A 736A 736B 738B 738E 739A 746A 800 839A 852A（存卷一、二、四至十） 896A 907C 921 922 940
2. 清道光二十七年（1847）瓶花书屋刻本（二十六卷） 1 2 7 21 139 186 203 254 279 286 289 301 308A 396 412A 511 514A 529A 541 570 572 579 728A（存卷十二至十四、二十至二十六） 728B 738 738B 739 871 891（存卷一至五、十一至十六）
3. 清抄本 401（存卷二至八）
4. 见瓶花书屋医书

02088 03529 **古方选注成方切用合参**一卷 ［1761］
（清）陆陈宝（修竹吾庐主人）编
抄本 651

02089 03649 **万方类聚**一卷 ［1764］
著者佚名
清抄本 590（钤灵胎、徐大椿印）

02090 00000 **医方秘册汇丛四种**四卷 ［1764］
（清）薛雪（生白、一瓢）等撰
清抄本 832

02091 03530 **继志编方书**六卷 1774
（清）韩衍楷（孔木）编
清乾隆三十九年（1774）知足堂刻本 1 590 651

02092 03531 **（增订）本草附方**二卷 1785
著者佚名

清乾隆五十年（1785）和采堂刻本　3　21　139　186　203　251　306　396　433A　590　677A　733　839A　852　871　926A

02093 03533 **集古良方**十二卷　1790
（清）江进（可亭）编
1. 清乾隆五十五年（1790）古歙江兰江蕃三瑞堂刻本　140　728B
2. 清嘉庆十一年（1806）文苑堂刻本　277　279　475A　570
3. 清嘉庆十六年（1811）山左齐州金秉泰带清堂刻本　279　308A
4. 清嘉庆鲍六顺堂刻本　590　664
5. 清道光四年（1824）陈声远文会堂刻本　3　590
6. 清嘉庆十一年（1806）文苑堂刻咸丰元年（1851）崇德堂印本　2　651

02094 03534 **青囊万选**二卷　1792
（清）戴必诚（翰千）　俞福勋（顺之）撰
清乾隆五十七年（1792）秀水戴必诚刻本　590（残）

02095 03535 **脉药联珠古方考**三卷　1795
附脉诀一卷
（清）龙柏（佩芳、青霏子）撰
1. 见脉药联珠合刻
2. 见翠琅玕馆丛书

02096 03536 **神仙济世良方**二卷　1797
（清）柏永瑞（鹤亭）等编
1. 清嘉庆二年（1797）柏永瑞等晋阳忠恕堂刻本（一卷）　1
2. 清嘉庆二年（1797）柏永瑞等晋阳忠恕堂刻王鹤鸣等增刻本　3（残）　139　289　476　491　570
3. 清抄本　308A

02097 03537 **方便集**一卷　1798
（清）公善堂辑
清嘉庆二十年（1815）刻本　590

02098 03539 **本草纲目万方类编**三十二卷　1800
又名古今名医万方类编
（清）曹绳彦（鞠庵）编
1. 清嘉庆五年（1800）睦华堂初刻本　139　277（存卷六）　279（存卷一至二十四）　280　289（存卷四至七、十八、十九）　364A（存卷十、十五、三十）　396　741（残）　921
2. 清光绪三十年（1904）南洋中西医学会社刻本（题古今名医万方类编）　21　139　202　254　303　385　391　590　706　715（存卷二至十）　734　931

02099 03540 **景岳新方砭**四卷　1802
（清）陈念祖（修园、良有、慎修）撰
1. 清嘉庆九年（1804）刻本　21　351　391　450A　521　852J　915　931
2. 清嘉庆刻本　1　413　914
3. 清道光十年（1830）芸香堂刻本　152　590
4. 清咸丰八年（1858）光霁堂刻本　139　511
5. 清咸丰十年（1860）经纶堂刻公余医录六种本　1　256
6. 清同治七年（1868）稽古堂刻公余医录六种本　139　433A
7. 清同治九年（1870）绥定达县明德善堂刻公余医录六种本　1　491
8. 清光绪三年（1877）渔古山房刻南雅堂医书全集本　270　529A
9. 清光绪三年（1877）上海自耕斋刻本　712　728A　734　738B
10. 清光绪九年（1883）仁和葛元熙刻啸园丛书本　1　391　393　401　461　529A　570　651　664　739　781　901
11. 清光绪九年（1883）文奎堂刻本　401　476　514A
12. 清光绪十三年（1887）务本堂刻公余医录六种本　746A　852　852S　921
13. 清光绪十三年（1887）重庆五福堂刻南雅堂医书全集本　277
14. 清光绪十五年（1889）江左书林刻陈修园医书十六种本　391　475A　742　781（残）　831　852A
15. 清光绪十八年（1892）敦厚堂刻陈修园医书二十一种本　799A　896A
16. 清光绪二十一年（1895）宏道堂刻陈修园医书三十二种本　514A　523　799　852　854
17. 清光绪二十四年（1898）成都多文会刻南雅堂医书全集本　514A　852　853

18. 清光绪二十七年(1901)三味书局刻陈修园医书二十三种本 665 677A 891
19. 清光绪二十九年(1903)蜀东信义书局刻陈修园医书三十二种本 852 852K
20. 清光绪二十九年(1903)益元书局刻陈修园医书二十三种本 412A 514A 728B 742 781 896A
21. 清光绪三十年(1904)上海经香阁书庄石印本 351
22. 清光绪三十二年(1906)吴闽医学会石印陈修园医书四十八种本 421
23. 清光绪三十三年(1907)巴蜀善成堂刻陈修园医书四十八种本 852C
24. 清光绪三十四年(1908)宝庆经元书局刻公余医录六种本 351 781 839A 850
25. 清宣统元年(1909)宝庆富记书局刻公余医录六种本 514A
26. 清宝章堂刻南雅堂医书全集本 514A
27. 清两仪堂刻公余医录六种本 741
28. 清成德堂刻公余医录六种本 852
29. 清同文会刻本 907C
30. 清铜邑成文堂刻本 852 907C
31. 清善成堂刻本 741
32. 清刻本 8 360A 407A 414 418 570 712 743 831 891 901
33. 见公余医录六种
34. 见南雅堂医书全集
35. 见陈修园医书十六、十八、二十一、二十三、二十四、三十、三十二、三十六、四十、四十八、五十、七十种
36. 见啸园丛书

02100 03541 **古方汇精**五卷 1804
又名古方精要
(清)爱虚老人编
1. 清嘉庆九年(1804)京江尊仁堂刻本 1 2 3 139 140 202 203 289 361 412A 541 570 590 651 664 706 709 728A 738A 746A 896A
2. 清道光三年(1823)大观堂刻本 2(缺卷二) 289
3. 清道光六年(1826)抄本 2
4. 清咸丰五年(1855)锄月花农抄本 308A(存妇儿科门二卷)
5. 清咸丰十年(1860)丹徒李培德京江怀德堂刻本 514A 529 664 706 712
6. 清同治十三年(1874)抄本 541
7. 清光绪十三年(1887)文德堂刻本 401 707(题赵氏编)
8. 清刻本 2 710
9. 抄本〔据清咸丰十年(1860)怀德堂刻本〕 514A

02101 03542 **净缘一助**十六卷 ［1804］
(清)乐云主人编
1. 清嘉庆九年(1804)抄本 1
2. 清抄本 1

02102 03543 **(重刊)万方类纂**六卷 1816
(清)宋穆(宾于)编
1. 清嘉庆二十二年(1817)象中吴国柱州山遐德堂刻本 9(存卷二、四) 139 391 412A 590 734A(存卷一、三) 926A 939 940
2. 清光绪二十五年(1899)桂林谢元福毓兰书屋刻本(八卷) 3 139 251 270 286 289 302 361 529A 541 570 572 589 590 651 664 677A 706 728A 728B 734 738A 896A 926A

02103 00000 **春谷方**二十卷 1816
(清)阎梦图(道叔)辑
清嘉庆二十一年(1816)程松茂抄本 308A

02104 03544 **山居济世方**二卷 1817
(清)戴辉撰
清道光四年(1824)稿本 475A

02105 03545 **群方便览**二卷 1821
(清)松下居士编
1. 清道光二十一年(1841)顺德龙山周维新堂刻本 944
2. 清光绪二十五年(1899)江山广川与善轩刻本 590
3. 见群方便览群方便览续编

02106 03546 **群方便览续编**二卷 1821
(清)郭懋筠(谦圃)编
1. 清道光元年(1821)刻本 279 590
2. 清道光六年(1826)粤东聚贤堂刻本 202 308A
3. 清道光二十一年(1841)海宁怀德堂重刻本 579

4. 清道光二十二年(1842)经国堂刻本 709
5. 清咸丰四年(1854)余荣绥堂刻本(题续群方便览) 301
6. 清同治二年(1863)刻本 139
7. 清同治五年(1866)刘钧亭潼川花街镇文昌宫刻本 512 852 852B 875 907C
8. 清同治十二年(1873)三和堂刻本 709
9. 清刻本 412B 853
10. 见群方便览群方便览续编

02107 03547 **纲目万方全书**十三卷卷首一卷 1824
(清)朱铭石(阁书)编
清道光四年(1824)中湘朱铭石自刻本 139 139A 831

02108 00000 **医方汇编**六卷 1824
(清)亟斋居士撰
清道光四年(1824)刻本 734A

02109 03548 **仁寿镜中方**二卷 1826
(清)森荫主人辑
清道光六年(1826)森荫堂刻本 664 721

02110 03549 **方药备考**一卷 1826
(清)程文囿(杏轩、观泉)撰
见医述

02111 03550 **摘抄本草纲目医方**不分卷 1827
(清)陈锜(子凝、药生)撰
清道光刻本 2

02112 03552 **成方辑要**四卷 1829
(清)邵澍(作霖、子雨)编
1. 清道光九年(1829)修竹庐刻本 590 734 736A
2. 清咸丰七年(1857)宜稼堂刻本 541

02113 03640 **医方便查**十卷续集一卷 1829
(清)吴大珍(半农)编
1. 清道光九年(1829)抄本 541
2. 清抄本 736A

02114 00000 **(新增)寿世编良方**一卷 1830
(清)朱焕彩撰
清道光十年(1830)湖南溆浦舒培年刻本 831

02115 03499 **喻选古方试验**四卷 1838
(清)喻昌(嘉言、西昌老人)撰 王兆杏(第花)编订
清道光十八年(1838)汉上梅春华刻本 139 152 514A 541 579 590(残) 738A

02116 03553 **新集八略**一卷 1838
又名景岳新方八略歌
(清)资玉卿编
1. 清道光十八年(1838)资玉卿刻本 921
2. 清道光二十六年(1846)三让堂刻本 931

02117 00000 **摘录千金宝要**一卷 1838
海上仙方一卷
(唐)孙思邈(紫尘真人)原撰 (清)张恒宝(南志)辑
清道光十八年(1838)山左张恒宝刻本 514A

02118 03554 **十剂表**二卷 1840
(清)包诚(兴言)撰
清同治五年(1866)刻本 7

02119 00000 **千金方摘抄**一卷 1840
(清)邹汉璜(仲辰、稼江)撰
见邹氏纯懿庐集

02120 03555 **孙真人祠华表医方**一卷 [1840]
原题(唐)孙思邈(紫尘真人)撰
清道光拓本 590

02121 03558 **千金方摘抄**一卷 1840
(唐)孙思邈(紫尘真人)原撰 (清)殷彬摘录
见邹氏纯懿庐集

02122 03478 **居家远行随身备急方书**十卷 [1846]
又名随身备急方书
(清)王者瑞(玉山)编
清刻本 139

02123 03557 **奇方纂要**一卷 1847
(清)王锡鑫(文选、席珍子、亚拙山人)撰
1. 清道光二十七年(1847)刻医学切要全集本 590 852 852A
2. 清道光二十七年(1847)重庆饶氏刻光绪八年(1882)重修三十三年(1907)重庆府坊印医学切要全集本 852 852U 907C
3. 清古渝善成堂刻医学切要全集本 857
4. 清刻本 279 381 589 852 852F 907C
5. 见医学切要全集(六种)

02124 00000 **医方集验**十二卷 1847
(清)邹性之辑
清道光二十七年(1847)吴城雷祖坛刻本 289

02125 03559 **外台方染指**一卷 1850
(清)潘道根(确潜、晚香、徐村老农、梅心老

农、饭香老人）编
清道光抄本 651

02126 03560 **补遗经验奇方**不分卷 ［1850］
又名医方选要
著者佚名
抄本 139

02127 03634 **医方锦编**不分卷 ［1850］
（清）张镜江编
清孙步瀛抄本 541

02128 03561 **圣济方选**二卷 1851
原题·宋徽宗赵佶撰 （清）王士雄（孟英、梦隐、潜斋、半痴山人、息居隐士、随息居士）辑
1. 清黄寿南抄本 139
2. 抄本 701

02129 00000 **徐村老农手抄方**不分卷 1852
（清）潘道根（确潜、晚香、徐村老农、梅心老农、饭香老人）撰
清咸丰二年（1852）昆山潘道根稿本 709

02130 03564 **古方准绳**四卷 1854
（清）冯廷年撰
清咸丰四年（1854）抄本 3

02131 03566 **辨症良方**四卷 1858
（清）蒋锡荣（杏桥）编
1. 清咸丰十年（1860）刻本 139 541 590 677A 737
2. 清光绪十七年（1891）晓风杨柳馆刻本 3 152 279 289 590 738A

02132 03567 **无医方便**二卷 1861
（清）刘征纪 刘征桂合编
清咸丰十一年（1861）善化葛之镛刻本 139 677A

02133 03568 **龙宫三十禁方**一卷 1863
原题（唐）孙思邈（紫尘真人）传 （清）李守永（香岩）删订
见司命秘笈

02134 03569 **医方切要**一卷 1864
（清）永丰县署编
清同治三年（1864）永丰县木活字印本 1 651

02135 03575 **（御纂）医宗金鉴删补名医方论**二卷 1864
（清）吴谦（六吉）等原撰 陆懋修（九芝、勉旃、江左下工、林屋山人）批注
清同治三年（1864）陆白眉抄本 1

02136 03570 **医方论**四卷 1865
（清）费伯雄（晋卿、砚云子）撰
1. 清同治四年（1865）广州花县骆浩泉登云阁刻本 186 289 476 709 939
2. 清同治五年（1866）耕心堂刻本 139 279 280 281A 301 412B 431 443 450 475A 514A 529A 541 651 664 677A 701 706 709 728A 732 736 738A 839A 907C 926A 940 943
3. 清光绪三年（1877）刻本 2 3 21 139 202 203 270 277 279 280 289 301 303 306 308A 311（存卷一、二） 351 361 362 366（存卷一、二） 381 391 396 412A 433 475A 491 529A 541 570 572 589 590 603 651 664 677A 701 706 708 709 712 715 721 728A 733 734 735 735A（存卷一、二） 736 737 738A 740B 741 746A 799A 831 839A 852 871 896A 926A 940 942B
4. 清光绪十四年（1888）上海扫叶山房刻本 139 186 202 277 279 281A 287 289 308A 412A 412B 450B 514A 529A 541 570 590 664 712 728 728A 739A 746A 781 839A 854 896A 907C 940
5. 清光绪二十年（1894）上海图书集成印书局铅印本 1
6. 清光绪二十七年（1901）上海书局石印本 254 351 714 736 736A 737A
7. 清刻本 311 708 733A
8. 见医醇賸义（附录）
9. 清抄本 306 529A
10. 石印本 707 714 728A 852C 854

02137 00000 **统论医方**一卷 1865
著者佚名
清同治四年（1865）钟寿山抄本 743

02138 03572 **不谢方**一卷 1866
又名世补斋不谢方
（清）陆懋修（九芝、勉旃、江左下工、林屋山人）撰
1. 清光绪蓝丝栏稿本 1

2. 清光绪朱丝栏稿本 1
3. 清光绪九年(1883)长洲孙承鉴铅印本 450 541 855
4. 清光绪刻本 541 651 940
5. 清抄本 907C
6. 见世补斋医书
7. 见桃坞谢氏汇刻方书九种
8. 见灵芝益寿草
9. 见医部秘钞三种

02139 03573 **(新增)不谢方释义**二卷 1866
(清)陆懋修(九芝、勉旃、江左下工、林屋山人)撰
泸县普明石印局石印本 854

02140 03574 **二十四品再易稿**二卷 1866
(清)陆懋修(九芝、勉旃、江左下工、林屋山人)撰
清光绪元和陆懋修林屋丹房稿本 1

02141 03576 **本草纲目万方类聚**十卷 1872
(清)景照编
清同治十一年(1872)万方针线剪贴本 139(缺卷五)

02142 00000 **药方集成**一卷 1872
著者佚名
清同治十一年(1872)李艺林抄本 364A

02143 00000 **慈恩玉历汇录**五卷 1873
又名慈恩玉历良方汇录
(清)俞大文(荔峰)编
清同治十二年(1873)留真堂书坊刻本 907C(存卷四、五、续补)

02144 03639 **扫花仙馆抄方**一卷 [1874]
(清)吴述安辑
清同治抄本 709

02145 03577 **临症经验方**一卷 1875
附摘录经验良方
(清)胡大中(正斋、致堂)撰
清光绪二十六年(1900)刻本 2 279 287 302 308A 651 839A

02146 03578 **外台秘要校**九卷 1876
(清)陆心源(刚甫、存斋、潜园老人)编
见潜园总集

02147 03579 **选方汇诠**不分卷 1876
著者佚名
稿本 139

02148 03580 **成方集验**四卷 1876
(清)王贤辅(弼廷)编
清光绪四年(1878)白河王贤辅积庆堂自刻本 139 433A

02149 03581 **本草万方症宗**八卷 1878
(清)诚济堂辑
清光绪四年(1878)抄本 728A

02150 03582 **洄溪秘方**一卷 1879
(清)徐大椿(灵胎、洄溪老人)撰 余楙(啸松)编
1. 清光绪十三年(1887)刻白岳庵杂缀医书本 139 677A 738B
2. 清光绪二十年(1894)秀水陆佐墀抄本 590
3. 见白岳庵杂缀医书

02151 03583 **不知医必要**四卷 1879
(清)梁廉夫(子材)撰
1. 清光绪七年(1881)桂林蒋存远堂刻本 391 728A 940
2. 清光绪七年(1881)桂林杨鸿文堂刻本 907C
3. 清光绪十六年(1890)益元堂刻本 139 570 799A
4. 清光绪二十六年(1900)武陵章庆尧杭州刻本(附张光第良方汇录一卷) 139 186 279 289 491 651 738A 746A
5. 清光绪梅几生等刻本 139
6. 清光绪粤东文华阁书局刻本 664 839A 907C 921 926A 931
7. 清光绪刻本 3 21 277(存卷二至四) 491 572 590
8. 抄本 139

02152 00000 **绛雪丹全书**一卷 1880
又名绛雪丹
(清)刘松岩撰
1. 清光绪六年(1880)广川刘松岩盛京刻本 203
2. 见目科捷径(目录)

02153 03647 **东塾药方**一卷 [1882]
(清)陈澧(兰甫、兰浦、东塾)撰
清抄本 931

02154 03584 **症治备览**二卷 1883
(清)卢思诚(实夫)编

清光绪九年(1883)闽中卢思诚自刻本 3 139 514A 514B 590 651 664

02155 **经方例释**三卷附录一卷 1884
03585 (清)莫文泉(枚士、苕川迂叟)撰
清光绪十年(1884)归安莫文泉自刻本 152 541 572 590 664 739 940

02156 **订兰集**二卷 1884
03586 (清)何凤仪撰
清光绪十年(1884)佛山文光楼铅印本 139

02157 **方解别录**一卷 1887
03589 (清)余楙(啸松)编
1. 清光绪十三年(1887)刻白岳庵杂缀医书本 677A
2. 见白岳庵杂缀医书

02158 **揣摩有得集**一卷 1888
03590 (清)张朝震(东川)撰
清光绪十四年(1888)上党刘鼎新刻本 2 139A 351 511

02159 **经验方**二卷 1889
03591 又名择古斋经验方
(清)沈善兼(达三、吉斋)编
清光绪二十二年(1896)柞溪沈善兼择古斋自刻本 2 3 139 286 302 476 514A 572 590 651 701 706 728A 738B 907C 921

02160 **瞑眩瘳**不分卷 1889
03592 著者佚名
清光绪十五年(1889)抄本 139(唐成之旧藏)

02161 **济世袖珍方**四卷 1890
03593 (清)养元山房编
清光绪十六年(1890)稿本 139

02162 **普济堂集方**三卷 1891
03594 著者佚名
抄本 139

02163 **医方宝诀**不分卷 [1891]
03595 (清)戴尔第撰
清光绪十七年(1891)刻本 139A

02164 **医方絜度**三卷 [1894]
03633 (清)钱敏捷(勤民)编
清抄本 590

02165 **经方合济三种**一卷 [1896]
03598 (清)魏人宪辑
清光绪二十二年(1896)刻本 541 734A

02166 **诸方总登**一卷 [1899]
04675 著者佚名
清光绪二十五年(1899)抄本 412A

02167 **三朝名医方论**二十三卷 1900
03599 编者佚名
子目:
(1)内经拾遗方论四卷 (宋)骆龙吉撰
(2)黄帝素问宣明论方十五卷 (金)刘完素撰
(3)名医方论四卷 (清)罗美编
1. 清光绪二十六年(1900)上海千顷堂书局石印本 139 251 279 280 286 289 361 391 412A 461 475A 476 514A 541 570 664 677A 728A 734 738A 738B 746A 799A 800 839A 852 871 896A 907C 917A 926A 940 942B
2. 清宣统三年(1911)宁波汲绠斋石印本 139 139A 186 202 279 308A 412B 590 721 728A 734 734A 736A 737 738A 851 907C 917A

02168 **方论合参**一卷 [1904]
03601 (清)叶先岚撰
清光绪三十年(1904)抄本 202

02169 **群方便览**一卷 1905
00000 **群方便览续编**二卷
著者佚名
清光绪三十一年(1905)刻本 852S

02170 **读方笔记精义**不分卷 1906
12391 (清)张仲璇撰
清光绪三十二年(1906)稿本 301

02171 **医学摘瑜**二卷 1906
05947 (清)韩永璋(达卿)撰
清光绪三十二年(1906)北京和记印书局铅印本 139 186 202 288 491 514A 590 728A

02172 **医方撮要**一卷 1907
03602 (清)赵廷玉(伯亭、双修)编
1. 清光绪三十三年(1907)抄本 139
2. 见赵双修医书十四种

02173 **杂方类编**四卷 [1908]
03604 原题(清)月溪氏(可轩氏)编
清光绪乐山书屋抄本 541

02174 **医方摘解汇抄**一卷　［1908］
00000 （清）翟宝书撰
清光绪三十四年（1908）抄本　714A

02175 **古方通今**一卷　1909
03605 丁福保（仲祜、畴隐居士）编
清宣统元年（1909）上海文明书局铅印本　21　590　921

02176 **方书**□□卷　1910
03606 著者佚名
抄本　139　590（钱瑛传，一卷）　721　734　741

02177 **方药须知**一卷　1910
03607 著者佚名
清末抄本　139

02178 **中西医方会通**不分卷　1910
03608 丁福保（仲祜、畴隐居士）编
清宣统二年（1910）上海文明书局铅印本　901　921

02179 **医方六种**六卷　1911
03609 辑者佚名
子目：
（1）海上方一卷　（唐）孙思邈撰
（2）时疫白喉集要一卷　（清）张绍修撰
（3）痧症方一卷　著者佚名
（4）治鼠疫传染良方一卷　（清）吴宣崇撰
（5）验方一卷　著者佚名
（6）简便应验奇方一卷　（清）武厚堂撰
清抄本　139

02180 **医方集类**三卷　1911
03610 （清）俞锡禧（友竹）辑
清抄本　1

02181 **太医院经验内外奇方**一卷　1911
03611 又名经验内外奇方
著者佚名
抄本　139

02182 **太医院诸真人传授仙方**一卷　1911
03612 又名太医院传授仙方
不著撰者
抄本　139

02183 **家居试验方**一卷　1911
03613 著者佚名
抄本　139

02184 **肘后余编**一卷　1911
03614 著者佚名
抄本　139

02185 **济世良方**二卷卷首一卷　1911
03615 著者佚名
清刻本　1

02186 **本草方药参要**九卷　［1911］
03617 （清）戴鸣皋撰
清抄本　2

02187 **本草方汇**四十卷　［1911］
03618 辑者佚名
清抄本　2

02188 **本草诸方集要**不分卷　［1911］
03619 著者佚名
清抄本　1

02189 **本草方正宗**十二卷　［1911］
03620 著者佚名
抄本　251

02190 **集本草纲目方**一卷　［1911］
03621 著者佚名
清抄本　541

02191 **采医珠玉**□□卷　［1911］
03624 著者佚名
抄本　651（存二十九卷）

02192 **景岳八阵古方择要**不分卷　［1911］
03625 著者佚名
乐英氏抄本　529A

02193 **金镜则要**一卷　［1911］
03628 著者佚名
抄本　277

02194 **辨方宝鉴**一卷　［1911］
03630 著者佚名
抄本　572

02195 **医方钞**一卷　［1911］
03632 著者佚名
抄本　1

02196 **良方集成四部**不分卷　［1911］
03636 著者佚名
清抄本　1

02197 **诸方汇录**一卷　［1911］
03637 著者佚名
清末抄本　139

02198 **百效方**一卷 ［1911］
03638 著者佚名
抄本 541

02199 **医家秘要**一卷 ［1911］
06045 著者佚名
清徐心宁抄本 541

02200 **医中百法选方摘要**一卷 ［1911］
03641 （清）陈竹安撰
抄本 901

02201 **古方选存**一卷 ［1911］
03642 著者佚名
清活字印本 1

02202 **济世良方**一卷 ［1911］
03643 （清）蔡松亭编
清刻本 277

02203 **医方便览**二卷 ［1911］
03644 著者佚名
抄本 590

02204 **十二经汤液分注**不分卷 ［1911］
02666 著者佚名
抄本 572

02205 **仁术一隅**二卷 ［1911］
03646 （清）计嘉礼编
清刻本 461

02206 **群方简要**四卷 ［1911］
03648 著者佚名
抄本 590

02207 **万方会萃**一卷 ［1911］
03650 著者佚名
抄本 709

02208 **八阵济世方**不分卷 ［1911］
03651 著者佚名
清抄本 461

02209 **药性医方全编**一卷 ［1911］
03652 著者佚名
抄本 277

02210 **章太炎先生手写古医方**一卷 ［1911］
03653 （清）章炳麟（枚叔、太炎）编
稿本 590（潘永弼跋）

02211 **忌酸丸方论**一卷 ［1911］
03654 又名汪质庵先生戒烟方
（清）汪质庵编
殿臣氏抄本 139

02212 **方论**一卷 ［1911］
03656 著者佚名
清抄本 541

02213 **古方医书**一卷 ［1911］
04679 著者佚名
抄本 277

02214 **本草择方辑要**一卷 ［1911］
04687 著者佚名
清抄本 308A

02215 **集古方**不分卷 ［1911］
04765 著者佚名
抄本 1

02216 **古方撷英**一卷 ［1911］
00000 著者佚名
清抄本 139

02217 **太医院明医辨证起死回生方**十二卷 ［1911］
00000 著者佚名
清抄本 TA（缺卷七）

02218 **医方杂录**一卷 ［1911］
00000 著者佚名
清存耕堂抄本 734A

02219 **古今医方撷要**六卷 ［1911］
00000 辑者佚名
清抄本 288

02220 **良常集**不分卷 ［1911］
00000 著者佚名
清抄本 1

02221 **汤药集**一卷 ［1911］
00000 著者佚名
见洒心斋医稿

02222 **朱奉议增补杂方**一卷 ［1911］
00000 （宋）朱肱（翼中、大隐、无求子）原撰 辑者佚名
清抄本（据古今医统正脉全书活人书卷十六至二十一节抄） 709

6.2 国外方书

02223 **仁和寺宝库日本神药书记**一卷 808
12716 （日）出云广贞 安倍真直原撰 辑者佚名
1. 清光绪二十一年（1895）抄本 590
2. 抄本 572

02224 **金兰方**五十卷 868
05375 （日）菅原岑嗣撰
1. 日本宽政三年（1791）刻本 651（残）
2. 日本嘉永六年（1853）吉川真保选抄本 139

02225 **医心方**三十卷 984
05376 （日）丹波康赖撰
1. 日本安政六年（1859）医学馆影刻本 2 7（残） 139 152 202 251 289 462 541 542 570 579 589 651（残） 677A 707 721 728A 737（存二十三卷） 781 782 851 939
2. 日本万延元年（1860）影刻本 1 301 738B
3. 日本文久二年（1862）东京帝国大学刻本 475A
4. 日本文渊阁刻本 204
5. 抄本 139 514A 871 877
6. 日本抄本 3 7 491 TA（东京康氏抄）

02226 **神遗方**三卷 984
05377 （日）丹波康赖撰
1. 日本文政六年（1823）温故室刻本 139
2. 日本明治三年（1870）刻本 462

02227 **万安方**六十二卷 1331
05457 又名覆载万安方
（日）梶原性全撰
1. 日本天保三年（1832）抄本 TB
2. 日本明治二十年（1887）冈首义夫抄本 462（残）

02228 **真福寺所藏甘草丸等方**一卷 ［1333］
00000 辑者佚名
日本影写古卷子本 TB

02229 **新方**□□卷 ［1367］
00000 著者佚名
日本仁和寺心莲院抄本 TB（存卷上）

02230 **乡药集成方**八十五卷 1433
05379 （朝）俞孝通等撰
1. 朝鲜铜活字印本 461（残）
2. 朝鲜抄本 139（残）
3. 朝鲜刻本 TB

02231 **医方类聚**二六六卷（原缺卷一五五、一五六、二〇九、二二〇） 1445
05380 （朝）金礼蒙等编
日本文久元年（1861）江户学训堂木活字印本 7 139 277（残） 590（残） 738B（缺卷一至六、二十、一一六）

02232 **捧心方**二卷 1451
05381 （日）中川子撰
日本文政六年（1823）逍遥轩抄本 7

02233 **大德济阴方**四卷 1455
00000 （日释）月湖
日本抄本 TB（存卷一）

02234 **济民略方**一卷 1628
05382 著者佚名
日本宽永五年（1628）刻本 139

02235 **常山方**十二卷 ［1631］
05392 （日）曲直濑正绍（玄朔、东井）撰
日本抄本 3

02236 **玄治药方口解**一卷 1656
05383 （日）冈本玄治撰
日本明历二年（1656）刻本 511

02237 **切要方义**五卷 1659
05384 （日）上田山泽撰
1. 日本万治二年（1659）刻本 139
2. 日本平安玉枝轩刻本 476（残）

02238 **纂言方考评议**五卷附录一卷 1668
05385 （日）野村玄（敬正）撰
1. 日本延宝七年（1679）大阪生野屋六郎兵卫等刻本 139
2. 日本享保十七年（1732）雒阳书林高桥权兵卫等刻本 7 475A 701

02239 **飨庭口诀**一卷 1668
05386 （日）飨庭东庵（立伯）撰
见飨庭口诀等四种

02240 **医方口诀集**三卷 1672
05387 又名新增东洋汉方要诀
（日）长泽道寿（柳庵）编 中山三柳增补
1. 日本天和元年（1681）神京书肆村上勘兵卫刻本 3 139 511
2. 日本宝历四年（1754）京都书肆村上勘兵卫刻本 286 511 572

02241 **众方规矩**三卷 ［1676］
05388 著者佚名
日本安永七年（1778）吉文字屋市兵卫治郎兵卫刻本 461

02242 05389 **增补众方规矩**六卷 ［1676］
又名合类增补众方规矩
（日）永原了的增撰
日本贞享二年（1685）文治屋次郎兵卫刻本 139

02243 05390 **医方聚要**十二卷 1678
（日）奈须玄竹撰
日本延宝六年（1678）刻本 7

02244 05465 **医方问余**十卷 1679
（日）名古屋玄医（阅甫、富润、丹水子、宜春庵、桐溪）撰
日本延宝二年（1674）抄本 570

02245 05391 **医方提要**二十卷 1683
又名删补方要
附约要弗畔录
（日）野谦亨（利诲、好生子、三友斋）撰
1. 日本贞享三年（1686）济阳中野宗龙卫门刻本 139 738
2. 日本安永四年（1775）浪速书肆星文堂等刻本 139
3. 日本抄本（二卷） 590

02246 05393 **济生宝**五卷 1722
（日）寺岛良安（尚顺）编
日本享保七年（1722）大阪敦贺屋刻本 491

02247 05394 **医方纪原**三卷 1740
（日）甲贺通元（健斋）撰
日本元文五年（1740）书林须原屋茂兵卫寺井揔兵卫田原平兵卫玉池堂刻本 7

02248 05395 **一本堂医事说约**一卷 1744
（日）香川修德（太冲、修庵）撰
1. 日本文化五年（1808）万笈堂等刻本 139 476
2. 日本文化七年（1810）鸭伊兵卫等刻本 139

02249 05396 **古今方汇**一卷 1744
（日）甲贺通元（健斋）编
1. 日本文化五年（1808）刻本 590
2. 抄本 514A

02250 05397 **方函**二卷 1754
（日）山胁尚德（玄飞、东洋）编
1. 日本文化十三年（1816）万笈堂刻本 590
2. 抄本 139
3. 日本抄本 476

02251 05398 **（新刊）温故秘录**七卷 1758
（日）野乔伯迁（纯治）撰
1. 日本宝历八年（1758）湖东野乔伯迁自刻本 7 651
2. 抄本 738B

02252 05399 **类聚方**一卷 1762
（日）吉益为则（公言、东洞）撰
1. 日本明和元年（1764）蒲芦亭刻本 139
2. 日本宽政十一年（1799）平安书林刻本 139

02253 05400 **吐方考**一卷 1762
（日）藤原凤（独啸庵）撰
日本宝历十三年（1763）刻本 3 139 186 511 570 590 738B 901

02254 05401 **读类聚方**二卷 ［1762］
附类聚方讲录、类聚方存疑
（日）邨井杶（大年）撰
日本抄本 139

02255 00000 **类聚方议**二十八卷 ［1762］
（日）邨井杶（大年）撰
日本抄本 1

02256 05402 **随证方**一卷 1764
（日）高生撰辑 南溟浅井（和气正路）鉴定
日本明和元年（1764）由义堂抄本 589

02257 05403 **方的**一卷 1769
（日）加藤谦斋（乌巢道人）撰
日本明和七年（1770）浪速书铺星文堂刻本 139

02258 05404 **医疗药方规矩**一卷 1769
又名药方选
（日）加藤谦斋（乌巢道人）撰
1. 日本天保八年（1837）浪华文渊堂宋荣堂刻本 186 651
2. 日本安政六年（1859）浪华书肆刻本 3

02259 05405 **游丰司命录**一卷 1769
（日）香月则实（启益、牛山、贞庵、被发翁）撰
日本明和六年（1769）皇都八屋勘三郎刻本 590

02260 05415 **解毒方集验**一卷 1769
（日）柳吨（尚贤）撰 千野良岱补

日本宽政七年(1795)金石堂刻本　3

02261 05406 **大同类聚方**一百卷　1773
(日)安部朝臣(真贞)　出云宿称(广贞)等撰
1. 日本安永二年(1773)刻本　476
2. 日本安永三年(1774)大阪浅野弥兵卫刻本　391
3. 日本文政七年(1824)抄本　3
4. 日本明治三年(1870)刻本　139
5. 抄本　462(残)　476

02262 00000 **上池秘录**四卷　1776
(日)西川瑚(子琏)撰
1. 日本安永六年(1777)蓬蒿舍刻本　139
2. 见上池秘录上池秘录续编

02263 05408 **千金方药注**四卷　1778
(日)松岗定庵(子敕)撰
日本安永七年(1778)平安书林佐佐木椳四郎等刻本　3　7

02264 00000 **上池秘录续编**四卷　1779
(日)西川瑚(子琏)撰
1. 日本天明六年(1786)蓬蒿舍刻本　7
2. 见上池秘录上池秘录续编

02265 05409 **名家方选**一卷　1780
(日)山田元伦(维亨、南皋)撰
日本安永九年(1780)有斐堂刻本　139　590

02266 05412 **古今方考**一卷　1781
(日)雉间焕(子炳)撰
日本天明元年(1781)东都御书房出云寺刻本　139

02267 05423 **古方便览**二卷　1782
(日)六角重任(毅夫)辑
日本文化三年(1806)浪华书肆兴文堂积玉圃刻本　1(存卷下)

02268 05413 **广惠济急良方**三卷　1789
(日)丹波元德(安元)编
日本宽政二年(1790)跻寿馆刻本　139　511

02269 05414 **古方翼**三卷　1794
(日)野间友真(倏卿、俊斋)撰
日本宽政六年(1794)大阪兴文堂刻本　3

02270 05416 **医略钞**一卷　1795
(日)丹波雅忠撰
1. 日本宽政七年(1795)聿修堂刻本　1　7　186　252　277(残)　381　491　590　677A　712　728A
2. 见聿修堂医学丛书

02271 05417 **屠苏方考**一卷　1795
(日)片仓元周(深甫、鹤陵)编
日本抄本　3

02272 00000 **周监方**一卷　[1795]
(日)半井道三撰
日本抄本　TB

02273 05418 **备用方**十卷　1798
(日)冈西岩(养亭)辑
日本宽政十年(1798)稿本　590

02274 05419 **救急选方**二卷　1801
(日)丹波元简(廉夫、栎荫拙者)编
1. 日本文化七年(1810)江户青云堂刻本(书口题聿修堂藏板)　1　7　21　279　289　381　385　461　664　677A　712　728A　733A　738B　739A　741　791　799
2. 见聿修堂医学丛书

02275 05420 **古方兼用丸散方**一卷　1802
附仲景方分量考
(日)田口鼎(信庵)撰
1. 日本文化六年(1809)万笈堂刻本　3
2. 日本文政八年(1825)万笈堂重刻本　139

02276 05407 **上池秘录**四卷　1803
上池秘录续编四卷
(日)西川瑚(子琏)撰
日本享和三年(1803)东都书肆万笈堂刻本　1(缺续编)　511　579

02277 05421 **类聚方集览**二卷　1803
(日)雉间焕(子炳)注
日本享和三年(1803)生绩堂刻本　433A　511　590

02278 05422 **兰疗方**一卷　1803
(荷兰)安米的尔法编　(日)广川獬译
日本文化元年(1804)刻本　139

02279 05410 **续名家方选**一卷　1804
(日)村上图基(等顺)撰
日本文化元年(1804)观宜堂刻本　1

02280 05424 **方苑**一卷　1808
(日)水走嘉言(孟彰)编

日本文化八年(1811)浪华书肆积玉圃刻本 139 590

02281 05426 **吐方撮要**一卷 1808
附霉疮治方论一卷
(日)加古坎(主水)撰
日本文化五年(1808)尾张片野东四郎东璧堂刻本 7 901

02282 05427 **观聚方要补**十卷 1810
(日)丹波元简(廉夫、栎荫拙者)编
1. 日本文政二年(1819)丹波元胤丹波元坚聿修堂刻本 7 139 186 279 412B 514A 541 570 590 738 738B 891 926A
2. 日本安政四年(1857)丹波元琰刻本 139 289 391 476 651 736E 738A 781 871 939
3. 日本安政四年(1857)丹波元琰刻本莫里许氏印本 139 279 391 461 475A 514A 529A 664 728A 940
4. 日本安政四年(1857)丹波元琰刻上洋紫文阁印本 3 21 139 589 664 738A
5. 日本刻本 436 706
6. 抄本 529A(残)
7. 日本抄本 TB(一卷)

02283 05428 **丸散兼用方机**一卷 1811
(日)吉益为则(公言、东洞)撰
日本天保七年(1836)玉岩堂刻本 381

02284 05429 **吉益为则十二律方**一卷 1813
附家藏方、丸散方、煎汤抄、杂方
(日)吉益为则(公言、东洞)撰
日本今村抄本 139

02285 05430 **类聚方广义**不分卷 1813
(日)尾台逸(榕堂、士超)撰
日本安政三年(1856)皇都山城屋佐兵卫刻本 3

02286 05431 **类聚方庸**不分卷 1813
(日)吉益猷(南涯、修夫、谦斋)撰
1. 抄本 511
2. 日本抄本 590

02287 05432 **南涯全书方解**一卷 1813
(日)吉益猷(南涯、修夫、谦斋)撰
日本抄本 3

02288 05433 **蕉窗方意解**二卷 1813
(日)和田璞(东郭)撰
日本文化十年(1813)和田哲刻本 3(残)

02289 05434 **华冈氏方函**不分卷 1814
著者佚名
日本文化十一年(1814)惜阴斋抄本 7

02290 05435 **医方挈领**一卷 1815
(日)丹波元简(廉夫、栎荫拙者)撰
日本抄本 139
稿本 TB(小岛题记)

02291 05444 **养寿院方函**二卷 1816
(日)长崎文四郎编
日本天保十二年(1841)抄本 511

02292 05436 **兰方枢机**五卷 1817
(日)小森启(玄良)撰
日本文化十四年(1817)贻安斋刻本 709 728A

02293 05437 **春林轩法方录**一卷 1821
著者佚名
日本文政四年(1821)抄本 511

02294 05438 **处方便览**一卷 1824
(日)大鹤定香(君馨、东海散人)编
日本文政七年(1824)志水道光抄本 590

02295 05439 **百百先生方函**一卷 1827
又名集验医粹方函
(日)百百俊德编
日本文政十年(1827)抄本 511

02296 05441 **渊渊斋方函**一卷 1829
(日)渊渊斋主人口授
日本文政十二年(1829)渊渊斋门人抄本 511

02297 03463 **古方类聚集成**一卷 1829
(日)吉益为则(公言、东洞)撰
日本文政十二年(1829)刻本 572

02298 00000 **短要方**一卷 1830
著者佚名
日本文政十三年(1830)抄本 TB

02299 05464 **禁方小牍经验方**一卷 [1835]
(日)华冈青州选辑
日本抄本 572

02300 05443 **经验良方**一卷 1839
(日)西胁典(秀挺)撰
日本天保十年(1839)格物堂刻本 651

02301 **读肘后方**九卷　［1844］
00000 （日）蓝川慎撰
日本天保间稿本　TB

02302 **医方漫录**不分卷　1845
05445 （日）霞锦卜元撰
日本弘化二年（1845）抄本　572

02303 **观宜堂日用二十四方**一卷　1847
05446 **观宜堂方函口授**一卷
（日）浅井氏撰
日本弘化四年（1847）若松金三郎合抄本　3

02304 **（校正）方舆輗**十五卷　1853
05447 （日）有持希藻（桂里）撰
日本嘉永六年（1853）毓春园刻本　3　139　475A

02305 **晋唐名医方选**十卷　1855
05448 （日）喜多村直宽（士栗、安斋、安正、栲窗、香城）撰
1. 日本安政二年（1855）学训堂木活字印本　1　3　7　139　572　738A
2. 抄本　152

02306 **类聚方集成**二卷　1858
05449 （日）吉益为则（公言、东洞）撰　难波径恭补正
日本安政五年（1858）京阪书肆刻本　590

02307 **古方分量考**一卷　1860
05450 （日）立花贞庵撰
日本安政七年（1860）浪华书肆积玉圃刻本　476

02308 **方药合编**一卷　1867
05453 又名辨证方药合编、证脉方药合编、惠庵心书方药合编
附石隐补遗方一卷
（朝）惠庵编
1. 朝鲜李太王二十二年（1884）冶洞刻本　139　186
2. 朝鲜李太王二十二年（1884）冶洞刻二十三年（1885）印本　139
3. 朝鲜李太王二十三年（1885）美洞书坊刻本　139　570
4. 朝鲜刻本　511

02309 **病院经验方府**二卷附录一卷　1872
05454 （日）高桥正纯编
日本明治六年（1873）日新亭铜活字印本　590

02310 **对症方选**四卷　1875
05455 （日）高桥正纯编
日本明治八年（1875）日新亭刻本　590

02311 **勿误药室方函**二卷　1876
05456 （日）安井玄叔等编
日本明治十年（1877）勿误药室铅印本　139　511

02312 **方汇续貂**不分卷　1888
05458 （日）村赖浩（豆洲）编
日本明治二十二年（1889）铅印本　590

02313 **古方汇纂**七卷　1911
05459 （日）小西友邦编
日本抄本　3

02314 **兰轩外台方标记**一卷　1911
05460 （日）伊泽兰轩撰
1. 清抄本　664
2. 日本浅妻屋书店影印本（据富士川游藏伊泽氏稿本）　572

02315 **合类众方规矩**八卷　1911
05461 著者佚名
日本万屋清兵卫刻本　590

02316 **关白集**一卷　［1911］
05462 著者佚名
日本抄本　7

02317 **明医方存**一卷　［1911］
05463 著者佚名
抄本　572

02318 **医方集**一卷　［1911］
00000 著者佚名
日本抄本　TB

02319 **医方明大意**一卷　［1911］
00000 著者佚名
日本抄本　TB

6.3　歌括便读

02320 **汤头歌诀**一卷　1694
03657 又名医方汤头歌诀、汤头经络歌诀
附经络歌诀一卷
（清）汪昂（讱庵）撰
1. 清康熙三十三年（1694）刻本　139　203　270　412A　421　431　462　476　589

702 706 712 713 737 741 852 922 939
2. 日本享保九年(1724)大阪大野柿兵卫刻本(无附录) 139
3. 清乾隆五十七年(1792)抄本(无附录) 139
4. 清咸丰六年(1856)抄本(无附录) 411
5. 清同治八年(1869)醉六堂刻本 450A 651 710 738A 746A
6. 清同治八年(1869)积庆堂刻本 521
7. 清光绪二年(1876)墨润堂刻本 139 433A 590 731A 733 734A 746A
8. 清光绪四年(1878)书业堂刻本(题汤头经络歌诀) 734A 922
9. 清光绪五年(1879)扫叶山房刻本 139 306 521 541 664 709 710 734 736A
10. 清光绪七年(1881)绿慎堂刻本 541 706
11. 清光绪二十二年(1896)翰海楼刻本(附经络歌诀) 734
12. 清光绪二十二年(1896)学库山房刻本 731A 781 911
13. 清光绪二十二年(1896)上海图书集成印书局铅印本 363 491 529A 651 713 734A
14. 清光绪二十三年(1897)鸿润书林刻本 731 736
15. 清光绪二十三年(1897)宝善堂刻本 665
16. 清光绪二十六年(1900)富记山房刻本 529A 590 831
17. 清光绪二十七年(1901)古青堂怡翰斋刻本 302
18. 清光绪二十八年(1902)曹耕畬抄本(无附录) 651
19. 清光绪二十九年(1903)江阴学古山房刻本 286 651 746A
20. 清光绪二十九年(1903)江阴源德堂石印本 391 590 677A
21. 清光绪二十九年(1903)观澜阁书局石印本 279 391
22. 清光绪三十年(1904)扫叶山房刻本 139 466 467 521 651 746A 931
23. 清光绪三十年(1904)上海章福记书局石印本 391 712 721 911 931
24. 清光绪三十年(1904)上海周月记书局石印本 514A 710 736A
25. 清光绪三十三年(1907)上海同文书局石印本 279 308A 364A 412A 703 731 741 746A
26. 清光绪三十四年(1908)上海日新书局石印本 738A 931
27. 清光绪三十四年(1908)上海校经山房石印本 254 385A 493
28. 清光绪恒德堂主人詹泰抄本 701
29. 清宣统元年(1909)上海千顷堂书局石印本 570 734A
30. 清宣统二年(1910)常州晋升山房刻本(无附录) 277 713 746A
31. 清宣统三年(1911)上海会文堂石印本 306 461 734A(存一卷)
32. 清宏道堂刻本 433A
33. 清文富堂刻本 514A 664 926A
34. 清两仪堂刻本 289 541 746
35. 清南京萃文书局刻本 461 665
36. 清善成堂刻本 351 831
37. 清宁城絅瑛阁刻本 139 664 746A
38. 清博古堂刻本 746A
39. 清集新堂刻本 746A
40. 清刻本 1 285 306 361 412A 450A 462 464 491 521 522 541 542 570 572 651 707 713 715 716 728A 734 736A 738E 738F 831 912 931
41. 清抄本 139 306 411
42. 抄本 139 514A 541 651 677A 701 721 746A
43. 见脉草经络五种会编
44. 见牖蒙丛编
45. 见增订本草备要(附录)

02321 03658 **方症联珠**五卷 1694

(清)汪昂(讱庵)原撰 萧缵绪(作周、丰亭)编

清咸丰八年(1858)余聚贤刻本 572 839A

02322 03660 **(新增)医方汤头歌诀**一卷 [1694]

(清)汪昂(讱庵)撰 钱荣国(缙甫)改增

1. 清道光十一年(1831)靳志澄抄本 385B
2. 清光绪七年(1881)刻本 139
3. 清宣统元年(1909)蹑云庐刻本 186 251 277 385 412B 590 651 664 677A 709 746A 799A 839A 926A
4. 清刻本 139 289 733 738E 740
5. 抄本 139 731

02323 03662 **汤头歌括新编**二卷 [1694]
(清)汪昂(讱庵)原撰 吴华卿增编
清抄本 361

02324 03663 **绛雪园汤头诀**一卷 1731
(清)王子接(晋三)撰
抄本 921

02325 03664 **景岳新方八阵汤头歌括**一卷 1767
(清)吴宏定(文渊、静庵)编
1. 清乾隆三十二年(1767)浣月斋刻本 139 203 701 721
2. 清乾隆四十五年(1780)刻本 3 475A 677A
3. 清嘉庆二年(1797)刻本 701
4. 清道光二十三年(1843)富有堂刻本 943
5. 清道光至光绪间抄本(题景岳八阵新方歌) 279
6. 清抄本 139 721 922

02326 03665 **景岳新方诗括注解**四卷卷首一卷 1783
(清)林霔(雨苍) 陈念祖(修园、良有、慎修)撰
1. 清嘉庆元年(1796)侯官郑杰刻本 6 277 286 385A 475A 511 746A 912
2. 清道光二十四年(1844)宝仁堂刻本 3 21 139 152 251 279 713 728A 907C

02327 03666 **时方歌括**二卷 1801
(清)陈念祖(修园、良有、慎修)撰
1. 清嘉庆八年(1803)刻公余医录六种本 363 381 570 709 734 915
2. 清道光渔古山房刻南雅堂医书全集本 710
3. 清同治四年(1865)文奎堂刻南雅堂医书全集本 476
4. 清同治七年(1868)稽古堂刻公余医录六种本 433A 461 852 854 891
5. 清光绪十三年(1887)遂宁务本堂刻南雅堂医书全集本 409 852
6. 清光绪十五年(1889)上海江左书林刻公余医录五种本 139 391 541 742 852A
7. 清光绪十八年(1892)敦厚堂刻陈修园医书二十一种本 896A
8. 清光绪十八年(1892)上海图书集成印书局铅印陈修园医书十二种本 1 289 381 415 590 852R
9. 清光绪二十一年(1895)宏道堂刻陈修园医书三十二种本 409 433A 746A
10. 清光绪二十一年(1895)多文会刻南雅堂医书全集本 853 855
11. 清光绪二十七年(1901)新化三味书局刻陈修园医书二十三种本 139 665 743 746A 852K
12. 清光绪二十九年(1903)湖南益元书局刻陈修园医书二十三种本 202 412A 514A 781 839A
13. 清光绪二十九年(1903)蜀东信义书局刻陈修园医书三十二种本 852
14. 清光绪三十年(1904)上海经香阁书庄石印本 351
15. 清光绪三十二年(1906)上海飞鸿阁书局石印南雅堂医书全集本 721
16. 清光绪三十三年(1907)巴蜀善成堂刻陈修园医书四十八种本 491 733A 872
17. 清渔古山房刻公余医录六种本 308A 450 746A
18. 清经元堂刻南雅堂医书全集本 712 781
19. 清橦藹书屋刻公余医录六种本 443 901 907C
20. 清成德堂刻公余医录六种本 907C
21. 清文苑楼刻本 931
22. 清友文堂刻本 139 907C
23. 清桂芸堂刻本 541
24. 清务本山房刻本 421
25. 清刻本 1 21 279 285 514A 541 677A 733A 740E 799 831 852 911 917A 931(残)

26. 清石印本 704 742 907B(残)
27. 清抄本 139 907C
28. 见公余医录五种
29. 见公余医录六种
30. 见南雅堂医书全集
31. 见陈修园医书十五、十六、十八、二十一、二十三、二十四、二十八、三十、三十二、四十、四十八、五十、七十种

02328 03667 **时方摘要歌括**一卷 1801
附医学三字经一卷
(清)陈念祖(修园、良有、慎修)撰
抄本 651

02329 03670 **景岳新方歌**一卷 1805
(清)吴辰灿(鹤山) 高秉钧(锦庭) 姚志仁(体元)合撰
1. 清嘉庆十四年(1809)尽心斋刻疡科心得集本 139 139A 202 279 308A 412A 464 514A 529A 541 589 651 664 677A 701 702 710 731 736 739A 740A 740B 746A 799A 907C 926A 939 940 942B
2. 清光绪二十七年(1901)无锡日升山房刻疡科心得集本 361 851
3. 清光绪三十二年(1906)上海文瑞楼石印疡科心得集本 277 289 734
4. 清刻本 1 664 721
5. 抄本 139 922
6. 见疡科心得集(附录)

02330 03671 **鱼吉方歌大全**二卷 1827
(清)吕立诚(邦孚、鱼吉)编
1. 清道光二十一年(1841)抄本 541(清·吴受藻跋)
2. 清道光七年(1827)集素行堂抄本 572

02331 03672 **医要便读汤头歌诀**二卷 1839
附珍珠囊指掌一卷、温病忌汗辨一卷
(清)胡金城(德凝、澹香)编
1. 清道光十九年(1839)嘉兴胡金城问心书屋自刻本 1 3 152 289 514A 541 590
2. 清抄本 277

02332 03673 **汤头歌括**一卷 1844
(清)廖云溪编
1. 清同治古渝善成堂刻本 857
2. 清光绪三年(1877)刻医学五则本 852S
3. 清光绪十三年(1887)兴发堂刻医学五则本 289
4. 抄本 931
5. 见医学五则

02333 03674 **医方切韵**二卷 1853
(清)王森澍(沛寰、云舟)编
清咸丰八年(1858)刻本 2 590 677A

02334 03675 **汪讱庵孙位金合选医方歌括**一卷 1861
著者佚名
清咸丰十一年(1861)抄本 139

02335 03711 **新集汤头**二十一卷 1872
(清)杨杏峰编
清光绪二十一年(1895)张峻豫抄本 709

02336 03676 **歌方集论**四卷 1874
又名名方歌括集论
附人身谱一卷
(清)祝源(春渠)撰
1. 清光绪十七年(1891)澉水祝源棱香馆自刻本 139 139A 186 202 279(存附录) 289 361 475A 491 514A 529A 677A 731 734
2. 清光绪十七年(1891)澉水祝源棱香馆刻宣统元年(1909)海盐开通书局印本 286

02337 00000 **医方便览**一卷 1878
(清)叶炳坤撰
清光绪四年(1878)诲存堂刻本 831

02338 03680 **诊验医方歌括**三卷 1881
(清)坐啸山人撰
1. 清光绪七年(1881)池阳坐啸轩稿本 664
2. 清抄本 412A
3. 抄本 203 907B

02339 03683 **医方诗要**四卷 1889
(清)孙庚(位金)编 唐宝善(楚珍)辑
1. 清抄本 579 590 746A 782
2. 抄本 2 514A 651 707

02340 03681 **汤头新诀**一卷 1890
又名方歌集论
(清)赵彦晖(晴初、味根、存存老人)撰
1. 清杨哲庵抄本 590
2. 抄本 139

02341 03684 **(新辑)名家医方歌诀**一卷附录一卷 1895
(清)林树红(霜野)撰

1. 清光绪二十一年（1895）广州守经堂刻本 931 944
2. 清末抄本 139

02342 03685 **陈修园方歌**一卷卷首一卷 1897
吴鞠通方歌一卷卷首一卷
（清）黄保康（霄鹏）撰 黄任恒（秩南）校注
1. 清宣统三年（1911）南海黄芨棠刻霄鹏先生遗著本 1 381 781 921
2. 见贻令堂医学三书
3. 见霄鹏先生遗著

02343 03690 **景岳新方八阵歌**不分卷 ［1897］
（清）韩氏撰 韩鸿（印秋）校
见韩氏医课

02344 03691 **医方歌括**不分卷 ［1897］
（清）韩氏撰 韩鸿（印秋）校
见韩氏医课

02345 03692 **十剂选时方歌**不分卷 ［1897］
（清）韩氏撰 韩鸿（印秋）校
见韩氏医课

02346 03694 **成方便读**四卷 1904
（清）张秉成（兆嘉）撰
抄本 2 412B

02347 03695 **记忆方诗**十二卷 1904
（清）孔广福（履成、行舟）撰
1. 清光绪三十年（1904）桐乡徐焕藻颐园铅印本 289 308A 412A 541 590 677A 709 728A 839A 907C
2. 抄本 541 572 709

02348 03698 **（新编）医方汤头歌诀**一卷 1906
附舌苔歌
（清）方仁渊（耕霞、倚云、思梅）编
1. 清光绪三十四年（1908）常熟方亦政堂刻本 3 139 186 254 277 461 476 514A 546 651 701 709
2. 清宣统元年（1909）五音书局铅印本 851
3. 清宣统元年（1909）鸿才书庄石印本 734A

02349 00000 **经验方歌**一卷 1907
著者佚名
清光绪三十三年（1907）顺邑谈敬善堂刻本 944

02350 00000 **补拙集方歌**三卷 ［1908］
（清）王祖绳（寿石）撰
清光绪抄本 286

02351 03700 **内外科汤头歌诀**不分卷 1910
著者佚名
抄本 139

02352 03701 **汤头歌**二卷 1910
著者佚名
清宣统二年（1910）年抄本 139

02353 03702 **方歌选要**一卷 1911
著者佚名
清宣统三年（1911）抄本 139

02354 03703 **方歌从时**一卷 1911
著者佚名
铅印本 921

02355 03706 **古今名方摘要歌**不分卷 1911
（清）许栽（培之）撰
清陈德滋抄本 731

02356 03704 **陈氏脉症方歌括**一卷 ［1911］
著者佚名
抄本 139

02357 13067 **汤头歌诀**一卷 ［1911］
四言举要一卷
扁鹊华佗察声色秘诀一卷
本草备要一卷
编者佚名
抄本 541

02358 03707 **杨氏歌诀**一卷 ［1911］
著者佚名
清抄本 701

02359 03708 **（新辑）汤头歌诀**一卷 ［1911］
著者佚名
抄本 139

02360 03710 **诸症歌诀穴图**一卷 ［1911］
著者佚名
抄本 139

02361 03712 **医方汤头歌括**一卷 ［1911］
著者佚名
武良抄本 541

02362 00000 **温病条辨三焦方歌**一卷 ［1911］
著者佚名
清抄本 944

02363 00000 **诸方解义**一卷 ［1911］
著者佚名
清抄本 570

6.4 单方验方

02364 03714 **秘方集验**二卷 1657
(清)王梦兰(蕙子、醒庵主人)编
1. 清康熙四年(1665)仁和王梦兰宁寿堂刻本 7 412A 570 940(存卷一)
2. 清康熙四年(1665)仁和王梦兰宁寿堂刻醇祐堂重修本 139
3. 清康熙四年(1665)仁和王梦兰宁寿堂刻醇祐堂重修五十二年(1713)武林金文焕耕心堂印本 2 202
4. 抄本 139 308A

02365 03715 **锦囊妙药秘录**一卷 1657
(清)王梦兰(蕙子、醒庵主人)编 (日)藤井以求子(见隆)训解
日本刻本 139

02366 03716 **济人自济经验诸方**三卷 1657
(清)王梦兰(蕙子、醒庵主人)撰 梁宪(仲绪、无闷)辑
清乾隆二十二年(1757)晋阳蒋洲刻本 277(存卷一、三) 361 709

02367 03717 **张卿子经验方**一卷 1657
(清)张遂辰(卿子、相期、西农)编
1. 清同治八年(1869)粤东富文斋刻汇刊经验方本 738 741
2. 清刻本 590(巢念修旧藏)
3. 见汇刊经验方

02368 03718 **简验良方集要**二卷 [1657]
又名简验良方
附治臌胀仙方一卷
(清)张遂辰(卿子、相期、西农)辑 许嗣灿(省晨)订
清乾隆四十七年(1782)钱塘金作人刻本 139(残) 461 511

02369 03719 **神方拾锦**一卷 [1657]
(清)白云山人编
清抄本 590

02370 03720 **良方二五丛残**二卷 [1657]
(清)白云山人编
清初抄本 590(残)

02371 03721 **神方选青**一卷 [1657]
(清)白云山人编
清抄本 590

02372 00000 **摘录万病验方**一卷 [1657]
著者佚名
明末清初刻本 308A

02373 03722 **汪氏秘传神效方**二卷 [1661]
著者佚名
清初抄本 701

02374 03723 **经验良方**□□卷 1662
著者佚名
1. 清刻本 139 302 364A 412B 590(残) 831 852R 944
2. 抄本 418 590

02375 03724 **近录良方**一卷 1662
(清)倪宗贤(涵初)等撰
抄本 139

02376 03725 **简集良方**一卷 [1662]
(清)倪宗贤(涵初)撰
抄本 139

02377 03726 **医方**不分卷 1666
(清)旦如氏录
清康熙五年(1666)水云居抄本 721

02378 03730 **何氏家传集效方**二卷 1666
又名何氏类纂集效方
(清)何应时(继元)撰
1. 清康熙十五年(1676)京江张遴士毓麟堂刻本 139 186 289 590(附何氏附方济生论)
2. 见本草纲目类纂必读主治必读图说何氏家传集效方何氏附方济生论必读

02379 03727 **客邸调养救急便方**四卷 1667
(清)程济之(赤阳子)编
清康熙六年(1667)刻本 541(存卷一、二)

02380 03728 **程氏即得方**二卷 1670
(清)程林(云来、静观居士)编
1. 清康熙十一年(1672)刻本 21 139 421 732
2. 清乾隆林勋抄本 590

02381 03729 **程氏续即得方**二卷 1672
(清)程林(云来、静观居士)编
1. 清康熙十一年(1672)刻本 152 421
2. 抄本 2

02382 03731 **急救危症简便验方**二卷续集二卷 1672
(清)胡其重(易庵)编 汪炳(锡光) 李忱

（素公）增订
1. 清康熙十二年（1673）晋宁邓起张淑范刻三十四年（1695）三原李忱等重印本　139（存急救危证简便验方二卷）
2. 清康熙十二年（1673）晋宁邓起张淑范刻雍正七年（1729）新安汪炳增修本　139　277　852
3. 清道光二十二年（1842）篆斋刻本　139　140　590
4. 抄本　306（缺续集下卷）　651

02383 00000 **大小诸证方论**一卷　1673
（清）傅山（青主、公它、朱衣道人）撰
清抄本　381

02384 05064 **简便验方续集**二卷　［1673］
（清）胡其重（易庵）编
1. 清康熙十二年（1673）晋宁邓起张淑范刻本　738B
2. 见急救危症简便验方二卷续集二卷

02385 03732 **急救须知**五卷　1676
（清）朱本中（泰来、凝阳子）撰
1. 清康熙二十八年（1689）古越吴兴祚刻本（贻善堂藏板）　2　139　202　203　277　279　385　461　491　541　570　590　677A　721　741
2. 清康熙二十八年（1689）古越吴兴祚刻还读斋重修本　664（残）
3. 见贻善堂四种须知

02386 03733 **济世神验良方**不分卷　1679
著者佚名
抄本　139

02387 03735 **万全备急方**一卷　1680
（清）王翃（翰臣、东皋、辑汝）编
1. 清康熙十九年（1680）申江曹重灿永怡堂刻本　139　289
2. 清嘉庆二十四年（1819）海上三槐堂刻本（附徐灵台先生慎疾刍言一卷）　511

02388 03734 **易简单方**五卷　1682
（清）梁宪（仲绪、无闷）编
清康熙二十一年（1682）书林玉兰堂刻本　277（存卷二、三、五）　590

02389 03736 **济人宝笈**二卷　1688
附新增屡验奇方二卷
（清）刘晓（映藜居士）编
1. 清康熙二十七年（1688）彭泽刘晓刻本　139　541
2. 清康熙二十七年（1688）彭泽刘晓刻乾隆三十一年（1766）增修本　590（存卷上）

02390 04441 **都仙真君神功妙济方**一卷　［1688］
净明堂神功妙济诸方一卷
（清）胡之玫　胡士信编
1. 清光绪胡氏刻净明宗教录本　514A　570
2. 抄本　139
3. 见净明宗教录（附录）

02391 03738 **验方合抄**一卷　［1695］
（清）陶承熹（东亭、青山学士）编
抄本　152

02392 03739 **汇选增补应验良方**一卷　1696
（清）汪启贤（肇开）　汪启圣（希贤）撰　汪大年（自培）增补
1. 抄本　139
2. 见济世全书

02393 00000 **六种应验良方**一卷　1696
见济世全书

02394 03740 **寿世良方**八卷　1703
（清）李士麟（孝则、静山）编
清康熙四十二年（1703）敬恕堂刻本　541

02395 03741 **最乐堂应验神方**二卷　［1703］
又名东海最乐堂刊布应验神方
（清）李岁昌编
清康熙四十二年（1703）东海李岁昌最乐堂刻本　709

02396 03742 **经验单方汇编**不分卷　1707
又名丹方汇编
（清）钱峻（青抡）编
1. 清康熙四十六年（1707）吴兴钱峻凤联堂刻古吴沈元瑞裕麟堂重修本　385A
2. 清康熙五十六年（1717）古吴沈元瑞裕麟堂刻本　1　2　139　152　186　289　306　412B　475A　541　590　651　677A　734A　940　944
3. 抄本　139

02397 03743 **经验良方**二卷　1707
又名刘羽仪经验良方
（清）刘起堂（羽仪）撰
1. 清康熙四十六年（1707）刻本　491　706（残）　709

2. 清乾隆二十年(1755)武陵迎禧堂刻本 401 541

02398 03746 **集验良方**六卷 1710

(清)梁文科(瀛侯、春晖堂主人)编

1. 清康熙四十九年(1710)辽东张圣弼京都宏文阁刻本(三卷) 139 280 364A(存卷二、六) 475A 651 839A
2. 清雍正二年(1724)广宁年希尧五羊官署刻经验四种本 139 381 461 677A
3. 清乾隆五年(1740)何锦刻本(三卷) 279(存卷上、下) 475A 590
4. 清雍正二年(1724)广宁年希尧五羊官署刻乾隆十四年(1749)天都黄晟印经验四种本 139 152 185 186 279 286 385A 401 443 475A 514A 664 709 738B
5. 清乾隆七年(1742)贵阳王曜祖刻二十四年(1759)贵阳王述曾重修本(三卷) 186
6. 清乾隆四十三年(1778)经纬堂刻本 590
7. 清乾隆五十三年(1788)遵义王恒刻本(三卷) 279
8. 清道光二年(1822)刻本(八卷) 491
9. 清道光四年(1824)崇南侯宸半亩园刻本 186 279 491 541
10. 清道光七年(1827)奎璧堂刻本 917A
11. 清道光二十三年(1843)南海谭石甫刻本 308A
12. 清道光二十七年(1847)归安赵炳言楚北节署刻本 738B(存卷一至五)
13. 清咸丰元年(1851)铁笔斋刻本 435 734 738B 799A
14. 清咸丰七年(1857)宝应铸经堂刻本 139 289 651(存卷一至四) 677A
15. 清光绪三十一年(1905)善成堂刻本 302 521
16. 清二酉堂刻本(三卷) 289
17. 清刻本 279(三卷) 301 302 401(存卷二) 570 709 721 733A 737(存卷二、三、五、六) 742(存卷三、四)
18. 清抄本 1 139 514A(清·曹寅家藏)
19. 抄本 139(节抄) 301(残) 308A(残) 514A 651 677A
20. 见经验四种

02399 03747 **良朋汇集经验神方**五卷 1711

附急救仙方五卷

(清)孙伟(望林)编

1. 清康熙稿本(题良朋汇集文在堂底稿) 1
2. 清康熙五十年(1711)长白吴化善刻本(无附录) 1 279 435 570
3. 清康熙广惠堂刻本(无附录) 277 361
4. 清康熙雍正间世荣堂刻本(无附录) 433A 871
5. 清康熙京师刻乾隆三年(1738)北京永魁斋增刻本 3 21
6. 清康熙京师刻乾隆三年(1738)永魁斋增刻京都文锦堂印本 21 139 475A 491 839A
7. 清乾隆三年(1738)京都善成堂刻本 139 140 186 202 203 251 254 279 280 285 288 301 351 361 362 381 393 396 401 409(存卷二、三、五) 412B 413(存卷四) 433A 475A 529A 529B 570 572 590 651 664 736 738B 740A 740B 746A 854 871 907C
8. 清乾隆京都琉璃厂嵩秀堂刻本 301 381 896A
9. 清乾隆积秀堂刻本 140 831(存卷一至三)
10. 清嘉庆二年(1797)汉镇同盛堂刻本 728A
11. 清嘉庆六年(1801)文盛堂刻本 139 186 279 461
12. 清嘉庆七年(1802)晋祁书业堂刻本 302 733B
13. 清道光四年(1824)姑苏崇德书院刻本 139 202 289 361 391 433A 702 831
14. 清道光八年(1828)贵文堂刻本 308A
15. 清道光二十年(1840)书业成记刻本 306
16. 清同治四年(1865)宏道堂刻本 852
17. 清同治四年(1865)聚魁堂刻本 152 253 907C

18. 清同治九年(1870)书业德记刻本 315
19. 清同治十一年(1872)抄本 279
20. 清光绪九年(1883)上洋扫叶山房刻本 1 2 21 139 139A 186 202 203 279 308A 461 463 491 514B 529A 546 590 677A 746 917A 940
21. 清光绪九年(1883)上洋扫叶山房刻校经山房印本 1 139 279 280 289 308A 361 412A 461 664 728 738 799A 926A
22. 清大兴堂刻本 303(残)
23. 清文顺堂刻本 1
24. 清末金裕堂刻本 514A
25. 清中兴堂刻本 590
26. 清刻本 288 393 412B(残) 413(存卷四) 433A 529A 570 590 785 852F
27. 清抄本 433A

02400 03748 **舟车经验良方**二卷 1711
又名宝树堂舟车经验方
(清)谢汉(文桢)编
1. 清康熙五十年(1711)宝树堂刻本 279 590
2. 清抄本 734
3. 抄本 3 139

02401 03749 **自在壶天**五卷 1711
(清)孙继朔(亦倩)抄传
清康熙五十年(1711)抄本 279

02402 03750 **备急类方**十二卷 1713
(清)卢永琰(禹锡)撰
清康熙五十二年(1713)顺六堂刻本 3 139 286 931

02403 03751 **集验新方**一卷 1715
(清)亟斋居士编
清乾隆四十三年(1778)凤头斋美堂刻本 677A

02404 03753 **亟斋急应奇方**一卷 1717
附备急方一卷
(清)亟斋居士编
清抄本 139

02405 04423 **奇疾方**一卷 1718
(清)王远(带存、柘皋渔史)编
1. 清康熙五十八年(1719)长白鄂奇善刻本 277 664
2. 清抄本 570
3. 见奇方类编(附录)

02406 03754 **奇方类编**二卷 1719
附奇疾方一卷
(清)吴世昌(半千)编
1. 清康熙五十八年(1719)长白鄂奇善刻本 139 152 186 277(存卷二) 391 412A 476 491 541 590 664 709 721 907C 921
2. 清康熙六十一年(1722)安徽庞显达记刻本(附药性脉诀一卷) 721
3. 清康熙五十八年(1719)长白鄂奇善刻浙省会成堂印本 2 289 391 541
4. 清康熙五十八年(1719)长白鄂奇善刻乾隆嘉庆间扫叶山房重修本 677A 931 940
5. 清抄本 570
6. 日本抄本 3

02407 03755 **医方备要**二卷 1719
(清)姚启圣(熙止)编
清刻本 831

02408 03756 **单方选要**□□卷 [1722]
(清)赵凤翔(羽伯)撰
清初抄本 1(存卷五至七)

02409 00000 **类聚方**五十卷卷首一卷 [1722]
(清)张勇撰
清康熙刻本 353(存卷首、二、十一至二十五、二十七、二十八)

02410 03758 **韩中煌杂抄方**五卷 1728
(清)韩中煌辑
清雍正六年(1728)抄本 279

02411 03759 **灵验良方汇编**四卷 1729
附胎产要诀二卷
(清)张日初(旸谷)撰 田间来(是庵)增辑
清嘉庆五年(1800)诸暨凰桐俞炯山阴朱越江等刻本 139 277(缺附录)

02412 04406 **备要神方**一卷 [1729]
附行药妙范一卷
著者佚名
清抄本 570

02413 03761 **村居急救方**七卷附余一卷 1730
(清)魏祖清(东澜、九峰山人)编
1. 清乾隆十三年(1748)丹阳魏廷槐树蕙堂刻本 2
2. 清乾隆十三年(1748)丹阳魏廷槐树蕙堂刻嘉庆六年(1801)魏晋辉重修本 709
3. 清乾隆十三年(1748)丹阳魏廷槐树蕙堂刻嘉庆六年(1801)魏晋辉重修光绪五年(1879)印本 2 514B 590 677A
4. 清抄本 139(四卷)

02414 00000 **胞与集**五卷 1730
(清)朱弘毅 韩从清辑
清雍正八年(1730)宝善堂刻本 1 139

02415 03762 **经验良方**一卷 1731
又名经验急救良方
(清)曹国柱(维石)编
清雍正九年(1731)乐山堂刻本 475A 590

02416 03737 **惠直堂经验方**四卷 1734
(清)陶承熹(东亭、青山学士) 王承勋(封山)编
1. 清雍正十三年(1735)东壁堂刻本 590 738B
2. 清乾隆二十四年(1759)风自堂刻本 139 251
3. 清乾隆四十九年(1784)步云阁刻本 139 251 277 280 521 541(存卷一) 728A 831 896A
4. 清嘉庆二十五年(1820)黄芝抄本 590
5. 清抄本 939

02417 03763 **救急良方**一卷 1735
(清)马印麟(长公、好生主人)撰
清雍正十三年(1735)刻本 3

02418 03764 **汇选经验一切良方**一卷 1736
著者佚名
清乾隆元年(1736)丁斯履抄本 152

02419 03765 **经验良方**一卷 1736
著者佚名
清抄本 1 139

02420 03766 **济世经验良方**一卷 1738
(清)姚希周(静夫) 何大毓(实园)辑
1. 清乾隆三年(1738)阳湖周铎武林丁鼎余杭董廷镌刻本 590
2. 清乾隆二十六年(1761)新安汪燮鸿文堂刻本(附汪广期先生经验良方一卷) 139 475A
3. 清抄本 251

02421 03767 **选方拔萃**一卷 1740
(清)竹筱山人撰
清光绪十八年(1892)金陵教敷营高锦文刻字店刻本 590 901

02422 03768 **绛囊撮要**五卷 1741
(清)云川道人编
1. 清嘉庆九年(1804)萍翠山房刻本 139 286 385 385A 491
2. 清道光十四年(1834)姑苏集善堂刻本 2 270 277 279 286 412B 475A 541 570 579 590 664 728A 738B 901
3. 清道光十五年(1835)惜心书屋木活字印本 738
4. 清咸丰三年(1853)汉阳叶志诜两广督署刻本 1 139 140 361 781 921
5. 清同治七年(1868)苏城许浩原刻本(附达生篇一卷) 1 139A 186(残) 514A 590 701 709 710 712 746A 799A 907C 921
6. 抄本 139 277
7. 见汉阳叶氏丛刻

02423 03769 **吴氏医方汇编**不分卷 1744
(清)吴杞(杖仙)撰
清乾隆九年(1744)晚香堂抄本 664

02424 03770 **集验良方**一卷 1746
(清)黄朝遴(廷翁)编
1. 清乾隆三十八年(1773)都城黄朝遴知足堂刻本 277 738B
2. 抄本 1(据知足堂本抄)
3. 见丹方汇编八卷

02425 03771 **应验便捷良方**二卷 1746
(清)黄朝遴(廷翁)编 王尚骍(理问)增补
清嘉庆七年(1802)金陵溧水濮明锦刻本 651 738B

02426 03772 **应验秘方**四卷 1750
(清)李宏文撰 冯尧眉(云瞻)补辑
清乾隆十五年(1750)抄本 590

02427 03773 **寿世良方**八卷 1750
(清)徐景增编

清乾隆十五年（1750）龙溪草堂刻本 202 590

02428 03964 **良方集要**一卷 1751

又名六科良方集要

（清）周鹤群（怡安主人）编

1. 清乾隆四十二年（1777）钱塘周位西刻本 590
2. 清嘉庆十五年（1810）钱塘周位西刻本 664 939
3. 清道光二十七年（1847）刻本 677A 734A 738B
4. 清咸丰元年（1851）湖郡凌奂润泽堂刻本 139 603 651 677A
5. 清同治九年（1870）武林居士刻本 707
6. 清光绪二十一年（1895）古黟培生氏刻本 186
7. 清宣统元年（1909）石印本（题六科良方集要，附凌奂增订续方一卷） 734 734A
8. 清宣统二年（1910）扫叶山房石印本（题六科良方集要，附凌奂增订续方一卷） 466 746A
9. 清末上海锦章书局石印本 279 361 570 896A
10. 清抄本 931
11. 见福济全珍

02429 00000 **经验单方汇编**不分卷 1752

附经验单方补遗一卷

又名经验丹方汇编

（清）钱峻（青抡）原撰 俞焕（文光、晓园）周朗（鹤仙）增补

1. 清乾隆十七年（1752）婺源俞焕刻本（书口题余爱堂） 1 21 139 476 514A 590 677A 706 709
2. 清嘉庆十四年（1809）虹彩堂刻本 289
3. 清嘉庆十七年（1812）宝珍堂刻本 475A 852
4. 清抄本 651

02430 03774 **经验良方**二卷 1753

（清）李希舜（憬斋）编

清乾隆十八年（1753）敬修斋刻本 308A 590

02431 03775 **仙拈集**四卷 1754

又名李氏经验广集良方、经验广集

（清）李文炳（焕章、竹泉）撰

1. 清乾隆十九年（1754）山右西河李文炳刻本 139 152 308A 475A 541 721
2. 清乾隆四十三年（1778）山右李友洙李春馥椿荫堂刻本（题经验广集良方） 1 2 139 139A 140 186 289 301 308 381 385 401 412B 433A 476 514B 529A 541 570 590 664 677A 706 709 721 728A 731 738B 799A 839A
3. 清嘉庆十五年（1810）刻晋介书业德记印本 361 738
4. 清嘉庆十五年（1810）刻姑苏聚文堂印本 3 186 251 279 351 381 421 514A 590
5. 清嘉庆十五年（1810）刻星聚堂印本 572 731
6. 清嘉庆二十二年（1817）刻聚秀堂印本 891
7. 清嘉庆二十二年（1817）刻大文堂印本 280 664
8. 清道光二年（1822）嘉兴九思堂刻本（题经验广集良方） 139 431（存卷一）
9. 清道光二年（1822）嘉兴九思堂刻锦绣阁印本 139 186 361
10. 清道光六年（1826）李维清咸阳树德堂刻本 412B 529A
11. 清道光七年（1827）刻本（题经验广集） 461
12. 清光绪元年（1875）汉南文海堂刻本 401（存卷一）
13. 清三槐堂刻本 254 277（残） 361 746A 907C
14. 清同德堂刻本 140 289 381 541 931
15. 清毓桂堂刻本 277（存卷一、三、四）
16. 清刻本 1 2 279 280 308A（存卷二至四） 363 383 401 476 511 514A 736A（缺卷一） 737 738B（存卷二） 851 944
17. 兰州刻本 139 351 421
18. 抄本 361 421

02432 03776 **宁远堂精选良方**不分卷 1756

（清）倪溪村辑

清乾隆二十一年（1756）抄本 514A

02433 **蕙怡堂经验方**四卷 1757
03777 （清）陈大缙（鲁斋）编 陈光耀（雨民）增订
1. 清乾隆二十三年（1758）刻本 911
2. 清同治七年（1868）绍城永思堂刻本 152 412B 590 677A
3. 清抄本 590（残） 664

02434 **洄溪老人二十六秘方**一卷 1759
03778 附牛痘要法、推拿述略
（清）徐大椿（灵胎、洄溪老人）撰
清光绪刻本 546

02435 **串雅内编**四卷 1759
03779 （清）赵学敏（恕轩、依吉）编
1. 清乾隆三十三年（1768）刻本 139 152 831
2. 清咸丰九年（1859）杭城罗文显刻本 139 734A 735 746A
3. 清光绪十四年（1888）仁和许增榆园刻本 1 2 3 7 139 202 203 204 251 277 279 286 301 303 361 381 401 412A 421 433A 443 450A 462 475A 491 492 529A 541 546 570 579 589 590 651 664 677A 701 706 709 713 728A 731 731A 733 734A 735 736B 738 738B 740A 740B 740C 746A 782 799A 800 839A 896A 907C 911 917A 922 939 940
4. 清光绪十七年（1891）木活字印本 139 186 251 279 286 301 366 491 570 651 664 713 896A
5. 清光绪二十三年（1897）京口袁松如刻本 362 475A 651 664 706 728B 907C
6. 清抄本 1 2 289 651
7. 见串雅内编串雅外编

02436 **串雅外编**四卷 1759
03780 （清）赵学敏（恕轩、依吉）编 吴庚生补注
1. 清光绪宣统间抄本 3
2. 清常熟周左季抄本 139
3. 清乌丝栏抄本 1
4. 清抄本 203
5. 抄本 3 139 186 572 709 731
6. 见串雅内编串雅外编

02437 **串雅内编**四卷 1759
03781 **串雅外编**四卷
（清）赵学敏（恕轩、依吉）编
1. 清乾隆二十四年（1759）刻本 546
2. 清咸丰九年（1859）杭城罗文显刻本 139
3. 清光绪十四年（1888）仁和许增榆园刻本 139 709
4. 清宣统三年（1911）上海扫叶山房石印本 139
5. 抄本 203 433A 570 651 664

02438 **同寿录**四卷卷末一卷 1762
03783 （清）项天瑞（友清、涤生主人）
1. 清乾隆二十七年（1762）新安项天瑞志仁堂刻本（无卷末） 1 2 139 140 152 186 381 421 476 491 529A 541 570 590 664 709 712 721 732 831 939
2. 清嘉庆二十一年（1816）新安启鈉刻本 279 391 651（存三卷） 664 677A 731 734
3. 清道光十一年（1831）卫生草堂刻太谷文会堂印本 302 590
4. 清道光十一年（1831）卫生草堂刻绿荫堂印本 308A 412A 511 746A
5. 清道光二十七年（1847）四明梅峰道人刻本 139
6. 清道光二十八年（1848）云间张鸿东城司署刻本 2 3 21 139A 140 145 651 664
7. 清道光二十八年（1848）云间张鸿东城司署刻京都琉璃厂篆云斋印本 3 139 145 270 277 280 301 361 396 412A 461 514A 590 738 907C
8. 清道光二十八年（1848）云间张鸿东城司署刻京都文馨斋印本 433A
9. 清道光二十八年（1848）云间张鸿东城司署刻同治六年（1867）印本 1
10. 清光绪九年（1883）刻本 706
11. 清光绪十八年（1892）项晋蕃刻本 140 286 590 665（存卷四、末一卷）
12. 清光绪十九年（1893）刻本 907C
13. 清光绪二十年（1894）武林项氏南通刻本

139 541 590 715 831
14. 清刻本 570 738A
15. 抄本 590 701

02439 03784 **资生集**一卷 1763
（清）董熿（成章）编
1. 清乾隆二十八年（1763）沙溪张万选刻本 3 251
2. 清抄本 734（二卷，附急用诸方，题金长康纂辑）

02440 03785 **静耘斋集验方**八卷 1763
（清）黄元基（澹园）编
1. 清乾隆二十八年（1763）桂岭黄元基南宾官舍刻本 203 279（存卷二） 289 940（缺卷二）
2. 清嘉庆四年（1799）刻本 139（存卷一至五） 590
3. 抄本 21（不分卷） 139（残）

02441 00000 **经验神方**一卷 1763
（清）文守江（南纪）撰
见辨证奇闻奇效医述经验神方

02442 03786 **玄机活法**二卷 ［1764］
（清）沈又彭（尧封、尧峰）撰
清乾隆抄本 541（巢念修旧藏）

02443 03787 **种福堂公选良方**三卷 1766
附温热论一卷
又名种福堂续选临证指南、种福堂公选良方兼刻古吴名医精论
（清）叶桂（天士、香岩、南阳先生）撰 华岫云（南田、苕溪漫士）编
1. 清乾隆四十年（1775）崇德书院刻本 301 385A 401 491 570（存卷三、四） 579 677A 734 912 939
2. 清乾隆四十二年（1777）卫生堂刻本 139 202 361 412B 475A 514A 651 677A 734A 800 896A 907C
3. 清乾隆刻本 1 251 529A 735 746A 917A
4. 清嘉庆八年（1803）金阊三槐堂刻本 289
5. 清道光三年（1823）五柳居刻本 202 721 738B
6. 清道光九年（1829）卫生堂刻朱墨套印本 3 301 570 851 852A（存卷一至四、九、十） 852S
7. 清道光二十四年（1844）苏州经锄堂刻本 3 202 308 308A 541
8. 清道光二十四年（1844）苏州经鉏堂刻苏州周氏朱墨套印本 831
9. 清道光二十八年（1848）刻本 852 911
10. 清同治三年（1864）刻本 251
11. 清同治六年（1867）盛氏贻范堂刻本（题种福堂公选良方兼刻古吴名医精论） 286 412A 529B 541 891 921
12. 清光绪十年（1884）维扬文富堂刻本 287 306 361 433 570 590 734A 746A 781 831
13. 清光绪十年（1884）古吴扫叶山房刻本 152 714
14. 清光绪十四年（1888）蒲圻但氏刻本 852A
15. 清敦仁堂刻本 186
16. 清三省堂刻本 529A 852（存卷一至三）
17. 清文苑堂刻本 140 251 277 279 301 412A 450B 541 590 746A 852A 921
18. 清浙宁三味堂刻本 901
19. 清维扬博文堂刻本 590
20. 清文盛堂刻本 433A 491 728A
21. 清刻本 289 302 443 491 521（存卷三、四） 529A 677A 708 728A 733 734（存卷三、四） 734A 735A（残） 736B 740A 741 831 854 891（存卷二至四） 896A
22. 抄本 731
23. 见临证指南医案（附录）

02444 03788 **沈氏经验方**一卷 1767
附胎产良方一卷
（清）沈维基（心斋）编
抄本 921

02445 03789 **寿世简便集**一卷 1768
附增补急救良方一卷
（清）林清标（韦亭）编
1. 清乾隆五十八年（1793）武陵同心堂刻本 139 944
2. 清咸丰六年（1856）敬堂刻本 541

02446 03790 **救急方**一卷 ［1768］
（清）林清标（韦亭）撰
清刻本 139 186 308A 529A（封面题林氏辑著良方）

02447 03792 **救急丹方**一卷 1770
（清）吟风阁主人编
1. 清乾隆三十五年（1770）刻本 139 152
2. 抄本 TA

02448 03793 **急救方**一卷 1771
（清）胡季堂编
1. 清乾隆三十八年（1773）江苏胡季堂淮安府刻本 279 301 851
2. 清乾隆三十八年（1773）江苏胡季堂淮安府近文斋穆店印本 21

02449 03794 **急救奇方**一卷 ［1771］
急救奇方补遗一卷
回生集二卷
（清）徐文弼（勷右、荩山、鸣峰、超庐居士）编
清道光二十三年（1843）济南会文斋刻本 301 302

02450 03795 **（新编）救急奇方**二卷 ［1771］
附杂用各方一卷、集经验各良方一卷
又名简易良方
（清）徐文弼（勷右、荩山、鸣峰、超庐居士）编
1. 清嘉庆二十二年（1817）滇西程罗氏粤东省城九曜坊信古斋刻本 308A 351 514A
2. 清道光四年（1824）刻本（六卷） 381（附回生集） 491（存卷四至六，附普济应验良方一卷） 590 940
3. 清道光二十三年（1843）江右邹希谦济南刻本 139 286 308A 852A
4. 清咸丰十一年（1861）小西山房刻本（题简易良方） 139
5. 清同治三年（1864）刻本 570
6. 清刻本 311 529A 710 721 851 940
7. 清抄本 139 737 746A

02451 03796 **（仁山秘传）历验急救海上奇方**三卷 1772
又名海上奇方
（明）郭懋祚（仁山）撰
清乾隆三十七年（1772）文华堂刻本 590

02452 03860 **救急篇**一卷 1772
（清）顾兰圃编
1. 清刻本 651 664 701
2. 见寿世编

02453 03797 **医方简能录**十一卷 1773
（清）施诚（我真）编
清乾隆三十八年（1773）会稽施诚刻本 1（存卷一至五） 738B

02454 03798 **验方汇辑**四卷 1774
又名汇集良方
（清）黄体端（临庭、砚楷）编
子目：
女科秘方二卷（钱氏女科秘方一卷、刘氏女科秘方一卷）
续刻儿科验方一卷
续刻杂科验方一卷
1. 清乾隆三十九年（1774）楚南黄体端直隶杨村通判官署自刻本 139 279 308A
2. 清抄本 313

02455 03800 **不药良方**一卷 1775
又名历验单方、续刻不药良方
（清）余廷勋（瓒璜）编
1. 清道光二十三年（1843）宝砚斋刻本 651
2. 清道光二十四年（1844）成都刻本 851
3. 清道光二十八年（1848）海山仙馆刻本（题历验单方） 308A
4. 清咸丰四年（1854）城固赵培桂武安官廨刻本 351
5. 清同治六年（1867）京都琉璃厂龙盛阁刻本 139
6. 清同治八年（1869）明德堂刻本（题续刻不药良方） 286 412B 491 706
7. 清刻本 362 944

02456 03803 **叶天士经验方**一卷 1775
又名叶天士经验良方
原题（清）叶桂（天士、香岩、南阳先生）撰
1. 清刻本 3（残） 288 590 734
2. 清鉴湖陈再安抄本 664（题叶天士经验良方七卷）
3. 抄本 579
4. 见汇刊经验方

02457 03806 **文堂集验方**四卷 1775
（清）何京（惠川）编

清乾隆四十年（1775）文堂刻本　1　3　21　139　202　203　306（存卷一、二）　361　541　570　590　677A　728A　731　733（存卷三）

02458 03807 **慈惠小编**三卷　1775
（清）钱守和（靖邦、觉非）等撰
清乾隆四十年（1775）刻本　139　570

02459 03809 **万应验方摘录**一卷　1777
著者佚名
清嘉庆十二年（1807）宝善堂刻本　203　279

02460 03810 **佛崖验方抄**一卷　[1778]
（清）罗叔鲩撰
1. 清道光八年（1828）扫叶山房刻本　7　401　871
2. 见广瘟疫论（附录）

02461 03811 **医方简易**四卷　1781
（清）虞仲伦（貂南、乐醉翁）述　周启明订
清乾隆四十六年（1781）毓英书林刻本　139　736A

02462 04539 **吴氏汇纂**不分卷　1781
（清）吴菊友（谷瓮子）撰
清乾隆四十六年（1781）抄本　579

02463 03812 **奇效丹方**八卷　1782
（清）姚梅园（学瑛）编
清乾隆四十七年（1782）麟川姚梅园建兴郡署刻本　570　738

02464 03813 **不药良方**二卷续集十卷　1783
（清）王站柱（晓苍、桂舟）编
1. 清乾隆五十一年（1786）汉军王站柱四川藩署育物堂刻本　529A（存续集二卷）
2. 清道光二十八年（1848）贾廷柱补拙山房四川刻本　491
3. 清光绪七年（1881）王仲和王星辅羊城邵衣堂刻本　3　139　202　251　289　361（存正集）　385A（残）　396　421　476　529A（存正集）　529B　570　590　677A　728A　728B　734　871　940

02465 03866 **便元集经验奇方**二卷　1783
（清）刘兼（扩台）编
清嘉庆六年（1801）上虞方氏刻本　1　721　939

02466 00000 **河间宣明论方发明**三卷　1784
（金）刘完素（守真、河间居士、通玄处士）原撰　（清）吴桂芳（次荷、中纬）注释
1. 清乾隆间稿本　251
2. 见乾隆吴陵纪桂芳医学丛书

02467 00000 **河间保命集方发明**四卷　1784
（金）刘完素（守真、河间居士、通玄处士）原撰　（清）吴桂芳（次荷、中纬）注释
见乾隆吴陵纪桂芳医学丛书

02468 00000 **类选单方**一卷　[1784]
（清）王廷瑞（辑五、鉴庵）撰
见温热病论（附录）

02469 03815 **经验良方**三卷　1786
（清）陆成本（画村）编
1. 清嘉庆二十一年（1816）刻本　139A　401　896A
2. 清道光四年（1824）仁寿县署刻本　831
3. 清道光十年（1830）刻本　521　715
4. 清道光二十四年（1844）什邑衙神祠刻本　362　907C（存卷上、下）
5. 清咸丰三年（1853）恭寿堂刻本（附良方杂症、达生编等）　1　186　289　301　651（残）　709　746A　839A（残）　896A
6. 清咸丰七年（1857）刻本　139　152　280　361　475A　590　738　800　831　839A　940
7. 清善成堂刻本　288

02470 03816 **救急良方**一卷　1788
著者佚名
清乾隆五十三年（1788）刻本　1

02471 03817 **奇效良方**一卷　1788
著者佚名
1. 清嘉庆二十四年（1819）抄本　139
2. 清抄本　782

02472 03818 **济世良方**四卷　1788
著者佚名
1. 清同治九年（1870）刻本　651
2. 清刻本　203　590　709

02473 03819 **回生集**二卷　1789
续回生集二卷
（清）陈杰（汉三、乐天叟）编
1. 清乾隆五十四年（1789）刻本　1　2　139　140　277　302　391　412A　475A　491（缺续集）　541（缺续集）　590　664　733

2. 清嘉庆六年（1801）林屋徐宗铭刻本 2 139 921
3. 清嘉庆七年（1802）京都雕藻斋刻本（附信验方） 3 139 185 279 280 381 385 421 491 590 728A 746A
4. 清嘉庆十三年（1808）乐天堂刻本 139 289
5. 清嘉庆十四年（1809）江西抚右营任重刻本 21 279 476 514A
6. 清嘉庆十六年（1811）京都琉璃厂近文斋刻本 139 280 302（存续集） 738 939
7. 清嘉庆十九年（1814）皖城蒋朝栋刻本 139
8. 清嘉庆十九年（1814）三经堂刻本 202
9. 清嘉庆刻本 21（存卷上、续集上）
10. 清嘉庆抄本 1
11. 清道光五年（1825）刻本 541（缺续集）
12. 清道光七年（1827）万卷楼刻本 139 270（缺续集） 279 302 461 491 651 746A（缺续集）
13. 清道光十五年（1835）云南明锦斋刻本 401
14. 清道光十七年（1837）刻本 579
15. 清道光二十二年（1842）宝仁堂刻本 280 286 301 381 461 491
16. 清道光二十二年（1842）京都龙元斋刻本 302
17. 清道光二十五年（1845）墨蕙堂刻本 186 289 590 651 707 839A
18. 清咸丰元年（1851）慈邑王庸敬云华堂刻本（题葛祖回生集，无续集） 279 734
19. 清咸丰十年（1860）刻本 435（缺续集）
20. 清同治三年（1864）刻本 570（缺续集）
21. 清同治五年（1866）聚文斋刻本 302 529B（缺续集） 709 710 738B 831（缺续集）
22. 清同治十二年（1873）河南藩库刻本 590（存续集）
23. 清同治光绪间刻本（附增补回生集良方三卷） 1
24. 清宣统三年（1911）抄本 1
25. 清慈溪三华堂刻本 733
26. 清刻本 1 21（存卷下） 139 251（存续集） 277（缺续集） 279（缺续集） 286 306 308A 351 361 541 664 728A 728B（缺续集） 733（缺续集） 856 874 907C（存续集） 939 940
27. 同文斋刻本 738B（存续集）
28. 抄本 139 396 433A 514A（存续集）

02474/03820 **撷花易简良方**四卷 1789
又名易简方
（清）陈杰（汉三、乐天叟） 徐文弼（勷右、荩山、鸣峰、超庐居士）原撰 吴章侯（端甫、畹清、撷花）删补
1. 清咸丰五年（1855）延陵吴章侯刻本 1 702 709
2. 抄本 139 541 590

02475/03821 **撷花经验方**不分卷 1789
著者佚名
1. 汪仲寿抄本 677A
2. 抄本 701

02476/03822 **经验奇方**四卷 1789
续刻经验奇方一卷
又名仙传各种经验奇方
（清）倪瑶璋撰
清乾隆五十四年（1789）刻本 152 590 664 944

02477/03823 **济急良方**六卷 1790
又名濯西济急良方
附迪吉方一卷、迎禅方一卷、平安方一卷
（清）刘秉锦（濯西）撰
1. 清嘉庆二十一年（1816）五柳堂刻本 721
2. 清道光二十一年（1841）五柳堂刻本 280

02478/03824 **（新选）医方秘要**六卷 1790
（清）刘秉锦（濯西）撰
清道光二十二年（1842）五柳堂刻本 590

02479/03826 **济世养生集**一卷 1791
便易经验集一卷
（清）毛世洪（达可、枫山）编
1. 清乾隆五十六年（1791）刻本 2 21 186（存便易经验集） 922
2. 清嘉庆八年（1803）刻养生经验合集本 139
3. 清嘉庆九年（1804）刻养生经验合集本 709

4. 清嘉庆十五年(1810)双辉堂刻本(内封题养生经验合集) 152 385A 475A 514A 541 734A
5. 清道光元年(1821)刻本 529A
6. 清道光十二年(1832)刻本 186 922
7. 清光绪九年(1883)玉池山房刻本(附济世急救良方) 139 286
8. 清光绪二十年(1894)旧金石斋刻本 2 139 651 712
9. 清光绪二十六年(1900)钱塘武氏抄本 413
10. 清吴兴沈权衡刻本 366
11. 清刻本 139A
12. 见养生经验合集
13. 见汇刊经验方
14. 见济世经验汇编

02480 03827 **养生经验合集**七卷 1791

又名济世养生经验集、经验良方汇编、便易经验良方、养生经验方

(清)毛世洪(达可、枫山)编 王松泉等增订

子目:

(1)济世养生集一卷
(2)便易经验集一卷
(3)养生经验补遗一卷
(4)续刻经验集一卷
(5)续刊经验集一卷
(6)痦疹选要一卷
(7)救急类一卷

1. 清乾隆五十八年(1793)聚玉斋刻本 541 735
2. 清嘉庆八年(1803)鲍煌等刻本 2 139 461 475A 590 706 728A(存二卷) 734(存五种)
3. 清嘉庆九年(1804)新安毕氏蔚起堂刻本 139
4. 清嘉庆十三年(1808)黄氏味远堂刻本(二卷) 651
5. 清道光元年(1821)平江吴柏寿刻本 277(存卷一至四)
6. 清道光二年(1822)汪氏刻本 721 728A
7. 清道光十一年(1831)刻本 308A
8. 清道光十八年(1838)颍川寿萱堂刻本 570 709
9. 清道光二十二年(1842)余姚胡清江都门紫薇花馆刻本 139 301 396
10. 清咸丰元年(1851)金陵戴广聚溧阳华聚玉斋刻本 289 651 706 728A 896A
11. 清咸丰八年(1858)鲍煌等刻本 461
12. 清同治二年(1863)陈明德善书店刻本 728A
13. 清同治十一年(1872)文庆堂刻本 139 308A 706 709
14. 清光绪元年(1875)平江吴志恭刻本 381
15. 清光绪二年(1876)杭城百善堂刻本 412B 590 651 738A 738B(存五种) 799A
16. 清道光二十二年(1842)余姚胡清江都门紫薇花馆刻光绪四年(1878)印本 139
17. 清光绪十九年(1893)浙湖仙谭费梧居敬斋刻本(封面题养生经验良方) 3 385A 514A 590 664 677A 734A 735 738E 746A 907C
18. 清光绪二十年(1894)常熟瞿氏刻本 361 651 731
19. 清光绪三十二年(1906)上海书局石印本 251 651 664 734A 831
20. 清光绪三十三年(1907)陋斋氏刻本 1 139 152 279 541 709 710
21. 清刻本 306 651 734A 736A(存五种)
22. 清末抄本 1(存第1、3、6种)
23. 见万应灵方集

02481 03828 **养生经验补遗**一卷 1791

(清)毛世洪(达可、枫山)编

1. 清嘉庆九年(1804)新安毕氏蔚起堂刻本 139A
2. 见养生经验合集

02482 03829 **续刻经验集**一卷 1791

(清)鲍国俊 汪瑜(天潜)增订

见养生经验合集

02483 03830 **经验良方**一卷 1791

(清)毛世洪(达可、枫山)编

1. 清嘉庆二十一年(1816)海宁学渊堂刻本 738B

2. 见汇刊经验方

02484 03831 **三信编**三卷　1791

（清）毛世洪（达可、枫山）编

1. 清嘉庆二年（1797）刻本　2　590
2. 清嘉庆三年（1798）积篑山房刻本　289
3. 清道光八年（1828）书带草堂刻本　1　279　301（残）　475A　511　579　738B

02485 03832 **经验良方**一卷　1791

新集良方一卷

（清）毛世洪（达可、枫山）编

1. 清嘉庆八年（1803）绍城高元顺酱园刻本　734A
2. 清嘉庆二十四年（1819）刻本　579
3. 清咸丰十年（1860）刻本　139　799A
4. 清刻本　541　709
5. 见汇刊经验方

02486 03833 **汇刊经验方**十三卷　1791

又名汇刻经验良方

（清）蒋光煦（生沐、放庵居士）编

子目：

（1）便宜经验集一卷　（清）毛世洪辑

（2）敬信录经验方一卷

（3）续刊经验集一附杂症经验方一卷　（清）孙复初辑

（4）济世养生集一卷

（5）几希录附方一卷

（6）经验良方一卷

（7）新集良方一卷

（8）汇刊经验方一卷

（9）摘录叶天士经验方一卷

（10）张卿子经验方一卷

（11）良方拣要一卷

（12）养生至论一卷

1. 清咸丰七年（1857）海宁蒋光煦别下斋刻本　139　541（存十一种）
2. 清咸丰九年（1859）杭州三元集刻本　139（残）　570　590（存十种）　896A（存十种）　922
3. 清同治八年（1869）粤东富文斋刻本　944（题重刻经验方七种八卷，存第1、3、6、7、8、9、10种）
4. 清刻本　21（残）　139（缺第5、10、11、12种）　734（存四种）　921（残）

02487 03834 **济世经验汇编**九卷　1791

（清）辑者佚名

子目：

（1）济世养生集一卷　（清）毛世洪撰

（2）便易经验集一卷　（清）毛世洪编

（3）增订经验集一卷　辑者佚名

（4）福幼编一卷　（清）庄在田撰

（5）遂生编一卷　（清）庄在田撰

（6）痁痢三方一卷　（清）倪涵初撰

（7）吊脚痧方论一卷　（清）徐子默撰

（8）难产方论一卷　（清）蔡松汀撰

（9）见闻录方一卷　（清）俞潄园撰

清光绪三年（1877）萧山愿贤堂刻本　1　361　590　677A　731　734A　738　901

02488 03836 **养生合集良方**一卷　1791

又名养生合集选要良方、武林毛枫山先生济世养生合集选要良方

（清）毛世洪（达可、枫山）编

1. 见三方合刻
2. 见武林毛枫山先生济世养生合集选要良方眼科神应方

02489 03837 **新集良方**一卷　1791

（清）毛世洪（达可、枫山）编

见汇刊经验方

02490 03838 **良方拣要**一卷　1791

（清）毛世洪（达可、枫山）编

见汇刊经验方

02491 03839 **济世养生集**三卷　1791

（清）毛世洪（达可、枫山）编

1. 清道光十七年（1837）颍川寿萱堂刻养生经验合集本　1　3　677A　709　710（存卷上、中）
2. 清光绪二十年（1894）常熟瞿氏刻养生经验合集本　286　590
3. 清末抄本　651　733
4. 清刻本　728A（一卷）
5. 见汇刊经验方
6. 见养生经验合集

02492 03840 **便易经验集**一卷　1791

（清）毛世洪（达可、枫山）编

1. 清嘉庆八年（1803）刻养生经验合集本　361
2. 清道光二年（1822）刻养生经验合集本

570
3. 清咸丰九年（1859）杭州三元集刻汇刊经验方本 139 590
4. 清同治八年（1869）广州刻本 728A 741
5. 清光绪二十年（1894）常熟瞿氏刻养生经验合集本 728A
6. 见汇刊经验方
7. 见养生经验合集

02493 03841 **续刊经验集**一卷 1791
（清）毛世洪（达可、枫山）编
1. 见汇刊经验方
2. 见养生经验合集

02494 03842 **敬信录经验方**一卷 1791
（清）毛世洪（达可、枫山）编
见汇刊经验方

02495 03843 **几希录**一卷首一卷 1791
又名几希录良方合璧、几希录经验良方、经验良方
附集古方一卷
（清）瑞五堂主人编
1. 清道光元年（1821）绍城金瑞五堂刻本 270 289 401 541 590 664 712 733 736A 736B 738B 852
2. 清道光二十七年（1847）常熟刻本 579 839A 917A
3. 清同治八年（1869）嘉兴张惟善姑苏得见斋刻本（题几希录良方合璧） 139 139A 186 277 279 280 289 361 391 412A 461 475A 491 514A 529A 541 570 590 603 664 677A 701 706 709 734 738B 799A 907C
4. 清光绪七年（1881）文汇斋刻本 738A
5. 清光绪十四年（1888）绍城许大房广记刻本 139 152 728A 736B 738B 896A
6. 清刻本 1 651 735
7. 抄本 541
8. 见汇刊经验方

02496 03849 **验方增辑**二卷 1793
（清）汪涛（亦山）编 黄钤（朗垣、隐庭）增辑
1. 清乾隆五十九年（1794）余庆堂刻本 139
2. 清道光三十年（1850）文林堂刻本 871 907C

02497 03850 **救急奇方**一卷 1793
著者佚名
清乾隆五十八年（1793）德春堂刻本 1

02498 03851 **至宝藏方**一卷 ［1793］
著者佚名
清嘉庆抄本 139

02499 00000 **急救方**一卷 ［1793］
（清）胡县宪编
清乾隆五十八年（1793）黄铣庆余堂刻本 139

02500 03852 **经验方汇**一卷 1795
又名寿世良方
（清）熊家骧（兰亭）撰
1. 清光绪十九年（1893）江右乙照斋刻本 381 741
2. 抄本 381（题经验良方）
3. 见寿世良方熊氏痢症

02501 12317 **医略抄**一卷 1795
（日）丹波雅忠撰 丹波元简（廉夫、栎荫拙者）校订
日本宽政七年（1795）聿修堂刻本 286 289 570 852

02502 03853 **寿世良方**一卷 1795
熊氏痢症一卷
（清）熊家骧（兰亭）撰
清光绪二十八年（1902）樟镇杜心鸿刻本 139

02503 03855 **（续刻）经验奇方**不分卷 1795
著者佚名
清乾隆六十年（1795）仁安堂刻本 279 651

02504 03805 **急救方**一卷 1795
（清）陆燿（朗夫）撰
清乾隆四十一年（1776）按察司署刻本 308A

02505 03825 **汇集经验方**一卷 ［1795］
（清）汪汲（葵田、曙泉、海阳竹林人、古愚）编
1. 清嘉庆元年（1796）清河汪汲古愚山房刻本 491 706 713
2. 清刻本 308A 735 921

3. 抄本 590
4. 见古愚老人消夏录
5. 见方书三种

02506 00000 **医方杂录**一卷 [1795]
辑者佚名
清乾隆抄本 831

02507 03846 **怪疾奇方**一卷 [1795]
附侯宁极药谱一卷
(清)汪汲(葵田、曙泉、海阳竹林人、古愚)编
1. 清嘉庆六年(1801)清河汪汲古愚山房刻古愚丛书 1 3 7 139 289 308A 351 401 443 491 570 590 651 677A 728A 799A 852 854
2. 清光绪三十三年(1907)江陵邓振墀乔阴山房刻方书三种本 781
3. 清刻本 204 734
4. 见古愚老人消夏录
5. 见方书三种

02508 03847 **解毒编**一卷 [1795]
(清)汪汲(葵田、曙泉、海阳竹林人、古愚)编
1. 清乾隆五十九年(1794)清河汪汲古愚山房刻古愚丛书本 1 139 186 202 279 289 308A 351 385 412B 461 475A 476 491 541 590 651 664(残) 677A 731 734 738B 740G 799A 854 896A 915 931
2. 清光绪三十三年(1907)江陵邓振墀乔阴山房刻方书三种本 433A 514A 651 735 781
3. 抄本 139 590
4. 见古愚老人消夏录
5. 见方书三种

02509 03856 **千样药方**一卷 [1795]
著者佚名
抄本 139

02510 03857 **积善堂汇选良方**不分卷 [1795]
(清)积善堂编
清乾隆积善堂刻本 139

02511 03858 **类方**五卷 [1795]
(清)柴国琏编
清乾隆裔德堂柴氏抄本 741

02512 03859 **急救方**一卷 1796
附便用杂方、续增方
(清)余成(集斋、继良)集
清道光十八年(1838)托钵道人刻本 139

02513 05712 **葆寿集**八卷 1797
(清)沈文龙等编
清嘉庆二年(1797)刻本 412A 590 701

02514 03945 **经验简便医方**二卷 1797
(清)刘烜(瀛坡)撰
1. 清道光十七年(1837)两广督署刻本 302 541 590
2. 抄本 579

02515 04458 **药方**不分卷 1797
又名南陵集
(清)密斋编
稿本 541

02516 03861 **宁寿堂经验济急丹方**三卷 1798
又名济急丹方
(清)沈文龙辑
1. 清嘉庆三年(1798)宁寿堂刻本 139 286 664
2. 清道光十九年(1839)苏州刻本 590

02517 03862 **验方摘要**四卷补遗一卷续增一卷 1799
(清)周履端(春台、临庄) 吴簪(竹坪)编
1. 清嘉庆五年(1800)阳湖周履端古郯官署刻本 476 664
2. 抄本 139

02518 03863 **普济应验良方**八卷 1799
又名普济良方、经验救急良方
(清)德轩氏(容山)编
1. 清嘉庆五年(1800)容山三鳣堂刻本 139 186(残) 476 651 734
2. 清嘉庆十四年(1809)刻本 2 3 279 2896 289 361 401 476 541 741
3. 清嘉庆二十四年(1819)江宁救生局刻道光十九年(1839)印本 139 529A 570 728A 746A 839A 922 926A
4. 清嘉庆五年(1800)容山三鳣堂刻道光元年(1821)金阊绿荫堂印本 279 940
5. 清道光四年(1824)刻本(附保生编一卷、慈幼编一卷) 381(残) 412B 541 736A 740C(残) 940
6. 清道光五年(1825)古任许大炘刻本 186

277　728B
7. 清道光七年（1827）金阊绿荫堂刻本　279　799A　921
8. 清道光八年（1828）胡定浦中善堂刻本　589
9. 清道光十年（1830）刻本　736A
10. 清道光十一年（1831）常氏刻本　541　907C
11. 清道光十三年（1833）云间育婴堂刻本　541　746A　839A
12. 清道光十四年（1834）休宁思齐轩刻本　709
13. 清道光十六年（1836）积善堂刻本　361
14. 清道光十八年（1838）杭州文寿斋刻本　1
15. 清道光二十一年（1841）刻本（附中和广生篇）　529B
16. 清道光二十四年（1844）江西鸿文斋刻本（九卷）　139　677A
17. 清道光二十六年（1846）刻本　139
18. 清道光十八年（1838）杭州文寿斋刻二十七年（1847）印本（附福幼编一卷）　738B　746A
19. 清道光刻本　412B　491（存卷四至八）
20. 清咸丰元年（1851）河南开封朱聚文斋刻本　279　351
21. 清咸丰四年（1854）东山墅刻本　139　731　850（存卷一至四）
22. 清咸丰七年（1857）浙宁主人三味堂书坊刻本（十一卷）　139　202　251　270　279　303　393　491　514A　713　733　734　734A　738B（存卷二至五）　740D　746A　896A
23. 清咸丰九年（1859）王琳刻本　139
24. 清同治元年（1862）刻本　139〔附录孙真人心病篇（署咸丰庚申）〕　385　746A
25. 清同治元年（1862）兴化集益堂刻本　1　450　590　665　701　926A
26. 清同治二年（1863）上洋宝贤堂刻本　139　541
27. 清同治三年（1864）二酉堂刻本　731　839A
28. 清同治七年（1868）金陵朝天宫书局刻本　713　731　746A　926A
29. 清同治十二年（1873）义源书坊刻本（附续增普济应验良方）　289　514A
30. 清同治十三年（1874）义源斋刻本　308A
31. 清光绪三年（1877）叙府刻本（附补遗一卷续录二卷）　853
32. 清光绪六年（1880）金子逸抄本　529A
33. 清光绪八年（1882）永春堂抄本　308A
34. 清光绪十一年（1885）清江杨钟琛南京李光明庄刻寿世汇编本　664
35. 清光绪十七年（1891）刻本　139
36. 清光绪十九年（1893）万寅墀四川犍为刻寿世汇编本　1　139A　385A　401　476　541　702　707　728A（存卷一至四）　839A　907C
37. 清光绪二十年（1894）书业德记刻本　288　308A
38. 清光绪二十三年（1897）闻化堂刻本　406　831
39. 清光绪二十四年（1898）钱荣康一得斋木活字印寿世汇编本　391　529A　709　733　733A　738　831
40. 清光绪二十五年（1899）广西桂林桂桓书局刻本　251　831　921
41. 清光绪二十七年（1901）兰州官书局刻寿世汇编本　401
42. 清宣统元年（1909）贵溪县警察局木活字印本　251　926A
43. 清刻本　301　529A　735　737　901（题经验要方，存卷四）
44. 抄本　139　412B
45. 见寿世汇编
46. 见良方合璧

02519 03865 **救急备用经验汇方**十卷　1801
（清）叶廷荐（凤梧、尧臣）编
清嘉庆六年（1801）乐志堂刻本　139　152　277（残）　514A　590　651　734A（存卷十）　746A　852　939

02520 03867 **天德堂卫生方书**一卷　1802
（清）石掌衡（永铨）编
清嘉庆七年（1802）山东济宁天德堂刻本　308A

02521 03868 **龙宫遗秘**一卷续编一卷　1802
（清）王道亨（平江叟）撰

1. 清嘉庆七年(1802)平江王道亨刻本(无续编) 491
2. 清嘉庆七年(1802)平江王道亨刻九年(1804)增刻本 308A 491

02522 03869 **益世经验方**一卷 1803
又名益世简便良方、简便良方
(清)盛景云编
清嘉庆八年(1803)延庆堂刻本 139

02523 04070 **(增订)经验良方**十四卷 1803
(清)沈肇元(春煦)编
1. 清道光二十六年(1846)刻本 944
2. 清同治五年(1866)三瑞福刻本 521
3. 清光绪十八年(1892)宏道堂刻本 871

02524 03870 **平易方**四卷 1804
附补遗经验良方一卷、福幼编一卷、喉痧论一卷
(清)叶香侣编(慕穛)
1. 清嘉庆九年(1804)武林叶敦善大有堂刻本 2 3 7 139 139A 152 186 202 279 280 308 401 461 475A 511 529 541 579 590 603 664 677A 733 734B 737A 738B 740A(存卷一) 740B 939 XD
2. 清道光十二年(1832)来鹿堂刻本 2 21 139 186 202 289 476 491 529A 570 728A
3. 清光绪五年(1879)京都刻本 286 546 590 746
4. 清刻本 279 361 731 734A(存卷四) 740C(存卷四)

02525 03871 **信验方**一卷 1804
附续信验方一卷
(清)卢荫长(怡亭)编
1. 清道光三年(1823)刻本 139 139A 140 251 279 281A 475A 491 570
2. 清道光十年(1830)粤东抚署刻本 145 186 279 412B 590 944
3. 清道光十九年(1839)刻本 570(存信验方)
4. 清道光二十年(1840)刻本 6
5. 清道光二十三年(1843)刻本 1 251
6. 清道光二十八年(1848)刻本 2
7. 清道光刻本 7 139 734
8. 清咸丰四年(1854)汉阳叶志诜两广督署刻汉阳叶氏丛刻本(信验方四卷续信验方四卷) 1 3 139 139A 781 831(存信验方)
9. 清咸丰八年(1858)粤东富桂堂刻本 421
10. 清刻本 2 301 302 364A 651 839A
11. 清抄本 435
12. 见汉阳叶氏丛刻

02526 03872 **不药良方**一卷 1804
(清)潘志裘(泉孙)编
清光绪二十五年(1899)上海李钟珏遂溪官廨刻本 139 303 412B 541 590 651 677A 839A 931

02527 03873 **续信验方**一卷 [1804]
(清)卢荫长(怡亭)编
1. 清刻本 139 664
2. 见信验方录(附录)
3. 见汉阳叶氏丛刻

02528 03875 **集验良方**不分卷 1805
(清)樊古如等编 金霭亭续编
清嘉庆十五年(1810)安庆周永言刻本 139

02529 00000 **家用膏丹丸散方**一卷 1805
(清)商秉钧(锦庭)撰
见疡科心得集(附录)

02530 00000 **经验良方**□□卷 1806
(清)叶夏忠撰
清嘉庆十一年(1806)刻本 831

02531 03876 **壶中医相论**一卷 1809
壶中药方便一卷
(清)朱颜驻(熙安)撰
清道光九年(1829)刻本 3

02532 03877 **丛桂堂集验良方**一卷 1809
(清)丛桂堂居士编
1. 清嘉庆十四年(1809)刻本 2 139A 412B 709
2. 清道光二十七年(1847)崇文堂刻本(附陆地仙经一卷) 701 738B
3. 清刻本 721
4. 抄本 308A 361 901
5. 见毓芝堂四种

02533 03879 **验方摘要**三集三卷 1810
(清)史达善编
清嘉庆十五年(1810)刻本 391

02534 **丹方汇编**八卷　1810
00000 附采集良方一卷
(清)钱峻(青抡)原撰　黄朝遴(廷翁)增补
清嘉庆十五年(1810)文畬堂德记刻本　277(缺附录)　381　738B(存三卷)

02535 **奇方经验**二卷　1811
03880 又名九门奇方经验
(清)蒋藻熊(渭浦)编
1. 清嘉庆十六年(1811)邵阳蒋藻熊刻痘麻金正全书本　139　940
2. 见痘麻金正全书

02536 **心身药**四卷卷首一卷卷末一卷　1812
10892 (清)静缘子尚清虚辑
清道光二十四年(1844)北平雕藻斋刻本　1　289　401　412A　491　737(存一卷)

02537 **集验良方**一卷　1812
03881 (清)程遇安等编
清刻本　922(残)

02538 **抄本医方**不分卷　1812
03882 又名面瀑楼墨剩
(清)云霞道人编
清抄本　139

02539 **验方录要**七卷　1813
03883 (清)方容斋编
1. 清嘉庆十八年(1813)南昌方容斋闽省刻本　251
2. 清道光四年(1824)周且渔崔陶士京都刻本　139　308A
3. 清道光二十七年(1847)李培林金湖敦善堂刻本　139　799A
4. 清抄本　139(残)

02540 **古今历验良方**二十九卷　1813
03885 (清)徒能言(古义)编
清同治十一年(1872)镇南黎辉书屋刻本　839A

02541 **便用良方**二卷　1814
03886 (清)罗本立(厚庵)编
1. 清嘉庆二十年(1815)北直隶万全罗本立文德堂京都刻本　251　280　590(存卷一)
2. 清道光四年(1824)绛州乔佐洲刻本　9

02542 **济贫利乡编**六卷　1814
04299 又名济穷利乡编经验方、济贫利乡篇经验良方
(清)孙侗(溪南、修安行者)编
1. 清嘉庆九年(1814)扫叶山房刻本　303　313
2. 清光绪三十三年(1907)上海章福记书局石印本　310　412A　463　521　590　677A
3. 清抄本　203　308A(附续编二卷)

02543 **集古方**一卷　1815
03887 (清)陈景阳辑
清嘉庆二十年(1815)陈景阳抄本　139

02544 **应验简便良方**二卷　1816
03888 (清)孙克任(萃臣)编
1. 清嘉庆二十一年(1816)由我书屋刻本　202　287　308A　393　412A　529A　709
2. 清同治五年(1866)湖北文秀堂刻本　251　277
3. 清同治八年(1869)梅花阁刻本　139　541　570　603　738
4. 清同治十年(1871)本径庄刻本　799A
5. 清光绪永康胡氏退补斋刻本　139　308A　412B　541　590　728A　731　734A　736B　738A　746A

02545 **经验奇方**二卷　1817
03889 (清)刘一明(悟元山人、悟元子、素朴子、被褐散人)撰
清嘉庆二十二年(1817)甘肃榆中栖云山刻本　289　421　433A

02546 **神效集**二卷　1817
03890 著者佚名
清嘉庆二十二年(1817)青村草堂刻本　1

02547 **(新编)简便良方**二卷　[1817]
03892 著者佚名
清抄本　139

02548 **醉经楼经验良方**一卷　1818
03893 (清)钱树棠(憩南)编
1. 清嘉庆二十三年(1818)金山钱树棠醉经楼自刻本　590　738B
2. 清光绪元年(1875)刻本　139　152　491　541
3. 清光绪十二年(1886)居寅抄本　738E

02549 **经验百病内外方**一卷　1820
03895 著者佚名

见陈修园医书十六、二十一、二十三、二十八、三十、三十二、三十六、四十、四十八、五十、七十种

02550 03896 **经验杂方**二卷 1820

（清）刘一明（悟元山人、悟元子、素朴子、被褐散人）编

清嘉庆二十五年（1820）靖远毕尔德滕浩直刻本 289 421

02551 03897 **医方简易**一卷 1820

著者佚名

清嘉庆二十五年（1820）徽城本立堂刻本 139

02552 03898 **救急良方**一卷 1820

（清）卫生堂编

清嘉庆二十五年（1820）卫生堂刻本 139 831

02553 03899 **急救经验良方**一卷 ［1820］

又名救急经验良方、救急应验良方

（清）梅竹居士辑 陈念祖（修园、良有、慎修）评

1. 清光绪十四年（1888）扫叶山房刻陈修园医书十八种本 1 139 361 391 412B 664 746A 931 939
2. 清光绪二十七年（1901）新化三味书局刻陈修园医书二十三种本 743 931
3. 清光绪二十九年（1903）湖南益元书局刻陈修园医书二十三种本 514A 781 831
4. 清光绪武林竹梅草堂刻本 706
5. 清渔古山房刻本 514A 781
6. 清敦厚堂刻本 514A
7. 清刻本 706 740C 939 944
8. 清石印本 931
9. 见陈修园医书十六种（附录）
10. 见陈修园医书十八、二十三种

02554 00000 **经验方抄**二卷 1820

著者佚名

清嘉庆二十五年（1820）济南刻本 308A

02555 04368 **御医秘方医书**一卷 ［1820］

著者佚名

清道光抄本 736

02556 04493 **救济时症良方**一卷 ［1820］

著者佚名

清嘉庆嘉会堂刻本 664

02557 00000 **新安集验方**不分卷 ［1820］

著者佚名

清嘉庆抄本 139

02558 03900 **医方聚抄**一卷 1821

著者佚名

清道光元年（1821）抄本 139

02559 05751 **叶真人传世内外各科秘本**一卷 1822

（清）孙奇逢编

清道光二年（1822）抄本 308A

02560 03903 **救生集**四卷 1824

（清）虚白主人鉴定

1. 清道光十三年（1833）太极轩刻本 139 203 839A
2. 清道光十三年（1833）文昌宫集裕堂刻本 677A
3. 清咸丰九年（1859）刻本 139
4. 清同治三年（1864）乐善堂刻本 412B
5. 清刻本 852（存卷二至四）
6. 抄本 707（残）

02561 03906 **简便良方**六卷 1825

（清）游光斗（紫垣）编

1. 清道光五年（1825）安浦游光斗槐荫轩刻本 2
2. 清光绪二年（1876）刻本 746A
3. 清光绪三年（1877）汴城王浩树本堂抄本 286
4. 清末抄本（八卷，据道光七年刻本） 491

02562 03909 **医方便览**二卷 1825

（清）黄济聪（固斋）编

清道光五年（1825）刻本 270 590

02563 03910 **经验要方**一卷 1825

（清）姜镄（松崖）编

见医论（姜璜撰，附录）

02564 03911 **外传神效仙方**一卷 1825

（清）爱菊主人编

清道光五年（1825）稿本 279

02565 04421 **救急奇方**一卷 ［1825］

（清）沈玉辑

清嘉庆道光间华亭张应时书三味楼刻本 541

02566 03912 **良方汇集**一卷 ［1825］

著者佚名

抄本 412B

02567 **医方随检**七卷卷首一卷 1826
03913 附万氏女科一卷
（清）朱绍基（丹林）编
清光绪六年（1880）抄本 590（存卷首、卷一至三、卷六）

02568 **经验良方**三卷 1826
03914 附新集良方一卷、福幼编一卷
著者佚名
1. 清咸丰十年（1860）上洋吉乐斋刻本 541 734
2. 清刻本 873

02569 **急救良方**一卷 1826
03915 著者佚名
1. 清光绪二十七年（1901）绍城俞文奎堂刻本 735A
2. 清刻本 279
3. 见医方集解（版本附录）

02570 **集验简易良方**四卷 1827
03916 又名罗军门集验良方、罗军门集验简易良方
附草药图经一卷、外科良方一卷
（清）德丰（怀庭）编
1. 清道光七年（1827）长白德丰乐只堂刻本 1 2 139 139A 140 152 186 202 277 279 289 301 462 706 709 721
2. 清道光七年（1827）长白德丰乐只堂刻两代堂印本 733（存卷二至四） 734
3. 清道光七年（1827）长白德丰乐只堂刻京都文兴堂印本 277 279 286 570
4. 清道光七年（1827）长白德丰乐只堂刻敬书堂印本 839A
5. 清道光七年（1827）长白德丰乐只堂刻京都文成堂印本 1 279
6. 清道光七年（1827）长白德丰乐只堂刻聚盛堂印本 740A 740B
7. 清道光十年（1830）经元堂刻本 385A 781 831
8. 清道光十四年（1834）刻本 139 289
9. 清道光十四年（1834）刻二十年（1840）印本 139 412A
10. 清咸丰十年（1860）上海进化书局刻本 288 412A 733A 735 907C
11. 清光绪七年（1881）富春堂刻本 21 139 590
12. 清光绪三十四年（1908）武昌刻本 140
13. 清宏道堂刻本（题罗军门集验良方） 852
14. 清三益堂刻本（题罗军门集验良方） 738B（存卷一、二、四）
15. 清泰和堂刻本 289 590 677A
16. 清三让堂刻本 839A
17. 清刻本 590 852 944（存卷一、四）

02571 **济世良方**一卷 1827
03917 又名汪广期先生拟方、审证传方
（清）汪文誉（广期、文芳）编
1. 清道光七年（1827）刻本 139 433A 721 917A
2. 清光绪二十六年（1900）刻本 728A
3. 清尚友堂刻本 590 940
4. 抄本 738B

02572 **审证传方**一卷 1827
03918 **痢疾奇方**一卷
（清）汪文誉（广期、文芳） 倪宗贤（涵初）编
清光绪二十四年（1898）刻本 491 514A

02573 **诚敬集六集济世奇方**十六卷 1827
03919 （清）潘华国 魏景文编
1. 清道光八年（1828）刻本 152 702（残）
2. 清光绪二十八年（1902）香港中华印务公司铅印本 514A XD

02574 **经验方钞**四卷 1828
03924 （清）陆言（心兰） 李鹿苹 吴熙（春谷）编
1. 清道光八年（1828）河南藩署刻本 139 270 279 289 529A 590 741 901 907C
2. 清道光二十三年（1843）嘉善张心渊刻本 1 139 541 542 590 651 665 706

02575 **经验良方**一卷 1828
00000 著者佚名
清道光八年（1828）张止亭抄本 734A

02576 **医方择要**二卷 1829
03926 **医方择要续集**二卷
（清）李棅衔（觉斋） 汪廷楷（节安） 周棣（苞甫）原编 文祥（博川、文山、绮园、尚衣使者）辑订 周达夫续增
1. 清道光九年（1829）盛京文祥苏州织署刻

本（无续集） 2 277 308A 364 491 590 677A 734A 839A

2. 清道光九年（1829）盛京文祥苏州织署刻十六年（1836）粤东增刻六艺斋印本 1 2 3 21 139 140 152 186 202 251 270 280 286 289 308A 491 514A 529 570 590 706 734 746A 926A 939

3. 清道光九年（1829）盛京文祥苏州织署刻十六年（1836）粤东增刻芸香堂印本 279 289 746A

4. 清道光九年（1829）盛京文祥苏州织署刻十六年（1836）粤东增刻二十二年（1842）印本 1（存择要）

5. 清道光二十九年（1849）三益堂刻本 734 734A（存卷一） 737（存择要）

6. 清抄本 301（存续集）

02577/03927 **方便录**二卷 1829

又名普济方便录

（清）傅嘉猷（践庵）编

清道光九年（1829）江西省城藜照堂刻本 491

02578/03928 **选择急验方**一卷 1830

著者佚名

清道光十年（1830）刻本 412B

02579/03929 **经验秘方**一卷 ［1830］

著者佚名

1. 清刻亨福锦囊本 740A

2. 抄本 308A

02580/03920 **（增补）洗冤录急救方**一卷 1831

又名（增补）急救方

（清）姚德丰（稔斋）编

1. 清道光十一年（1831）苏州姚寿春堂刻本 664

2. 清道光十五年（1835）聚文堂刻本 721

02581/03930 **经验良方**一卷 1831

（清）沈翊亭编

清道光十一年（1831）刻本 139

02582/03931 **百毒解**一卷 1832

又名赖氏新纂百毒解

（清）赖光德（照堂） 赖福邦（辅廷）撰

清道光十二年（1832）先慎堂刻本 412B

02583/03932 **摘验良方**一卷 1832

著者佚名

清道光十二年（1832）刻本 308A

02584/03933 **经验方药**一卷 1832

辑者佚名

清道光十二年（1832）忠厚堂刻本 590

02585/03934 **南山简便方**一卷 1833

著者佚名

清道光十三年（1833）康吉堂刻本 301

02586/03935 **急救良方**一卷 1833

（清）琫嵒撰

清道光十三年（1833）刻本 728A 901

02587/03936 **经验良方**二卷 1833

又名周桂山经验良方、感应篇经验良方

（清）周其芬（桂山）编

1. 清道光十三年（1833）顺邑龙山相文氏种福堂刻本 901

2. 清咸丰五年（1855）顺德梁思淇刻本 570 940

3. 清咸丰福文堂刻本（题感应篇经验良方） 301

4. 清同治七年（1868）慎余书屋刻本 735

5. 清光绪十三年（1887）上洋扫叶山房刻本 2 139A 251 734 738B

6. 清光绪三十年（1904）江海善书社石印本 590

7. 清光绪三十三年（1907）校经山房石印本 286 590 677A 709

8. 清宣统元年（1909）扫叶山房石印本 301 433A 475A 521

9. 清刻本 139 475A 944

02588/03937 **经验良方**一卷 1833

（清）甘山主人传

清道光十三年（1833）学道堂刻本 590

02589/03938 **救迷良方**一卷 ［1833］

附一枝轩经验方一卷

（清）何其伟（韦人、书田、竹竿山人）编

1. 清道光二十四年（1844）抄本 139

2. 清光绪十三年（1887）青浦何氏重古庐刻本 139（残） 279 412A

3. 见陈修园医书十六种（附录）

4. 见陈修园医书二十八、三十、三十二、三十六、四十、四十八、五十、七十种

02590 03940 **敬信录**四卷 1834
附达生篇、慈幼篇、遂生编、福幼编、海上方、杂症良方
（清）徐荣编
1. 清道光十五年（1835）河南省城田文萃斋刻本 287 308 353 382
2. 清道光二十七年（1847）河南省城朱聚文斋刻本 361
3. 清道光刻本 203
4. 清咸丰六年（1856）恪素堂刻同治三年（1864）郑心慈补刻本 281A 740A
5. 清光绪二年（1876）养怡居刻本 839A
6. 清光绪三十一年（1905）武昌宏道善堂刻本 746A
7. 清刻本 279（存附录前四种） 735A

02591 03941 **简便应验奇方**一卷 1835
（清）武遂重（厚堂）编
1. 清道光十五年（1835）武遂重刻本 21
2. 清道光十五年（1835）武遂重刻光绪十二年至十四年（1886—1888）重印本 1 251
3. 见医方六种

02592 03942 **莫氏抄录验方五种**五卷 1836
（清）莫琇（蕴辉）编
子目：
（1）济阳纂要方一卷
（2）保婴经验良方一卷
（3）痈疽诸方一卷
（4）杨梅结毒方一卷
（5）房中诸方一卷
清道光十六年（1836）敬乐堂抄本 139

02593 00000 **济阳纂要方**一卷 1836
（清）莫琇（蕴辉）编
见莫氏抄录验方五种

02594 03943 **急效良方**一卷 1836
又名急治良方
（清）罗思举（天鹏）撰
清道光十六年（1836）刻本 3 21 140 738B

02595 03944 **经验救急良方**一卷 1837
附乌金丸方一卷
（清）白明远辑
清道光十七年（1837）宝坻白明远自刻本 1

02596 03947 **活人一术初编**一卷 1838
（清）孙德钟（退甫）编
清道光十八年（1838）山阴孙德钟汤阴刻本 1 2 3（残） 139 203 251 277 288 733（附存心稿二卷）

02597 03948 **四科简效方**四卷 1838
（清）王士雄（孟英、梦隐、潜斋、半痴山人、息居隐士、随息居士）编
1. 清光绪十一年（1885）越州徐树兰刻铸学斋丛书本 1 2 3 139 152 186 277 279 289 308A 366 381 391 393 412A 412B 435 450B 475A 491 514A 514B 541 570 572 589 590 677A 709 712 728A 731 731A 733 734 734A 736 737A 738A 738B 738E 740A 746A 799A 800 871 926A 931 939 940
2. 见会稽徐氏铸学斋丛书
3. 见万应灵方集

02598 03949 **保寿方**四卷 1838
（清）王璋（梦橼、尘海迂叟）撰
清道光十八年（1838）稿本 590

02599 03950 **来鹤轩秘方**一卷 1838
著者佚名
清道光十八年（1838）抄本 901

02600 03951 **集成篇**一卷首一卷 1839
（清）孙文选编
清道光十九年（1839）刻本 401 541

02601 03952 **应验良方**一卷 1839
附选录海上仙方
著者佚名
1. 清同治十年（1871）常熟汪氏刻传家必读本 1
2. 清光绪二十二年（1896）京都永盛斋刻传家必读本 1 186 279 590
3. 清刻本 931（残）

02602 03953 **活人息事方**一卷 1839
附续命胶续编一卷
原题（清）懿斋居士编
清道光十九年（1839）北京文奎斋刻本 1 139A 186 308A 590

02603 11260 **身世金丹**一卷 1839
（清）存真居士编

1. 清同治十三年(1874)一得斋刻本 308A
2. 清光绪十二年(1886)刻本 139 677A
3. 清刻本 4

02604 04262 **华佗良方**一卷 1839
(清)醉亭编
清道光十九年(1839)华家驹抄本 709

02605 03954 **方验辑存**不分卷 1840
(清)龙启鹏编
清道光二十年(1840)桂林龙氏敬业堂刻本 921

02606 03955 **仙方秘录**六卷 [1840]
(清)魏宝霖(辛泉)辑
清道光二十年(1840)抄本 139A

02607 03956 **应验方抄录**一卷 [1840]
著者佚名
清末抄本 139

02608 00000 **药王神效百方**一卷 [1840]
辑者佚名
清悦顺堂刻本 370

02609 03957 **集验良方拔萃**二卷续补一卷 1841
又名拔萃良方、集验良方
(清)恬素氏编
1. 清道光二十一年(1841)刻本 139 277 412A 412B 461 541 651 664 710 721 734A 738B 839A 922 939
2. 清道光三十年(1850)刻本 139 279 352 589 590 664 677A 701 712
3. 清咸丰元年(1851)存惺斋刻本 140
4. 清咸丰九年(1859)寄沤氏刻本 139 277 302 361 385A 412B 514A 541 570 590 651 664 677A 701 706 728A 731 736B 852 901 921
5. 清咸丰九年(1859)寄沤氏刻苏藩镶三经堂印本 279
6. 清咸丰十一年(1861)王琴溪刻本 139 728A
7. 清同治四年(1865)兴化集益堂刻本 664
8. 清同治五年(1866)平湖元孚庄刻本 186 203 277 279 301 541 677A 701 707 731 734A 736A 746A 907C
9. 清同治十三年(1874)抄本 736A
10. 清同治五年(1866)刻光绪三年(1877)增刻本 139
11. 清光绪五年(1879)常郡乐善堂刻本 839A
12. 清光绪六年(1880)刻本 701
13. 清光绪十一年(1885)秀绿书屋刻本 139 279 590
14. 清光绪二十九年(1903)抄本 139
15. 清光绪三十年(1904)匡济药会刻本 734A
16. 清吴郡陆茂林刻本 361 664
17. 清存德堂刻本 279
18. 清刻本 279 280 351 710(存卷二) 734A 736A 738B
19. 见桃坞谢氏汇刻方书九种

02610 03958 **良方集腋**二卷续附一卷 1841
(清)谢元庆(肇亨、蕙庭)编
1. 清道光二十二年(1842)吴门留耕堂刻本 139 286 308 361 412B 433A 443 491 529A 541 590 651 664 677A 738 944(存卷下)
2. 清道光二十八年(1848)吴门汪曜奎北京刻本 1 202 280 461 491 514A 529A 570 701 831 896A
3. 清咸丰五年(1855)苏州扫叶山房刻本 476 541 590 651 740B 921
4. 清同治二年(1863)留耕堂刻本 2 139 251 279 280 289 361 432 475A 514A 541 651 701 728A 728B 731 746A 781 940 XA
5. 清光绪三年(1877)吴门昆山汪肇敏浙西梧桐乡刻本(题增订良方集腋、附历验旧方二卷) 2 139 186 279 412A 475A 529 529A 651 738B 740A 740B 831 839A 871 896A 917A
6. 清光绪八年(1882)苏州谢家福望炊楼刻本 139A 391 590 651 677A
7. 清光绪二十三年(1897)抄本 279(存卷下)
8. 清光绪二十六年(1900)吴门昆山汪肇敏浙西梧桐乡鸳鸯湖刻本(题增订良方集腋) 1 139 254 270 289 412B 541
9. 清道光二十八年(1848)吴门汪曜奎北京刻光绪二十八年(1902)印本 3 139

529A 731 738B 746A 831 896A
10. 清刻本 396 736A 921
11. 见良方集腋良方集腋合璧妇婴至宝
12. 见桃坞谢氏汇刻方书九种

02611 03959 **验过良方**一卷 1841
（清）程辑五编
清道光二十一年（1841）抄本 721 738B

02612 03961 **汇集金鉴**二卷 1842
（清释）本圆超编
清道光二十二年（1842）西蜀文殊院刻本 1 139 289 361 514A 851 871 896A 907C

02613 03962 **经验良方**一卷 1842
（清）张鹤书撰
清道光二十二年（1842）其恕堂刻本 277 412B 852C

02614 03965 **三方合刻**三卷 1843
又名养生选要良方
（清）胡鳌编
子目：
（1）经验百方一卷 （清）汪世隽编
（2）济世养生合集选要良方一卷 （清）毛世洪编
（3）眼科神应方一卷 （清）余煌吉编
1. 清道光二十三年（1843）杭州同善堂刻本 139
2. 清道光二十八年（1848）杭省德润斋刻本（题养生选要良方） 735A 738B

02615 03966 **经验良方**一卷 1843
（清）吴鸣吉编
清道光二十三年（1843）刻本 277 721

02616 03967 **经验百方**一卷 ［1843］
（清）汪世隽（丛桂堂居士）编
1. 清光绪七年（1881）昭文俞大文刻本 541
2. 清刻本 664 731 735A 740A 740C
3. 见三方合刻
4. 见眼科神应方（版本附录）
5. 见玉历汇录良方
6. 见续增经验救急良方（附录）

02617 03968 **卫生鸿宝**六卷 1844
（清）祝勤（补斋、修来、西溪外史）编
1. 清道光二十六年（1846）袁续薪堂刻本 2 139 202 286 308A 361 412B 476 521 529A 541 589 590 651 664 701 702 721 738B 917A 922 940
2. 清咸丰七年（1857）上海江丞桂宝贤堂刻本 2 3 21 139 279 286 381 393 450 461 467 475A 491 514A 541 570 590 651 677A 709 728B 734 738A 746A 799A 839A 871 926A
3. 清光绪十一年（1885）上海务本堂正记刻华氏医方汇编本 279 361 529B 570 712 907C
4. 清刻本 3（残） 289（附急救腹痛暴卒病解一卷） 412B 590 701 712（残）
5. 清末上海扫叶山房石印本 186 280 393 514A 529A 664 677A 799 839 852A
6. 见华氏医方汇编

02618 03969 **经验良方**四卷 1844
又名观心书屋经验良方
（清）钱峻（青抡）编 俞焕（文光、晓园）补 陈本淦（彦吾）续增
清道光二十五年（1845）湖南李仲云观心书屋刻本 139 732

02619 03970 **葆元录**一卷 1844
附经验良方
（清）萧然居士编
1. 清道光二十四年（1844）越城同善堂刻本 746A 839A
2. 清同治十一年（1872）萧山怡怡山堂刻本 1 590 738 738A

02620 05023 **神效秘方**一卷 ［1844］
著者佚名
1. 清道光二十四年（1844）刻本 732
2. 抄本 308A

02621 03972 **玉历汇录良方**二卷 1845
又名慈恩玉历良方汇录、经验方汇钞、玉历钞传汇录、玉历良方汇录、良方汇录、玉历至宝抄
（清）汪世隽（丛桂堂居士） 俞大文（荔峰）编
子目：
（1）经验百方一卷 （清）汪世隽编
（2）良方续录一卷 （清）俞大文辑
1. 清同治二年（1863）奎光斋刻字铺刻本

2 514A
2. 清同治七年(1868)仁和金肖农刻本 139 139A 270 308A 361 514A 590 706 734A 738B 851 944
3. 清同治十一年(1872)苏州毛上珍刻本 139 590 651 664 701
4. 清同治十二年(1873)常熟留真堂书坊刻本 907C
5. 清同治十三年(1874)刻本(五卷续录一卷) 570(残)
6. 清光绪四年(1878)琴东叶寿松刻本 651
7. 清光绪七年(1881)昭文俞大文刻本 139 152 664 710 939
8. 清光绪十三年(1887)刻本 746A
9. 清扬州文元斋刻本 921
10. 清刻本 139A 202 351 491 514A 665 709 735A 901
11. 清抄本 139

02622 00000 **良方续录**一卷补遗一卷 1845
(清)俞大文(荔峰)编
1. 清同治二年(1863)奎光斋刻字铺刻本 1 461 651
2. 清同治七年(1868)仁和金肖农刻本 1 381
3. 清光绪刻本 251
4. 见玉历汇录良方

02623 03973 **济世良方**六卷首一卷 1845
济世良方补遗四卷
又名济世良方合编
(清)周其芬(桂山)原编 莹轩增辑
1. 清道光二十五年(1845)金陵胡士保保安堂刻本 1 286 289 917A
2. 清咸丰元年(1851)张氏思勤堂刻本 1 3 140 491
3. 清同治四年(1865)武昌节署刻本 7 139 185 186 279 361 366 385A 396 433A 450B 461 511 570 651 728A 781 839A 907C
4. 清光绪四年(1878)贵德堂刻本 463 475A
5. 清光绪十年(1884)兴文薛华培枕经书屋刻本 202 203 677A 926A
6. 清末刻本 907C(缺卷一)
7. 金陵抄本 139

02624 03975 **经验良方**一卷 1845
(清)程沆(晴岚、小堂)辑
清道光二十九年(1849)颍上县署刻小堂四种本 493(小堂四种全本) 590

02625 03977 **经验良方**一卷 1845
著者佚名
1. 清道光二十五年(1845)会稽马传和刻本 1
2. 见痧症发微(版本附录)

02626 03978 **春脚集**四卷 1846
又名回生春脚集
(清)孟文瑞(荇洲)编
1. 清道光二十六年(1846)潞河谢金声刻本 3 21 139 152 202 270 491 514B 529A 570 677A
2. 清道光二十六年(1846)潞河谢金声刻光绪十六年(1890)善成东记印本 1 21 139 186 254 279 289 366 476 746A

02627 03979 **救急合用杂方合刻**一卷 1846
(清)余成(集斋、继良)撰 董元鹏增
清道光二十六年(1846)刻本 139

02628 03980 **验方新编**十六卷 1846
(清)鲍相璈(云韶)编
1. 清道光二十九年(1849)番禺潘仕成广州海山仙馆刻本 21 289 412A 412B 413 651 709 733 931 940 XA
2. 清咸丰元年(1851)余庆堂刻本(附种子金丹) 931(缺卷二至五)
3. 清咸丰四年(1854)婺源俞文诏四川权臬使署刻本(附经验良方) 288 308A 401 434 852(残)
4. 清咸丰四年(1854)解虚心斋刻本 308A
5. 清咸丰九年(1859)刻本 139 741(存卷一至十) 734A
6. 清咸丰七年(1857)、同治元年(1862)广州海山仙馆刻本(附痧症全书三卷、咽喉秘集二卷) 21 301 314 315 407 651 734 734A 737A 741(缺卷九、十) 743
7. 清同治三年(1864)长白毓清北京刻本(附痧症全书三卷、咽喉秘集二卷) 1

21 140 251 279 286 288 311 385 408 433A 461 651 701 706 715 733 734 735 737 738E 740D 911

8. 清同治三年（1864）吴紫石上海文墨斋刻本 736B 741

9. 清同治四年（1865）刻本 139 202 651 746 852

10. 清同治四年（1865）刻如皋艺林堂印本 702 712

11. 清同治四年（1865）慎诒堂刻本（附补遗一卷） 202 287

12. 清同治四年（1865）刻维扬文富堂印本 728A 926A

13. 清同治五年（1866）江西崇仁谢希轼鉴轩刻鉴轩医书二种本 393 741 742 831（残）

14. 清同治六年（1867）学文堂刻本 421 852

15. 清同治八年（1869）芗谿公局刻本 734A 740A 746A

16. 清同治九年（1870）上海宝贤堂刻本 385（存卷一至十四） 734A 742（存十卷）

17. 清同治十年（1871）扫叶山房刻本 7 412A 702 741

18. 清同治十二年（1873）俞敬义堂刻本（附痧症全书三卷、咽喉秘集二卷） 733B（存八卷） 734A

19. 清同治十三年（1874）狮江鹾局刻本 289（缺卷十四）

20. 清同治十三年（1874）湖南宏道堂刻本（附补遗一卷、痧症全书三卷） 139 706 721 851 891

21. 清同治十三年（1874）潮城文林阁刻本 251（存卷一至十一） 301 931

22. 清同治十三年（1874）洪江文远堂刻本（附咽喉秘集二卷、痧症全书三卷） 664 831

23. 清光绪元年（1875）长白绍葛氏刻本（附咽喉秘集二卷、痧症全书三卷） 139 476

24. 清同治九年（1870）福州刻光绪二年（1876）九峰樵者增刻灵兰堂印本（附痧症全书三卷、咽喉秘集二卷、女科经验良方一卷） 308A 664 734A 736B

25. 清光绪二年（1876）种香别业刻本（附二卷） 279（痧症全书） 421（存十一卷）

26. 清光绪二年（1876）维经堂刻本（附痧症全书三卷、咽喉秘集二卷） 279

27. 清光绪三年（1877）绍城近文斋刻本（附痧症全书三卷、咽喉秘集二卷） 301 361 541 735A 739B

28. 清光绪四年（1878）临清皮存仁居仁堂刻本（附痧症全书三卷、咽喉秘集二卷） 401 713 743（存卷九、十、十五、十六）

29. 清光绪四年（1878）上洋大魁桢记刻本（附痧症全书三卷） 301 475A

30. 清光绪五年（1879）经纶堂刻本（附补遗一卷） 704 831 921

31. 清光绪七年（1881）刻本 185 721 728A 907B

32. 清光绪九年（1883）山西太原濬文书局刻本（附痧症全书三卷、咽喉秘集二卷） 3 277 279 381

33. 清光绪十二年（1886）浒湾育婴局刻本 139

34. 清光绪十三年（1887）镇江文成堂刻本（附补遗一卷） 706

35. 清光绪十四年（1888）如皋穆氏文华堂刻本（附痧症全书三卷、咽喉秘集二卷） 203（存附录） 288 301 311 651

36. 清光绪十四年（1888）扫叶山房刻本 306 519 522 746A

37. 清光绪十六年（1890）浙绍奎照楼刻本 287 734A 740A

38. 清光绪二十年（1894）刻本 139 140 360A

39. 清光绪二十二年（1896）合肥吴渭泉东安官廨刻本 831

40. 清光绪二十五年（1899）益元书局刻本（附补遗痘疹慈航） 279 463 746A 891

41. 清光绪二十七年（1901）同文俊记石印本（附痧症全书三卷咽喉秘集二卷） 21 139 139A 413 664 702 731 733

42. 清光绪二十七年（1901）新化三味西畲山

馆刻本 781 831
43. 清光绪三十二年（1906）刻本 140
44. 清光绪广州绍文堂刻本 252
45. 清宣统元年（1909）经元书室刻本（附补遗一卷） 521 728A 831
46. 清宣统三年（1911）上海会文堂书局石印本（附痧症全书三卷、咽喉秘集二卷） 733 734A 737
47. 清京都宝经堂刻本（附达生篇、佛眼垂青、婆心保赤等） 746A
48. 清越城近文斋刻本 734A
49. 清沪城石憇棠刻本 734A
50. 清醉六堂刻本 140 412B
51. 清刻本 140 301 306 308A（残） 311 360A 364A 414 415 434 351 475A 570 651 721 728A（残） 734A 736B 738F 742（残） 851
52. 抄本 521
53. 石印本 252 734A 740E 741 912 915
54. 见鉴轩医书二种

02629 03989 **信验良方**一卷 1846
附补遗斋戒期
（清）汪瑟庵 王省崖撰
1. 清道光二十六年（1846）唐昌鲁云峰黔省刻本 891
2. 见信验良方眼科摘要

02630 03990 **几希录续刻**八卷 ［1846］
附集经验诸方一卷
（清）金瑞五堂等编
1. 清道光二十六年（1846）山阴金瑞五堂等刻本 1 735A 839A
2. 清光绪五年（1879）绍城许大房广记刻本 139 281A 740A（存附录）

02631 00000 **（古佛应验明圣经注灵验记）经验百方**一卷 ［1846］
（清）胡印田注
1. 清道光二十六年（1846）刻本 364
2. 清同治八年（1869）刻本 491
3. 见古佛应验明圣经序解（附录）

02632 03991 **赛金丹**二卷 1847
（清）徐半峰（纯一、蕴真子）编
1. 清道光二十七年（1847）刻本 139 139A 363 721 901
2. 清道光二十八年（1848）袖海山房刻本 289 475A
3. 清同治元年（1862）刻本 251 421 852
4. 清同治五年（1866）刻本 251 254
5. 清同治九年（1870）刻本 202 433A 871 907C
6. 清光绪二年（1876）锦邑刻本 21 186 289 401 514A 734 839A
7. 清光绪六年（1880）益邑姚氏刻本 139 491
8. 清光绪八年（1882）致远堂刻本 279 401 412B 529A
9. 清光绪十年（1884）刻本 277
10. 清光绪十三年（1887）渝城天泰正号刻本 514A 851 901
11. 清光绪二十八年（1902）金邑姚氏曾氏刻本 361 491 851 853 859 872
12. 清光绪三十一年（1905）宏道堂刻本 590 799A
13. 清通国堂刻本 412A
14. 清刻本 2 139 152 361 412A 728A 731 852 856 872 896A

02633 03992 **应验良方**一卷 1847
（清）王锡鑫（文选、席珍子、亚拙山人）撰
1. 清咸丰九年（1859）京都刻本 1
2. 清光绪南京李光明庄刻本 139
3. 清刻本 677A

02634 05058 **医方杂录**不分卷 1847
著者佚名
清道光二十七年（1847）抄本 590

02635 03994 **方便一书**一卷 ［1847］
（清）王锡鑫（文选、席珍子、亚拙山人）撰
1. 清光绪十六年（1890）内邑刻本 852C
2. 清光绪二十七年（1901）刻寿世新方二种本 541 855
3. 见寿世新方二种

02636 03995 **急救方**一卷 1848
附急救方续刻、咽喉论、良方、续增备要方一卷
（清）蔡鹤（松汀）辑撰
清道光二十八年（1848）李嗣卿汤湘南刻本 308A

02637 03996 **续增备要方**一卷 1848
(清)铁瓢老人编
1. 清道光二十八年(1848)李嗣卿汤湘南刻本 1
2. 见急救方(附录)

02638 03997 **(续增)经验急救良方**一卷 1848
附经验百方一卷
原题(清)一真子编
清道光二十八年(1848)艺芳斋局刻本 1

02639 03998 **博采经验良方便览**不分卷 1848
(清)济阳氏(静亭)编
清道光二十九年(1849)简城南信有斋刻本 907C

02640 00000 **经验急救良方**一卷 [1848]
(清)朱凤声辑
清刻本 381

02641 05794 **锄心斋却病锦囊**二卷 1849
(清)诸鸣皋编
1. 清道光二十九年(1849)刻本 590 852
2. 清刻本 541

02642 03999 **诸方汇抄**不分卷 [1849]
著者佚名
清抄本 139

02643 04899 **曹氏平远楼秘方**四卷 [1849]
(清)曹维坤(云洲)撰 曹毓秀(贯甫、春洲)编
清抄本 1 709

02644 04000 **急用要方**不分卷 1850
(清)黄梦菊(漱庄)编
清道光三十年(1850)武林朱勋刻本 139

02645 04001 **便方补遗**七卷 1850
又名偏方补遗
(清)文晟(叔来)编
1. 清同治十一年(1872)萍乡文星瑞延庆堂维扬刻光绪十一年(1885)京江文成堂重修六种新编本 523 651
2. 清光绪穗城西湖街藏珍阁刻六种新编本 139 280 443 491 541
3. 见六种新编

02646 04002 **急救便方**一卷 1850
(清)文晟(叔来)编
1. 清同治十一年(1872)萍乡文星瑞延庆堂维扬刻光绪十一年(1885)京江文成堂重修六种新编本 186 277(附增订达生篇) 450 541
2. 清光绪穗城西湖街藏珍阁刻六种新编本 443 541
3. 见六种新编

02647 04004 **五种经验方**一卷 1850
(清)叶志诜(东卿、仲寅、遂翁)编
1. 清道光三十年(1850)汉阳叶志诜粤东抚署刻本 1 3 139 139A 140 186 279 514B 590 651 746A 851 951
2. 见汉阳叶氏丛刻

02648 04005 **保贻堂信验良方**一卷 1850
又名宜兴任保贻堂信验良方
(清)任锡芳(道源)撰
1. 清道光三十年(1850)上海时中书局石印本 270 514A 590 677A
2. 清光绪三十二年(1906)上海时中书局铅印本 139A 709

02649 04007 **医方秘录**不分卷 [1850]
(清)莫理庵撰
抄本 139

02650 04011 **医方易简新编**六卷 1850
又名家用良方、易简新编
(清)龚自璋(月川、茂才) 黄统(伯垂)合编
1. 清咸丰元年(1851)顺德黄统北京会文斋刻本 1 3 21 139 139A 140 279 288 289 311 361 381 385 475A 514B 529A 664 728A 731 746A 891 911 917A 926A
2. 清咸丰四年(1854)司马东生运城道署刻本 2 139A 140 203 279 286 301 308A(缺卷三) 381 382 385 391 433A 521 701 746A 839A 871 926A
3. 清咸丰六年(1856)三让堂刻本 589
4. 清咸丰六年(1856)顺德罗叶祥刻本 140 361 363 664 677A 731 741 781 940
5. 清咸丰七年(1857)湘潭谦和堂刻本 2 139 202 301 412A 572 664 738B 781 799A 831 839 931 942B
6. 清咸丰七年(1857)安顺钟茂林贵州兴义县两湖会馆刻本 926A 940

7. 清咸丰七年（1857）中湘王文德书房刻本 385A
8. 清同治四年（1865）泸州陈泗海堂刻本 450 854
9. 清同治五年（1866）京都篆云斋刻本 1 21 139 140 202 203 251 277 279 280 288 289 361 364 385 396 412B 435 443 450 491 514A 541 651 664 677A 728A 746 746A 891 911 917A
10. 清同治十二年（1873）浙江温处道署刻本 139 186 289 308A 381 461 529A 572 590 651 664 677A 709 799A 871
11. 清光绪十五年（1889）浙慈还读轩刻本 308A 412A 412B 433A 590 677A 738B 800 917A 940
12. 清光绪二十一年（1895）刻本 570
13. 清刻本 139 286 361 362 395 412A 852A
14. 抄本 393

02651 04010 **石云选秘**二卷 1850
(清)王上英传 （释）彻尘（石云、稽留山人）选注
清咸丰元年（1851）释彻尘绍源堂刻本 202 590

02652 00000 **急救回生集**一卷 ［1850］
附损人除害诀一卷
(清)盛朝阳辑
清道光义乌冯肇伟刻本 733B

02653 04478 **军中医方备要**二卷 ［1850］
(清)澼统道人撰
清道光侯官林春祺铜活字印本 21 541 570 590 731 735

02654 04008 **便方备用**二卷 1851
(清)庄瑶（琪园）编
清咸丰元年（1851）刻本 301（存卷一） 590

02655 04009 **良方集要**不分卷 1851
(清)孟君福编
抄本 277

02656 04012 **（增订）医方易简**十卷 1851
又名内外十三科验方五千种、经验良方大全
(清)龚自璋（月川、茂才）编 黄统（伯垂）校补 吴辉谟（焕庭）增订
1. 清光绪九年（1883）粤东香山吴辉谟等扬州刻本 2 139 203 289（缺卷二、三、六） 393 475A 590 651 664 706 709 728A 738 839A 921
2. 清光绪二十八年（1902）广东文□堂刻本 521（存卷二至五、十） 709

02657 04013 **协镇都督府赵良方**一卷 1851
(清)张银祥 张国陞抄辑
清咸丰元年（1851）稿本 139

02658 00000 **精选应验良方初集**二卷 1851
(清)顾礼璜辑
清咸丰元年（1851）抄本 289

02659 00000 **经验神方**一卷 1851
(清)耕余游客辑
清咸丰元年（1851）刻本 289

02660 04014 **奇方汇录**一卷 ［1851］
著者佚名
抄本 139

02661 03963 **良方集腋合璧**一卷 1852
(清)谢元庆（肇亨、蕙庭） 王庆霄（蘅香）增辑
1. 清咸丰五年（1855）瀫水王芹香刻本 139 279 302 308A 401 412B 476 491 541 651 701 731 736 738A 738B 740A 839A 940
2. 清咸丰六年（1856）汪星阶刻本 706 921
3. 清光绪八年（1882）苏州谢家福望炊楼刻本（题良方合璧二卷附一卷） 277 303 570 701 746 799A 907C
4. 清咸丰五年（1855）瀫水王芹香刻光绪二十六年（1906）玛瑙经房重修本 254 514B 590 738B
5. 清刻本 514A 589 741
6. 见良方集腋良方集腋合璧妇婴至宝
7. 见桃坞谢氏汇刻方书九种

02662 04016 **鸡鸣录**一卷 1852
(清)王士雄（孟英、梦隐、潜斋、半痴山人、息居隐士、随息居士）编
抄本 2（二卷） 579

02663 **行军方便便方**三卷 1852
04017 （清）罗世瑶（虚白）编
清咸丰二年（1852）刻本 2 139 186 203 286 351 391 461 529A 590 709 901

02664 **医方易简集**九卷 1852
04018 附遂生福幼合编、外科大症形图、眼科秘方
（清）王晋夫编 王鹏寿（云程）续编
清咸丰二年（1852）杭州王鹏寿刻本 139 302 514A

02665 **秘授应验良方**不分卷 1852
04019 （清）金秀岩抄辑
清咸丰二年（1852）抄本 589

02666 **经验简便神效方**不分卷 1852
00000 （清释）恧心撰
清咸丰二年（1852）聚经堂刻三年（1853）九年（1859）续刻本 944

02667 **丰豫庄便农药方**一卷 ［1852］
04154 （清）潘曾沂（功甫、小浮山人）编
清光绪八年（1882）津河广仁堂刻广仁堂丛刻本 651

02668 **验方传信**三卷 1853
04020 （清）耶溪散人辑
清咸丰三年（1853）山阴金瑞五堂刻本 152 514A 572 731 734A 738B

02669 **（精选）集验良方**二卷 1853
04021 （清）关梓（向春）编
1. 清咸丰三年（1853）刻光绪十四年（1888）印本 1 152 541 917A 922
2. 见会稽徐氏铸学斋丛书

02670 **救世良方类编**三卷 1853
04022 （清）詹作周编
1. 清咸丰三年（1853）京都琉璃厂荣林斋刻字铺刻本 308A
2. 清咸丰三年（1853）京都琉璃厂荣林斋刻字铺刻同治四年（1865）文德斋印本 308 734（存卷一）

02671 **经验良方**一卷 1854
04025 （清）黄怀谷（波余老人）撰
清咸丰四年（1854）洪都一经堂刻本 186

02672 **经验良方**一卷 1854
04026 著者佚名
清咸丰四年（1854）冯翊抄本 421

02673 **博济仙方**不分卷 ［1854］
04370 （清）太和洞坛庙辑
清刻本 939

02674 **验方补**一卷 ［1855］
04028 （清）杨浚编
见冠悔堂募刊医书三种

02675 **应验方**不分卷 1856
04533 （清）袁济安 朱伯林撰
抄本 709

02676 **验方新编**八卷卷首一卷 ［1856］
03981 （清）鲍相璈（云韶）编
1. 清咸丰六年（1856）纬文堂刻本（附痧症全书三卷、咽喉秘集二卷） 288 734 939
2. 清同治四年（1865）刻本（附痧症全书三卷） 746A 931（残）
3. 清同治六年（1867）广州翰宝楼刻本 701
4. 清同治九年（1870）刘祝廷刘晓沧长沙刻本 461 463（残） 741
5. 清同治十年（1871）山东书局刻本 287 301 302 308A 590
6. 清同治十三年（1874）河南怀庆府刻本（附痧症全书三卷、咽喉秘集二卷） 7 139 362 738B
7. 清光绪元年（1875）粤东拾芥园刻本 570
8. 清光绪三年（1877）德文堂刻本（附痧症全书三卷、咽喉秘集二卷） 541
9. 清光绪八年（1882）渝城尊古堂刻本（附痧症全书三卷） 854 911
10. 清光绪九年（1883）震记萃古林刻本（附痧症全书三卷） 931
11. 清光绪十一年（1885）裕和堂刻本 139A
12. 清光绪十七年（1891）刻本 305
13. 清刻本 366 417 714

02677 **何氏经验良方**六卷 ［1856］
04029 附林文忠公刊传忌吸鸦片烟经验秘方一卷、胎产择要良方一卷
（清）何绍京编
清光绪二十七年（1901）刻本 738B

02678 **锦囊秘录**三卷 ［1856］
04030 （清）单郑惠编
1. 清马俊抄本 701

2. 抄本 541

02679 **万金至宝**三卷 1857
04031 （清）尚宗康（霁堂）编
清同治二年（1863）浉阳宝荫堂刻本 139 286

02680 **经验易治续方**一卷 1857
04032 （清）秦鬌如 周自樵撰
清咸丰七年（1857）刻本 139

02681 **杞菊居集古验方**一卷 1857
04033 （清）陆毓元（阆栽）编
清咸丰七年（1857）长州陆凤梁开益斋刻本 677A

02682 **（新增）屡效方**一卷 1857
04034 著者佚名
清咸丰七年（1857）刻本 301

02683 **续刻简易新编新增良方**一卷 1857
00000 （清）欧阳松轩编
1. 清咸丰七年（1857）湘潭谦和堂刻本 831
2. 见医方易简新编（版本附录）

02684 **华氏医方汇编**八卷 1857
04170 （清）华岳（芳伯）编
子目：
（1）急救腹痛暴卒病解一卷 （清）华岳撰
（2）急症治法一卷 （清）华岳撰
（3）卫生鸿宝六卷 （清）祝勤撰
清光绪十一年（1885）上海务本堂刻本 139 186 279 289 361 570 572 664 712 728A 738B 799A 907C

02685 **万应灵方**七卷 1859
04035 （清）费梧（兰舫）编
1. 清同治七年（1868）省过斋刻本 746A
2. 清光绪三年（1877）刻本 311
3. 清光绪十九年（1893）浙湖仙谭费梧居敬斋刻本 734A
4. 见万应灵方集

02686 **万应灵方集**二十卷 ［1859］
04036 （清）费梧（兰舫）编
子目：
（1）万应灵方七卷 （清）费梧编
（2）济世养生经验集八卷附录一卷 （清）毛世洪编
（3）四科简效方四卷 （清）王士雄撰
1. 清光绪十九年（1893）浙湖仙谭费梧居敬斋刻本 203 412B 590 677A 734A
2. 抄本 721

02687 **急救良方**一卷 1860
04037 （清）谢衡斋 罗廷熙合编
清咸丰十年（1860）广州谢宝善堂刻本 931

02688 **溺女良方文**一卷 1860
04038 附应验神效良方一卷
著者佚名
清咸丰十年（1860）聚德堂刻本 746A

02689 **一枝轩经验方**一卷 1860
03946 （清）李宗沆编
1. 清同治刻本（附神授急救异痧奇方） 1
2. 清光绪十三年（1887）何氏刻本 677A 701 709 839A
3. 清刻本 412A 541 734A 735
4. 见救迷良方（附录）

02690 **叶天士经验良方**一卷 ［1860］
04040 （清）何棣珊编
清咸丰七年（1857）退思堂刻本 277

02691 **列圣合璧发聋振聩起死回生集**二十四卷 ［1860］
00000 附胎产方一卷
（清）徐谦（仲光、澄观）编
清咸丰十年（1860）刻本 852

02692 **家传医方**一卷 ［1860］
00000 著者佚名
清咸丰十年（1860）抄本 831

02693 **天然砚斋药方**一卷 1861
04043 （清）王滋云辑
清抄本 7

02694 **易简方便医书**六卷 1861
04044 （清）周茂五（青亭）编
1. 清咸丰十一年（1861）卢陵周茂五石阳周日新堂刻本 3 139 203 286 289 391 412A 412B 421 475A 514A 541 589 664 677A 706 707 709 712 721 728A 738E 741 743（存卷一、三、四、六） 746A 799A 921（残） 931 940
2. 清同治八年（1869）中湘渊海堂刻本 781
3. 清同治九年（1870）平江文香阁刻本 139 651 734A（存卷一） 944（存卷一至五）
4. 清同治十三年（1874）耒东仰高书院刻本

288 361 746A
5. 清光绪二十一年(1895)石阳周三元堂刻本 361
6. 清光绪二十八年(1902)吉安胡光镛守正堂刻本 270 289 839A 940
7. 清光绪二十九年(1903)上海文海书局石印本 152 289 308A 381 393 541 590 677A 734(存卷二至六) 736A(存卷一) 738B 738E 799A 839A
8. 清刻本 541 728A 734A(存卷二、四、五) 741(残)

02695 04045 **拔萃良方录要**一卷 1861
(清)裕德堂 树护室同辑 宗景暮思书屋摘录
清咸丰十一年(1861)江右丰城金忆祥抄本 139

02696 00000 **急救方告示**一卷 1861
(清)崔□□示
清咸丰十一年(1861)刻本 364A

02697 04046 **今古良方**四卷 [1861]
原题(唐)陆贽(宣公)编 (清)王藻墀(振之)编
清咸丰十一年(1861)眉寿堂抄本 590

02698 04048 **经验方选**一卷 1862
(清)朱锡绶辑
清同治元年(1862)颐性堂刻本 732

02699 04049 **经验简便良方**一卷 1862
(清)王丙炜(子槐)辑
1. 清同治元年(1862)刻本 139
2. 清刻本 651 921

02700 04050 **汤头总方**不分卷 1862
著者佚名
清同治元年(1862)抄本 529A

02701 04051 **救急新编**五卷 1862
著者佚名
清同治元年(1862)刻本 139

02702 04052 **精选良方**一卷 [1862]
著者佚名
清同治刻本 139

02703 04053 **普济良方**四卷 1863
(清)屠道和(燮臣)编
1. 清同治二年(1863)湖北育德堂刻本 677A 839A
2. 见医学六种(第五、六种)

02704 04054 **易简救急方**三卷 1863
(清)龙道生(鲁臣)编
清同治二年(1863)刻本 831

02705 04055 **经验良方全集**四卷 1863
附痘疹易知一卷
(清)姚俊(菊吾主人)编
清同治四年(1865)刻本 139 741

02706 04057 **古今千家名医万方类编**三十二卷 1863
(清)曹绳彦(鞠庵)编
清光绪三十年(1904)武进费伯雄刻本 435(存三十卷) 854(存卷六、二十六)

02707 04058 **百试百验神效奇方**二卷 1864
(清)徐荣编 董儁翰辑
1. 清同治三年(1864)郑心慈刻本 2 139 145 289 308A 590 738B 901
2. 见敬信录(版本附录)

02708 04059 **不内外因家藏妙方**六卷 1864
(清)杜茂英(俊园)撰
清同治三年(1864)抄本 931(残)

02709 03983 **(增广)验方新编**十八卷 [1864]
又名增辑验方新编、重订验方新编
(清)鲍相璈(云韶)编 张绍棠(又堂)增辑
1. 清同治三年(1864)京都善成堂刻本 746A
2. 清同治三年(1864)浙江军需局刻本(附妇婴至宝) 734 734A
3. 清同治八年(1869)竟成堂刻本 740C
4. 清光绪元年(1875)信立德堂刻本 139 731
5. 清光绪九年(1883)南京状元阁刻本(题增辑验方新编十六卷) 202 308 308A 412A 664 702 706 734A
6. 清光绪十四年(1888)粤东浆栏街罗广同济堂刻本 139 203
7. 清光绪十六年(1890)成文信书局刻本 186 308A 462
8. 清光绪十七年(1891)铅印本 541 590
9. 清光绪十八年(1892)广州铅印本 351 731 931
10. 清光绪二十年(1894)上海文林书局石印本 651 701
11. 清光绪二十一年(1895)育婴公局刻本

140 351

12. 清光绪二十二年（1896）书业德记刻本 302 738B
13. 清光绪二十二年（1896）香港文裕堂书局石印本 651
14. 清光绪二十六年（1900）上海观澜阁石印本 139 308A 465（残） 731 734A 736B 740C
15. 清光绪二十九年（1903）上海同文社铅印本 541 931
16. 清光绪三十年（1904）上海洽记书局石印本 139 279 311 353 412A 541 651 701 733 734A 738E 741 746A 854 871（缺卷九） 931 939 940
17. 清光绪三十一年（1905）日本横滨致生号铅印本（附眼科秘方一卷） 279 289 701 831
18. 清光绪三十三年（1907）上海铸记书局石印本 308A 360A 463 465（残） 651 677A 734A 831 931
19. 清光绪三十三年（1907）上海图书集成印书局铅印本 139 203 541 839A
20. 清光绪三十四年（1908）上海久敬斋书局石印本 351
21. 清光绪刻本 139 541
22. 清宣统元年（1909）上海炼石书局石印本 366 734A 736A 738E
23. 清宣统元年（1909）香港东华医院铅印本 XD
24. 清宣统二年（1910）善成堂刻本 351 493
25. 清宣统二年（1910）粤东编译公司铅印本 901 931
26. 清宣统三年（1911）上海会文堂书局石印本 9 139 203 277 364A 403 475A 733 734A 738 931 940
27. 清宣统三年（1911）广州石经堂书局石印本 306 541 931
28. 清刻本 311 414 733B（存一卷） 740A 740C

02710 04060 **救急良方摘要**六卷 ［1864］
著者佚名
清同治三年（1864）刻本 139A

02711 04061 **（费氏）怪疾奇方**一卷 ［1864］
（清）费伯雄（晋卿、砚云子）编
清光绪十年（1884）众香室主人刻本 3 139 139A 186 279 289 413 443 514B 529A 541 570 677A 701 709 728A 731 734 734A 737 738A 738B 746A 839A 896A 907C 921

02712 04062 **厚德堂集验方萃编**四卷卷首一卷 1865
（清）奇克唐阿（慎修）编
1. 清光绪七年至九年（1881—1883）六印堂刻本 1 2 3 21 139 139A 140 185 186 203 251 277 279 280 286 289 361 421 433A 461 463 476 514A 590 677A 715 746A 831
2. 清光绪二十二年（1896）上海珍艺书局石印本 2 21 139 202 254 270 279 289 308A 361 391 392 396 421（存三卷） 476 529A 529B 570 589 590 651 664 715

02713 04064 **经验简便良方**四卷 1865
（清）王四昌（辑五）编
清同治四年（1865）东川文德斋刻本 139 677A 734 896A 915

02714 04065 **普救回生草**二卷 1865
（清）知医悯人居士撰
1. 清同治十三年（1874）刻本 590 728A 859
2. 清光绪九年（1883）刻本 831

02715 04066 **柞溪沈氏应验良方**一卷 1865
著者佚名
清同治四年（1865）青镇王春林刻字店刻本 541

02716 04068 **简验医方**一卷 1866
（清）文梁（怡公）编
清同治五年（1866）长白文梁宁郡官署刻本 590 738B

02717 04069 **玉历金方合编**四卷 1866
（清）郭轩（兰玉居士）编
1. 清同治五年（1866）浙江葛氏刻本 529B 590 736A 736B

2. 清同治十年（1871）刻本（六卷）　412B　738B

02718 04071 **选验良方**二卷　1866
(清）吴光辅编
清同治五年（1866）鸣盛堂刻本　491

02719 04073 **延寿方书**一卷　1867
著者佚名
清同治六年（1867）抄本　139

02720 04074 **应验良方**一卷　1867
(清）觉庵山人编
清同治六年（1867）苏城西山刻书店刻本　839A

02721 04075 **吞烟急救方**一卷　1867
又名吞烟急救良方
(清）王六典（苋洲）编　钟启淦（丽生）增辑
1. 清同治六年（1867）豫省宝善堂刻本　351
2. 清光绪六年（1880）山西濬文书局刻本　139

02722 04076 **急救应验良方**一卷　1867
(清）费山寿（友堂）编
1. 清同治六年（1867）笠泽三省书屋刻本　541
2. 清同治十一年（1872）苏州刻本（附烂喉丹痧辑要一卷）　21　514A　541　731
3. 清光绪元年（1875）瑞安孙衣言皖城刻本　1　139　289　401　412B　514A　541　677A　706　721　734A　735　940
4. 清光绪二年（1876）杨昌濬武林任有容斋刻本　302　570　590　664
5. 清光绪三年（1877）仁和葛元煕啸园刻本　541　664　709
6. 清光绪五年（1879）桂林蒋文成堂刻本　921
7. 清光绪六年（1880）仪征徐福辰刻本　279　308A　381　401　431　443　721　738B
8. 清光绪七年（1881）江右树德书屋刻本　353　366　590　709　737　741　852I　871
9. 清光绪八年（1882）醴泉韩鉴吾丹徒刻重庆巴县善化堂印本　401　664
10. 清光绪九年（1883）成都敬豫堂刻本　412B　541　851　907C
11. 清光绪十年（1884）广州合成斋刻本（附重编普济应验良方六卷附编一卷）　944
12. 清光绪十年（1884）桂林李兆梅贵筑官署刻本　590
13. 清光绪十一年（1885）刻本　139　139A　277　302
14. 清光绪十二年（1886）镜雪子上饶刻本　277　431　461　521　664
15. 清光绪十二年（1886）嘉定王庭槐刻本　186　461　521　664　731　831　839A　901
16. 清光绪十年（1884）桂林李兆梅贵筑官署刻十三年（1887）长沙曹昌祺印本　664
17. 清光绪十三年（1887）荣县正堂唐李烋刻本　852　907C
18. 清光绪十三年（1887）什邡陈锡霈刻本　491
19. 清光绪十三年（1887）古黔夏廷夔化官廨刻本　901
20. 清光绪十四年（1888）古幽习勤堂刻本　926A
21. 清光绪十四年（1888）三原县署刻本（据光绪二年杨昌濬本翻刻）　401　413　664
22. 清光绪十五年（1889）桂林杨培文堂刻本　529A
23. 清光绪十六年（1890）四川荣县刻本　202　907C
24. 清光绪十八年（1892）四川巴州署刻本　270　746A　891　951
25. 清光绪二十二年（1896）刻本　799
26. 清光绪二十六年（1900）卓炯斋三原同文斋刻本　401
27. 清光绪二十六年（1900）杨万清福建刻本　3
28. 清光绪二十六年（1900）蒋绍荃刻本　401　590
29. 清光绪醴陵刻本（据光绪六年仪征徐福辰刻本翻刻）　521　731　901
30. 清光绪黔省张荣兴刻本　303
31. 清宣统元年（1909）龙江明新铅印本　931
32. 清宣统三年（1911）铅印本　1　9　21　139　286　302　393　461　475A　891

33. 清末苏城毛上珍刻本 701
34. 清末刻本 431 491 521 742 852 915
35. 见良方合璧

02723/04077 **应验良方**不分卷 ［1867］
(清)盐官凤传
清抄本 541

02724/04078 **应验良方**一卷 ［1867］
(清)杨古林编
清抄本 709

02725/04079 **经验良方**一卷 1868
著者佚名
清同治七年(1868)慎余书屋刻本 731

02726/04086 **集验神效方汇刻**一卷 1868
又名妙法良方
(清)陈良佐(三锡、愚山、锡山) 倪宗贤(涵初)原撰 童光鍱(荛臾)编
1. 清同治八年(1869)山阴童荛臾荣寿堂刻本 139
2. 清同治八年(1869)山阴童荛臾荣寿堂刻十三年(1874)增刻本 139 541 664 731 734A 735 738B 939

02727/04080 **随缘便录应验良方**一卷 1869
又名随缘便录
著者佚名
1. 清同治八年(1869)狮江鹾局刻本 139 301 590 728A
2. 清光绪元年(1875)广信立德刻本 738B
3. 抄本 738B(题随缘便录)

02728/04081 **验方随录**一卷 1869
又名经验随录
著者佚名
清同治八年(1869)京都赵龙甫刻本 139

02729/04084 **经验百方**一卷 1869
又名经良方
附良方续录一卷
著者佚名
清同治八年(1869)姑苏得见斋刻本 186 279 541

02730/00000 **家传医方秘诀**一卷 ［1869］
著者佚名
清同治八年(1869)抄本 831

02731/04088 **简便独味良方**一卷 1870
著者佚名
清同治九年(1870)刻本 721

02732/04144 **新选验方**一卷 1870
(清)王燕昌(汉皋)撰
1. 清同治九年(1870)刻本 590 651 734
2. 抄本 590

02733/03988 **验方续编**二卷 ［1870］
(清)海山仙馆编
子目：
(1)痧症要法一卷 (清)王凯撰
(2)咽喉秘集一卷 (清)张氏吴氏编
1. 清同治九年(1870)醇雅堂刻本 734
2. 清光绪四年(1878)上洋大魁桢记刻本 289
3. 清光绪九年(1883)合肥味古斋刻本 475A 664 665 721 733 800 931
4. 清光绪十二年(1886)味古斋永凝堂刻本 1

02734/03905 **经验良方**三卷 1871
(清)唐陆宣辑
清同治十年(1871)刻本 570

02735/00000 **医方简易**二卷 1871
著者佚名
清同治十年(1871)刻本 412B 852 852B

02736/04089 **丹桂良方**二卷 1871
(清)黄翼升(星岐)编
清光绪二年(1876)毛上珍刻本 139 251 433A〔附疟痢奇效秘方一卷,清光绪八年(1882)钱塘沛国氏抄本〕 590 651 677A 713 731

02737/04090 **应验简便良方**二卷 1871
附摘要经验良方一卷
(清)黄翼升(星岐)撰
1. 清同治十年(1871)刻本 139A 152 289 664 701 709
2. 清同治十一年(1872)长江水师军署刻本 521 529A
3. 清同治十一年(1872)文宝斋刻本 491

02738/04092 **千金不易简便良方**一卷 1871
原题·华祖仙师遗稿 (清)了因子编
1. 清同治十年(1871)刻本 139 289 393 475A 514A 590 651 677A 707 731

2. 抄本 529A 728A

02739 **经验选秘**六卷 1871
04093 (清)胡增彬(谦伯)编
清同治十年(1871)新安胡增彬翰文斋自刻本 2 139 203 285 361 401 475A 514B 541 590 677A 701 710 721 728A 731 734 734A 735 736A 738B 738E 740I 839A 896A 915 922

02740 **可简方**四卷 1871
04094 (清)郑庆菘编
清同治十年(1871)刻本 412B 417

02741 **利济培元**一卷 1871
00000 著者佚名
清同治十年(1871)刻本 728A

02742 **简易神验方**一卷 1872
04095 (清)朱履庵 陈敬之编
清同治十一年(1872)长江水师军署刻本 521 529B 590

02743 **救急良方**二卷 1872
04096 (清)黄翼升(星岐)编
清同治十一年(1872)金陵长江水师军署刻本 491 512 529B 651 677A 728A

02744 **经验良方**一卷 1872
00000 (清)邵彬儒辑
清同治十一年(1872)刻朱印本 944

02745 **杂症秘验良方**不分卷 1872
04161 著者佚名
清康熙过商侯绍闻堂抄本 590

02746 **普济杂方**一卷 1873
04099 (清)高世格情编
1. 清同治十二年(1873)刻本 139 185
2. 清抄本 4

02747 **神效经验方**一卷 1873
04177 (清)当艇阁主人编
清同治十二年(1873)常熟毛文彬刻本 475A

02748 **集验良方**一卷 1873
04100 (清)刘向书(西山)编
清同治十二年(1873)刘笃康南高世德堂刻本 412B

02749 **救急验方**一卷 1873
04102 (清)吏隐山房主人编
清同治十二年(1873)五云吏隐山房刻本 391 421

02750 **经验良方**一卷 1873
04103 (清)王沛亭等编
清同治十二年(1873)刻本 139

02751 **经验百方**一卷 1873
04104 (清)汪慕善辑
清同治十二年(1873)慕善子刻本 139

02752 **急救良方**一卷 1874
04105 著者佚名 (清)葛少斌校
清同治十三年(1874)刻本 203 362 385A 412B

02753 **保鉴堂经验良方**一卷 1874
04106 (清)王月郜编
清同治十三年(1874)杭州景阳斋王端木刻本 677A 734A

02754 **经验良方**一卷 1874
04107 (清)照今居士编
清刻本 590(附刊于《玉历》中之验方)

02755 **经验良方**一卷 1874
04108 (清)王君以编
清同治十三年(1874)王氏保鉴堂刻本 541 709

02756 **急救良方**一卷 1874
04109 著者佚名
清同治十三年(1874)长白绍城刻本 523

02757 **验方便用**一卷 1874
04110 (清)白玉竹编
清同治十三年(1874)刻本 393

02758 **经验良方**二卷 1874
00000 附潮阳玉历续刻经验良方一卷
辑者佚名
清同治十三年(1874)广东省城业文堂刻本 944

02759 **增补回生集经验方**一卷 [1874]
00000 (清)陈杰(汉三、乐天叟)编
1. 清同治燕山宋氏愿学堂刻本 831
2. 清同治萧山钟氏宝善堂刻本 831

02760 **随山宇方抄**一卷 1875
04111 (清)汪曰桢(刚木、谢城、薪甫、荔墙蹇士)编
1. 清光绪四年(1878)乌程汪曰桢会稽学署刻荔墙丛刻本 9 270 462 475A 541 739

2. 清光绪八年（1882）绍兴安越堂刻本 1 2 139 139A 412A 541 572 590 702 706 734 734A 735 738B 739 839A 852A 896A 901 907C 939
3. 抄本 579
4. 见荔墙丛刻

02761 04112 **杂病选粹**三卷 1875
著者佚名
清光绪抄本 152

02762 04113 **医抄**一卷 1875
著者佚名
1. 抄本 677A
2. 见医苑

02763 04114 **目录便览**一卷 1875
著者佚名
清望春堂抄本 139

02764 04115 **寿世灵方**一卷 1875
（清）徐梅甫编
清光绪元年（1875）湖南安定书坊石印本 831

02765 04087 **一效集**一卷 1875
（清）司马湘（晴江）编
1. 清光绪元年（1875）江宁司马湘刻本 731
2. 清末刻本 1 139

02766 04116 **名方选录单方杂录**一卷 1875
著者佚名
抄本 139

02767 04117 **神验良方集要**三卷 1875
（清）朱尔楫（晴舫）编
抄本 301（附补遗）

02768 04118 **白岳庵经验良方**一卷 1875
（清）余楙（啸松）编
清光绪元年（1875）新安余懋自刻本 351 738B

02769 00000 **医余偶录**二卷续编一卷 ［1875］
（清）李能善（子钧）辑
清光绪元年（1875）同文堂刻本 944（存卷一）

02770 04120 **经验救急良方**一卷 1876
（清）余泽春（二田、苟田、寄湘渔父）编
清光绪二年（1876）陕西蓝田县署刻本 351

02771 04122 **家珍集经验秘方五门**五卷 1876
著者佚名
清光绪二年（1876）暨邑夫山孟葆桦木活字印本 1 590（存二卷，女科、儿科）

02772 04123 **救急成方**一卷 ［1876］
（清）沈志裕（怡庵）撰 徐圆成（古春）编
1. 清光绪十一年（1885）刻本 677A
2. 见毓德堂医约

02773 04124 **医方不求人**二卷 1877
（清）陈羲（日农、辰耕山人）辑
子目：
（1）提携便览一卷 （清）陈羲撰
（2）应验良方一卷 （清）黄瀛洲（秋帆）撰
1. 清光绪三年（1877）石叻永成书庄铅印本 931
2. 清光绪十九年（1893）粤东以文堂刻本 944

02774 04125 **戒烟断瘾前后两方总论**一卷 1877
著者佚名
清光绪三年（1877）林肇元刻本 921

02775 04126 **林文忠公戒烟断瘾经验良方**一卷 ［1877］
附禁种罂粟示
著者佚名
清光绪二十二年（1896）天津济生社刻本 1

02776 04127 **经验良方**一卷 1878
（清）卢由钧 卢由铣编
清光绪四年（1878）金陵刻本 139 361

02777 04128 **经验方**一卷 1878
著者佚名
1. 抄本 421
2. 见平江贺氏汇刊医书

02778 04129 **戒烟全法** 1878
（清）陈恭敏（学山）编
清光绪四年（1878）新安程履丰阿阳官舍补拙轩刻本 186 741

02779 04130 **救吞鸦片烟方法**一卷 1878
著者佚名
见平江贺氏汇刊医书

02780 04131 **嚞斋汇选简要良方**一卷 1878
（清）徐宝谦（亚陶）编
清光绪五年（1879）京都刻朱墨套印本 514A 590 651 677A 728A 799A 944

02781 04132 **居家必用方**一卷 1878
（清）观水轩编
清光绪四年（1878）刻本 541

02782 **尚志庐摘集经验方**一卷 1878
04133 (清)涤非子编
清光绪四年(1878)刻本 139 921

02783 **(校正增广)验方新编**二十四卷 1878
03982 又名梅氏验方新编
(清)鲍相璈(云韶)原撰 梅启照(小岩)增辑
1. 清光绪四年(1878)南昌梅启照杭州刻本 139 203 361 381 391 421 491 529 541 570 579 589 590 664 677A 731 732A 734 734A 735A 736A 738E 740A 740B 746A 799A 839A 852 926A
2. 清光绪四年(1878)上洋珍艺书局铅印本 139 361 401 590 728A 734A 738B(残)
3. 清光绪十一年(1885)慈溪冯祖宪耕余楼铅印本 570 891
4. 清光绪十二年(1886)余庆堂刻本(题梅氏验方新编七卷) 475A
5. 清光绪十四年(1888)上海鸿宝斋书局石印本 1 270 579 799A XA
6. 清光绪十六年(1890)京都三槐来鹿堂刻本(附咽喉秘集二卷) 21
7. 清光绪十九年(1893)上海鸿宝斋书局石印本 202 286 302 303 306 351 677A 733B(存卷一至六) 734A 738B 931 962
8. 清光绪十九年(1893)上海同文书局石印本 2 381 461 541 728A 831
9. 清光绪二十年(1894)上海宝文书局石印本 1 308A 351 413 462 521
10. 清光绪二十一年(1895)上海宝善堂书局石印本(题梅氏验方新编七卷) 308A 311 433A
11. 清光绪二十六年(1900)刻本 21 139 831
12. 清光绪三十年(1904)上海文盛堂书局石印本 734A
13. 清刻本 383 708 734A 735A 736A 740C

02784 **医方便览**一卷 1878
00000 (清)叶炳坤撰
清光绪四年(1878)海存堂刻本 831

02785 **济人良方**一卷 1879
04134 附金玉全书
著者佚名
清光绪五年(1879)佛山天禄阁刻本 139 940

02786 **杂方偶抄**一卷 1879
04135 (清)沈培本(谦谷)编
清光绪五年(1879)抄本 590

02787 **急救杂方**一卷 1879
04136 (清)章奕编
清光绪五年(1879)抄本 139

02788 **良方便检**一卷 1879
04137 (清)彭翰孙(南屏)编
清光绪五年(1879)广州郡斋刻本 664 709

02789 **身验良方**一卷 1879
04138 (清)辜大安(崇山、静虚子)撰
清光绪五年(1879)简州西乡董家埂刻本 289 853 871

02790 **集验救急良方**二卷 1879
04139 (清)冼瑞圃编
清光绪五年(1879)佛山天禄阁刻本 940

02791 **印墅吴养正堂方抄**一卷 [1879]
04140 (清)仲山氏编
抄本 738B

02792 **(集选)奇效简便良方**四卷 1880
04141 (清)丁尧臣(又香)编
1. 清光绪七年(1881)会稽丁尧臣沈阳自刻本 3 139 152 186 412B 461 475A 491 511 570 590 701 734A 738B 739A 896A
2. 清光绪三十年(1904)古乐郊姚协赞刻本 433A 746A
3. 清刻本 421 651 851

02793 **秘授良方**一卷 1880
04143 著者佚名
清光绪六年(1880)栖溪有裕堂抄本 1

02794 **内外群集**一卷 1880
00000 著者佚名
清光绪六年(1880)常邑抄本 412A

02795 **应验良方**一卷 1880
00000 (清)张熙垣辑

清光绪七年(1881)刻本 944

02796 04145 **验方汇集**八卷续集四卷 1881
(清)戴绪安(筱轩)辑 常瑾劳(用臣)补遗
1. 清光绪十年(1884)天津文利堂渤海刻本 2 3 21 139 152 203 277 279(缺卷三) 280(缺卷三) 289 306 491 590 664 926A
2. 清光绪十七年(1891)刻本 139 305 362 664
3. 清末抄本 251

02797 04146 **应验简易良方**一卷 1881
(清)长年医局编
清光绪七年(1881)常州长年医局刻本 139 361 590

02798 04147 **(新刊)经验良方**一卷 1881
(清)飞觞居士编
清光绪七年(1881)刻本 139 734A 738B

02799 04148 **立命验方拣编**一卷 1881
(清)初醒子编
清光绪七年(1881)新化初醒子江右镇武左营刻本 393 541 741

02800 04149 **内外科良方摘要**不分卷 1881
(清)辛生(平原)编
清光绪七年(1881)抄本 590

02801 04150 **内外汇录良方**一卷 1881
著者佚名
清光绪七年(1881)抄本 709

02802 04151 **救急良方**一卷 1881
(清)芗田氏(勋斋居士)编
清光绪七年(1881)三山芗田氏增江官廨自刻本 412B

02803 03984 **(增订)验方新编**八卷附续方一卷 1881
又名(精校)验方新编
(清)鲍相璈(云韶)编 张绍棠(又堂)增辑
1. 清光绪七年(1881)合肥味古斋刻本 1 381 412A 475A 491 541 651(残) 665 706 740C 746(残) 781(残) 850(残) 926A(残)
2. 清光绪十八年(1892)香港万卷楼铅印本 590
3. 清光绪三十年(1904)扬州益智书社铅印本 361 412A 514A 709 734A 922

02804 13254 **良方集腋**二卷附一卷 1882
良方集腋合璧二卷附一卷
妇婴至宝一卷
(清)谢元庆(肇亨、蕙庭) 亟斋居士原撰 王庆霄(蘅香)增辑 潘理斋增补 谢家福(家树、绥之、锐止、望炊)编
清光绪八年(1882)苏州谢家福望炊楼刻本 391 664(题谢元庆医书三种) 724A(存卷一、二、良方集腋合璧卷下)

02805 04152 **验方急救编**一卷 1882
(清)姚景阳编
清光绪八年(1882)甘泉姚景阳自刻本 412B

02806 04153 **良方**六卷 1882
编者佚名
子目:
(1)救五绝良方一卷
(2)救解鸦片毒方一卷
(3)回生第一仙方一卷
(4)妇人调经门一卷
(5)种子刍言一卷
(6)保产诸方一卷
清光绪八年(1882)刻本 139 286 740B

02807 04156 **内外验方**二卷 1883
又名内外验方秘传
(清)赵濂(竹泉)撰
1. 清光绪十一年(1885)刻本 706
2. 清光绪十一年(1885)刻二十一年(1895)增刻本 3 514A 590
3. 清抄本 412A(题内外验方秘传)

02808 04157 **青囊秘方**不分卷 1883
著者佚名
清抄本 701

02809 04158 **青囊立效秘方**二卷 1883
(清)李彭年(步镂)编
1. 清光绪九年(1883)刻本 3 572 590 651 664 677A 706 728A
2. 见医门补要版本(附录)

02810 04159 **良方辑要**一卷 1883
附外科医镜一卷
(清)潘恭豫辑
1. 清光绪九年(1883)叶芝香刻本 541 738B
2. 清光绪二十一年(1895)嵊县魏其臣刻本

139 735A

02811 **青囊经验良方**一卷 1883
04160 （清）鲍承良编
清光绪九年（1883）稿本 541

02812 **续验方**六卷 1883
03986 （清）鲍相璈（云韶）原编 吴彝山（安圃）编
1. 清道光麓峰草堂刻本 529A（残）
2. 清道光湖南毛怀德堂刻本 706（缺卷三）
3. 清咸丰三年（1853）刻本 839A
4. 清光绪五年（1879）刻本 186 781 871 907C
5. 清末文昌书局刻本 139

02813 **增广验方新编**一卷 1883
04497 （清）铭璋（竹屏）辑
清光绪九年（1883）抄本 541

02814 **青囊奇秘**一卷 ［1883］
04162 著者佚名
1. 清崔于光抄本 1
2. 清抄本 709

02815 **良方合璧**八卷 1884
00000 （清）褚瑛（振瀚、子舒）辑
子目：
（1）普济应验良方六卷附录一卷 （清）德轩氏撰
（2）急救应验良方一卷 （清）费山寿撰
清光绪十年（1884）历城褚瑛刻本 139

02816 **急救方录要**一卷 1884
04164 著者佚名
清光绪十年（1884）隆昌官舍刻本 139 541

02817 **验方别录**四卷 1884
04166 **续验方别录**四卷
（清）郑奋扬（肖岩）编 徐友成（友丞）增订
清光绪二十年（1894）福州陈文鸣刻三十二年（1906）袖海庐增刻本 308A 590 734A 917A

02818 **益生编**一卷 1884
08300 著者佚名
清光绪十年（1884）抄本 139

02819 **信验良方**一卷 1884
00000 **眼科摘要**一卷
附小儿惊风治验一卷
著者佚名
清光绪十年（1884）抄本 391

02820 **攒花经验方**一卷 1884
00000 辑者佚名
清光绪十年（1884）马健甫抄本

02821 **信验良方**一卷 1884
00000 附眼科摘要一卷
著者佚名
清光绪十年（1884）抄本 391

02822 **（缩本增删）验方新编**十八卷 ［1884］
03985 又名验方新编全书、选录验方新编
（清）鲍相璈（云韶）编
1. 清光绪十年（1884）信述堂刻本 139 361 412A 734A 746A 896A
2. 清光绪十二年（1886）潮州正谊善堂刻本 280 381 746A 931
3. 清光绪十五年（1889）广州麟书阁刻本 799A 931
4. 清光绪十八年（1892）日本横滨中华会馆铅印本（题选录验方新编，附眼科秘方一卷） 1 2 139 185 186 270 286 412A 412B 450 541 590 677A 701 721 734A 738A 746A 896A 931 940
5. 清光绪二十一年（1895）四川富顺玉皇楼刻本 139 401 746A
6. 清光绪二十二年（1896）广州经史阁刻本 931
7. 清光绪二十三年（1897）香山黄梅西上海广亩宋斋石印本（题选录验方新编） 202 381 391 462 651 731 738E 746A
8. 清光绪二十三年（1897）燕山蔡钧江南苏松太观察使署石印本（内封题增广书口题校正验方新编） 381
9. 清光绪二十三年（1897）石印本 514A 541 707 799A
10. 清光绪二十四年（1898）碧琳瑯馆石印本 289
11. 清光绪二十四年（1898）羊城宝经阁刻本 514A 931
12. 清光绪二十六年（1900）北洋石印官书局石印本 1 7 21 514A 734A
13. 清光绪三十年（1904）正谊堂刻本 907C

14. 清光绪三十年（1904）上海章福记书局石印本 433A 529A 702 854
15. 清光绪三十一年（1905）上海广肇会馆铅印本 381 589 590 746A
16. 清光绪三十一年（1905）香港东华医院铅印本 572 728A 746A 901 907C 917A 931 943
17. 清光绪三十一年（1905）铅印本 1 2 412B 463 529 541 721 942B

02823 04167 **验方录**一卷 ［1884］
著者佚名
抄本 139

02824 04328 **奇方备检**一卷 ［1884］
（清）吕献堂辑 梁元辉（玉珊）增辑
1. 清光绪十年（1884）广州何多文堂刻本 931
2. 清光绪十年（1884）刻十六年（1890）增刻本（附新选良方一卷） 940 944

02825 04168 **验方偶录**一卷 1885
（清）林庆炳（爱梅居士）编
清光绪十一年（1885）小石渠阁刻本 590 651

02826 04169 **救吞生烟奇效方**一卷 1885
附戒烟方
（清）魏纶先（温云）撰
清光绪十一年（1885）魏纶先扬州刻本 741

02827 04171 **选集一效秘方**一卷 1885
（清）黄育珍编
清光绪十一年（1885）抄本 541

02828 04172 **急救神方**一卷 1885
（清）李元度编
1. 清光绪十一年（1885）刻本 381
2. 见达生编（版本附录）

02829 00000 **海粟斋集刻药方**一卷 ［1885］
（清）陈延庆撰
清光绪十一年（1885）荆溪渔人刻本 412A

02830 00000 **范氏家诊临证效方**四卷 ［1885］
附郑氏女科万金方一卷
著者佚名
清光绪十一年（1885）抄本 286

02831 04174 **经验良方** 1886
著者佚名
清光绪十二年（1886）同善斋刻本 677A

02832 04175 **便易良方**十四卷 1886
（清）彭元照编
清光绪十二年（1886）安徽桐城彭元照自刻本 308A

02833 04178 **经验良方**一卷 1886
著者佚名
清光绪十四年（1888）刻本 541

02834 04355 **万应经验良方**一卷 1886
（清）吕献堂编
清宣统三年（1911）王忠恕堂铅印本 1

02835 00000 **神效药方**一卷 1886
著者佚名
清光绪十二年（1886）抄本 831

02836 04179 **增删经验良方**一卷 ［1886］
（清）李君施（济之）撰
清同治光绪间刻本 433A

02837 04180 **验方选易**三卷 1887
（清）邹文翰（访渔）编
清光绪十三年（1887）思诚斋刻本 2 590 677A 709

02838 04181 **易成**二卷 1887
易成方二卷
（清）恩年（子青）撰
清光绪十三年（1887）积善堂刻本 139

02839 00000 **救济应验良方**一卷 1887
著者佚名
清光绪十三年（1887）刻本 203

02840 04182 **万选良方**二卷 1887
（清）余楙（啸松）编
1. 清光绪十三年（1887）刻白岳庵杂缀医书本 590 677A 738E
2. 见白岳庵杂缀医书

02841 04183 **经验济世良方**一卷 1887
（清）杨云章（襄成）编
清光绪十三年（1887）津门杨云章自刻本 139A 270

02842 04307 **急救简便应验良方**一卷 1887
著者佚名
清光绪十三年（1887）四川倪虚谷刻本 851

02843 04186 **善行录**一卷 1888
（清）萧云（雨航）撰

清光绪十四年（1888）德安宝善堂刻本 139

02844 04187 **简捷良方**一卷 1888
原题（清）金陵三鱼堂七十叟编
清光绪十四年（1888）京都永盛斋刻本 139 186 308A 491 529B 590

02845 04188 **经验秘方**一卷 1888
（清）杨舒和（馥蕉） 潘耀墀（云泽）编
清光绪二十年（1894）武林杨舒和苕溪潘耀墀杭城聚文楼刻本 139 186 361 541 590 677A 728A 731 734A 738E 901

02846 04189 **寿世良方**四卷卷首一卷 1888
（清）陈劢（子相）编
清光绪十四年（1888）王氏四明积善堂刻本 1 361 412B 475A 529A 541 570 677A 733 734 917A 921

02847 04190 **择录箴言**一卷 1888
简捷良方一卷
著者佚名
清光绪十四年（1888）京都永盛斋刻本 139A 308A

02848 04191 **（增辑）急救方**一卷 1888
（清）李超琼（惕夫、紫璈）撰
清光绪十四年（1888）合江李起琼溧阳县署自讼斋刻本 541 664

02849 04192 **备急验方**二卷 1888
（清）郑官应（正翔、陶斋）编
1. 清光绪十五年（1889）刻本 651
2. 清光绪十六年（1890）羊城刻本 701

02850 00000 **宁晋王洛光处方**一卷 1888
（清）王洛光撰
清光绪十四年（1888）文华堂稿本 285

02851 00000 **验方摘要**一卷 1888
著者佚名
清光绪十四年（1888）刻本 251

02852 00000 **武林毛枫山先生济世养生合集选要良方**一卷 1888
眼科神应方一卷
（清）毛世洪（达可、枫山） 胡鳌编
清光绪十四年（1888）杨鹤岑刻本 734A 738B

02853 00000 **新编经验奇方全集**一卷 ［1888］
著者佚名
清光绪十四年（1888）刻本 852V

02854 04193 **良方辑要**一卷 1889
（清）郑仙根（榜诏）编
清光绪十五年（1889）书带草堂木活字印本 361

02855 04194 **是亦良方**一卷 1889
（清）医俗子编
清光绪十五年（1889）刻本 139 361 709 741

02856 04195 **简易百方**一卷 1889
附征信录
（清）胡志澄（靖波）编
清光绪十五年（1889）浙东莳兰书屋刻本 839A

02857 04197 **经验良方**六卷 1889
又名符乐善堂经验良方
（清）符霁光辑 符伯庸（丽生）增订
1. 清光绪十五年（1889）天宝钮店刻本 677A
2. 清光绪十八年（1892）刻本 677A 931
3. 清光绪二十年（1894）广州翼化堂刻本 931（残）
4. 清光绪二十六年（1900）天宝店刻本 931
5. 清光绪三十年（1904）南海蔡敏驭忠善堂刻本 285 308A 491（残） 709 931 940 709（存卷一至四） 942（存卷一、二） 944

02858 00000 **龚大兴方书**一卷 1889
（清）龚大兴撰
清光绪十五年（1889）长沙龚大兴药室刻本 831

02859 00000 **急救仙方**一卷 1889
（清）郝云权编
清光绪十五年（1889）黄邑二官堂刻本 740C

02860 00000 **汇选验方**二卷 1889
（清）惜阴氏撰
清光绪十五年（1889）刻本 944

02861 04198 **经验简便良方**一卷 1890
（清）曾懿（伯渊、朗秋）辑
清光绪十六年（1890）华阳曾懿自刻本 475A 664

02862 **经验秘方**二卷 1890
04200 （清）邓嘉桢（耕湄）传
清光绪十六年（1890）抄本 139

02863 **淑老轩经验方**一卷 1890
04201 （清）黄毓恩（泽臣）编
清光绪十六年（1890）四川臬署刻本 1 139 541 590 731 831 851 951

02864 **黄廉访精选经验方**一卷 1890
04202 （清）黄廉访（云鹄）撰
清光绪十六年（1890）四川刻本 851

02865 **梁公圣佛验方续刻**二卷 1890
04203 又名圣佛良方
原题（清）高凉氏编
清光绪十六年（1890）佛山六吉轩刻本 931

02866 **医方经验**四卷 1890
04204 （清）郝瀛（仙洲）编
清光绪十六年（1890）刻本 21 186 289（存卷一、三、四） 746A 839A

02867 **救急奇方**一卷 1890
04205 著者佚名
清光绪十六年（1890）威邑镇西场文昌宫刻本 139

02868 **经验良方**一卷 1890
04207 （清）陈玉麟编
1. 清光绪十六年（1890）刻本 1
2. 见格言联璧（附录）

02869 **类纂群书世传屡验方**一卷 1890
04208 著者佚名
清末抄本 139

02870 **（新编）济世良方**一卷 1891
04210 （清）陈步梯撰
清光绪十七年（1891）粤东大浦陈步梯台湾刻本 731

02871 **救人良方**一卷 1891
04211 （清）秀耀春撰
1. 清光绪十七年（1891）青州刻本 289 590 677A 712
2. 清光绪二十七年（1901）上海美华书馆铅印本 139A 308A 541 831 943
3. 清光绪天德医闻新报社铅印本 302

02872 **施药录**一卷 1891
04212 著者佚名
清光绪十七年（1891）河间天主堂铅印本 1

02873 **集验急救良方**二卷 1891
00000 （清）冼瑞圃辑
清光绪十七年（1891）佛山同文堂刻本 944

02874 **应验奇方**一卷 ［1891］
04532 （清）许子振等撰
清光绪十七年（1891）抄本 709

02875 **寿世新编**三卷 1892
04213 （清）万潜斋（方内散人）编
1. 清光绪十八年（1892）南昌道合山房刻本 1 139 286 289 514A 529A 541 590 664 665 677A 709 738 738B 741（残） 742 839A 852 926A
2. 清末抄本 734A

02876 **增补神效集**二卷 1892
04006 附急救应验良方一卷
著者佚名 （清）张鹏飞（补山） 钱青选（兆莲）增辑
清光绪十九年（1893）甘肃灵武钱青选兰州刻本 1 139 286 433A 732

02877 **陈氏秘方**一卷 1892
04216 （清）陈莘田撰
清王大霖抄本 701

02878 **急救医方撮要**一卷 1892
04217 （清）周祖升撰
清光绪十八年（1892）昭文陈星涵刻本 1 901

02879 **汇方**一卷 1893
04220 著者佚名
抄本 139

02880 **急救百病济世回生良方**二卷 1893
04221 （清）马文植（培之）辑
清光绪十九年（1893）积善堂石印本 251

02881 **保寿经针线拾遗**一卷 1893
00000 （清）李缵文（彦仲、散花痴侬）辑
见订正医圣全集保身寿世真经（附录）

02882 **验方摘要**一卷 1893
04223 （清）孙恩寿等辑
清光绪十九年（1893）魁文斋刻本 202

02883 **验方摘要**一卷 1893
00000 （清）王开运辑
清光绪十九年（1893）江右王开运刻本 1

02884 **经验良方**不分卷 1894
04224 （清）汪氏编
清光绪二十年（1894）聚文斋刻本 746A

02885 **救急应验良方**一卷 1894
04184 （清）颐园居士编
清光绪二十四年（1898）石印本 139 891

02886 **叶天士先生经验奇方**一卷 1894
00000 原题（清）叶桂（天士、香岩、南阳先生）辑 蒋承楣编
清光绪二十年（1894）蒋承楣抄本 728A

02887 **（家传）经验良方**一卷 ［1894］
04225 著者佚名
见李自求抄医书四种

02888 **疑难急症简方**四卷 1895
04226 （清）罗越峰编
清光绪二十二年（1896）刻本 152 529 590 731 734A 738B

02889 **便用良方**一卷 1895
04228 （清）李耀廷撰
清光绪二十一年（1895）信而堂刻本 139 677A

02890 **方案全录**不分卷 1895
04229 （清）陈健安录
清光绪二十一年（1895）树德主人抄本 514A

02891 **陈氏秘方**一卷 1895
00000 （清）陈珍阁（宝光）撰
清光绪二十一年（1895）刻本 944

02892 **摘要良方**一卷 1896
04230 （清）修竹居士等编
清光绪二十二年（1896）怡修居士刻本 664 731 741

02893 **周氏经验俭要方**一卷 ［1896］
04232 （清）周梦祯编
清光绪二十二年（1896）刻本 202

02894 **医方撮秘**一卷 ［1896］
00000 （清）关节臣 关祝三辑
清光绪二十二年（1896）抄本 944

02895 **勤懒书生按病汇方**一卷 1897
04233 （清）勤懒书生撰
稿本 139

02896 **相在室集验方**二卷 1897
04234 （清）谭从华（棣生）编
清光绪二十三年（1897）刻本 541 590 746A

02897 **救吞生烟笔记**一卷 1897
04235 附救吞诸毒法
（清）沈俊卿撰 卫祥椿编
清光绪二十三年（1897）江阴南菁书院刻本 1 139 541 651 664 702 707

02898 **春雨堂集方**不分卷 1897
04237 著者佚名
清光绪二十三年（1897）抄本 541

02899 **救五绝诸毒良方**一卷 1897
04238 （清）朱培源（恰云）编
清光绪二十三年（1897）靖江文艺斋刻本 475A 701

02900 **救劫回生**四卷 1897
00000 著者佚名
清光绪二十三年（1897）浙绍顾氏刻本 1 312 413（存卷一） 734A

02901 **雨堂偶笔**四卷 ［1897］
00000 （清）蒋庆赢（双南）撰
清光绪二十三年（1897）刻本 308A

02902 **验方择要**四卷 1898
04239 （清）风岐（仪臣）编
清光绪二十四年（1898）刻本 1 301 475A 511 664 939 940

02903 **经验各种秘方辑要**一卷 1898
04241 （清）王松堂（小楼主人）编
清光绪二十四年（1898）上海著易堂铅印本 139A 251 289 475A 476 541 570 590 603 664 677A 734 738A 799A 907B

02904 **救急良方**一卷 1898
04242 （清）璥路（佩卿） 张洪宪（海珊）编
清光绪二十四年（1898）刻本 139

02905 **经验奇方**二卷 1898
04244 （清）周锟（子让、子芗、痴诚道人）撰
1. 稿本 529
2. 清光绪二十四年（1898）绍兴育新书局石印本 412B 570 734A 738A 907C
3. 清光绪三十四年（1908）石印本 152 852A 896A

02906 **青囊萃颖**正续编二卷 1898
05035 （清）刘行周（赞化）辑

清光绪二十四年(1898)抄本 709

02907 04245 **简便灵应验方**二卷 [1898]
(清)郭安义(农甫)编
清光绪二十四年(1898)四川刻本 289 907C

02908 04246 **正谊堂困知记**一卷 [1898]
著者佚名
抄本 831

02909 04247 **艾浩碞先生抄集良方**不分卷 1899
又名西楼杂俎
(清)艾浩碞编
抄本 139

02910 00000 **验方集腋**十卷 [1899]
著者佚名
见抄本医书五种

02911 04249 **良方辑要**一卷 1900
(清)符丽生辑
见增广大生要旨(版本附录)

02912 04250 **记录验方新编**一卷 1900
著者佚名
清光绪二十六年(1900)孙家聪抄本 139

02913 04251 **抄集验方**一卷 1900
(清)李戚宜撰
抄本 139

02914 04252 **医书神效**一卷 1900
著者佚名
清抄本 139

02915 04253 **医药杂方抄**二卷 1900
著者佚名
清抄本 139

02916 04254 **应验方抄**一卷 1900
著者佚名
清抄本 139

02917 04255 **诸症施治**一卷 1900
著者佚名
清抄本 139

02918 04256 **秘传神效应验良方**不分卷 1900
著者佚名
清抄本 139

02919 04257 **选方**二卷 1900
(清)耿世珍(廷瑾、光奇) 杭臣五编
稿本 139

02920 04258 **验方辑要** 1900
(清)赵诚(守一)撰
清光绪二十六年(1900)刻本 301

02921 05927 **湛庐医筏**二卷 1900
(清)郑淦(淼泉)选录
清光绪二十六年(1900)刻本 590

02922 04259 **勤辅坛鸾书方药集**一卷 1900
(清)龙游勤辅坛编
清光绪二十六年(1900)刻本 541

02923 04260 **百一经验方**一卷 1900
又名鲍竺生先生家传方、读易斋丸散集
(清)鲍晟(竺生)撰
清光绪二十六年(1900)听鹂药室刻本 139

02924 04261 **见症知医**六卷 [1900]
(清)丁肇钧(贤真、磊磊顽皮)参订
1. 江西丁攸芋堂刻本 139
2. 抄本 922

02925 04263 **经验良方**一卷 [1900]
著者佚名
清刻本 139 366 742

02926 04264 **验方汇录**一卷 [1900]
著者佚名
抄本 139

02927 04265 **内外备用诸方**不分卷 [1900]
又名验方新编
著者佚名
抄本 139

02928 04266 **神验方**一卷 [1900]
著者佚名
清抄本 139

02929 04267 **朱君出方留踪**不分卷 1901
(清)朱紫尊撰
清光绪二十七年(1901)李乙青抄本 139

02930 04268 **辑要良方**十卷 1901
(清)积善堂编
清光绪二十七年(1901)积善堂刻本 514A

02931 04483 **灵验良方**一卷 [1901]
著者佚名
清光绪二十七年(1901)抄本 709

02932 04269 **济人神效方**三卷 1902
(清)程祖尉编
清光绪二十八年(1902)经世文社石印本

139 139A 590

02933 04270 **验方备用**一卷 1902
（清）黄德仁编
清光绪二十八年（1902）广州中和堂刻本 931

02934 04271 **验过奇方**一卷 1902
著者佚名
清光绪二十八年（1902）曹磐甫抄本 590

02935 04272 **集验良方**一卷 1902
（清）王炽昌编
清光绪二十八年（1902）刻本 709

02936 04273 **回生方**一卷 1902
附兰游草
（清）王漯撰
清光绪二十八年（1902）刻本 421

02937 04274 **良方汇录**一卷 1902
（清）朱惟孝撰 伯莱辑
清光绪二十八年（1902）抄本 590

02938 00000 **救世良方**二卷 1902
（清）韦佩宽（栗斋）辑
清光绪二十八年（1902）木活字印本 734A

02939 04275 **简便良方**一卷 1903
著者佚名
清光绪二十九年（1903）五知堂刻本 139

02940 04276 **验方**一卷 1903
著者佚名
1. 清光绪二十九年（1903）抄本 529A
2. 抄本 203

02941 04277 **经验杂方**一卷 1903
（清）劳守慎（朗心）编
1. 清光绪二十九年（1903）广州宏经阁刻本 139 289 734A 940 944
2. 见时疫辨（版本附录）

02942 04278 **秘方汇集**一卷 1903
（清）李德中（允执、拙庵）撰
清光绪二十九年（1903）三义堂刻本 270 277 289 570

02943 04279 **急症要方选**一卷 1903
著者佚名
清光绪二十九年（1903）修德堂刻本 279

02944 04280 **癸卯新选各种经验良方**一卷 1903
著者佚名
清光绪二十九年（1903）上海绛雪斋石印本 1

02945 04281 **上杭罗氏经验方**一卷 1903
著者佚名
清光绪二十九年（1903）上海绛雪斋石印本 1

02946 04282 **救伤集成**一卷 1904
（清）黄皖（紫云）撰
1. 清光绪三十年（1904）经铿家塾存儿堂刻本 139（附解毒集成一卷） 831
2. 见黄氏医绪（附录）

02947 00000 **解毒集成**一卷 1904
（清）黄皖（紫云）撰
1. 清光绪三十二年（1906）经铿家塾存儿堂刻本 831
2. 见黄氏医绪（附录）

02948 04284 **各种经验良方**一卷 1904
（清）聂缉规（仲芳）辑
1. 清抄本 728A
2. 见时疫白喉捷要（版本附录）

02949 04283 **急救良方**二卷 1904
（清）黄心甫（秉樾）编
清光绪三十年（1904）宁郡黄氏秀文斋刻本 251 734A 740A

02950 04288 **周氏集验方**一卷续编一卷 1905
（清）周憬（莘农、惜分阴轩主人）编
1. 清宣统二年（1910）上海宏大善书局石印本 286 541 590 603 651 677A 713 731
2. 抄本 579（存续编）

02951 04290 **摘方备要**一卷 1905
著者佚名
1. 清光绪三十一年（1905）上海书局石印本 301
2. 上海广益书局石印本 931
3. 上海大成书局石印本 514A
4. 石印本 139A 721

02952 04291 **备用药物**一卷 1905
经验简便良方一卷
又名备用药物经验简便良方合刻
著者佚名
1. 清光绪三十一年（1905）四川滇黔边计官运盐务总局刻本 891
2. 清光绪浙江官书局刻本 1 303 541

731 738B
3. 清光绪成都官报书局铅印本 363 851 871 951
4. 清刻本 1 186 251 277 279 288 401 443 541 590 677A 734 740A 852 891 901
5. 安庆正谊书局铅印本 677A

02953
04292
救吞生烟良方一卷 1906
(清)张香圃 计凯臣编
清光绪三十二年(1906)温郡济善官医局刻本 139

02954
04293
吾知斋集方不分卷 [1906]
吾知斋主人编
抄本 139

02955
04294
药方杂录一卷 [1906]
著者佚名
唐成之抄本 139

02956
03848
方书三种三卷 1907
(清)汪汲(葵田、曙泉、海阳竹林人、古愚)撰者佚名
子目：
(1)解毒编一卷
(2)汇集经验方一卷
(3)怪疾奇方一卷
1. 清光绪三十三年(1907)江陵邓振墀乔阴山房刻本 139 436 590 713(缺解毒编) 728A 781
2. 抄本 514A

02957
04295
良方汇编二卷 1907
原题(清)陋斋氏编
清光绪三十三年(1907)刻本 651

02958
04296
医方捷效一卷 1907
(清)马述远(儒斋)撰
清光绪三十三年(1907)江邑文麟阁刻本 361

02959
04297
秘方一卷 1907
(清)吴静昆编
清光绪三十三年(1907)抄本 1

02960
04298
戒烟善后策一卷 1907
(清)张和棻(性如、莘墅)编
清光绪三十三年(1907)张存存石印本 896A

02961
04439
江北神验秘方一卷 1907
(清)胡镜(心人)编
清光绪三十三年(1907)抄本 541

02962
04300
急救仙方一卷 1908
著者佚名
清光绪三十四年(1908)嘉兴冯圣昌刻字店刻本 139

02963
10922
卫生丛录一卷 1908
(清)徐猷程(友丞)编
清光绪三十四年(1908)宁波钧和印刷所铅印本 590

02964
04302
紫荆山馆存方一卷 [1908]
(清)何嵩生撰
清光绪朱丝栏抄本 1

02965
04303
古今良方汇编一卷 [1908]
(清)琴鹤主人编
1. 清光绪抄本 541
2. 清刻本 139 712 733 734 907C

02966
04304
经验济世良方一卷 [1908]
(清)衍秀辑订
1. 清刻本 351 944
2. 见白喉治法忌表抉微(版本附录)
3. 见玉历至宝抄(附录)
4. 见玉历汇录良方(附录)

02967
04305
经验百方一卷 [1908]
著者佚名
1. 清光绪刻本 1 709
2. 抄本 529A 541(残)
3. 见玉历至宝抄(附录)
4. 见玉历汇录良方(附录)

02968
04306
汇编验方类要不分卷 [1908]
(清)凝一堂编
稿本 139

02969
04309
孙御千陆赞元经验方一卷 [1908]
原题(清)元夫公编
抄本 1

02970
04310
陆沈园集验方一卷 [1908]
(清)陆沈园编
抄本 139

02971
04311
单方摘要一卷 [1908]
著者佚名
抄本 139

02972
04312
特效奇方一卷 [1908]
著者佚名
抄本 139

02973 **摘抄各种丹方**一卷 ［1908］
04313 著者佚名
程若斋抄本 139

02974 **古今良方汇编**一卷 ［1908］
04315 著者佚名
清光绪刻本 139

02975 **抄本经验良方册**不分卷 ［1908］
04316 著者佚名
抄本 139

02976 **经验百方存**二卷 ［1908］
04317 著者佚名
清光绪刻本 721

02977 **良方汇录**五卷 ［1908］
04348 （清）石颀（更叟）编
1. 清光绪抄本 731
2. 见石室丛抄医书十七种

02978 **经验秘方类钞**二卷 ［1908］
04498 （清）吴光云编
清光绪三十四年（1908）留耕堂石印本 302

02979 **三百单方**一卷 1909
04318 又名验方纂要
（清）彭友文编
清宣统元年（1909）崇善堂刻本 1 289 491 664 831 839A

02980 **商办戒烟会良方**不分卷 1909
04320 （清）商办戒烟会编
清宣统元年（1909）铅印本 541

02981 **千金珍秘**一卷 1909
05143 （清）巢峻（崇山、卧猿老人）撰 巢元瑞（凤初）续编 巢祖德（念修）补辑
清抄本 590

02982 **抉瘾刍言**一卷 1909
04321 （清）杜钟骏（子良）撰
1. 清宣统元年（1909）京华印书局铅印本 728A 839A 911
2. 见杜钟骏医书五种

02983 **抄录名案医方**不分卷 1909
04322 著者佚名
清宣统元年（1909）抄本 361

02984 **杂方书**一卷 1909
04324 著者佚名
清宣统元年（1909）抄本 139

02985 **医方妙选**一卷 ［1909］
04325 著者佚名
抄本 139

02986 **济世真诠**一卷 ［1909］
04326 著者佚名
清末抄本 2

02987 **良方随录**一卷 ［1909］
04327 著者佚名
抄本 139

02988 **经验方选录**一卷 ［1909］
04329 （清）梧亭氏辑
清抄本 139

02989 **内外验方秘传**二卷 ［1909］
00000 （清）赵竹泉撰
清光绪抄本 203

02990 **医林汇萃**不分卷 ［1909］
00000 （清）黄泽澍辑
清宣统元年（1909）抄本 289

02991 **极效神方**一卷 1910
04330 （清）陈鹤云撰
清宣统二年（1910）鄂垣萃古斋刻本 353 590

02992 **经验杂方**一卷 1910
04331 （清）刘子宏（心愧）编
清宣统二年（1910）潮州同文善堂刻本 931 945

02993 **集录经验方**一卷 1910
04332 著者佚名
清宣统二年（1910）抄本 139

02994 **救疫速效良法**一卷 1910
04334 （清）曹廷杰（彝卿）撰
1. 清宣统二年（1910）吉林官书印刷局铅印本 579
2. 见防疫刍言（附录）

02995 **内府药方**四卷 1910
00000 （清）太医院辑
清抄本 140

02996 **秘授验过良方**不分卷 ［1910］
04336 著者佚名
清抄本 731

02997 **张氏秘传**一卷 ［1910］
04337 著者佚名
抄本 139

02998 **家中秘**一卷 [1910]
04338 著者佚名
抄本 139

02999 **卫生方**不分卷 [1910]
04339 著者佚名
抄本 139

03000 **妇幼内科方抄**一卷 [1910]
04340 著者佚名
抄本 139

03001 **百病奇方**一卷 [1910]
04341 著者佚名
抄本 139

03002 **经验良方**一卷 [1910]
04342 著者佚名
清刻本 139

03003 **内外杂治方**一卷 [1910]
04343 著者佚名
抄本 139

03004 **必效良方**一卷 [1910]
04345 著者佚名
抄本 139

03005 **王氏家藏方**一卷 1911
04351 著者佚名
清抄本 139

03006 **传授心法**一卷 1911
04352 著者佚名
清抄本 139

03007 **杂症方**一卷 1911
04353 著者佚名
抄本 139

03008 **青囊录**一卷 1911
04354 著者佚名
抄本 139

03009 **续刻验方三种**□□卷 1911
04356 著者佚名
子目：
(1)续刻妇科各方一卷
(2)续刻杂科验方一卷
(3)缺
清刻本 279

03010 **攒花小堂经验方**一卷 1911
04357 (清)吴畹青辑 吴子勉校
清春甫抄本 279

03011 **简便经验良方**四卷 1911
00000 (清)黄兆鸾撰
清宣统三年(1911)刻本 944

03012 **秘授跳皮顶串样色派头验方**一卷 [1911]
08362 著者佚名
抄本 139

03013 **(增订)保生造福录**五卷 [1911]
10934 著者佚名
清刻本 139

03014 **经验灵方**□卷 [1911]
04358 著者佚名
清刻本 541

03015 **青囊集要**十八卷 [1911]
04360 (清释)心禅辑
清永禅室抄本 579

03016 **便贱验良方**一卷 [1911]
04361 著者佚名
清末坊刻本 853

03017 **范锐生抄本方书**一卷 [1911]
04362 (清)范锐生编
清抄本 734

03018 **了凡先生经验良方**一卷 [1911]
04365 原题(明)袁黄(坤仪、了凡)撰
清末刻本 731

03019 **御药方本**一卷 [1911]
04367 著者佚名
抄本 302

03020 **药方三种**三卷 [1911]
04369 著者佚名
清抄本 302

03021 **杂症良方**一卷 [1911]
04371 又名救急良方、杂症救急良方
(清)乐田编
清末羊城守经堂刻本 939

03022 **经验良方**一卷 [1911]
04372 (清)蔡鹤(松汀) 章辉实编
清抄本 542

03023 **救急良方**一卷 [1911]
04373 附临产六字真言、立效良方
(清)言应千辑
清言应千自刻本 139

03024 **秘传良方**一卷 [1911]
04374 著者佚名

抄本　139

03025 04375 **村方录要**一卷　［1911］
（清）茧馆主人辑
抄本　139

03026 04376 **御医大内奇验秘方**一卷　［1911］
著者佚名
抄本　2

03027 04377 **经验神效方**二卷　［1911］
（清）孙维榕（石香）编
稿本　590

03028 04378 **医方杂拾**一卷　［1911］
（清）许士晋（锡蕃、用康）编
抄本　139

03029 04379 **医方杂编**不分卷　［1911］
著者佚名
清傅北海抄本　139（残）

03030 04380 **灵方集腋**一卷　［1911］
著者佚名
抄本　139

03031 12435 **随轩偶寄**不分卷　［1911］
著者佚名
清抄本　570

03032 12575 **医学笔记**　［1911］
著者佚名
清抄本　308A

03033 12576 **医科杂说**一卷　［1911］
著者佚名
清抄本　308A

03034 12579 **得心应手**二卷　［1911］
（清）刘澹如撰
清抄本　728A　901

03035 12586 **叶按赘语**不分卷　［1911］
著者佚名
清抄本　570

03036 04381 **验方杂录**一卷　［1911］
著者佚名
抄本　139

03037 04382 **方案**一卷　［1911］
著者佚名
抄本　541

03038 04383 **先人遗传内外秘方**一卷　［1911］
邵氏撰
抄本　139

03039 04384 **万金方**一卷　［1911］
著者佚名
抄本　139

03040 04386 **古今良方**三十二卷　［1911］
附古今秘苑三十二卷
（清）墨磨主人编
清宣统三年（1911）十二桐楼主人刻本　1　202　251　289　475A　651　709（存卷二至三十二）

03041 04387 **集验良方**一卷　［1911］
著者佚名
抄本　139　306

03042 04388 **医方摘要**一卷　［1911］
功本堂编
抄本　139

03043 04389 **入门二十四剂**一卷　［1911］
附生生馆济世二十四方治法
著者佚名
抄本　139

03044 04391 **医学各门验方**一卷　［1911］
著者佚名
抄本　139

03045 04392 **经验良方**一卷　［1911］
白岳山人撰
抄本　139

03046 04393 **经验良方**一卷　［1911］
（清）陆敏杰编
世德堂石印本　139

03047 04394 **治验良方**一卷　［1911］
著者佚名
抄本　139

03048 04398 **陈氏治验良方**一卷　［1911］
著者佚名
快堂抄本　1

03049 04399 **奇效秘方**二卷　［1911］
著者佚名
清末抄本　139

03050 04400 **验方别录**一卷　［1911］
著者佚名
清抄本　139

03051 04401 **试验良方**一卷　［1911］
著者佚名
宾羲阁抄本　139

03052 **随验随录方**一卷 [1911]
04402 著者佚名
清抄本 139

03053 **万病良方**一卷 [1911]
04403 著者佚名
抄本 139

03054 **经验良方**一卷 [1911]
04404 著者佚名
侣史氏抄本 139

03055 **经验方选**一卷 [1911]
04405 著者佚名
抄本 139

03056 **奇治法**一卷 [1911]
04407 著者佚名
抄本 139

03057 **经验良方摘要**一卷 [1911]
04408 著者佚名
抄本 139

03058 **采经奇方**一卷 [1911]
04409 著者佚名
抄本 139

03059 **简效方录**一卷 [1911]
04410 著者佚名
抄本 139

03060 **经验方录**一卷 [1911]
04411 著者佚名
抄本 139

03061 **良方择抄**一卷 [1911]
04413 著者佚名
清抄本 7

03062 **我祖存心济世得异人传授真仙方**一卷
04414 [1911]
著者佚名
清顺邑永济堂刻本 931

03063 **杂证药谱**一卷 [1911]
04415 原题(清)信成置撰
清抄本 139

03064 **人傀论**一卷 [1911]
07392 原题(明)李时珍(东璧、濒湖)撰 辑者佚名
抄本 572

03065 **杂症药方**一卷 [1911]
04416 著者佚名
清末抄本 931

03066 **医海测蠡**不分卷 [1911]
04417 (清)焦次虞(之夏)编
清抄本 851

03067 **应病良方**一卷 [1911]
04419 著者佚名
抄本 651

03068 **诸症良方**一卷 [1911]
04420 著者佚名
清抄本 139

03069 **救急奇方**一卷 [1911]
04422 附意外须防
著者佚名
见积善小补堂汇刻医书

03070 **经验良方**一卷 [1911]
04424 著者佚名
清敬一堂抄本 139

03071 **简便良方**一卷 [1911]
04425 著者佚名
清抄本 139

03072 **神效良方**一卷 [1911]
04426 著者佚名
清刻本 139

03073 **验方撮要**一卷 [1911]
04427 著者佚名
清陈穆斋刻本 917A

03074 **奇方秘集**不分卷 [1911]
04428 著者佚名
清抄本 664

03075 **经验方**一卷 [1911]
04429 (清)时元福编
抄本 709

03076 **急救方**一卷 [1911]
04430 著者佚名
清刻本 721

03077 **良方□□**卷 [1911]
04431 著者佚名
1. 清刻本 139 351 381 541
2. 清抄本 1
3. 抄本 139 572
4. 日本铅印本 541

03078 **不药良方**一卷 [1911]
04432 (清)何遂元(梅村)编

1. 清松石堂刻本 541
2. 抄本 734

03079 **急救灵方**一卷 ［1911］
04433 著者佚名
清刻本 541

03080 **良方广济**一卷 ［1911］
04434 （清）三近堂编
清抄本 302

03081 **古华韩氏编辑活病药性配合法**一卷 ［1911］
04435 朱振远录
抄本 541

03082 **鸦片瘾戒除法**二卷 ［1911］
04436 曹炳章（赤电）撰
清宣统三年（1911）绍兴浙东印刷局铅印本 139A 363 664 736A

03083 **集经验良方**一卷 ［1911］
04437 著者佚名
清刻本 907C

03084 **医家金丹**十卷 ［1911］
04438 著者佚名
清刻本 277（存卷一下上、六、七、十）

03085 **秘方集要**不分卷 ［1911］
04440 （清）储月亭编
清抄本 541

03086 **滋善堂瞭然集女科医方**一卷 ［1911］
04442 **滋善堂瞭然集幼科医方**一卷
滋善堂瞭然集杂症医方一卷
滋善堂瞭然集杂方一卷
（清）刘礼敬辑
清抄本 1

03087 **神效秘验处方第一良方**不分卷 ［1911］
04443 著者佚名
清程秉均抄本 412B

03088 **内外两科经验良方堆金积玉**一卷 ［1911］
04444 著者佚名
清福寿堂抄本 139

03089 **经验良方**一卷 ［1911］
04445 （清）许德隅编
清许德隅抄本 541

03090 **经验良方**一卷 ［1911］
04446 著者佚名
清抄本 308A

03091 **集成秘方**一卷 ［1911］
04447 著者佚名
清末抄本 139

03092 **倪氏家藏方**一卷 ［1911］
04449 著者佚名
清抄本 139

03093 **郑杏林轩经验良方**一卷 ［1911］
04451 （清）郑杏林撰
清抄本 931

03094 **掌中珠**一卷 ［1911］
04453 著者佚名
清抄本 251

03095 **华祖青囊再现**一卷 ［1911］
04454 （清）周玉蟾录
清章丘张氏抄本 302

03096 **秘诀要方**一卷 ［1911］
04457 著者佚名
清抄本 139

03097 **良方汇抄**一卷 ［1911］
04459 著者佚名
抄本 541

03098 **丹方抄**一卷 ［1911］
04460 著者佚名
清抄本 541

03099 **仙方外传**一卷 ［1911］
04461 附应验良方
（清）汪献琯传 汪凤台评
抄本 572

03100 **摘录经验良方**□□卷 ［1911］
04462 （清）金杰编
子目：
（1）丹类一卷
（2）伤科一卷
（3）眼科一卷
（4）丸类一卷
（5）散类一卷
（6）咽喉一卷
（7）内科一卷
（8）毒疮一卷
（9）方类一卷
清抄本 701（存九卷）

03101 **经验方抄**不分卷 ［1911］
04465 著者佚名

清刻本 270 665 901

03102 04468 **良方必效**一卷 [1911]
著者佚名
清抄本 139

03103 04469 **敦善录**一卷 [1911]
著者佚名
清刻本 139

03104 04470 **要方选粹**一卷 [1911]
朱育勤编
抄本 139

03105 04471 **急救良方**一卷 [1911]
著者佚名
抄本 139

03106 04472 **杂病方论**一卷 [1911]
著者佚名
稿本 139

03107 04473 **方略**一卷 [1911]
著者佚名
抄本 541

03108 04474 **药到回春**一卷 [1911]
（清）谭卓之传
清抄本 541

03109 04475 **药方抄**一卷 [1911]
附脉诀一卷
著者佚名
抄本 541

03110 04476 **选积药书**一卷 [1911]
（清）张治馨（香岩）编
清抄本 541

03111 04477 **医家玉屑**一卷 [1911]
（清）林燮堂述 刘文炳辑
清末民初紫丝栏抄本（题景恕堂函稿） 1

03112 04479 **集验良方**一卷 [1911]
（清）陈珄编
清葵锦堂刻本 541

03113 04480 **经验百方**一卷 [1911]
（清）一奚子编
宗文德堂刻本 450B

03114 04481 **仁寿斋勿药方**一卷 [1911]
（清）仁寿斋编
清仁寿斋刻本 706

03115 04485 **疗病奇方**六卷 [1911]
（清）张虚靖撰
清末抄本 3

03116 04486 **（汇集）灵效丹方**六卷 [1911]
著者佚名
抄本 541

03117 04488 **静俭山房秘传验方集录**一卷 [1911]
著者佚名
清抄本 590

03118 04489 **秘传奇方**一卷 [1911]
著者佚名
1. 清抄本 139
2. 抄本 541

03119 04491 **杂症良方**一卷 [1911]
救毒良方一卷
救急良方一卷
著者佚名
清刻本 590（残）

03120 04492 **秘传立效神方**一卷 [1911]
著者佚名
清末云间吴熙抄本 1

03121 04494 **解诸物毒单方**一卷 [1911]
著者佚名
抄本 139（残）

03122 04496 **简易经验百方**一卷 [1911]
（清）程璧编
清末金陵李光明庄刻本 491

03123 04499 **素庵公神授奇方**一卷 [1911]
著者佚名
清抄本 541（残）

03124 04500 **五略集方**一卷 [1911]
著者佚名
清抄本 1

03125 04501 **秘方集要**一卷 [1911]
不著撰者
清抄本 1

03126 07185 **治杂症汤方**一卷 [1911]
著者佚名
见女科集真（附录）

03127 04504 **平安书验方集**一卷 [1911]
原题（□）处常子录
抄本 1

03128 04505 **青囊秘要方**一卷 [1911]
著者佚名
清抄本 738B

03129 **医方必用**不分卷 ［1911］
04507 著者佚名
抄本 412B

03130 **医方杂录**一卷 ［1911］
04508 著者佚名
抄本 412B

03131 **医方秘要**不分卷 ［1911］
04509 著者佚名
抄本 529A

03132 **应验药方**一卷 ［1911］
04511 著者佚名
清刻本 746A

03133 **集效方**二卷 ［1911］
04512 著者佚名
抄本 590

03134 **集验方**一卷 ［1911］
04513 著者佚名
抄本 541

03135 **救世良方**不分卷 ［1911］
04514 著者佚名
清抄本 308A

03136 **青囊余录**不分卷 ［1911］
04515 著者佚名
抄本 931

03137 **秘授奇方**不分卷 ［1911］
04516 著者佚名
抄本 590（陈存仁旧藏）

03138 **秘授良方**一卷 ［1911］
04520 谭伯憩传
抄本 590

03139 **（家传）经验良方**一卷 ［1911］
04521 著者佚名
抄本 277

03140 **各科验方**□□卷 ［1911］
03645 著者佚名
抄本 139 277

03141 **经验良方续录**一卷 ［1911］
04523 著者佚名
抄本 277

03142 **经验神方**一卷 ［1911］
04524 附小术一卷
（清）沈鸣玉（嘉宾）辑
抄本 541

03143 **经验奇方**不分卷 ［1911］
04525 著者佚名
抄本 308 721

03144 **汇集灵效丹方**一卷 ［1911］
04526 著者佚名
抄本 541

03145 **古今普天万灵方**六卷 ［1911］
04527 著者佚名
清抄本 361（存卷二至六）

03146 **万应神方**一卷 ［1911］
04529 著者佚名
清抄本 541

03147 **万宝家传秘方**一卷 ［1911］
04530 著者佚名
抄本 277

03148 **秘方集异**一卷 ［1911］
04536 著者佚名
抄本 590

03149 **秘方随录**一卷 ［1911］
04537 （清）顾珩（依仁）辑
抄本 590

03150 **程氏验方汇编**七卷 ［1911］
04540 著者佚名
抄本 738B

03151 **医腋初集**不分卷 ［1911］
12164 倪氏仁安堂编
抄本 308A

03152 **嘉禾吴辛味先生秘方**一卷 ［1911］
04541 （清）吴辛味撰
清抄本 590

03153 **传灵方**一卷 ［1911］
04542 著者佚名
抄本 139A（残）

03154 **医学三字经诸方分类**一卷 ［1911］
00000 著者佚名
清抄本 414

03155 **集验良方**一卷 ［1911］
00000 **济世良方**一卷
著者佚名
清抄本 308A

03156 **通治验方**一卷 ［1911］
00000 著者佚名
清抄本 286

03157 **颍川家宝**一卷 ［1911］
00000 著者佚名
清抄本 139

03158 **斗山应验妙方**一卷 ［1911］
00000 著者佚名
清抄本 139

03159 **良方便录**一卷 ［1911］
00000 著者佚名
清抄本 736A

03160 **内外科良方**一卷 ［1911］
00000 著者佚名
清抄本 139

03161 **经验良方**一卷 ［1911］
00000 附伤科穴图方药一卷
著者佚名
清抄本 139

03162 **经验良方**一卷补录一卷 ［1911］
00000 （清）碧云居士辑
清刻本 740A

03163 **经验良方**一卷 ［1911］
00000 （清）李宗颢辑
稿本 944

03164 **秘方拾遗**一卷 ［1911］
00000 辑者佚名
清抄本 139

03165 **良方要录**一卷 ［1911］
00000 著者佚名
清抄本 944

03166 **行药妙范**一卷 ［1911］
00000 著者佚名
清抄本 570

03167 **神方碎锦**一卷 ［1911］
00000 著者佚名
清刻本 281A

03168 **术同扁鹊**一卷 ［1911］
00000 著者佚名
清抄本 139

03169 **珍珠囊**一卷 ［1911］
00000 辑者佚名
清青云主人抄本 139

03170 **杂选良方**一卷 ［1911］
00000 著者佚名
清抄本 288

03171 **急救方**一卷 ［1911］
00000 **普济方**一卷
辑者佚名
清抄本 701

03172 **精选良方**十六卷 ［1911］
00000 著者佚名
清蔬香圃抄本 831

03173 **积聚杂症良方**一卷 ［1911］
00000 著者佚名
抄本 362

03174 **杏苑秘方**一卷 ［1911］
00000 著者佚名
清抄本 139

03175 **验方纪略**一卷 ［1911］
00000 （清）贾□撰
清末抄本 743

03176 **验方汇纂**一卷 ［1911］
00000 著者佚名
抄本 782

03177 **神方摘抄**一卷 ［1911］
00000 辑者佚名
清抄本 203

03178 **纂集医方**一卷 ［1911］
00000 著者佚名
次屏氏抄本 782

03179 **袖中方**不分卷 ［1911］
00000 著者佚名
清抄本 139

03180 **山屈经方**一卷 ［1911］
00000 著者佚名
清抄本 570

03181 **邵兰先生药方**一卷 ［1911］
00000 辑者佚名
清末抄本 734A

03182 **济生编**一卷 ［1911］
00000 辑者佚名
清抄本 139

03183 **医方**一卷 ［1911］
00000 著者佚名
清抄本 704

03184 **奇验良方**一卷 ［1911］
00000 著者佚名
清抄本 203

03185 **先抄药方**一卷　[1911]
00000 著者佚名
清抄本　411

03186 **便世方**一卷　[1911]
00000 (清)山月道人辑
清广州锦书堂刻本　944

03187 **急救秘方五要**一卷　[1911]
00000 (清)钱守和(靖邦、觉非)撰　吴焕编
清诸暨陈居谦堂刻本　366

03188 **广济堂抄辑经验奇方**不分卷　[1911]
00000 著者佚名
清抄本　308A

03189 **的确应验良方**一卷　[1911]
00000 **经验良方**一卷验方五卷
(清)张吉林辑　辑者佚名
清刻本　944

03190 **金鉴堂经验良方**二卷　[1911]
00000 (清)陈大缙(鲁斋)辑
清抄本　734A

03191 **倪氏仁安堂集验方**一卷　[1911]
00000 又名医腋初集
(清)倪氏辑
清抄本　308A

03192 **内外科良方**不分卷　[1911]
00000 著者佚名
稿本　139

03193 **观音救苦膏**一卷　[1911]
00000 著者佚名
抄本　782

03194 **杂症要方**不分卷　[1911]
00000 著者佚名
清抄本　308A

03195 **祖师流传图说药方科集**一卷　[1911]
00000 著者佚名
清抄本　782

03196 **集腋成裘**　[1911]
04904 著者佚名
1. 清抄本　313
2. 周国林抄本　541
3. 姚鸿寿抄本　590

03197 **集闻见录**一卷　[1911]
04907 (清)树珊氏编
清抄本　308A

03198 **洋虫方**一卷　[1911]
05027 **各症服用药引**一卷
著者佚名
清积善堂抄本　308A

03199 **简便方抄**一卷　[1911]
05118 著者佚名
抄本　139

03200 **杂症救急良方**一卷　[1911]
05137 又名杂症良方
(清)乐田辑
清末单城守经堂刻本　939

03201 **药方集**一卷　[1911]
05153 著者佚名
清抄本　139　728A

03202 **验方杂录**一卷　[1911]
05170 (清)武林医和辑
清抄本　738B

03203 **简便方**一卷　[1911]
05188 著者佚名
清刻本　308A

03204 **验方集锦**二卷　[1911]
05203 著者佚名
清抄本　541

03205 **草药配互方集**一卷　[1911]
05209 附杂治方一卷
著者佚名
清抄本　738B

6.5　成方药目

03206 **育宁堂颐世方书**一卷　1689
04543 (清)育宁堂编
1. 清康熙二十八年(1689)北京育宁堂刻本　140　286　491　590　907C
2. 清康熙二十八年(1689)北京育宁堂刻重修本　139
3. 清康熙二十八年(1689)北京育宁堂刻光绪八年(1882)递修本　1　139　289　511　514A　570

03207 **同仁堂药目**一卷　1706
04544 又名同仁堂虔修诸门应症丸散膏丹药目
(清)乐凤鸣(梧冈)编
1. 清乾隆二十九年(1764)乐以中刻本　1

2. 清咸丰二年(1852)刻本　139A
3. 清同治五年(1866)京都同仁堂刻本　145　279
4. 清同治八年(1869)京都同仁堂刻本　1　145　366　541
5. 清光绪三年(1877)京都同仁堂刻本　364
6. 清光绪十五年(1889)京都同仁堂刻本　21　139　139A　145　279　287　301　303　308A　351　363　364A　365　381　385A　396　412A　413　415　421　433A　434　443　461　462　514A　522　529A　541　570　590　664　677A　701　702　721　731　734A　736B　737　738A　740B　799A　800　831　839　839A　851　852　896A　901　911　915　931　943　XA
7. 清光绪十九年(1893)京都同仁堂刻本　736B
8. 清光绪三十二年(1906)京都同仁堂刻本　951
9. 清宣统二年(1910)京都同仁堂刻本　1　139　145　279　285　311　391　740A　743　940
10. 清刻本　289　360A　364A　411　734A

03208 04545 **太和堂寿世方书**不分卷　1724
(清)马东旭编　马鹏飞等增补
清雍正二年(1724)济宁马东旭刻乾隆三十三年(1768)五十二年(1787)嘉庆十七年(1812)增修本　139

03209 04546 **保元堂药目**一卷　1731
(清)保元堂编
清雍正九年(1731)刻本　529A

03210 04643 **丸散膏丹方论**不分卷　1741
(清)雷大升(允上)　谢锷(岱为)撰
清刻本　709

03211 04562 **永安堂虔修诸门应病丸散膏丹总目**一卷　1744
又名永安堂药目
(清)永安堂编
清道光十七年(1837)刻本　1

03212 04548 **鹤年堂丸散汇集**不分卷　1758
又名鹤年堂药目
(清)王继揆(圣一)撰
清乾隆二十三年(1758)刻本　1　139　202　590　677A

03213 04549 **体仁堂颐世方书**一卷　1766
(清)体仁堂编
清乾隆三十一年(1766)刻本　186

03214 04550 **金液堂药目**一卷　[1795]
(清)金液堂编
清乾隆金液堂刻本　1

03215 04551 **天宁堂虔修诸门应症丸散总目**一卷　[1795]
(清)天宁堂药店编
清河南省城天宁堂药店刻本　351

03216 04552 **张同泰号丸散膏丹全录**一卷　1802
(清)张同泰号编
1. 清嘉庆十年(1805)刻本　139　541　896A
2. 清嘉庆十八年(1813)刻本　738E

03217 04553 **精一堂丹丸集录**一卷　1803
附胶膏集录、花露集录
(清)精一堂编
清嘉庆八年(1803)浙江精一堂刻本　1　541

03218 04554 **敬修堂药说**一卷　1804
附敬修堂二集一卷
(清)钱澍田(敬修堂主人)撰
清嘉庆九年(1804)广东钱澍田敬修堂自刻本(附达生篇种痘方)　2　140　279　286　433A　475A　491　514A　541　721　734

03219 04555 **天福堂丸散目录**一卷　1807
著者佚名
清嘉庆十二年(1807)刻本　139

03220 04556 **叶种德堂丸散膏丹全录**一卷　1808
又名叶种德堂丹丸膏散露油目录、丹丸全录
(清)叶种德堂主人编
1. 清同治五年(1866)杭州叶种德堂刻本　139　308A　541　570　590　728A　734A　839A
2. 清光绪十三年(1887)杭州叶种德堂刻本　139　186　277　514A　541　570　590　702　728A　733B　734A　735A　736A　736B　739B　740I　740J

03221 **秘制大黄清宁丸方**一卷　1811
04557 又名秘授清宁丸方
（清）内府传　孙书屏辑
1. 清光绪十一年（1885）吴县朱记荣槐庐刻本　739　741　781　851　852
2. 见平津馆丛书

03222 **鹿芝馆丸散膏丹目录**一卷　1821
04558 又名鹿芝馆陈家园药丸汇集、鹿芝馆药丸总汇集
（清）鹿芝馆主人编
1. 清光绪元年（1875）鹿芝馆药号刻本　541　736
2. 清光绪九年（1883）鹿芝馆药号刻本　541　710　736
3. 清光绪十七年（1891）鹿芝馆药号刻本　831

03223 **苏州劳松寿堂丸散膏丹胶露目录**一卷　1822
04566 （清）劳松寿堂主人编
清道光二年（1822）刻本　139

03224 **桐鹤堂膏丹丸散集录**一卷　1826
04559 （清）胡桐鹤堂编
清道光六年（1826）王涌年书坊刻本　701

03225 **王上全堂丹丸全录**一卷　1828
04560 （清）王氏上全堂编
清道光八年（1828）浙江王氏上全堂刻本　1

03226 **富春堂经验方书**十八卷附方杂记一卷　1828
03923 又名富春堂药目
（清）马兆鳌（冠山）编
1. 清道光八年（1828）济宁富春药堂刻本　301　511
2. 清抄本　1

03227 **天保堂诸门应病药录**不分卷　1828
04563 （清）天保堂主人编
清道光八年（1828）天保堂刻本　590

03228 **修合成方**三卷　1828
03921 著者佚名
清道光稿本　139

03229 **元元堂药说**一卷　1847
04564 （清）李冀北（元元堂主人）撰
清道光二十七年（1847）广州元元堂刻本　139

03230 **丸散全录**一卷　1848
04565 （清）方回春堂编
清道光二十八年（1848）方回春堂刻本　433

03231 **丸散膏丹集录**一卷　[1850]
04567 （清）杭州九元堂药局编
清道光刻本　302

03232 **济春堂丸散膏丹**一卷　[1850]
00000 （清）济春堂主人撰
清道光三十年（1850）济春堂刻本　831

03233 **丸药成方配本**一卷　1852
04568 著者佚名
清咸丰二年（1852）抄本　1

03234 **治症节略**不分卷　[1853]
04569 （清）潘家仁（孝慎堂主人）编
清咸丰三年（1853）刻本　590

03235 **万龄堂虔修诸门应症丸散总目**不分卷　1860
04570 （清）万龄堂药店编
清咸丰十年（1860）万龄堂药店刻本　351

03236 **丸散集录**一卷　1862
04571 （清）冯氏存仁堂编
清同治元年（1862）刻本　541　709　733（有抄配）

03237 **丸散求是**一卷　[1862]
04572 （清）胡求是编
清同治广陵守素斋绩甫抄本　139

03238 **长春堂丸散膏丹配本**不分卷　1864
04574 著者佚名
清同治三年（1864）抄本　186

03239 **丸散撮要**不分卷　1864
04575 又名半积堂丸散撮要
（清）李叔郦原辑　高赤城（即霞、灌蔬园主人）编
清同治三年（1864）半积堂药室刻本　139

03240 **竹石草堂成方汇要**三卷　1870
04577 （清）陈震（舜封、豫东）编
清同治十一年（1872）竹石草堂稿本　590

03241 **济生堂药目**不分卷　1872
04576 又名济生堂老铺应症药目
（清）济生堂编
清同治十一年（1872）刻本　391

03242 **许广和号丸丹集录**一卷　[1872]
04579 （清）许广和号主人编
清同治十一年（1872）刻本　1

03243 **沪北海国奇方生生堂西洋药局书**不分卷
04578 [1874]
又名生生堂西药局海园奇方

（清）刘农（幼耕）编
清同治刻本 139

03244 **彭泰和堂丸散膏丹集录**一卷 1876
04623
（清）彭泰和堂主人编
清光绪二年（1876）刻本 139 831

03245 **胡庆余堂丸散膏丹全集**一卷 1877
04580
（清）胡光墉（雪岩）编
1. 清光绪三年（1877）杭州胡庆余堂刻本 4C 4F 21 139 145 186 202 277 279 280 289 308A 361 381 391 401 412A 421 433A 450B 476 491 493 514A 514B 521 529A 541 589 590 651 664 677A 702 706 709 712 721 728A 733 734 737 738 738A 738B 740J 741 781 799A 839A 853 896A 901 907C 911 921 922 926A 931
2. 抄本 738B（题丸散膏丹方） 709（题丸散全集）

03246 **丸散集录**一卷 1877
00000
（清）袁溥田编 杨彬卿辑订
清光绪三年（1877）刻本 1

03247 **宝饵留春**二卷 1878
04582
又名郑福兰堂丸药汇集
（清）郑芸初（德轩）编
1. 清光绪四年（1878）广州福兰堂刻本 301 541 931
2. 清光绪二十五年（1899）抄本 651

03248 **观音救苦神膏**一卷 1878
04583
著者佚名
清光绪四年（1878）梁景庭刻本 139

03249 **体乾堂药目**一卷 1880
04584
著者佚名
清光绪六年（1880）刻本 839A

03250 **见心斋药录**四卷 1881
02612
（清）见心斋主人撰
清光绪七年（1881）刻本 738B

03251 **膏药**一卷 1881
04585
著者佚名
清光绪七年（1881）抄本 541

03252 **蔡同德堂丸散膏丹全录**一卷 1882
04586
（清）蔡鸿仪（嵋青）编
清光绪八年（1882）蒋文照瑞堂刻本 381 514A 590 651 734 944

03253 **王鸿翥堂丸散膏丹集**一卷 1882
04587
（清）王鸿翥编
1. 清光绪八年（1882）石印本 139 529A 677A
2. 清光绪刻本 139 541 590 651

03254 **半半集**三卷 1882
04588
（清）老德记药房编
清光绪八年（1882）刻套印本 491 907C

03255 **存济堂药局膏药方**一卷 ［1882］
04589
又名扬州存济堂药局膏药方
（清）吴师机（尚先、杖仙、安业、潜玉老人）编
见谢氏医书二种（附录）

03256 **验方类编**一卷 1884
04590
又名赵翰香居丸散膏丹全录
（清）赵文通（瑾伯）编
1. 清光绪十年（1884）赵翰香居石印本 139A 270 286 308A 529A 728A 911
2. 清光绪十五年（1889）赵翰香居石印本 186 270 289 381 521 572 589 733 734 738A 738B 799A 839A 896A 907C
3. 抄本 590

03257 **丸散集方**一卷 1884
04591
著者佚名
清光绪十年（1884）抄本 139

03258 **万承志堂丸散膏丹全集**不分卷 1885
04592
（清）万承志堂编
清光绪十一年（1885）杭州万承志堂刻本 2 21 139 186 308 361 381 433A 514B 541 570 590 677A 701 728A 733 734A 736A 738B 740A 740B 740D 839A 896A 931

03259 **京都广育堂医药局经验方**一卷 1885
04593
著者佚名
清光绪十一年（1885）广育堂刻本 590 731 839A

03260 **（天津）京万全堂药目**一卷 1886
04594
著者佚名
清光绪十二年（1886）刻本 139A 383

03261 **膏丹丸散麻疯血癣合抄**一卷 1887
13054
编者佚名
清光绪十三年（1887）抄本 940

03262 04595 **上海京都天宝斋简明药目总录**一卷 1887
著者佚名
清光绪十三年(1887)刻本 651

03263 04596 **粤东广芝馆药丸总汇**一卷 1887
又名广芝馆丸药录
(清)广芝馆编
1. 清光绪十三年(1887)粤东广芝馆石印本 590
2. 清光绪二十六年(1900)粤东广芝馆刻本 733B 734A 831

03264 04597 **同春堂药丸汇集**一卷 1887
(清)赵宗济编
清光绪十三年(1887)刻本 139A

03265 00000 **养颐指掌**一卷 1887
(清)葛禄意撰
清光绪十三年(1887)良济药房刻本 740A

03266 04598 **采芝林荫桐氏丸散总汇**一卷 1888
(清)黎荫桐编
清光绪十四年(1888)刻本 514A 590

03267 04599 **三百灵丹制炼效用谱**三卷 1889
(清)叶寿芬撰
清光绪十五年(1889)抄本 541

03268 04600 **玉液金丹方**一卷 1890
(清)从善堂编
1. 清光绪十六年(1890)天津大王庙永善惜字局刻本 1
2. 清光绪务本堂严氏刻本 590
3. 清杭城胡庆余堂石印本 351

03269 04625 **上海汪恒春堂丸散膏丹汇编**不分卷 1890
(清)王道(嘷嘷老民)编
清光绪三十四年(1908)刻本 139

03270 04601 **兹德堂药目**不分卷 1891
(清)徐兹德编
清光绪十七年(1891)苏州徐兹德自刻本 702

03271 04624 **雷桐君堂丸散全集**不分卷 1891
(清)雷滋番编
清光绪石印本 139 733

03272 04602 **宏生堂良药汇编**十四卷 1892
(清)苏飞卿编
清光绪十八年(1892)刻本 541 590

03273 04603 **至宝丸散集**十卷 1892
著者佚名
1. 清光绪十八年(1892)刻本 139A
2. 清末木活字印本 3 139 186 254 362 412A 461 664

03274 05277 **万应膏方**一卷 1892
(清)巴西农辑
清抄本 709

03275 04604 **寿椿堂药目**一卷 1895
(清)耿氏撰
清光绪二十一年(1895)刻本 839A

03276 04605 **姜衍泽堂发记丸散膏丹汇集**一卷 [1895]
(清)姜衍泽堂编
1. 清光绪上海刻本 139 541
2. 抄本 590

03277 04606 **丸丹全集**不分卷 1896
又名仁寿堂丸散膏丹全集
(清)仁寿堂主人编
1. 清光绪二十六年(1900)金陵仁寿堂刻本 651 664 677A 733A 872
2. 清光绪三十一年(1905)叶天德堂刻本 677A

03278 04607 **千芝堂药目**一卷 1896
(清)杨秉忠(汇忠、千芝堂主人)编
清光绪二十二年(1896)千芝堂刻本 1 529A 590

03279 04608 **丸药汇编**一卷 1896
(清)普太和编
清光绪二十二年(1896)铅印本 391

03280 04626 **丸散膏丹类书**一卷 1897
(清)黄寿南(福申、沁梅)辑
清光绪二十三年(1897)抄本 570

03281 04609 **柳致和堂丸散膏丹释义**七卷 1899
(清)柳宝诒(谷孙、冠群、致和堂主人)编
清光绪二十五年(1899)江阴柳宝诒致和堂刻本 541 590 701 839A

03282 04611 **鲟氏读易斋丸散集**一卷 1900
著者佚名
清光绪二十六年(1900)刻本 677A

03283 04612 **诸门丸散**一卷 1900
著者佚名
清光绪二十六年(1900)石印本 139

03284 04614 **镇江怀记参药号丸散膏丹**不分卷 1901
(清)秋文氏编
清光绪二十七年(1901)镇江怀记刻本 302 541

03285 **丸散方稿**一卷 1902
04615 (清)成汝渊(蓉泉)编
清光绪二十八年(1902)成寿康堂抄本 896A

03286 **万鹤龄丸散膏丹**不分卷 1904
04616 又名丸丹全集
(清)万鹤龄编
清光绪三十二年(1906)刻本 799A

03287 **沐树德堂丸散集**不分卷 1905
04617 (清)丁泽周(甘仁)编
清光绪石印本 590

03288 **法制如意膏方**一卷 1906
04618 著者佚名
清光绪三十二年(1906)寄庐主人铅印本 461

03289 **膏方存查**一卷 [1906]
05329 允常氏撰
清光绪三十二年(1906)稿本 709

03290 **长沙同德泰丸散膏丹总录**一卷 1907
04619 著者佚名
清光绪三十三年(1907)刻本 139 590 831

03291 **家用膏丹丸散方**一卷 1908
04621 著者佚名
清光绪三十四年(1908)抄本 139

03292 **重庆丛桂堂各项药品汇总**一卷 1908
04622 (清)小山撰
清光绪三十四年(1908)重庆丛桂堂石印本 139

03293 **杜草秘方**一卷 1909
04323 (清)郑栋(紫门)编
清宣统元年(1909)抄本 721

03294 **丸散膏丹集**□□卷 1909
04627 著者佚名
抄本 139 277 570

03295 **全福堂丸散膏丹**一卷 [1909]
00000 (清)全福堂主人撰
清光绪全福堂刻本 831

03296 **北平药行商会丸散目录**不分卷 1910
04628 又名北平药行商会医方
(清)北平药行商会编
清宣统二年(1910)石印本 139 570

03297 **京师药行商会配方**一卷 1910
04629 (清)京师药行商会编
清宣统二年(1910)铅印本 1 139 186 279 289 491 590

03298 **三益堂丸丹全集**不分卷 1910
04630 (清)三益堂编
清宣统二年(1910)兰溪三益堂石印本 541

03299 **太医院秘藏膏丹丸散方剂**不分卷 [1910]
04631 (清)太医院编
清抄本 139

03300 **广东贵宁堂马百良丸散膏丹药酒目录**一卷 [1911]
04632 (清)马百良编
清末佛山敬慎堂刻本 931

03301 **益寿堂医方总目**一卷 [1911]
04633 (清)益寿堂编
清刻本 1

03302 **膏药书**一卷 [1911]
04634 著者佚名
抄本 721

03303 **成方汇录**二卷 [1911]
04635 著者佚名
清抄本 139

03304 **丸散方集**一卷 [1911]
04636 著者佚名
清抄本 139

03305 **成药配方**一卷 [1911]
04637 著者佚名
抄本 139

03306 **允和堂药目**不分卷 [1911]
04639 (清)允和堂主人编
清宣统三年(1911)铅印本 738B

03307 **马春蔼堂丸散膏丹经验良方**不分卷 [1911]
04640 著者佚名
抄本 651 922

03308 **秘传配装丸散膏丹神效方**十卷 [1911]
04641 著者佚名
抄本 251

03309 **英神普救丸**一卷 [1911]
04642 著者佚名
清刻本 139A

03310 **苏存德堂丸散膏丹目录**一卷 [1911]
04644 著者佚名
1. 清末苏存德堂刻本 279
2. 抄本 521

03311 **御制丸散膏丹真方**一卷 ［1911］
04645 编者佚名
抄本 202

03312 **丸散膏丹遗方录**一卷 ［1911］
04646 风月主人编
抄本 529A

03313 **丹丸集录**一卷 ［1911］
04647 著者佚名
清末刻本 514A

03314 **壶隐居良方集录**二卷 ［1911］
04366 著者佚名
清末刻本 738B

03315 **丸散膏丹方剂总录**不分卷 ［1911］
04648 （清）马震山（孝良）辑
清马震山抄本 907C

03316 **秘传丸散方**一卷 ［1911］
04649 著者佚名
清抄本 541

03317 **墨药丸散簿**一卷 ［1911］
04650 著者佚名
清抄本 139

03318 **丸散集录**一卷 ［1911］
04651 （清）松寿堂编
清刻本 139 709

03319 **曹沧洲膏方**一卷 ［1911］
04652 （清）曹元恒（智涵、沧洲、兰雪老人、兰叟）撰
清抄本 701 709

03320 **丹丸集灵**一卷 ［1911］
04654 著者佚名
清刻本 541

03321 **眉寿堂丸散集录**一卷 ［1911］
04655 （清）眉寿堂编
清刻本 541（残）

03322 **顾允若膏丸方**一卷 ［1911］
04656 （清）顾恩湛（允若、七子山人）编
清抄本 701

03323 **西近仁堂虔修诸门应症丸散**一卷 ［1911］
04657 （清）西近仁堂编
清刻本 391

03324 **颐寿堂卢薛昌各项丸散膏丹茶酒总册**一卷
00000 ［1911］
著者佚名
清末羊城十七甫澄天阁石印本 945

03325 **永济堂药目**一卷 ［1911］
04658 （清）永济堂编
清刻本 21 461 523

03326 **清宁丸方引等四种**一卷 ［1911］
04660 著者佚名
清刻本 901

03327 **崇德堂医方抄**一卷 ［1911］
04680 著者佚名
清抄本 541

03328 **经验丸散膏丹**一卷 ［1911］
05335 著者佚名
清抄本 308A

03329 **医方配本**不分卷 ［1911］
04747 著者佚名
清抄本 308A

03330 **甘露堂丸散膏丹全集**一卷 ［1911］
00000 （清）程六如编
稿本 728A

03331 **官药局一简方论**一卷 ［1911］
00000 著者佚名
清刻本 4

03332 **世传术要堂诸门丸散膏丹总目**一卷 ［1911］
00000 著者佚名
清抄本 203

03333 **有兰堂丸方**一卷 ［1911］
00000 又名丸方
（清）吕德顺辑
清苏州有兰堂红格稿纸抄本 570

03334 **叶居敬堂丸散局方**一卷 ［1911］
00000 （清）叶居敬堂编
清抄本 738B

03335 **丸药配本**一卷 ［1911］
00000 著者佚名
清抄本 288

03336 **丸药方**一卷 ［1911］
00000 著者佚名
清抄本 736A

03337 **嵩阳药目**一卷 ［1911］
00000 （清）冀口集注
清抄本 738E

03338 **丸散简明摘要**一卷 ［1911］
00000 著者佚名
抄本 412A

7 临证综合

03339
05495
扁鹊心书三卷卷首一卷 1146
附扁鹊心书神方一卷
(宋)窦材撰
1. 清乾隆三十年(1765)钱塘王琦刻本 1 2 21 139 461 651 731 831 851 939
2. 清光绪七年(1881)上海王氏刻本 1 139 286 421 491 541 590 651 712 728A 731 738E 907B 942B
3. 清光绪二十二年(1896)上海图书集成印书局铅印医林指月本 139 282 461 651
4. 清光绪三十四年(1908)赞文化社刻中西医学劝读十二种本 831
5. 清青莲书屋刻本 1 139 203 308 391 514A 541 651 664 728A 852 854 921
6. 清浙江衢州三余堂刻本 139 186 289 361 385B 393 412A 412B 413 463 475A 476 491 514A 519 546 590 721 734A 738B 741 799A 911 931 XE
7. 清上洋江左书林刻本 139 301 351 361 381 463 475A 492 522 541 572 664 677A 707 709 734 799A 940
8. 清刻本 21 139 252 281A 361 391 412A 461 522 665 852 852R 911
9. 清抄本 734A(存卷三) 907B
10. 见医林指月
11. 见中西医学劝读十二种

03340
00000
太医张子和先生儒门事亲三卷 [1228]
直方治病百法二卷
十形三疗三卷
附杂记九门一卷
(金)张从正(子和、戴人)撰
1. 蒙古中统三年(1262)刻本 7
2. 日本影元抄本 476 572 TA TB

03341
05497
洁古家珍一卷 1234
(金)张元素(洁古)撰
1. 见济生拔粹
2. 见东垣十书(曹灼辑)

03342
05498
医垒元戎十二卷 1237
(元)王好古(进之、海藏)撰
1. 明嘉靖二十二年(1543)余姚顾遂刻本 381 541 590 TB
2. 明嘉靖四十一年(1562)魏尚纯刻本 289 570 651(清·丁丙跋) 731
3. 明万历二十一年(1593)屠本畯刻本 1 277(存卷一至六、八) 279(存卷一至六、八) 301 736(存卷五、六) 931
4. 明万历二十九年(1601)新安吴勉学刻古今医统正脉全书本(不分卷) 139 308A 443 715 736 831 851 XE
5. 明万历二十九年(1601)新安吴勉学刻步月楼印东垣十书本 831
6. 日本弘化二年(1845)保生堂书塾刻木活字印本 1 3 511 572 590 939
7. 清光绪七年(1881)羊城云林阁刻东垣十书本 732
8. 清光绪十八年(1892)浙江书局刻三十三年(1907)京师医局重修古今医统正脉全书本 251 279 852D
9. 清光绪三十四年(1908)上海章福记书局石印陈修园医书四十八种本 874
10. 清刻本 491 677A 733 735 736 738B 799 851 852D 854 871 911 940
11. 日本抄本 7 511
12. 见济生拔粹
13. 见东垣十书
14. 见东垣十书(曹灼辑)
15. 见古今医统正脉全书
16. 见四库全书
17. 见陈修园医书四十八、五十、七十种

03343 **续易简方脉论**一卷 1244
00000 （宋）王玮（养中）撰
日本小岛春沂影宋抄本 TB

03344 **兰室秘藏**三卷 1251
05499 （金）李杲（明之、东垣）撰
1. 元刻本 1（缩微胶卷）
2. 明初刻本 TA（黑口本） TB（黑口本）
3. 明嘉靖八年（1529）辽藩朱宠瀼梅南书屋刻东垣十书本 2 476 731
4. 明万历二十九年（1601）新安吴勉学刻古今医统正脉全书本 1 308A 431（存卷二、三） XE
5. 明万历二十九年（1601）新安吴勉学刻清敦化堂重修东垣十书本 202
6. 明刻本 1 139（残） 363 421 529A 651（清·丁丙跋） 721 738A（存卷上） 740B（存卷上） 944
7. 清光绪七年（1881）羊城云林阁刻东垣十书本 461 732 738A 871
8. 清光绪十八年（1892）浙江书局刻三十三年（1907）京师医局重修古今医统正脉全书 401 491
9. 清刻本 289 401 677A 721（残） 733A 740A 741（残） 852 854 877
10. 清抄本（四卷） 541
11. 日本刻本 511
12. 见济生拔粹
13. 见东垣十书
14. 见东垣十书（曹灼辑）
15. 见古今医统正脉全书

03345 **方脉举要**三卷 1279
05500 （宋）刘开（立之、三点、复真先生）撰
明嘉靖三十三年（1554）苏州黄鲁曾刻本 1

03346 **卫生宝鉴**二十四卷补遗一卷 1283
05501 （元）罗天益（谦甫）撰
1. 明永乐十五年（1417）吴郡韩彝刻本 139 286 475A（残） 541 731 TA TB
2. 明嘉靖十四年（1535）明德堂刻本 7
3. 清康熙文德堂刻本 738
4. 日本天保十三年（1842）抄本〔据明永乐十五年（1417）吴郡韩彝刻弘治汝南刘廷瓒重修本〕 TB
5. 清道光二十六年（1846）三原李锡龄刻惜阴轩丛书本 401 405 409 433A 491 514B 590 677A 728A 831
6. 清光绪二十二年（1896）长沙胡氏惜阴书局刻惜阴轩丛书本 1 2 4F 21 139 203 251 277 280 289 303 308 401 408 417 421 461 462 651 702 721 739 781 831 851 877 901 911 XE
7. 清刻本 407
8. 日本抄本〔据明永乐十五年（1417）吴郡韩彝刻弘治七年（1494）汝南刘廷瓒重修本〕 3
9. 见济生拔粹
10. 见惜阴轩丛书

03347 **顿医抄**五十卷 1304
05378 （日）梶原性全编
日本抄本 3

03348 **活法机要**一卷 ［1308］
05502 （元）朱震亨（彦修、丹溪）撰
1. 明万历二十九年（1601）新安吴勉学刻古今医统正脉全书本 277 728A
2. 明万历二十九年（1601）新安吴勉学刻明清递修步月楼印丹溪心法附余六种本 412B 476
3. 清嘉庆鳣飞堂慎修堂刻丹溪心法附余六种本 288
4. 清二酉堂刻丹溪心法附余六种本 1 728B 741 852 907C
5. 清宏德堂刻丹溪心法附余六种本 733B
6. 清宏德堂刻文奎堂印丹溪心法附余六种本 712 738B 738F
7. 清光绪十八年（1892）浙江书局刻三十三年（1907）京师医局重修古今医统正脉全书本 279
8. 清刻本 728B 735 737
9. 见济生拔粹
10. 见丹溪心法附余六种（吴中珩辑）
11. 见古今医统正脉全书
12. 见丹溪全书十种
13. 见东垣十书（曹灼辑）

03349 **罗太无口授三法**一卷 1358
05503 （元）朱震亨（彦修、丹溪）撰
1. 清光绪元年（1875）陆鸿逵抄本 139

2. 清光绪十四年（1888）卓颖抄本 590
3. 清抄本 1
4. 抄本 677A
5. 见医传真要

03350 05504 **金匮钩玄**三卷 1358
又名丹溪先生金匮钩玄、平治会萃、丹溪先生金匮良方
（元）朱震亨（彦修、丹溪）撰 （明）戴思恭（原礼、肃斋）辑
1. 明成化二十一年（1485）山阳沈纯刻本 541
2. 明弘治十六年（1503）安正堂刻本（题丹溪先生金匮良方） TD（夏孙桐跋）
3. 明万历二十九年（1601）新安吴勉学刻本 1 2 277 279 308A 475A 491 664
4. 清嘉庆尚德堂刻丹溪心法附余六种本 664 707
5. 清嘉庆鳣飞堂慎修堂刻丹溪心法附余六种本 590 907C
6. 清二酉堂刻丹溪心法附余六种本 433A 740B 742
7. 清宏德堂刻文奎堂印丹溪心法附余六种本 738B 799A
8. 清光绪十七年（1891）池阳周学海刻周氏医学丛书本 270 308A 361 475A 651 664 728 728A 732 736 739D 907C 921
9. 清刻薛氏医按二十四种本（题平治荟萃） 279 570 714 907C
10. 清刻本 1（目录抄配） 289（存卷一） 412B 475A 514A 529A 706 735 738F 740G
11. 抄本 139（存卷中）
12. 日本抄本 139 572
13. 见薛氏医按二十四种
14. 见丹溪心法附余六种本（吴中珩辑）
15. 见古今医统正脉全书
16. 见四库全书
17. 见周氏医学丛书
18. 见古今医学会通
19. 见丹溪全书十种
20. 见中西医学群书

03351 05505 **医学门径**一卷 ［1358］
著者佚名
明抄本 139

03352 05506 **医学引彀**一卷 1367
（元）滑寿（伯仁、撄宁生）撰
明正统十一年（1446）休阳吴昫庵刻本 731

03353 12933 **心印绀珠经**二卷 ［1368］
（明）李汤卿撰
1. 明嘉靖二十一年（1542）当涂邢址福建邵武郡斋刻本 1 139 475A 541 664 731
2. 明嘉靖二十六年（1547）关中赵瀛刻本 1 7 139 541 572 732 851 911
3. 明崇祯六年（1633）闵齐伋刻本 1
4. 明刻本 1 186 286 289 541
5. 清抄本 541 831（唐成之题识）
6. 抄本 152

03354 05507 **医经小学**五卷卷首一卷 1388
附医经小学问
（明）刘纯（宗厚）撰
1. 明正统三年（1438）姑苏陈镒刻本 3 139 139A TD
2. 明成化九年（1473）鳌峰熊宗立种德堂刻本 541
3. 明万历三十一年（1603）刻本 1（题新刊京本医经小学） 152
4. 明陕西布政使司刻本 367
5. 明刻本 1（存卷二至五） 3 733（存卷四至六）
6. 日本天保十年（1839）元晃抄本〔据明景泰六年（1455）王仲宏刻本〕 572
7. 清精抄本 289

03355 12934 **医学纲目**四十卷 1389
附运气占候补遗一卷
（明）楼英（全善、公爽）编 邵弁（伟元）补遗
1. 明嘉靖四十四年（1565）曹灼邵弁刻本 1（存卷一至二十、二十三至四十） 2 7（存卷十一、十二、十五至二十四、三十五至四十） 21（抄补六卷） 139 251 289 412A 412B 491 514A 541 570 590 651 677A 701（存卷九、二

十九) 709(存卷一至三十七) 732 734A(存卷一、二、二十三至三十五、三十七至四十) 852(存二卷) 907B 907C 939 TA
2. 明刻本 1 3 7(有缺页) 139 204(存卷十九、二十) 462(残) 541 570 853(残) 907C 940
3. 明傅梅先生真山先生等抄本 279(存卷一、八、九)
4. 清初傅山抄本 251(存卷一)
5. 清抄本 731
6. 抄本 590

03356 **玉机微义**五十卷 1396
05508 (明)徐彦纯(用诚)撰 刘纯(宗厚)续增
1. 明正统四年(1439)姑苏陈镒刻本 1 2 139 251 541 572 721(存卷一至六、三十九至四十三) TA TD
2. 明正统四年(1439)姑苏陈镒刻五年(1440)陕西布政司王暹郭坚增修本 279 733(存卷十五至十八、二十九至三十三、五十) 831(存卷三至八、十六至十八、二十五至五十)
3. 明景泰二年(1451)吴从政刻本 461(有抄配) 651(清·丁丙跋)
4. 明成化刻本 651
5. 明正德元年(1506)曹郡刘弘济刻本 7 401 529 541(有抄配)
6. 明嘉靖九年(1530)延平黄焯刻本 1 139(存卷一至六、四十九、五十) 421 590(蓝印本) 710(存卷十五至二十三、三十至三十四、四十六至五十) 733(存卷十至二十、二十七至五十)
7. 明嘉靖十八年(1539)闽建书林叶秀作德堂刻本 541 733(存卷一至二十九、四十五至五十) TA
8. 明万历王象晋刻本 475A 570 579
9. 明万历浙江布政使司刻合刻二种医书本 139 590
10. 日本宽永五年(1628)刻本 251 TB
11. 明刻本 1 277 279 381 476 541 733(存卷十七至二十四) 852E TB
12. 日本宽文四年(1664)刻本 7 8 391 462 706 852 926A
13. 清康熙四十二年(1703)长洲张延绥沈廷飏刻本 152 664 733 871
14. 清康熙四十二年(1703)长洲张延绥沈廷飏刻天德尚贤堂印本 3 139 279 412B 921
15. 清康熙四十二年(1703)长洲张延绥沈廷飏刻天德三畏堂印本 570
16. 清康熙四十二年(1703)长洲张延绥沈廷飏刻紫来堂印本 139 186 514A 590 589 651 677A 709(存卷六至二十七、三十五至五十) 738
17. 日本宽文四年(1664)刻杭州通德堂印本 1 2 139 203 286 289 381 462 491 514A 572 664 677A 728A 731 738A 939
18. 日本宽文四年(1664)刻上海乐善堂印本 202 280 286 412A 476 570 738 738B 740A 740B 831 931 940
19. 清刻本 21 279(存卷一至十九) 367(存卷四十四至四十九) 391 590 721
20. 清抄本 2 542
21. 见合刻二种医书
22. 见四库全书

03357 **证治要诀**十二卷 1405
00000 (明)戴思恭(原礼、肃斋)撰
1. 明正统八年(1443)凤阳陈嶷刻本 731(存卷一、二)
2. 明万历二十九年(1601)新安吴勉学刻步月楼印丹溪心法附余六种本 280 412A 433A 664 701
3. 明万历二十九年(1601)新安吴勉学刻古今医统正脉全书本 412A 651 707 907B
4. 清嘉庆鳣飞堂慎修堂刻丹溪心法附余六种本 308A
5. 清二酉堂刻丹溪心法附余六种本 279 852
6. 清宏德堂刻丹溪心法附余六种本 308A 570
7. 清宏德堂刻文奎堂印丹溪心法附余六种本 282
8. 清刻本 1(存卷一至四) 3 280(存卷六至十二) 521 541 728B 733 852A

9. 见证治要诀证治要诀类方
10. 见丹溪心法附余六种（吴中珩辑）
11. 见古今医统正脉全书
12. 见丹溪全书十种

03358 05510 **证治要诀**十二卷 1405
证治要诀类方四卷
（明）戴思恭（原礼、肃斋）撰
1. 明万历二十九年（1601）新安吴勉学刻古今医统正脉全书本 1 475A（存要诀卷三至十二，类方卷三、四） 651 721
2. 明万历二十九年（1601）新安吴勉学刻步月楼印丹溪心法附余六种本 2 3 251 270 277 279 286 289 308A 476 541 664（缺类方卷三、四） 733 839A TB（存要诀卷十、十一、类方卷一）
3. 明万历三十三年（1605）金坛王肯堂刻本 1 589
4. 清嘉庆鳣飞堂慎修堂刻丹溪心法附余六种本 1（残） 907C
5. 日本弘化三年（1846）武村新兵卫刻本〔据明万历三十三年（1605）王肯堂刻本〕 1 2 139 286 511 664 TB
6. 清二酉堂刻丹溪心法附余六种本 529A（残） 738A（残） 740B 926A
7. 清宏德堂刻文奎堂印丹溪心法附余六种本 139 651 712 799A
8. 清刻本 2 277 280 288 303 476 677A（残） 733A 737 852 852A（缺要诀卷一至六）
9. 见丹溪心法附余六种（吴中珩辑）
10. 见古今医统正脉全书
11. 见丹溪全书十种

03359 05511 **医学碎金**四卷 1415
（明）周礼（正伦、梅屋老人）编
1. 明万历二十年（1592）虎林胡文焕文会堂刻本 139 590
2. 见明刊医书五种

03360 05513 **医门揽要**二卷 ［1437］
（明）兰茂（廷秀、止庵、和光道人）撰
1. 明万历四十二年（1614）刻本 152
2. 清光绪十三年（1887）昆明务本堂刻本 1 279 289
3. 见滇南本草（版本附录）

03361 05514 **类证辨异全九集**四卷 ［1452］
（明释）月湖（润德斋）编
1. 日本文政元年（1818）活字印本 651
2. 日本抄本 1（附杨守敬印及七十岁照片）

03362 05521 **丹溪心法类集**四卷 ［1456］
（明）杨珣（楚玉、恒斋）撰
明正德三年（1508）卢翊凤刻本 1 590

03363 06935 **医林类证集要**十卷 1480
又名医林类证
（明）王玺（昭时）撰
1. 明成化十八年（1482）张掖彭澧胡霁等春德堂刻本 277（存卷一至三、五、九） 289（存卷七） 541（存卷二、七） 570 589 651 TA
2. 明正德十年（1515）鄱阳胡韶刻本 7 139（存卷一至四） 202（残） 301 362（残） 541（存卷四至八） 590 651
3. 明嘉靖八年（1529）书林刘氏日新堂刻本（二十卷） 7 139（存卷四、七） 277（存卷二） 367（存卷十四） 733（存卷五、六、八至十）
4. 明活字印本 TD

03364 05515 **（新刊）丹溪心法**三卷论一卷附录一卷 1481
（元）朱震亨（彦修、丹溪）撰 （明）程充（用光、后庵居士）校补
1. 明弘治六年（1493）休宁程祖兴等刻本 139 541（存二卷） TD
2. 明嘉靖十八年（1539）龙溪郑临等刻本 541 733（残）
3. 明嘉靖三十三年（1554）黄峰蒋奎养正书馆刻本（五卷首一卷附录一卷） 21 139 412B 731 733 TA
4. 明嘉靖刻本（五卷首一卷附录一卷） 907C
5. 明万历二十九年（1601）新安吴勉学刻明清递修古今医统正脉全书本 476 541 590 603 707 728B 733 741 907B（存卷二至五） TB
6. 明万历三十一年（1603）金陵书坊龚少冈刻本（题丹溪朱先生心法大全四卷） 1
7. 明万历新安程荣刻本 701
8. 清嘉庆尚德堂刻丹溪心法附余六种本 277 279 382 475A 664

9. 清道光五年（1825）静乐堂抄本 139
10. 清二酉堂刻丹溪心法附余六种本 21 280 475A 664
11. 清二酉堂刻两仪堂印丹溪心法附余六种本 664
12. 清光绪十八年（1892）浙江书局刻三十三年（1907）京师医局重修古今医统正脉全书本 7 21 412A 432 738A
13. 清刻本 288 289 311 570 590 741 851 852 922
14. 清抄本 590 721
15. 见古今医统正脉全书
16. 见丹溪心法附余六种
17. 见丹溪全书十种

03365 05516 **丹溪先生医书纂要**二卷 1484
又名丹溪纂要
（明）卢和（廉夫、易庵）撰
1. 明成化二十年（1484）朝鲜李元诚内医院刻本 139 277（残） 541（存卷一） 590 651 907B（残）
2. 明弘治八年（1495）陈智刻本 139
3. 明嘉靖二十六年（1547）卢尧亮校刻本（四卷） 1 2 139（存卷二） 651
4. 明万历元年（1573）熊冲宇刻本 732
5. 明万历二十九年（1601）闽建书林刘龙田乔山堂刻本（六卷，题新锓丹溪先生医书纂要心法纂注） 1 7 475A
6. 明万历刻本 152
7. 明刻本 277（残） 301（残） 541（清·缪荃孙跋） 590（残） 733（八卷，存卷三） 734A
8. 清抄本 203 461

03366 05517 **松厓医径**四卷 ［1484］
又名程进士松厓医径
（明）程玠（文玉、松崖）撰
1. 明天启五年（1625）歙县程樌刻本 1 2
2. 明末集义堂刻本 139 570 721
3. 清雍正集义堂刻本 186 590 721
4. 清抄本 461 851

03367 05518 **原病集**六卷 1502
（明）唐椿（尚龄、恕斋）集
1. 明崇祯六年（1633）嘉定唐敏学刻本 2 3 21 186 286 541 570 572 590 731（存卷一至五） 738B 799A 940
2. 明抄本 851
3. 明崇祯六年（1633）嘉定唐敏学刻清康熙二十三年（1684）嘉善堂印本 139A 570
4. 日本抄本 3
5. 抄本 385A

03368 05519 **明医杂著**二卷 1502
（明）王纶（汝言、节斋）撰
1. 明弘治十五年（1502）慈溪王纶自刻本 731
2. 明嘉靖三十一年（1552）王朝刻本 733（存一卷）
3. 日本抄本 TB（题新刻图注新刊明医杂著三卷）

03369 05522 **医学正传**八卷 1515
（明）虞抟（天民、恒德老人）编
1. 明正德十年（1515）刻本 541（存卷一、二）
2. 明嘉靖十八年（1539）广勤书堂刻本 3 139（存卷五至八） 732
3. 明万历五年（1577）周氏光霁堂金陵刻本 251
4. 明万历五年（1577）松亭吴江金陵刻潭城刘希信重修本 139 289（存卷一至六） 572 TA
5. 明万历五年（1577）松亭吴江金陵刻潭城刘希信重修书林安正堂刘志千印本 432
6. 明万历六年（1578）边有猷刻本 476 541（存卷一至七） 542 590 728A 731
7. 明万历浙江布政使司刻合刻二种医书本 713（存卷三）
8. 日本庆长九年（1604）木活字印本 542
9. 日本元和八年（1622）村上平乐寺刻本 139 279 651 TA
10. 日本宽永十一年（1634）刻本〔明万历五年（1577）松亭吴江金陵刻本翻刻〕 7 139 461 590
11. 明刻本 1 590（残）
12. 日本承应三年（1654）村上平乐寺刻本（六卷） 7
13. 日本万治二年（1659）吉野屋权兵卫刻本

2 139 251 511 541 590 677A
14. 日本元禄十三年（1700）吉野屋德兵卫刻本（据明松亭吴江刻本翻刻，书口题医学或问六卷） 7 139 738（残）
15. 日本天明二年（1782）金屋丰右卫门刻本 476
16. 日本文久二年（1862）刻本 651
17. 见合刻二种医书

03370
00000
医学正传或问一卷 ［1515］
（明）虞抟（天民、恒德老人）原撰 辑者佚名
1. 日本庆安元年（1648）刻本 511
2. 见医家七部书

03371
05523
（增补）医学正传八卷首二卷 ［1515］
又名王氏增补医学正传
（明）虞抟（天民、恒德老人）原撰 王溥增补
明崇祯二年（1629）刻本 1 541（残） 570 TA

03372
05524
苍生司命八卷卷首一卷药性一卷 ［1515］
（明）虞抟（天民、恒德老人）编
1. 清康熙十六年（1677）钱塘徐开先海昌陈彝则刻本（还读斋刻、黄绮堂藏板） 1 139 139A 186 279 286 475A 476 541 572 664 728A
2. 清乾隆元年（1736）怀德堂刻本 3 139 139A 186 203 254 590 731
3. 清乾隆元年（1736）怀德堂刻同德堂重修本 251 381
4. 清乾隆元年（1736）怀德堂刻文富堂递修本 2 7 139 289 590 651 911 939 940
5. 清张桂订抄本（四卷，附伤寒辨舌金镜秘诀） 541
6. 清刻本 436 476 896A
7. 抄本 361（存卷二、首一卷） 514A 677A

03373
12935
（新刊）医学集成十二卷 1516
（明）傅滋（时泽、浚川）撰
明正德十一年（1516）刻本 541

03374
10784
卫生集四卷 1520
（明）周宏（亨安）编
明嘉靖十四年（1535）禁溪马纪刻本 1 590（残）

03375
05568
诸症辨疑四卷 ［1525］
（明）吴球（茭山）撰
1. 明万历二十五年（1597）书林余秀峰刻本（题新锲太医院鳌头诸症辨疑六卷） TB
2. 明黄琦刻本 139（卷一缺页） 570（附补遗诸症辨疑录）
3. 明抄本 851

03376
05527
医学统旨六卷 1534
（明）叶文龄（德征、石峰子）编
1. 明嘉靖十四年（1535）胡体乾刻本 1（存卷一至五） 733 852（序、卷六抄配）
2. 明隆庆六年（1572）筠郡邬琏刻本（八卷） 139 280 461 541 579 721 740A（存卷三、四、七、八）
3. 清康熙抄本（十卷） 572
4. 清抄本 139 139A 476

03377
05528
本草权度三卷附录一卷 ［1535］
（明）黄济之（世美、世仁）撰
1. 明嘉靖十四年（1535）黄汉儒通州刻本 139 579（存二卷） 651 733（存卷二、三、附录一卷）
2. 日本抄本 3

03378
05529
丹溪心法附余二十四卷卷首一卷 1536
（明）方广（约之、古庵）编
1. 明嘉靖十五年（1536）姚文清陈讲刻本 1 3 139 185 202（存十四卷） 254 270 280 286 412B 461 491 514A 541 542 570 651（存卷十二至二十四） 701（存卷十四至十六） 731（公文纸印本） 732（存卷二至五、十一、十二、二十一至二十四） 733（存卷六至八、十三至十六） 741 851 852（存十二卷） TA
2. 明隆庆六年（1572）青阳施笃臣刻本 1 139 308A 476 541（卷首配嘉靖本） 570 579 590 831 TA
3. 明万历二十八年（1600）江西布政司沈九畴刻本 6 139（存卷一至二十二、二十四） 590 651
4. 明万历天启间金陵唐鲤耀大业堂刻本 139（存卷一至二十） 277 279 366 413 433A 435 651 734A
5. 明叶觐刻本 542 731

6. 明邵武叶觐刻崇祯八年(1635)彭堣重修本 8(残) 702 738
7. 明四知馆杨君临刻本 280 301(存八卷) 461 721
8. 明刻本 1 2 139 462 541 572(残) 589 651 722 733 831 852
9. 明抄本 541(存十二卷)
10. 日本宽文十一年(1671)喜左卫门刻本 7 706
11. 清乾隆元年(1736)世德堂刻丹溪心法附余六种本 289
12. 清乾隆十六年(1751)大兴堂刻本 139 541 572 738A
13. 明万历书林吴氏刻清福建多文堂重修本 21 186 491 590 664 731 738A
14. 明万历书林吴氏刻清福建多文堂重修书林德让堂印本 677A 940
15. 明万历书林吴氏刻清福建多文堂重修清大文堂印本 139 186 279 401 421 433A 491 922
16. 明万历书林吴氏刻清福建多文堂重修福建宝章堂印本 391 907C
17. 清光绪二十五年(1899)古越徐氏石印本 152 280 287 289 308A 361 362 385A 396 421 433A 443 461 463 464 529B 664 677A 731A 737 738 740A 740B 799 907B 907C 926A 940
18. 清宣统元年(1909)上海文瑞楼石印本 202 279 286 288 301 308A 351 352 361 412A 421 475A 491 514A 514B 529A 590 677A 702 728A 871 907B 926A 931 942B
19. 清刻本 1 288 305(存卷二、五) 514A 579 732 740A 743(存二卷)

03379 13023 **丹溪心法**五卷论一卷附录一卷附余六种二十二卷 1536

又名丹溪心法附余六种

(明)吴中珩(楚白)辑校

附余子目：

(1)医学发明一卷 (金)李杲撰
(2)脉诀指掌病式图说一卷 (元)朱震亨撰
(3)金匮钩玄三卷 (元)朱震亨撰
(4)证治要诀十二卷 (明)戴思恭撰
(5)活法机要一卷 (元)朱震亨撰
(6)证治要诀类方四卷 (明)戴思恭撰

1. 明万历二十九年(1601)新安吴勉学刻步月楼印本 1 139 203 412B 475A(存九卷) 476 511 522 590 651 738B 922 926A
2. 明万历二十九年(1601)新安吴勉学刻明清递修本 433A 462
3. 清乾隆元年(1736)世德堂刻本 367(存附余五种) 396
4. 清嘉庆尚德堂刻本 139 186 277 279 303(存附余) 381 385 393 433A 475A(残) 570 590 664 721 839A
5. 清嘉庆鳣飞堂刻本(附余题慎修堂藏板) 139 140 203 279(缺丹溪心法卷一、二) 303 308A(残) 361 521 529A 529B 677A 728 728A(存七种二十七卷) 734A(存附余四种) 839A
6. 清二酉堂刻本 21 139 186 277 280(存心法) 311(残) 433A(存附余三种) 461 475A(残) 529A 677A 706 740B 728B(存附余三种) 799A 907B 926A
7. 清二酉堂刻两仪堂印本 931
8. 清宏德堂刻远安堂印本 570 940
9. 清宏德堂刻文奎堂印本 139 277(存附余五种) 351 412A 570(存附余三、五、六) 707(存附余五种) 737(存附余) 738B 799A 917A 940
10. 清刻本 1 433A 514A 579 800
11. 见古今医统正脉全书

03380 05530 **世医通变要法**二卷 1539

(明)叶廷器(文逊)撰

明嘉靖十八年(1539)刻本 541

03381 05496 **儒门事亲**十五卷 [1541]

(金)张从正(子和、戴人)撰(明)闻忠辑订

1. 明嘉靖二十年(1541)邵辅刻本 1 21 139 185 186 202 203 270 303(存卷六、卷十一至十四) 308A 364 529 541 572 709 728A 738A 851 TB
2. 明万历二十九年(1601)新安吴勉学刻五

车楼印本 203 728A 907C

3. 明万历二十九年（1601）新安吴勉学刻步月楼递修古今医统正脉全书本 1 2 3 8 9 21（存卷一、三至十五） 139 140 202 203 279 289 301 303 311 361 364 381 385 391 393 431 437 476 491 511 514A 529A 529B 546 572 590 651 677A 701 728A 731 733 738 738B 799A 907C 926A TA TB

4. 明万历二十九年（1601）新安吴勉学刻步月楼递修清敦化堂印本 1 289（存卷一至十一、十四、十五） 301 366 433 731

5. 日本正德元年（1711）渡边荣洛阳松下睡鹤轩刻本 3 7 203 308A 462 475A 541 926A

6. 日本正德元年（1711）渡边荣洛阳松下睡鹤轩刻浪华书肆田缘叔平印本 1 21 279 381 542 896A 940

7. 清光绪十八年（1892）浙江书局刻古今医统正脉全书本 541 891

8. 清宣统元年（1909）海丰吴重憙梁园节署铅印豫医双璧本 364

9. 清宣统二年（1910）上海千顷堂石印本 139 152 186 202 203 251 270 279 280 286 289 301 308 352 361 366 396 401 412A 433A 443 450 461 475A 511 514A 519 521 522 529A 570 572 590 651 664 665 677A 701 702 706 709 713（存卷一至十一、十四、十五） 714 715 721 728A 732 733 734 736B 738 738A 738B 739 741 799A 849 852 852C 852W 896A 901 907C 911 917A 926A 931 940

10. 清宣统二年（1910）宁波汲绠斋书局石印本 139 203 280 286 288 361 521 714 728A 733 736A（存五卷） 736B 737A 831 852 911

11. 清刻本 252 280 589 677A 907C 940（残）

12. 清抄本 701 907C

13. 见古今医统正脉全书

14. 见四库全书

15. 见豫医双璧

03382 **心印绀珠经**二卷 1542
13024 **二难宝鉴**二卷

（明）李荣（岚溪、樵阳子）编

明嘉靖二十一年（1542）当涂邢址福建邵武郡斋刻本 139

03383 **丹溪治法心要**八卷 1543
05531 原题（元）朱震亨（彦修、丹溪）撰 （明）高叔宗（子正、石山）编

1. 明嘉靖三十五年（1556）江阴赵应春刻本 2 139（残） 541 TA

2. 清宣统元年（1909）武林萧澍霖铅印本 3 139 152 186 279（存卷一至卷四） 286 289 308 412B 475A 491 514A 529A 541 590 651 664 677A 701 731 734 736 736A 741 907C 926A 940

3. 日本抄本 590

03384 **补注明医杂著**六卷 1549
05520 又名名医杂著注

（明）王纶（汝言、节斋）撰 薛己（新甫、立斋）注

1. 明嘉靖三十年（1551）吴邑宋阳山刻本 1 9 541 732 939

2. 明万历三十一年（1603）闽建书林刘龙田乔山堂刻本（四卷） 140

3. 明万历刻本 381 511 733（存卷一至四）

4. 明刻本 139 542 664 736 907C 940

5. 日本正保二年（1645）中野小左卫门刻本 7 139（残）

6. 日本承应三年（1654）武村市兵卫刻本 590

7. 明嘉靖二十五年至隆庆五年（1546—1571）王谏议范庆沈谧等刻隆庆五年（1571）沈启原增刻万历沈茂仁重修清顺治十五年（1658）槜李朱茂时鹤州草堂递修薛氏医按十六种本 361

8. 清刻薛氏医按本 279 366 907C

9. 清刻本 279 308A 381 514A 709

（存卷一至四、六） 733A 736C 740B 742（存卷一、二） 873（存卷一、二） 940
10. 抄本 1 361
11. 见薛氏医按十六种
12. 见薛氏医按二十四种

03385 05533 **医学撮要**一卷 [1550]
（明）程希洛编 薛己（新甫、立斋）注
清素漪氏抄本 741

03386 05534 **（新刊）医家必用类选**四卷 1553
（明）孙应奎（文宿、东谷）纂辑 （明）丁选（汝贤）等同订 吕子惠正讹
明嘉靖三十二年（1553）刻本 590（存卷一）

03387 05535 **医方集宜**十卷 1554
（明）丁凤（文瑞、竹溪）撰
1. 明万历四十六年（1618）衢州府丁明登刻本 139 651 708 907B
2. 清抄本 289
3. 抄本 139 202 279 391 421 491 529A 590 721 738A 746A 839A 907C 921

03388 05536 **明医指掌图**前集五卷后集五卷 1556
（明）皇甫中（云州）撰
1. 明嘉靖三十五年（1556）仁和皇甫山刻本 851
2. 明万历七年（1579）书林刘氏安正堂刻本 3 139（存前集五卷） 203（附药性赋四卷药性解六卷） 279（存卷二至八） 572 651（残） 731
3. 明万历七年（1579）书林刘氏安正堂刻清康熙三十八年（1699）印本 139

03389 12936 **古今医统大全**一百卷 1556
（明）徐春甫（汝元、东皋）编
1. 明万历初怀远朱希忠等刻本 2 398（残） 541（残） 590 831（存卷五十五、九十九至一百） 851 852（存卷五十五至七十） 940（存卷七至四十二、六十二至一百） TB（缺卷六、六十六至七十九）
2. 明万历初怀远朱希忠等刻德聚堂印本 3（残） 139 251（残） 301（残） 475A（存六十七卷） 541 572 590 664 731 733（存卷九十六、九十七） TA
3. 日本明历三年（1657）立野春节刻本（据金陵唐氏刻本重刻本） 139 514A
4. 日本明历三年（1657）立野春节刻万治三年（1660）印本 3 651
5. 日本半半堂抄本（十八卷） 202

03390 12937 **医经大旨**八卷 1556
（明）贺岳（汝瞻、春轩）纂辑
1. 明嘉靖三十五年（1556）刘唐岩刻本（四卷） 139 541 579 732（存卷一）
2. 明余氏敬贤堂刻本 1 277（存卷二至四、六、七） 590

03391 00000 **医学权舆**一卷 1563
（明）孙笙（茂林）撰 洪楩（方泉）编
见洪楩辑刊医药摄生类八种

03392 05537 **医学权舆**一卷 1563
（明）傅滋（时泽、浚川）撰
1. 明万历虎林胡文焕文会堂刻本 1
2. 清徐受麇抄本 721
3. 抄本 590 738B
4. 见寿养丛书选抄三种
5. 见医家萃览

03393 12944 **医学经略**十卷 1566
（明）赵金（淮献、心山）撰
明天启三年（1623）刻本 570

03394 05813 **医宗三法**三卷 [1566]
又名病因论治
（明）冯愈（淑沙）撰
明抄本 139（残）

03395 05538 **明医二著**五卷 1567
著者佚名
子目：
（1）缺
（2）缺
（3）王节斋小儿医书一卷
（4）医论问答一卷
（5）附录经验方一卷
明隆庆元年（1567）新淦宋豫卿刻蓝印本 1

03396 05539 **脉症治方**四卷 1572
（明）吴正伦（子叙、春岩子、木石山人）撰
1. 清康熙十二年（1673）澄溪倚云堂刻本 139 572
2. 清抄本 139

03397 05532 **保命歌括**三十五卷 ［1570］
（明）万全（密斋）撰
1. 明万历二十五年（1597）余秀峰怡庆堂刻本（题新刻万氏家传保命歌括十卷） 7 570
2. 明万历刻本 541（残）
3. 清顺治十六年（1659）罗田万达刻万氏全书本 590
4. 清康熙五十一年（1712）汉阳张坦议视履堂刻万密斋医学全书本 2
5. 清雍正二年（1724）金溪胡略清畏堂刻万密斋医学全书本 2（残） 139（残） 279
6. 清雍正二年（1724）金溪胡略清畏堂刻乾隆六年（1741）同人堂印万密斋医学全书本 139（残） 401 541
7. 清末忠信堂刻万密斋医学全书本 286
8. 清刻本 285 421 907C
9. 抄本 799A
10. 见万密斋医学全书

03398 05540 **赤水玄珠**三十卷 1573
（明）孙一奎（文垣、东宿、生生子）撰
1. 明万历二十四年至二十七年（1596—1599）新安孙泰来孙朋来刻本 715 852（存卷一、三至十五、十七至三十） 728B TA
2. 明万历二十四年至二十七年（1596—1599）新安孙泰来孙朋来刻清康熙杭州吴氏印赤水玄珠全集五种本 139 202（存二十四卷） 270 279 286 289 352 443 541 728A TA
3. 清汲古阁书局刻赤水玄珠全集五种本 1 279 831（附医旨绪余二卷）
4. 清光绪十四年（1888）光华堂刻本 712
5. 清刻本 284 708
6. 清抄本 286 521 728A 736A
7. 见赤水玄珠全集五种
8. 见四库全书

03399 05541 **周慎斋医书**四卷 1573
（明）周之干（慎斋）撰
清抄本 139 590（题周慎斋先生医旨藏书）

03400 05542 **慎斋遗书**十卷 1573
（明）周之干（慎斋）撰
1. 清乾隆四十一年（1776）刻本 511 570 851
2. 清道光二十九年（1849）目耕堂刻本 1 21 139 186 202 286 393 475A 541 590 651 664 677A 721 733 733A 734 738B 739 891（存卷一至三、七至十）
3. 清津门王治平抄本（三卷） 1
4. 抄本 139 579 677A 709 TA

03401 05543 **察证辨治启迪集**八卷 1573
又名启迪集
（日）曲直濑道三（正盛、一溪）撰
1. 日本庆安二年（1649）上村次郎右卫门刻本 3 731
2. 日本延享二年（1745）抄本 511
3. 日本抄本 TB

03402 00000 **识病捷法**十卷 ［1573］
（明）缪存济（慕松）撰
明万历邹龙光刻本 139

03403 05544 **周慎斋三书**三卷 ［1573］
（明）周之干（慎斋）撰
子目：
（1）口授记录一卷
（2）旧伤杂语一卷
（3）医案一卷
1. 清乾隆十四年（1749）道南堂刻医学粹精本 251 572
2. 见医学粹精

03404 05545 **医圣阶梯**十卷 ［1573］
（明）周礼（半山）撰 张崑（元山）校正
明万历元年（1573）归安周礼自刻本 1（存卷二、四至十） 939

03405 05546 **医学钩元**八卷 1575
附补议一卷
（明）杜大章（圻山、子华）撰
明万历三年（1575）刻本 139 541

03406 12938 **医学入门**七卷卷首一卷 1575
（明）李梴（健斋）编
1. 明万历三年（1575）李春魁等刻本 401 713 907C
2. 明万历三年（1575）李春魁等刻崇祯九年（1636）重修本 139 590 716 731 735A（存卷一至三、六至九） 907B

3. 日本元和三年(1617)刻本　7
4. 明万历刻崇祯十一年(1638)递修本　383
5. 明万历刻本　1　7(有抄配)　139　202　277　383　461(存卷首、一至三)　475A　529　541　651　701　715　721　738　781　907C　939　TA
6. 明万历书林本立堂刻本　944
7. 明大业堂刻本　2
8. 明刻本　1　186　529A(残)　570　664　721　853(残)　907C　921
9. 明万历刻明清递修本　251　361　570
10. 明万历三年(1575)李春魁等刻明清递修清初古吴郁郁堂印本　139　202　432　461　491　511　701　706(残)
11. 日本庆安四年(1651)刻本　3　139　202
12. 日本万治三年(1660)刻本　590
13. 日本宽文九年(1669)风月堂刻本　139
14. 日本延宝五年(1677)村上平乐寺刻本　7
15. 日本享保七年(1722)村上勘兵卫等刻本　139
16. 清乾隆四年(1739)广城书林五云楼刻本　851
17. 清乾隆三十三年(1768)刻本　572
18. 清嘉庆二十一年(1816)金阊同青堂刻本　3
19. 清嘉庆二十三年(1818)朝鲜内局刻本　3　139　186　541　TA
20. 清嘉庆二十四年(1819)荣茂堂刻本　852S
21. 清嘉庆二十四年(1819)文贤堂刻本　301　852S　907C
22. 清道光二十年(1840)广城书林福文堂刻本　186　289　514A　529A(残)
23. 清咸丰六年(1856)广城书林青云楼刻本　139A　270　461　514A　546　590　651　677A　707　709　728A(残)　741　852　931
24. 清咸丰八年(1858)佛山金玉楼刻本　289　733A
25. 清咸丰八年(1858)佛山翰选楼刻本　715
26. 清同治九年(1870)红杏山房刻本　139　728A　731　740J(存卷三、六、七)
27. 清光绪三年(1877)维经堂刻本　940
28. 清咸丰六年(1856)广城书林青云楼刻光绪十八年(1892)粤东佛镇翰宝楼印本　1　279　289　308A　393　493　514A　737　738B　800
29. 清光绪二十年(1894)宏道堂刻本　2　186　280　286　302　361　529A　590　791　839A　907C
30. 清道光二十年(1840)广城书林福文堂刻光绪二十四年(1898)粤东翰文堂印本　139　308A　476　590　940　942B
31. 清玉凤楼刻本　739A
32. 清宝仁堂刻本　381
33. 清刻本　139　288(存卷四至七)　364A(存卷一、二、七)　366(存卷四至七)　401　921
34. 清节抄本　139

03407/12939　**医学入门**内集六卷外集十七卷　［1575］
(明)李梃(健斋)编　(日)八尾玄长重编
日本宽文六年(1666)刻本　1　21　139　286　541　590　791

03408/05547　**(新刻增补)古今医鉴**八卷　1576
(明)龚信(瑞芝)撰　龚廷贤(子才、云林、悟真子)续编
1. 明万历十七年(1589)金陵书林周庭槐刻本　7　579
2. 明崇祯金阊叶华生刻本(十六卷)　2　7　139　152　251　277(存卷一至六、十三至十六)　279　301　302　361　381　475A(存卷一至十四)　541　570　590　677A(缺卷三、十三、十四)　733　741　896A　907C(存卷十、十二至十六)
3. 明末姑苏沈文台刻本(题宋刊古今医鉴,存二卷)　710
4. 明末清初金陵书林周四达刻本　251　286　839A　939　940
5. 明崇祯金阊叶华生刻清钱季昭递修本　139
6. 日本明历二年(1656)刻本(十六卷)　139
7. 日本宽文七年(1667)中村七兵卫刻本(十六卷)　7

8. 清康熙二十三年(1684)余元声蕴古堂刻乾隆文盛堂重修本 3 139 186 277 279 301 409 411 412A 514B 590(残) 677A 839A
9. 清崇顺堂刻本 202 461
10. 清抄本 203

03409 **订补明医指掌**十卷 1579
05548 附诊家枢要一卷
(明)皇甫中(云州)撰 邵达(绳山)订补
1. 明天启二年(1622)金陵唐鲤飞刻本 2 186(无附录) 202 251 306(存卷一、枢要一卷) 351 412A(无附录) 421 529A 590(存卷一至八) 651 701 926A
2. 明刻本 152 362
3. 明末清初刻本(无附录) 279(缺卷一) 366 391 401 433A 541 728A
4. 明末清初刻金阊传万堂印本 139 589 731 734A(存卷一至八)
5. 清乾隆四十四年(1779)翰海楼刻本(无附录) 139 186 289 361 431 433 541 590 721 736 839A
6. 清乾隆五十九年(1794)三槐堂刻本 140
7. 清嘉庆十六年(1811)诗业堂刻本 2 139 202 277 286 289 301 361 385A 541 572 590 677A 701 712 734A 740A 740B 896A 917A 931 940
8. 清嘉庆十九年(1814)致和堂抄本(节抄,无附录) 139
9. 清嘉庆二十三年(1818)裕文堂刻本 839A
10. 清嘉庆二十五年(1820)文林堂刻本 139 202 279 398 491 529A 664 917A
11. 清道光二十三年(1843)维扬宝翰楼刻本 381 664 709
12. 清道光二十三年(1843)维扬宝翰楼刻咸丰八年(1858)维扬文富堂印本 185 412B 590 677A 728A 799A 852A 921
13. 清道光二十三年(1843)维扬宝翰楼刻咸丰八年(1858)宝贤堂印本 524 839A
14. 清光绪二十一年(1895)学库山房刻本 21 139 475A 664 677A 709 714 721 851
15. 清光绪三十年(1904)镇江文成堂石印本 412A 926A
16. 清宣统三年(1911)扫叶山房石印本 139 308A 435 651 677A 728A 736 740J 931
17. 清刻本 139A 311(存卷七、八) 529B 541 706 708 713 733B(存三卷) 740A 851 901
18. 清抄本 139 521(节抄) 572 651

03410 **切纸**二卷 [1581]
05550 (日)曲直濑道三(正盛、一溪)撰
日本宽永二十年(1643)刻本 139

03411 **出证配剂**二卷 [1582]
05551 (日)曲直濑道三(正盛、一溪)撰
1. 日本宽永十年(1633)枚田勘兵卫刻本 139
2. 日本抄本 TB(一卷,日·小岛质题跋)

03412 **医学源流肯綮大成**十六卷 1583
12941 又名太医院补遗真传医学正传
(明)虞抟(天民、恒德老人)原撰 余应奎补遗
1. 明万历三十四年(1606)建邑积善堂陈贤刻本 139 738B(存卷九至十六)
2. 日本刻本 590

03413 **医林绳墨**八卷 1584
00000 (明)方隅撰 方谷(龙潭)校正
1. 明万历十二年(1584)钱塘方谷刻本 590(残) 651
2. 清抄本 651(存卷一、二)

03414 **医学指南捷径六书**六卷 1586
05553 (明)徐春甫(汝元、东皋)撰 汪腾蛟等校
子目:
(1)内经正脉一卷
(2)雷公四要纲领发微一卷
(3)病机药性歌赋一卷
(4)诸症要方歌括一卷
(5)二十四方一卷
(6)评秘济三十六方一卷
1. 明万历十四年(1586)金陵顾氏新都黄氏刻本(题医学入门捷径六书) 721(存卷五、六)
2. 明万历十四年(1586)金陵顾氏新都黄氏刻重修本(题医学未然金鉴) 721(存卷

五、六)
3. 明万历二十五年(1597)闽建书林刘朝琯刻本 186(存卷三至六)
4. 明万历刻本(题古今医学捷要六书) 514A
5. 抄本 3(残) 746A(存卷一、二)

03415 05554 **万病回春**八卷 1587
(明)龚廷贤(子才、云林、悟真子)编
1. 明万历十六年(1588)阊门书林叶龙溪刻本 7 511 709 731 851
2. 明万历三十年(1602)金陵周文宪刻本 3
3. 日本庆长十六年(1611)刻本〔据明万历三十年(1602)金陵周文宪刻本翻刻〕 7 139
4. 明万历四十三年(1615)刻本 383
5. 日本元和六年(1620)刻本 462(残)
6. 明万历萃庆堂余泗泉刻本 740A
7. 日本正保四年(1647)刻本 541
8. 日本万治三年(1660)林传左卫门尉刻本〔据明万历十六年(1588)阊门书林叶龙溪刻本〕 3 7 139 651
9. 清康熙元年(1662)钱塘汪淇刻本 731
10. 清康熙六年(1667)文漪堂刻本 579
11. 清康熙七年(1668)古林本立堂刻本 21 743(存卷一、二)
12. 日本宽文八年(1668)中野氏市右卫门刻本 511
13. 清雍正经纶堂刻本 2 203 286 301 443 546 589 709 715 732 738A 740C 939
14. 清乾隆七年(1742)文重堂刻本 391 677A
15. 清乾隆九年(1744)三乐斋刻本 411
16. 清乾隆十九年(1754)素位堂刻本 940
17. 清乾隆三十二年(1767)三益堂刻本 366 712 743(存卷一)
18. 清乾隆三十二年(1767)聚锦堂刻本 302 393 853
19. 清乾隆四十三年(1778)郑五云堂刻本 1
20. 清嘉庆五年(1800)文德堂刻本 940
21. 清嘉庆八年(1803)书业堂刻本 302 443
22. 清嘉庆二十一年(1816)经余堂刻本 302 351 412A 475A 491 521 896A 926A
23. 清道光八年(1828)文渊堂刻本 251 270 279 288 314 362 529A
24. 清道光十七年(1837)崇让堂刻本 21 280 381 391 514A 852S 907C
25. 清道光二十五年(1845)刻本 139A 280
26. 清咸丰八年(1858)金陵周如皋刻本(十卷) 381
27. 清咸丰十年(1860)联墨堂刻本 288
28. 日本文久二年(1862)刻本 651
29. 清道光八年(1828)文渊堂刻同治九年(1870)书业德记重修本 308 391 435
30. 清光绪二十七年(1901)、三十三年(1907)上海京师书业公司石印本 421 522 590 701 728A
31. 清光绪三十二年(1906)江东书局石印本 1 21 270 286 512 514A 522 701
32. 清大文堂刻本 8 381 570
33. 清三让堂刻本 740A
34. 清南溪书屋刻本 186
35. 清江阴宝文堂刻本 570
36. 清扫叶山房刻本 139 289 433A 465 476 491 493 523 529A
37. 清文奎堂刻本 301 511 728A
38. 清善成堂刻本 202 279 280 391 412A 433A 475A 940
39. 清振贤堂刻本 475A
40. 清姑苏会文堂刻本 475A
41. 清姑苏会文堂刻绿慎堂印本 476
42. 清文盛堂刻本 461
43. 清经国堂刻本 361
44. 清刻本 1 2 139 288 305 306 366 411 414 651 728A 733B(存六卷) 734A 735A(残) 740A 784 851 852L

03416 05555 **云林神彀**四卷 1591
又名神彀金丹、医方神彀
(明)龚廷贤(子才、云林、悟真子)撰
1. 明万历十九年(1591)金陵书林周曰校刻本 270 277 289 541
2. 明书林遗德堂刻本 381
3. 明末积庆堂刻本 202 433A 831

4. 明末积庆堂刻古林本立堂印本 2 139 202 743(存卷一、二)
5. 明末刻本 139
6. 清康熙元年(1662)练江何涛和育堂刻本 590
7. 清康熙古林清畏堂刻本 738
8. 清道光二十三年(1843)志远堂刻本 280 871 907C
9. 清道光二十三年(1843)志远堂刻正古堂重修本 529A
10. 清道光宏道堂刻本 139 277 412B 514A 799
11. 清道光聚奎堂刻本 590 728A 917A
12. 清咸丰刻本 831
13. 清同治六年(1867)经济堂刻本(题神彀金丹) 139 152 450B 740A 740B 940
14. 清光绪元年(1875)全茂堂刻本 361 907C
15. 清光绪二年(1876)大道堂刻本 907C
16. 清光绪十二年(1886)刻本 2 361 856
17. 清文光堂刻本 3 677A 839A
18. 清宝翰楼刻本 738B 799A
19. 清芳桂堂刻本 854
20. 清文秀堂刻本 279
21. 清五云楼刻本 921(存卷三、四)
22. 清陈富记刻本 521
23. 清成德堂刻本(二卷) 852
24. 清三让堂刻本 412A
25. 清刻本 21 186 280 907C
26. 抄本 521(题医方神彀) 570

03417 05549 **医家赤帜益辨全书**十二卷 [1593]
(明)吴文炳(绍轩、光甫、沛泉)撰
明万历闽建书林熊冲宇种德堂刻本 139 940(存卷一至三、十至十二)

03418 05556 **士林余业医学全书**六卷 1598
(明)叶云龙(以潜)撰
明万历二十七年(1599)闽建书林刘朝琯刻本 7(有抄配)

03419 13025 **赤水玄珠**三十卷 1599
医旨绪余二卷
三吴医案二卷
新都医案二卷
宜兴医案一卷
又名赤水玄珠全集五种三十七卷
(明)孙一奎(文垣、东宿、生生子)撰
1. 明万历二十四年至二十七年(1596—1599)新安孙泰来孙朋来刻本 1 2 7 21 139 185 186 202 203 289 301 352 361(存一卷) 381(残) 401 412B 432(存三十五卷) 443 461 462(残) 465(残) 475A 476 491 522 523 542 546 579 589 701 710(存卷一、二) 721 728A 732(残) 733 734A 736(残) 737(残) 737A 738 738B 781 799A 851 852(存二十八卷) 871 907B 911 931 939 940
2. 明万历二十四年至二十七年(1596—1599)休宁孙泰来孙朋来刻清康熙杭州吴氏重修本 1 3 9(存卷一至九) 21 139 186 279 289 361 366(存二十八卷) 381 435 443 461 463 514A 521 522 590 664 709 715 721 733 736(残) 737A(残) 741 907C 921 922(存三十六卷)
3. 日本明历三年(1657)风月庄左卫门刻本 3 7 139 280 940 TA
4. 清光绪十四年至十七年(1888—1891)顺德潘氏等刻本 4K 308A 381 433A 461 712 851 940
5. 清光绪十四年至十七年(1888—1891)顺德潘氏等刻粤东佛镇天宝楼印本 3 139 186 279 289(残) 308A 385A 391 421 433A 514A 529A 541 677A 709 731 737(缺卷九) 738A 799A 839A 907C 917A 926A 931 940
6. 清光绪十四年至十七年(1888—1891)顺德潘氏等刻汲古阁书局印本 1 139 279 308A 492 737 831(存卷一至十八)
7. 清刻本 2 139 203 279 308A(残) 391(存卷一至二十七) 396 401 664 701 708 709 733 736 739D 907C 940(残)
8. 清抄本 521(残) 728A 736A

03420 05557 **（增补）医方捷径**二卷 1600
（明）王宗显撰 钱允治校
1. 明万历二十八年（1600）闽建方瑞泉刻本（三卷） 851
2. 明崇祯刻本 139
3. 明秀峰余良史刻本（题新刻太医院订正鳌头医方捷径） 1
4. 清嘉庆二十三年（1818）三和堂刻本 434
5. 清道光四年（1824）文星堂刻本 416
6. 清道光赵汝霖抄本 286
7. 清道光成都藜照书屋刻本 856
8. 清咸丰十年（1860）大林堂刻本 421
9. 清同治十一年（1872）大道堂刻本 514A
10. 清光绪十八年（1892）宝全堂刻本 1
11. 清聚三堂刻本 364A
12. 清合盛堂刻本 443
13. 清宝仁堂刻本 852
14. 清书林文发堂刻本（四卷） 9 251 351 361 541 831 852
15. 清荫香堂刻本 381
16. 清宏道堂刻本 401 421 434 461 709 734A 874
17. 清刻本 139A 363 367 434 740A 742 851 852E 873
18. 见医门初学万金一统要诀分类
19. 见必用医学需知
20. 见医理元枢

03421 05558 **医方捷径指南全书**四卷 ［1600］
原题（明）王宗显编 钱允治校
1. 明刻本 139 590（残）
2. 清同治四年（1865）同文堂刻本 139 351 852S
3. 清光绪十八年（1892）四和堂刻本（二卷） 351 366 391
4. 清光绪三十三年（1907）聚盛堂刻本（二卷） 279
5. 清本立堂刻本 202
6. 清致盛堂刻本（二卷） 514A 852 852S
7. 清永顺堂刻本（三卷） 433A
8. 清全世堂刻本（二卷） 907C
9. 清正字山房刻本（二卷） 852
10. 清式文斋刻本 351
11. 清友好堂刻本 302
12. 清文渊堂刻本 139
13. 清益智堂刻本（二卷） 366（存卷上）
14. 清大有堂刻本（二卷） 443（存卷上）
15. 清平安会刻本 1 852
16. 清刻本 351 363 364A（二卷） 401 412A（存卷六至九） 850 851 852E（二卷） 852S 873（二卷） 901 921
17. 清抄本 139 202（节抄） 362

03422 05559 **（新刻汪先生家藏）医学原理**十三卷 1601
（明）汪机（省之、石山居士）编
1. 明万历吴继武谢孜刻本 251 590
2. 明万历新安吴勉学刻梅墅石渠阁印本 6
3. 明万历新安吴勉学刻古吴陈长卿印本 1
4. 抄本 139

03423 12942 **杏苑生春**八卷 1601
（明）芮经 纪梦德编 龚廷贤（子才、云林、悟真子）校正
明万历三十八年（1610）金陵书坊蒋氏石渠阁刻本 664

03424 05560 **简明医要**五卷补遗一卷 1605
（明）顾儒（成宁、云竹山人）撰
明万历三十三年（1605）澄江顾儒自刻本 1 590

03425 05562 **（鼎锲太医院颁行内外诸科方论）百代医宗**十卷 1607
（明）涂绅撰
明万历三十五年（1607）金陵李潮刻本 1 541（存卷一至九） 572 738

03426 05563 **治法汇**八卷 1609
（明）张三锡（叔承、嗣泉）撰
1. 明万历三十八年（1610）刻本 1（七卷） 2 4C 139 152 186 202（残） 286 541 590 677A 701（存卷二、六） 716 721 851 852 940
2. 明万历三十八年（1610）刻崇祯十七年（1644）应天张维藩等重修医学六要本 733
3. 明万历三十八年（1610）刻崇祯十七年（1644）应天张维藩等重修聚锦堂印医学六要本 852（存卷二至八）
4. 清道光四年（1824）鼎文书屋抄本 590

5. 抄本 590 831
6. 见医学六要

03427 06040 **医林统要**四卷 ［1609］
（明）黄惟亮（西丘）撰
明万历三十七年（1609）四知馆杨丽泉刻本 741（存卷一、二）

03428 11075 **百段锦**二卷 1610
（明）陶本学（泗源、会稽山人）撰
抄本 139 738A

03429 12943 **东医宝鉴**二十三卷目录二卷 1611
（朝）许浚等撰
1. 明万历四十一年（1613）朝鲜内医院木活字印本 1 2 4 7 139 202 203 204 251 252 270 277 279 289 301 306 308A 311 361 382 391 397 412A 421（残） 431 450B 461 462 475A 521 541 664 677A 701 715 716 721 737 738A 746 799A 839A 851 TA
2. 明刻本 433 541 590 664 741 852 907B 907C
3. 日本享保九年（1724）大阪书林刻本 139 279 301 308A 412A 412B 529A 570 572 677A 707 721 738A 781 901 931 940 TA
4. 清乾隆十二年（1747）王伦抄本 514A
5. 朝鲜李朝英祖二十九年（1752）完营刻本 1 139 286 461 462 475A 491 542 579 TA
6. 清乾隆二十八年（1763）番禺左翰文刻本 139 139A 152 186 351 381 401（存一卷） 412A 412B 433A 491 523 529 529A 541 664 677A 706 707 709 728 728B 734 734A 735 738A 781 931
7. 清乾隆二十八年（1763）番禺左翰文刻同文堂印本 362 385B
8. 清嘉庆元年（1796）江宁敦化堂刻本 7 251 277 280 396 436 461 475A 521 579 732A TC
9. 清嘉庆元年（1796）英德堂刻本 139 140 280 306 351 421 436 589 677A 739A 781 851
10. 清嘉庆元年（1796）英德堂刻聚盛堂印本 731
11. 清嘉庆二年（1797）书业堂刻本 1 4B 279 289 301 306 308 361 385 393 514A 514B 529A 701 737
12. 清乾隆二十八年（1763）番禺左翰文刻道光元年（1821）庆云楼印本 839A
13. 清道光十一年（1831）富春堂刻本 139 140 185 279 302 361 367 391 436 475A 491 522 677A 734A 737 738 738A 738F 740B 799A 831 907C 912 917A
14. 清道光十一年（1831）富春堂刻资善堂印本 421 922
15. 清道光二十七年（1847）崇顺堂刻本 434 852
16. 清道光二十七年（1847）崇顺堂刻光绪十一年（1885）抱芳阁印本 2 202 401 926A XD
17. 日本享保九年（1724）大阪书林刻清光绪十六年（1890）朱曜之江左书林增修本 3 139 202 279 289（存二十三卷） 301 302 363 412A 436 461 493 511 523 541 738A 831 917A 921 931
18. 清光绪十六年（1890）上海校经山房石印本 1 139 139A 185 202 203 251 303 308A 352（残） 361 381 412A 412B 433A 463 475A 493 514A 522 664 707 714 715 728A 732 734A 736 736A 737 738A 743 799 851 852 896A 907B
19. 清光绪三十四年（1908）扫叶山房铅印本 3 139 289 303 361 412A（残） 529A 590 664 706 733A 931
20. 清刻本 21 203 287 288 289 302 303（残） 305（残） 308A 311 361 383 401（残） 411 412A 436 702 721 733A 733B（存五卷） 734A 738B 740A 741 872（存卷一至五） 891 917A 942B TA
21. 清抄本 286 734 939
22. 朝鲜刻本 1 2 3 21 139 140 186

301　302　308A　352　381　385A　412B　491　541　728A　896A　TD
23. 朝鲜抄本　1（存八卷）　9

03430 05564 **医宗粹言**十四卷总论一卷　1612
(明)罗周彦(德甫、赤诚、慕斋)撰
1. 明万历四十年(1612)常郡书林何敬塘刻本　2　139　286　289(存卷一至八)　385　570　572　701　721A　731　TA
2. 清抄本(十二卷)　541

03431 05565 **诸证提纲**十卷　1612
(明)陈文治(国章、岳溪)编
明万历四十年(1612)金陵刘守德刻本　1　279　590

03432 00000 **先醒斋笔记**不分卷　1613
又名先醒斋医方笔记
附炮制法一卷、海上单方一卷
(明)缪希雍(仲醇、慕台)撰　丁元荐(长孺、慎所、曲肱道人)辑
1. 明万历四十一年(1613)丁元荐刻清初重修本(附痘科异治)　590
2. 日本正德五年(1715)长冈恭斋刻本(题先醒斋医方笔记)　590
3. 清抄本(二卷)　491

03433 05567 **寿世保元**十卷　1615
又名医林状元寿世保元
(明)龚廷贤(子才、云林、悟真子)撰
1. 明末周文卿光霁堂刻本　570　734A(存卷一至八)
2. 日本正保二年(1645)风月宗知刻本(据明末周文卿光霁堂本翻刻)　7　139　381　731
3. 日本万治二年(1659)林传左卫门刻本　203
4. 清康熙六年(1667)龙文堂刻本　140　270　590
5. 清康熙五十七年(1718)刻本　363
6. 清雍正十年(1732)刻本　152
7. 清乾隆二十年(1755)广城福文堂刻本　737　907B
8. 清乾隆四十年(1775)文会堂刻本　21　279　940
9. 清乾隆五十三年(1788)永盛堂刻本　366
10. 清嘉庆二年(1797)大经堂刻本　491
11. 清嘉庆六年(1801)金陵致和堂刻本　417　443
12. 清嘉庆七年(1802)晋祁书业堂刻本　279
13. 清嘉庆九年(1804)集成堂刻本　443
14. 清嘉庆十七年(1812)崇文堂刻本　1(缺卷六)　139　279　407　450B　651
15. 清嘉庆二十二年(1817)书林广顺堂刻本　288　398　450　514A　741　907C　917A
16. 清嘉庆刻本　1(存卷一、二)
17. 清道光三年(1823)成都藜照书屋刻本　521　907C
18. 清道光三年(1823)崇顺堂刻本　412A　852S(存卷三)　907C
19. 清道光七年(1827)文贤堂刻本　433A
20. 清道光九年(1829)经国堂刻本　140　202　366　412A　434　514A　514B　891　901
21. 清道光十一年(1831)成都书林文发堂刻本　1　361　412A　475A　734A　872　907B
22. 清道光十四年(1834)晋祁书业德刻本(书口题宏道堂)　21　285(存卷一至三、十)
23. 清道光二十三年(1843)致盛堂刻本　907C
24. 清道光二十三年(1843)天德堂刻本　308A
25. 清道光二十四年(1844)苏州老桐石山房刻本　140　279　475A　872
26. 清道光三十年(1850)宏道堂刻本　301　839A
27. 清道光刻本　677A　912
28. 清咸丰八年(1858)广城青云楼刻本　361　514A　931
29. 清咸丰八年(1858)佛山镇翰文堂刻本　931　939
30. 清同治元年(1862)永福堂刻本　279　401(残)
31. 清同治元年(1862)佛山镇天宝楼刻本　931
32. 清同治二年(1863)姑苏裕文祥刻本　203

279 301 701 728A
33. 清同治四年(1865)刻本 409
34. 清同治七年(1868)恒言堂刻本 139 417A
35. 清同治八年(1869)世顺堂刻本 139 418
36. 清同治八年(1869)文具堂刻本 852
37. 清同治十二年(1873)乾元堂刻本 907C
38. 清光绪六年(1880)姑苏紫文阁刻本 301 351 590
39. 清光绪十二年(1886)上洋江左书林刻本 251 277 279 381 475A 493 531 664 728A 734A 737
40. 清光绪十四年(1888)上海扫叶山房刻本 280 288 366 391 463 466 475A 476 514A 738B
41. 清光绪十八年(1892)宏道堂刻本 364A
42. 清光绪二十六年(1900)善成堂刻本 139 186 288
43. 清光绪二十九年(1903)山左书林石印本 541 590
44. 清光绪三十年(1904)有益堂刻本 364 366 367(存卷一、三、四、九、十) 385
45. 清光绪三十一年(1905)扫叶山房刻本 301 572 728A
46. 清光绪三十二年(1906)上海图书集成印书局铅印本 139 288 363(存卷一、二) 365(存卷一、二)
47. 清光绪三十三年(1907)上海同文书局石印本 277 364A(存卷一至五) 412A 491 590 896A
48. 清光绪三十四年(1908)上海校经山房刻本 1 139 203 301 303 412A 523 731
49. 清光绪聚盛堂刻本 285 288 476 664 701
50. 清宣统元年(1909)湖南益元书局刻本 360D 412A 664 852E
51. 清宣统元年(1909)上海朱氏焕文书局石印本 363(存卷一至四、七、八) 907B 931
52. 清宣统元年(1909)宏道堂刻本 412A
53. 清宣统元年(1909)宏盛堂刻本 360D 854(存卷三至八、卷十)
54. 清宣统三年(1911)上海广益书局石印本 1(存五卷) 139 289 301 309 351 431 433A(残) 467 514A 519 529A 709 738B 781 852 917A 931
55. 清宣统元年(1909)、三年(1911)上海锦章书局石印本 21 139 281A 286 301 361 366 391 412B 436 522 523(存卷六至十) 529A 590 839A 852A(残) 854 907C 921 922 940
56. 清宣统三年(1911)上海江东书局石印本 251 279 303 475A 476 529A 570 590 651 743
57. 清合州松林堂刻本 852
58. 清澹雅书局刻本 831(存九卷)
59. 清庆云楼刻本 361
60. 清经元堂刻本 21 351 352 362 529B 590 706 738A 799A 831
61. 清尚德堂刻本 461
62. 清三让堂刻本 412A 433 740C
63. 清务本堂刻本 202 361
64. 清文奎堂刻本 514A
65. 清奎元堂刻本 391
66. 清美余堂刻本 476
67. 清万育堂刻本 1
68. 清京都文成堂刻本 202 251 288 434
69. 清文富堂刻本 522 541
70. 清文林堂刻本 421(存卷二至十)
71. 清卓观楼刻本 351 366
72. 清敬仪堂刻本 351 401
73. 清泰山堂刻本 896A
74. 清青藜阁刻本 852S
75. 清光华堂刻本 367(存卷四、五)
76. 清致和堂刻本 367
77. 清艺文堂刻本 664(存卷一、二、五)
78. 清英德堂刻本 664(存卷一至九)
79. 清同文堂刻本 251
80. 清三槐堂刻本 728A
81. 清文光堂刻本 3 351 743(存六卷)
82. 清经纶堂刻本 1 2 139 186 361 431 433 664 709 831
83. 清刻本 8 21 145 277 279 285

289 302 311（存卷五、六） 351 360B 364A 366 383 391 408 409 412B 413A 414 415 433A 443 451 522 706 709 721 728A 734A（存卷一至三） 740A 741（残） 742（存卷一、二、六、十） 743 784 799（残） 851 852 852M 852R（残） 852T 854（残） 872 891 921

84. 清末石印本 285 288（存卷一、三、四、七、八） 922（存卷一至四）

85. 抄本 521

03434 00000 **脉证治例辨疑**十二卷 1615

(明)陶本学（泗源、会稽山人）撰

明万历四十三年（1615）稿本 TA

03435 05569 **丹溪衣钵**一卷 ［1615］

著者佚名

明万卷楼抄本 139

03436 05571 **（新刊）医林状元济世全书**八卷 1616

(明)龚廷贤（子才、云林、悟真子）撰 陈直校正

1. 明刻本 139（残）

2. 日本宽永十三年（1636）村上平乐寺刻本（据明金陵万卷楼存义堂周氏刻本翻刻） 1 7 21 139 277 286 TA

03437 12945 **医林正印**十卷 1616

(明)马兆圣（无竟）撰

明万历四十四年（1616）虞山马兆圣自刻本 1

03438 12946 **医学汇函**十三卷卷首一卷 1616

又名聂久吾先生医学汇函、医学类函

(明)聂尚恒（久吾、惟贞）撰

1. 明崇祯元年（1628）建阳余氏跃剑山房刻本 2（存八卷卷首一卷） 3 412B（存卷一至七） 651 731（缺卷十二、十三）

2. 明末清初带月楼刻本 139 651 728A 738

3. 明崇祯元年（1628）建阳余氏跃剑山房刻清康熙重修本 590

03439 00000 **颐生微论**三卷 1618

(明)李中梓（士材、念莪、尽凡居士）撰

明万历书林叶仰峰刻本 1 7

03440 12940 **程氏医彀**十六卷 1618

(明)程式（心源、道承、若水、建武居士）撰

明万历四十六年（1618）刻本 139 570 590（存贞集四卷）

03441 05572 **医海搜奇**不分卷 1619

(明)周法参撰

明万历刻本 277（存一册）

03442 05573 **医镜**二卷 ［1620］

(明)许兆祯（培元）撰

1. 抄本 734A

2. 见医四书

03443 00000 **医准**二卷 ［1620］

(明)许兆祯（培元）撰 （清）曹洪洲重订

清刻本 541

03444 05575 **丹溪手镜**三卷 ［1621］

原题（元）朱震亨（彦修、丹溪）撰 （明）吴尚默（以时）订正 陈乾阳（阿潜）参订

1. 明天启元年（1621）宛陵吴尚默等刻本 1 2 541 852（存卷一、二）

2. 抄本 139

03445 05566 **先醒斋医学广笔记**三卷 1622

又名先醒斋笔记、广笔记、还读斋医方汇编

附炮制大法一卷、用药凡例一卷

(明)缪希雍（仲醇、慕台）撰 丁元荐（长孺、慎所、曲肱道人）辑 庄绶光（弢之） 庄继光（敛之）辑补

1. 明天启二年（1622）延陵庄绶光刻京口大成堂印本 1 2 3 139 251 301 412A 475A 541 579 589 590 651 716 731 733 851 939

2. 明崇祯七年（1634）觉空子抄本 651

3. 明崇祯十五年（1642）虞山李枝刻本 1 2 251 381 412A 491 512 514A 541 570 579 709（缺卷十） 721 728B 731 733 738 738A 740B 939 942B TA

4. 明崇祯十五年（1642）虞山李枝刻三槐堂重修本（三卷） 512

5. 明崇祯十五年（1642）虞山李枝刻清种德堂重修本（三卷） 270 277（残） 590（残） 734A（存卷一、三）

6. 清康熙抄本 152 572（十四卷）

7. 清道光十一年（1831）武林涵古堂刻本 2 139 186 738A 738B

8. 清光绪二十一年（1895）抄本 590（钱艺重订）
9. 清抄本 514A 541 781
10. 抄本 475A（题缪仲醇医案）
11. 见四库全书

03446 05576 **明医选要济世奇方**十卷 1622
（明）沈应旸（绎斋、霁甫）编集 何炉仁参订 裴世恩（体仁）订正
1. 明天启三年（1623）刻本 139
2. 明詹氏文树堂刻本 651（十一卷，题新刊明医秘传济世奇方万病必愈）

03447 05578 **济阳纲目**一百零八卷 1626
（明）武之望（叔卿、阳纡）编撰 张楠（荫斋）注
1. 清嘉庆二十一年（1816）抄本 361（存卷一至十）
2. 清咸丰六年（1856）泾阳姚锡三刻本 1 2 3 139 139A 186 277（存卷八十四至八十六、九十一至九十三） 279 289 361（存四十七卷） 401 408 412B 529A 590 831（唐成之题识） 851
3. 清末抄本 412A

03448 06118 **医林广见**不分卷 ［1627］
又名高果哉医论广见
（明）高隐（果哉）撰
抄本 139（残） 541

03449 05579 **云林医圣普渡慈航**八卷 1628
（明）龚廷贤（子才、云林、悟真子）撰
1. 明崇祯金阊书林唐廷扬刻本 7 270 738B
2. 日本刻本 541 590（存卷一、三、四、六至八）

03450 07248 **汤散征奇**一卷 1628
（明）闾丘煜（芝林、参微子）编
见脉法的要汤散征奇合刻

03451 05581 **医学启蒙汇编**六卷 ［1628］
（明）翟良（玉华）撰
1. 清康熙四年（1665）益都毕忠吉等刻本 139 279 412A 514A 651 907C
2. 清康熙五年（1666）大兴林起龙补拙斋刻本 1 139 280 308A 461（存卷一至五） 491 514A 541 664（缺卷六） 715
3. 清康熙五年（1666）大兴林起龙补拙斋刻文锦堂印本 1 139 203 308A 364A（存卷四） 514A
4. 清乾隆文盛堂刻本 2 139 186 251 277 351 366 476 514A 728A 839A 907C
5. 清乾隆文盛堂刻同德堂印本 140 270 277 514A 839A
6. 清刻本 186 254 270 289 301 522（存卷二至五） 572

03452 05583 **（新刊）简明医彀**八卷卷首一卷 1629
（明）孙志宏（克容、台石）编
1. 明崇祯三年（1630）传经堂刻本 139 152 541 701（存卷一、要言） 738B（存卷一、首一卷） 852（存卷一、三至五）
2. 明崇祯三年（1630）传经堂刻九如堂重修本 731
3. 明崇祯三年（1630）传经堂刻清乾隆十三年（1748）绣水胡树槐诒安堂递修本 3 590 677A 731
4. 抄本 2

03453 05584 **太素心法便览**四卷 1630
（明）宋培（太素）编著 王永光删正
明崇祯刻本 139

03454 00000 **知足斋梅花无尽藏**二卷别录二卷 ［1630］
（日）永田德本撰
日本明和五年（1768）京都书林伊兵卫刻本 139

03455 05587 **医法明鉴**五卷 1636
著者佚名
1. 日本宽永十三年（1636）二条玉屋町村上平乐寺刻本 7
2. 日本抄本 TB（四卷）

03456 12949 **医宗必读**十卷 1637
（明）李中梓（士材、念莪、尽凡居士）撰
1. 明崇祯十年（1637）新安吴肇广刻本 139 185 202 352 361 409 541 572（附补遗一卷） 589 590 716 721 728A 733A 852
2. 明末清初刻本 352 664
3. 清顺治六年（1649）盛德堂刻本（五卷卷首一卷） 270 450A 709 712 741
4. 清顺治十三年（1656）三让堂刻本（五卷） 401 710
5. 清康熙二十五年（1686）金阊绿慎堂刻本

570

6. 清康熙二十五年（1686）瀛经堂刻本 521 664（缺卷一、二、八） 740A（残） 901
7. 日本贞享四年（1687）江府书肆富野次右卫门等刻本 7
8. 清康熙四十九年（1710）敦古堂刻本 491 541 728 739A
9. 清乾隆十四年（1749）文翰楼刻本 351
10. 清乾隆二十一年（1756）宝章堂刻本 362 737 917A
11. 清乾隆二十一年（1756）菁华堂刻本 TC
12. 清乾隆二十二年（1757）刻本 542
13. 清乾隆二十四年（1759）三槐堂刻本 308A
14. 清乾隆二十五年（1760）崇德堂刻本 664
15. 清乾隆二十七年（1762）聚兴堂刻本 393
16. 清乾隆三十五年（1770）三乐堂刻本 664
17. 清乾隆三十九年（1774）三余堂刻本 308A（存卷九、十）412A 529A 570 651 740G 852
18. 清乾隆四十年（1775）映雪堂刻本（十六卷） 351 651
19. 清乾隆四十四年（1779）刻本 721
20. 清乾隆四十六年（1781）刻本 523
21. 清乾隆四十七年（1782）金相堂刻本 139 279 289 385 523
22. 清乾隆四十七年（1782）会成堂刻本 664
23. 清乾隆五十五年（1790）大兴堂刻本 21 202 361 366 514A 529A 664
24. 日本宽政三年（1791）刻本 651
25. 清乾隆五十八年（1793）映雪堂刻本 738 740A（残） 740B
26. 清嘉庆六年（1801）武林聚瀛堂刻本 651 712 738A 852
27. 清嘉庆十二年（1807）裕文堂刻本 737
28. 清嘉庆十三年（1808）儒珍堂刻本 366
29. 清嘉庆二十年（1815）敷润堂刻本 1 139 364A（存卷六至八） 381 412A 651 852
30. 清嘉庆二十三年（1818）三益堂刻本 401 728A 735A（存卷一、二）
31. 清嘉庆文光堂刻本 721
32. 清道光元年（1821）三德堂刻本 413（存卷一、二、五）
33. 清道光二年（1822）山渊堂刻本 1 288 301 308A 710 737
34. 清道光十六年（1836）文星堂刻本 21
35. 清道光三十年（1850）刻本（五卷卷首一卷） 417
36. 清咸丰元年（1851）会文堂刻本 277 280 308
37. 清咸丰十年（1860）宏道堂刻本 7 140 385 412B 529A 664 714 852 853
38. 清同治三年（1864）聚文堂刻本（五卷） 308A 431 529A
39. 清同治四年（1865）盛德堂刻本 714
40. 清同治五年（1866）书业德刻本 302 710
41. 清同治五年（1866）金阊同文会刻本 1 139 252 521 734A
42. 清光绪六年（1880）扫叶山房刻本 279 289 306 366 412A 664 731（存卷三、四本草征要） 781（存卷三、四本草征要） 943
43. 清光绪九年（1883）绍兴育新书局刻本 734A
44. 清光绪九年（1883）上海文渊山房刻本 202
45. 清光绪九年（1883）浙绍奎照楼刻本 203 289 306 366 385 385B 391 401 412B 434A 435A 436B 443 461 475A 514A 529A 541 570 651 734A 735A 736B（缺卷五至八） 739 740A 740B 740H 853
46. 清光绪十二年（1886）遵经堂刻本（五卷卷首一卷） 279 280 308A 433A
47. 清光绪六年（1880）扫叶山房刻十四年（1888）校经山房印本 279 381 412A
48. 清光绪十四年（1888）、二十年（1894）扫叶山房刻本 139 139A 202 277 288 301 303 308 308A 381 475A 491 514A 529A 541 542（残） 546 706 710 721 728A 736 736A 736B 736D 738E 740B 740G 799A 871 926A

49. 清光绪十五年(1889)广陵邱氏扬州文富堂刻本 139 361 412A 475A 529A 541 715 740J
50. 清光绪十五年(1889)三益堂刻本(五卷卷首一卷) 734A 736A(存卷首、卷一、四) 738A
51. 清光绪二十年(1894)刻本 360A 541
52. 清光绪二十一年(1895)、二十三年(1897)上海古香阁石印本 139 381 713 931
53. 清光绪二十四年(1898)常郡宛委山庄刻本 139 277 279 289 361 391 604 651 664 677A 713 799A 852
54. 清光绪二十六年(1900)上海文宜书局石印本 421 461 731 911
55. 清光绪二十八年(1902)两仪堂刻本 529A 541 740G 926A
56. 清光绪三十年(1904)上海鸿文堂书局石印本 9 139 302 303 365 412A 466 541 664 677A 734A 736 737A 740A 799 931 942B
57. 清光绪三十年(1904)上海千顷堂石印本 737
58. 清光绪三十一年(1905)上海书局石印本 202 301(残) 677A 736B 737 740G 741 743
59. 清光绪三十二年(1906)善成堂刻本 1 8(残) 21 139 280 287 288 302 308A 351 361 364A(存卷一、二) 366 493 651 728A(残) 736A(存卷一至四、七、八) 839A 922 926A
60. 清光绪三十二年(1906)宝兴堂石印本 280
61. 清光绪三十三年(1907)崇实书局刻本 1 279 351 651 664 713 728A 781 926A
62. 清光绪三十三年(1907)崇实书局刻富记书局印本 361
63. 清光绪三十三年(1907)上海图书集成印书局铅印本 8
64. 清宣统二年(1910)大文堂刻本(五卷卷首一卷) 277 279 301 651 831
65. 清苏州绿荫堂刻本 139 286 491 529A 590 651 664 677A 702 709 721 728 728A 799A 852 921
66. 清大成堂刻本(五卷卷首一卷) 570
67. 清金阊亦西斋刻本 139 541 579 734A 736A(存卷一、二)
68. 清英德堂刻本(五卷卷首一卷) 308A 523
69. 清金陵五云堂刻本 931
70. 清星聚堂刻本 541
71. 清江阴宝文堂刻本 709 737 852
72. 清经纶堂刻本(五卷卷首一卷) 139 140 511 702 736A(缺卷二)
73. 清尚友堂刻本(五卷卷首一卷) 288 511 541 664 734A 735A(存卷首、卷一、二) 736 740J 799A(残) 896A
74. 清经元堂刻本(五卷卷首一卷) 743(存卷首、卷一、二) 931
75. 清文秀堂刻本(五卷卷首一卷) 202 302 308 728A 731 741
76. 清九经堂刻本(五卷卷首一卷) 411 443
77. 清文聚堂刻本(五卷卷首一卷) 289
78. 清刻本 1 8 21 139(五卷) 140 185 203 279(五卷卷首一卷) 282 302 351(五卷卷首一卷) 361(五卷卷首一卷) 385 391 396 401 434 436 493 514A 529B 541(五卷卷首一卷) 701 706 708 733A 733B 734A(五卷卷首一卷) 736A 736B 738B(五卷卷首一卷) 738E 740A 740C(五卷卷首一卷) 740J(存卷一、四、五) 741 742 743(存卷三至五) 799 799A 831 852 896A(五卷卷首一卷)

03457/05588 **丹台玉案**六卷 1637

(明)孙文胤(对薇、薇甫、在公)撰

1. 明崇祯十年(1637)休宁孙文胤仁寿堂刻本 1 139 139A 251 514A 541 589 590 852 853 907B(残) 907C TA
2. 清顺治十七年(1660)休宁孙文胤刻本 277 529 570 572 721
3. 清顺治十七年(1660)休宁孙文胤刻师俭

堂印本 202
4. 清顺治十七年（1660）休宁孙文胤刻乾隆元年（1736）三乐斋印本 1 21 139 277 279 280 281A 289 412A
5. 清乾隆学余堂刻本 3 8 21 139 202 203 277 385A 396 461 570 664 731 738 852F 871 907C 940
6. 清乾隆学余堂刻五凤楼重修本 1 139 186 203 270 277 279 286 289 301 362 381 391 409 412B 461 529B 590 677A 734 740A 839A
7. 清光绪三十年（1904）抄本 435 732（存卷一）

03458/00000 **（增补）万病回春**十卷 ［1638］
（明）龚廷贤（子才、云林、悟真子）编 何应璧（次奎、继充、继冲）增补
明末清初至善堂刻本 590

03459/00000 **医宗摘要**四卷 1639
（明）薛己（新甫、立斋）撰
1. 清抄本 570
2. 见医宗撮精

03460/05590 **医镜**四卷 1641
（明）王肯堂（宇泰、损庵、念西居士）撰 张暎垣（玄暎）编
1. 明崇祯十四年（1641）嘉善蒋仪刻本 152 186 412A 541 570 572 589 590 677A 851
2. 明崇祯十四年（1641）嘉善蒋仪刻清康熙三年（1664）增刻鸳水陈诞印医药镜本 476 541
3. 明崇祯十四年（1641）嘉善蒋仪刻清康熙三年（1664）增刻古吴成裕堂印本 202
4. 日本正德四年（1714）皇都书铺唐本屋宗兵卫刻本 7 139 186 651
5. 清道光二十八年（1848）昆山潘道根抄本 709
6. 清光绪十五年（1889）抄本 1
7. 明崇祯十四年（1641）嘉善蒋仪刻清印本 412A 414 541 590 651
8. 清抄本 139（残） 391 701
9. 抄本 391 514B 541 926A 940
10. 见医药镜

03461/05592 **疾病阐疏**一卷 ［1641］
（明）陈澈（三山、雪潭）撰
见雪潭居医约

03462/12948 **删补颐生微论**四卷 1642
（明）李中梓（士材、念莪、尽凡居士）撰 沈颋（朗仲）删补
1. 明崇祯十五年（1642）吴门沈颋刻本 152 277（存卷一、二） 435 475A 541 546 572 590 677A 851 907C TA
2. 明崇祯十五年（1642）吴门沈颋刻清康熙金阊传万堂重修本 1 2 3 7 139（附内经知要二卷） 139A 140 364A（存卷三、四） 589 733 738B 940
3. 清康熙吴门童晋之刻本 139 677A（有抄配） 831（附内经知要二卷） 939
4. 清康熙闽潭天瑞堂刻本 741
5. 日本菊屋长兵卫刻本 651
6. 清抄本 7（二卷） 590

03463/05593 **证治心传**一卷 1643
（明）袁班（体庵）撰
抄本 572 579

03464/05594 **证治理会**十卷 ［1643］
（明）周丕显（濂渠、闲闲子）原编 （清）叶应昌增辑
1. 清卢氏裕后堂抄本 709
2. 清抄本 728A（存卷一、三、四、六至十） 738
3. 抄本 203 541 590（二十四卷） 664（十二卷）

03465/05595 **医学指南**四卷 ［1643］
（明）高铭撰
明刻本 733（存卷一至三）

03466/05596 **诸病论**一卷 ［1643］
著者佚名
1. 抄本 701
2. 见医要集览

03467/12950 **轩岐救正论**六卷 1644
（明）萧京（万舆、通隐子）撰
1. 日本庆安五年（1652）刻本 651
2. 清康熙十三年（1674）闽中萧震家刻本 139
3. 抄本 572

03468 **订补明医指掌**十卷 ［1644］
00000 附诊家枢要一卷
珍珠囊指掌补遗药性赋四卷
雷公炮制药性解六卷
（明）皇甫中（云州） （元）滑寿（伯仁、撄宁生） （元）李杲（明之、东垣） （明）李中梓（士材、念莪、尽凡居士）撰 （明）王肯堂（宇泰、损庵、念西居士）辑
1. 明天启二年（1622）金陵唐鲤飞刻古吴汪复初增刻本 139
2. 明天启二年（1622）金陵唐鲤飞刻清初云林五云堂递修增刻本（后十卷重刻） 139 203

03469 **各科证治选编**一卷 ［1644］
05598 著者佚名
抄本 139（残）

03470 **（新刻太医院校正增补）医方捷径**二卷 ［1644］
05601 （明）太医院编 罗必炜（右源、光国）辑订
1. 明书林刘氏遗安堂刻本 721
2. 明刻本（题鼎刻京版太医院校正增补青囊医方捷径） 1 139（残）
3. 清同治九年（1870）仁义堂刻本 421
4. 清光绪三年（1877）泰和堂刻本 139 351 742A
5. 清宣统二年（1910）上海书局石印本 301 412A 418
6. 清积秀堂刻本 491
7. 清大鉴堂刻本 735（存卷二）
8. 清莲溪周文光堂刻本 412A 839A
9. 清刻本 1（存卷二） 139 412A 734A 736 740A（存卷下） 741（残） 799 921
10. 清抄本 139
11. 见医方药性合编

03471 **治病便览**一卷 ［1644］
05603 著者佚名
抄本 139

03472 **（新刻）医汇**十二卷 ［1644］
05604 （明）徐尔贞（惟正）编
明崇祯玉禾堂刻本 1 731

03473 **脉证方要**十卷 ［1644］
03492 （明）曹相尧（企泉子）辑
明抄本 541（存卷四至九）

03474 **医宗领要**二卷 ［1644］
00000 （明）李元材（素庵居士）撰
清康熙二十八年（1689）书林杨恒源刻本 590

03475 **心医集**五卷 1650
11077 （清）祝登元（茹穹）撰
1. 清顺治七年（1650）古龙丘祝登元自刻本 139A
2. 清顺治七年（1650）古龙丘祝登元刻康熙增刻本（六卷） 152（存卷一、六） 590（存卷一、卷又二至卷五）

03476 **医林新论**二卷 ［1653］
05607 又名医林口谱
（清）陆圻（丽京、讲山）撰
清抄本 677A

03477 **五方宜范**一卷 1654
05597 附用药提纲、火候
（明）芮养仁（六吉）撰
清初抄本 590

03478 **颐生秘旨**八卷 1655
05608 （清）周垣综（公鲁）撰
清雍正七年（1729）姑苏沈元瑞裕麟堂刻本 139 277（残） 529B 546 590 651

03479 **医门法律**六卷 1658
05609 （清）喻昌（嘉言、西昌老人）撰
1. 清顺治十五年（1658）葵锦堂刻本 7 139
2. 日本宽文五年（1665）村上勘兵卫尉刻本 3 203 511
3. 清康熙五十三年（1714）刻本 728A
4. 清乾隆三十年（1765）黎川陈守诚刻本（二十四卷） 1 2 3 7 139 186 366 381 412A 433 433A 475A 491 541 570 590 651 664 677A 715 728A 737A 738 738E 740A 746 831 907C 922 940 XA
5. 清乾隆五十年（1785）步月楼刻喻氏医书三种本 308A 351 736B
6. 清乾隆三十年（1765）黎川陈守诚刻六十年（1795）博古堂重修喻氏医书三种本 21 381 926A
7. 清光绪五年（1879）京都成兴斋刻本 385B

8. 清光绪二十年（1894）上海图书集成印书局铅印喻氏医书三种本　185　202　279　308A　381　391　412B　570　665　728　739A　907C　926A　942B
9. 清光绪二十年（1894）锡环堂刻喻氏医书三种本　139　308A　742A（存四卷）　743　852
10. 清光绪二十四年（1898）、二十六年（1900）、宣统元年（1909）扫叶山房石印喻氏医书三种本　21　203　301　303　363　381　383　385　461　590　665　701　721　728A　740A（存卷三、四）　854（残）
11. 清光绪二十六年（1900）上海校经山房石印喻氏医书三种本　279　677A　709　734A　742　799　831　852K　896A　907B　951
12. 清光绪三十一年（1905）新化三味书局刻喻氏医书三种本　1　251　279　412A　412B　476　529A　664　677A　710　723　743（存卷一、四至六）　799A　831　907C
13. 清光绪三十一年（1905）经元书室刻喻氏医书三种本　255　289　303　385　393　401　412A　521（存卷一）　589　651　664　728B（缺卷三）　733A　781　799A　831（缺卷五、六）　931（存卷四至六）
14. 清光绪三十二年（1906）上海文新书局石印喻氏医书三种本　412A（残）
15. 清光绪三十三年（1907）南都李节斋署石印本　664　707
16. 清光绪三十三年（1907）简青斋书局石印喻氏医书三种本　361　364A　401　413　421　521　570　651　666　709　734A　738E　740B　740J　831　852　907C
17. 清光绪广州同志堂刻本　931
18. 清光绪刻同文堂印喻氏医书三种本　279　391　393　412A　412B　443　664　677A　740A　740B
19. 清经纶堂刻喻氏医书三种本　203　251　361　367　412A　412B　491　572　677A　728A　741　831　931（残）
20. 清积玉会刻喻氏医书三种本　308　706（存卷一至三）
21. 清竹秀山房刻喻氏医书三种本　393　871　872
22. 清文锦堂刻喻氏医书三种本　651
23. 清奎璧堂刻喻氏医书三种本　511
24. 清宏道堂刻喻氏医书三种本　381
25. 清善成堂刻喻氏医书三种本　435　475A　570　852　940
26. 清三让堂刻喻氏医书三种本　351　514A　706（缺卷五）　931
27. 清东溪堂刻本　139　570
28. 清右文堂刻本　931
29. 清成都文益堂刻本　871
30. 清两仪堂刻本　664　733B
31. 清华国堂刻本　677A
32. 清紫文阁刻本　301　651
33. 清末上海进步书局刻本　391　421　466　475A　491　521　664　735　738B　739B　901
34. 清刻本　3　277　302　476　541（存卷一至四）　570　741　854　891
35. 见喻氏医书三种
36. 见四库全书

03480／05610　**医宗说约**五卷卷首一卷　1662
（清）蒋示吉（仲芳、自了汉）撰
1. 清康熙二年（1663）玉尺堂刻本　203　251　277　361　362　385　514A　570　589　677A　706　742（缺卷二）
2. 清康熙刻本　2　21　251　289　364A（存卷三）　541　706　712　800　852　896A
3. 清乾隆三十年（1765）丽正堂刻本　590　926A
4. 清乾隆四十九年（1784）三畏堂刻本　511　651　728A
5. 清乾隆六十年（1795）书业堂刻本　3　709
6. 清嘉庆二十四年（1819）六也楼刻本　308A　852　940
7. 清嘉庆二十五年（1820）文发堂刻本　907C
8. 清嘉庆二十五年（1820）文发堂刻成都藜照书屋印本　839A　856　907C

9. 清嘉庆二十五年(1820)乾元堂刻致盛堂印本 381
10. 清嘉庆二十五年(1820)□□堂刻本 433A 721
11. 清嘉庆大玄堂刻本(四卷) 572
12. 清道光八年(1828)三余堂刻本 139 203 433A
13. 清道光八年(1828)经元堂刻本 301
14. 清道光八年(1828)宏道堂刻本 852
15. 清道光八年(1828)松盛堂刻本 279 491
16. 清道光八年(1828)经国堂刻本 514A
17. 清道光十九年(1839)宏德堂刻本 202 917A
18. 清光绪十年(1884)远安堂刻本 412A 412B 942(存卷一)
19. 清光绪十四年(1888)江阴宝文堂刻本 712(存四卷) 728B
20. 清光绪十四年(1888)扫叶山房刻本 139 280 289 308A 366 401 715
21. 清光绪十四年(1888)上洋江左书林昌记刻本 185 202 393 412A 461 491 493 514A 570 664 677A 738 799A 922
22. 清光绪十九年(1893)文林堂刻本 878(存卷一)
23. 清光绪二十六年(1900)抄本 651
24. 清光绪二十七年(1901)益元堂刻本 712
25. 清光绪三十三年(1907)上海善记书庄石印本 288 734A
26. 清光绪三十四年(1908)萃英书庄石印本 831
27. 清末上海锦章书局石印本 8 288 514A
28. 清善成堂刻本 279 303 366 412A 412B 541 590 940
29. 清大文堂刻本 186 308A 351 664 852
30. 清宝翰楼刻本(题摄生堂医宗说约) 139 289 393 461 514A 541 651 664 831 896A
31. 清两仪堂振记刻本(四卷) 1
32. 清文秀堂刻本(四卷) 839A
33. 清二酉堂刻本(四卷) 381
34. 清渔古山房刻本 21 361 412A
35. 清文奎堂刻本(四卷) 361 391
36. 清经艺堂刻本 781
37. 清得月楼刻本 361 514A
38. 清荣茂堂刻本 907C
39. 清三让堂刻本 475A
40. 清刻本 139 279 289(存卷一至四) 311 401 435 443 514B 541 708(四卷) 728A(残) 733B(存卷一、二、五) 740A 743(存卷一、六) 782 850 873 931(残) 940

03481 / 05585 **(新刊)医工入式**三卷 1663
(日)土岐止(重元)撰
日本宽文七年(1667)田中长左卫门田中市兵卫刻本 590

03482 / 05613 **苇杭集**十四卷 1666
又名医学苇杭集
(清)陈丰(来章)撰辑
1. 清康熙五年(1666)刻本 1
2. 清抄本 152

03483 / 05621 **(新镌)何氏附方济生论必读**十八卷 1666
又名何氏类纂集效方
(清)何镇(龙符、培元)撰 何金瑄(宗源)参订 李沛校订
1. 清康熙十五年(1676)古延张氏毓麟堂刻本 2 139 186 361 475A 364A(存卷十三、十四) 728A(残)
2. 见本草纲目类纂必读主治必读图说何氏家传集效方附方济生论必读

03484 / 05614 **(武陵张卿子先生)杂症纂要**一卷 1668
(清)张遂辰(卿子、相期、西农)撰 郑日新(三铭)辑订
清抄本 590(残,巢念修旧藏)

03485 / 05615 **医学集要**九卷 1668
(清)朱凤台(慎人)撰
清康熙七年(1668)刻本 277(存卷一至四)

03486 / 05616 **隘村医诀**五卷 1669
又名古今医诀
(清)丘克孝(古则、隘村道人)编
清康熙八年(1669)刻本 139 152 475A 590(存卷一) 728A(存卷一)

03487 **医读**七卷 1669
05617 又名汪石山先生医读
(明)汪机(省之、石山居士)撰 (清)程应旄(郊倩)补辑
1. 清康熙八年(1669)草墅刻本 139A 590 651
2. 清抄本 279 651 701

03488 **病家要览**八卷 1669
05618 (日)中山信义(三柳、华阳子)撰
日本宽文十二年(1672)吉野握权兵卫刻本 541 590

03489 **玉机辨症**二卷 [1669]
05619 附鹤圃堂治验一卷
原题(清)柯琴(韵伯、似峰) 改斋氏撰
抄本 139 203(不分卷) 362 412A 701(不分卷) 738A

03490 **顾氏医镜**十六卷首一卷 1670
13157 (清)顾靖远(松园、花州)撰
1. 清康熙五十八年(1719)稿本 362
2. 清康熙抄本 3
3. 清抄本 1 831
4. 节抄本 139 277

03491 **医法指要**一卷 1671
05801 又名脉法指要
(清)史树骏(庸庵)编 蒋趾真辑
1. 清咸丰三年(1853)薛润泉抄本 139
2. 清抄本 799A
3. 见经方衍义(卷五)

03492 **得探青囊集**三卷 1672
00000 (清)方寰海(季承)编
清康熙十一年(1672)抄咸丰三年(1853)补抄本 589

03493 **古今名医汇粹**八卷 1675
12951 (清)罗美(澹生、东美、东逸)编
1. 清康熙抄本 139(十二卷) 491 529
2. 清嘉庆六年(1801)五柳居刻本 1 2 7 139 288(存卷一、三至七) 289 362 433A 443 491 570 590 664 677A 728B 734 907C
3. 清道光三年(1823)嘉兴盛新甫刻本 1 2 3 21 139 140 152 186 203 251 279 286 289 301 308A 385A 391 412A 432 476 491 572 589 590 651 721 728A 731 736 738 800 839A 896A 907C 917A 922
4. 清道光十三年(1833)刻本 139 514A
5. 清咸丰九年(1859)巴县桂文堂刻本 852
6. 清刻本 412A 706 710(存卷三、四、七、八) 940(残)
7. 清刘湄顾涧滨抄本 740C
8. 清抄本 1 139 542 733 939(存一至六卷)
9. 抄本 1 186 421 541 590 709
10. 节抄本 139

03494 **医林绳墨大全**九卷 1677
05552 (明)方隅原撰 (清)周京(雨郇)辑订
1. 清康熙十六年(1677)江宁周京向山堂刻本 139 251 279(存卷一至七) 391 541 570 651(清·丁丙跋) 728A
2. 清康熙十六年(1677)江宁周京向山堂刻四十九年(1710)古宜赵之弼廓然堂重修本 1 139 186 476 541 590 896A
3. 清康熙十六年(1677)江宁周京向山堂刻四十九年(1710)古宜赵之弼廓然堂重修修吉堂印本 139
4. 清嘉庆二十年(1815)松江陈熙刻同善堂印本 3 139 381 391 401 491 541 570 572 590 664 709 731 734 896A
5. 清嘉庆二十年(1815)松江陈熙刻亦政堂印本 709 734
6. 清抄本 2 139 391 541 677A 901(存一卷)
7. 日本抄本 7

03495 **医教正意**四卷 1678
05622 (日)草刈三越撰
日本延宝七年(1679)秋田屋原江卫门刻本 3 939

03496 **医药手册**二卷 1680
05624 (清)袁坦(尚礼)编
清康熙十九年(1680)抄本 590

03497 **医学辨害**十二卷 1681
12952 附医家非说目录
(日)宇治田(云庵)撰
日本天和三年(1683)刻本 139

03498 **医学集要**六卷 1682
05625 （清）刘璞（石友）编
1. 清道光十八年（1838）蛾术斋刻本 139
2. 清抄本 139 738A

03499 **医宗指要**一卷 ［1682］
05626 （清）程照辑
清程照抄本 139

03500 **宝命真诠**四卷 1683
12953 附前贤医案一卷
（清）吴楚（天士、畹庵）编
1. 清乾隆六十年（1795）歙县吴宗岷等家刻本 3 6 139 251 277 289（存卷四） 590 733 734 734A 940
2. 清乾隆六十年（1795）歙县吴宗岷等刻咸丰元年（1851）澄塘吴氏家塾印本 139

03501 **万病回春万金一统述抄**一卷 1684
00000 （明）龚廷贤（子才、云林、悟真子）原撰 （日）佚名训释
日本贞享元年（1684）八尾市兵卫播磨屋弥三右卫门刻本 7

03502 **医学切要**六卷 ［1684］
05627 原题（清）傅山（青主、公它、朱衣道人）撰
清抄本 541

03503 **傅青主男科**二卷 ［1684］
05628 **傅青主女科**二卷
又名征君男女科全集、傅征君全集
附产后编二卷
（清）傅山（青主、公它、朱衣道人）撰
1. 清道光十年（1830）吴铸抄本 140
2. 清光绪四年（1878）大荔李致远堂刻本 401 412A
3. 清光绪五年（1879）北京刻本 202 351 395 570 926A 940
4. 清光绪七年（1881）羊城五福堂刻本 139 186 203 254 287 491 651 728 896A
5. 清光绪七年（1881）和天倪堂刻本 391 721 734 740B
6. 清光绪八年（1882）新会罗芬浦刻本 351 514A
7. 清光绪九年（1883）羊城古经阁刻本（附经验良方） 289 432 940
8. 清光绪九年（1883）京都文益堂刻本 381 391 570 701
9. 清光绪十年（1884）粤东芸经阁刻本 412A 413 728 907C
10. 清光绪十一年（1885）善成堂刻本 288 301 308 381
11. 清光绪十二年（1886）晋义堂刻本（题傅征君男女科全集） 251 412A 461 475A 476 491 514A 728A 739 831 839A 851
12. 清光绪十三年（1887）罗正南王书铭西安龙威阁刻本 286
13. 清同治八年（1869）湖北崇文官书处刻光绪十三年（1887）增刻本〔同治八年（1869）刻女科，光绪十三年（1887）刻男科〕 1 139 185 203 270 286 302 308 361 475A 721 734 736B 738 739 781 799A 839A 926A 940
14. 清光绪十六年（1890）刻本 351 401
15. 清光绪十七年（1891）沪上刻本 139 572
16. 清光绪十八年（1892）三义堂刻本 926A
17. 清光绪十八年（1892）新城辑古阁刻本 931（残）
18. 清光绪九年（1883）上海扫叶山房刻十八年（1892）增刻本〔清光绪九年（1883）刻男科，十八年（1892）刻女科〕 139 289 308A 541 940
19. 清光绪二十一年（1895）著易堂铅印本 351 514A 529A 603 915
20. 清光绪二十二年（1896）京都成兴斋刻本 466
21. 清光绪二十五年（1899）上海图书集成印书局铅印本 139 186 413 450 475A 664 740C 907C 931
22. 清光绪三十一年（1905）成都官报书局铅印本 715 799A 852A 907C 951
23. 清光绪三十一年（1905）阳曲王氏刻本 185
24. 清光绪三十一年（1905）上海校经山房石印本 139 251 412A 514A 734A 738A 852
25. 清光绪三十一年（1905）上海有益书局石印本 521

26. 清光绪三十二年(1906)上海扫叶山房石印本 541 734 736B
27. 清光绪三十三年(1907)上海书局石印本 251 391 734A 736A 831 926A 931
28. 清光绪三十三年(1907)成都肇经堂刻本 728A 907C
29. 清光绪刻本 6 570 708 735
30. 清宣统元年(1909)上海铸记书局石印本 351 434 529A 728A 741 931
31. 清宣统元年(1909)上海章福记书局石印本 139 279 306 351 412B 491 734 855 907C
32. 清刻本 6 203 279(残) 363 383 728A 733A
33. 清节抄本 139

03504 05629 **石室秘录**六卷 1687

又名法制医方药性石室秘录

(清)陈士铎(敬之、远公、朱华子、大雅堂主人)撰

1. 清康熙二十八年(1689)本澄堂刻本 1 2 139 202 277 279 301 421 450B 465 475A 476 511 514A 541 570 590 651 677A 712 737 831 852 907B 922
2. 清康熙二十八年(1689)本澄堂刻龙雾青云楼重修本 931 942B
3. 日本享保十三年(1728)抄本 3 7 731
4. 清雍正八年(1730)宛平马弘儒广陵萱永堂刻本 1 2 7 139 289 301 308 360A 366 381 401 412A 421(残) 491 529A 542 664 716 728A 738 738B 741 831(存卷一、三、四) 907C
5. 清乾隆十五年(1750)萱永堂刻本 412A(存卷一) 907C
6. 清乾隆庆云楼刻本(题法制医方药性石室秘录) 396 466 514A
7. 清乾隆庆云楼刻三元堂印本 308A 734 737 739B
8. 清雍正八年(1730)宛平马弘儒广陵萱永堂刻嘉庆三年(1798)崇文堂印本 2 140 203 279 351 361 381 385 461 491 734 736A 739A 926A 940
9. 清嘉庆菁华堂刻本 139 287 289 301 308 381 514A 521 799A 852S(存卷一)
10. 清雍正八年(1730)宛平马弘儒广陵萱永堂刻道光三年(1823)文光堂印本 381 393 475A 896A
11. 清雍正八年(1730)宛平马弘儒广陵萱永堂刻绿荫堂印本 2 21 203 302 308A 393 491 572 733 733(存卷一、三、四) 852 907B 931
12. 清道光四年(1824)玉书楼刻本 736A 741
13. 清同治四年(1865)崇顺堂刻本 152 433A(存卷一至三、五、六) 677A 701 799A
14. 清同治隆文堂刻本 385A 412A 421 851 907C
15. 清同治四年(1865)崇顺堂刻光绪十二年(1886)善成堂印本 351 433A 491 570 651 664 733B 852C 896A 907B
16. 清光绪三十一年(1905)上海校经山房成记书局刻本 1 139(与善成堂本洞天奥旨合订) 202 277 289 301 306 412B 461 541 570 907C
17. 清宣统二年(1910)江夏刘氏刻本 799A
18. 清禅山天宝楼刻本 590
19. 清江阴宝文堂书庄刻本 303 738B 940
20. 清文发堂刻本 721 873(存卷一、二、四、六) 907C
21. 清述圣堂刻本 351
22. 清江宁宝善堂刻本 139 301 361 432
23. 清翰宝楼刻本(题法制医方药性石室秘录) 280
24. 清禅山金玉楼刻本 664 706 940
25. 清经元堂刻本 351 443 590 709 921
26. 清文渊堂刻本 279 301 381 391 677A 709 740A
27. 清江左书林刻本 139 186 203 279 433A 529A 651 664 922

28. 清文英堂刻本 140 301 401 728B 851 926A
29. 清宝华堂刻本 896A
30. 清聚盛堂刻本 514A 664 926A
31. 清大具隆刻本 907C
32. 清正学斋刻本 361 871 907C
33. 清文奎堂刻本 433A 931
34. 清经国堂刻本 286
35. 清三让堂刻本 435 728A
36. 清刻本 145 251 301 311（存卷一、二、四至六） 366 391 396 401 406 414 434 511 570 734 734A（残） 741 742（存卷三） 783 839A 852S（存卷二至六） 873（存卷一、二） 901 907B 907C 931（残） 939
37. 抄本 7 140 721（残）
38. 见石室秘箓洞天奥旨合刻

03505 05630 **辨证录**十四卷 1687

又名伤寒辨证录、临症医案伤寒辨证录

附脉诀阐微一卷

（清）陈士铎（敬之、远公、朱华子、大雅堂主人）撰

1. 清雍正三年（1725）广宁年希尧刻本 2 21 412A 421（残） 461 491 712 921（残） 922（缺卷七、八）
2. 清雍正三年（1725）广宁年希尧刻乾隆十二年（1747）天都黄晟槐荫草堂印本（附胎产秘书） 302 433A 461 590 926A
3. 清雍正三年（1725）广宁年希尧刻乾隆十三年（1748）喻义堂重修本 2 3 139 186 202 251 286 289 301 351 361 362 364A（残） 381 412A 421（残） 461 514A 529A 572（存卷一至十二） 589 651 712 731A 738B 852 852A 921（残） 939
4. 清雍正三年（1725）广宁年希尧刻乾隆十三年（1748）喻义堂重修三十八年（1773）宜磬堂印本 728A
5. 日本宽政六年（1794）凌云亭刻本 701（存卷六至十四）
6. 清嘉庆二十三年（1818）安邑郭淳章文诚堂刻本 139 279 308A 590 664 715 731 799A 926A
7. 清道光十三年（1833）会文堂刻本 396
8. 清道光二十六年（1846）贵州王发越刻本 651 851 896A 951
9. 清道光二十七年（1847）文英堂刻本 139 270 289 412B
10. 清咸丰元年（1851）延陵堂刻本 706 736A（存卷一、二）
11. 清咸丰四年（1854）新华斋刻本 139 186 412A 511 514A 521 529A 579 651 721 728A 799A 831 907C 922
12. 清咸丰四年（1854）新华斋刻后印本（存十二卷） 738B
13. 清同治六年（1867）綦邑刻本 746 852S
14. 清同治八年（1869）刻本 308 311（存卷一至八） 351 873 901
15. 清光绪六年（1880）文奎堂刻本 2 21 139 185 186 202 361 677A 736（缺卷五） 907C 940
16. 清光绪三十四年（1908）惟善堂抄本 279
17. 清刻本 2 7（缺卷六） 254 289 311 360A 366 401 409（残） 434 514B 701（残） 733A 737（残） 851
18. 抄本 139 728A
19. 见辨证录胎产秘书

03506 06019 **医学证治发微**六卷 1687

又名证治发微

（清）徐宬臣（澹庵）撰 石楷（临初） 李延昰（辰山、期叔）辑校

清康熙二十六年（1687）刻本 361 412B

03507 05635 **医家宝鉴**一卷 ［1687］

著者佚名

抄本 2

03508 05634 **辨证玉函**四卷 1693

（清）陈士铎（敬之、远公、朱华子、大雅堂主人）撰 王之策（殿扬、慎庵）订

清康熙三十二年（1693）刻本 572 590（存卷二、四）

03509 12954 **医经允中**二十四卷 1693

（清）李熙和（时育）撰

1. 清雍正七年（1729）克复堂刻本 2 139 572

2. 清雍正七年(1729)克复堂刻道光十一年(1831)松筠阁重修本 3 139 139A 251 270 476 651 741 907C

03510 **重编医经小学**九卷 1694
05636 附医经小学问
(明)刘纯(宗厚)撰
日本称意堂抄本 186

03511 **杂症痘疹药性主治合参**十二卷卷首一卷 1694
05637
(清)冯兆张(楚瞻)撰
1. 清康熙四十一年(1702)刻六十一年(1722)印冯氏锦囊秘录本 462 475A
2. 清嘉庆十八年(1813)会成堂刻冯氏锦囊秘录本 728B
3. 清嘉庆二十三年(1818)大文堂刻冯氏锦囊秘录本 288
4. 清刻冯氏锦囊秘录本 139A 366
5. 清抄本 491
6. 见冯氏锦囊秘录

03512 **杂症大小合参**十四卷 1694
05638 (清)冯兆张(楚瞻)撰
1. 清康熙四十一年(1702)刻冯氏锦囊秘录本 831 852(存卷一至五、十三)
2. 清嘉庆十八年(1813)会成堂刻冯氏锦囊秘录本 728B 852
3. 清刻冯氏锦囊秘录本 289(存卷七至十四) 413(存卷九、十一) 742A(存卷一、二、四至六) 852A(存卷一至六)
4. 见冯氏锦囊秘录

03513 **张氏医通**十六卷 1695
05639 (清)张璐(路玉、石顽老人)撰
1. 清康熙三十四年(1695)闾门宝翰楼刻本 361 529A 677A(残) 741(残)
2. 清康熙三十四年(1695)闾门宝翰楼刻四十八年(1709)宝翰楼印张氏医书七种本 3 139 186 202 203 280 281A 289 308A 351 382 391 393 412A 433A 434 461(残) 491 651 701 728A 738E 741(残) 742A 799A 831 852 855 891 921 926A TC
3. 清康熙三十四年(1695)闾门宝翰楼刻嘉庆六年(1801)金阊书业堂印张氏医书七种本 202 799A
4. 清康熙三十四年(1695)闾门宝翰楼刻嘉庆六年(1801)递修张氏医书七种本 393 435 475A 917A
5. 日本文化元年(1804)思得堂刻本 3 203 289 391 412A 476 491 514A 529A 541 651 677A 728A 740B 741(残)
6. 清光绪二十年(1894)上海图书集成印书局铅印张氏医书七种本 139 203 286 287 289 363 381 433A 461 521 529A 664 728A 738A 741(残) 799A 926A
7. 日本文化元年(1804)思得堂刻清光绪二十五年(1899)浙江官书局杭州印张氏医书七种本 21 139 203 279 289 308 308A 361 491 570 664 731 732 733A 738 738A 743(存卷七至九、十一至十五) 799A
8. 清光绪三十三年(1907)上海书局石印本 203 279 286 463(残) 465(残) 466 475A 522 523 590 677A 709 710(存卷一、二) 713 738D 739A 741 742(残) 742A(存九卷) 799 852 911 912 915 926A XE
9. 清明德堂刻张氏医书七种本 203
10. 清明德堂刻同德堂印张氏医书七种本 279 664
11. 清明德堂刻文德堂印张氏医书七种本 139 308A 433A(存二卷) 709
12. 清三元堂刻张氏医书七种本 311 491 664 677A 701 740B 907B 907C
13. 清刻本 139A(存八卷) 203 288(存卷一至六、十一至十三) 406 433A(存十二卷) 570 701 708 710(存四卷) 741(残) 831(缺卷一、二) 854(残) 943
14. 清抄本 313
15. 石印本 285 309 529A(残)
16. 见张氏医书七种

03514 **万病回春病因指南**七卷 1695
05640 (日)冈本为竹(一抱子)撰
日本东京都盛文堂影印本〔据日本元禄八年(1695)戴文堂刻本〕 139

03515 12955 **嵩厓尊生书**十五卷 1696
又名嵩厓尊生医学大全
（清）景日昣（冬阳）撰
1. 清康熙三十九年（1700）刻本 2 139A 152 186 252 270 277 301 308 308A 351 385A 391 512 514A 529A（残） 541 651 701 709 721 831 922 939
2. 清乾隆十四年（1749）苕溪旧山氏抄本 475A
3. 清雍正刻本（题嵩厓尊生医学大全） 280 433A
4. 清乾隆五十五年（1790）古吴致和堂刻本 8 203 287 302 308A 351 381 396 433A 450B 491 664 706 728
5. 清道光四年（1824）刻本 21 139 301 511 896A 907B
6. 清光绪五年（1879）刻本（十九卷） 491 712
7. 清光绪六年（1880）刻本 289 511 907B
8. 清古吴三让堂刻本 139 412A 541 570 781 839A
9. 清右文堂刻本 351 412A 931
10. 清宏道堂刻本 3 139 289 301 393 514A 781
11. 清大文堂刻本 590 856 926A
12. 清文会堂刻本 907B
13. 清纬文堂刻本 139 289
14. 清渔古山房刻本 737 896A
15. 清藜照书屋刻本（十卷） 433A 677A
16. 清连元阁刻本 491
17. 清扫叶山房刻本 186 285 308A 366 381 493 514B 541 570 734 907C 940
18. 清广文堂刻本 361 907C
19. 清善成堂刻本 140 279 385 401 412A 412B 461 570
20. 清六也楼刻本 580
21. 清金玉楼刻本 280 301 303 514A 931
22. 清石门堂刻本 412B
23. 清江左书林刻本 463
24. 清刻本 2 140 185 282 286 287 301 303 308A 351 352 360A 362 366 396 463 491 589 664 677A 706 709 728A 732A 733A 734A（残） 743A（存十卷） 850 852A（残） 871 912 917A
25. 清抄本 963

03516 05642 **医学近编**二十卷 1697
（清）陈治（三农）撰
见证治大还

03517 05643 **医林口谱六治秘书**四卷 1698
（清）陆圻（丽京、讲山）原撰 周笙（指航、古声）增补
清康熙三十七年（1698）抄本 738B

03518 05645 **修德堂经验藏书**□□卷 1701
（清）孙伟（望林）辑订 丁晴（南屏）增补
清康熙四十年（1701）刻本 590（存一卷）

03519 00000 **邯郸遗稿**一卷 [1701]
（清）刘天祚（公璜）撰
清康熙四十年（1701）抄本 286

03520 05646 **医林一致**五卷 1703
（清）骆登高（茱饮、恒园）辑著 丁有曾 丁有光编定 骆以文参阅
1. 清康熙四十二年（1703）敬慎堂稿本 139
2. 清康熙四十二年（1703）敬慎堂刻本 514A 733（朱鼎旭题记）
3. 清抄本 139（残） 203 279 308A 361

03521 05647 **医学钩玄**三卷 1710
（日）香月则实（启益、牛山、贞庵、被发翁）撰
日本正德四年（1714）神京书铺柳枝轩刻本 3 139 590

03522 00047 **医经提纲**四十七卷 1711
（清）王大斌（伯玉）撰
清康熙五十年（1711）宁寿轩刻本 721（存五卷）

03523 05648 **壶中天**五卷 [1711]
（清）王孚辑
抄本 279

03524 03752 **济世录**八卷 1716
（清）丁大京（茂芝）撰
清康熙五十五年（1716）刻本 277 289（存卷一至三）

03525 **症方发明**八卷 1719
05649 (清)顾靖远(松园、花州)撰
1. 清抄本 277 308A
2. 见顾氏医镜

03526 **医简**八卷 1722
00000 (清)秦望(元宫)撰
清道光二十九年(1849)无锡冯骥良抄本 590

03527 **树滋堂秘传医要二十四方**一卷 [1722]
00000 附方药便览四卷
著者佚名
清康熙古雪堂抄本 731

03528 **古今图书集成医部全录**五百二十卷 1723
12956 (清)蒋廷锡(扬孙、西谷)等纂
1. 清光绪十年(1884)上海图书集成印书局铅印本 4C 9 21 203 412A 421 476 667 706 721 738A 851 911 931
2. 清光绪十六年(1890)上海同文书局石印本(据上海图书集成印书局铅印本影印) 9 139 140 185 421 851 931(残)
3. 清光绪二十三年(1897)石印本 1 3 7 139 152 202 203 252 254 270 279 301 308A 361 381 463 476 493(残) 541 570 651 677A 707 708 709 712 715 728 728A 733(存六卷) 734 734A 738 738A 740A(残) 740D 799A 831 839A 891 896A 911 917A 926A XD
4. 清抄本 352

03529 **医学体用**四卷 [1724]
05652 (清)卢云乘(鹤轩、在田道人)撰
清雍正三年(1725)怀阳堂刻本 3 152(存二卷) 289

03530 **医家心法**一卷 1725
05656 又名鼓峰心法、四明心法、医学心法
(清)高斗魁(旦中、鼓峰)撰 胡珏评
1. 清雍正三年(1725)刻本 391 572 590 737
2. 清乾隆三十二年(1767)钱塘王琦刻宝笏楼汇印医林指月本 139 491 651 731 738A 740D 831
3. 清光绪十七年(1891)喜亭氏抄本 522
4. 清光绪二十二年(1896)上海图书集成印书局铅印医林指月本 139 590 871
5. 清光绪三十四年(1908)上海章福记书局石印陈修园医书七十种本 413 742
6. 清刻本 21 279 303 491 737
7. 抄本 139 651
8. 见医林指月
9. 见医宗已任编(题四明心法三卷)
10. 见类伤寒集补(附录,题高鼓峰四明心法一卷)
11. 见伤寒直解辨证歌(附录,题四明心法)
12. 见陈修园医书七十种
13. 见黄寿南抄辑医书二十种

03531 **医门摘要**五卷 1726
05658 (日)大原义方(先安、碌碌子)撰
日本享保十一年(1726)浪华书肆青生堂刻本 590

03532 **医学指津**五卷 1727
05659 (清)张震编
清雍正五年(1727)张氏抄本 279(存卷一)

03533 **杨氏提纲医方纂要**四卷 1728
05660 又名杨氏提纲全书
(清)杨旦升(旭东)编
1. 清雍正六年(1728)潞河魏氏博济堂刻本 3
2. 清道光十三年(1833)务本堂刻本 139 590 734 839A 852S(存卷三、四)
3. 抄本 366 851

03534 **证治合参**十八卷 1729
12957 又名证治准绳合参
(清)叶盛(公于)撰
1. 清雍正七年(1729)慈溪刘君平刘君弼等刻本 139 139A 572 579 590(残) 677A 701 709 728A 734 736A 738E(存十四卷) 839A
2. 清抄本 251

03535 **医学心悟**五卷 1732
05661 附外科十法一卷
(清)程国彭(钟龄、普明子)撰
1. 清雍正十年(1732)程树滋堂刻本(无附录) 1 2 185 202 308A 361 475A 721 852 939

2. 清乾隆十三年(1748)休宁汪沂敬承堂刻本(无附录) 361 741 852
3. 清乾隆五十六年(1791)休宁汪琴田刻本(版心下镌书稼轩) 701
4. 清乾隆五十六年(1791)休宁汪琴田刻书粟轩重修本(版心下重修为书粟轩) 1 139 139A 252 391 433A 651 721 728A 852 907C
5. 清嘉庆二十四年(1819)上海扫叶山房刻本 21 139 202 203 279 308A 361 393 434 491 590(八卷) 651 664 706 733(存卷一至五) 734 737 740A 740B 781 839A 921 926A
6. 清道光徽郡慎德堂刻本 139 475A 521 541 651 721 831 851 852
7. 清同治六年(1867)五云楼刻本 202
8. 清同治光绪间广州拾芥园刻本 931
9. 清光绪六年(1880)扫叶山房刻本 1 2 21 139 139A 186 202 277 280 289 301 303 393 412A 443 450 461 465 475A 511 514A 541 579 664 677A 701(存卷一至三) 702 709 715 734A 736 740A 799A
10. 清光绪六年(1880)扫叶山房刻校经山房印本 9 651 701(残) 709 737
11. 清光绪六年(1880)文奎堂刻本 8 664 917A
12. 清光绪十五年(1889)富春堂刻本 202 302 351 907C
13. 清光绪二十年(1894)上海图书集成印书局铅印本 1 139A 202 288 289 351 412A 412B 433A 493 542 570 651 664 677A 713 721 728 734A 736 737A 738 740A 901 921 931(残)
14. 清光绪二十一年(1895)学库山房刻本 139 279 280 286 308A 351 366 381 396 450B 475A 572 728A 733A 737 738B 799A 839A 871 922
15. 清光绪二十三年(1897)梦岐道人抄本 734
16. 清光绪三十四年(1908)成都藜照书屋刻本 361
17. 清光绪三十四年(1908)成都藜照书屋刻渝城善成书庄重修本 279 280 706 728A
18. 清光绪江阴宝文堂刻本 664
19. 清宣统三年(1911)上海会文堂石印本 139 279 412A 570 721 728A 734A 736 738A 907B 926A 940
20. 清末宏道堂刻本 907C
21. 清末聚锦堂刻本 926A
22. 清末松盛堂刻本 491 651
23. 清末大文堂刻本 139 302 737
24. 清翼圣堂刻本 361
25. 清经纶堂刻本 385 529A 651 728A 839A
26. 清素心堂刻本 3 831 931
27. 清刻翰文堂印本 931
28. 清务本堂刻本 140 461 728A
29. 清两仪堂刻本 741(缺卷二)
30. 清三让堂刻本 743(存二卷)
31. 清聚盛堂刻本 139
32. 清刻本 139 139A 277 279(缺附录) 305 306 361 364A 381 401 411 421(残) 461 521 541 570 665(存卷二、三) 704(存卷二至六) 710(存卷二、三) 733 733B(存五卷) 734A(存卷三、四) 735A(存卷五、六) 736A 737(存卷二、五) 738A 740A(存卷二、三) 740B(存卷二、三、五) 740J 742(存卷五、六) 850(存卷二至五) 852 872(存卷二至五) 874 931 945(存卷一)
33. 清抄本 944

03536 / 05662 **医学心悟诸方歌括**三卷 [1732]
著者佚名
抄本 2

03537 / 05663 **医门八法**一卷 [1732]
(清)程国彭(钟龄、普明子)撰 辑者佚名
1. 抄本 541
2. 藏兰室抄本(题医门八法主治分类合订) 590

03538 / 05664 **(普明子)寒热虚实表里阴阳辨**一卷 [1732]
(清)程国彭(钟龄、普明子)撰 辑者佚名

抄本　2

03539 05665 **济人立效**不分卷　1735

（清）徐枋（载敷）辑

清雍正十三年（1735）仁和徐枋敦素堂木活字印本　1

03540 03709 **诸症歌诀**一卷　［1735］

（清）年希尧（允恭、偶斋主人）撰

1. 清末吴峻青抄本　412A
2. 见本草类方（附录）

03541 05666 **医师秘笈**二卷　1736

又名医学秘笈

附薛生白湿热条辨一卷

（清）李言恭（思可）传

1. 清嘉庆十七年（1812）舒松摩写韵楼刻本　412A　589　590　664　677A　728A　940
2. 清光绪七年（1881）浙江慈水杨采青校简香斋刻本　139　139A　270　279　289　401　514A　541　570　590　715　728A　731　734　734A　735A　737　741　799A　940
3. 抄本　139（缺附录）　541　709（缺附录）　901（缺附录）
4. 见凤氏医书三种

03542 05668 **医学纂要**六卷　1739

（清）刘渊（圣泉、伏龙山人）编

分卷子目：

（1）心法灵机一卷

（2）风寒类似一卷

（3）灵机条辨上（痢疾治论、杂症条辨）

（4）灵机条辨中（血症杂症、妇科摘要）

（5）灵机条辨下（幼科症治、痘疹条辨）

（6）汤方活法一卷

1. 清乾隆四年（1739）翰宝楼刻本（存五卷）　931
2. 清乾隆二十九年（1764）致和堂刻本　433A
3. 清咸丰七年（1857）岭南惠阳福文堂刻本　940
4. 清同治十二年（1873）金石楼刻本　931（缺卷四）　942B
5. 清太和堂刻本　139（存灵机条辨三卷、汤方活法一卷）
6. 清观循斋刻本　308A
7. 清刻本　590　734（存灵机条辨三卷）　940（存灵机条辨三卷）

03543 05671 **医林初基**二卷　［1742］

（清）撷秀园主人编

抄本　139（二层楼版式，上层为伤寒，下层为《编辑四诊心法要诀》）

03544 05672 **医学要则**四卷　1743

附三十六种疯症二卷

（清）沈懋官（紫亮、怀愚子）撰　沈懋翔（紫云）校

1. 清乾隆八年（1743）苕溪沈懋官刻二十九年（1764）古虞永锡楼印本　570
2. 清乾隆八年（1743）苕溪沈懋官刻五十九年（1794）古虞永锡楼印本　139　301
3. 清乾隆八年（1743）苕溪沈懋官刻致远堂印本　590
4. 清乾隆八年（1743）苕溪沈懋官刻锦奎堂印本　139　277（存卷二下）

03545 05674 **临症指南**二卷　1745

（清）杨乘六（以行、云峰、潜村）撰

1. 清乾隆十年（1745）西吴杨乘六衔三堂刻本　738A
2. 抄本　579

03546 05675 **益生堂医学心镜录**十一卷卷首一卷　1747

（清）唐见（君田）编

清乾隆十二年（1747）益生堂刻本　270　279　289

03547 05676 **（方氏）脉症正宗**四卷　1749

（清）方肇权（秉钧）撰

1. 清乾隆十四年（1749）新安方肇权存仁堂刻本　139　289　590　907C
2. 清乾隆十四年（1749）新安方肇权存仁堂刻嘉庆四年（1799）武林大成斋印本　3　570　664　677A

03548 05677 **医方一盘珠全集**十卷卷首一卷　1749

（清）洪金鼎（玉友、杏园）撰

1. 清乾隆十四年（1749）刻本　1　139（残）　279　308A　518　590　891　896A　911
2. 清乾隆五十二年（1787）刻本　721　917A
3. 清嘉庆七年（1802）锦盛堂刻本　361（存卷六至九）　734A

4. 清嘉庆十三年(1808)集古堂刻本 139
5. 清道光二十七年(1847)崇顺堂刻本 851 907C
6. 清同治三年(1864)恒盛堂刻本 391 401 491 706
7. 清同治九年(1870)富春堂刻本 286 461 589 735A(存卷首、卷一至五)
8. 清光绪四年(1878)马鹤翔邹福锦堂刻本(五卷) 393 931
9. 清光绪四年(1878)两仪堂刻本 280 529A 541 931
10. 清光绪十三年(1887)益庆堂刻本 461 871
11. 清光绪十三年(1887)益庆堂刻务本堂重修本 139 279
12. 清光绪十七年(1891)三让堂刻本 21 514A 831 901 921
13. 清光绪二十二年(1896)宏道堂刻本 3 139 203 301 308A 381 412A 432 590 781 852A 940
14. 清光绪二十四年(1898)澹雅书局刻本 152 186 251 270 279 412B 436 475A 514A 570 709 781 791 831 907B 907C 926A 940
15. 清光绪二十五年(1899)益元堂刻本 831(存卷一至三、九、十) 921
16. 清光绪三十一年(1905)经元书室刻本 277 301 362 743(存卷一、二、八至十)
17. 清宣统二年(1910)文明书局石印本 907C
18. 清宣统二年(1910)上海渊明书庄石印本 421 570
19. 清菁华楼刻本 541
20. 清四教堂刻本 421
21. 清经纶堂刻本 831(存卷一至三、七至九)
22. 清裕德堂刻本 351 831
23. 清经国堂刻本 396
24. 清宝华楼刻本 280 738
25. 清三益堂刻本 286 677A
26. 清经盛堂刻本 361
27. 清考古堂刻本 852
28. 清尚德堂刻本 590 728A
29. 清文秀堂刻本 139
30. 清经元堂刻本 731 743(存卷一至三) 839A
31. 清蜀西什邑富兴堂刻本 728A
32. 清令德堂刻本 491
33. 清简文堂刻本 1 731
34. 清文富堂刻本 412A
35. 清文奎堂刻本 443
36. 清文光堂刻本 831
37. 清三畏堂刻本 831
38. 清锦盛堂刻本 728A
39. 清刻本 139A 251 308A 396 521(存卷一至六) 665 734A 740L(存卷一至七) 742A(存六卷) 743(存卷八至十) 831(存卷四至七) 852 852A(存卷一至五) 852F(存卷一、二) 891 907C

03549 05679 **医碥**七卷 1751
(清)何梦瑶(报之、西池、砚农)编
1. 清乾隆十六年(1751)乐知堂刻本 1 3 21 139(残) 139A 203 251 396 514A 514B 572 590 677A 731 738B 739A 799A
2. 清末同文堂刻本 2 3 139 152 186 280 396 401 491 664 677A 738B 851 921(残) 931 940
3. 见乐只堂医书汇函

03550 05680 **三科辑要**三卷附方三卷 1751
(清)何梦瑶(报之、西池、砚农)编
1. 清乾隆二十二年(1757)南海何梦瑶刻乐只堂医书汇函本 289
2. 清光绪二十一年(1895)广州拾芥园刻本 1 186 475A 511 541 590 736A 738B 940
3. 见乐只堂医书汇函

03551 05681 **四圣悬枢**五卷 1753
(清)黄元御(坤载、研农、玉楸子)撰
1. 清道光十二年(1832)阳湖张琦宛邻书屋刻宛邻书屋丛书本 417(存卷三至五)
2. 清咸丰十年(1860)长沙徐树铭燮和精舍刻黄氏医书八种本 1 139(存卷三至五) 202 203 277 289 351 381

570　665　713　728A　738A　743　781　831　852　907B　940
3. 清同治二年(1863)叙郡官署刻本　461
4. 清同治五年(1866)渝城刻陈氏爱竹山房印黄氏医书八种本　251　831
5. 清同治七年(1868)江夏彭汝琮成都刻黄氏医书八种本　139　251　443　742　852S
6. 清同治十一年(1872)刻本　461　701　907B
7. 清光绪二十年(1894)上海图书集成印书局铅印黄氏医书八种本　279　306A　391　713　733　921
8. 清光绪三十一年(1905)经元书室刻黄氏医书八种本　519
9. 清宣统二年(1910)抄本　401
10. 清刻本　139　186　251　277　381　433A　461　529A　570　590　799A　854　852S　877
11. 清抄本　1(四卷)　139　251　313(二卷)
12. 见黄氏医书八种
13. 见回春集
14. 见宛邻书屋丛书

03552/13164 **医理元枢**十二卷附余二卷　1753
(清)朱音恬(咏清、蓥峰)编
分卷子目：
(1)运气要略一卷
(2)脉法心参一卷
(3)医方捷径四卷
(4)伤寒论注四卷
(5)金匮要略注二卷
附余：
①妇科辑要一卷
②幼科辑要一卷
1. 清乾隆十八年(1753)三益堂刻本　186　251　277　361　412A　491(存二卷)　709　852　907B
2. 清乾隆十八年(1753)三益堂刻藜照书屋印本　139　289　433A　907B
3. 清三秀堂重刻本　139　361
4. 清文发堂刻本　385B
5. 清文发堂刻天德堂印本　873(存卷三、四)
6. 清刻本　872

03553/05682 **杂症会心录**二卷　1754
(清)汪文绮(蕴谷)撰
1. 清乾隆二十年(1755)率川自余堂刻本　1　3　139　570　572　590　721　728A　738A
2. 清同治抄本　1
3. 抄本　2　186　475A　579　590

03554/05683 **蒋氏脉诀真传**二卷　1755
又名医学脉诀真传
(清)蒋氏撰
清乾隆二十年(1755)抄本　139

03555/05704 **一本堂行余医言**三十卷　[1755]
(日)香川修德(太冲、修庵)撰
1. 日本天明八年(1788)一本堂刻本　514A
2. 日本天明八年(1788)一本堂刻东京书林林芳兵卫印本　139(存卷一至二十二)　590(存卷一至十六)

03556/05684 **方症会要**四卷　1756
(清)吴玉楷撰　吴迈(大年)辑校
清乾隆二十一年(1756)刻本　139

03557/03616 **古今方案汇编**六卷　[1756]
(清)叶锦(若城、杏村、药树道人)辑
清乾隆二十三年(1758)吴县叶锦稿本　1

03558/05685 **医林纂要探源**十卷　1758
(清)汪绂(灿人、双池)编
1. 清道光二十九年(1849)单佩纶等刻本　139　280(残)　286　308A　396　433A　461　463　475A　476　514A　522　523　529A　541　579　702　715　728A　731　740A(存卷四至六)　741(缺卷八)　799A　907C　926A
2. 清光绪二十三年(1897)江苏书局刻汪双池先生丛书本　1　3　7　9　21　139　139A　185　186　202　203　270　277　279　281A　286　288　289　308　308A　351　361　362　364　381　391　392　396　401　412A　421　433A　435　443　461　463　475A　476　491　514A　522　523　529A　541　546　570　572　589　590　651　664　677A　701　706　707　709　712　721　728A　728B　738　738B　739A　740A　740B　741　799A

831 839A 851 853 854 871 896A 901 907B 907C 917A 921 926A 940

3. 清光绪二十八年(1902)抄本 529A

03559 05686 **杂病证治**九卷 1759

原题(清)徐大椿(灵胎、洄溪老人)编

见徐灵胎医略六书

03560 06059 **临证真诠**二卷 1759

(清)秦越传撰

清抄本 139A 589

03561 05687 **弄丸心法全集**八卷 [1759]

(清)杨凤庭(西山、瑞虞)撰 张兴龙(福堂)等辑校

1. 清宣统三年(1911)成都张兴龙刻本 2 21 139 186 203 270 277 286 289 308A 361 431 433 433A 477 491 514A 514B 541 572 590 728A 732 738A 851 852A 855 871 907C

2. 抄本 2 3

03562 05688 **医理辑要**十三卷卷首一卷 1762

(清)吴德汉(宗海、南溪)编

清乾隆二十七年(1762)敬义堂刻本 1 3 186 203

03563 05631 **辨证奇闻**十五卷 1763

(清)陈士铎(敬之、远公、朱华子、大雅堂主人)原撰 文守江(南纪)编

1. 清道光二十三年(1843)文晟堂刻本 412A 541 702(残) 722

2. 清同治六年(1867)经元堂刻本 1 139 185 202 203 279 308A 353 361 436 475A 476 491 514A 514B 521 590 651 677A 701 706 709 710(存卷一、二、七) 734 839A 921(存卷三至六、十一至十五) 926A 931

3. 见辨证奇闻奇效医述经验神方

03564 00000 **辨证奇闻**十五卷

奇效医述一卷 1763

经验神方一卷

(清)陈士铎(敬之、远公、朱华子、大雅堂主人) (明)聂尚恒(久吾、惟贞) (清)文守江(南纪)撰 (清)文守江(南纪)辑订

清乾隆二十八年(1763)楚宁文守江刻本 139 741

03565 05689 **兰台轨范**八卷 1764

(清)徐大椿(灵胎、洄溪老人)撰

1. 清乾隆二十九年(1764)古吴徐大椿洄溪草堂刻本 1 7 21 139 186 202 203 289 306 361 381 391 412A 421 433 433A 491 541 570 590 664 712 733B 738F 831 851 852 852A 852C 871 907B 907C 931

2. 清咸丰七年(1857)海昌蒋光焴衍芬草堂刻徐氏医书八种本 529A 712

3. 清同治三年(1864)彭树萱善成堂刻徐灵胎十二种全集本 541

4. 清同治十二年(1873)湖北崇文书局刻徐氏医书六种本 541

5. 清同治刻本 853 856

6. 清光绪四年(1878)扫叶山房刻徐氏医书八种本 308A 514A 728A

7. 清光绪十五年(1889)江左书林刻徐氏医书八种本 308A 466 475A 570(附慎疾刍言一卷) 707 728A 839A 852

8. 清光绪十九年(1893)上海图书集成印书局铅印徐氏医书八种本 139 381 704 706 901

9. 清光绪二十七年(1901)崇义堂刻本 186 529A 799A 907B

10. 清光绪三十三年(1907)上海六艺书局石印徐灵胎医学全书本 139 202

11. 清光绪刻本 277 521 570 677A

12. 清刻本 303(残) 313 493 541 590 665 728A 733 733A 736A 738A 740A 740C 743(存卷三、四) 839A 851 854

13. 清石印本 277 363 461 475A 521 709 728A 733 854(残) 940

14. 见徐氏医书六种

15. 见徐氏医书八种

16. 见徐灵胎十二种全集

17. 见徐灵胎医学全书

18. 见四库全书

03566 05690 **医学蒙引**八卷 1764

(清)徐时进(学山)编

1. 稿本　590
2. 清乾隆二十九年（1764）刻本　677A
3. 清抄本　475A
4. 衡甫抄本　590
5. 抄本　590　709

03567/05691 **鹌鹑会约**一卷　1767
附敖氏金镜录验舌法一卷
（清）翁振基（汉溪）撰
1. 清咸丰元年（1851）刻本　541
2. 清咸丰五年（1855）林青周天静山房刻本　21　139

03568/05694 **杂病源流犀烛**三十卷卷首二卷　1773
（清）沈金鳌（芊绿、汲门、尊生老人）撰
1. 清乾隆四十九年（1784）锡山奇丰额安徽刻沈氏尊生书本　732
2. 清乾隆四十九年（1784）锡山奇丰额安徽刻五十二年（1787）、五十七年（1892）增修沈氏尊生书本　491
3. 清光绪二十一年（1895）上海图书集成印书局铅印沈氏尊生书本　736
4. 清宣统元年（1909）石印沈氏尊生书本　514A　738A
5. 清刻沈氏尊生书本　279（存卷五至十五）　366（存卷一至十九、二十二至三十）
6. 见沈氏尊生书

03569/00000 **医宗先民遗范**八卷　1773
（清）缪昺撰
清乾隆三十八年（1773）抄本　TA

03570/05698 **（纂修）医学入门**六卷卷首一卷　1774
（清）系屯子撰　卢拱辰（斗文）编
清乾隆四十年（1775）刻本　139（存卷首、卷一至四）　288　491　590

03571/05697 **医法新编**一卷　1775
汤头新咏一卷
（清）陈梅山（骑鹿道人）编
清抄本　590　734

03572/05696 **证治要义**十卷　1775
（清）陈当务（惠民）编
清乾隆五十年（1785）惠民堂刻本　140　289　475A　541　590（残）　701

03573/05699 **医级**十卷卷首一卷卷末一卷　1775
又名医级宝鉴、医级必自集
（清）董西园（魏如）撰
1. 清乾隆四十二年（1777）钱塘徐子星等刻本　1　514A　541　651　831　907C（存卷二至十）
2. 清乾隆四十二年（1777）钱塘徐子星等刻六顺堂印本　3　21　139　186　270　277（卷九，配嘉庆本）　286　461（残）　572　590　651
3. 清乾隆四十二年（1777）钱塘徐子星等刻文苑堂印本　579　733
4. 清乾隆四十二年（1777）钱塘徐子星等刻嘉庆二十五年（1820）道古堂印本　2　7　139　139A　202　251　412A　412B　476　590　651　677A　710（缺卷一）　738B
5. 清抄本　541

03574/05700 **张氏医通纂要**四卷　1776
又名医通纂要
附张氏医通类方一卷
（清）张璐（路玉、石顽老人）原撰　（日）加滕谦斋（乌巢）辑录
1. 日本安永五年（1776）鸟饲昭定荣堂刻本　1（存卷三、四，附录）　541　677A
2. 日本安永五年（1776）鸟饲昭定荣堂刻清光绪十一年（1885）上海福瀛书局印本　139　733
3. 清抄本　279　361

03575/00000 **养生备要**九卷卷末一卷　1776
（清）阳南一　陶历山撰
清乾隆四十一年（1776）万卷堂刻本　831（存卷三、四、七至九、卷末一卷）

03576/05602 **医方药性合编**五卷　［1777］
（明）太医院编　罗必炜（右源、光国）参订
子目：
（1）太医院增补医方捷径二卷
（2）太医院增补青囊药性赋直解三卷
1. 清乾隆四十二年（1777）安国堂刻本　286
2. 清同治十三年（1874）闽书林刻本　738
3. 清光绪三年（1877）泰和堂刻本（二卷）　1　139
4. 清光绪二十四年（1898）益元书局刻本　436　570
5. 清末经元堂刻本（题太医院医方捷径真

本增补珍珠囊药性全书） 21
6. 清文奎堂刻本 541 922
7. 清彰府聚盛堂刻本 1 651
8. 清经国堂刻本 139
9. 清经纶堂刻本 1 590 664
10. 清存诚堂刻本 139
11. 清刻本 140 277（残） 286 401（二卷） 541 852B（残） 874
12. 见医门初学万金一统要诀分类

03577 06977 **医学萃要**三卷 1778
（清）许式南编
清乾隆四十三年（1778）抄本 590（残）

03578 05701 **古今医诗**五十三卷 1783
（清）张望（棕檀、闰榻）撰
1. 清嘉庆八年（1803）孝感居述濂云南刻本 3 139 139A 251 351 475A 590（存卷六至五十三） 651（残） 851
2. 清同治十二年（1873）方济臣南昌刻本 738B（缺卷一至五） 741（存卷一至四、十六至三十四）

03579 00000 **医学阐微**不分卷 ［1784］
（清）王廷瑞（辑五、鉴庵）撰
见温热病论（附录）

03580 05703 **医学传心**四卷 1786
（明）缪希雍（仲醇、慕台）撰 （清）孙佑（慎修）增补
1. 清道光四年（1824）百本菊花斋刻本 21 186 529 590
2. 抄本 3 590

03581 05757 **医宗辑要**十卷 1786
（清）张楷（端书、非旭）撰
清道光三年（1823）津门田敏耕刻本 3 590

03582 00000 **医林适用**二卷 1788
（清）程家珏（葵百）撰
清乾隆五十二年（1787）有基书屋刻本 590

03583 05705 **医铃**八卷 1789
又名医铃心镜
（清）李舟虚撰
1. 清乾隆五十四年（1789）长白承勋成都刻安和堂印本 139A 203 852
2. 清乾隆五十四年（1789）长白承勋成都刻乾元堂印本 854A 907C

03584 12960 **罗氏会约医镜**二十卷 1789
（清）罗国纲（振古、整斋）编
1. 清乾隆五十四年（1789）翰林第刻本 831
2. 清乾隆五十四年（1789）翰林第刻大成堂印本 3 139 139A 202 203 270 277 279 281A 289 301 308A 476 491 514A 570 572 651 664 706 728A 733A 734 738 738B 781 831 940

03585 12961 **医书汇参辑成**二十四卷 1789
（清）蔡宗玉（茗庄、象贞）编
1. 清嘉庆十二年（1807）次知斋刻本 2 3（残） 203 252 286 289 308 361（存十二卷） 391（存十二卷） 491 514A 570 651 664 731 737 738B 742（存七卷） 743（存卷十九至二十二） 799 839A 873（残） 907C 911（存二卷） 940
2. 清道光十九年（1839）崇让堂刻本 3 139 186 277（残） 279 308A 351 361C（缺卷十三至十八） 412A 396 412B 438 461 476 514A 514B 572 590 677A 728A 728B 731 738A 738B 850 852 852A 907C 940 XB
3. 清文奎堂刻本 140 461 677A 738B 852S

03586 05706 **广济秘籍**四卷 1790
（朝）李景华撰
朝鲜正祖十四年（1790）刻本 139（卷一、三抄配） 541 570

03587 03844 **济急便览**一卷 1791
著者佚名
清乾隆五十六年（1791）梅益寿堂抄本 590

03588 05707 **医药丛抄**一卷 ［1794］
著者佚名
抄本 139

03589 05708 **医学全书**九卷 1795
（清）刘常彦（凛斋）撰
清光绪五年（1879）术古堂刻本 2 21 139 202 289 311 514A 852A

907C 940

03590 05667 **医学要览**一卷 ［1795］

（清）法征麟（仁源）撰

清抄本 664

03591 06046 **医粹**一卷 ［1795］

（清）朱遡伊（苍葭）撰

抄本 572（曹炳章旧藏） 590 TA

03592 05709 **医林宝鉴**一卷 ［1795］

（清）王九峰（之政、献廷）撰

清乾隆丹徒王九峰稿本 572

03593 05710 **医菁全集**一百卷 ［1795］

（清）朱之荆（树田、痴老人）编

清乾隆抄本 590（存卷一至八十七、卷九十八至一百）

03594 10877 **保生秘钥**四卷 ［1795］

（清）俞汝翼撰

清乾隆俞晋抄本 651

03595 00000 **古今牟伲集**不分卷 ［1795］

著者佚名

清抄本 570

03596 05713 **寿世编**六卷 1797

又名寿世全编、寿世达生编、重增序类寿世编

（清）青浦诸君子辑 （清）何王模（萍香、北簳山农）传

全集子目：

（1）达生编一卷 （清）亟斋居士撰

（2）保婴篇一卷 （清）毓兰居士撰

（3）救急篇一卷 （清）顾兰圃编

（4）福幼编一卷 （清）庄一夔撰

（5）痧喉阐解一卷

（6）劝孝歌一卷

1. 清乾隆三十七年（1772）刻本（三卷） 450A 529 664 738B
2. 清嘉庆二年（1797）嘉定广济堂刻本（三种三卷） 541
3. 清嘉庆九年（1804）刻本（四种四卷） 721 922（存达生篇、救急篇）
4. 清嘉庆十年（1805）刻本 202（存一卷）
5. 清嘉庆十一年（1806）湖北顾奉璋湖南玉麟堂刻本（四种四卷） 139
6. 清嘉庆十四年（1809）守约堂刻本（三种三卷，题古瓠居士辑） 541
7. 清嘉庆十六年（1811）张照亭戚素帆刻本 139 664
8. 清嘉庆二十一年（1816）聚文堂刻本 139
9. 清嘉庆二十五年（1820）乐志堂刻本 738B（四卷）
10. 清嘉庆曹永吉刻本（二卷） 831
11. 清嘉庆木活字印本（七卷） 733
12. 清道光十年（1830）湖南溆浦舒培年刻本（不分卷） 831
13. 清道光十二年（1832）经国堂刻本（二卷） 286 381
14. 清道光十七年（1837）燕山赵炳惠永安协署刻本（四种四卷） 139 302 311 572 738
15. 清道光二十四年（1844）南洲草堂刻本（三种三卷，达生、保婴、救急） 738B 926A
16. 清咸丰八年（1858）刻本（三种三卷，附黄梅石产瑚各种附方一卷） 944
17. 清同治元年（1862）刻本（三种三卷） 311 364A 431
18. 清同治八年（1869）刻本（五种三卷） 710
19. 清道光二十二年（1842）刻同治印本（七卷） 733（存三卷）
20. 清光绪十七年（1891）罗溪聚芳斋刻本（五种） 1 401 412A 541 570 590 664 677A 701 728A 738B 839A 907C
21. 清光绪二十三年（1897）上海著易堂书局铅印本 514A 529A 738B
22. 清湖南诚正堂刻本 677A
23. 清刻本 308A 590 664

03597 05714 **聚珍编**二卷 1798

（清）徐苏甫编

清嘉庆三年（1798）抄本 541（存卷一）

03598 05715 **医宗宝镜**五卷 1798

原题（□）龙虎山张真人撰 （清）邓复旦传

清嘉庆三年（1798）书林凌云楼刻本 186 280 931

03599 05717 **济众新编**八卷 1799

（朝）康命吉（命微、君锡）撰

1. 朝鲜李朝正祖二十三年（1799）内阁刻本

1 2 3 7 139 140 186 203 289 475A 570 572 590 707（存卷五至八） 728A 739
2. 清嘉庆二十二年（1817）经国堂刻本 514A 651 677A 911
3. 清咸丰元年（1851）秋水书屋刻本 139 511 651 839A
4. 清抄本 139 286 709

03600
12908 **家传医中求正录**十六卷 1800
（清）曹中部（奕周）撰 曹贞裕编
清嘉庆五年（1800）抄本 590

03601
12962 **名医通汇**不分卷 1800
（清）张对扬编
清抄本 2

03602
00000 **天医汇要**八卷 1800
（清）张旸谷（日初）撰 田是庵辑
子目：
（1）灵验良方四卷
（2）胎产要诀四卷
清嘉庆十九年（1814）刻本 734A 737

03603
10878 **卫生要诀**四卷 1802
（清）范在文（于兹、美中）撰
清嘉庆八年（1803）安怀堂刻本 1 139（残） 251 308A 570 590（残） 738

03604
05719 **时方妙用**四卷 1803
（清）陈念祖（修园、良有、慎修）撰
1. 清嘉庆八年（1803）刻本 302 363 398 412A 431 734 852R 891 915
2. 清嘉庆八年（1803）大文堂刻公余医录六种本 713
3. 清嘉庆尚友堂刻本 852S
4. 清道光渔古山房刻公余医录六种本 421 521 664 891
5. 清咸丰十年（1860）宝庆经纶堂刻公余医录六种本 831
6. 清同治四年（1865）文奎堂刻南雅堂医书全集本 139 301 433A 475A
7. 清同治七年（1868）稽古堂刻公余医录六种本 306 361 854 907C
8. 清光绪二年（1876）友文堂刻南雅堂医书全集本 139 876
9. 清光绪八年（1882）味根斋刻南雅堂医书全集本 702
10. 清光绪十三年（1887）宏道堂刻本 712 799 852
11. 清光绪十三年（1887）多文会刻本 361（存卷一、二、四） 853 855 856 907C
12. 清光绪十三年（1887）京都务本堂刻公余医录六种本 421 799A 852
13. 清光绪十五年（1889）上海江左书林刻公余医录五种本 852A
14. 清光绪十八年（1892）上海图书集成印书局铅印陈修园医书十二种本 1 381 590 915 931
15. 清光绪十八年（1892）敦厚堂刻陈修园医书二十一种本 301 651
16. 清光绪二十一年（1895）聚和堂刻公余医录六种本 351
17. 清光绪二十二年（1896）珍艺书局铅印陈修园医书二十一种本 139 781
18. 清光绪二十七年（1901）新化三味书局刻陈修园医书二十三种本 21 139 301 393 450 665 739B
19. 清光绪二十九年（1903）湖南益元书局刻陈修园医书二十三种本 412A 436 491 514A 728B 781
20. 清光绪三十年（1904）上海经香阁书庄石印本 351 831 852D
21. 清光绪三十二年（1906）吴闽医学会石印陈修园医书四十八种本 308A
22. 清光绪三十三年（1907）巴蜀善成堂刻陈修园医书四十八种本 799
23. 清光绪三十四年（1908）宝庆经元书局刻陈修园医书二十三种本 139 850（存卷一至四）
24. 清光绪三十四年（1908）上海章福记书局石印陈修园医书四十八种本 852
25. 清光绪橦藹书屋刻公余医录六种本 301 381 709 743（存卷一、二） 907C
26. 清经元堂刻南雅堂医书全集本 712 891
27. 清桂芸堂刻本 541
28. 清末成文堂刻本 907C
29. 清刻本 21 306（存卷一、二） 21 306（存卷一、二） 401 414 436 464（残） 491 514A 514B 570 710（存卷二、

三） 733A 734 742 743 781 784 785 831 852M 873 891 907C 917A
30. 石印本 139 351 742 917A 931
31. 见南雅堂医书全集
32. 见公余医录五种
33. 见公余医录六种
34. 见陈修园医书十五、十六、十八、二十一、二十三、二十八、三十、三十二、三十六、四十、四十八、五十、七十种

03605 05720 **时方妙用**四卷 1803
时方歌括二卷
（清）陈念祖（修园、良有、慎修）撰
1. 清同治四年（1865）文奎堂刻南雅堂医书全集本 139
2. 清同治七年（1868）稽古堂刻公余医录六种本 433A
3. 清光绪十五年（1889）上海江左书林刻公余医录五种本 139
4. 清光绪三十四年（1908）经元书局刻陈修园医书二十三种本 139 529A
5. 清刻本 289
6. 抄本 651
7. 见公余医录五种
8. 见公余医录六种
9. 见陈修园医书十五、十六、十八、二十一、二十三、二十八、三十、三十二、三十六、四十、四十八、五十、七十种

03606 05721 **医医偶录**二卷 1803
原题（清）陈念祖（修园、良有、慎修）撰
1. 清同治十三年（1874）蜀川蓬莱友善堂刻本 139 289 391 412A 491 514A 572 590 733B（存卷二） 734 736B 742（存卷一）
2. 清宣统元年（1909）萧山俞省三刻本 541 590
3. 抄本 738B
4. 见陈修园医书二十四种

03607 05722 **家学渊源**四卷 1803
（清）作德主人撰
稿本 139

03608 05723 **医学三字经**四卷 1803
（清）陈念祖（修园、良有、慎修）撰
1. 清嘉庆九年（1804）南雅堂刻本 21 139A 203 398 493 546 713 734 741 742 831 852
2. 清道光十一年（1831）安康张鹏翂刻本 415（存卷一、二）
3. 清道光文华阁刻本 942
4. 清道光渔古山房刻公余医录六种本 436 710
5. 清同治四年（1865）文奎堂刻南雅堂医书全集本 363 433A 734 915
6. 清同治七年（1868）稽古堂刻公余医录六种本 413 852
7. 清光绪八年（1882）文魁堂刻本 431（存卷一、二）
8. 清光绪九年（1883）刻本 476
9. 清光绪十三年（1887）多文会刻本 799（存卷一、二） 855 856 859
10. 清光绪十三年（1887）京都务本堂刻公余医录六种本 421 839A 852
11. 清光绪十五年（1889）上海江左书林刻公余医录五种本 285 306 381 391 514B 541 852A
12. 清光绪十六年（1890）刻本 852A（存卷一） 871
13. 清光绪十八年（1892）敦厚堂刻陈修园医书二十一种本 301 896A
14. 清光绪十八年（1892）上海图书集成印书局铅印陈修园医书十二种本 139 302 381
15. 清光绪二十三年（1897）学库山房刻陈修园医书二十三种本 491 891
16. 清光绪二十七年（1901）新化三味书局校刻陈修园医书二十三种本 651 665 731 739B 743（存卷三、四）
17. 清光绪二十九年（1903）湖南益元书局刻陈修园医书二十三种本 1 514A 728B 831
18. 清光绪二十九年（1903）湖南益元书局刻汉文书局印陈修园医书二十三种本 412A 529A 781
19. 清光绪三十年（1904）上海经香阁书庄石印本 351
20. 清光绪三十年（1904）上海顺成书局石印

本 740J
21. 清光绪三十一年（1905）上海文盛堂书局石印陈修园医书三十种本 922
22. 清光绪三十二年（1906）新都鑫记书庄刻南雅堂医书全集本 361
23. 清光绪三十二年（1906）上海飞鸿阁书局石印南雅堂医书全集本 1
24. 清光绪三十三年（1907）巴蜀善成堂刻陈修园医书四十八种本 21 570 651 706 851
25. 清光绪三十四年（1908）宝庆经元书局刻陈修园医书二十三种本 139 186 491 519 651 664 781 831 839A 850
26. 清光绪三十四年（1908）上海章福记书局石印陈修园医书四十八种本 279 398 742 942
27. 清光绪橦藹书屋刻南雅堂医书全集本 301 431 466 713
28. 清羊城金谷园刻本 741
29. 清经元堂刻南雅堂医书全集本 712
30. 清巴川文渊阁刻本 854
31. 清桂芸堂刻本 784
32. 清友文堂刻南雅堂医书全集本 139 476 875
33. 清义生堂刻本（附春温三字诀、痢症三字诀） 542
34. 清右文堂刻本 431
35. 清经国堂刻本 401 421 706
36. 清重庆乐聚堂刻本 360B 589 852
37. 清大道堂刻本 907B
38. 清福文堂刻本 365
39. 清成都龙万育刻本 431
40. 清成德堂刻公余医录六种本 852D
41. 清末上海大成书局石印本 302 738D
42. 清末佛山翰文堂刻本 942
43. 清刻本 21 279 308A 401 412A 413 431 443 461 541 701 734A 742（存卷三、四） 743（存卷二、三） 831 850A 852S 854 872 873 907C 931 TC
44. 清石印本 493 742 915
45. 抄本 2 139（二卷） 277 385（残）
46. 见南雅堂医书全集
47. 见陈修园医书十五、十六、十八、二十一、二十三、二十四、二十八、三十、三十二、四十、四十八、五十、七十种
48. 见公余医录五种
49. 见公余医录六种
50. 见医学便览（栗山痴叟编）
51. 见回春集
52. 见牖蒙丛编
53. 见医药便读

03609/05724 **医学蒙求**四卷 1804
（清）徐行（步安、鉴泉）编
清嘉庆十四年（1809）五柳居刻本 2 651

03610/05726 **金匮启钥**三十七卷 1804
（清）黄朝坊（妙山）编
清咸丰十年（1860）醴陵黄安梯星沙绍雅堂刻本 139 590 738A 741（残）

03611/05727 **医学指要**四卷 ［1805］
（清）李荫圻（健庵）撰
1. 清嘉庆十年（1805）扬州玩古堂刻本 529B
2. 清嘉庆十年（1805）扬州玩古堂刻后印本 152 412A
3. 清抄本 412A

03612/05728 **内美含章**十二卷 ［1805］
（清）高拙修（自在老人）编
稿本 590

03613/05731 **古今医彻**四卷 1808
（清）怀远（抱奇）撰
1. 清嘉庆十五年（1810）云间郑文萃堂刻本 3 203 491 541 731
2. 清道光十年（1830）读味斋刻本 139 289 391 570 651
3. 清抄本 514A 651

03614/05732 **医学实在易**八卷 1808
（清）陈念祖（修园、良有、慎修）撰
1. 清道光二十四年（1844）善成堂刻本 21 277 279 285 301 361 431 476 529A 713 716 739 851 852 907C 911 912 914
2. 清咸丰五年（1855）重庆阎氏书业堂刻本 391 852A
3. 清咸丰十年（1860）经元堂刻本 202 251 270 301 712 781 799A

4. 清同治四年(1865)文奎堂刻南雅堂医书全集本 915
5. 清同治五年(1866)南雅堂刻本 285 288 381 412A 433A 461 475A 514A 713 728A
6. 清同治八年(1869)羊城纬文堂刻陈修园医书十六种本 733
7. 清光绪二年(1876)懿惠堂刻本 736(存卷一至六) 737
8. 清光绪三年(1877)渔古山房刻南雅堂医书全集本 418 433A 529A 702 781
9. 清光绪十三年(1887)五福堂刻南雅堂医书全集本 907C
10. 清光绪十四年(1888)扫叶山房刻陈修园医书十八种本 714
11. 清光绪十五年(1889)务本堂刻南雅堂医书全集本 301 421 491 514B 831(存卷一至五) 852 852S 907C
12. 清光绪十五年(1889)江左书林刻陈修园医书十六种本 1 2 202 302 303 308 514A 514B 799A 939
13. 清光绪十八年(1892)敦厚堂刻陈修园医书二十一种本 407A 412A 519 677A 799A 896A 915
14. 清光绪十八年(1892)上海图书集成印书局铅印陈修园医书二十一种本 279(存卷一至四) 302 728A(存卷一至四) 738D
15. 清光绪二十一年(1895)宏道堂刻陈修园医书三十二种本 852
16. 清光绪二十二年(1896)上海珍艺书局铅印陈修园医书二十一种本 139
17. 清光绪二十四年(1898)成都多文会刻南雅堂医书全集本 799A
18. 清光绪二十四年(1898)聚文书局刻本 361
19. 清光绪二十四年(1898)刻本 289 853 855 871
20. 清光绪二十七年(1901)新化三味书局刻陈修园医书二十三种本 450 570 665 677A 783 831(存卷三至五) 891
21. 清光绪二十九年(1903)湖南益元书局刻陈修园医书二十三种本 139 202 277 514A 589 728B 781
22. 清光绪二十九年(1903)湖南益元书局刻汉文书局印陈修园医书二十三种本 412A 529A 781 785
23. 清光绪三十年(1904)上海经香阁书庄石印本 351
24. 清光绪三十二年(1906)吴闽医学会石印陈修园医书四十八种本 714
25. 清光绪三十三年(1907)巴蜀善成堂校刻陈修园医书四十八种本 391 434 665(存卷一、二) 731 850
26. 清光绪三十四年(1908)上海章福记书局石印陈修园医书四十八种本 831 874 XD
27. 清光绪三十四年(1908)宝庆经元书局刻陈修园医书二十三种本 203 351 511 541 721 799A
28. 清光绪三十四年(1908)宝庆经元书局刻富记书局印陈修园医书二十三种本 381 799A 831 839A
29. 清光绪友文会刻本 876(附女科一卷)
30. 清光绪橦蘙书屋刻南雅堂医书全集本 251
31. 清光华堂刻本 21 911
32. 清佛镇文华阁刻本 XA
33. 清两仪堂刻本 279 288 799A 907C
34. 清桂芸堂刻本 709
35. 清文翰楼刻本 363
36. 清恒文堂刻本 852M(附女科一卷)
37. 清刻本 21 203 279 363 365 383 401 412A 414 514A 521(存卷五至八) 570 708 710(残) 733 733A 740A(存卷五、六) 742 743 799(残) 852H 872 907C 921(残)
38. 抄本 922
39. 石印本 139 270 364A 522 665 728A 742 831
40. 见南雅堂医书全集
41. 见陈修园医书十五、十六、十八、二十一、二十三、二十八、三十、三十二、三十六、四十、四十八、五十、七十种
42. 见医学便览(栗山痴叟节选)
43. 见辟阴集说

44. 见医学大意

03615 05733 **证治指要**一卷 1812
(清)黄凯钧(南薰、退庵)撰
见友渔斋医话

03616 05734 **医学指要**六卷 1812
(清)蔡贻绩(乃庵)编
1. 清嘉庆十七年(1812)翰墨园刻本 491
2. 清末抄本 412A
3. 见医学四要

03617 05735 **医宗备要**三卷 1814
(清)曾鼎(亦峦、香田)撰
1. 清嘉庆十九年(1814)盱江曾鼎忠恕堂刻曾氏医书四种 3 139 251 270 301 412A 491 651 721 738 741
2. 清同治八年(1869)楚北崇文书局刻本 1 3 139 202 203 277 279 286 288 289 351 361 365 381 391 401 417 433A 435 462 491 511 514A 522 541 542 589 590 651 664 701 706 707 709 728A 731 734A 735 736B 737 738 738B 741 781 799A 831 839A 851 852A 891 907C 939 940 942B
3. 清同治八年(1869)楚北崇文书局刻光绪元年(1875)湖北崇文书局印本 21 186 280 361 463 475A 514A 514B 529 712 781 799A 831 839A 852 921 940
4. 清光绪南京李光明庄状元阁刻本 270 308A 401 412A 514A 572 590 651 664 665 701 728A
5. 见曾氏医书四种

03618 06014 **方脉摘要**四卷 1815
(清)汪受安等撰
清道光三年(1823)抄本 940

03619 05620 **何氏济生论**八卷 1816
(清)何镇(龙符、培元)撰 孙凤翙(紫庭)辑
1. 清嘉庆二十一年(1816)京江庄孝容静观堂刻本 139 139A 251 590 664 738B
2. 抄本 590

03620 12963 **医法青篇**八卷 1817
(清)陈璞(琢之) 陈玠(师古、健庵)撰
清嘉庆二十二年(1817)稿本 139

03621 05737 **医略**四卷 1818
(清)钱一桂(东堂)撰
清嘉庆二十三年(1818)慎余堂刻本 139 251 514A 590 738

03622 12992 **指南广义**八卷 1819
(清)曹翰(西园)辑
清嘉庆二十四年(1819)抄本 541(存卷一、二、四、六、八)

03623 05738 **医学启悟**一卷 1820
(清)沈琎(卿云、大来)撰
清嘉庆二十五年(1820)古槐书屋刻本 541 590

03624 05739 **杂症总括**二卷 1820
又名医学妙谛、杂症歌括、杂症总诀、杂症歌诀
附杂症中风歌括
(清)何其伟(韦人、书田、竹竿山人)撰
1. 稿本 139(何子愚录)
2. 清光绪元年(1875)抄本 289(题杂症歌诀不分卷)
3. 清光绪十九年(1893)橘香书屋刻本(题医学妙谛) 514 541 570 579 731 896A
4. 清光绪二十三年(1897)陈晋泰抄本(题杂症总诀三卷) 381
5. 清何绅书抄本 139
6. 清末叶橘泉抄本 412A(题杂症总诀)
7. 抄本 570(题医学妙谛) 590(题医学妙谛) 677A(题何氏杂症三卷) 707C(题医学妙谛)

03625 05740 **医学从众录**八卷 1820
(清)陈念祖(修园、良有、慎修)撰
1. 清道光二十五年(1845)聚元堂刻本 529A 781
2. 清道光二十五年(1845)刻本 21 139A 140 381 401 450 677A 712 715 743(缺卷四) 831 871 915
3. 清道光二十八年(1848)锄经堂刻本 140
4. 清道光刻本 2 418 570 664 831 914
5. 清同治四年(1865)文奎堂刻南雅堂医书全集本 856

6. 清同治五年（1866）南雅堂刻本 139 202 381 391 393 412A 491 546 570 651 738A 922
7. 清同治六年（1867）善成堂刻南雅堂医书全集本 414 433A 476 852
8. 清光绪三年（1877）渔古山房刻南雅堂医书全集 702 781
9. 清光绪十三年（1887）重庆五福堂刻南雅堂医书全集本 852 907C
10. 清光绪十五年（1889）福建长乐书局刻南雅堂医书全集 279（残）
11. 清光绪十五年（1889）遂宁务本堂刻南雅堂医书全集本 361 421 852
12. 清光绪十五年（1889）江左书林刻陈修园医书十六种本 202 289 852A
13. 清光绪十八年（1892）敦厚堂刻陈修园医书二十一种本 412A 514A 738A
14. 清光绪十八年（1892）上海图书集成印书局铅印陈修园医书二十一种本 277 302 799A
15. 清光绪二十一年（1895）宏道堂刻陈修园医书三十二种本 433A 852 891（存卷三至六）
16. 清光绪二十一年（1895）刻本 277（存卷一至五） 433A 514A 521 799A 853 907C
17. 清光绪二十二年（1896）珍艺书局铅印陈修园医书二十一种本 139
18. 清光绪二十七年（1901）新化三味书局刻陈修园医书二十三种本 21 412A 529A 665 922
19. 清光绪二十九年（1903）湖南益元书局刻陈修园医书二十三种本 412A 519 529A 728B 781 922
20. 清光绪三十年（1904）上海经香阁书庄石印本 351 361
21. 清光绪三十一年（1905）上海文盛堂书局石印陈修园医书三十种本 412A
22. 清光绪三十三年（1907）巴蜀善成堂刻陈修园医书四十八种本 361 514B 570 733A 799（残）
23. 清光绪三十四年（1908）上海章福记书局石印陈修园医书四十八种本 203 288 360B 874
24. 清光绪三十四年（1908）宝庆经元书局刻陈修园医书二十三种本 541 590
25. 清光绪三十四年（1908）宝庆经元书局刻宝庆富记书局印陈修园医书二十三种本 412A 491 521 839A
26. 清元亨堂刻本 202
27. 清福文堂刻本 856
28. 清刻本 363 491 721（残） 734A 739B 740A 740C 743 850 852R 852S 891（存二卷）
29. 见南雅堂医书全集
30. 见陈修园医书十五、十六、十八、二十一、二十三、二十四、二十八、三十、三十二、三十六、四十、四十八、五十、七十种

03626 05741 **云庭医省**四卷 1820
（清）张模（瑞式、云庭）撰
1. 清嘉庆二十五年（1820）陈韵涛两广运使署刻本 541
2. 清嘉庆二十五年（1820）陈韵涛两广运使署刻道光三年（1823）印本 139A

03627 06033 **医宗便读**六卷 1820
（清）徐镛（叶埙、钰台）撰
1. 清嘉庆二十五年（1820）抄本 541
2. 清抄本 1

03628 12964 **医学汇海**三十六卷卷首一卷 1820
（清）孙德润（慎之、笠山）撰
1. 清道光六年（1826）汉阳萧氏刻本 2 3 7 139 185 186 251 270 279 541 570 572 590 651 677A
2. 清道光六年（1826）汉阳萧氏刻光绪五年（1879）扬州董莲重修本 1 289 361

03629 05742 **杂病分类**二卷 ［1820］
著者佚名
清嘉庆抄本 152

03630 05743 **医学寻源易简录**二卷 ［1820］
原题（清）陈念祖（修园、良有、慎修）撰
1. 清刻本 361 831（附三指禅脉诀度针一卷） 901 911
2. 清刻本（四卷） 289 280（存卷一、三、四）

03631 05744 **医学精义**不分卷 ［1820］
原题（清）陈念祖（修园、良有、慎修）撰

稿本 3

03632 **慈航普渡**二卷 ［1820］
07622 （清）帅师桂（人瞻、龙山老人）编
清刻本 590（残）

03633 **医学指迷**一卷 ［1820］
05745 （清）李诚（师林、静轩）撰
清嘉庆刻本 1（残） 572（残）

03634 **六治阐要**五卷 1821
05746 （清）邓观汝（晓亭）撰
清道光元年（1821）刻本 139 186 301

03635 **方脉权衡**一卷 1821
05747 （清）江维一撰 刘元晖（易门）辑
清抄本 139

03636 **明医要诀**二卷 1821
05748 辑者佚名 （清）张桢（蕚楼）订
清道光元年（1821）稿本 139

03637 **留云妙诀**一卷 ［1821］
06265 （清）王凤侣（留云）撰
清抄本 709

03638 **医书类腋**十卷 1822
05752 （清）曹光熙（克安、彦修）编
清道光五年（1825）敬艺堂刻本 139 140

03639 **杂症钞**一卷 ［1822］
05753 著者佚名
抄本 139

03640 **辨证奇闻**十卷 1823
05632 （清）陈士铎（敬之、远公、朱华子、大雅堂主人）原撰 钱松（镜湖、叔盖、西郭外史、云居山人）编
1. 清道光三年（1823）绍兴钱松太医院刻本 301 381 435 493 839A 896A
2. 清道光三年（1823）绍兴钱松太医院刻京都南文琳堂印本 361 514B 734A
3. 清道光三年（1823）绍兴钱松太医院刻醉吟草堂印本 2 21 139 251 382 529A 664
4. 清道光十六年（1836）刻本（十二卷） 511
5. 清道光十七年（1837）刻本 461
6. 清咸丰七年（1857）文晟堂刻本 2 412A 721 851
7. 清光绪五年（1879）刻本 362 733 907B 917A 931 939
8. 清光绪七年（1881）文奎堂刻本 396 475A 590 677A 728A 926A XD
9. 清光绪八年（1882）京都文盛堂刻本 21
10. 清光绪十二年（1886）上洋江左书林刻本 7 279 412A 514A
11. 清光绪十七年（1891）宏道堂刻本 664
12. 清光绪十九年（1893）扬州李记庄刻本 433A（残）
13. 清光绪二十八年（1902）京都二友堂刻本 139A
14. 清光绪三十一年（1905）上海书局石印本 896A 931
15. 清光绪三十一年（1905）上海宝善斋书庄石印本 202 301 351 361 466 467 529A 541 570 589 733 734A（存卷一至八） 852 926A
16. 清光绪三十四年（1908）北京二酉斋刻本 139 514A
17. 清宣统元年（1909）上海广益书局石印本 1 21 139 203 270 308A 351 361 381（存卷一至九） 391 401 433A 511 514A 521 651 677A 734（存卷一、二、五、六） 736A 740C 831 931
18. 清刻本 3（残） 301 412B 493 715（存卷三至十） 728A（残） 734A（缺卷二、六、七） 735A（残） 831 852S（存卷五、六） 931

03641 **杂证要旨总赋**一卷 1823
05754 附董西园医级便读一卷
（清）郭诚勋（子诚、云台）辑
稿本 590

03642 **证治针经**四卷 1823
05755 （清）郭诚勋（子诚、云台）编
1. 清道光八年（1828）得且堂刻本 1 2 3 7 139 152 186 202 251 252 279 289 381 491 541 572 590 677A 738A 738E 739A
2. 清光绪二十年（1894）简州施荣泰刻本 851 907C 951
3. 抄本 2 590 664

03643 **笔花医镜**四卷 1824
05758 又名卫生便览
（清）江涵暾（禹门、笔花）撰
1. 清道光四年（1824）刻本 251 364A

401　664
2. 清道光六年(1826)常熟抱芳阁刻本(题卫生便览)　279　702
3. 清道光八年(1828)刻本　911
4. 清道光十一年(1831)刻本　203
5. 清道光十四年(1834)皖江古舒钟承露刻本　279　308A　491　590　922(存卷一、二)
6. 清道光二十年(1840)叙城一洞天淡远斋刻本　361　852
7. 清道光二十四年(1844)刻本　139　308A　475A　742
8. 清道光二十八年(1848)京都篆云斋刻本　1　251　433A
9. 清道光二十八年(1848)刻本　251　280　529A　541　781
10. 清道光刻本　2　7　21　139　202　203　277　308A　664　715
11. 清咸丰五年(1855)萧山金石文刻本　139　911
12. 清咸丰六年(1856)宁河靳辉曾刻本(二卷)　1　351　412A　476
13. 清咸丰八年(1858)广州拾芥园刻本(二卷)　931
14. 清咸丰十年(1860)李会元刻本　839A
15. 清咸丰十年(1860)西安印月堂刻本　202
16. 清同治元年(1862)王绍定堂刻本　186
17. 清同治二年(1863)尊经堂刻本　1　3　203　280　351
18. 清同治二年(1863)连元阁刻本(二卷)　7
19. 清同治五年(1866)江西崇仁谢希轼鉴轩刻鉴轩医书二种本　491　709
20. 清同治六年(1867)翰宝楼刻本　664
21. 清同治八年(1869)槐庭书屋刻本　203　461　541　709　831
22. 清同治八年(1869)京都琉璃厂富文斋刻本　738A
23. 清同治十年(1871)维扬文富堂刻本　279　412B　529A　541　651　710　712　715　734A　781　896A　917A　926A
24. 清同治十年(1871)南海桂德均运河官廨刻本　514A
25. 清同治十年(1871)济南英华斋刻本　139　302　931
26. 清同治十二年(1873)三衢署同善堂刻本　491　664　734A　738B
27. 清同治李氏继志堂山东省城刻本　1
28. 清光绪元年(1875)刻本　529A　713
29. 清光绪四年(1878)陕西省城义兴堂刻本　279　401　431
30. 清光绪五年(1879)龙文斋刻本　1
31. 清光绪六年(1880)守约堂刻本　721
32. 清光绪元年(1875)刻七年(1881)吉林恩泰增刻本　139
33. 清光绪七年(1881)内江官廨刻本　308A　351　851　853　856　871　907C
34. 清光绪七年(1881)刻本　871
35. 清光绪八年(1882)芸香阁刻本　202
36. 清光绪九年(1883)豫汴朱聚文斋刻本(附救急中毒跌打疮毒诸验方一卷)　139　279　351　361(存卷一、二)　363　366　728A　736B
37. 清光绪十年(1884)郎官刻本(据朱聚文斋本翻刻)　651
38. 清光绪十一年(1885)绍郡墨润堂刻本　734A　740C　922　943
39. 清光绪十一年(1885)河南乐善局刻本　351
40. 清光绪十一年(1885)仁和田氏吴门刻本　393　396　433　461　522　590　664　736(卷三、四补配)　740A　901　940
41. 清光绪十一年(1885)刻本　202　251　277　303　431　433A　514A　570　572　589　664　709　728　733　740B　901　911　926A
42. 清光绪十三年(1887)京都荣华堂刻本　139　286　541
43. 清光绪十六年(1890)三义堂刻本　514A
44. 清光绪十七年(1891)文德斋刻本　251　529A　728A
45. 清光绪十七年(1891)京都龙光斋刻笔花医镜药要便蒙合刻本　1　21　139　202　288　362　412A　461　511　514A　521　529A　651　706　728A　737　781　907C　922

46. 清光绪十八年(1892)金陵汤明林聚珍书局刻本 289 491 529A 799
47. 清光绪十八年(1892)中西书局石印笔花片石合刻本 139 251 288
48. 清光绪十九年(1893)京都琉璃厂荣华堂刻本 1 302 308A 365 415
49. 清光绪十九年(1893)兰州万稔堂刻本 421 431 433A 443
50. 清光绪二十年(1894)四宝斋刻本 301
51. 清光绪二十年(1894)延清崇文坊刻本 907C
52. 清光绪二十年(1894)刻本 519 737(存卷一、二)
53. 清光绪二十三年(1897)有益堂刻本 351
54. 清光绪二十三年(1897)常德三益堂刻本 831 839
55. 清光绪二十三年(1897)刻本 139A 677A
56. 清光绪二十四年(1898)刻本 139
57. 清光绪十八年(1892)金陵汤明林聚珍书局刻二十四年(1898)印笔花医镜药要便蒙合刻本 1 280 412B 491 651
58. 清光绪二十六年(1900)叙府文玉堂刻本 412A 443
59. 清光绪二十七年(1901)广州麟书阁刻本(二卷) 921
60. 清光绪二十七年(1901)衡州唐步瀛刻本 139 186 203 831 931
61. 清光绪二十七年(1901)文宜书局石印本 288 366 433A 677A 734A(存卷一、二) 736 736A
62. 清光绪二十七年(1901)炼石书局刻本 737 737A
63. 清光绪三十年(1904)上海书局石印本 361 728A 740A
64. 清光绪三十三年(1907)书业德记刻本 302
65. 清光绪三十三年(1907)善成堂刻本 1 308A
66. 清光绪三十三年(1907)上海校经山房刻本(二卷) 286 306 381 541 781 799
67. 清光绪刻本 139 277 401 412A 570 736(存卷三、四)
68. 清宣统元年(1909)俞谦抄本 363
69. 清义和堂刻本 287 301
70. 清刻本 139(残) 279(存卷一、二) 302 393 529(残) 541 728A 733 734A 735A 736 736A 736B 740H 742(残) 799A 851 931 940 951
71. 清抄本 1 139 301 302 391 421 514A 529A 541(残) 852 931
72. 抄本 529A
73. 见笔花医镜药要便蒙合刻
74. 见鉴轩医书二种
75. 见笔花片石合刻

03644 **江笔花撮要**二卷 [1824]
05759
原题(清)江涵暾(禹门、笔花)撰
抄本 529A

03645 **医镜增补**一卷 [1824]
05760
(清)冯世征(郊孙)增补 汪克让继增
稿本 7

03646 **医镜心得**一卷 [1824]
05761
原题(清)江涵暾(禹门、笔花)撰
抄本 139

03647 **医镜刮磨**四卷 [1824]
00000
(清)江涵暾(禹门、笔花)撰
清刻本 944(存卷一)

03648 **医范**一卷 1825
05763
附非方议眼目篇评西说医事辨
(日)吉益猷(南涯、修夫、谦斋)撰
日本文政八年(1825)纪藩稽古馆刻本 590

03649 **审病定经要诀**三卷 1825
05764
又名审病定经
(清)张九思(兰亭)编
1. 清道光六年(1826)集贤堂刻本 412A
2. 清道光六年(1826)集贤堂刻十四年(1834)印本 139 461

03650 **方脉指迷**四卷 1826
05766
(清)贺大文(藻亭)编
清道光六年(1826)贺介石醉白堂刻本 21 139

03651 **医学摘要**二卷 1827
05905
附药性歌括
(清)王志沂(鲁泉)辑

1. 清咸丰十一年（1861）刻本 436
2. 清光绪二十九年（1903）固斋刻本 251 579 401 590

03652 05798 **多疾汇笺**三卷 ［1828］
（日）喜多村直宽（士栗、安斋、安正、榜窗、香城）撰
日本文政十一年（1828）学训堂木活字印本 289

03653 05767 **儒门游艺歌诀**三卷 1829
（清）徐镛（叶埙、钰台）撰
1. 清道光九年（1829）学圃山庄刻本 590
2. 清光绪元年（1875）上海翼化堂刻本 3 139 362 541 590 677A 701

03654 05768 **医纲提要**八卷 1830
又名医学提纲
附延长备术一卷
（清）李宗源（一亭）辑
1. 清道光十一年（1831）开阳李宗源敬畏堂刻本 1 3 7 139A 152 280 286 529 590 651 871 907C
2. 清光绪二十三年（1897）南京李光明书庄刻本（题医学提纲） 139 186 203 270 277 279 280 289 401 421 475A 514A 529A 570 572 590 651 664 665 712 721 728A 731 736A 738A 800 907C 940
3. 抄本 541（残） 731

03655 12965 **医钞类编**二十四卷 1830
（清）翁藻（稼江）编
清光绪二十一年（1895）奉新许振祎刻本 2 3 21 139 139A 186 251 279 289 302 308A 351 363 491 514A 541 570 579 590 651 664 677A 701 731 737 738B 741（残） 839A 896A 907C

03656 05769 **医要略说**三卷 1831
（日）冈吉（敬安）撰
日本天保二年（1831）玉渊堂刻本 541

03657 05770 **家藏心典**十六卷 1831
又名金匮心典要略
原题（清）陈念祖（修园、良有、慎修）撰
清道光十一年（1831））文焕堂刻本 286 413（存卷十五） 590

03658 05771 **普济内外全书**八卷 ［1831］
附治痧全编二卷、铜人痧穴图一卷
原题（清）余船高（姚价）撰 杨泄峰（桂林主人）鉴定
清道光十一年（1831）曲躬斋抄本 590

03659 12966 **寿身小补**九卷 1832
（清）黄安泰（兑楣）编
1. 清道光十三年（1833）抄本（八卷） 7
2. 清光绪十四年（1888）佛山镇字林书局铅印本 139（残） 289 308A 381 412A 491 514A 731 917A 921 926A 931 940 942B
3. 清抄本 851

03660 05772 **医理发明**八卷卷首一卷 1833
又名医理不求人
（清）黄元吉（济川）编
1. 清道光十七年（1837）什邡黄元吉广济堂刻本 289
2. 清道光十七年（1837）什邡黄元吉广济堂刻春林堂重修本（扉页题医理不求人） 1（存卷二） 139 186 590 734A 852 940
3. 清光绪三十四年（1908）大文书局刻本（扉页题医理不求人） 921（存卷一、卷首一卷）

03661 05773 **汇生集要**三十四卷 1834
又名至宝良方
（清）陈廷瑞（君祥）撰
清道光十四年（1834）山邑湖塘星聚书屋刻本 541

03662 05730 **齐氏家传医秘**二卷 1834
（清）齐秉慧（有堂、德甫、戎州逸士）撰
1. 清道光十六年（1836）安怀堂刻本 186 852 907C
2. 清道光二十年（1840）刻本 308A 664 875
3. 清刻本 279 852
4. 见齐有堂医书三种
5. 见齐氏医书四种

03663 05870 **医门总诀**二卷 1834
原题（战国）扁鹊撰 （清）唐永杰辑订
清光绪九年（1883）茂州源茂堂刻本 491 871 873 875（存卷下）

03664 **医要三书**一卷 1835
13233
(清)李镜春(曙郜)编
从编子目:
(1)伤寒六经定法/瘟疫论/痢门挈纲/论吐血/论虫症 (清)舒诏撰
(2)胎前产后证治 (清)李镜春编
(3)福幼编慢惊论治 (清)庄一夔撰
遂生编痘疹论治 (清)庄一夔撰
1. 清道光十五年(1835)黔省江西会馆贵州刻本 412A 738A
2. 清咸丰二年(1852)宁邑余氏集贤堂刻本 279

03665 **医学述要**三十六卷卷首一卷 1836
05775
(清)杨际泰(平阶)编
清道光十六年(1836)刻本 781(缺卷二十四、二十五)

03666 **证治撮要**不分卷 1836
05931
附诸症撮方
(清)吴香玲(文栻、尺木、攀龙)编
1. 清道光十六年(1836)刻本 288
2. 清抄本 590

03667 **家藏蒙筌**十六卷 1836
12967
(清)王世钟(小溪)编
清道光二十四年(1844)文盛堂刻本 139(卷四、五残)

03668 **活人心法**四卷 1838
12968
(清)刘鉴(以仁、以人)撰 王锡鑫(文选、席珍子、亚拙山人)编
1. 清咸丰九年(1859)三义公刻本 2 21 281A 289 308A 475A 491 590 738B 799A 917A
2. 清同治三年(1864)王同仁刻本 139 139A 412B 475A 590 896A 907C
3. 清刻本 799 852S 854

03669 **证因方论集要**四卷 1839
05778
(清)汪汝麟(石来)编
清道光二十年(1840)无止境刻本 139 152 572

03670 **类证治裁**八卷附一卷 [1839]
05779
(清)林珮琴(云和、羲桐)撰
1. 清同治七年(1868)崇仁谢希昉敦本堂刻本 3 491 572 664 736A 741
2. 清光绪十年(1884)丹阳林晋卿研经堂刻本 3(缺卷四) 21 139 186 203 251 254 270 279 280 289 301 302 306(缺卷五) 308A 351 361 362 381 385A 391 393 396 412A 433A 450B 461 491 511 541 570 589 590 651 664 677A 701(存卷一上、二至八) 706 709 713 728A 728B 737A 738B 799A 831 839A 851 852 853 854 871 896A 907B 917A 926A 931 940
3. 清光绪十年(1884)丹阳林晋卿刻江阴宝文堂印本 270 279 896A
4. 清光绪二十三年(1897)两仪堂刻本 139 286 476 590 664 731
5. 清刻本 736A(残) 740A(存卷三)
6. 清抄本 1(存卷一至三、五、七) 736A

03671 **晴川心镜**二卷附续编一卷 1840
05781
(清)晴川子撰
清道光二十年(1840)抄本 279

03672 **云间包继泉杂证论**三卷 1840
05782
(清)包继泉撰
抄本 139

03673 **医则发挥**五卷 1840
05799
(日)河津卓(省庵、子立)撰
日本嘉永五年(1852)日新塾刻本 541

03674 **邹氏纯懿庐集**四十七卷 1840
12969
(清)邹汉璜(仲辰、稼江)撰
子目:
(1)素灵杂解三卷
(2)难经经解二卷
(3)伤寒卒病论笺二十六卷
(4)伤寒论翼十二卷
(5)金匮要略解一卷
(6)寒疫论一卷
(7)千金方摘抄一卷
(8)疮疡方一卷
清道光二十年(1840)稿本 139(唐成之旧藏)

03675 **引经便览**一卷 1842
05784
(清)夏翼增(益能)撰
清道光二十二年(1842)仁心斋刻本 2

03676 **医学圭指**三卷 1842
05785
(清)严焯(春渊)撰

清道光二十二年(1842)嘉兴严馨德堂刻本
139 286 736B 738B 901

03677 05786 **辨证求是**五卷 1842
(清)邹承禧(杏园)撰
清咸丰元年(1851)春回堂刻本 1 651 677A

03678 12970 **素仙简要**四卷 1842
(清)奎瑛(素仙)撰
清道光二十三年(1843)长白奎瑛明道堂京都刻本 1 2 3 139 145 186 251 277 289 391 412A 491 572 590 738 799A

03679 00000 **医门初步**一卷 1844
(清)廖云溪撰
1. 清光绪七年(1881)文明堂刻医学五则本 852S
2. 见医学五则

03680 12971 **医方辨难大成三集**二百零六卷卷首一卷 1844
又名医方辨难会纂大成
(清)张必禄(宕渠)编
子目:
(1)医论十六辨一卷
(2)伤寒及杂证九十七卷附寒温条辨七卷
(3)妇科十六卷
(4)儿科四十七卷
(5)眼科六卷
(6)外科三十二卷
(7)脉帖一卷
1. 清道光三十年(1850)巴州飞鸾亭刻本 1 139 251 277(残) 279(残) 289 590 664 677A 706(残) 831(残) 852(残) 871(存上集卷一至九十八)
2. 清同治六年(1867)苏州聚文堂刻本(题医方辨难会纂大成) 139 289(存一百九十九卷) 401 412B 651 734 831 951
3. 清同治十年(1871)刻本 2 186(残)
4. 清刻本 3 416(残) 570(存外科) 852M 872(残) 873(残)

03681 12972 **医学五则**五卷 1844
(清)廖云溪编
子目:
(1)医门初步一卷
(2)药性简要一卷
(3)汤头歌诀一卷
(4)切总伤寒一卷
(5)增补脉诀一卷
1. 清同治九年(1870)文魁堂刻本 907C
2. 清同治十年(1871)会元堂刻本 476
3. 清光绪二年(1876)同德会刻本 514A 852A
4. 清光绪三年(1877)贵发堂刻本 277 279 280 352 412A 721 907B
5. 清光绪六年(1880)崇兴会刻本 139 361 412A 572 737 852
6. 清光绪十三年(1887)兴发堂刻本 1 21 139 186 202 280 289 308A 351 361 362 381 391 412A 412B 435 443 450B 461 475A 514A 529A 529B 541 664 728A 728B 738B 799A 831 839A 907C 917A 926A
7. 清光绪十五年(1889)宏道堂刻本 280 728A 731 852V
8. 清光绪二十年(1894)刻本 590
9. 清光绪三十三年(1907)刻本 852
10. 清光绪刻本 21 677A

03682 12912 **医学考辨**十二卷 1844
(清)罗绍芳(林一)撰 罗文博(渊亭)编
1. 清咸丰五年(1855)方亭罗氏粹白斋刻本 1 3 186 270 289 308A 391 412A 491 590 728A 738A 851 852 907C 951
2. 清咸丰五年(1855)方亭罗氏粹白斋刻隆文堂印本 139

03683 05787 **青囊辑便**不分卷 1846
(清)安怀堂主人编
清道光二十六年(1846)刻本 421

03684 05788 **汇聚增补庭训**四卷 1847
(清)马怀远(妙香主人)编
1. 清道光二十七年(1847)抄本 529A
2. 清光绪紫阳主人抄本(附马氏庭训六卷精选后续庭训二卷) 401

03685 05789 **医学切要**一卷 1847
(清)王锡鑫(文选、席珍子、亚拙山人)撰
1. 清道光二十七年(1847)重庆饶氏刻光绪八年(1882)重修医学切要全集本 852

2. 见医学切要全集（六种）

03686 05790 **寿世医鉴**三卷 1847
又名亚拙医鉴
（清）王锡鑫（文选、席珍子、亚拙山人）撰
1. 清光绪十年（1884）三义公刻本 280 351 852F
2. 清光绪二十七年（1901）刻寿世新方二种本 907C
3. 清光绪万邑王同仁堂刻本（题亚拙医鉴） 289 728A 852S 907C
4. 见寿世新方二种

03687 05791 **赵李合璧**八卷 1848
（清）赵廷儒（纯臣） 李环山（玉峰）撰
清光绪三十四年（1908）新都张氏刻本 1 2 254 270 351 362 475A 529B 590 871 907C

03688 05957 **医诗必读**十二卷 1848
（清）冉敬简（慕竹）编
1. 清道光二十八年（1848）刻本 896A
2. 清光绪三十四年（1908）渝城意诚堂刻本 139
3. 清宏道堂刻本 279（存卷一至八） 289

03689 06015 **仁术录**一卷 1848
（清）王荣（贞阳子）编
清道光二十八年（1848）抄本 709

03690 05792 **纯臣纂要**一卷 ［1848］
（清）赵廷儒（纯臣）编
抄本 851（残）

03691 05793 **存存汇集**二卷 1849
（清）王锡鑫（文选、席珍子、亚拙山人）撰
见存存汇集医学易读

03692 05795 **症药会要**二卷 1850
（清）王镇（光辅）辑
清道光三十年（1850）抄本 202

03693 05796 **医范**不分卷 ［1850］
著者佚名
稿本 139

03694 00000 **医学指原**二卷 1851
（清）过中行（正帆）撰
清咸丰元年（1851）韦隐樵抄本 139

03695 08963 **瘢疹必读**不分卷 1852
（清）魏士芬（芝汀） 徐荣达（菊畦）编
清光绪十一年（1885）奚松如抄本 590

03696 00000 **医家秘诀**不分卷 1853
著者佚名
清咸丰三年（1853）詹文榜抄本 139

03697 12973 **王氏汇参**八卷 1853
（清）王育仁（涵万、烟霞散人）编
清光绪二十六年（1900）慈邱王多圻家刻本 781

03698 05802 **医学集存**一卷 1855
（清）俞世球（得琈、诗僧、梦兰草堂主人）辑
清咸丰五年（1855）稿本 139

03699 05803 **（新刻）指迷医碑**二十卷 1856
（清）蔡玉美（阳和）撰
1. 清咸丰七年（1857）友杜山房刻本 361（存卷一至五） 491
2. 清同治四年（1865）恒盛堂刻本 2 572 852要（存卷一、二、四至六）

03700 05804 **杂病辨要**二卷 1857
附杂病补亡论
（日）浅田惟常（栗园、宗伯）撰
1. 日本安政四年（1857）联腋书院活字印本 289 590
2. 日本明治十四年（1881）如春病院铅印本 3 139 476 511

03701 05806 **医学指南**十卷 1858
（清）韦进德编
1. 清乾隆七年（1742）维扬唐莪村寄闲堂粤西刻本 590
2. 清咸丰八年（1858）劳大中丞刻本 1 186 289 590 742A（存六卷） 799A 921 939（存五卷）
3. 清乾隆七年（1742）维扬唐莪村寄闲堂粤西刻光绪三十三年（1907）谢方山重修本 277
4. 清刻本 896A

03702 05907 **医学聚锦世业**二卷 1859
又名医学聚锦
（清）冯家和（致轩）撰
清光绪二十一年（1895）福省崇文堂刻本 677A

03703 05807 **医学会纂**四卷 1860
（清）黄晚香编
清咸丰十年（1860）抄本 139

03704 **医学枢要**六卷 1860
05808 （清）李临安（玉峰闲士、真一子）编
清咸丰十年（1860）抄本 2

03705 **医贩**不分卷 1860
05809 著者佚名
后潜研堂抄本 139

03706 **医宗铁纲**二卷 1861
05811 （清）彭尚志（大墟）编
清咸丰十一年（1861）刻本 186 944

03707 **脉证要诀**二卷 ［1862］
05816 附药性
著者佚名
抄本 152

03708 **医学捷要**四卷 1863
05818 （清）尹乐渠（濒泾）编
1. 清同治二年（1863）泉文堂刻本 186 521 590 782 856 875（存卷一至三） 907C
2. 清同治二年（1863）泉文堂刻十年（1871）成都正古堂重修本 139 279 362 852A 871

03709 **张氏简明要言**一卷 ［1863］
06027 又名行道心法
（清）张氏撰
清程鉴湖抄本 590

03710 **太原傅科**五卷 ［1863］
05819 编者佚名
子目：
（1）男科二卷 （清）傅山撰
（2）经验良方一卷附十药神书一卷白喉证治一卷
清光绪三十年（1904）刻本 139 383

03711 **医灯集焰**二卷 1864
05820 （清）严燮（兼三、武林遁叟）撰
1. 清光绪七年（1881）武林潘煦刻本 3 139 279 572 590
2. 抄本 590

03712 **医宗会要**四卷 1864
05821 （清）湛德芬（辛彝）编
1. 清同治四年（1865）昌江魏谦吉堂刻本 139（残） 731
2. 清宣统三年（1911）昌城黄多文堂刻本（八卷） 139
3. 抄本 728A（残）

03713 **医门集锦**一卷 ［1864］
06289 （清）程汐波辑
清同治三年（1864）抄本 709

03714 **一囊春**三卷 1866
05823 附仲景医圣伤寒经方一卷、金匮经方一卷
（清）徐朝宦（炳章、半峰） 徐祝三（正华） 徐星五（正奎）编
清同治五年（1866）刻本 139（残） 277（存卷下） 289 852 874（存附录）

03715 **医学集要**九卷 1866
05824 （清）郑兆芬（子愚）编
清同治五年（1866）抄本 590（残）

03716 **病家须知**一卷 ［1866］
05826 （清）陆懋修（九芝、勉旃、江左下工、林屋山人）撰
清同治稿本 1

03717 **医宗损益**十二卷 1867
05827 附医宗神农本草一卷
（朝）黄渡渊（惠庵）撰
清同治七年（1868）朝鲜武桥赞化堂刻本 139 541 570 590（卷三、六抄配）

03718 **医学指南十五篇**三卷 ［1867］
05828 著者佚名
1. 日本刻本 139 590
2. 日本丰润阁抄本 590

03719 **一见知医**六卷 1868
05829 （清）陈鄂（实夫、棣原、保真居士）撰
1. 清同治八年（1869）刻本 651（存卷一至四） 677A
2. 清同治八年（1869）刻尚德堂印本 289 590 738B
3. 清同治八年（1869）刻积善堂印本 139

03720 **辨证录**十四卷 1868
00000 **胎产秘书**三卷
（清）陈士铎（敬之、远公、朱华子、大雅堂主人） 陈笏庵（敬之）原撰 辑者佚名
1. 清同治七年（1868）刻本 202 289 302 308A 433A 461 590 677A 852A 907C 926A
2. 清光绪十年（1884）重庆善成堂刻本 21 139 202 203 270 277 279 289 364B 365 412A 412B 461 491 529A 541 570 728A 738A 738B

799 800 839A 852 896A 901 907C 926A
3. 清光绪三十年(1904)两仪堂刻本 203 251 270 286 361 391 475A 839A 931
4. 清宏道堂刻本 308A 412A 514A 664

03721 05831 **活命慈舟**八卷 1869
(清)修真子等撰
清同治九年(1870)威远合德堂刻本 412B

03722 00000 **(新定)医宗透微**十二卷 1869
(清)程天视(鉴衡)撰
清同治八年(1869)宏道堂刻本 139(存卷十二) 413(存卷一至六、八至十)

03723 00000 **医学十种纂要**一卷 1870
(清)徐晋亨(寅生)编
清同治九年(1870)分宁徐氏刻本 831

03724 05833 **(乐素斋)医学汇参**十卷 1871
(清)林枫(芾庭、退村居士)编
1. 清同治十一年(1872)鹭江叶文澜刻本 3(残) 361 590 911 943
2. 清光绪三十四年(1908)馨呈氏抄本(六卷) 433A
3. 清抄本 139

03725 05834 **儒门医宗总略**前集四卷后集四卷 1871
(清)熊煜奎(吉臣、晓轩)编
清同治十年(1871)崇训堂刻本 781

03726 05835 **乐只堂人子须知韵语**四卷 1872
(清)何梦瑶(报之、西池、砚农)撰 (释)互禅增订
1. 清同治十一年(1872)羊城酌雅斋刻本 139 289
2. 清光绪十一年(1885)佛山华文局刻本 139 940 944

03727 05836 **学山学医**不分卷 1872
(清)高学山(汉峙)撰
清抄本 139

03728 05837 **医理汇精**二卷 1872
(清)李培郁(馥垣)编 刘仕廉(清臣)校
清同治十二年(1873)成都双邑成蹊书屋刻本 21 852 853 896A

03729 12094 **引经证医**四卷 1873
(清)程梁(汀茵)撰
1. 清光绪八年(1882)刻本 21 139 139A 152 186 270 277 286 289 361 381 412A 475A 491 529B 541 570 572 589 590 677A 706 712 728A 731 738B 839A 852 926A
2. 抄本 286

03730 05838 **医学一见能**一卷 1873
(清)唐宗海(容川)撰
1. 清光绪十六年(1890)彭县唐宗海刻本(附血证论) 21 139 279 280 289 514A 738 871 911
2. 清光绪灌邑文芳堂刻本 401 677A 872
3. 清刻本 254
4. 抄本 2 308A
5. 见血证论医学一见能

03731 07509 **资生要旨七篇**一卷 1873
辑者佚名
清同治十二年(1873)新华魏鼎熏昭陵郡刻本 738B

03732 05928 **脉药便览**一卷 1873
著者佚名
清同治十二年(1873)抄本 139

03733 12975 **医学集成**四卷 1873
又名医学指南
(清)刘仕廉(清臣)撰
1. 清同治十二年(1873)双流刘仕廉醉吟山房自刻本 1 3 21 139 139A 186 277 279 281A 286 308A 361 412A 461 475A 476 511 514A 529A 572 590 664 677A 709 728A 734 734A 738 738A 831 839A 852 852A 852Q(存卷二至四) 852R 852S 853 871 891 901 907C 917A 931 940 942B
2. 清光绪十年(1884)光明山房刻本 139 279 289 308A 570 590
3. 清光绪十二年(1886)益元堂刻本 185 286 289 361 412A 514A 589 590 664 677A 706 739A 831 839A 901 942B

03734 07901 **妇幼五种**五卷 1874
辑者佚名

子目:
(1)增广达生编一卷
(2)保婴编一卷
(3)福幼编一卷
(4)遂生编一卷
(5)经验良方一卷
清同治十三年(1874)长沙莫组绅济南鸿文堂刻本 302

03735 05839 **诊脉医方**一卷 [1874]
著者佚名
清抄本 139

03736 05840 **医录便览**六卷 [1874]
(清)刘福庆(莘田)撰 王夔勋(煦堂)编
清光绪三十年(1904)三台刘氏家刻本 186 289 831 851

03737 05841 **杂病捷要奇方**一卷 1875
著者佚名
清光绪元年(1875)郾邑悦来堂刻本 351

03738 05842 **名论集览**六卷 1875
(清)王吉谦(椒园)撰
清光绪元年(1875)稿本 139

03739 05843 **医学引路**二卷 1875
(清)萧培仁(德安)编
清光绪衡山萧氏家刻本 139

03740 05845 **寥悟轩脉症秘传**不分卷 1875
著者佚名
抄本 139

03741 05846 **杂病方案**一卷 [1875]
著者佚名
抄本 139

03742 05847 **入门要诀**一卷 [1875]
(清)汪宏(广庵)集述
1. 清光绪十四年(1888)汪村竹里会贤堂歙东刻汪氏医学六种本 279
2. 见汪氏医学六种

03743 05848 **医术精华**一卷 [1875]
(清)罗越峰撰
抄本 139

03744 05849 **医学宗传**一卷 [1875]
著者佚名
抄本 2

03745 05850 **证治心得**十二卷 1876
又名证治集腋
(清)吴炳(云峰)撰 吴仁培(树人)校订
1. 清光绪抄本 736A
2. 清宣统三年(1911)抄本 590
3. 清抄本 361 736A

03746 05851 **医学入门**八卷 1876
(清)王世钟(小溪)撰 王迪哲(熙堂) 王光海(禹门)辑订
清光绪二年(1876)岳邑植槐堂王氏家刻本 541

03747 05852 **医药家枨**六卷 1876
(清)王铨(子衡、松舫)撰
1. 清光绪二年(1876)文莫室刻本 1 2 3 281A 308A 541 741 851 907C
2. 清光绪三十三年(1907)刘钦亮抄本 709

03748 00000 **(新刻)会心录增注**一卷 [1876]
(清)汪云祥撰
清光绪二年(1876)聚文堂刻本 728A

03749 05854 **三指捷编**三卷 1877
(清)朱耀荣(益之、刚智山人)编
清光绪二十九年(1903)问心堂刻本 139 277 289

03750 05856 **医学金针**八卷 1877
又名医学易通
(清)陈念祖(修园、良有、慎修)原撰 潘霨(伟如、韡园居士)增辑
1. 清光绪四年(1878)吴县潘氏敏德堂刻韡园医学六种本 1 2 3 21 139 186 202 203 270 277 286 288 289 308 308A 351 361 362 385A 391 393 401 412A 412B 433 433A 475A 476 491 511 529 529A 541 570 579 589 590 651 664 677A 712 721 728A 728B 734 738B 739A 740B 799A 800 839A 852 852A 871 907C 917A 922 926A 940
2. 清光绪九年(1883)江西书局刻韡园医学六种本 139 202 203 308 461 476(残) 514A 519 541 590 651 714 731 799A 852 907B 951
3. 清刻本 728A 854(残) 940
4. 抄本 529 529A 590
5. 见韡园医学六种

03751 **杂证要法**三卷 1877
05938 （清）庆恕（云阁）撰
1. 清光绪三年（1877）宝文堂刻本 8
2. 清光绪二十一年（1895）奉天作新印刷局铅印本 139 734A
3. 清光绪二十九年（1903）刻医学摘粹本 541
4. 见医学摘粹

03752 **医林集要寻源**一卷 1878
05873 （清）詹真论（善言）编
清光绪九年（1883）紫阳书院刻本 907C

03753 **医学举要**六卷 1879
07006 （清）徐镛（叶埙、钰台）撰
1. 清光绪五年（1879）稿本 589
2. 清光绪十七年（1891）张谦甫铅印本 203 664 728B 738A
3. 抄本 139 186 521

03754 **医门八法**四卷 1880
05860 （清）刘鸿恩（位卿、春舫）撰
1. 清光绪六年（1880）蓬池刘氏石印本 1 3 139 277 286 289 351 461 514A
2. 抄本 139 361 541

03755 **医法运掌汇编**不分卷 1880
05862 又名医法运掌
（清）席树馨（鹤如）编
清光绪守约堂刻本 781 951

03756 **济世津梁**八卷 1880
05863 （清）马人镜（鉴心）撰
清光绪六年（1880）稿本 279

03757 **医学提要**□卷 ［1880］
00000 著者佚名
清光绪六年（1880）抄本 541（存卷下之上）

03758 **医学揭要**二卷 1881
05864 （清）高骞（子闿）编
清光绪七年（1881）德远堂刻本 664 705

03759 **医学课读**十卷 1881
05921 （清）朱绍基（丹林）编
1. 清光绪二十四年（1898）新安杨绍柱抄本 590（存卷一至九）
2. 抄本 152

03760 **朱氏实法**四卷 1883
05867 附伤寒科一卷、幼科五卷
（清）朱廷嘉（心柏）撰
1. 清光绪九年（1883）抄本 701
2. 清抄本 286 412A（无附录）

03761 **活人慈航**十七卷卷首一卷 1883
05868 附四诊脉诀一卷
（清）郑道谦辑 郑玉成纂 郑汝恭（希颜）整理
子目：
（1）杂证集腋四卷
（2）外因贯串二卷
（3）女科纲目二卷
（4）幼科审治二卷
（5）痘科集腋二卷
（6）眼科选方二卷
（7）外科要诀二卷
（8）祖方原本一卷
清光绪九年（1883）江关郑氏刻本 433A

03762 **医门补要**三卷 1883
05869 附采集先哲察生死秘法一卷、五运六气全图要诀一卷、脉诀纂要一卷
（清）赵濂（竹泉）撰
1. 清光绪九年（1883）刻本 1 2 3 139 152 301 391 541 579 590 651 664 677A 706 709 728A 728B 799A 926A
2. 清光绪九年（1883）刻二十三年（1897）增刻本（附青囊立效秘方二卷） 139 361 412A 491（附霍乱一卷） 570（缺青囊立效秘方） 922

03763 **医方简义**六卷 1883
05871 （清）王清源（馥原）撰
1. 清光绪九年（1883）浙绍奎照楼刻本 139A 270 391 541 728A 734A
2. 清光绪二十四年（1898）杭州同善堂刻本 139 286 361 709 728A 732 736A 738A 738B
3. 清抄本 734A 412A（缺卷五）

03764 **医方简明**六卷 1883
05872 （清）徐之薰（友琴）撰
清光绪十三年（1887）有益堂刻本 139 270 277 289 302

03765 **仙方遗迹**二卷 1883
05874 又名仙方注释

（清）程衍道（正通、敬通）撰　程曦（锦雯）江倬（韵泉）注
清光绪九年（1883）稿本　139

03766 05876 **医学甲集稿**不分卷　1884
又名勤慎堂医学甲集
（清）夏希灵撰
1. 清光绪十年（1884）稿本　590（残）
2. 抄本　139　728A

03767 05877 **医家四要**四卷　1884
（清）程曦（锦雯）　江诚（抱一）　雷大震（福亭）撰
1. 清光绪十二年（1886）豫章邓灿堂刻本　1　2　3（残）　21　139　139A　152　186　203　277　279　280　286　289　302　308A　351　361　362　412A　412B　433A　435　436　450B　475A　476　491　514A　529A　541　572　589　590　664　677A　706　713　728A　728B　731　734　734A　736B　737（存一卷）　738A　740A（存一卷）　740J（存卷一至三）　799A　831　839A　852　896A　907B　939　940　944
2. 清光绪三十三年（1907）抄本　391
3. 清光绪无锡日升山房刻本　139　202　254　277　361　366　385A　491　514A　524　541　590　651　664　728A　728B　733A　799　896A　907C　917A　926A　939　940
4. 清抄本　412A　709
5. 抄本　391
6. 见雷氏慎修堂医书三种

03768 12977 **六经方证通解**十二卷　1884
又名六经方证中西通解
（清）唐宗海（容川）撰
1. 稿本　851
2. 抄本　907C

03769 01728 **闻鉴录**一卷　1884
著者佚名
清光绪十年（1884）抄本　139

03770 05880 **医门要诀**二卷　1885
（清）吴锡圭（介府、回春渔隐）撰　吴宗善（达侯）订补
稿本　590（存卷上）

03771 05881 **医理捷径真传秘旨**一卷　1885
（清）心一子（芝阶）编
1. 远志精舍抄本　139
2. 青浦沈祝宸抄本　590

03772 00000 **严氏秘传锦囊**二卷　［1885］
又名严惕安先生心传
（清）严惕安（熙辰）撰
1. 清抄本　139　709
2. 淀滨氏抄本（题严惕安先生心传）　590

03773 05882 **注礼堂医学举要**四卷　1886
附汪讱庵医论
（清）戴绪安（筱轩）编
1. 清光绪十二年（1886）刻本　139　203　277　279　529A　728A（存卷四）
2. 清光绪十四年（1888）刻本　1
3. 清光绪十二年（1886）刻十五年（1889）印本　2　279　289　393　728A

03774 05883 **医学六经真传**一卷　1886
附经络图一卷
（清）吴霖生辑
清光绪十二年（1886）江西书局刻本　289　701

03775 05884 **诸痛证提纲**一卷　1886
（清）王廷钰（西岑）编
见正谊堂医书

03776 00000 **医学指南**十四卷　1886
（清）薛大根（培之）撰
清光绪十二年（1886）稿本　139（存卷三至十四）

03777 12979 **景岳发挥订误**一卷　1887
（清）黄誉邨（蘧斋）撰
见蘧斋医学存稿二种

03778 12980 **平法寓言**十卷　1887
（清）杨兆清（与樵山客）撰
清光绪十三年（1887）湘潭郭氏等刻本　2　4　139　203　251　289　381　461　514A　831

03779 06000 **诸病论要**一卷　1888
（清）赵永辑
清光绪十四年（1888）抄本　1

03780 05886 **桂林医鉴**九卷　1888
著者佚名　（清）王桂林（小山）补注
清光绪十七年（1891）四川巴邑王氏丛桂堂

刻本 279（残） 851

03781 05887 **青囊真秘**六卷 1889
原题（汉）华佗（元化）撰 （清）天台老人等校订
清光绪十五年（1889）刻本 851 907C

03782 05888 **医机会要**十卷 ［1889］
著者佚名
抄本 2

03783 05889 **民间医治须知**一卷 1890
（日）松本顺（子良、兰畴）撰
日本明治二十三年（1890）爱生馆铅印本 412A 589 590 721 731 951

03784 05890 **医纲总枢**五卷 1890
（清）陈宝光（珍阁）撰
清光绪十八年（1892）醉经楼刻本 139 279（存卷三） 590 931 940

03785 05891 **医家秘诀**一卷 1890
著者佚名
清光绪十六年（1890）稿本 139

03786 05892 **通俗医法捷径**一卷 1890
（日）浅田惟常（栗园、宗伯）撰
日本明治二十三年（1890）铅印本 139

03787 05893 **岭南三急症医方辨论**一卷 1890
（清）蒋希曾（啸渔、寄海渔父）撰
清光绪二十年（1894）广州瑞元堂刻本 139 677A 731 733B

03788 05895 **医学捷径**一卷 ［1891］
（清）周宗越重订
1. 清光绪十七年（1891）稿本 139
2. 抄本 308A 707

03789 05896 **训女医学**一卷 1892
（清）谢元福（子受、绥之）辑
清光绪十八年（1892）毓兰堂书屋刻本 139

03790 05897 **脉症治三要**六卷 1892
（清）孔胤（八桂、黎阳道人）撰
清光绪十八年（1892）长白山人隆竹轩抄本 139

03791 05898 **简易医诀**四卷 1892
（清）周云章（松仙、松儒）撰
1. 清光绪十八年（1892）四明伴梅轩刻本 203 491 677A 733 734 740A 740B 800
2. 清宣统元年（1909）新都周祖佑成都志古堂刻本 1 2 3 139 152 186 202 277 281A 286 289 361 391 412A 412B 433A 435 476 514A 521 529B 541 579 590 728A 738B 740D 839A 851 852 852A 852S 853 855 871 896A 901 907C 951
3. 抄本 139 590

03792 12981 **利济元经**八卷 1892
（清）陈虬（志三、蛰庐、皋牢子）撰
清光绪十八年（1892）瑞安利济医院刻本 279 590

03793 12982 **医学六种**六卷 1892
又名姜氏医学六种
（清）姜国伊（尹人）撰
子目：
（1）内经脉学部位考一卷
（2）目方一卷
（3）婴儿一卷
（4）经说二卷
（5）经验方一卷
1. 清光绪十八年（1892）成都黄氏茹古书局刻本 308A（存一、四、五） 852（存三、四、五）
2. 见姜氏医学丛书
3. 见守中正斋丛书

03794 05901 **医悟**十二卷 1893
（清）马冠群（良伯）撰
1. 清光绪十九年（1893）木活字印本 2 139 202 203 251 270 277 279 280 286 289 301 393 412B 465 475A 476 491 514A 529 541 579 651 664 677A 701 709 728A 738A 781 926A
2. 清光绪二十三年（1897）寄庑木活字印本 139 202 203 279 286 289 308A 361 412A 412B 475A 541 579 590 715 728A 728B 907C 921
3. 顾伯鸿抄本 475A

03795 05902 **芸窗集艺**七卷 1893
（清）易少华编
清光绪十九年（1893）抄本 139（唐成之旧藏）

03796 05600 **医门初学万金一统要诀分类**十卷 1893
又名新增医方药性捷径合编、医方药性初学要诀
原题（明）太医院编 罗必炜（右源、光国）参订 （清）王汝谦（镜堂）辑
子目：
（1）医方捷径四卷 （明）王宗显撰
（2）青囊药性赋五卷 （金）李杲撰
（3）四言举要一卷 （宋）崔嘉彦撰（明）李时珍删订
1. 清光绪十四年（1888）南京李光明庄刻本 1 139 185 186 202 279 280 289 308 308A（残） 412B 521 529A 589 590 651 664 677A 728A 738B 740D 741 831 839A 921
2. 清光绪十九年（1893）澹雅书局刻本 3 139 186 351 361 412B 511 831 907B
3. 清光绪二十年（1894）三让堂刻本 139 279 361 412A 475A 491 590 721 831 917A
4. 清光绪二十三年（1897）经纶元记刻本 139 351 436 514A 709 721 728A 781 921
5. 清光绪二十七年（1901）新化三味书局刻本 251 491 831
6. 清光绪二十九年（1903）上海书局石印本 139 572
7. 清光绪三十年（1904）宝庆祥隆书社刻本（题医方药性初学） 21 186 289 361 491 493 728A 746A 831 926A
8. 清光绪三十年（1904）宝庆祥隆书社刻劝学书社印本 139 186 202 570 651 940
9. 清南京李光明庄刻本 1 677A 741
10. 清本局刻本 139 541 590

03797 05900 **医学心鉴**十三卷 1893
著者佚名
清光绪十九年（1893）抄本 590

03798 05633 **辨证冰鉴**十二卷 1894
（清）陈士铎（敬之、远公、朱华子、大雅堂主人）原撰 潘骏德（梅园）辑订
1. 清光绪二十年（1894）泾川潘骏德进修堂刻本 139
2. 清光绪二十年（1894）泾川潘骏德进修堂刻二十二年（1896）京都撷华书局印本 139A 203 289 491 514A
3. 清宣统元年（1909）北京龙文阁石印本 139 186 256 270 279 286 289 491 519 541 590 664 731 896A 917A

03799 05904 **心源匙锤**一卷 1894
（清）徐公桓（伯揆）撰
清光绪二十年（1894）上海文海堂刻本 279 590

03800 00000 **四香斋医简**一卷 1894
四香斋杂记一卷
杂症治法一卷
医方药性一卷
（清）溭庵居士辑
清光绪二十年（1894）抄本 289

03801 05911 **医学崇正**三卷 1894
又名医学从正
（清）罗绥堂撰
子目：
（1）伤寒便读一卷
（2）金匮便读一卷
（3）温瘟歌括一卷
清光绪二十四年（1898）文元堂刻本 799 851

03802 05906 **医道还元**九卷 1894
附奇症新方一卷
原题（唐）吕岩（洞宾、纯阳）撰 （清）李时品辑校
1. 清光绪二十年（1894）广州亨记印务局刻本 308A 907B 940
2. 清光绪二十年（1894）广州善书总局石印本 590

03803 00000 **医林选青**七卷 1894
附类伤寒辨二卷、治温提要一卷
（清）宁松生（介臣）撰
清光绪二十年（1894）刻本 852 951

03804 12110 **东医寿世保元**四卷 1894
又名四象医学
（朝）李济马（盘龙老人）撰
1. 大韩光武五年（1901）咸兴郡栗洞契新刻本 139

2. 日本明治四十四年(1911)刻本 511

03805 **医宗经旨**四卷 1895
00000
(清)蔡贻绩(乃庵)原撰 傅童成(携堂)补辑
清光绪二十二年(1896)张世英分州怀远官舍刻本 289

03806 **医宗摘要**一卷 1895
05908
(清)林子峰编
1. 清光绪二十一年(1895)林氏抄本 896A
2. 抄本 570

03807 **医宗释疑**十二卷 1895
00000
(清)高奉先(思则)撰
清光绪二十二年(1896)刻本 286

03808 **临证类编**一卷 1896
12377
(清)罗崧骏(芹生)撰
清光绪二十二年(1896)南海罗崧骏自刻本 286 590 963

03809 **医学辨正**四卷 1896
00355
(清)张学醇(筱浦)撰
1. 清光绪二十二年(1896)山阴张学醇退补草堂刻本 139A 204 277 281A 412A 491 570 590 664 736 741 907C
2. 清抄本 202

03810 **医宗简要**十八卷 1896
05912
(清)任锡庚(修如、隐壶生)撰
1. 清光绪二十二年(1896)抄本 152
2. 抄本(十二卷) 139

03811 **医理撮要**二卷 1896
05913
(清)王真人撰
清光绪二十二年(1896)均州三元宫七星台刻本 412B

03812 **医略存真**一卷 1896
09457
附省三公论症十六则
(清)马文植(培之)撰
1. 清光绪二十四年(1898)怡云室刻本 277 286 570 651 664 701
2. 抄本 203 286 590 728A

03813 **拾慧集**七卷 1896
05914
(清)何德藻(芙卿、鸿仪)编
子目：
(1)长沙杂病五卷
(2)长沙妇科一卷
(3)长沙外科一卷
清光绪二十二年(1896)吉林东兴印书馆铅印本 570 589(残) 590 677A 728A

03814 **医学三字经统编**二卷 1896
00000
(清)陈念祖(修园、良有、慎修)原撰 黄彝鬯(虔僧)增辑
清光绪二十七年(1901)上湘同善堂刻本 831

03815 **医学摘粹**八卷附天人解一卷六气解一卷 1896
12983
(清)庆恕(云阁)撰
子目：
(1)伤寒十六证类方二卷
(2)伤寒证辨一卷
(3)四诊要诀一卷
(4)杂证要法三卷
(5)本草类要一卷
1. 清光绪二十二年(1896)抚顺庆恕活字印本 475A 514A 664
2. 清光绪二十三年(1897)郢中萧锡五凉官舍刻本 1 251 279 280 289 361 381 412A 421(残) 433 433A 590 891
3. 清光绪二十三年(1897)上海著易堂铅印本 203 277 385 412A 433A 463 677A 738B 907C
4. 清光绪二十九年(1903)刻本 139 289 412A 443 461 491 492 541
5. 清刻本 286(存四卷) 851

03816 **医旨遗珠**不分卷 1897
05915
(清)张心悟(南乔)传
1. 清光绪二十三年(1897)抄本 3
2. 蒋抡元抄本 139
3. 清抄本 738B

03817 **脉理药性忠恕集**二卷 [1897]
00000
(清)谢济安撰
清光绪二十三年(1897)佛山丹桂堂刻本 944

03818 **宏济堂医书丛刊**七卷 1898
05920
(清)蔡琼(玉舟、玉道人)撰 陈少江校定
铅印本 139 186 412B 491 514A 541 590 664 728A 917A

03819 **医林猎要**四卷 1899
05919 (清)黄保康(霄鹏)编 黄任恒(秩南)续编
1. 清宣统三年(1911)南海黄芨棠刻霄鹏先生遗著本 1 286 514A 738A 740B
2. 见贻令堂医学三书
3. 见霄鹏先生遗著

03820 **药言随笔**二卷 1899
05924 (清)李曰谦(葆初)撰
1. 清光绪二十五年(1899)蒙古岳樑铅印本 3 139A 277 738 940
2. 清光绪二十八年(1902)汉口陈明德老二房善书局铅印本(六卷) 1(存卷四至六) 2 139 286 385A 511 529A 590 677A 728A 781
3. 清光绪二十八年(1902)刻本(三卷) 1 139 277 401 461 839A 901 907B

03821 **医学由是**四卷 1899
00000 (清)欧阳耀集注
清光绪二十五年(1899)广东韶郡积善堂医局抄本 XB

03822 **增补汇要**二卷 [1899]
00000 (清)张逢吉(尔康)撰
清留耕堂抄本 433A

03823 **医学索源**三卷 1900
05926 (清)味清氏(抚松隐者)撰
子目:
(1)内经灵素经络篇一卷
(2)伤寒病类方一卷
(3)温热病杂证类方一卷
清光绪二十六年(1900)味清氏春晖书屋戒热斋铅印本 139(缺卷二) 590 664 728A

03824 **性命书**五卷 1900
10911 (清)钱振锽(谪星)撰
1. 清光绪二十六年(1900)星隐楼木活字印本 728A(存二卷)
2. 见星隐楼集

03825 **医录**一卷 1900
05929 著者佚名
抄本 139

03826 **医学程式**四卷 1901
05932 (清)黄镐京(迁甫)撰
清光绪二十七年(1901)石印本 139 152 412A 651 738B

03827 **医学探骊集**六卷 1902
05934 (清)康应辰(晓峰、宿卿)撰 刘文滋(香圃)编注
清宣统二年(1910)迁安刘文滋石印本 1 139 203 279 286 289 308A 514A 529B 590 664 728A 907C

03828 **医学阐要**一卷 1902
05935 (清)高雨(仁和)编
清光绪二十八年(1902)刻本 514A

03829 **蒙学卫生教科书**一卷 1902
13431 丁保福撰
清光绪二十八年(1902)上海文明书局铅印本 139A 667

03830 **医学四言发蒙解惑**三卷 1902
05937 (清)方崟运(庝封)撰
清光绪二十八年(1902)临湘方崟运自刻本 391

03831 **活人鉴**一卷 1902
00000 (清)谢德仁撰
清光绪二十八年(1902)粤东广济医院刻本 940 944

03832 **医学摘要**四卷 1904
05939 (清)林凤翥(翀霄)撰
清光绪三十年(1904)保定德润斋刻字局刻本 139 783

03833 **医学精华**十四卷 1904
05940 (清)汪允伯(克让)编
清光绪三十年(1904)抄本 590

03834 **医林集览**三十二卷 1904
05941 (清)来雍(肃甫)撰
清光绪三十三年(1907)稿本 590

03835 **黄氏医绪**十四卷 1904
05943 附救伤集成一卷、解毒集成一卷
(清)黄皖(紫云)撰
清光绪三十三年(1907)经铿家塾存儿堂刻本 2 3 139 139A 185 186 286 361 475A 491 514A 664 738 743(存卷五至八、救伤集成) 781 800 831 940

03836 **医学真宗**五卷 1905
05945 (清)李奎元撰
清光绪三十一年(1905)汉安刻本 854

03837 **医学提纲**一卷 ［1905］
05574 著者佚名
抄本 2

03838 **医学指掌**二卷 1906
05946 （清）张维垣（济清）编
清光绪三十二年（1906）石印本 279 529A 590 702 712

03839 **医学篇**四卷 1906
05948 又名古欢室医学编
（清）曾懿（伯渊、朗秋）撰
1. 清光绪三十三年（1907）长沙刻古欢室全集本 1 3 21 139 152 186 202 203 270 277 279 289 308 361 391 398 443 491 514A 541 590 664 677A 709 728A 728B 734 781 839 839A 852 891 907C 917A 926A
2. 见古欢室全集

03840 **医学新案**一卷 1906
12985 又名修园新案、陈修园先生新按
原题（清）陈念祖（修园、良有、慎修）撰
1. 清光绪三十二年（1906）望海堂刻本 361 854
2. 见医学真传（附录）

03841 **医门衷易**三卷 ［1906］
00000 （清）周思良撰
清光绪三十二年（1906）豫章氏怀谷抄本 951

03842 **续医方辨难大成**九卷 ［1906］
00000 辑者佚名
清光绪三十二年（1906）四川巴州恩河飞鸾亭刻本 289 871（存卷首）

03843 **疑似辨证**二卷 1907
05951 （清）韦佩宽（栗斋）辑
清宣统二年（1910）刻暨木活字印本 541 590 738A

03844 **医学白话**四卷 1907
05952 （清）洪寿曼（蔼人、师竹主人）编
清光绪三十四年（1908）上海彪蒙书室石印本 139 139A 186 289 301 461 466 475A 529A 590 742（存卷三、四） 921

03845 **中医精粹**二卷 1908
05954 （清）黄崇忠（镜潭）撰
清光绪三十四年（1908）平江黄崇忠湖南刻本 139 286

03846 **元汇医镜**五卷 1908
12987 （清）敲蹻道人（盼蟾子）撰
清光绪三十四年（1908）刻本 277 288 289 308A 385 738 738B

03847 **伤寒金口诀**一卷 ［1908］
05959 著者佚名
抄本 139 362

03848 **医门初步**一卷 ［1908］
05960 （清）孙符泰（芝峰）撰
1. 清光绪二十一年（1895）抄本 1 139
2. 清光绪郭品亨抄本 852C（附切总伤寒一卷）
3. 见医学五则

03849 **医学正旨择要**二十卷 ［1908］
05961 （清）陈雍（子贞）撰
清光绪云南刻本 901

03850 **医学杂抄**□□卷 ［1908］
05962 又名总方歌括
著者佚名
抄本 139 738A 738B 907B 939

03851 **医学外篇**七卷 ［1908］
05963 （清）意琴氏编
抄本 712

03852 **医学门径**七卷 ［1908］
05964 附丹斑痧疹说
（清）李沐德（新甫）撰
清光绪刻本 139A

03853 **医书捷抄**七卷 1909
05965 （清）王鸿骥（翔鹤）编
1. 清宣统二年（1910）成都闲存斋刻利溥集本 491
2. 见利溥集

03854 **医法约编**二卷 1909
05966 （清）熊宾（峻阁）编
清宣统元年（1909）铅印本 286 590

03855 **医学启蒙辑览**四种八卷 1909
05967 （清）王守中（德宣）编
子目：
（1）经言要义二卷
（2）药性宗旨二卷
（3）方剂歌括一卷

(4)证治汇说二卷附杂抄闲记一卷
清宣统元年(1909)重庆广益书局铅印本
270 396 852 852A

03856 **医学易知**一卷续编一卷 [1909]
00000 (清)黄瑶圃撰
清光绪南海黄五之斋刻本 944

03857 **医药门径抄略**一卷 [1909]
05971 著者佚名
清抄本 139

03858 **中外医通**不分卷 1910
05972 (日)赤木勘三郎编 丁福保(仲祜、畴隐居士)译
清宣统二年(1910)上海文明书局铅印丁氏医学丛书本 921 931

03859 **公民医学必读**不分卷 1910
05973 丁福保(仲祜、畴隐居士)译
清宣统元年(1909)上海文明书局铅印本
139A 463 493 570

03860 **医学指南续编**不分卷 1910
05974 丁福保(仲祜、畴隐居士)译
见丁氏医学丛书

03861 **明医宝镜**一卷 [1910]
05975 (清)沈冗发撰
抄本 277

03862 **杂症源流**四卷 [1910]
05976 (清)务本堂编
清务本堂抄本 475A

03863 **杂证明辨篇**不分卷 [1910]
05977 著者佚名
抄本 709

03864 **杂症条辨**□□卷 [1910]
05978 著者佚名
抄本 590(存二册)

03865 **医宗返约**五卷 [1910]
05979 (清)张调梅撰
殷宗谅抄本 896A

03866 **医学宝筏全书**十卷 [1910]
05980 著者佚名
抄本 541

03867 **周慎斋先生经验秘传**二卷 [1910]
05981 著者佚名
清承德堂抄本 308A

03868 **医方金镜**一卷 [1910]
05982 附医门八法
著者佚名
抄本 139

03869 **检验集抄**一卷 [1910]
05983 著者佚名
抄本 139

03870 **中医学堂讲义**一卷 1911
05984 (清)汪则明撰
清宣统三年(1911)赖鸿赞抄本 361

03871 **撮要男妇科**一卷 1911
05985 (清)肇坤撰
见肇坤医稿五种

03872 **撮要妇儿科**一卷 1911
05986 (清)肇坤撰
见肇坤医稿五种

03873 **医学准规**二卷 1911
05989 (清)马静山原撰 马光灿(茗夫)编订
清宣统三年(1911)铅印本 152 186 590
677A 728A 734A 738A

03874 **医窟**十卷首一卷 1911
05990 (清)许士晋(锡蕃、用康)传
稿本 139

03875 **(家传)医学入门**二卷 1911
05991 (清)江秉乾(培元、晋熙逸叟)编
清宣统三年(1911)江氏师古堂刻本 139
491 852B 907C

03876 **医书杂录**一卷 1911
05992 (清)郑彦丞编
1. 清古仆抄本 139
2. 抄本 921

03877 **旅医宝鉴**七卷 1911
05993 (清)安宗允撰
日本抄本 139

03878 **医门摘要**一卷 1911
05994 附经验方
(清)陈明卿(云庄)原辑
种福堂抄本 139

03879 **医书**□□卷 1911
05995 著者佚名
抄本 302 412B 721

03880 **医学采要**十二卷 1911
06058 (清)方庆熺(子祥)编

清宣统三年(1911)抄本　590

03881 **医门正轨**不分卷 ［1911］
00000 著者佚名
清抄本　831

03882 **医学阐微**一卷 ［1911］
00000 著者佚名
清罗楚瞻抄本　831

03883 **一砚斋医镜**不分卷 ［1911］
05996 著者佚名
稿本　572

03884 **拙憩稿**不分卷 ［1911］
05997 (清)拙憩斋主人撰
清抄本　570

03885 **医门揭要**一卷 ［1911］
05998 (清)听彝辑录
清抄本　277

03886 **医林择要备览**不分卷 ［1911］
06001 著者佚名
清抄本　1

03887 **慎斋证治全书**一卷 ［1911］
06003 (明)周之干(慎斋)原撰　佚名辑订
清朱丝栏抄本　1

03888 **阳湖龙在田茂才心脑合论**一卷 ［1911］
06004 附幼科要略摘录
(清)龙在田撰
清末民初抄本　1

03889 **汤头医方药性合编**三卷 ［1911］
03661 辑者佚名
子目：
(1)增补医方捷径一卷附汤头歌括一卷　(清)罗必炜参订
(2)珍珠囊药性赋一卷
清崇义堂刻本　931

03890 **医要**十卷 ［1911］
06005 著者佚名
抄本　475A

03891 **(回春堂精选)医宗心法**四卷 ［1911］
06009 著者佚名
清抄本　308A

03892 **证治汇通**□□卷 ［1911］
06010 著者佚名
清宣统三年(1911)抄本　541(存卷十八至四十二、四十五至六十四)　590(存卷一至十七、目录一卷)

03893 **万金一统**一卷 ［1911］
06011 著者佚名
1. 抄本　139　412A
2. 朝鲜抄本　186

03894 **卫生至宝**一卷 ［1911］
06012 著者佚名
清刻本　541

03895 **诊治圆机歌括**三卷附诸方一卷 ［1911］
01470 著者佚名
抄本　590(残)

03896 **医验**不分卷 ［1911］
06013 (清)何氏辑
清古越何氏抄本　570

03897 **沙阳趣庐医学合参**一卷 ［1911］
06018 著者佚名
清抄本　139

03898 **医方两全寿缘篇**一卷 ［1911］
06020 (清)哈常德撰
清京都振一斋刻本　277　286

03899 **玄学论治**一卷 ［1911］
06022 著者佚名
抄本　277

03900 **医法金丹**□□卷 ［1911］
06024 著者佚名
抄本　202(残)

03901 **证治秘考**一卷 ［1911］
06025 原题(清)梅�武居士撰
稿本　152

03902 **抄本医书**□□卷 ［1911］
06026 著者佚名
清抄本　1　139　570　732　851

03903 **医书手抄**一卷 ［1911］
00000 (清)王炳瀛等撰
清末郭松轩抄本　491

03904 **医门枢要**一卷 ［1911］
06030 著者佚名
行远堂抄本　139

03905 **医门集要**八卷 ［1911］
06031 (清)昌龄氏编
润德堂抄本　706(残)

03906 **医学汇粹**一卷 ［1911］
06035 (清)香樵氏(汲古后人)编

稿本　590

03907 06036 **医学讲义**一卷　［1911］
（清）萧炳炎撰
抄本　279

03908 06038 **医学摘要**一卷　［1911］
著者佚名
抄本　139　412B　922

03909 06041 **医经发蒙**一卷　［1911］
又名朱氏家珍
附单方验方
原题（清）朱氏撰
清抄本　139

03910 06042 **医学引深**二卷　［1911］
（清）何仲皋（汝夔）撰
四川高等国医学校铅印本　277　852　907C

03911 06043 **医要汇录**四卷　［1911］
（清）邱心堂编
清抄本　541

03912 06044 **医药杂论**一卷　［1911］
（清）邱茂荣编
清抄本　139

03913 00000 **景岳百补大全**一卷　［1911］
（明）张介宾（景岳、会卿、通一子）原撰　辑者佚名
清抄本　831

03914 06051 **（家传）医宗大成**六卷　［1911］
（清）黄显（永达）编
抄本　139

03915 06052 **病诊必读**不分卷　［1911］
著者佚名
清抄本　139

03916 06053 **病病集**不分卷　［1911］
著者佚名
清抄本　139

03917 06054 **养生堂耕余必读**三卷　［1911］
（清）羊征氏编
抄本　139

03918 06056 **医范杂症**不分卷　［1911］
著者佚名
清抄本　590

03919 06057 **辨证秘录**不分卷　［1911］
著者佚名
抄本　901

03920 06061 **随证分治**不分卷　［1911］
（清）赵桂甫（抱琴居士）编
抄本　651

03921 06062 **管窥述粹录**三十卷　［1911］
（清）高锡祚（晓岩）编
稿本　590（缺卷四至六、九、十三、十五、十八、二十五）

03922 06063 **医学要旨**一卷　［1911］
（清）蔡鸿勋撰
1. 清抄本　1
2. 抄本　901

03923 06064 **医学经眼录**一卷　［1911］
著者佚名
抄本　277

03924 06065 **内外两科诸病杂证统论纲目**二卷　［1911］
著者佚名
抄本　381

03925 06066 **辨证汇抄**一卷　［1911］
著者佚名
抄本　139

03926 06067 **辨症引方**三卷　［1911］
著者佚名
清抄本　1

03927 06068 **事亲须知**一卷　［1911］
著者佚名
清抄本　541

03928 06069 **回春集**一卷　［1911］
（清）张峻豫辑
清百忍堂抄本　709

03929 01767 **诊脉切要**一卷　［1911］
著者佚名
清抄本　541

03930 06070 **崇修堂医补**不分卷　［1911］
著者佚名
抄本　139A

03931 06071 **秘录六集**不分卷　［1911］
著者佚名
抄本　139A

03932 00000 **医律瑷函**二　［1911］
（清）杨正撰
清抄本　855

03933 00000 **医宗指南**一卷　［1911］
著者佚名

清刻本　782

03934 **行医初阶**不分卷　[1911]
00000 著者佚名
清抄本　782

03935 **医学初阶**四卷　[1911]
00000 著者佚名
清抄本　287

03936 **医学集要**二卷　[1911]
00000 著者佚名
清抄本　306（存卷二）　381（存卷一）

03937 **济世准绳**不分卷　[1911]
00000 著者佚名
清抄本　203

03938 **程氏医经**一卷　[1911]
00000 著者佚名
清抄本　541

03939 **要言不烦**一卷　[1911]
00000 **医学一隅**一卷
著者佚名
清抄本　736A

03940 **医学要诀**二卷　[1911]
00000 （清）海藩氏辑
清抄本　308A

03941 **沈氏尊生书摘要**　[1911]
00000 （清）沈金鳌（芊绿、汲门、尊生老人）原撰　杨向船辑订
清抄本　738F

03942 **证治录**一卷　[1911]
00000 著者佚名
见洒心斋医稿

03943 **熊氏济生堂医书**一卷　[1911]
00000 著者佚名
清末稿本　944

03944 **医家至宝**一卷　[1911]
00000 著者佚名
清抄本　728A

03945 **医学提要**二卷　[1911]
00000 著者佚名
清菊村氏抄本　541

03946 **医宗集要**一卷　[1911]
00000 （清）郑泰来编
清郑泰来抄本　728A

03947 **初蒙医门指南**一卷　[1911]
00000 著者佚名
清抄本　203

03948 **明医知方**不分卷　[1911]
00000 月湖（知足叟）编
日本抄本　572

03949 **脉证注解**一卷　[1911]
00000 著者佚名
清会稽渔渡董氏抄本　734A

03950 **医学丛论**不分卷　[1911]
00000 著者佚名
清末宝晋斋抄本　412A

03951 **医中捷径**六卷　[1911]
00000 （清）李若愚撰
清抄本　728A

03952 **杂症摘要诀论**一卷　[1911]
00000 （清）余耀书编
清抄本　139

03953 **医门撮要**一卷　[1911]
06076 （清）绥方辑
清抄本　709

03954 **医学炳麟集**一卷　[1911]
06255 著者佚名
抄本　541

03955 **课娙心法**二卷　[1911]
06262 （清）华仁基（金匮湄生）辑
清抄本　709

03956 **杂病要诀**不分卷　[1911]
06288 著者佚名
清抄本　738B

03957 **医学入门**一卷　[1911]
06359 赵芝彰撰
抄本　277

03958 **医学简约汇编**一卷　[1911]
12990 （清）王星耀辑
清末抄本　1

03959 **方药集义阐微**八卷　[1911]
12991 著者佚名
子目：
（1）伤寒心法辑要一卷
（2）六经提纲一卷
（3）神农本草经解一卷
（4）本草经疏一卷

(5)伤寒方一卷
(6)金匮方一卷
(7)本草补遗一卷
(8)医方十剂解一卷
稿本 139

03960/12993 **医学折衷**八十四卷 [1911]
(清)方孝基编
子目:
(1)本草六卷
(2)伤寒十四卷
(3)杂症二十四卷
(4)名方二十二卷
(5)妇科四卷
(6)幼科六卷
(7)外科八卷
清抄本 709

03961/01469 **医辨透宗**一卷 [1911]
(清)杨釪(壬锡、忍仙)撰
抄本 514A 590

03962/00000 **名医汇纂**不分卷 [1911]
著者佚名
清抄本 728A

03963/01469 **修斋金鉴**不分卷 [1911]
著者佚名
清抄本 203

8 临证各科

8.1 温病

8.1.1 温病通论

03964 **新编论四时六气用药权正活法**一卷 1484
00000 (明)刘全备(宝善、克用)撰
见(新编)注解药性赋(附录)

03965 **伤暑全书**二卷 1623
06389 (明)张鹤腾(风逵)撰 彭期生编
1. 明天启三年(1623)刻本 831(唐成之旧藏)
2. 明蓝丝栏抄本(附摄生众妙方四卷,明·赵廷璧编) 1
3. 清康熙十四年(1675)大兴林起龙补拙斋刻本〔附瘟疫论(一卷,清·喻昌撰)、疫证治案一卷、治疫名方一卷、运气占候补遗一卷(明·邵弁撰)〕 1
4. 清抄本 286(三卷,据明万历刻本抄录) 579
5. 见医学研悦

03966 **温病证治歌括**二卷 1643
06390 附喉证汇参五卷
原题(明)张介宾(景岳、会卿、通一子)撰
清光绪十九年(1893)富邑三多砦福善堂刻本 852 921

03967 **春温**一卷 [1648]
06392 原题(清)喻昌(嘉言、西昌老人)撰
抄本 251

03968 **温热暑疫全书**四卷 1679
06393 又名温病方论
(清)周扬俊(禹载、东园老人)编
1. 清乾隆十九年(1754)吴门蒋氏庸德堂刻本 1 2 21 139 202 270 308A 443 461 475A 476 511 521 529B 541 570 579 590 651 664 677A 701(存卷一、二) 709 736A 852 917A 922 939
2. 清嘉庆元年(1796)钱塘许嗣灿刻本(题温病方论) 738B
3. 清道光二十年(1840)宝善堂刻本(题温病方论) 302 570 651 728A 731 734A
4. 清光绪十五年(1889)扫叶山房刻本 1 3 139 203 277 279 289 308A 361 385A 393 412A 431 433A 514A 523 541 570 572 590 664 677A 706 737 738A 738B 739A 799 799A 852E 907C 926A
5. 清光绪十六年(1890)张橘泉抄本(二卷) 590
6. 清刻本 289 521 709 733(存卷三、四) 733A 736 737(存卷三、四) 852 852A 942B
7. 清抄本 733(姚莹俊题记)
8. 抄本 139 202 541 917

03969 **温热病论**二卷 1693
06394 (清)沈明宗(目南、秋湄)撰
1. 清康熙刻本 590(附虚劳内伤论二卷)
2. 抄本 139A
3. 见医征

03970 **西塘感症**三卷 [1725]
06396 (清)董废翁撰 杨乘六(以行、云峰、潜村)评
1. 清光绪三十一年(1905)黄寿南抄本 570
2. 见医宗己任编

03971 **伤风约言**一卷 1732
06397 又名伤风证治约言
(日)后藤省(仲介、椿庵)撰
日本享保十七年(1732)京都书林林权兵卫中立斋刻本 3 251 511 590

03972 **温症朗照**一卷 [1739]
06391 又名温症论、会讲温症语录
(清)喻昌(嘉言、西昌老人)撰

1. 清康熙龙江书院刻本 475A 570 721 738B
2. 抄本（题温症论） 433A
3. 见尚论篇
4. 见喻氏医书三种

03973 06398 **温症论治**一卷 1746
又名温证论治
（清）叶桂（天士、香岩、南阳先生）撰
1. 清光绪四年（1878）吴县宋兆淇刻南病别鉴本 139 701
2. 清光绪姜升抄本 139
3. 清抄本 139 590
4. 清末民初抄本（附吴又可温疫论歌括、温热论、十药神书歌诀、温热赘言、素灵约选经穴歌括） 1
5. 见南病别鉴

03974 06399 **温热论**一卷 ［1746］
又名临证指南温热论
（清）叶桂（天士、香岩、南阳先生）撰
1. 清道光九年（1829）卫生堂刻朱墨套印种福堂公选良方本 951
2. 见种福堂公选良方（附录）

03975 06402 **湿热条辨**一卷 ［1770］
又名湿热论
（清）薛雪（生白、一瓢）撰
1. 清抄本 139 542 738B
2. 石印本 351 735
3. 见医师秘笈（附录）
4. 见陈修园医书四十、四十八、五十、七十种
5. 见南病别鉴
6. 见经史秘汇
7. 见中西医学劝读十二种

03976 06519 **暑症发原**一卷 ［1782］
（清）李识侯编
抄本 579

03977 06496 **温热病论**一卷 1784
附保赤要言、孙真人千金平脉法、医学阐微、九九赋、类选单方
（清）王廷瑞（辑五、鉴庵）撰
清乾隆四十九年（1784）抄本 570

03978 00000 **温热朗照**八卷 1786
（清）缪遵义（方彦、宜亭、松心居士）纂辑
清乾隆缪淞抄本 701（清·管礼耕、徐康跋）

03979 06405 **温病条辨**六卷卷首一卷 1798
（清）吴瑭（鞠通）撰 汪廷珍（瑟庵） 徵保（以园）按 朱彬（武曹）批
1. 清嘉庆十八年（1813）问心堂刻本 1 2 3 21 139 140 186 202 279 281A 301 306 308A 363 365（存卷四至六） 431 433A 461 491 493 521 541 590 709 710 713 728A 734 737 738 738A 738B 740B 831 852 911
2. 清道光十五年（1835）慈溪叶金潮澹吾楼刻本 1 6 139 202 251 270 301 352 363 417 433A 521 570 664 715 722 731 733 733B 734 734A 737（存三卷） 737A 738B 740B 740C 799A 915 940
3. 清道光十六年（1836）刻本 186 308A 514A 570 734
4. 清道光二十三年（1843）高邮陈氏刻本 366 651 728A（缺卷六）
5. 清道光二十三年（1843）高邮陈氏刻维扬文盛堂印本 401 799A
6. 清道光二十三年（1843）高邮陈氏刻世德堂印本 279
7. 清道光二十八年（1848）岭南黄恒斋刻本 366 651 852
8. 清咸丰九年（1859）天津孙昌四川刻本 139 139A 202 308A 529 529A 541 590 851 852 852A 856 874 907C
9. 清咸丰十年（1860）万县亦草堂刻本 139 251
10. 清同治二年（1863）泰州纪恒庆刻本 279 475A 514A 664 706 746 926A
11. 清同治四年（1865）金陵一得斋刻本（附瘟疫论一卷） 361 710
12. 清同治四年（1865）高邮赵春普芝兰室刻本 3 361 475A 590 651 664 701 715 721 741 896A 907C
13. 清同治五年（1866）成都会府复真堂刻本 799 907C
14. 清同治五年（1866）成都会府复真堂刻八

年(1869)凝香阁印本 1 139 401 732 852 858 891 907C

15. 清同治九年(1870)六安求我斋刻本 1 139 139A 203 279 286 288 289 308A 511 541 542 590 664 677A 702 728A 734 738A 799A 831 852D 921

16. 清同治十年(1871)古渝王章忠槐荫书屋刻本 277 288 351 409 475A(残) 529A 734

17. 清光绪四年(1878)河南抚署刻本 139 202 203 361 462 917A

18. 清光绪五年(1879)咸安周镇同镇堂刻南充博古斋重修回春集本 907C

19. 清光绪七年(1881)江右醉芸轩刻本(附温病条辨歌括一卷) 412A 522 664 734A(存卷首) 735 738A 741

20. 清光绪十年(1884)京都二酉斋刻本 4C 361 385A 799A 857 921

21. 清光绪十五年(1889)浙江书局刻本 521 740C

22. 清光绪十八年(1892)文源堂刻本 839A 852

23. 清光绪十九年(1893)上海图书集成印书局铅印本 1 139 251 279 280 287 288 301 308A 352 363 433A 493 521 529A 541 570 664 707 713 732(存二卷) 734 734A 736 736A 736B(存二卷) 737 738A 738E 740A 740B 743(存卷一) 901 911

24. 清光绪十九年(1893)矿务公司刻本 1 852 891 907B 912

25. 清光绪二十一年(1895)学库山房刻本 3 361 421 461 475A 664 701 707 712 714 721 728A 735A 907B 921(缺卷三)

26. 清光绪二十五年(1899)曲江书屋石印本 734A 736B 738A 742(存二卷) 901 931

27. 清光绪二十七年(1901)湖南思贤书局刻本 21 186 731 781

28. 清光绪二十九年(1903)京都二酉斋刻本 202 203 270 283 288 301 308A 361 476 831

29. 清光绪三十一年(1905)粤东顺邑冯继善刻本 1 139 203 277 279 289 302 308A 366 461 514A 541 570 589 651 664 707 722 735 736D 737 738E 742A(存卷一、二、四至六) 799 799A 917A 922 931 943

30. 清光绪三十二年(1906)上海千顷堂石印本 728A 734 734A 740A 911

31. 清光绪三十三年(1907)经元书室刻本 1 664

32. 清光绪三十三年(1907)经元书室刻富记书室印本 352 450B 735

33. 清光绪三十三年(1907)经元书室刻宁波群玉山房印本 139

34. 清宣统元年(1909)渭南严氏孝义家塾成都刻本 139 139A 203 361 433A 463 491 514A 664 852E 907C 926A 951

35. 清宣统三年(1911)上海会文堂新记书局石印本 139 251 277 279 288 351 381 734 735 931

36. 清宣统三年(1911)扬州文富堂刻本 202 706(存卷二至六) 728A

37. 清宣统三年(1911)贵阳文通书局铅印本 852

38. 清宏道堂刻本 251 280 738A 739B 799A

39. 清粤东惠济仓刻本 1 279 286 287 366 391 491 542 664 799A 839A 852 931 940

40. 清宁波群玉山房刻本 1 202 279 381 385 391 393 401 433A 450A 461 491 519 522 523 541 590 651 664 677A 710(存卷一至三、六) 721 728 733B 734 734A 735A 736 737 737A 738A 738D 738E 740J 781 799 852P 911 922 931

41. 清末丹阳文星堂刻本 590 664 799A

42. 清上海文渊山房刻本 433A 475A 677A 733 734 799A

43. 清信义书屋刻本 139 279 301 308 308A 351 433A 461 514A 529A

722 799A 831 851 852
44. 清刻本 3 152 288 308A 311 364A 366 393 401 433A 461 462 541 570 590 651 664 665 706 708 734A 735A 736B 737 738A 740A 740C 743 852C 852S 854 901 915
45. 抄本 139 286 301 715 738B
46. 石印本 139 252 393 462 721 740B 831 853 854（残） 917A 921
47. 见吴王二温合刻
48. 见回春集
49. 见医学初阶

03980 06406 **温病证治述要**一卷 ［1798］
（清）吴瑭（鞠通）原撰 李盛卿（彰五、肄灵素凡吏）编
清光绪十八年（1892）刻本 738A 901

03981 06407 **温症指归**四卷 1799
（清）周魁（杓元）撰
抄本 572 590

03982 06408 **伤寒经正附余**一卷 1802
（清）薛承基（公望、性天）撰
姜秋农抄本 139

03983 06409 **温热说**二卷 1802
（清）金位（湘乘）撰
清嘉庆七年（1802）抄本 731

03984 00000 **医林补遗**三卷 1805
（清）徐钧（应铨）撰
清嘉庆十年（1805）稿本 286

03985 06410 **温热病指南集**一卷 1809
又名温热赘言
（清）陈平伯（祖恭、寄瓢子） 薛雪（生白、一瓢）撰
1. 清嘉庆十四年（1809）刻本 139A 301
2. 清光绪二年（1876）金山钱培荪云间复园刻本 1 3 139 514A 541 570 590 677A 721 734 738B
3. 清光绪十八年（1892）抄本 139
4. 清抄本 721
5. 见温热经纬

03986 06411 **类伤寒集补**一卷 1811
附高鼓峰四明心法一卷
（清）张泰（景东）撰 计楠（寿乔、甘谷外史）参订
1. 清嘉庆十六年（1811）刻本 590 738A
2. 清何氏瞻竿旧居抄本 139
3. 见一隅草堂医书
4. 见黄寿南抄辑医书二十种

03987 06412 **四时病机**十四卷 1815
又名邵氏医书三种
附温毒病论一卷、女科歌诀六卷、经验方一卷
（清）邵登瀛（步青）编
1. 清光绪六年（1880）吴门邵景康邵景尧安庆刻本 1 2 3 21 139 139A 186 203 251 270 279 281A 286 308 308A 412A 421 475A 491 514A 519 529B 541 542 570（存七卷） 572 579 589 590 651 664 701 706 709 710 721 728 728A 728B 734A 738A 738B 799A 800 851 852A 896A 907B 926A 939 940
2. 清光绪六年（1880）吴门邵景康邵景尧安庆刻十六年（1890）印本 139 202 289 433A 514A 896A
3. 清宣统元年（1909）江南医学会石印本 139 186 279 286 308A 361 385A 412B 431 433 450B 514A 541 570 590 664 677A 701 709 733A 738A 738B 743 799A 839A 852B 854 896A 907C 940
4. 清刻本 186 202 361 476 491 570 572 677A 701 907C 931
5. 清抄本 393 475A 572 590 677A 701 709

03988 06413 **感证集腋**二卷 1815
（清）茅钟盈（配京、雨人）编
1. 清嘉庆二十一年（1816）武林茅钟盈刻道光元年（1821）数峰草堂增刻本 139
2. 清嘉庆二十一年（1816）武林茅钟盈刻道光元年（1821）数峰草堂增刻十六年（1836）乍浦盛垌重修本 1 3 186 203 286 570 590 677A 709 736A（缺卷一） 917A
3. 清抄本 728A（题感证集说） 736D

03989 **叶香岩外感温热正辅篇**一卷　1821
06414 （清）欧阳勋（贵如）辑
清欧阳勋稿本　475A

03990 **温热赘言**一卷　［1824］
06416 （清）陈平伯（祖恭、寄瓢子）撰
1. 清道光十二年（1832）笠泽吴金寿刻三家医案合刻本　1　2　3　139　186　202　203　254　277　279　280　289　301　308　308A　361　362　366　381　393　412B　433A　461　475A　491　514A　529　529A　541　572　590　651　664　677A　702　712　728A　733　734　735A　736A　736B　738A　738B　739　740C　741　831　839A　896A　901　917A　921　922　940　942B
2. 清文聚堂刻三家医案合刻本　139　286　921
3. 清刻本　1　254　279　541　706　713　721　740A　740B　852A　852S　853　917A
4. 清抄本　541　572
5. 见三家医案合刻（附录）
6. 见陈修园医书四十八、五十、七十种

03991 **温病大旨**二卷　1825
06417 （清）章楠（虚谷）辑注
子目：
（1）叶天士温热论释一卷
（2）薛生白湿热条辨释一卷
清道光五年（1825）抄本　738B

03992 **叶天士温热论**一卷　［1825］
06418 （清）叶桂（天士、香岩、南阳先生）原撰　章楠（虚谷）释
1. 见温病大旨
2. 见中西医学劝读十二种

03993 **薛生白湿热条辨**一卷　［1825］
06419 （清）薛雪（生白、一瓢）原撰　章楠（虚谷）释
1. 见温病大旨
2. 见中西医学劝读十二种

03994 **薛一瓢先生湿热论批本**一卷　1831
06420 附考证古方权量说
（清）薛雪（生白、一瓢）撰　潘道根（确潜、晚香、徐村老农、梅心老农、饭香老人）补注
清咸丰二年（1852）抄本　139

03995 **风寒热病方经篇**七卷　1836
06421 （日）宇津木益夫（昆台、天敬、太一郎）撰
见古训医传

03996 **风寒热病方纬篇**七卷　1836
06422 （日）宇津木益夫（昆台、天敬、太一郎）撰
见古训医传

03997 **温热暑疫节要**一卷　［1837］
06423 （清）周扬俊（禹载、东园老人）原编　何昌福（平子、泉卿）辑录
1. 何运亨抄本　139
2. 抄本　139　590

03998 **温热举要**一卷　1838
06424 **时病救急**一卷
诸症撮要一卷
（清）江锡（小屿、雨湄）编
清道光十八年（1838）稿本　139

03999 **暑证指南**一卷　1838
06425 （清）王学渊（若昏）编
清道光十八年（1838）刻本　186

04000 **温病集解**四卷　1841
06404 又名辨证慈航
（清）袁光裕（坦斋）编　徐元鼎（子新）校录
清道光二十六年（1846）刻本　475A（存卷一、二）

04001 **温病条辩医方撮要**二卷　［1841］
06426 又名温证条辩医方撮要
附遂生福幼合编一卷
（清）杨璿（栗山、玉衡）原撰　黄德濂（惺溪）编
1. 清道光二十一年（1841）安化黄德濂刻本　871　940
2. 清道光二十七年（1847）碧台苑刻本　701
3. 清道光二十八年（1848）刻本　152
4. 清光绪元年（1875）刻本　139
5. 清光绪二十八年（1902）滇垣刻本　1　251　277　361　901
6. 抄本　709　939

04002 **时证辑要**六卷　1847
00000 （清）陈园梁（木庵）撰
清道光二十七年（1847）抄本　286

04003 **温热经纬**五卷　1852
06428 （清）王士雄（孟英、梦隐、潜斋、半痴山人、

息居隐士、随息居士）编
1. 清同治二年（1863）刻本 1 2 3 139 286 289 361 401 412A 434 450 475A 476 521 529A 541 651 664 706 709 712 721 728A 734 737A 738A 738B 740B 800 852A 891 907B 907C 926A 939
2. 清同治九年（1870）定武杨照藜豫章刻本 1 288 475A
3. 清同治十三年（1874）湖北崇文书局刻朱墨套印本 1 2 6 7 21 139 140 152 186 202 203 252 277 279 282 286 288 289 308A 351 361 364 381 385 385A 391 393 401 412A 421 433A 450 461 475A 491 493 522 529A 541 542 570 572 579 590 651 664 702 707 710 712 714 721 723 728A 733 734A 735A 736 736A 736B 738A 738E 741 799A 831 839 839A 896A 901 917A 921 926A 931 939 940
4. 清光绪三年（1877）湖北书局刻本 1 412A 450 462 475A 476 541 579 590 651 664 733 733B 734A 735 737 738 738A 738E 739 831 907C 917A XE
5. 清光绪四年（1878）乌程汪曰桢会稽学署刻荔墙丛刻本 651
6. 清光绪八年（1882）周兆庆等四川新繁东湖刻本 1 139 202 277 279 308 308A 361 366 412A 461 514A 529A 541 589 651 728A 732（存卷一至四） 741 799A 839A 851 852 852E 853 876 907C 939
7. 清光绪十一年（1885）松韵阁刻本 1 139 203 279 366 412A 475A 491 521 541 589 590 651 664 677A 715 728A 731 734 735 739 922
8. 清光绪十八年（1892）广州璧经堂刻本 203 308A 931 XD
9. 清光绪十八年（1892）上海醉六堂刻潜斋医书五种本 186 381 541 781
10. 清光绪十九年（1893）富邑三多砦福善堂刻本 852 921
11. 清光绪二十二年（1896）上海图书集成印书局铅印潜斋医书五种本 433A 541 734 736 738 911
12. 清光绪二十四年（1898）万县周仁勋月岩吟馆刻本 202 361 879 907C
13. 清光绪二十九年（1903）月岩别墅刻本 391 511 731
14. 清光绪三十年（1904）上海鸿文书局石印潜斋医书五种本 286 301 303 309 351 363 385A 412A 450 521 651 664（缺卷四、五） 701 710 721 731 736 738E 743（存卷一至三） 851 891 907B 917A 931
15. 清光绪三十一年（1905）上海奇石山房石印本 412A 529A 590 651 665 677A 706 737 799A 907B 931
16. 清宣统三年（1911）上海文瑞楼石印本 139 251 363 491 651 664 677A 709 721 728A 917A 931
17. 清苏州绿荫堂刻本 139（清·叶子雨跋） 308A 461 491（缺卷三） 664 734A
18. 清江阴宝文堂刻本 393 664
19. 清刻本 185 202 203 277 279 289 301 366 393 412A 475A 541 570 651 664（残） 702 723 733 735A 736A 740A 852（存卷三至五） 852A 854 871 907C 917A 942B
20. 清抄本 736（存卷三至五）
21. 见吴王二温合刻
22. 见荔墙丛刻
23. 见潜斋医书五种

04004 / 06429 **吴王二温合刻**十四卷 ［1852］
又名温病条辨温热经纬合刻
（清）芰湄辑
子目：
（1）温病条辨六卷卷首一卷 （清）吴瑭撰
（2）温热经纬五卷 （清）王士雄撰
附达生编二卷
清光绪二十八年（1902）文来书局石印本 1 139A 286 288 289 361 412A 541 707 734 940

04005 **新增温热论**三卷　1853
00000
(清)周景旭撰
清咸丰三年(1853)拙园刻本　831

04006 **感证精义约编**二卷　1857
00000
著者佚名
清咸丰七年(1857)刻本　728A

04007 **伤感合编**八卷　1859
06497
(清)刘谦吉(益斋)撰
清咸丰八年(1858)稿本　541

04008 **春温三字诀**一卷　1861
06430
又名温病三字诀
(清)张汝珍(子培)撰
1. 清光绪二十一年(1895)宏道堂刻陈修园医书三十二种本　139A
2. 清光绪二十五年(1899)畿南王梦熊刻本　1
3. 清光绪三十三年(1907)巴蜀善成堂刻陈修园医书四十八种本　590　851
4. 清刻本　852　942B
5. 见陈修园医书三十二、三十六、四十、四十八、五十、七十种
6. 见三字经合编

04009 **温热类编**六卷绪论一卷　1866
06431
(清)凌德(嘉六、蛰庵)撰
1. 清同治九年(1870)稿本(八卷)　139
2. 清修业庐抄本(三卷)　139
3. 抄本　738B

04010 **温热病名论汇抄**一卷　1866
06432
辑者佚名
清抄本　1(清·陆懋修眉批、题跋)

04011 **时气节候决病法**一卷　1866
00000
(清)王丙(绳林、绳孙、朴庄)撰
1. 见世补斋医书
2. 见伤寒论注(附录,王丙撰)

04012 **温病合编**四卷卷首一卷　1867
06433
(清)石寿棠(芾南、湛棠)编
清抄本　139

04013 **温病指南**一卷　1868
06435
(清)王庚(西林)撰
清同治木活字印本　1　738B

04014 **六因条辨**三卷　1868
06481
(清)陆廷珍(子贤)撰
1. 清光绪三十二年(1906)太仓陆启余绎堂刻本　579　590　677A
2. 抄本　139

04015 **温热指南**一卷　1869
06436
(清)连自华(书樵)撰
1. 姜升抄本　139
2. 见连自华医书十五种

04016 **时症录要**一卷　[1874]
06440
(清)王荫之(锡堂)撰
清同治友兰书屋刻本　351

04017 **温病方书**一卷　[1875]
06441
(清)沈灵犀编
见泉唐沈氏医书九种

04018 **诸症赋**一卷　1877
05857
(清)李厚堃(小亭)原撰　曹伯玉编
清光绪三年(1877)范莘儒抄本　139

04019 **治温提要**一卷　1878
06446
又名温病提要、温病提要序刻、治温提要速效合编
附温症瘢疹辨证良方告示
(清)曹文远(花舫、华峰)编
1. 清光绪四年(1878)汉中荣发堂刻本　251　413　461　677A
2. 清光绪十五年(1889)文集堂刻本　361　541　740B　940
3. 清光绪十七年(1891)荣昌刻本　738B
4. 清光绪二十二年(1896)刻本　1　590
5. 清光绪二十四年(1898)简州滩市王历会刻本　715
6. 清刻本　740A　907C
7. 抄本　412B

04020 **南病别鉴**三卷　1878
06447
附节录辨证要略一卷
(清)宋兆淇(佑甫)编
子目:
(1)叶香岩先生温证论治一卷
(2)薛生白先生湿热条辨一卷
(3)薛公望伤寒直解辨证歌一卷
1. 清光绪九年(1883)平江宋兆淇自刻本　3　139　152　203　279　280　412B　475A　476　541　572　590　651　664　677A　709　939　942B
2. 抄本　277　917A

04021 06448 **时病论**八卷 1882
（清）雷丰（松存、侣菊、少逸）撰
1. 清光绪九年（1883）汗莲书屋初刻本 361 476 511 541 728A（存卷一至四） 940
2. 清光绪十年（1884）三衢柯城雷慎修堂刻本 1 2 3 21 139 139A 152 202 203 277 279 280 286 289 301 308 308A 361 381 401 412A 421 435 461 475A 491 514A 529A 541 572 579 589 590 651 664 706 721 728A 728B 734 736D 737 738A 738B 799A 839A 852 917A 921 926A 939 940
3. 清光绪十二年（1886）恕庵抄本 590
4. 清光绪十二年（1886）存存斋寿补老人节抄本 542
5. 清光绪二十四年（1898）上海著易堂刻本 1 139 186 202 277 280 286 289 385B 412B 475A 511 529B 541 590 651 664 677A 735 738 799A 839A 939
6. 清光绪三十年（1904）上海炼石书局石印本 139 186 202 251 288 351 363 393 412A 412B 475A 491 514A 529A 570 590 664 706 733B 734 734A 735A 736A 740A 740B 839A 896A
7. 清宣统元年（1909）上海广益书局石印本 709 852C 852E
8. 清刻本 139 280 289 361 461 702 723 736A 740A
9. 清抄本 361 701
10. 见雷氏慎修堂医书三种

04022 06401 **存省斋温热论注**一卷 1882
（清）叶桂（天士、香岩、南阳先生）原撰 赵常群（继皋）注
清光绪八年（1882）蔡鼎勋抄本 570

04023 06434 **险症择尤**二卷 ［1882］
（清）凌绂曾（初平）辑
子目：
（1）急救腹痛暴卒病解一卷 （清）华岳撰
（2）烂喉丹痧辑要一卷 （清）顾玉峰撰
清光绪八年（1882）两广督转盐运使司刻本 139 251（存卷一） 738B 831（存卷一）

04024 06452 **医学急症**二卷 1884
（清）刘翰藻（墨卿）编撰
清光绪十年（1884）江西仁寿堂刻本 286 590

04025 00000 **温病辨症**二卷 1885
（清）马宗元（清儒）撰
清光绪十一年（1885）抄本 664

04026 00000 **温病浅说**一卷 1886
温氏医案一卷
附小儿惊风治验一卷
又名温氏医书三种
（清）温存厚（载之）撰
清光绪十三年（1887）渝州温存厚自刻本 139 475A 590 871

04027 06453 **温病浅说**一卷 1886
（清）温存厚（载之）撰
1. 清光绪十三年（1887）渝州温存厚自刻本 186 362 385A 706 851 853
2. 见温病浅说温氏医案

04028 06454 **时邪日知录**一卷 1886
（清）江梓（问琴、否否子）撰
清光绪十二年（1886）抄本 590

04029 06851 **医寄伏阴论**二卷 1888
（清）田宗汉（云槎、瀛峤）撰
1. 清光绪十七年（1891）汉川田宗汉自刻本 1 2 139 139A 185 186 351 412A 412B 436 491 541 572 590 651 664 706 709 728A 737 738B 781 799A
2. 清光绪三十三年（1907）江宁府署铅印本 1 289 541 590 664 701 709 728A 738
3. 抄本 579

04030 06456 **（增订）伤暑全书**二卷 1890
（清）张鹤腾（风逵）撰 叶霖（子雨、石林医隐、石林旧隐、鹤轩）增订
1. 稿本 651
2. 清抄本 361

04031 06458 **温热论**一卷 ［1891］
（清）叶桂（天士、香岩、南阳先生）撰 周学海（澄之）注
1. 抄本 139 677A

2. 见周氏医学丛书
3. 见古今医学会通
4. 见中西医学群书

04032 06459 **春温痢症三字诀合璧**一卷 1895
(清)张汝珍(子培)　唐宗海(容川)撰
清光绪二十一年(1895)申江袖海山房石印本　308A　664　742　901　907C　921

04033 06460 **温病诊治辨论**八卷 1895
原题(清)涂山居士撰
清光绪二十一年(1895)京都琉璃厂刻本　1　139A　202　570　738B

04034 00000 **温病近格**一卷 1895
(清)张峻豫撰
清光绪二十一年(1895)抄本　709

04035 06461 **时病撮要**一卷 1896
(清)韩善征(止轩)撰
见韩氏医书六种

04036 06462 **温病方歌**一卷 1897
(清)韩氏原撰　韩鸿(印秋)校
1. 抄本　541
2. 见韩氏医课

04037 06466 **六气感证要义**一卷 1898
(清)周岩(伯度、鹿起山人)撰
1. 稿本　734A
2. 清光绪二十四年(1898)古越存济堂石印本　139　139A　152　186　277　514A　541　572　579　590　603　677A　728A　734　734A　737　896A
3. 抄本　731　940

04038 06467 **六淫直径**一卷 1898
(清)刘恒瑞(吉人、丙生)撰
1. 清光绪二十四年(1898)稿本　590(裘吉生读有用书楼旧藏)
2. 抄本　579

04039 06469 **温热论**一卷 1900
(清)费涵(养庄)撰
稿本　590

04040 06470 **温热病杂证类方**二卷 1900
(清)味清氏(抚松隐者)撰
1. 清光绪二十六年(1900)铅印本　139　590　664
2. 见医学索源

04041 00000 **时症汇编**二卷 1901
(清)符丽生辑
清光绪二十七年(1901)以文堂刻本　944

04042 06475 **温病浅说**二卷 1902
(清)杨家驹撰
清光绪二十八年(1902)刻本　202

04043 06473 **时症汇编**一卷 1902
(清)黄子俊撰
清光绪二十八年(1902)江西黄庆余堂刻本　741

04044 06476 **湿温证治**一卷 1903
(清)刘澄鉴(印湖)撰
清光绪二十九年(1903)济宁刘澄鉴刻本　738B

04045 06457 **温病指南**二卷 1903
(清)娄杰(受之、寿芝)撰　萧惠清(吉甫)订
1. 清光绪二十九年(1903)听虚馆刻本　1　3　139　139A　277　279　351　363　401　475A　570　738
2. 清光绪三十二年(1906)三邑顾文华斋刻本　279　363　852
3. 抄本　579

04046 06477 **温病条辨证方歌括**一卷 1904
(清)钱文骥撰
1. 清光绪三十年(1904)皖垣刻本　186　279　590　677A　701　721　728A
2. 抄本　139

04047 06478 **陈氏时证论**一卷 1905
(清)陈望三(明经)撰
见治证撮要(蔡熙和撰,附录)

04048 06479 **治证撮要**不分卷 1905
又名治症撮要
附朱铁山痧喉论、陈氏时证论、知味轩霍乱证论
(清)蔡熙和撰
清光绪三十一年(1905)海陵纪芳桂醉墨轩刻本　529B　590

04049 06480 **六淫疠气证治异同辨**二卷 [1905]
(清)吴士锜(兰宾虑道人)编
1. 清光绪三十一年(1905)抄本　139
2. 清光绪抄本(三卷)　203
3. 抄本　279　362　433A　728A　738A

04050 06483 **伤暑论**六卷 1906
(清)徐鹤(仁伯、子石)撰
清光绪三十二年(1906)稿本 590

04051 06437 **伤寒类辨**一卷 1907
附类伤寒辨一卷
(清)黄寿南(福申、沁梅)编
1. 抄本 521(无附录)
2. 见黄寿南抄辑医书二十种

04052 06485 **温病条辨歌括**一卷 1908
附采补温热诸方一卷
(清)万潜斋(方内散人)编 退园主人订
1. 清光绪袁子良张少山刻本 139 202 677A 706 735A 738B
2. 清抄本 3 139(题温病条辨方歌) 579 590

04053 00000 **温病百言**一卷 [1908]
(清)刘宗第撰
清光绪刻本 907C

04054 06486 **温病集腋**六卷 1911
(清)朱成麟(瑞生)撰
清宣统三年(1911)济南启明石印本 1 308 361 514A

04055 06487 **温症絜要**一卷 1911
(清)江秉乾(培元、晋熙逸叟)撰
清宣统三年(1911)晋熙江秉乾师古堂自刻本 491 853

04056 06488 **时病论撮要**一卷 1911
(清)肇坤撰
见肇坤医稿五种

04057 06489 **伤寒大法**一卷 1911
著者佚名
稿本 139

04058 00000 **寒温条辨歌括**一卷 1911
(清)何仲皋(汝夔)辑
见中医学堂讲录

04059 00000 **时症方**不分卷 1911
著者佚名
清抄本 203

04060 00000 **斑疹汇要**一卷 [1911]
著者佚名
清抄本 572

04061 00000 **温病方歌**一卷 [1911]
辑者佚名
清程氏抄本 541

04062 00000 **温热全书**一卷 [1911]
著者佚名
清抄本 831

04063 00000 **医道杂录**一卷 [1911]
(清)朱景颐(素伊)辑
清抄本 709

04064 00000 **温病法律**一卷 [1911]
著者佚名
清抄本 874

04065 06490 **温病条辨汤方歌**一卷 [1911]
(清)邓坤元(乾庆)编
抄本 529A

04066 06492 **温病条辨歌括**一卷 [1911]
(清)刘云搏撰
古藤荫馆稿本 139

04067 06494 **温病条辨方歌合辑**不分卷 [1911]
(清)刘维之 丁企儒撰
1. 鼎九抄本 139
2. 抄本 728A 907B

04068 07307 **湿热论治**一卷 [1911]
著者佚名
清抄本 1

04069 06499 **温病一得**一卷 [1911]
(清)张壶隐撰
抄本 590

8.1.2 专病论治

8.1.2.1 瘟疫

04070 06610 **温疫论**二卷 1642
又名瘟疫论、温疫方论、醒医六书瘟疫论
(明)吴有性(又可)撰
1. 清康熙十二年(1673)海虞景祥道人李汝稌抄本 1
2. 清康熙三十年(1691)海盐石楷金陵长庆堂刻本 541
3. 清康熙三十年(1691)海盐石楷金陵长庆堂刻金陵本立堂印本 401 799A
4. 清康熙三十三年(1694)嘉善张以增刻恩仁堂印本 1 277 361 433A 799A
5. 清康熙三十三年(1694)嘉善张以增刻宝

仁堂印本 664 731
6. 清康熙三十三年（1694）嘉善张以增刻苏州绿荫堂印本 432 541 651 728A 738B
7. 清康熙三十三年（1694）嘉善张以增刻葆真堂重修本 2 277 279 308A（存卷上） 381 401 433 433A 475A 541 546 651 664 728A 740A 831 907C 926A
8. 清康熙四十八年（1709）仪真刘敞刻本 1 139 277 288 361 366 431 450B 476 570 651 701 733 738A 738B 831
9. 清康熙刻本 279 280 590 651
10. 清雍正三年（1725）广宁年希尧刻本（原题醒医六书瘟疫论，附温疫论补遗一卷） 139 203 281A 361 412B 572 590 734A 738B 922
11. 清雍正二年（1724）广宁年希尧五羊官署刻乾隆二十九年（1764）双桂堂重修本 361
12. 日本明和六年（1769）京都书肆尚书堂刻本 3 7
13. 日本明和七年（1770）平安文泉堂刻本 139 590 651 738B
14. 清乾隆三十七年（1772）顾以珍笃庆堂刻本 139A 381 401 651
15. 日本天明八年（1788）京师林权兵卫等刻本 3 7 391 511
16. 日本天明八年（1788）京师林权兵卫等刻界屋仁兵卫吉田新兵卫等印本 476
17. 日本宽政二年（1790）芳兰榭刻本 511 590
18. 清乾隆五十六年（1791）川北彭教谦刻本（题醒医六书瘟疫论） 139 361 738A 907C
19. 清乾隆六十年（1795）同善堂刻本 139 186 385 664 728A
20. 清乾隆积秀堂刻本 139 280 288 302 541 738B
21. 清嘉庆四年（1799）浙西何玉林刻本 203 579 733 939
22. 日本享和二年（1802）恬淡居刻本 3 511
23. 清嘉庆十二年（1807）豫章王奇云刻本 738A（题吴又可先生醒医六书）
24. 清嘉庆十二年（1807）嘉定县署刻本 651 677A
25. 清嘉庆刻本 896A 943
26. 清道光二年（1822）刻本 541
27. 清道光五年（1825）刻本 434
28. 清道光十一年（1831）述古堂刻本 139
29. 清乾隆五十一年（1786）黎水陈元谦益堂刻道光十三年（1833）印医门普度本 139 363 728A 831
30. 清道光二十七年（1847）屏邑郭三超刻本 514A 907C
31. 清咸丰二年（1852）爱日堂刻本 738B
32. 清咸丰二年（1852）松盛堂刻本 421 721 734A（存卷上）
33. 日本安政元年（1854）尚书堂尚德堂刻本 203 433
34. 清同治元年（1862）浏阳西乡同善都会长沙曾郁文堂刻医门普度本 139 664 831
35. 清同治元年（1862）集古堂刻本 139 301 308A 361 738B 799 852
36. 清光绪二年（1876）叙府儒兴堂刻本（题醒医六书瘟疫论） 852
37. 清光绪六年（1880）善成堂刻本 302 381 385 491 701（存卷上） 738B 739A 739B 740C 852 852A 907C 926A
38. 清光绪八年（1882）大荔李致远堂刻本 139 279
39. 清光绪二十二年（1896）令德堂刻本（题醒医六书瘟疫论） 139 140 202 203 664 738B 831 852 940
40. 清光绪二十六年（1900）王治国抄本 186
41. 清光绪三十二年（1906）天津敬慎医室刻本 139A 301
42. 清光绪三十四年（1908）崇实书局刻本 139 436 664 738B 896A
43. 清光绪三十四年（1908）崇实书局刻森记书局印本 308A 514A 521 529 590 738B 781 922
44. 清天德堂刻医门普度本 280 286 412A

736D
45. 清文英堂刻医门普度本 412A
46. 清崇顺堂刻本 855
47. 清贞一堂刻本 523(二卷,补遗一卷)
48. 清至德堂刻本 366(存卷二)
49. 清文盛堂刻本 361 907C
50. 清吴郡书业堂刻本 1 2 139 351 709 852
51. 清英德堂刻医门普度本 664
52. 清聚锦堂刻本 251 461(附补遗一卷)
53. 清聚奎堂刻本 421 476 738B 907C
54. 清新聚堂刻本 1〔题温疫论全书,合订瘟疫辨论瘟疫方论(清咸丰九年聚奎堂刻本)〕 7 139 301 366 664
55. 清四和堂刻本 351
56. 清诚意堂刻本 351
57. 清五云楼刻本 737
58. 清吴郡大兴堂刻本 1
59. 清文华堂刻本 475A 712 733A 738A
60. 清经纶堂刻医门普度本 362 731
61. 清同文堂刻本 922 931
62. 清奎元堂刻本 308A
63. 清三让堂刻本 412A
64. 清存雅堂刻本 931
65. 清致和堂刻本 186 286
66. 清末文光堂刻本 202 461 541 931
67. 清刻本 1 2 3 152 185 203 279 289(存卷一) 306 351 360A 364A 383 385 393 412A 412B 421 433A 434 443 475A 523 541 677A 708 721 728 728A 731 733 733B 735A(存卷二) 736A(存卷二) 737(附补遗一卷,附按一卷) 738A(存一卷) 738B 739D 743(存卷二) 784 799A 852A 852L 852S 896A 907C 911 940
68. 清抄本 1(题醒医六书瘟疫论) 139 308A 491(存卷一) 541(存卷一) 590 651 701 715 738 851 931 TA(存卷上)
69. 见温疫论全书
70. 见经验四种
71. 见四库全书
72. 见遵生集要
73. 见吴郑合编二种
74. 见医门普度
75. 见张氏医参(辑选本)
76. 见仙方合集

04071 **(春生妙术)瘟疫论**六卷 1642
06611 (明)吴有性(又可)撰
清光绪元年(1875)养和堂刻本 385

04072 **温疫论补注**二卷 1707
06612 又名增补瘟疫论、新增补注温疫论、瘟疫论补注
(明)吴有性(又可)撰 (清)郑重光(在辛、素圃、完夫、贞慜先生)补注
1. 清康熙四十九年(1710)襄陵乔国桢刻本 1 465 541 731 735 738B 922
2. 清同治三年(1864)樊川文成堂刻本(题新增补注温疫论) 139 277 280 288 301 308A 393 514A 522 570 589 590 651 706 707 709 710 728A 738B 799A 896A 907C 926A
3. 清光绪六年(1880)扫叶山房刻本(题增补瘟疫论) 1 2 139A 140 186 202 277 279 301 308A 421 450B 461 475A 491 514A 522 546 570 572 651 712 728 728A 731 738 738A 738B 799 839A 852 901 907C 926A
4. 清光绪二十一年(1895)扬州文富堂刻本 3 139 251 393 450 664 709 728A 738A 738B 839A
5. 清光绪二十一年(1895)扬州文富堂刻文枢堂重修本 514A
6. 清光绪二十七年(1901)抄本 401
7. 清光绪三十三年(1907)校经山房石印本 3 202 270 277 303 360A 360B 361 412A 475A 590 736 738A 931
8. 清刻本 185 289 351 395 475A 651 723 852 921 942B
9. 见郑素圃医书五种

04073 **瘟疫辨论**一卷 1710
06613 **瘟疫方论**一卷
附伤寒十劝验舌法一卷、舌胎验方一卷

(清)马印麟(长公、好生主人)编
1. 清康熙四十九年(1710)历下张廷璧刻本 3
2. 清咸丰九年(1859)聚奎堂刻本(附经验良方一卷) 139 139A 277 308A 361 664
3. 见温疫论全书

04074 06614 **瘟疫发源**不分卷 1710
又名五运六气瘟疫发源
(清)马印麟(长公、好生主人)编
1. 清雍正三年(1725)刻本 3 139
2. 清甘豫熹抄本 279(附霍乱论)

04075 06616 **广瘟疫论**四卷卷末一卷 [1722]
又名方脉确论要篇
附佛崖验方一卷
(清)戴天章(麟郊、北山)撰
1. 清乾隆四十八年(1783)上元戴祖启家刻本 1 2 3 139 139A 203 282 284 288 308 308A 476 491 541 570 651 707 709 710 728A 738B 799 922 931
2. 清乾隆五十一年(1786)京都琉璃厂雕藻斋刻本 738
3. 清道光八年(1828)扫叶山房刻本 203 204 308A 366 385B 391 651 721 728A 839A
4. 清道光二十七年(1847)经纶堂刻同治七年(1868)增刻医门普渡本 1 284(存卷四、末一卷) 308A 351 461 570 590 651 728A 738E 781 799A 831 931
5. 清咸丰四年(1854)安邑黄雨田长邑陈澍贤刻本 139 286 572 896A
6. 清同治十一年(1872)慎德堂刻本 361 839A
7. 清光绪三年(1877)大德堂书坊刻本(题方脉确论要篇) 738A
8. 清咸丰四年(1854)安邑黄雨田长邑陈澍贤刻光绪十三年(1887)长沙曹耀湘增刻本 139 361 734A 738B
9. 清光绪三十二年(1906)汉川刘洪烈果育轩铅印本 361 541 738 781 799A 852 931
10. 清光绪二十八年(1902)鹿邑徐氏刻本 139
11. 清光绪三十三年(1907)京都文成堂刻本 1 289
12. 清光绪同德堂刻本 301
13. 清光绪赐书堂刻本 202 361 385 651
14. 清光绪大启堂刻本 738B
15. 清刻本 139(清·何鸿舫批注) 279 289 366 401 434 461 462 476 651 664 709 735 737(存卷三至五) 738E 740A(存卷一至四) 740B 931 939
16. 清抄本 1(残) 277(残) 288(存卷一至三) 362 736A 738E 922
17. 抄本 2 139 152 277(残) 279 362 541(存卷三、四) 921
18. 见活人精言
19. 见医门普渡

04076 06395 **二分析义**一卷 1723
又名陪赈散论说、救灾赈黎陪赈散
(清)陈良佐(三锡、愚山、锡山)撰
1. 清雍正元年(1723)刻本 853
2. 清咸丰十年(1860)绍城张文星斋刻本(题陪赈散论说,附刻经验神效方一卷) 139
3. 清光绪四年(1878)颍川程文炳木活字印本(题救灾赈黎陪赈散) 1 733B

04077 03757 **陪赈散方**一卷 [1740]
附救荒广济丹方
(清)陈良佐(三锡、愚山、锡山)撰
清道光二十年(1840)山阴松溪陈杰刻本 139 590

04078 06619 **瘟疫明辨**四卷附方一卷 [1750]
(清)戴天章(麟郊、北山)撰 郑奠一编
1. 清嘉庆十七年(1812)京江文光阁刻本 139 590(合订瘟疫论二卷,题吴郑合编) 651 728A
2. 清嘉庆二十二年(1817)晋祁书业堂刻本 1 2 7 21 139 203 279 286 351 461 475A 476 521 523 529A 541 570 590 651 664 677A 701 709 738 738A 738B 896A 917 931

3. 清嘉庆间抄本 737(张千里题识并校)
4. 清道光二年(1822)英华堂刻本 139
5. 清道光六年(1826)丹徒袁栋梁梧州府署刻本 139 286 738B
6. 清咸丰元年(1851)藜照楼刻本 139 186 491 738 738A
7. 清同治四年(1865)汉口华斋善书局刻本 139 412B 721 728A 799A
8. 清同治六年(1867)张绍祖刻本 852 852A
9. 清同治十一年(1872)刻本(五卷卷末一卷) 852
10. 清光绪十四年(1888)重庆善成堂刻本 1 186 279 664 852 852A
11. 清光绪十五年(1889)扫叶山房刻本 3 139A 302 308 308A 435 475A 491 514A 541 570 590 831 939
12. 清光绪十五年(1889)上海江左书林刻陈修园医书十六种本 139 202 277 289 301 361 381 831 922
13. 清光绪二十年(1894)高安胡赞虞刻本 139 741
14. 清光绪二十一年(1895)澹雅堂刻本 443 590
15. 清光绪二十一年(1895)新宁江余庆贞堂刻本 839A
16. 清光绪二十六年(1900)施霞九刻本 852 852E
17. 清光绪二十八年(1902)常郡长年医局刻本 139 286 475A 570 589
18. 清光绪三十三年(1907)瑟斋公益印刷部铅印本 1 2 412A 590 651 728A 737 738B 896A 926A
19. 清光绪南京李光明书庄刻本 139 277 279 280 393 401 475A 491 541 589 590 651 664 665 706 721 728A 734 740B 839A 921 940
20. 清研香书馆抄本 433A
21. 清光绪蔡震抄本 939
22. 清刻本 185 277 279 361 733A 831 940
23. 仁寿堂抄本 139
24. 抄本 152 277 279 381 450A 541 664
25. 见陈修园医书十六种(附录)
26. 见陈修园医书四十、五十种

04079/06620 **疫疠溯源**一卷 1761

(清)王敬义(协中)编

1. 清道光二十五年(1845)上海王庆勋虚白斋刻本 1 21 139 412A 421 541 572 590 731
2. 抄本 590

04080/06621 **温毒病论**一卷 1765

(清)邵登瀛(步青)辑 邵炳扬(杏泉)订

1. 清嘉庆二十年(1815)长洲徐锦心太平轩刻本 2 139A 152 186 279 391 412A 475A 590 701 706 710 713 728B 738B
2. 清光绪六年(1880)吴门邵景康邵景尧安庆刻本 1 3 139 279 514A 664 735
3. 清宣统元年(1909)江南医学会石印本 590 664 743 926A 940
4. 清刻本 1 186 385A 701 728A 852A 907C 917
5. 清邵梅抄本 279
6. 清抄本 590
7. 见四时病机(附录)

04081/06622 **瘟疫传症汇编**二十一卷 1776

(清)熊立品(圣臣、松园老人)编

子目：

(1)治疫全书六卷附辨疫琐言一卷
(2)痢疟纂要八卷
(3)痘麻绀珠六卷

清乾隆四十二年(1777)西昌熊氏家塾刻本 1 3 7 139 139A 186 203 251 277 279 285 289 366 391 412A 461 476 511 529A 541 590 651 664 677A 706(残) 721 728A 738 738A 739A 740A 740B 839A 896A 907C 940

04082/06623 **治疫全书**六卷 1776

(清)熊立品(圣臣、松园老人)编

见瘟疫传症汇编

04083/06624 **补注瘟疫论**四卷 1784

(明)吴有性(又可)撰 (清)洪天锡(吉

人、尚友山人）补注
1. 清乾隆四十九年（1784）鸳湖洪天锡晚翠堂刻本 1 139 202 279 280 289 301 475A 651 896A
2. 清道光二年（1822）绿杉野屋刻本 139 203 491 590 839A 871 891 896A 907C 939
3. 清道光二年（1822）绿杉野屋刻会文堂印本 896A
4. 清乾隆四十九年（1784）鸳湖洪天锡晚翠堂刻道光四年（1824）东孝友堂印本 139 270 277 280 412A 572
5. 清道光二十二年（1842）江陵邓传馨刻本 2 3 139 288 396 514A 519
6. 清乾隆四十九年（1784）鸳湖洪天锡晚翠堂刻咸丰四年（1854）津门华集印本 2 21 202 203 251 391 476 664 738B
7. 清乾隆四十九年（1784）鸳湖洪天锡晚翠堂刻光绪二十九年（1903）天津宝森堂重修本 139 202 279 280 385 393 412A 450B 721 799A
8. 清刻本 140 308 541 926A
9. 清抄本（二卷） 1

04084 **伤寒瘟疫条辨**六卷 1784
06625 又名寒温条辨
附温病坏症一卷
（清）杨璿（栗山、玉衡）撰
1. 清乾隆五十年（1785）北平孙宏智金陵刻本 3 139 186 277 279 308 308A 381 491 529A 589 590 709 728A 737 839A 891 926A
2. 清道光二十七年（1847）文聚堂刻本 412A 590 799A
3. 清咸丰三年（1853）四川自流文英堂刻本 401
4. 清同治元年（1862）刻本 362
5. 清同治二年（1863）中湘文会堂刻本 677A
6. 清同治六年（1867）刻医方辨难大成本（题文祖正订伤寒瘟疫条辨） 1 2 186 421 491 852 852C 922
7. 清同治八年（1869）刻医方辨难大成本（题文祖正订伤寒瘟疫条辨） 289 361 363（存卷一、三、四） 911
8. 清同治九年（1870）万邑卫永丰刻本 2 351 361（存卷一） 393 572 590 728 746A 852 907C 911 921
9. 清光绪元年（1875）湘潭黎培敬黔阳藩署刻本 21 139 251 270 277 281 361 364（存卷一、二、六） 412A 412B 514A 664 721 728A 891 907C
10. 清光绪四年（1878）善成堂刻本 139 361 854 907C
11. 清光绪四年（1878）书业德刻本 288 302 529B 839A
12. 清光绪四年（1878）刻本 1 3 139 139A 280 385 385A 385B 514A 529A 664 728A 746A 940
13. 清光绪九年（1883）刻本 287 651 738A
14. 清光绪十四年（1888）三义堂刻本 280 288 302 311 385A 393 396 433A 514A 590
15. 清光绪十五年（1889）上海扫叶山房印本 139 202 511 512 664 728A
16. 清光绪十五年（1889）上海扫叶山房刻上洋江左书林印本 139 270 308A 381 514A 521 590 746A 839A 901 907C
17. 清光绪十六年（1890）天津义合堂刻本 203 279 280 286 289
18. 清光绪十八年（1892）羊城壁经堂昌记刻本 931（残） 940
19. 清光绪十九年（1893）江右醉芸轩刻本 21 277 279 285 289 308A 351 381 393 412A 421 475A 522 664 706 728A 739 831 896A 907C 921 939
20. 清光绪十九年（1893）刻本（七卷） 279 728A（残）
21. 清同治二年（1863）中湘文会堂刻光绪二十二年（1896）印本 308A
22. 清光绪二十三年（1897）湖南书局刻本 21 186 203 289 401 412A 651 664 706 728A 728B 731 738

896A 926A 940
23. 清光绪二十九年(1903)有益堂刻本 351 365
24. 清光绪三十三年(1907)渝城文治堂刻本 852 852B 852R
25. 清光绪三十三年(1907)同文公会刻本 289(存卷一) 461 664 728B 746A 856 907C
26. 清光绪三十三年(1907)渝城文治堂刻同经阁印本 361 664 746 852 907C
27. 清刻本 8(存五卷) 277 301 361 702 734A 746A 852A 852M 852S(存卷一、三、五) 872 901 907C 931 940
28. 抄本 541
29. 见医方辨难大成(附录,题寒温条辨)

04085 06627 **疫痧一得**二卷 1785
(清)余霖(师愚)撰
1. 清嘉庆二年(1797)五长福抄本 139
2. 清嘉庆十六年(1811)曲沃裴奉辰抄本 3
3. 清道光八年(1828)毗陵庄锦延庆堂刻本 139 139A 251 270 277 280 289 514A 541 590
4. 清咸丰三年(1853)抄本 1
5. 清光绪五年(1879)福兴刻本 139 202 301 412A 433A 738A
6. 清光绪十年(1884)敬直堂刻本 270 277 280 361 709 728A
7. 清宣统二年(1910)刻本 203
8. 清刻本 677A 723 852S
9. 清抄本 1 3 289 308A 572 651

04086 06629 **松峰说疫**六卷 1786
附备用良方一卷
(清)刘奎(松峰、文甫)撰 刘秉锦(濯西)辑订
1. 清乾隆五十七年(1792)江宁五柳堂刻本 3 270 279 289 590 731 734 831
2. 清乾隆五十七年(1792)江宁五柳堂刻嘉庆四年(1799)印本 139 280 281A 308A 412A 475A 491 572 664 731 738 907C
3. 清道光二十年(1840)刻瘟疫论类编松峰说疫本 1 277 664
4. 清咸丰十年(1860)滕邑杨成章佛山镇近文堂刻瘟疫论类编松峰说疫本 1 139 280 541
5. 清聚锦堂刻瘟疫论类编松峰说疫本 450B
6. 清刻本 3 139A 203 251 277 279 280 287(存卷五、六) 301 308A 351 361 364A 366 367 393 412A 412B 433A 435 491 514A 529B 541 570 590 664 677A 706 734 738A 740A 799A 851 907C 907C(缺卷一) 917A 921 926A
7. 日本抄本 462
8. 见说疫全书
9. 见瘟疫论类编松峰说疫

04087 06630 **瘟疫论类编**五卷 1789
又名增补瘟疫论
(明)吴有性(又可)原撰 (清)刘奎(松峰、文甫)编
1. 清乾隆五十七年(1792)江宁五柳堂刻嘉庆四年(1799)印本 7 139A 270 308 351 461 491 511 529A 572 589 664 728A 731 738 738B
2. 日本享和三年(1803)书林小仓氏刻本 3 7 139 475A 476 511 541 590 664 701 940
3. 清道光二十年(1840)三让堂刻瘟疫论类编松峰说疫本 202 251 277 288 301 308A 476 491 590 664 831 839A
4. 清道光二十年(1840)三让堂刻宝庆仁记书局印瘟疫论类编松峰说疫本 1 2 308A 351 590 677A 799 926A
5. 清咸丰五年(1855)敦厚堂刻说疫全书本 1 202 308A 677A 799A 851 871
6. 清咸丰十年(1860)滕邑杨成章佛山镇近文堂刻瘟疫论类编松峰说疫本 277 279 289 475A 529B 589 590 664 677A 738B 740A 740B
7. 清光绪十七年(1891)善成堂刻说疫全书本(题增补瘟疫论) 203
8. 清羊城大文堂刻本 1 2

9. 清羊城味经堂刻本　709
10. 清聚锦堂刻瘟疫论类编松峰说疫本　839A（存卷一、二）
11. 清刻本　1　2　364A　414　590　705　736A　741　907C
12. 清抄本　279
13. 见说疫全书
14. 见瘟疫论类编松峰说疫

04088
06631
瘟疫论类编五卷　［1790］
松峰说疫六卷
附备用良方一卷
（清）刘奎（松峰、文甫）撰
1. 清乾隆五十七年（1792）江宁五柳堂刻本　1　280　709　734　852
2. 清乾隆五十七年（1792）江宁五柳堂刻嘉庆四年（1799）印本　139　361　529A　651
3. 清道光二十年（1840）三让堂刻本　2　139　186　288　289　896A
4. 清道光二十年（1840）三让堂刻宝庆仁记书局印本　351　381　800
5. 清道光二十年（1840）三泰堂刻本　514A　738B
6. 清咸丰十年（1860）滕邑杨成章佛山镇近文堂刻本　385　514A　738B　926A
7. 清聚锦堂刻本　590

04089
06632
说疫全书十五卷　［1790］
又名疫痧二症合编
编者佚名
子目：
（1）瘟疫论类编五卷　（清）刘奎编
（2）松峰说疫六卷　（清）刘奎撰
（3）痧胀玉衡四卷　（清）郭志邃撰
1. 清道光二十六年（1846）广安九皇宫刻本　203　280　289　301　308A　361　412B　432　450　475A　491　514A　651　728A　734　799A　800　839A　852A　871　907C　926A
2. 清咸丰五年（1855）敦厚堂刻本　308A　875（存二种）　926A
3. 清光绪十七年（1891）善成堂刻本（题疫痧二症合编）　1（存第一种）　139　186　203　279　286　288　381　385　396　728A　799A　851

4. 清刻本　203　279　289　707　733A　901　907C

04090
06633
温证羊毛论一卷　1795
又名羊毛瘟论
（清）随霖（万宁）撰
清乾隆六十年（1795）江宁顾晴崖局刻本　139　590（残）　738

04091
06634
慈航集四卷　1799
又名三元普济方
（清）王勋（于圣）撰
1. 清嘉庆四年（1799）敦行堂刻本　2　139　139A　251　270　541　570　572　590　738A　799A
2. 清同治九年（1870）蒋联璧抄本　308A
3. 清光绪十一年（1885）钱塘吴文祐刻本　139　202　280　289　521　541　590　707　733　734　852
4. 清光绪十六年（1890）广百宋斋石印本（二卷卷首一卷）　2　139A　152　279　289　541　589　590　651　664　709　710　738B
5. 抄本　139　590

04092
06635
辨疫琐言一卷　1800
附李翁医论二卷
（清）李炳（振声、西垣）传　焦循（理堂）编
1. 清嘉庆十一年（1806）刻本　579
2. 见瘟疫传症汇编（附录）

04093
06636
辨瘟疫论二卷　1800
（日）源惟和撰
日本文政九年（1826）抄本　139

04094
06637
瘟疫条辨摘要二卷　［1811］
又名寒温条辨摘要
（清）陈良佐（三锡、患山、锡山）　杨璿（栗山、玉衡）原撰　吕田（砚平、心斋、春圃）编
1. 清道光四年（1824）山西曲沃裴念谟慎术堂刻本　1　139　202
2. 清咸丰七年（1857）唐安刻光绪二十年（1894）袁祥庵印本　139　839A
3. 清咸丰九年（1859）燕山宋光祚中州刻本（不分卷）　1　139　203　475A
4. 清同治元年（1862）陕西韩城师长怡刻本（不分卷）　1　664

5. 清咸丰九年（1859）燕山宋光祚中州刻同治七年（1868）开封朱聚文斋印本 279 363 664 728A 901 907C 911
6. 清咸丰九年（1859）燕山宋光祚中州刻同治十年（1871）愿学堂印本 1 186 277（残） 279 286 308A 351 361 412A 514A 911 917A
7. 清同治十二年（1873）三原刘述荆堂刻本 412A 412B
8. 清光绪十一年（1885）李士彬温州府署博古斋刻本 277 279 391 412A 491 514A 541 664 706 731 737 738A 839A 951
9. 清光绪十二年（1886）常德府善堂刻本 3 799A 831 926A
10. 清光绪十五年（1889）浙江书局刻本（附风温简便方一卷、铁扇散药方一卷） 1 8 139 186 251 282 363 366 385A 412A 475A 514A 521 529A 541 570 579 589 590 604 651 664 677A 731 734A 735 736B 737 738A 738B 740C 852 854 891 896A 901 907C 915 939 940 951
11. 清光绪二十二年（1896）潮州张孝友堂木活字印本 21 412A 931
12. 清光绪二十六年（1900）厦门王崎顶倍文斋铅印本 911
13. 清光绪三十年（1904）京都恽毓鼎刻本（附论温热治法） 1 301 308A 514A 712 728A 731
14. 清宣统三年（1911）严裕庄金城刻本 412B 421 733A
15. 清刻本 139 277 279 734A 736B 737A 781
16. 抄本 362 738

04095
06638 **伤寒温疫抉要**五卷 1817
（清）蔡贻绩（乃庵）编
1. 清道光三年（1823）广东花县骆浩泉翰墨园刻医学四要本 139 279（存卷五） 491 737 839A 939
2. 见医学四要

04096
06639 **杂疫证治**二卷 1820
又名杂疫奇方
（清）刘奎（松峰、文甫）原撰 刘一明（悟元山人、悟元子、素朴子、被褐散人）编
1. 清嘉庆二十五年（1820）棲云山刘一明刻痧胀全书本 421
2. 清咸丰九年（1859）西安党氏刻本 401 434 677A
3. 清道光五年（1825）昆明文锦斋刻字铺刻本（题杂疫奇方） 901
4. 清光绪二年（1876）谢维蕃山西学署刻本 139 286
5. 罗礼堂铅印本（不分卷） 1 139
6. 抄本 738B
7. 见良方汇订
8. 见痧胀全书

04097
06640 **疫病证治大略**一卷 ［1820］
（清）鲁璜（在田、怡然）撰
见伤寒传变大略（附录）

04098
00000 **温疫论解**四卷首一卷 ［1821］
（日）泰山雾隐撰
日本文政四年（1821）尚书堂堺屋仁兵卫刻本 139

04099
06641 **瘟疫合璧**二卷 1822
（明）吴有性（又可）原撰 （清）王嘉谟（梅园）辑订
1. 清道光四年（1824）蔚文堂刻本 361 852 926A
2. 清光绪四年（1878）刻本 907C
3. 清光绪五年（1879）刻本 139
4. 清光绪十三年（1887）尊古堂刻本 3 186 202 308A 381 491 728A 799A
5. 清光绪三十四年（1908）重庆会文堂刻本 852 852B

04100
12139 **东阳医贯**二卷 1822
（清）周正彩撰
清道光二年（1822）抄本 851

04101
06642 **瘟疫辑略**三卷 1828
（清）李宾门（楚南白云、山樵）编
清道光八年（1828）蟠根别墅刻本 139

04102
06643 **瘟疫汇编**十六卷 1828
（清）汪期莲（梅轩）编
1. 清道光八年（1828）旌阳汪期莲培芝堂自刻本 1 3 139 186 202 251 277（残） 288 289 385 461 572 706

731 738B 831 851
2. 清光绪九年(1883)永川万氏两仪书院刻本 852
3. 清刻本 939
4. 抄本 139 514A

04103 06645 **瘟疫论发挥**二卷 1836
(明)吴有性(又可)原撰 (日)小畑良卓(居敬、真隐)注
日本天保八年(1837)诗山堂刻本 139 589 590

04104 06646 **瘟疫编要**一卷 [1837]
(清)何其伟(韦人、书田、竹竿山人)编
清抄本 701

04105 06647 **寒疫论**一卷 1840
(清)邹汉璜(仲辰、稼江)撰
1. 清光绪二十八年(1902)新化邹氏刻本 475A 781 799A
2. 抄本 590
3. 见邹氏纯懿庐集

04106 06648 **温疫论私评**二卷 1847
(明)吴有性(又可)撰 (日)秋吉质文卿氏评
日本嘉永二年(1849)书林出云寺文治郎等刻本 7 139 139A 831

04107 06653 **吴又可温疫论节要**不分卷 [1847]
(明)吴有性(又可)原撰 (清)潘道根(确潜、晚香、徐村老农、梅心老农、饭香老人)辑订
清道光二十七年(1847)稿本 541

04108 00000 **怪疫补编**一卷 1850
(清)文晟(叔来)
清同治四年(1865)萍乡文晟延庆堂刻本 443

04109 06649 **伤寒瘟疫考**一卷 1852
(日)雨森宗信(年美)撰
日本稿本 590

04110 05605 **醒医秘集录**一卷 1854
(明)吴有性(又可)原撰 佚名辑订
清咸丰四年(1854)刻本 1

04111 06650 **温疫论辨义**四卷 1856
又名瘟疫论辨义全集
(清)杨尧章(芝樵)撰
1. 清咸丰六年(1856)湖南文蔚堂初刻本 1 3 139 279 286 475A 590 831 839A 901 940
2. 清光绪九年(1883)刻本 2 139 279 476 651 738B

04112 00000 **救疫良方**一卷 1857
(清)宋炘如编
清咸丰七年(1857)濑江宋静山刻本 289

04113 06652 **温疫编诀摘要**一卷 1858
(清)何昌福(平子、泉卿)编 何鸿舫(长治、补之、横柳病鸿)校注 何运亭录订
清何履亭抄本 139

04114 06831 **治瘟编**一卷**续编**一卷 1859
附警医纪事一卷
(日)浅田惟常(栗园、宗伯)撰
1. 日本安政六年(1859)勿误药室刻本 3 7 361 462 590
2. 日本安政六年(1859)勿误药室刻明治十三年(1880)印本 139 462 651 677A

04115 06654 **温疫编诀**一卷 1860
附吊脚痧方论一卷
(清)何其伟(韦人、书田、竹竿山人)编 严钰峰注
抄本 590

04116 06656 **温疫论集览**四卷 1861
(明)吴有性(又可)原撰 (日)源显美君业辑注 源乐美君安标注
日本庆应元年(1865)纪律学院刻本 139

04117 06657 **寒疫合编歌括**四卷 1862
又名寒疫合编
(清)王光甸(春田、半憨山人)编
1. 清同治二年(1863)四川什邡乐善公所刻本 186 280 289 381 401 412A 491 852 852B 907C
2. 清光绪二十二年(1896)崇善堂刻本 361 740J(存卷二) 852

04118 06844 **天行厥病论**一卷 1862
(日)谏山秩(平甫)撰
日本明治二十六年(1893)日本碧桃书屋铅印本 139

04119 06658 **广温热论**四卷**附方**一卷 [1866]
(清)戴天章(麟郊、北山)撰 陆懋修(九芝、勉旃、江左下工、林屋山人)删订
1. 清光绪三十四年(1908)冯汝玖抄本 1

2. 见世补斋医书

04120 06679 **张九苍增补李芝岩先生瘟疫三方**一卷 1869
又名瘟疫三方、风温验方、风瘟验方
（清）李芝岩撰 张九苍增补 洪贞颐（蕉雨）辑
1. 清同治八年（1869）古歙洪贞颐刻本 308A
2. 清光绪二十六年（1900）山东抚署铅印本 308A 541 651
3. 清宣统三年（1911）涿鹿果树人济南镂云斋刻本 308A
4. 清末邓崇文斋刻本 139 854 891

04121 06660 **羊毛瘟疫新论**一卷 1871
（清）刘文范（目汀）撰
1. 清同治十年（1871）澥阳周诚秀水殷锡纯刻本 301 664 713
2. 清同治十年（1871）澥阳周诚秀水殷锡纯刻铜陵和悦洲大生堂印本 728A 831

04122 06661 **温热病杂证类方**一卷 1874
附温热病后编瘟疫病
（清）味清氏（抚松隐者）述
1. 清光绪二十六年（1900）味清氏春晖书屋戒热斋铅印本 139
2. 见医学索源

04123 06662 **温疫析疑**四卷 1878
（清）唐毓厚（载庭、静研）撰
1. 清光绪九年（1883）意解山房刻本 1 2 139 139A 152 186 202 203 251 277 279 280 288 289 475A 491 514A 572 590 734 926A
2. 抄本 186 393

04124 06663 **时症痧症喉症经验神方**一卷 1880
著者佚名 （清）政卿氏（贺兰山人）校订
清光绪六年（1880）留余堂刻本 139

04125 06403 **辨证治瘟速效**二卷 [1880]
又名治瘟速效
（明）吴有性（又可） （清）刘奎（松峰、文甫）原撰 清太医院辑订
1. 清光绪六年（1880）云路场武庙刻本 3 475A
2. 清光绪二十一年（1895）宾城邹朗轩刻本 728A 852

04126 06664 **（韩凌霄）瘟痧要编**四卷 1881
又名经验瘟痧新编
（清）韩凌霄撰
1. 清光绪七年（1881）保定永盛京报局刻本 2 3 21 139 139A 186 270 277 286 288 385 476 511 728A
2. 清宣统三年（1911）铅印本（题经验瘟痧新编二卷） 279 289 391 511 590（存卷一）

04127 06665 **天行汇说**一卷 1881
（日）冈田元矩（昌春）撰
日本明治十四年（1881）铅印本 139 589

04128 06666 **伤寒瘟疫论**一卷 1883
著者佚名
见医书四种

04129 00000 **伤寒瘟疫三字经**一卷 1886
附经络图一卷、脉穴图一卷
著者佚名
清光绪十二年（1886）敏德堂刻本 4

04130 06667 **温症瘢疹辨证**一卷 1888
（清）许汝楫（济川）撰
1. 清光绪十四年（1888）刻本 1 3 139 139A 203 251 277 279 288 301 435 461 476 491 590 651 734 738 907C
2. 清光绪十四年（1888）刻十五年（1889）马德春印本 139
3. 清光绪十八年（1892）北京翰文斋刻本 7 186 202 728A 734
4. 清宣统二年（1910）北京京华书局铅印本 2 139 286 590 911
5. 清抄本 139 277
6. 见治瘟提要温症斑疹辨证

04131 06668 **张仲景温疫论**一卷 1888
又名伤寒杂症论合编、杂病论辑逸
（清）汪宗沂（仲伊）编
1. 稿本 139
2. 清光绪十四年（1888）刻本 1（残） 139 186 511 541 590 677A 728A 738
3. 清光绪十九年（1893）连文仲抄本 139

04132 06669 **伤寒瘟疫条辨眉批**六卷 [1888]
（清）杨璿（栗山、玉衡）原撰 李盛卿（彰五、肄灵素凡吏）批校
清光绪十五年（1889）历城周兆庆刻本 139 590 746A 901 940

04133 **治瘟提要**一卷 ［1889］
00000 **温症斑疹辨证**一卷
（清）曹华峰（文远）编 许汝楫（济川）撰
清光绪十五年（1889）文集堂刻本 361

04134 **治瘟提要速效合编**一卷 1890
06670 又名治瘟提要、温病提要
（清）曹华峰（文远）撰
1. 清光绪四年（1878）京都吕祖阁刻本（题治瘟提要） 461
2. 清光绪十六年（1890）荣昌城东岳庙刻本 738A 854
3. 见温病提要咽喉脉症合刻
4. 见治瘟提要温症斑疹辨证

04135 **治温提要续刻**一卷 ［1890］
00000 （清）曹华峰（文远）撰
清光绪京都琉璃厂英华斋刻本 664

04136 **疫证治例**五卷 1891
06672 （清）朱增籍（兰台、太廓子）撰
清光绪十八年（1892）易知堂刻本 3 139 203 286 412A 461 541 831 839A 939 940

04137 **寒温条辨治疫汇编**一卷 1894
06673 （清）杨璿（栗山、玉衡）原撰 李朝栋（石樵）删编
清光绪二十年（1894）粤东润身社刻本 590 911 931 944 XA

04138 **治四时瘟疫症**一卷 1894
06674 著者佚名
清光绪二十年（1894）抄本 931

04139 **时疫救急十六方**一卷 1895
06675 著者佚名 （清）凌绂曾（初平） 毛承霖（稚云） 萧应椿辑订
清光绪二十一年（1895）刻本 590

04140 **救疫全生篇**二卷 1899
06676 又名瘟疫明辨主治方法
附脉理汇精
（清）梁玉池编
清光绪二十五年（1899）广西全县广益石印本 433A 514A 907B 921 922 939

04141 **温病二百三十七法汤头歌括**三卷 1899
06677 （清）叶谦辑
1. 清光绪二十五年（1899）叶氏种瓠草堂刻本 1 570 731
2. 抄本 579

04142 **时疫辨**四卷 1900
06678 （清）林庆铨（衡甫）编
1. 清光绪二十六年（1900）羊城筱龙园刻本 590 917A 940
2. 清光绪二十七年（1901）南海劳守慎广州宏经阁刻本（会劳守慎经验杂方一卷） 3 139 286 590 734A 931
3. 清光绪三十一年（1905）高城聚文堂刻本 1

04143 **瘟疫摘要**一卷 1900
06680 （清）济苍子编
1. 清光绪二十六年（1900）见道堂刻本 279 907C
2. 抄本 139

04144 **防疫良方**一卷 ［1900］
00000 **喉证症举要**一卷
著者佚名
清光绪二十六年（1900）陕甘总督刻本 363

04145 **济众录**三卷 1903
06682 （清）劳守慎（朗心）编
子目：
（1）恶核良方释疑一卷 （清）罗汝兰原辑 黎培兰增纂
（2）蛊胀脚气经验良方一卷 （清）劳守慎编
（3）纪慎斋易学求雨图说一卷 （清）纪慎斋撰
1. 清光绪三十二年（1906）南海劳守慎礼安堂广州刻本 9 139 186 202 277 279 286 287 288 301 302 308A 353 401 461 491 590 731 738B 740B 839A 907C 940
2. 清光绪三十二年（1906）南海劳守慎礼安堂广州刻云泉仙馆安怀堂印本 1 896A 931

04146 **辨证求真**不分卷 1905
00000 （清）梁龙章（达樵）撰
清光绪三十二年（1906）广州维新印务局铅印本 931

04147 **增补瘟疫论**二卷 ［1906］
06684 （明）吴有性（又可）原撰 （清）丁国瑞（子良）增补
清光绪三十二年（1906）天津大公报馆铅印竹园丛书本 2 139A 251 277 279

461

04148 **瘟疫捷径**二卷 ［1908］
00000 （清）王寿君撰
见医学捷径（王寿君集）

04149 **时疫核标蛇症治法**一卷 1909
06685 附经验良方
（清）李守中编
清宣统元年（1909）羊城澄天阁石印本 931 944

04150 **防疫刍言**一卷 ［1909］
00000 （清）何恩煌（润生）撰
清光绪丹阳何恩煌木活字印本 738B

04151 **温瘟证治**一卷 ［1909］
00000 （清）王景煦撰
清宣统元年（1909）抄本 289

04152 **瘟疫辨证治要**一卷 ［1910］
06689 （清）杨德九等撰
见鼠疫抉微（附录）

04153 **疫证集说**四卷 1911
06690 附补遗一卷
（清）余德埙（伯陶）撰
清宣统三年（1911）素庵铅印本 1 139 139A 279 280 289 393 412B 450A 461 514A 541 590 664 677A 701 706 709 712 728A 731 738 738A 738B 839A 896A 907C 917A 926A 939

04154 **防疫刍言**一卷 1911
06692 附救疫速效良法、针刺图说、拈痧刮痧图说、经验良方
（清）曹廷杰（彝卿）撰
清宣统三年（1911）吉林印书馆铅印本 139A 186 514A 651 907C

04155 **瘟疫病**一卷 1911
06693 （清）王趾周撰
抄本 277

04156 **伤寒温疫诸方**一卷 ［1911］
06695 著者佚名
抄本 139A

04157 **温疫**二卷 ［1911］
00000 附温疫正误一卷
著者佚名
清抄本 139

8.1.2.2 疟疾

04158 **瘴疟指南**二卷 1609
06729 （明）郑全望（灵渚）撰
1. 清同治元年（1862）汲古轩刻本 3 677A
2. 抄本 911

04159 **（张氏）治疟必喻**二卷 ［1628］
06730 （明）张介宾（景岳、会卿、通一子）原撰 （日）藤井见隆训点
日本享保十四年（1729）植村藤次郎京师书坊玉枝轩刻本 572 590

04160 **痎疟论疏**一卷 1647
06731 **痎疟疏方**一卷
又名芷园素社痎疟论疏
（明）卢之颐（子繇、繇生、晋公）撰
1. 清顺治四年（1647）钱塘卢之颐月枢阁刻本 139
2. 清乾隆三十二年（1767）钱塘王琦刻宝笏楼汇印医林指月本 2 3 251 277 366 412A 491 710
3. 清乾隆五十一年（1786）刻本 270
4. 清光绪四年（1878）丁氏当归草堂刻当归草堂医学丛书初编本 2 21 279 308A 475A 521 529 541 664 714 728A 731 873 907C
5. 清光绪二十二年（1896）上海图书集成印书局铅印医林指月本 139 728A 871
6. 清刻本 541 590 940 942B
7. 清抄本 286
8. 见医林指月
9. 见四库全书
10. 见当归草堂医学丛书初编
11. 见古今医学会通
12. 见中西医学群书
13. 见中西医学劝读十二种

04161 **治疟奇方妙论**一卷 ［1662］
00000 （清）倪宗贤（涵初）撰
清光绪二十一年（1895）刻本 361

04162 **治疟痢屡验奇方**一卷 ［1662］
06733 （清）倪涵初（宗贤）撰
1. 清岭南许应铼刻本 541 590

2. 清南昌翰墨居刻本 741

04163 06734 **疟疾神效良方**一卷 [1662]
(清)倪涵初(宗贤)撰
清同治敦善堂刻本 277

04164 06736 **浙东倪涵初先生治疟三方**一卷 [1662]
(清)倪宗贤(涵初)撰
清光绪四年(1878)八咏楼刻本 716 731

04165 06740 **疟疾审病定经**一卷 1759
著者佚名
淇园医室抄本 139

04166 06750 **薛一瓢疟论**一卷 1831
(清)薛雪(生白、一瓢)撰
抄本 590

04167 06753 **医中一得**一卷 1854
又名瘴疟浅说
(清)顾仪卿(文山)撰
清咸丰四年(1854)刻本 277 664 701

04168 06763 **疟痢吐血三证指南方论**三卷 1857
又名三证指南
(清)倪宗贤(涵初) 王习九(涢川)原撰 李光寅(春园) 徐廷瑜(西崖) 何克明(朗轩)辑
清光绪二十年(1894)绩溪老渔刻本 139 541 590 739 781 907C 944

04169 06757 **疟痢成法**一卷 1882
附白喉辨症一卷
(清)王裕庆(祉庭)撰
1. 清光绪八年(1882)金陵一得斋刻本 186 741
2. 清光绪十五年(1889)红杏山房刻本 651

04170 06759 **疟痢财灵方**一卷 1885
(清)学古居士编
清光绪十一年(1885)檇李杉青堰太白祠刻本 541 731

04171 06765 **疟疾论**三卷 1897
又名疟痢自疗法
(清)韩善徵(止轩)撰
1. 清光绪二十三年(1897)上海知止轩石印本 475A 590 738B 739B 799A 854 922
2. 清光绪三十三年(1907)巴蜀善成堂刻陈修园医书四十八种本 351 852 852F
3. 清抄本 287
4. 见陈修园医书三十二、三十六、四十、四十八、五十、七十种
5. 见韩氏医书六种

04172 06770 **疟痢中风秘要**不分卷 1911
(清)金清桂(兰升、石如、冬青老人)撰
清宣统三年(1911)张雄喜抄本 590

04173 06775 **疟疾**一卷 [1911]
(清)王趾周撰
抄本 393

04174 06796 **治疟痢方**一卷 [1911]
著者佚名
清刻本 733B 931

8.1.2.3 痢疾

04175 06732 **痢疟奇方**一卷 1662
又名痢疟良方、经验痢疟良方、倪涵初先生治疟痢良方、倪涵初疟痢三方、疟痢良方、疟痢神方
(清)倪涵初(宗贤)撰
1. 清乾隆十八年(1753)刻本(题痢疟奇方) 710
2. 清道光九年(1829)山阴周维翰等刻本(题痢疟良方) 731
3. 清道光十五年(1835)山阴高骧云刻本(题痢疟良方) 139
4. 清道光十八年(1838)刻本 139A
5. 清咸丰五年(1855)昆明刻本 901
6. 清同治四年(1865)刻本 541
7. 清同治九年(1870)刻本(题倪涵初先生治疟痢良方) 277 541
8. 清同治十三年(1874)松心堂刻本(题疟痢三方) 701 781 781(附胎产奇方) 859
9. 清光绪十六年(1890)吴中陶氏刻本(题重刊痢疾奇方) 139 701
10. 清光绪二十年(1894)黟山程乐生刻本(题经验痢疾良方) 728A
11. 清光绪二十一年(1895)月湖童氏刻本(题倪涵初先生治疟三方二卷,附一卷) 733
12. 清锦书堂刻本 590
13. 清木活字印本(题倪涵初先生治疟痢神

方，附治慢惊风心得神方一卷） 731
14. 清江西文魁阁刻本 781
15. 清苏州临顿路书店刻本 590
16. 清刻本 541 734A（题倪涵初疟痢三方）
17. 抄本 590
18. 见济世专门编

04176/06735 **治痢奇方妙论**一卷 [1662]
（清）倪宗贤（涵初）撰
1. 清道光二十五年（1845）崇德堂刻本 1 731
2. 见万氏家藏女科治痢奇方妙论

04177/00000 **痢疾三方**一卷 [1662]
（清）倪涵初（宗贤）撰
1. 清光绪八年（1882）耒阳县署刻本 736B
2. 见一草亭目科全书（版本附录）

04178/00000 **治痢百效方**一卷 [1662]
（清）倪宗贤（涵初）撰
清抄本 21

04179/00000 **治疟奇方**一卷 [1662]
（清）倪宗贤（涵初）撰
清同治二年（1863）刻本 728A

04180/06737 **痢疾别裁**一卷 1722
（清）陈治庵撰
抄本 139

04181/06738 **治痢经验**一卷 1746
附小儿纯阴论、小儿治痢要法
（日）加滕忠懿（懿之）撰
1. 日本延享三年（1746）皇都书铺玉枝轩刻本 3 511 677A
2. 见主笃庵医书四种

04182/06739 **痢疾论**四卷 1751
又名医门普度痢疾论、痢症大全、痢证定论大全
（清）孔毓礼（以立）撰
1. 清乾隆五十一年（1786）黎水陈元谦益堂刻医门普度本（附疫病篇林起龙论疫仿喻嘉言先生法律） 1 139 363 434 664 728A
2. 清道光二十七年（1847）耒阳陈馥星聚家塾刻本（附时疫白喉捷要一卷） 1 2 139 186 254 279 280 289 301 308A 361 382 412A 436 529A 570 590 651 664 677A 709 721 728A 799A 831 839A 871 896A 917A 921 931 939 940
3. 清咸丰七年（1857）荣邑谢时敏刻本 139
4. 清光绪九年（1883）敦厚堂刻本 186 270 461 839A 907C
5. 清光绪三十四年（1908）富兴堂刻本（题痢证定论大全） 186 289 852 871 907C
6. 清刻本 186 202 203 414 476 570 701 740A 740B 740C 742（存卷二、三） 831 940 942B
7. 见医门普度
8. 见韩氏医书六种

04183/06741 **痢证汇参**十卷补遗一卷 1773
（清）吴道源（本立）编
1. 清乾隆三十八年（1773）敦厚堂刻本 1 2 3 139 186 202 251 277 281A 289 361 391 401 431 433A 450A 511 529 541 570 579 589 590 651 664 677A 701 709 710 731 738A 738E 740C（存卷一、二） 839A 907C 926A
2. 清道光十六年（1836）戎州齐秉慧刻齐氏医书四种本 852 854（残） 891
3. 清光绪十七年（1891）三让堂刻本 21 139 202 288 435 521 664 728A 734A 926A
4. 清光绪十七年（1891）三让堂刻崇顺堂印本 907C
5. 清光绪十七年（1891）三让堂刻富记庄印本 381 412A 541 728A
6. 清宣统元年（1909）三元书局刻本 139 152 728B 735A 926A 940
7. 清宣统元年（1909）三元书局刻经纶堂印本 279 361 393 412A 514A 590 677A 709 799A 839A 891 907C
8. 清刻本 21 140 279 361 381 383 412B 521 664 743（存卷二至五） 871 940 942B 951
9. 抄本 139 202 651
10. 见齐氏医书四种

04184/06742 **痢疟纂要**八卷 1775
（清）熊立品（圣臣、松园老人）编

见瘟疫传症汇编

04185 06743 **熊氏痢症**一卷 1795

又名治痢津梁

附杨氏喉科

（清）熊家骥（兰亭）等撰

1. 清同治元年（1862）清江杨观成堂刻本 139
2. 清光绪二十八年（1902）樟镇杜心鸿刻寿世良方本 139
3. 清光绪三十四年（1908）江右临金邑乐善居士刻本（题治痢津梁） 831
4. 见寿世良方（附录，熊家骥撰）

04186 06744 **痢疾效方**一卷 1795

附疠风治效歌、痢疾特启论

（清）李美村 熊家骥（兰亭）等撰

清宣统三年（1911）陇西堂养心习静轩刻本 590

04187 06746 **痢症特征论**一卷 ［1795］

（清）熊家骥（兰亭）等撰

1. 清同治十三年（1874）西昌曾树德刻本 139
2. 见医学同源

04188 06747 **痢症秘诀要略**一卷 1805

（清）周文宁（尔皇）纂述 吴开育（舒斋）删补

清抄本 590

04189 06748 **治痢金丹**八卷 ［1808］

附治痢金丹方二卷

（清）沈汉澄（复斋、九锁山人）撰

清嘉庆十三年（1808）养心堂刻本 476（存卷六至八、治痢金丹方二卷） 839A 940（缺卷六至八）

04190 06751 **痢疾明辨**一卷 1857

又名折肱心悟明辨

（清）吴士瑛（甫恬、壶芦山人、子虚子）撰

1. 清沙绮樵抄本 709（题折肱心悟明辨）
2. 甘济群抄本 279
3. 抄本 475A

04191 06752 **虎狼痢治准**一卷 1858

（日）绪方惟章（公裁、洪庵）译述

日本安政五年（1858）适适斋刻本 475A

04192 06755 **痢症探源**一卷 1876

附喉风症、痧症、疯犬方

（清）刘莹（次瑚、完石、喜城道人）编

清光绪二年（1876）潼川会文堂刻本 279 907C

04193 06758 **痢症三字诀**一卷 1884

（清）唐宗海（容川）撰

1. 清光绪二十三年（1897）石印本 922
2. 见陈修园医书三十二、四十、四十八、五十、七十种
3. 见三字经合编

04194 06760 **泄痢全生**十二卷 1887

（清）安濂（海卿）撰

清光绪十四年（1888）星沙安濂自刻本 139

04195 06761 **橄榄治痢奇验方**不分卷 1888

（清）陈熊（采臣）传

清光绪十九年（1893）杭州刻本 391 541 590 731

04196 06762 **痢门絜纲**一卷 1890

（清）李荣达撰

清光绪十六年（1890）琴城徐寅生堂刻本 741

04197 06766 **痢疾论**四卷 1897

（清）韩善徵（止轩）撰

见韩氏医书六种

04198 06767 **治痢捷要新书**一卷 1898

（清）丁国瑞（子良）编

1. 清光绪二十四年（1898）紫气堂石印本 139A
2. 抄本 541

04199 06768 **治痢丛谈**一卷 1910

（清）唐济树 邹希浩合撰

清宣统二年（1910）新华机器公司铅印本 940

04200 06769 **痢症阐微**一卷 1911

著者佚名

见积善小补堂汇刻医书

04201 06773 **痢疾泄泻杂抄**一卷 ［1911］

又名秋季痢疾

（清）谢鹤洲编

谢正常抄本 907C

04202 06774 **痢疾论丛**不分卷 ［1911］

（清）冯兆张（楚瞻）等撰 辑者佚名

抄本 590

8.1.2.4 痧症

04203 **痧胀玉衡书**三卷卷末一卷 1674
06799 又名痧胀玉衡、痧胀玉衡全书
(清)郭志邃(右陶)撰
1. 清康熙十四年(1675)刻本(无卷末) 152 202 939
2. 清康熙十四年(1675)刻十七年(1678)姑苏吴氏增刻本 432 907C
3. 清康熙十四年(1675)刻十七年(1678)姑苏吴氏增刻扬州有义堂重修本 1 3 21 139 202 251 277 279 280 362 381 385 391 412A 417 421 461 475A 491 514A 529 529A 541 570 590 664 651 701 709 710(存卷一、二) 712 731 733 734 737 737A 831 839A 896A 907B 907C 922 926A 940
4. 日本享保九年(1724)大川小岛元璞刻江户书肆竹田藤助印本 139 202
5. 日本享保九年(1724)大川小岛元璞刻皇都书肆尚书堂尚德堂尚友堂印本 7 308A 541 706 800 940
6. 日本享保九年(1724)大川小岛元璞刻京都书肆印本 476 511 939 942B TA
7. 清道光二十六年(1846)广安九皇宫刻说疫全书本 651 799A 839A 871
8. 清道光间海陵陆箎泉东书业刻本 139 301 361 590 702 728A 734A 738 738B 739A
9. 清道光间海陵陆箎泉东书业刻苏州绿荫堂印本 139 279 514A 651 921
10. 清道光间海陵陆箎泉东书业刻扫叶山房印本 3 139 301(存卷三) 412A 664 917A
11. 清道光间海陵陆箎泉东书业刻上海江左书林重修本 361 476 514B 940
12. 清咸丰十一年(1861)古华樵人抄本 831
13. 清同治十三年(1874)古沙阳孔国玉刻本(附晰微补化穴图、救急丹) 412A 664 852A
14. 清光绪十七年(1891)善成堂刻说疫全书本 308 381 412A 799A
15. 清光绪三十年(1904)泸州宏道堂刻本 852B
16. 清宣统三年(1911)广东穗雅堂铅印本 940
17. 清末毓贤堂刻本 139 735A
18. 清末毓贤堂刻宁郡大酉山房印本 139 412A 570 734 738B
19. 清末姑苏刻本(题秘传痧胀玉衡全书) 301 385 412B
20. 清刻本 139 140 185 202 203 279 289(存卷二) 306 391 396 410A 443 475A 491 570 677A 702 721 733 736A 907C 922
21. 清抄本 139A 303 541
22. 见说疫全书
23. 见三余堂丛刻

04204 **(秘授)治痧要略**一卷 [1675]
06824 (清)欧阳调律辑著
1. 清咸丰二年(1852)苍溪管颂声刻痧法备旨本 713
2. 清光绪元年(1875)刻痧法备旨本 286
3. 见痧法备旨

04205 **痧症全书**三卷 1686
06802 又名痧书
(清)林森(药樵)传授 王凯(伟仙、养吾)编
1. 清嘉庆三年(1798)泰兴耕道堂刻本(书口题痧书) 1 280 301 475A 541 590
2. 清道光元年(1821)杭城郁文斋刻本 203 475A 664 714 734A
3. 清道光二年(1822)上海三槐堂刻本 728A
4. 清道光二年(1822)福建盐运使司刻本(书口题痧书) 139 401 664 852E
5. 清道光三年(1823)刻本(附疫痧论一卷) 401 737(存二卷) 907C 911
6. 清道光五年(1825)山东历下花寿山刻本 1 21 279 301 302 308A 664 738
7. 清道光五年(1825)永昌陈重刻本 2 21 139 186 279 302 308A 351 435 491 541 851 852 901

8. 清道光六年（1826）杭州陈兰阶刻本 289 737 738A
9. 清道光二十年（1840）上海世业堂刻本 541
10. 清咸丰七年（1857）、同治元年（1862）广州海山仙馆刻验方新编十六卷本 2 203 280（存卷下） 305 385A 401 664 891 896A 931
11. 清同治三年（1864）长白毓清刻验方新编十六卷本 139 715 831
12. 清同治六年（1867）刻本 305
13. 清同治七年（1868）刻本 288 701
14. 清同治九年（1870）刻本 139 351 701 734 839A
15. 清同治十二年（1873）俞敬义堂刻本 1 651
16. 清同治十三年（1874）河南藩库厅官署刻本 664
17. 清同治十三年（1874）湖南宏道堂刻验方新编十六卷本 412A
18. 清光绪元年（1875）长白绍葛氏刻验方新编十六卷本 701 714
19. 清光绪二年（1876）中湘王文德书坊刻本（附痧疫论一卷） 2 3 21 139 139A 203 289 308A 361（存二卷） 412A 432 461 541 738A 907C 921 926A 931 940
20. 清光绪三年（1877）家塾刻本（附疫痧论一卷） 279 288
21. 清光绪四年（1878）上洋大魁桢记刻验方新编十六卷本 736
22. 清光绪四年（1878）都门慈幼堂刻本 1 139 203 254 289 361 393 412A 461 541 651 664 677A 709 731 738 871
23. 清光绪五年（1879）经德堂刻本 412B 475A
24. 清光绪八年（1882）渝城尊古堂刻验方新编十六卷本 570 852B
25. 清光绪九年（1883）合肥味古斋刻本 706
26. 清光绪九年（1883）山西太原濬文书局刻验方新编十六卷本 3 288 306
27. 清光绪十二年（1886）云南财政厅刻本 381 799A 896A 901 907B
28. 清光绪二十一年（1895）学库山房刻本 289
29. 清光绪二十二年（1896）合肥吴渭泉东安官廨刻本 940
30. 清光绪二十七年（1901）同文俊记石印验方新编十六卷本 709
31. 清刻本 139 185 411 651 677A 701 734A 740A 740B 740C 743 831 931
32. 清抄本 2（残） 7 286 412B 664 701
33. 见注穴痧症验方等四种
34. 见验方新编八卷（版本附录）
35. 见验方新编十六卷（版本附录）
36. 见潘刻医书四种

04206
06803 **晰微补化全书**二卷补遗一卷 ［1687］

又名痧胀全书、痧症全书、痧科

附附录一卷、孳善堂药言一卷、刍言一卷

（清）林森（药樵）传 王凯（伟仙、养吾）编

1. 清康熙二十六年（1687）昆陵王凯振古堂刻本（扉页题痧胀全书） 2 251 270 277 461 541
2. 清嘉庆六年（1801）邹裕果抄本（题痧科） 139
3. 清咸丰十年（1860）应城李家鳌等刻本（原题郭镳撰、王魁仑传） 139 186 308A 590 664 781
4. 清同治十年（1871）平江陈懋德刻本（扉页题痧症全书） 1 2 279 351 541
5. 清光绪元年（1875）许漱润斋刻本 590
6. 见痧胀全书
7. 见临证经验录

04207
06801 **治痧要略**二卷 1700

又名蓼庄参订治痧要略

（清）郭志邃（右陶）原撰 朱蓼庄辑订 李菩（东白、梅山）编

1. 清康熙雪鸿堂刻本 1
2. 日本文化六年（1809）刻本 511
3. 清道光元年（1821）丁得天刻本（一卷） 579
4. 抄本 579 590（原题徐德铨撰） 737

04208
00000 **沙证九种**二卷 1722

（清）郭志邃（右陶）原撰 平照神（知有、知有道人）增订

清初抄本 701

04209 **痧疹一得**二卷 1732
06618 又名萧霆先生痧疹一得、瘟疫全书痧疹一得
(清)萧霆(健恒)撰 萧翥(学光)订
1. 清咸丰二年(1852)昆山潘道根抄本 590(巢念修旧藏)
2. 清光绪十三年(1887)周柏寿抄本(题瘟疫全书痧疹一得) 907C

04210 **治痧全编**二卷 1821
06800 (清)郭志邃(右陶)原撰 高杲(亭午)增订
1. 清道光元年(1821)慈余堂木活字印本 139
2. 清光绪三十三年(1907)上海时中书局铅印本 139A 286 443 677A 734A 896A
3. 清宣统元年(1909)重庆中西书局石印石 852B
4. 见普济内外全书(附录)

04211 **痧胀源流**一卷 1821
06804 原题(清)沈金鳌(芊绿、汲门、尊生老人)编 (清)王凯(伟仙、养吾)撰
1. 清道光二十一年(1841)刘东初三省堂刻本 279 401 590 664
2. 清咸丰四年(1854)来鹿堂刻本 361 431 529A

04212 **痧症发微**二卷 1821
06807 附张氏医通翻痧一卷、经验良方一卷
(清)郭志邃(右陶)原撰 朱蓼庄订 李菩(东白、梅山)编 马传和辑
1. 清道光二十五年(1845)会稽马传和刻本 1 139 139A
2. 清咸丰九年(1859)会稽马百祥玉燕堂刻本 363 364A 731 839A
3. 清咸丰十年(1860)河南信阳州署刻本 412A
4. 清同治十二年(1873)刻本 279
5. 清宣统元年(1909)汉口广艺兴公司石印本 541 701
6. 见痧疗济急合编

04213 **痧症指微**一卷 1821
06808 又名痧症针刺法、痧证指微、痧症指微秘书、痧症指掌
(清释)普净撰 邱天序辑
1. 清道光四年(1824)杨普希刻本(二卷) 251
2. 清道光二十五年(1845)江苏阳湖筠山周国瑞刻本(题痧症针刺法,附铜人针灸经一卷、刮治法一卷、牙痛仙方一卷) 734
3. 清道光抄本 1 664
4. 清咸丰二年(1852)锡山顾文山刻本 491 651
5. 清同治十年(1871)常郡文玉斋刻本 590 664 731
6. 清同治十二年(1873)绍兴刻本 279
7. 清光绪六年(1880)刻本(题痧证指微) 139 728A
8. 清光绪十二年(1886)苏城徐元圃无锡许世德堂刻本 2 139 277 475A 651 710 733 738A
9. 清光绪十三年(1887)江西鸿文斋刻本 721 741 850
10. 清光绪二十二年(1896)镇江文成堂刻本(题马培之评痧症指微,卷端、目录题痧证指微) 728A 839A 907C
11. 清光绪三十三年(1907)海左书局石印本(题增补痧证指微秘书) 541
12. 清光绪三十四年(1908)清江金声堂刻本 277 279 412A 450 514A 541 570 651 728A 738A 921 922
13. 清光绪刻本 139A 412B 541 590 738A
14. 清刻本 907C
15. 清水仓山房陈氏抄本(四卷) 734
16. 清抄本 541(题痧症指掌)
17. 邹峻山抄本 590
18. 见痧症指微吊脚痧方合刻
19. 见痧症汇要(附录)

04214 **痧症汇要**四卷 1821
06809 附痧症指微一卷
(清)郭志邃(右陶) 普净原撰 孙玘(鹤隄)编
1. 清道光二年(1822)太仓孙玘刻本 279 351 476 491 541 590 651
2. 清光绪五年(1879)虞阳强氏承恩堂刻本 1 139 139A(存三、四卷) 185 186 270 286 412A 493 514A 590 651 664 709 728A 731 799A 839A 896A 907C

04215 06810 **痧症燃犀照**二卷　1821
（清）王凯（伟仙、养吾）原撰　沈金鳌（芊绿、汲门、尊生老人）编　冯敬修（蒙滨）辑订
1. 清咸丰五年（1855）乐安堂刻本　202　412A　590　907C
2. 清光绪三十二年（1906）丛芝轩刻本　2　139　734A
3. 清抄本　140　851

04216 06811 **痧胀玉衡摘要**一卷　1821
（清）盛朝扬辑
清道光金义冯肇伟木活字印本　731

04217 06812 **治痧症穴法要诀**一卷　1821
（清）陈氏原撰　陈汝钰传　蔡凤岐编
1. 清道光元年（1821）暨阳吴君宾蔡凤茂木活字印本　731
2. 见痧惊合璧

04218 06813 **痧症要法**一卷　［1823］
（清）王凯（伟仙、养吾）辑
见验方续编

04219 06814 **痧胀名考**四卷　1826
又名痧胀原由、痧胀源流
（清）王凯（伟仙、养吾）原撰　钱松（镜湖、叔盖、西郭外史、云居山人）选辑　沈金鳌（芊绿、汲门、尊生老人）　冯敬修（蒙滨）辑订
清道光六年（1826）庆氏金华刻本　3　541

04220 06816 **痧症传信方**二卷　1832
附补注瘟疫论、针灸图说
（清）寇兰皋（露滋）编
清道光十二年（1832）津门寇兰皋莼香堂自刻本　1　3　251　280　281A　289　514A　590（残）

04221 00000 **痧症秘旨**四卷　1833
（清）周虎臣（祝三）编
清道光十三年（1833）敦化堂刻本　475A

04222 06817 **吊脚痧证**一卷　1838
（清）王士雄（孟英、梦隐、潜斋、半痴山人、息居隐士、随息居士）撰
见陈修园医书二十一、二十三、二十八、三十、四十八、七十种

04223 06818 **绞肠痧症**一卷　1838
（清）王士雄（孟英、梦隐、潜斋、半痴山人、息居隐士、随息居士）撰
见陈修园医书二十一、二十三、二十八、三十、四十八、七十种

04224 06820 **吊脚痧方论**一卷　1840
（清）徐缄（子默）撰
1. 清道光二十年（1840）杭城武林门积墨斋刻本　738B
2. 清道光二十五年（1845）鄞邑董氏刻本　1　733
3. 清咸丰十年（1860）嘉兴严子合刻本　3　139　541
4. 清同治元年（1862）会文斋郑家刻字铺刻本　1　139A
5. 清同治三年（1864）同善堂刻本　139
6. 清同治六年（1867）悟云草堂刻本　270　279　381　491　541　664　728A　731
7. 清同治九年（1870）钱塘魏氏刻本　514A
8. 清光绪元年（1875）刻本　1
9. 清光绪四年（1878）吴城望湖亭东壁斋刻本　301
10. 清光绪七年（1881）常州杨日昇刻字店刻本　139
11. 清光绪九年（1883）信述堂刻本　139　412B　450A　736B　738B　896A
12. 清光绪十年（1884）万县濂溪书屋刻本　852
13. 清光绪十三年（1887）绍兴聚文斋存恕主人刻本　139　286
14. 清光绪十四年（1888）湖城冯有鸿斋刻本　731
15. 清光绪十五年（1889）俞逢新刻本　139　279　701
16. 清光绪十六年（1890）浙江书局刻本　21　186　476　651　664　741
17. 清光绪十七年（1891）杨近贤斋刻本　541　651　664　738B
18. 清光绪十八年（1892）四川成都刻本　203
19. 清光绪十八年（1892）、二十七年（1901）上海图书集成印书局铅印本　1　277　289　362　391　541　712　736A　781　901
20. 清光绪二十一年（1895）丹徒邹氏刻本　279　443
21. 清光绪二十三年（1897）刻本　735A
22. 清光绪二十八年（1902）刻本　651

23. 清光绪二十九年（1903）溧阳姚光宇刻本（题增评吊脚痧方论） 1 289
24. 清光绪三十年（1904）熊氏抄本（附治吞鸦片烟方、救产方） 139
25. 清光绪木活字印本 541
26. 清光绪江南制造局刻本 491 541
27. 清末周家驹刻本 279
28. 清刻本 139 186 301 381 491 541 733 734A 901 940
29. 抄本 901
30. 见陈修园医书三十六、四十、五十种
31. 见急治汇编（附录）
32. 见白喉辨证吊脚痧论合刊
33. 见痧症指微吊脚痧方合刻

04225 06822 **痧症指微吊脚痧方合刻**二卷 ［1845］

编者佚名

子目：

（1）痧症指微一卷 （清释）普净撰 马文植评

（2）吊脚痧方论一卷 （清）徐缄撰

清光绪三十三年（1907）宜兴正谊山房刻本 139 740C

04226 06427 **葆元集**一卷 1846

（清）张保撰

清道光二十六年（1846）稿本 139

04227 06823 **痧症全生**一卷 1846

（清）黄鹤龄（晴川、九峰）撰

1. 清道光二十六年（1846）陈明德善书老坊刻本 590
2. 清同治二年（1863）刻本 491

04228 06826 **急救异痧奇方**一卷 1851

又名异痧杂证经验良方、急救奇痧方、神授急救异痧奇方

著者佚名 原题（清）觉因道人编 陈念祖（修园、良有、慎修）评

1. 清咸丰元年（1851）刻本 852（附内外经验百病）
2. 清咸丰二年（1852）刻本 289
3. 清同治元年（1862）经纶堂刻陈修园医书二十三种本 412B
4. 清光绪十年（1884）昼锦堂刻本 139
5. 清光绪十一年（1885）刻本 2 475A
6. 清光绪十三年（1887）成都多文会刻本 541 701 851 853 859
7. 清光绪十四年（1888）淮南韩氏刻本 677A 728A
8. 清光绪十四年（1888）扫叶山房刻本 139 289（附经验百病内外症良方一卷） 391 475A 491 831 931
9. 清光绪十八年（1892）上海图书集成印书局铅印陈修园医书二十一种本 288
10. 清光绪十八年（1892）敦厚堂刻陈修园医书二十一种本 651 677A
11. 清光绪二十年（1894）四川资州刻本 854
12. 清光绪二十一年（1895）学库山房刻陈修园医书二十三种本 931
13. 清光绪二十七年（1901）新化三味书局刻陈修园医书二十三种本 709 831 907C
14. 清光绪二十八年（1902）刻本 529B
15. 清光绪二十九年（1903）湖南益元书局刻陈修园医书二十三种本 279（附霍乱转筋一卷） 385A 443 728B 831
16. 清光绪三十年（1904）日新书局石印陈修园医书二十八种本 931
17. 清光绪三十二年（1906）上海文新书局石印本 701
18. 清光绪三十三年（1907）巴蜀善成堂刻陈修园医书四十八种本 733A
19. 清刻本 409 590 896A
20. 见陈修园医书十六、二十一、二十三、二十八、三十、三十二、三十六、四十、四十八、五十、七十种

04229 06828 **痧法备旨**二卷 1852

（清）管颂声（赓堂）辑订

子目：

（1）痧症指微集一卷 （清释）普净撰

（2）秘授治痧要略 （清）欧阳调律辑撰

1. 清咸丰二年（1852）苕溪管颂声刻本 139 203 541 590 651 677A 713 740C
2. 清光绪元年（1875）刻本 2
3. 清光绪九年（1883）刻本 541 740C 911

04230 06838 **痧症度针**二卷 1873

（清）胡凤昌（芸谷）编

1. 清同治十二年（1873）浙江赵宝墨斋刻本 1 4 139 590 651 677A 731 734 901 907C 939
2. 清光绪十九年（1893）石印本 541 570

731　734A　740C　939
3. 清抄本　731　740I

04231 06840 **痧疫论**一卷　1877
(清)林森(药樵)传授　何汾删定　胡杰(云溪)校补
1. 清光绪三年(1877)刻本　590　907C
2. 见痧症全书(版本附录)

04232 06841 **七十二痧症仙方**一卷　1877
(清)龙宗树编
清光绪三年(1877)抄本　721

04233 06843 **痧症备要**三卷　1880
(清)郭锺(祥伯、太原)撰
清光绪六年(1880)胡乃林汉口刻本　139　286　465　475A　541　738A　907C

04234 06845 **羊毛痧验方**一卷　1882
(清)刘月汀编
清光绪八年(1882)桐城方喻义堂刻本　590　721

04235 06846 **急救痧症全集**三卷　1883
(清)费山寿(友堂)撰
清光绪九年(1883)笠泽三省书屋刻本　1　139　186　203　289　361　381　443　491　514A　589　590　651　677A　712　728A　731　736A　839A　907C

04236 06857 **注穴痧症验方等四种**六卷　1893
编者佚名
子目：
(1)注穴痧症验方二卷　(清)胡杰增删
(2)华佗危急漫痧方一卷　著者佚名
(3)吊脚痧症方一卷　(清)徐缄撰
(4)觉因道人七十二痧症急救良方一卷　(清)觉因道人撰
清光绪十九年(1893)上海玉海楼铅印本　139

04237 06858 **(绘图)注穴痧症验方**二卷　1893
(清)王凯(伟仙、养吾)原撰　胡杰(云溪)增删
1. 清光绪十九年(1893)上海玉海楼铅印本　1　590
2. 见注穴痧症验方等四种

04238 06861 **经验急痧方法**三卷　1895
又名百种时疫急痧方法
(清)管斯骏(秋初、藜床旧主)撰
清光绪二十一年(1895)管可寿斋石印本　738B

04239 06862 **痧症秘传歌诀**二卷　[1896]
著者佚名
抄本　139

04240 00000 **痧症针灸推拿备考**一卷　[1899]
著者佚名
见抄本医书五种

04241 09031 **痧症仙方**一卷　1901
附治痧经验良方一卷
(清)徐元芳撰
清光绪二十七年(1901)石印本　677A

04242 00000 **痧症易知录**一卷附录一卷　1904
(清)付云汉编
清光绪三十年(1904)萧赣积善堂刻本　782

04243 09730 **养生镜**一卷　1905
又名看痧要法
附挑疔疮秘诀
(清)陆球(乐山)撰
1. 清刻陈修园医书本　2　305(残)　738B
2. 清抄本　728A
3. 见陈修园医书三十二、三十六、四十、五十、七十种

04244 00000 **痧症切要**一卷　[1911]
著者佚名
清抄本　139

04245 00000 **正痧三十六症治以三十六方**一卷　[1911]
著者佚名
清抄本　737

04246 06875 **痧症**一卷　[1911]
(清)刘莹(次瑚、完石、喜城道人)编
见痢疟探源(附录)

04247 09158 **痧证秘法要穴**一卷　[1911]
(清)章芝仙撰
清抄彩绘本　940

04248 06877 **痧症方**一卷　[1911]
著者佚名
见医方六种

04249 06879 **七十二痧吕祖仙方**一卷　[1911]
原题(唐)吕岩(洞宾、纯阳)撰
清镇江凌桂芳刻字店刻本　412A　664

04250 06880 **视痧管见**一卷　[1911]
(清)刘济亨(深甫)述

清抄本 709

8.1.2.5 霍乱

04251 06819 **霍乱论**二卷 1838
又名霍乱转筋
（清）王士雄（孟英、梦隐、潜斋、半痴山人、息居隐士、随息居士）撰
1. 清道光十九年（1839）刻本 289 360A 677A 734 738A 739B 742 852J
2. 清咸丰元年（1851）定州杨照藜吟香书屋刻潜斋医书三种本 3 139 202 288 302 385A 412A 421 450B 529A 541 570 590 651 664 677A 712 728A 731 738A 741 831 839A 852 871 911
3. 清光绪六年（1880）四明吴氏刻本 514A 734
4. 清光绪十一年（1885）福州杨浚冠悔堂刻冠悔堂募刊医书三种本 911
5. 清光绪十三年（1887）文光斋刻本 709
6. 清光绪十七年（1891）蒲圻但氏刻潜斋医书三种本 1 279 302 799A 852 854 871 907C
7. 清光绪十八年（1892）敦厚堂刻本 139 491 514A 570 651 677A 738B
8. 清光绪十八年（1892）上海图书集成印书局铅印陈修园医书二十一种本 288（题霍乱转筋）
9. 清光绪二十一年（1895）学库山房刻陈修园医书二十三种本（题霍乱转筋） 664
10. 清光绪二十一年（1895）聚和堂刻陈修园医书二十一种本（题霍乱转筋） 287（附绞肠痧症一卷、吊脚痧症一卷）
11. 清光绪二十二年（1896）江右书院前仰堂刻本 529 741
12. 清光绪二十五年（1899）成都多文会刻本（题霍乱转筋） 279 851
13. 清光绪二十七年（1901）新化三味书局刻陈修园医书二十三种本 450 664 665 721 831
14. 清光绪二十九年（1903）湖南益元书局刻陈修园医书二十三种本 139 351 360B 443 514A 529A 728B 734A 831
15. 清光绪三十年（1904）上海日新书局石印陈修园医书二十八种本 931
16. 清光绪三十三年（1907）四川善成堂刻陈修园医书四十八种本 782 799A
17. 清光绪三十四年（1908）湖南宝庆经元书室刻陈修园医书二十三种本 465
18. 清扫叶山房刻本 139 251 491 570
19. 清刻本 2 139 145 185 279 301 381 393 412A 728A 738E 740A 740B 854
20. 抄本 139 362 728A
21. 见陈修园医书十八、二十一（题霍乱转筋）、二十三（题霍乱转筋）、二十四、二十八、三十、三十二、三十六、四十、四十八、五十、七十种
22. 见冠悔堂募刊医书三种
23. 见潜斋医学丛书
24. 见潜斋医书三种

04252 00000 **霍乱辑要**不分卷 ［1841］
（清）方连撰
抄本 139

04253 06829 **急救时症经验良方**一卷 1856
又名经验方论、霍乱转筋经验丸方
（清）俞彰信（成甫）撰
1. 清咸丰六年（1856）刻本 541
2. 清咸丰六年（1856）刻光绪十二年（1886）慈溪冯允骙印本 139 541 907C
3. 清光绪十三年（1887）姑苏得见斋刻本 651
4. 清末浙宁富祥印刷所铅印本（题经验方论） 738B

04254 07277 **急救腹痛暴卒病解**一卷 1857
又名急救霍乱方、急救霍乱时症条辨
（清）华岳（芳伯）撰 金德鉴（保三、蒯释老人）编 凌绂曾（初平）续辑
1. 清同治七年（1868）孙云斋刻小耕石斋医书本 186 541 677A 831
2. 清抄本 311（题急救霍乱时症条辨） 728A
3. 见险症择尤
4. 见小耕石斋医书

04255 06832 **（随息居）重订霍乱论**四卷 1862
附霍乱括要一卷

（清）王士雄（孟英、梦隐、潜斋、半痴山人、息居隐士、随息居士）撰
1. 清同治二年（1863）上海陈氏崇本堂刻本　1　186　202　270　277　361　385A　401　475A　491　514A　529A　677A　709　734A　735　738A　738E　741　799A　896A　911　940
2. 清光绪十三年（1887）四明汲绠书庄刻本　381（存卷一、三）　541　734　734A　736A　800　852　917A
3. 清光绪十四年（1888）绍城含经室刻本　1　2　139　139A　301　461　491　511　579　590　734　734A　738B　799A　831　939
4. 清光绪十八年（1892）上海醉六堂刻潜斋医书五种本　2　139　186　202　270　279　303　381　393　475A　664　677A　709　738A　739A　839A　852A　896A　922　939
5. 清光绪二十二年（1896）上海图书集成印书局铅印潜斋医书五种本　431　433A　491　514A　541　781　799A　854　911
6. 清光绪二十八年（1902）湖北官书局刻本　2　6　139　308A　412A　491　541　589　651　733A　734　738B　799A　901　917A
7. 清光绪二十八年（1902）仪征吴引孙有福读书堂刻本　1　706　921
8. 清光绪三十年（1904）上海鸿文书局石印潜斋医书五种本　139　308　363　450　728A　736　907C
9. 清光绪三十四年（1908）四明林延春室铅印本　3　139　186　401　412A　412B　514A　541　651　706　712　728A　731　733A　738B　799A　940
10. 清刻本　303　740A
11. 见潜斋医书五种

04256 06833 **活命新书**一卷　1863
（清）徐可（载熙、且庵）撰
清同治二年（1863）崇川徐毓海福建抚署刻本　731

04257 06834 **霍乱转筋医商**一卷　1864
（清）胡杰人（芝麓、指六）撰
清同治三年（1864）行恕堂刻本　738B

04258 06836 **泻疫新论**一卷　1867
（日）高岛久贯（子通）撰
日本明治十二年（1879）诚求堂铅印本　590

04259 06835 **随息居霍乱论摘要**一卷　1870
（清）王士雄（孟英、梦隐、潜斋、半痴山人、息居隐士、随息居士）撰　陆懋修（九芝、勉旃、江左下工、林屋山人）辑
1. 清同治九年（1870）徐少山刻本　139　664
2. 清光绪八年（1882）刻本　1（附遂生编）

04260 06842 **霍乱治方**一卷　1878
附治疗要书
（清）鸣阴轩主人辑
清光绪四年（1878）刻本　734

04261 06847 **霍乱吐泻方论**一卷　1883
著者佚名
1. 清光绪十年（1884）江西书局刻韡园医书六种本　139　651　664
2. 见韡园医学六种
3. 见霍乱审证举要（附录）

04262 06849 **霍乱论摘要**一卷　1888
（清）朱湛溪编　朱子仪辑订
清光绪二十一年（1895）江都薛松龄刻本　514A　570

04263 06850 **霍乱辨证**二卷　1888
（清）江曲春（泽之）　赵履鳌（海仙）撰
子目：
（1）霍乱论一卷　（清）江曲春撰
（2）霍乱麻痧辨证一卷　（清）赵履鳌撰
1. 清光绪十四年（1888）兴化实济局刻本　139　186　421　590　706　728A　734　839A　921
2. 抄本（题霍乱麻痧辨证）　277　907C

04264 06869 **霍乱论**一卷　1888
（清）江曲春（泽之）撰
见霍乱辨证

04265 06837 **霍乱麻痧辨证**一卷　1888
（清）赵履鳌（海仙）撰
见霍乱辨证

04266 06852 **霍乱燃犀说**二卷　1888
（清）许起（江左老瓠）撰
1. 清光绪十四年（1888）刻本　351　511　570　664　677A　733　738B　907C

2. 抄本 579

04267 06863 **瘟疫霍乱答问**一卷 1897
附利济瘟疫录验方
（清）陈虬（志三、蛰庐、皋牢子）撰
清光绪二十三年（1897）刻本 737

04268 06864 **霍乱方歌**一卷 [1897]
（清）韩鸿（印秋）校
见韩氏医课

04269 06865 **霍乱审证举要**一卷 1899
附霍乱寒热辨证、霍乱吐泻论
（清）连文冲（聪肃）撰
清光绪二十五年（1899）刻本 139 572 677A 738 738A 839A 939

04270 06867 **霍乱新论**一卷 1902
（清）姚训恭（梓钦）撰
1. 清光绪二十八年（1902）丹徒姚训恭自刻本 1 139A 288 289 308A 450 570 651 738 738B 839A 907C
2. 清光绪三十四年（1908）上海著易堂铅印本 139 186 381 475A 514A 541 590 728A

04271 05936 **治急改良易简录**一卷 1902
（清）宓振（宪百、莲君）撰
1. 清光绪二十八年（1902）文钰书坊刻本 186 521
2. 清光绪宝墨斋刻本 664
3. 清光绪宝墨斋刻琴意斋印本 733 736

04272 06870 **王谷城霍乱论**一卷 1908
（清）王谷城撰
清光绪刻本 677A

04273 06029 **医门汇选**一卷 [1911]
（清）汪宗淦（稚琢）编
清抄本 709

8.1.2.6 鼠疫

04274 06860 **鼠疫汇编**一卷 1891
（清）罗汝兰（芝园）撰
1. 清光绪二十三年（1897）顺德龙裕光刻翰元楼印本 931
2. 清光绪二十三年（1897）顺德龙裕光刻翰文堂印本 1 202
3. 清光绪二十三年（1897）顺德龙裕光刻天禄阁印本 202 922 931 940
4. 清光绪二十四年（1898）佛山赞美堂刻本 301 940
5. 清光绪二十五年（1899）粤东省城明经阁刻本 677A 944
6. 清光绪二十六年（1900）南安县署刻本 1 139 301 412B 709 728A 896A 907C
7. 清光绪二十七年（1901）蓉园刻本 1 3 203 279 286 308A 590 738B 912 917A
8. 清宣统三年（1911）天津大公报馆石印本 139A 277 279 280 590 701 912 931

04275 00000 **论鼠疫病情鼠疫验方**一卷 1891
（清）罗浮山人撰
见历藏篇

04276 06856 **鼠疫良方**一卷 [1891]
又名急救鼠疫传染良方
（清）吴宣崇（存甫）编
1. 清光绪二十年（1894）沪北吴记书局铅印本 139 139A
2. 见医方六种

04277 06866 **鼠疫良方**不分卷 1900
又名治鼠疫传染良方、急救鼠疫传染良方
（清）陈兆祥（春畋）编
清光绪二十七年（1901）上海千顷堂书局石印本 590

04278 06471 **时症良方释疑**一卷 1901
又名恶核良方释疑、时疫良方释疑
（清）罗汝兰（芝园）原撰 黎佩兰（诹陔）增订
1. 清光绪二十七年（1901）肇城景福局刻本 931
2. 清光绪三十二年（1906）桂平会文堂刻本 931
3. 清宣统二年（1910）上海商务印书馆铅印本 944
4. 见济众录

04279 00000 **鼠疫约编**一卷 1901
（清）吴宣崇（存甫）编 罗汝兰（芝园）增辑 郑奋扬（肖岩）重编
1. 清光绪二十八年（1902）乍浦杨钺双江袖海庐刻本 3 139 203 289 391 393 412A 475A 491 541 579 590 651

896A 907C 917A 931
2. 清宣统二年(1910)安徽官纸印刷局铅印本(附中西防疫新论说一卷) 279 289 728A 734A

04280 00000 **鼠疫良方**一卷 1901
又名鼠疫汇编摘要
(清)黎佩兰(诔陔)编
1. 清光绪二十七年(1901)学务公所印刷局铅印本 413
2. 清宣统二年(1910)上海商务印书馆铅印本 931

04281 06868 **恶核良方释疑**一卷 [1903]
又名罗芝园应验恶核良方
(清)罗汝兰(芝园)编 黎佩兰(诔陔)改编
1. 清光绪三十二年(1906)南海劳守慎礼安堂广州刻济众录本 541 664 740A 944
2. 清光绪三十二年(1906)南海劳守慎礼安堂广州刻云泉仙馆安怀堂印济众录本 289
3. 清光绪三十四年(1908)福建林师尚刻本 251
4. 见济众录

04282 09637 **核症良方**一卷 1904
著者佚名
清光绪三十年(1904)铅印本 940

04283 09786 **经验痒子症良方**一卷 1908
(清)鸿雪公撰 麻时培(云甫)辑
1. 清光绪十七年(1891)海昌羊复礼传卷楼粤东刻海昌丛载本 1 7 308 541 739
2. 清光绪十七年(1891)云南书局刻本 901
3. 清末铅印本 944

04284 06871 **鼠疫非疫六经条辨**一卷 1909
(清)黄仲贤(学周)编
清宣统元年(1909)羊城黄仲贤致和堂自刻本 186 939

04285 06687 **预防核子瘟**一卷 1909
(清)上海工部局卫生处编
清宣统元年(1909)上海商务印书馆铅印本 139A 590

04286 06688 **毒疫问答**一卷 1910
(清)高愈明(骏轩)撰
清宣统二年(1910)奉天盖平辅育印字馆铅印本 186 301

04287 06872 **鼠疫抉微**四卷 1910
附瘟疫辨证治要
(清)余德埙(伯陶)撰
清宣统二年(1910)上海渎素盦铅印本 1 139 139A 186 203 279 289 301 308A 361 412A 433 475A(缺附录) 511 541 590 651 664 677A 701 728A 733A 734A 735A 736A 738 799A 839A 901 922 931

04288 06873 **鼠疫良方汇编**一卷 1910
(清)沈敦和(仲礼)辑 郁闻尧 丁仲祜 杨心梅等编
清宣统二年(1910)上海中国公立医院铅印本 1 139 139A 203 279 391 450 570 728A 931

04289 00000 **(订正再版)鼠疫良方汇编**一卷 1911
(清)沈敦和(仲礼)辑 郁闻尧 丁仲祜 杨心梅编 徐相宸增订
清宣统三年(1911)上海中国公立医院铅印本 251 361 590 664

04290 06874 **瘟病鼠疫论**一卷 1911
又名鼠疫瘟病篇
(清)翁兆全(纯玉)撰
清宣统三年(1911)文德堂石印本 186

04291 00000 **经验鼠疫约编节要**一卷 1911
(清)吴崇宣(存甫) 罗汝兰(芝园) 郑奋扬(肖岩)原编 王漱岩编
清宣统三年(1911)铅印本 740A

8.1.2.7 白喉

04292 10602 **时疫白喉捷要**一卷 1864
又名治喉捷要、白喉捷要、白喉辑要、喉症神效方、白喉万应良方、时疫白喉汇编
(清)张绍修(善吾)撰
1. 清同治三年(1864)长沙常麟扬州墨林斋刻本 541 738A
2. 清同治七年(1868)宝庆经纶堂刻本 1 651 871
3. 清同治八年(1869)方良卿刻本 413 781
4. 清同治十一年(1872)鹭门叶清渠刻本 590
5. 清光绪元年(1875)术古堂刻本(题白喉

捷要） 203
6. 清光绪二年(1876)湘西黄仁治刻本 590
7. 清光绪六年(1880)兰州刻本 421 436
8. 清光绪六年(1880)山西城北岳庙巷刻本(题白喉辑要) 738B
9. 清光绪七年(1881)铸镕楼铅印本 590
10. 清光绪八年(1882)德星堂刻本(附医方) 1
11. 清光绪八年(1882)兰省荆荫堂刻本(扉页题白喉万应良方) 433A
12. 清光绪八年(1882)慎和堂刻本 799A
13. 清光绪十一年(1885)衡山聂缉规刻本 286 301 385A 514B 651 664 712 728A 731 733 736B 738A 839A 911
14. 清光绪十四年(1888)刻本(题时疫喉证良方) 1
15. 清光绪十五年(1889)世德堂刻本(扉页题喉症神效方) 139
16. 清光绪十八年(1892)宜宾官署刻本 738B 831 921
17. 清光绪二十年(1894)南湖李味静刻本 741
18. 清光绪二十四年(1898)鸿术堂刻本 1
19. 清光绪二十六年(1900)北京龙云斋刻本 279 590
20. 清光绪二十七年(1901)烟台成文信记刻本(扉页题喉症神效方) 139 301 412A 529A
21. 清光绪二十七年(1901)衡山聂氏铅印本(封面题时疫白喉汇编) 139 251 301 302 541 664 701 734A
22. 清光绪二十八年(1902)荻溪云怡坛刻本(附喉痧至论一卷) 677A
23. 清光绪三十年(1904)浙江官书局刻本(附各种经验良方一卷) 1 139 139A 270 277 279 289 301 351 462 475A 514A 529A 541 589 664 677A 701 709 731 738B 800 891 901 939 944
24. 清光绪三十一年(1905)靳江黄氏刻本 831
25. 清宣统元年(1909)岭南书局铅印本 712
26. 清翰文堂刻本 831
27. 清刻本 139 303 706 738B
28. 清抄本 139(附各种经验良方) 306(题专治时疫白喉咙症) 831
29. 见寿世汇编
30. 见喉科合璧
31. 见平江贺氏汇刊医书
32. 见正谊堂医书
33. 见医方六种
34. 见范氏医籍丛抄
35. 见三余堂丛刻
36. 见医门普渡合编
37. 见痢疾论(版本附录)
38. 见广瘟疫论(卷末)
39. 见喉证指南(版本附录)

04293 10332 **时疫结喉经验良方**一卷 ［1864］
(清)张绍修(善吾)辑
清光绪十四年(1888)大荔县署刻本 185 401 412B

04294 10614 **白喉辨证**一卷 ［1865］
又名喉科辨证、白喉辨症
(清)黄维翰(冉生)撰
1. 清光绪二年(1876)刻本(题喉科辨证) 139
2. 清光绪六年(1880)黎培敬桂香亭四川刻本 286 728A 738A 839A
3. 清光绪十三年(1887)张荣兴刻本 896A
4. 清光绪二十五年(1899)衡阳艾萃贤堂刻本 931
5. 清光绪二十八年(1902)南昌万潜斋承启书屋刻本(题白喉辨症) 3 139 590 738A
6. 清光绪三十二年(1906)刻本 831
7. 清光绪浣江杨麟斋木活字印本 590
8. 清抄本 139 921
9. 见疟痢成法(附录)

04295 10603 **专治时疫白喉病痧经验良方**一卷 1869
(清)张绍修(善吾)撰
1. 清徐昆亭刻本 1
2. 抄本 139

04296 10605 **京城白喉约说**一卷 1869
(清)连自华(书樵)撰
见连自华医书十五种

04297 10606 **京城白喉外治三法**一卷　1869
(清)连自华(书樵)撰
1. 清光绪二十六年(1900)京都琉璃厂龙文斋刻字铺刻本　185　277　279
2. 见喉科三种

04298 10607 **刘叔卿秘传白喉方**一卷　[1869]
著者佚名
清抄本　139

04299 10692 **走马喉疳论**一卷　1872
(清)姬茂畅(舒庵)撰
清同治十一年(1872)刻本　139　286

04300 10608 **白喉吹药方**一卷　1874
(清)冯金鉴(心兰)编
清光绪二十年(1894)字林汉报馆铅印本　203　351　664　665

04301 10610 **喉科白腐要旨**二卷　1875
(清)许佐廷(乐泉)撰
1. 清光绪元年(1875)古歙芳远堂刻本　139　139A
2. 清抄本　541

04302 10611 **白喉全生集**一卷　1875
(清)李纪方(伦青)撰
1. 清光绪九年(1883)武林汪篁刻本　139　202　541　731　781　851　907C
2. 清光绪十二年(1886)杨氏刻本　741
3. 清光绪十六年(1890)秦少甫贻哲堂刻本　202　831
4. 清宣统元年(1909)金陵惜善堂刻本　3　139　270　286　421　541　590　651　664　677A　728A　731　734A　735　738B　742　781　799A　940　944
5. 清抄本　651
6. 见范氏医籍丛抄

04303 10612 **疫喉浅论**二卷补遗一卷　1875
(清)夏云(春农、继昭、拙庵稀叟)撰
1. 稿本　139
2. 清光绪三年(1877)刻本　139　139A　396　839A　921
3. 清光绪五年(1879)存吾春斋刻本　1　3　139　186　202　277　301　308A　412B　421　443　450　475A　514A　541　570　590　651　664　677A　706　707　712　728A　799A　907B　907C　917A　926A
4. 清光绪二十六年(1900)刻本　270　277　286　541
5. 清光绪三十一年(1905)刻本　3　301　590　677A　871
6. 清刻本　139　302　514A　664
7. 清罗焕曾抄本　412A
8. 清抄本　277　731(残)　738A

04304 10615 **时疫白喉捷要合编**一卷　[1876]
又名时疫白喉证论、白喉新编、专治时疫白喉捷要合编、白喉证切要合编
(清)张绍修(善吾)　萧海雍撰　黄炳乾(陶普)编
1. 清光绪二年(1876)泉唐逋谷樵者刻本(题时疫白喉证论，封面题白喉新编)　139　381　412B
2. 清光绪五年(1879)武威县衙门刻本　363　365　412A　421
3. 清光绪九年(1883)京都琉璃厂翰文斋刻本　139
4. 清光绪十二年(1886)刻本　664
5. 清光绪十三年(1887)湘南臬署刻本　203　381
6. 清光绪十四年(1888)刻本　839A
7. 清光绪十五年(1889)刻本　286
8. 清光绪二十三年(1897)江右多文堂刻本(题白喉证切要合编)　412A
9. 清光绪三十三年(1907)马平严承甸刻本　839A　921
10. 见喉证指南(版本附录)

04305 10622 **白喉辨证**一卷　1883
吊脚痧论一卷
(清)黄维翰(冉生)　徐瑊(子默)撰
1. 清光绪九年(1883)自述堂刻本　277　279　280　734A
2. 清光绪九年(1883)自述堂刻光绪十三年(1887)印本　735　738B

04306 10620 **时疫白喉症真诀**一卷　1886
又名白喉真诀
(清)黄方国(福园)撰
1. 清光绪十二年(1886)醴陵皆不忍堂刻本　931
2. 清光绪十八年(1892)湘潭刘家新等长沙刻本　832

04307 **喉症约精**一卷 1888
10404 附经验良方
(清)张绍修(善吾)撰
清光绪十四年(1888)刻本 1 139 185 651

04308 **(重刊)白喉时疫方论**一卷 1890
10604 (清)张绍修(善吾)撰 黄在玑(谱琴)增补
清光绪十六年(1890)刻本 139

04309 **白喉奇验秘方**一卷 [1890]
10623 著者佚名
清刻本 139

04310 **白喉治法忌表抉微**一卷 1891
10624 又名洞主仙师白喉治法忌表抉微、白喉治法忌表述要、喉症治法忌表抉微、白喉全书、仙传白喉治法全书、喉症神效方、白喉瘟神方、白喉治法征验
(清)孙湰(丽泉、筱坪、耐修子、耐休子、耐守子)撰

1. 清光绪十七年(1891)陈藏敬刻本 1 139A 251 288 289 302 351 363 393 401 412A 450B 701 731 732 891 911
2. 清光绪十八年(1892)湖北官书处刻本 203 412A 651 731 736A 736B 738B 791 831 921
3. 清光绪十八年(1892)四明姜氏刻本 412B 570 590 728A 733 734A 940
4. 清光绪十八年(1892)春簪花馆刻本 361 364A
5. 清光绪十八年(1892)刻本 2 301 308 839 891
6. 清光绪十九年(1893)诸城一瓣香堂刻本 202 302 361
7. 清光绪二十年(1894)刻本(附敷药吹药法、羊毛痧治法) 202 251 301
8. 清光绪十七年(1891)陈藏敬刻二十年(1894)黔南杜庆元印本 139 286 728A 851
9. 清光绪二十一年(1895)沈氏刻本 21 139 541 799A 831
10. 清光绪二十一年(1895)喀什噶尔石印本 831
11. 清光绪二十一年(1895)湘潭厘金总局刻本 831
12. 清光绪二十二年(1896)昆明务本堂刻本 203 901
13. 清光绪二十二年(1896)成都省斋刻本 740A
14. 清光绪二十三年(1897)同心堂沙市刻本(附经验急救诸方) 139 251 270 308A 677A 734A 782 852
15. 清光绪二十三年(1897)江西书局刻本 279 741
16. 清光绪二十三年(1897)苏城积善局刻本(附新增经验丸方) 4 361 381 529A 541 664 677A 701 732 738A 740B 839A 896A
17. 清光绪二十三年(1897)渝城文古堂刻本 852
18. 清光绪二十三年(1897)宁波百岁坊学林堂书局刻本 308A 740A
19. 清光绪二十四年(1898)湖南同善堂刻本 436
20. 清光绪二十四年(1898)江南书局刻本 139 351 381 434 514A 529A 541 664 731 737 901
21. 清光绪二十五年(1899)退思斋刻本 251 514A(附经验救急诸方) 529B
22. 清光绪二十五年(1899)安庆镂云阁刻本 721
23. 清光绪二十五年(1899)开封刻本 363
24. 清光绪二十五年(1899)京师京华印书局石印本 529A 731
25. 清光绪二十五年(1899)上海点石斋石印本 304 664 733
26. 清光绪二十五年(1899)鸿文书局石印本 391 721
27. 清光绪二十五年(1899)衡山县许步青刻本 831
28. 清光绪二十五年(1899)山东登州府黄县石印本 308A
29. 清光绪二十五年(1899)刻本 590 709 911
30. 清光绪二十五年(1899)铅印本 277 393 522 709 839A

31. 清光绪二十六年(1900)会稽刘耀麟重刻本 139 436 521 541 781
32. 清光绪二十六年(1900)烟台广仁善堂刻本 306
33. 清光绪二十七年(1901)上海商务印书馆铅印本(题白喉治法征验) 590 702
34. 清光绪二十七年(1901)上海顺成书局石印本 731 732 734A 736A 738E
35. 清光绪二十七年(1901)上海图书集成印书局铅印本 391(附吊脚急痧方论一卷) 541 734A 736A
36. 清光绪二十八年(1902)扬州柿花馆刻本 921
37. 清光绪二十八年(1902)刻本 301(题白喉全书) 308A 541
38. 清光绪二十九年(1903)四川新都刘氏刻本 401 907C
39. 清光绪三十年(1904)上海文桢堂刻本 712
40. 清光绪三十一年(1905)平梁李氏刻本 203 514A
41. 清光绪三十二年(1906)刻本 736 871 877
42. 清光绪三十三年(1907)上海彪蒙书社石印本 738A
43. 清光绪三十四年(1908)粤东官纸印刷局铅印本(附经验济世良方) 139 707
44. 清光绪永盛斋刻本 139
45. 清光绪保定虎狼街官刻字局刻本 288 351 393 450B 939
46. 清光绪广善堂刻本 385A 746
47. 清光绪成山唐氏刻本 851 896A
48. 清光绪扫叶山房刻本 186 701 734A (附白喉症养阴忌表歌括) 939
49. 清光绪北京元会斋刻本 461 465 476 529A 589 590 734A
50. 清光绪京都文丰斋刻本 351
51. 清光绪粤东善书总局刻本 931
52. 清光绪武威同善公所刻本 421
53. 清光绪刻本 203 251 288 301 303 401 529A 590 702 721 731 735 852 911 921 926A 951
54. 清光绪上海石印本(附经验救急诸方) 139 277 541 712 741 791 911 940
55. 清光绪石印本 1 277 288 304 491 590 677A 702 721 735 738A
56. 清光绪铅印本 301 522 712 721 731 734A 911
57. 清宣统元年(1909)杭州永丰泰印书馆铅印本 279 361
58. 清广州翼化堂刻本(附时疫白喉捷要、验方撮要) 931
59. 清刻本 139 279 306A 351 541 852
60. 清抄本 139
61. 见陈修园医书十六、二十八、三十二、三十六、四十、四十八、五十、七十种
62. 见范氏医籍丛抄
63. 见喉科四种
64. 见重楼玉钥(版本附录)

04311/10625 **杨氏时疫白喉捷要**一卷 1891
(清)杨承与(石山)撰
稿本 831

04312/10629 **白喉养阴忌表歌括**一卷 [1891]
著者佚名
1. 清光绪二十五年(1899)京都琉璃厂文锦斋刻本 185 529A 590
2. 见白喉养阴忌表抉微(版本附录)

04313/00000 **白喉治法挈要**一卷 1892
(清)裕长撰
清光绪十八年(1892)刻本 256

04314/10631 **白喉丹痧述要**二卷 1894
(清)凌绂曾(初平)编
子目：
(1)时疫白喉捷要一卷 (清)张绍修著
(2)烂喉丹痧辑要一卷 (清)顾玉峰撰
清光绪二十年(1894)鸿术堂刻本 139 289 308A 541

04315/10632 **白喉条辨**一卷 1897
(清)陈葆善(栗庵)撰
1. 清光绪二十四年(1898)刻本 1 139 541 731 737(胡鑫批) 839A
2. 清宣统元年(1909)刻本(附白喉条辨补义) 1 139 462 514A 541 644 651 731 737 738A

04316 10633 **仙传白喉济急吹药服药二良方记**一卷 1899
(清)张绍修(善吾)撰
清光绪二十五年(1899)京师三圣观刻本 529A

04317 00000 **白喉瘟验方**一卷 1899
(清)梁锡类编
清光绪二十五年(1899)木活字印本 944

04318 10634 **白喉治法要言**一卷 1900
又名养阴忌表白喉治法要言
(清)刘昌祁(式宋、柏村)编
清光绪二十六年(1900)南丰刘昌祁自刻本 139 742

04319 10635 **白喉证治通考**一卷 1901
(清)张采田(孟劬、钝庵)撰
清光绪二十九年(1903)刻本 1 3 139 279 308A 361 412A 541 677A 709 731 921

04320 10637 **白喉治法忌表抉微撮要**一卷 [1902]
(清)郑梅涧原撰 辑者佚名
清光绪二十八年(1902)思补堂刻本 1

04321 10638 **白喉秘方**一卷 1903
(清)杨恩铭传
清光绪二十九年(1903)听虚馆刻本 351 363 529A 702

04322 10639 **白喉秘旨**一卷 1908
著者佚名
见积善小补堂汇刻医书

04323 10641 **白喉丹痧验要方**一卷 [1908]
著者佚名
见烂喉痹痧辑要、白喉痹痧验要方

04324 10643 **白喉方法**不分卷 1910
著者佚名
抄本 139

04325 10644 **治喉秘法**一卷 [1910]
附救急良方
著者佚名
清抄本 139

04326 10645 **白喉验方**一卷 [1911]
著者佚名
抄本 736

04327 10646 **论白喉捷要**□□卷 [1911]
(清)尹铭瀚撰
稿本 301(残)

04328 10647 **白喉鹅喉方**二卷 [1911]
著者佚名
子目：
(1)白喉实验方一卷
(2)鹅喉实验方一卷
香港忠信隆稿纸抄本 590

04329 10648 **嗓白辨症**一卷 [1911]
(清)梁守正撰
清刻本 302

8.1.2.8 喉痧

04330 10661 **痧喉论**一卷 [1786]
又名云间朱铁山痧喉论
(清)朱铁山原撰 袁光裕(坦斋)增辑
1. 清道光二十八年(1848)苏州凝禧堂刻本 412A 541 721 738A
2. 清道光二十九年(1849)观心室刻本 541
3. 清光绪三年(1877)慎余堂刻本 590 728A

04331 10663 **疫痧草**三卷 1801
又名疫痧草辨论章、疫痧草病象章
(清)陈耕道(继宣)撰
1. 稿本(二卷) 541
2. 清道光十八年(1838)宋耀庭刻本(题疫痧草辨论章不分卷) 3 443
3. 清道光十九年(1839)扬州刻本 541
4. 清道光二十二年(1842)棣华馆刻本 139 435 579 721
5. 清咸丰元年(1851)花溪金吟香苏城刻本 839A
6. 清光绪四年(1878)汉口汪氏刻本 186 202 308A 361 738A 926A
7. 清光绪六年(1880)江都刘卓斋刻宏文斋印本 139 202 590 707 728A 733 738B 839A 921 926A
8. 清光绪七年(1881)同善堂刻本(附痧喉阐解一卷) 270 301 308A 393 401 412B 433 514A 541 702 712 728A 907C
9. 清光绪十四年(1888)北京琉璃厂梓文斋刻本 2 21 139 279 289 461 491 570 651 839A 901 911

10. 清光绪十四年(1888)刘传经堂刻本 590 701 728A
11. 清光绪二十九年(1903)同善堂刻本(附痧喉阐解一卷) 401 570
12. 清光绪三十年(1904)魏塘紫阳氏铅印本 139 302 475A 514A 529A 541 570 590 651 677A 731 736 736A 738A
13. 清宣统元年(1909)上海图书集成印书局铅印本 289 361 393 546 651 664 922
14. 清刻本 301 939
15. 清末朱丝栏抄本(题疫痧草辨论章三卷) 1
16. 清灵兰秘室抄本 541
17. 清抄本 590 706
18. 抄本 139(附韩氏医案) 277 281A 541(附韩氏医案)
19. 见疫痧草时疫白喉捷要
20. 见疫痧草时疫白喉捷要徐子默先生吊脚痧论
21. 见三余堂丛刻

04332 10665 **丹痧咽喉经验秘传**二卷 1843
原题(清)叶桂(天士、香岩、南阳先生)撰 程永培(瘦樵) 张铁耕辑订
子目:
(1)丹痧经验秘传一卷
(2)咽喉经验秘传一卷
清道光二十三年(1843)种德堂刻本 1 651

04333 10666 **秘传烂喉痧治法**一卷 1847
(清)顾仪卿(文山)撰 华菊吟(卧云野史)校
见痧疹秘要三书

04334 10667 **烂喉病痧辑要**一卷 1867
又名喉痧辑要
(清)顾玉峰原撰 金德鉴(保三、蒯释老人)辑补
1. 清同治十一年(1872)苏城丽记刻字铺刻本 514A
2. 清光绪十七年(1891)刻本 3 709 733 734
3. 清光绪二十五年(1899)上海千顷堂书局石印本 541 664 728A 733 738A 839A
4. 清光绪二十七年(1901)苏城毛上珍刻字铺刻本 277 286 541 570 664 701 713
5. 清光绪二十七年(1901)铅印本 202 450 525 701 712 731
6. 清光绪二十八年(1902)湖城王文光斋刻本 590
7. 清光绪三十年(1904)刻本 651
8. 清光绪三十一年(1905)铅印本 541 664
9. 清宣统二年(1910)苏城李鈊芳斋刻本 677A 706
10. 清皖省陵阳崇伦堂刻本 139 514B 589 738B 907C
11. 清刻本 1 3 139 277 412A 590 733 839A 926A
12. 抄本 579(题清·叶桂辑) 728A 922
13. 见白喉丹痧述要
14. 见险症择尤
15. 见陈修园医书四十、五十种
16. 见小耕石斋医书
17. 见强种秘窍

04335 10668 **痧喉证治汇言**一卷 1872
又名痧喉汇言
(清)施猷(小桥)编
1. 清同治十一年(1872)新安汪左泉学仁术斋刻本 186 279 301 381 541 590 664 706
2. 清末民国初汉口中亚印书馆铅印本 677A 781
3. 清抄本 139 541(附痈疽阳证歌、新方八阵歌括)

04336 10669 **痧喉阐义**一卷 1876
(清)程镜宇(翼安)撰
1. 清光绪三年(1877)古歙槐塘程镜宇维扬从吾斋刻本 185 186 202 412A 475A 541 590 664 677A 712 728A 907C 917A 939
2. 抄本 139 514A

04337 10664 **疫痧草**三卷 1880
时疫白喉捷要一卷

(清)陈耕道(继宣) 张绍修(善吾)撰
清光绪六年(1880)江都刘卓斋刻本 450 521 651 731 734

04338 10670 **痧喉正义**一卷 1889
(清)张振鋆(醴泉、筱衫、惕厉子)编
1. 清光绪十五年(1889)邗上张振鋆刻述古斋幼科新书三种本 139 139A 186 251 303 412A 514B 541 590 651 664 701 721 799A 926A
2. 清光绪十九年(1893)四川资州高培谷刻述古斋幼科新书三种本 738A
3. 清光绪十九年(1893)聚昌公司铅印述古斋幼科新书三种本 2 186 202 308A 590
4. 清光绪二十年(1894)兰州臬署刻述古斋幼科新书三种本(附鬻婴提要) 2 186 202 308A 590
5. 清光绪三十三年(1907)泸州文汇堂刻述古斋幼科新书三种本 385A 852
6. 清光绪宣统间章武张国璋抄本 1
7. 清刻本 2 277 436 738A 851 852B 853
8. 抄本 572
9. 见述古斋幼科新书三种

04339 10671 **喉痧正的**一卷 1890
(清)曹心怡(叔培、侯甫)撰
1. 清光绪十六年(1890)苏州曹心怡朗斋刻本 139 434 541 709 738A
2. 清光绪三十三年(1907)善成堂刻陈修园医书四十八种本 741
3. 清石印本 714
4. 见陈修园医书二十八、三十、三十二、三十六、四十、四十八、五十、七十种

04340 10660 **痧喉痢疟经验奇方**一卷 [1890]
(清)倪宗贤(涵初) 朱铁山原撰 辑者佚名
1. 清光绪十六年(1890)吴中刻本 491
2. 清宣统三年(1911)上海鸿文书局石印本(附陈莘田先生经验方案) 664

04341 10695 **喉痧至论**一卷 1896
(清)过铸(玉书)撰
1. 清刻本 412A 664 739 839A
2. 清俞瑜抄本 664
3. 苏城毛上珍铅印本 664
4. 见时疫白喉捷要(版本附录)

04342 00000 **疫痧草**二卷 1902
时疫白喉捷要一卷
徐子默先生吊脚痧论一卷
(清)陈耕道(继宣) 张绍修(善吾) 徐子默撰
清光绪二十八年(1902)慈溪张禾芬宁城县三余堂刻本 385A 572 733 734 740C 926A

04343 10672 **烂喉痧集记**三卷 1904
附喉痧汇论、痧痘瘢疹大略
(清)黄寿南(福申、沁梅)编
见黄寿南抄辑医书二十种

04344 10673 **烂喉病痧辑要**一卷 [1908]
白喉病痧验要方一卷
(清)金德鉴(保三、蒯释老人)原辑 陆之钧(衡甫、玉壶外史)增辑
清光绪十八年(1892)上海陆之钧刻本 1 139 412A 431 541 570 579 709 738B 907C

04345 10674 **痧喉症治阐解**一卷 [1910]
(清)石顽(更叟)编
见石室丛抄医书十七种

04346 10675 **喉痧症治**一卷 [1911]
(清)汪承煦编
清刻本 852

04347 10676 **痧喉药方**一卷 [1911]
附痘疹百论一卷
著者佚名
清抄本 277

8.1.2.9 疠风

04348 09770 **疠疡机要**三卷 1529
(明)薛己(新甫、立斋)撰
1. 明刻本 21 139 412A 664 728A
2. 日本承应三年(1654)武村市兵卫刻薛氏医按十六种本 541 939
3. 清刻本 139 289
4. 清抄本 707(存卷上、中)
5. 见薛氏医按十六种
6. 见薛氏医按二十四种

7. 见家居医录

04349 **解围元薮**四卷 1550
09771
又名癞症秘书
(明)沈之问(无为道人)编 黄钟(乐亭)校订
1. 清嘉庆二十一年(1816)无锡孙敬德堂刻本 1 21 139 476 570 572 651 721 733 743
2. 清抄本 1 6 139
3. 抄本 412A 541 579 734

04350 **疯门全书**二卷 1796
09777
(清)萧晓亭撰
1. 清道光十六年(1836)钤阳刘东昌刻本 741
2. 清道光二十五年(1845)粤东敬业堂刻本 139 279 361 412B 677A 731 738B 931 939 940 XB
3. 见疯门全书疯门辨症

04351 **疠疯秘方**一卷 1846
09780
(清)罗豹成(文水)撰
清光绪九年(1883)强恕斋刻本 590

04352 **医疯经验奇方**一卷 1873
09781
(清)陈起荣(倬云、奎垣)撰
清同治十二年(1873)刻本 677A 851

04353 **大麻疯症经验奇方**一卷 1882
09783
著者佚名
清光绪八年(1882)何树堂刻本 901

04354 **医学心印**一卷 1886
07055
又名风科心印
著者佚名
清抄本 590

04355 **疯门全书**二卷 1895
00000
疯门辨症一卷
辑者佚名
清光绪二十一年(1895)郁文堂刻本 579

04356 **疯门辨症**一卷 [1895]
09778
(清)侯敬(敬庵) 郑凤山编
见疯门全书疯门辨症

04357 **(秘传)麻风三十六症**一卷 [1904]
00000
著者佚名
见外科秘传(附录)

04358 **疯症论略**一卷 1908
09785
著者佚名
清抄本 1

04359 **疯症三十六秘传神方**一卷 1911
09788
著者佚名
清燮叙堂抄本 541

04360 **麻疯秘诀症**一卷 1911
09789
著者佚名
1. 清春林抄本 590
2. 抄本 279 701

04361 **(秘传)大麻疯方**不分卷 1911
09790
著者佚名
抄本 572(裘吉生旧藏)

04362 **风科摘要**一卷 [1911]
07188
(明)沈之问(无为道人)原撰 辑者佚名
抄本 590

04363 **疯科选要**一卷 [1911]
09791
著者佚名
抄本 590

04364 **疯科秘要**二卷 [1911]
09792
著者佚名
抄本 541

04365 **大麻风**一卷 [1911]
00000
著者佚名
见外科诸症

04366 **回生录**一卷 [1911]
12419
著者佚名
抄本 731

8.2 内科

8.2.1 内科通论

04367 **内外伤辨惑论**三卷 1231
06930
又名内外伤辨
(金)李杲(明之、东垣)撰
1. 明初刻本 186 590
2. 明正德三年(1508)种德堂刻本 139
3. 明嘉靖八年(1529)辽藩朱宠瀼梅南书屋刻东垣十书本 462 541 664 731
4. 明万历二十九年(1601)新安吴勉学刻古今医统正脉全书本 139 140 366 721 728A(存二卷) 738B(残) 740A
5. 清光绪七年(1881)羊城云林阁刻东垣十书本 308

6. 清光绪十八年(1892)浙江书局刻三十三年(1907)京师医局重修古今医统正脉全书本 570(附脾胃论三卷) XE
7. 清末文奎堂刻东垣十书本 475A
8. 清刻本 289 412B 736C 854
9. 见东垣十书
10. 见古今医统正脉全书
11. 见四库全书

04368 **脾胃论**三卷 1249
06931
(金)李杲(明之、东垣)撰
1. 元刻本 1
2. 明初刻本 541(存卷上、中)
3. 明嘉靖八年(1529)辽藩朱宠瀼梅南书屋刻东垣十书本 570 TA
4. 明万历二十九年(1601)新安吴勉学刻古今医统正脉全书本 140 277 413 443 590 664 707 931 942B TA
5. 明刻本 1 413 476 541 710(存卷二、三)
6. 清光绪七年(1881)羊城云林阁刻东垣十书本 443 677A 871 891 940
7. 清刻本 308A 385 461 475A 706(残) 736 736B 852 854(残)
8. 日本神雒书肆山本长兵卫刻本 511
9. 清抄本 1
10. 抄本 738
11. 见济生拔粹
12. 见东垣十书
13. 见东垣十书(曹灼辑)
14. 见古今医统正脉全书
15. 见四库全书
16. 见丛书集成初编

04369 **医学发明**一卷 1251
06932
(金)李杲(明之、东垣)撰
1. 明万历二十九年(1601)新安吴勉学刻古今医统正脉全书本 1 140 361 391 728A
2. 明抄本(九卷) 1(存卷一)
3. 清二酉堂刻丹溪心法附余六种本 277 433A
4. 清光绪十八年(1892)浙江书局刻古今医统正脉全书本 279 738A
5. 清文奎堂刻丹溪心法附余六种本 738A
6. 清刻本 1 139A 277 280 289 308A 412B
7. 清抄本 589 735
8. 见济生拔粹
9. 见丹溪心法附余六种(吴中珩辑)
10. 见古今医统正脉全书
11. 见丹溪全书十种
12. 见东垣十书(曹灼辑)

04370 **脉因证治**二卷 1358
06933
原题(元)朱震亨(彦修、丹溪)撰
1. 清乾隆四十年(1775)语溪汤望久刻颐生堂印本 412A 491 541 651 664 677A 701 839A 907C
2. 清乾隆四十年(1775)语溪汤望久刻扫叶山房印本 1 412A 651 736 926A
3. 清乾隆四十年(1775)语溪汤望久刻合志堂印本 1 21 139 277 308A 391 396 412A 412B 421 433 435 476 511 521 579 664 701 709 734 737 831 921 939 940
4. 清光绪十四年(1888)顺德冯兆年刻翠琅玕馆丛书本 9 21 401 461 462 491 651 702 706 781 901 921
5. 清光绪十七年(1891)池阳周学海刻周氏医学丛书本(四卷) 186 202 252 254 270 279 280 281A 289 361 385A 443 461 462 475A 514A 521(存卷三、四) 529A 570 572 590 651 664 677A 706 728A 728B 732 739D 852 896A 917A
6. 清光绪三十三年(1907)津门医学会铅印本 308A 907C
7. 清江左书林石印本 139 289 412B 651 664 677A 709 738A 799A 839A 852A 907C 917A
8. 日本抄本 590
9. 见翠琅玕馆丛书
10. 见周氏医学丛书

04371 **杂病治例**一卷 1479
06934
(明)刘纯(宗厚)撰
明成化十五年(1479)长安萧谦刻本 311 475A

04372 **内科摘要**二卷 1529
06936
又名薛氏内科撮要、薛氏医录、薛立斋先

生内科医按摘要
(明)薛己(新甫、立斋)撰
1. 明嘉靖刻家居医录本　286
2. 明万历十九年(1591)汉川严应元刻本(题薛氏医录)　7
3. 明万历刻薛氏医按二十四种本　1　716
4. 明崇祯元年(1628)朱明刻薛氏医按十六种本　570　651
5. 清嘉庆十四年(1809)书业堂刻薛氏医按二十四种本　1　651　741
6. 清道光间东溪堂刻薛氏医按二十四种本　541　651
7. 清裕元堂刻味经堂印薛氏医按二十四种本　1
8. 清刻本　412A　475A　514A　942B
9. 抄本　728A
10. 见薛氏医按十六种
11. 见薛氏医按二十四种
12. 见家居医录
13. 见十竹斋刊袖珍本医书

04373 06938 **发明证治**十卷　1531
(明)何经才(大英)撰
明嘉靖十年(1531)刻本　541(存卷四)　733(存卷一至四)

04374 06939 **程斋医抄秘本**七卷目录一卷　1533
原题(明)盛瑞明(希道、程斋、玉华子)编
清宝善堂稿纸抄本　1

04375 00000 **症治晰疑录**四卷　1534
(明)戴思恭(原礼、肃斋)撰
清抄本　139

04376 06940 **医略正误概论**二卷　1545
(明)李象(石泉)撰
明嘉靖刻本　139

04377 00000 **识病捷法**十卷　1567
(明)缪存济(慕松)撰
1. 明万历十一年(1583)邹龙光刻本　3　139　931
2. 明抄本　511

04378 06941 **百病问对辨疑**五卷　1581
(明)张昶(甲弘、海澄)撰
明万历曲沃张学诗刻本　139

04379 06942 **杂病证治准绳**八卷　1602
又名杂病证治类方
(明)王肯堂(宇泰、损庵、念西居士)撰
1. 明万历三十年(1602)金坛王氏刻本　139　186　716
2. 日本宽文十年(1670)铜驼书林刻六科证治准绳本　3
3. 清康熙三十八年(1699)金坛虞氏刻六科证治准绳本　289
4. 清乾隆五十八年(1793)新安程永培修敬堂刻六科证治准绳本　289　712
5. 清光绪十八年(1892)上海图书集成印书局铅印六科证治准绳本　139　931
6. 清光绪二十五年(1899)西蜀善成堂刻六科证治准绳本　733A
7. 清光绪嘉兴九思堂刻六科证治准绳本　3　289　308　461　529A　572
8. 清刻本　1　301　529A
9. 见六科证治准绳

04380 06949 **暴证知要**二卷　[1603]
(明)沈野(从先)编
1. 巢念修抄本　590
2. 日本抄本　572(范行准旧藏)

04381 06943 **丹溪摘玄**二十卷　[1619]
著者佚名
明万历抄本　139

04382 06950 **余氏诸证析疑**四卷　[1620]
(明)余淙(午亭)编著　(清)余士冕(子敬)校订
1. 清抄本　590
2. 抄本　721(存卷三)

04383 06944 **内科正宗**十二卷　[1629]
(明)王象晋(荩臣、康侯、三晋、子进、康宇、好生居士、名农居士)纂
明崇祯二年(1629)新城王象晋自刻本　677A

04384 06946 **汇辑薛氏内科医案**三卷附方一卷　1639
(明)薛己(新甫、立斋)　黄承昊(履素、闇斋、乐白道人)编
1. 明崇祯十五年(1642)刻本　139　476　721　851　TA
2. 日本宽文十一年(1671)德田十兵卫刻本　139　590　907C

04385 06947 **杂症汇考**一卷　1641
(明)陈澈(三山、雪潭)编

见雪潭居医约

04386 06948 **内伤条辨**一卷 1641
(明)陈澈(三山、雪潭)编
见雪潭居医约

04387 05591 **秦御医景明大方折衷**二卷 [1641]
又名大方折衷、病机提要
(明)秦昌遇(景明、广埜道人、乾乾子)撰
1. 清抄本 412A(题大方折衷) 541
2. 抄本 541(题病机提要) 541(题大方折衷) 728A(题大方折衷)

04388 03631 **儒医心镜**一卷 [1644]
(明)田氏编
明抄本 590

04389 07033 **医学宗要**二卷 [1644]
(明)石城居士传
稿本 590

04390 06951 **回生丹方法**一卷 [1647]
著者佚名
见验所验(附录)

04391 06952 **医学入门万病衡要**六卷 1655
又名(新刻)医衡
(明)龚廷贤(子才、云林、悟真子)原编 (清)洪正立(参岐)编
1. 清顺治十二年(1655)晋宁上官镃刻本 1
2. 日本延宝五年(1677)唐本屋喜右卫门刻本 139
3. 日本延宝五年(1677)唐本屋喜右卫门刻天和三年(1683)伊藤五郎兵卫印本 139

04392 07031 **医学正传论**二卷 [1656]
(明)虞抟(天民、恒德老人)原撰 辑者佚名
日本明历二年(1656)刻本 590

04393 00000 **名医类编**不分卷 1658
(清)刘芳择(德馨)撰
清刻本 140

04394 06953 **病机沙篆**二卷 1667
(明)李中梓(士材、念莪、尽凡居士)撰 (清)尤乘(生洲、无求子、信天翁)增补
1. 清康熙十五年(1676)刻本 572 590
2. 清光绪三十一年(1905)善成堂刻士材三书本 251 279
3. 清刻本 1 139 152 279 289 351 360A 360B 413 434 541 590 677A 708 710 721 728A 743(存卷二) 852 907C 951
4. 抄本 514A 651(不分卷) 738A 738B
5. 见士材三书

04395 06954 **证治济世编**三卷 1672
(清)顾祖亮(汉明)编
稿本 2

04396 06955 **证治百问**四卷 1673
又名证治石镜录、青瑶疑问
(清)刘默(默生)撰 石楷(临初)校订
1. 清康熙十二年(1673)颐志堂刻本 139 251 289 435 590 677A 739 940
2. 清康熙四十二年(1703)燕诒堂刻本 139 280 715 901
3. 清光绪二十二年(1896)黄泽澍抄本 289
4. 清抄本 709 721 926A
5. 日本抄本 3 851

04397 00000 **程敬通先生心法歌诀**一卷 [1677]
(清)程衍道(正通、敬通)撰
清程六如抄本 728A

04398 00000 **医林小补**一卷 [1684]
(清)何学海(虚愚)辑
清抄本 514A

04399 06956 **傅青主男科**二卷 [1684]
又名男科、太原傅氏男科、傅青主先生男科书
(清)傅山(青主、公它、朱衣道人)撰
1. 清同治二年(1863)山东平邑王道平刻本 412A、721
2. 清同治五年(1866)成都三益垣刻本 493 511 917A
3. 清同治七年(1868)刻本 21
4. 清光绪五年(1879)诚敬斋刻本 202 381 412A
5. 清光绪五年(1879)京都琉璃厂梓文斋刻本 202 385 491
6. 清光绪七年(1881)和天倪堂刻本 152 391 529A 590 664 721 728A
7. 清光绪七年(1881)郭忠岳刻本 308A 733 734 734A 737 740A 741
8. 清光绪七年(1881)上海锦章书局石印本 285 677A
9. 清光绪九年(1883)扫叶山房刻本(附产

后编一卷）　1　139A　186　289　301　311　315　381　435　462　491　514A　541　570　677A　701　731　738A　799（存卷一）　907C　940
10. 清光绪十年（1884）北京文益堂刻本（附产后编一卷）　381　391　462
11. 清光绪十年（1884）文成堂刻本（附产后编一卷）　412A　491
12. 清光绪十年（1884）粤东芸经阁刻本　TC
13. 清光绪十一年（1885）善成堂刻本（附产后编一卷）　288　311　433A
14. 清光绪十三年（1887）湖北官书处刻本　1　3　8　139　140　202　279　280　287　289　301　308A　351　361　368　391　393　412B　421　461　475A　491　514A　521　522　529A　541　590　651　707　710　728A　733　734　781　799A　831　839A　891　901　921　940
15. 清光绪十七年（1891）刻本　277（存卷一）　736A
16. 清光绪二十一年（1895）上海著易堂铅印本　462
17. 清光绪二十二年（1896）京都成兴斋刻本　289
18. 清光绪二十四年（1898）书业德刻本（附产后编一卷）　381
19. 清光绪二十五年（1899）上海图书集成印书局铅印本　401　572　677A　714　852　871　907C
20. 清光绪二十八年（1902）新化三味书室刻本　279　839A
21. 清光绪三十年（1904）京都龙光斋穆氏刻本　139　202　289　391　421　491　570　590　728A　731
22. 清光绪三十一年（1905）上海有益斋石印本（题傅青主先生男科书）　1
23. 清光绪三十一年（1905）上海校经山房石印本　279　364A
24. 清光绪三十一年（1905）上洋扫叶山房刻本　412A
25. 清光绪三十三年（1907）上海书局石印本　431
26. 清宣统元年（1909）上海铸记书局石印本　360B　714
27. 清宣统元年（1909）上海章福记书局石印本　873
28. 清启晦书院抄本　308A（存卷上）
29. 清抄本　139　279　436　590
30. 见傅青主男科傅青主女科

04400 06957 **证治汇补八卷**　1687
附诊家正眼二卷
（清）李用粹（修之、惺庵）撰
1. 清康熙三十年（1691）书林刘公生旧德堂刻本　1　2　21　139　186　203　251　289　301　396　412A　412B　433A　450B　514A　514B　529A　541　589　590　651　677A　709　710　731　733　736A　738A　739A　740A　740B　852（存卷一至四、六至八）　940
2. 清康熙三十年（1691）书林刘公生旧德堂刻会成堂重修本　139　203　476
3. 清康熙三十年（1691）书林刘公生旧德堂刻学耕堂递修本　140　301　541　907C
4. 清光绪九年（1883）万卷楼刻本　2　3　21　139　139A　185　202　203　277　279　286　308A　351　361　381　391　412B　432　433　435　475A　514B　541　546　677A　706　707　715　728A　734　738A　799A　831　839A　851　871　896A　907C　940
5. 清光绪九年（1883）万卷楼刻十八年（1892）简玉山房重修本　2　21　139　251　270　301　302　361　366　381　385A　391　461　475A　491　511　522　529A　529B　570　572　590　603　651　664　677A　710（缺卷三）　728　728A　733　734　734A（存卷一至三）　737　738B　740A　831　917A　922　926A　931　939　940
6. 清江左书林石印本　1　279　286　475A　514A　590　664　738A　739A　917A　940
7. 清刻本　434　541　664（存卷七、八）　710（存卷六、七）　733　734A　736A
8. 清抄本　139　412B　529　651
9. 抄本　139　521（存卷二）

10. 日本抄本 590

04401 07042 **内科辨症用药法**一卷 [1687]
著者佚名
清金小春抄本 709(未题大方折衷)

04402 07249 **查了吾正阳篇选录**一卷 [1694]
(明)查万合(了吾)原撰 (清)陈嘉璴(树玉、友松)选录
见医学粹精

04403 06958 **医学女科指归集要**二卷 1700
(清)陈岐(德求)撰
清康熙三十九年(1700)抄本 572(叶子雨吟秋仙馆、裘吉生读有用书楼旧藏)

04404 06959 **症因脉治**四卷 1706
(明)秦昌遇(景明、广埜道人、乾乾子)撰 (清)秦之桢(皇士)编
1. 清康熙四十七年(1708)攸宁堂刻本 186 308A 541 570 731
2. 清康熙四十七年(1708)攸宁堂刻五十四年(1715)增刻本 2 3 202 286 289 412A 475A 529A 572 590 713 728A 731 738E 799A 926A 940
3. 清康熙四十七年(1708)攸宁堂刻五十四年(1715)增刻乾隆十八年(1753)博古堂印本 21 139 254 303 412A 514A 590 651 664 731 738 940(卷四抄配)
4. 清抄本 570(八卷,存卷一至三、五、七、八)
5. 抄本 529A 651 664

04405 06960 **病机汇论**十八卷 1708
附印机草一卷
(清)沈颋(朗仲)撰 马俶(元仪、卧龙老人)校定
1. 清康熙五十二年(1713)吴门马俶观成堂刻本 2 139 139A 289 541 570 651 677A 733 734 851 907C
2. 清康熙五十二年(1713)吴门马俶观成堂刻乾隆五十三年(1788)金阊文宝堂印本 139 590
3. 清康熙五十二年(1713)吴门马俶观成堂刻成裕堂印本 3 286 572 701
4. 清咸丰七年(1857)昆山潘道根抄本 709
5. 清抄本 251 590 701 738A

04406 06961 **吴门尤北田在泾氏大方杂证集议**四卷 [1729]
(清)尤怡(在泾、拙吾、饲鹤山人)撰
抄本 139

04407 06962 **会篇记略**十四卷 [1739]
又名活人录问答
(清)刘默(默生)原撰 林开燧(慕莪)辑订 林祖成(庆惟)参订
1. 清乾隆四年(1739)长溪林祖成黄岩刻本 139 475A 541
2. 清乾隆四年(1739)长溪林祖成黄岩刻嘉庆元年(1796)闽中万卷楼印本(内封题活人录问答) 186

04408 06963 **杂病心法要诀**五卷 1742
(清)吴谦(六吉)撰
1. 清乾隆七年(1742)武英殿刻本 202 738A 852
2. 清宣统元年(1909)简青斋书局石印本 541 741
3. 抄本 139
4. 见(御纂)医宗金鉴
5. 见(编辑)金鉴心法歌诀

04409 01399 **杂证正医录**八卷 1744
(清)邵成平(庸济)撰
清乾隆九年(1744)三当轩刻本 734(存卷一至六)

04410 06964 **各证集说诸方备用并五脏六腑各论**二卷 1746
原题(清)叶桂(天士、香岩、南阳先生)家传
抄本 7

04411 06966 **叶天士杂症口诀**不分卷 1746
(清)叶桂(天士、香岩、南阳先生)撰
抄本 922

04412 06967 **杂症抉微**一卷 [1750]
(清)俞明鉴(世征)撰
清抄本 651

04413 06968 **林氏活人录汇编**十四卷 1753
又名活人方汇编、类证活人书
(清)刘默(默生)原撰 林开燧(慕莪)辑订 张在浚(念亭)重编
1. 清乾隆十八年(1753)三原张在浚刻本(附儆曙斋医案举隅一卷) 1 2(残)

139 186 251 280 433A 541 590 664 831
2. 清同治六年(1867)资州廖明新刻本 361(六卷)
3. 清同治八年(1869)贵州罗大春刻本(题活人录汇编七卷) 3 21 139 185 186 251 277(残) 289(存卷一至三) 308A 361 391 396 475A 491 541 570 572 589 590 728A 734A 738A 738B 740B 740J 831 907C
4. 清刻本 152 289 412B 572 590 651 738A 739A 739B

04414 06969 **医门切要**一卷 1759
(清)杨凤庭(西山、瑞虞)撰
抄本 139

04415 06970 **脾胃总论**一卷 1759
(清)杨凤庭(西山、瑞虞)撰
抄本 2

04416 06971 **分门辨证**一卷 1759
(清)杨凤庭(西山、瑞虞)撰
清道光二十七年(1847)抄本 2

04417 07257 **吐法编**一卷 1762
(日)荻野元凯撰
日本明和元年(1764)林伊兵卫刻本 277

04418 06972 **证治指南**八卷 1764
(清)徐大椿(灵胎、洄溪老人)撰
见徐灵胎医书三十二种

04419 00000 **医宗摘要**四卷 1768
(明)薛己(新甫、立斋)原撰 黄承昊(履素、闇斋、乐白道人)评注
1. 清乾隆三十三年(1768)山右白钟麟扬州江膺刻本 139 277 734
2. 清刻本 852
3. 见医宗撮精

04420 06973 **金匮翼**八卷 1768
(清)尤怡(在泾、拙吾、饲鹤山人)编
1. 清嘉庆十八年(1813)长洲徐锦心太平轩刻本 1 3 139 139A 186 202 203 277 279 286 289 301 361 363 381 401 412A 421 450B 491 541 546 590 651 677A 728A 728B(缺卷二) 731 733 734 734A 735 736(存卷一、四至七) 738B 746A 839A 852 853 856 896A 911 926A 940
2. 清忠恕堂刻本 2 139 361 476 529A 651 851
3. 清忠恕堂刻宏道堂印本 139 289 393 433 461 475A 514A 529A 570 651 677A 746A(残) 791 799A 839A 917A
4. 清抄本 475A 651 677A 701 709 921 939

04421 06974 **薛氏杂证口诀**一卷 [1770]
(清)薛雪(生白、一瓢)撰
清光绪兴化赵海仙抄本 139

04422 06975 **七松岩集**二卷 1771
(清)刘默(默生)原撰 郑树珪(桐山)辑
1. 清同治四年(1865)抄本(一卷) 677A
2. 清光绪三十年(1904)抄本 139
3. 清抄本 139 475A(八卷)
4. 抄本 709(三卷) 712

04423 06976 **内科心典**五卷 1771
(清)徐时进(学山)撰
1. 清咸丰四年(1854)郑灿如抄本 590
2. 清抄本 701 709(二卷)

04424 06978 **寒热同治感伤分理合刊**四卷 1791
又名感伤分治
(清)蒋尧中 蒋藻熊(渭浦)撰
1. 清嘉庆十六年(1811)经国堂刻本 3 139 570 940
2. 抄本 590

04425 07008 **内科病症便检**不分卷 [1795]
著者佚名
清乾隆间抄本 139

04426 06980 **胃气论**一卷附余一卷 1797
又名辨杂症
(清)张锡驹(令韶)撰 (日)中山元吉(芸台)编
1. 日本宽政九年(1797)博施堂刻本 3 511 572 590
2. 抄本 139

04427 07263 **蔓难录**七卷 1801
(日)柘彰常(叔顺)撰
日本文化三年(1806)先天堂刻本 3 7 139

04428 **琅嬛青囊要**四卷 1803
06981 （清）陈太初（遂轩）编
1. 清嘉庆八年（1803）抱兰轩木活字印本 139 152 186 280 286 572 590 728A 738 907C 940
2. 抄本 514A

04429 **内科分治指掌**一卷 ［1824］
06982 附陆地仙经一卷
（清）江涵暾（禹门、笔花）撰
稿本 541

04430 **杂证汇参**八卷 ［1826］
06983 （清）程文囿（杏轩、观泉）撰
见医述

04431 **宪治乌噪**十卷 1831
07272 （日）冈吉（敬安）撰
日本天保二年（1831）浪华书肆玉渊堂刻本 590

04432 **医略十三篇**十三卷 1840
06984 附关格考一卷、人迎辨一卷
（清）蒋宝素（问斋、帝书）撰
1. 清道光二十八年（1848）镇江蒋宝素快志堂自刻本 2 3 7 139 152 202 203 270 277（残） 279 280 289 308A 351 401 412A 412B 491 514A 541 570 579 590 651 664 677A 701 706 709 728A 733A 736A 738 738B 781 799A 907C 940
2. 抄本 139 412A 590 XG

04433 **冰鉴集杂症便览**二卷 ［1845］
06985 著者佚名
抄本 2

04434 **摘录景岳杂症论**一卷 ［1845］
06986 （清）朱廷铨编
清道光二十五年（1845）抄本 721

04435 **医林神宝书**不分卷 1849
06987 （清）有庵老人辑
清道光二十九年（1849）稿本 139

04436 **杂症汇纂**不分卷 1849
06988 著者佚名
抄本 139

04437 **内科摘录**四卷卷首一卷 1850
06989 （清）文晟（叔来）编
1. 清同治十一年（1872）萍乡文星瑞维扬刻光绪十一年（1885）京江文成堂重修六种新编本 590 651
2. 清光绪穗城西湖街藏珍阁刻六种新编本 1 139 491 541 589 590（牌记及序未作伪，题光绪三十三年太原诚槐堂） 664 738 931
3. 见六种新编

04438 **医略稿**六十七卷 1850
06990 （清）蒋宝素（问斋、帝书）撰 李天福参订
1. 清道光三十年（1850）镇江蒋宝素快志堂自刻本 3 21 139 186 203 277（残） 286 289 351 381 385B 396 476 511（残） 514A 541 570 572 589 590 651 677A 733A 734 839A 901 907C 917A
2. 抄本 590（残）

04439 **内科医宗杂症**不分卷 ［1850］
00000 著者佚名
稿本 139

04440 **医学指迷贯革集**二卷 1851
06991 （清）赵琪（东闾）撰
清抄本 152（残）

04441 **杂病广要**三十三卷 1853
06992 （日）丹波元坚（亦柔、茝庭）撰
1. 稿本 139
2. 日本跻寿馆活字印本（四十卷） 3 7 541

04442 **医学提要**二卷 1854
06993 （清）陈文灏编
1. 清咸丰四年（1854）稿本 590
2. 清光绪十一年（1885）康雪香抄本 590

04443 **杂病六气分治辨论**九卷 1854
06997 附伤寒六气分治辨论一卷
（清）洪瞻陛（子升、雨芗）撰
清咸丰四年（1854）稿本 541

04444 **疗难百则**一卷 1855
06996 （日）川濑东羽（任子）撰
日本安政二年（1855）抄本 511

04445 **医醇賸义**四卷 1863
06998 附医方论四卷
（清）费伯雄（晋卿、砚云子）撰
1. 清同治二年（1863）耕心堂刻本 1 139

202　277　279　280　301　308A　385　491　529A　541　570　664　701　728A　736　740C　839A　896A

2. 清同治四年(1865)广州花县骆浩泉登云阁刻本　308A　443　709　799A　917A　921　931　940

3. 清光绪三年(1877)李冬刻本　1　3　21　139　140　186　202　279　280　286　289　308A　351　361　362　381　385A　391　393　396　401　412A　412B　431　432　433　433A　450　461　475A　491　511　514B　529A　541　570　572　579　589　590　651　664　701　709　715　721　728B　731　733　734　734A　735　735A　736　736A　736B　737　738　738A　740A　740B　741　781　799A　800　831　852A　854　856　871　901　907C　926A　939　940

4. 清光绪十四年(1888)上海扫叶山房刻本　2　9　139　202　279　281A　287　289　301　303　308A　309　361　401　412A　450B　461　462　475A　491　514A　521　529A　541　570　590　651　664　712　713　721　728A　734A　736　736B　736D　739A　740A　799A　891　896A　917A　926A　940

5. 清光绪二十年(1894)上海图书集成印书局铅印本　139　251　541　731　907C

6. 清光绪二十五年(1899)上海锦章书局石印本　896A

7. 清光绪二十七年(1901)上海书局石印本　139　351　363　412A　461　651　664　714　721　728A　731　736A　931

8. 清光绪三十四年(1908)上海广益书局石印本　139　202　651　707　736　831

9. 清光绪刻本　203　311　462(残)　735　739B　851　940

10. 清刻本　2　66　302　461　665　728A　733A　940

11. 抄本　139(存卷一)　450　701　734A

04446 06999 **杂证良方**二卷　1863
(清)屠道和(燮臣)撰
见医学六种

04447 07000 **内科秘录**十卷　1864
(日)本间救(玄调、和卿)撰
日本元治元年(1864)自准亭刻本　3(残)　511　677A

04448 07002 **评琴书屋医略**三卷　1865
(清)潘名熊(兰坪)撰
1. 清同治七年(1868)广州刻本　3　139　152　590　664　931　940　942B　944　XA
2. 清抄本　944

04449 07003 **内科脉镜**二卷　1866
著者佚名
见凤氏医书三种

04450 07004 **内科摘要方**一卷　[1866]
著者佚名
抄本　152

04451 07007 **外感辨证录**二卷　1881
(清)秦霖熙(瑞泉、春帆)编
清光绪十年(1884)恭城县署刻本　1　286　434

04452 07075 **传心集**二卷　[1884]
(清)蒋元粮(朗山)撰
1. 清光绪十年(1884)吟梅抄本(不分卷)　677A
2. 抄本　738B(存卷二)

04453 07010 **马培之内科医案**不分卷　1892
(清)马文植(培之)撰
清抄本　139

04454 00125 **内经论治**一卷　1895
著者佚名
清光绪二十一年(1895)张庆龙抄本　709

04455 07011 **中西内症玄机**一卷　[1895]
(美)嘉约翰口译　(清)林湘东笔述
见中西医学丛书

04456 07081 **杂病证方歌括**一卷　[1896]
(清)庆恕(云阁)撰
见医学摘粹

04457 07012 **内科证治歌括**一卷　1897
著者佚名
清光绪二十三年(1897)抄本　139

04458 07015 **内科疾患**一卷　1900
著者佚名
抄本　139

04459 07016 **杂病须知**□□卷 ［1905］
(清)吴士锜(兰宾虑道人)撰
抄本 706(残)

04460 07017 **杂病治法**一卷 1907
(清)赵廷玉(伯亭、双修)编
1. 抄本 277
2. 见赵双修医书十四种

04461 07019 **逐病论治**二卷 1907
(清)何仲皋(汝夔)撰
清光绪三十三年(1907)抄本 361

04462 07020 **证治活法**一卷 ［1908］
著者佚名
清同治光绪间抄本 139

04463 07021 **医髓**二卷 ［1908］
(清)高玉如撰
清抄本 152 412A

04464 05969 **医学迩言**一卷 1909
(清)善之氏(细柳山房主人)撰
清宣统元年(1909)抄本 186

04465 07022 **活人录**二卷 1909
原题(清)雷真君撰
清宣统元年(1909)闳博书局刻本 590 728A 839A

04466 07023 **伤燥论**一卷 1909
(清)张节(心在、梦畹)撰
见张氏医参

04467 07024 **证治微义**一卷 ［1909］
著者佚名
抄本 139

04468 07028 **内科秘书**一卷 ［1910］
(清)张祖良撰
抄本 738A

04469 07029 **内科撮要**三卷 ［1910］
著者佚名
抄本 677A

04470 07030 **医学明理论**二卷 ［1910］
著者佚名
清抄本 186

04471 07032 **医学要览**一卷 ［1910］
(清)程良士撰
清埚阳医室抄本 590

04472 07034 **医指**一卷 ［1910］
附女科纂要一卷
著者佚名
1. 清抄本 541
2. 抄本 590

04473 07036 **内科全书验方汇录**不分卷 ［1910］
潘子平编
抄本 139

04474 07038 **内科秘传**□□卷 ［1911］
著者佚名
清抄本 570(残)

04475 07039 **杂病论集**一卷 ［1911］
鉴渊氏撰
抄本 139

04476 07040 **内科证论**一卷 ［1911］
著者佚名
清抄本 139

04477 07041 **内科医经便览**一卷 ［1911］
著者佚名
抄本 139

04478 07044 **证治诸方**一卷 ［1911］
著者佚名
清抄本 139

04479 07045 **病脉证治录要肝经**一卷 ［1911］
著者佚名
抄本 139

04480 07046 **内科证治汇粹**不分卷 ［1911］
著者佚名
抄本 139

04481 07047 **杂症**二卷 ［1911］
著者佚名
清抄本 721

04482 07050 **六气为病**一卷 ［1911］
著者佚名
抄本 139

04483 07051 **杂症集解**不分卷 ［1911］
著者佚名
清抄本 570

04484 07052 **内科医案**一卷 ［1911］
又名内科方案
著者佚名
兰石山庄怀周抄本 590

04485 07053 **内科脉证**一卷 ［1911］
著者佚名
抄本 709

04486 **杂病心法**二卷 [1911]
07056 著者佚名
抄本 572

04487 **脾胃良方**二卷 [1911]
07303 著者佚名
抄本 152

04488 **下焦诸病药方**一卷 [1911]
07301 著者佚名
抄本 139

04489 **何氏十三篇**一卷 [1911]
07058 著者佚名
抄本 572

04490 **证治权衡**二卷 [1911]
07072 著者佚名
抄本 203 279 362 412A 728A

04491 **医林拔云**不分卷 [1911]
07076 (清)李真人(孤峰)撰 吕焘(萧镨)校
抄本 651

04492 **临症须知**不分卷 [1911]
07084 著者佚名
善和居士抄本 139

8.2.2 专病论治

8.2.2.1 中风

04493 **孙真人专治三十六种风证神方**一卷 [682]
07147 (唐)孙思邈(紫尘真人)撰
见济世专门编

04494 **中风瘫痪验方**一卷 1696
07159 (清)汪启贤(肇开) 汪启圣(希贤)选注
汪大年(自培)增补
见济世全书

04495 **中风大法**二卷 [1764]
07165 (清)徐大椿(灵胎、洄溪老人)撰
见徐灵胎医书三十二种

04496 **中风论**一卷 1821
07168 (清)熊笏(叔陵)撰
1. 清光绪十年(1884)福建林端植刻本 3 21 139 202 270 280 393 396 475A 590 677A 740A 740B 799A 851 911
2. 清抄本 3

04497 **中风简要**一卷 [1875]
07172 (清)沈灵犀编
见泉唐沈氏医书九种

04498 **风痨臌膈辨**一卷 1893
07176 (清)林翼臣(济清)撰
1. 清光绪二十年(1894)上海文瑞楼石印本 139A 279 289 361 461 541 590 677A 728A 734
2. 抄本 514A 541

04499 **中风诸门证治方**不分卷 1900
07177 著者佚名
清抄本 139

04500 **八种风疾专科手稿**一卷 1904
07178 (清)陈登铠(铁生)撰
清光绪三十年(1904)稿本 911

04501 **中风证治集要**二卷 [1911]
07187 (清)魏远猷(宏光)撰
清抄本 590

8.2.2.2 虚劳

04502 **上清紫庭追痨仙方**一卷 1396
07149 著者佚名
1. 抄本 139
2. 见青囊杂纂

04503 **痰火点雪**四卷 1630
07152 又名红炉点雪
(明)龚居中(应圆、如虚子、寿世主人)撰
1. 明万历建邑书林刘大易刻本 721 734A 735
2. 清嘉庆九年(1804)鄞江书林星聚楼刻本 1 2 3 139 186 270 279 363 393 491 514A 541 572 579 590 651 664 736A 738 738A 907C
3. 清嘉庆十八年(1813)吴中白鹿山房刻本(题红炉点雪) 139 202 651 664 677A
4. 清道光二十年(1840)平远楼刻本 1 139 251 289 381 590
5. 清光绪二十五年(1899)杭州衢樽书局石印本(题红炉点雪) 1 2 139A 152 186 286 308A 412A 461 475A 514A 542 590 651 664 677A 712 731 737 740J 799A 839A

6. 清刻本 202 279 734A 926A
7. 清抄本 203 529A 733
8. 周国林抄本 541（节抄卷一、二，题红庐点雪）
9. 抄本 139 709 781 926A

04504 07153 **慎柔五书**五卷 1636
(明)胡慎柔(住想)撰 (清)石震(瑞章) 顾元交(焉文、敷尹)编订
1. 清顺治三年(1646)昆陵石震刻本 3 491〔乾隆五十一年(1786)王陈梁题跋〕
2. 清乾隆五十一年至五十九年(1786—1794)元和程永培刻修敬堂汇印六醴斋医书本 139 202 270 279 289 306 361 381 391 541 651 731 737 907B 911
3. 清光绪十七年(1891)广州藏修堂刻六醴斋医书本 491 728B
4. 清宣统三年(1911)池阳周学海刻周氏医学丛书本 1 251 270 361 391 491 739D 852
5. 清刻本 519 799(残) 854(残)
6. 见六醴斋医书
7. 见周氏医学丛书

04505 07154 **理虚元鉴**二卷 ［1644］
(明)汪绮石撰
1. 清乾隆三十六年(1771)慈溪柯怀祖复韵斋刻本 6 731 939 940
2. 清光绪二年(1876)仁和葛元熙刻啸园丛书本 302 308A 570 734 739 951
3. 清光绪二十二年(1896)萧山陈氏刻本 6 277 433A 491 590 715 728A 734 921
4. 清光绪三十二年(1906)遂邑魏永茂双江镇全寿堂刻本 308A 707 799A
5. 清抄本 1 308A 570 590 701
6. 见啸园丛书
7. 见十药神书十药神书注解

04506 07155 **虚劳内伤**二卷 1693
(清)沈明宗(目南、秋湄)撰
见医征

04507 07156 **胡慎柔先生五书要语**一卷 ［1694］
(明)胡慎柔(住想)原撰 (清)陈嘉璴(树玉、友松)辑
1. 清乾隆十四年(1749)道南堂刻医学粹精本 738B
2. 见医学粹精

04508 07157 **虚痨汇选应验良方**一卷 1696
(清)汪启贤(肇开) 汪大年(自培)选注
见济世全书

04509 07189 **王氏红炉点雪**十八卷 ［1696］
(清)王奇弢(芝云)撰
1. 清康熙三十五年(1696)抄本 541
2. 抄本 709 926A

04510 00000 **汪缵功虚荣论**一卷 ［1718］
(清)汪光爵(缵功、学舟)撰
清抄本 701

04511 07161 **何氏心传**一卷 1722
又名何氏虚劳心传、虚劳秘要
(清)何炫(令昭、自宗、嗣宗)撰
1. 清咸丰七年(1857)何长治抄本 139
2. 清光绪二年(1876)梅华庐抄本 701
3. 清光绪十五年(1889)吴县朱记荣槐庐刻槐庐丛书本 139 541 590 739 911
4. 清陆可能抄本 1
5. 抄本 590 701 907C TA
6. 见槐庐丛书

04512 07163 **不居集**上集三十卷卷首一卷下集二十卷卷首一卷 1739
(清)吴澄(师朗、鉴泉)撰
1. 清道光十三年(1833)歙县程珊坪芸香阁刻本 2 3 139 139A 570 572 677A 731
2. 抄本 728A

04513 07164 **虚损启微**二卷 1761
(清)洪炜(缉庵、霞城)撰
见盘珠集

04514 07169 **内伤集要**六卷 1822
又名虚损失血集要
(清)蔡贻绩(乃庵)编
1. 清道光三年(1823)广东花县骆浩泉翰墨园刻医学四要本 139 491
2. 见医学四要

04515 00000 **居由居虚劳立卓**七卷 1850
(清)邓友凤撰
清道光三十年(1850)刻本 944

04516 07170 **重订绮石理虚元鉴**五卷 ［1866］
又名虚劳学讲义

(明)汪绮石撰　(清)陆懋修(九芝、勉旃、江左下工、林屋山人)编
1. 清宣统元年(1909)桐乡冯汝玖铅印本　1　139A　251　279　361　366　713
2. 清宣统二年(1910)元和陆润庠刻世补斋医书本　736A
3. 清末抄本　1
4. 见世补斋医书

04517 07171 **虚劳要则**一卷　[1875]
(清)沈灵犀编
见泉唐沈氏医书九种

04518 07173 **虚劳秘韫方解**一卷　1878
(清)潘世良(心垣)撰
清光绪八年(1882)粤南潘海栋羊城潘杏济堂刻本　139

04519 00000 **虚劳辨证**二卷　1887
(清)欧阳杏农撰
清光绪十三年(1887)刻本　944

04520 07179 **虚劳秘要**一卷　1907
(清)何嗣宗撰　赵廷玉(伯亭、双修)辑订
见赵双修医书十四种

04521 07183 **免痨神方**一卷　1910
(清)谢洪赉(邕候、寄尘、庐隐)编
1. 清宣统二年(1910)上海青年会铅印本　301　514A　590　603　951
2. 清宣统三年(1911)上海商务印书馆铅印本　651
3. 清宣统三年(1911)山东大学堂印书馆铅印本　901
4. 清宣统三年(1911)西安公益书局铅印本　413

04522 07184 **杂病方诀**一卷　[1910]
(日)江村宗民撰
日本抄本　1

8.2.2.3　蛊膈虫

04523 07247 **禳蛊奇书**二卷　[1578]
原题(明)李时珍(东璧、濒湖)撰
清光绪三十二年(1906)刻本　251

04524 07158 **蛊膈汇选验方**一卷　1696
(清)汪启贤(肇开)　汪启圣(希贤)选注　汪大年(自培)增补
见济世全书

04525 07166 **疗蛊集证**一卷　1786
(清)朱廷瓒撰
清乾隆五十一年(1786)临川李方汉英秀堂刻本　738A　738B

04526 00000 **雕虫集**一卷　[1808]
(清)徐大椿(灵胎、洄溪老人)原撰　徐赓云(凤冈、撷芸)辑订
见味义根斋偶抄

04527 07269 **蚘志**三卷　1820
(日)喜多村直子温(槐园)撰
日本嘉永二年(1849)喜多村士栗学训堂刻本　3　7　139　541　590　651

04528 07270 **治蛊新方**一卷　[1820]
(清)路顺德(应侯)编　缪福照(介夫、澄江渔者)订
1. 清道光三年(1823)融县路顺德自刻本　2　139　664
2. 清道光四年(1824)京都琉璃厂漱润斋刻本　308A
3. 清道光二十六年(1846)布政司贺广文堂刻本　139　907C
4. 清刻本　3(残)　922(残)
5. 见艺海珠尘

04529 07273 **经验治蛊奇方**不分卷　[1850]
(清)程资(尔资)编
见程尔资抄辑医书八种

04530 07175 **医学噎膈集成**一卷　1889
(清)吴苍山(静峰)辑注　吴仲宪(杏圃)增订
清光绪十六年(1890)古吕吴氏洗心堂家刻本　590

04531 07291 **驱蛊燃犀录**一卷　1893
(清)李凤阁(燃犀道人)撰
1. 清光绪十九年(1893)宝镜山房刻本　1　2　3　4L　139　277　279　287　289　381　385A　391　461　475A　541　738B　739　891　922
2. 清光绪二十六年(1900)天彭官署刻本　1　289　541
3. 清光绪二十八年(1902)自然子瓯东鹿城高汲古斋刻本　1　304A　590　917A
4. 清刻本　254

04532 **人体虫病通考**四卷 ［1901］
07294 （清）郑奋扬（肖岩）撰
清宣统三年（1911）袖海庐稿本 738B

04533 **蛊胀脚气经验良方**一卷 1903
07296 （清）劳守慎（朗心）编
见济众录

8.2.2.4 痹痿痉

04534 **痹湿二症合编**一卷 ［1735］
07192 （清）孟翰（西园）撰
清抄本 1

04535 **诸痹汇要**一卷 ［1875］
07278 （清）沈灵犀编
见泉唐沈氏医书九种

04536 **痿证大要**一卷 ［1875］
07279 （清）沈灵犀编
见泉唐沈氏医书九种

04537 **痉书备览**一卷 1884
07174 （清）俞锡禧（友竹）撰
清光绪俞锡禧涵春堂抄本 1（清·陆懋修题跋）

04538 **阳痿论**二卷 1897
07293 （清）韩善征（止轩）撰
见韩氏医书六种

04539 **西园风病全书**一卷 ［1911］
07190 （清）孟翰（西园）撰
清抄本 1

8.2.2.5 脚气

04540 **脚气治法总要**二卷 1093
07246 （宋）董汲（及之）撰
1. 清嘉庆吴县袁廷梼贞节堂抄本 852
2. 清抄本 651
3. 守一斋抄本 279
4. 抄本 139A 475A 570 572 651 738B 931
5. 见四库全书
6. 见影钞文溯阁四库全书医书十二种

04541 **脚气方论**三卷 1748
07252 （日）松井阅众（村庵）撰
日本明和三年（1766）日本东都书肆刻本 1 541

04542 **脚气类方**一卷附录一卷 1763
07256 （日）源养德（澹斋）编
1. 日本宝历十三年（1763）京都书林林喜兵卫刻本 7 289
2. 清光绪二十五年（1899）上海古香阁刻本 462（残） 590 651 677A 709 731

04543 **脚气说**一卷附案一卷 1787
07260 （日）橘元周（子升）撰
日本天明七年（1787）刻本 3

04544 **博济堂脚气提要**一卷 1791
07261 （日）冈田昌春（柔克） 下条通春（贞固） 高岛久也（祐启）等撰
日本宽政三年（1791）刻本 651

04545 **脚气发明**一卷 1804
07265 附处阴杂志
（日）饭贞密退藏（饭野退藏）撰
日本文化元年（1804）松鹤堂刻本 511 901

04546 **脚气辨正**一卷 1811
07266 （日）丸山元障撰
日本文化八年（1811）静闲斋刻本 139

04547 **脚气分类编**四卷 1812
07267 （日）冈本昌庵（赤门）撰
日本文化十四年（1817）东都书肆千钟房刻本 139

04548 **脚气钩要**二卷 1861
07275 （日）今邨亮（祇卿、了庵）撰
1. 日本文久元年（1861）敬业馆刻本 3 7 139 152
2. 抄本 412B

04549 **脚气新论**一卷 1878
07281 （日）今邨亮（祇卿、了庵）撰
日本明治十一年（1878）敬业馆刻本 139 511 541 570

04550 **脚气论**一卷 1878
07282 （日）石黑北（忠德）撰
日本明治十一年（1878）思诚斋刻本 3

04551 **脚气要略须知**一卷 1883
07285 （日）渡边廉（子清）撰
日本明治十六年（1883）刻本 590

04552 **经验脚气杂症良方**一卷 1884
07288 （清）杨侣三传 竹松子编

清光绪十年(1884)石印本　677A　940

04553 00000 **治脚气方**一卷　1886

(清)美愚子撰

清光绪十二年(1886)香港中华印务总局木活字印本　944

04554 07289 **脚气刍言**一卷　1887

(清)曾超然(心壶)撰

1. 清光绪十三年(1887)广州聚珍堂刻本　3　589　931　944
2. 清光绪三十三年(1907)群益印刷编译局铅印本　514A
3. 清光绪三十四年(1908)广东陆军速成学堂铅印本　677A　728A　931　944

04555 07292 **脚气要论**一卷　1895

(日)猪木邦介(熊山)辑

日本明治二十八年(1895)上野松龙舍铅印本　202

04556 00000 **脚气备参**一卷　1895

(清)罗广同济堂主人编

清光绪二十一年(1895)罗广同济堂刻本　289

04557 00000 **脚气病之原因及治法**二卷　1910

(清)丁福保(仲祜、畴隐居士)撰

清宣统二年(1910)铅印本　541　731

8.2.2.6　血证

04558 07148 **十药神书**一卷　1348

(元)葛乾孙(可久)撰

1. 日本元禄三年(1690)富仓太兵卫刻本(卷端题胡云翔篆传,附孙子中家传崔氏四花穴法、玉堂宗旨治传尸痨虫法)　3　139
2. 清乾隆五十一年至五十九年(1786—1794)元和程永培刻修敬堂汇印六醴斋医书本　1　21　707　710
3. 清道光二十一年(1841)刻本(附医人一得一卷苏沈良方一卷)　491
4. 清光绪五年(1879)吴县潘霨敏德堂刻铧园医学六种本　1　3　139　202　288　385A　401　461　475A　511　529　590　651　677A　701　728A　731　738　746A　852　854
5. 清光绪十年(1884)江西书局刻铧园医学六种本　139　710　712　714　896A
6. 清光绪十一年(1885)胡氏刻本　701　731
7. 清光绪十七年(1891)广州藏修堂刻儒雅堂印六醴斋医书本　21　701　710　728B
8. 清刻本　139　891
9. 抄本　590　664
10. 见诊家枢要(版本附录)
11. 见太原傅科
12. 见金匮玉函经二注(附录)
13. 见六醴斋医书
14. 见小耕石斋医书
15. 见铧园医学六种
16. 见桃坞谢氏汇刻方书九种
17. 见十药神书十药神书注解

04559 07250 **血症良方**一卷　1711

又名专治血症经验良方论

(清)潘为缙(云师)撰

1. 清康熙五十一年(1712)天都潘为缙麒振堂自刻本　2　939
2. 清咸丰元年(1851)武林张文治如不及斋刻本(题专治血症经验良方论)　731
3. 清光绪二十八年(1902)长沙叶雨村刻本　1　3　139　286　421　491　529A　651　664　709　831

04560 07255 **失血治法**一卷　[1759]

又名失血大法

(清)杨凤庭(西山、瑞虞)撰

1. 清咸丰九年(1859)长沙冯卓怀彭邑惠林堂刻本　851　871
2. 成都守经堂刻本(题重刊杨西山失血大法)　2　277(残)　491　590　851　871　907C
3. 清抄本　139　514A　907C

04561 07167 **十药神书注解**一卷　1803

(元)葛乾孙(可久)撰　(清)陈念祖(修园、良有、慎修)注

1. 清咸丰九年(1859)三山林氏味根斋刻陈修园先生晚余三种本　1　139　252　279　285　308A　433　651　707　712　746A　781　799A　831　856　901(残)　907C
2. 清同治四年(1865)文奎堂刻南雅堂医书

全集本 139 203 351
3. 清光绪十五年（1889）遂邑务本堂刻本 852 907C
4. 清光绪十八年（1892）上海图书集成印书局铅印陈修园医书二十一种本 288 364 590 738A 746 781 915
5. 清光绪十八年（1892）敦厚堂刻陈修园医书二十一种本 361 491 651
6. 清光绪二十四年（1898）成都多文会刻南雅堂医书全集本 1 514A 852S 853 855
7. 清光绪二十六年（1900）两仪堂刻陈修园医书二十四种本 728A
8. 清光绪二十七年（1901）新化三味书局校刻陈修园医书二十三种本 450 514A 665 926A
9. 清光绪二十九年（1903）湖南益元书局刻陈修园医书二十三种本 412A 664 728B
10. 清光绪二十九年（1903）蜀东信义书局刻陈修园医书三十二种本 852
11. 清光绪三十二年（1906）吴闽医学会石印陈修园医书四十六种本 714
12. 清光绪三十三年（1907）巴蜀善成堂刻陈修园医书四十八种本 285 746A
13. 清光绪三十三年（1907）上海经香阁书庄石印陈修园医书三十六种本 351
14. 清光绪三十四年（1908）宝庆经元书局刻陈修园医书二十三种本 521 921
15. 清光绪三十四年（1908）宝庆经元书局刻富记书局印陈修园医书二十三种本 202 514A 839A
16. 清刻本 8 279 414 738B 907C
17. 清抄本 1（附理虚元鉴）
18. 抄本 831
19. 见南雅堂医书全集
20. 见陈修园医书十五、十六、十八、二十一、二十三、二十四、二十八、三十、三十二、三十六、四十、四十八、五十、七十种
21. 见陈修园先生晚余三书
22. 见十药神书十药神书注解

04562 07287 **血证论**八卷 1884
（清）唐宗海（容川）撰
1. 清光绪十六年（1890）彭县唐宗海刻本（附医学一见能） 1 3 186 289 351 412B 476 590 731 746 851 911 939
2. 清光绪十八年（1892）、二十年（1894）申江袖海山房石印本 1 139 434 462 475A 570 677A 707 712 734A 738A 741 852 901
3. 清光绪十九年（1893）湖北郧县署刻本 2 139 202 385A 734 852A 891 907C
4. 清光绪三十一年（1905）上海顺成书局石印本 734A 736A 831
5. 清光绪三十一年（1905）、三十二年（1906）、三十四年（1908）上海千顷堂书局石印本 6 287 289 308A 351 361 412A 434 541 651 664 702 709 712 721 728A 734 736 737 738A 740D 742 799A 852 852C 853 855 858 891 896A 922 940 942B
6. 清光绪三十二年（1906）善成堂刻中西汇通医书五种本 712 728A 735 738B 907B
7. 清光绪三十二年（1906）重庆精宏书局铅印本 853
8. 清光绪三十三年（1907）上海朱氏焕文书局石印中西汇通医书五种本 831
9. 清光绪刻本 305 664 708 735
10. 清宣统元年（1909）成都文伦书局铅印本 139 186 529A 799A
11. 见血证论医学一见能
12. 见中西汇通医书五种
13. 见中西医学劝读十二种
14. 见中西医学全书（羊城医学会辑）

04563 00000 **十药神书**一卷 1889
十药神书注解一卷
（元）葛乾孙（可久）原撰 （清）潘霨（伟如、韡园居士） 陈念祖（修园、良有、慎修）注
清江阴宝文堂刻光绪十五年（1889）千顷堂增刻本 1 279 286 412A 546 721

04564 07298 **血症**一卷 1911
著者佚名
清抄本 139

04565 **血症摘录**一卷 ［1911］
00000 著者佚名
清槜村氏抄本 736A

04566 **血门**一卷 ［1911］
07300 著者佚名
清刻本 279

8.2.2.7 咳嗽消渴心痛

04567 **嗽证知原**一卷 ［1723］
07251 （清）林之翰（宪百、慎庵、苕东逸老）撰
1. 清抄本 2
2. 抄本 139

04568 **咳嗽治法**一卷 1828
07271 （清）沈又澄（晓堂、芗湛、九锁山人）撰
清道光八年（1828）刻本 709

04569 **咳论经旨**四卷 ［1866］
07276 （清）凌德（嘉六、蛰庵）撰
抄本 590

04570 **三消论**一卷 1891
07290 （金）刘完素（守真、河间居士、通玄处士）撰 （清）周学海（澄之）注
1. 清光绪二十四年（1898）皖南建德周学海刻周氏医学丛书本 308A 541 728A 731 739D 896A 907C
2. 见周氏医学丛书
3. 见中西医学群书

04571 **卒患心痛秘方**一卷 1911
07299 著者佚名
清抄本 701

8.2.2.8 痰饮水湿

04572 **痰火颛门**四卷 1607
07151 又名国医宗旨
（明）梁学孟（仁甫、玄指山人）撰
1. 明万历三十五年（1607）陆世科刻本（题国医宗旨） 570 590 651
2. 明万历三十八年（1610）叶大受建阳刻本 289 701 732 831（存卷一、二）

04573 **饮病论**一卷 1754
07254 （日）石崎淳古（玄素）撰
1. 日本宝历四年（1754）江户丛桂堂刻本 3 570 590
2. 日本日义堂抄本 1

04574 **水肿规鉴**二卷附录一卷 1802
07264 （日）安庭县（叔瞻、松亭）撰
日本享和二年（1802）江都瑞玉堂宫商阁刻本 7

04575 **汇集海滨湿证**一卷 ［1850］
07274 （清）黄道敫辑
清道光抄本 1

04576 **医寄痰饮治效方**二卷 ［1850］
07286 （清）田宗汉（云槎、瀛峤）撰
1. 清光绪二十八年（1902）汉川田宗汉自刻本 570 831 851
2. 抄本 139

04577 **水饮治法**一卷 1869
10896 （清）陆懋修（九芝、勉旃、江左下工、林屋山人）撰
清同治八年（1869）林屋丹房稿本 1

04578 **水气指南**一卷 ［1875］
07280 （清）沈灵犀编
见泉唐沈氏医书九种

04579 **痰饮与带下**一卷 1880
07284 著者佚名
稿本 139

04580 **劳伤湿肿七言歌**不分卷 ［1911］
07304 著者佚名
抄本 922

04581 **肿胀汇参**三卷 ［1911］
07305 著者佚名
抄本 152

04582 **痰门总括歌**一卷 ［1911］
07306 著者佚名
允之氏抄本 706

8.2.2.9 癫狂病

04583 **癫痫狂经验编**一卷 1819
07268 （日）土田献（翼卿）撰
日本文政二年（1819）奥川土田献成己堂刻本 3 139 590

04584 **癫狂条辨**一卷 1863
07297 **喉证条辨**一卷
又名癫狂喉证条辨

(清)郭传铃(楚贤) 夏邦佐(镜湖)撰
1. 清宣统元年(1909)成都复真堂刻本 590
2. 抄本 590

04585 **癫狂条辨**一卷 1863
00000
(清)郭传玲(楚贤)撰
见癫狂条辨喉证条辨

04586 **(恒堂周氏家抄)癫狂痫**一卷 [1911]
07302
(清)周云章(芝山)撰
清抄本 541

8.2.2.10 翻症

04587 **绣像翻症**一卷 1851
06839
又名翻症图考
著者佚名
1. 清咸丰元年(1851)文林堂刻本 139
2. 清同治十三年(1874)鉴余堂刻本 1 139A 351
3. 清光绪十二年(1886)聚元堂刻本 366
4. 清光绪十五年(1889)三义堂刻本 139A 590
5. 清光绪十七年(1891)义善堂刻本 308A
6. 清光绪三十年(1904)泰山堂刻本(题翻症图考) 289
7. 清末成德堂刻本 839A
8. 清刻本 351

04588 **翻症类治**一卷 [1911]
06928
附卫生妙术一卷
(清)杨氏辑
清淄邑杨氏三鳣堂抄本 308A

8.3 女科

8.3.1 女科通论

04589 **女科济阴要语万金方**一卷 1165
07374
(宋)郑亭(春敷、荥阳)编
1. 清抄本 139(题徐大椿录)
2. 抄本 2(题妇科济阴要语万金方) 139(二卷) 475A(十卷)

04590 **坤元是保**三卷附录一卷 1165
07375
(宋)薛轩(仲昂)撰 (宋)郑亭(春敷、荥阳)编
1. 清抄本 541(二卷,附续集备考一卷)
2. 抄本 2 139 279 541(附李医郑氏家传万全秘书) 579 590 677A 709 721

04591 **女科百问**二卷 1220
07376
(宋)齐仲甫(讷斋)撰
1. 明崇祯十三年(1640)乌程闵齐伋刻本(附产宝杂录一卷) 2 139 277 572
2. 明抄本 572
3. 清康熙四十二年(1703)燕诒堂刻本 139 590 715
4. 明崇祯十三年(1640)乌程闵齐伋刻清乾隆六十年(1795)聚锦堂重修本(附产宝杂录一卷) 1 3 138B 139A 186 203 308A 570 590 728A 738B 852
5. 清嘉庆八年(1803)慎诒堂刻本 139 301 677A 731
6. 清嘉庆八年(1803)慎怡堂刻光绪八年(1882)世德堂印本 433A
7. 清抄本 514A 570

04592 **妇人大全良方**二十四卷 1237
07377
又名妇人良方、妇科纲目良方、太医院补注妇人良方大全
(宋)陈自明(良甫)撰
1. 元勤有书堂刻本(附辨识修制药物法度一卷) 1
2. 明嘉靖二十六年(1547)秀水沈谧刻本 277(存卷一至十三) 450(残) 871 TA
3. 明万历初建邑书林余彰德刻本 475A(残)
4. 明万历金陵唐富春周誉吾刻本 2 3 21 139 140 202 279(缺卷六至九) 301 353 361 401 415(存卷十六至十九) 461 529 590 651 677A 701 TA
5. 明万历杨钤飞四知馆刻本(题三刻太医院补注妇人良方大全二十四卷卷首一卷) 731
6. 明万历杨钤飞四知馆刻书瑞堂印本(题三刻太医院补注妇人良方大全二十四卷卷首一卷) 852

7. 明万历新安吴琯刻薛氏医按二十四种本 21 361 391 393 664 721
8. 明万历新安吴琯刻清聚锦堂印薛氏医按二十四种本 277 279
9. 明万历新安吴琯刻大雅堂印本 401
10. 明崇祯元年(1628)朱明刻薛氏医按十六种本 541 651 664 738A
11. 日本宽永十三年(1636)大和田意闲刻本 7
12. 明刻本 2 TB(清·杨守敬题识)
13. 日本承应二年(1653)风月庄左卫门刻本(据明万历初建邑书林余彰德刻本翻刻) 3 139 475A 511 572 590 831
14. 明万历金陵唐富春周誉吾刻清初陈长卿重修本 139 461 491 570 677A
15. 明万历金陵唐富春周誉吾刻明清递修本 366(存卷一至八、十四至十七、二十三、二十四)
16. 明崇祯元年(1628)朱明刻清康熙宝翰楼印本 254 664 677A
17. 清乾隆七年(1742)三槐堂刻本 852 907C
18. 日本宽政三年(1791)刻本 651 TB
19. 明崇祯元年(1628)朱明刻清乾隆嘉庆间博古堂印薛氏医按十六种本 204 940
20. 清乾隆七年(1742)三槐堂刻竹林堂印本(题三刻太医院补注妇人良方大全二十四卷卷首一卷) 3 140 203 306 308A 311 381 412B 491 570 579 852S 907C
21. 明万历金陵唐富春周誉吾刻清初陈长卿重修嘉庆六年(1801)郁文堂印本 361
22. 日本文化二年(1805)丹波元坚抄本 3
23. 清嘉庆十四年(1809)书业堂刻薛氏医按二十四种本 279 651 738A 940
24. 清道光间东溪堂刻薛氏医按二十四种本 393 541
25. 清光华堂刻渔古山房印薛氏医按二十四种本 3 139 279 308A 381 393 412A 412B 476 514A 590 709 715 728A 736 740A 907C 921 926A
26. 清刻本 1 139 270 277(存卷六) 281A 308A 401 412A 415(存卷十六至十九) 476 728A 736 736C 738A 742(存卷四、五、八) 917A 939
27. 日本森立之抄本 21
28. 日本抄本 TB
29. 抄本 412B 521 590 738B(附伤寒赋一卷)
30. 见薛氏医按十六种
31. 见薛氏医按二十四种
32. 见四库全书

04593 07379 **女科万金方**不分卷 1265
(宋)薛辛(将仕、古愚)撰
1. 清康熙抄本 664
2. 清李雨江抄本 3 286 529A 590 709

04594 07381 **玉峰郑氏女科秘传**三卷 1265
(宋)薛辛(将仕、古愚)撰
清抄本 475A(存卷一、二)

04595 00000 **薛医宁**二卷 [1265]
(清)许氏辑
清许氏抄本 664

04596 07382 **妇科约囊万金方**二卷 [1279]
又名求志堂任秘藏万金方神书
(宋)郑亭(春敷、荥阳)撰 (明)任树仁(晒含、月峤)订
清抄本 139

04597 00000 **凤林寺女科秘宝**一卷 [1279]
又名凤林寺女科秘书、凤林寺传遗女科、凤林寺胎产
(宋释)慧明传
1. 抄本 590 738B(题凤林寺女科秘方)
2. 魏心小抄本 139(题凤林寺传遗女科)
3. 王膺天墅后留余堂抄本 139(题凤林寺胎产)

04598 07383 **戈存橘秘用女科伤寒秘要一袖钗**不分卷 1445
又名女科伤寒秘要
(明)陶华(尚文、节庵)撰 戈维城(存橘)传
1. 孙鼎抄本 572
2. 见邯郸遗稿(版本附录)

04599 07384 **(新刊)妇人良方补遗大全**二十四卷 1464
(宋)陈自明(良甫)撰 (明)熊宗立(道轩、勿听子)补遗

1. 明天顺八年（1464）建阳书林熊氏种德堂刻本 852（有抄配） TA（存卷三至六、十三至二十四）
2. 明正德四年（1509）陈氏存德书堂刻本 1

04600 07385 **安亭茅氏世传女科**一卷 ［1489］
又名茅氏女科秘方
（明）茅友芝撰
1. 清光绪六年（1880）森秀林抄本（题茅氏女科秘方） 590
2. 清抄本 139A 541

04601 07386 **女医杂言**一卷 ［1510］
（明）杨谈允贤撰
明万历十三年（1585）锡山纯敬堂刻本 139

04602 07387 **女科撮要**二卷 1546
（明）薛己（新甫、立斋）撰
1. 明刻家居医录本 1 TA
2. 明刻薛氏医按本 277
3. 明刻薛氏医按二十四种本 590 738A
4. 清嘉庆十四年（1809）书业堂刻薛氏医按二十四种本 491 651
5. 清道光间东溪堂刻薛氏医按二十四种本 541 590 651
6. 清刻本 139 289 412A 433A 736A
7. 抄本 279 664 738B 921
8. 见家居医录
9. 见薛氏医按十六种
10. 见薛氏医按二十四种
11. 见十竹斋刊袖珍本医书

04603 07389 **万氏妇科汇要**四卷 1549
（明）万全（密斋）撰
1. 清道光元年（1821）书业堂刻本 1 3 286 737 907C 921
2. 抄本 590（三卷）

04604 07388 **万氏女科**三卷 1571
又名万氏妇人科、万氏家传妇人秘科、万氏妇人科集证、万氏家藏女科
（明）万全（密斋）撰
1. 清康熙五十三年（1714）西昌裘琅世德堂刻本 139 203 465 475A 529A 590（残） 664 709 721 738A 799A 852 891 931 940
2. 清康熙五十三年（1714）西昌裘琅世德堂刻味经堂印本 728A
3. 清雍正二年（1724）金溪胡略清畏堂刻万密斋医学全书本 139 781
4. 清乾隆四十八年（1783）刻本（四卷） 541
5. 清嘉庆八年（1803）刻本（题万氏妇人科） 590
6. 清嘉庆十年（1805）树经堂刻本 279 514A
7. 清道光十二年（1832）吴平徐东海与善堂刻英秀堂印本（题万氏妇人科） 590
8. 清道光十三年（1833）友益堂刻本 139 285 308A（存卷一、二） 361
9. 清道光三十年（1850）隋州万文洙富春堂刻本（题万氏女科） 3 590
10. 清咸丰元年（1851）承荫堂刻本 139 202 301
11. 清咸丰十年（1860）西昌务本堂刻本 289 491（缺卷三）
12. 清同治二年（1863）京都篆云斋刻本 2 186 203 251 270 279 289 391
13. 清同治三年（1864）青云楼刻本（一卷） 712
14. 清同治七年（1868）翰宝楼刻本（题万氏妇人科集证，附麻痘良方） 940
15. 清光绪元年（1875）存养轩抄本 308A
16. 清光绪十五年（1889）成都守经堂刻本 2 202 361 529A 851 852C 856 871 907C 912 951
17. 清光绪二十三年（1897）务本堂刻本 203 277 279 281A 288 289
18. 清光绪善成堂刻本（附保产良方一卷） 733
19. 清宣统槐荫书屋刻本 851
20. 清末忠信堂刻万密斋医学全书本 139
21. 清末津门周勉抄本 277（据同治二年刻本抄录）
22. 清文秀堂刻本 721
23. 清爱日堂刻本 709
24. 清大兴堂刻本 677A
25. 清鸣盛堂刻本 139 742 855
26. 清刻本 139 401 412B 434 541 651 709 733 738A

27. 清抄本 1(二卷) 139 279 731
28. 抄本 2 139 277 279 712 721
29. 见万氏妇科达生合编
30. 见万密斋医学全书
31. 见万氏家藏女科治痢奇方妙论

04605 07393 **支氏女科枢要**三卷 1581
(明)支秉中(改斋)撰
明万历九年(1581)刻本 541

04606 07403 **妇科百辨**一卷 [1595]
(明)庄履严(杏旸)撰
清江阴庄憩樵抄本 590

04607 07394 **女科证治准绳**五卷 1602
(明)王肯堂(宇泰、损庵、念西居士)编
1. 明万历三十五年(1607)金坛王肯堂自刻本 572 731 739A 800 871 915 922 944(存卷五) TB
2. 日本宽文十三年(1673)村上平乐寺刻本 1
3. 清康熙三十八年(1699)金坛虞氏刻六科证治准绳本 286 308A 707 712
4. 清乾隆十四年(1749)带月楼刻六科证治准绳本 288
5. 清乾隆五十八年(1793)新安程永培修敬堂刻六科证治准绳本 3 289 491 529A 541 651 852S 931
6. 清嘉庆道光间九思堂刻六科证治准绳本 3 139 279 289 302 570 852
7. 清光绪十八年(1892)广州石经堂刻六科证治准绳本 731 741 939
8. 清光绪十八年(1892)上海图书集成印书局铅印六科证治准绳本 139 351 381 852B
9. 清光绪二十五年(1899)西蜀善成堂刻六科证治准绳本 733A 799
10. 清刻本 383 912
11. 抄本 664 961
12. 见六科证治准绳

04608 07395 **宋氏女科秘书**一卷 1612
又名四明宋林皋先生女科秘书、精理宋氏女科、宋氏女科撮要、四明宋氏女科撮要
(明)宋林皋(养吾)撰
1. 明万历抄本 139
2. 清康熙八年(1669)抄本 279
3. 清光绪八年(1882)抄本 738B

04609 07396 **邯郸遗稿**四卷 [1617]
又名医贯胎产遗论
(明)赵献可(养葵、医巫闾子)撰
1. 清嘉庆元年(1796)灵兰阁刻本 677A
2. 清抄本 664 728A(三卷)
3. 瑞竹堂抄本 3(附女科伤寒一袖钗) 590(残)
4. 巢念修抄本 590
5. 抄本 728A

04610 00000 **名医女科方论治验**二卷 1618
原题(明)薛己(新甫、立斋)撰 刘一灿(纲伯)辑订
明万历四十六年(1618)豫章刘一灿刻本 TA

04611 07397 **济阴纲目**五卷 1620
(明)武之望(叔卿、阳纡)撰
1. 明万历四十八年(1620)临潼武之望自刻本 1 6 21 139 289 366(存卷三、四) 401(存卷五) 413 443 475A 493 707 738 911
2. 明天启元年(1621)关中王槚刻本 1 2 279(存卷一至三) 280 289 393 412B 491 493 546 589(残) 737
3. 影抄本 590

04612 07398 **妇人规**二卷 1624
附妇人规古方
(明)张介宾(景岳、会卿、通一子)撰
1. 抄本 514A
2. 见景岳全书

04613 00000 **调经法门**一卷 1629
(明)吕献策(匡时)撰
明崇祯二年(1629)刻本 735

04614 07400 **女科正录**一卷 1641
(明)陈澈(三山、雪潭)编
见雪潭居医约

04615 00000 郑栎庵先生女科万金方传九卷 [1644]
又名郑氏万金方、郑栎庵先生女科万金方传灯
(明)郑良(尧臣、栎庵)编
1. 清乾隆间抄本 590
2. 明抄本 572(许玉森藏)

04616 **妇科稿本**一卷 ［1644］
07401 著者佚名
清初稿本 139(残)

04617 **陈氏秘兰全书妇科补解**五卷 ［1644］
07402 又名陈素庵妇科补解
(宋)陈沂(素庵)撰 (明)陈文昭补解
明抄本 590

04618 **郑氏世传女科指要**一卷 ［1644］
07404 (明)郑荣山录
清嘉庆十二年(1807)毛达抄本 139

04619 **薛氏秘传郑氏胎产家藏之宝**一卷 ［1644］
00000 (明)薛南明编辑
清抄本 139

04620 **秘传女科**二卷 1661
07408 又名周慎斋女科、慎斋秘传女科
(清)周震(慎斋)撰
1. 清光绪四年(1878)木活字印本 590 721 728A
2. 清刘有忠抄本 139

04621 **女科正宗**四卷 1664
07409 (清)何涛(松庵) 浦天球(鸣虞)合撰
1. 清康熙三年(1664)庐江何涛刻本 572 799A 907B
2. 清抄本 939

04622 **济阴纲目笺释**十四卷 ［1665］
00000 附保生碎事一卷
(明)武之望(叔卿、阳纡)原撰 (清)汪淇(憺漪、右子、蜩寄主人)释补
1. 清康熙四年(1665)钱塘汪淇刻本 1 21 139 140 185 186 279 361(缺附录) 381 421 493 529A 541 590 651 664 677A 707 709 721 728A 917A 921 943
2. 日本宝永七年(1710)汤口弥三郎雒阳书肆恒心堂刻本 7 651
3. 清乾隆四年(1739)素位堂刻本 931
4. 清乾隆四年(1739)西园刻本 396
5. 清金阊书业堂刻本(序版心题启元堂,凡例版心题蜩寄,目录版心题天德堂) 139 140 186 202 279 301 309 361 412A 443 461 462 475A 476 491 570 651 728A 732A 738A 740A 740B 852D 901 907B 921
6. 清天德堂刻本(据康熙四年刻雍正六年重修本翻刻) 2 139A 186 203 270 277 288 289(存卷二至十四) 302 361 362 364 364A(存卷一) 366 381 412A 421 514A 541 590 651(存十一卷) 664 677A(残) 702 710 721 728A 731 734A 736B 738A 739B 741 742(残) 783 852 852H 852K 896A 907B 907C 911 940
7. 清善成堂刻本(据天德堂本翻刻,版心下镌天德堂) 1 140 203 288 289 308A 351 366 391(存卷一至十二) 461 476 493 511 702 721 731 733 734 853 896A 907C 940
8. 清裕德堂刻本(据天德堂本翻刻,版心下镌天德堂) 279 352 514A 721 728A
9. 清两仪堂刻本 308A
10. 清贵文堂刻本 202 277 279 922
11. 清崇德堂刻本(据天德堂本翻刻,版心下镌天德堂) 351 412A 714 743(残) 781 940
12. 清光绪二十九年(1903)越中墨润堂石印本 301 433A 728A 734 738A
13. 清光绪二十九年(1903)上海崇实书局石印本 731 734A 735
14. 清光绪三十三年(1907)上海文瑞楼石印本 363 391 431 521 664 677A 728A 734A 781 940
15. 清光绪三十三年(1907)、宣统二年(1910)扫叶山房石印本 139 251 450A 475A 521 524 651 734A 901 931
16. 清宣统三年(1911)上海鸿文书局石印本 412A 461 493 522 523 529A 570 664 702 728A 736B 738A 931
17. 清末小酉山房刻本(版心下镌文光堂) 139 314 491 511 709 734A
18. 清末上海校经山房石印本 139 251 289 351 352 364A 381 434 491 493 514A 522 523 529A 734A 736B 738A 907C 915 926A 931

19. 清有益堂刻本　308A
20. 清致远堂刻本　186
21. 清致盛堂刻本　433A　851　907C
22. 清宏道堂刻本　1　21　287　308A　385B　514A　522　590　799　799A　852　852C
23. 清扫叶山房刻本　139　203　270　279　288　308A　362　391　401　412A　462　475A　493　521　664　677A　926A
24. 清金玉楼刻本　939　940
25. 清文奎堂刻本　721
26. 清紫文阁刻本　303　308A　361　590　738A　939
27. 清上洋江左书林刻本　139　202　277　280　287　288　306　351　393　412B　433A　475A　476　546　664　738A
28. 清经纶堂刻本（据天德堂本翻刻，版心下镌天德堂）　202　270　279　301　308A　351　391　412A　433A　664　715　728A　781　799A　901　921
29. 清元聚堂刻本　279　412A　831
30. 清步月楼刻本　733　734
31. 清刻本　1　6　8　186　252　279　280　285　288　301　306　311　364A　366　385　391　418　453　461　491　590　651（残）　708　733　733A　733B　734　734A　735A（存六卷）　736A　737　740A　740E　742A（残）　743　831　926A
32. 抄本　279　361（残）　412A　436　738B（题济阴纂要方，节抄一卷）　901　907C

04623
07399
女科百效全书六卷　1667
（明）龚居中（应圆、如虚子、寿世主人）编
（清）刘孔敦（指月道人）增补
清康熙六年（1667）潭阳刘孔敦刻本　289　572（存卷一至四）

04624
07410
女科经纶八卷　1681
（清）萧埙（赓六、慎斋）撰
1. 清康熙二十三年（1684）燕贻堂刻本　1　3　139　139A　140　203　251　270　279　391　412B　436　475A　541　677A　709　721　728A　733　734　737　741　839A　854　907B　926A　942B
2. 清乾隆四十六年（1781）湖郡有鸿斋刻本　1　2　139　251　279　280　288　289　351　476　541　651　664　728A　731　733　734　736　740C（存卷一、二）　926A
3. 清乾隆四十六年（1781）湖郡有鸿斋刻文渊堂印本　203　301　351　393　514A　731　738A　839A
4. 清光绪十六年（1890）扫叶山房刻本　1　3　139　202　203　279　280　289　301　303　308　308A　351　361　385A　391　396　412A　412B　432　443　450A　461　475A　491　514A　529　541　546　570　590　603　651　664　677A　715　721　728　728A　728B　734　736B　736C　737　737A（存卷一、二、五、六）　738A　738B　739A　739B　740A　740B　740C　741　791　799A　800　839A　851　871　896A　907C　917A　926A　939
5. 清刻本　279　740A（残）　852（存卷一至三、五至七）
6. 清抄本　1　139　491　590　736（存卷三、七）

04625
07411
傅青主女科二卷　［1684］
又名女科指南、女科良方、女科全集、妇科良方、傅氏女科全集、傅氏女科证治
附产后编二卷
（清）傅山（青主、公它、朱衣道人）撰
1. 清道光七年（1827）李缵堂太邑友文堂刻朱墨蓝三色套印本　21　139　280　381　391　396　412A　461　514A　541　651（残）　736（存二卷）　736B（题女科指南）　854　911
2. 清道光十年（1830）金湘门高慕韩刻本　401
3. 清道光十一年（1831）阳曲祁尔诚刻本　3　139　186　351　529A　664　709　721　733　734　735　907C　939
4. 清道光二十二年（1842）江右蔡家玕澧州岳常澧道署刻本　139　461
5. 清道光二十四年（1844）江南崇德堂刻本（题女科全集）　529A

6. 清道光二十五年（1845）多有斋刻本 541
7. 清道光二十七年（1847）番禺潘仕成刻海山仙馆丛书本 9 21 140 251（存女科下） 279 286 302 351 361 514A 529A 541 651 721 731 738B（题傅氏女科证治） 739 917A（残） 921
8. 清道光二十九年（1849）张亭鈃恩平县署刻本 512 514A
9. 清道光刻本 1 289 396 666 715 731A 734A 735
10. 清咸丰元年（1851）刻本 21 737（缺产后编）
11. 清咸丰五年（1855）古长安乐知草堂刻本 7 412A 529A 738B 931
12. 清咸丰五年（1855）大兴官彤绅刻本 541
13. 清咸丰七年（1857）江都官署刻本 412B 706 800
14. 清同治二年（1863）聚星楼刻本 931
15. 清同治二年（1863）广州萃文堂刻本 736A
16. 清同治五年（1866）广州拾芥园书坊刻本 541 931 XB
17. 清同治六年（1867）宁乡张铣刻本 831
18. 清同治七年（1868）吴兴丁氏济南公廨刻本 9 203 308A 366 443 514A 651
19. 清同治八年（1869）湖北崇文书局刻本 1 2 3 21 139 140 202 270 279 287 288 289 301 308（残） 308A 361 366 391 393 412A 412B 436 443 462 463 491 522 541 570 572 589 590 651 664 677A 701 706 707 710 712 721 731 733 734 734A 737（缺产后编） 738 738A 738E 740C 740D 741 781 799 799A 831 851 891 907C 921 926A 931 939 940
20. 清同治十一年（1872）绍兴刻本 738A
21. 清同治长沙经济书坊刻本（无附录） 740A 740B
22. 清同治八年（1869）湖北崇文书局刻光绪元年（1875）印本 391 831 921
23. 清光绪元年（1875）维发堂刻本 139 541 707（残） 731
24. 清光绪二年（1876）刻本 361 664 702 871
25. 清光绪三年（1877）湘阴蔡氏刻本 7 677A 831 896A
26. 清光绪四年（1878）大荔李致远堂刻本 401 412B 413 738B
27. 清光绪五年（1879）扫叶山房刻本 202 280 288 308A 514B 664 740B
28. 清光绪六年（1880）广信立德刻本 287 736A 738B
29. 清光绪七年（1881）羊城五福堂刻本 1 21 287 651 706 707
30. 清光绪八年（1882）成都两仪堂刻本 491
31. 清光绪九年（1883）广州古经阁刻本 907C 931 942B
32. 清光绪十年（1884）上海张氏青霞阁刻本 3 412A 412B 529A 541 664 677A 891
33. 清光绪十年（1884）清邑罗词臣刻本 831
34. 清光绪十一年（1885）北京文成堂记刻本 1 7 21 139 279 306（存三卷） 391 466 521
35. 清光绪十一年（1885）书业德记刻本 288 308 308A
36. 清光绪十一年（1885）好友堂刻本 139 279 288
37. 清光绪十二年（1886）澴川李氏刻本 351 352 721
38. 清光绪十三年（1887）上海江左书林刻本（附潘昌远堂选方一卷） 351 366 541 590 664 715 737A 800
39. 清光绪十三年（1887）来鹿堂刻套印本 251
40. 清光绪十六年（1890）善成堂刻本（题补注女科全集） 139 270 288 302 381 412A 476
41. 清光绪十六年（1890）不龙普善堂刻本 931
42. 清光绪十六年（1890）吉安李大文堂刻本 443
43. 清光绪十七年（1891）三义堂刻本（题补

注傅氏女科全集） 186 251 381 514A
44. 清光绪十八年(1892)扫叶山房刻本(题女科良方三卷) 1 7 139 186 270 285 308A 381 466 475A 514A 529A 531 541 542 590 664 677A 709 712 738A 738B 799A 896A 917A
45. 清光绪十八年(1892)福育堂刻本 289 514A
46. 清光绪十八年(1892)校经山房刻本 462 799
47. 清光绪十九年(1893)闽浙督署刻本 651 664 896A 911
48. 清光绪二十五年(1899)上海图书集成印书局铅印本 1 351 401 412A 541 651 677A 713 733 852(存卷一) 931
49. 清光绪二十八年(1902)新化三味书室刻本 385A 740(存卷一)
50. 清光绪三十一年(1905)成都官报书局铅印本 2 529B 851 852 871 891 907C 951
51. 清光绪三十二年(1906)上海扫叶山房刻本(题女科良方三卷) 139 491 514A 541 664 709 734A 896A
52. 清光绪三十三年(1907)上海书局石印本 431 466 664 931
53. 清英德堂刻本 287
54. 清友文堂刻本(题女科全集) 491
55. 清文德永刻本(题傅氏女科全集) 311
56. 清翰墨园刻本 139 288 308A 443 733
57. 清槐荫山房刻本 140 203 541
58. 清山西葛英繁文兴斋刻本 706
59. 清聚星堂刻本 302
60. 清末上海著易堂铅印本 361 590
61. 清仲麓抄本 734A
62. 清仁和王氏知梅斋抄本 731
63. 清陆懋修稿本 541
64. 清刻本 289 302 308A 370 412A 412B 413 418 541 706 731 734A 736E 737 738A 741 742(存卷下) 800 852 896A 907C
65. 清抄本 1(八卷) 139 202 308A 364A 570 734A 907B
66. 抄本 1 139(无附录) 202(存上卷) 251(存女科上、产后编上) 308A 412B 450 731 738B 922 931
67. 见海山仙馆丛书
68. 见世补斋医书
69. 见石室丛抄医书十七种

04626 07412 **女科仙方**四卷 [1684]

又名女科摘要

(清)傅山(青主、公它、朱衣道人)撰

1. 清道光十五年(1835)淮南宫思晋刻本 139 401
2. 清道光二十年(1840)宏道堂刻本 475A
3. 清道光二十一年(1841)刻本 186 431 856
4. 清道光二十四年(1844)刻本 782
5. 清道光二十六年(1846)刻本 361 421(残)
6. 清道光二十八年(1848)扬州穆近文斋刻本 590 651 664 926A
7. 清道光三十年(1850)云南刻本 412A 901
8. 清咸丰元年(1851)潮郡文玉楼书坊刻本 738B
9. 清咸丰二年(1852)简州凤山书院李述古斋刻本 361
10. 清同治十三年(1874)孝友堂柳州刻本 139 361 921
11. 清光绪元年(1875)芳桂堂刻本 3(残)
12. 清光绪四年(1878)刻本 907C
13. 清光绪八年(1882)成都两仪堂刻本 491 853
14. 清光绪八年(1882)禹门敬慎堂刻本 139
15. 清光绪十二年(1886)二酉堂刻本 412A
16. 清光绪十三年(1887)有余堂刻本 7 21 279 461 874
17. 清光绪十五年(1889)刻本 491(存卷一、二) 707
18. 清光绪十六年(1890)刻本(附保坤金丹一卷) 944
19. 清光绪十六年(1890)重庆大梁子通国堂

刻本 874（存卷一、二）
20. 清光绪十七年（1891）上海文渊山房刻本 139 289 301 529A 530 541 589 590 651 710（存卷一至三） 728A 731 734A 738B 896A
21. 清光绪二十三年（1897）张敏臣成都刻本 139 270 279 289（存卷一） 491 590 901 951
22. 清成都正古堂刻本 139 361 907C
23. 清刻本 401 411 443 491（存卷三、四） 708 872（存卷一、二） 873（存卷一） 907C
24. 清抄本 1（二卷） 311（存卷三） 907C
25. 抄本 736（存卷二） 738B 907C

04627 00000 **女科附翼**一卷 ［1693］
（清）沈明宗（目南、秋湄）撰
见医征

04628 07414 **女科精要**三卷 ［1694］
（清）冯兆张（楚瞻）撰
见冯氏锦囊秘录

04629 07415 **郑氏女科家传秘方**一卷 1697
（清）郑燕山撰
抄本 701 709

04630 07416 **济阴近编**五卷 1697
附李士材先生女科纂要
（清）陈治（三农）撰
见证治大还

04631 07417 **郑燕山女科医案**一卷 ［1697］
附名医医案拾零
（清）郑燕山撰
清抄本 475A

04632 07418 **女科心法**一卷 ［1697］
又名郑氏女科秘方
（清）郑钦谕（三山、保御）撰
1. 清康熙三十六年（1697）嘉庆堂抄本 475A
2. 见黄寿南抄辑医书二十种

04633 07419 **女科指掌**五卷 1705
又名（精校）竹林女科
（清）叶其蓁（杏林、困庵、抱乙子）编
1. 清康熙四十四年（1705）龙游叶其蓁刻雍正十年（1732）龙游叶化龙克绍轩印本 139
2. 清康熙四十四年（1705）龙游叶其蓁刻乾隆间后印本 280 381 412B 476 590 731 917A 926A
3. 清光绪元年（1875）上海大一统书局石印本 391 521 799A
4. 清光绪元年（1875）上海海左书局石印本（题精校竹林女科） 139 279 287 288 289 308 308A 391 412A 443 450A 463 491 514A 521 590 664 728 728A 733 738A 738B 743 852A 896A 907C 917A
5. 清光绪十五年（1889）来青阁刻本 2 139 186 203 279 286 289 391 412B 450A 475A 514A 541 603 664 677A 701 707 709 715 728A 728B 731（存卷一） 917A
6. 清光绪二十六年（1900）文宜书局石印本 677A（缺卷二、三）
7. 清葛惟吉泾川抄本 286
8. 清刻本 289（存卷四） 361 709 710 728A 736
9. 清抄本 3（四卷） 579 731（残）

04634 07422 **女科切要**□□卷 1717
（清）秦之桢（皇士）撰 须用恒（晞黄）编次 陈曰寿（全五）增订
清康熙五十六年（1717）抄本 541（存卷上）

04635 07423 **槐茂堂妇人科经验良方**三卷 1722
（清）贾弘祚（德修）编
清影抄本〔据清康熙六十一年（1722）济水王玉卿刻本〕 139

04636 07485 **东山妇人科**一卷 ［1731］
附诸症验方
著者佚名
清道光九年（1829）济南木活字印本 702 738

04637 07425 **女科类方**一卷 ［1736］
附儿科、牙科类方
著者佚名
清乾隆抄本 139

04638 00000 **女科要诀**一卷 ［1739］
（清）舒诏（驰远、慎斋学人）撰
清嘉庆十五年（1810）刻本 931

04639 07426 **妇科心法要诀**六卷　1742
(清)吴谦(六吉)等撰
1. 清末刻医宗金鉴本　401(存卷一)
2. 陈兆梅抄本　308A
3. 抄本　2(不分卷)　139
4. 见(御纂)医宗金鉴
5. 见(编辑)金鉴心法歌诀

04640 07427 **叶氏女科证治**四卷　1746
原题(清)叶桂(天士、香岩、南阳先生)撰
清光绪二十七年(1901)、三十四年(1908)上海文宜书局石印本　289　463　491　514A　677A　738B

04641 07428 **女科成书**三卷　[1746]
原题(清)叶桂(天士、香岩、南阳先生)手书
清抄本　139

04642 07405 **妇科宝案**一卷　[1746]
(清)叶桂(天士、香岩、南阳先生)原撰　华岫云(南田、苕溪漫士)　叶万青(讷人)订正　吴锡麟辑
清吴锡麟学林堂抄本　709

04643 07429 **树蕙编**一卷　1748
(清)魏祖清(东澜、九峰山人)编
清光绪五年(1879)丹阳魏树蕙堂刻本　590　677A

04644 07430 **妇科一盘珠**二卷　1749
又名盘珠集胎产全集
(清)洪金鼎(玉友、杏园)撰
1. 清细柳山房抄本　401
2. 见医方一盘珠全集

04645 07432 **妇科辑要**一卷　1753
(清)朱音恬(咏清、蓥峰)编
见医理元枢

04646 07434 **女科枢**一卷　1759
(清)杨凤庭(西山、瑞虞)撰
抄本　2

04647 07436 **沈氏女科辑要**二卷　1764
又名女科辑要、女科读
(清)沈又彭(尧封、尧峰)撰　徐政杰(蔼辉)补正
1. 清道光三十年(1850)海盐王士雄重庆堂刻本　2　3　21　361　401　677A　706　709　734　737　738B
2. 清同治元年(1862)海上大隐庐刻本　1　139　202　251　279　289　301　308A　351　361　365　391　412A　433A　443　450　491　541　570　572　590　677A　712　728A　734A　736　738A　740D　831　839A　852　871　896A　917A　922　931　943
3. 清光绪七年(1881)李雨亭维扬宏文斋刻本　203　254　514A　590　651　734　735　738B　800
4. 清刻本　706　728A　734　737　738A
5. 抄本　475A　737　799A

04648 07437 **女科医案**一卷　[1764]
原题(清)徐大椿(灵胎、洄溪老人)撰
1. 清光绪三十三年(1907)上海六艺书局石印徐灵胎医学全书本　139　202　733A
2. 见徐灵胎医学全书

04649 07438 **女科指要**六卷　[1764]
附女科治验
原题(清)徐大椿(灵胎、洄溪老人)撰
1. 清光绪二十九年(1903)赵翰香居刻暨铅印徐灵胎医略六书本　579　651
2. 见徐灵胎医略六书

04650 07439 **妇婴三书**十八卷　1773
(清)宝贤堂辑
子目：
(1)妇科玉尺六卷　(清)沈金鳌撰
(2)幼科释谜六卷　(清)沈金鳌撰
(3)痘症宝筏六卷　(清)强健撰
1. 清同治元年(1862)上洋宝贤堂刻本　1　279　590　851　896A
2. 清同治元年(1862)上洋宝贤堂刻光绪十七年(1891)上海醉六堂重修本　203　302　381(存前二种)　401　412A(残)　570　721　907C
3. 清同治元年(1862)上洋宝贤堂刻光绪十七年(1891)上海醉六堂重修苏州交通益记图书馆印本　799A　800　839A

04651 07440 **妇科玉尺**六卷　1773
(清)沈金鳌(芊绿、汲门、尊生老人)撰
1. 清乾隆四十九年(1784)锡山奇丰额安徽刻沈氏尊生书本　2　186　202　381　491　529A　677A　710　738A　939
2. 清同治十三年(1874)湖北崇文书局刻沈

氏尊生书本 351 651 732
3. 清同治元年(1862)上洋宝贤堂刻光绪十七年(1891)上海醉六堂重修妇婴三书本 139 186 289 412A 651 728A 734 871
4. 清同治元年(1862)上洋宝贤堂刻光绪十七年(1891)上海醉六堂重修苏州交通益记图书馆印妇婴三书本 721 799
5. 清刻沈氏尊生书本 279 728B
6. 抄本 514A
7. 见沈氏尊生书
8. 见妇婴三书

04652/07441 **女科切要**八卷 1773
(清)吴道源(本立)撰
1. 清乾隆三十八年(1773)海虞吴氏家刻本 1 3 139 139A 186(残) 279 286 301 308A 391 401 433A 491 521 541 570 603 651 677A 709 728A 738 740A(存卷五至八) 831 851 901
2. 清咸丰四年(1854)徽州许笃生抄本(题胎产书) 721(节抄逐月胎形论)
3. 清抄本 277 651 701(残)

04653/07442 **女科秘方**二卷 [1774]
(清)黄体端(临庭、砚楷)编
1. 抄本 651 738B
2. 见验方汇辑(卷一、二)

04654/07443 **妇科冰鉴**八卷 1776
(清)柴得华(丽东)撰
1. 清乾隆四十一年(1776)抄本 514A
2. 抄本 139

04655/07444 **资生镜**八卷 1781
(清)钱大治(翼清) 王珠(品泉、慎斋)辑订
子目：
(1)祈嗣真诠三卷 (明)袁黄撰
(2)重订宜麟策二卷 (明)张介宾原撰
(3)达生编二卷 (清)亟斋居士撰
(4)种痘心法一卷 (清)朱奕梁撰
清嘉庆二十五年(1820)嘉定汗筠斋刻本 381

04656/07445 **史氏实法妇科**一卷 1781
(清)史大受(春亭)撰
抄本 476 664

04657/07446 **宁坤秘笈**三卷 1786
又名竹林寺女科
附济世论一卷、秘传良方一卷
(清)竹林寺僧撰 田砺堂辑订
1. 清乾隆五十一年(1786)刻本 139 202 800
2. 清乾隆六十年(1795)慈溪养正堂刻本 139 570 664 728A
3. 清道光五年(1825)古岗罗善庆广州聚经堂刻本 433A 475A
4. 清道光二十八年(1848)钱塘临履堂刻本 702
5. 清同治七年(1868)毛致和堂刻本 139A 286 361 541 589 728A 731 734 734A 738B
6. 清光绪二年(1876)广州广同济堂刻本 2 186 254 475A 541 712 940
7. 清刻本 139A 289(存卷中、下) 514A 590 677A
8. 抄本 572 738B

04658/07447 **竹林寺女科秘传**一卷 1786
又名竹林寺妇科秘方、竹林妇科秘传
(清)竹林寺僧撰
1. 清咸丰二年(1852)豫省张龙文斋刻本 2 139 450B
2. 清咸丰四年(1854)刻本 736A
3. 清咸丰十年(1860)汴省锦文斋刻本 3 288 301 363 738F
4. 清同治三年(1864)刻本 401
5. 清光绪二年(1876)刻本(题竹林寺妇科秘方) 139
6. 清光绪三年(1877)何秀珊京都琉璃厂富文斋刻本 1 139A 664 738B
7. 清光绪十一年(1885)唐山明华石印局石印本(题竹林寺妇科秘方) 1
8. 清光绪十六年(1890)武林顾海洲浙省刻本 1 2 139 541 589 712 731 738A 738B 839A
9. 清刻本 360B 443 570 740A
10. 清醉竹轩抄本(题竹林寺妙手回春) 279
11. 清末抄本 491
12. 抄本 139 309 541 709 738B 922

04659
07448
妇科秘方一卷　1786
又名女科密录、女科秘传、竹林寺秘授女科、济阴至宝录、妇科秘传
（清）竹林寺僧撰
1. 清乾隆六十年（1795）西湖春崖氏刻本（书口题女科密录、序题女科秘传、卷首端题济阴至宝录）　3（残）　541　706　738B
2. 清道光六年（1826）北京文瑞斋刻本　1　186　251　839A
3. 清道光九年（1829）梅占元梅占芳京都琉璃厂近文斋刻本　139　186　277　393　511　541
4. 清道光九年（1829）梅占元梅占芳京都琉璃厂近文斋刻律古斋印本　308A
5. 清道光十三年（1833）兰州白云观刻本　401　431
6. 清道光十四年（1834）直隶藩署刻本　202　203　279　288　308A
7. 清咸丰四年（1854）杭城周宗隆刻本　736A　738B
8. 清同治六年（1867）桂林鸿文堂刻本　186　733
9. 清同治十一年（1872）刻本　590
10. 清光绪元年（1875）金陵刻本　280
11. 清光绪十二年（1886）翰雅斋刻本　186　475A　514A　709
12. 清刻本　280　708　740A
13. 清抄本　2　139　251　279　412A　412B　572　677A　734A　738B　854
14. 见妇科秘方胎产护生篇
15. 见曼陀罗华阁丛书

04660
07449
竹林女科证治四卷　1786
又名竹林寺女科仙方
（清）竹林寺僧撰
1. 清光绪九年（1883）当涂黄子慎刻本　308A　391　475A　491　511　529A　541　546　570　579　651　664　709　733　740A　740B　855
2. 清光绪十七年（1891）皖江节署刻本　1　2　3　21　139　203　279　280　315　361　381　412A　412B　421　450B　475A　491　514A　529A　541　546　590　665　709　728A　731　732　734A　737　738　738A　738B　799A　839A　871　907B　926A　931
3. 清光绪二十一年（1895）锡山边继孝海上刻本（六卷）　590　739A
4. 清光绪三十三年（1907）上海章福记书局石印本　1　3　799A　907C
5. 清刻本　461（存卷二至四）　464（残）　570　733A　738A　738D　738E　907C（存卷二、三）
6. 清抄本　701　901　939

04661
07450
秘授女科集成良方二卷　1786
（清）竹林寺僧撰
清光绪十三年（1887）绍城文奎堂刻本　736　738B

04662
07451
小蓬莱山馆方抄二卷　1786
又名竹林寺女科秘授验方、小蓬莱山馆女方、应验妇科辨症良方
（清）竹林寺僧传　马二泉（德音）辑订
1. 清道光十七年（1837）会稽马二泉刻本　139A　308　391　412B　541　712　734A　735　738B　740C（存一卷）　852　891
2. 清咸丰二年（1852）成都会元堂刻本　1　401（存卷下）　851
3. 清咸丰五年（1855）浙湖子乔氏刻本　541
4. 清同治九年（1870）桂林周文远堂刻本　677A
5. 清同治十二年（1873）广州瑞元堂刻本　921　931
6. 清同治十二年（1873）致忠堂刻本　491　541
7. 清光绪元年（1875）汉口陈明德书店刻本　664　709
8. 清光绪七年（1881）含经堂刻本　139A　514B　590　734A　738B
9. 清光绪七年（1881）三邑集善堂刻本（封面题应验妇科辨症良方）　280
10. 清光绪十年（1884）敬修堂刻本　279　735　891　907C
11. 清光绪十年（1884）彭远氏刻本（附增补诸方一卷）　491
12. 清光绪十五年（1889）永康胡凤丹退补斋

刻本（附一卷） 734A 736（存一卷）
13. 清光绪二十四年（1898）上海著易堂铅印本（附胎产护生篇一卷） 491 664
14. 清刻本 461 728A 738B

04663 07453 **女科秘要**八卷 1786
（清）竹林寺僧撰 静光禅师考定
1. 清光绪十二年（1886）汉皋成媄堂刻竹林寺三禅师女科三种本 741
2. 清刻本 308A 738A
3. 清末缪理阐抄本 734A（存卷一至三、六至八）
4. 清抄本（题竹林寺女科前集秘要） 6
5. 抄本（题竹林寺女科真传秘要） 139 152 590（残） 677A 738A
6. 见竹林寺三禅师女科三种

04664 07454 **女科秘旨**八卷 1786
（清释）轮应撰
1. 抄本 139（存卷四至八） 738B（一卷） 939
2. 见竹林寺三禅师女科三种

04665 07455 **女科旨要**四卷 1786
又名竹林寺女科要旨
（清）竹林寺僧撰 雪岩禅师增广
1. 抄本 139
2. 见竹林寺三禅师女科三种

04666 07456 **竹林女科要旨**一卷 1786
（清）竹林寺僧撰
清光绪三十一年（1905）抄本 664

04667 07457 **竹林寺妇科胎产摘要**一卷 1786
著者佚名
抄本 1 738B

04668 07459 **竹林寺女科秘方**一卷 1786
又名古越竹林寺妇科秘方、妇科秘方、竹林寺女科要旨
（清）竹林寺僧撰
1. 清同治元年（1862）钱塘汪氏刻本 541
2. 清同治元年（1862）古燕兰岩氏福省刻本 301
3. 清同治四年（1865）河南宜阳县丞衙门刻本 412A
4. 清光绪元年（1875）郭恕斋成都刻本 433A 851
5. 清光绪六年（1880）黄家善抄本 590
6. 清光绪十一年（1885）广东羊城状元坊刻本（附小儿应验惊风方，题妇科秘方） 677A
7. 清光绪十六年（1890）亦政堂刻本 590
8. 清光绪二十一年（1895）文林堂刻本 738B
9. 清光绪二十二年（1896）鳌峰氏抄本 664（封面题竹林寺女科要旨）
10. 清光绪二十三年（1897）山阴沈祖诰刻本（二卷遗录一卷，附遂生篇一卷） 734A 735
11. 清光绪三十年（1904）上海书局石印本 139A 279 351 931
12. 清刻本 139 279 360B
13. 清抄本 433A 701 944（三卷）
14. 抄本 139 279 308A 412A 590 701 738B 940
15. 见胎产秘书（版本附录，朱震亨撰）

04669 07462 **竹林寺秘传女科切要**一卷 1786
著者佚名
清抄本 541

04670 07465 **竹林寺女科闺阁仙方**二卷 ［1786］
附仲贻胡公经验广育神方
著者佚名
抄本 734

04671 07466 **竹林妇女幼科秘传**不分卷 ［1786］
著者佚名
抄本 139

04672 07467 **妇科秘方**一卷 ［1786］
胎产护生篇一卷
（清）竹林寺僧撰 李长科（小有、广仁居士）编
1. 清道光九年（1829）山西乐善堂刻本 21 139 202 277（存秘方） 285 301 308A（存秘方） 511 541
2. 清道光九年（1829）山西敬善堂刻本 139 288
3. 清同治五年（1866）秀水杜文澜刻曼陀罗华阁丛书本 3 21 139 270 288 393 412B 433 450 541 651 664（存秘方） 677A 701 734 739 907C 922
4. 清光绪七年（1881）皖湖同善堂刻本 2

721
5. 清光绪十二年(1886)维扬翰雅斋刻本　514A　529A　590　709
6. 清光绪十四年(1888)直隶藩署刻本(书口题厚德堂)　1　21　139　139A　186　279　286　289　308A　385　491　590　733
7. 清光绪三十二年(1906)抄本　139
8. 清光绪南京李光明庄刻本　21　203　279　289　412B　491　570　590　677A　799A　839A
9. 清刻本　733A　736
10. 见曼陀罗华阁丛书

04673 07623 **存诚堂妇人科经验良方**三卷　[1790]
(清)傅锡信(秉直)撰
清乾隆五十五年(1790)存诚堂刻本　738B(残)

04674 07452 **竹林寺三禅师女科三种**二十卷　1793
又名胎产新书、竹林寺女科全书
(清)竹林寺僧撰　吴煜校订
子目：
(1)女科秘要八卷　(清释)静光禅师考定
(2)女科秘旨八卷　(清释)轮应禅师撰
(3)女科旨要四卷　(清释)雪岩禅师增广
1. 清光绪十二年(1886)汉皋成媄堂刻本　1　3　139　186　202　270　281A　286　361　366　431(存后二种)　491　514A　541　572　590　651　664　677A　728A　731　738　738A　907B　907C
2. 清光绪十四年(1888)抄本　139
3. 清光绪十七年(1891)天香书屋抄本　738B
4. 清抄本　738B(缺女科秘旨卷五至八)

04675 07470 **彤园妇科**六卷　1795
(清)郑玉坛(彤园)撰
见郑彤园医书

04676 07471 **女科录要**一卷　1796
著者佚名
王卓若抄本　677A

04677 07472 **坤中之要**一卷　1800
又名(秘传)内府经验女科
(清)刘逸(登贤)撰
清嘉庆五年(1800)刻本　139　738

04678 07473 **女科要旨**四卷　1803
(清)陈念祖(修园、良有、慎修)撰　陈元犀(灵石)注
1. 清道光二十年(1840)南雅堂刻本　3　139　270　308　412A　431　450A　514A　677A　715　914　940　XA
2. 清咸丰六年(1856)刻本　311
3. 清同治四年(1865)文奎堂刻南雅堂医书全集本　287
4. 清同治七年(1868)稽古堂刻公余医录六种本　412A　712　741　907C　911
5. 清同治九年(1870)绥定达县明德善堂刻公余医录六种本　1　852
6. 清光绪二年(1876)仿南雅堂刻本　651
7. 清光绪二年(1876)友文堂刻南雅堂医书全集本　139
8. 清光绪三年(1877)渔古山房刻南雅堂医书全集本　529A　651　731　781
9. 清光绪十三年(1887)重庆五福堂刻南雅堂医书全集本　873
10. 清光绪十三年(1887)遂宁务本堂刻本　361　491　852　852S
11. 清光绪十五年(1889)扫叶山房刻本　251　279　852A
12. 清光绪十五年(1889)江左书林刻公余医录五种本　202　279　289　514A　707(残)　742　781(残)　921
13. 清光绪十八年(1892)上海图书集成印书局铅印陈修园医书十二种本　302　715　738B
14. 清光绪二十一年(1895)宏道堂刻陈修园医书三十二种本　785　799(残)　852　854
15. 清光绪二十一年(1895)多文会刻南雅堂医书全集本　361　514A　852S　855　907C
16. 清光绪二十二年(1896)珍艺书局石印陈修园医书二十一种本　139　926A
17. 清光绪二十七年(1901)新化三味书局刻陈修园医书二十三种本　21　279　436　651　665　677A
18. 清光绪二十七年(1901)巴县成文堂刻本　853

19. 清光绪二十八年（1902）香港中华印务公司铅印本 921
20. 清光绪二十九年（1903）湖南益元书局刻陈修园医书二十三种本 279 360B 412A 443 514A 529A 728B 781 896A
21. 清光绪三十年（1904）上海经香阁书庄石印本 351 852D
22. 清光绪三十二年（1906）上海文新书局石印本 254 734A 738A
23. 清光绪三十三年（1907）巴蜀善成堂刻陈修园医书四十八种本 139 491 852
24. 清光绪三十四年（1908）宝庆经元书局刻公余医录六种本 277 651 799A 921
25. 清光绪三十四年（1908）宝庆经元书局刻富记书局校印公余医录六种本 361 521
26. 清末大道堂刻本 491
27. 清敦厚堂刻陈修园医书二十一种本 651 896A
28. 清文盛堂刻本 280
29. 清羊城聚经堂刻本 740A
30. 清恒文堂刻本 854
31. 清大文堂刻南雅堂医书全集本 931
32. 清文英阁刻本 931
33. 清两仪堂刻公余医录六种本 431 491 704
34. 清善成堂刻公余医录六种本 491
35. 清桂芸堂刻本 541
36. 清刻本 21 279 308A 393 401 412A 414 421 433A 436 708 737 739C 740A 743 852C 852M 891 907C 911 939
37. 抄本 738B（残）
38. 见公余医录五种
39. 见公余医录六种
40. 见南雅堂医书全集
41. 见陈修园医书十五、十六、十八、二十一、二十三、二十四、二十八、三十、三十二、四十、四十八、五十、七十种

04679 **秘抄女科**不分卷 1803
07474 （清释）乾方辑
清嘉庆八年（1803）香林寺抄本 579

04680 **妇科备要**二卷 1803
07476 （清）竹林寺僧原撰 丹崖老人增辑
清嘉庆十六年（1811）於陵袁壮图风山堂刻本 139A

04681 **妇科采珍**一卷 1806
07475 （清）冯鄘（晋台）辑
清嘉庆十四年（1809）杨际春抄本 514A

04682 **济阴宝筏**十六卷方论二卷 1812
07477 （清）刘常棐（惇五、云溪）编
清嘉庆十七年（1812）先德堂刻本 2 279（存卷一至十）

04683 **妇科指归**四卷 1814
07478 （清）曾鼎（亦峦、香田）撰
1. 清嘉庆十九年（1814）盱江曾鼎忠恕堂刻曾氏医书四种本 3 21 139A 277 590 738 738B
2. 清解经书屋抄本（据清嘉庆本抄录）664
3. 见曾氏医书四种

04684 **女科歌诀**六卷 1815
07479 附经验方一卷
（清）邵登瀛（步青）编 邵景尧（少泉）校订
1. 清光绪六年（1880）吴门邵景康邵景尧安庆刻本 2 286 385 412A 572 651 664 728A 728B 738A 800
2. 清宣统元年（1909）江南医学会石印本 743
3. 清刻本 152 289 664 701 735 738B 852B 907C
4. 见四时病机（附录）

04685 **妇科传薪**六十四卷 ［1820］
07481 （清）傅尔范编
清嘉庆聚源斋稿本 1

04686 **郑氏女科集义**一卷 1821
07482 （清）郑祥征（继善、少迂、莫厘山人、念山、敦复老人）编
清道光元年（1821）抄本 590

04687 **女科辑要**八卷 1823
07483 附单养贤胎产全书
（清）周纪常（卓人）撰
1. 清道光三年（1823）山阴周纪常慈湖官舍自刻本 251 280 664 734 740A 740B 740E

2. 清道光三年(1823)山阴周纪常慈湖官舍刻同治四年(1865)奎照楼印本 139 277 279 280 286 301 308A 361 412B 435 476 511 521 529A 541 579 590 651 664 677A 701 709 728A 734A 737 738B 739A 921 926A
3. 清宣统二年(1910)上海千顷堂书局石印本 21 139A 279 289 308A 361 514A 570 590 603 728A 738A 851 871 907C 911
4. 清抄本 701(存卷一至七)

04688 07520 **妇科秘传**不分卷 1826
著者佚名 (清)王德峻(遵六)辑订
清光绪十三年(1887)原广义时忍堂刻本 401

04689 07738 **医箴理言**一卷 1826
妇病要诀一卷
(清)积善堂同人辑
抄本 738B

04690 07484 **女科原旨**一卷 [1826]
(清)程文囿(杏轩、观泉)撰
见医述

04691 07486 **生生理言**四卷 1829
(清)袁恕(推夫、中天)编
清道光九年(1829)睢阳袁恕存诚堂自刻本 351 412A

04692 07487 **经验妇孺良方**三卷 1829
(清)杨以增(益之、至堂、东樵)辑
清道光九年(1829)聊城杨以增自刻本 302

04693 07488 **秘珍济阴**三卷 1830
(清)周贻观(孚若)编
1. 清道光十年(1830)二酉堂刻本 139 279 590
2. 耒阳云霓善书通刊所石印本 279
3. 抄本 139

04694 07489 **妇科摘抄要诀**一卷 1830
著者佚名
清道光十年(1830)海邑万育堂刻本 3 202

04695 07491 **医学折衷妇人科**四卷 [1831]
(清)李照莲(晴川)撰
抄本 279

04696 07495 **妇科宗主**四卷 1834
附续增胎产心法一卷
(清)崔建庵(秉铣)撰
清道光二十八年(1848)南城崔建庵自刻本 590(存卷一、二) 799A

04697 04561 **乌金丸方**一卷 1837
附经验救急良方一卷
(清)白明远辑
清道光十七年(1837)宝坻白明远刻本 1

04698 07492 **女科粹言**一卷 [1837]
(清)何其伟(韦人、书田、竹竿山人)著
抄本 139

04699 07494 **验所验**一卷 1838
附修合回生丹方法一卷
著者佚名
清道光十八年(1838)长柄壶庐园叟刻本 541 590 651 738B

04700 07496 **妇人病论**三卷 1849
(清)船曳修德(卓堂)撰
日本嘉永五年(1852)蝬屈舍刻本 738B

04701 07497 **妇科杂证**一卷 1850
(清)文晟(叔来)编
又名妇科杂症
1. 清同治十一年(1872)萍乡文星瑞延庆堂维扬刻六种新编本 590(附慈幼便览一卷)
2. 清光绪穗城西湖街藏珍阁刻六种新编本 443 541
3. 见陈修园医书四十八、五十、七十种
4. 见六种新编

04702 07498 **女科**一卷 1850
(清)程资(尔资)编
见程尔资抄辑医书八种

04703 07499 **女科三种**三卷 1850
著者佚名
子目:
(1)女科一卷
(2)女科方一卷
(3)产宝新书一卷
清抄本 139

04704 07500 **傅青主女科考略**一卷 [1850]
(清)江雨田编
清道光抄本 139

04705 **妇科集说**二卷 1851
07501 (清)醒道人撰
清咸丰抄本 139

04706 **红线女博识摘腴**二卷 1852
07502 著者佚名
清抄本 139

04707 **医学纂要妇人科**一卷 1852
07503 (清)刘渊(圣泉、伏龙山人)原撰 朱敩(斌彩)摘录
1. 清朱敩抄本 139
2. 见医学纂要

04708 **妇科百二十症方**一卷 1852
07504 著者佚名
清咸丰二年(1852)陆建枝抄本 279

04709 **女科宝藏神书**三卷 1855
07579 附昆山郑氏校定薛医胎产女科经验方一卷、秘录广陵季氏参补女科简便良方一卷
(清)宓吴黹(启生)撰
清咸丰五年(1855)抄本 731

04710 **济阴捷径**一卷 1855
00000 (清)郭□撰
清咸丰五年(1855)郧城谦和堂刻本 783

04711 **(新刊)经效妇科** 1857
07505 (清)陈洪春撰
清咸丰七年(1857)刻本 907C

04712 **郑氏女科要领**不分卷 1859
00000 (清)张曰仁(爰庐)辑录
清咸丰九年(1859)抄本 541

04713 **妇婴良方**二卷 1863
07506 (清)屠道和(燮臣)撰
见医学六种

04714 **妇科辨解备要**一卷 1864
00000 (清)郭玉柱(擎天)撰
清光绪二十五年(1899)刻本 365

04715 **读妇科心法志疑**二卷 1866
07507 (清)连自华(书樵)撰
见连自华医书十五种

04716 **妇婴至宝**二卷 1868
00000 (清)徐尚慧(忕仜)编 钱三农补注 辑者佚名
子目:
上卷
(1)顺天易生编
(2)种子刍言
(3)调经至言
下卷
(1)慈幼编
(2)福幼编
(3)种牛痘图说
(4)倪涵初疟痢
(5)保命延生戒期附保育婴儿方
清同治七年(1868)博山赵璧积善书屋刻本 286 308A 412A(残)

04717 **妇婴宝鉴**七卷 1871
07508 (清)翟宗发辑
子目:
(1)大生要旨五卷 (清)唐千顷撰
(2)遂生编一卷 (清)庄一夔著
(3)福幼编一卷 (清)庄一夔著
1. 清同治十年(1871)诚希堂刻本 514A
2. 清同治十一年至光绪三年(1872—1877)补述山房刻本 799A

04718 **妇婴方书**一卷 1874
07510 著者佚名
清抄本 139

04719 **乌金丸录方**一卷 1876
07513 (清)汪迈园撰
1. 清光绪二年(1876)扬州务本堂刻本 907C
2. 清光绪十五年(1889)刻本 279(题乌金丸目录)
3. 清光绪二十三年(1897)赵忠可抄本 279(题仙传乌金丸方)
4. 抄本 308A

04720 **女科要略**一卷 1877
07514 附产宝一卷
(清)潘霨(伟如、铧园居士)编
1. 清光绪三年(1877)湖北藩署刻铧园医学六种本 139 286 541 590 664 677A 707 734 738B 896A
2. 清光绪九年(1883)江西书局刻铧园医学六种本(附产宝) 1 139 186 303 308A 412A 461 475A 541 570 590 603 651 738A 907C 926A 940 951
3. 抄本 738F
4. 见铧园医学六种

04721 **妇科医方一得**一卷 ［1877］
07515 （清）朱书（拥予、缃城）撰
清抄本 1

04722 **女科锦囊**四卷 ［1881］
07517 （清）刘渭川（浊翁）撰
清光绪三十年（1904）三槐堂抄本 475A

04723 **女科八门集**八卷 1885
00000 （清）马和铃撰
清光绪十一年（1885）石家庄珍记号石印本 287（存五卷）

04724 **坤宁集**不分卷 1886
07519 著者佚名
清抄本 139

04725 **薛氏济阴万金书**三卷 1891
07380 （宋）薛辛（将仕、古愚）撰 （明）郑和阳（敷政）等编 （清）潘道根（确潜、晚香、徐村老农、梅心老农、饭香老人） 王汾阳（子香）辑
清光绪十七年（1891）抄本 590

04726 **仁寿镜**四卷 1892
07522 （清）孟葑（经国、不病人）编
子目：
（1）宁阃集一卷
（2）宜男集一卷
（3）益母集一卷
（4）保赤集一卷
1. 清光绪十八年（1892）兰月楼主刻卜文记印本 709 738B
2. 清光绪二十一年（1895）渝城述古堂刻本 139 286 401 541 570 590 712 738B 852I

04727 **资生集**六卷 1893
07523 著者佚名
清光绪十九年（1893）抄本 590

04728 **女科指南**四卷 1893
07524 （清）戴烈（武承）撰
清光绪十九年（1893）上海古香阁石印本 139A 279 289（存卷一、二） 738B

04729 **长生草妇科**四卷 1894
07525 （清）刘荣枝（了香、桂堂）撰
清抄本 139

04730 **竹林遗书**一卷 1897
07530 著者佚名
清光绪二十三年（1897）独山莫屋台读奇书斋抄本 139

04731 **（秘传）内府经验女科**五卷 1898
07531 （清）吴悔庵编
清光绪二十四年（1898）橘泉氏抄本 590

04732 **女科摘要** ［1898］
07595 （清）丁淦（可亭）编
清光绪二十四年（1898）陈立谦抄本 738B

04733 **妇科总括**一卷 1899
07532 （清）吴谦（六吉）等原撰 筱轩氏辑
清光绪二十五年（1899）筱轩氏抄本 590

04734 **妇科心法纂补**二卷 1900
07533 （清）黄寿南（福申、沁梅）补编
见黄寿南抄辑医书二十种

04735 **妇科一百十七症发明**一卷 1903
07535 （清）包岩（蘅村）撰
清光绪二十九年（1903）刻本 21 277 651 734A 738B

04736 **资生篇**一卷 1903
07536 （清）宝辉（玉珊、西园居士、两湖钓翁）撰
清光绪二十九年（1903）刻本 3

04737 **卫生至宝图说**一卷 1906
07539 （清）卓凤翔（岐山）编
清光绪三十三年（1907）广州中华印务有限公司铅印本 940 944 XA XB

04738 **女学篇**一卷 1906
07540 又名古欢室女学篇
（清）曾懿（伯渊、朗秋）撰
1. 清光绪三十三年（1907）长沙刻古欢室全集本 286 839A
2. 见古欢室全集

04739 **女科秘笈**一卷 1906
00000 （清）郑照山辑
清抄本 709

04740 **女科揭要**一卷 1907
07541 （清）赵廷玉（伯亭、双修）编
见赵双修医书十四种

04741 **女科类纂**一卷 ［1907］
00000 著者佚名
清抄本 738E

04742 **女科秘要**六卷 1908
07542 （清）郑氏撰
清光绪抄本 677A

04743 **妇产婴惊治疗法**一卷　1908
07544 著者佚名
抄本　139

04744 **妇病撮要**一卷　1909
07546 著者佚名
清陈莲舫抄本　541

04745 **万氏妇科达生合编**五卷　［1909］
07391 辑者佚名
子目：
(1)万氏妇科三卷卷首一卷　(明)万全撰
(2)达生编一卷　(清)亟斋居士撰
1. 清经纶堂刻本　733B　799A　831(缺卷三)
2. 清富记书局刻本　186　521　831　921
3. 清益元堂刻本　931
4. 清文光堂刻本　931
5. 清三让堂刻本　728A(存卷一、二)　831　921　931
6. 清三让堂刻经文堂印本　289
7. 清雅新书局刻本　139
8. 清刻本　831
9. 清抄本　475A(残)

04746 **女科要症**一卷　1911
07549 著者佚名
清末抄本　401

04747 **女科全书秘本**二卷　1911
07550 著者佚名
郑一桂抄本　2

04748 **妇科全书**不分卷　1911
07551 著者佚名
清抄本　701

04749 **郑氏女科**一卷　1911
07553 又名假山郑氏女科、郑氏女科秘传胎前产后问答方书、郑假山女科胎前产后秘要方论、郑氏女科万金方
(清)郑假山撰
1. 稿本　709
2. 清抄本　139(题郑假山女科胎前产后秘要方论)　308A(题郑氏女科秘传胎前产后问答方书)
3. 抄本　572
4. 见范氏家诊临证效方(附录)

04750 **济阴全生集**三卷　1911
07554 (清)刘起运(泰来)撰
清抄本　738

04751 **济阴元机辑要**七卷　1911
07555 又名阮氏妇科
(清)阮国兴(永祚)编
1. 抄本　541
2. 见范氏医籍丛抄

04752 **秘兰全书**一卷　1911
07556 附女科十八症、经验良方、十二经络脏腑病情药性
(清)陈迁编
1. 清抄本　286
2. 抄本　139(残)

04753 **女科汇方歌括**一卷　1911
07557 又名妇科指掌
著者佚名
抄本　541

04754 **何氏女科百十三方秘授要术**一卷　［1911］
07558 著者佚名
吴筱岩抄本　139

04755 **妇儿病症撮要**一卷　［1911］
07559 (清)王振声编
抄本　139

04756 **万氏家藏女科**一卷　［1911］
00000 **治痢奇方妙论**一卷
(明)万全(密斋)　(清)倪涵初(宗贤)撰
清抄本　740A

04757 **女科心传**一卷　［1911］
07563 著者佚名
抄本　139

04758 **妇女科治方**一卷　［1911］
07564 著者佚名
清抄本　139

04759 **妇产科**一卷　［1911］
07565 著者佚名
稿本　139(残)

04760 **妇科集要**一卷　［1911］
07566 (清)王玺(昭时)辑
清抄本　939

04761 **妇科**一卷　［1911］
07567 著者佚名
1. 清抄本　352
2. 抄本　139A

04762 07568 **女科验方集要**二卷 [1911]
著者佚名
刻本 738B

04763 07569 **女科经纶补方**一卷 [1911]
著者佚名
清瑞竹堂抄本 590(巢念修旧藏)

04764 07570 **女科胜览全集**七卷 [1911]
(清)窦渭(熊占)编
抄本 412B

04765 07572 **调经刺要**一卷 [1911]
(清)吴钢辑
清抄本 1

04766 07573 **龙江茅氏女科**一卷 [1911]
(清)茅氏撰
清抄本 139

04767 07574 **真山老夫子遗笔女科八十症**一卷 [1911]
原题(清)真山老夫子撰
清抄本 308A

04768 07575 **妇科摘抄**一卷 [1911]
著者佚名
清抄本 302

04769 07576 **妇科摘要**一卷 [1911]
著者佚名
见(编辑)金鉴心法歌诀

04770 07577 **杏林必读—妇科**一卷 [1911]
(清)郑载山撰
清抄本 139

04771 07578 **秘传妇人科**一卷 [1911]
(清)汤锡三撰
清杨润斋抄本 139

04772 07580 **钱氏祖传女科秘传**一卷 [1911]
著者佚名
清抄本 139

04773 07581 **妇科要诀**二卷 [1911]
(清)刘弘智辑
清末抄本 493

04774 07582 **女科指明**二卷 [1911]
著者佚名
清末抄本 491

04775 07583 **病理要知女科**不分卷 [1911]
又名董若仙先生女科
附神授针灸赋
(清)董若仙撰
清俞南氏抄本 541

04776 07584 **济阴摘要备览**一卷 [1911]
著者佚名
清抄本 1

04777 07585 **女科病情**一卷 [1911]
(清)干臣编
清末抄本 1

04778 07586 **(西山先生)女科集真**一卷 [1911]
附唐容川先生抱儿痨论并治法、治杂证汤方
著者佚名
清抄本 1

04779 07587 **妇孺传真**一卷 [1911]
附诊杂病脉法
著者佚名
清抄本 1

04780 07588 **妇科参考**一卷 [1911]
著者佚名
清抄本 1

04781 07589 **妇科心法**一卷 [1911]
著者佚名
1. 清抄本 1
2. 抄本 570 721

04782 07590 **女科秘传**一卷 [1911]
著者佚名
抄本 139A 286

04783 07591 **女科选录**五卷 [1911]
(清)黄永念(左田)辑
子目:
(1)秘传效验女科选录秘阁藏书一卷 (清)何元仁传
(2)内府传授胎前产后女科选录三卷
(3)京传试验产后良方选录秘阁藏书一卷
抄本 570(残)

04784 07537 **妇科良方**一卷 [1911]
附倪涵初疟痢奇方
著者佚名
清抄本 308A

04785 00000 **调经症治**一卷 [1911]
著者佚名
抄本 740E

04786 00000 **妇婴良方**二卷 [1911]
著者佚名

清抄本 738B

04787 00000 **郑氏女科秘传经症胎前产后问答方书**一卷 ［1911］
著者佚名
清抄本 709（题郑氏秘传女科方） 738B（题妇科问答）

04788 00000 **妇科集验方抄**一卷 ［1911］
辑者佚名
清抄本 734A

04789 00000 **女科秘旨**一卷 ［1911］
辑者佚名
清抄本 139

04790 00000 **妇科集抄**一卷 ［1911］
辑者佚名
清抄本 203

04791 00000 **妇科全集**一卷 ［1911］
著者佚名
清抄本 203

04792 00000 **妇女门**一卷 ［1911］
著者佚名
清抄本 288

04793 00000 **妇女秘录**一卷 ［1911］
著者佚名
清抄本 363

04794 00000 **刘孝宽妇科**一卷 ［1911］
（清）刘孝宽撰
清抄本 944

04795 00000 **妇科杂病心法**一卷 ［1911］
附痘症及兼症一卷
著者佚名
清末万稚新抄本 891

04796 00000 **女科指归集要**二卷 ［1911］
著者佚名
清末抄本 734A

04797 07624 **坤道指南**一卷 ［1911］
附薛古愚女科方、产科问答、产科石金方、仙传秘方
（清）根心堂主人编
抄本 590

04798 07698 **女科总论**一卷 ［1911］
著者佚名
抄本 738B

04799 07699 **女科简要方**一卷 ［1911］
著者佚名
抄本 738B

04800 07701 **女科经产百问**一卷 ［1911］
又名女科胎产百问、胎产百问全书
著者佚名
抄本 738B

04801 07707 **宁坤宝航**一卷 ［1911］
又名宁坤宝航一百八帆
著者佚名
抄本 738B

04802 07708 **妇人方**一卷 ［1911］
著者佚名
抄本 738B

04803 07709 **妇人方论**一卷 ［1911］
著者佚名
抄本 738B

04804 07710 **妇人经验方**一卷 ［1911］
著者佚名
抄本 738B

04805 07718 **妇科方书**一卷 ［1911］
著者佚名
抄本 738B

04806 07721 **妇科秘传**一卷 ［1911］
著者佚名
清三近堂抄本 308A

04807 07722 **妇科秘宝**一卷 ［1911］
著者佚名
抄本 738B

04808 07730 **妇科奇方**一卷 ［1911］
著者佚名
抄本 738B

04809 07731 **妇科通书**一卷 ［1911］
著者佚名
抄本 738B

04810 07732 **妇科秘效方**一卷 ［1911］
著者佚名
抄本 738B

04811 07735 **存验录女科**一卷 ［1911］
著者佚名
抄本 738B

04812 07739 **郑氏女科八十三治**一卷 ［1911］
附女科大略

著者佚名
清程仲轩抄本　709

8.3.2　胎产

04813 07761 **经效产宝**三卷续编一卷　853
(唐)昝殷撰
1. 日本影宋刻清光绪三年(1877)婺源张金城印本　2　139A　570　651　738B　851
2. 日本影宋刻清光绪七年(1881)婺源张金城印本　1　2　3　7　139　152　186　202　251　252　279　280　286　301　308A　361　381　385A　412A　461　462　491　514A　529A　541　572　579　590　701　731　738A　831　839A　851　896A　931　942B　TA
3. 日本影宋刻清光绪十四年(1888)印本　308A　412　541　651　712　731　733
4. 日本影宋刻清光绪印本　280　421　731A　739
5. 日本抄本(二卷)　139　TB(影宋抄本)
6. 抄本　TB

04814 00000 **产经**二卷　[853]
(唐)时贤撰　(宋)郭稽中辑　(明)施沛(沛然、元元子、笠泽居士)辑订
1. 清抄本　831(唐成之题识)
2. 日本抄本　TB

04815 07762 **注解胎产大通论**一卷　1025
原题(梁)杨苑(子建)撰　(宋)张声道(声之)注
1. 明抄本　139
2. 见医苑

04816 07763 **产育宝庆方**二卷　1109
又名产育宝庆集方
(宋)李师圣　郭稽中撰
1. 清乾隆绵州李调元万卷楼刻道光五年(1825)李朝夔补刻函海本　139　715　728A　739
2. 清道光十六年(1836)柘湖金锟刻本　541
3. 清光绪四年(1878)钱塘丁丙当归草堂刻当归草堂医学丛书初编本　139　202　279　308A　475A　714　733A　951
4. 清光绪七年(1881)广汉钟登甲乐道斋刻函海本　853
5. 清刻本　2(附颅囟经)　3　280　289　361　381　514A　541
6. 清抄本　6　7　493(附颅囟经)　651　TA
7. 见当归草堂医学丛书初编
8. 见四库全书
9. 见函海

04817 07764 **妇科秘兰全书**一卷　1133
原题(宋)陈选撰
清抄本　590

04818 07771 **产宝诸方**一卷　[1166]
(宋)王卿月(清叔)撰　(清)鲍泰圻辑
1. 清棠樾鲍泰圻稿本(据《永乐大典》辑复)　1
2. 清道光八年(1828)棠樾鲍泰圻广陵木活字印本　203　940
3. 清光绪四年(1878)钱塘丁丙当归草堂刻当归草堂医学丛书本　279　280　475A　714　733A　736　931　951
4. 清沈复粲鸣野山房抄本　542
5. 见四库全书
6. 见鲍氏汇校医书四种
7. 见当归草堂医学丛书初编

04819 07765 **卫生家宝产科备要**八卷　1184
(宋)朱端章编
1. 宋淳熙十一年(1184)南康郡斋刻本　1
2. 清光绪十三年(1887)归安陆心源刻十万卷楼丛书本　4F　9　139A　140　186　202　203　251(存卷一至六)　277　279　286　289　308A　381　412B　523　546　590　651　677A　728A　731　734　736　738　739　739A　831　852　854　931　942B　944
3. 清影宋抄本(清·黄丕烈、瞿中瑢跋)　651
4. 清抄本　521
5. 见十万卷楼丛书

04820 07766 **产宝杂录**一卷　1220
(宋)齐仲甫(讷斋)撰
1. 明崇祯十三年(1640)乌程闵齐伋刻本　1(附芸窗万选方一卷)　277

2. 清乾隆六十年(1795)聚锦堂刻本 3 541(残)
3. 清抄本 139
4. 抄本 139

04821 07767 **胎宝百问**一卷 [1220]
(宋)齐仲甫(讷斋)原撰 佚名辑抄
清抄本 541

04822 07951 **产科百问万金方**二卷 [1265]
(宋)薛辛(将仕、古愚)撰
抄本 907C

04823 07768 **家传产后歌诀治验录**一卷 1279
(宋)薛辛(将仕、古愚)撰 (清)殷鸿儒辑
清抄本 664

04824 07769 **妇科胎产问答要旨**三卷 1279
又名女科胎产问答要旨
(宋)薛辛(将仕、古愚)撰
1. 清乾隆三十七年(1772)查氏砚秋书屋抄本 731(查济眉跋)
2. 清周王政抄本 589(存卷二、三)

04825 07773 **徐氏胎产方**一卷 1459
(明)邵以正(通妙真人)编
见青囊杂纂

04826 07774 **节斋公胎产医案**一卷 1492
又名王节斋先生医案、王节斋公胎产
(明)王纶(汝言、节斋)撰
1. 清康熙五十年(1711)甘陵贾棠两广鹾署退思堂刻本(题王节斋先生医案) 590
2. 清道光十七年(1837)抱珠山房刻本 1 738B
3. 抄本(题王节斋公胎产) 931

04827 07775 **便产须知**二卷 1500
(明)颜汉撰 高芥庵传 高懋斋辑
1. 明弘治十三年(1500)江阴高宾刻本 541
2. 明嘉靖十七年(1538)刻本 TA
3. 明嘉靖三十九年(1560)张景贤刻本 731
4. 明隆庆三年(1569)吴绅刻本 1
5. 明崇祯十四年(1641)王万祚刻本 734A 735
6. 明刻本 279(存卷下) 590(残)
7. 抄本 738B
8. 见刘氏四种
9. 见便产痘疹合并方书

04828 00000 **胎产须知**二卷 1535
(明)徐邦直辑
明嘉靖十四年(1535)金陵书坊赵君耀刻本 TA

04829 07776 **济生产宝论方**二卷 [1535]
著者佚名 (明)徐明善校
1. 明嘉靖十四年(1535)金陵书林雷鸣文会堂刻本 731
2. 日本抄本 TB

04830 07406 **螽斯秘诀**一卷 1538
著者佚名
明嘉靖十七年(1538)刻本 1

04831 07778 **二难宝鉴**二卷 1542
(明)李荣(岚溪、樵阳子)编
子目:
(1)闺门宝鉴一卷 (明)李荣撰
(2)博爱心鉴撮要一卷 (明)魏直撰
明嘉靖二十一年(1542)当涂邢址福建邵武郡斋刻本 1

04832 07777 **闺门宝鉴**一卷 1542
(明)李荣(岚溪、樵阳子)撰
见二难宝鉴

04833 07779 **胤嗣录**一卷 1547
(明)刘玚(伯珪、大梁隐士、中山野叟)撰
见医苑

04834 07781 **胤产全书**四卷 1602
又名妇人胤产良方
附妇人脉法一卷提纲一卷
(明)王肯堂(宇泰、损庵、念西居士)撰
1. 明闽建书林刘龙田乔山堂刻本 1
2. 清康熙刻本 202 277(残) 572 940
3. 抄本 572

04835 00000 **保产延寿录**四卷 1602
(明)江腾蛟撰
清乾隆五十年(1785)徐公望抄本 433A

04836 07782 **保产万全书**一卷 [1612]
(明)陈治道(贤本、玉台)撰
见保产痘症合编

04837 07785 **产宝百问**五卷总论一卷 [1613]
原题(元)朱震亨(彦修、丹溪)撰 (明)王肯堂(宇泰、损庵、念西居士)订正
1. 明天启吴门德馨堂刻本 1 139 186 203 289 412A 491 511 514A 570

572　590　665　734　746　799A
2. 明天启吴门德馨堂刻书林茂德堂递修本　572　590
3. 明末清初书林杨懋卿刻本　139
4. 日本延宝六年（1678）二条武村新兵卫刻本　7　139　831
5. 清初朱文堂刻本　433A　541　731　738B　839A　931
6. 清道光抄本　203　433A
7. 清抄本　1

04838 07786 **孕育玄机**三卷　1621
（明）陶本学（泗源、会稽山人）撰
1. 清康熙五十二年（1713）乾尧抄本　590
2. 清陶介亭抄贤奕书楼丛书本　1

04839 08027 **产家要诀**一卷　［1624］
（明）金世英（国华、梦石子）撰
清抄本　664

04840 07787 **胎产方书**二卷　1626
（明）郑五全（毓恒）撰
1. 明天启六年（1626）古羊王家璋槐永堂刻本　139
2. 清嘉庆六年（1801）刻本（题重订胎产方书）　361

04841 07788 **产鉴**三卷　［1628］
（明）王化贞（元起、肖乾）撰
1. 清康熙四十五年（1706）睢阳马志光刻本　277（卷下抄配）　351　728A　738
2. 清康熙五十五年（1716）昆山李文珍杏城王居珍等刻本　202　203　277　279
3. 清道光十年（1830）郧邑皇甫廷俊刻本　651
4. 清抄本　1　308A
5. 抄本　2　139

04842 07789 **绣阁宝生书**一卷　1631
附保赤须知
（明）钱养庶（小休居士）编
清乾隆五十年（1785）绵山马巽刻本　1　2　3

04843 07790 **安胎保产全书**一卷　1631
（明）钱养庶（小休居士）编
1. 清康熙四十四年（1705）吴门金存庵刻本　852
2. 清抄本　709

04844 07792 **兰阁秘方**二卷　［1643］
原题（明）薛辛（将仕、古愚）撰　丁明登（剑虹、侣莲）辑
明秣陵丁明登刻本　1　738

04845 07793 **郑氏产科补亡**二卷　［1644］
（明）郑敷政辑
清咸丰五年（1855）昆山潘道根抄本　709

04846 00000 **郑氏薛医产科**二卷　［1644］
又名玉峰薛医产宅郑氏家藏八十二秘方
辑者佚名
1. 清乾隆三十八年（1773）抄本　TA
2. 清苾庵抄本（题玉峰薛医产宅郑氏家藏八十二秘方）　701

04847 07795 **大生秘旨**三卷　［1644］
（明）钱氏撰
清抄本　139

04848 07796 **保产全书**二卷　［1644］
（明）曹弼臣撰　（清）张坦（易庵）重订
1. 清嘉庆十二年（1807）文宝堂刻本　351　728A
2. 清嘉庆十四年（1809）黔南高青书皖城刻本　139A

04849 07797 **保产育婴养生录**三卷　［1644］
（明）谢天瑞（起龙、思山、复古生）撰
明刻本　1　TA

04850 07799 **产后诸症论辨方脉**一卷　［1644］
著者佚名
明崇祯抄本　1

04851 07800 **保生碎事**一卷　1665
又名济阴慈幼外编、保婴经验方
（清）汪淇（憺漪、右子、蜩寄主人）撰
1. 清康熙四年（1665）钱塘汪淇刻本　590
2. 见济阴纲目笺释

04852 07801 **（新刻删补）产宝全书**四卷　1679
（清）汪有信（敬然）撰
1. 清康熙十八年（1679）樾荫斋刻本　590
2. 清抄本　139（存卷一、二）

04853 07969 **产科一得**一卷　［1679］
附保赤一得
（清）负从云（震生）编
清抄本　139　541

04854 07802 **产宝百问方论**不分卷　1680
又名玉峰薛氏医产

（清）薛仲甫撰
1. 清康熙十九年(1680)悠然斋抄本 907B
2. 清乾隆程后抄本 286

04855 07803 **产后编**二卷 [1684]
又名产科全集、傅征君产后编
（清）傅山（青主、公它、朱衣道人）撰
1. 清道光二十四年（1844）崇德堂刻本 529A
2. 清道光二十九年（1849）刻海山仙馆丛书本 139 279 308A 443 713 734 737
3. 清同治七年（1868）吴兴丁氏济南官廨刻本 302
4. 清光绪五年（1879）扫叶山房刻本 1 289
5. 清光绪十二年（1886）刻本 742（存卷下）
6. 清同治八年（1869）湖北官书处刻光绪十三年（1887）印本 368
7. 清光绪十三年（1887）江左书林刻本 541
8. 清光绪十六年（1890）善成堂刻本 302
9. 清刻本 1 279 286 289 364A 436 541 570 738A 740C 852 922
10. 抄本 139 277 461
11. 见海山仙馆丛书
12. 见傅青主女科（附录）

04856 07805 **胎产指南**七卷卷首一卷卷末一卷 1686
（清）单养贤（南山）撰 陈彩钟（鸣山）增辑
1. 清咸丰七年（1857）四明欧立三堂刻本（版心镌立三堂刊） 3 514A 589 590 737 740A 740B 800 896A 926A
2. 清光绪三年（1877）丁宝堂刻本 677A 740A
3. 清节抄本（题胎产指南续成集） 421
4. 抄本 251 926A

04857 07934 **胎产全书**一卷 [1686]
（清）单养贤（南山）撰
1. 清同治四年（1865）奎照楼刻本 139 740A 740B
2. 清光绪二十一年（1895）广州九曜坊守经堂刻本 139 308A 391 521 738B
3. 抄本 738B（题单氏产科全书秘旨）
4. 见女科辑要八卷（版本附录）

04858 07806 **明易产科**六卷 [1686]
又名明易胎产要鉴、明易胎产秘书、明易胎前辨论诸症医方、明易妇产诸症医方
（清）单养贤（南山）撰
1. 清抄本 139（题明易胎产要鉴十一卷） 572（题明易胎产秘书） 590（附广嗣真诠）
2. 抄本 139（题明易胎前辨论诸症医方八卷） 391（题明易胎前辨论诸症医方） 590（题明易胎前辨论诸症医方七卷） 590（题明易妇产诸症医方八卷） 939（题明易胎产医方）

04859 07807 **胎产症治录**二卷 [1686]
（清）单养贤（南山）撰 丁逢壬（兰谷）编
1. 清道光九年（1829）姑孰曹椿皖江刻本 738B
2. 清光绪五年（1879）兰渚张文纯倚山庐木活字印本 185 277（残） 514A 590 738B
3. 清抄本 738B

04860 07798 **产宝百问**二卷 1688
（明）郑文康（介庵）编
1. 清雍正抄本 735B
2. 清道光二十一年（1841）海宁许连抄本 590（二卷）
3. 清宣统三年（1911）赵士佳抄本 590
4. 清抄本 1 139 491
5. 抄本 277 651 677A

04861 07804 **产科四十三症**一卷 [1690]
原题（清）傅山（青主、公它、朱衣道人）撰 杨溪编
1. 清道光九年（1829）京都琉璃厂近文斋刻本 289 514A
2. 清同治七年（1868）长白布彦泰京都琉璃厂刻本 1 3 308A 475A 664
3. 清同治七年（1868）长白布彦泰京都琉璃厂刻光绪二年（1876）印本 139A

04862 07808 **旃檀保产万全经**三卷 1694
（清）冯兆张（楚瞻）撰
1. 清道光十年（1830）泰州王联三抄本 590
2. 清咸丰二年（1852）崇川田浩然刻本 139
3. 清末刻本 139A
4. 清抄本 277 712

04863 07831 **保产机要**一卷 1694

又名胎产必读

（清）汪淇（憺漪、右子、蜩寄主人）原撰 柯炌（集庵）删补

1. 清康熙三十三年（1694）还读斋刻乾元堂印本（附保生碎事） 279 412A 852 907C
2. 清雍正十三年（1735）茅州李英凭山阁刻本（题胎产必读） 139A
3. 清乾隆四年（1739）嘉兴林氏刻本（附应验良方） 286
4. 清乾隆五年（1740）刘嘉禾刻本 139
5. 清乾隆五十二年（1787）汉川同善堂刻本 1
6. 清乾隆周会莱抄本 139
7. 清道光二十三年（1843）棠樾鲍承德堂刻本 721 721A
8. 清光绪十三年（1887）丹阳魏树蕙堂刻本 664
9. 抄本 277

04864 07809 **女科胎产三十二问答**一卷 1696

（清）汪启贤（肇开）编

清同治十三年（1874）扬州穆近文堂刻本 514A

04865 07810 **救产全书**一卷 1697

（清）谢文详（麟生）撰

清康熙三十六年（1697）沈阳佟国翼刻本 664

04866 07772 **胎产秘书**三卷 ［1712］

又名产科秘方

原题（元）朱震亨（彦修、丹溪）撰

1. 清乾隆七年（1742）扬州象贤堂刻本 590（残）
2. 清乾隆五十五年（1790）柏亭怀德堂刻本 443
3. 清道光六年（1826）修耕堂刻本 308A
4. 清道光二十五年（1845）止园刻本 203 541
5. 清光绪元年（1875）杭城文雅斋刻本 391
6. 清光绪五年（1879）盛锦成绸缎庄刻本（题产科秘方，附古越竹林寺女科秘方一卷） 734A
7. 清光绪二十二年（1896）玉临堂石印本 514A 677A 852
8. 清刻本 308A 740A 740B（叶荆山题识）
9. 紫阳世僧抄本 738A
10. 抄本 139A 362 514A 738A

04867 07812 **达生编**一卷 1715

又名改良达生编、胎产辑要

（清）亟斋居士撰

1. 清康熙五十四年（1715）燕京张怀德刻本 21 139 186 303 401 433 514A 839A
2. 清雍正五年（1727）杜芾刻本 139
3. 清乾隆七年（1742）朝邑槐荫堂刻本 401
4. 清乾隆十一年（1746）二酉堂刻本 279 303
5. 清乾隆十七年（1752）新安汪氏存雅堂刻本 852
6. 清乾隆十八年（1753）祁凤岷刻本（二卷，附保产集要一卷） 431
7. 清乾隆二十九年（1764）苕溪光裕堂刻本 303 677A
8. 清乾隆三十五年（1770）刻本（附保婴集要一卷） 139
9. 清乾隆三十九年（1774）敬文堂刻本（二卷） 541
10. 日本安永三年（1774）浪华书肆柳原喜兵卫刻本 139
11. 清乾隆四十年（1775）刻本 741
12. 清乾隆四十一年（1776）刻本（二卷） 413
13. 清乾隆四十九年（1784）姑苏观承堂刻本 301
14. 清乾隆五十年（1785）刻本 139A
15. 清乾隆五十四年（1789）芜湖金不堂刻本（二卷，附小儿便览一卷） 852
16. 清乾隆五十六年（1791）刻本 401
17. 清乾隆五十七年（1792）天津三树堂刻本 251
18. 清乾隆五十八年（1793）官刻本 3
19. 清乾隆刻本 1（题达生编大意） 251 401
20. 清嘉庆二年（1797）何氏刻本 541 731

21. 清嘉庆六年(1801)桂林存远堂刻本 140 926A
22. 清乾隆四十一年(1776)刻嘉庆九年(1804)印本(二卷) 715
23. 清嘉庆十四年(1809)刻本(二卷) 139A 570 799
24. 清嘉庆十五年(1810)渑池刻本(二卷) 351 413
25. 清嘉庆十五年(1810)金陵刘文奎店刻本(二卷,附保生碎事) 139
26. 清嘉庆十九年(1814)敬义堂刻本 461
27. 清嘉庆十九年(1814)赐书堂刻本 433A
28. 清嘉庆二十年(1815)景云堂刻本 741 931
29. 清嘉庆二十一年(1816)文宝斋刻本 738E 740B
30. 清嘉庆二十五年(1820)乐志堂刻本 738B
31. 清道光元年(1821)粤东聚经堂刻本 734 741
32. 清道光三年(1823)达县富顺堂刻本 363 859
33. 清道光十一年(1831)介休马氏素行堂刻本 288
34. 清道光十三年(1833)爱日斋刻本(二卷) 710
35. 清道光十七年(1837)绍城许鼎元刻字店刻本 139 951
36. 清道光二十年(1840)孔繁灏刻本(三卷) 139 491
37. 清道光二十一年(1841)刻本(二卷) 740A
38. 清道光二十二年(1842)刻本 852 855 907C 951
39. 清道光二十三年(1843)刻本(二卷) 741
40. 清道光二十四年(1844)慎思堂刻本(二卷) 351 431 734A
41. 清道光二十七年(1847)黄岩米船楼刻本(二卷,补遗一卷) 731 735A 738A 740A 740B
42. 清道光三十年(1850)江西省城乙藜斋刻本(二卷) 541
43. 清咸丰二年(1852)义邑秀芝堂刻本 740H
44. 清咸丰二年(1852)好善堂刻本 603 931
45. 清咸丰三年(1853)成都庆发斋刻本 856
46. 清咸丰四年(1854)开封聚文斋刻本 352
47. 清咸丰五年(1855)佑启堂刻本(二卷,附保赤编) 289 413 852 859
48. 清咸丰七年(1857)乙藜斋刻本 741
49. 清咸丰八年(1858)汉城文顺堂刻本(二卷) 872
50. 清咸丰九年(1859)温州刻本 436 737
51. 清同治元年(1862)浦东李春和布庄刻本(二卷) 541 738E 742
52. 清同治四年(1865)京都琉璃厂篆云斋刻本(二卷) 139 710 713
53. 清同治五年(1866)天津文美斋刻本(二卷,附保赤编) 139A 270 741
54. 清同治六年(1867)金陵安乐堂刻本 852
55. 清同治六年(1867)诚信堂刻本(二卷) 1 279(附产后十八论神奇验方)
56. 清同治七年(1868)刻本(二卷) 701 708 728A 741
57. 清同治七年(1868)清白堂刻本(三卷) 740A 740B 743
58. 清同治八年(1869)姑苏得见斋刻本(附广达生编) 736B 738E
59. 清同治八年(1869)刻本(二卷,附痢疟奇方) 541
60. 清同治八年(1869)长生室刻本(附产宝一卷) 734A
61. 清同治九年(1870)常郡杨翰云斋刻慈幼新书三种本 139 277
62. 清同治九年(1870)淮安吴刻字店刻本(三卷,附保赤编) 139
63. 清同治九年(1870)北京翰藻斋刻本 301
64. 清同治九年(1870)上洋正堂书坊刻本 301
65. 清同治十年(1871)渭阳姜恒泰刻本(二卷,附小儿慢惊风一卷) 279 366 381 413 418 431 570 734A 852
66. 清同治十年(1871)汕头名利轩刻本 931
67. 清同治十年(1871)刻本(三卷,附录一

卷、保赤编一卷） 139 651 736A 737
68. 清同治十一年（1872）杭州保赤堂刻本（二卷，附神效保产方一卷、救急神方一卷） 570 740A 740B
69. 清同治十二年（1873）刻本 7
70. 清同治十三年（1874）文元堂刻本 738B
71. 清同治十三年（1874）山东鸿文堂刻本 301 302 306 311 839A
72. 清同治十三年（1874）德华堂刻本 302
73. 清光绪元年（1875）金氏雨梅书屋刻本（二卷） 381 651
74. 清光绪元年（1875）绍城刻本（二卷） 734A
75. 清光绪二年（1876）冯朝桢刻本 413
76. 清光绪二年（1876）宝善堂刻本 1 186 281A 288
77. 清光绪三年（1877）成都文乐斋刻本（三卷） 738A 738B 907C
78. 清光绪四年（1878）杭州聚文斋刻本（三卷） 541 734 734A 736 738B 831
79. 清光绪四年（1878）淮安文林斋刻本 738B
80. 清光绪四年（1878）杭城心耕堂刻本 186 651 731 734A 852
81. 清光绪五年（1879）常郡培本堂善书局刻本（二卷） 450 590 713 733 734A 831
82. 清光绪五年（1879）苏州刻保赤汇编本（二卷） 651 739 831
83. 清光绪六年（1880）北京文宝斋刻本（二卷） 363
84. 清光绪六年（1880）刻本 529A 721 728A 741 931
85. 清光绪六年（1880）文光斋刻本（二卷） 736A
86. 清光绪七年（1881）路桥金师古斋刻本 733 737
87. 清光绪八年（1882）刻本 740H
88. 清光绪九年（1883）、十九年（1893）南京李光明庄刻本 279 475A 541 651 664 721 728A 800
89. 清光绪十年（1884）北京龙文斋刻本（附经验良方） 202 391 738B
90. 清光绪十一年（1885）京江文成堂刻本 651 734
91. 清光绪十一年（1885）甘肃成县捕署养怡堂刻本 432
92. 清光绪十二年（1886）杭州同善斋书坊刻本（二卷） 664 731
93. 清光绪十三年（1887）羊城圣经堂刻本 139
94. 清光绪十四年（1888）镇江善化堂刻本（二卷，附广达生编一卷，保婴碎事一卷） 443 706
95. 清光绪十四年（1888）湖南传忠书局刻本 401 931
96. 清光绪十四年（1888）钱塘赵氏刻本（三卷） 651 852
97. 清光绪十五年（1889）湘潭遐龄书舍刻本 737A 831
98. 清光绪十六年（1890）桐城方喻义堂刻本 396
99. 清光绪十六年（1890）四宝斋刻本 301
100. 清光绪十七年（1891）刻本 1 839A
101. 清光绪十八年（1892）寿萱草堂刻本（附全婴心法、保产心法、补遗要录） 308A
102. 清光绪十九年（1893）万寅墀四川犍为刻寿世汇编本 139 286 651 852C
103. 清光绪十九年（1893）杭州刻本 738E
104. 清光绪十九年（1893）济南三益斋刻本（二卷） 139 311 734 734A
105. 清光绪二十年（1894）黄岩凝碧楼刻本 740B
106. 清光绪二十年（1894）文海书局石印本（二卷） 1
107. 清光绪二十年（1894）浙台黄邑金师古斋刻本（二卷，附补遗一卷、附方一卷） 740A 740C 852C
108. 清光绪二十年（1894）邱茂萱草堂刻本（附全婴心法、保产心法、补遗要录） 308A
109. 清光绪二十一年（1895）刻本 734A
110. 清光绪二十二年（1896）兰州官书局铅印本 351 391 421 466
111. 清光绪二十二年（1896）四川王成文斋刻本 951

112. 清光绪二十二年（1896）虹螺居士抄本（四卷） 466
113. 清光绪二十三年（1897）金陵邵立升刻字店刻本 728A
114. 清光绪二十三年（1897）思贤书局刻本（题达生编集要） 541
115. 清光绪二十四年（1898）北京富文斋刻本（二卷，附集验良方） 1 3 9 139 385 590 738B
116. 清光绪二十五年（1899）长沙伍承基堂刻本（二卷） 831
117. 清光绪二十六年（1900）义乌蔡为等刻本（三卷） 733B
118. 清光绪二十七年（1901）刻本 21
119. 清光绪二十八年（1902）盛京太孔山房刻本（二卷） 461
120. 清光绪二十八年（1902）刻本（附保赤编、种子说） 541 736A 739 926A
121. 清光绪三十二年（1906）台金嗣献师果斋刻本 740C
122. 清光绪三十三年（1907）思补居刻慈幼新书三种本 203 728A 738B 911
123. 清光绪三十三年（1907）上海书局石印本（二卷） 279 522 702
124. 清光绪三十三年（1907）上海时中书局石印本 139 590 738B 943
125. 清光绪三十四年（1908）山东日官报局石印本（二卷） 301
126. 清光绪三十四年（1908）乐善居士刻本 831
127. 清光绪三十四年（1908）绍城许广记刻本（二卷） 734A 738B
128. 清光绪三十四年（1908）集成书社刻本（二卷，续编一卷） 852
129. 清光绪绍城聚珍斋刻本（二卷，附广嗣图一卷） 432 734A
130. 清宣统元年（1909）石印本 139 393 493 514A 541 590 603 677A 943
131. 清宣统元年（1909）萧山陈氏刻本（四卷） 715
132. 清宣统三年（1911）嘉郡振新社铅印本 721
133. 清宣统三年（1911）京师聚文斋刻本（附益寿俚言一卷） 1 285 311 715
134. 清兰州府署刻本（二卷，附保生碎事） 139 363 433A
135. 清奎文堂刻本（二卷） 664
136. 清绿荫堂刻本 651
137. 清苏州小西山房刻本（三卷） 287
138. 清嘉荫堂刻本 139
139. 清刻本 21 139 139A 279（二卷） 311 366（二卷） 391 401（二卷） 404（二卷） 414 433A（二卷） 436 541 651（二卷） 664（二卷） 707（残） 708（二卷） 713（二卷） 721 733 734A（二卷） 735 736A（三卷，附一卷） 736B（二卷） 737（二卷） 740A（二卷） 740C（二卷，附急救神方一卷） 742A 831（二卷） 852（二卷，附小儿便览一卷） 878（二卷） 912 943
140. 清抄本 139 401 831 939
141. 见四生合编
142. 见妇婴至宝
143. 见胎产集要
144. 见医林指月
145. 见慈幼新书三种
146. 见梦草亭医书三种
147. 见寿世编
148. 见体生集
149. 见毓芝堂四种
150. 见陈修园医书四十、四十八、五十、七十种
151. 见广达生编全
152. 见普济全书
153. 见寿世汇编
154. 见妇婴宝鉴
155. 见保赤汇编
156. 见济世专门编
157. 见回春丹
158. 见卫生宝笈
159. 见绛囊撮要（版本附录）

04868 / 07813 **保生篇**一卷 1715
附慈幼编一卷
（清）亟斋居士撰
清道光四年（1824）刻本 521 940

04869 / 07820 **生生录**三卷附录一卷 1718
附急救回生方、验方杂录

(清)郑晟(励明、莲亭)撰
清康熙五十七年(1718)古歙郑晟刻本 2 570 721

04870 07811 **保产心法**一卷 1719
全婴心法一卷
(清)石成金(天基、惺庵愚人)编
1. 清康熙五十八年(1719)刻本 737
2. 清乾隆刻本 741(附毓兰居士种痘法一卷)

04871 00000 **保产心法**一卷 1719
(清)石成金(天基、惺庵愚人)编
1. 见保产心法全婴心法
2. 见胎产合璧

04872 07821 **产科秘书**一卷 1722
(清)杨恢基编
1. 清乾隆十四年(1749)河东孙维周刻本 1 570
2. 清抄本 738B(曹炳章旧藏)

04873 07823 **胎产要诀**二卷 1726
(清)张日初(旸谷)撰 张岱宗辑
1. 抄本 738B
2. 见灵验良方汇编(附录)

04874 07824 **产宝**一卷 1728
(清)倪枝维(佩玉、凤宾)撰
1. 清雍正九年(1731)味世堂刻本 1 279 401 541 728A
2. 清道光二十二年(1842)海昌许梿平度州署刻本 1 270 303 306 514A 664
3. 清咸丰五年(1855)海昌邹淦抄本 TA
4. 清同治八年(1869)临川桂氏金陵刻本(附福幼编一卷) 1 351 651 677A 721 931
5. 清同治九年(1870)三近堂刻本 741
6. 清同治十年(1871)三自反斋刻本 443 728A
7. 清同治十二年(1873)杭州勤艺堂刻本 541 572
8. 清同治八年(1869)刻光绪印本 1
9. 清光绪二年(1876)苏州安节局刻本 677A 701
10. 清光绪三年(1877)湖北藩署刻铧园医学六种本 139 203 279 286 462 514A 541 590 701 731 734 738B 896A
11. 清光绪五年(1879)苏州刻保赤汇编本 651 739
12. 清光绪七年(1881)归安凌德刻本 412A
13. 清光绪九年(1883)江西书局刻铧园医学六种本 1 139 651 707
14. 清光绪十年(1884)罗度刻本 311 851
15. 清光绪十二年(1886)云南椁典堂刻本 901
16. 清光绪十四年(1888)永盛斋刻本 590
17. 清光绪十四年(1888)北京翰宝斋刻本 491
18. 清光绪十七年(1891)醉经山房刻本 728A
19. 清光绪十八年(1892)宜福斋刻本(附录一卷) 391
20. 清光绪十九年(1893)聚奎堂周斋刻本 412A
21. 清光绪二十年(1894)刻本 590 706
22. 清光绪二十三年(1897)刻本(题加评倪氏产宝) 286(附达生编一卷) 541
23. 清光绪三十二年(1906)拳石山房石印本 304A 579 926A
24. 清光绪三十三年(1907)思补居刻本 721
25. 清光绪刻本 308A 701 738E
26. 石印本 677A
27. 清抄本 381(题产后至宝) 731
28. 见保赤汇编
29. 见铧园医学六种
30. 见桃坞谢氏汇刻方书九种
31. 见达生编三卷(刘峰泰辑订)
32. 见女科要略(附录)

04875 07825 **产后十八论方**一卷 1729
又名产后十八论神奇验方
(清)图道先(觉河)撰
1. 清雍正七年(1729)抄本 738B
2. 清光绪二十二年(1896)刻本 203
3. 清末铅印本 1 412A 491 728A
4. 见达生编(版本附录)

04876 07826 **胎产心法**三卷 1730
又名达生胎产心法验方合编
(清)阎纯玺(诚斋)撰
1. 清雍正八年(1730)上谷阎纯玺广西左江

观察使署刻本 1 2 139 308A 361 396
2. 清嘉庆二十五年(1820)怀阳张大昭积庆堂刻本(附胎产心法一卷、经验杂方一卷) 288 308A 412A 412B 475A 664
3. 清道光四年(1824)庄氏延庆堂刻本 139 139A 140 203 251 270 279 301 385A 462 475A 492 514A 664 839A
4. 清道光八年(1828)灵武世德堂刻本 301 461 781
5. 清道光八年(1828)梁溪华观海善成堂羊城刻本 651 731
6. 清道光十年(1830)汝阴李玉方敬慎堂刻本 186 277 279 572 590 603 664
7. 清道光十六年(1836)刻本 896A
8. 清道光二十年(1840)刻本 139
9. 清道光二十四年(1844)固始王云锦广东肇罗道署刻本 21 202 203 288 412A 433 590 922 926A
10. 清道光二十四年(1844)固始王云锦广东肇罗道署刻古香楼重修本 529B
11. 清道光二十五年(1845)固始王云锦广东肇罗道署刻本 461 521 664
12. 清道光二十五年(1845)江西南昌静远堂刻本 839A
13. 清道光二十六年(1846)营陵守耕堂刻本 1 308A 514A 521 736E 799A XA
14. 清道光二十七年(1847)京都琉璃厂炳蔚堂刻本 3 139 701
15. 清道光二十七年(1847)濮州州署刻本 301 TC
16. 清道光二十七年(1847)濮州州署刻书业德记后印本 186 202 279 280 287 288 301 302(二卷) 308A 351 361 401 412A 475A 476 514A
17. 清道光二十七年(1847)木石居刻本 706
18. 清道光二十八年(1848)广州大文堂刻本 139 285 289 461 514A 589 931 940 942B XB
19. 清道光二十八年(1848)维经堂刻本 728A
20. 清道光三十年(1850)蔡上进刻字铺刻本 289 734 831
21. 清咸丰三年(1853)抄本 288
22. 清咸丰五年(1855)崇邑西昌三官会刻本 361 412A 856 871 907C
23. 清咸丰六年(1856)存心居士刻本(六卷,附经验杂方一卷) 301 308 385B 677A
24. 清咸丰八年(1858)都门甘泉张瑞征刻本 139 140 202 443 731 799A
25. 清同治元年(1862)曾三省堂刻本(附续胎产心法一卷、经验杂方一卷) 361
26. 清同治三年(1864)钱塘陈坤潮郡韩江如不及斋刻本 590 799A 921 931
27. 清同治三年(1864)都梁钟世桢信州官廨刻本 514A
28. 清同治四年(1865)李氏敬敷堂刻本 2 186 308A 366 450 491 590 677A 731 738
29. 清同治六年(1867)纬文堂刻本 21 734
30. 清同治七年(1868)聚经堂刻本 461
31. 清同治九年(1870)北京奎文斋刻本 277
32. 清同治十年(1871)武林刻本 1 139 186 391 393 475A 514A 514B 541 570 572 651 728B 731 734 738B 739A 741(残) 852 896A 921 940
33. 清同治十二年(1873)益阳罗怡顺刻本 21
34. 清光绪三年(1877)常邑萼华山馆刻本 396
35. 清光绪四年(1878)长沙遐龄书舍刻本 139 202 308A 351 361 385(残) 393 432 514A 541 664 712 728A 734 781 799 831 839A 931
36. 清光绪五年(1879)三省书屋刻本(题达生胎产心法验方合编) 277 393 514A 529A 541 709 728A 799
37. 清光绪六年(1880)江右醉芸轩刻本 139
38. 清光绪八年(1882)经韵楼刻本 TC
39. 清光绪九年(1883)敬慎堂刻本 21 203 279 280 286 361 391 435 514B

579 651 677A 701 706 728A 799 917A 926A
40. 清光绪十一年（1885）德清沈棪刻本 280 738A 926A
41. 清光绪十八年（1892）存存氏刻本 701 931
42. 清光绪二十一年（1895）上海文瑞楼刻本 203 270 280 308 308A 361 385A 475A 514A 521 522 590 664 712 728A 731 736D 738B 917A 926A
43. 清光绪二十一年（1895）贵州安顺甘至宝堂刻本 891
44. 清光绪二十三年（1897）东官黎福荫堂刻本（附小儿家传秘录） 1
45. 清宣统三年（1911）纬文阁铅印本 308A 651 734A
46. 清同文堂刻本 734A
47. 清海隅书屋沈氏刻本 203 738A
48. 清京都琉璃厂文贵堂刻本 664
49. 清刻本 2 139A 301 360A 363 433A 435 541 570 651 728A 738B 740J 831 926A（残）
50. 抄本 308A 738B 851
51. 见产科四种

04877
07827
增订胎产心法二卷 1730
（明）赵献可（养葵、医巫闾子）撰 （清）季维翰（宗臣）增订
1. 清乾隆广川张殿甲刻本 541
2. 清道光十一年（1831）语溪蔡氏宗祠刻本 3 308A 541
3. 清道光二十三年（1843）刻本 2 450A
4. 清道光二十四年（1844）中立堂刻本 303

04878
07829
休宁县汪广期先生胎产方一卷 1737
又名汪广期先生胎产方
（清）汪文誉（广期、文芳）撰
1. 清刻本 381
2. 清光绪抄本 1

04879
07830
增订达生编二卷 1737
（清）王敬山等编
清乾隆二年（1737）刻本 1

04880
07832
产宝家传二卷 1744
（清）倪东溟撰
1. 清乾隆三十二年（1767）仁和万绵前济南刻本 734A
2. 清嘉庆四年（1799）历城杨润刻遵生集要本 738B
3. 清道光二十年（1840）湖北张聚文刻字店刻本 279
4. 清光绪二年（1876）张氏刻本 277 433
5. 清光绪二十七年（1901）合肥李氏金陵状元境宜春阁木活字印本 1 186 412A 462 570 590
6. 清刻本 302 590
7. 见遵生集要
8. 见达生编产宝家传

04881
07833
胎产辑萃四卷 1745
（清）汪嘉谟（至言）撰
1. 清乾隆十七年（1752）山左董思恭刻本 3 139 302 466 741
2. 清乾隆十七年（1752）山左董思恭刻安怀堂印本 21 186 308A 351 491 514A 541 590 664 728A 871
3. 清抄本 139

04882
07834
胎产集要三卷 1752
又名达生保赤全编
附幼科摘要一卷、幼科撮要一卷
（清）黄德兴（惕斋）编
子目：
（1）保产机要总论一卷 （清）黄惕斋撰
（2）达生编二卷 （清）亟斋居士撰
1. 清乾隆十七年（1752）刻本 921（残）
2. 清乾隆四十六年（1781）嘉兴沈锜刻本 391 541 590 733
3. 清乾隆四十七年（1782）吴爵并刻本 572 664 738E
4. 清嘉庆十六年（1811）刻本 579
5. 清道光二年（1822）聚奎斋刻本 277
6. 清道光三年（1823）刻本 365
7. 清道光五年（1825）京口宝树堂刻本 308A
8. 清道光十二年（1832）王三多书局刻本 738B
9. 清道光十九年（1839）刻本 1 139 401 412B 450A 475A 491 514A 521 541 651 706 917A
10. 清道光二十七年（1847）杭城文寿斋刻本

2 738B
11. 清同治元年(1862)米文茂斋刻本 308
12. 清同治七年(1868)常州培本堂善书局刻本 21 361
13. 清同治七年(1868)海昌钟氏刻本(二卷) 270 851 852
14. 清同治十年(1871)常熟怀永堂刻本 139 277 433A 651 664 677A 800
15. 清同治十三年(1874)犍邑杏家寺刻本 871
16. 清光绪六年(1880)平潭厅署刻本 289 651
17. 清光绪八年(1882)抄本 514A
18. 清光绪十六年(1890)潭所署刻本 677A
19. 清光绪十六年(1890)杭州陈文鸣刻本 738B
20. 清光绪三十二年(1906)湖南高玉山高玉成刻本(题达生保赤全编) 931 939
21. 清张觐玉刻本 308A
22. 清刻本 1 3 186 279 361 391 491(残) 529 734A 735A 944
23. 清抄本 139 514A 738B 926A

04883 07835 **积善堂汇选保产论**一卷 1752
积善堂汇选保产方一卷
(清)积善堂编
清乾隆十七年(1752)刻本 590

04884 07836 **保产机要总论**一卷 [1752]
(清)黄惕斋撰
见胎产集要

04885 07837 **达生编**三卷 1756
(清)刘峰泰辑
子目:
(1)达生编一卷 (清)亟斋居士撰
(2)临期产要一卷 (清)沈楞香增订
(3)产宝一卷 (清)倪维枝原撰 刘峰泰增订
1. 清光绪十三年(1887)周肖林永宁道署刻本 475A
2. 清光绪十三年(1887)周肖林永宁道署刻十七年(1891)绍城许显记增刻十九年(1893)山阴谢福庆印本(题谢氏增订达生编) 9 139 738B

04886 07838 **盘珠集胎产症治**三卷 1761
又名胎产证治
(清)施雯(澹宁、文澍) 严洁(西亭、青莲) 洪炜(缉庵、霞城)撰
1. 清乾隆二十六年(1761)小眉山馆木活字印本 139 412A 541
2. 见盘珠集

04887 07839 **大生要旨**五卷 1762
(清)唐千顷(桐园)撰
1. 清乾隆二十七年(1762)刻本 572 731
2. 清乾隆三十七年(1772)善鉴堂刻本 301 308A 381 541 651 728A(存卷一、二) 731
3. 清嘉庆十三年(1808)云南刻本 421 839A 901
4. 清嘉庆二十四年(1819)来鹿堂刻本 939
5. 清嘉庆二十四年(1819)江城余庆堂刻本 738B
6. 清嘉庆二十四年(1819)新安汪氏经义堂刻本 852
7. 清道光二年(1822)寿昌杨清步刻本 738A
8. 清道光四年(1824)刻本 401
9. 清道光九年(1829)碧云堂刻本 732
10. 清道光九年(1829)申江种善堂刻本 433A 570 590 732 734 738E
11. 清道光十一年(1831)京都琉璃厂秀义斋刻本 202
12. 清道光十二年(1832)安康张鹏翂成都读书堂刻本 401 412A 431 740A 740B
13. 清道光十六年(1836)刻本 1(有抄补)
14. 清道光十九年(1839)湖南刻本 831
15. 清道光二十一年(1841)中湘留田七一楼刻本 831
16. 清道光二十三年(1843)刻本 369 491 728A
17. 清道光二十七年(1847)京都琉璃厂龙元斋刻本 139 203 270 279 301 302 351 363 381 385A 413 734A
18. 清道光二十八年(1848)江城庆余堂刻本 944
19. 清道光二十八年(1848)京都刻本 270
20. 清咸丰二年(1852)乌程朱兆传生绿草堂刻本 139

21. 清咸丰五年(1855)春林堂刻本　856
22. 清咸丰七年(1857)维扬文成堂刻本　139　186　301　381　443　541　677A　702
23. 清咸丰十一年(1861)务本堂刻本　590
24. 清同治元年(1862)刻本　21
25. 清同治三年(1864)香山集善堂刻本　362　651　664　852　901　917A
26. 清同治五年(1866)四会李延芳刻本　741
27. 清同治七年(1868)艺兰室刻本　391　541　738B　896A
28. 清同治七年(1868)汉南书院刻本　401　406
29. 清同治八年(1869)世美堂刻本　202　541　677A　710　728A
30. 清同治八年(1869)吴江沈氏刻本　541　651　733
31. 清同治九年(1870)星沙黄翼升长江水师军署刻本　140　529A　664　839A　931
32. 清同治九年(1870)归安沈氏陂影山房刻本　701　922
33. 清同治十年(1871)武冈刻本　831
34. 清同治十年(1871)杏园刻本　491　734A　738B　742(存卷一、二)
35. 清同治十二年(1873)惠直堂刻本　412A
36. 清光绪二年(1876)羊城合璧斋刻本　940
37. 清光绪三年(1877)椿荫堂刻本　277　421　541
38. 清光绪三年(1877)河口朱大全书店刻本　728A
39. 清光绪五年(1879)编竹书屋刻本(附药方一卷)　491
40. 清光绪五年(1879)盛京三槐堂刻本　287　734A(存卷一至三)
41. 清光绪六年(1880)刻本　734
42. 清光绪七年(1881)刻本　21
43. 清光绪八年(1882)俞文奎堂刻本(附福幼遂生合编)　277　491　731
44. 清光绪九年(1883)沙市刻本(八卷)　831
45. 清光绪十一年(1885)刻本　139
46. 清光绪十三年(1887)成都长文堂刻本　139　740A
47. 清光绪十五年(1889)南海潘氏约礼堂刻本　3　139A　361　951
48. 清光绪十六年(1890)上虞胡氏刻本　277
49. 清光绪十七年(1891)江西刻本　491　852
50. 清光绪十九年(1893)浙江著易堂铅印本(首一卷,附续刊经验方三卷)　702　734　734A
51. 清光绪十九年(1893)浙江海盐坊刻本　736
52. 清光绪十九年(1893)刻本　521　736　736(附增订大生要旨一卷)　736A　736B(附增订大生要旨一卷)
53. 清光绪二十年(1894)文林书局石印本　139A　311
54. 清光绪二十一年(1895)刻本　302　851
55. 清光绪二十三年(1897)上海五彩公司石印本　738A　922　926A
56. 清道光二十三年(1843)常元潞刻光绪二十四年(1898)印本　139
57. 清光绪二十五年(1899)刻本　1
58. 清光绪二十八年(1902)湘乡娄底邹裕元堂刻本(二卷)　831
59. 清道光二十七年(1847)刻光绪三十年(1904)印本　1
60. 清光绪三十三年(1907)江夏刘氏重刻本　491　782
61. 清光绪三十三年(1907)成都文伦堂铅印本(附福幼编一卷、遂生编一卷)　853
62. 清宣统二年(1910)宏道堂刻本　529A　852　926A
63. 清宣统三年(1911)刻本　308
64. 清上洋松韵阁刻本　704
65. 清末重庆善成堂刻本　852
66. 清末王通厂官运盐局刻本　353
67. 清刻本　3　303　308A　311　363　407A　412B　491　733　736A　737A　799A　831　901(附续刊验方达生编)　907C
68. 抄本　139　279　412B　590　734A(存卷五)
69. 见陈修园医书三十六种
70. 见仙方合集

04888 **三科大生合璧**三卷 1762
07840 （清）唐千顷（桐园）撰 吴师贤（济之）辑
清光绪二十一年（1895）巴州署斋刻本 139

04889 **产论**四卷 1765
07843 又名子玄子产论
（日）贺川玄迪（子启）撰
1. 日本明和二年（1765）平安济世馆刻本 3 7 277 475A 511 590 738B
2. 日本明和二年（1765）平安济世馆刻安永四年（1775）印本 139 286 907C
3. 抄本 579

04890 **产论翼**二卷 1775
07844 （日）贺川玄迪（子启）撰
日本安永四年（1775）平安济世馆刻本 3 7 139 286 475A 541 570 590 651 738B 931 939

04891 **达生园方毂**一卷 1775
00000 又名贺川方毂
（日）贺川玄迪（子启）撰 柴原子敬 山成子恭辑
日本抄本 572

04892 **保产汇编**四卷 1779
07845 附种子要旨、保婴要旨
（清）柯炌（集庵）撰
清嘉庆六年（1801）刻本 541 721 738B

04893 **产科心法**二卷 1780
07846 （清）汪喆（朴斋）撰
1. 清嘉庆九年（1804）石门李超恒嘉郡秀水刻本（附福幼编） 280 301 412A 433A 443 475A 491 541 590 651 709 738B 738E 740B 741 852 907C
2. 清道光二年（1822）云南会云楼刻本 901
3. 清道光九年（1829）嘉郡九思堂刻本 139 381 433A 541 734A 735 746
4. 清道光十二年（1832）寿生堂刻本 590 664 839A 853 857
5. 清道光十四年（1834）上洋汪氏曙海楼刻本 203 381 391 443 570 579 590 733 738B
6. 清道光二十三年（1843）刻本 289 301
7. 清道光二十八年（1848）刻本 901
8. 清道光二十九年（1849）潘永义堂刻本 651
9. 清咸丰四年（1854）来鹿堂刻本 651
10. 清咸丰五年（1855）崇阳刻本 491
11. 清同治八年（1869）嘉郡严馨德堂刻本（附福幼编摘刻一卷） 139 186 286 412B 465 514B 541 677A（残） 728A 731 733 736 738 896A
12. 清同治九年（1870）京都翰文斋刻本 2 21 202 203 251 351
13. 清同治九年（1870）京都奎文斋刻本 1 251 277 279
14. 清同治九年（1870）荣恩刻本 1 3 385A
15. 清同治九年（1870）永盛斋刻本 366 514B
16. 清光绪元年（1875）苏州刻本 432 541 603 712 721 728A 738 926A
17. 清光绪五年（1879）刘七贤堂刻本（版心镌刻七贤堂刊） 466
18. 清光绪六年（1880）江都龙川槐荫书屋刻本 139 281A 289 361 412B 443 514A 799A 921
19. 清光绪八年（1882）成都两仪堂刻本 853
20. 清光绪十一年（1885）退思堂刻本 21 308A 709
21. 清光绪十三年（1887）聚英堂刻本 139 734A 738B
22. 清光绪十七年（1891）吴延龄吴宝钧浙江嘉兴刻本（附福幼编摘刻一卷） 277 286 361 412B 475A 514A 541 664 701 800 852 922
23. 清光绪十八年（1892）辉棣旧庐刻本 1 2 270 541 570 731 871 940
24. 清光绪元年（1875）苏州刻十八年（1892）浙江湖城王文光斋印本 391 393 738A 917A 951
25. 清光绪十九年（1893）古黔贞丰州署刻本 308
26. 清光绪二十四年（1898）刻本 412A 421（残） 433A
27. 清宣统元年（1909）杜氏奎文斋京都铅印

本 396 521
28. 清西山书屋刻本 781
29. 清镇江正业印书馆刻本（附福幼丛编一卷） 289
30. 清刻本 289 414
31. 抄本 186 279 361 651 709

04894 07849 **产科秘本**四卷 1785
（清）张辰凤（补过子）辑
子目：
（1）古越竹林寺女科秘方一卷
（2）丹溪先生胎产秘书三卷
清光绪元年（1875）刻本 738B

04895 07847 **萧邑竹林寺世传产科经验良方**一卷 1786
著者佚名
抄本 2

04896 07848 **竹林寺胎前产后症治**一卷 1786
著者佚名
清末南湖书屋抄本 541

04897 07850 **产科秘录**一卷 1786
又名竹林寺明老宗师传下胎前产后二十七秘方
（清释）明志撰
抄本 590

04898 07851 **竹林产科**一卷 1786
又名竹林寺产科、产科秘方
（清）竹林寺僧撰 梦知居士校
1. 清嘉庆二十三年（1818）安雅堂刻本（题产科秘方） 541
2. 清光绪三年（1877）京师沈士鉴刻本 7
3. 清光绪五年（1879）杭省盛锦成绸缎庄刻本 361 391 731A
4. 清光绪十四年（1888）陈鹤梅刻本 139
5. 清蔡震抄本 939

04899 07853 **竹林寺秘传产科**四卷 1786
著者佚名
1. 清光绪二十四年（1898）抄本（题竺林寺产科秘传） 139
2. 抄本 139（题竹林寺产科）

04900 07884 **增补达生编**一卷 1788
又名安怀堂增补达生编
（清）亟斋居士原撰 范在文（于兹、美中）增订
1. 清嘉庆七年（1802）刻本 734A
2. 清同治十一年（1872）王乃琛刻本 728A
3. 清光绪十四年（1888）刻本 735

04901 07855 **胎产至宝**三卷末一卷 1789
著者佚名 （清）蔡璘（勉旃）编
1. 清乾隆五十四年（1789）刻本 728A
2. 抄本 139

04902 00000 **胎产新书**二卷 1790
（清）张正文（含英、桐溪钓叟）撰
清乾隆五十五年（1790）耕心堂刻本 443

04903 07958 **临证胎产医案**五卷 1791
（清）伊学曾（莘园）撰
清抄本 734

04904 07943 **生产合纂**一卷 1792
又名保产机要达生编
（清）博爱学人编
1. 清同治七年（1868）刻本 363
2. 清光绪元年（1875）爱莲书屋刻本 301
3. 清光绪三十一年（1905）扫叶山房刻本 139 301 412A 541 590 651 677A

04905 07856 **产科发蒙**六卷 1795
（日）片仓元周（深甫、鹤陵）撰
1. 日本享和三年（1803）东都书肆须原屋茂兵卫刻本 3 139 514A 590 651 664 901
2. 日本享和三年（1803）东都书肆须原屋茂兵卫刻文政五年（1822）玉严堂印本 7 570 701

04906 07857 **胎产秘书**三卷 1795
又名胎产金针
附保婴要诀一卷、经验名方一卷
（清）陈笏庵（敬之）传
1. 清嘉庆元年（1796）强恕堂刻本 931
2. 清嘉庆十四年（1809）古虞何荣刻本 1 139A 288 289 308A 450B 491 521 677A 741 799A 852 852A 871
3. 清嘉庆十九年（1814）萧山施淦苏州刻本 541
4. 清道光九年（1829）敬胜堂刻本 651 738B
5. 清道光二十四年（1844）金山钱熙祚刻本 139 385
6. 清咸丰元年（1851）怀德堂刻本 590

7. 清咸丰十年(1860)渤海德裕四川刻本(附龚云林调经医案一卷) 139 279 412A 734A 735 851
8. 清咸丰十一年(1861)河南开封崇文阁石印本 279 301 308A
9. 清同治元年(1862)六桂堂刻本 139 277 491 651 664 731 734 738B 831 922
10. 清同治四年(1865)福建森宝刻字铺刻本 139A 277 461 736B 738B 852C
11. 清同治十年(1871)会稽马传诚贵筑傅寿彤刻本(四卷) 363 433A 491
12. 清同治十三年(1874)天章堂刻本 738B 912
13. 清光绪元年(1875)长沙冯卓怀木活字印本 391 541 709 731 738A 831
14. 清光绪三年(1877)刘畅园刻本 289 738A
15. 清光绪五年(1879)罗瑞霖霞光堂刻本(附续胎产秘书) 1 3 139 412B(残) 514A 541 590 664
16. 清光绪七年(1881)苏州绿荫堂刻本(题胎产金针) 514A 715(存卷一、二)
17. 清光绪七年(1881)慈水刘莱刻本(附胎产续要一卷、保婴要诀一卷) 1 2 3 139 277 281A 287 361 443 589 590 664 701 728A 733 738A 800 907C 922 926A XA
18. 清光绪十年(1884)重庆善成堂刻本 3 21(缺卷一) 139 202 277 279 303 491 521 738B 799 852 901
19. 清光绪十三年(1887)长沙陈聚德堂刻本 393 541 590
20. 清光绪十三年(1887)以约堂刻本 301 308A 589
21. 清光绪十八年(1892)京都永盛斋刻本 21 186 202 277 279 361 412A 461 728 728A
22. 清光绪二十三年(1897)六桂堂刻本 677A 931
23. 清光绪二十八年(1902)宁乡莓田杨氏刻本 279 831
24. 清宣统三年(1911)成都蒋氏刻本(附龚云林调经医案一卷) 361 852E 907C
25. 清宣统三年(1911)上海书局石印本 289 917A
26. 清刻本 254 301 434 475A 570 733 733A 734A 852B
27. 抄本 139(残) 277 572 721 738B
28. 见产科四种
29. 见辨证录胎产秘书

04907 07968 **产宝奇书**二卷 ［1795］
著者佚名
清刻本 139 541 570

04908 07962 **胎产须知**一卷 ［1795］
附保产要录一卷
(清)郑汉(濯之)编
清乾隆奎壁斋刻本 541 590

04909 07963 **保产要录**一卷 ［1795］
著者佚名
1. 清乾隆奎壁斋刻本 541
2. 见胎产须知(附录)

04910 07859 **保生集要**一卷 1798
(清)黄阳杰(乾三、龙塘散人)编
清嘉庆三年(1798)贵名堂刻本 3

04911 07858 **胎产护生篇**一卷 ［1798］
(清)李长科(小有、广仁居士)编
1. 清道光九年(1829)山西乐善堂刻本 21 277 301 385A 395 514A 529A 541 590
2. 清咸丰十一年(1861)清源林秀刻本 308A
3. 清同治元年(1862)桂林鸿文堂刻本 139 139A 461
4. 清同治五年(1866)秀水杜文澜刻曼陀罗华阁丛书本 139 286 739 922
5. 清光绪南京李光明庄刻本 590 677A 736 736A 839A
6. 清光绪十四年(1888)直隶藩署刻本 21 139 279 304A 308A 475A 514A
7. 清刻本 139A 401 412B 570 907C
8. 见曼陀罗华阁丛书
9. 见小蓬莱山馆方抄(版本附录)

04912 04610 **神效黑神丸**一卷 ［1799］
又名黑神丸仙方、妇科黑神丸并各验方、黑神丸、观音普济丹

著者佚名
1. 清光绪元年(1875)冀锦堂刻本 289
2. 清光绪二十五年(1899)刻本 139A
3. 清抄本 308A(题妇科黑神丸并各验方 529A
4. 抄本 277(题黑神丸)

04913 07861 **产科秘略**不分卷 [1803]
著者佚名 (清)徐羽兼 黄超传
1. 清道光十九年(1839)刻本 572
2. 清咸丰刻本 738B

04914 07862 **产科秘书**一卷 1805
(清)王肯获辑
见痘科类编释意(版本目录)

04915 07863 **产科新书**一卷 1805
(日)贺川玄悦(子玄)撰
日本文化二年(1805)静俭堂刻本 511

04916 07864 **保产要旨**四卷 1806
(清)许廷哲(潜修)撰
1. 清嘉庆十一年(1806)吴莹刻本 590 738B
2. 清光绪二十四年(1898)济南文芳斋刻本 139 186
3. 清光绪二十四年(1898)长白继恒刻本 139
4. 清绿荫堂刻本 511

04917 07865 **济世达生篇**二卷 1808
著者佚名
清嘉庆十三年(1808)怡云堂刻本 721

04918 07867 **产航**二卷 1813
附图解一卷
(日)桑原惟亲(敬夫)撰
日本文政四年(1821)英岳楼刻本 139 738

04919 07868 **胎产备要**一卷 1818
(清)谢照(炳南)撰
清嘉庆二十三年(1818)会稽谢照自刻本 738B

04920 07897 **神授保产经验简便良方**一卷 1818
又名济生录、保产经验神方
(清)蔡松町编
1. 清同治四年(1865)真州诒谷山庄刻本 1 707
2. 清光绪十六年(1890)豫轩抄本 541
3. 清光绪二十七年(1901)刻本(附急救咽喉各症万应等四方) 491
4. 见福幼丛编

04921 07480 **妇科备考**四卷 1820
(清)何应豫(立先)撰
清道光元年(1821)商城四本堂刻本 590(存卷一、二) 651

04922 07870 **达生编摘要**一卷 1821
著者佚名
清道光元年(1821)奎照楼刻本 139A 734

04923 07871 **保胎方论**一卷 1821
(清)王实颖(西成、耘苗主人)撰
见广嗣五种备要

04924 07872 **达生真诀**一卷 1821
(清)王实颖(西成、耘苗主人)撰
见广嗣五种备要

04925 08260 **养儿宝**三卷 1821
(清)王兆瑞(伯龙)编
1. 清道光元年(1821)刻本 590
2. 清刻本(六卷) 1 306(存卷五、六) 308A 391

04926 07873 **新产证治**一卷 1821
(清)王实颖(西成、耘苗主人)撰
见广嗣五种备要

04927 07874 **生生宝录**三卷 1825
(清)袁于江(道叟)撰
1. 清道光五年(1825)信友堂刻本 871 940
2. 清道光二十年(1840)铜梁罗氏等刻本 186 301 308A 907C

04928 07842 **(增补)大生要旨**五卷 [1825]
(清)唐千顷(桐园)撰 马振藩(接三)增订
1. 清道光五年(1825)慎德堂刻本 413 421 431 664
2. 清道光十九年(1839)丰都高氏刻本 831 852
3. 清咸丰元年(1851)资州天上宫刻本 7 907C
4. 清同治九年(1870)府东衙刻字铺刻本 186
5. 清光绪七年(1881)刻本 21 475A 714
6. 清光绪十年(1884)涪州兰市龙门阁刻本

852
7. 清光绪十四年(1888)钱思永堂刻本 1 21 203 270 279 461 491 514A 521 541 579 651 677A 740D 799A 871
8. 清光绪刻本 366 410
9. 清本衙刻本(附育产丹、保婴良方) 139

04929 07875 **达生编合编**一卷 1826
附调经至言、慈幼编、遂生编、福幼编
著者佚名
1. 清道光六年(1826)刻本 413 461
2. 清刻本 139 740A

04930 07876 **广达生编全**七卷 1826
(清)亟斋居士原撰 周毓龄(吕笙子、南方恒人)增广 周登庸(金门)续增
辑者佚名
子目:
(1)达生编一卷 (清)亟斋居士撰
(2)广达生编一卷 (清)周毓龄增广
(3)续广达生编五卷 (清)周登庸续广
1. 清光绪二年(1876)刻本 1 139 302 391 412A 475A 831 839A 939
2. 清光绪五年(1879)淮安刻本 664(残)
3. 清光绪二十五年(1899)湖南书局刻本 921
4. 清光绪二十五年(1899)凌云阁石印本 651 664
5. 清刻本 743A

04931 00000 **广达生编**一卷 [1826]
(清)亟斋居士原撰 周毓龄(吕笙子、南方恒人)增广
1. 清同治四年(1865)冉荣刻本 852K
2. 清同治抄本 831
3. 见广达生编全

04932 07878 **产孕集**二卷补遗一卷 1830
(清)张曜孙(仲远)撰
1. 清道光十年(1830)阳湖张曜孙稿本 734A 735
2. 清道光二十六年(1846)阳湖张曜孙京师养闲草堂刻本 1 139 475A 514A 939
3. 清同治四年(1865)毘陵杨氏蔼园木活字印本 1 412B 702 738 738B
4. 清同治七年(1868)吴县潘希甫三松堂刻本 251 436 493 514A 541 546 651 664 677A 712 738B 800 926A
5. 清同治七年(1868)蕴璞斋刻本(泾县包诚增订) 1 3 6 8 21 139 186 202 251 277 279 288 289 302 308 308A 351 396 401 412A 443 461 462 491 514A 529A 541 570 579 589 590 651 677A 706 707 728A 731 734 734A 735 736A 738 738A 738B 741 785 799A 831 839A 851 852E 871 891 907B 907C 921 922 931 940 942B
6. 清同治十年(1871)吴县潘志厚福州刻本 139 279 362 421 491 514A 651 664 731 839A 926A 940
7. 清光绪二十四年(1898)长白济世刻本 2 139 391 541 572 590 651 664 713 728A 738B

04933 00000 **胎产要录**二卷 [1830]
著者佚名
日本抄本 TB(日·小岛质题跋)

04934 07879 **产科发明**二卷 1833
(日)奥泽轩中(岐庸)撰
日本天保四年(1833)实测堂刻本 476

04935 07866 **增订达生编**一卷 1834
又名保产育婴、育婴常语
(清)亟斋居士原撰 朱钤(朗山)增订 戈恩(少怀、镜庐)编
清道光十四年(1834)金山朱钤刻本 514A 541 677A

04936 07882 **胎产珍庆集**六卷 1835
(清)宋若昂编
清抄本 590

04937 07883 **顺天易生编**二卷 1835
(清)赵璧撰
1. 清道光十五年(1835)沈氏刻本 308A
2. 清光绪二年(1876)苏州得见斋刻本 1 139 589 590 664 677A 738B 852
3. 抄本 277
4. 见妇婴至宝二卷

04938 **难产篇**一卷　1841
07885 著者佚名
见本草再新（版本附录）

04939 **达生保赤编**四卷卷末一卷　1841
07886 （清）余泽春（二田、荀田、寄湘渔父）编
子目：
（1）增订达生编二卷　（清）亟斋居士原撰　郁载瑛增订
（2）保赤辑要一卷补遗一卷　（清）吴嘉德编
1. 清道光二十一年（1841）桃源县义经堂刻本　831
2. 清道光二十九年（1849）平湖余香草堂刻光绪十四年（1888）递修本　541
3. 清光绪十二年（1886）严江萼溪山馆刻本　1　21　139　431　434　831　852
4. 清末木活字印本　831

04940 **胎产拣要**一卷　1842
07887 附疡医大全救急良方一卷
（清）杨静山撰
清道光二十二年（1842）深柳山房刻本　738B

04941 **产科秘要**二卷　1846
07888 附达生编方一卷
（清）周复初（颂爻）编
清道光二十六年（1846）姑苏杭线会馆刻本　677A　734A　922

04942 **胎产大法**二卷　1846
07889 （清）程从美（志阳子）编
清道光二十六年（1846）文星堂刻本　541（曹炳章旧藏）

04943 **（续增）大生要旨**六卷　1849
00000 （清）唐千顷（桐园）撰　马振蕃（接三）增补　何大生续增
1. 清道光二十九年（1849）陕西西安刻本　404　421　431
2. 清光绪二十二年（1896）重庆芸香阁刻本　852（题大生要旨五卷　续增一卷）

04944 **增订达生编**二卷　1850
07890 （清）文晟（叔来）编
1. 清同治十一年（1872）萍乡文星瑞延庆堂维扬刻光绪十一年（1885）京江文成堂重修六种新编本　651　734
2. 清光绪穗城西湖街藏珍阁刻六种新编本　541　590　709　738B
3. 见六种新编

04945 **达生编增订**二卷　［1850］
00000 （清）亟斋居士原撰　高士钥（景莱）传
1. 清末绍城友文斋刻本　738B
2. 清末绍城友文斋刻后印本　738B

04946 **达生编**一卷　［1851］
07817 **产宝家传**二卷
（清）亟斋居士　倪东溟撰
清咸丰元年（1851）南毓文斋刻字铺刻本　728A

04947 **增注达生编**二卷　1852
07891 （清）亟斋居士原撰　毛祥麟（瑞文、对山）增注
清宣统元年（1909）青浦居刻本　139　651　712　738B　943

04948 **胎前产后证治**一卷　1852
07892 （清）李镜春（曙邨）编
见医要三书

04949 **胎产择要良方**一卷　1856
00000 （清）何绍京编
见何氏经验良方（附录）

04950 **达生全集**二卷　1857
07893 （清）亟斋居士　阎纯玺（诚斋）等原撰　辑者佚名
1. 清咸丰七年（1857）重庆邓今古堂刻本　289　852
2. 清光绪十八年（1892）马寿铭等刻本　728A

04951 **理产至宝**一卷　1858
00000 （清）朱泽扬撰
清咸丰八年（1858）刻本　944

04952 **难产第一良方**一卷　1858
07947 又名百发百中难产第一神验良方、难产神验良方
（清）姚文田（秋农）传　邵灿（又村）辑
1. 清光绪十四年（1888）邵灿刻本　590　911
2. 见难产神验良方绣阁保产良方

04953 **（增广）大生要旨**五卷　1859
07841 （清）唐千顷（桐园）撰　叶灏（雅卿）增订
1. 清咸丰九年（1859）上洋宝贤堂刻本　2　251　514A　570　589　701　715　733　799A　907C
2. 清咸丰九年（1859）汉镇陈明德大坊刻本

433A
3. 清咸丰九年（1859）穆瑞钊刻本 251 572
4. 清咸丰十年（1860）锦江书局刻本 781
5. 清同治十三年（1874）安省城王德隆禄记刻字老店刻本 651 738B 926A
6. 清光绪十年（1884）、十五年（1889）扫叶山房刻本 2 139 254 277 301 361 391 401 412A 412B 433 461 475A 521 525 541 570 590 603 604 651 664 713 728 728A 732 732A 733 734 737 901 917A 926A 931 942B
7. 清光绪二十六年（1900）顺德龙裕光刻本（附良方辑要） 1 931 942B
8. 清光绪三十二年（1906）石印本（附达生编） 590 734A 735 931
9. 清光绪三十三年（1907）杭州中合公司铅印本 731
10. 清光绪三十四年（1908）上海章福记书局石印本 874
11. 清光绪惠直堂刻本 737 738E
12. 清宣统三年（1911）山东镂云斋刻本 3
13. 清刻本 677A 736A

04954 07894 **益生堂医学心镜录**一卷 1861
著者佚名
抄本 2

04955 07895 **催生安胎良方**一卷 1861
（清）冯铁华传
清咸丰十一年（1861）刻本 139

04956 04199 **验方侯鲭**一卷补遗一卷 1861
（清）梁以任传 栖霞山人编
清光绪十六年（1890）敦州蝶栩山房刻本 1 152 541 590 728B 731 734 736A 738B（残，存补遗） 740A

04957 07896 **胎产合璧**三卷 1862
附种子心法一卷、保产心法一卷、全婴心法一卷
（清）汪喆（朴斋） 倪枝维（佩玉、凤宾）原撰 永思堂主人编
1. 清同治元年（1862）古歙永思堂刻本 1 2 139 251 289 361 443 514A 541 590 701 712 728A 852
2. 清江阴庄氏刻本 651 712
3. 抄本 922

04958 00000 **增补达生编**三卷 1864
（清）亟斋居士原撰 俞旭（廷举）补正
清同治三年（1864）清湘俞旭全州集贤堂刻本 921

04959 00000 **（增订）大生要旨**六卷 1865
（清）唐千顷（桐园）撰 戴昌文（斗垣）辑订
1. 清同治四年（1865）汉阳戴昌文福省刻本 738B（存卷一至五）
2. 清光绪二十七年（1901）刻本（八卷，附福幼编、遂生编、竹林寺女科） 590

04960 07898 **摘录妇科指归产后方**一卷 1869
（清）曾鼎（亦峦、香田）撰
清同治九年（1870）刻本 740C

04961 07899 **救生家宝**一卷 1870
（清）谢万青（松茂）撰
清光绪八年（1882）刻本 590

04962 00000 **续广达生编**三卷首二卷 1876
（清）亟斋居士原撰 周毓龄（吕笙子、南方恒人） 周登庸（金门）续增
1. 清光绪二年（1876）刻本 443 831
2. 清光绪二十七年（1901）刻本 251
3. 见广达生编全

04963 00000 **增订达生编**一卷 [1876]
附卫生要诀一卷、新增经验方一卷
（清）亟斋居士原撰
清光绪二年（1876）刻本 412A

04964 07903 **胎产秘方**四卷 1877
（清）方金山撰
稿本 139

04965 07905 **李氏产科**一卷 1877
附李氏产科问答万金方
著者佚名
清光绪三年（1877）李瑞安抄本 139

04966 07906 **胎产证治要方**一卷 1878
著者佚名
见保生三种合编（黎培敬编）

04967 07908 **保产良方**一卷 1879
（清）孙奎台编
清光绪五年（1879）镇江老仁和刻本 706

04968 07909 **临产要略**一卷 1880
著者佚名
清光绪六年（1880）云耕堂刻本 590

04969 **胎产经验良方**一卷 1880
04142 (清)秉迁道人辑
清光绪六年(1880)刻本 1

04970 **(新订)保生经验良方**二卷 1882
07911 (清)芦江居士辑
清光绪八年(1882)潮州郑林森文在楼刻本 738B 931

04971 **(大士传)救产真言**一卷 1883
07912 著者佚名
1. 清光绪九年(1883)北京永盛斋刻本 139
2. 抄本 590

04972 **保生胎养良方**一卷 1883
07913 (清)何霁光(诒孙)撰
1. 清光绪刻啸园丛书本 735
2. 见啸园丛书

04973 **保产金丹**四卷 1886
07917 (清)刘文华(云樵)编
1. 清光绪十二年(1886)仁寿堂刻本 1 3 270 289 412A 412B 590 651 728A 800
2. 清光绪十九年(1893)京都龙文斋刻本 781
3. 清光绪二十年(1894)梦符山人抄本 302 514A
4. 抄本 203 279 738A

04974 **生产妙诀十六歌**一卷 1886
07918 (清)王廷钰(西岑)编
见正谊堂医书

04975 **安胎保产良方**一卷 1886
07919 著者佚名
清光绪十二年(1886)崇德堂刻本 279 734

04976 **娠妇须知**一卷 1887
07920 附秘传戒烟捷法、急救经验良方
(清)黄求(求在我斋主人)编
1. 清光绪十三年(1887)刻仪孟园刻医书二种本 831 839 931
2. 见仪孟园刻医书二种

04977 **达生篇等五种**□□卷 [1888]
07957 (清)温葆淳(葆深、肇洋、明叔)辑
子目:
(1)达生篇二卷 (清)亟斋居士撰
(2)难产屡试神验良方一卷 (清)温葆淳辑
(3)吴氏解产难书一卷 (清)温葆淳辑
清末刻本 939(存三种)

04978 **济世达生撮要**一卷 1889
07921 (清)李泽身撰
清光绪十五年(1889)岳邑徐氏刻本 852 852C 854

04979 **保生集**一卷 1889
07922 著者佚名
清光绪十五年(1889)镇海公善医局刻本 203 412A

04980 **达生保婴汇编**一卷 1890
07815 (清)亟斋居士撰 悟元子编
1. 清光绪十六年(1890)兰城同大冒靛行刻本 738B
2. 清光绪二十二年(1896)刻本(附保婴集要) 1 288
3. 清光绪二十四年(1898)刻本(题达生保婴稀痘全编二卷) 311
4. 清秋梦斋刻本(附保婴集要) 139
5. 清刻本 4 4A 139 353 461 734A 735(题集录保婴经验达生篇)

04981 **大生集成**五卷 1890
07924 (清)王承谟(绳武)撰
清光绪十六年(1890)遵义新庙王承谟自刻本 139 277 514A 851 852 907C

04982 **儿女至宝**一卷 1892
07926 又名详要胎产问答
(清)亟斋居士编 三农老人注
清光绪十八年(1892)上海管可寿斋铅印本 1 3 139 289 514A 541 590 664 728A 738B

04983 **难产神验良方**一卷 1893
07927 **绣阁保产良方**一卷
又名居家必用方
(清)姚文田(秋农)传 姚文僖 邵友廉辑
1. 清光绪十九年(1893)碑砚斋刻本 361 525 541 572 590(题居家必用方) 728A 733
2. 清光绪二十七年(1901)衡山聂氏刻本 139 186 734A 917A

04984 **女科产前产后**一卷 [1893]
00000 著者佚名

清光绪十九年(1893)抄本 364A

04985 **妇科产前**一卷 1894
07930 (清)李自求编
见李自求抄医书四种

04986 **妇科产后**一卷 1894
07931 著者佚名
见李自求抄医书四种

04987 **胎产问答**二卷续编一卷 1894
00000 (清)云游道人传 李辅纲编
清光绪二十年(1894)李辅纲抄本 418

04988 **达生儿科合编**四卷 1895
07932 著者佚名
子目:
(1)达生编一卷 (清)亟斋居士撰
(2)遂生编一卷 (清)庄一夔撰
(3)福幼编一卷 (清)庄一夔撰
(4)小儿科家传秘录一卷 (清)程康圃辑
清光绪二十一年(1895)粤东聚德堂刻本 541

04989 **广生集要**一卷 1895
07933 (清)郭念祖(敬斋)撰
清光绪二十一年(1895)柑市李公馆刻本 277

04990 **济生集**六卷 1896
07935 (清)王上达(春亭)撰
清光绪二十二年(1896)宁波咏古斋刻本 21 286 475A 514A 541 590 651 734 738A 738B 739A 852

04991 **保生三种合编**三卷 1896
07936 (清)盘古山人辑
子目:
(1)胎产择要良方一卷
(2)小儿脐风惊风一卷 (清)鲍相璈编
(3)救鸦片毒一卷 (清)林则徐编
清光绪二十二年(1896)乐善堂刻本 799A

04992 **达生编韵言** 1901
07938 (清)李遂贤(仲都)撰
清光绪二十七年(1901)刻本 277 677A

04993 **广生要旨辨论诸症医方**八卷 1904
07941 (清)王谭编
清光绪三十年(1904)合川郑氏刻本 852

04994 **生生要旨**一卷 1905
07942 (清)张子蕃(芝范)编
清光绪三十一年(1905)无锡锡城公司铅印本 590

04995 **临产须知**一卷 1906
07944 (清)周憬(莘农、惜分阴轩主人)编
清光绪三十二年(1906)蒋氏礼耕堂石印本 541 664 728A

04996 **保胎回生方**一卷 1908
07946 (清)何炌(集庵)撰
清光绪三十四年(1908)成都务本堂刻本 907C

04997 **产育案**一卷 1910
07949 附经期咳嗽吐血赤白带郁结虚热
(清)叶氏撰
抄本 139

04998 **医彚胎产证治方**一卷 [1911]
07950 著者佚名
清末抄本 139

04999 **产后三十六论**一卷 [1911]
07952 著者佚名
抄本 277 308A

05000 **闲集**一卷 [1911]
07953 附产后要录
著者佚名
抄本 277

05001 **临产须知方论**一卷 [1911]
07955 **产后诸证方论**一卷
著者佚名
清抄本 3

05002 **明易调经胎产秘书**八卷 [1911]
07965 (清)钱登谷撰 钱绳英补
清抄本 1 589 740A(三卷)

05003 **医学备考产育类**一卷 [1911]
07966 (清)陈光汉编
清抄本 3

05004 **医学汇编胎孕**一卷 [1911]
07967 (清)陈光汉编
清抄本 3

05005 **产科集要**一卷 [1911]
07971 著者佚名
清袁敬诚堂刻本 541

05006 **青囊家秘—女科胎产**□□卷 [1911]
07974 (清)鲁宋机撰
清末抄本 139(存卷二)

05007 **凤雏集**一卷　［1911］
07977 著者佚名
抄本　277

05008 **医学杂抄**一卷　［1911］
00000 著者佚名
清抄本　590

05009 **保产集**一卷　［1911］
08011 著者佚名
清抄本　738B

05010 **越城钱氏秘传产科方书**一卷　［1911］
08012 附痢疾吐血论
著者佚名
抄本　738B

05011 **万氏胎产秘传**一卷　［1911］
08025 （清）万生永撰
抄本　738B

8.4　儿科

8.4.1　儿科通论

05012 **颅囟经**二卷　［960］
08103 著者佚名
1. 清乾隆陈鳣家抄本　651（清·陈鳣、丁丙跋）
2. 清乾隆三十五年至四十九年（1770—1784）绵州李调元万卷楼刻嘉庆十四年（1809）李鼎元重校道光五年（1825）李朝夔增修函海本　279　461　738C　739
3. 清光绪四年（1878）丁氏当归草堂刻当归草堂医学丛书初编本　21　139　279　286　871　931　951
4. 清光绪七年（1881）广汉钟登甲乐道斋刻本　733　853　854
5. 清抄本　1
6. 抄本（据四库全书）　572　731
7. 抄本（据函海本）　421
8. 抄本　514A
9. 日本抄本　TB（据四库本抄，熙宁氏题识）
10. 见古今医学会通
11. 见四库全书
12. 见函海
13. 见陈修园医书七十种
14. 见当归草堂医学丛书初编

05013 **钱氏小儿药证直诀**三卷　1119
08104 附钱仲阳传、阎氏小儿方论一卷、董氏小儿斑疹备急方论一卷
（宋）钱乙（仲阳）撰　阎孝忠（资钦）辑
1. 宋刻本　TA（卷中、下补配影抄起秀堂本）　TA
2. 明成化六年（1470）刻本（十卷）　2
3. 明嘉靖十八年（1539）刻本　541
4. 明嘉靖三十年（1551）刻本　XA
5. 明嘉靖刻本　493　514B
6. 明刻本　1　2　541（存卷下）　831
7. 清康熙五十五年（1716）上海陈世杰起秀堂影宋刻起秀堂医书两种本　1　2　3　7　21　139　203　251　279　289　301　308A　361　381　421　450　461　462　476　514A　522　541　572　590　651　710　714　715　721　728A　731　733　738　739　851　896A　TA
8. 清康熙五十九年（1720）三友堂刻本　590
9. 日本文化二年（1805）宛委堂刻本　476　511　709
10. 清光绪五年（1879）苏州刻保赤汇编本　21　579　664　677A　739
11. 清光绪十七年（1891）池阳周学海刻周氏医学丛书本　202　270　279　280　281A　308A　361　385A　412A　436　450B　514A　529A　541　570　590　651　706　728B　738B　852　896A　921
12. 清光绪十八年（1892）姚江黄承乙五桂楼上海刻本　2　139　152　185　280　286　289　303　361　412A　450　450B　514A　519　521　541　546　570　590　651　701　702　728A　731　738A　739A　740D　839　922　943
13. 清刻本　1　139　308A　361　370　393　407　412A　541　570　651　709　734A　738B　940
14. 刻本　461　521　529A　579　664　709　854
15. 抄本　139　308A　401（存卷一、二）

570 TA TB
16. 见起秀堂刊医书两种
17. 见冠悔堂募刊医书三种
18. 见保赤汇编
19. 见周氏医学丛书
20. 见兰陵堂校刊医书三种

05014 08105 **钱氏小儿药证直诀**三卷 ［1119］
（宋）钱乙（仲阳）撰 阎孝忠（资钦）辑 （清）四库全书馆纂辑
1. 清乾隆刻武英殿聚珍版书本 1 2 21 139 140 186 279 289 361 461 475A 541 572 651 702 731 738 741 781 851 854 901 911 921 922 TA
2. 清道光十四年至二十六年（1834—1846）三原李锡龄宏道书院刻惜阴轩丛书本 2 21 139 381 401 409 412A 417 421 450B 461 462 475A 511 651 702 707 781 851 852 901 911 921 931
3. 清光绪二十二年（1896）长沙胡氏惜阴书局刻本 4C 308 432 514A 529A 728A 739 839A 931
4. 清光绪二十五年（1899）广州广雅书局刻本 651 739 852 939
5. 清宣统元年（1909）上海朱氏焕文书局石印本 541
6. 见武英殿聚珍版书
7. 见惜阴轩丛书

05015 08106 **阎氏小儿方论**一卷 ［1119］
（宋）阎孝忠（资钦）撰
1. 清光绪刻本 732
2. 抄本 590（附董氏小儿斑疹备急方论一卷）
3. 见钱氏小儿药证直诀（附录）
4. 见周氏医学丛书

05016 08107 **幼幼新书**四十卷目录一卷 1150
（宋）刘昉（方明）撰
日本影抄本（据宋墨书真本） 139

05017 08108 **幼幼新书**四十卷目录一卷 ［1150］
（宋）刘昉（方明）原撰 （明）陈履端（于始）辑
1. 明万历十四年（1586）古吴陈履端刻本 1 139 277（存卷二十七、二十八） 541 590 651 721 831（存卷一至三、十至十四） TA
2. 明抄本 541

05018 08109 **幼幼新书集要**一卷 ［1150］
著者佚名
抄本 139

05019 08110 **小儿卫生总微论方**二十卷 1156
又名保幼大全
著者佚名
1. 明弘治二年（1489）济南李延寿刻本 1 7 139（存卷一至八、十六至二十） 289（存卷一至五、十一至十五） 301 579 651 831（存卷一至五） TA
2. 明万历二年（1574）徐一槚刻本 1 541
3. 明万历二年（1574）徐一槚刻十四年（1586）徐桓重修本 1 541
4. 明刻本 7 475A（存卷一至十五）
5. 清抄本 831（清·冯水批校题识） 939
6. 抄本 139
7. 日本抄本 2 TB（日·小岛质批校）
8. 见兰陵堂校刊医书三种

05020 08111 **保婴全方**四卷 ［1173］
又名全婴方论
（宋）郑端友编
1. 明金陵左川吴谏秀刻本 139（残）
2. 日本文政三年（1820）抄本 TB（缺卷一、二，丹波元胤跋）

05021 08112 **陈氏小儿病源方论**四卷 1254
（宋）陈文中（文秀）撰
1. 日本元禄六年（1693）大阪洛阳书林刻本 1（与类证小儿痘疹方论合订）
2. 日本抄本 139
3. 抄本 277 476 TB
4. 见宛委别藏

05022 08113 **（新刊）仁斋直指小儿方论**五卷 1264
（宋）杨士瀛（登父、仁斋）撰 （明）朱崇正（宗儒、惠斋）续增
1. 元环溪书院刻本 TB（卷三至卷五抄配）
2. 日本抄本 3
3. 见（新刊）仁斋直指

05023 08114 **活幼心书**三卷 1294
（元）曾世荣（德显）编

子目：

(1)活幼心书决证诗赋一卷
(2)活幼心书明本论一卷
(3)活幼心书信效方一卷
1. 元天历二年(1329)刻本　TA(有抄补,清·黄丕烈、缪荃孙跋)
2. 日本享保十九年(1734)刻本　139
3. 日本元文二年(1737)刻本　651
4. 清宣统二年(1910)武昌医馆刻本　1　3　9　21　139　186　202　203　251　254　270　286　288　289　308A　361　385A　412B　463　475A　476　491　493　511　519　572　590　651　664　715　738　746　781　799　799A　831　852　907B　926A(残)
5. 抄本　651
6. 见武昌医学馆丛书

05024 08115 **活幼口议**二十卷　1294
(元)演山省翁撰
1. 明嘉靖二十四年(1545)书林叶秀作德堂刻本　139
2. 日本文政三年(1820)抄本　139
3. 清抄本　572(残)　738B
4. 日本抄本　186

05025 08116 **田氏保婴集**一卷　[1308]
著者佚名
1. 见济生拔粹
2. 见东垣十书(曹灼辑)

05026 08239 **相儿经**一卷　[1308]
(元)严助撰　(清)程永培(瘦樵)编
见程刻秘传医书四种

05027 08117 **痘轴总论**不分卷　[1368]
(元)全貊　陈培之述
明天启抄本　139

05028 08118 **袖珍小儿方**十卷　[1400]
(明)徐用宣编
1. 明永乐三年(1405)刻本(题新刊袖珍小儿经验良方)　570(存卷三、四、六至十)
2. 明弘治三年(1490)邢表刻十年(1497)瑞州府重修嘉靖十一年(1532)茶陵陈琦递修本　721
3. 明刻本　541(存六卷)
4. 清抄本　289

05029 08119 **婴童百问**十卷　[1403]
(明)鲁伯嗣撰
1. 明嘉靖二十一年(1542)贵溪夏言等刻本　2　139　152　393　475A　529A　541　590　712　738B
2. 明嘉靖二十三年(1544)汲郡陈与音太平府刻本　1　139　541　728A　733(存卷六、七)
3. 明嘉靖葵锦堂刻本　851
4. 明嘉靖二十一年(1542)贵溪夏言等刻三槐堂重修本　475A　664
5. 明嘉靖二十一年(1542)贵溪夏言等刻三槐堂重修天启五年(1625)吴门德馨堂印本　139　186　385　412A　412B　511　514A　740J　746
6. 明万历刻福建杨金丽泉堂四知馆重修本　651　TB
7. 明万历刻清初聚锦堂印本　1　3　21　139　202　203　277　279　308　366　396　412A　433　491　570　590　709　731　839A　907C
8. 明万历刻本　572　716
9. 明刻本　1　2　251　286　289　302　381(存卷一至六)　529A　541　651　721　743(存卷三至五)　851　926A
10. 清初经纶堂刻本　931
11. 清初经纶堂刻枕松堂印本　186　709　741
12. 清刻本　139　252　277　412A　476　541　589　839A　851　911
13. 日本刻本　139　712
14. 抄本　733(存卷一、二)　734

05030 08120 **补要袖珍小儿方论**十卷　1405
(明)徐用宣编　庄应祺补要　孟继孔(春沂)　祝大年校
1. 明万历二年(1574)南京礼部刻本　139　301　465(残)　590　TA
2. 影抄本(据明万历刻本)　651

05031 08121 **保婴良方**一卷　[1445]
(越)阮直撰
越南抄本　139

05032 08122 **类证注释钱氏小儿方诀**十卷　[1465]
(宋)钱乙(仲阳)原撰　阎孝忠(资钦)辑

（明）熊宗立（道轩、勿听子）注
1. 明初建阳刻本 TA TD
2. 明正德三年（1508）存德书堂刻本 301 852
3. 明万历二十二年（1594）新安吴勉学刻痘疹大全本 361 412B 491 541
4. 明万历抄本 572
5. 明万历二十二年（1594）新安吴勉学刻清初翼圣堂重修本 740J
6. 日本宝历十三年（1763）谦龙轩刻本 590
7. 日本抄本 3 TB
8. 见痘疹大全

05033 08123 **校正钱氏小儿药证直诀**十卷 ［1465］
陈氏集验小儿痘疹方论一卷
附陈氏校正经验良方一卷
编者佚名
明成化六年（1470）李果刻后印本 2

05034 08124 **全幼心鉴**四卷 1468
（明）寇平（衡美）编
1. 明成化四年（1468）全幼堂刻本 1 3 139 277（存卷三、四） 475A 541 590 TA
2. 明嘉靖二十六年（1547）张玶玉峰书堂刻本（八卷） 731 733
3. 明嘉靖二十八年（1549）清江书舍刻本（题太医院真传小儿方全幼心鉴八卷） 511（存卷三） 541（有抄配）
4. 明嘉靖刻本 2 3 139 412A（存卷三、四） 541 732 738A
5. 明刻本 1（存卷一） 279（存卷四） 831（存卷一、二、四）
6. 日本宽文十一年（1671）刻本（题太医院真传小儿方全幼心鉴十六卷） 590 733
7. 清抄本 570 651
8. 抄本 139

05035 08179 **济世幼科经验全方**一卷 ［1487］
（明）刘伦（宗序）撰
日本抄本 139

05036 08125 **秘传活幼全书**八卷 1495
附释音一卷、辨识修治药物法度一卷
（明）钱大用撰 吴良翰校正
1. 明弘治八年（1495）中和堂刻本 139
2. 清抄本 279

05037 08126 **钱氏小儿方考**不分卷 1500
（明）钱大用撰 吴志尹重编
日本天明六年（1786）浪华书林奈良屋长兵卫刻本 139

05038 08127 **金匮小儿方**一卷 1500
又名药方全书
（明）钱大用撰
日本大阪书肆刻本 572

05039 08128 **原幼心法**三卷 1505
（明）彭用光撰
日本抄本 590（清·余姚谢氏永耀楼旧藏）

05040 08129 **活幼便览**二卷 1510
（明）刘锡（廷爵）撰
1. 明正德五年（1510）新安刘锡自刻本 1 401 572 707 733 TD
2. 日本抄本 572
3. 抄本 590

05041 08130 **夏氏小儿良方**一卷 1512
附小儿看法捷诀
（明）李辉（石洞逸叟）传
明正德七年（1512）夏珊抄本 139

05042 00000 **芜湖夏氏小儿科**不分卷 ［1512］
（明）夏氏撰
清抄本 579

05043 08131 **幼科类萃**二十八卷 ［1521］
（明）王銮（文融、容湖）撰
1. 明嘉靖十三年（1534）南宫白玶开封公署刻本 7 277 511
2. 清抄本 139 306

05044 08132 **保婴粹要**一卷 1529
（明）薛己（新甫、立斋）撰
1. 明嘉靖刻家居医录本 21
2. 日本承应三年（1654）武村市兵卫刻薛氏医按十六种本 475A
3. 清刻薛氏医按十六种本 289 940
4. 见家居医录
5. 见薛氏医按十六种

05045 08133 **保婴金镜录**一卷 ［1529］
（明）薛己（新甫、立斋）注
1. 明嘉靖刻家居医录本 1 308A 361 590
2. 明刻薛氏医按本 366

3. 日本承应三年（1654）武村市兵卫刻薛氏医按十六种本 279
4. 明嘉靖二十五年至隆庆五年（1546—1571）王谏议范庆沈谧等刻隆庆五年（1571）沈启原增刻万历沈茂仁重修清顺治十五年（1658）檇李朱茂时鹤洲草堂递修本 590
5. 清道光东溪堂刻薛氏医按二十四种本 541 896A
6. 清刻本 891
7. 清抄本 139 391 651
8. 见家居医录
9. 见薛氏医按十六种
10. 见薛氏医按二十四种

05046 08135 **保婴撮要**二十卷 ［1529］
又名保婴全书
（明）薛铠（良武）撰 薛己（新甫、立斋）增补
1. 明嘉靖三十五年（1556）中闽林懋举刻本（十卷） 1 289 491（有抄配）
2. 明嘉靖三十五年（1556）中闽林懋举刻嘉靖吴郡薛己增刻本 2 21 139 251 308A 435 476 491（存卷十一、十三至二十） 570 579 590 741 871 TA
3. 明万历十七年（1589）重庆赵可怀福建刻本（题保婴全书） 139（存卷一、十五） 140 590 664（存卷九、十） 896A TA
4. 明万历刻薛氏医按二十四种本 360A
5. 明崇祯元年（1628）朱明刻薛氏医按十六种本 139 251
6. 明崇祯十年（1637）沈犹龙闽中刻本 TA
7. 明刻本 1 2 301 491 492 541（存八卷） 542 570 651（存卷一至十八） 712 721 728A 734 851
8. 清乾隆三十六年（1771）抄本 401（二卷）
9. 清道光东溪堂刻薛氏医按二十四种本 541
10. 清刻薛氏医按本 152 186 202 391 401（存卷十二至十七） 590 742（存卷七至十）
11. 抄本 139 529A 651
12. 见薛氏医按十六种
13. 见薛氏医按二十四种

05047 00000 **王节斋小儿医书**一卷 1534
（明）王纶（汝言、节斋）撰
1. 见明医二著
2. 见医论问答（附录）

05048 08134 **钱氏小儿药证直诀校注**四卷 1545
又名校注钱氏小儿药证直诀
（宋）钱乙（仲阳）原撰 阎孝忠（资钦）辑 （明）薛己（新甫、立斋）注
1. 明嘉靖三十年（1551）刻家居医录本 1 301 412A 529 546 741 871
2. 明崇祯元年（1628）真定梁维本刻本 2 139 251 279 361 590 651 731
3. 明刻本 1 139 308A 529A 572 590 721 741 851 940
4. 日本庆安元年（1648）刻本 7 731
5. 清道光东溪堂刻薛氏医按二十四种本 541 651
6. 清光绪二十一年（1895）贵池刘含芳信天堂刻本（版心镌华西草堂） 21 361 907B
7. 清刻薛氏医按本 279 381
8. 日本刻本 279
9. 见薛氏医按十六种
10. 见家居医录
11. 见薛氏医按二十四种

05049 08139 **明医保幼**一卷 1552
（明）王朝撰
明嘉靖三十一年（1552）王朝自刻本 733

05050 08140 **生生直指**六卷 ［1566］
（明）沈大洽（愚公、雪樵）编
1. 明万历四十六年（1618）刻本 2（存卷二、六）
2. 日本抄本 1

05051 08141 **万氏医贯**三卷 1567
（明）万咸（邦宁）撰
1. 清同治十年（1871）鹭门叶清渠征瑞堂刻本 139 433A 443 590 664 701 728A 907C 911 917A 940
2. 清同治十年（1871）鹭门叶清渠征瑞堂刻光绪十年（1884）鹭门文德堂印本 590
3. 清光绪二十九年（1903）香港中华印务公司铅印本 361 939

4. 清宣统二年（1910）上海商务印书馆铅印本（附白喉治验良方） 572

05052 00000 **全婴要览**二卷 1572
（明）闵道扬（汝孝）撰
明隆庆六年（1572）金陵刻本 TA

05053 08137 **育婴秘诀**四卷 1574
（明）万全（密斋）撰
1. 清康熙五十一年（1712）汉阳张坦议视履堂刻万密斋医学丛书本 2 514A 940
2. 清雍正二年（1724）金溪胡略清畏堂刻万密斋医学丛书本 139 491 728A 781
3. 清末忠信堂刻万密斋医学丛书本 139 590
4. 清刻本 1（存卷三、四）
5. 见万密斋医学全书

05054 08281 **重正怀幼切要**二卷 [1575]
又名邵氏重正怀幼切要、邵氏怀幼切要
（明）邵懋臣（愚斋）撰
1. 明万历十年（1582）休宁邵懋臣自刻本 1
2. 清抄本 709

05055 08144 **幼科发挥**二卷 1579
（明）万全（密斋）撰
1. 清康熙五十一年（1712）汉阳张坦议视履堂刻万密斋医学全书本 651 799A 940
2. 清雍正二年（1724）金溪胡略清畏堂刻乾隆六年（1741）同人堂印万密斋医学全书本 139 728A（存卷七） 781 852M
3. 清末忠信堂刻万密斋医学全书本 139 361 412A
4. 清抄本 306 491 701 901
5. 见万密斋医学全书

05056 08145 **（详注足本）金镜录**三卷 1579
（明）翁仲仁（嘉德）撰
1. 清光绪十四年（1888）上海陶务本堂刻详注足本幼科保赤心法图说本 4 203 286 739A 943
2. 见详注足本幼科保赤心法图说
3. 见幼科痘科金镜录合刻

05057 08181 **秘传小儿杂症奇方**一卷 1579
（明）李齐芳（埝村、广陵清修外史）撰
1. 明万历七年（1579）淮南李齐芳自刻本 289
2. 日本宽政三年（1791）刻本 651

05058 08148 **幼科痘科金镜录合刻**六卷 1579
（明）翁仲仁（嘉德）撰 乔钟泰（来初）注释
子目：
（1）（详注足本）金镜录三卷
（2）（增补）保赤心法二卷
（3）西法要略一卷
清光绪十七年（1891）常熟抱芳阁校刻本 2 139 152 412A 491 514A 590 664 709 734 940

05059 08158 **小儿杂症秘传便蒙捷法**一卷 [1579]
（明）陆金（云峰）编
1. 明刻本 308A
2. 清抄本 709
3. 见增补痘疹玉髓金镜录

05060 08136 **片玉心书**五卷 1582
又名万氏秘传片玉心书
（明）万全（密斋）撰
1. 清顺治十二年（1655）罗田万达刻万氏全书本 412A 541 728A（附万氏秘藏妇人秘科三卷）
2. 清康熙五十一年（1712）汉阳张坦议视履堂刻万密斋医学全书本 651 940
3. 清雍正二年（1724）金溪胡略清畏堂刻乾隆六年（1741）同人堂印万密斋医学全书本 139 541 728A
4. 清嘉庆十三年（1808）抄本 139
5. 清末忠信堂刻万密斋医学丛书本 139 270 302 361
6. 清节抄本（题万氏密斋片玉心书摘抄） 590
7. 见万密斋医学全书

05061 08150 **幼幼集**四卷 1593
（明）孟继孔（春沂）撰
1. 明万历二十一年（1593）金陵唐鲤飞绣谷履素居书坊刻本 139
2. 明万历二十三年（1595）钱塘胡文焕刻本（附本草药性一卷） 139 301
3. 清光绪十三年（1887）申报馆铅印本 491 542 651 708A 738B 852

05062 08151 **（家传新法）保赤全书**四卷 [1593]
（明）吴文炳（绍轩、光甫、沛泉）编

明万历三十三年（1605）闽建书林詹氏进贤堂刻本　412B

05063 08159 **慈幼心传**二卷　［1594］
（明）朱惠民（惠明、济川）撰
1. 明万历二十三年（1595）刻本　TA
2. 抄本　590
3. 见痘疹传心录（附录）

05064 08153 **幼科证治准绳**九卷　1602
（明）王肯堂（宇泰、损庵、念西居士）编
1. 明万历三十五年（1607）刻本　1　2（存卷一至五）　139　277（残）　308　401（存卷六）　461　491　741　852（存卷二、五）　871　891（存卷六至九）　944　TB
2. 日本延宝元年（1673）村上平乐寺刻本　3　570　651
3. 清康熙三十八年（1699）金坛虞氏刻六科证治准绳本　541
4. 清乾隆十四年（1749）带月楼刻六科证治准绳本　1　385　851
5. 清乾隆五十八年（1793）元和程永培修敬堂刻六科证治准绳本　289　308A　412A　475A　491　529A　541　651
6. 清嘉庆道光间嘉兴九思堂刻六科证治准绳本　3　140　289　308　351　461　570　677A　712　721　741　852　922
7. 清光绪十八年（1892）广州石经堂刻六科证治准绳本　590　651　939　940
8. 清光绪十八年（1892）上海图书集成印书局铅印六科证治准绳本　139　152　279　351　381　921
9. 清光绪二十五年（1899）西蜀善成堂刻六科证治准绳本　733A　799
10. 清刻本　279（存卷六至九）　366　740A　852S
11. 见六科证治准绳

05065 08172 **保幼新编**一卷　［1605］
（明）无忌先生撰
明万历三十三年（1605）朝鲜刻本　139

05066 08154 **全幼心鉴要删**四卷　1607
（明）寇平（衡美）原撰　郑应娄（东里）编
明万历新都郑应娄刻本　139

05067 08155 **万氏纂要**不分卷　1607
（明）万全（密斋）原撰　徐之沂辑订　郑应娄（东里）订补
明万历三十五年（1607）杨嘉猷延绥刻本　541

05068 08157 **慈幼玄机**二卷　［1610］
（明）李景芳撰
1. 明万历三十八年（1610）刻本　139
2. 见儿科七种

05069 08160 **婴童类萃**三卷　1622
（明）王大纶（怡冈）撰
明天启二年（1622）刻本　590　709

05070 08161 **小儿则**二卷　1624
附小儿则古方一卷
（明）张介宾（景岳、会卿、通一子）撰
1. 清康熙四十九年（1710）四明张士堂张士坛复芹堂刻本　1　590（卷尾残）
2. 清刻景岳全书本　546　590　851
3. 见景岳全书

05071 00000 **小儿形证**一卷　1626
（明）李盛春（日新）编
见医学研悦

05072 00000 **小儿研悦方**一卷　1626
附小儿推拿一卷
（明）李盛春（日新）编
见医学研悦

05073 08163 **（精选）幼科良方**一卷　1628
又名景岳幼科良方
（明）张介宾（景岳、会卿、通一子）撰
日本享保十三年（1728）平安书铺刻本　590

05074 08174 **（新刻）幼科百效全书**三卷　［1630］
（明）龚居中（应圆、如虚子、寿世主人）撰
明崇祯三年（1630）建阳刘大易刘龙田刻本　541　664　799A

05075 08164 **保婴金镜**一卷　［1632］
著者佚名
见十竹斋刊袖珍本医书

05076 08165 **小儿诸证补遗**一卷　1636
（明）张昶（甲弘、海澄）撰
清梁师孟抄本〔据明崇祯九年（1636）刻本〕　590

05077 08166 **幼幼心裁**二卷　1638
（明）乔採（善来）撰
1. 清康熙四十七年（1708）寿康堂刻本　139

361 677A
2. 清乾隆三十八年(1773)孝友堂刻本 2 308A
3. 清康熙四十七年(1708)寿康堂刻嘉庆五年(1800)天德堂印本 277
4. 清乾隆三十八年(1773)孝友堂刻保泰堂药室印本 203 514A

05078 08167 **幼科折衷**二卷 [1641]
(明)秦昌遇(景明、广埜道人、乾乾子)编
1. 清乾隆四年(1739)张栋抄本 541
2. 清乾隆抄本 572
3. 清光绪八年(1882)康斯勤抄本 664
4. 清光绪三十四年(1908)抄本 896A
5. 清抄本 139 412A 461 475A 570 709 728A(六卷)
6. 高吉如抄本 529A
7. 远志精舍抄本 590(附福幼篇一卷)
8. 抄本 391 514A 590 712 738B 799A TA

05079 08318 **幼科折衷总括秘传真本**不分卷 [1641]
又名幼科折衷秘传
(明)秦昌遇(景明、广埜道人、乾乾子)撰 (清)杨和(育龄、燮堂)订正
清光绪十八年(1892)孟作霖抄本 590

05080 08169 **幼科增补折衷**一卷 [1641]
著者佚名
抄本 139

05081 08170 **幼科医验**二卷 [1641]
又名幼科医案
(明)秦昌遇(景明、广埜道人、乾乾子)撰 秦沆(载明)辑
1. 稿本 590
2. 抄本 412A 590

05082 08171 **小儿诸经等症**一卷 [1643]
(明)周子番释 孙伯坚订
清抄本 361

05083 08173 **儿科杂症治验**一卷 [1644]
著者佚名
抄本 139

05084 08699 **杂症仁端录**四卷 [1644]
又名儿科杂症仁端录
(明)徐谦(仲光、澄观)辑
抄本 139 589

05085 08175 **(新刻太医院校授)丹溪秘藏幼科捷径全书**四卷 [1644]
(明)万全(密斋)原撰 傅绍章辑
明金陵唐富春富春堂刻唐锦池文林阁印本 541

05086 08177 **明抄幼科**一卷 [1644]
著者佚名
抄本 139

05087 08405 **幼科秘诀**一卷 [1644]
著者佚名
1. 明抄本 831
2. 清抄本 541

05088 08178 **难科易览**一卷 [1644]
著者佚名
抄本 139

05089 08180 **秘传幼科万家春**一卷 [1644]
(明)立翁撰
稿本 139

05090 08437 **保婴灯**二卷 [1654]
(明)柳春台 石静斋 溪澄庵 梅古村撰
清初淮安焦廷玉刻本 590

05091 08183 **幼科医学指南**四卷 1661
又名幼科指南
(清)周震(慎斋)撰
1. 清乾隆五十四年(1789)溧阳保赤堂玉树堂刻本 1 21 139 252 279 280 286 361 391 461 514A 570 572 664 709 712 715 734 891
2. 清嘉庆十九年(1814)溧阳保赤堂重刻本 139 433A 475A
3. 清溧阳华聚玉刻本(葛三省重校本) 2 541 651 839A
4. 清溧阳华聚玉刻宜兴道生堂印本 3 139 152 186 412A 541 590 603 651 664 738A 739A 907B 907C 917A 922 926A
5. 清刻本 203 277 279 289 401 412A 443 541 712 728B 733A 734
6. 清抄本 277
7. 见幼科大成

05092 08184 **诚书**十六卷 1661
又名幼科大全

附诚书痘疹三卷
(清)谈金章(心揆、黄郛、庐中侣)撰
1. 明末清初旌邑刘钟甫刻本　139　152　186　251(无附录)　572　590(存卷一至八,附录三卷)
2. 明末清初旌邑刘钟甫刻清雍正十一年(1733)传经堂重修本　1　2　152　302　491(存十六卷)　738B　739A　839A
3. 清乾隆四十年(1775)沈仲梅抄本　139(缺卷一、附录)

05093
08421
幼科分类方案不分卷　［1661］
(清)许鹤飏(云来)撰
清沈宗镐抄本　590

05094
08394
全婴宝筏二卷　［1661］
(清)许鹤飏(云来)撰
清初刻本　590

05095
08185
医宗说约小儿科节抄一卷　1663
(清)蒋示吉(仲芳、自了汉)原撰　林钟辑订
清嘉庆二十年(1815)林钟抄本　139(节抄本)

05096
08186
幼科入室一卷　1670
附儿科验方一卷
(清)胡之球(登之)编
清康熙九年(1670)抄本　139

05097
08195
慈幼筏十二卷卷首一卷　［1670］
又名慈幼新书、慈幼秘书、慈幼纲目新书
(清)程云鹏(凤雏、香梦书生)辑
1. 清康熙五十年(1711)石经楼刻本　139(缺卷首)　737
2. 清康熙五十年(1711)石经楼刻乾隆十一年(1746)玉诏堂重修本(题慈幼新书,明·张介宾撰)　139　186　280　367　514A　570　590　651　728A　738
3. 清康熙五十年(1711)石经楼刻乾隆十一年(1746)玉诏堂重修姑苏桐石山房印本(题慈幼纲目新书,明·张介宾撰)　1　511　677A
4. 清抄本　139

05098
08202
孟氏幼科六卷　1678
又名著石堂新刻幼科秘书、著石堂新刻幼科直言、著石堂新刻幼科百效、幼幼指掌集成
(清)孟河(介石)撰　孟庄(尧文)　孟菁(秀山)　孟芬(车山)辑订
1. 清康熙二十一年(1682)江宁孟河宝光阁刻本(题著石堂新刻幼科秘书)　289　572
2. 清康熙二十一年(1682)江宁孟河刻康熙增修本(题著石堂新刻幼科百效)　1　570　590
3. 清康熙二十一年(1682)江宁孟河刻康熙、雍正四年(1726)增修本(题著石堂新刻幼科直言)　152　286
4. 清康熙二十一年(1682)江宁孟河刻康熙、雍正四年(1726)增修乾隆五十年(1785)递修本(题幼科指掌大全)　401(存卷一至四)
5. 清康熙二十一年(1682)江宁孟河刻康熙、雍正四年(1726)增修乾隆五十年(1785)嘉庆三年(1798)递修本(题幼科指掌集成)　1　2　3　139　203　279　475A　514A　590　677A　728A　734　738A　739A　896A
6. 清康熙二十一年(1682)江宁孟河刻康熙、雍正四年(1726)增修乾隆五十年(1785)嘉庆三年(1798)递修后印本　737
7. 抄本(题幼科秘书)　590

05099
08168
幼科金针二卷　1684
又名陆氏家言、陆氏家言保赤全书
(清)陆时雍(元芳、元方)撰
1. 清康熙二十三年(1684)陆时雍抄本　541
2. 清问天氏抄本　590(题陆氏家言)
3. 清抄本　139　664(题陆氏家言保赤全书)

05100
08187
小儿科一卷　［1687］
(清)李用粹(修之、惺庵)辑
清鄞县李用粹抄本　541

05101
08188
幼科铁镜六卷　1695
(清)夏鼎(禹铸)撰
1. 清康熙敬业堂刻本　1
2. 清康熙文渊堂刻本　590
3. 清乾隆三多斋刻本　1　401　707　721
4. 清乾隆味经堂刻本　139　308A　529A　541　741　907B　940

5. 清嘉庆二十三年（1818）山阴王兆玉刻本 139A 435
6. 清道光十年（1830）刻扫叶山房印本 152 277 279 361 381 412B 421 514A 590 664 677A 709 713 896A 926A
7. 清道光十年（1830）刻本 277 713
8. 清道光十年（1830）刻绿荫堂印本 475A 799A 896A 926A
9. 清道光十年（1830）刻书业堂印本 139 514A
10. 清道光二十九年（1849）同善堂刻本 3 139 280 391 443 589 651 728A 926A
11. 清同治三年（1864）扬州文富堂刻本 301 523 541 715 736A 926A
12. 清同治六年（1867）江阴学古山房刻本 308A 511 521 731 800
13. 清同治九年（1870）湘乡龙海云金陵授经堂刻本 1 450 541 590 664
14. 清同治成都藜照书屋刻本 852 907C
15. 清同治渔古山房刻本 21 401 839A
16. 清光绪三年（1877）西征粮台刻本 202 412B 529A 579 731
17. 清光绪六年（1880）文光堂刻本 831 852
18. 清光绪八年（1882）都门刻本 21 289 381 433A
19. 清光绪二十年（1894）兴义府署刻本（不分卷） 1 677A 734A 896A
20. 清光绪二十一年（1895）贵池刘含芳信天堂刻贵池刘氏信天堂汇刻医书三种本 2 139 186 202 251 280 289 361 412A 443 461 475A 511 521 529A 541 651 664 706 712 737 871 917A 926A 939 940
21. 清光绪二十一年（1895）新宁刘思训刻本 1 139 202 308A 366 381 491 493 514A 541 590 651 728B 731 736A 741 799A 831 926A 939
22. 清光绪二十一年（1895）裕后堂刻本 741
23. 清光绪二十一年（1895）刻本 279 288 289 710 736A
24. 清光绪二十二年（1896）广东广雅书局刻本 186 301 308A 435 476 541 728B
25. 清光绪二十三年（1897）经纶堂刻本 461 491 529A 734A 735
26. 清光绪二十五年（1899）洪氏闲鹤堂刻本 252 301 308A 393 917A
27. 清光绪二十九年（1903）养浩书屋刻本 139 203 280 308
28. 清光绪二十九年（1903）经元书室刻本 139 289 393 664 712 728A
29. 清光绪三十年（1904）上海书局石印本（二卷） 541 677A 728A 742 852
30. 清光绪三十三年（1907）上海醉经堂石印本（二卷） 385A 541 572 651 831 912
31. 清光绪三十四年（1908）上海文盛书局刻本 519
32. 清宣统元年（1909）海丰吴重憙刻本 1 2 186 252 270 279 280 286 351 361 385A 391
33. 清宣统元年（1909）上海文元书庄石印本（二卷） 2 279 351 361 412A 529A 541 590 651 664 665 728A 738A 781 912
34. 清宣统元年（1909）上海扫叶山房石印本（二卷） 381 529A
35. 清天德堂刻本 289
36. 清三让堂刻本 139
37. 清吴三让信记刻本 922
38. 清文耀堂刻本 651
39. 清友兰堂刻本 2 277 737
40. 清两仪堂刻本 353 361 728A
41. 清宏道堂刻本 288 839A 852 852C
42. 清令德堂刻本 541 896A
43. 清宛陵汤肇汉刻本 541 664
44. 清文奎堂刻本 734A
45. 清三益堂刻本 728A
46. 清务本堂刻本 740B
47. 清刻本 139 186 204 251 279 286 306（存卷四至六） 351 381 393 401 413A 521 541 664 708 721 728A 733A 739B 839A 851 852R 896A

943
48. 清抄本　139　302　313　491　701
49. 见贵池刘氏信天堂汇刻医书三种
50. 见幼科三种

05102 08190 **幼科金鉴**一卷　［1695］
（清）夏鼎（禹铸）撰
抄本　139

05103 08191 **保婴秘诀**一卷　1696
（清）马印麟（长公、好生主人）编
1. 清康熙三十五年（1696）刻本　3
2. 抄本　721

05104 08192 **幼科汇选应验良方**十卷　1696
（清）汪启贤（肇开）　汪大年（自培）选注
见济世全书

05105 08194 **（松氏暇笔倭汉）婴童医案会萃**十二卷　1696
又名和汉婴童医案
（日）樋口好运（玄信）撰
日本元禄九年（1696）刻本　7

05106 08193 **幼幼近编**四卷　1697
（清）陈治（三农）撰
见证治大还

05107 08196 **抱乙子幼科指掌遗稿**五卷　1708
又名幼科指掌
（清）叶其蓁（杏林、困庵、抱乙子）编
1. 清乾隆八年（1743）恒山李大伦崔城官署刻本　3　7　21　139　152　277　491　514A　541　542　570　590　664　734　736　939
2. 清乾隆八年（1743）恒山李大伦崔城官署刻会成堂印本　3
3. 清乾隆八年（1743）恒山李大伦崔城官署刻书业堂印本　709

05108 08197 **小儿秘传妙方**一卷　1709
（清）张兆梅　王宾如编
清康熙四十八年（1709）江进玉抄本　139

05109 08198 **古今幼科摘要**一卷　1709
（日）下津寿泉编
日本宝永六年（1709）刻本　590

05110 08199 **（静观堂校正家传）幼科发挥秘方**二卷　1715
又名幼科发挥大全、幼科发挥
（明）万全（密斋）撰　（清）郑薵（鸿举）校
1. 清康熙五十四年（1715）龙岩郑玟静观堂刻本　709（存七卷）　737A　944
2. 清乾隆韩江张子谦保婴堂刻本　139
3. 清嘉庆十一年（1806）六艺堂刻本　740C
4. 清咸丰九年（1859）三元堂刻本　412A　728B
5. 清末二思堂刻本（四卷）　3
6. 清末曹炳章抄本　738B
7. 清抄本　570

05111 08200 **（静观堂校正）幼科指南家传秘方**二卷　1715
（明）万全（密斋）撰　（清）郑薵（鸿举）校正
1. 清乾隆五十一年（1786）奎壁堂刻本　1
2. 清嘉庆十四年（1809）一经堂刻本　152
3. 清同治二年（1863）维经堂刻本（四卷）　931
4. 清光绪六年（1880）安宜吴杏芳抄本　139
5. 清东山堂刻本　737A
6. 清抄本　901

05112 00000 **慈幼编**一卷　［1715］
著者佚名
1. 见敬信录（附录）
2. 见保生篇（附录）
3. 见达生编合编（附录）
4. 见语珍切要（附录）
5. 见遂生慈幼福幼三编

05113 08201 **全婴心法**一卷　1719
（清）石成金（天基、惺庵愚人）撰
1. 清康熙五十八年（1719）刻本　664
2. 抄本　664
3. 见保产心法全婴心法

05114 08203 **秘传活幼心术**一卷　［1722］
著者佚名
清初抄本　139

05115 08206 **幼科汇诀直解**六卷　1726
附痘疹汇诀直解三卷
（清）魏鉴（明远、正斋）撰
1. 清雍正四年（1726）应世堂刻本　139　590
2. 抄本　731

05116 08207 **活幼指南全书**一卷　1727
（清）詹瑞（廷五）编　胡光寓（瑞环）校订
清雍正五年（1727）稿本　590

05117 08404 **活幼金科**不分卷　［1732］
（清）金询（兰皋）撰

清潘贤爱抄本 590

05118 00000 **活幼全书**五卷 ［1732］
（清）刘企向（若政、梧村）撰
子目：
（1）月婴宝笺一卷
（2）痘科一得药方解一卷
（3）痘科一得歌诀一卷
（4）活幼疹书一卷
清道光十七年（1837）刻本 931

05119 00000 **月婴宝笺**一卷 ［1732］
（清）刘企向（若政、梧村）撰
见活幼全书

05120 00000 **活幼珍藏**一卷 1734
著者佚名
清雍正十三年（1735）抄本 203

05121 08791 **活法启微**三卷 1736
（清）何鼎亨（容斋、德嘉）撰
清乾隆五十二年（1787）休宁陈文盛堂刻本 3 152 366 590 721 731 741

05122 10699 **神仙舌科方**一卷 1736
著者佚名
清乾隆元年（1736）抄本 590

05123 08856 **痘疹选要**一卷 ［1736］
又名慈航痘症选要
（清）解凤羽辑
清乾隆五十七年（1792）同志堂刻本 541

05124 08208 **幼科杂病心法要诀**六卷 1742
（清）吴谦（六吉）撰
1. 抄本 277 421
2. 见（御纂）医宗金鉴

05125 00000 **儿科入门总要**一卷 ［1745］
著者佚名
清乾隆十年（1745）弘士抄本 286

05126 08209 **叶氏幼科要略**一卷 1746
（清）叶桂（天士、香岩、南阳先生）撰
见叶氏四种

05127 08317 **幼科要略**二卷 ［1746］
原题（清）叶桂（天士、香岩、南阳先生）撰
周学海（澄之）注
1. 清光绪十七年至宣统三年（1891—1911）池阳周学海福慧双修馆刻周氏医学丛书本 308A
2. 见古今医学会通
3. 见周氏医学丛书
4. 见中西医学群书

05128 08210 **小儿纯阴论**一卷 1748
（日）滕懿之（秀顺）撰
见主笃庵医书四种

05129 08211 **小儿治痢要法**一卷 1748
（日）滕懿之（秀顺）撰
见主笃庵医书四种

05130 08212 **幼幼集成**六卷 1750
（清）陈复正（飞霞）编
1. 清乾隆十六年（1751）积秀堂刻本 139 706
2. 清乾隆刻本 2 139A 203 701 728A
3. 日本文化十一年（1814）林权兵卫刻本 3
4. 清嘉庆道光间金裕堂刻本 2 139 202 251 395 412A 443 462 491 514A 541 TC
5. 清道光八年（1828）令德堂刻本 799A
6. 清道光龙溪堂刻本 252 570 737
7. 清同治二年（1863）羊城古经阁刻本 931
8. 清同治八年（1869）文元堂刻本 285 731 855 926A
9. 清同治十三年（1874）刻本 541 831
10. 清同治光绪间花县骆浩泉刻广州登云阁印本 21 139 203 252 277 279 303 393 401 412A 412B 417 839A 852 891 931 940
11. 清同治光绪间花县骆浩泉刻翰墨园印本 1 139 186 202 270 277 279 289 308A 366 381 401 412A 450 514A 521 541 570 572 590 651 677A 712 737 852 922 931 939
12. 清光绪十二年（1886）刻本 728A（存卷一至四）
13. 清光绪十八年（1892）溉棠轩刻本 139 288 738A 854
14. 清光绪二十年（1894）京都申荣堂刻本 139 288 514A
15. 清光绪二十一年（1895）石印本 288 308A 391 710 896A
16. 清光绪二十六年（1900）藜照书屋刻本 361 475A 907C（存卷一、二、四至六）

17. 清光绪二十六年(1900)成都达道会刻本 1 361 475A
18. 清光绪二十八年(1902)经元书室刻本 202 521 734 799A 839A 926A
19. 清光绪二十八年(1902)经元书室刻富记书室印本 396 511 521
20. 清光绪二十八年(1902)、二十九年(1903)上海醉六堂石印本 279 308A 351 385 443 514A 529B 701 734 736A(存卷四、六) 736B(存卷一) 738B 740A 740B 740C 740H 741 742(存卷一、三、六) 799A 961 XA
21. 清光绪三十二年(1906)澹雅书局刻本 186
22. 清光绪三十三年(1907)上海文海阁石印本 514A 541 664 701 702 721 738D 931
23. 清光绪三十四年(1908)益元堂刻本 412A 871
24. 清光绪三十四年(1908)月汉文堂刻本 728A
25. 清宣统元年(1909)潮郡蕉鹿仙馆刻本 931
26. 清宣统三年(1911)上海会文堂石印本 21 139 364A 365 366 529 651 734A 737A 738A 738E 740C 740J 931 XF
27. 清末三让堂刻本 186 361 391 412A 546 572 701 734B 831 896A
28. 清末刻聚奎堂印本 301 381 570 734 781 907B
29. 清末裕德堂刻本 433 462(残) 463 799A
30. 清末天德堂刻本 475A 907C
31. 清宏道堂刻本 351 491 784 852 891
32. 清涵宜堂刻本 728
33. 清善成堂刻本 351 514A 926A
34. 清冬至会刻本 202 396 664 701 831 907B
35. 清菁华楼刻本 277 743(存卷一、二、五、六)
36. 清永州胡安定堂书局刻本 280 541 831 943
37. 清学库山房刻本 139 277 351 361 385 461 514A 570 712 781 831 839 896A
38. 清紫英仙馆刻本 361 393 461 852 852S(残) 940
39. 清松盛堂刻本 570 651 743(存卷一、三至五)
40. 清锄经堂刻本 382 651
41. 清崇顺堂刻本 139 412A 421 740C(存卷二、六) 852
42. 清经纶堂刻本 139 303 739A
43. 清忠信堂刻本 279
44. 清二酉堂刻本 475A 907C
45. 清小酉山房刻本 570
46. 清郁文堂刻本 361 436
47. 清吴三让信记刻本 381 391 701 728A 831
48. 清务正堂刻本 302
49. 清元茂堂刻本 728A
50. 清英德堂刻本 251 664
51. 清友于堂刻本 743(存卷一至三)
52. 清大文堂刻本 412A 728A
53. 清径元堂刻本 728A
54. 清刻本 1(残) 139 279 280 360A 361(存卷三至六) 364A 366 381 396 401 409 415 434 435 461 511 514A 519 664 702 707 721 728A 728B 733A 734A 737 738A 740A(存卷一、三、六) 740J 741 742 743(卷三、六配胡安定堂本) 839A 851 852 852H 853 873 877 901 907C 911 951
55. 清毓秀堂丁氏抄本 433A(节抄一卷,题幼科要则)
56. 清抄本 2 139 361
57. 见幼科汇编
58. 见遂生福幼合编(版本附录)

05131 08213 **幼科摘要**一卷 [1752]

(清)黄德兴(惕斋)编

1. 清光绪十四年(1888)刻本 139
2. 抄本 289
3. 见胎产集要(附录)

05132 **积善堂汇选育婴论**一卷 ［1752］
08379 **积善堂汇选育婴良方**一卷
（清）积善堂编
清刻本 139A

05133 **幼科辑要**一卷 1753
08214 （清）朱音恬（咏清、蓌峰）撰
见医理元枢

05134 **怀少集**十三卷 1758
08215 （清）王世瀊（麟州、杏圃）辑
1. 清乾隆二十三年（1758）铜陵王世瀊培元堂刻本 139
2. 清光绪四年（1878）木活字印本 590

05135 **（增订）洪氏小儿一盘珠**二卷 1761
08216 （清）洪金鼎（玉友、杏园）撰
1. 清刻本 289
2. 见医方一盘珠（卷八、九）

05136 **正宗幼科**四卷 1765
08217 （清）余念（济川）撰
清乾隆三十年（1765）德星堂刻本 741

05137 **幼科新书**四卷 1767
08218 （清）姚球（颐真、勾吴逋人）撰
清抄本 139 286

05138 **儿科七种**八卷 1769
08219 （清）李廷筠等编
子目：
（1）医方一卷 （清）汪林安编
（2）幼科摘要一卷 著者佚名
（3）慈幼玄机二卷 （明）李景芳撰
（4）选抄小儿科医书一卷 （清）和轩氏撰
（5）医方粹言一卷 （清）罗周彦辑
（6）摘选幼科传旨一卷 （清）蒙二子撰
（7）秘受小儿科心法不传人一卷 （清）王靖侯编
抄本 139

05139 **仝氏家藏幼科指南**四卷 1771
08221 （清）仝兆龙（乘六）撰
1. 清道光九年（1829）汉皋抄本 139
2. 清同治三年（1864）抄本（附济世书一卷） 367
3. 抄本（不分卷） 139

05140 **幼科释谜**六卷 1773
08222 （清）沈金鳌（芊绿、汲门、尊生老人）编
1. 清乾隆四十九年（1784）锡山奇丰额刻沈氏尊生本 286 491 710 728B 738B 739A
2. 清同治十三年（1874）湖北崇文书局刻沈氏尊生书本 351 731 736D
3. 清同治元年（1862）上洋宝贤堂刻光绪十年（1884）醉六堂重修妇婴三书本 21 186 202 277 361 381 475A 570 579 590 664 728A 799 871 907C 921
4. 清末刻本 21
5. 抄本 709
6. 见沈氏尊生书
7. 见妇婴三书

05141 **幼科诗赋**二卷 1775
08279 （清）张銮（五云）撰 张文辉编
1. 清道光三十年（1850）积善堂刻本 3
2. 清道光三十年（1850）青山堂抄本 301

05142 **小儿科**一卷 1776
08223 （日）加滕谦斋（乌巢）编 源宇弘纂注
日本安永五年（1776）刻本 572

05143 **遂生福幼合编**二卷 1777
08225 又名传家至宝、保赤联珠、千金至宝、庄氏慈幼二书、慈幼新书二种
（清）庄一夔（在田）撰
1. 清嘉庆二年（1797）刻本 541 781
2. 清嘉庆六年（1801）刻本 279 306 401 412A 529A 728A
3. 清嘉庆十四年（1809）刻本 491
4. 清嘉庆十七年（1812）刻本 139
5. 清嘉庆十八年（1813）刻本 401 907C
6. 清嘉庆二十一年（1816）刻本 839A
7. 清嘉庆二十五年（1820）刻本 901
8. 清嘉庆刻本 541
9. 清道光元年（1821）淡远斋刻本 852
10. 清道光二年（1822）刻本 308A
11. 清道光四年（1824）湖北荆邑施道公所刻本 381
12. 清道光六年（1826）刻本 270
13. 清道光九年（1829）刻本 677A
14. 清道光十年（1830）刻本 308A
15. 清道光十一年（1831）刻本 433A 590
16. 清道光十二年（1832）大荔张大猷容忍堂刻本 139 279 702
17. 清道光十二年（1832）刻本 306 361

529A 651
18. 清道光十四年(1834)旌德汪氏刻本(题慈幼新书二种) 712
19. 清道光十五年(1835)刻本 721
20. 清道光十六年(1836)六安临潼田氏刻本 541
21. 清道光十七年(1837)刻本 738B
22. 清道光十八年(1838)刻本 475A
23. 清道光十九年(1839)歌蕚堂刻本 301 734
24. 清道光二十年(1840)刻本 279 431
25. 清道光二十三年(1843)湖南安乡刻本 831
26. 清道光二十四年(1844)刻本 308A 831
27. 清道光二十五年(1845)止园刻本 529A 541 743
28. 清道光二十六年(1846)闵中林氏刻本 139
29. 清道光二十八年(1848)刻本 385A 514A
30. 清道光二十九年(1849)翰文堂刻本 921
31. 清道光二十九年(1849)永盛斋刻本 277
32. 清咸丰元年(1851)滋桂书屋刻本 514A 651 734A 781
33. 清咸丰三年(1853)刻本 831
34. 清咸丰四年(1854)刻本 1 664 728A 831
35. 清咸丰七年(1857)周以恒刻本 741
36. 清咸丰十年(1860)刻本 529A 541
37. 清咸丰十一年(1861)刻本 529A
38. 清咸丰刻本 541 839A
39. 清同治二年(1863)刻本 461
40. 清同治四年(1865)兰省山陕会馆刻本 421 664 733
41. 清同治五年(1866)南通好生堂刻本 1 381 728A
42. 清同治六年(1867)华玉堂刻本 734A
43. 清同治七年(1868)成都玉成文斋书铺刻本 852
44. 清同治八年(1869)常郡陆氏双白燕堂刻本 541 590 731 736B
45. 清同治八年(1869)当湖茂林斋刻本(又题为保赤联珠) 279
46. 清同治九年(1870)刻本 139 706 728A 839A
47. 清同治十一年(1872)义经堂刻本 277 491
48. 清同治十二年(1873)刻本 590
49. 清同治十三年(1874)刻本 514A 541 731 738 743 831 896A 907C 922
50. 清光绪元年(1875)平江贺氏刻本 412B 917A
51. 清光绪三年(1877)甘凉道署刻本 351 361 363 450 741 940
52. 清光绪五年(1879)大梁聚文斋刻本 351 364 412A
53. 清光绪六年(1880)广州福芸楼刻本 139A 701 940
54. 清光绪七年(1881)金陵刻本(题保赤联珠) 401 514A 706
55. 清光绪八年(1882)云南集文堂刻本 907B
56. 清光绪八年(1882)碧山堂刻本 728A
57. 清光绪九年(1883)刻本 251 351
58. 清光绪十年(1884)聚经堂刻本 361 514A 707 907C 939 942B
59. 清光绪十年(1884)维扬聚贤堂刻本 714A
60. 清光绪十五年(1889)黄县西顺轩刻本 301 306 308A 541 743
61. 清光绪十五年(1889)河南善庆堂刻本 308A
62. 清光绪十六年(1890)云南刻本 896A
63. 清光绪十八年(1892)乐善堂刻本(题保赤联珠) 1 139 281A 385A 412A 491 541 651 664 738A 831 891 940
64. 清光绪十八年(1892)上海文艺斋刻本(题保赤联珠) 1 139 664
65. 清光绪二十二年(1896)刻本 743
66. 清光绪二十三年(1897)嘉定漱芳斋刻本(题千金至宝) 308A 541
67. 清光绪二十八年(1902)上元江氏刻本 461 462 463 465 466 522 523
68. 清光绪二十八年(1902)云南书局刻本

139 901
69. 清光绪二十九年(1903)扬州集贤斋刻本 921
70. 清光绪三十年(1904)聚文堂刻本 139 412A
71. 清末陇右赵永福活字印本 431
72. 清末云南崇文印书馆铅印本 907B
73. 清京都善成堂刻本 301
74. 清刻本 1 139 277 491 514A 702 907C 921
75. 见张氏医集三种
76. 见温病条辨医方撮要(附录)
77. 见医方易简集(附录)
78. 见宛邻书屋丛书

05144 **慈幼新书三种**四卷 1777
08226 又名达生遂生福幼合编、达生全编

编者佚名

子目：

(1)达生编二卷 (清)亟斋居士撰
(2)遂生编一卷 (清)庄一夔撰
(3)福幼编一卷 (清)庄一夔撰

1. 清乾隆四十八年(1783)永思堂刻本 590
2. 清嘉庆十七年(1812)连元阁刻本 721 728A 907C
3. 清道光九年(1829)资善堂刻本 381(存二种)
4. 清道光二十九年(1849)刻本 277 939
5. 清道光刻本 734A
6. 清咸丰六年(1856)古经阁刻本 186 277
7. 清同治二年(1863)佛山镇天禄阁刻本 931 940
8. 清同治五年(1866)佛山镇右文堂刻本 931
9. 清同治七年(1868)维经堂刻本 443
10. 清同治六年(1867)漱经堂刻本 931
11. 清同治九年(1870)常郡杨翰文斋刻本 139
12. 清同治十年(1871)浙绍近文斋刻本(题达生全编) 570 734A
13. 清同治十年(1871)巴陵李世型山阴刻本(题达生全编) 734A
14. 清光绪元年(1875)四川嘉定吴师贤刻本 907C
15. 清光绪元年(1875)黔阳斋刻本 279 907C
16. 清光绪元年(1875)璧经堂刻本 922
17. 清光绪三年(1877)刻本 738B 871
18. 清光绪五年(1879)常郡培本堂善书局刻本 733
19. 清光绪八年(1882)广州聚经堂刻本 931
20. 清光绪十年(1884)粤东五经楼刻本 931
21. 清光绪十三年(1887)羊城圣经堂刻本 139
22. 清光绪十三年(1887)羊城藏珍阁刻本 931
23. 清光绪十三年(1887)金陵文翰斋刻本(附保赤编) 361
24. 清光绪十四年(1888)钱塘赵氏刻本 852
25. 清光绪十五年(1889)金溪曹氏刻本 741
26. 清光绪十六年(1890)广州守经堂刻本 931 XD
27. 清光绪十八年(1892)合川刻本 852C
28. 清光绪十九年(1893)心耕堂刻本 852
29. 清光绪二十二年(1896)刻本 421 529 871 931
30. 清光绪二十七年(1901)羊城宝经阁刻本 251 412A 664 931
31. 清光绪二十九年(1903)上海图书集成印书局石印本 391
32. 清光绪三十三年(1907)思补居刻本(附经验良方一卷增补一卷) 721 738B 911
33. 清宣统二年(1910)广州羊城石经堂石印本 915 931
34. 清有恒堂刻本 664
35. 清刻本 3 139 140 186 251 279 301 351 401 708 721 738A 741 901 931

05145 **保赤全编**四卷 [1777]
08228 又名慈幼新书、慢惊条辨附痘科、庄在田先生保赤全编

(清)庄一夔(在田)撰

子目：

(1)福幼编一卷

(2)遂生编一卷
(3)广生编一卷附种痘简易良方
1. 清咸丰四年(1854)洪洞李煊贵州刻本(题慈幼新书) 1 891
2. 清咸丰十年(1860)刻本 139A 541
3. 清同治六年(1867)则古昔斋刻本(题慢惊条辨附痘科) 279 289 514A 529A 590 664 709 712
4. 清同治八年(1869)刻本 713
5. 清光绪十七年(1891)刻本 737A
6. 清光绪十八年(1892)刻本 734A
7. 清光绪二十七年(1901)兰溪杨培兰轩石印本 716 738A 896A
8. 清光绪三十年(1904)屯溪聚文堂刻本 139 186 733B 738A
9. 清刻本 1 361 570 651
10. 清抄本 491

05146 08231 **婴儿论**一卷 1778
(清)周士祢撰 李子安编
日本宽政九年(1797)平安书铺刻本 7 139 572

05147 05693 **徐氏医灵**二卷 [1780]
(清)徐大椿(灵胎、洄溪老人)撰
清乾隆四十五年(1780)古吴徐大椿稿本 412B

05148 08408 **慈幼全书**八卷 [1781]
附推拿秘要
(清)宋中(朗怀)撰
1. 清光绪四年(1878)抄本 736A
2. 清抄本 541

05149 00000 **保赤要言**不分卷 1782
(清)王廷瑞(辑五、鉴庵)撰
见温热病论(附录)

05150 08232 **幼科辨证心法**一卷 1783
(清)郑荣彩撰
清乾隆四十八年(1783)敦懋堂抄本 152

05151 08233 **孙丰年先生幼科三种**四卷 1785
(清)孙丰年(际康、小田子)撰
子目：
(1)幼儿杂症说要一卷
(2)治痘汤丸说要一卷
(3)治痘药性说要二卷
1. 清乾隆五十年(1785)白下刘继善味经堂刻本 139(第三种缺卷上)
2. 见治痘对症说要(附录)

05152 08234 **许氏幼科七种**十一卷 1785
又名幼科七种大全
(清)许豫和(宣治、橡村)撰
子目：
(1)橡村痘诀二卷
(2)小儿诸热辨一卷
(3)橡村治验一卷
(4)(重订)幼科痘疹金镜录三卷
(5)痘诀余义一卷
(6)怡堂散记二卷
(7)散记续编一卷
1. 清乾隆四十八年至嘉庆六年(1783—1801)歙县许豫和自刻顾行堂汇印本 1(痘诀余议补配同治本) 139 279 286 412A(存第一、五、六、七种) 433A(存第二、三种) 475A 677A
2. 清同治十一年(1872)汉镇陈明德大坊刻刷善书老店粤东刻本 279 401 541 590 651 664 712 907C
3. 抄本 139

05153 08235 **小儿诸热辨**一卷 1785
(清)许豫和(宣治、橡村)撰
1. 清嘉庆六年(1801)歙县许豫和自刻本 139 308A 364A 433A 529A 570 707 741
2. 见许氏幼科七种

05154 08236 **幼儿杂症说要**一卷 1785
(清)孙丰年(际康、小田子)撰
见孙丰年先生幼科三种

05155 08254 **幼科指归**二卷 1786
(清)曾鼎(亦峦、香田)撰
1. 清嘉庆十九年(1814)盱江曾鼎忠恕堂刻曾氏医书四种本 3 186 289 308A 412A 491 721 738 741
2. 清咸丰六年(1856)济南龙文堂刻本 277 741
3. 清解经书屋抄本 664
4. 见曾氏医书四种

05156 08307 **保赤新编**二卷 1789
(清)任赞(药斋)撰
1. 清光绪十年(1884)新会伍铨濬伍安怀堂

刻本　7　139A　251　279（存卷下）　289　308A　443　461　491　728A　907C
2. 清光绪十八年（1892）羊城宝经阁刻本　139　931　940
3. 清光绪十八年（1892）羊城宝经阁刻璧经堂印本　443　590　940　944
4. 清光绪十九年（1893）聚奎堂刻本（附保赤新编补遗一卷）　590　665　712　721　728A
5. 清光绪二十二年（1896）四川锄经堂刻本　203　529A
6. 清光绪二十七年（1901）顺德龙裕光粤东天宝钮店刻本（附保赤新编补遗一卷）　1　139　186　270　308A　361　475A　931　939　942（存卷下）　944

05157 08240 **尽信书**一卷　［1795］
著者佚名
清刻本　139

05158 08242 **幼科心法集解**四卷　［1795］
又名彤园幼科
（清）郑玉坛（彤园）撰
1. 清光绪二十五年（1899）长沙述古书局木活字印本　186
2. 见郑彤园医书

05159 08243 **镜波秘录**四卷　［1795］
著者佚名
清乾隆抄本　139

05160 08244 **济婴撮要**十七卷　1796
（清）吴灿（云亭）编
1. 清嘉庆三年（1798）武林闻镛刻本　139　152　651
2. 清嘉庆十二年（1807）金陵文村堂刻本　590

05161 08245 **保婴篇**不分卷　［1797］
（清）毓兰居士编
见寿世编

05162 08246 **医学精要**八卷　1800
（清）黄岩（峻寿、耐庵、花溪逸士）撰
1. 清道光十年（1830）松江温赏心刻本　277　589
2. 清同治六年（1867）广州双门底文英阁刻本　514B　728B
3. 清同治六年（1867）广州双门底文英阁刻聚经堂印本　186　412A　476　734A（存卷一至六）　741　871　931　940　944
4. 清同治六年（1867）广州双门底文英阁刻登云阁印本　139
5. 清刻本　3　734A（存卷四）

05163 08247 **诚求一得**三卷　1803
（清）姚觐闾（寿岩、五祺）编
清嘉庆八年（1803）思训斋刻本　139　590（存卷一、三）

05164 08248 **保赤辑要**一卷　1805
附补遗一卷
（清）吴嘉德（藕汀）编　郁载瑛（伯尊、荻桥）补遗
1. 清道光二十九年（1849）平湖余香草堂刻达生保赤编本　590　736B
2. 清光绪三年（1877）萧邑朱敦厚堂刻本　139
3. 清光绪二十三年（1897）顾泰云等倚桂轩刻本　590　710　731　736A　738A　739
4. 见达生保赤编

05165 00000 **幼儿杂症方论**一卷　［1805］
见痘科类编释意（版本附录）

05166 08249 **断毒论**一卷　1809
（日）桥本德（伯寿）撰
日本文化六年（1809）刻本　3　139　651

05167 08250 **保婴要诀**一卷　1809
（清）何荣（杏园）撰
见胎产秘书（附录）

05168 08251 **保婴总论集要**不分卷　1812
（清）周振飞（柏溪山人）辑
清嘉庆十七年（1812）抄本　579

05169 08252 **保婴易知录**二卷　1812
又名幼科易知录
（清）吴宁澜（溶堂）撰
1. 清嘉庆十七年（1812）阳湖汪和鼎刻毓芝堂四种本　2　139A　152　286　303　396　412B　475A　541　572　651　664　736（缺补编）　738B　799A　896A　921
2. 清道光十六年（1836）浙江官书局刻本　139　202　270　361　461　511　702　917A

3. 清道光十七年（1837）经饴山房刻本 288 361
4. 清道光二十一年（1841）嘉兴陆震刻本 139 706 736A
5. 清道光宣城李宣范刻本 277 702
6. 清同治十二年（1873）宁郡叶廉谔刻本 3 279 412B 731 733 734 736B 831 839A
7. 清光绪元年（1875）青溪接婴堂刻本 139 541 590 651 728A
8. 清光绪二年（1876）王店仁济堂刻本 590
9. 清光绪五年（1879）昭邑刻常昭育婴堂印本 308A 514A 541 651 715 839A 917A
10. 清光绪五年（1879）昭邑刻虞山学福堂印本 277
11. 清光绪五年（1879）苏州刻保赤汇编本 279 514A 651 739
12. 清光绪十一年（1885）宛平陈庆萱京都刻本 1 139 202 203 251 279
13. 清光绪二十年（1894）诒环堂刻本 139 589 664
14. 清光绪二十九年（1903）刻本 677A 709 907C
15. 清刻本 203 289 393 677A 736A 921
16. 见毓芝堂四种
17. 见保赤汇编

05170/08253 **儿科醒**十二卷 1813
（清）芝屿樵客撰
1. 清嘉庆十八年（1813）甘棠博爱堂刻本 3 139 186 461 475A 572 940
2. 清末上海千顷堂刻本 186 362 401 514A 541 570 728 728A 733 734A
3. 清刻本 1 2 152 289 462 733（存卷九至十二）

05171/08255 **儿科家秘宝箴心法要集**二卷 1814
（清）陈宏照编
清道光二十三年（1843）抄本 590

05172/08256 **保婴须知**二卷附录一卷 ［1818］
（日）片仓元周（深甫、鹤陵）撰
日本嘉永元年（1848）江户十轩店刻本 3 139

05173/08257 **树惠不瘷儿科**六卷卷首一卷 1819
附种痘要览一卷、儿科痘疹二卷、名医类案约编一卷、续名医类案约编三卷、止止师补遗四则一卷
（清）梅洽（伴梅、伴梅主人）编
清嘉庆二十四年（1819）梅洽自刻本 590 664（无附录） 677A 940

05174/08258 **燮堂医案**一卷 1820
（清）杨和（育龄、燮堂）撰
清嘉庆二十五年（1820）刻本 7

05175/08259 **幼科要览**四卷 1821
（清）曹光熙（克安、彦修）编
清道光元年（1821）敬艺堂刻本 590 740A 740B 839A

05176/08261 **全婴须知**一卷 1821
（清）王实颖（西成、耘苗主人）撰
见广嗣五种备要

05177/08262 **育婴窥斑**不分卷 1822
（日）冈兹了允（子明）撰
日本文政五年（1822）偷闲书屋刻本 511

05178/08263 **抚幼合编**三卷 1823
（清）周鼎（杏泉、守愚山人）辑订
子目：
(1)活幼心法一卷 （明）聂尚恒撰
(2)福幼编一卷 （清）庄一夔撰
(3)遂生编一卷 （清）庄一夔撰
清同治十二年（1873）刻本 590

05179/08264 **陈叶两氏秘要小儿科**一卷 ［1823］
编者佚名
清钱梦雄抄本 139

05180/08266 **少小婴孺方**一卷 1830
（唐）孙思邈（紫尘真人）原撰 （日）冈兹了允（子明）编
日本文政十三年（1830）刻本 590 TB

05181/08268 **医林枕秘保赤存真**十卷 1834
又名保赤存真、幼科心法保赤存真、幼科心法
附脉理存真三卷
（清）余含棻（芬亭、梦塘、杏林子）编
1. 清光绪二年（1876）婺源余氏刻本 1 139 152 186 203 281A 289 301

314 391 463 475A 514A 541 572 590 664 709 710(存卷三至六) 734 738A 740A(存卷九、十) 839A 907C 939 940
2. 清光绪二年(1876)婺源余氏刻二十一年(1895)文元堂印本 139 139A 251 277 435 572 709 739A 940

05182 00000 **保赤指南车**十卷 1834
(清)邓旒(乐天、冠群、遵伊)撰
清光绪六年(1880)邵武邓避非刻本 917A 931

05183 00000 **保婴经验良方**一卷 1836
(清)莫琇(蕴辉)编
见莫氏抄录验方五种

05184 11335 **叶天士家传秘诀**一卷 [1838]
(清)叶桂(天士、香岩、南阳先生)撰
1. 清道光十八年(1838)石印本 677A
2. 抄本 940

05185 08271 **保婴秘旨**一卷 1839
(清)李廷筠辑
清道光十九年(1839)抄本 139

05186 08273 **幼科集要**二卷 1844
(清)方略(南薰)撰
1. 清道光二十四年(1844)刻本 741
2. 清抄本 541(一卷) 579

05187 12423 **罗氏医录**六卷 [1844]
附汤头歌括一卷
(清)罗上绣(郁章)撰
清刻本 741

05188 08285 **育婴集**十二卷 1846
原题(清)净意子撰 (清)曹德泽 王云锦合编
清咸丰八年(1858)巩邑锦绣斋刻本 351

05189 08274 **幼科切要**一卷 1847
(清)王锡鑫(文选、席珍子、亚拙山人)编
1. 清道光二十七年(1847)古渝饶氏刻医学切要全集本 186 413 852(附痘科切要) 852A 896A 907C(附痘科切要)
2. 清道光二十七年(1847)重庆饶氏刻光绪八年(1882)重修医学切要全集本 381
3. 见医学切要全集(六种)

05190 08402 **保婴神术**二卷 1848
(明)杨继洲(济时)原撰 (清)黄昭伦(琴怡)辑订
清道光二十八年(1848)抄本 590

05191 08275 **幼幼集成枢要经验方**一卷 1849
附种痘万全要法、百方编号、经验百方
(清)陈复正(飞霞)原编 宣礼(松亭)摘录
1. 清道光三十年(1850)浙西朱氏山西刻本 1 139 186 511 514A
2. 抄本 140

05192 08277 **慈幼便览**一卷 1850
(清)文晟(叔来)编
1. 清同治六年(1867)羊城绵福堂刻本 541 734
2. 清同治十一年(1872)萍乡文星瑞延庆堂维扬刻光绪十一年(1885)京江文成堂重修六种新编本 651
3. 清光绪穗城西湖街藏珍阁刻六种新编本 139A 443 541 921
4. 清刻本 279 412A 677A
5. 见六种新编

05193 08278 **幼科**一卷 1850
(清)程资(尔资)编
见程尔资抄辑医书八种

05194 08280 **秘传哑科证治**一卷 1850
(清)程资(尔资)编
见程尔资抄辑医书八种

05195 08282 **慈幼秘诀图像秘要**二卷 1852
著者佚名
清咸丰二年(1852)抄本 572

05196 08283 **保婴活法**一卷 1852
(清)魏裔介撰
清咸丰二年(1852)山会同人刻本 572 735A

05197 08374 **幼幼合编**四卷 1856
(清)石琢斋 黄仪庭辑
子目:
(1)达生编一卷
(2)遂生编一卷
(3)福幼编一卷
(4)治验新编一卷
清咸丰六年(1856)四川眉州三苏祠刻本 851

05198 08229 **梦草亭医书三种**三卷 1860
(清)谢希祯(小湘、种香山人)编

子目:
(1)达生编一卷 (清)亟斋居士撰
(2)福幼编一卷 (清)庄一夔撰
(3)遂生编一卷 (清)庄一夔撰
清咸丰十年(1860)谢希祯刻本 664

05199 00000 **秘本儿科大全**不分卷 [1861]
(清)易佩琨撰
清咸丰间抄本 XA

05200 08286 **幼科撮要**一卷 1862
著者佚名
清同治元年(1862)刻本 361 412B 799A

05201 08287 **保赤三书**三卷 [1863]
辑者佚名
子目:
(1)遂生编一卷 (清)庄一夔撰
(2)福幼编一卷 (清)庄一夔撰
(3)寿婴编一卷 著者佚名
清同治二年(1863)刻本 871

05202 08333 **福幼丛编**四卷 1865
附治癫狗咬伤经验救急神效方一卷
(清)王钟峻(伯昂)编
子目:
(1)福幼编一卷 (清)庄一夔撰
(2)非惊论一卷 (清)江涵暾撰
(3)遂生编一卷 (清)庄一夔撰
(4)保产经验良方一卷 (清)蔡松町撰
清光绪三十年(1904)刻本 1 664

05203 08288 **保赤要言**五卷卷首一卷 [1866]
又名保赤要言
(清)王德森(严士、鞠坪)编
清宣统二年(1910)苏州箮锦和刻本 1 251 277 286 361 393 412B 435 475A 491 514A 541 570 590 664 701 728A 731 733 738A

05204 00000 **保赤五种合编**五卷 1867
(清)牛树梅编
子目:
(1)达生编一卷
(2)福幼编一卷
(3)遂生编一卷
(4)保婴编一卷
(5)引牛略一卷
清同治六年(1867)陕甘公所刻本 728A

05205 08292 **杨氏小儿科**二卷 1870
著者佚名
清抄本 139

05206 08293 **医学儿科纂要**四卷 1870
(清)徐晋亨(寅生)编
1. 清同治九年(1870)分宁徐氏刻本 541
2. 见医学十种纂要

05207 08406 **济婴秘诀**二卷 [1870]
著者佚名
清同治九年(1870)抄本 590

05208 08294 **陈氏幼科医案**一卷 [1871]
(清)陈标(少霞)撰
1. 清王霖抄本 139(残)
2. 清抄本 475A(题陈氏家传幼科医案二卷) 590(题陈少霞先生幼科医案) 701

05209 08295 **保赤心筌**八卷 1872
(清)胡凤昌(芸谷)编
清抄本 139 579(存卷五、六)

05210 08296 **活幼珠玑**二卷续编一卷 1873
(清)许佐廷(乐泉)编
清同治十二年(1873)古歙芳远堂刻本 1 3 139 139A 152 254 270 280 289 308A 514A 541 590 651 709 728B 831 907C

05211 08297 **医学纂要儿科**一卷 1873
原题(清)朱敩(斌彩)编
1. 抄本 139
2. 见医学纂要

05212 08298 **慈幼大全**一卷 1874
(清)胡松云校
清同治十三年(1874)抄本 139

05213 09317 **保赤六种**六卷 1875
附太乙神针一卷
(清)庄一夔(在田)等原撰 辑者佚名
子目:
(1)达生编一卷 (清)亟斋居士撰
(2)引痘略一卷 (清)邱熺撰
(3)福幼编一卷 (清)庄一夔撰
(4)保婴编一卷
(5)遂生编一卷 (清)庄一夔撰
清光绪元年(1875)义兴堂刻本 152

05214 **保赤五种**一卷 1875
00000 (清)牛树梅辑
清光绪元年(1875)刻本 418

05215 **保生汇编**二十卷卷首一卷 1876
07902 (清)味琴氏撰
清光绪二年(1876)京都琉璃厂梓文斋刻本 491 709 781

05216 **福幼摘抄**一卷 [1877]
00000 (清)庄一夔(在田)原撰 许乃登(谷农)辑订
清光绪三年(1877)古黔许乃登刻本 139

05217 **活幼万家春**二卷 1878
08301 著者佚名
清光绪四年(1878)青碓陈清和抄本 139

05218 **保生三种合编**三卷 1878
08302 (清)黎培敬(开固、简堂)编
子目:
(1)胎产证治要方一卷
(2)小儿急慢惊风证治一卷
(3)引痘略一卷
清光绪四年(1878)黔阳节署刻本 202 590

05219 **保赤汇编**十六卷 1879
08303 (清)朱之榛编
子目:
(1)锡麟宝训四卷 (清)金玉相编
(2)达生编二卷 (清)亟斋居士撰
(3)产宝一卷 (清)倪枝维撰
(4)福幼编一卷 (清)庄一夔撰
(5)保婴易知录二卷 (清)吴宁澜撰
(6)钱氏小儿药证直诀三卷 (宋)钱乙撰
(7)童蒙训三卷 (宋)吕本中撰
清光绪四年至五年(1878—1879)苏州刻本 1 21 139 139A 186 202 203 281A 286 288 289 311 351 361 381 393 401 412A 475A 514A 541 570 590 651 664 677A 701 709 710(缺卷七) 721 728A 734 734A(残) 735 736A(残) 736B 738B 739 741 799A 839A 896A 907B 907C 926A 940

05220 **保赤良方**四卷卷首一卷 1883
08305 (清)余泽春(二田、苟田、寄湘渔父)编
1. 清光绪九年(1883)严江莼溪山馆刻本 1 21 401 491 590
2. 清光绪三十一年(1905)刻本 434

05221 **朱氏实法幼科**五卷 1883
08306 (清)朱廷嘉(心柏)撰
1. 抄本 590
2. 见朱氏实法(附录)

05222 **婴寿录**一卷 1884
08308 原题(清)白石翁大仙师撰 张勋(雪岩)编辑
清光绪十年(1884)刻本 738B

05223 **孩儿药**不分卷 1885
08309 著者佚名
清抄本 139

05224 **(大医)马氏小儿脉珍科**二卷 1885
08310 (清)马氏撰
清光绪十一年(1885)丁芝亭抄本 590

05225 **(增补)保赤心法**二卷 1888
08146 (清)乔钟泰(来初)撰
1. 清光绪十四年(1888)上海陶务本堂刻详注足本幼科保赤心法图说本 203
2. 见详注足本幼科保赤心法图说
3. 见幼科痘科金镜录合刻

05226 **(详注足本)幼科保赤心法图说**六卷 1888
08147 (明)翁仲仁(嘉德)撰 乔钟泰(来初)注释
子目:
(1)(详注足本)金镜录三卷
(2)(增补)保赤心法二卷
(3)续增金镜录西法治小儿考略一卷
清光绪十四年(1888)上海陶务本堂刻本 139 202 289 412A 433A 475A 570 590 651 677A 701 733B(存第二、三种) 917A

05227 **鬻婴提要说**一卷 1889
08311 (清)张振鋆(醴泉、筱衫、惕厉子)编
1. 清光绪十五年(1889)邗上张振鋆刻述古斋幼科新书三种本 139 361 412A 475A 491 541 590 677A 871
2. 清光绪二十年(1894)兰州臬署刻述古斋幼科新书三种本 732
3. 清光绪三十三年(1907)泸州文汇堂刻述古斋幼科新书三种本 385A 854
4. 清光绪十九年(1893)聚昌公司铅印本

139 279
5. 清刻本 436
6. 见述古斋幼科新书三种

05228 **幼幼菁华篇**二卷 1889
08312 著者佚名
抄本 139

05229 **济婴新编**二卷 1889
08313 (朝)李在夏(锦石)编
清光绪十五年(1889)白下李在夏木活字印本 421

05230 **保赤要目**二卷 1890
08314 著者佚名
清光绪十六年(1890)抄本 139

05231 **保婴编**一卷 1890
08315 (清)钟体志辑
清光绪十六年(1890)澡雪堂刻本 1 139

05232 **医学精要奇症便览**不分卷 1890
08316 (清)沈宗和(卧云轩主人、虞阳山人)撰
清光绪十六年(1890)抄本 590

05233 **全婴捷方**一卷 [1890]
00000 (清)坚白道人撰
清光绪十六年(1890)江西田禄阁刻本 728A

05234 **保婴撮要良方**一卷 1891
00000 (明)薛铠(良武) 薛己(新甫、立斋)原撰 辑者佚名
清光绪十七年(1891)粤东五经楼刻本 944

05235 **保赤良方**一卷 [1892]
00000 (清)郑钱(肖彭)撰
清光绪二十四年(1898)精华斋刻本 413

05236 **(管氏)儿女至宝**一卷 1893
08319 附详要胎产问答一卷
(清)管林初(斯骏)编
清光绪十九年(1893)上海管万寿斋铅印本 277 279 286 289 529A 590 677A

05237 **儿科秘要**一卷 1893
08320 又名小儿科家传秘录
(清)程德恒(康圃)编
1. 清光绪十九年(1893)广州麟书阁永成堂刻本 289 590 944
2. 清光绪二十三年(1897)刻本 1
3. 古越徐百川抄本 475A

05238 **佛海庵哑科精蕴**不分卷 1894
08321 著者佚名
清光绪二十年(1894)皮鹿门抄本 139

05239 **幼科捷径**不分卷 1894
08322 著者佚名
清光绪二十年(1894)抄本 139 514A

05240 **幼科备要**一卷 1894
08323 (清)显时撰
清光绪二十年(1894)抄本 896A

05241 **保赤须知**一卷 1895
08324 (清)雪凡道人编
清光绪二十一年(1895)扬州保婴局刻本 139 450 706 852 896A 921

05242 **保赤至要**一卷 1896
08325 (清)周钟琪(采山)撰
清光绪二十三年(1897)刻本 1 590

05243 **儿科治**一卷 1897
08365 (清)张峻豫辑
清光绪二十三年(1897)抄本 709

05244 **幼幼秘方**二卷 1897
08327 著者佚名
抄本 139

05245 **幼科总要**一卷 [1898]
08427 (清)念慈辑
清光绪二十四年(1898)抄本 709

05246 **小儿养育法**一卷 1901
08328 (日)渡边光次撰
清光绪二十七年(1901)无锡丁福保畴隐庐石印本 139A 351 839A 871

05247 **保婴遂生编**一卷 1901
08329 (清)刘国翔编
清光绪二十七年(1901)刻本 139

05248 **增补幼科铁镜**五卷 1902
08330 (清)夏鼎(禹铸)原撰 唐官栋(谦履、谷滨)辑订
清光绪二十八年(1902)环川唐官栋刻本 570 839A

05249 **小儿全科**五卷 1903
08331 编者佚名
子目:
(1)小儿幼科一卷 (清)叶桐撰
(2)痘疹心法三卷 (清)周贤宰撰
(3)哑科全集一卷

清光绪二十九年（1903）粤东崇正善堂刻本 940

05250 08332 **小儿幼科**一卷 ［1903］
（清）叶桐撰
见小儿全科

05251 10444 **哑科全集**一卷 ［1903］
著者佚名
见小儿全科

05252 08149 **幼科三种**十卷 1904
辑者佚名
子目：
（1）幼科痘疹玉髓金镜录四卷卷首一卷 （明）翁仲仁撰
（2）小儿推拿广意三卷 （清）熊应雄编
（3）幼科铁镜二卷 （清）夏鼎撰
1. 清宣统元年（1909）上海萃英书局石印本 433A
2. 清宣统二年（1910）上海文元书局石印本 433A

05253 08334 **幼科三种**十卷 ［1904］
又名改良幼科三种
编者佚名
子目：
（1）幼儿痘疹玉髓金镜录四卷卷首一卷 （明）翁仲仁撰
（2）小儿推拿广意三卷 （清）熊应雄编
（3）幼科铁镜二卷 （清）夏鼎撰
1. 清光绪三十年（1904）上海书局石印本 728A 736A（残） 831 931
2. 清光绪三十三年（1907）上海醉经堂石印本 361 570 572
3. 清宣统元年（1909）扫叶山房石印本（题改良幼科三种，其中收幼科铁镜集证） 391 522 721
4. 清宣统元年（1909）上海文元书庄石印本 301 396 514A 522 529A 541 572 664 677A 702 707 737A 738A 781 852 852A 907B
5. 清宣统元年（1909）上海广益书局石印本 306（存五卷） 308A 351 361 391
6. 清宣统二年（1910）上海萃英书局石印本 203 308A 514A 529A 735 736B

05254 08335 **幼科仁寿录**一卷 1905
（清）孙光业（昌祖）撰
清光绪三十一年（1905）抄本 139

05255 08336 **育婴汇讲**一卷 ［1905］
（清）陈宗彝（雪峰、嗜古）编
清光绪三十一年（1905）松郡育婴堂刻本 139 541 728A

05256 08363 **育婴浅讲**一卷 ［1905］
（清）陈宗彝（雪峰、嗜古）原撰 顾演（保圻）编
清末木活字本 361 541 590 677A

05257 00000 **幼科要略附方**一卷 1907
（清）叶桂（天士、香岩、南阳先生）原撰 徐恩绶辑
清光绪三十三年（1907）徐恩绶抄本 570

05258 08338 **订补幼科折衷**十二卷 ［1908］
（明）秦昌遇（景明、广埜道人、乾乾子）原编 （清）徐象初（健伯、心逸子）增补
清抄本 541

05259 08340 **儿科证治秘诀**一卷 ［1908］
著者佚名
袁亮松抄本 139

05260 00000 **秘传儿科医书**一卷 1909
著者佚名
清宣统元年（1909）李氏抄本 219

05261 08343 **小儿杂治验方**十六卷 ［1910］
著者佚名
抄本 139 514A

05262 00000 **天馥斋儿科**一卷 ［1911］
辑者佚名
清抄本 139

05263 00000 **儿科庭训八说**一卷 ［1911］
怛斋秘集推掐妙诀一卷
（清）王□辑
清抄本 944

05264 00000 **小儿科**一卷 ［1911］
著者佚名
清抄本 308A

05265 00000 **幼科秘要**一卷 ［1911］
著者佚名
清抄本 728A

05266 00000 **保婴集**一卷 ［1911］
著者佚名

清抄本　139

05267 **儿科举要**一卷　［1911］
00000 著者佚名
清抄本　740A

05268 **福幼秘本**不分卷　［1911］
00000 著者佚名
清抄本　139

05269 **活幼心篇**一卷　［1911］
00000 著者佚名
清抄本　203

05270 **集指秘诀**一卷　［1911］
00000 (清)孙天(禄霈)辑
清抄本　139

05271 **赤水玄珠小儿科**一卷　［1911］
00000 辑者佚名
清抄本　736A

05272 **鸣惊集纂儿科痘疹全书**十二卷　［1911］
08344 (清)沈复撰
清叶氏敦宿好斋抄本　651

05273 **医书纂要幼科**不分卷　［1911］
08345 (清)薛光国辑
清抄本　139

05274 **云间唐氏幼科三种**二卷　［1911］
00000 (清)唐恒孝(心田)撰
抄本　286

05275 **保婴秘书**□□卷　［1911］
08346 (清)仇延权(名皋)撰
清刻本　277(残)

05276 **小儿杂病痘疹方**一卷　［1911］
09159 著者佚名
清刻本　738B

05277 **小儿辨证秘书**一卷　［1911］
08347 著者佚名
清抄本　139

05278 **小儿症治**不分卷　［1911］
08349 著者佚名
抄本　139

05279 **婴科辑要**一卷　［1911］
08350 著者佚名
清抄本　139

05280 **保赤会通全集**一卷　［1911］
08351 著者佚名
清抄本　139

05281 **保婴真传**一卷　［1911］
08352 著者佚名
清抄本　139

05282 **幼科要旨**不分卷　［1911］
08353 著者佚名
清抄本　139

05283 **杂录方**一卷　［1911］
08354 著者佚名
抄本　139

05284 **治小儿心法十三诀**一卷　［1911］
08355 著者佚名
清抄本　139

05285 **保赤指南**一卷　［1911］
08356 著者佚名
抄本　139　521

05286 **幼科**一卷　［1911］
08357 著者佚名
清抄本　139

05287 **保婴秘书**一卷　［1911］
08358 著者佚名
抄本　139

05288 **秘授幼科**一卷　［1911］
08359 著者佚名
抄本　139

05289 **金婴秘诀纂要**一卷　［1911］
08360 朱天宠纂
抄本　202

05290 **秘传护幼心法**一卷　［1911］
08361 (清)胡敬轩编
抄本　139

05291 **秘传育婴杂症论治**一卷　［1911］
08364 (清)汪守安编
抄本　721

05292 **儿科歌诀**一卷　［1911］
08366 著者佚名
清抄本　701

05293 **儿科单方**一卷　［1911］
08367 著者佚名
抄本　139

05294 **秘授婴科纂要**一卷　［1911］
08369 著者佚名
抄本　139

05295 **李氏家传保婴秘书**一卷 ［1911］
08372 （清）李氏撰
清乾隆十七年（1752）诚守堂抄本 738B

05296 **小儿科治方**一卷 ［1911］
08373 著者佚名
清抄本 139

05297 **幼科杂症**二卷 ［1911］
08375 著者佚名
抄本 701 926A

05298 **保幼金丹**一卷 ［1911］
08377 （清）李涣章编
清天都五亩园刻本 186 677A

05299 **保赤须知**一卷 ［1911］
08378 （清）徐宗干（树民）编
1. 清刻本 308A
2. 抄本 702

05300 **活幼纂集**四卷 ［1911］
08380 又名活幼全书纂集
（清）胡允遐撰
清抄本 721

05301 **徐小圃幼科医案**一卷 ［1911］
08381 （清）徐小圃撰
清抄本 475A

05302 **幼科**一卷 ［1911］
08382 （清）郑时振撰
清末抄本 465

05303 **瑶笥秘典**二卷 ［1911］
08383 （清）秦镜明撰 陈见田录
清抄本 541

05304 **儿科十三诀**一卷 ［1911］
08384 **活幼指南**一卷
著者佚名
抄本 738B

05305 **三十六舌辨论诀**一卷 ［1911］
08385 附二十四惊推拿治法、小儿诊治杂抄
著者佚名
清抄本 907C

05306 **小儿方**三卷 ［1911］
08386 （日）柴田元养直编
抄本 152

05307 **小儿原病赋**一卷 ［1911］
08387 著者佚名
抄本 738B

05308 **内府秘授幼科心法**一卷 ［1911］
08388 著者佚名
抄本 590

05309 **幼幼全书**一卷 ［1911］
08389 著者佚名
抄本 541

05310 **幼科心传**不分卷 ［1911］
08390 著者佚名
抄本 152

05311 **幼科心授**一卷 ［1911］
08391 仪山遗叟撰
抄本 590

05312 **幼科心要**一卷 ［1911］
08392 著者佚名
抄本 921

05313 **幼科杂证心法**不分卷 ［1911］
08393 著者佚名
抄本 412B

05314 **全生集汇抄**不分卷 ［1911］
08395 著者佚名
抄本 529

05315 **医镜录要**一卷 ［1911］
08396 著者佚名
清抄本 590

05316 **诚求集**不分卷 ［1911］
08398 （清）朱世扬（淇瞻）编
承志书屋抄本 590

05317 **保婴回春**□□卷 ［1911］
08401 著者佚名
刻本 590（残）

05318 **钱氏家宝**四卷 ［1911］
08407 著者佚名
抄本 709

05319 **全幼金鉴**不分卷 ［1911］
08414 著者佚名
清抄本 570

05320 **活幼心方**一卷 ［1911］
08415 著者佚名
清刻本 570

05321 **幼科蕴泄**一卷 ［1911］
08417 著者佚名
清抄本 1

05322 **儿科医书**一卷 ［1911］
08418 著者佚名
清抄本　1

05323 **（唐容川先生）抱儿痨论并治法**一卷 ［1911］
08420 著者佚名
见（西山先生）女科集真（附录）

05324 **哑症论**一卷 ［1911］
10474 （清）施如仲撰
见痘疹科杂抄

05325 **儿科奇方**一卷 ［1911］
08515 著者佚名
抄本　738B

05326 **儿科金针**一卷 ［1911］
08516 著者佚名
抄本　738B

05327 **儿科集要**五卷 ［1911］
08517 （清）荥阳氏传
抄本　738B

05328 **小儿诊疗方**一卷 ［1911］
08521 著者佚名
抄本　738B

05329 **治小儿金针**一卷 ［1911］
08524 （清）荥阳氏传
抄本　738B

05330 **救婴录**三卷 ［1911］
08531 尔养氏编
抄本　738B

05331 **幼科医按**一卷 ［1911］
00000 著者佚名
雨庭抄本　541

05332 **小儿诸方**一卷 ［1911］
00000 著者佚名
清抄本　589

05333 **诚书摘要**一卷 ［1911］
00000 （清）谈金章（心揆、黄郛、庐中侣）原撰　辑者佚名
清抄本　738E

05334 **幼儿杂病心得**一卷 ［1911］
00000 著者佚名　（清）陆懋修（九芝、勉旃、江左下工、林屋山人）校订
清元和陆润庠稿本　1

05335 **小儿证治定本**一卷 ［1911］
00000 （清）峋山老人撰
清抄本　570

05336 **先天保婴独步**一卷 ［1911］
00000 （清）琴书堂撰
清抄本　364A

8.4.2　专病论治

8.4.2.1　麻疹

05337 **疹科**一卷 1604
08651 又名疹科真传、疹科全书
（明）四明太白主人撰　孔弘擢传　吕坤（叔简、心悟、新吾）编
1. 明万历三十二年（1604）王继濂等刻本　1　2　3　139　139A　186　270　277　279　289　302　412A　491　511　541　570　572　651　677A　701　728A　738　738B　939
2. 明万历宁陵吕氏家刻清同治光绪间（1862—1908）递修吕新吾全集本　1　512　733　739
3. 清道光九年（1829）钱塘罗永馨奎照楼刻本　270　289　541　590　709　851
4. 清刻本　701　713
5. 清抄本　277　732　907C
6. 见吕新吾全集

05338 **（穆氏家传）痧疹辨疑**一卷 1617
06798 （明）穆世锡（予叔、云谷）撰
清抄本　461

05339 **增补麻疹心法**二卷 ［1618］
08668 （明）陆道充（宾旸）增补
清刻本　279　301

05340 **（秘传）疹子心法**一卷 ［1618］
08669 又名痧疹心法
（明）殷仲春（方叔、东皋子）编
1. 日本宽政十二年（1800）刻本　139
2. 抄本　590　TA

05341 **麻疹**二卷 1627
00000 （明）吴应汤辑
见慈幼设问痘疹

05342 **疹科纂要**一卷 ［1628］
08687 （明）马之骐撰　翟良（玉华）辑订
1. 明刻本　277　590

2. 清刻本 1 139 280 289 308A 464
3. 抄本 421 541
4. 见翟氏医书五种汇刻
5. 见痘科类编释意(版本附录)

05343/08691 **程氏家传经验痧麻痘疹秘要妙集**五卷 1635
(明)程嘉祥(少岐)撰
1. 明崇祯八年(1635)金龙朱云龙刻本 139
2. 影抄本 590

05344/08702 **麻科简要**一卷 [1644]
(明)倪元颐(养正)撰
1. 清咸丰九年(1859)常德刻本 721
2. 清光绪四年(1878)刻本 851(题痘麻临证)

05345/08739 **麻痘**一卷 1674
(清)吴孔昭撰
清抄本 139

05346/08745 **疹科辨证**一卷 1678
(清)陈尧道(素中)编
见伤寒痘疹辨证

05347/08760 **麻疹秘传**六卷 [1697]
又名经验麻疹真传
(清)张璐(路玉、石顽老人) 俞中和合撰 黄大霖(树轩)辑
1. 清光绪十四年(1888)蓉城江氏爱莲书屋刻本 139 541 590
2. 清光绪十五年(1889)刻本 186 361 738 799A
3. 清光绪二十七年(1901)刻本(题经验麻疹真传五卷) 277 308A 541 579 590 677A 728A

05348/00000 **麻疹折中**不分卷 [1722]
著者佚名
清初抄本 589

05349/08910 **麻疹约要**一卷 [1722]
(清)任中彪撰
1. 清道光六年(1826)关中常恒裕益斋刻本 412B
2. 清咸丰九年(1859)积庆堂刻本 541
3. 清光绪七年(1881)遗经堂好古堂刻本 401
4. 见增补神效集(版本附录)

05350/09103 **麻疹集成**不分卷 1732
(清)徐珍上撰 柳克远增补
清雍正十年(1732)抄本 590

05351/08792 **麻科合璧**不分卷 1740
又名尉谢麻科合璧、瘄子要领
(清)尉仲林等著 杨开泰(万新)汇编
1. 清道光四年(1824)杨朝右刻本(题瘄子要领三卷) 541
2. 清咸丰九年(1859)刻本 731
3. 清光绪三年(1877)萧邑王铠刻本(题瘄子要领三卷) 139
4. 清光绪二十六年(1900)吴宁方氏刻本 541 738B
5. 清光绪二十七年(1901)刻本 1 186 270 301 951
6. 清光绪三十二年(1906)刻本 570
7. 清宣统元年(1909)刻本 852 852A
8. 清宣统三年(1911)文伦书局铅印本 139 186 280 301 361 491 851 852 907C
9. 清刻本 401 461 734A 739B 852A 852B

05352/08799 **麻科活人全书**四卷 1748
又名麻科保赤金丹
附麻疹论、麻疹补论、瘄论一卷
(清)谢玉琼(昆秀、璞斋)撰
1. 清乾隆五十七年(1792)安成刘齐珍刻本 728A 728B 839A
2. 清道光三年(1823)宜春彭肇述古书院刻本 203 270 279 280 385 461 722 743 831 931 939 942B
3. 清道光二十年(1840)梅文会堂刻本 728A
4. 清道光二十一年(1841)刻本 139 476 738B 831
5. 清道光二十五年(1845)陈赓刻本 412B 738
6. 清咸丰元年(1851)龙溪彭思忠厚德堂木活字印本 1 738B 741 831 839A 921
7. 清咸丰八年(1858)石阳周茂五日新堂刻本 308A 361 431 443 475A 514A 707 741 743 891 917A
8. 清咸丰十一年(1861)邵阳姚氏刻本 139 202 289 361 385 391 464 519 521 541 707 709 781 852 926A
9. 清咸丰十一年(1861)琼贤书局刻本 521

831　940
10. 清咸丰十一年(1861)宝庆经元堂刻本　831
11. 清同治八年(1869)分邑彭联升刻本　308A　931
12. 清同治九年(1870)湘南桂郡桂颜馨堂刻本　1　308A
13. 清同治十二年(1873)吉安会友斋刻本(附邵氏痘科一卷)　529A　541　579　741
14. 清同治十三年(1874)刻本(附邵氏痘科一卷)　721　741
15. 清光绪二年(1876)黔省徐公馆刻本　289
16. 清光绪三年(1877)嘉定府刻本　280　361　412A　529A　891　907C
17. 清光绪十五年(1889)汉口宏文堂刻本　289　361　926A　940
18. 清光绪十五年(1889)养生云斋刻本　279　308　366
19. 清光绪十六年(1890)抚州金溪浒湾红杏山房刻本　252　279　280　289　401
20. 清光绪十七年(1891)华南苏善堂刻本　2　3　21　139　202　279　286　289　361　385A　391　907C　931
21. 清光绪十七年(1891)萍乡崔文峰堂刻本(附邵氏痘科一卷、福幼编一卷)　391　743
22. 清光绪十七年(1891)新吴许作彩江右保赤轩刻本(题麻科保赤金丹,附邵氏痘科一卷)　279　289　435　461　709　728B　799A　907C
23. 清光绪十九年(1893)乙藜斋刻本　412A　514A　514B　915
24. 清光绪十九年(1893)丰城李福田刻本　1　139　288　351　381　412A　450　461　511　589　731　741　839A　852　907B　926A
25. 清光绪二十年(1894)仿古斋鑫记刻本　308A
26. 清光绪二十年(1894)石阳周燕诒堂刻本(附邵氏痘科一卷)　492
27. 清光绪二十三年(1897)刻本　839
28. 清光绪二十五年(1899)安福刘榆生知不足斋刻本(附产宝一卷)　251　286　361　738　781
29. 清光绪二十七年(1901)胡守正堂刻本　741
30. 清光绪二十七年(1901)吉安刘华翰斋刻本　664
31. 清光绪二十八年(1902)太和书局刻本　186　308A　514A　799A　831　839A(存卷一、二)　907C
32. 清光绪十九年(1893)丰城李福田刻三十年(1904)危仲子增刻本　541　799A
33. 清宣统元年(1909)粤东善书局刻本　931
34. 清湘西李氏星怀堂刻本　461
35. 清宝仁堂刻本　921
36. 清刻本　391　492　493　511　736C　839A　854　877　896(缺卷一)　939
37. 清抄本　287(存卷二)

05353 08801 **郑氏瘄科保赤金丹**四卷　[1748]
又名郑氏瘄略、郑氏瘄略良方宝鉴
(清)谢玉琼(昆秀、璞斋)原撰　郑启寿(卜年)　郑行彰(德滋)传
1. 清道光十年(1830)刻本　139　202　412A　590　733
2. 清同治九年(1870)鄞县郑行彰宁波汲绠斋刻本　1　139A　270　286　289　361　450B　570　590　664　733　734　737　738A　839A　871
3. 清光绪二十六年(1900)鄞县郑行彰宁波文光斋刻三十二年至三十三年(1906—1907)递修本　2　21　139　202　251　270　279　286　289　308A　361　385A　391　412A　412B　475A　514A　529A　541　570　590　664　709　712　728A　728B　733　734　738B　839A　896A　907C　926A
4. 清刻本　21　139　186　701　728A
5. 清抄本　270　733(冯桢群题记)　734
6. 见郑氏瘄略良方宝鉴

05354 08804 **谢玉琼麻疹西江月**一卷　[1748]
编者佚名
清抄本　139

05355 08813 **(仙传)麻疹秘要**一卷　1753
(清)江彤撰

清乾隆十八年(1753)侯爵封抄本　139

05356 08816 **阙待新编**二卷　1760
又名阙待新编总会大意
(清)孙能迁(安四、拙痴道人)撰
1. 清光绪六年(1880)上海申报馆铅印本　308A　313　541(附补遗二卷)
2. 清宣统元年(1909)丁寿臣刻本　1　139　279　289　306　308A　514A　590

05357 08834 **麻疹一哈**一卷　1780
(日)大仓滕云泽(说夫)撰
日本安永九年(1780)东都逍遥堂刻本　7

05358 07259 **麻痦汇补**二卷　1784
(清)赵鸿洲(文渊)撰
清乾隆五十九年(1794)暨阳赵鸿洲理和堂自刻本　731

05359 08840 **麻痦集成**二卷　[1784]
(清)赵鸿洲(文渊)撰
抄本　738B

05360 00000 **麻疹远害集**一卷　[1785]
著者佚名
见痘科扼要(版本附录)

05361 08854 **痦疹选要**一卷　[1791]
(清)孙复初编
1. 清光绪刻养生经验合集本　734A
2. 见养生经验合集
3. 见万应经验良方(宏大善书局编)

05362 08855 **痦疹治法要略**一卷　[1791]
(清)孙复初编
见痧疹秘要三书

05363 08860 **麸疹全书**一卷　[1795]
(清)张公左撰
清道光十五年(1835)安康张鹏翂来鹿堂刻本　139

05364 09070 **麻疹纂类**一卷　[1795]
麻疹辑要方一卷
(日)丹波元简(廉夫、栎荫拙者)编
日本聿修堂刻本　590

05365 08862 **麻疹备考**二卷　1797
(日)久世松庵(茂实)撰
清嘉庆三年(1798)日本东都书肆千钟房刻本　590

05366 00000 **秘传麻症玄机**一卷　1801
(清)方顺(观春)撰
清嘉庆六年(1801)抄本　139

05367 08865 **保赤全生录**二卷　1802
著者佚名　(清)陈文杰(松山、秀石)编
清咸丰八年(1858)松山陈毅堂刻本　529A　738A

05368 00000 **疹科类编**一卷　[1809]
(清)武之望(叔卿、阳纡)编
清嘉庆十四年(1809)三原张鲠臣敦厚堂刻本　401

05369 08901 **麻疹阐注**四卷　1815
(清)吴谦(六吉)等原撰　张廉(通源、霞溪)增注
1. 清道光二十八年(1848)诸暨张氏家刻本　279　433　475A　541　590　709　731　734A　740C　740G　839A　922
2. 清光绪七年(1881)文华堂刻本　465　651　677A
3. 清光绪三十一年(1905)重庆精宏书局铅印本　186
4. 清宣统元年(1909)重庆普善堂刻本　289
5. 清赵珍抄本　412A
6. 清抄本　541　738B

05370 08894 **病瘀说**一卷　1818
(清)徐锦(炳南、澹安)撰
清道光二十六年(1846)心太平轩刻本　139

05371 00000 **沈望桥先生痦科心法**一卷　[1820]
(清)沈望桥撰
稿本　738A

05372 08994 **沈氏麻科**一卷　[1820]
又名经验麻科、沈望桥先生疹子秘书
(清)沈望桥撰　赵开泰(兰亭、廷海)编
1. 清光绪二年(1876)管作鼎台州刻本　139　381　590　733A　740B　741　851　922
2. 清抄本　737(题沈望桥先生疹子秘书)
3. 见麻科至宝沈氏麻科合编

05373 08902 **麻疹集成**二卷　1824
(清)朱楚芬(莒滨)编
1. 清道光十七年(1837)破愚斋刻痘疹集成本　541　590　728A
2. 见痘疹集成(附录)

05374 08903 **麻疹双解编**一卷　1824
(日)人见任编
日本文政七年(1824)天香阁刻本　590

05375 **恽西园痧麻痘三科定论**一卷 1826
08911 (清)恽熊(亨时、西园)撰
清道光六年(1826)抄本 664

05376 **朱氏麻科**一卷 1832
08923 著者佚名
1. 清道光十二年(1832)衡阳李昆山刻本 931
2. 清光绪十六年(1890)昭陵曾氏刻本 139 493 931

05377 **治麻新书**三卷 1842
08933 附治麻良方二种
(清)田九如撰
1. 清道光二十二年(1842)静寄轩刻本 3
2. 抄本 139

05378 **痧疹三家要论**一卷 1847
08944 (清)华菊吟(卧云野史)编
见痧疹秘要三书

05379 **痧疹秘要三书**五卷 1847
08945 又名痧疹合刻
(清)华菊吟(卧云野史)编
子目:
(1)秘传烂喉痧治法经验一卷 (清)顾仪卿撰
(2)痧疹三家要论一卷 (清)华菊吟编
(3)瘄疹治法要略一卷 (清)孙复初撰
(4)福幼编一卷遂生编一卷 (清)庄一夔撰
1. 清道光二十七年(1847)苏州华菊吟素安斋刻本 139 475A 514B 677A
2. 清光绪十三年(1887)怡颜堂铅印本 590 731

05380 **麻疹证治要略**一卷 1850
08950 (清)郑志昫(容轩)撰
1. 清咸丰二年(1852)铅印本 738B
2. 清光绪五年(1879)泠然阁刻本 139 301 590 799A 851
3. 见逊敏堂丛书

05381 **治疹要略**不分卷 1852
08962 著者佚名
清咸丰二年(1852)抄本 421

05382 **治瘄金镜录**三卷 1854
08967 著者佚名
清抄本 139

05383 **治疹全书**三卷 1858
08971 附外编补遗
著者佚名 (清)钱沛(锦江)增补
1. 清咸丰八年(1858)婺东赵月航长乐钱氏遗经堂刻本 139 251 270 289 308A 351 461 475A 541 570 589 590 664 677A 728A 737 738A 738B 839A 926A
2. 清光绪二十六年(1900)东阳长衢方氏刻本 286 728A 738B 740A
3. 清抄本 391 737(存卷一、二)

05384 **(秘授)沈氏瘄疹摘要**一卷 1861
08973 著者佚名
清咸丰十一年(1861)浙宁保安局刻本 139 308A 731

05385 **痧痘金针**二卷 1870
08985 (清)陈标(少霞)撰
1. 抄本 590 677A
2. 见黄寿南抄辑医书二十种

05386 **陈少霞痧症辑要**一卷 [1871]
08987 附烂喉丹痧方论、痘症秘诀
(清)陈标(少霞)撰
清抄本 139

05387 **麻症集成**四卷 1879
09000 又名麻疹集成
(清)朱载扬(克玽、丹山)撰
1. 清光绪五年(1879)浙江仙居王镜澜铅印本 651 664 738 839A 939
2. 清宣统元年(1909)月山居士刻本(题麻疹集成) 279 541 546 896A
3. 清宣统元年(1909)绍兴公报社铅印本 541
4. 抄本 391

05388 **痧疹阐解**一卷 1879
09003 附急慢惊风
著者佚名
清光绪五年(1879)何文丰刻字店刻本 412A

05389 **麻痘新编**二卷 1881
09006 (清)俞世球(得琈、诗僧、梦兰草堂主人)撰
清光绪十年(1884)刻本 139 277 412A 589 590 677A 706 728A 839A

05390 **痧疹辑要**四卷 1886
09012 (清)叶霖(子雨、石林医隐、石林旧隐、鹤轩)撰

清光绪十六年(1890)四明李震霆刻本
139 186 286 289 391 412A 433A
491 529 570 589 651 728A 734

05391 06853 **专治麻痧初编**六卷 1890
(清)凌德(嘉六、蛰庵)编
稿本 579

05392 09024 **(秘传)麻症全书**一卷 1898
(清)杨鹏占(永登)撰
清光绪二十四年(1898)闽连邑芷溪杨鹏占自刻本 741

05393 09030 **麻疹汇要**二卷 1900
附福幼编一卷
(清)吕铭(新甫)编
清光绪二十六年(1900)东阳长衢方氏刻本
391 728A

05394 00000 **太占瘖科要略**二卷 [1901]
(清)黄维熊(太占) 黄镐京(迁甫) 黄桂芳(天杰)参订
稿本 541

05395 09035 **麻科至宝**二卷 1903
又名麻瘖必读
(清)徐棣三(堂奎)撰
1. 清光绪二十九年(1903)刻本 541 737
740A
2. 见麻科至宝沈氏麻科合编

05396 09036 **麻科至宝沈氏麻科合编** 1903
(清)王瑞图(芝谱)编
子目:
(1)麻科至宝一卷 (清)徐棣三撰
(2)沈氏麻科一卷 (清)沈望桥撰
清光绪二十九年(1903)海门林裕源石印本
186 308A 541

05397 09037 **麻科辑要**一卷 1903
(清)黄年辉编
清光绪二十九年(1903)广东省城以文堂刻本 939 944

05398 09038 **秘传麻书**一卷 1903
著者佚名 (清)林月香辑校
清光绪二十九年(1903)王仲升刻本 529A
734 738A 740B

05399 00000 **麻疹备要**一卷 [1903]
(清)沈惠(民济、虚明)撰
清抄本 733

05400 **郑氏瘖略**一卷 1904
09040 **良方宝鉴**一卷
又名郑氏瘖略寿世良方摘要
(清)郑启寿(卜年)撰
清光绪三十年(1904)养心庐主人石印本
254 286 590 677A 712 736 738A

05401 09042 **麻证新书**一卷 1905
又名麻证全书
著者佚名
清光绪三十一年(1905)萧济生堂刻本 737
738B

05402 00000 **麻瘖撮要**一卷 1905
著者佚名
清光绪三十一年(1905)刻本 944

05403 08595 **麻疹全书**四卷 1905
又名麻证全书
原题(元)滑寿(伯仁、撄宁生)撰 (清)辑者佚名
1. 清光绪三十一年(1905)萧山汤鼎烜济生堂刻本 2 21 139 152 202 270
286 308A 412A 461 476 541 570
572 590 664 731 738 738A 738B
800 839A 896A 907C 931 940
2. 抄本 541

05404 08619 **罗田万氏麻疹全书**一卷 1909
(清)刘道荣辑
清宣统元年(1909)铅印本 799A

05405 09071 **麻疹治例**一卷 [1911]
(清)周蘅芗辑
清抄本 590

05406 09076 **痧症要诀**一卷 [1911]
著者佚名
清抄本 139

05407 00000 **瘖法要旨**不分卷 [1911]
著者佚名
清抄本 541

05408 09087 **麻疹证治两种**不分卷 [1911]
著者佚名
清抄本 139

05409 09093 **治瘖秘钥**四卷 [1911]
著者佚名
清蕙斋抄本 590

05410 **脉诀口头大经定法麻症**一卷　［1911］
00000
著者佚名
清抄本　831

05411 **麻痘脉诀**一卷　［1911］
09104
著者佚名
清抄本　279

05412 **麻疹知源**一卷　［1911］
09129
著者佚名
抄本　939

05413 **麻症通考麻证活人全书合订**一卷　［1911］
09171
（清）何古润编
清抄本　277

05414 **麻疹纂要**一卷　［1911］
09172
又名萧山谢氏世传麻疹纂要
（清）谢氏辑
1. 清保和堂抄本　475A
2. 清心参氏抄本　541

05415 **麻痘捷要**四卷　［1911］
00000
著者佚名
清抄本　728A

05416 **麻症医诀**不分卷　［1911］
00000
著者佚名
清抄本　139

8.4.2.2　痘疹

05417 **董氏小儿斑疹备急方论**一卷　1093
08589
（宋）董汲（及之）撰
1. 清康熙五十五年（1716）上海陈世杰起秀堂影宋刻起秀堂医书两种本　TA
2. 日本影宋抄本　TB
3. 见钱氏小儿药证直诀（附录）
4. 见周氏医学丛书
5. 见起秀堂医书两种

05418 **（闻人氏）痘疹论**三卷　1223
08590
（宋）闻人规（伯圜）撰
1. 明嘉靖二十一年（1542）刘尚义刻本（三卷）　733
2. 明嘉靖二十三年（1544）黄标刻本（四卷附录一卷）　139
3. 明嘉靖三十三年（1554）张鹗刻本（三卷附录一卷）　733
4. 明嘉靖东鲁丁永嵘刻本（三卷）　433A　541
5. 明万历二十二年（1594）新安吴勉学刻痘疹大全本（二卷）　2　286　412B　570　664
6. 清刻本　1（存卷二、三）
7. 抄本　361　590
8. 见痘疹大全

05419 **癍论萃英**一卷　1237
08591
（元）王好古（进之、海藏）撰
1. 明万历二十九年（1601）新安吴勉学刻古今医统正脉全书本　139
2. 清刻古今医统正脉全书本　1　733A　852D
3. 见济生拔粹
4. 见东垣十书
5. 见东垣十书（曹灼辑）
6. 见古今医统正脉全书

05420 **陈氏小儿痘疹方论**一卷　［1254］
08592
（宋）陈文中（文秀）撰　（明）薛己（新甫、立斋）校注
1. 明嘉靖刻家居医录本　139　TA
2. 明万历刻本　1　139　308A　741
3. 清道光间东溪堂刻薛氏医按二十四种本　541
4. 清刻薛氏医按本　279　412A　461　742　907C
5. 抄本　590　TB（日·小岛质批校）
6. 见家居医录
7. 见薛氏医按十六种
8. 见薛氏医按二十四种
9. 见痘疹大全

05421 **小儿痘疮八十一论方**不分卷　［1276］
08593
附江湖经验方、重刻元传陈氏小儿痘疹一宗方诀
（宋）胡石壁（大卿）撰　吕鼎调（燮元、蓉湄）编
清抄本　3

05422 **（秘传）小儿痘疹经验良方**一卷　1312
08597
（元）魏君用编
1. 明刻本　541
2. 明抄本　139
3. 见医苑

05423 **(秘传)痘疹玉髓**十六卷 [1367]
08596 又名毓麟芝室痘疹玉髓
(元)黄石峰编
子目:
(1)痘疹玉髓二卷附毓麟芝室玉髓摘要一卷
(2)痘疹心法附余一卷
(3)痘疹世医心法十二卷
1. 清抄本 1
2. 影抄本(据明建邑书林余秀峰刻本) 139

05424 **痘疹秘传**四卷 [1445]
08598 (明)陶华(尚文、节庵)撰
明万历四十一年(1613)李存济抄本 139

05425 **奇效良方疮疹论**一卷 [1449]
08599 (明)方贤撰
明成化刻本 7

05426 **疮疹集**三卷 1457
08600 (朝)任元濬(子深、四友堂)撰 李克堪(德与)删定
明抄本 590(余姚谢氏永曜楼旧藏)

05427 **小儿痘疹证治**一卷 [1459]
08601 (明)邵以正(通妙真人)编
见青囊杂纂

05428 **类证陈氏小儿痘疹方论**二卷 1465
08602 (宋)陈文中(文秀)撰 (明)熊均(宗立、道轩、勿听子)类证
1. 日本宽政五年(1793)影抄本〔据明成化五年(1469)鳌峰熊氏种德堂刻本〕 1
2. 日本抄本〔据日本永禄六年(1693)刻本〕 139
3. 日本抄本〔据明成化五年(1469)鳌峰熊氏种德堂刻本〕 TB

05429 **陈蔡二先生合并痘疹方**一卷 1518
08604 (宋)陈文中(文秀)撰 (明)蔡维藩编
1. 明万历二十二年(1594)新安吴勉学刻痘疹大全本 277
2. 抄本 590
3. 见痘疹大全
4. 见痘疹四种

05430 **蔡氏小儿痘疹方论**一卷 1518
08605 又名蔡氏小儿痘疹袖金方论
(明)蔡维藩撰
1. 明万历二十二年(1594)新安吴勉学刻痘疹大全本 277
2. 明抄本(题蔡氏小儿痘疹袖金方论) 541
3. 见痘疹大全

05431 **痘治理辨**一卷附方一卷 1519
08606 (明)汪机(省之、石山居士)撰
1. 明嘉靖十三年(1534)祁门陈桷刻本 139 361 491 664 701 871 931 939 TA TD
2. 明嘉靖十三年(1534)祁门陈桷刻明清递修清初祁门朴墅汪氏祠堂印本 202 289 541 590 728A 733A
3. 抄本 590
4. 见汪石山医书

05432 **痘疹全书博爱心鉴**二卷 1525
08608 又名博爱心鉴
(明)魏直(桂岩、廷豹)撰
1. 明万历二十二年(1594)新安吴勉学痘疹大全刻本 1 2 7 590 664 677A
2. 日本正德六年(1716)松叶轩贞躬刻本 3 139 511
3. 日本享保十九年(1734)京都书房玉枝轩刻本 139 511 590
4. 抄本 590 709(题幼科心鉴)
5. 见痘疹大全

05433 **博爱心鉴撮要**一卷 1525
08609 (明)魏直(桂岩、廷豹)撰
见二难宝鉴

05434 **丹溪治痘要法**一卷 [1528]
00000 (元)朱震亨(彦修、丹溪)撰 (明)侯弼(公辅)编
明嘉靖七年(1528)童氏乐志堂刻本 572(奚囊广要附录)

05435 **痘疹正宗**四卷 [1529]
08610 (明)高武(梅孤)编
1. 明刻本 733(存卷四)
2. 清抄本 731

05436 **痘疹撮要**四卷 [1529]
08611 (明)薛己(新甫、立斋)撰
见十竹斋刊袖珍本医书

05437 **痘疹方药全书**二卷 1537
08712 又名痘疹全书
(明)胡民信(汝立、菊圃)撰 杨松(伯贞、南林)校

明万历抄本　572

05438 08612 **锦囊痘疹麻症**不分卷　1548
（明）吴杏园（德卿）传
明万历三年（1575）雷氏抄本　541

05439 08615 **痘疹世医心法**十二卷　1549
（明）万全（密斋）编
1. 明万历刻本　203
2. 明万历三十八年（1610）夏邑彭端吾刻痘疹心法全书本　TA
3. 日本元禄五年（1692）洛阳书肆中村孙兵卫等刻本　139　651
4. 清咸丰七年（1857）长白觉罗恒保四川资州署刻痘疹心法全书本　270　664　721
5. 见痘疹心要
6. 见痘疹心法全书

05440 08618 **痘疹碎金赋**二卷　1549
（明）万全（密斋）编
1. 抄本　940
2. 见痘疹心法全书
3. 见痘疹心要

05441 08620 **毓麟芝室玉髓摘要**二卷　［1549］
又名痘疹玉髓摘要
（明）彭端吾（嵩螺）编
1. 明万历三十八年（1610）夏邑彭端吾刻痘疹心法全书本　139　203　475A
2. 清咸丰七年（1857）长白觉罗恒保四川资州署刻痘疹心法全书本　3　139　590　741　851　907C
3. 清抄本　139　186　728A
4. 见痘疹心法全书

05442 00000 **痘疹格致要论**十一卷　1553
（明）万全（密斋）撰
1. 见痘疹心要
2. 见痘疹心法全书

05443 08621 **痘治答难**八卷　1554
（明）方元勋（艮山）编
明嘉靖三十三年（1554）歙邑刻本　541

05444 08622 **痘科纂要**一卷　1558
（明）毕铉（云石）撰
明嘉靖三十七年（1558）余姚卢璘崧台书院刻蓝印本　1

05445 08623 **痘科玉函集**六卷　1559
（明）丁凤（文瑞、竹溪）撰
明万历十年（1582）江浦丁莲侣泉州刻本　139　279

05446 00000 **痘疹全书**十卷　［1562］
又名保婴全书
原题（明）黄廉（伯清、桂峰、铜壁山人）撰
（明）万全（密斋）撰
1. 明嘉靖四十一年（1562）归安陆稳南赣刻本　7
2. 明万历二年（1574）归安陆稳湖州刻本（题重刻保婴全书十一卷）　541

05447 08706 **（新刊）经验治痘活法**五卷　［1566］
（明）程鸣元编
明嘉靖建阳叶涧泉作德堂刻本　541

05448 08614 **痘疹心要**二十五卷　1568
又名痘疹心法
（明）万全（密斋）编
子目：
（1）痘疹碎金赋二卷
（2）痘疹世医心法十二卷
（3）痘疹格致要论十一卷
1. 明万历七年（1579）刻本（题痘疹心法）　541
2. 明万历十一年（1583）吴门陈允升刻本　541　589　664
3. 明万历十六年（1588）西昌丁此吕刻本　731
4. 明万历二十九年（1601）秦大夔刻本　731　TA
5. 明万历刻本　6　401　412B　651
6. 日本元禄五年（1692）洛阳书肆中村孙兵卫等刻享保十三年（1728）田边会英堂等增刻本（题痘疹心要，痘疹格致要论五卷）　139
7. 岩榉林抄本　139
8. 抄本　2

05449 08624 **（新刊纂注释）文明痘心法**二卷　1572
（明）舒李（衡虚）编
明万历四年（1576）宋良柱刻本　572　579

05450 08625 **（新刊秘传）小儿痘疹释难**三卷　1573
（明）陈嘉文（献园）撰
1. 明万历元年（1573）刻本　412B
2. 抄本　186　590

05451 **(秘传)经验痘疹方**四卷 1573
08626 又名痘疹经验秘方
原题(明)黄廉(伯清、桂峰、铜壁山人)撰 (明)万全(密斋)撰
1. 明万历七年(1579)临清邢邦长芦刻本(附秘传麻疹方一卷) 3 139 277(存卷三、四) 511 590
2. 明天启四年(1624)刻本(五卷) 570
3. 清同治十年(1871)稺鹤氏抄本 461(题经验痘疹秘传全书一卷)
4. 抄本 572

05452 **痘疹玄机**四卷方一卷 1574
08627 (明)支秉中(改斋)撰
1. 明万历二年(1574)太仓支秉中自刻本 1
2. 清抄本(三卷) 139
3. 抄本 521

05453 **补要小儿痘疹方论别集**三卷 1574
08713 著者佚名
子目：
(1)秘传小儿痘疹经验良方口诀一卷
(2)博爱心鉴二卷 (明)魏直撰
1. 明万历二年(1574)南京礼部刻本 1 TA
2. 抄本 308A(存博爱心鉴二卷)

05454 **痘疹秘要**一卷 [1574]
08628 (明)支秉中(改斋)撰
抄本 139

05455 **痘科庭训**二卷 1576
08629 (明)鲁守仁(春山主人)撰 鲁邦杰编
明万历四年(1576)薛梦雷刻本 541(存一卷)

05456 **痘疹发微**十二卷 1576
08733 (清)宋镛(杏庄)编
1. 清康熙二年(1663)彭城范祥范琦天瑞堂刻本 1 541
2. 清抄本 308A

05457 **绍氏妙赛群医**一卷 1576
08734 (清)宋镛(杏庄)编
清抄本 541

05458 **博集稀痘方论**二卷 1577
08630 (明)郭子章(相奎、青螺)撰
1. 明万历二十二年(1594)新安吴勉学刻痘疹大全本 139 277
2. 见痘疹大全

05459 **汪氏痘书**一卷 1577
08631 (明)汪若源撰
1. 明万历五年(1577)不夜鞠鼎衡刻本 7 651
2. 明万历五年(1577)不夜鞠鼎衡刻天启四年(1624)金坛于衙重修本 1 139 289
3. 见医贯(清顺治刻本馆藏651附注)

05460 **痘疹大成集览**三卷 1577
08632 (明)汪若源撰 (日)小幡玄二(玉峰)辑订
日本文化三年(1806)东都书林刻本 590

05461 **增补痘疹玉髓金镜录**四卷 1579
08633 又名痘疹金镜录、幼科金镜录、痘疹全婴金镜录、增补秘传痘疹精义珍本、痘疹精义
(明)翁仲仁(嘉德)撰 陆南旸(道元)补遗 陆明旸(道光)参补
1. 明万历七年(1579)寿春堂刻本(题新刊补遗秘传痘疹全婴金镜录三卷附新刊小儿杂症便蒙捷法一卷) 1 308A 731 852(存三卷)
2. 明万历刻本(题重刻/新刻/新镌补遗秘传痘疹全婴金镜录三卷卷首一卷) 1 139 152 308A 541 590
3. 明四知馆刻本(题重刻补遗秘传痘疹全婴金镜录三卷附重刻小儿杂症秘传便蒙捷法一卷) 1
4. 明三台馆余夏彝刻本(题重刻补遗秘传痘疹全婴金镜录三卷卷首一卷) 2
5. 明刻本(题重刻补遗秘传痘疹全婴金镜录三卷卷首一卷) 1 139
6. 明抄本 139(三卷,附麻疹附余一卷)
7. 清康熙十一年(1672)刻本(题新刻痘疹金镜玉髓全书二卷图一卷) 728A(缺图十一至二十二)
8. 清康熙十六年(1677)三多斋刻痘疹四合全书本(题痘疹金镜录三卷) 279 303 412A
9. 清康熙二十九年(1690)春江资事堂刻本(题增补痘疹金镜录) 286 521 664 728A
10. 清康熙苏州绿荫堂刻本 139 202 421

450B　541　589　590　677A　709　738A
11. 清康熙刻本　2　139　491　731　736
12. 日本享保十七年（1732）京师书铺植村滕治郎刻本（三卷）　7　279　651
13. 清乾隆十七年（1752）博古堂刻本　385　541
14. 清乾隆聚锦堂刻本（题痘疹精义，附图像一卷）　1　279　289
15. 清乾隆二十八年（1763）姑苏书业堂刻本　1　21　139　186　202　363　383　514A　590　664
16. 清嘉庆二十年（1815）金陵宝善堂刻本（附图像一卷）　1　254　391　401
17. 清嘉庆二十一年（1816）姑苏讲德斋刻本（附图像一卷）　2　139A　391　413　433　491　590　664　728A　734A
18. 清道光六年（1826）英华楼刻本（三卷卷首一卷）　511　529A　541　926A
19. 清道光七年（1827）大酉堂刻本（三卷卷首一卷附图像一卷）　306（存卷首、卷一）　514A　590　728A　922
20. 清道光二十年（1840）扫叶山房刻本（附图像一卷）　21　139　152　186　202　203　381　401　412A　433A　435　461　475A　491　514A　514B　521　529A　541　570　651　664　728A　738　738A　739A　799A　800　831　896A　922
21. 清同治十一年（1872）汉镇陈明德大坊刻刷善书老店刻许氏幼科七种本（二卷）　2　139　286　308A　651　721　799A　839A
22. 清同治十二年（1873）南海梁世征刻本　707　839A
23. 清光绪七年（1881）粤东省润身社刻本　940
24. 清光绪十四年（1888）上海陶氏务本堂刻本（三卷，附增补保赤心法二卷）　202　289　943
25. 清光绪十六年（1890）镇江文成堂刻本　21　139A　186　279　412A　412B　514A　572　651　714A　799A　921　940
26. 清光绪十七年（1891）粤东曹存善堂刻本　944
27. 清光绪二十八年（1902）三义堂刻本（题痘疹精义，附图像一卷）　308A　393
28. 清光绪三十年（1904）上海书局石印本　541　852
29. 清光绪三十三年（1907）上海醉经堂石印本　385A　541　590　651
30. 清宣统元年（1909）文元书庄石印幼科三种本　433A　514A　590　651　702　715　728A　738A　740B　896A　926A
31. 清宣统二年（1910）上海萃英书局石印幼科三种本　360A　393　412A　421　433A　529　733B　738A　917A
32. 清末宝文堂书庄刻本　279　361　412B　491　514A　896A
33. 清文瑞楼刻本　202　391　514A　664　737
34. 清刻本　2　21（存卷三、四）　139（有抄配）　277（残）　279　360A（题痘疹全婴金镜录三卷痘疹百问秘本一卷）　381　391　401　412A　521　529A　701　709　728A　731　735A（存卷三、四）740E　922　926A
35. 殷长庚抄本　139
36. 抄本　308A　514A　541（题新订注释幼科金镜录）　709
37. 见痘疹四合全书
38. 见幼科三种

05462 08634　**（新刻）痘疹证治要诀**五卷　1579
（明）卢铣（水西）撰
明万历七年（1579）刻本　541

05463 08617　**片玉痘疹**十三卷　1582
（明）万全（密斋）编
1. 清顺治十一年（1654）罗田万达刻万密斋医学全书本　391　677A　839A　896A
2. 清康熙五十一年（1712）汉阳张坦议视履堂刻万密斋医学全书本　2　21　391　940
3. 清雍正二年（1724）金溪胡略清畏堂刻乾隆六年（1741）同人堂印万密斋医学全书本　277　541
4. 清末忠信堂刻万密斋医学全书本　139

361
5. 清宣统元年(1909)湖北刘洪烈果育轩刻本 1 589
6. 抄本 589
7. 见万密斋医学全书

05464 08636 **保赤全书**二卷 1585
(明)管橓(禹父)编 李时中增补
1. 明万历十三年(1585)槜李沈尧中阳春堂刻本 139(有抄配) 279 570 572 590 651 831 851
2. 明万历二十五年(1597)刻本 3 139 541 664(存卷上)
3. 明万历槜李卜氏聚奎堂刻本 664
4. 明万历十三年(1585)槜李沈尧中阳春堂刻大业堂重修本 21 139 279 572
5. 明万历闽建书林刘龙田乔山堂刻本 203 590
6. 明万历刻本 2 572
7. 明抄本 721
8. 清嘉庆十二年(1807)刻本 152
9. 清嘉庆十六年(1811)致和堂刻本 1 21 186 514A
10. 清光绪三年(1877)柏香山馆刻本 202
11. 清光绪三十三年(1907)上海朱氏焕文书局石印中西医通汇函本(三卷) 361 412A 514A 529A
12. 清刻本 664 839A
13. 清抄本 1 139
14. 日本刻本(据明万历闽建书林刘龙田乔山堂刻本) 7 139 391 476
15. 抄本 1 139
16. 见中西医通汇函

05465 08710 **袁氏痘疹丛书**五卷 1586
又名袁氏世传痘疹全书、袁氏痘疹全书
(明)袁颢(菊泉、孟常)撰 袁祥(怡杏、文瑞)增修 袁仁(参坡、良贵)校订
1. 明万历十四年(1586)嘉善袁黄书林双峰堂刻本 1 289(存卷一至四) 541 731
2. 清末抄本 491

05466 08637 **痘疹保婴珠玑**十卷 1589
(明)傅棣(温泉)编
明万历十七年(1589)刻本 541

05467 09180 **痘科保赤大成**四卷 [1590]
(明)周济仁(阳春、本石山人) 许氏合编
抄本 590

05468 08613 **痘疹心法**二十三卷 [1592]
又名痘疹世医心法、痘疹心法金镜录
(明)万全(密斋)编
1. 清康熙三十三年(1694)三翰张万言琼州府刻乾隆重修本(题痘疹心法金镜录) 139
2. 清康熙五十一年(1712)汉阳张坦议视履堂刻万密斋医学全书本 1 2 651 728A 731 921 940
3. 清雍正二年(1724)金溪胡略清畏堂刻乾隆六年(1741)同人堂印万密斋医学全书本 401(存卷一至十二) 405A 541
4. 清乾隆十三年(1748)刻本 1 2 203 381 570
5. 清康熙三十三年(1694)三韩张万言琼州府刻乾隆嘉庆重修扫叶山房印本(题痘疹心法金镜录) 301 308A 514A
6. 清末忠信堂刻万密斋医学全书本 139 590 799A
7. 抄本 412A
8. 见万密斋医学全书

05469 08638 **痘疹传心录**十六卷 1594
附慈幼心传二卷、采痂种痘各论一卷
(明)朱惠民(惠明、济川)撰
1. 明万历二十三年(1595)刻本 1 270 475A 514A 852
2. 清乾隆五十一年至五十九年(1786—1794)元和程永培刻修敬堂汇印六醴斋医书本 139 202 270 279 361 385 385A 396 412B 421 476 521 541 589 651 707 728A 939
3. 清道光二十二年(1842)修敬堂刻本 1 139 139A 251 289 308A 361 461 475A 476 491 521 529A 541 728A TC
4. 清同治光绪间刻本(附慈幼心传二卷) 541
5. 清光绪十七年(1891)广州藏修堂刻儒雅堂印六醴斋医书本 728B
6. 清光绪三十一年(1905)陆起凤抄本 381

7. 清刻本　282　361　590　733A　781　896A　940
8. 清抄本　1　139　277　570
9. 抄本　3　277　412B　421　570　590
10. 见六醴斋医书

05470
08639 **治痘精详大全**十六卷　1594
附痘疹回春
（明）伍匡世（仁所、广仁子）　何佖（养斋）编
明万历二十二年（1594）全州伍匡世刻本　541

05471
08640 **痘疹不求人**一卷　1595
又名经验痘疹不求人方论
（明）朱栋隆（子吉、春海、瓶城子）撰
1. 清康熙三十六年（1697）刻本　280　541　734　741　839A　852
2. 清道光八年（1828）坚白斋刻本　728A
3. 清道光来鹿堂刻本　418
4. 清咸丰积善堂刻本　251　401
5. 清光绪三年（1877）幼幼堂刻本　741
6. 清光绪十七年（1891）刻本　590　677A
7. 清聚锦堂刻本　741
8. 清刻本　1　2　21　139　139A　279　412B　491　738　741　852B（附杨凤庭保婴秘笈）
9. 清抄本　1　313
10. 北京聚奎斋刻本　279　308
11. 见便产痘疹合并方书
12. 见经验四种

05472
08641 **痘疹括**一卷　1596
（明）张邦土（嵋阳）撰
明万历二十四年（1596）蒲坂张华岑刻本　541

05473
08642 **仙传痘疹奇书**三卷　1598
又名痘疹真传奇书
（明）高如山（我冈）撰　高尧臣（幼冈）编
1. 明万历书林陈璜刻本（题重刻痘疹仙传妙诀二卷）　1
2. 明万历刻本　7
3. 清康熙刻本　139　572
4. 清雍正九年（1731）刘诚意刻本　279　385　707
5. 清乾隆四十二年（1777）天德堂刻本　3　289　301　476　521　522
6. 清嘉庆十年（1805）白下包瑚湘雪轩刻本　186　289　664　728A
7. 清道光二十六年（1846）连平谢氏万顺堂刻本（题痘疹真传奇书）　139　139A　202　907C
8. 清刻本　3　140　461　475A　831
9. 清抄本　139　203　728A
10. 抄本　139　277（存卷二、三）

05474
08643 **（新镌）郑先生痘经会成保婴慈录**九卷卷首一卷　1599
（明）郑大忠（正吾、英翰）撰
1. 明崇祯五年（1632）叶高标刻本　2
2. 日本天明抄本　7

05475
08644 **万氏家钞痘疹诸家方论**二卷续集一卷　[1600]
又名痘疹方论
（明）万邦孚（汝水、端吾）撰
明万历二十八年（1600）四明万氏家刻本　590　733（存卷下、续集一卷）　917A　TA

05476
08645 **痘疹大全**二十一卷　1601
（明）吴勉学（师古、肖愚）编
子目：
（1）类证注释钱氏小儿方诀十卷　（宋）钱乙撰
（2）痘疹论二卷　（宋）闻人规撰
（3）陈氏小儿痘疹方论一卷　（宋）陈文中撰
（4）蔡氏小儿痘疹方论一卷　（明）蔡维藩撰
（5）陈蔡二先生合并痘疹方一卷　（宋）陈文中　（明）蔡维藩撰
（6）博爱心鉴二卷　（明）魏直撰
（7）痘疹宝鉴二卷　著者佚名
（8）博集稀痘方论二卷　（明）郭子章撰
（9）痘疹全书二卷　（明）万全撰
明万历二十二年（1594）新安吴勉学刻本　3　139（缺第一种）　253（存七种）　651

05477
08646 **痘疹宝鉴**二卷　1601
著者佚名
1. 明万历二十二年（1594）新安吴勉学刻痘疹大全本　139　277
2. 日本抄本　590
3. 见痘疹大全

05478 08647 **痘疹神应心书全集**一卷 1601
(明)柳樊丘(可封、汝礼)撰 裴庶述 谭应梦(起岩)删订
1. 明崇祯刻本 514A 733
2. 清抄本 139 590

05479 00000 **痘疹全书**二卷 1601
(明)万全(密斋)撰 吴勉学(师古、肖愚)校订
1. 明万历二十二年(1594)新安吴勉学刻清初翼圣堂重修本 152 541
2. 见痘疹大全

05480 08649 **痘疹心印**二卷 1602
(明)孙一奎(文垣、东宿、生生子)撰
1. 明万历三十年(1602)刻本 139
2. 清宣统元年(1909)湖北刘洪烈果育轩刻本 1 139 361 541 737 781 839A
3. 抄本 590 721

05481 08650 **(新校)博爱心鉴发明全书**三卷 1602
(明)魏直(桂岩、廷豹)原撰 朱惠民(惠明、济川)辑订
1. 明万历三十年(1602)长兴朱惠民世魁堂刻本 7 139 541 731(存卷一)
2. 清抄本 570

05482 00000 **毓麟芝室秘传痘疹玉髓**二卷 1604
著者佚名
明万历三十二年(1604)高唐王朱翊镶刻本 286

05483 08652 **痘疹真诀**二卷 1607
(明)陈文治(国章、岳溪)编
明万历三十五年(1607)陵县康丕扬晋阳刻本 3 139 541 721A

05484 08654 **(秘传)痘疹神书慈幼玄玄**四卷 1610
附经验良方
(明)陈应旌(文龙)撰
明万历三十八年(1610)刻本 541

05485 08616 **痘疹心法全书**十七卷 1610
(明)万全(密斋)编
子目:
(1)痘疹碎金赋二卷
(2)痘疹世医心法十二卷
(3)痘疹玉髓摘要二卷附痘疹玉髓方一卷
1. 明万历三十八年(1610)夏邑彭端吾刻本 1 3 139 139A 203 270 277(残) 279 476 541(缺痘疹玉髓) 651 664 709
2. 明万历四十五年(1617)西蜀邓士昌刻本 139
3. 明万历三十八年(1610)夏邑彭端吾刻康熙二十六年至二十九年(1687—1690)崔华贾东井重修五十六年(1717)两淮运库印本 139 186 461 476 746 799A
4. 清咸丰七年(1857)长白觉罗恒保四川资州署刻本 277 289(存第二、三种) 435(存第二、三种) 491 664
5. 清光绪十六年(1890)雪舫氏抄本 921
6. 抄本 2 251 541(存二卷) 728A 939

05486 08656 **小儿痘症要诀**二卷 1611
又名东园痘症要诀
(明)吴子扬(居敬、东园)撰
1. 明万历三十九年(1611)绣谷徐可久刻本 186
2. 清抄本 570 939
3. 见保产痘症合编

05487 08718 **痘疹解疑**二卷 1611
(明)倪有美(洞春)撰 黄正达(顺所)校
清抄本 590

05488 00000 **痘疮集要**一卷 [1611]
(朝)许浚撰
日本抄本 TB

05489 08835 **痘疹秘录**二卷 1615
(明)王仲威(来仪)编
日本安永九年(1780)刻本 511

05490 08658 **痘疹活幼心法**八卷卷末一卷 1616
又名活幼心法大全、痘疹活幼至宝、痘疹活幼心法全书、痘疹活幼心法至宝、痘瘖秘旨
(明)聂尚恒(久吾、惟贞)撰
1. 明万历刻本 450
2. 日本宽永六年(1629)刻本(二卷) 7
3. 明崇祯六年(1633)闵齐伋刻本(不分卷) 1 252 277(残) 413 433A 435 491 737 737A 839A
4. 清初四美堂刻本 289 308A 421 436
5. 日本宽文六年(1666)田原左卫门刻本(二卷) 7 361 511 590 677A

926A

6. 清康熙十五年(1676)江宁周京向山堂刻本(九卷) 514A 871 912
7. 清康熙十五年(1676)江宁周京向山堂刻恒谦堂印本 590
8. 清康熙四十八年(1709)盱黎黄光会且园江西刻本 461 511 514A 741
9. 清康熙凌云堂刻本 6
10. 清乾隆二十六年(1761)刻本 279
11. 清乾隆四十六年(1781)三乐堂刻本(九卷) 364A(存卷一至四) 728A
12. 清乾隆四十六年(1781)芸生堂刻本 21 139 186 301 433A 852 852F
13. 清乾隆四十九年(1784)大元堂刻本 3 308A 799
14. 清乾隆五十九年(1794)皖江熙湖李长根刻本 1 139 279 514A 541 707 738A 741
15. 日本宽政六年(1794)刻本(二卷) 570
16. 清乾隆王连松抄本 677A
17. 清乾隆五十一年(1786)湖南桂东敦厚堂刻嘉庆二十二年(1817)徽州婺源王亦政堂印本 351 741
18. 清嘉庆二十五年(1820)江南怀仁堂刻本(附心法附余) 541 651
19. 日本文政五年(1822)大阪伊丹屋善兵卫刻本(二卷) 476
20. 清道光三年(1823)会稽张观王滋德堂刻本 461 651 731
21. 清道光四年(1824)盛斋刻本 139
22. 清道光十年(1830)江苏钱崧刻本 202
23. 清道光十八年(1838)海阳张汝英刻本(题痘疹活幼心法至宝) 1 2 139 186 251 361 385A
24. 清道光二十年(1840)台湾府刻本 139
25. 清道光二十二年(1842)庆古斋刻本(题重刻活幼心法大全二卷) 139 361 412B 907C
26. 清道光二十二年(1842)庆古斋刻后印本 21 289 361 514A 709 852C 907C
27. 清道光二十四年(1844)苏州天禄堂刻本 186
28. 清道光二十六年(1846)吴江环秀阁刻本(题痘疹活幼至宝) 2 664
29. 清道光二十七年(1847)汉阳袁氏刻本 2 21 139
30. 清咸丰六年(1856)桂林堂刻本 351
31. 清咸丰七年(1857)岳池秦茂堂刻本(附达生编二卷) 852
32. 清咸丰八年(1858)刻本 21
33. 清同治元年(1862)湖南桂东敦厚堂刻本(附增补活幼心法一卷) 186 412A 415(存增补活幼心法)
34. 清同治四年(1865)文古斋刻本 139
35. 清乾隆五十九年(1794)皖江熙湖李长根刻同治五年(1866)杭城聚文堂印本(扉页题痘瘖秘旨) 139 203 381 570 734 737 738B
36. 清同治八年(1869)韩文焕斋刻本 1 139 277 279 393 433A 450 461 475A 541 572 590 651 706 709 734A 735 736 736B 738 738A 740C 799A 839A 871 896A 907C 926A
37. 清光绪二年(1876)凝善堂刻本(二卷) 361 852 852A 852B
38. 清光绪三年(1877)刻本 514B
39. 清光绪四年(1878)杭州竹简斋刻本 541 590 839A
40. 清宣统元年(1909)益元书局刻本 286 412B 712
41. 清宣统三年(1911)槐荫书屋刻本(二卷) 393
42. 清文富堂刻本 401 734A
43. 清三德堂刻本 743
44. 清文林堂刻本 202
45. 清扫叶山房刻本 139 590
46. 清粤东翰宝楼刻本 1 664
47. 清文奎堂刻本(不分卷) 202 541 922
48. 清婺源俞镕刻本 139 361
49. 清福文堂刻本 940
50. 清会贤堂刻本 529A
51. 清宏道堂刻本 737 852C 917A
52. 清富春堂刻本 664
53. 清大文堂刻本 139 279 289 351 381

54. 清刻本 1 139 289（附达生编二卷） 308A 412A 413（二卷） 434（二卷） 437 475A 514B 541 708 709 743 907C
55. 清末黄翘楚抄本 139
56. 杏春氏刻本 139 917A
57. 抄本 139 279 289 401（存卷五至九） 415 443 541 570 831 917A
58. 见奇效医述痘疹活幼心法合刻

05491 08661 **痘科良方**一卷 1616
(明)聂尚恒(久吾、惟贞)撰
清抄本 851

05492 08662 **痘门方旨**八卷 1616
又名聂氏痘门方旨、清江聂氏痘科附麻疹痢门方旨
(明)聂尚恒(久吾、惟贞)撰
1. 清乾隆十三年(1748)清浏邱生华敦素堂刻本 738A
2. 清乾隆五十六年(1791)刻本 590
3. 清嘉庆十二年(1807)抄本 139(存卷一至三,附痘科秘要一卷)
4. 清嘉庆十五年(1810)汉阳酆承追刻本 139 514A 541 852
5. 清光绪十年(1884)刻本(不分卷) 712
6. 清刻本 361 831
7. 抄本 572

05493 08663 **活幼心法摘抄**一卷 ［1616］
(明)聂尚恒(久吾、惟贞)撰
抄本 139

05494 08665 **痘疹脐惊合刻**四卷 ［1616］
(明)聂尚恒(久吾、惟贞)撰
子目:
(1)痘疹慈航二卷 (明)聂尚恒撰
(2)遂生编一卷 (清)庄一夔撰
(3)脐惊合编一卷
清光绪十八年(1892)巴县龙岗场文会公所刻本 852

05495 08667 **痘疹一斑**一卷补遗一卷 1618
(明)侯维汉汇辑 杨茂续补遗 陈汝之重订
明万历四十六年(1618)刻本 186

05496 08670 **摘星楼治痘全书**十八卷 1619
又名治痘大成、痘科大成
(明)朱一麟(应我、应我山人、摘星楼主人)撰
1. 清道光六年(1826)上海耕乐堂刻本 1 2 3 7 21 139 139A 202 203 251 252 254 270 277 280 287 288 289 308A 361 381 385 391 393 401 412A 421 433A 443 491 511 541 572 589 590 651 701 715 721 728A 731 738 739 799A 871 931
2. 清光绪十二年(1886)培植堂刻本 186 450B 461 570 590 664 677A 741 746 839A 907C 940
3. 清咸丰十一年(1861)香山林福刻光绪十三年(1887)印本 475A 728 931 940
4. 清刻本 383 412A
5. 抄本 TA

05497 06129 **籧庐**三卷续集一卷 ［1619］
又名痘症籧庐集
(明)朱一麟(应我、应我山人、摘星楼主人)撰
抄本 279 651

05498 08671 **(秘传)经验痘疹**不分卷 ［1619］
又名密传小儿痘疹
(明)万全(密斋)等原撰 辑者佚名
明万历刻本 139

05499 08674 **王氏痘疹诀疑**二卷 1623
著者佚名
明天启三年(1623)抄本 590

05500 08675 **博爱心鉴代斲**二卷 1624
(明)魏直(桂岩、廷豹)原撰 周惟正删订 朱惠民(惠明、济川)发明
明刻本 139

05501 08844 **痘证慈航**一卷 1624
又名痘疹慈航、慈航痘疹选要
(明)欧阳调律撰 (清)郭士珩(昆山)编
1. 清乾隆五十七年(1792)德州刻本(题痘疹慈航,附痘疹选要) 139
2. 清同治四年(1865)资阳李洞书刻三让堂印本 1 139 475A 677A 707 728A 831 839A 931
3. 清同治四年(1865)资阳李洞书刻澹雅书局印本 139 921

4. 清同治四年(1865)资阳李洞书刻经纶堂印本 664
5. 清同治四年(1865)资阳李洞书刻春华堂印本 139 831
6. 清同治四年(1865)资阳李洞书刻益元堂印本 412A
7. 清同治十年(1871)刻本 139 306 360A 414 721
8. 清同治十三年(1874)文运堂刻本 651
9. 清刻本 289 361 664
10. 清抄本 1(附家传痘疹探微,黄中立撰)
11. 见痘疹科杂抄
12. 见验方新编(附录)
13. 见痘证慈航妇科慈航
14. 见书三味楼丛书

05502 08660 **痘疹慈航**二卷 [1624]
又名痘科慈航
(明)聂尚恒(久吾、惟贞)撰
1. 清乾隆二年(1737)慈溪顾洵刻本 270 590 939
2. 清嘉庆十二年(1807)龙泉下湖王德慎植福堂刻本 279(附万密斋先生痘麻)
3. 清嘉庆二十四年(1819)石产瑚刻本 391 728A 734
4. 清道光二十四年(1844)史朴潮城翰墨堂刻本 1 491
5. 清光绪四年(1878)杭州竹简斋刻本 279 289 309 475A 514A 541 590 731
6. 清刻本 514B 572
7. 抄本 1 734A 738
8. 见验方新编十六卷(版本附录)
9. 见普济全书
10. 见痘疹脐惊合刻

05503 08676 **痘疹诠**三卷 [1624]
(明)张介宾(景岳、会卿、通一子)撰
见景岳全书

05504 08677 **痘疹诠古方**一卷 [1624]
(明)张介宾(景岳、会卿、通一子)撰
见景岳全书

05505 08678 **(景岳)痘疮证治**一卷 [1624]
(明)张介宾(景岳、会卿、通一子)撰
抄本 139

05506 08679 **朱紫垣痘疹秘要**不分卷 1625
(明)杨仙池(掌纶)编
1. 抄本 590
2. 见本草经疏辑要(附录)

05507 08680 **痘疹秘要**一卷 1625
(明)陈楚瑜撰
日本抄本 590

05508 09097 **痘科式略**一卷 [1625]
附葵菜预解痘毒说
著者佚名
明抄本 1

05509 08681 **痘疹奇衡**二卷 1626
附青囊明辨一卷
(明)唐云龙(玄真子)撰
1. 清顺治七年(1650)五松阁刻本 1 721
2. 清影抄本(无附录) 139

05510 08682 **慈幼设问痘疹**十六卷 [1627]
麻疹二卷
又名慈幼痘疹说问、慈幼痘疹设问
(明)吴应汤辑
明天启刻本 1

05511 08683 **痘科类编释意**三卷 1628
又名痘科汇编释意、痘科保赤类编
(明)翟良(玉华)撰
1. 明崇祯三年(1630)朝鲜尹光颜刻本(题痘科汇编) 139
2. 明抄本 541
3. 清康熙五十九年(1720)(附痘科纂要一卷)刻本 491 541 709
4. 清初刻本(附幼儿杂症方论、麻科汇编一卷、疹科纂要一卷、痘科诸药本草一卷) 1
5. 清康熙三年(1664)大兴林起龙补拙斋刻本 738B
6. 清雍正四年(1726)刻本 381 476
7. 清雍正六年(1728)天都事守堂刻本(附疹科纂要一卷) 361 381 541 590 721
8. 清乾隆十五年(1750)仁和裴经绿野堂刻本 139 476 590 664
9. 清乾隆三十五年(1770)凤仪堂刻本 139
10. 清乾隆三十七年(1772)敬业堂刻本(附疹科纂要一卷) 139 279 280 287 288 289 301 361 381 385 461

464 871
11. 清乾隆三十八年(1773)致和堂刻本(附疹科纂要一卷) 3 186 202 286 289(存二卷) 301 308A 351 412A 491 511 677A 831 839A
12. 清嘉庆十年(1805)刻本(附疹科纂要、幼儿杂证方论、产科秘书) 139
13. 清嘉庆十七年(1812)昭萍庶几轩刻本 784 931
14. 清嘉庆二十年(1815)云南四知堂刻本 277 301 839A 901 907C
15. 清道光十年(1830)道生堂刻本 476
16. 清道光二十三年(1843)元茂堂刻本(题痘科保赤类编,附疹科纂要一卷) 270 289 412B 475A 476
17. 清道光二十九年(1849)刻本 412B
18. 清咸丰元年(1851)务本堂刻本(附疹科纂要一卷) 361 839A 852
19. 清光绪十年(1884)刻本 852 852F
20. 清融心斋刻本(附幼儿杂症方论、疹科纂要一卷) 366 728A
21. 清云林唐氏积秀堂刻本 1 139 202 308A 461 839A
22. 清益都孙氏刻本 139 301 476
23. 清墨润斋刻本(附疹科纂要一卷) 270
24. 清陟思楼刻本 139
25. 清三奇斋刻本 590
26. 清刻本 1 3 139A 152 301 308A 311(存卷二、三) 313(存卷三) 361 366 412B 476 491 589 590 728A
27. 清抄本 279 308A 521 541(二卷)
28. 抄本 2 590
29. 见翟氏医书五种汇刻

05512 08684 **景岳痘疹**三卷 1628
附景岳麻疹一卷
原题(明)张介宾(景岳、会卿、通一子)撰
清存庚堂抄本 412A

05513 08686 **治痘十全**三卷卷首一卷 [1628]
又名治痘十全便读
(明)翟良(玉华)撰 怀幼学人增纂
1. 清乾隆三十三年(1768)刻本 139 541
2. 清道光八年(1828)刻本 491 712
3. 清抄本 491(存卷三)

05514 08688 **(新刊太医院校正)小儿痘疹医镜**二卷 1630
又名(秘传)痘疹医镜
(明)龚居中(应圆、如虚子、寿世主人)编
1. 明复本斋刻本 572
2. 明建邑书林萧腾鸿刻本 590

05515 08689 **痘疹青囊大全**三卷 1630
(明)王自恭(仁宇)撰
1. 明崇祯三年(1630)古吴陈长卿刻本 139
2. 抄本(二卷) 139A

05516 08690 **痘经**三卷 1632
又名痘经大全
(明)江旭奇(舜升)编
明崇祯五年(1632)抄本 590(余姚谢氏永曜楼旧藏)

05517 08692 **痘科切要**一卷 1637
(明)吴元溟(澄甫、小川)撰
明毓秀堂抄本 590

05518 08693 **痘疹玄言**二卷附录一卷 1637
(明)汪黝撰
明崇祯十年(1637)程士逑松石居刻本 721

05519 08694 **痘疹幼幼心书**十七卷 1641
(明)吕献策(匡时)撰
明崇祯十四年(1641)广川吕献祯吕献璠刻本 1 139 361

05520 08695 **痘疹折衷**二卷 [1641]
(明)秦昌遇(景明、广埜道人、乾乾子)撰
1. 清初抄本 701
2. 清乾隆二十七年(1762)抄本 931
3. 清嘉庆六年(1801)经艺堂刻本(题新刻秦景明先生痘疹折衷) 412B 709
4. 清抄本 381 433A 461 475A 521(残) 529A 541 664 TA
5. 见灵兰集

05521 08696 **痘疹秘要**一卷 [1641]
附诊家秘要一卷
(明)金九渊(少游、长鸣、冰壑老人)撰
清康熙刻本 572

05522 08655 **小儿司命**八卷 [1644]
附西园别集一卷
(明)彭尧谕(君宣、幼邻、西园)辑订
明崇祯庐陵彭端吾刻本 721(卷一至六)

05523 08698 **徐氏仁端录痘疹**五卷 [1644]
又名仁端录、痘疹仁端录、仁端录痘疹玄

珠
(明)徐谦(仲光、澄观)编
1. 清康熙五十年(1711)乐闻子抄本(八卷) 651(清·吴骞跋)
2. 清乾隆八年(1743)石门吴氏黄叶庄刻本 2 139A 152 475A 541 590 677A 728A
3. 清抄本(题仁端录痘疹玄珠) 3 277 279
4. 惜阴楼迎鹤轩抄本(十卷) 139
5. 抄本 3 541(残) 572 734 736(残)
6. 见四库全书(十六卷)

05524 08701 **痘科键**二卷 [1644]
又名痘家心印
(明)朱巽(嘘万)撰
1. 清康熙靖江朱凤台刻本 1 139
2. 日本享保十五年(1730)武于龙刻本 7 289 511 541 590 651 TA
3. 日本安永六年(1777)柏源屋清龙卫门等刻本 3 139 421 476 590 731
4. 清道光十一年(1831)崇川徐缙森荫堂刻本(附麻疹一卷) 1 139A 277 461 514A 589 677A 702 734 738B
5. 清刻本 1 491 541
6. 清抄本 1 279(题痘家心印)
7. 抄本 152 590 701

05525 08703 **朱氏痘科全书**一卷 [1644]
(明)朱禄撰
1. 清康熙四十六年(1707)抄本 521
2. 清抄本 491 741

05526 08704 **明悟斋痘科歌诀**一卷 [1644]
著者佚名
明抄本 139

05527 08705 **治痘方函**不分卷 [1644]
(明)戴笠(观胤、子长、曼公、独立性易、天外一闲人)撰
日本延宝元年(1673)池田瑞仙抄本 511

05528 09164 **痧痘惊幼科秘诀**二卷 [1644]
(明)宋镛(杏庄)传
清抄本 590

05529 00000 **仙传宋杏庄痘科秘旨**一卷 [1644]
(明)宋镛(杏庄) (清)郑鹏飞传
清抄本 728A

05530 08707 **(秘传)经验痘疹**□□卷 [1644]
著者佚名
抄本 152 391 709

05531 08708 **(秘传)痘疹**一卷 [1644]
著者佚名
明抄本 152

05532 09098 **痘疹正传直指心法**三卷 [1644]
著者佚名
明抄本 1

05533 08709 **朱氏痘疹方论**一卷 [1644]
(明)朱禄 朱师孔撰
抄本 579

05534 08714 **痘疹秘传心法**二卷 [1644]
又名秘传心法
著者佚名
明抄本 139

05535 08715 **痘治玉鉴**一卷 [1644]
著者佚名
明抄本 139

05536 08716 **痘疹集验**一卷 [1644]
(明)陈时澈(三山)撰
清李靖白抄本 308A

05537 08717 **痘疹心法**六卷 [1644]
(明)吕希端(调华)撰
清嘉庆十年(1805)成锦堂刻本 461

05538 08719 **赵继川秘藏痘疹验过症候方药痘子集宜**不分卷 [1644]
(明)赵继川编
清抄本 139

05539 08721 **(新编)痘疹全书**一卷 [1644]
(明)朱国宾注
抄本 721

05540 08723 **建松堂简易痘疹良方**六卷卷首一卷 [1652]
又名济幼慈航
(清)李文煌(包阁)撰
1. 清康熙元年(1662)颍川李氏建松堂刻本 412A
2. 清嘉庆十一年(1806)隆阜景槐堂刻本 433 590 728A
3. 抄本 1(李化蛟订补)

05541 09175 **醉园痘疹集要**不分卷 [1658]
著者佚名
抄本 421

05542 **救偏琐言**十卷 1659
08724 附备用良方一卷
(清)费启泰(建中、德葑)撰
1. 清顺治十六年(1659)吴兴费启泰惠迪堂刻本 2 202 280 288 301 308 381 476 541 701 728A 839A 852
2. 清顺治十六年(1659)吴兴费启泰惠迪堂刻康熙二十七年(1688)增修本 1 139 139A 140 203 254 277 279 286 301(存卷一至六) 302 306 308A 310 351 361 363(存卷三至九) 364A(存卷五、六) 366 381 385 385B 401 412B 421 461 476 511 514A 521 529A 541 570 651 664 677A 715 721 728A 738A 738B 739A 740J 896A 931 939 940
3. 清顺治十六年(1659)吴兴费启泰惠迪堂刻康熙二十七年(1688)增修聚锦堂印本 308A 664
4. 清乾隆十七年(1752)遗经堂刻本 926A
5. 日本宝历八年(1758)丛桂堂刻本 1 7 572
6. 清嘉庆元年(1796)金阊惟善堂刻本 1 3 139 251 252 301 491 529A 589 590
7. 清嘉庆五年(1800)绣文堂刻本(八卷) 139 202 301 363(存卷一至四) 418(存卷一至四)
8. 清嘉庆十二年(1807)晋祁书业堂刻本(书口下镌惠迪堂) 2 139 289 361 385 514A 799A
9. 日本文政元年(1818)书林菱层孙兵卫刻本 511
10. 清道光十四年(1834)学余堂刻本(五卷,附备用良方一卷) 412A
11. 清道光十四年(1834)学余堂刻二十一年(1841)大文堂印本(五卷,附备用良方一卷) 1 21 139 140 270 277 279 351 361 381 385A 391 396 401 412A 431 461 475A 493 514A 529A 541 651 715 737A 738A 799A 839A 871 931 940
12. 清道光三十年(1850)富顺王言润等刻本 412B
13. 清文盛堂刻本(书口下镌文盛堂) 139 186 202 203 279 288 289 351 366 412A 412B 435 450B 514A 529B 590 707 721 728A 734 738 940
14. 清夏复庵抄本 491(存卷六)
15. 清刻本 7 21 139 186 277 301 351 364A 368 393 412A 462 465(残) 921 940
16. 抄本 308A 590 664 917A

05543 **痘疹庸谈广编**十卷 1659
08725 (清)于秉雍(名鹏、友莲居士)撰 沈萃(聚九) 于湜(正夫)增补
1. 清雍正七年(1729)宝旭斋刻本 590
2. 清抄本 308A

05544 **痘疹生民切要**二卷图说一卷 1659
08727 (清)喻昌(嘉言、西昌老人)原撰 陆师鉴(圣苍)增辑
清乾隆三十七年(1772)刻本 289 385 541 734

05545 **痘科醉缘**四卷 [1659]
08729 著者佚名 (清)刘文瑛(宪章)辑订
清抄本 7

05546 **痘疹元珠**一卷 1660
08730 附疗痘遗方一卷
(清)江希舜撰
清抄本 139 361 433A 522

05547 **小儿痘疹纂要**一卷 1661
08731 (清)薛自修编
明末清初刻本 1

05548 **诚书痘疹**三卷 1661
00000 (清)谈金章(心揆、黄郛、庐中侣)撰
1. 明末清初旌邑刘钟甫刻本 139A
2. 明末清初旌邑刘钟甫刻雍正十一年(1733)传经堂重修本 277 279 289 308A 570
3. 见诚书

05549 **痘疹切要**一卷 [1661]
00000 著者佚名
清初抄本 286

05550 **(毓麟芝室汇订)疹科治法纲**一卷 [1663]
08732 又名毓麟芝室疹科治法纲

（清）朱之黯（用汲、玉根山樵）编
清康熙二年（1663）文茵堂刻本　590

05551 08728 **毓麟芝室痘科秘传玉髓经金镜录全书**四卷　［1663］
（清）朱之黯（用汲、玉根山樵）编
1. 清康熙二年（1663）文茵堂刻本　491　728A
2. 抄本　590

05552 08735 **痘科约囊**五卷　1668
又名痘疹约囊金镜录
（清）黄序（六苍、鹊溪）撰
清康熙七年（1668）琴川黄序宣兰艺圃刻本　139　202　677A

05553 08736 **痘疹约囊金镜录摘要**一卷　［1668］
（明）翁仲仁（嘉德）原撰　（清）黄序（六苍、鹊溪）辑
清抄本　572

05554 00000 **江湖经验方**一卷　1669
著者佚名　（清）吕鼎调（燮元、蓉湄）编
见小儿痘疮八十一论方（附录）

05555 08784 **痘学真传**八卷　1672
又名痘疹指南医案
附疹论瘀赋
（清）叶大椿（子容）撰
1. 清康熙十五年（1676）金阊书林刻本　731
2. 清康熙十五年（1676）金阊书林刻雍正十年（1732）金阊巽记书坊重修本　277　401　415　475A　541　590　664　677A　939
3. 清康熙十五年（1676）金阊书林刻雍正十年（1732）重修乾隆四年（1739）印本　385
4. 清康熙十五年（1676）金阊书林刻雍正十年（1732）重修乾隆四十七年（1782）卫生堂印本（内封题痘疹指南医案）　3　139A　186　203　270　279　289　412B　461　664　944
5. 清康熙十五年（1676）金阊书林刻雍正十年（1732）重修嘉庆二十五年（1820）书业堂印本　139　186　202　277　279　289　397　412A　415（存卷一）　433A　491　590　709　728A　734A
6. 清抄本　277

05556 08737 **痘疹广金镜录**三卷　［1672］
（清）汪琥（苓友、青溪子）编
1. 清嘉庆五年（1800）刻本　677A
2. 清道光二十年（1840）鸿城萧新椿养和斋刻本　2　139　186　303　511　651

05557 08738 **痘症纂要**三卷　1673
又名痘疹纂要
（清）毛瑸（麟洲）编
清康熙十二年（1673）皖桐姚文然等瓠隐堂刻本　140　279　412A（残）

05558 08740 **痘疹四合全书**十一卷　1676
（清）吴学损（损庵）编
子目：
（1）痘疹金镜录真本四卷
（2）痘疹百问秘本一卷
（3）痘疹心法秘本三卷附增补麻疹心法一卷
（4）痘疹玉髓像一卷痘疹集图善本一卷
清康熙十六年（1677）三多斋刻本　139　289　301　351　461　475A　476　590　603　738B

05559 08742 **痘疹百问秘本**一卷　1676
（清）吴学损（损庵）辑订
1. 清康熙十六年（1677）三多斋刻痘疹四合全书本　139　277　361　461　664　709
2. 抄本　2　590
3. 见痘疹四合全书

05560 00000 **痘疹玉髓像**一卷　1676
痘疹集图善本一卷
（清）吴学损（损庵）辑订
见痘疹四合全书

05561 00000 **（重刊）痘疹心法**二卷　［1676］
（清）吴学损（损庵）辑
清康熙楚宁黄镜刻本　432

05562 08743 **痘疹心法秘本**三卷　［1676］
（清）吴学损（损庵）辑订
1. 清康熙十六年（1677）三多斋刻痘疹四合全书本　514A　590
2. 见痘疹四合全书

05563 08744 **痘科辨证**二卷　1678
（清）陈尧道（素中）编
1. 清康熙二十二年（1683）三原陈嘉绩刻本　2　139　277（存卷上）　361　401　413

431(存卷上)
2. 清咸丰二年(1852)聚奎堂刻伤寒痘疹辨正本 1 139 277
3. 清刻本 3 289 409 412B
4. 清抄本 277 701
5. 见伤寒痘疹辨证

05564 08746 **(秘授)痘疹科**一卷 1679
著者佚名
清康熙十八年(1679)抄本 139

05565 08747 **痘症通治**不分卷 1679
附广布天花说一卷
著者佚名
清康熙十八年(1679)抄本 139

05566 08752 **痘科大全**三卷补遗一卷附录一卷 1681
又名痘科大全金镜录、痘书大全
(清)史锡节(晋公)撰
1. 清康熙二十年(1681)会稽史锡杰刻四十四年(1705)尺木堂重修本 139
2. 清康熙二十年(1681)会稽史锡杰刻四十六年(1707)尺木堂递修本(内封题痘科大全金镜录) 277 381 412A 450A 461 491 541 590 677A 728A 738 738B 896A 907C
3. 清康熙二十年(1681)会稽史锡杰刻书业堂印本 475A
4. 抄本 139 572 590

05567 09075 **醉玄子痘疹**二卷 [1685]
又名醉玄痘疹、痘症醉圆
著者佚名
1. 清康熙五十六年(1717)严志行抄本(题醉玄痘疹) 412A
2. 清刘隽抄本(题痘症醉圆) 590
3. 抄本 590

05568 08750 **痘疹独解**五卷 1688
(清)张仲达(放翁)撰
清康熙二十七年(1688)达隐堂刻本 511

05569 08751 **痘科宝镜全书**一卷 1689
(清)汪昂(讱庵)撰
清武林学耕堂刻本 590

05570 08753 **治痘论**一卷 1694
(日)池田晋(柔行)撰
日本元禄七年(1694)养幼斋刻本 139 511

05571 08754 **痘疹全集**十五卷 [1694]
(清)冯兆张(楚瞻)撰
1. 清康熙四十一年(1702)刻冯氏锦囊秘录本 139A 360A 385A 391 475A 476 491 570(附杂症痘疹药性主治合参十二卷) 651 852(存十卷) 921 926A 940
2. 清康熙四十一年(1702)刻四十五年(1706)启后堂增修本 940
3. 清嘉庆十八年(1813)会成堂刻冯氏锦囊秘录本 728B
4. 清嘉庆二十三年(1818)大文堂刻冯氏锦囊秘录本 288 541 590 677A 931
5. 清刻本 289 308A 921 931
6. 抄本 433A
7. 见冯氏锦囊秘录

05572 08755 **痘疹正宗**二卷 1695
又名痘疹指南、疹科辨证、痘科正宗、痘疹正宗金鉴
(清)宋麟祥(钟岳)撰
1. 清康熙五十六年(1717)泗上郭祯刻本 651 871
2. 清康熙六十年(1721)宛平李芳英刻本 139 202 277 302 351 514A 541 651 664 731 734A
3. 清雍正十一年(1733)永庆堂刻本 139 139A 288 412A 461 896A
4. 清乾隆八年(1743)发干宋弘畯刻本 139 277 279 301 393 431 461 511 664 677A 709 728A
5. 清乾隆十年(1745)休宁程士绥刻本 1 152 738B(裕文堂藏板)
6. 清乾隆二十七年(1762)抄本 TA
7. 清乾隆二十八年(1763)吴青崖广陵德基堂刻本 7 514A 590
8. 清乾隆二十九年(1764)宛平李芳英重刻本 401
9. 清乾隆四十六年(1781)文盛堂刻本 1 21 279 280 366 381 393 514B 521 664 728A
10. 清乾隆五十年(1785)文锦堂刻本 308A
11. 清乾隆五十二年(1787)寿南堂刻本 1 277 288

12. 清嘉庆七年(1802)金阊宝仁堂刻本　1
13. 清嘉庆十六年(1811)邵阳蒋藻熊刻痘麻金正全书本　831
14. 清嘉庆十六年(1811)三益堂刻本　940
15. 清嘉庆十八年(1813)文会堂刻本　412B
16. 清道光元年(1821)孝昌屠氏刻本(题痘疹指南四卷)　1　139　270　280　491　728A　839A
17. 清道光三年(1823)刻本　589　907C
18. 清道光五年(1825)潭邑陈贤佳崇锦堂刻本(不分卷,附论一卷)　1　3　203　385　521　738
19. 清道光五年(1825)宝华楼刻本(不分卷,附论一卷)　203　651　664　728A
20. 清道光五年(1825)宝华楼刻宝翰楼印本　412A　491
21. 清道光二十一年(1841)抄本　491
22. 清同治八年(1869)善成堂刻本　7　139　277　302　351　412A　491　664　728A
23. 清同治九年(1870)同善堂刻本　514A
24. 清同治十二年(1873)立言成记刻本(题痘科正宗)　664　732A　896A
25. 清光绪八年(1882)资善堂刻本　139　351　412A　514A　529　907C
26. 清光绪十年(1884)翰苑阁刻本　664
27. 清光绪十年(1884)翰苑阁刻吴县朱记荣校经山房印本(三卷)　1　361　412A　799　799A　839A　921
28. 清光绪三十二年(1906)善成堂本　289　351　529A　728A　852
29. 清宣统元年(1909)扫叶山房石印本　251　361　462
30. 清宣统三年(1911)广益书局石印本　301　308A　529A　590　799　852A　943
31. 清江左书林刻本　139　412A
32. 清江阴宝文堂刻本　308A　475A
33. 清赐书堂刻本　739A
34. 清刻本　270　279　289　302　306　363(存卷下)　364A　412A　464(残)　476　491　541　709　721　931　944
35. 清抄本　279(存卷下)　308A　541　721　731　734(存卷上)　901
36. 抄本　728A　734
37. 见痘麻金正全书

05573 08756 **痘疹备要**四卷　[1695]
(清)王峨(绥斋)编
清康熙三十四年(1695)经德堂刻本　475A　677A

05574 08757 **痘疹指南**一卷　[1695]
著者佚名
抄本　139

05575 08758 **痘科正传**六卷　1696
又名痘疹正传必读
(清)沈巨源(晓庵)编
1. 清乾隆二十一年(1756)武林沈巨源刻本　1　2　139　277　301　360A　364　412A　412B　421　461　475A　491　541　590　651　728A　736A(存卷三、四)　740A(存卷三、四)　839A　852S(存卷二至五)
2. 清抄本　277　491　737A
3. 抄本　412B　706　839A

05576 08759 **全活万世书**二卷　1697
又名幼科痘疹、痘疹幼科正宗
(清)劳之成(蓉城)编
清康熙三十六年(1697)荣观堂刻本　279　590　731

05577 08761 **种痘书**一卷　1700
(清)允肃氏撰
清抄本　139

05578 08765 **痘疹合纂**一卷　1707
著者佚名
清康熙四十六年(1707)戎捷等刻本　308

05579 08767 **痘疹精义录**二卷　[1708]
(清)杨起岩(公调)编
1. 清康熙四十七年(1708)刻本　511
2. 抄本　412B

05580 08726 **纂要痘疹治诀便览**一卷　1709
(清)徐超(英馆)纂集　徐鸣岐订校
清康熙四十八年(1709)抄本　139

05581 08768 **痘疹定论**四卷　1713
又名种痘全书
(清)朱纯嘏(玉堂)编
1. 清康熙五十二年(1713)刻本　1
2. 清乾隆三年(1738)中卫县署刻本　351
3. 清乾隆三十二年(1767)王鸣盛刻本　3

139 279 396 491 541 570 702
4. 清乾隆三十四年(1769)沈大成刻本 139 664 728A
5. 清乾隆四十年(1775)抄本 401
6. 清乾隆四十四年(1779)上元陈尧典兰州府署刻本 139 308A 385 651 852
7. 清乾隆四十九年(1784)致和堂刻本 3 361 385 412B 443 514A 529B
8. 清乾隆六十年(1795)晋阳学署刻本 590
9. 清乾隆维扬文盛堂刻本 279 287 361 737
10. 清乾隆龙溪堂刻本(题种痘全书) 541 741
11. 清乾隆刻本 417 572
12. 清嘉庆十一年(1806)文兴堂刻本 280 590
13. 清嘉庆十一年(1806)聚贤堂刻本 203
14. 清嘉庆十一年(1806)三让堂刻本 714 931
15. 清嘉庆十八年(1813)两仪堂刻本 741 791
16. 清道光元年(1821)英华堂刻本 270 289 475A 728A
17. 清道光元年(1821)英华堂刻聚英堂印本 412A 450B 476 738 939
18. 清道光六年(1826)刻本 2 412A
19. 清道光七年(1827)致盛堂刻本 361(存卷一至三) 907C
20. 清道光九年(1829)信芳阁刻本 139 203 511 871
21. 清道光二十三年(1843)大兴堂刻本 277 541
22. 清道光二十八年(1848)潘俊贤刻本 514A 664
23. 清道光三十年(1850)经纶堂刻本 529A 677A 783 922
24. 清咸丰元年(1851)文英堂刻本 3 202 734 737
25. 清咸丰二年(1852)丹徒赵克宜刻四年(1854)重修本 21 139 186 202 203 270 381 412A 413 443 491 514A 541 706 709 728A 896A 921
26. 清咸丰三年(1853)文成堂刻本 361
27. 清咸丰三年(1853)务本堂刻本 361 431
28. 清同治九年(1870)济南刻本 139 139A 308 308A 353 385A 734A 735 839A
29. 清光绪二年(1876)刻本 799A
30. 清光绪九年(1883)静远山房刻本 1 2 139 491 664 721 728A 738 839A
31. 清光绪十三年(1887)姜琦光番禺高渭川刻本(题痘科定论二卷) 541 799A
32. 清光绪十五年(1889)铭独轩刻本 589
33. 清光绪十六年(1890)文奎堂刻本 139 279 286 721
34. 清光绪十八年(1892)东官卢佐臣刻本(三卷) 139 277 279 514A 541 940 942B
35. 清光绪十八年(1892)东官卢佐臣刻粤东喜云楼印本(三卷) 139 270 279 280 381 541 911 917A XE
36. 清光绪二十九年(1903)刻本 514A 541
37. 清光绪三十一年(1905)经元书室刻本 1 2 21 139 289 351 521 651 781 940
38. 清宣统三年(1911)潮州林文在楼刻本 931
39. 清宏道堂刻本 393
40. 清大经堂刻本 279
41. 清会源堂刻本 738A 839A
42. 清善成堂刻本 351 361 852
43. 清大文堂刻本 415
44. 清末三元堂刻本 415
45. 清刻本 3 279 306 351 361 364A(存卷三、四) 415 491 529A 590 706 713 728A 738A 742(存卷三、四) 743(存卷三、四) 839A 907C 912
46. 清抄本 1 308A 728A
47. 抄本 1 139 279 391 412A 514A 738B 799A 922

05582 **痘疮经验良方**六卷 1714
08748 (清)董凤翀(君灵)撰

清康熙五十三年（1714）三原董汉杰刻本 3 139 401

05583 08771 **痘疹辨疑大全**六卷 1715
(清)秦伯龙(春山)撰
清嘉庆十年(1805)世恒堂刻本 475A

05584 08772 **痘疹一贯**六卷 1717
(清)孙斐然(淇竹)撰
清康熙五十六年(1717)京都永魁斋刻本 664

05585 08773 **陶五松痘科秘本**一卷 1722
(明)陶五松撰
清康熙抄本 572

05586 08774 **痘症入门**四卷 1722
(清)毛瑸(麟洲)编
清康熙瓠隐堂刻本 1

05587 08775 **痘疹金镜**一卷 1722
(清)崔待聘(崑阳)撰
清初刻本 1 139

05588 08776 **痘疹秘诀**一卷 1722
(清)伍大华(承橘)撰
清初朱立方抄本 701

05589 08777 **用中篇**四卷 1722
又名痘疹用中篇
附麻疹辨明
(清)费启泰(建中、德葤)原撰 曹秉直(叔廉)编
1. 清康熙稿本 3
2. 清乾隆二十二年(1757)敬业堂刻本(二卷) 570
3. 抄本 412B

05590 09156 **痘疹天元玉髓**二卷 [1722]
(明)潘启亮(华明)编 潘斗垣(允中)增补
清朱三锡抄本 590

05591 08778 **曹氏痘疹准则**一卷 1725
(清)曹祖健(履实)编
清雍正三年(1725)曹世灿抄本 664

05592 08779 **痘疹汇诀直解**三卷 1726
(清)魏鉴(明远、正斋)编
抄本 541(不分卷) 590

05593 08780 **痧痘集解**六卷 1727
又名翁仲仁先生痘科金镜赋
(清)俞茂鲲(天池、丽溟、句曲逸士)集解 于人龙(耕烟、孟河畸人)补注
1. 清雍正五年(1727)句容俞茂鲲松荫堂刻本 139 186 252 279 286 361 385A 412A 541 709 921
2. 清乾隆五十二年(1787)怀德堂刻本 1 3 21 139 202 381 385A 412A 434 450B 590 664 731 738B 871
3. 清嘉庆二十一年(1816)江宁状元境天籁堂书店刻本 1 308A 351 361 511 514A 529A 651 721 799A 907C
4. 清光绪二年(1876)邗江李芸刻十一年(1885)增刻本(题翁仲仁先生痘科金镜赋) 21 139 139A 186 202 254 270 277 279 280 289 308 385A 385B 401 412A 412B 475A 476 491 514A 541 570 589 590 651 664 706 709 712 713 728A 738A 831 839A 871 907C 921 940
5. 清刻本 277 364A 461 721 728A(存卷四、五)
6. 清抄本 308A 590 734A 839A

05594 09056 **黄帝逸典痘疹精义**四卷 [1727]
又名换花笺、痘科黄帝逸典
原题(唐)蓝采和注 (清)虞霖(瑞苍)辑
1. 清雍正五年(1727)刻本 1 277 289 541
2. 清抄本 728A(附经验秘方一卷)

05595 08782 **痘疹经验要方**二卷 1728
著者佚名
1. 日本享保十三年(1728)武村新兵卫刻本 139
2. 日本宽政七年(1795)刻本 7

05596 08783 **痘疹辨义**一卷 1730
(日)堀元厚(北渚)撰
日本抄本 590(余姚谢氏永曜楼旧藏)

05597 08785 **活幼疹书**一卷 1732
又名痘科一得证治解
(清)刘企向(若政、梧村)撰
1. 清雍正十年(1732)刻本 270
2. 见活幼全书

05598 00000 **危恶典言**一卷 1732
(清)汪廉夫撰
清黄芹圃抄本 572

05599 **痘科一得歌诀**一卷 [1732]
08781 （清）刘企向（若政、梧村）撰
1. 清雍正五年（1727）刻本 734
2. 清刻本 412B
3. 见活幼全书

05600 **痘科一得药方解**一卷 [1732]
00000 （清）刘企向（若政、梧村）撰
见活幼全书

05601 **痘科药性诗余**一卷 [1732]
00000 （清）刘企向（若政、梧村）撰
见活幼全书

05602 **预防痘疮论**一卷 1734
08788 （清）马印麟（长公、好生主人）编
清雍正十二年（1734）历下张廷璧刻本 3

05603 **种痘新书**十二卷 1740
08793 又名中西痘科全书、中西痘科合璧
（清）张琰（逊玉）撰
1. 清乾隆六年（1741）宁阳张琰元成堂刻本 139 308 308A 352 361 391 475A 589 741 852 871
2. 清乾隆二十五年（1760）温文澜敬思堂刻本 139
3. 清乾隆四十二年（1777）宝文堂刻本 529 709
4. 清乾隆五十一年（1786）锡环堂刻本 521 731
5. 清乾隆五十五年（1790）聚锦堂刻本 412B
6. 清乾隆六十年（1795）刻本 664
7. 清嘉庆五年（1800）右文堂刻本 203 475A 514A
8. 清嘉庆八年（1803）义经堂刻本 289 541 741 912
9. 清道光十二年（1832）桂芳斋刻本 461 707 738A
10. 清咸丰三年（1853）经国堂刻本 433A 917A
11. 清同治十年（1871）重庆善成堂刻本 1 2 3 202 251 277 308 361 381 385A 391 396 412A 450A 461 491 511 529B 664 728A 731 741 799A 839A 851 872（存卷一至八） 907C 921 940
12. 清同治光绪间广州翰文堂刻本 931
13. 清光绪五年（1879）聚锦堂刻本 139 514A
14. 清光绪三十二年（1906）上海书局石印本（题新辑中西痘科全书） 139 279 301 433A 541 570 677A 733B 738B 799A 839A 931
15. 清末扫叶山房刻本 1 385 570
16. 清三余堂刻本 590 921 931
17. 清遂宁务本堂刻本 901
18. 清明经阁刻本 931
19. 清聚星堂刻本 393
20. 清宝文堂刻本 301 709
21. 清启元松刻本 202 781
22. 清万卷楼刻本 475A
23. 清经文堂刻本 728A 741
24. 清经纶堂刻本 521 651
25. 清菁华楼刻本 412A
26. 清致远堂刻本 139
27. 清文奎堂刻本 139 739A
28. 清宝庆祥隆刻本 361 521
29. 清绣谷郑五云堂刻本 381
30. 清宏道堂刻本 852
31. 清两仪堂刻本 433
32. 清种福堂刻本 277 651 839A
33. 清文光堂文元堂刻本 1
34. 清刻本 279 308A 311 352 381 391 431 434 664（存卷一至九） 714（存卷五、六） 738A 740C 852 907C
35. 清抄本 139 832
36. 清石印本 279 308A 311 352 381 391 431 434 664（存卷一至九） 714（存卷五、六） 737 740C 852

05604 **痘疹心法要诀**五卷 1742
08794 （清）吴谦（六吉）等撰
1. 清刻本 412A
2. 见（御纂）医宗金鉴

05605 **幼科种痘心法要旨**一卷 1742
08795 （清）吴谦（六吉）等撰
1. 清乾隆四十六年（1781）刻本 361 541 839A
2. 见（御纂）医宗金鉴

05606 **痘疹大全指掌集**八卷 1744
08796 （清）李茂实（蕢其）编

稿本　139

05607 **韩氏痘疹藏书**四卷　1744
00000 （清）敬口斋（仁源）撰
清乾隆九年（1744）刻本　746A

05608 **痘科慈幼选要**一卷　1746
08797 著者佚名
清乾隆十一年（1746）抄本　139

05609 **叶氏痘疹锦囊**不分卷　1746
08798 原题（清）叶桂（天士、香岩、南阳先生）撰
抄本　139

05610 **斑疹要诀**四卷　1750
08807 又名万氏痘麻
（清）陈复正（飞霞）编
清嘉庆七年（1802）同文堂刻本　491

05611 **种痘法**一卷　［1750］
08808 又名保婴要旨
（清）毓兰居士编
1. 清道光二十三年（1843）刻本　139
2. 清道光二十七年（1847）上海辅元堂刻本　139
3. 清光绪二十三年（1897）石印本　922
4. 见保产心法全婴心法（附录）
5. 见妇婴至宝
6. 见卫生宝笈
7. 见陈修园医书三十六、四十、五十种

05612 **痘科温故集**二卷　1752
08810 附郁证医案一卷
（清）唐威原（维德）撰
1. 清乾隆十七年（1752）绍衣堂刻本　1　3　139　202　253　285　289　365　511　590　651　733
2. 抄本　139A　270

05613 **郁证医案**一卷　1752
00000 （清）房陆（子由）撰
见痘科温故集（附录）

05614 **天花精言**六卷　1753
08811 （清）袁句（大宣、双梧主人）撰
1. 清乾隆二十年（1755）畏斋刻本　351　360B　651　664　944
2. 清乾隆五十一年（1786）清芬家塾刻本　3　412A　514A
3. 清乾隆五十二年（1787）於陵袁锡刻本　1　279　289　361　366　396　475A　715
4. 清嘉庆三年（1798）沧州李廷平远山房刻本　1　2　3　21　361　401　590
5. 清嘉庆三年（1798）沧州李廷平远山房刻十年（1805）瓯江陈瑾萱茂堂重修本　1　2　3　21　186　251　254　270　289　308　351　361　385　391　461　476　514A　709　721　728A　737　738　738B　917A　940
6. 清嘉庆三年（1798）沧州李廷平远山房刻十年（1805）瓯江陈瑾重修绿荫堂印本　1　202　308A　738
7. 清道光三年（1823）湘潭张力卓刻本　521
8. 清道光五年（1825）心远堂刻本　139　251　279　286　412A　412B　421　831
9. 清同治七年（1868）山阴陈暭刻本　2　279　381　385　431　433　521　541　570　572　677A　728A　731　799A　831　896A　907C　926A　931
10. 清光绪十七年（1891）善成堂刻本　1　139　186　287（存卷一、四）　301　366　412A
11. 清光绪二十九年（1903）翼化堂刻本　931　944　XB
12. 清宣统元年（1909）上海扫叶山房石印本　351　940
13. 清宣统二年（1910）益友堂刻本（题痘疹精言七卷）　728A
14. 清刻本　202　277　302　364A　383　590　940　943
15. 抄本　139　279　280　289　475A　529A　731　940

05615 **痘症精言**四卷　1753
08812 （清）袁句（大宣、双梧主人）撰
1. 清乾隆十八年（1753）汇源堂刻本　139　270　277　280　289　351　421　491　590　664　728A　839A
2. 清乾隆三十四年（1769）聚锦堂刻本　366
3. 清乾隆五十九年（1794）大盛堂刻本　443
4. 清道光四年（1824）集锦堂刻本　277
5. 清绿荫堂刻本　139　308A　366　467
6. 清文锦堂刻本　311　491
7. 清万元堂刻本　351

8. 清崇文堂刻本 351
9. 清美锦堂刻本 1 3 186 202 203 270 277 279 280 301 303 364A 364B 381 391 412A 475A 491 514A 664 800 839A
10. 清刻本 139 202 277 279 287 351 360A 360B 366 391 434 443
11. 清抄本 280 412A

05616 **痘科扼要**一卷 1755
08789
又名陈氏痘书、痘疹秘传、痘疹扼要
（清）陈奇生撰 金文淳（质夫）辑订
1. 清乾隆二十年（1755）钱塘金文淳刻本 139 251
2. 清乾隆二十八年（1763）樵川曾一贯东湖率祖堂刻本 1 270 738B
3. 清乾隆二十九年（1764）刻本 651
4. 清乾隆三十二年（1767）京都同文斋刻本（扉页题痘疹扼要） 3 279 289 361 677A 728A
5. 清乾隆三十三年（1768）海宁东筠堂刻本 308A
6. 清乾隆三十九年（1774）长洲宋丰绥陕西汉兴巡使官廨刻本 590
7. 清乾隆四十六年（1781）桂溪胡世德堂刻本 475A 514A 590
8. 清乾隆五十年（1785）刻本（附麻疹远害集一卷） 831
9. 清乾隆五十一年（1786）湘南袁名器信斋刻本 361
10. 清乾隆五十三年（1788）刻本 728A
11. 清嘉庆二十二年（1817）盱江黄佐刻本（题重刻陈氏痘书） 277 280
12. 清道光三年（1823）刻本 839A
13. 清道光十一年（1831）吴城乾元堂刻本 289
14. 清道光二十五年（1845）刻本（题痘疹秘传） 907C
15. 清道光三十年（1850）林一德刻本 461
16. 清同治十二年（1873）安乐延年堂刻本 139 302
17. 清光绪元年（1875）娄东刻本（附种痘心法一卷） 839A
18. 清光绪二十五年（1899）刻本 651
19. 清刻本 139 277（残） 279 541
20. 抄本 412B 590 721 731 738

05617 **痘证宝筏**六卷 1758
08815
（清）强健（行健、顺之、易窗道人）编
1. 清嘉庆十一年（1806）上海李筠嘉刻本 139A 475A 728A
2. 清同治元年（1862）上海宝贤堂刻妇婴三书本 491 728A
3. 清同治元年（1862）上海宝贤堂刻光绪十七年（1891）醉六堂重修妇婴三书本 3 186 270 277 279 308 361 412B 491 541 570 572 590 664 677A 710（存卷一、二） 737（存卷一至三） 737A 799 799A 839A 871 921 940
4. 清刻本 202 361 926A
5. 见妇婴三书

05618 **痘疹专门秘授**二卷 1762
08817
（清）董之嵩（维岳）撰
1. 清乾隆三十四年（1769）南陵董上贲刻本 3 301 385 412A
2. 清乾隆三十六年（1771）刻本 590
3. 清道光十三年（1833）晋介书业德记刻本 1 139 139A 202 412A 738
4. 清道光二十五年（1845）姑苏书业德记刻本 1 21 139 186 252 256 270 277 279 286 287 289 308A 366 412A 412B 461 475A 491 514A 511 831 839A
5. 清同治九年（1870）蟠岭李楚乔刻本 139 590 664
6. 清同治九年（1870）番禺陈玉泉刻本 139
7. 清光绪七年（1881）顺德谭禹崖日本刻本 139 541 590 701
8. 清光绪二十六年（1900）管率直堂活字印本 1 412B 651 721 728A 940
9. 清京都文茂斋刻本 289 514A
10. 清刻本 1 139A（残） 203

05619 **幼科正医录**五卷 1766
08818
（清）邵成平（庸济）撰
子目：
（1）幼科痘疹正医录三卷
（2）幼科痧疹正医录一卷

(3)幼科杂证正医录一卷
清乾隆三十一年(1766)刻本　475A

05620 **痘疹玉髓神书**三卷附录一卷　1766
08819 著者佚名
清乾隆三十一年(1766)精抄本　475A

05621 **痘科秘传**四卷　1768
08821 (清)秦希白(九华老人)撰
清道光二十三年(1843)六顺堂刻本　1　139　351　461　728A

05622 **痘疹秘钥**四卷　1769
08822 (清)田之丰(登五)撰
清乾隆三十四年(1769)稿本　139

05623 **(增订)吕氏保赤金丹**四卷补遗一卷　1769
08220 (清)吕绍先编　黄邦宁增订
清乾隆三十四年(1769)闽中黄邦宁二如堂刻本(版心题中震堂)　1　289　351　590　709　728A

05624 **痘糠辑要**四卷　1771
08823 (清)宋邦和(际雍)撰
清乾隆三十六年(1771)定阳宋冀魁家刻本　139　412B　461　677A

05625 **痘疹诗赋**二卷　1771
08824 (清)张銮(五云)撰
1. 清乾隆三十七年(1772)历城张氏乐善堂刻本　289　308A　590
2. 清道光二十年(1840)抄本　302
3. 清道光三十年(1850)叶赫桂祥刻本　590　651　677A
4. 清咸丰九年(1859)京都文成堂刻本　186
5. 清同治五年(1866)河内司长隆刻本　139　279　301
6. 清光绪八年(1882)扫叶山房刻本　279　301　522
7. 清筱沧抄本　139
8. 清抄本　1　7　251(附治痘总诀一卷、经验治痘良方一卷、麻疹总诀论一卷)　302　308A

05626 **痘子治略**一卷　1772
08825 (清)沈蓉江辑
清乾隆三十七年(1772)抄本　401

05627 **痘疹辑要**三卷　1775
08826 (清)刘鼎(相辅)　何梦瑶(报之、西池、砚农)合撰
1. 清乾隆四十年(1775)桂东黄体端刻本　139　277　590
2. 清道光十七年(1837)抄本　139

05628 **痘麻绀珠**六卷　1776
08828 (清)熊立品(圣臣、松园老人)编
见瘟疫传症汇编

05629 **(秘授)痘疹全书**不分卷　1777
08829 附秘传小儿痘疹治诀
(清)怀素居撰
清抄本　139

05630 **遂生编**一卷　1777
08830 又名痘疹遂生编
(清)庄一夔(在田)撰
1. 清嘉庆二年(1797)刻本　139　412A　413　541
2. 清道光十八年(1838)刻本　475A
3. 清道光二十九年(1849)刻本　434
4. 清咸丰四年(1854)刻本　579　728A
5. 清同治六年(1867)古芳斋刻本　590
6. 清同治八年(1869)魏氏刻本　139
7. 清同治刻本　590　708　721
8. 清光绪十五年(1889)刻本　831
9. 清光绪十八年(1892)上海刻本　741
10. 清光绪二十四年(1898)刻本　412A
11. 清朱聚文斋刻本　301
12. 刻本　139(有抄配)
13. 见四生合编
14. 见妇婴至宝
15. 见慈幼新书三种
16. 见梦草亭医书三种
17. 见保赤全编
18. 见体生集
19. 见达生编合编(附录)
20. 见敬信录(附录)
21. 见福济全珍
22. 见医要三书
23. 见保赤三书
24. 见寿世汇编
25. 见妇婴宝鉴
26. 见济世专门编
27. 见竹林寺女科秘方(版本附录)
28. 见福幼丛编

29. 见遂生慈幼福幼三编
30. 见书三味楼丛书
31. 见痘症慢惊合编

05631 08831 **痘症慢惊合编**二卷 1777
又名痘疹慢惊秘诀
(清)庄一夔(在田)原撰 方廷炯(饯珊) 吴潘炜(惺香)辑
子目:
(1)遂生编一卷
(2)福幼编一卷
1. 清嘉庆十五年(1810)刻本 411 570
2. 清嘉庆二十五年(1820)福兴街新新烟铺刻本(题痘疹慢惊秘诀) 186
3. 清道光二年(1822)刻本 364A
4. 清道光二十六年(1846)中湘吉曜堂刻本 1
5. 清道光二十八年(1848)刻本 140
6. 清咸丰四年(1854)山西介休瑞祥仁刻字铺刻本 382 450A
7. 见毓德堂医约

05632 08832 **轩辕逸典**十四卷 1779
又名黄帝逸典
原题(唐)蓝采和注释
1. 清乾隆四十四年(1779)会稽施诚刻本 139 412B
2. 清乾隆抄本 589
3. 清嘉庆十四年(1809)山阴杨文锦抄本 391
4. 清嘉庆十八年(1813)上饶刘毓祺刻本 139 139A 940
5. 清道光六年(1826)邗江刘耀奎刻本 3 286 541 546 590 664
6. 清同治七年(1868)懒翁抄本 139
7. 清欣赏书屋刻本 139 541 590 734 839A
8. 清刻本 139 277(存卷一至十三) 279 280 476 589 590 677A 851
9. 抄本 139 391 541(残) 572 590 TA

05633 08833 **痘汇六捷**二卷 1779
(清)喻念祖编
清嘉庆二十三年(1818)姚淳抄本 590

05634 09004 **詹氏痘科**一卷 1782
(清)詹思益撰
清光绪五年(1879)养余书屋刻本 709

05635 08837 **橡村痘诀**二卷 1783
(清)许豫和(宣治、橡村)撰
1. 清乾隆四十八年(1783)歙县许豫和刻顾行堂汇印许氏幼科七种本 139 308A 491 831 839A
2. 抄本 590
3. 见许氏幼科七种

05636 08845 **痘疹萃精**六卷 1783
(清)雷天栋(储岩、鸣盛)撰
清乾隆五十年(1785)李国麒刻本 202 461 476 664

05637 08839 **保赤金鉴**四卷 1784
(清)穆氏编
1. 清乾隆四十九年(1784)长白荣柱澹宁精舍刻本 3 139 202 251 279 476 491 529B 917A
2. 清乾隆五十三年(1788)种德堂刻本 139 590
3. 清嘉庆十六年(1811)长白清柱广西盐法道署刻本 186
4. 清乾隆四十九年(1784)长白荣柱澹宁精舍刻光绪十八年(1892)马云峰文远堂重修本 1 252 412A 461 476 514A 570

05638 09246 **选录痘科**一卷 [1784]
著者佚名
清抄本 738B

05639 08841 **治痘汤丸说要**一卷 1785
(清)孙丰年(际康、小田子)撰
1. 见孙丰年先生幼科三种
2. 见治痘对症说要(附录)

05640 08842 **治痘对症说要**六卷 1785
附幼儿杂症说要一卷、治痘汤丸说要一卷、治痘药性说要二卷
(清)孙丰年(际康、小田子)撰
清乾隆五十年(1785)白下刘继善味经堂刻本 277(无附录) 286 289(无附录) 476 709(无附录) 907C

05641 08843 **治痘药性说要**一卷 1785
(清)孙丰年(际康、小田子)撰
1. 清刻本 361
2. 见孙丰年先生幼科三种

3. 见治痘对症说要(附录)

05642 08846 **痘疹会通**五卷　1786
(清)曾鼎(亦峦、香田)撰
1. 清乾隆五十一年(1786)盱江曾鼎忠恕堂刻本　1　2　3　21　139　139A　186　202　203　251　277　279　280　289　308A　361　385B　397　412A　461　475A　476　491　514A　579　590　664　731　734　799A　931　940
2. 清乾隆五十一年(1786)盱江曾鼎忠恕堂刻嘉庆十九年(1814)印本　3　280　651
3. 清道光四年(1824)贵阳李文超刻本　896A
4. 清道光十年(1830)吴兴费晋屺亭刻本　139　279　514A
5. 清道光十二年(1832)云南刻本　901(残)
6. 清道光二十六年(1846)九经堂刻本　280
7. 清咸丰四年(1854)刻本　728A
8. 清光绪三十年(1904)南丰天心堂刻本　202　435　590　664　701　728A　741　839A　921
9. 清光绪三十一年(1905)苏州三吴广告公司铅印本　1　202　270　286　450　514A　521　541　590　677A　701　799A　921
10. 清同善堂刻本　279　589　738B　907C
11. 清刻本　279　286　302
12. 清光绪抄本　709
13. 抄本　277　412B　421
14. 见曾氏医书四种

05643 08847 **痘疹慈航**一卷　1786
(清)刘廷柱撰
1. 清乾隆五十一年(1786)戴玉成刻本(附麻疹秘书一卷、验遇要方一卷)　461
2. 清道光三十年(1850)重阳元通场惜字宫刻本　514B　859　871

05644 08848 **(增订)痘疹辑要**四卷　1787
(清)刘鼎(相辅)　何梦瑶(报之、西池、砚农)原撰　白振斯(之纪)增订
1. 清嘉庆十五年(1810)裕余堂刻本　1　2　3　139　139A　186　289　308A　921
2. 清同治六年(1867)京都琉璃厂龙文阁刻本　1　186　202　361　412A
3. 清光绪八年(1882)粤东徐青垲刻本　491　590
4. 清光绪二十四年(1898)南海梁承志堂刻本　202　289　491　664　741　931　940
5. 清光绪二十四年(1898)南海梁承志堂刻二十九年(1903)广州宏经阁书坊印本　279
6. 清抄本　393　491(存卷一至四)

05645 08849 **痘疮唇舌图**一卷　1788
(明)戴笠(观胤、子长、曼公、独立性易、天外一闲人)传　(日)池田独美(瑞仙)绘图　长赖辙书
1. 日本天明八年(1788)抄绘本　590
2. 日本抄绘本(题唇舌症候图)　3
3. 抄绘本(题舌谱)　433A

05646 08850 **痘疹治术传**一卷　[1788]
(明)戴笠(观胤、子长、曼公、独立性易、天外一闲人)口授　(日)池田正直笔记
抄本　139

05647 08851 **痘疹百死形状传**一卷　[1788]
(明)戴笠(观胤、子长、曼公、独立性易、天外一闲人)口授　(日)池田正直笔记
抄本　139

05648 08852 **曼公先生痘疹唇舌诀**二卷　[1788]
(明)戴笠(观胤、子长、曼公、独立性易、天外一闲人)口授　(日)池田正直笔记
1. 日本天明八年(1788)稿本　590
2. 抄本　139

05649 08853 **治痘宝册**二卷　1790
(清)王东庵撰
1. 清乾隆五十五年(1790)王东庵和宁堂自刻本　139
2. 清道光十年(1830)济南会文斋刻本　139　279

05650 08857 **痘疹医方**二卷　1793
又名痘鉴新编、痘鉴医方
(清)徐观政(湘浦)撰
清乾隆五十八年(1793)雉水徐观政来鸥水阁刻本　277　579　839A

05651 09063 **吴氏痘科秘本**五卷　[1793]
(清)余彦(淡庵)　鲁星辑订　(明)吴子扬

(居敬、东园)原撰
抄本 541

05652 08918 **痘疹心法歌诀**一卷 1793
(清)必良斋主人编
1. 清道光十年(1830)钟承露刻本 3 461 707
2. 清同治六年(1867)扬州会文堂刻本 139
3. 清光绪五年(1879)顺邑松竹梅轩刻本(附看痘法一卷、麻疹一卷) 921 931
4. 清光绪二十二年(1896)静远斋刻本 917A
5. 清光绪二十八年(1902)桂林杨六也堂刻本 921
6. 清若是馆抄本 279

05653 08859 **痘疹精详**十卷 1794
又名种痘新书定论
(清)周冠(甄陶)编
1. 清嘉庆十年(1805)三让堂刻本 139 301 491 514A 529A 931(残) 939
2. 清嘉庆十年(1805)三让堂刻同治九年(1870)富记书庄重修本 270 521 831 940

05654 08861 **痘疹救逆方**一卷 1796
(日)三浦俊贞固(恭辅)撰
1. 日本宽政八年(1796)蘘葭园刻本 511
2. 日本抄本 7

05655 08838 **痘诀余义**一卷 1796
(清)许豫和(宣治、橡村)撰
1. 清嘉庆二年(1797)歙县许豫和刻本 1 308A 491 590 677A 707 738B 741 852
2. 抄本 907C
3. 见许氏幼科七种

05656 08863 **史氏实法痘疹**一卷 1800
(清)史大受(春亭)撰
清嘉庆抄本 590

05657 08864 **痘科辑要**六卷 1801
(清)文起(梦弼)编
1. 清道光九年(1829)长沙怀德堂刻本 139 839A
2. 抄本 277

05658 08866 **种痘真传**三卷 1805
又名种痘新书
(清)方灿(明一)撰
1. 清嘉庆二十二年(1817)朱又荣京都琉璃厂漱芳斋刻本 139 289 734
2. 清道光十二年(1832)安康张鹏翂有谷堂成都刻本 139 431
3. 清道光二十三年(1843)信元堂刻本(四卷,扉页题种痘新书) 393

05659 08867 **痘麻医案**二卷 1806
又名麻痘医案要用药性
(清)齐秉慧(有堂、德甫、戎州逸士)撰
1. 清道光十六年(1836)戎州齐秉慧刻本 280 677A 852 854
2. 清同治六年(1867)尚有堂刻本 590 907C
3. 见齐氏医书四种

05660 08969 **痘瘀全书**二卷 1807
(清)刘玺撰
清咸丰七年(1857)文耀堂刻本 475A 921

05661 00000 **痘疹前编**十四卷 1808
痘疹后编四卷
(清)张潮清(升蛟、检斋)撰
清嘉庆十三年(1808)迪德堂刻本 289 728A

05662 08868 **痘疹前编**十四卷 1808
(清)张潮清(升蛟、检斋)撰
1. 清嘉庆十三年(1808)迪德堂刻本 511
2. 见痘疹前编十四卷后编四卷

05663 08869 **痘疹后编**四卷 1808
(清)张潮清(升蛟、检斋)撰
1. 清嘉庆十三年(1808)迪德堂刻本 590
2. 见痘疹前编十四卷后编四卷

05664 08870 **种痘心法**一卷 1808
种痘指掌一卷
(清)朱奕梁撰
1. 清嘉庆十七年(1812)虞山张氏刻泽古斋重钞本 734 739
2. 抄本 139(存心法)
3. 见借月山房汇抄
4. 见泽古斋重钞

05665 00000 **种痘心法**一卷 1808
(清)朱奕梁撰
1. 抄本 139
2. 见痘科扼要(版本附录)

3. 见种痘心法种痘指掌
4. 见借月山房汇抄
5. 见泽古斋重钞

05666 **种痘指掌**一卷　1808
00000 (清)朱奕梁撰
1. 见种痘心法种痘指掌
2. 见借月山房汇抄
3. 见泽古斋重钞

05667 **痘科红炉点雪**二卷　1808
08871 又名痧疹点雪红炉
(清)叶向春(完初)编
1. 清嘉庆十三年(1808)华亭叶锡瑞刻本　1　139　475A　541　590　664　709
2. 清嘉庆十六年(1811)刻本(题痧疹点雪红炉,附证治方案一卷、古方用法一卷)　308A　461(缺古方用法一卷)　677A
3. 抄本　391　590

05668 **痘疹研精录**三卷　[1808]
00000 (清)张潮清(升蛟、检斋)撰
清抄本　728A

05669 **痘疹危险录**二卷　[1808]
08873 (清)张潮清(升蛟、检斋)撰
抄本　579

05670 **痘症本义**二卷　[1808]
08874 附医略一卷、痘科灯火一卷、针痘法一卷、种牛痘法一卷
(清)方补德(省庵、悔翁、绿衣子)撰
清道光十年(1830)刻本　491

05671 **痘疹真传**一卷　1811
08875 附福幼编治慢惊风方一卷
(清)杨育英(竹溪)编
清嘉庆十六年(1811)刻本　139　286　289

05672 **痘科辨要**八卷附录二卷　1811
08876 (日)池田独美(瑞仙)撰
1. 日本文化八年(1811)刻本　1　701
2. 日本文化八年(1811)刻文政四年(1821)天师堂重修本　139　202　476　511　701

05673 **(新订)痘疹济世真诠**三卷　1811
08877 (清)陈宏晓(晖亭)撰
清嘉庆十六年(1811)师范堂刻本　541

05674 **痘麻金正全书**四卷　1811
08878 (清)蒋藻熊(渭浦)辑
子目:
(1)经验奇方二卷　(清)蒋藻熊编
(2)痘疹正宗二卷　(清)宋麟祥撰
清嘉庆十六年(1811)邵阳蒋藻熊刻本　1

05675 **痘疹图说**一卷　[1811]
08879 著者佚名
1. 清刻本　139　590　907C
2. 抄本　361

05676 **治瘄全书**三卷　1812
08827 (清)吴氏撰　房文安(平章)辑订
1. 清嘉庆十八年(1813)姚江房东余刻本　514A
2. 清宝善堂抄本　491

05677 **痘疹衷要全书**四卷　1812
08880 (清)尹龙图撰
清嘉庆十七年(1812)稿本　139

05678 **痘科指迷**一卷　[1812]
00000 著者佚名
清嘉庆十七年(1812)刻本　728A

05679 **痘疹管见**一卷　[1813]
08972 (清)张振濯(仲缨)撰
清咸丰九年(1859)兰省张吉人家刻本　139A

05680 **痘疹真传**二卷　1814
08881 又名儿科全生集
(清)曹光熙(克安、彦修)撰
1. 清嘉庆二十二年(1817)刻本　152　385　529A　590　664　677A　738A　739A　740A　740B　839A
2. 清抄本　277

05681 **引痘题诛**一卷　1814
08883 (清)邱熺(浩川)编
清道光三年(1823)南海邱熺自刻本　4E　139　203　728A

05682 **麻证活人全书**三卷　[1815]
00000 (清)静远主人编
清刻本　782

05683 **引痘略**一卷　1817
08882 又名引种牛痘方书、引痘方书、引种牛痘法、牛痘新法全书、引痘新法、引痘心法全书、引痘新书
(清)邱熺(浩川)编
1. 清嘉庆二十二年(1817)百兰堂刻本　21

139 401 514A
2. 清道光七年（1827）奎光斋刻本 279 301
3. 清道光九年（1829）刻本 139 590 721
4. 清道光十一年（1831）经国堂刻本 3 385 391 443 541 799 839A
5. 清道光十五年（1835）刻本 361
6. 清道光十七年（1837）程氏悟香簃刻本 721
7. 清道光十八年（1838）保龄堂刻本 361 465 738A 831
8. 清道光二十年（1840）刻本 839A
9. 日本弘化三年（1846）牧春堂刻本 139 511 896A
10. 清道光二十七年（1847）潍阳崇德堂刻本 139 XD
11. 清道光二十八年（1848）客花草堂刻本 1 139 289 401 541 939
12. 清道光二十九年（1849）聚文堂刻本 351 364A
13. 清道光二十九年（1849）诚意堂刻本（扉页及封面题引痘新法全书） 351 475A
14. 清道光二十九年（1849）文英堂刻本 351
15. 清道光刻本 139 707 743
16. 清道光抄本 285
17. 清咸丰二年（1852）致和堂刻本 3
18. 清咸丰四年（1854）篆云斋刻本 186 301 590
19. 清咸丰五年（1855）新昌刘氏刻本 21 139 514A 590 852 939
20. 清咸丰五年（1855）慈溪沈化刻木活字印本 139
21. 清咸丰七年（1857）善成堂刻本（扉页题引痘新法全书） 152 289 391 412A 839A 940
22. 清咸丰八年（1858）吴士达刻本 139 139A 385
23. 清咸丰八年（1858）盛京彩盛兴刻本 461
24. 清同治元年（1862）心耕堂刻本 385
25. 清同治元年（1862）郁文堂刻本 839A
26. 清同治三年（1864）经纶堂刻本 1 139 351 436 541 590 781 831
27. 清同治六年（1867）刻本（题引种保婴牛痘方书） 664
28. 清同治七年（1868）留云仙馆刻本 277 279 289 433 651 728A 921
29. 清同治八年（1869）温州牛痘局刻本 541 572 677A 731 734A
30. 清同治九年（1870）书业德记刻本 285 381 839A
31. 清同治九年（1870）文成堂记刻本 1 381
32. 清同治九年（1870）天台赵开泰刻本（附增补牛痘三要一卷） 740A 740B（题引痘新书）
33. 清同治十年（1871）刻本 742
34. 清同治十一年（1872）渝城刻本 139
35. 清同治十二年（1873）福省刻本 139
36. 清同治十三年（1874）滋德堂刻本 491 541
37. 清光绪二年（1876）黔阳节署刻本 202 514A 541 651 737 799A 891
38. 清光绪二年（1876）维扬徐文德斋刻本 139 664
39. 清咸丰四年（1854）篆云斋刻光绪二年（1876）印本 461
40. 清光绪三年（1877）绵邑贵文堂刻本 301 421
41. 清光绪五年（1879）应安雅堂刻本 139 289
42. 清光绪六年（1880）甘凉道署刻本 203 363 391 421 939
43. 清光绪七年（1881）太医院刻本 491 572
44. 清光绪八年（1882）扫叶山房刻本 3 139 412A 781 799
45. 清光绪八年（1882）校经山房刻本（题绘图引痘心法全书） 139
46. 清光绪十二年（1886）刻本 139 541
47. 清光绪十五年（1889）世德堂刻本 491
48. 清光绪十八年（1892）刻本 721
49. 清光绪二十年（1894）江西书局刻本 1 139 709 728A 738 741
50. 清光绪二十一年（1895）贵池刘含芳信天堂刻医书三种本（题引种牛痘法） 139 385A 421 839A 921

51. 清光绪二十一年(1895)宏道堂刻本(题牛痘新法全书) 1 412A 436 781 831 852A 852C 852F
52. 清光绪二十二年(1896)川南永宁道周氏刻本 139
53. 清光绪二十四年(1898)浙江富阳县署刻本 491 734A
54. 清光绪二十五年(1899)甘泉李新田安徽长淮衙署木活字印本 139
55. 清光绪二十九年(1903)三义堂刻本 1 351
56. 清光绪二十九年(1903)怡翰斋刻本 139
57. 清光绪三十年(1904)山东广仁局刻本(题引种保婴牛痘方书) 301
58. 清光绪三十一年(1905)刻本 590 800
59. 清光绪三十四年(1908)上海章福记书局石印陈修园医书四十八种本 853
60. 清光绪刻本 139 139A 303 491 572
61. 清宣统元年(1909)扫叶山房石印本 139A 286 514A 590 839A
62. 清厚德堂刻本 308A(附福幼编一卷、遂生编一卷)
63. 清刻本 301 361 728A 734A 740A 852E 907C
64. 清抄本 285 782 831
65. 抄本 139(附牛痘新编) 364A 739B 831
66. 见陈修园医书四十、四十八、五十、七十种
67. 见保生三种合编
68. 见(重订)邱赵牛痘书三种
69. 见贵池刘氏信天堂汇刻医书三种

05684 08884 **伊公问痘问疹**一卷 [1817]
著者佚名
见痘疹病解(附录)

05685 08885 **西洋点痘论**一卷 [1817]
(清)邱熺(浩川)撰
见平江贺氏汇刊医书

05686 08886 **西洋种痘秘诀**一卷 [1817]
(清)邱熺(浩川)撰
清光绪归安吴印崃尚古堂刻本 831 851

05687 08887 **牛痘新法**一卷 [1817]
(清)邱熺(浩川)撰
1. 清同治四年(1865)宗道堂刻本 839A
2. 清光绪四川蜀秀山房刻本 851

05688 08888 **引痘秘书**一卷 [1817]
(清)邱熺(浩川)撰
1. 清光绪二年(1876)皖省痘局刻本 139 361 831
2. 清光绪十年(1884)上海江左书林刻本 4E 476

05689 08889 **引种牛痘纪要**一卷 [1817]
(清)邱熺(浩川)撰
1. 清道光二十年(1840)刻本 741
2. 清光绪三十年(1904)江宁藩署刻本 714

05690 08890 **洋痘妙诀**一卷 [1817]
(清)邱熺(浩川)撰
抄本 917A

05691 08891 **痘法要录**一卷 [1817]
(清)邱熺(浩川)撰
抄本 931

05692 08892 **牛痘全书**一卷 [1817]
(清)邱熺(浩川)辑
清光绪七年(1881)刻本 139

05693 00000 **儿科痘疹**二卷 1819
(清)梅洽(伴梅、伴梅主人)编
见树惠不瘥儿科(附录)

05694 09073 **种痘要览**一卷 1819
(清)梅洽(伴梅、伴梅主人)编
1. 清嘉庆二十四年(1819)梅洽自刻本 590
2. 见树惠不瘥儿科(附录)

05695 08895 **痘疹详辨**一卷 1820
(清)崔岳(维宗)撰
1. 清嘉庆二十五年(1820)醉经斋刻本 3
2. 清苏氏缥楼抄本 285

05696 08896 **痘科救劫论**一卷 1820
(清)李敷荣(春辉)编
清道光二十六年(1846)历下张式谷刻本 139 139A 302 308A 590

05697 08897 **痘疹传薪**七卷 [1820]
(清)孙德润(慎之、笠山)撰
抄本 279 412A

05698 08899 **西洋痘书**一卷 1821
(清)邱熺(浩川)撰
清道光元年(1821)刻本 541

05699 08904 **痘疹捷要**二卷 1824
(清)刘文雅(温堂)编

清道光四年（1824）泾阳张楠芝瑞堂刻本　412B　433A

05700 08906 **痘科键会通**一卷　1824
（日）池田〓（瑞英）　池田雄（瑞长）辑
日本文政八年（1825）宗经塾所刻本　139　511

05701 08907 **黄帝逸典评注**十四卷　1824
（清）沈闾（师闵）注　张步阶（驾六）评
清道光四年（1824）楔湖陈半亭刻本　433　541　728A　731　736A

05702 08908 **痘疹精华**一卷　1826
（清）程文囿（杏轩、观泉）撰
见医述

05703 08909 **痘科键私衡**六卷　1826
（日）池田〓（瑞英）辑述
日本文政十年（1827）宗经塾所刻本　21　139（存卷一、二）

05704 08913 **痘书二种合编**二卷　1827
（清）许焮（石夬）编
子目：
（1）痘疹不求人方论一卷　（清）朱栋隆撰
（2）痘疹要诀一卷　（明）吴子扬撰
清道光七年（1827）刻本　186

05705 08916 **痘科键删正补注**二卷　1829
（明）朱巽（嘘万）撰　（日）池田独美（瑞仙）注　池田晋（柔行）补
日本文政十三年（1830）古我堂刻本　7　590

05706 08917 **痘疹经验易简成方**一卷　1829
（清）李岁泌撰　刘肇储（续卢）编
清道光九年（1829）刘文灼凝瑞堂刻本　139

05707 08919 **究心编痘科**二卷　1830
（清）朱希镐（松坪）编
清道光十年（1830）刻本　590　709

05708 08267 **仁端录**七卷　1830
（清）梁嵩（予望）编
清道光十年（1830）灵石杨履复卷石山房刻本　279　289

05709 00000 **痘疹验方**一卷　1830
（清）屠元恺
清道光十年（1830）刻本　289

05710 08921 **痘疹壶中天**七卷附一卷　1831
（清）李照莲（晴川）撰
清石印本　186

05711 08922 **保赤摘录**六卷　1832
附五运六气一卷
（清）崔昌龄（锡武）撰
1. 清道光十三年（1833）安愚堂刻本　186　590
2. 清道光十三年（1833）安愚堂刻四宝堂印本　21　139　308A　433A　475A　529A　907C
3. 清抄本　308A

05712 08936 **疹略**一卷　1833
（清）任中彪撰
1. 清道光十三年（1833）藜照轩刻本　401
2. 清道光二十三年（1843）古香阁刻本　1

05713 08924 **护痘锦囊秘录**一卷　1834
又名护痘管窥
（日）石塚尹（汶上、喜淑）撰
日本天保五年（1834）刻本　139

05714 08925 **痘科摘要**四卷　1835
（清）陈启运（翼之）编
1. 清道光十五年（1835）宛平陈氏刻本　3　21　139　491　590　839A
2. 抄本　277

05715 08926 **痘疹摘要**一卷　［1835］
著者佚名
1. 清末山东元善堂刻本　139
2. 抄本　277　572　590

05716 08928 **经验小儿月内出痘神方**一卷　1836
又名小儿月内种痘神方
著者佚名
1. 清道光十八年（1838）刻本　922
2. 清道光三十年（1850）京都近文斋刻本　251
3. 清光绪七年（1881）刻本　289
4. 清光绪十五年（1889）古吴高培元刻本　139　277　590
5. 清光绪二十一年（1895）镇江义度总局刻本（附经验良方汇录）　139
6. 清光绪二十二年（1896）镇江刻本　139　839A
7. 清光绪二十五年（1899）慈溪洪念祖石印本（题小儿月内种痘神方）　541　590　664　734

05717 08927 **痘疹集成**四卷 1837
附麻疹集成二卷
（清）朱楚芬（莀滨）编
清道光十七年（1837）宛平朱楚芬破愚斋刻本　1　2　3　139　139A　152　202　252　277　279　289　301　308A　385　412A　412B　475A　514A　529A　529B　541　590　677A　728A　734　781　799　799A　839A　921

05718 08929 **痘疹穷源**不分卷 1838
（清）宋翊臣撰　孙如珊选
清道光十八年（1838）文锦堂刻本　186　202　277　351　491

05719 08930 **痘症秘书**二卷 1838
又名图注痘症秘书
（清）王荣清（粲斋）撰
清同治八年（1869）刻本　270　277（存卷一）　279　289　491　728A

05720 08932 **痘科定形图**一卷 ［1840］
著者佚名
清抄本　139

05721 08934 **痘科百问**一卷 1843
著者佚名
1. 清道光二十三年（1843）宽夫抄本　921
2. 抄本　391

05722 08935 **痘疹新法**一卷 1843
又名痘疹种拔新法
（清）唐守璞（琢堂）撰
清道光二十三年（1843）文光堂刻本　931

05723 00000 **痘科约言**一卷 1843
（清）周国颐（吉卿）撰
清道光二十三年（1843）河南文德堂刻本　364A

05724 08937 **痘疹索隐**一卷 1844
（清）曹禾（畸庵）撰
见双梧书屋医书四种

05725 08938 **痘医蠡酌录**三卷 1844
（清）曹禾（畸庵）撰
清道光二十四年（1844）木活字印本　3　139　186　251　289　361　541　664

05726 08939 **种痘奇书**不分卷 1846
（清）陈东岭（兰溪）订定
清道光二十七年（1847）竹阮草堂刻本　139　351

05727 08940 **痘科会要便览**六卷 1846
（清）樊琪（开春）编
清道光二十六年（1846）刻本　152　570

05728 08942 **医痘金丹**二卷 1847
（清）曹珣编
清道光二十七年（1847）善化刘衡刻本　1　3　21　139　139A　270　279　280　288　289　435　511　579　590

05729 08943 **天花八阵编**三卷 1847
（清）王廷魁（伯伟）撰
清道光三十年（1850）书业德记刻本　1　2　3　139　279　289　302　366　383　450B　461　839A

05730 08946 **痘疹集验**二卷 1847
（清）傅霖（梦岩）编
1. 清道光二十七年（1847）推爱堂刻本 433A
2. 清道光二十八年（1848）会元堂刻本　871

05731 08931 **痘科切要**一卷 1847
（清）王锡鑫（文选、席珍子、亚拙山人）撰
1. 清道光二十七年（1847）刻医学切要全集本　309
2. 清古渝善成堂刻医学切要全集本　361　589　839A　852　907C
3. 清刻本　852（附奇方纂要一卷）　852A
4. 见医学切要全集（六种）

05732 08948 **痘疹大成**四卷 1847
（清）侯功震（百里）撰
1. 清同治十年（1871）会心阁刻本　139　152　270　277　289　308　308A　514A　677A　738A
2. 清光绪二年（1876）忠恕堂刻本　301　302　491　590

05733 08947 **痘科辑说**十五卷 1848
（日）池田晋（柔行）撰
日本嘉永元年（1848）抄本　590

05734 08949 **牛痘发蒙**一卷 1849
（日）桑田利学（立斋）撰
日本嘉永二年（1849）驱痘馆刻本　3　139　511

05735 08951 **痘疹摘录**一卷 1850
（清）文晟（叔来）编
1. 清同治十一年（1872）萍乡文星瑞延庆堂

维扬刻光绪十一年(1885)京江文成堂重修六种新编本 277 651 852B
2. 见六种新编

05736 08952 **痘疹辨证**二卷 1850
(清)余国佩(振行、春山)撰
1. 清道光三十年(1850)金陵文英堂刻本 139 186 514A
2. 抄本 139 433A 590

05737 08954 **散花锦囊**二卷 1850
(日)绪方郁藏(研堂、子文)编
日本嘉永三年(1850)适适斋刻本 3

05738 08956 **治痘真诀**一卷 [1850]
(清)程资(尔资)编
见程尔资抄辑医书八种

05739 08957 **痘疮解惑论**一卷 [1850]
(清)程资(尔资)编
见程尔资抄辑医书八种

05740 08959 **痘疮切要总说**一卷 [1850]
(清)邵懋臣(愚斋)撰
见程尔资抄辑医书八种

05741 00000 **秘传痘疹**四卷图一卷 [1850]
(清)翼子撰
清道光耕历堂抄本 734A

05742 08960 **痘麻科全书**一卷 1851
著者佚名
抄本 139

05743 08961 **痘疹金针图说**九卷 1851
又名痘科金针图说
(清)吴仪(竹坡)编
清咸丰元年(1851)刻本 152 412A 590 709

05744 03562 **十日甘霖**一卷 [1851]
(清)玄真味然子撰
抄本 2

05745 08893 **痘疹活幼心法附说**二卷 1852
(明)聂尚恒(久吾、惟贞)原撰 (日)柴田缉(同斋、芸诽)附说
1. 日本嘉永六年(1853)娱原药室刻本 7 277 590
2. 杏春氏抄本 139

05746 08965 **痘花启蒙**一卷 1853
(清)董进材编
清咸丰三年(1853)存仁堂抄本 590

05747 08966 **痘疹集注**一卷 1854
(清)欧阳秉信撰
清咸丰四年(1854)抄本 302

05748 08968 **痘疹醉玄**三卷 1856
(清)王道衡(海旸、海阳道人)撰
清咸丰六年(1856)周安贫抄本 514A

05749 08958 **痘疹秘旨**二卷 [1856]
(清)王道衡(海旸、海阳道人)撰
清抄本 677A

05750 08955 **王海旸痘书**三卷 [1856]
(清)王道衡(海旸、海阳道人)撰
抄本 139(叶霖、唐成之旧藏) 277 572(不分卷)

05751 08970 **保赤类编释意**不分卷 1857
又名痘疹保赤类编释意
(清)凌仁轩(清荣)撰
清咸丰七年(1857)富荣堂刻本 186

05752 00000 **(秘授)痘疹百效全书**四卷 [1857]
(清)朱□生校注
清咸丰七年(1857)刻本 733B

05753 08974 **痘科秘传**一卷 [1861]
(清)邵氏撰
抄本 1 590(题邵氏世传痘科一权手秘诀)

05754 00000 **痘疹验方**一卷 1862
(清)杨成礼撰
清同治元年(1862)刻本 289

05755 09007 **痘疹专门**二卷 1862
(清)董之嵩(维岳)撰
1. 清光绪七年(1881)南海刻本 465 738B
2. 清光绪二十六年(1900)南陵管率真堂刻本 728A
3. 清抄本 286

05756 08975 **牛痘诚求**一卷 1863
(清)邱熺(浩川)原撰 王惇甫(新吾)编
清同治六年(1867)刻本 590

05757 08976 **痘疹集要**一卷 1864
(清)李代棨(钠文)撰
清光绪二十年(1894)九江高心伯等浏阳小桃源里刻本 1 3 139 308 351 360A 364A 412A 461 572 590 712 728A 799A 931

05758 08977 **牛痘新书济世**一卷　1865
又名牛痘新书辑要、引种牛痘方书
（清）邱熺（浩川）原本　王惇甫（新吾）增补
1. 清同治四年（1865）徽城乙照斋刻本　139　491　541　651　664　741　831
2. 清同治十一年（1872）黄家驹刻本（题引种牛痘方书）　406　433　541　851
3. 清光绪三年（1877）严州府刻本（题牛痘新书辑要）　139　541　713
4. 清光绪十三年（1887）允文堂刻本　139　664
5. 清光绪十七年（1891）集古山房刻本　139　741
6. 清光绪十九年（1893）扬州集贤堂刻本　728A
7. 清光绪二十五年（1899）刻本（题引种牛痘方书）　570

05759 08980 **痘疹简明编**四卷　1866
（清）双泰（子然）编
抄本　139

05760 08981 **痘疹易知**一卷　1868
（清）姚俊（菊吾主人）编
见经验良方全集（附录）

05761 08982 **引痘集要**二卷　1869
（清）查道伦（怡庭）撰
1. 清同治八年（1869）刻本　139　541　590　728A
2. 抄本　514A　728A

05762 00000 **摘录治痘要诀**二卷　1869
著者佚名
清同治八年（1869）周品莲抄本　491

05763 08983 **（增补）牛痘三要**一卷　1870
（清）赵开泰（兰亭、廷海）编
1. 清同治九年（1870）天台赵开泰自刻本　3　139　590
2. 清同治十二年（1873）刻本　3
3. 见引痘略（版本附录）
4. 见（重订）邱赵牛痘书三种

05764 08984 **痘科抄本**一卷　1870
著者佚名
清抄本　139　839A

05765 08986 **种痘龟鉴**一卷　1871
（日）久我克明撰
日本明治四年（1871）东京医学校刻本　139　475A　476　511

05766 08988 **邵氏痘科**一卷　1873
（清）邵氏撰　谢玉琼（昆秀、璞斋）辑
1. 清同治十三年（1874）刻本　139　852S
2. 清光绪十七年（1891）乾溪苏宅刻本　743　931
3. 见麻科活人全书（版本附录）

05767 08989 **（秘传）痘麻纂要**一卷　1874
（清）苏氏辑　严炯（咏棠）订
清剡溪严咏棠抄本　139

05768 08990 **引痘条约合梓**一卷　1874
（清）孙廷璜等编
清同治十三年（1874）滋德堂施种牛痘局刻本　139　302　450

05769 08991 **稀痘擦身验方**一卷　［1874］
著者佚名
抄本　139

05770 08992 **（浙江淳安程氏秘传）内府治痘方法**一卷　［1874］
著者佚名
清抄本　139

05771 08993 **痘科精要**十卷　［1874］
（清）丁暍菴编
清同治许华园抄本　301

05772 00000 **痘科活人**四卷　1875
（清）邓曜南（秀峰）撰
清光绪元年（1875）刻本　363（存卷三）

05773 08337 **广济新编**不分卷　1876
（清）萧诚斋撰
清光绪三十二年（1906）潮城文海楼刻本　931　940

05774 08995 **痘科全部**不分卷　1876
著者佚名
清光绪二年（1876）子辉氏抄本　731

05775 00000 **痘证慈航**一卷**补遗**一卷　［1877］
妇科慈航一卷
（明）欧阳调律撰　（清）郭士珩（昆山）编
清光绪三年（1877）刻本　289

05776 08999 **痘症备方**二卷　1878
附疹疮纂要一卷、斑症良方一卷
（清）任寿昌（香亭）撰
清光绪五年（1879）广东藩署西斋刻本　139

289　541　590　728A　931　944（缺斑症良方）

05777 **牛痘新编**二卷　1885
09009 （清）沈善丰（榆村）撰
清光绪十一年（1885）刻本　541　921

05778 **痘科补阙捷响**一卷　1885
09010 又名痘科补阙
（清）刘登俊（澹人）撰
清光绪十一年（1885）家刻本　308A　393　412A

05779 **牛痘新书**一卷　1885
08997 （清）武荣纶（向之）　董玉山（秀峰）合编
1. 清光绪十一年（1885）新城三清宫集仁堂刻本　1　139　139A　186　252　279　280　289　301　302　396　491　590　664
2. 清光绪十三年（1887）直隶刻本　288
3. 清光绪十六年（1890）新会伍氏安怀堂刻本　931
4. 清光绪二十四年（1898）江津乐善堂刻本　139　308

05780 **儿科痘证歌**一卷　1886
09011 （清）王廷钰（西岑）编
见正谊堂医书

05781 **（重订）邱赵牛痘书三种**三卷　［1886］
09013 （清）陈贤荣（咏桥）编
子目：
（1）引痘略一卷　邱熺撰
（2）（增补）牛痘三要一卷　赵开泰编
（3）牛痘余论一卷　陈贤荣撰
清光绪十二年（1886）四明陈贤荣寿婴堂刻本　139　289　541

05782 **刺种牛痘要法**一卷　1887
09008 又名牛痘要法
（清）余楙（啸松）撰
1. 清光绪七年（1881）刻本　541
2. 清光绪十三年（1887）刻白岳庵杂缀医书本　541　590（附推拿述略一卷）　839A
3. 见白岳庵杂缀医书

05783 **引种牛痘新书**一卷　1888
09014 （清）王惇甫（新吾）编　载昌祚重订
清光绪十四年（1888）京江刘氏刻本　139

05784 **（新撰）小儿痘疹药性治法总论**二卷［1888］
00000 著者佚名
清彭城晋阳书屋抄本　514A

05785 **痘疹切要□卷**　［1888］
00000 （清）杨子谟撰
清光绪十四年（1888）文芳堂刻本　877（存卷上）

05786 **痘疹心法**一卷　1890
09015 著者佚名
1. 清光绪十六年（1890）刻本　901
2. 抄本　738

05787 **痘疹片玉**四卷　1890
09016 （清）谢曦（晓川）编
清光绪十六年（1890）刻本　139A　412A　852

05788 **（精选）痘疹秘要**不分卷　［1890］
09017 （清）谢曦（晓川）撰
抄本　907C

05789 **痘症摘要**一卷　1892
09019 （清）庄润孙（紫梁）撰
1. 清光绪十八年（1892）上洋申报馆铅印本　664
2. 抄本　572

05790 **保赤玄机**一卷　［1893］
08400 著者佚名
清忠孝主人抄本　590

05791 **贯一堂痘家普济秘要**二卷　1895
09022 又名普慈秘要
（清释）如惺撰
清抄本　3（题普慈秘要）　139

05792 **沈虚明先生痘疹全集**二卷　1895
09033 （清）沈惠（民济、虚明）撰
1. 清光绪二十九年（1903）姜琴舫抄本　921
2. 抄本　450　940

05793 **痘疹正觉全书**五卷　1895
09039 又名沈虚明先生痘疹正觉全书
（清）沈惠（民济、虚明）撰
1. 清鲍氏困学斋抄本　651
2. 清抄本　139
3. 抄本（六卷）　590

05794 **痘科正宗验方**不分卷　1897
09023 （清）玉怡亭撰
清光绪二十三年（1897）玉怡亭幽静山房抄本　664

05795 **痘疹经验良方**四卷　1898
09025 又名痘疹经验全集、痘疹验方
（清）韩文博（配坤）编
1. 清光绪二十四年（1898）京都打磨厂文成堂刻本　1　251　277　412A　491
2. 清光绪三十二年（1906）善成堂刻本　270　280　839A

05796 **痘疹心法**十二卷卷首一卷　1899
09027 （清）段希孟（介贤）撰
清光绪二十五年（1899）木活字印本　311　491　514A　541　664　709　713　839A　939

05797 **痘疹心法**三卷　1903
09034 （清）周贤宰撰
见小儿全科

05798 **痘科秘集**一卷　［1904］
09112 著者佚名
清抄本　590

05799 **牛痘真传**一卷　［1904］
09041 （清）胡爱山（希九、生生子）撰
清光绪三十四年（1908）武昌时新书报馆铅印本　139

05800 **痘科秘要**一卷　1905
09043 著者佚名
1. 清光绪三十一年（1905）元和邵星森刻本　709　791
2. 抄本　277

05801 **痘科秘要**一卷　［1905］
09044 著者佚名
抄本　139

05802 **痘麻秘方全书**不分卷　［1907］
09046 著者佚名
抄本　139

05803 **种痘秘诀**一卷　1908
09047 （清）方少卿录
清光绪抄本　721

05804 **治痘歌诀**一卷　1908
00000 著者佚名
清光绪三十四年（1908）顺邑履端氏刻本　944

05805 **扁鹊游秦秘术**二卷　［1908］
09049 著者佚名
抄本　139　391　931

05806 **痘源论**一卷　1909
09050 附诸家论痘
（清）张节（心在、梦畹）撰
见张氏医参

05807 **（御纂）痘科全书**四卷　1909
09051 又名痘疹心法全书
（清）邓尔泰编
1. 清宣统元年（1909）上海扫叶山房石印本　308A　514A　737　931
2. 金德符抄本　728A

05808 **痘疮要诀全书**一卷　1910
09052 著者佚名
清素经堂晋昌氏抄本　139

05809 **痘形色图像**一卷　［1910］
09054 著者佚名
抄本　139

05810 **痘麻集真**二卷　［1910］
00000 （清）周正彩撰
清思问堂刻本　873

05811 **西洋引痘四言脉诀合编**二卷　1911
13065 编者佚名
清抄本　352

05812 **保婴秘旨全书**二卷　［1911］
08412 又名保婴秘旨
（清）姚槱（犹龙）编
清宁远堂刻本　139　940

05813 **痘疹科杂抄**八卷　［1911］
09055 编者佚名
子目：
（1）论痘始终总要一卷　（清）翁仲仁撰
（2）麻疹夹痘症论一卷　（清）施如仲撰
（3）痘疹发斑论一卷　（清）施如仲撰
（4）麻疹辨疑赋一卷　（明）陆道元撰
（5）痘疹慈航一卷　（清）欧阳调律撰
（6）（家传）痘疹探微一卷　（清）黄中立撰
（7）痘疹坏眼论一卷　（清）田尹三撰
（8）哑症论一卷　（清）施如仲撰
清抄本　1

05814 **痘疹神仙镜**四卷　［1911］
09060 （清）卫奕良（眉仲）辑　李怀北（声传）录
清杏林山房抄本　572

05815 **痘科约言**　［1911］
09061 （清）潘伦撰

清抄本 721

05816 **痘疹删润便览**二卷 ［1911］
09064 (清)汪尚勋(熙载)撰
清乾隆五十八年(1793)抄本 1

05817 **叶氏五世家藏痘疹奇验二气编**三卷 ［1911］
09066 (清)叶作屏(维藩) 叶桂屏(祖鳌)合编
抄本 139

05818 **张沧鸥痘症心得**一卷 ［1911］
09067 (清)张沧鸥撰
清抄本 139

05819 **疹科辑要**不分卷 ［1911］
09072 (清)潘鲁玉 谢东辉撰
抄本 572

05820 **传心录二十八种痘证论**一卷 ［1911］
09074 著者佚名
清抄本 701

05821 **中丞公手迹**一卷 ［1911］
09077 著者佚名
清抄本 1

05822 **痘疹心传要诀**不分卷 ［1911］
09078 著者佚名
清抄本 139

05823 **经验痘疹不求人方论**一卷 ［1911］
00000 **妇人科**二卷
(明)朱栋隆(子吉、春海、瓶城子)撰
清抄本 313

05824 **诚求录**一卷 ［1911］
08397 附红炉点雪
著者佚名
抄本 590(附图33幅)

05825 **痘科撮要心法**一卷 ［1911］
09079 著者佚名
清抄本 139

05826 **痘科诸论**一卷 ［1911］
09080 著者佚名
清抄本 139

05827 **痘疹正宗**一卷 ［1911］
09081 又名痘症正宗
(清)严西(籍山)辑录
抄本 541

05828 **痘科秘方**一卷 ［1911］
09082 著者佚名
清抄本 939

05829 **痘科秘诀**一卷 ［1911］
09083 (清)胡和轩编
清抄本 139 874

05830 **痘科证治八种**不分卷 ［1911］
09084 著者佚名
抄本 139

05831 **痘疹搜髓经**一卷 ［1911］
00000 著者佚名
清蒋亨逵抄本 939

05832 **绩邑胡惟修先生传授看痘方法**一卷 ［1911］
00000 (清)胡惟修撰
稿本 139

05833 **痘科秘传**四卷 ［1911］
00000 (清)秦希白(九华老人)撰
清末柳文岐抄本 907C

05834 **痘疹根源记**一卷 ［1911］
00000 著者佚名
抄本 361

05835 **痘疹求源**□卷 ［1911］
00000 (清)王维鈊编
清抄本 364A(存卷四)

05836 **痘疹万全赋**一卷 ［1911］
09085 著者佚名
抄本 139

05837 **痘疹捷要汇编**四卷 ［1911］
00000 (清)王进之辑
清抄本 287

05838 **痘科危症诀**不分卷 ［1911］
09086 著者佚名
清抄本 139

05839 **秘传痘形**一卷 ［1911］
09088 著者佚名
清抄本 139

05840 **季氏痘科百问**一卷 ［1911］
09089 著者佚名
抄本 139

05841 **治痘新言**不分卷 ［1911］
09092 著者佚名
日本抄本 3

05842 **(秘传)保婴痘症**不分卷 ［1911］
09094 著者佚名
抄本 931

05843 **保赤潜藏大全**一卷 [1911]
08403 著者佚名
抄本 541

05844 **痘疹玄珠**一卷 [1911]
09095 著者佚名
清抄本 1

05845 **吴云岳自验痘疹医案**不分卷 [1911]
09096 (清)吴云岳撰
清抄本 1

05846 **葆毓斋痘疹心法**一卷 [1911]
00000 (清)金德符编
清抄本 728A

05847 **麻疹秘要**一卷 [1911]
09102 著者佚名
抄本 521

05848 **痘科一斑**一卷 [1911]
09105 著者佚名
一得子抄本 590

05849 **痘科玄珠**不分卷 [1911]
09106 著者佚名
抄本 721

05850 **痘疹纂要**二卷 [1911]
09107 著者佚名
清抄本 541

05851 **痘科金丹**五卷 [1911]
09108 (清)林熽(梅仙)撰 林维乔(博如)补
抄本 590

05852 **痘科金针**一卷 [1911]
09109 著者佚名
抄本 541(附图 72 幅)

05853 **痘科金鉴**二卷 [1911]
09110 著者佚名
抄本 464 590

05854 **痘科秘诀**一卷 [1911]
09111 著者佚名
抄本 1 391 590

05855 **陈先生痘科偶录**一卷 [1911]
09113 (清)黄斌(春渚)编
抄本 590(残)

05856 **痘疹秘方**一卷 [1911]
00000 著者佚名
清抄本 939

05857 **小补堂痘疹指迷录**不分卷 [1911]
09114 著者佚名
清抄本 139

05858 **原痘论**不分卷 [1911]
09115 著者佚名
清抄本 139

05859 **痘疹合纂**不分卷 [1911]
09117 (清)贝大馨撰
抄本 139

05860 **痘疹辑要方**一卷 [1911]
09118 **妇科辑要方**一卷
著者佚名
清刻本 139

05861 **保婴秘集痘疹**不分卷 [1911]
09119 著者佚名
清抄本 139

05862 **痘科药性**一卷 [1911]
09120 著者佚名
清抄本 139

05863 **痘科摅蕴**一卷 [1911]
09122 著者佚名
抄本 590

05864 **痘科摘抄**二十三卷 [1911]
09123 著者佚名
甄垌抄本 308

05865 **痘科纂要**一卷 [1911]
09124 著者佚名
1. 抄本 277
2. 见痘科类编释意(版本附录)

05866 **痘疮活法**一卷 [1911]
09125 (日)吉见元维撰
日本抄本 7

05867 **痘症指南**一卷 [1911]
09126 著者佚名
1. 清抄本 728A
2. 抄本 361

05868 **秘传杨石溪未痘先知神诀**一卷 [1911]
00000 (清)杨石溪撰
清抄本 939

05869 **病症杂抄**一卷 [1911]
00000 著者佚名
清豹文居稿纸抄本 139

05870 **痘疹发微**六卷 ［1911］
09128 著者佚名
抄本 139（唐成之旧藏）

05871 **痘疹秘本**一卷 ［1911］
09130 著者佚名
抄本 590 940

05872 **痘疹喉眼**一卷 ［1911］
09131 著者佚名
抄本 277

05873 **痘疹撮要**不分卷 ［1911］
09132 著者佚名
抄本 721

05874 **治痘痧秘本**一卷 ［1911］
09135 著者佚名
抄本 709

05875 **痘科紧要成方**一卷 ［1911］
09141 著者佚名
抄本 277

05876 **红炉提编**一卷 ［1911］
00000 （清）程希民撰
清抄本 589

05877 **痘疹真诀歌诀**一卷 ［1911］
09142 著者佚名
抄本 139A

05878 **痘学录要**一卷 ［1911］
09143 著者佚名
清抄本 570（残）

05879 **痘科本草**一卷 ［1911］
09144 著者佚名
清刻本 277

05880 **痘疹全生录**三卷 ［1911］
09145 著者佚名
清抄本 475A 589（张文鳌旧藏）

05881 **仝氏痘疹摘锦**十二卷 ［1911］
09147 （清）仝宾王撰
清抄本 361（存卷一至四、七至十二） 367（存卷一至三）

05882 **冯氏痘疹秘传**一卷 ［1911］
09148 （清）朱琴川注
抄本 412B

05883 **刘氏痘疹全集**一卷 ［1911］
09149 著者佚名
抄本 412B

05884 **吴氏痘症秘方**一卷 ［1911］
09150 著者佚名
清朱世颐抄本 590

05885 **治痘秘诀方歌**一卷 ［1911］
09151 著者佚名
抄本 541

05886 **（秘传）痘科方略**一卷 ［1911］
09152 著者佚名
抄本 721

05887 **（秘传）痘疹集圣**不分卷 ［1911］
09153 （清）土炳（杏庵）编
清抄本 590

05888 **痘科注生经旨**一卷 ［1911］
09154 著者佚名
抄本 590

05889 **痘疹慈航广义**一卷 ［1911］
09155 （清）甄遇都（愚合）编
清刻本 254

05890 **杨氏家传保赤痘疹真经**一卷 ［1911］
00000 著者佚名
清抄本 728A

05891 **痘疹精义**不分卷 ［1911］
00000 （清）虞霖（瑞苍）辑
清抄本 570

05892 **痘疹证治纂要**不分卷 ［1911］
00000 （清）岣山老人撰
清抄本 570

05893 **痘疹异传秘录**二卷 ［1911］
09157 （清）王紫九编
抄本 590

05894 **看痘总提图目说**一卷 ［1911］
09160 著者佚名
抄本 709

05895 **痘科形图式论法**一卷 ［1911］
09161 著者佚名
抄本 572

05896 **痘疮分证辨难论**不分卷 ［1911］
09162 著者佚名
抄本 590

05897 **痘疹方图药性大全**一卷 ［1911］
09163 著者佚名
抄本 738B

05898 09165 **幼科痘疹指南集要**一卷　［1911］
著者佚名
抄本　1

05899 08419 **新编保赤大全**五卷　［1911］
著者佚名
清抄本　1

05900 09167 **翁朱痘科汤方合稿**一卷　［1911］
著者佚名
抄本　412B

05901 09168 **采集痘疹家藏至秘**二卷　［1911］
（清）荫庭辑录
抄本　475A

05902 09169 **痘症四水合流三书**四卷　［1911］
著者佚名
抄本　301（存卷一、四）

05903 09170 **贾公先生痘疹唇舌口诀**二卷　［1911］
著者佚名
抄本　511

05904 00000 **痘疹证治纂要**不分卷　［1911］
痘疹证治纂要汇方不分卷
著者佚名
清抄本　570

05905 09173 **燕山阉宦王秘传痘疹元珠妙诀**一卷　［1911］
著者佚名
抄本　541

05906 09176 **问古堂痘科鸿宝**十二卷　［1911］
（清）吕邦乾撰
清抄本　541

05907 11133 **七段锦**一卷　［1911］
（清）陆森（茂良、尧窝山人）编
清抄本　589

05908 00000 **痘疹简捷**一卷　［1911］
附痔漏证一卷
著者佚名
清永溁抄本　734

05909 00000 **家传刘氏痘疹论治**一卷　［1911］
著者佚名
清抄本　728A

05910 00000 **痘科捷径**一卷　［1911］
（清）王寿君撰
见医学捷径（王寿君撰）

05911 09182 **小儿痘疹经验方**一卷　［1911］
著者佚名
1. 清抄本　308A（附祝由科）
2. 抄本　1

8.4.2.3　惊疳

05912 09313 **惊风辟谬**一卷　1750
（清）陈复正（飞霞）编
清咸丰七年（1857）内江博学斋刻本　851　852B

05913 08224 **福幼编**一卷　1777
又名生生福幼编、福幼编治慢惊方
（清）庄一夔（在田）撰
1. 清嘉庆二年（1797）刻本　541
2. 清嘉庆二十二年（1817）文会堂英华斋刻本　728A
3. 清嘉庆京都刻本　4H
4. 清道光九年（1829）刻本　381
5. 清道光十六年（1836）六安临潼田氏刻本　541
6. 清道光十八年（1838）会稽李氏刻本　140
7. 清道光二十年（1840）刻本　363
8. 清咸丰十年（1860）刻本　280
9. 清光绪元年（1875）金氏雨梅书屋刻寿世汇编本　401　651
10. 清光绪二年（1876）萍北源溪朱氏诒谷堂刻本　743
11. 清光绪五年（1879）苏州刻本　651　739
12. 清光绪八年（1882）上海知不足斋刻本　301
13. 清光绪十一年（1885）扫叶山房刻本　139　279　351　710　852　907B
14. 清光绪十二年（1886）潘诒安堂刻本（题福幼编治慢惊方）　831
15. 清光绪十四年（1888）一得斋刻字铺刻本　664
16. 清光绪十六年（1890）郴州刻本　831
17. 清光绪十八年（1892）刻本　901
18. 清光绪十九年（1893）万寅墀四川犍为刻寿世汇编本　651
19. 清光绪二十年（1894）宜兴史氏刻本　381
20. 清光绪二十二年（1896）归安徐存泰刻本　931
21. 清光绪二十三年（1897）常德翠微社馆刻

本 541 701 831 852
22. 清光绪二十四年(1898)杭州景文斋刻本 412A 514A 589 731 799A
23. 清光绪二十七年(1901)光州凌锦堂刻本 412B
24. 清光绪二十八年(1902)湖南刻本 831
25. 清光绪二十九年(1903)扬州集贤堂刻遂生福幼合编本 361 412B 443
26. 清光绪三十年(1904)刻本 139 412A
27. 清光绪三十年(1904)上海商务印书馆铅印陈修园医书四十种本 511 529A 664 741 831
28. 清光绪三十一年(1905)浙绍德裕堂刻寿世汇编本 651
29. 清刻本 277 289 401 541 734A 741
30. 清高宝铨抄本(附慢惊方一卷) 542
31. 见妇婴至宝
32. 见慈幼新书三种
33. 见梦草亭医书三种
34. 见保赤全编
35. 见福幼丛编
36. 见寿世编
37. 见体生集
38. 见陈修园医书十六、二十八、三十、三十二、三十六、四十、四十八、五十、七十种
39. 见产宝(版本附录)
40. 见书三味楼丛书
41. 见经验良方(附录)
42. 见卫生宝笈
43. 见遂生慈幼福幼三编
44. 见敬信录(附录)
45. 见福济全珍
46. 见仙方合集
47. 见医要三书
48. 见保赤三书
49. 见寿世汇编
50. 见妇婴宝鉴
51. 见平江贺氏汇刊医书
52. 见保赤汇编
53. 见惊风辨证必读书
54. 见济世专门编
55. 见幼科汇编
56. 见平易方(附录)
57. 见产科心法(版本附录)

05914 **小儿急慢惊风证治**一卷 ［1777］
09314 (清)庄一夔(在田)撰
见保生三种合编

05915 **幼科惊搐门**一卷 1791
00000 (清)楼岩(永千、拥千)辑
清乾隆五十六年(1791)抄本 664

05916 **急慢惊风**一卷 1856
09319 (清)夏鼎(禹铸)原撰 霞鑫辑
清咸丰六年(1856)抄本 709

05917 **(新订)小儿科脐风惊风合编**一卷 ［1861］
09320 (清)鲍相璈(云韶)编
1. 清同治十年(1871)广东刻本 734A 907C 921
2. 清同治十一年(1872)刻本 139 738B
3. 清同治十二年(1873)贵州刻本 1 186 450 664 891 896A
4. 清同治十三年(1874)会稽娄氏刻本 139A 461 541 734A 851 951
5. 清光绪元年(1875)刻本 475A
6. 清光绪五年(1879)豫省聚文堂刻本 288 351
7. 清光绪九年(1883)刻本 1 590
8. 清光绪十一年(1885)重庆尊古堂刻本(附福幼编一卷遂生编一卷) 852
9. 清光绪十二年(1886)刻本 1 491
10. 清光绪十五年(1889)刻本 907C
11. 清光绪二十年(1894)南江公山书院刻本 406
12. 清光绪二十四年(1898)成都会文堂刻本(附三卷) 852B
13. 清宣统萃宝斋刻本 907B
14. 清刻本 139 677A
15. 见福幼编(版本附录)

05918 **惊法正宗**一卷 ［1870］
00000 著者佚名
清同治九年(1890)陈恒丰敦义堂抄本 286

05919 **急惊治验**一卷 ［1886］
09321 又名小儿急惊风治验
(清)温存厚(载之)撰
见温病浅说(附录)

05920 09322 **治验录**一卷 ［1886］
又名惊风治验录
（清）秦霖熙（瑞泉、春帆）编
1. 清光绪十二年（1886）刻本 421
2. 见惊风辨证必读书

05921 09323 **惊风辨证必读书**二卷 1892
（清）刘德馨（剑芝）编
子目：
（1）福幼编一卷 （清）庄一夔撰
（2）治验录一卷 （清）秦霖熙辑
1. 清光绪十八年（1892）汉川刘德刻本 139 186 203 279 286 590 707 721 746 839A 896A 922
2. 清光绪二十七年（1901）上元江氏刻本 1 139 251 281A 288 302 351 352 360A 391 405 408 421 436 522 541 701 702 715 716 728A 734 736 741 781 785 799A 831 852 853 854 891 901 921 931 940

05922 09324 **慢惊论**一卷 1892
（清）李扩知（广文）编
清光绪十八年（1892）光洲李扩知刻本 139A

05923 09326 **保赤慢惊条辨**一卷 1907
又名慢惊条辨
（清）黄仲贤（学周）撰
清光绪三十三年（1907）广州麟书阁刻本 279 921 940 944

05924 09327 **惊风辟妄**不分卷 1908
（清）赵逢春撰
清光绪三十四年（1908）刻本 289 852

05925 09328 **小儿疳眼黄膜论**一卷 ［1908］
（清）张思济撰
清光绪刻本 461 944

05926 09329 **济婴集秘传看惊妙法**一卷 ［1910］
著者佚名
清抄本 139

05927 09330 **惊风辨误**三篇一卷 1911
（清）冯汝玖编
清宣统三年（1911）冰龛刻本 1 3 9 277 523 529A 590 664 677A

05928 09331 **（绘图）痧惊合璧**三卷 ［1911］
（清）陈氏原撰 陈汝铥传
子目：
（1）治痧症穴法要诀一卷
（2）惊风三十八症童人图一卷
（3）急救经验良方一卷
清宣统三年（1911）绍兴明达书庄石印本 139 202 475A 735A

05929 09332 **秘传急救小儿惊风手诀**不分卷 ［1911］
著者佚名
清抄本 139

05930 09333 **秘传小儿拿惊法**一卷 ［1911］
著者佚名
抄本 139

05931 09334 **随症治惊经验方**一卷 ［1911］
（清）孙氏传
抄本 590

8.5 外科

8.5.1 外科通论

05932 09349 **刘涓子鬼遗方**五卷 499
又名疮痈新书
（南朝宋）刘涓子传 （南朝齐）龚庆宣编
1. 宋刻本 1
2. 日本宝历六年（1756）平安文泉堂刻本（附刘涓子治痈疽神仙遗论一卷） 3
3. 日本宽政八年（1796）养气堂刻本（题疮痈新书，附刘涓子治痈疽神仙遗论一卷） 139
4. 清嘉庆五年（1800）扫叶山房刻本 3 139 139A 289 302 541 651 721 739A 931
5. 清嘉庆十六年（1811）桐川顾修刻读画斋丛书本 308A 541 739
6. 日本文化九年（1812）抄本 7
7. 清抄本 1（翁同书跋） 251
8. 清曹元忠抄本 542
9. 抄本 139 186 381 491 570 579
10. 日本抄本 7

05933 09350 **卫济宝书**二卷 1170
（宋）董琏（东轩居士）撰
1. 清光绪四年（1878）钱塘丁丙当归草堂刻本 139 279 391 393 475A 738A

871　931
2. 抄本　1　4C　651
3. 见古今医学会通
4. 见四库全书
5. 见当归草堂医学丛书初编
6. 见中西医学群书

05934 09351 **(真本)外科精要**三卷　1263
(宋)陈自明(良甫)原撰　(明)熊宗立(道轩、勿听子)增补
日本津轻氏刻本　139

05935 09352 **外科精义**二卷　1335
(元)齐德之撰
1. 明初刻本　186　301　541　651　721　TB
2. 明嘉靖八年(1529)辽藩朱宠瀼梅南书屋刻东垣十书本　1　366　TA
3. 日本庆长二年(1597)洛川甫庵道喜木活字印本　1
4. 明万历二十九年(1601)新安吴勉学刻古今医统正脉全书本　2　366　443　461　464(残)　529B　715　728A　738A　741　799　831
5. 清光绪七年(1881)羊城云林阁刻东垣十书本　139　361　393　651　732　850　871
6. 清光绪十八年(1892)浙江书局刻三十三年(1907)京师医局递修古今医统正脉全书本　289　XE
7. 日本刻本　461
8. 朝鲜刻本　590
9. 清刻本　3　139　202　203　277　289　308　308A　361　381　393　475A　738B　922　940
10. 清抄本　570
11. 见东垣十书
12. 见古今医统正脉全书
13. 见四库全书

05936 09600 **仙传外科集验方**十一卷　1378
又名(仙传)外科秘方
(明)杨清叟编　赵宜真(原阳子)集
1. 明洪武二十八年(1395)章贡刘渊然刻本(一卷,附秘传外科方、仙授理伤续断方)　1
2. 明刻本　139(存卷六、七)
3. 明抄本　651(清·丁丙、丁立诚跋)
4. 清嘉庆吴县袁廷梼贞节堂抄本　852
5. 清抄本　1　738
6. 见道藏
7. 见青囊杂纂

05937 09601 **秘传外科方**一卷　[1382]
(明)赵宜真(原阳子)撰
1. 见仙传外科集验方(版本附录)
2. 见青囊杂纂

05938 09358 **大河外科**二卷　[1424]
又名回生外科医方、回生外科
(明)王拳撰
1. 日本宽永七年(1630)浅井正刚抄本　733
2. 明余文台双峰堂刻本　251
3. 明刻本(题回生外科医方)　2
4. 日本嘉永元年(1848)抄本(题回生外科医方)　7

05939 09602 **外科集验方**二卷　1498
(明)周文采撰
1. 明嘉靖二十四年(1545)南京礼部刻本　1　2　139　590　721
2. 明嘉靖刻本　1(存卷下)　TB
3. 抄本　1　590

05940 09353 **外科精要**三卷　1508
又名外科宝鉴
(宋)陈自明(良甫)编　(明)薛己(新甫、立斋)校注
1. 明正德刻本(附熊宗立外科补遗)　139(存卷一、三)　733(存卷二、三)
2. 明嘉靖二十七年(1548)刻本　1　139　541　664　871　939(缺卷中)　TA
3. 明万历刻薛氏医按二十四种本　461
4. 明崇祯元年(1628)朱明刻薛氏医按十六种本　361　541
5. 明刻本　1　279　288　361　362　461　738
6. 日本承应三年(1654)武村市兵卫刻薛氏医按十六种本　289
7. 日本宽政九年(1797)聿经氏刻本　511　TB
8. 清嘉庆十四年(1809)书业堂刻薛氏医按二十四种本　651

9. 清道光东溪堂刻薛氏医按二十四种本 541　651
10. 清刻本　728A
11. 见薛氏医按十六种
12. 见薛氏医按二十四种

05941 09354 **外科理例**七卷附方一卷　［1519］
（明）汪机（省之、石山居士）撰
1. 明嘉靖十六年（1537）新安陈桷刻本 393　541　TA
2. 明嘉靖十六年（1537）新安陈桷刻明清递修清初祁门朴墅汇印石山医案丛书本　1 139　139A　186　301　435　491　570 590　716　721　728　728A　728B　733 733A　852（存卷四至七）　931
3. 日本嘉永元年（1848）鹿仓格直抄本　7
4. 见汪石山医书（石山医案丛书本）
5. 见四库全书

05942 09355 **外科心法**七卷　1528
附外科选要
（明）薛己（新甫、立斋）撰
1. 明嘉靖七年（1528）日新书堂刻本　139（存卷一、二、六、七）
2. 明嘉靖十七年（1538）蔡经刻本（题立斋外科心法五卷）　1
3. 明嘉靖刻本　362　733（存卷三、四）
4. 明万历刻薛氏医按二十四种本　21
5. 清道光东溪堂刻薛氏医按二十四种本 541　651　738B
6. 清刻本　308A　733
7. 抄本　738B
8. 见薛氏医按二十四种

05943 09356 **外科发挥**八卷　1528
（明）薛己（新甫、立斋）撰
1. 明刻本　3　570　714　731　854
2. 明刻薛氏医按二十四种本　391　401（存卷一至三）　701　714（存卷一至三）
3. 清道光东溪堂刻薛氏医按二十四种本 541
4. 清刻本　401（存卷四、五）　907C
5. 见薛氏医按二十四种

05944 09603 **外科经验方**一卷　1528
（明）薛己（新甫、立斋）撰
1. 明刻本　412B
2. 清道光间东溪堂刻薛氏医按二十四种本 541
3. 清刻本　728A
4. 见薛氏医按二十四种

05945 09357 **外科枢要**四卷　［1559］
（明）薛己（新甫、立斋）撰
1. 明隆庆五年（1571）秀水沈启原刻本　152 364（存卷一、二）　514A　541　728A 741　871　907C　926A
2. 明万历刻薛氏医按二十四种本　461
3. 明崇祯元年（1628）朱明刻薛氏医按十六种本　361　412B　736C　738
4. 日本承应三年（1654）武村市兵卫刻薛氏医按十六种本　511
5. 清嘉庆十四年（1809）书业堂刻薛氏医按二十四种本　856
6. 清道光东溪堂刻薛氏医按二十四种本 279（存卷一、二）　541
7. 清刻本　139　203　289　301　401（存卷三、四）　738A　742（存卷三）
8. 见薛氏医按十六种
9. 见薛氏医按二十四种
10. 见十竹斋刊袖珍本医书
11. 见外科枢要外科证治全生集医要三书合刻

05946 09359 **疮疡经验全书**十三卷　1569
又名窦氏外科全书、窦太师图像外科全书、宋窦太师疮疡经验全书
原题（宋）窦杰（汉卿、子声）撰　（明）窦梦麟续增
1. 明隆庆三年（1569）三衢大酉堂刻本（十二卷）　541（存卷七至九）　590（存卷七）　731
2. 清康熙五十六年（1717）陈廷柱浩然楼刻本（内封题窦太师全书）　1　2　7　139 139A　185　186　202　203　251　254 279　280　301　308A　351　366　381 385　391　412A　431（存卷五、六）　461 475A　476　491　514A　514B　529 529A　541　546　570　572　590　651 664　709　712　728A　728B　731　733（存卷一至十）　734　736A（存卷一至六） 738　741　799A　800　839A　852F（存

卷一至五） 896A 921 926A 940
3. 清康熙浩然阁刻本（六卷） 1 21 252 280 289 361 381 401 715 831 944
4. 清乾隆四年（1739）蔚文堂刻本（题窦太师图像外科全书六卷） 3 286 361 677A
5. 清乾隆十年（1745）养元堂刻本（题窦太师图像外科全书） 651 728A（存卷一至五） 839A
6. 清乾隆十五年（1750）五云楼刻本 871 939
7. 清同治元年（1862）经元堂刻本（六卷） 385A 475A
8. 清宣统二年（1910）上海扫叶山房石印本（六卷） 301 351 361 393 590 731A（存卷一） 839A 852A
9. 清善成堂刻本（六卷） 288
10. 清善德堂刻本（六卷） 361（存卷二至六）
11. 清崇顺堂刻本（六卷） 139 202 203 287 288 289 308 366 391 412B 433 433A 491 511 521 529B 541 572 651 664 677A 728（残） 738A 738B 738D 781 839A 907C
12. 清吴郡书业堂刻本 286 466
13. 清宏道堂刻本（六卷） 781
14. 清大文堂刻本（六卷） 514B 541 572 590 651 733A 734 738B 739A 740J（存卷一至三） 922
15. 清载道堂刻本 3
16. 清同文堂刻本（六卷） 361 412B 476 570
17. 清任伍堂刻本 412B
18. 清三让堂刻本（六卷） 139 412A 664 799A 921
19. 清金阊多文堂刻本 514A
20. 清傅桂轩刻本（六卷） 139 202 308A 514A
21. 清末桐石山房刻本（六卷） 251 279 301 308A 412A 412B 491 511 939
22. 清乾元堂刻本（六卷） 417
23. 清刻本 139 186 289 306（存卷一、三、八） 308A 364A 391 401（存卷一、四） 421 431（存卷三） 434（存卷一、二） 514A 570 590 728A（残） 736A 738A 740A（存卷七） 740C（存卷四） 782 851 852R 944（六卷）
24. 清抄本（六卷） 1 139 361 541
25. 抄本 279（存卷一至四） 361 521
26. 日本抄本（十二卷） 7

05947 09604 **外科经验精要方**一卷 1572

著者佚名 （明）张翼传

明隆庆六年（1572）建邑书林刘亨屏山堂刻本 541

05948 09360 **外科准绳**六卷 1602

又名疡医准绳、外科证治准绳

（明）王肯堂（宇泰、损庵、念西居士）撰

1. 明万历三十六年（1608）金坛王氏刻本 1 7 185 203 308A 381 462 476 651 712 721 741 911 TB
2. 日本宽文十三年（1673）铜陀坊书肆村上平乐寺刻本 1 3（存卷三至六）
3. 清康熙三十八年（1699）金坛虞氏刻六科证治准绳本 286 651 707
4. 清乾隆十四年（1749）带月楼刻六科证治准绳本 3 7 589
5. 清乾隆五十八年（1793）修敬堂刻六科证治准绳本 308A 491 529A 541 728A（残） 741 852S 907B
6. 清光绪十八年（1892）上海图书集成印书局铅印六科证治准绳本 1 139 152 381 677A 852B
7. 清光绪二十五年（1899）西蜀善成堂刻六科证治准绳本 733A 799
8. 清光绪嘉兴九思堂刻六科证治准绳本 3 286 288 289 739A 852 896A 917A
9. 清刻本 363 702（存卷二、四至六） 741（残） 852S
10. 翁世采节抄本 139
11. 抄本 738B 931
12. 见六科证治准绳

05949 09361 **外科准绳简纂**一卷 [1602]

（明）王肯堂（宇泰、损庵、念西居士）原撰

辑者佚名
清抄本　139

05950 09363 **外科启玄**十二卷　1604
又名图像外科启玄
（明）申拱宸（斗垣、子极）撰
1. 明万历三十二年（1604）长洲申拱宸金陵富春堂刻本　351
2. 明万历三十二年（1604）长洲申拱宸刻明末清初留耕堂重修本　2　139　277　361
3. 明万历三十二年（1604）长洲申拱宸刻清初三乐斋递修本　1　3　139　491　907B
4. 明万历三十二年（1604）长洲申拱宸刻清聚锦堂递修本　1　139　279　308A　381　412A　511　570　738B
5. 明万历三十二年（1604）长洲申拱宸刻清印本　21　514A
6. 日本弘化二年（1845）格直君美抄本　7

05951 09364 **外科正宗**四卷　1617
又名外科微义
（明）陈实功（毓仁、若虚）撰
1. 明万历四十五年（1617）崇川陈氏刻本　1　139　139A　570　590　721　731　TA
2. 明崇祯四年（1631）刻本　2　21　139（存卷三）　202　301　308A　590　741　940
3. 明刻本　1　21（存卷一至三）　476　541（题外科微义、罗濬重订）　651　731　907B
4. 日本宽文三年（1663）刻本　3　139　511
5. 清康熙三十八年（1699）荣观堂刻本　1　3　308A　491　541　651
6. 清康熙三十八年（1699）荣观堂刻振玉堂印本　139
7. 日本宝永三年（1706）宣风坊书林井上忠兵卫刻本　139　381
8. 清雍正十一年（1733）赵廷华抄本　301（题外科）
9. 清乾隆三十三年（1768）博雅堂刻本　1　353　366
10. 清乾隆五十年（1785）文光堂刻本　139A　313（存卷一、二）　351　541　831　921
11. 清乾隆五十七年（1792）聚锦堂刻本　401　433A　731
12. 日本宽政三年（1791）芳兰榭刻本　3　139　289　476　491　511　572　852
13. 清嘉庆十年（1805）刻本　401　418
14. 清嘉庆十七年（1812）宝华堂刻本　728
15. 清道光四年（1824）崇文堂刻本　351
16. 清道光二十二年（1842）刻本（六卷）　852
17. 清道光二十五年（1845）善成堂刻本　712
18. 清道光二十七年（1847）敬萃堂刻本　301
19. 清咸丰十年（1860）邗江文富堂刻本　285
20. 清光绪永言堂刻本（六卷）　734A　736
21. 清末三让堂刻本　279　831
22. 清令德堂刻本（六卷）　743（存卷一、卷二配芸生堂本、卷四配文光堂本）
23. 清刻本　279　308A　364A　383　433A（存二卷）　733A　734A　736A　738B（八卷）　740J（存卷一至四）　943
24. 抄本　139（节录）　361（一卷，附幼幼集成一卷）　381　521　541　721（节抄本，题疡科委原集）

05952 09605 **外科集方**二卷　1620
著者佚名
明万历刻本　139

05953 09368 **外科钤**二卷　1624
附外科古方一卷
（明）张介宾（景岳、会卿、通一子）撰
1. 清刻景岳全书本　411
2. 抄本　412B
3. 见景岳全书

05954 00000 **外科明理**不分卷　［1627］
（明）缪希雍（仲醇、慕台）撰
清抄本　139

05955 09369 **疡科选粹**八卷　1628
（明）陈文治（国章、岳溪）编
1. 明崇祯元年（1628）许僖刻本　1　2　21　139　203　251　270　308　352　412A　475A　476　491　529B　541　570　572　590　710　716　721　728A　734　831　852　907C
2. 明崇祯元年（1628）许僖刻清重修本

139A　277　702
3. 清康熙四十六年(1707)浔溪达尊堂刻本　139　186　308A　361　491　511　521　541　570　651　664　733　853　896A
4. 清康熙四十六年(1707)浔溪达尊堂刻乾隆二十六年(1761)印本　3　139　186　381　523　541　579　590　731　940
5. 清临益堂精抄本　475A
6. 清刻本　521(存卷二、三)　728A　736A　740A(存卷四)　912　940
7. 清抄本　139　541　731　TA
8. 日本抄本　1

05956/09370　**外科活人定本**四卷　1630
(明)龚居中(应圆、如虚子、寿世主人)撰
1. 清顺治十八年(1661)豫章周亮节剩名堂刻本　277　570
2. 清末天德堂刻本　1　202　289
3. 清末天德堂刻醉耕堂印本　3　139　140　186　279　475A　476　514A　731　738
4. 清末天德堂刻同德堂印本　590　677A　907C
5. 清光绪十四年(1888)福善堂主人抄本　475A
6. 清宣统二年(1910)吴郡志云居抄本　701　709
7. 清宣统二年(1910)抄本　907C
8. 清刻本　287　411(存卷二、三)

05957/09371　**外科百效全书**六卷　1630
又名图像外科百效全书、外科百效秘授经验奇方
附外科补遗秘授经验奇方一卷
(明)龚居中(应圆、如虚子、寿世主人)编
1. 明刻本　462(残)　467(残)　590(残)
2. 清初书林发祥堂刻本　572
3. 清初书林发祥堂刻同治十三年(1874)锄经园印本　3
4. 清书林学畬堂刻本(六卷)　2　799
5. 清书林学畬堂刻宏道堂印本　289　308A　738A　799A　907C　917A
6. 清善成堂刻本(六卷)　2　186　270　412A　728A　851
7. 清致和堂刻本(题图像外科百效全书四卷)　21　139
8. 清绣谷浒湾书林五云堂刻令德堂印本(六卷)　467　737
9. 清致盛堂刻本(六卷)　514A　651
10. 清锦盛堂刻本　514A
11. 清文诚堂刻本(六卷)　413
12. 清绣谷书林五凤楼刻本(六卷)　476　651　831
13. 清大文堂刻本(六卷)　279　360A　590　664　737　740A
14. 清宝翰楼刻本(扉页题外科百效六卷)　202
15. 清刻本　1　139A　140　308A(六卷、残)　462(残)　514A　541(存卷二至四)　664(六卷)　728A　944
16. 清末抄本　412A

05958/09373　**外科心法**一卷　1644
著者佚名
明抄本　139

05959/09374　**外科秘集**二卷　[1644]
(明)汪若谷撰
清顺治二年(1645)抄本　139(残)

05960/09376　**外科大成**四卷　1665
(清)祁坤(广生、槐庵生阳子)撰
1. 清康熙四年(1665)古雪堂刻本　203　251(存卷二、四)　366　413　461　736A
2. 清康熙四年(1665)古雪堂刻江南聚锦堂李氏书林印本　1　2　21　139　186　287　289　301　306　381　417(存卷一至三)　461　476　570　590　651　709
3. 清康熙四年(1665)古雪堂刻崇文堂重修本　139　541　677A　871
4. 清康熙四年(1665)古雪堂刻雍正八年(1730)光霁堂印本　2　140　413　475A　476　541
5. 清乾隆八年(1743)江南省怀德堂刻本　1　2　139　186　286　306　308A　385　590　896A
6. 清乾隆八年(1743)江南省怀德堂刻三多斋印本　308A　364A(存卷一)　366　731
7. 清乾隆六十年(1795)金阊函三堂刻本　139　279　412B　443　475A　664　738B　852　907C

8. 清乾隆刻本　140　186
9. 日本宽政八年(1796)缮生堂铅印本　3
10. 清大文堂刻本　289　351
11. 清文成堂刻本　475A
12. 清启秀堂刻本　939
13. 清善成堂刻本　2　203　251　279　280　286　302　361　362　391　393　401　421　475A　523　541　651　712　728A　728B　738B　741　781　852F　907C　926A　940
14. 清刻本　308A　360A(八卷)　366(八卷)　412A　570　677A　736A(存卷五、六)　871
15. 清抄本　6

05961 00000 **祁氏家传外科大罗**二卷　1665
(清)祁坤(广生、槐庵生阳子)撰
清乾隆十年(1745)祁文钠抄本　21

05962 09377 **外科安生集**四卷　1683
附外科精义疮肿诊候入式法
(清)周扬俊(禹载、东园老人)撰
抄本　738B

05963 09378 **外科辨证奇闻**一卷　1687
(清)陈士铎(敬之、远公、朱华子、大雅堂主人)原撰　吴启淮(柏源)辑订
清抄本　139

05964 00000 **外科辨证冰鉴**不分卷　[1687]
(清)陈士铎(敬之、远公、朱华子、大雅堂主人)撰
清抄本　203

05965 09379 **洞天奥旨**十六卷　1694
又名外科秘录、外科仙传
附十二经络图
(清)陈士铎(敬之、远公、朱华子、大雅堂主人)撰
1. 清乾隆五十五年(1790)山阴陈凤辉大雅堂家刻本　2　3　7　139　152　202　279　280　289　301　308　368　381　393　412A　412B　462　475A　493　521(残)　529　541　651　664　706　709　710(缺卷五至十三)　728A　734　734A　738　738A　799A　831　852K　853　871　901　907B　921　922
2. 清乾隆五十五年(1790)鼎翰楼刻本　412A　521　529A
3. 清嘉庆聚贤堂刻本　139　251　254　289　301　308　901
4. 日本文政十年(1827)刻本　579
5. 清光绪十九年(1893)朱丝兰抄本　1
6. 清光绪二十五年(1899)辅文堂刻本　361
7. 清光绪善成堂刻本　7　139　186　202　287　289　361　385A　391　461　492　514A　570　572　590　728A　731　851　896A　917A　940
8. 清右文堂刻本　288
9. 清大经堂刻本　139　351
10. 清纬文堂刻本　280　475A　651　734A　737　737A(存卷一至四、九至十六)　939
11. 清古越大雅堂刻本　139　139A　202　203　521　734A　735A
12. 清宏道堂刻本　401　734
13. 清刻本　279　285　366　391　401　570　852B　951

05966 09608 **外科应验良方**一卷　1696
(清)汪启贤(肇开)等撰
1. 清康熙也园主人刻本　590
2. 见济世全书

05967 09380 **外科精要**一卷　1702
(清)冯兆张(楚瞻)撰
见冯氏锦囊秘录

05968 09381 **外科秘授著要**一卷　1711
(清)程让先撰
抄本　541

05969 09609 **外科验方**一卷　1715
(清)王天枢撰
1. 清积善堂抄本　738B
2. 查华耕抄本　433

05970 09610 **外治方鉴**一卷图录一卷　1715
(日)林子伯撰
日本正德五年(1715)大阪吉文字屋市兵卫刻本　139　511

05971 09611 **灵药秘方**二卷　1718
(清)师成子撰　方成培(仰松)订
清方成培抄本　728A

05972 09612 **外科方论**一卷　1723
著者佚名

清雍正元年(1723)赵廷荣怡仁堂抄本 738B

05973 09382 **外科十法**一卷 1732

又名外科灰余集、华佗外科十法、华佗外科证治药方、外科枢要、华佗遗书、外科活人诀

(清)程国彭(钟龄、普明子)撰

1. 清乾隆五十六年(1791)休宁汪琴田书稼轩刻书粟轩重修本 139 186 289 590 852 922
2. 清道光十二年(1832)浚义佳日山房刻本(题佳日山房增订外科枢要) 286 353
3. 清光绪二十四年(1898)抄本 202
4. 清刻本 2 139A 541 651 664 734A 736 738B 740A
5. 清留余堂抄本(题外科活人诀) 590
6. 抄本 139 202
7. 见医学心悟(附录)
8. 见贵池刘氏信天堂汇刻医书三种

05974 09385 **外科疮疡九种**不分卷 [1733]

著者佚名

抄本 139

05975 09365 **(重订)外科正宗**十二卷 [1737]

(明)陈实功(毓仁、若虚)撰 (清)张鹫翼(青万、乐山)重订

1. 清乾隆二年(1737)致和堂刻本 288 412B(缺卷一至八)
2. 清乾隆四十五年(1780)金阊映雪草堂刻本 314 733
3. 清乾隆五十年(1785)刻本(十卷) 721
4. 清乾隆五十一年(1786)沈泉愚溪山房刻本 286(缺卷七、八) 721
5. 清乾隆五十二年(1787)金阊学耕堂刻本 651
6. 清乾隆五十二年(1787)金阊绿荫堂刻本 301 385
7. 清乾隆五十三年(1788)恒德堂刻本 251
8. 清乾隆五十八年(1793)砚儒堂刻本 651
9. 清乾隆刻本 409 435 677A 733 736
10. 清嘉庆十一年(1806)敬文堂刻本 279 288 302
11. 清嘉庆九年(1804)刻本 434
12. 清嘉庆十三年(1808)金阊三槐堂刻本 279 301 651 664 852
13. 清嘉庆十五年(1810)庆余堂刻本 351 366 412A 413 514A 701 702
14. 清嘉庆二十年(1815)溧阳文华堂刻本 852
15. 清嘉庆二十五年(1820)崇顺堂刻本 366 433A 436
16. 清道光元年(1821)武林三德堂刻本 139
17. 清道光元年(1821)金阊绿荫堂刻本 381 926A
18. 清道光八年(1828)启元堂刻本 546
19. 清道光二十五年(1845)宝翰楼刻本 364A(存卷一至十)
20. 清咸丰元年(1851)会文堂刻本 279 301 391 529B
21. 清咸丰十一年(1861)清江金声堂刻本 277 590 651 713 736A
22. 清同治六年(1867)绵邑隆文堂刻本 743(存卷一、二) 853 896A
23. 清光绪元年(1875)铁瓶里有耀斋书局刻本(扉页题绘图外科正宗) 289 306 385A 461 475A 519 541 572 701 721 891 896A 911
24. 清光绪二年(1876)敦元堂刻本 709
25. 清光绪十四年(1888)扫叶山房刻本 2 21 251 277 301 303 305 308A 351 361 385 412A 421 461 475A 476 511 522 541 570 572 590 664 702 709 728A 734 737 740D 896A 915 926A
26. 清光绪十四年(1888)京都泰山堂刻本 21 277 279 361 461 514A 524 529A 570
27. 清光绪二十年(1894)扫叶山房刻本 306 308A 361 366 728A 734(存卷一、二) 736A 737
28. 清光绪二十六年(1900)百城山房刻本 475A 664 831
29. 清光绪三十一年(1905)经元书室刻本 203 366 393 412A 521 529A 541

714　728A　799A
30. 清同元堂刻本　139　277　279　287　301　366　391　393
31. 清宏道堂刻本　202　351　412A　433A　651　781　852A　907C
32. 清泾南学海堂刻本　288　366　413
33. 清鸿文堂刻本　742A（存卷一、二、六至十二）
34. 清三余堂刻本　664
35. 清正学斋刻本　361
36. 清致盛堂刻本　1　418　872（存卷十至十二）
37. 清文益堂刻本　203
38. 清河岸书屋刻本　362
39. 清泾南聚文堂刻本　856
40. 清善成堂刻本　288　852（存卷四至十二）　874（存卷三至十一）
41. 清越城问奇斋刻本　651　733
42. 清刻本　139A　186　277　279　289　351　361　412A　412B　461　476　491　541　728A　733　734　735　737　741
43. 有余斋刻本　831

05976
09386
外科症治全生集六卷　1740
又名林屋山人证治全生集、王洪绪先生外科证治全生、马评外科症治全生集、外科全生、外科证治全生集
附金疮铁扇方
（清）王维德（洪绪、林屋山人、定定子）编
1. 清乾隆五年（1740）刻本（前集三卷，后集三卷）　1　21　152　288　381　413　433　461　590　734　737　738A　852
2. 清乾隆四十三年（1778）书业堂刻本　412A
3. 清嘉庆五年（1800）金阊讲德斋刻本　475A
4. 清道光十六年（1836）祖石山房刻本　302
5. 清道光二十一年（1841）畷城裘盂居刻本（前集三卷，后集三卷）　651
6. 清道光二十二年（1842）信元堂刻本　309
7. 清道光二十五年（1845）京口包松溪等刻瓶花书屋医书本（不分卷）　289　393　491　511　541　570　579　651　738　781　799A　831　891　896A
8. 清道光二十七年（1847）二酉山房刻本　664　713　739
9. 清道光二十七年（1847）扫叶山房刻本（不分卷）　1　461　713
10. 清道光二十八年（1848）三余堂刻本　381
11. 清咸丰九年（1859）陈光熙刻本　514A
12. 清咸丰十年（1860）梁瀹川济世轩抄本　664
13. 清咸丰十一年（1861）武昌节署刻本（不分卷）　7　8　139　139A　140　186　202　251　252　270　279　280　281A　287　288　351　381　391　393　412A　417　443　461　462　514A　521　522　529A　541　542　570　572　579　590　651　707　721　731　736B　738A　740J　743　781　799A　800　831　839A　851　852　891　901　907C　921　939　940　951
14. 清咸丰同治间湘乡左继云望云草庐刻本（三卷）　741　939
15. 清同治三年（1864）乐善堂刻本　412A　907B
16. 清同治六年（1867）江宁藩署木活字印本（不分卷，附治癫狗咬伤毒发欲死经验救急神效方一卷）　139　475A　541　651　728A　738　831　851
17. 清同治六年（1867）常欢喜斋刻本（不分卷）　3　21　289　301　302　308A　315　351　396　541　709　831
18. 清同治七年（1868）刻本　139　277
19. 清同治八年（1869）长州蒋氏刻本　1　139　421　651　677A　709　721　737
20. 清同治十一年（1872）铅印本（不分卷）　301　570　701　706　707　736B
21. 清同治十二年（1873）山左陈介谋刻本　21　139　202　301　308A　351　871
22. 清同治十二年（1873）聚星堂刻本　301
23. 清同治十二年（1873）槐荫山房刻本　139
24. 清同治十二年（1873）刻本　1　493
25. 清同治十三年（1874）太原孝宏堂刻本（不分卷）　463　541
26. 清同治十三年（1874）善成堂刻本（不分

卷） 1 302 308A 491 839A
27. 清同治十三年（1874）归安姚氏偲进斋刻本（不分卷） 385
28. 清同治十三年（1874）川东刻本 412A 541 734A 907C
29. 清同治十三年（1874）上洋文正堂刻本 412A
30. 清同治刻本 302 713 721
31. 清光绪元年（1875）常州周氏刻本 139 203 279 421 541 707
32. 清光绪元年（1875）吴县潘祖荫刻本 1 289 715 839A 877 896A
33. 清光绪二年（1876）湘阴张氏刻本 831
34. 清光绪二年（1876）玉笥山房刻本（题王洪绪先生外科证治全生，不分卷） 570 799A
35. 清光绪三年（1877）两勉疆斋刻本（不分卷） 1 651 702
36. 清光绪四年（1878）吴门潘霨敏德堂刻铧园医学六种本（四种） 1 139 270 289 308A 364A 366 393 432 514A 529A 541 570 651 664 677A 707 709 713 715 728A 733 734A 736B 800 907C 917A 926A
37. 清光绪五年（1879）山西濬文书局刻本（不分卷） 1 3 21 139 203 280 288 289 381 421 491
38. 清光绪五年（1879）潍阳棣园氏刻本 541 734A 839A
39. 清光绪五年（1879）贺州林肇元刻本 702
40. 清光绪六年（1880）京都那王麟刻本 288
41. 清光绪七年（1881）黔阳节蜀刻本 412A
42. 清光绪八年（1882）临川桂氏刻本（不分卷，附治癫狗咬伤毒发欲死经验救急神效方一卷） 139 202 285 570 664 738B 921
43. 清光绪九年（1883）上海扫叶山房刻本 21 152 302 381 709
44. 清光绪九年（1883）吴门蒋氏宗祠刻本（前集三卷，后集三卷） 139 308A 412A 511 541 651 738A 740A 740B 852 871 907B 907C
45. 清光绪九年（1883）成都六益文化会刻本 308A 381
46. 清光绪九年（1883）石印本 139A 529A 737A
47. 清光绪九年（1883）江阴宝文堂书庄刻本 907C
48. 清光绪十年（1884）江西书局刻铧园医学六种本（四卷） 1 6 277 302 475A（存卷一、三、四） 529B 541 603 651 665（存卷一、二） 710 712 736B 738B 939 951
49. 清光绪十年（1884）吴门扫叶山房刻本（题马培之译外科症治全生集六卷） 2 139 152 270 277 289 302 361 433A 450 476 523 541 590 651 664 677A 706 713 731 738B 738E 940 944
50. 清光绪十年（1884）唐邑史氏刻本 351 831
51. 清光绪十一年（1885）汉口森宝斋刻本（不分卷） 412A 541 799
52. 清光绪十二年（1886）上洋馨远堂刻本 434 731 734A（存卷一、二）
53. 清光绪十三年（1887）西安郡署刻本 270 301 308A 391 541 853
54. 清光绪十三年（1887）豫汴聚文斋刻本 351
55. 清光绪十三年（1887）重庆新记启渝公司铅印本（附福幼编一卷） 853
56. 清光绪十三年（1887）刻本 364A 491 651 728A
57. 清光绪十四年（1888）王茂源等刻本 139A 491
58. 清光绪十五年（1889）长安刻本 351
59. 清光绪十六年（1890）善成堂刻本 286 301 366 491 852A
60. 清光绪十六年（1890）都门河南结局刻本（二卷） 1 139 202 391 393 433A 728A 831
61. 清光绪十六年（1890）刻本（二卷） 2 202 450B 831
62. 清光绪十七年（1891）京都文奎堂刻本 202
63. 清光绪十八年（1892）彭城孝友堂刻本

279
64. 清光绪二十一年(1895)苏州谢氏望炊楼刻桃坞谢氏汇刻方书九种本 279
65. 清光绪十九年(1893)三让堂刻本 412B 738B 921
66. 清光绪二十年(1894)刻本 852S 901
67. 清光绪二十二年(1896)吴门学库山房刻本 139
68. 清光绪二十五年(1899)湖北官书局刻本 651 926A
69. 清光绪三十年(1904)北京正蒙印书局铅印本 308 604 831
70. 清光绪三十二年(1906)校经山房石印本(二卷) 1 139 364A 476 734
71. 清光绪三十三年(1907)书业德记刻本 279 302 514B
72. 清光绪三十三年(1907)扫叶山房刻朱墨套印本 2 139 301 381 393 433A 475A 541 590 651 664 677A 731 734 738A 800
73. 清光绪三十四年(1908)上海理文轩书庄石印本 709 731 734A
74. 清本立堂刻本 740B
75. 清末二酉山房刻本(不分卷,附增补跌打损伤一卷治癫狗咬方一卷) 139 289 361 721 741
76. 清刻本 1 2 139 139A 279 289 308A 351 362 412A 433A 475A 570 651 728A(残) 733 734 734A 736A 740D(存后集三卷) 854 901 907C 951
77. 清抄本 308A 651(存三卷) 664 701 709(题王氏家传外科)
78. 清英文堂刻本(二卷) 931
79. 清聚奎堂刻本 279 731 852 896A
80. 抄本 302 391 461 541 791
81. 见陈修园医书三十六、四十、五十种
82. 见瓶花书屋医书
83. 见回春集
84. 见铧园医学六种
85. 见潘刻医书四种
86. 见桃坞谢氏汇刻方书九种
87. 见申报馆丛书

05977 09387 **外科心法要诀**十六卷 1742
又名医宗金鉴外科
(清)吴谦(六吉)等撰
1. 清光绪九年(1883)扫叶山房刻御纂医宗金鉴本 202 301 302 475A(残) 491 529A 677A 917A
2. 清光绪十八年(1892)上海图书集成印书局铅印御纂医宗金鉴本 4C 139 256 541 713
3. 清光绪十八年(1892)上海五彩书局石印御纂医宗金鉴本 308A 721
4. 清光绪二十八年(1902)上海醉六堂石印御纂医宗金鉴本 714 740B
5. 清光绪二十九年(1903)上海经香阁石印御纂医宗金鉴本 721 800
6. 清光绪三十二年(1906)有益斋石印御纂医宗金鉴本 301 396 738A 741 742 931
7. 清光绪三十二年(1906)文新书局石印御纂医宗金鉴本 139 742 931
8. 清光绪三十四年(1908)三义堂刻本 308A
9. 清宣统元年(1909)简青斋书局石印御纂医宗金鉴本 728A 740B 831 931 940
10. 清宣统元年(1909)上海章福记书局石印本 277 491 514A 590 712
11. 清聚奎堂刻御纂医宗金鉴本 852S
12. 清文光堂刻御纂医宗金鉴本 831
13. 清三让堂刻御纂医宗金鉴本 281 541 831
14. 清刻本 8 139 140 203 287 303 308A 351 366 367 370 383 412A 665 701 714 721 728A 743 851 856 873 917A 931
15. 清抄本 139 741
16. 抄本 2
17. 节抄本 139 590
18. 见(御纂)医宗金鉴

05978 09388 **外科金鉴札要**二卷 1742
著者佚名
抄本 738B

05979 09389 **金鉴外科**一卷 1742
(清)弘画辑

1. 清乾隆七年（1742）刻本 277 309
2. 抄本 139

05980 09390 **图形枕藏外科**二卷 ［1743］
又名枕藏外科形图诸症、外科秘录图、枕藏外科图、枕藏外科诸症
（清）李云骕（良斋）辑
1. 清乾隆三十二年（1767）秣陵胡琭刻本（题枕藏外科图） 139
2. 清乾隆四十七年（1782）元盛堂刻本 738B 871
3. 清乾隆四十七年（1782）务本堂刻本 421 434
4. 清乾隆四十七年（1782）必盛堂刻本 871
5. 清乾隆五十年（1785）邵邑姚安志面极堂刻本（题枕藏外科形图诸症二卷） 279 590 664
6. 清嘉庆四年（1799）刻本（题外科秘录图二卷，原题闫松轩著） 734 921
7. 清嘉庆八年（1803）黄大镛郁文堂刻本（题枕藏外科图） 712 839A
8. 清嘉庆十六年（1811）鳣飞堂刻本（题枕藏外科形图诸症二卷） 413
9. 清咸丰二年（1852）本立堂刻本（题枕藏外科形图诸症二卷） 664 896A
10. 清咸丰六年（1856）乾隆五十年（1785）邵邑姚安志面极堂刻文大堂重修本（题枕藏外科形图诸症二卷） 279 590 677A
11. 清光绪二十年（1894）倪烈彬抄本（题枕藏外科形图诸症） 186
12. 清成都刻本 421（题枕藏外科秘方总论） 721 851
13. 清胡西林抄本 139
14. 抄本 139 186 433A 570（二卷） 709 738B（存枕藏外科要方）

05981 09391 **外科秘本**二卷 1759
附良方集录图位仁寿堂咽喉杂症秘方
原题（清）徐大椿（灵胎、洄溪老人）撰
清嘉庆八年（1803）抄本 677A

05982 00000 **外科图说**不分卷 1759
著者佚名
清乾隆二十四年（1759）鹤浦官廨抄本 732

05983 09392 **疡医大全**四十卷 1760
又名顾氏秘书
（清）顾世澄（练江、静斋）撰
1. 清乾隆二十五年（1760）达安堂刻本 541 738A
2. 清乾隆二十五年（1760）达安堂刻三十八年（1773）增刻艺古堂印本 139 203 308A 393 412A 529A 590 736（存十三卷） 738B 739B 921
3. 清乾隆二十五年（1760）达安堂刻三十八年（1773）增刻同治九年（1870）敦仁堂印本 2 21 139 139A 289 308A 351 361 393 396 412A 433A 461 476 491 511 514B 521 542 570 651 664 677A 728 728A 733B（存卷一至六、二十二至二十七） 736A 738A 742（存三十五卷） 831 851 926A 939 940
4. 清乾隆二十五年（1760）达安堂刻三十八年（1773）增刻二酉堂印本 186 514A
5. 清乾隆二十五年（1760）达安堂刻三十八年（1773）增刻四部楼印本 590
6. 清光绪二十年（1894）善成堂刻本 139 202 251 289（存二十卷） 306 308 412B 461 514A 570 664 709 737 740A 740B 781 800 831 852 852A 852F 871 901 907C 922
7. 清光绪二十七年（1901）上海图书集成印书局铅印本 1 139 139A 145 152 277 279 287 289（缺六卷） 308A 351 412A 443 450 463 475A 493 514A 664 677A 706 714 728A 734A 737 738A 896A 907C 922 940
8. 清光华堂刻本 3 139 140 186 202 361 421 546 589 664 712 731 741 931 940
9. 清上海通时书局石印本 289 362 412A 491 514A 709 728A 736A 852A
10. 清刻本 280 302 311 393（残） 434 570 735A（残） 736 736A 740A 852A

11. 抄本　521

05984 09613 **外科众方规矩**七卷　1760
(日)神保等庵(玄洲)编
日本宝历十年(1760)浪花书林涩川舆左卫门刻本　461

05985 09614 **外科方汇**一卷　1761
(日)桃井硕水编
日本宝历十一年(1761)胜村治右卫门刻本　3

05986 09393 **疡科集案类编**二卷　1764
(清)叶桂(天士、香岩、南阳先生)原撰　张浩月辑
清抄本　664

05987 09396 **锦囊外疗秘录**一卷　1772
附湿毒古方、后世方、经验良方一卷
(日)林子伯原撰　定荣堂主人增辑
日本明和九年(1772)定荣堂主人江都刻本　139　511　570　589　590

05988 09478 **外科汇集**二卷　[1772]
(清)臧应詹(枚吉)编
清抄本　308A

05989 09397 **外科心法**十卷选要二卷　1775
(清)唐黉(芹洲)编
清乾隆四十一年(1776)昆山唐黉自刻本　1　2　3(存选要)　139　279　289　491(存选要)　514A　570　590　738B(存卷一至六)

05990 09403 **外科指南**四卷　1780
(清)杏庵撰
清乾隆四十五年(1780)光裕堂抄本　590

05991 09401 **外科图形脉证**四卷　1795
附医方便考
(清)郑玉坛(彤园)撰
1. 清刻本　939(题外科医法)
2. 见郑彤园医书

05992 09584 **外科金针**二卷　[1795]
(清)吴氏　释文水撰
1. 清乾隆成培抄本　286(附疗疮秘集、古香堂验方)
2. 抄本　728A

05993 09405 **疮疡经验**二卷　1800
又名疮疡经验秘本
附幼科摘要一卷
(清)鲍集成(允大)撰　鲍漱芳(席芬)编
1. 清嘉庆五年(1800)诵芬书屋刻本　570　721　852(存卷一、二)
2. 抄本　139　590　738B

05994 09406 **疡科会粹**十卷　1802
又名凤鸣堂疡科汇粹
(清)孙震元(东棠、秋水道人)编
抄本　139

05995 00000 **龙宫秘授**二卷　[1802]
著者佚名
清抄本　286

05996 09616 **疡科要录方汇**三卷　1805
(清)高秉钧(锦庭)撰
1. 清刻本　270
2. 抄本　139
3. 见疡科心得集(附录)

05997 09407 **疡科心得集**三卷　1805
又名疡科临证心得集、伤科心得集
附疡科要录方汇三卷、景岳新方歌一卷、家用膏丹丸散方一卷
(清)高秉钧(锦庭)编
1. 清嘉庆十四年(1809)尽心斋刻本　1　2　3　21　139　186　202　251　279　280　286　308A　309　361　396　434　450　475A　476　514A　514B　541　570　589　651　664　677A　709　721　728B　731　734A(存卷一至三)　736　736A　740A　740B　831　896A　922　939　940
2. 清光绪二十七年(1901)无锡日升山房刻本　139　186　202　203　277　279　280　289　308A　361　461　475A　491　521　529　590　664　701　709　721　728A　734　799A　851　907C　921　940
3. 清光绪三十二年(1906)上海文瑞楼石印本　139　277　289　301　308　361　412A　433　475A　514A　570　590　728A　734　738　738A　839A　852A　853　896A　926A　940
4. 清刻本　139A　281A　308A　475A　710　728A　736　738A　907C
5. 抄本　139(残)　529A　541(二卷)

05998 **玉洞遗经**七卷 ［1805］
00000 著者佚名
又名南翔宝籍堂外科秘本、外科或问、应氏外科或问、外科秘诀
子目：
（1）咽喉问答一卷附窦太师喉症十条、喉症牙疼集方
（2）痔漏诸症一卷
（3）痈疽疔疖诸症四卷
（4）皮肤诸症一卷
1. 清嘉庆十年（1805）抄本（题南翔宝籍堂外科秘本） 589
2. 清焕章氏抄本 475A（题外科或问附方）
3. 清抄本 1 139（存痈疽疔疖诸症四卷，题外科或问） 541（存痈疽疔疖诸症四卷，题外科秘诀） 590（存咽喉一卷痔漏一卷皮肤一卷） 590（存痈疽疔疖诸症四卷，题外科或问） 738B（存痈疽疔疖诸症四卷，题应氏外科或问） 901（存咽喉一卷）
4. 抄本 541（存咽喉问答） 738A（题外科或问附方） 738B（题外科或问）

05999 **玉泉镜**一卷 1811
09618 又名天都程氏选辑外科良方
（清）程景耀（介亭、玉泉）撰
清嘉庆十六年（1811）稿本 139

06000 **外科集成**五十卷 1813
09410 （日）栗崎道枢（正弘）撰
日本文化十年（1813）修泽舍刻本 1

06001 **外科集腋**八卷 1814
09411 （清）张景颜（阆宾）撰
1. 清嘉庆十九年（1814）鹊印堂刻本 3 139 664 709
2. 清抄本 590 701（存卷一至六、八；白云山人、顾恩湛题跋）

06002 **外科辨疑**四卷 ［1816］
09412 （清）黄钟（乐亭）撰
清抄本 651

06003 **黄乐亭先生外科医案**二卷 ［1816］
09413 又名乐亭医案、疡科指南医案
（清）黄钟（乐亭）撰
1. 清光绪二十六年（1900）梁溪桔庵李耀南抄本（题疡科指南医案） 590
2. 清范志尹抄本 572（裘吉生旧藏）
3. 清抄本（题疡科指南医案） 728A

06004 **片石居疡科治法辑要**二卷 1828
09415 又名片石居疡科遗篇、疡科治法
（清）沈志裕（怡庵）撰
1. 清道光八年（1828）当湖沈竹泉志古堂刻本 139 361 541 664 677A
2. 清光绪十五年（1889）海盐徐圆成刻本 289
3. 清光绪十八年（1892）中西书局石印本 186 541
4. 清光绪十九年（1893）平湖刻本 541 590 736B 738B
5. 清抄本 590
6. 见笔花片石合刻
7. 见毓德堂医约

06005 **疡医探源论**不分卷 ［1830］
09497 （清）朱费元（怀刚、杏村）撰
见临证一得方（附录）

06006 **外科证治全书**五卷 1831
09418 附全生集医案一集一卷
（清）许克昌（伦声） 毕法（苍霖）合编
1. 清道光十一年（1831）云梦程怀璟刻本 280 475A 529A 728A
2. 清道光二十五年（1845）九桂轩刻本 831
3. 清同治六年（1867）京山易崇堦等成都刻本 2 3 139 139A 186 202 203 251 277 281A 286 289 308 361 412B 433A 435 461 475A 476 491 514A 521 541 570 590 651 664 665（存卷一、二） 677A 709 731 732 738B 839A 851 852 852A 871 907B 907C 926A 931 940 951 XD
4. 清光绪八年（1882）河南聚文斋刻本 2 285 288 289 351 401 491 664 677A 710 728A 851
5. 清光绪二十一年（1895）汉口景庆义记书局石印本 270 781 917A
6. 清光绪二十六年（1900）成都学道街刻本 2 308A 351 907C
7. 清光绪三十三年（1907）遵义天全美刻天福公所印本 921

8. 清光绪上海著易堂书局石印本 361 590 677A 706 738B 940
9. 清刻本 279 364A 570 738A（缺卷一、二）
10. 抄本 475A

06007 **疡科捷径**三卷 1831
09419
（清）时世瑞（静山）撰
1. 清道光十一年（1831）娄东时世瑞许间书屋刻本 279 529 590 651 664
2. 清光绪十一年（1885）娄东时稻香时凤林养正室刻本（附补遗一卷） 1 3 139 186 308A 529A 541 589 590 677A 702 709 710（存卷二、三） 734 741 839A 917A
3. 清抄本 139

06008 **解毒奇效方**一卷 1831
09619
（日）原昌克（玄玙、子柔、南阳）编
1. 日本天保九年（1838）东都书房刻本 139 589 781
2. 抄本 590

06009 **临证一得方**四卷 1833
09646
又名朱杏村外科医案、朱怀刚医案、朱氏医案
附疡医探源论、读疡医探源论记、论疔疮对口发背治法、外科应用经验要方
（清）朱费元（怀刚、杏村）撰
1. 清道光十九年（1839）抄本 590（题朱氏医案）
2. 抄本 590（巢念修旧藏）

06010 **外科图说**六卷 1834
09420
（清）高文晋（梅溪）编
1. 清咸丰六年（1856）浦南慎思堂刻本 2 139 186 202 203 385A 475A 476 491 514A 541 590 677A 709 731 734
2. 清咸丰六年（1856）浦南慎思堂刻上洋大魁桢记印本 139 279 308 412A 541 572 917A
3. 清咸丰六年（1856）浦南慎思堂刻上洋扫叶山房印本 3 202 286 308A 393 433 467 590 731 734A 738B 896A

06011 **（春林轩）疡科方筌**一卷 1835
09620
（日）华冈震（青洲）撰
1. 日本仁寿堂抄本 7
2. 抄本 3 589

06012 **疡科秘录**十卷 1837
09421
（日）本间玄调（和卿）撰
日本弘化四年（1847）常州本间玄调自准亭刻本 476 514A 541

06013 **外科真诠**二卷 1838
09422
（清）邹岳（五峰、东山）撰
1. 清同治十一年（1872）石埭沈振瑞杭州刻本 3 139 186 202 277 289 308A 412A 443 475A 491 514A 541 570 589 590 651 664 677A 709 728A 731 734 737 738B 839A 896A 901（残） 907C 917A 926A
2. 抄本 139

06014 **外科简效方**一卷 1838
09624
（清）王士雄（孟英、梦隐、潜斋、半痴山人、息居隐士、随息居士）撰
见陈修园医书六十种

06015 **外科汤剂辑要**□□卷 1839
09506
（清）陈策辑
清道光十九年（1839）菖蒲馆抄本 839A（存卷一）

06016 **外科秘法**一卷 1840
09423
（清）谢应材（蘧乔）撰
见谢氏医书二种

06017 **谢氏医书二种**二卷 ［1840］
09440
附扬州存济堂药局膏药方一卷
（清）谢应材（蘧乔）撰
子目：
（1）谢氏发背对口疮治诀论一卷
（2）谢氏外科秘法一卷
见逯南轩谢蘧乔先生医书二种

06018 **外症秘原**一卷 ［1841］
09424
著者佚名
清道光二十一年（1841）金秉烈积善堂抄本 491

06019 **外科选要**六卷 1842
09425
（清）徐德铨（春泉）编
清道光二十三年（1843）昭文瞿銮等刻本 1 152 289 412A 476 572 590

06020 **（天字号）秘授外科神方**一卷 1843
09621
著者佚名

清道光二十三年（1843）抄本 541

06021 **外科切要**一卷 1847
09427 （清）王锡鑫（文选、席珍子、亚拙山人）撰
1. 清道光二十七年（1847）刻医学切要全集本 529 852 852A 855 857
2. 清道光二十七年（1847）重庆饶氏刻光绪八年（1882）重修医学切要全集本 381
3. 清渝州善成堂刻医学切要全集本 3
4. 见医学切要全集（六种）

06022 **超心录**三卷 1848
09428 （清）赵观澜（伯琴）撰
清抄本 590

06023 **外科摘录**二卷 1850
09429 （清）文晟（叔来）编
1. 清同治十一年（1872）萍乡文星瑞延庆堂维扬刻光绪十一年（1885）京江文成堂重修六种新编本 277 514A 651 677A
2. 清光绪穗城西湖街藏珍阁刻本 139 491 664（附急救便方一卷）
3. 清刻本 289（附急救便方一卷） 589 714
4. 见六种新编

06024 **外科良方**一卷 1850
09622 （清）德丰（怀庭）辑
见集验简易良方（附录）

06025 **疡医雅言**十三卷 1852
09430 （清）曹禾（畸庵）撰
见双梧书屋医书四种

06026 **外科大症形图**一卷 1852
09431 著者佚名
见医方易简集（附录）

06027 **外科小补**不分卷 1857
09432 （日）难波经直撰
日本抄本 139

06028 **续疡科秘录**五卷 1858
00000 （日）本间玄调（和卿）撰
日本安政六年（1859）常州本间玄调自准亭刻本 3 391 476 541 572 590 677A

06029 **（徐评）外科正宗**十二卷附录一卷 ［1860］
09366 （明）陈实功（毓仁、若虚）撰 （清）徐大椿（灵胎、洄溪老人）评注 许楣（辛木）重订
1. 清咸丰十年（1860）海宁许楣蒋光焴刻本 1 2 3 7 21 139 139A 140 186 202 203 251 270 279 285 286 289 301 305（存卷三、四） 308A 361 381 385A 385B 391 393 401 412A 421 433A 435 450A 475A 476 491 514A 521 529A 529B 541 570 572 579 590 651 664 677A 701 706 709 728A 733 734 734A（存卷一、二、九、十） 781 831 852 871 901 907B 907C 915 917A 921 922 940 TA
2. 清同治六年（1867）绵邑隆文堂刻本 856 896A
3. 清同治十三年（1874）维扬大德堂刻本 651 901
4. 清光绪八年（1882）刻本 21 202 203 270 302 351 385A 396 412A 412B 524 529A 664 709 734 740A 740B 799A 800 853
5. 清光绪十二年（1886）泰州大西山房刻本 186 433A（存八卷） 664
6. 清光绪十九年（1893）上海图书集成印书局铅印本 2 139 202 277 289 308 308A 351 381 401 412A 514A 541 572 590 651 677A 728A 734A 736B（存卷一至四、九至十二） 737 737A 738 738B 799A 907B 921 922 931 939 943
7. 清光绪二十二年（1896）珍艺书局石印本 301 391 433A 712 713 721 731 733 736A 799A 831（存卷一至六、十至十二） 940
8. 清光绪二十七年（1901）上海焕文书局石印本 203 288 301 308A 651 742（存卷一、二） 931
9. 清光绪三十一年（1905）上洋海左书局石印本 139 288 308A 491 514A 523 570 664 728A 731 738A 740B 850
10. 清光绪三十一年（1905）上海章福记书局石印本 186 203 279 302 412A 434 511 715 736A 741 850 872

922 931

11. 清光绪三十一年(1905)上海炼石书局石印本 733B 737A

12. 清光绪三十三年(1907)成都正字山房刻本 361 421 851 852A 907C

13. 清光绪校经山房石印本 288 385A 462 522 523 541 664 708

14. 清刻本 415(存卷五、六) 708 733 733B(存四卷) 736(存卷七、八) 737(存卷二、六至十二)

15. 清抄本 736A

06030 09625 **华祖外症十方**一卷 1863

原题(唐)孙思邈(紫尘真人)传 (清)李守永(香岩)删订

见司命秘笈

06031 09644 **医方易简外科续编**二卷 1864

又名外科医方易简续编

(清)唐家禄撰 唐世槐编 欧阳松轩增辑

1. 清湘潭谦和堂刻本 362 901

2. 见医方易简新编(版本附录)

06032 09626 **外科秘方**一卷 1868

(清)程廷玉辑

清同治七年(1868)程氏抄本 475A

06033 09491 **外科心法珠球**一卷 [1869]

著者佚名

清同治八年(1869)福生抄本 590

06034 09447 **陈莘田外科临证医案**四卷 [1869]

又名疡医指南、陈莘田外科方案

(清)陈莘田撰

1. 清同治八年(1869)杨渊抄本(题疡医南针) 590

2. 抄本 139 664(五卷,题陈莘田外科方案) 677A

3. 见黄寿南抄辑医书二十种

06035 09433 **(秘传)外科一串珠**一卷 1874

又名刘邋遢秘传外科

原题·刘邋遢撰

1. 清尹君旭抄本 139

2. 抄本 279 541 709(题刘邋遢秘传外科)

06036 09627 **外科各种良方**二卷 1874

(清)高云甫辑

清同治十三年(1874)抄本 139

06037 09678 **疡科秘方**一卷 1874

著者佚名

清同治十三年(1874)抄本 289

06038 09628 **外科秘方**不分卷 1875

(清)梅敦寿编

抄本 590

06039 09436 **医案录汇**二卷 1875

(清)何景才(羡亭)撰

见外科明隐集(附录)

06040 09488 **秘本外科**一卷 [1875]

著者佚名

清成吾氏抄本 139

06041 09437 **外科摘要诀法**一卷 [1876]

附彩绘形图

(清)文树辑录

清光绪二年(1876)抄本 139

06042 09438 **疡科补苴**一卷 1876

(清)沙书玉(石庵、石安)撰

1. 清光绪三年(1877)洪溪书屋刻本 590(残) 664

2. 清抄本 664

3. 见石室丛抄医书十七种

06043 09439 **外科杂类**一卷 1882

又名顺天府太医院治疗内外杂症奇方

(清)陈云逵编

清光绪八年(1882)抄本 139

06044 09441 **外科医镜**一卷 1883

(清)张正(贞庵、药樵)撰

1. 清光绪二十一年(1895)嵊县魏其臣刻本 139

2. 抄本 277

3. 见婆心佛手编

4. 见良方辑要(附录)

06045 09442 **疡医指南**一卷 1884

著者佚名

清光绪十年(1884)袁用和抄本 728A

06046 09479 **指学迷津**一卷 1884

(清)汪鹤亭(书楼)辑

清光绪十年(1884)抄本 728A

06047 09629 **外科证治全生择要诸方**一卷 1885

(清)王维德(洪绪、林屋山人、定定子)原撰 潘霨(伟如、韡园居士)编

见灵芝益寿草(附录)

06048 **外科良方**一卷 1886
09630 著者佚名
1. 清光绪十二年（1886）周龙飞抄本 308A
2. 抄本 139（曹炳章旧藏）

06049 **外科心法真验指掌**四卷卷首一卷 1887
09443 （清）刘济川（荷桥）撰
清光绪十三年（1887）天津刘氏全顺堂刻本 1 3 139 186 203 279 280 289 361 393 461 491 570 590

06050 **玉梅花馆遗方**一卷 1889
09631 （清）杭臣五撰 周世昌（靖川）辑
清光绪十五年（1889）遂园刻本 286 590 677A 738B 746A

06051 **外科集要论祛**一卷 1890
09444 著者佚名
清抄本 139

06052 **外疡秘本**一卷 1891
09445 著者佚名
清光绪十七年（1891）抄本 279

06053 **外证医案汇编**四卷 1891
09446 又名外科临证指南医案、外科医案汇编、听鸿集案
（清）余景和（听鸿）撰
1. 稿本 2
2. 清光绪二十年（1894）会稽孙思恭刻本 2 21 139A 186 289 412B 435 475A 476 491 511 514B 541 570 664 709 728A 728B 736 839A
3. 清光绪二十年（1894）会稽孙思恭刻二十六年（1900）印本 3 139 279 280 391 412A 476 491 529A 529B 589 651 677A 701 706 728 731 896A 939
4. 清光绪二十年（1894）会稽孙思恭刻三十一年（1905）集古山房印本 1 21 186 475A 570 799A
5. 清光绪二十年（1894）会稽孙思恭刻苏州绿荫堂印本 139 202 203 279 280 286 302 308A 361 391 412A 433A 514A 590 664 677A 701 706 731 734 738B 799A
6. 抄本 475A 709（题听鸿集案） 738B

06054 **陈莘田外科临证医案续集**二卷 1892
09448 （清）陈莘田撰
1. 清抄本 590
2. 清末王杏林抄本 701
3. 抄本 139 590 701 709
4. 见黄寿南抄辑医书二十种

06055 **陈莘田医案**四卷 1892
09449 又名外科摘要集
（清）陈莘田撰
抄本 139 677A

06056 **陈莘田外科方脉**三卷 1892
09450 又名陈氏医案
（清）陈莘田撰
清水竹居藏精抄本 514A

06057 **外科传薪集**一卷 1892
09452 （清）马文植（培之）撰
抄本 579（裘吉生旧藏） 732

06058 **马培之外科医案**一卷 1892
09453 （清）马文植（培之）撰
清抄本 139 277

06059 **外科要方**一卷 1892
09632 （清）顾毓荫（伴松山人）编
清光绪十八年（1892）抄本 139

06060 **外科备览**一卷 1893
09454 著者佚名
清光绪十九年（1893）刻本 139

06061 **杨氏同仁类萃疡医**不分卷 1895
09455 （清）杨承与（石山）辑
清光绪二十一年（1895）抄本 139

06062 **外科便方**五卷 1898
09634 （清）钱国祥（吴下迂叟）撰
抄本 2

06063 **外科藏书**一卷 ［1899］
00000 著者佚名
见抄本医书五种

06064 **疡科心传捷要**一卷 1900
09459 （清）李鹤舟（雀州、墨英馆主）撰
清光绪二十六年（1900）抄本 139A

06065 **疡科秘方大全**一卷 1901
09672 （清）管惠卿（之涣、莲洲）编
清光绪二十七年（1901）抄本 709

06066 **外科明隐集**四卷 1902
09461 附医案录汇二卷
（清）何景才（羡亭）撰
1. 清光绪二十八年（1902）三河何景才京都

刻本　1　3　21　139　202　203　279　286　288　289　361　385　396　412A　461　491　514A　590　831
2. 清光绪二十八年（1902）三河何景才京都刻后印本　139　361

06067 09465 **外科秘传**二卷　1903
又名外科秘方
（清）陈万镒（含珍）撰
稿本　139

06068 09466 **外科秘传摘要**一卷　1903
（清）徐书（文勋、简庵）辑
清徐书抄本　139

06069 09636 **精选毒疮经验方**一卷　[1903]
著者佚名
清光绪二十九年（1903）上海绛雪斋石印本　1

06070 09467 **外科备要**四卷　1904
又名外科证治方药备要
（清）易凤翥（丹山、梧轩）编
清光绪三十年（1904）长沙刻本　139

06071 09468 **外科秘传**不分卷　1904
附秘传麻风三十六症一卷
著者佚名
清光绪三十年（1904）抄本　139

06072 09469 **外科秘传**一卷　1907
（清）程凤章（云峰）编
清光绪三十三年（1907）抄本　139

06073 09471 **外科亲言授录**一卷　1908
著者佚名
清抄本　139

06074 09472 **医书集**一卷　1909
著者佚名
端木鉴珂抄本　911

06075 09473 **外科便录**一卷　1910
著者佚名
抄本　139

06076 00000 **外症秘方集录**一卷　[1910]
辑者佚名
清宣统二年（1910）抄本　401

06077 09475 **外科学讲义**一卷　1911
（清）刘恒瑞（吉人、丙生）编
四明慈竹草堂刻本　940

06078 09476 **外科枢要**四卷　1911
外科证治全生集一卷
医要三书一卷
（明）薛己（新甫、立斋）（清）王维德（洪绪、林屋山人、定定子）李镜春（曙邨）原撰　周吉廉辑
清丰城周吉廉刻本　352

06079 09483 **外科摘要**一卷　1911
（清）陈载安辑
抄本　139

06080 09484 **疡医指南**四卷　1911
（清）陈佑槐撰　李印云编
槐庐主人抄本　677A

06081 09485 **外科志林**一卷　1911
（清释）梅亭撰
抄本　139

06082 09486 **不二华佗秘书**一卷　1911
著者佚名
清抄本　139

06083 09487 **外科摘要录**六卷　1911
（清）金辉辑
清日省斋抄本　529A

06084 09489 **外科汇纂**一卷　1911
著者佚名
清抄本　939

06085 09490 **外科正宗歌诀**二卷　1911
著者佚名
抄本　541

06086 09492 **外科神书**一卷　1911
著者佚名
清抄本　701

06087 09493 **外科审治法**三卷　1911
（清）沈健可撰
清抄本　709

06088 09494 **外科要略**一卷　1911
著者佚名
清抄本　139

06089 09495 **外科一切杂症**一卷　1911
（清）张尔康辑
清张尔康氏存耕堂稿本　139

06090 09638 **外科便方**一卷　1911
（清）蔡纯伯辑
清末抄本　1

06091 09639 **外科验方汇集**一卷　1911
著者佚名

清抄本 139

06092 09641 **外科全生经验方**一卷 1911
著者佚名
抄本 139

06093 09642 **外科秘传良方**一卷 1911
著者佚名
清末许承栋抄本 139

06094 09643 **分经外科方**一卷 1911
著者佚名
清抄本 139

06095 00000 **外科治略提纲**一卷 1911
(清)杨士廷辑
见医传真要

06096 09496 **疡医统析**四卷 ［1911］
(清)李翀辑
清抄本 251

06097 09499 **外科便览**一卷 ［1911］
原题·太上老人撰
无为子抄本 2

06098 09500 **摘录疡医要略**一卷 ［1911］
著者佚名
清抄本 139

06099 09501 **疡科集验**一卷 ［1911］
著者佚名
抄本 738B

06100 09503 **疡证歌诀**一卷 ［1911］
(清)费元春撰
清抄本 541

06101 09504 **外证知要**一卷 ［1911］
著者佚名
抄本 570

06102 09505 **疡科医案**一卷 ［1911］
著者佚名
抄本 570

06103 09507 **外科人图论书**一卷 ［1911］
著者佚名
抄本 2

06104 09508 **秘传内府经验外科**不分卷 ［1911］
著者佚名
抄本 731(题外科珍藏) 738

06105 09509 **(秘授)外科形证**二卷 ［1911］
附外科须知二卷
著者佚名
清抄本 590

06106 09511 **疡科至宝**八卷 ［1911］
著者佚名
抄本 590

06107 09512 **疡科指箴**八卷 ［1911］
著者佚名
抄本 677A

06108 09514 **外科集粹大全**一卷 ［1911］
著者佚名
清抄本 421

06109 09515 **外科秘略**一卷 ［1911］
著者佚名
清抄本 701

06110 09516 **外科秘验要法**一卷 ［1911］
著者佚名
清抄本 139

06111 09517 **古疡科三种**三卷 ［1911］
辑者佚名
子目：
(1)古疡科病源论一卷
(2)九江黄父痈疽论一卷
(3)孙真人疖肿痈疽论一卷
清抄本 277

06112 09367 **外科尺木**三卷 ［1911］
(明)陈实功(毓仁、若虚) (清)王维德(洪绪、林屋山人、定定子) 程国彭(钟龄、普明子)原撰 辑者佚名
清抄本 738B(曹炳章旧藏)

06113 09561 **外科诸症**四卷 ［1911］
著者佚名
子目：
(1)疝气诸症一卷
(2)疮毒诸症一卷
(3)脚气诸症一卷
(4)大麻风一卷
清抄本 308A 738B

06114 09574 **紫阳方案外科**一卷 ［1911］
著者佚名
抄本 709

06115 00000 **外科撮秘**不分卷 ［1911］
著者佚名
稿本 944

06116 **程氏外科家宝**一卷 ［1911］
00000 （清）程衍道（正通、敬通）撰
清抄本 738E

06117 **外科正宗痈疽诸症**一卷 ［1911］
00000 **外科正宗汤头歌括**一卷
著者佚名
清抄本 831

06118 **高万朝先生外科证治全生**一卷 ［1911］
00000 附医案一卷、金疮铁扇散一卷
（清）王维德（洪绪、林屋山人、定定子）原撰 高万朝订补
清抄本 139

06119 **外科医案**一卷 ［1911］
00000 （清）李乙石辑
清抄本 736A

06120 **外科医学心镜**一卷 ［1911］
00000 著者佚名
清抄本 831

06121 **外科洞见**不分卷 ［1911］
00000 著者佚名
清抄本 203

06122 **外科纪要**一卷 ［1911］
00000 著者佚名
清抄本 831

06123 **外科汇选**一卷 ［1911］
00000 （清）黄补亨撰
清末抄本 412A

06124 **外科读**一卷 ［1911］
00000 （清）马逸溪撰
清末抄本 412A

06125 **外科读**一卷 ［1911］
00000 （清）马逸溪撰
清末抄本 412A

06126 **古疡科病源论**一卷 ［1911］
00000 著者佚名
见古疡科三种

06127 **补缺正偏外科全书**二卷 ［1911］
00000 （清）胡一龙撰
清抄本 289

06128 **外科择要**一卷 ［1911］
00000 著者佚名
清抄本 362

06129 **外科诸症论**一卷 ［1911］
00000 著者佚名
清抄本 736A

06130 **外科方全录**不分卷 ［1911］
09647 著者佚名
抄本 139

06131 **外科诸方**一卷 ［1911］
09648 著者佚名
清抄本 701

06132 **外科丸散**一卷 ［1911］
00000 著者佚名
清末抄本 412A

06133 **外科膏散秘要**二卷 ［1911］
00000 著者佚名
清末抄本 412A

06134 **万方总括**一卷 ［1911］
09650 著者佚名
清抄本 139

06135 **外科丸散秘方**一卷 ［1911］
09651 著者佚名
抄本 590 728A

06136 **疡科集验方**一卷 ［1911］
09653 著者佚名
抄本 412B 738A

06137 **外科治药秘术**一卷 ［1911］
09656 著者佚名
清退思轩抄本 529A

06138 **外科精要药方**一卷 ［1911］
09657 著者佚名
清抄本 1

06139 **外科验方**一卷 ［1911］
09658 **外科良方**一卷
著者佚名
清抄本 1

06140 **外科药方**一卷 ［1911］
09659 著者佚名
清抄本 1 736A

06141 **外科辑方抄**一卷 ［1911］
09708 著者佚名
清抄本 308A

06142 **丁氏秘方**一卷 ［1911］
04538 著者佚名
抄本 738B

06143 **吕祖一枝梅**一卷 ［1911］
10937 著者佚名
抄本 579

06144 **外科正宗全部汤头**一卷 ［1911］
00000 著者佚名
清抄本 736B

06145 **外科丹散集方**一卷 ［1911］
00000 著者佚名
云巢书屋抄本 412A

06146 **杏苑秘方**一卷 ［1911］
00000 著者佚名
清抄本 139

06147 **疡科秘方**一卷 ［1911］
00000 著者佚名
清抄本 139

06148 **疡科妙方**一卷 ［1911］
00000 著者佚名
清抄本 139

06149 **外科诸丹方**一卷 ［1911］
00000 著者佚名
稿本 716

06150 **外科神效秘方**一卷 ［1911］
00000 著者佚名
清抄本 736A

06151 **外科四要外治诸方**一卷 ［1911］
00000 著者佚名
清抄本 736A

06152 **外科摘要总方**一卷 ［1911］
00000 著者佚名
清抄本 313

06153 **外科朱氏秘方**一卷 ［1911］
00000 著者佚名
清抄本 736A

06154 **外科经验良方**一卷 ［1911］
00000 辑者佚名
清末徐东枝抄本 734A

06155 **复斋李氏家藏外科丸散膏丹**四卷 ［1911］
00000 著者佚名
清抄本 289

06156 **外科神效方**一卷 ［1911］
00000 著者佚名
清末抄本 412A

06157 **外科秘方**一卷 ［1911］
00000 著者佚名
稿本 139

06158 **外科应验良方**二卷补遗一卷 ［1911］
00000 著者佚名
清抄本 782

8.5.2 专病论治

8.5.2.1 痈疽疔疮

06159 **神仙遗论**一卷 ［499］
09710 又名刘涓子治痈疽神仙遗论
（南朝宋）刘涓子传 （南朝齐）龚庆宣编 （唐）李頔录
1. 清抄本 139 541
2. 抄本 590
3. 日本抄本 TB（日·小岛质题识）
4. 见刘涓子鬼遗方（版本附录）

06160 **集验背疽方**一卷 1196
09711 （宋）李迅（嗣立）撰
1. 清光绪二年（1876）归安陆心源刻十万卷楼丛书本 462
2. 清抄本 1
3. 抄本 202 570
4. 见四库全书

06161 **痈疽辨疑论**二卷 1242
09712 （宋）李世英（少颖）撰
日本抄本 TB（日·小岛质批校并跋）

06162 **痈疽神秘验方**一卷 1445
09713 （明）陶华（尚文、节庵）编
1. 清道光东溪堂刻薛氏医按二十四种本 541
2. 清刻本 279 733A
3. 见薛氏医按二十四种
4. 见医学集览

06163 **发背形证品**不分卷 1643
09714 著者佚名
明刻本 3 277（残）

06164 **治诸疮方**一卷 1643
09607 著者佚名
明抄本 139

06165 **肿疮指掌图**一卷　1790
09715 （日）滕成宪编
日本宽政二年（1790）皇都书林刻本　590

06166 **外科图像注**一卷　［1805］
09375 著者佚名
1. 清智林明果抄本　475A
2. 见玉洞遗经（痈疽疔痔诸症）

06167 **见晓集治一切恶疮方**一卷　1833
09645 雪堂录
抄本　2

06168 **痈疽诸方**一卷　1836
00000 （清）莫琇（蕴辉）编
见莫氏抄录验方五种

06169 **谢氏发背对口治诀论**一卷　1840
09716 （清）谢应材（蘧乔）撰
1. 清同治十一年（1872）毘陵刘翊宸刻本　664
2. 清光绪八年（1882）状元弟庄刻逯南轩谢蘧乔先生医书二种本　738B
3. 见逯南轩谢蘧乔先生医书二种

06170 **疮疡方**一卷　1840
00000 （清）邹汉璜（仲辰、稼江）撰
见邹氏纯懿庐集

06171 **痈疽蛾术录**十二卷　1852
09717 （清）曹禾（畸庵）撰
子目：
（1）痈疽内篇二卷（缺）
（2）痈疽外篇四卷
（3）痈疽经方录二卷
（4）痈疽药性录三卷
（5）痈疽禁方录一卷
清抄本　664（存卷三至十二）

06172 **痈疽禁方录**一卷　1852
09718 （清）曹禾（畸庵）撰
见痈疽蛾术录

06173 **痈疽外篇**四卷　1852
00000 （清）曹禾（畸庵）撰
见痈疽蛾术录

06174 **痈疽经方录**二卷　1852
00000 （清）曹禾（畸庵）撰
见痈疽蛾术录

06175 **痈疽药性录**三卷　1852
00000 （清）曹禾（畸庵）撰
见痈疽蛾术录

06176 **证因通考**十卷　1870
07005 （清）王藻墀（振之）编
清同治九年（1870）抄本　2

06177 **效验至宝方**不分卷　1872
04097 附笔记药方
（清）著者佚名
清同治十一年（1872）霖生抄本　308A

06178 **疔疮五经辨**一卷　1873
09720 著者佚名
1. 清同治十二年（1873）东壁斋刻本　139　734A　735
2. 清光绪二十九年（1903）刻本　735A
3. 清光绪三十三年（1907）兰溪王恭寿刻本　738A

06179 **（秘传）挑疔诀**一卷　［1873］
09744 （清）胡广佩传
清光绪十四年（1888）朱继垣抄本　590

06180 **济世神针**二卷　1874
00000 又名疔疮要诀
附救急良方
（清）应其南（侣笙）传　应遵诲（味农）编
1. 清光绪元年（1875）宁城汲绠书庄刻本（题新增疔疮要诀）　139　152　279　433　541　701（题外科针法）　734　911
2. 清光绪八年（1882）抄本　139（题疔疮要诀疔疮挑诀合抄）
3. 抄本　139（曹炳章旧藏）

06181 **刺疔捷法**一卷　1876
09724 （清）应其南（侣笙）　应蓉舫传　张镜（蓉亭）编
1. 清光绪二年（1876）长洲王鋆宁郡翰香斋刻本　139　139A　664
2. 清光绪五年（1879）刻本　1　279　308A　361　421　450　511　541　570　651　701　731　733　738　738A　738B　907C　926A
3. 清光绪五年（1879）刻京都琉璃厂印本　491
4. 清光绪五年（1879）刻扫叶山房印本　3　139　202
5. 清光绪十年（1884）刻本　401
6. 清光绪十一年（1885）易月静心斋刻本

413
7. 清光绪十四年（1888）松江占星堂唐氏刻本 139 701 728A 738B
8. 清光绪十六年（1890）镇海公善堂刻本 139 734
9. 抄本 139 541
10. 见陈修园医书四十八、七十种
11. 见急救喉证刺疔合编

06182 09726 **治疔良方**一卷 1876
（清）吴韵仙编
见（重刊）刺疔捷法（附录）

06183 09727 **疔毒良方**一卷 1880
（清）痴道人撰
清光绪六年（1880）刻本 907C

06184 00000 **疡科治法**一卷 1887
（清）沈志峪（怡庵）撰
1. 清光绪十三年（1887）刻本 734A
2. 见毓德堂医约

06185 09728 **七十四种疔疮图说**一卷 1889
（清）叶氏撰
1. 清光绪十五年（1889）刻本 139
2. 清光绪十七年（1891）上海盘记丝号刻本 139
3. 清光绪二十三年（1897）刻本 412B

06186 09729 **疔疮良方形图要诀**二卷 1891
又名疔疮形图救急良方
（清）叶氏传
子目：
（1）疔疮要书一卷
（2）形图一卷
（3）救急良方一卷
1. 清光绪十七年（1891）刻本 734 734A
2. 清光绪二十三年（1897）刻本 541 852

06187 04214 **养性山房验方**一卷 1892
（清）陈钜堃（又笙）编
清光绪十八年（1892）抄本 590

06188 04227 **简要良方**一卷 1895
原题（清）雪凡道人编
清光绪二十一年（1895）扬州因利局刻本 289 514A 541 590

06189 09731 **（增订）治疔汇要**三卷附补遗一卷 1896
又名治疔大全
附过氏医案一卷
（清）过铸（玉书）撰
1. 清光绪二十二年（1896）梁溪华氏文苑阁木活字印本（二卷） 186 279（存卷上） 475A 651 677A 701 800 871
2. 清光绪二十四年（1898）武林刻本 1 2 21 139 140 152 186 203 277 279 286 288 289 301 361 381 391 421 461 475A 491 514A 514B 529A 541 570 590 651 664 677A 701 702 721 728A 728B 734 734A 738A 738B 741 799A 839A 921 940
3. 清光绪二十七年（1901）上海商务印书馆铅印本 139 541 702 728A 917A
4. 清光绪三十年（1904）成都官报书局铅印本 1 2 139 251 308A 361 385A 476 514A 738 853 907C
5. 清光绪刻本 651 702 721
6. 清刻本 288 393
7. 抄本 139

06190 09635 **外科肿疡主治类方**一卷 [1898]
（清）钱国祥（吴下迂叟）撰
稿本 2

06191 00000 **玉壶全册**一卷 1900
（清）管惠卿（之涣、莲洲）辑
清光绪二十六年（1900）稿本 709

06192 09732 **治疔要书**一卷 1908
（清）勾章慈湖隐居原撰 红藕花村主人辑
清光绪三十四年（1908）杭州永丰泰书店铅印本 731 734A

06193 09735 **外科疔疮辑要**一卷 1911
（清）刘士浚辑
抄本 139

06194 09736 **痈疽诸症疮名**不分卷 1911
（清）陈先茅编
抄本 139

06195 09737 **疔疮秘集**一卷 1911
（清）蔡景锡录
抄本 139

06196 09739 **疽疮图说**一卷 1911
著者佚名
1. 清刻本 139
2. 抄本 139

06197 **痈疽方**一卷　1911
09740 著者佚名
1. 清抄本　139
2. 抄本　279

06198 **诸痈肿毒**一卷　1911
09741 著者佚名
抄本　541

06199 **经验良方(疮疡)**一卷　1911
09640 著者佚名
清抄本　139

06200 **痈疽总论治法要诀**一卷　[1911]
09745 著者佚名
抄本　541

06201 **九江黄父痈疽论**一卷　[1911]
09746 著者佚名
见古疡科三种

06202 **孙真人疖肿痈疽论**一卷　[1911]
09747 著者佚名
见古疡科三种

06203 **济世秘方**五卷　[1911]
04519 (清)张文蔚(国琦、薌英)录
抄本　579

06204 **痈疽原论**三卷　[1911]
09749 著者佚名
见师竹斋抄验疮疡内服秘方(附录)

06205 **免思集**不分卷　[1911]
00000 著者佚名
清抄本　139(残)

06206 **秘传外科**二卷　[1911]
00000 著者佚名
清抄本　139

06207 **痈疽题名录**□□卷　[1911]
00000 (清)杨光然辑
清抄本　736A

06208 **外科疗疮方**一卷　[1911]
00000 (清)李清涛编
清抄本　412A

06209 **疡名指掌**一卷　[1911]
00000 著者佚名
清末抄本　412A

06210 **疮疡秘诀**一卷　[1911]
00000 辑者佚名
清抄本　541

06211 **疮方集成**一卷　[1911]
09649 著者佚名
抄本　2

06212 **疮科经验良方**一卷　[1911]
09654 又名疮疡经验良方
著者佚名
抄本　279　931

06213 **师竹斋抄验疮疡内服秘方**二卷　[1911]
09655 附痈疽原论三卷
著者佚名
清抄本　570

8.5.2.2　霉疮

06214 **霉疮秘录**二卷　1632
09772 (明)陈司成(九韶)撰
1. 明崇祯五年(1632)刻本(七卷)　1
2. 日本享保十年(1725)会文堂刻本　412A
3. 日本安永三年(1774)京师书林武村嘉兵卫等刻江都书铺生白堂印本　7
4. 日本安永三年(1774)京师书林武村嘉兵卫等刻皇都英楮堂印本　3　511　901
5. 清光绪十一年(1885)浦鉴庭刻本　2　139　289　361　385A　391　412A　412B　461　475A　476　541　570　572　664　677A　709　712　734　907B　915　926A

06215 **霉疮证治秘鉴**二卷　1772
09773 (日)橘尚贤(冠峰)撰
清光绪十一年(1885)上海福瀛书局刻本　1　186　541　590　651

06216 **霉疠新书**一卷　1786
09774 (日)片仓元周(深甫、鹤陵)撰
日本天明六年(1786)东都静俭堂刻本　3　139　476　511　541　651　677A

06217 **霉疠新书**五卷　1787
09775 (罗马尼亚)郁泄弗牙谷勃布连吉撰　(日)杉田豫(立卿、锦肠)译
日本文政四年(1821)天真楼刻本　3

06218 **霉疮约言**二卷　1795
09776 (日)和气惟亨(子元、浅井先生)撰
日本享和二年(1802)冈田斯文等观宜堂刻本　1　3　139　511

06219 **霉疮秘录标记**二卷 1808
00000 附别记一卷
(明)陈司成(九韶)原撰 (日)和气惟亨(子元、浅井先生)评点 村上图基(等顺)傍训
日本文化五年(1808)皇都书林皆山三郎右卫门西村吉兵卫刻本 3 651

06220 **专治疳疮便毒杨梅简便方论**一卷 1820
09782 (清)何贵孚(菽田)撰
清光绪六年(1880)刻本 139

06221 **(绘本)霉疮军谈**六卷 1835
09779 (日)船越敬祐(锦海)撰
日本天保九年(1838)藏六亭刻本 139

06222 **杨梅结毒方**一卷 1836
00000 (清)莫琇(蕴辉)编
见莫氏抄录验方五种

06223 **花柳辨证要论**□□卷 1888
09784 (日)岸田吟香(岸吟香、国华、银治、东洋、樱草、吟道人)编
清光绪十四年(1888)上海乐善堂刻本 590(存卷上)

06224 **医症毒门记要**一卷 ［1896］
09843 (清)张莲生撰
清光绪二十二年(1896)四明张莲生稿本 734

06225 **毒症要略**一卷 1901
09844 (清)林渭川(烈贤)撰
清光绪二十七年(1901)上海永济善堂刻本 139

06226 **疬科秘诀**一卷 ［1911］
00000 辑者佚名
清抄本 541

8.5.2.3 瘰疬

06227 **瘰疬花柳良方录要**一卷 1894
09842 著者佚名
1. 清光绪二十年(1894)广州九曜坊守经堂刻本 891 921 922 931
2. 香港五桂堂铅印本 289 931

06228 **疬科全书**一卷 1909
09787 又名古梅梁氏疬科全书
(清)梁希曾(柘轩)撰
1. 清宣统二年(1910)刻本 139 401 839A 852 901 931
2. 清宣统三年(1911)铅印本 139 202 277

06229 **瘰疬良方**一卷 ［1911］
09861 著者佚名
1. 清刻本 921
2. 铅印本 944

8.5.2.4 癖疝瘤

06230 **疗癖经验良方**一卷 ［1507］
00000 (明)郭孟坚撰
清抄本 1

06231 **疝癥积聚编**一卷 1778
07258 又名疝气证治论
(日)大桥尚因(重行)撰
1. 日本安永七年(1778)尾州藤屋长兵等刻本 139 570 590
2. 日本天明七年(1787)东璧堂刻本 3 476 511 651
3. 抄本 139 590

06232 **血瘤**一卷 ［1810］
09849 著者佚名
日本文化七年(1810)抄绘本 1

8.5.2.5 痔漏

06233 **马氏痔漏科七十二种**一卷 1911
09829 (清)马国杰撰
清石印本 301 303 733

06234 **专门脱肛痔瘘神效奇方**一卷 ［1911］
09830 著者佚名
清抄本 1

06235 **痔漏证**一卷 ［1911］
00000 著者佚名
见痘疹简捷(附录)

8.5.2.6 乳病

06236 **乳岩辨**一卷 1831
09838 (日)华冈震(青洲)撰
1. 日本安政二年(1855)佐藤氏抄本 3

2. 见飧庭口诀等四种

06237 09850 **乳病辑要**一卷　［1911］
附觉觉庵食物笔记
（清）力钧（轩举、医隐）辑
抄本　139

8.6　伤科

8.6.1　伤科通论

06238 09874 **正体类要**二卷　1529
（明）薛己（新甫、立斋）撰
1. 明崇祯元年（1628）朱明刻薛氏医按十六种本　361　572　664
2. 清道光东溪堂刻薛氏医按二十四种本　541
3. 清刻本　277　279　289　361　381　665
4. 抄本　738
5. 见薛氏医按十六种
6. 见薛氏医按二十四种
7. 见家居医录

06239 10024 **伤科秘书**不分卷　［1661］
又名金疮跌打接骨药性秘书
（清）郑芝龙（一官、飞虹、飞黄、飞龙）撰
1. 清瞿家棣抄本　541
2. 抄本　590

06240 09887 **伤科补要**四卷　1808
（清）钱秀昌（松溪）撰
1. 清嘉庆二十三年（1818）上邑钱秀昌刻本　366　541　590　701（存卷一、二）　728A
2. 清嘉庆二十三年（1818）上邑钱秀昌刻虹口竹荫堂本　3　139　279　401　433A　731　733　738　917A
3. 清嘉庆二十三年（1818）上邑钱秀昌刻引溪志远堂印本　139　279　579　677A
4. 清嘉庆二十三年（1818）上邑钱秀昌刻咸丰八年（1858）王焕崧重修本　3　139　491　570　710
5. 清光绪十年（1884）姚从龙抄本　921
6. 清光绪三十二年（1906）李氏春晖堂抄本　709
7. 清光绪常熟抱芳阁刻本　907C
8. 清抄本　709

06241 09890 **伤科汇纂**十二卷卷首一卷　1815
（清）胡廷光（耀山、晴川主人）编
1. 稿本　939
2. 清嘉庆二十三年（1818）博施堂抄本　7

06242 09895 **救伤秘旨**一卷　1851
（清）赵廷海（开泰、兰亭）撰
1. 清刻本　740E
2. 见救伤秘旨跌损妙方合刻

06243 00000 **医家秘诀**一卷　［1853］
（清）赖福昌撰
清咸丰三年（1853）环川詹文榜抄本　139

06244 09902 **伤科要略**不分卷　1859
又名日本吉利禅师伤科秘本
（日）吉利禅师撰
清咸丰九年（1859）徽歙方义堂抄本　590

06245 09903 **伤医大全**一卷　1869
（清）张炳南（荫圃主人）编
清同治八年（1869）抄本　590

06246 09915 **伤科大成**一卷　1891
（清）赵濂（竹泉）撰
1. 清光绪十七年（1891）刻本　3　286　450　677A
2. 抄本　728A

06247 09918 **伤科秘诀**一卷　1897
著者佚名
1. 清光绪二十三年（1897）吴郡蒋澹抄本　590
2. 抄本　733　738A

06248 04236 **加减回生第一仙丹经验良方**一卷　1897
（清）彭竹楼撰　聂兴连（子仁）辑
1. 清光绪二十三年（1897）朱聚文斋刻本　1　139　311　351　728A
2. 清光绪二十五年（1899）刻本　541

06249 09922 **伤科证治**一卷　［1908］
著者佚名
清光绪三十四年（1908）抄本　139

06250 09925 **伤科秘书**一卷　1909
又名新发明伤科秘诀
著者佚名
1. 清宣统元年（1909）上海藻文公司铅印本　590　731
2. 抄本　738B

06251 **下方寺伤科**一卷 1911
09930 原题（清）下方寺僧撰
抄本 579

06252 **伤科**一卷 1911
09931 （清）陆士逵（如玉）撰 董亦香辑
清抄本 734

06253 **伤科心典**一卷 1911
09932 附接骨论
（清）陈月明传
清抄本 475A

06254 **全体伤科**三卷 1911
09935 又名全体伤科提要
著者佚名
清王焕旗抄本 590

06255 **跌打火烫刀伤蛇虫狗咬各种良方**一卷 ［1911］
00000 著者佚名
清抄本 701

06256 **伤科秘要**一卷 ［1911］
09954 著者佚名
抄本 738B

06257 **秘传伤科**一卷 ［1911］
09957 附保胎方
（清）汪凤来撰
清抄本 139

06258 **伤科秘要**一卷 ［1911］
09959 （日）海和传
1. 孙明甫抄本 590
2. 抄本 590（题秘传神效骨镲科）

06259 **秘传经验伤科**一卷 ［1911］
00000 （清）黄教师传
清抄本 728A

8.6.2 专病论治

8.6.2.1 骨伤

06260 **仙授理伤续断秘方**一卷 846
09865 （唐）蔺道人撰
1. 明洪武二十八年（1395）渊然道者刻本 1
2. 明弘治崇德堂刻本 651
3. 抄本 738B
4. 见仙传外科集验方（版本附录）
5. 见青囊杂纂

06261 **接骨入骱全书**一卷 1335
09866 （元）王承业（顾东）撰
1. 清嘉庆二十二年（1817）抄本 3（稿本） 139 734A
2. 清宣统二年（1910）抄本 734A
3. 稿本 734A
4. 抄本 186（残） 412A

06262 **刘青田家藏军中神效接骨禁方**一卷 ［1375］
09871 辑者佚名
清嘉庆元年（1796）王芳洲抄本 139

06263 **换骨抄**一卷 ［1652］
00000 （日）吉益助秀撰
1. 日本庆安五年（1652）抄本 TB
2. 日本抄本 TB

06264 **正骨心法要旨**四卷 1742
09880 （清）吴谦（六吉）等撰
1. 抄本 139 521
2. 见（御纂）医宗金鉴

06265 **正骨范**二卷 1805
09886 又名中国接骨图说、正骨范图说
（日）二宫献（彦可、拥鼻）撰
1. 日本文化四年（1807）二宫献拥鼻所刻本 3 7 139 589（残） 734
2. 日本文化四年（1807）二宫献拥鼻所刻文化五年（1808）东都千钟房印本 3 139 475A 738B

06266 **整骨新书**三卷 1810
09888 附各骨真形图一卷
（日）各务文献（子徵）撰
日本文化七年（1810）归一堂刻本 139 590

06267 **接骨全书**一卷 1810
09911 （清）徐瑛撰
1. 清光绪九年（1883）抄本 664
2. 清末抄本（题接骨入骱全书诸方） 1
3. 抄本 2 139 277

06268 **折肱要诀**五卷 ［1810］
09891 （日）加古良玄（蓝洲）撰 田中良玄等校
日本文化七年（1810）正骨堂刻本 570

06269 **接骨秘方**一卷 1836
09893 原题（清）王瑞伯编

抄本　412A　421

06270 09900 **全身骨图考正**一卷　［1854］
附全身骸骨名异同考、伤科经验方
（清）许梿（叔夏、珊林）撰
抄本　139

06271 09909 **世传秘方**一卷　1880
接骨入骱全书一卷
伤科合药摘要一卷
辑者佚名
清同治十年至光绪六年（1871—1880）朱韵香复古堂抄本　541

06272 04173 **青囊全集秘旨**二卷　1886
又名秘传青囊集
（清）黄廷爵（虎臣）编
1. 清光绪十二年（1886）金陵一得斋刻本　1　139　203　286　421　514A　590　651　664　721　728A　740A　831　839A　907C
2. 清抄本　831

06273 09960 **接骨方书五种**五卷　［1911］
辑者佚名
子目：
（1）接骨入骱金枪杖伤一切杂症一卷　（元）王承业厚撰
（2）秘传接骨金疮秘方一卷　（明）刘基撰
（3）叶宝太传接骨秘方一卷
（4）秘传杖丹膏散丸末方一卷
（5）嵇氏接骨方一卷
抄本　590

8.6.2.2　金疮

06274 09868 **金疮秘传禁方**不分卷　［1375］
原题（明）刘基（伯温）撰
抄本　139

06275 09879 **金疮铁扇散**一卷　［1740］
又名金疮铁扇散方、金疮铁扇散医案一卷
（清）明德　卢福尧传　沈大润（雨苍）辑
1. 清乾隆五十四年（1789）刻本　590
2. 清道光二十一年（1841）王浩刻本　721
3. 清道光二十九年（1849）刻本　734A
4. 清光绪三十四年（1908）扬州务本堂刻本　443　475A　514A　514B　570　664　728A　921
5. 见外科症治全生集（附录）
6. 抄本　541（题金疮铁扇散医案，附救溺缢、服毒方）

06276 09885 **韩氏金疮铁扇散经验医案**一卷　［1803］
（清）韩士勇撰
清嘉庆八年（1803）抄本　145

8.6.2.3　跌打

06277 09867 **（秘传）刘青田先生家藏禁方**不分卷　1375
又名处州青田刘伯温先生跌打禁方
原题（明）刘基（伯温）撰
1. 清光绪二十八年（1902）抄本　139
2. 抄本　1（存卷三至五）　541

06278 09869 **刘伯温先生跌打损伤秘方**一卷　［1375］
原题（明）刘基（伯温）撰
抄本　433

06279 09870 **跌打损伤方**一卷　［1375］
原题（明）刘基（伯温）撰
抄本　186

06280 00000 **刘青田先生秘治重伤方**一卷　［1375］
原题（明）刘基（伯温）撰
清抄本　139

06281 09872 **（秘传）跌打损伤妙方**　1523
又名跌损妙方
（明）异远真人撰
1. 清道光十六年（1836）高邮孙应科刻本　139
2. 见救伤秘旨跌损妙方合刻

06282 09878 **（秘传）打损扑跌伤奇方**三卷　1527
（明）意远和尚辑
清乾隆五年（1740）抄本　664

06283 09875 **跌打损伤秘方**一卷　［1587］
原题·罗氏秘传　（明）陈抱贞辑
抄本　139

06284 09881 **甘氏伤科方论**一卷　［1732］
又名伤科秘传
（清）甘边（雨来）撰
1. 清雍正十年（1732）云间封氏抄本　541
2. 清乾隆十一年（1746）胡宋有抄本　590（题伤科秘传）

06285 00000 **会氏秘传跌打损伤神验方**一卷　［1735］
著者佚名

清抄本 286

06286 09877 **沈元善先生伤科**三卷 1736
（清）沈昌惠（元善）撰
抄本 139 186

06287 09884 **损伤科**一卷 1781
（清）霍孔昭撰
清乾隆四十六年（1781）抄本 139

06288 09889 **起死回生跌打损伤秘授**六卷 1814
著者佚名
清嘉庆十九年（1814）黄太琏抄本 139

06289 09912 **少林寺伤科**三卷 1833
原题·妙月撰
1. 清光绪十五年（1889）抄本 738B
2. 抄本 737

06290 09894 **救伤秘旨跌损妙方合刻**二卷 1836
（清）管颂声（赓堂）辑
子目：
（1）救伤秘旨一卷 （清）赵廷海撰
（2）跌损妙方一卷 （明）异远真人撰
1. 清咸丰二年（1852）黄岩管颂声刻本 740A 740B 740C 839A 939
2. 清光绪三年（1877）武林王氏易安堂马氏敦厚堂宁城刻本 139 270 491 514A 590 738B 907C
3. 抄本 541 590

06291 09896 **伤科杂方**不分卷 ［1836］
著者佚名
清抄本 139（残）

06292 09898 **全形保生方**一卷 1838
又名寿世医窍五症明辨全形保生方
（清）杨芳（通逵、诚村）编
1. 清道光十八年（1838）刻本 1 491 590
2. 见辑要集

06293 09897 **跌打大全**一卷 ［1842］
（清）邱映堂撰
清道光寿世堂刻本 901

06294 03971 **跌打损伤外科验病秘授**一卷 1844
著者佚名
清道光二十四年（1844）抄本 139

06295 09901 **跌打损伤回生集**三卷 1856
（清）胡启万传
清咸丰六年（1856）南昌李仰奎堂刻本 541 590 741

06296 10058 **伤科方**一卷 ［1856］
（清）张横秋撰
清咸丰六年（1856）姚乐三抄本 738B

06297 09905 **少林寺跌打损伤奇验全方**不分卷 ［1875］
著者佚名
清抄本 139

06298 09906 **伤疡屡效方**二卷 1876
（清）严敬（味芹）撰
清光绪二年（1876）苏州得见斋刻本 286 541 590 677A

06299 00000 **华佗仙师少林跌打穴位护身符秘籍**一卷 ［1877］
原题（汉）华佗（元化）撰
清光绪三年（1877）石印本 366

06300 09908 **伤科方书六种**六卷 1879
附朱君尚先生秘传跌打方
（清）胡松（非群）等编
子目：
（1）金龙师治跌打方一卷 著者佚名
（2）秘传药书一卷 著者佚名
（3）吴师真授跌打法门一卷 著者佚名
（4）跌打损伤验方一卷 著者佚名
（5）跌打伤科一卷 （清）王锡林撰
（6）跌打损伤验方一卷 （清）王锡林撰
抄本 139

06301 09914 **活人方**一卷 1880
（清）宫本昂（子行） 宫本昱（玉甫）合辑
清光绪十四年（1888）刻本 286 302 475A 491 590 728A 740B

06302 09910 **伤科要方**一卷 1881
（清）司南雄 叶永元辑
清抄本 738B

06303 00000 **疑伤方**一卷 1883
（清）徐炳庄辑
清光绪九年（1883）抄本 289

06304 00000 **跌打杂症奇方**一卷 ［1883］
（清）梁先生传
清光绪九年（1883）黎裕章抄本 289

06305 09913 **伤科医书**不分卷 1886
著者佚名
清光绪十二年（1886）抄本 590

06306 09994 **伤科秘传**三卷 1887
（清）俞志钧（仙灵山人）辑

清抄本　590

06307 **跌打新书**一卷　1890
00000 （清）邵勤俊撰
清光绪十六年（1890）刻本　944

06308 **伤科诸方**一卷　1891
09916 著者佚名
清光绪十七年（1891）汾溪夏镐抄本　541

06309 **伤科秘本**一卷　［1899］
10019 著者佚名
1. 抄本　800
2. 见抄本医书五种

06310 **跌打杂病方**一卷　［1899］
10044 著者佚名
抄本　931（存五部）

06311 **少林真传伤科秘方**一卷　1900
09919 又名少林寺秘传应验跌打损伤奇方真本附内伤接骨入骱全书
著者佚名
清木活字印本　139

06312 **救伤集成**一卷　1904
00000 （清）黄皖（紫云）撰
见医绪（附录）

06313 **伤科药方**一卷　1908
09920 著者佚名
抄本　186

06314 **初级急救要法**不分卷　1908
00000 （清）何高峻（沃生）撰
清光绪三十四年（1908）刻本　931

06315 **外伤验方汇集**一卷　［1908］
09921 著者佚名
清抄本　139

06316 **外科跌打**一卷　［1908］
09923 著者佚名
抄本　139

06317 **伤科杂录**一卷　［1908］
09924 著者佚名
抄本　139

06318 **论跌打损伤症**一卷　［1909］
09926 天都氏撰
清抄本　139　186

06319 **龙源洪氏家传跌打秘方**一卷　［1909］
09927 洪氏传
抄本　139

06320 **三十六穴伤门图**一卷　［1910］
09928 陈国泰等撰
广西永福崇山李氏抄本　921

06321 **跌打药方**一卷　［1910］
09929 著者佚名
清宣统二年（1910）方国贤抄本　139

06322 **祖传拳经伤科**一卷　1911
09933 （清）胡淳圃辑
清末胡仲荣抄本　491

06323 **拳术家伤科**一卷　1911
09934 （清）陈松泉撰
清稿本　738B

06324 **跌打秘传**一卷　1911
09936 作民居士传
稿本　738B

06325 **八穴图说**一卷　1911
09939 著者佚名
清抄本　541

06326 **少林寺跌打急救方**一卷　1911
09941 著者佚名
清抄本　139

06327 **伤科验方**一卷　［1911］
09942 著者佚名
清抄本　738B

06328 **伤科良方**一卷　［1911］
09943 著者佚名
清抄本　701

06329 **跌打方药**一卷　［1911］
09945 著者佚名
清蓬莱氏抄本　921

06330 **穴谱大全**一卷　［1911］
09946 附图二十一幅
著者佚名
抄本　21

06331 **跌打秘方**一卷　［1911］
09947 （清）江昱（云光）编
抄本　139

06332 **跌打损伤方**一卷　［1911］
09948 又名全身跌打
著者佚名
1. 佐明抄本　139
2. 周心吾抄本　3　831
3. 清抄本　831

06333 **跌打损伤妙药方**一卷 ［1911］
09949 著者佚名
姜圣恩抄本 139

06334 **增补跌打损伤**一卷 ［1911］
00000 著者佚名
见外科症治全生集（版本附录）

06335 **（秘本）跌打科**一卷 ［1911］
09950 著者佚名
成吾氏抄本 139

06336 **五论图**一卷 ［1911］
09951 附跌打杂病药方
著者佚名
抄本 931

06337 **少陵秘传**一卷 ［1911］
09953 又名少陵不退和尚秘录、跌打损伤接骨用药备要、少林伤科治要集要、伤科总诀
（清）不退和尚（少陵）辑
1. 抄本 139 541（题伤科总诀） 590 738B（题少林伤科治要集要）
2. 节抄本 541（题吴氏秘传伤科摘要） 590（题秘传伤科接骨入骱穴堂科）

06338 **小儿产妇跌打杂症内外科药方**二卷 ［1911］
09958 著者佚名
清末顺德大良心简斋刻本 931 944

06339 **（秘传）跌扑损伤精要全书**四卷 ［1911］
09961 著者佚名
子目：
（1）秘传跌扑损伤一卷
（2）青囊书二卷
（3）接骨全骱丸散膏丹一卷
抄本 541

06340 **伤科方药集成**一卷 ［1911］
09962 著者佚名
抄本 2

06341 **锦囊六部拳伤方**一卷 ［1911］
09965 著者佚名
清抄本 1

06342 **秘传骨科**一卷 ［1911］
09984 著者佚名
稿本 738B

06343 **劳氏伤科全书**一卷 ［1911］
09993 著者佚名
抄本 738B

06344 **伤科摘要秘方**一卷 ［1911］
09998 附凤林孝女科
著者佚名
抄本 738B

06345 **少林寺元机和尚秘传跌打损伤方**一卷 ［1911］
00000 （清）元机和尚传
清抄本 139

06346 **跌打全书**一卷 ［1911］
00000 （清）关荆山编
清抄本 944

06347 **跌打损伤杂录**一卷 ［1911］
00000 （清）著者佚名
清抄本 831

06348 **少林寺真传跌打全书**一卷 ［1911］
00000 （清）著者佚名
清抄本 944

06349 **跌打青囊撮要**三卷 ［1911］
00000 （清）林毓芝编
清抄本 944

06350 **治汤火所伤药方**一卷 ［1911］
00000 著者佚名
清抄本 831

06351 **秘传跌打方**一卷 ［1911］
00000 著者佚名
清抄本 831

06352 **（新刻）马永贞秘藏跌打要方**一卷 ［1911］
00000 （清）周仲芳撰
清抄本 651

06353 **跌扑金疮治验论**一卷 ［1911］
00000 著者佚名
清末抄本 734A

06354 **伤科秘方**一卷 ［1911］
00000 著者佚名
清抄本 728A

06355 **定远张明府传跌打损伤丸方**一卷 ［1911］
10003 （清）张明府传
抄本 709

06356 **伤科方选**一卷 ［1911］
10057 著者佚名
抄本 738B

8.6.2.4 瘈狗伤

06357 **瘈狗伤考**一卷 1781
09837 附毒蛇诸虫咬一卷
(日)原昌克(玄玙、子柔、南阳)撰
1. 日本宽政八年(1796)丛桂亭刻本 7 139 511 590
2. 日本宽政八年(1796)丛桂亭刻文政三年(1820)印本 701
3. 日本宽政八年(1796)丛桂亭刻天保七年(1836)青藜阁印本 1 3 139 541 570 651
4. 清光绪十二年(1886)鄮西杏春氏抄本 186

06358 **治癫狗咬伤经验救急神效方**一卷 1846
09839 著者佚名
1. 清光绪十七年(1891)江右泰兴厚刻本 139
2. 清光绪十八年(1892)刻本 361
3. 见福幼丛编(附录)

06359 **治癫狗咬伤毒发欲死经验救急神效方**一卷
00000 [1861]
著者佚名
见外科症治全生集(版本附录)

06360 **治癫狗咬方**一卷 1866
09840 又名治癫狗咬伤毒发欲死经验救急神效方
著者佚名
1. 清同治五年(1866)文蔚堂刻本 541
2. 清光绪二年(1876)湖郡青云斋刻本 541
3. 清光绪二十年(1894)刻本(附生产保全方) 590
4. 见外科症治全生集(版本附录)

06361 **疯犬方**一卷 1876
00000 (清)刘莹(次瑚、完石、喜城道人)撰
见痉痫探源(附录)

06362 **接命方**一卷 1878
04314 (清)原观(海澜)集注
清光绪二年(1876)蒲邑仁寿堂刻本 412B

06363 **猘犬录**一卷 1911
09846 又名瘈狗痫症治录
(清)胡廷楠(孟云)撰
清宣统三年(1911)铅印本 677A 701

06364 **治癫犬咬方**一卷 [1911]
09847 著者佚名
清刻本 139

06365 **治瘈犬伤良方**一卷 [1911]
09848 著者佚名
清刻本 721

06366 **疯狗咬方**一卷 [1911]
00000 著者佚名
见眼科大全(附录)

8.7 眼科

06367 **龙树菩萨眼论**一卷 [907]
10061 著者佚名 (朝)金礼蒙等辑 (日)衣关顺庵订
日本文化七年(1810)衣关顺庵抄本 1(钤冯水藏书印)

06368 **鸿飞集七十二问**二卷 [961]
10062 附丹方一卷
原题(五代)田日华(大明、日华子)撰
清抄本 139

06369 **明目方**一卷 [1368]
10178 著者佚名
元刻本 277

06370 **原机启微**二卷 1370
10063 附录一卷
(元)倪维德(仲贤、敕山老人)撰 (明)薛己(新甫、立斋)校补
1. 明嘉靖二十一年(1542)刻本 412A 716 731
2. 明嘉靖四十三年(1564)赣县王道刻本 7
3. 明崇祯元年(1628)朱明刻薛氏医按十六种本 393
4. 明刻薛氏医按二十四种本 21
5. 日本承应三年(1654)武村市兵卫刻薛氏医按十六种本 541 706
6. 明嘉靖二十五年至隆庆五年(1546—1571)王谏议范庆沈谧等刻隆庆五年(1571)沈启原增刻沈茂仁重修清顺治十五年(1658)檇李朱茂时鹤州草堂递修薛氏医按十六种本 521

7. 清道光东溪堂刻薛氏医按二十四种本 541
8. 清刻本 186 301 381 721 731 738B 852 871 907C(存附录)
9. 抄本 1 279
10. 见薛氏医按十六种
11. 见薛氏医按二十四种
12. 见医学集览
13. 见十竹斋刊袖珍本医书

06371
00000 **(鼎雕官板饶先生家藏)眼科源流**三卷卷首一卷 1478
著者佚名
明万历三十八年(1610)书林陈奇泉刻本 1

06372
10069 **(秘传)眼科龙木论**十卷卷首一卷 [1564]
辑者佚名 (明)葆光道人传 黄希宪(毅所)辑订
1. 明嘉靖四十三年(1564)金溪黄希宪广东刻本 721(存卷一至六、卷首)
2. 明万历三年(1575)刻本 2 3 9 279 285 308A 461 521 529A 541 570 709 731 TA
3. 明万历三年(1575)刻大业堂重修本 139 202 301 385 572 590 851
4. 明万历三年(1575)刻天德堂递修本 139 851
5. 明万历三年(1575)刻明清递修本(扉页题本衙藏板) 1 3 139 277(缺卷一、卷首) 301 529B 572 590 651 709 721 728A 871
6. 明万历三年(1575)刻清乾隆嘉庆间递修本 491 911
7. 日本天保二年(1831)小岛质抄本 TB
8. 清书业堂刻本 1 2 139 270 280 475A 511 589 738 896A
9. 清大文堂刻本 139 279 285 362 365 391 412A 475A 476 514A 521 572(配抄本) 664 731 738(残) 738B 740A 740B 799A 940
10. 清同治光绪间成都藜照书屋刻本 186 289 361 514A 664 733(存卷四至六、总论、附)907C
11. 清刻本 202 289 308 381 391 421 476 511 541 664 733(存卷七至十) 735A(存卷八至十) 740A(存卷四至十) 852A 852F 907C 911
12. 抄本 139
13. 日本抄本 7

06373
10060 **银海精微**二卷 [1571]
又名银海秘传
原题(唐)孙思邈(紫尘真人)撰 辑者佚名
1. 明万历十二年(1584)陈龙津抄本 412A
2. 明万历十五年(1587)陈九仞刻本 316 833
3. 明万历书林鼎发堂刻本 139
4. 明万历书林余寅伯刻本 738B
5. 明刻本 1 3 139(存卷上) 541 590 TA
6. 清康熙醉耕堂刻本 279 302 366(存卷上) 412A 734 740A(存卷上) 740B
7. 清康熙醉耕堂刻光启堂印本 1 139 734
8. 清乾隆四十一年(1776)近圣堂刻本 731
9. 清乾隆五十一年(1786)英华堂刻本(版心题大德堂) 8 351 352
10. 日本宽政五年(1793)浪华书肆称觥堂刻本 7 251
11. 清乾隆抄四库全书本 651
12. 清道光八年(1828)文渊堂刻本(四卷) 381 401 412A 462 541 677A 917A
13. 清同治六年(1867)刻本(四卷) 412B 677A 706
14. 清同治七年(1868)东昌森林堂刻本(四卷) 1 9 256 521(存卷四)
15. 清同治九年(1870)聚英堂刻本(四卷) 7 401 541 738A
16. 清光绪大文堂刻本 277 288 393 491 701 728A 926A
17. 清宣统元年(1909)上海扫叶山房石印本 308A 362 521 522 529A 644 713
18. 清金阊书业堂刻本(四卷) 1 251 702 738
19. 清金阊耕读堂刻本(四卷) 8 251 391 461 733 737A

20. 清末文盛堂刻本 351 491 922
21. 清宏道堂刻本（四卷） 363 443 651
22. 清经国堂刻本（四卷） 3 738B
23. 清崇文堂刻本（四卷） 2 285
24. 清待贤楼刻本（四卷） 511 541 651 728A
25. 清京都琉璃厂善成东记刻本 139
26. 清紫贵堂刻本 139
27. 清致和堂刻本（四卷） 7
28. 清宝华楼刻本（四卷） 279
29. 清文光堂刻本（四卷） 450B 570 799A
30. 清学余堂刻本（四卷） 421
31. 清文发堂刻本（四卷） 421
32. 清友于堂刻本（四卷） 412A 839
33. 清经纶堂刻本（四卷） 1 943
34. 清爱日堂刻本（四卷） 740A 740B
35. 清大雅堂刻本（四卷） 852
36. 清厚德堂刻本（四卷） 731
37. 清步月楼刻本（四卷） 308A 412A
38. 清聚锦堂刻本（四卷） 308A
39. 清刻本 1 21 139 186 202 252 301 351 360A 366（四卷） 401（四卷） 402 651 664 703（四卷） 709（四卷） 721 733 734（四卷） 734A（存卷一至三） 735A（四卷） 740A（四卷） 831（四卷） 852（四卷） 907C（四卷） 911（四卷，存卷三） 922（残）
40. 清抄本 139 651 740C 831 922
41. 日本摄阳书肆刻本 541 738B（残）
42. 日本刻本 476
43. 见四库全书
44. 见眼科三种合刻
45. 见眼科三种
46. 见眼科四种

06374 10070 **（新锲鳌头）复明眼方外科神验全书**六卷 ［1591］

原题（明）龚廷贤（子才、云林、悟真子）编 朱鼎臣辑订

明万历十九年（1591）书林王祐三槐堂刻本 541

06375 10071 **明目至宝**四卷 ［1593］

著者佚名 （明）杨希洛 夏惟勤合编

1. 元刻明印本 1
2. 明万历二十一年（1593）太原吕坤刻本 139（卷三残）
3. 明刻本 279
4. 抄本 412A

06376 10072 **（新刊）明目良方**二卷 ［1600］

著者佚名

1. 明万历郑铼闽建书林乔山堂刻本 2
2. 明万历树德堂刻本 462
3. 明万历刻本 664
4. 明存德堂刻本 2

06377 10073 **秘传眼科七十二症全书**六卷 1604

又名秘传眼科全书

（明）袁学渊（晴峰）撰

1. 明刻本 21（存卷一第十六至二十五、卷二至四、卷五第一至二十六）
2. 日本贞享五年（1688）雒阳书肆柳枝轩刻本 1
3. 日本宽政三年（1791）刻本 541 590
4. 日本文政七年（1824）刻本 139
5. 清抄本 139（附花柳症） 306 461（附素问病源汤盏类诀论）
6. 抄本 2 529A 839A
7. 仁和鲍毓东抄本 139

06378 10077 **青囊眼科**一卷 1626

（明）徐大任（寅生）撰

1. 清初抄本 701
2. 清月桥公抄本（题新选吴山果居徐寅生青囊眼科） 664

06379 10074 **审视瑶函**六卷卷首一卷 ［1642］

又名眼科大全

（明）傅仁宇（允科）撰 林长生（声震、士纶）校补 傅维藩（国栋）辑

1. 清康熙六年（1667）大梁周靖公醉耕堂刻本 1 139 140 279 301 302 308A 381 412A 413（缺卷三） 431 443 521（有补配） 542 572 709 728A 733 740G 831 839A 907C
2. 清康熙六年（1667）大梁周靖公醉耕堂刻焕文堂印本 1 2 3 139 288 401 433 572 781 926A
3. 清乾隆步云阁刻本 301 411 415
4. 清嘉庆二十五年（1820）山渊堂刻本

308A 491 737 739A
5. 清嘉庆道光间姑苏会文堂刻本 139 308A 351 412A 450 466 491 529A 541 731
6. 清嘉庆道光间姑苏会文堂刻来青阁印本 475A
7. 清道光十年(1830)刻本 309
8. 清同治光绪间广州翰文堂刻本 931
9. 清同治光绪间成都藜照书屋刻本 511 529A 852 907C
10. 清光绪四年(1878)同志堂刻本 433A
11. 清光绪四年(1878)六也楼刻本 443 942
12. 清光绪十九年(1893)三义堂石印本 277(存卷一、三、五、六) 283
13. 清光绪小酉堂刻本(题眼科大全) 21 139 361 391 412A 541 590 728A 940
14. 清宣统元年(1909)上海会文堂石印本 139 139A 203 251 279 280 281A 308A 396 412A 450B 461 466 514A 519 529A 541 590 728A 738A 740D 740J 791 799A 831 907B 911 926A 940
15. 清宣统元年(1909)上海普通书局石印本 514A 651
16. 清善成堂刻本 2 7 21 202 203 251 277 280 287 289 308A 351 361 391 413(存卷首、一、二、六) 432 436 451 475A 491 511 514A 521 529A 664 738A 799 800 907C 926A
17. 清金阊巽记刻本 541 831
18. 清汇源堂刻本 139 279(存卷三) 301 381 385 417
19. 清大文堂刻本 3 529A 570 651 735A 738A 740A 740B 741(存卷一至卷五) 917A
20. 清致盛堂刻本 421(存卷一至卷五) 443 529A 907C 926A
21. 清姑苏聚文堂刻本 186 432 475A 570 737(缺卷六)
22. 清晋祁书业德刻本 308A 352 677A
23. 清济世堂刻本 7 21 139 277 351 361 412A 450 737 741 852 921 940
24. 清带月楼刻本 781
25. 清三让堂刻本 7 139 514A 799A
26. 清经国堂刻本(书口题醉耕堂) 1 2 361 381 476 521 839A 921 940
27. 清敬业堂刻本 202 475A
28. 清姑苏二友堂刻本 391 702 733 917A 939
29. 清酉酉堂刻本 1 590(缺卷五、六) 664 733B 907C 921
30. 清苏州绿荫堂刻本 1 139 203 287 529 590 651 677A 734A 740A 740B 799A
31. 清务本堂刻本 839A
32. 清致和堂刻本 289 308A 570
33. 清三益堂刻本 139 277 302 351 421 529A 728A 831
34. 清经纶堂刻本 202 302 731
35. 清文成堂刻本 361
36. 清文光堂刻本 139 521 831
37. 清宏道堂刻本 351 853
38. 清爱日堂刻本 781
39. 清永顺堂刻本 2 412A 514A
40. 清姑苏金阊书业堂刻本 287 308A 352 514A 570 677A
41. 清文德堂刻本 139 381 541
42. 清郁文堂刻本 541
43. 清文贵堂刻本 412A 475A
44. 清六吉堂刻本 287
45. 清扫叶山房刻本 1 139A 279 288 289 301 366 412A 461 475A 493 529A 728A 896A 940
46. 清桂林堂刻本 413
47. 清末实与堂刻本 302
48. 清刻本 1 2 21 186 203 256 279 280 288 301 306 311 360B 364A 391 393 401 404 421 435 436 475A 514A 521 541 590(残) 651 664 708 709 712 721 731 732 733A 733B(存卷二至六) 734A 738D 740A 740B 740C 784 831 839

851 852 852F 856 859 871 901 921 922 931 939(残) 940

49. 清抄本 288 308A

50. 日本抄本 7 401

51. 见眼科三种合刻

06380 10075 **异授眼科**一卷 1643

又名异授眼科秘旨、眼科秘旨

著者佚名 （明）李涿鹿传

1. 清雍正二年(1724)广宁年希尧刻乾隆二十九年(1764)双桂堂印经验四种本 391

2. 清嘉庆十六年(1811)休宁陈文盛堂刻本 279 286 541 590 664 737

3. 清道光十五年(1835)萃文斋刻本 202 279

4. 清同治六年(1867)豫章刘继礼刻本 391 664 731 733B 734 738B 740A 740B 931

5. 清同治十年(1871)修济斋刻本 351

6. 清光绪二年(1876)桂林刘芸浦贵阳潘济湖桂林杨敬堂刻本 921

7. 清光绪六年(1880)抄本 541

8. 清光绪九年(1883)山西太原濬文书局刻本 3 186 288

9. 清光绪三十年(1904)红杏山房刻本(题眼科秘旨) 351 393 475A 570 651 664 728A 738B 871

10. 清光绪三十年(1904)红杏山房刻旧学山房印本(题眼科秘旨) 475A

11. 清翠微山房刻本〔题眼科秘旨,据清光绪三十年(1904)红杏山房刻本翻刻〕 491 541 735A 740C

12. 清文星堂刻本〔题眼科秘旨,据清光绪三十年(1904)红杏山房刻本翻刻〕 541

13. 清刻本 1 203 286(题眼科秘旨) 412A 514A 529 740A

14. 清抄本 1(有傅山印) 2 139 254 366 401 541 570(附眼有七十二症医法一卷) 736A 738B 831 907C 922 926A 940

15. 见抄本医书五种

16. 见经验四种

17. 见潘刻医书四种

18. 见启蒙真谛

06381 10143 **林氏眼科简便验方**一卷 1644

(明)林长生(声震、士纶)撰

清光绪十九年(1893)锡山林宝山家刻本 361 391 590 709 728A 731 738B 922 939

06382 10079 **秘传离娄经**一卷 ［1644］

附小儿痘疹经验良方、经验杂方

著者佚名

1. 明抄本 139

2. 见医苑

06383 10080 **眼科百问**二卷 1654

又名眼科自疗问答、改良眼科百问、眼科秘传

(清)王行冲(子固、文之)编

1. 清光绪十年(1884)善成堂刻本 21 139 351 709 738A 852 871 907C

2. 清光绪十年(1884)天雄苗其祥刻本(插图) 3

3. 清光绪十年(1884)宝兴堂刻本 2 308A

4. 清光绪十年(1884)书业德记刻本 3 139 285 308 308A 351 461 529A

5. 清光绪十年(1884)三义堂刻本 709

6. 清光绪十年(1884)抄本 279 854

7. 清光绪十三年(1887)好友堂刻本 202 251 308A

8. 清光绪十七年(1891)天津煮字山房刻本 251

9. 清刻本 286

10. 清抄本 302

11. 抄本 186 651 738B

12. 见眼科三种

13. 见眼科四种

06384 10076 **一草亭目科全书**一卷 1664

(清)邓苑(博望)撰

1. 清康熙七年(1668)三韩李芳春刻本 1

2. 清康熙五十一年(1712)颍川鹿祐刻本(附回春集脉案、五行生克解义) 541

3. 清雍正二年(1724)广宁年希尧刻本 203 572 731

4. 清雍正二年(1724)广宁年希尧刻乾隆二十九年(1764)双桂堂印经验四种本

391
5. 清嘉庆南汇吴省兰听彝堂刻艺海珠尘本 651 739
6. 清光绪九年(1883)耒阳汛署刻本(附痢疾三方一卷) 831
7. 清光绪二十七年(1901)嘉兴姚氏刻启蒙真谛本 139A
8. 清光绪三十年(1904)思补堂抄本 308A
9. 清聚锦堂刻本 541
10. 清陈鸣锵抄本 1
11. 清抄本 139 140 541 738B
12. 见启蒙真谛
13. 见艺海珠尘

06385 10082 **眼科全书**三卷 [1669]
(清)王协(恭男、约庵居士)辑
1. 清康熙八年(1669)楚蕲王协古香堂华亭刻本 186 541 736A(存卷三)
2. 清光绪二十二年(1896)万柏青抄本 139
3. 抄本 412B

06386 10083 **银海精微补**四卷 1673
(清)赵双璧(公瑶)撰
1. 清康熙日照安东卫刻本 139
2. 清抄本 740C

06387 10085 **眼科入门**一卷 1700
(清)马化龙(云从)撰
1. 清张存鑫抄本 302
2. 抄本〔据清康熙四十二年(1703)琅琊隋平刻本〕 738B
3. 见孙真人眼科秘诀(附录)

06388 10086 **眼科阐微**四卷 [1700]
(清)马化龙(云从)编
1. 清抄本 277 279 280 782
2. 抄本 2 3 139 203 277 436 590 728A 738B 799A 839A 917A 926A 940
3. 见孙真人眼科秘诀(附录)

06389 10087 **孙真人眼科秘诀**二卷 [1700]
附眼科入门一卷、眼科阐微二卷
原题(唐)孙思邈(紫尘真人)撰 (清)王万化(覆万) 马化龙(云从)编
1. 清康熙四十二年(1703)琅琊隋平刻本 139 186 279 308A 728
2. 清春和堂抄本 308A(缺眼科入门一卷)
3. 抄本 2 286 412B

06390 10088 **眼科秘书**二卷 1705
(清释)月潭禅师编
1. 清咸丰元年(1851)古滕黄铸海孔晓峰刻本 450
2. 清光绪十二年(1886)山左滕阳王廷栋云南刻本 21 139 302 308A 590 664 891
3. 清光绪二十二年(1896)湘阴李辅耀刻本 1 2 3 139 251 738B 839A
4. 清光绪刻本 302
5. 抄本 139 286 738B

06391 10090 **眼科指掌**一卷 [1722]
(清)杨陈允撰
清初抄本 139

06392 10091 **眼科秘传**一卷 1728
著者佚名
1. 清嘉庆二十五年(1820)抄本(三卷) 203
2. 清同治七年(1868)抄本 541
3. 清光绪二十一年(1895)寿松主人抄本 740C
4. 清抄本 651 931

06393 10092 **目经大成**三卷 1741
又名不尘子笔录
(清)黄庭镜(燕台、不尘子)撰
1. 清嘉庆二十二年(1817)庐汀黄玉峰刻本 301
2. 清嘉庆二十二年(1817)庐汀黄玉峰刻嘉庆同治间两仪堂印本 351 709 728A 740A
3. 清嘉庆二十二年(1817)庐汀黄玉峰刻同治十年(1871)三益堂印本 461
4. 清嘉庆二十二年(1817)庐汀黄玉峰刻同治十年(1871)文馨堂印本 3 301 590 734A 871 896A
5. 清宾城述古堂刻本 139 251 270 288 351 417 572 728A
6. 清宏道堂刻本 289 590
7. 清刻本 289 734A 907C(存卷一、二、三下)

06394 10093 **眼科心法要诀**二卷 1742
(清)吴谦(六吉)等编

1. 清抄本　1（题金鉴眼科心法）　541（题眼科心法）
2. 见（御纂）医宗金鉴

06395 00000 **眼科正宗原机启微**二卷　1755
(元)倪维德(仲贤、敕山老人)原撰　(清)施世德(述堂)　施广(博望)增补
1. 清乾隆二十二年(1757)京师施氏明德堂刻本　1　202　252　289　590
2. 清抄本　279

06396 10096 **眼科家传**一卷　1793
著者佚名
清乾隆五十八年(1793)抄本　139

06397 10097 **眼科总经要论**一卷　[1795]
著者佚名
清抄本　139

06398 00000 **眼科拾遗**一卷　1797
著者佚名
清嘉庆二年(1797)寿复安抄本　734A

06399 10101 **目科正宗**十六卷卷首一卷卷末一卷　1804
(清)黄庭镜(燕台、不尘子)原撰　邓学礼(卓山、赞夫、跛足山人)辑订
1. 清嘉庆十年(1805)南城邓学礼刻本　541　733
2. 清嘉庆十年(1805)南城邓学礼刻十六年(1811)增刻本　21　139　279　289　728A

06400 10102 **银海指南**四卷　1809
又名眼科大成
(清)顾锡(养吾、紫槎)撰
1. 清嘉庆十五年(1810)长塘鲍廷博刻本　139　286　289　476　579　651　709　734A　735　736　738A　738B　739　740A(存卷一、二)　741　940
2. 清嘉庆十五年(1810)长塘鲍廷博刻松江文萃堂印本　139　590　728A　738
3. 清嘉庆十五年(1810)长塘鲍廷博刻同治三年(1864)五云楼印本　1　139　186　270　511　709
4. 清嘉庆十五年(1810)长塘鲍廷博刻同治三年(1864)大文昶刻本　491
5. 清嘉庆十五年(1810)长塘鲍廷博刻同治六年(1867)五云楼印本　3　251　270　412B　491　677A　939　940
6. 清嘉庆十五年(1810)长塘鲍廷博刻同治六年(1867)校经山房印本　289　302　308　308A　514A　651　839A　896A
7. 清嘉庆十五年(1810)长塘鲍廷博刻同治六年(1867)扫叶山房印本　1　308　361　475A　541　740A　740B　839A　852A(存卷二、四)　907C　940
8. 抄本　738A
9. 见眼科三种合刻
10. 见眼科四种

06401 10103 **眼科心法**一卷　1810
(清)汪必昌(燕亭)撰
见聊复集

06402 10104 **秘授眼科**一卷　1811
(清)周赞亭传　王伯舆(遂园、洞庭山人)录
清嘉庆十六年(1811)稿本　361

06403 10105 **医理折衷目科**二卷　1816
(清)寰宇赘人撰
1. 清嘉庆二十一年(1816)游艺堂刻本　361
2. 清嘉庆二十一年(1816)游艺堂刻来鹿堂印本　590

06404 10106 **眼科启蒙**四卷　1817
(清)刘一明(悟元山人、悟元子、素朴子、被褐散人)编
清嘉庆二十二年(1817)甘肃榆中栖云山刻本　270　289　421　721　907C

06405 10120 **飞鸿集眼科七十二症**一卷　1817
著者佚名
1. 清嘉庆二十二年(1817)方恒泰刻本　XD
2. 清道光十一年(1831)凌云堂刻本　139　851　871

06406 10107 **(秘传)眼科纂要**八卷　[1819]
(清)黄岩(峻寿、耐庵、花溪逸士)撰
清光绪五年(1879)九经堂刻本　203　721　931

06407 10108 **目科捷径**三卷　1820
附降雪丹全书一卷
(清)刘松岩撰　刘景芬(桂岩)辑注
1. 清光绪六年(1880)广川刘松岩盛京刻本　1　3　21　139　289　529A
2. 清抄本　286

06408 10109 **眼科捷径**一卷　1820
又名秘本眼科捷径

著者佚名
1. 清光绪三十四年(1908)上海章福记书局石印陈修园医书七十种本 139(附伤寒舌鉴、达生编) 590(附伤寒舌鉴) 852 854(附伤寒舌鉴、达生编) 907C
2. 清抄本 475A
3. 见陈修园医书四十、四十八、五十、七十种

06409 10094 **眼科良方**一卷 [1824]
又名眼科秘方、叶天士眼科、叶氏眼科方
原题(清)叶桂(天士、香岩、南阳先生)撰
1. 清道光四年(1824)古虞求无过斋刻本 664 709
2. 清道光二十五年(1845)萧英华刻本 461
3. 清咸丰八年(1858)介休王廉泉刻本 831
4. 清咸丰八年(1858)广同济堂刻本 921(附脚气良方)
5. 清同治六年(1867)金陵一得斋善书坊刻本 590
6. 清同治六年(1867)刻本(题叶天士真传眼科) 351
7. 清同治七年(1868)金陵思善堂刻本 664
8. 清光绪三年(1877)会稽汪氏刻本(题叶氏眼科方) 139 541 739
9. 清光绪五年(1879)江西会文堂刻本 721
10. 清光绪十一年(1885)宜兴文德堂刻本 475A
11. 清光绪十七年(1891)聚文堂刻本 301
12. 清光绪十九年(1893)闽浙督署刻本(题叶氏眼科方) 3 939
13. 清光绪二十年(1894)刻本 361 853
14. 清光绪三十三年(1907)扬州赵聚贤斋刻本 443 514A 707
15. 清义门陈余庆堂刻本 590
16. 清刻本 186 351 541 721 738A
17. 清抄本 139 308A 529A 831
18. 见傅青主女科(版本附录)
19. 见梅氏验方新编(卷十七)
20. 见荔墙丛刻

06410 10201 **银海波抄**三卷 1827
著者佚名
日本文政十年(1827)抄本 590(存卷上、中)

06411 00000 **眼药方抄**一卷 1828
辑者佚名
清道光八年(1828)袁萍吴家理抄本 743

06412 10197 **集验治目全书**一卷 1828
著者佚名 (清)金丽(秋塘)辑订
清道光八年(1828)金丽善庆堂抄本 541

06413 10111 **眼科锦囊**四卷 1829
续眼科锦囊二卷
(日)本庄俊笃(土雅、普一先生)撰
1. 日本天保二年(1831)刻八年(1837)增刻江都书林芳润堂汇印本 3 139 186 385(存二卷) 476 590 651 738B 939
2. 日本天保二年(1831)刻八年(1837)增刻清光绪十一年(1885)上海福瀛书局印本 139 289 308 541 570 589 590 738A 738B 851 922

06414 10112 **眼科揭要秋水真诠**一卷 1833
(清)黄仁麟(莲青)手订
清道光十三年(1833)花隐香巢刻本 907C

06415 10131 **眼科约篇**一卷 1834
又名眼科备览
(清)颜尔梧(凤甫、筱园)撰
1. 清光绪六年(1880)刻本 921
2. 清光绪二十四年(1898)林芸甫抄本 277
3. 清抄本(题眼科备览) 931

06416 10113 **(内府秘传)眼科全书**一卷 1835
(清)仰山撰
1. 清道光十五年(1835)抄本 590
2. 抄本 579

06417 10114 **秘传眼科七十二症**一卷 1835
著者佚名
清道光十五年(1835)抄本 139

06418 10115 **一草亭眼科全集**四卷 1837
又名感应一草亭书、一草亭目科全集
(清)文永周(卜庵、豁然子)编
子目：
(1)感应试验药方一卷 (清)文永周辑
(2)感应眼科录要药性一卷 (清)文永周辑
(3)一草亭眼科全集书一卷 (清)邓苑撰
(4)异授眼科病症问答一卷 著者佚名 (明)李逐鹿传
1. 清道光十七年(1837)万邑永征祥刻本

（题感应一草亭书）　361　433　475A　738B　831（存卷三）　852

2. 清光绪二年（1876）京都琉璃厂善成东记刻本　1　3　139　280　461　739A

3. 清光绪三年（1877）刻本　541　852

4. 清光绪十六年（1890）益元堂刻本（附程松崖先生眼科应验良方）　1（存卷四）　2　128A（存卷四）　139　186（存卷四）　279　301　475A　677A　734A（存卷一、三、四）　921

5. 清光绪二十年（1894）刻本　186　851

6. 清末方圣瑞抄本　734A（存卷一至三）

06419/10127 **眼科开光易简秘本**三卷　1840

（清）刘集福（祐堂）编

清光绪元年（1875）彭道本刘国道庐陵段述继堂刻本　572　590

06420/10116 **眼科神应方**一卷　［1843］

（清）余煌吉编

1. 清道光二十九年（1849）胡鳌刻本　139（附经验百方）

2. 见三方合刻

3. 见武林毛枫山先生济世养生合集选要良方眼科神应方

06421/10099 **歙西槐塘松崖程正通先生眼科家传秘本**一卷　［1843］

又名眼科秘方、经验眼科秘书

（清）程正通（松崖）原撰

1. 清道光二十三年（1843）黟邑王国祥刻本（又题为程松崖先生眼科秘方）　1　21

2. 清咸丰十年（1860）刻本（题经验眼科秘书）　731

3. 清光绪八年（1882）积善书舍刻本　721　741

4. 清光绪十七年（1891）刻本　2　186　412A　514A

5. 清末遐川洪鉴斋抄本　1

6. 抄本　139　393　738B　944

7. 见世传尤氏喉科秘授歙槐塘程松崖眼科

06422/10117 **眼科切要**一卷　1847

（清）王锡鑫（文选、席珍子、亚拙山人）编

1. 清道光二十七年（1847）刻本　799A　852　940

2. 清道光二十七年（1847）重庆饶氏刻光绪八年（1882）重修本　381　731　852

3. 清古渝善成堂刻本　853　857

4. 清古渝善成堂刻蔚文山房印本　139　589　731

5. 见医学切要全集（六种）

06423/10118 **日月眼科**一卷　1849

（清）王锡鑫（文选、席珍子、亚拙山人）编

1. 清同治六年（1867）四川万邑王同仁刻本　251　590

2. 见存存汇集医学易读

06424/10119 **古今精选眼科方筌**二卷　1850

（日）中目樗山（道珣）编

日本嘉永三年（1850）东奥仙台中目樗山金井堂刻本　590

06425/10121 **眼科六要**一卷　1851

附方一卷

（清）陈国笃（厚溪）撰

清咸丰元年（1851）贵州胡霖澍刻本　3

06426/10125 **眼科□□卷**　［1854］

著者佚名

1. 清咸丰四年（1854）抄本　433A

2. 清同治九年（1870）抄本　139

3. 抄本　381　412A　412B　514A　590（二卷）　931

06427/10122 **眼科秘方**一卷　1857

著者佚名

1. 清光绪三十四年（1908）刻本（题清·冯金寿述）　279

2. 清咸丰七年（1857）抄本（题江西王府秘传眼科）　541

3. 清抄本　651　709　831　901

4. 抄本　279　579　738B

5. 见（增广）验方新编（版本附录）

6. 见（缩本增删）验方新编（版本附录）

06428/10065 **经验眼科秘书**一卷　1860

又名古歙槐塘程松崖正通先生眼科家传秘书

（清）程正通（松崖）撰

1. 清咸丰十年（1860）刻本　731

2. 清光绪十二年（1886）刻本　308A

06429/10066 **古歙槐塘程松崖眼科**一卷　［1860］

咽喉秘集一卷

（清）程正通（松崖）撰　（清）潘化成编

清光绪二十年(1894)宝善堂刻本 907C

06430 10124 **眼科要略**九卷 1863
(日)中川哲(淡斋)撰
日本文久三年(1863)日新居刻本 475A

06431 10100 **(古歙槐塘)程松崖眼科**一卷 [1869]
又名眼科秘要、程松崖先生眼科良方、程松崖眼科
(清)程正通(松崖)原撰 程玢辑
1. 清同治八年(1869)浔江林植棠刻本 664
2. 清光绪元年(1875)刻本 1
3. 清光绪三年(1877)刻本 651 677A
4. 清光绪六年(1880)开封朱聚文斋刻本 351
5. 清光绪十八年(1892)天津引善社刻本(附救灾赈黎陪赈散一卷) 1 289
6. 广州守经堂刻本 921

06432 10067 **汇治眼目痛药性及治诸病之方**一卷 [1869]
(清)程正通(松崖)撰
抄本 839A

06433 10261 **眼科抄本**不分卷 [1870]
著者佚名
清抄本 590

06434 10064 **(程松崖先生)眼科应验良方**一卷 [1874]
(清)程正通(松崖)撰
1. 清同治十三年(1874)三原使署刻本 431 664
2. 清光绪二年(1876)赵氏完璧堂刻本〔据清同治十三年(1874)三原使署刻本翻刻〕 421 433A
3. 清光绪五年(1879)江西会文堂刻本 721
4. 清光绪九年(1883)刻本 434
5. 清光绪十二年(1886)姑苏来青阁刻本 664 701
6. 清光绪十七年(1891)宝庆益元堂刻本〔据清同治十三年(1874)三原使署刻本翻刻〕 186
7. 清刻本 590 939
8. 抄本 412A 702
9. 见一草亭眼科全集(版本附录)

06435 10126 **眼科要旨**三卷 1875
(清)张廷桂(子襄)撰
1. 清光绪元年(1875)北平张槃刻本 308A 541 590
2. 抄本 279

06436 10128 **广勤轩遗稿**一卷 1875
著者佚名
清光绪抄本 139

06437 10129 **眼科七十二症问答病因丸散**一卷 1876
(清)李方治撰 文永周(卜庵、豁然子)编
1. 清光绪二年(1876)刻本 590
2. 清刻本 572
3. 见梅氏验方新编(卷十七)

06438 10130 **眼科易秘**四卷 1876
(清)吕熊飞(樵翁)撰
清光绪二年(1876)甬上吕维钧刻本 186 541 677A

06439 10098 **眼科易知录**一卷 1880
(清)程正通(松崖)撰 王震(芝楣)订正
清光绪六年(1880)近文斋刻本 139

06440 10133 **眼科神方**一卷 1881
著者佚名
清光绪七年(1881)北京谢光绮刻本 139

06441 10134 **梁氏家藏至宝眼科备用良方**一卷 1881
著者佚名
清光绪七年(1881)抄本 279

06442 10089 **启蒙真谛**二卷 1882
又名眼科秘书
(清)胡嵩(芝樵)辑
子目:
(1)一草亭目科全书一卷 (清)邓苑撰
(2)异授眼科一卷 (明)李涿鹿授
1. 清光绪八年(1882)上海申报馆铅印本 1 251 361 511 570 590 651 664 709 917A 922
2. 清光绪十一年(1885)暨阳陈诰积善堂刻本(扉页题眼科秘书四卷) 3 521 541 731 738B
3. 清光绪二十七年(1901)嘉兴姚氏刻本 139 280 289 308A 514A 664
4. 清刻本 783 896A
5. 清抄本 140

06443 10135 **承机汇参**一卷 [1884]
(清)胡燮卿(涵养子)辑
清光绪十年(1884)抄本 139

06444 10210 **眼科启明**二卷　1885
(清)邓雄勋(捷卿)撰
稿本　931

06445 00000 **眼科神效方**一卷　1885
(清)程正通(松崖)原撰
清光绪十一年(1885)龙华斋刻本　570

06446 10137 **增补目疾眼科**一卷　1886
著者佚名
清光绪十二年(1886)二仙堂刻暨抄本　677A

06447 00000 **眼科新书**一卷　[1888]
(清)陈鉴堂撰
1. 清光绪十四年(1888)佛镇翰宝楼刻本　944
2. 清暨阳积善堂刻本　739B

06448 10138 **眼科撮要**一卷　1890
著者佚名
1. 清光绪十六年(1890)乌程沈春辉寄园刻本　664　939
2. 抄本　277

06449 10139 **眼科良方**一卷　[1890]
又名眼科秘本
原题(清)叶桂(天士、香岩、南阳先生)撰　刘阜山辑
1. 清光绪十六年(1890)孙沐贤江西刻本　728A
2. 陈溶抄本　277

06450 10140 **眼科溯源**二卷　1891
(清)瑞子珍撰
清光绪十七年(1891)秀珊特达抄本　202

06451 10141 **最妙眼科神方**一卷　1892
(清)唐宗海(容川)编
清宣统二年(1910)泸州文汇堂刻本　852

06452 10144 **四川金堂南华宫目科**一卷　1894
著者佚名
清光绪二十年(1894)温悦堂抄本　308A

06453 10145 **眼科宝籍**一卷　1894
又名程松崖眼科咽喉秘集
(清)程正通(松崖)撰　潘成化编　程洛东订
清光绪二十年(1894)京江宝善堂刻本　702　907C

06454 10146 **眼科方药**一卷　[1894]
(清)程洛东编
抄本　702

06455 10154 **抄本眼科**不分卷　1900
著者佚名
1. 清光绪二十六年(1900)陈子健抄本　186
2. 抄本　139　931

06456 10147 **眼科方书神效便方**一卷　[1903]
(清)胥光祖编
清山东希德堂刻本　301

06457 00000 **眼科总要**一卷　1904
(清)懋芝编
清光绪三十年(1904)懋芝抄本　570

06458 10149 **眼科新新集**二卷　1905
(清)吴嘉祥(志成、梦兰)撰
清光绪三十一年(1905)懋德堂刻本　741

06459 10150 **双燕草堂眼科**二卷　1907
著者佚名
清抄本　139

06460 10212 **眼科外科灵方**□□卷　[1907]
著者佚名
清吴庭凝香书屋抄本　570(存眼科)

06461 10151 **眼科方**不分卷　1908
著者佚名
1. 刻本　308A
2. 抄本　1　412B

06462 10152 **眼科什方**一卷　1908
著者佚名
清抄本　541

06463 10153 **太医院眼科秘真**一卷　1908
著者佚名
清抄本　1

06464 10155 **不空和尚目医三种**六卷　[1910]
(清)不空和尚撰
抄本　139

06465 10157 **抄录眼科**一卷　[1910]
著者佚名
抄本　721

06466 10158 **眼有七十二症医法**一卷　[1910]
著者佚名
抄本　2

06467 10159 **眼科精形鸿飞集**不分卷　[1910]
著者佚名
抄本　2

06468 10160 **男妇小儿眼科七十二症**一卷 ［1910］
著者佚名
抄本 931

06469 10162 **奇德新书北京盘山眼科秘诀**一卷 ［1910］
著者佚名
清抄本 139

06470 10163 **明瞽秘珍**二卷 ［1910］
著者佚名
抄本 541

06471 10165 **（秘传湖州府双林镇）蔡寄寰眼科秘要**一卷 1911
（清）蔡寄寰撰
抄本 721

06472 10168 **眼科经方**一卷 ［1911］
著者佚名
清抄本 1

06473 10171 **天涯子看眼心法**一卷 ［1911］
著者佚名
清抄本 391

06474 10172 **明镜要归**一卷 ［1911］
又名明镜要归眼科治法
著者佚名
抄本 579

06475 10173 **眼科七十二症候总论**一卷 ［1911］
著者佚名
抄本 391

06476 10175 **眼科金针**一卷 ［1911］
著者佚名
清抄本 541

06477 10177 **眼科汤头**二卷 ［1911］
著者佚名
抄本 579

06478 10179 **视传眼科秘方**一卷 ［1911］
著者佚名
抄本 1

06479 10180 **眼科图证备要**不分卷 ［1911］
著者佚名
抄本 738B

06480 10181 **眼科秘要全书**一卷 ［1911］
著者佚名
清抄本 139

06481 10182 **眼科秘论**一卷 ［1911］
著者佚名
抄本 2

06482 10183 **眼科编要**一卷 ［1911］
著者佚名
抄本 541

06483 10184 **眼科大旨**一卷 ［1911］
著者佚名
抄本 2

06484 10185 **（秘授）开瞽仙方**一卷 ［1911］
著者佚名
抄本 2

06485 10186 **（秘传）眼科□□**卷 ［1911］
（清释）宝成编
抄本 651（五卷） 701（一卷） 721

06486 10188 **眼科秘本**一卷 ［1911］
辑者佚名
抄本 279 475A 541

06487 10189 **眼科时方**一卷 ［1911］
著者佚名
抄本 738

06488 10190 **眼科总论**一卷 ［1911］
著者佚名
抄本 738

06489 10191 **石氏家传眼科**一卷 ［1911］
又名眼科瞳人内外障
著者佚名
清抄本 931

06490 10192 **石氏家传眼科应验良方**一卷 ［1911］
著者佚名
1. 清抄本（题世医石氏家传眼科应验奇方全书） 911
2. 抄本 139 279（题世医石氏家传眼科应验良方） 931

06491 10193 **石氏四代家传眼科全书**一卷 ［1911］
著者佚名
抄绘本 139

06492 10194 **探眼真源全集**十八卷 ［1911］
著者佚名
抄本 251（存卷一至十三）

06493 10195 **眼科秘籍**二卷 ［1911］
（清）林翘辑
抄本 541

06494 10196 **眼科秘籍**一卷 ［1911］
著者佚名

清抄本 186

06495 **孙真人眼科**二卷 ［1911］
10198 李贤璠订
抄本 2 308A

06496 **眼科七十二症集要秘诀**一卷 ［1911］
10199 著者佚名
抄本 139 907C

06497 **七十二症眼科**一卷 ［1911］
10200 又名七十二种眼症、七十二种眼症全科、七十二症方
著者佚名
抄本 279 728A 907C 922 940

06498 **眼科传心录**四卷 ［1911］
10202 （清）裘岳（柱峰）撰
稿本 709

06499 **治验存参**一卷 ［1911］
10203 著者佚名 （清）张济明（鉴明）校
锦溪张春山抄本 2

06500 **玉峰指南世医眼科**一卷 ［1911］
10205 著者佚名 （清）张济明（鉴明）辑订
清抄本 709

06501 **（新纂）异人秘授眼科**一卷 ［1911］
10207 （清）钱鸿来编
抄本 541

06502 **眼科各方**一卷 ［1911］
10208 著者佚名
清存德堂陈世溶刻本 590 738

06503 **李氏秘传眼科精要**一卷 ［1911］
10211 （清）范天英辑订
清抄本 2

06504 **眼科备要**一卷 ［1911］
10213 著者佚名
抄本 738B

06505 **眼科要略**不分卷 ［1911］
10214 著者佚名
抄本 738B

06506 **眼科药性摘录**一卷 ［1911］
10215 著者佚名
抄本 921

06507 **目论**一卷 ［1911］
10216 著者佚名
抄本 851

06508 **眼科内政**二卷 ［1911］
10217 高玉如编
抄本 851

06509 **塘西十六世眼科秘本**一卷 ［1911］
10223 游心济编
稿本 731

06510 **眼科切要歌**一卷 ［1911］
10260 著者佚名
清抄本 361

06511 **洗眼仙方**一卷 ［1911］
10275 著者佚名
清抄本 308A

06512 **外障**二卷 ［1911］
10283 著者佚名
抄本 738B

06513 **眼科秘传**三卷 ［1911］
10294 （清）韩直（少霞）撰
抄本 139

06514 **庄氏眼科全书**二卷 ［1911］
10295 著者佚名
清抄本 728A

06515 **世传眼科**一卷 ［1911］
10296 又名寿春室世传眼科历代经验方药
原题（清）洪氏家传
清洪熙远抄本 728A

06516 **眼科治法要略**一卷 ［1911］
10299 著者佚名
清抄本 728A

06517 **尉氏家传眼科**一卷 ［1911］
00000 著者佚名
抄本 277

06518 **蔡振明眼科医方**不分卷 ［1911］
00000 （清）蔡振明撰
清抄本 907C

06519 **龙宫珍秘眼科**一卷 ［1911］
00000 著者佚名
清抄本 XD

06520 **杨氏眼科全书**一卷 ［1911］
00000 著者佚名
清抄本 831

06521 **眼科经验**一卷 ［1911］
00000 著者佚名
清抄本 288

06522 **眼药全录**一卷　[1911]
00000 **眼药外用诸药性录**一卷
著者佚名
清抄本　944

06523 **眼科阅微摘要**六卷　[1911]
00000 (清)草木之人撰
清抄本　288

06524 **眼目心经药性**一卷　[1911]
00000 著者佚名
清末抄本　734A

06525 **秘传明目良方**一卷　[1911]
00000 著者佚名
清抄本　139

06526 **秘传眼科药方**二卷　[1911]
00000 著者佚名
清抄本　831

06527 **眼科诸症图**一卷　[1911]
00000 附汤头没药一卷
著者佚名
清抄本　831

06528 **眼科秘本**一卷　[1911]
00000 著者佚名
清抄本　740I

06529 **眼科大全**一卷　[1911]
00000 附疯狗咬方一卷
著者佚名
抄本　279

8.8　咽喉

06530 **咽喉脉证通论**一卷　[1279]
10319 又名宋神通长老秘授咽喉脉诀症治通论
著者佚名　(清)许梿(叔夏、珊林)校订
1. 清道光七年(1827)仁和许乃济刻本　1
2. 清道光九年(1829)刻本(题宋神通长老秘授咽喉脉诀症治通论)　728A
3. 清道光二十一年(1841)吴兴姚晏芳刻本　2　186　270　391　475A　529A　541
4. 清道光三十年至咸丰四年(1850—1854)粤东抚署刻汉阳叶氏丛刻本　1　7　203　286　361　590　709　716　738　799A
5. 清同治十三年(1874)川东刻本　1　21　139　286　401　421　461　462　476　664　677A　701　702　707　734A　739　839A　851　896A　901　911　921
6. 清光绪三年(1877)邓氏京都刻本　139A
7. 清光绪十年(1884)山西太原濬文书局刻咫进斋丛书本　308A　381　665　712　852E
8. 清光绪十一年(1885)江左书林刻本　186　279　461
9. 清光绪十一年(1885)刻本〔据清光绪十一年(1885)江左书林刻本翻刻〕　139　185　475A　491　677A　731　733　738B　738E　799　852　854　922
10. 清光绪十六年(1890)养片云斋刻本　738A
11. 清光绪十八年(1892)随月馆刻本　590　664　706
12. 清光绪十九年(1893)锡山文苑阁木活字印本　728A
13. 清光绪二十一年(1895)石硅直隶理民府刻本　907C
14. 清光绪二十二年(1896)刻本　651
15. 清光绪二十五年(1899)华阳罗氏刻本　412A
16. 清光绪二十六年(1900)抄本　896A
17. 清光绪三十二年(1906)宏道堂刻本　799A
18. 清刻本　733A　951
19. 清抄本　139　279　570　579　831
20. 见陈修园医书十六、二十八、三十、三十二、三十六、四十、四十八、五十、七十种
21. 见汉阳叶氏丛刻
22. 见连自华医书十五种
23. 见咫进斋丛书
24. 见喉科三种

06531 **喉科秘本**一卷　1527
10320 著者佚名　(明)郁凝祉　尤鄢　杨江溪传
清道光五年(1825)内省居抄本　139

06532 **尤氏喉科秘书**一卷　1667
10322 又名尤氏喉科、喉科浅秘、无锡尤氏秘传喉科真本、喉科尤氏书、喉科秘本、喉科秘传、尤氏喉科秘诀、尤氏喉科大法
附喉科方
(明)尤仲仁(依之)传　(清)尤存隐辑

1. 清乾隆三十六年(1771)抄本(题喉科浅秘) 664
2. 清嘉庆十三年(1808)张氏刻本 739
3. 清嘉庆二十五年(1820)刻本(题喉科尤氏秘书) 709
4. 清道光五年(1825)沈云飞抄本 921
5. 清道光九年(1829)小绿天刻本 579 677A
6. 清同治六年(1867)抄本 664
7. 清光绪范赓治抄本(题尤氏喉科二卷) 733
8. 清刻本 590 735
9. 清浦香岩氏抄本 475A
10. 清抄本 1 1(题尤氏喉科六卷) 139 139A 541 664(题尤氏喉科六卷) 701 901
11. 见借月山房汇抄
12. 见泽古斋重抄
13. 见世传尤氏喉科秘授歙槐塘程松崖眼科

06533 10324 **同仁堂秘授喉科十八证**一卷 [1667]
尤氏秘传喉科真本一卷
喉科全书一卷
著者佚名
1. 清抄本 139
2. 冯青翔抄本 277

06534 10326 **喉科指掌**六卷 1757
又名治喉指掌、喉科、喉科秘宗
(清)张宗良(留仙)撰
1. 清乾隆二十二年(1757)刻苏雪书屋印本 301 590 907C
2. 清乾隆二十二年(1757)刻二十六年(1761)聚德堂重修本 139A
3. 清乾隆二十二年(1757)刻二十六年(1761)聚德堂重修三十三年(1768)合义堂递修本 139 301 579 738A
4. 清乾隆二十二年(1757)刻二十六年(1761)三十三年(1768)递修嘉庆元年(1796)合志堂印本 21 475A 738B
5. 清嘉庆十九年(1814)芸香斋刻本(四卷) 2 302 308A
6. 清嘉庆二十一年(1816)云间张应时书三味楼刻本(二卷) 139 939
7. 日本文政九年(1826)加贺屋刻本 3
8. 清咸丰十年(1860)善化易存仁堂刻本(一卷) 731 940
9. 清同治九年(1870)崇川经经堂刻本 1 139 185 202 381 476 738B
10. 清同治九年(1870)崇川经经堂刻通州西德堂印本 139 270 279 385A 412A 421 511 570 706
11. 清同治九年(1870)崇川经经堂刻日正轩印本 139 541 590 651 677A
12. 清同治十二年(1873)燕山宋炘大梁官署刻本 353 361
13. 清刻本 734 839
14. 清抄本 139 461 709(题喉科秘宗) 736A 738
15. 抄本 139A(题已未绿野书屋抄) 152 361 541(残) 589 738 738A 740E
16. 见喉科三种

06535 10327 **喉症三书节钞**一卷 1760
(清)顾世澄(练江、静斋)等撰
芥园瓶居抄本 139

06536 10328 **得小喉方钞**一卷 1765
又名喉科小得
著者佚名
清抄本 139

06537 10329 **重楼玉钥**二卷 1768
又名重楼玉钥喉科指南、喉科指南
(清)郑宏纲(纪原、梅涧)撰
1. 清道光十九年(1839)苏城喜墨斋刻本 1 2 139 186 202 203 251 270 277 279 280 286 289 361 368 385 385A 401 412A 435 436 450B 461 476 491 514A 651 709 734 852 940
2. 清咸丰五年(1855)天津同文仁南纸书局刻本 139 186 289 361 385A
3. 清光绪四年(1878)盛京南彩盛刻本 139 288 401 443 463 514A 519 541
4. 清光绪五年(1879)浙江有容斋刻朱墨套印本 270 287 301 308A 589 677A 701 733 736A 740C 896A
5. 清光绪七年(1881)骆孝先刻本 289 308A 511 514A 570 781
6. 清光绪七年(1881)申报馆铅印本 139

185 529A 572 734 738B
7. 清光绪十年(1884)种杏堂刻本 308A
8. 清光绪十三年(1887)湖南长沙芋园刻本 139 185 572 651 831 839 940
9. 清光绪二十五年(1899)武威留清堂刻本 421 839A
10. 清光绪二十六年(1900)杭州景文斋刻朱墨套印本(附白喉治法忌表抉微一卷) 1 139 301 391 412A 412B 431 433 461 541 603 677A 728A 728B 732 734A 736 738A 738B 799A 831 839A 917A 939
11. 清光绪刻本 2 401(存卷下)
12. 清刻本 383 412A 466 706 851
13. 清抄本 139
14. 抄本 139 139A 728A 922

06538 10493 **喉科三十六症**一卷 [1768]
(清)黄明生撰 郑于丰传
1. 清抄本 1(题秘传喉科三十六症) 277(题喉风三十六症)
2. 抄本 139 475A 572(题喉齿总论)

06539 10333 **岳后杨氏疗喉秘典**一卷 [1775]
(清)杨瑞山撰
清抄本 139

06540 10334 **咽喉论**一卷 [1783]
(清)逯南轩撰
1. 清道光二十七年(1847)沧洲叶圭礼刻本 302
2. 清朱氏恒益堂刻本 664
3. 清咸丰六年(1856)抄本(题喉科方) 728A
4. 清抄本 139 831
5. 见逯南轩谢邃乔先生医书二种

06541 10335 **喉科金针**一卷 1785
又名喉症金针
(清)尤氏撰 杨龙九(鸿山)编
清乾隆五十年(1785)镇江张燃犀抄本 590

06542 10436 **囊秘喉书**一卷 [1785]
附验方一卷
(清)杨龙九(鸿山)原撰 王景华(士翘)重订
1. 清光绪二十八年(1902)常熟俞钟銮刻本 139 529A 590 651 664 677A 702 707 709 738B 738E
2. 清抄本 361
3. 范吉成抄本 896A

06543 10437 **喉科真诀**不分卷 [1785]
(清)杨龙九(鸿山)撰
清抄本 589

06544 10438 **杨龙九喉科**不分卷 [1785]
(清)杨龙九(鸿山)撰
抄本 475A

06545 10439 **咽喉急症秘书**一卷 [1785]
(清)杨龙九(鸿山)撰
抄本 590

06546 10440 **喉科秘珍**不分卷 [1785]
(清)杨龙九(鸿山)撰
清抄本 286 529A

06547 00000 **鸿山杨氏秘传喉症**一卷 [1785]
(清)杨龙九(鸿山)撰
清光绪十二年(1886)范卿抄本 139

06548 00000 **无锡鸿山杨氏喉科**一卷 [1785]
(清)杨龙九(鸿山)撰
清咸丰抄本 139

06549 10336 **黄氏家传喉科**一卷 1788
(清)黄用卿(闲系)撰
清乾隆五十三年(1788)抄本 590

06550 10337 **咽喉经验秘传**二卷 1794
著者佚名 (清)程永培(瘦樵)辑订
1. 清乾隆新安程永培修敬堂刻本 277 664
2. 清眉寿堂刻本 139 475A 541
3. 清光绪二年(1876)龚桂存济书屋刻本 2 139A 279 280 289 677A 710
4. 清光绪十四年(1888)淮南韩氏刻本 709
5. 清抄本 1 139
6. 抄本 702

06551 10339 **张氏咽喉总论**一卷 1797
(清)张氏撰
1. 清嘉庆二年(1797)刻本 139
2. 抄本 712
3. 见证治图注喉科

06552 10340 **证治图注喉科**不分卷 1797
附喉症秘集
著者佚名

清嘉庆二年(1797)刻本 139 839A

06553 **咽喉证治**四卷 1797
10348 (清)戴培椿(菱舟)编
清嘉庆十九年(1814)华亭张应时书三味楼刻本 185 541 738B

06554 **方氏家传喉科秘法**一卷 [1797]
00000 著者佚名
清抄本 TA(清·陈修园题跋)

06555 **咽喉总论**一卷 [1799]
10341 著者佚名
1. 清抄本 1 139 728A
2. 抄本 139 579 590 728A 782
3. 见遵生集要

06556 **咽喉险症丛编**一卷 [1802]
10342 著者佚名
清嘉庆七年(1802)谭心田抄本 139

06557 **喉症全科紫珍集**二卷 1804
10343 又名喉科紫珍全集、经验喉科紫珍集、七十二种绘图喉科全书、增补经验喉科紫珍青囊济世录
原题(清)燕山窦氏撰 朱翔宇增补
1. 清嘉庆九年(1804)京江尊仁堂刻本 139 186 461 491 511 541 590 728A 738B 907B
2. 清嘉庆九年(1804)京江尊仁堂刻盛德堂印本 139 277 412A 491 589 664 677A 706 728A
3. 清道光十七年(1837)刻本 738B(存卷一) 907C
4. 清咸丰元年(1851)三邑龙万顺刻本 590
5. 清咸丰十年(1860)句曲杨启葆刻本 139 412A 570 590 915 926A
6. 清咸丰十一年(1861)云阳文会堂刻本(附喉科补遗) 1 186 203 277 280 381 412A 412B 475A 514B 651 664 677A 839A 871 896A 907C 917A 922 926A 940
7. 清同治四年(1865)务本堂刻本(附喉科补遗) 289 651 677A 728A
8. 清同治十一年(1872)楚南古罗州周莲馨堂刻本 412B 728A
9. 清同治十三年(1874)河南聚文斋刻字铺刻本 139 186 251 279 289 306 917A
10. 清光绪三年(1877)上海王宗寿刻本(附白喉捷要) 3 21 186 279 412A 541 740A 852(存卷一) 907C
11. 清光绪八年(1882)仁邑公局刻本 529A 781 852
12. 清光绪十年(1884)抄本 579
13. 清光绪十三年(1887)顺德李伯华刻本 1 3 139
14. 清光绪十六年(1890)刻本 152
15. 清宣统元年(1909)文盛堂抄本 412A
16. 清刻本 139 139A 202 270 277 412A 476 590 738A 740B 854 874(存卷下) 907C 926A
17. 清抄本 1 139 186 475A 541 590 921(题增补经验喉科紫珍青囊济世录)
18. 抄本 139 541(三卷) 579
19. 见梦蕉鹿轩医喉三种

06558 **梦蕉鹿轩医喉三种**四卷 1804
10344 辑者佚名
子目:
(1)喉科治法要诀一卷 著者佚名
(2)喉症全科紫珍集二卷 燕山窦氏撰 (清)朱翔宇增补
(3)治喉指掌一卷 (清)赵必达传
清抄本 139

06559 **喉风要略**一卷 1804
10345 (清)许嗣灿(省晨)编
见叶氏四种

06560 **喉风论**三卷 1808
10347 (清)方补德(省庵、悔翁、绿衣子)撰
1. 清嘉庆十三年(1808)刻本 139 185
2. 清嘉庆二十二年(1817)敦化堂刻本 270
3. 清光绪二十九年(1903)新加坡集文斋石印本 590

06561 **喉科杓指**四卷 1815
10350 又名图注喉科指掌、咽喉大纲论
附集验良方一卷
(清)张宗良(留仙)原撰 包永泰(镇鲁)增补
1. 清嘉庆二十年(1815)邗江泗溪包永泰刻本 2 3 139A 152 251 412A

475A 514A 590 852 907C
2. 清嘉庆二十年(1815)邗江泗溪包永泰刻道光三年(1823)文英堂印本 139 139A 202 203 280 286 289 435 443 475A 589 590 651 664 731 738A 896A
3. 清嘉庆二十年(1815)邗江泗溪包永泰刻大文堂印本 514A 734
4. 清光绪八年(1882)资善堂刻本 139 185 186 203 287 302 514B 541 590 664 709 712 738B 740A(存卷一、二) 740B 740C 896A 911
5. 清光绪八年(1882)资善堂刻善成堂印本 139 152 308A 712 921
6. 清光绪二十五年(1899)姜崧瀛抄本 731
7. 清宣统二年(1910)上海校经山房石印本 139 202 351 443 522 541 721 852
8. 清刻本 664 706 736(存卷三、四)
9. 清抄本 308A 412B 541 590(题咽喉大纲论) 907C

06562/10351 **窦氏喉科**三卷 1816
(清)窦杰(汉卿、子声)原撰 窦梦麟续增 仲雅增订
清嘉庆二十一年(1816)抄本 709

06563/10352 **急救喉痧要法**一卷 [1820]
著者佚名 (清)范心田辑订
1. 清光绪二十七年(1901)杭州周光远铅印本 541 734
2. 清光绪二十九年(1903)上海书局石印陈修园医书三十种本 541
3. 清宣统元年(1909)重庆善成堂刻陈修园医书三十二种本 852(与疟疾论合订)
4. 清刻本 409
5. 见陈修园医书二十八、三十、三十二、三十六、四十、四十八、五十、七十种

06564/10353 **杨氏咽喉要诀**一卷 1823
(清)杨龙九(鸿山)原撰 范云溪(芳林)编
清道光三年(1823)抄本 2

06565/10354 **喉科金丹**一卷 1832
著者佚名
抄本 529A

06566/10355 **养心小圃喉科**一卷 1833
又名治喉指掌
(清)张宗良(留仙)原撰
清道光十三年(1833)抄本 139

06567/10356 **喉症治法**一卷 [1834]
著者佚名
清道光十四年(1834)跋仙抄本 139

06568/10357 **喉症全书**二卷 1839
又名七十二种绘图喉症全书
著者佚名
1. 清道光十九年(1839)孙师善抄本 590
2. 清道光二十七年(1847)刻本 852A

06569/10358 **喉科要诀**一卷 [1840]
著者佚名
1. 清光绪三十四年(1908)会稽董子良绍兴芸香书室刻本 139
2. 抄本 412A

06570/10359 **张吟香堂医喉秘诀**一卷 [1844]
附各种验方
著者佚名
清道光二十四年(1844)抄本 139

06571/10360 **鹿英山房喉科秘传**一卷 1846
(清)罗泾川传
清道光二十六年(1846)鹿英山房抄本 139

06572/10361 **喉口诸风秘论**一卷 [1846]
(清)王金琳撰
清道光二十六年(1846)程炳琳抄本 139

06573/10362 **喉科心法**二卷 1847
(清)沈善兼(达三、吉斋)撰
1. 清咸丰九年(1859)刻本 431
2. 清光绪四年(1878)扬州翰雅堂刻本 289 664 712 738A
3. 清光绪三十年(1904)石印本 3 139 185 186 202 289 514B 590 734 736 736B 921
4. 抄本 2 728A

06574/10363 **咽喉指掌**不分卷 1847
(清)周万青(沛霖、春园)撰 周闲(存伯)编
稿本 731

06575/10364 **咽喉秘集**一卷 [1850]
又名喉科秘旨、喉科要旨、急救喉证全集、验方新编咽喉秘集、喉证秘集、喉科秘旨、喉科秘集

原题（清）吴氏 张宗良（留仙）合编
1. 清同治元年（1862）广州海山仙馆刻验方新编十六卷本 1 139 401 462 590 664 728A 734 738B 839A 852B 907C 931 940
2. 清同治三年（1864）长白毓清刻本（题喉科秘集二卷） 1
3. 清同治十二年（1873）俞敬义堂刻验方新编十六卷本 529A 738A
4. 清同治十三年（1874）红杏山房刻本（题喉科秘旨二卷） 3 139 185 308A 412B 541 590 709 740A 740B 799A 871 917A 926A
5. 清光绪二年（1876）种香别业刻本 2 139
6. 清光绪四年（1878）临清皮存仁刻验方新编十六卷本 139
7. 清光绪八年（1882）文升阁刻本 139
8. 清光绪九年（1883）山西太原濬文书局刻验方新编十六卷本 3 139 186 288 421 475A 570（附痧症全书、外科证治全生） 907C
9. 清光绪九年（1883）合肥味古斋刻本 437 541
10. 清光绪十九年（1893）慎独书屋刻本（题喉科秘旨二卷） 21 203 279 286 351 352 360A 363 364
11. 清光绪二十四年（1898）步翔藻等校刻本 461
12. 清光绪二十九年（1903）有益堂刻本 186
13. 清巴蜀傅氏善成堂刻本（题喉科秘旨二卷） 139 277（残） 279 709 781 800 931
14. 清刻本 139 734
15. 抄本（据海山仙馆刻本抄录，附吴氏丹药方剂） 139
16. 抄本 139 590 728A 940
17. 见验方新编八卷（版本附录）
18. 见验方新编十六卷（版本附录）
19. 见验方续编
20. 见潘刻医书四种
21. 见强种秘窍

06576 10365 **华佗师喉科灰余集**一卷 ［1850］
附华文桂喉科秘书补要续录
著者佚名 （清）华文械（倬云、葫芦道人）校录 华文桂（子同、竹里闲人）增辑
清道光刻本 2

06577 10366 **咽喉秘传**一卷 1851
（清）封一愚撰
清咸丰元年（1851）抄本 590

06578 10367 **（增删）喉科心法**一卷 1853
（清）刘序鹓（梧岗）编 潘诚（葆真）增订
1. 清咸丰三年（1853）鼎元堂刻本 139 461
2. 清同治元年（1862）衡阳萧定荣刻本 931
3. 清光绪四年（1878）衡阳浣月居士刻本 1 590 712
4. 清光绪四年（1878）衡阳浣月居士刻扬州树德堂印本 185 385A 651
5. 清光绪四年（1878）衡阳浣月居士刻扬州文枢堂印本 706 728A
6. 清宣统元年（1909）振华印书局铅印本 435 940

06579 10473 **尤叶窦三氏喉科**三卷 ［1853］
辑者佚名
清抄本 1

06580 10369 **治喉指掌**一卷 1855
（清）赵必达（溥泉）撰
1. 清咸丰五年（1855）刻本 1
2. 清咸丰十年（1860）善化易存仁堂刻本 139
3. 清同治三年（1864）文艺斋刻本 896A
4. 见梦蕉鹿轩医喉三种

06581 00000 **喉证条辨**一卷 1863
（清）夏邦佐（镜湖）撰
见癫狂条辨喉证条辨

06582 10372 **经验喉科**一卷 1864
附白缠喉风论一卷
原题（清）郑尘（玉挥、西园）撰 张宗良（留仙） 吴氏原撰 许佐廷（乐泉）辑订
清同治四年（1865）句曲杨春华兴化西鸿文堂刻本 839A

06583 10373 **喉症论治**一卷 1866
治喉续论一卷
（清）周维墉（崇如）撰
清同治五年（1866）刻本 651

06584 10374 **喉科枕秘**二卷 1868
又名焦氏喉科枕秘、咽喉七十二症歌括

(清)金德鉴(保三、蒯释老人)编
1. 清同治七年(1868)孙云斋刻本 1 3 286 475A 521 529A 541 590 677A 706 839A 922 940 944(附十神药书一卷)
2. 清同治七年(1868)孙云斋刻光绪九年(1883)吴门金氏小耕石斋印本 1 3 270
3. 清抄本(题咽喉七十二症歌括) 139
4. 见小耕石斋医书

06585 10375 **喉科秘钥**二卷卷首一卷喉证补编一卷 1868
原题(清)郑尘(玉挥、西园)撰 张宗良(留仙) 吴氏原撰 许佐廷(乐泉)增订
1. 清同治八年(1869)芳远堂刻本 139 289 412A 475A 664 706 839A 917A(存卷一)
2. 清同治十二年(1873)宝应朱寿镛京都善成堂刻本 289 590
3. 清光绪十年(1884)余杭姚清祺粹文堂刻本 391 541 709 731 738B 896A
4. 清光绪十二年(1886)山阴周锡蓥成都刻本 139 185 203 270 277(残) 289 385A 412A 871 907C
5. 清光绪十六年(1890)上海文艺斋刻本 664 851 917A
6. 清光绪十六年(1890)上海广百宋斋铅印本 139 186 475A 514A 651 709 736B 738B
7. 清宣统三年(1911)抄本 3
8. 见喉科合璧

06586 10377 **喉症辨验合编**一卷 1868
(清)罗绍芳(林一)编
清同治七年(1868)四川会元堂刻本 871

06587 10338 **名家喉科秘方**四卷 [1868]
辑者佚名
子目:
(1)咽喉经验秘要诗一卷 (清)程永培撰
(2)南阳叶先生医案一卷
(3)焦氏喉科枕秘应用良方一卷
(4)烂喉丹痧辑要一卷 (清)金德鉴撰
清朱丝栏抄本 1

06588 10378 **喉症医案**一卷 [1868]
(清)张绍修(善吾)编
见时疫白喉捷要(版本附录)

06589 10463 **焦公喉科紫珍集**不分卷 [1868]
又名紫珍集济世良方
著者佚名
清抄本 301

06590 10379 **喉证方案**一卷 1869
(清)连自华(书樵)撰
见连自华医书十五种

06591 10470 **喉科三种**八卷 1869
编者佚名
子目:
(1)喉科指掌六卷 (清)张宗良撰
(2)咽喉脉证通论一卷 著者佚名
(3)京城白喉外治三法一卷 (清)连自华撰
清光绪二十六年(1900)京都琉璃厂龙文斋刻字铺刻本 491

06592 10380 **喉科秘诀**一卷 [1870]
(清)黄真人撰
清同治九年(1870)朱照吾抄本 139

06593 10381 **知非斋咽喉集方**一卷 1872
(清)周兴南(召亭)编
清同治十一年(1872)刻本 185

06594 10382 **咽喉痹证**一卷 [1872]
(清)张绍修(善吾)原撰 杨嘉谷辑
清同治十一年(1872)杨嘉谷节抄本 139

06595 10383 **万丈悬崖阁喉病方**一卷 [1875]
著者佚名
清抄本 139

06596 10693 **喉风症**一卷 1876
(清)刘莹(次瑚、完石、喜城道人)编
1. 清抄本 491 514A
2. 见痢症探源(附录)

06597 10384 **秘传喉科锦囊**一卷 [1876]
(清)范杏南撰
清光绪二年(1876)殷拱辰抄本 139

06598 10385 **喉症类集**一卷 1877
又名喉症类要
(清)王铨(云臣)编
1. 清光绪三年(1877)文锦斋刻本 590
2. 见正谊堂医书(题喉症类要)

06599 10387 **喉牙口舌各科秘旨**一卷 1879
又名喉舌备要秘旨、喉科秘旨
(清)广东藩署编

1. 清光绪五年（1879）广东藩署西斋刻本　3　139　186　393　579　590　721　922
2. 清光绪十二年（1886）经文堂粤东刻本　139　289　412B　514A　940
3. 清光绪刻本　364A　541（题清蒋小峰辑）　907C

06600 10388 **咽喉口舌方论**一卷　1880
著者佚名
清抄本　139

06601 10389 **喉科**一卷　［1880］
著者佚名
清抄本　139（附杂症验方）　529A　922　931

06602 00000 **世传尤氏喉科秘授**一卷　1881
歙槐塘程松崖眼科一卷
（明）尤仲仁（依之）传　（清）尤存隐撰　程正通（松崖）撰
清光绪七年（1881）吴中育抄本　570

06603 10390 **喉科大成**四卷　［1881］
（清）马渭龄（丹山、醉谷山人）撰　黎培敬（开固、简堂）辑
清光绪七年（1881）贵州黎培敬大林山房刻本　831

06604 10391 **喉科汇录**一卷　1883
（清）芷庭氏辑
清光绪九年（1883）芷庭氏抄本　139

06605 10392 **急救喉证全集**一卷　［1883］
（清）费山寿（友堂）编辑
见急救喉证刺疗合编

06606 10393 **青囊妙术**一卷　1884
（清）慎斋辑
清光绪十年（1884）胡燮卿抄本　139

06607 10394 **喉科备要**一卷　1884
著者佚名
抄本　139　529A

06608 10395 **白驹谷罗贞喉科**一卷　1884
（清）罗贞撰
清抄本　139（唐成之旧藏）

06609 10396 **白海棠馆咽喉病治法**一卷　［1884］
著者佚名
清抄本　139（唐成之旧藏）

06610 10397 **怀远白露村易氏喉科**一卷　［1884］
著者佚名
清抄本　139

06611 10398 **（秘传）喉科要诀**一卷　1885
（清）杨友仁（讱堂）重编
清光绪十一年（1885）聂城杨强恕堂刻本　590

06612 10399 **喉科秘书**二卷　1886
著者佚名
清光绪十二年（1886）抄本　738B

06613 10401 **喉证指南**四卷　1887
（清）余泽春（二田、荀田、寄湘渔父）编
1. 清光绪十三年（1887）严江萼溪山馆刻本　139　412A　434　541　731　732　738A　831
2. 清光绪十八年（1892）顺德周兆璋龙山乡桃盛京果店刻本（附时疫白喉捷要合编一卷）　139　285　931　940
3. 清光绪三十三年（1907）严江萼溪山馆重刻本　139　186　412B　433A　541　664　728A　732　831　839A
4. 抄本　139

06614 10402 **集喉症诸方**不分卷　1887
（清）黄德廉（惺溪）编
1. 清光绪十四年（1888）仪孟园刻本　412A　831　839
2. 见仪孟园刻医书二种

06615 10405 **喉科种福**五卷卷首一卷　1888
（清）易方（坞樵、倚松老人）编
1. 清光绪十四年（1888）寄愚草堂刻本　139A　514A　741
2. 清光绪二十五年（1899）益元书局刻本　2　139　475A　590　664　728A　839A
3. 清光绪二十五年（1899）益元书局刻富记书局印本　139　186　521　921
4. 抄本　139

06616 10407 **本华堂喉科**三卷　［1888］
著者佚名
清抄本　139

06617 00000 **咽喉秘传仙方**一卷　1889
（清）李冠廷辑
清光绪十五年（1889）刻本　742

06618 10408 **流犯喉科要方**二卷卷首一卷卷末一卷　1890
（清）郑汝恭（希颜）编
清光绪十六年（1890）刻本　944

06619 **喉科集腋**二卷 [1890]
10409 (清)沈登阶(青芝、青霞)撰
1. 清光绪十六年(1890)定远方燕昭抄本 590
2. 清抄本 541

06620 **长绮堂喉科**一卷 [1890]
10410 著者佚名
清抄本 139

06621 **小长绮堂喉科**一卷 [1890]
10411 著者佚名
清抄本 139

06622 **缪氏喉科**一卷 [1890]
10412 (清)缪氏撰
清抄本 139

06623 **赤松山樵喉科**一卷 [1890]
10413 著者佚名
清抄本 139

06624 **喉科得一录**一卷 1891
10414 (清)董庆安(静居)撰
清光绪十七年(1891)山西宝翰斋刻本 381

06625 **喉症灵验方**一卷 1891
10415 著者佚名
清光绪十七年(1891)铅印本 541 736 736D

06626 **喉科玉钥**二卷 [1891]
10416 (清)郑尘(玉挥、西园)撰 田西老农补遗
清光绪十七年(1891)田西老农抄本 139

06627 **石翁家传喉略抄**一卷 [1891]
10417 又名喉科秘传
著者佚名
清抄本 139

06628 **喉科神应方**一卷 [1892]
10524 著者佚名
见灶君仙方(附录)

06629 **喉证汇参**五卷 1893
10321 (明)张介宾(景岳、会卿、通一子)等原撰
1. 清光绪十九年(1893)富邑三多寨福善堂刻本 852 907C
2. 清抄本 590
3. 见温病证治歌括(附录)

06630 **怡庵喉科治效方**一卷 1894
10418 著者佚名 (清)胡藏庭传
清光绪二十年(1894)怡安氏抄本 139

06631 **东泉书屋喉医**一卷 [1894]
10419 著者佚名
清抄本 139

06632 **雨亭喉科秘本**一卷 [1894]
10420 著者佚名
清抄本 139

06633 **喉医秘语**一卷 1895
10421 著者佚名
清光绪二十一年(1895)抄本 139

06634 **喉症回生集**一卷 [1895]
10422 著者佚名
抄本 139

06635 **梨云堂治喉集验**一卷 [1895]
10423 著者佚名
清抄本 139

06636 **喉证图说**一卷 1896
10429 又名喉方备要
(清)陈绍枚(铁生)编
清光绪二十五年(1899)知新报馆铅印本 940

06637 **异授喉科**一卷 [1896]
10425 著者佚名
清光绪二十二年(1896)刘松龄抄本 139

06638 **喉科秘要**一卷 [1897]
10426 (清)周春山撰
1. 清光绪二十三年(1897)抄本 139
2. 抄本 277 709

06639 **喉证杂治联璧**二卷 1898
10427 (清)蔡钧(和甫)编
子目:
(1)喉科十八证一卷
(2)救急经验良方一卷
清光绪二十四年(1898)石印本 139 412A 541 590 603 664 701

06640 **咽喉脉证通论四种**五卷 [1898]
00000 辑者佚名
子目:
(1)咽喉脉证通论一卷 (清)许梿订
(2)白喉治法忌表抉微一卷 (清)孙淦撰
(3)急救喉痧要法一卷 (清)范心田辑
(4)喉痧正的一卷 (清)曹心怡撰
1. 清光绪二十四年(1898)重庆傅氏体心堂刻本 852(存三种)

2. 清光绪二十八年（1902）打箭铲军粮府刘氏刻本　852
3. 清光绪善成堂刻本　279　852　852C

06641 10430 **喉科方论**一卷　1899
(清)赵振沅(湘洲、澧泉)编
清光绪二十五年(1899)寿州周氏京都琉璃厂聚元斋刻本　2　139　139A　185　202　203　280　308A　393　529B　839A

06642 10431 **(秘传)喉齿要诀**一卷　1900
著者佚名
清光绪二十六年(1900)抄本　139

06643 10432 **喉症单方**一卷　1900
(清)毕泽丰编
毕泽丰抄本　139

06644 10433 **夜雨秋灯喉科摘录**一卷　[1900]
著者佚名
抄本　139

06645 10434 **耀州喉科**一卷　[1900]
著者佚名
清抄本　139

06646 10435 **方若是盦喉科**一卷　[1900]
著者佚名
清抄本　139

06647 10441 **咽喉秘授**一卷　1903
又名应验咽喉秘科
(清)邢建明撰
清光绪二十九年(1903)古黟务本堂抄本　590

06648 10442 **包氏喉证家宝**一卷　1903
(清)包三穗(福成)撰　包岩(蘅村)编
1. 清宣统二年(1910)刻本　1　3　603　651　931
2. 浙东书局抄本　139

06649 10445 **专治咽喉简易经验良方**一卷　1904
原题(清)牧野无为生编
清光绪三十年(1904)刻本　351

06650 10446 **石门冲刘氏喉科**一卷　[1904]
(清)刘氏传
清抄本　139

06651 10447 **黄氏锦囊喉科集注**十二卷　1905
(清)黄政云撰
清光绪三十一年(1905)抄本　139

06652 10448 **喉科集学心镜**十卷　1906
又名喉科心镜
著者佚名
清光绪三十二年(1906)抄本　139(存卷一至九)

06653 10449 **喉科验方**一卷　1907
又名喉科验方全集、咽喉验方全集
(清)张自友(益三)编
1. 清光绪三十三年(1907)文元堂刻本　301　302　308A
2. 抄本　738B

06654 10450 **喉科七种**七卷　1907
编者佚名
子目：
(1)喉科秘方(一)　(清)杨龙九撰
(2)喉科秘方(二)　著者佚名
(3)喉科抱珍集　著者佚名
(4)喉科要领　著者佚名
(5)曾氏世传喉科　曾氏撰
(6)喉科秘本　著者佚名
(7)破头黄真人喉科三十症全部　著者佚名
清光绪三十三年(1907)抄本　139

06655 10577 **喉科集要**一卷　[1907]
(清)郑尘(玉挥、西园)原撰　颜镜寿(白岳山人)编
清抄本　541

06656 10451 **喉科急证**一卷　1908
著者佚名
1. 清光绪三十四年(1908)湖南宝庆经元书室刻陈修园医书二十三种本　651
2. 见陈修园医书二十三种

06657 10452 **烛口宝镜**不分卷　[1908]
著者佚名
清抄本　139

06658 10453 **喉科枕秘**一卷　[1908]
(清)丁润之撰
清光绪抄本　1

06659 10455 **尤杨二氏喉科**一卷　[1908]
著者佚名
清光绪抄本　651

06660 10456 **咽喉第一科**不分卷　1909
著者佚名
清宣统元年(1909)集义堂刻本　541

06661 **通俗咽喉科学**一卷 1910
10457 (清)张若霞(拯滋)编
清宣统二年(1910)铅印小金山房丛书本
139A 279 385A 831

06662 **喉科指掌论略法**一卷 [1910]
10459 著者佚名
清抄本 851

06663 **仙授喉科大法宝书**一卷 [1910]
10460 著者佚名
清抄本 475A

06664 **喉症刍言**一卷 [1910]
10461 (清)雪泥轩主人编
清刻本 279

06665 **喉症眼科治温汇编四种** [1910]
10462 著者佚名
清宣统四川刘氏刻本 851

06666 **喉科秘方**一卷 [1910]
10464 著者佚名
抄本 139 139A

06667 **咽喉症类**一卷 [1910]
10465 (清)石顽(更叟)编
见石室丛抄医书十七种

06668 **喉科金钥**二卷 1911
10466 (清)袁仁贤(润斋)编
清宣统三年(1911)华丰印刷铸字所铅印本
1 139 139A 185 186 270 277 279
280 381 393 412A 491 529A 541
570 590 651 664 706 709 721
728A 800 839A 907C 921 926A

06669 **咽喉要览**一卷 [1911]
10468 (清)李印集
清抄本 139

06670 **喉科证治活法**一卷 [1911]
10471 (清)计均(锦峰、坤一)辑
清抄本 139

06671 **喉科慎选方**一卷 [1911]
10472 著者佚名
清抄本 931

06672 **喉科秘诀**一卷 [1911]
00000 辑者佚名
抄本 579

06673 **喉科集锦**不分卷 [1911]
10475 (清)尤冲如撰 蒋春田(荫春)辑订
清文星堂抄本 579

06674 **梁溪尤氏秘传喉证妙方**一卷 [1911]
10476 尤氏编
抄本 514B

06675 **咽喉经验秘书**一卷 [1911]
10477 著者佚名
抄本 579

06676 **咽喉等症方**一卷 [1911]
10478 著者佚名
抄本 579

06677 **秘传咽喉心法**一卷 [1911]
10480 著者佚名
抄本 391

06678 **秘传眼科喉科**不分卷 [1911]
10481 著者佚名
抄本 541(残)

06679 **喉科辨证**一卷 [1911]
10482 著者佚名
清抄本 139

06680 **喉科验方**一卷 [1911]
10483 著者佚名
抄本 514A

06681 **喉科全生集**一卷 [1911]
10484 著者佚名
抄本 541

06682 **喉危治异**一卷 [1911]
10485 附刘传危喉推拿法
著者佚名
清抄本 139

06683 **青囊秘传经验全书**一卷 [1911]
10486 又名喉科青囊秘传
著者佚名
清抄本 139

06684 **焦山僧喉科秘录**一卷 [1911]
10487 著者佚名
抄本 475A

06685 **读有用书堂喉科**一卷 [1911]
10488 著者佚名
抄本 139

06686 **喉科真谛**一卷 [1911]
10490 著者佚名
清抄本 831

06687 **喉科秘宝**一卷 [1911]
10491 著者佚名
抄本 572

06688 **喉科七十二症总论**一卷 [1911]
10492 (清)陈模撰
清抄本 939(附图三十余幅)

06689 **喉科风症全书**一卷 [1911]
10494 著者佚名
抄本 139

06690 **咽喉论**一卷 [1911]
10497 附秘授喉科、眼科原始心要
著者佚名
清抄本 139

06691 **咽喉说**不分卷 [1911]
10498 著者佚名
抄本 839A 931

06692 **咽喉说**一卷 [1911]
00000 著者佚名
清抄本 831

06693 **咽喉总诀张氏秘方**一卷 [1911]
00000 著者佚名
抄本 412A

06694 **秘传咽喉舌科**一卷 [1911]
00000 著者佚名
抄本 412A

06695 **喉说**一卷 [1911]
10499 著者佚名
抄本 139

06696 **司喉指南**一卷 [1911]
10500 著者佚名
抄本 2

06697 **喉症备急方**一卷 [1911]
10501 (清)杨彭年(楚山)撰
清末铅印本 412A 706 728A

06698 **喉科神方**一卷 [1911]
10502 著者佚名
清抄本 831

06699 **(精选)喉科秘要诸方**一卷 [1911]
10503 著者佚名
抄本 2 139

06700 **喉科精论**一卷 [1911]
10505 著者佚名
抄本 139

06701 **喉科摘要**一卷 [1911]
10506 著者佚名
抄本 139

06702 **祖传喉科**一卷 [1911]
10507 著者佚名
清抄本 139

06703 **家传喉科**一卷 [1911]
10508 著者佚名
清抄本 139

06704 **刘氏祖传喉科书**一卷 [1911]
10509 (清)刘氏撰
清抄本 139

06705 **少舫家藏喉科**一卷 [1911]
10510 著者佚名
清抄本 139

06706 **冯氏治喉秘方**一卷 [1911]
10511 (清)冯氏撰
抄本 139

06707 **师竹友梅茆屋喉科方证秘录**一卷 [1911]
10512 (清)柳氏撰
抄本 139

06708 **读有用书堂喉科**一卷 [1911]
10513 著者佚名
清抄本 139

06709 **延龄堂喉科**一卷 [1911]
10514 (清)罗氏撰
清抄本 139

06710 **炼五石馆喉科**一卷 [1911]
10515 著者佚名
清抄本 139

06711 **瞽妪口授喉科**一卷 [1911]
10516 著者佚名
清抄本 139

06712 **月樵偶记喉科验**一卷 [1911]
10517 著者佚名
清抄本 139

06713 **喉证良方**一卷 [1911]
00000 (清)郑翰撰
清刻本 734A

06714 **喉科扼要**一卷 [1911]
00000 著者佚名
清抄本 736A

06715 **方脉药性喉科**一卷 [1911]
00000 著者佚名
抄本 412A

06716 **喉症秘方**一卷 [1911]
00000 著者佚名
清抄本 831

06717 **喉科证治要诀图解**一卷 [1911]
10518 著者佚名
抄本 139

06718 **喉科及针法全图**一卷 [1911]
10519 著者佚名
抄本 2

06719 **太医院喉科三十六症**一卷 [1911]
10540 (清)翁南泉撰
清抄本 709

06720 **俞文虎秘传喉科**不分卷 [1911]
10560 (清)俞文虎撰
稿本 738B

06721 **咽喉问答**一卷 [1911]
10589 附喉证牙痛集方
著者佚名
1. 抄本 541 901
2. 见玉洞遗经

8.9 口齿

06722 **口齿类要**一卷 1528
10688 (明)薛己(新甫、立斋)撰
1. 明刻本 412A 514A 572
2. 清道光间东溪堂刻薛氏医按二十四种本 541
3. 清刻本 139
4. 日本刻本 139
5. 见薛氏医按十六种
6. 见薛氏医按二十四种
7. 见家居医录

06723 **中央录**一卷 1664
10689 (日)丹家兼康撰
日本抄本 7

06724 **喉齿科玉钥全函**一卷 1810
10690 又名咽喉口齿玉钥全函
(清)汪必昌(燕亭)编
1. 清嘉庆十五年(1810)刻聊复集本 852
2. 抄本 590
3. 见聊复集

06725 **林二官耳秘传书**一卷 [1830]
10691 著者佚名
日本文政十三年(1830)小岛尚质抄本 139

06726 **口舌总论**一卷 [1911]
10696 著者佚名
日本安政六年(1859)抄本 1

06727 **眼目总论鼻症总论牙齿总论口舌总论耳疾总论咽喉总论头疾总论**一卷 [1911]
10697 著者佚名
清抄本 1

06728 **七窍解**一卷 [1911]
10700 附脉法
著者佚名
抄本 139 651

06729 **口科秘传**一卷 [1911]
10701 (日)津田长安撰
日本抄本 3

8.10 针灸

8.10.1 针灸通论

06730 **针灸甲乙经**十二卷 282
01938 又名黄帝针灸甲乙经
(晋)皇甫谧(士安、玄晏先生)撰 (宋)林亿等校
1. 明万历二十九年(1601)新安吴勉学刻步月楼重修古今医统正脉全书本 1 2 6 7 21 139 186 202 203 277 279 286 301 381 391 412B 475A 476 493 511 541(清·莫棠跋) 590 651 701 721 738B 741(存卷一至六) 901(残) 911 931 939
2. 明万历二十九年(1601)新安吴勉学刻五车楼印古今医统正脉全书本 475A
3. 明刻本 204 391 541(存卷五至十二)
4. 明毛氏汲古阁影宋抄本 570
5. 清咸丰七年(1857)潘道根抄本(题黄帝神圣工巧甲乙经二卷) 709
6. 清光绪十年(1884)元和陆润庠抄本 1

7. 清光绪十一年(1885)四明存存轩刻本 1 3 139 185 186 203 204 252 270 279 288 308 361 363 476 493 514A 522 529A 541 590 677A 706 721 728A 728B 734 738A 743 781 839A 852 871 891 907B 907C 931 939 940 942B 951
8. 清光绪十三年(1887)吴县朱记荣槐庐家塾刻槐庐丛书本 1 2 3 9 139 152 251 279 280 289 301 308 308A 361 385A 393 401 412A 462 475A 491 493 514A 521 523 529A 541 546 570 572 579 590 702 706 721 728A 739 741 781 791 799A 831 851 901 922
9. 清光绪十八年(1892)浙江书局刻三十三年(1907)京师医局重修古今医统正脉全书本 139 907C
10. 清刻本 203 277 302 381 383 728A(残) 851 917A
11. 清抄本 401(存卷一至七)
12. 日本八尾勘兵卫刻本 3 541 731
13. 日本抄本〔据明正统二年(1437)刻本抄〕TB(存卷一、二)
14. 见医学六经
15. 见古今医统正脉全书
16. 见槐庐丛书

06731 01939 **铜人针灸经**七卷 ［992］
西方子明堂灸经八卷
针灸经著者佚名 明堂灸经原题·西方子撰
1. 元刻本 791
2. 明嘉靖万历间山西平阳府刻本 1 2 7 139 204 251 301 308A 476 491 541 570 572 579 590 651(清·丁丙跋) 664 731 733 738 TA
3. 清光绪九年(1883)钱塘丁丙当归草堂刻本(附校勘记) 21 139 279 308 733A 738B 922 940
4. 抄本 706 738B(存针灸经)
5. 见平阳府所刻医书六种
6. 见四库全书

06732 01940 **铜人针灸经**七卷 ［992］
著者佚名
1. 元刻本 1(存卷五至七)
2. 明隆庆四明吕鸣珂陕西刻本 733
3. 明嘉靖万历间山西平阳府刻本 1 140 651 731 733 931 939
4. 清光绪九年(1883)钱塘丁丙当归草堂刻本(存针灸经) 590 651 731 736 800 852 871 939 943 TD
5. 清抄本 651
6. 见四库全书
7. 见平阳府所刻医书六种

06733 02297 **子午流注针经**三卷 ［1153］
(宋)何若愚撰 (金)阎明广注
1. 明成化九年(1473)罗氏竹坪书堂刻针灸四书本 TB(题针灸四书一卷)
2. 抄本 139
3. 见针灸四书

06734 01948 **子午经**一卷 ［1180］
原题(战国)秦越人(扁鹊)撰
1. 明末刻清顺治三年(1646)周南李际期宛委山堂汇印说郛本 739
2. 清抄本 308A(附孙真人房中经,据《古今图书集成》抄录)
3. 抄本 251
4. 见说郛(一百二十卷本)

06735 01941 **针灸资生经**七卷目录二卷 1226
(宋)王执中(叔权)撰
1. 明正统十二年(1447)叶景逵广勤书堂刻本 1 541 731(清·姚衡跋)
2. 日本宽文九年(1669)村上勘兵卫刻本 541 TB(日·小岛质批校并跋)
3. 清抄本(据元刻本) 651
4. 日本抄本 TB
5. 见四库全书
6. 见影钞文溯阁四库全书医书十二种

06736 01942 **针经指南**一卷 1232
附针灸杂说
(金)窦杰(汉卿、子声)撰
1. 日本抄本 139
2. 见针灸四书

06737 01943 **窦太师流注指要赋**一卷 1260
(金)窦杰(汉卿、子声)撰
1. 见济生拔粹
2. 见丛书集成初编

06738 **针经摘英集**一卷 ［1308］
02314 (元)杜思敬(亨甫、宝善老人)编
见济生拔粹

06739 **针灸杂说**一卷 1311
01945 (元)窦桂芳(静斋)撰
1. 日本抄本 139
2. 见针经指南(附录)
3. 见针灸四书

06740 **针灸四书**九卷 1311
01946 (元)窦桂芳(静斋)编
子目：
(1)子午流注针经三卷 (宋)何若愚撰 (金)阎明广注
(2)(新刊)黄帝明堂灸经三卷 著者佚名 (元)窦桂芳重辑
(3)针经指南一卷 (金)窦杰撰
附针灸杂说一卷 (元)窦桂芳撰
(4)灸膏肓腧穴一卷 (宋)庄绰撰
1. 明成化九年(1473)罗氏竹坪书堂刻本 TB
2. 清抄本(据元刻本) 733

06741 **玉龙歌**一卷 ［1368］
01947 著者佚名
节抄本 139

06742 **神应经**一卷 1425
01949 (明)陈会(善同、宏纲)原撰 刘瑾(永怀、恒庵)辑校
1. 明洪熙元年(1425)刻本 651(清·丁丙跋)
2. 日本正保二年(1645)田原仁左卫门刻本〔据明成化十年(1474)刻本〕 3 462 541 TB
3. 抄本 139 289

06743 **琼瑶神书**四卷 ［1435］
01950 又名针灸神书大成、琼瑶发明神书
原题(宋)琼瑶真人撰
1. 明刻本(原题宋·刘真人集) 733
2. 清道光十六年(1836)修文堂刻本 366
3. 清道光十六年(1836)修文堂刻二十八年(1848)信元堂印本 1 139
4. 清道光十六年(1836)修文堂刻同治十年(1871)印本(题针灸神书大成) 139

06744 **针灸择日编集**一卷 1447
00000 (明)全循义 金义孙编
1. 清光绪十六年(1890)上杭罗嘉杰影宋日本横滨刻本 139A 289 733B 739 741
2. 清光绪十七年(1891)江宁藩署刻本 385A 475A
3. 清宣统二年(1910)上海六艺书局石印本 279 677A 706
4. 清抄本 651
5. 朝鲜抄本 1
6. 见备急灸法(附录)

06745 **(新镌太医院参订)徐氏针灸大全**六卷 ［1465］
01952 又名针灸大全、徐氏针灸、针灸捷法大全、针灸捷法
(明)徐凤(廷瑞)编
1. 明万历三十三年(1605)金陵唐翀宇刻本 541 901
2. 明万历闽建书林刘龙田乔山堂刻本 590
3. 明万历安正堂刻本 738B(存卷二、三)
4. 日本宽文十二年(1672)刻本 651
5. 明万历三十三年(1605)金陵唐翀宇刻明清递修本 3 279 931(残)
6. 抄本 541 590
7. 见铜人图经徐氏针灸合刻

06746 **铜人图经徐氏针灸合刻**九卷 ［1465］
01953 (明)三多斋辑
子目：
(1)铜人腧穴针灸图经三卷 (宋)王惟一编
(2)新镌太医院参订徐氏针灸大全六卷 (明)徐凤编
1. 明万历三十三年(1605)金陵唐翀宇明万历刻清金陵三多斋递修本 1 2 139 186 251 308A 514A 733 738
2. 清书业成刻本 1 391 590

06747 **(新刊)活人妙法针经**□□卷 1504
00000 (明)徐廷璋(公器)撰
明弘治十七年(1504)魏氏仁实堂刻本 TB(存卷二)

06748 **针灸集书**二卷 1515
01954 (明)杨珣(楚玉、恒斋)撰
朝鲜刻本 139(残)

06749 **针灸问对**三卷 ［1519］
01955 (明)汪机(省之、石山居士)编
1. 明嘉靖十一年(1532)新安陈桷刻本 1

2 6 251 541 570 651 721 733 741 871 TA

2. 明嘉靖十一年(1532)新安陈桷刻明清递修清初祁门朴墅印石山医案丛书本 279 907C

3. 日本抄本 7

4. 清末上海千顷堂书局石印本 289 664 706 854 917A 931(残) 940

5. 见石山医案(丛书)

6. 见四库全书

06750 01956 **针灸节要**三卷 1537

针灸聚英四卷辨一卷

(明)高武(梅孤)撰

1. 明嘉靖十六年(1537)陶师文刻本 6 139 590(残)

2. 日本宽永十七年(1640)刻本(针灸聚英八卷) 7 152

3. 日本正保二年(1645)武村市兵卫刻本(针灸聚英八卷) 7

4. 清抄本 1

06751 00000 **针灸节要**三卷 1537

(明)高武(梅孤)撰

1. 明嘉靖十六年(1537)陶师文刻本 1 651(存卷上)

2. 见针灸节要针灸聚英

06752 01957 **针灸聚英**四卷辨一卷 1537

又名针灸聚英发挥

(明)高武(梅孤)撰

1. 明嘉靖十六年(1537)陶师文刻本 1(存卷二) 139 733(存卷二至四)

2. 日本刻本(八卷) 139(存卷一至六) 541 907C

06753 01958 **针灸素难要旨**三卷 1537

又名针灸要旨

(明)高武(梅孤)原撰 (日)冈本为竹(一抱子)重订

1. 日本宝历三年(1753)大阪弘昭轩书林刻清光绪四年(1878)上海乐善堂印本 1 3 7 139 186 251 279 308A 361 385 491 541 570 572 590 651 728A 731 737 738 800 939

2. 日本明治十六年(1883)明善堂刻本 651

3. 抄本 529A 664

06754 00000 **吴梅坡家传神效针灸原枢**二卷 1580

(明)吴嘉言(梅坡)撰

见吴梅坡医经会元保命奇方吴梅坡家传神效针灸原枢

06755 01960 **秘传常山杨敬斋先生针灸全书**二卷 1591

又名针灸全书

(明)陈言(西溪)编

1. 明万历十九年(1591)余碧泉刻本 2 139

2. 抄本 412A

06756 01961 **针灸大成**十卷 1601

又名针灸大全、卫生针灸玄机秘要

(明)杨继洲(济时)原撰 靳贤增辑

1. 明万历二十九年(1601)山西赵文炳平阳府署刻本 1 2 3 4C 7 21 139 152 251(存卷二至四、七、八、十) 277(存卷二至六、八至十) 393 413 279 289 301 361 381 475A 476 541 572 590 701 706 716 737 743(存卷七) 852 911 939 TA TB

2. 明万历二十九年(1601)山西赵文炳平阳府署刻清顺治十四年(1657)山西平阳李月桂重修本 3 301 381 529B 728A

3. 明万历二十九年(1601)山西赵文炳平阳府署刻清顺治十四年(1657)平阳李月桂康熙三十七年(1698)王辅递修本 3 7 186 731

4. 清康熙十九年(1680)山西平阳李月桂藻思堂刻本 2 3 140 277 279 383 401 412A 461 476 477 514B 541 572 651 728A 799 831 907C 939

5. 清康熙十九年(1680)山西平阳李月桂江西刻致和堂印本 139 203 279 301 364A 401 412A 414 461 476 529B 799A 926A 939

6. 清康熙五十七年(1718)德邻轩刻本(封面签条题致和堂针灸大成) 1 514A 728A 740A 740B 896A 940

7. 清乾隆二年(1737)会稽章廷珪刻本 2 7(残) 139 185 204 279 280 308A 351 352 401 421 475A 525 664 907C

8. 清乾隆五十九年(1794)函三堂刻本 139

9. 清乾隆五十九年(1794)函三堂刻晋祁书业堂印本 1 21(残) 251 393 491

10. 清乾隆五十九年(1794)文光堂刻本 302 412A(缺卷一)
11. 清乾隆五十九年(1794)文光堂刻同文堂印本 279 435 461 728A
12. 清嘉庆二年(1797)德邻轩刻本 202 279 590 734A 743(存卷七) 831 891 907B
13. 清嘉庆六年(1801)经纶堂刻本 7 139 279
14. 清嘉庆六年(1801)英秀堂本 734A
15. 清嘉庆十七年(1812)书业堂刻本 361 412A 461 579 799A 926A
16. 清道光十三年(1833)崇德书院刻本 203 351 366 412A 521 707 728A 733
17. 清道光十四年(1834)文道堂刻本 139 277 289 433A 839A 901
18. 清道光十四年(1834)聚文堂刻本 279 302 418 421 852O
19. 清道光十九年(1839)文发堂刻本 433A
20. 清道光二十三年(1843)经余堂刻本 186 279 301 302 361 366
21. 清道光二十九年(1849)德邻堂刻本 361 799A 852
22. 清咸丰二年(1852)刻本 186 351 735 785 839A 871 907C
23. 清咸丰十年(1860)宏道堂刻本 351 353 360B 366 433A(残) 434 476 721 781 799A 850 852 907C
24. 清同治五年(1866)刻本 301 735
25. 清同治六年(1867)刻本 279
26. 清光绪元年(1875)宝华顺刻本 289 519(残) 781 831 839A 917A 931
27. 清光绪元年(1875)经国堂刻本 1 185 301 308A 361 491 664 739A 831 922 931
28. 清光绪六年(1880)刻扫叶山房印本 1 139 202 251 279 288 301 306 466 514A 529A 541 590 706 715 799A
29. 清光绪六年(1880)刻校经山房印本 1 139A 277 279 301 302 385 450 467 475A 511 514A 521 738A 799A 852
30. 清光绪七年(1881)书业德刻本 308A
31. 清光绪七年(1881)文德永刻本 351 398
32. 清光绪九年(1883)明道堂刻本 140
33. 清光绪十二年(1886)上洋江左书林刻本 139 252 277 279 280 303 313 381 462 463 475A 514B 529A 529B 570 709 715 799A
34. 清光绪十三年(1887)敬文堂刻本 301 360A
35. 清光绪十三年(1887)同元堂刻本 270 412A
36. 清光绪二十二年(1896)上海文瑞楼石印本 139 139A 203 302 541 542 728A 734A 907C 931
37. 清光绪二十七年(1901)有益堂刻本 366
38. 清光绪二十九年(1903)上海点石书林石印本 279 287 736B
39. 清光绪三十三年(1907)晋祁书业德刻本 799A
40. 清光绪三十三年(1907)振茂义记书庄石印本 254 301 361 412A 740C 799A
41. 清光绪三十四年(1908)上海章福记书局石印本 303 353 531 666 791 799A 852C 859 907C AA
42. 清光绪存仁堂刻本 412A
43. 清光绪三义堂刻本 1 287 412A
44. 清光绪京都善成堂刻本 139 202 280 351 361 365 381 385B 393 412A 450B 529 541 590 721 728B 734A 741(缺卷五、七) 799A 831 851 854 891 931
45. 清光绪承文书坊刻本 186
46. 清光绪石印本 412B 852A
47. 清宣统元年(1909)京都荣禄堂刻本 139 251 279 307 728A 926A
48. 清宣统聚和堂刻本 301
49. 清末紫文阁刻本 306 308A 475A 514A 521 529A 590 733 740A 740C 791 799A 839A 852 911 921 926A
50. 清书业堂刻本 139(有配补) 409
51. 清江阴宝文堂刻本 475A 529 799A
52. 清聚秀堂刻本 139
53. 清大文堂刻本 139 279 351 491 514A 728A 740A 740B 907C
54. 清文聚堂刻本 277

55. 清富春堂刻本 351 728A
56. 清绿荫山房刻本 1 186 280 361 381 421 709 721 734A 799A
57. 清刻本 1 7 139 251 277（残） 279 285 288 289（残） 301 305 308A 353 360A 364A 366 393 404 409 412A 413 415 421（有抄配） 433A 436 541 651 664 665 708 710 721 728A 733A 734A 740A 740G 742 781 783 784 851 852 858 922
58. 清抄本 1 251
59. 清末节抄本（题针灸秘奥、仙传针灸直指秘奥） 139

06757 01962 **针方六集**六卷 1618
(明)吴崑(山甫、鹤皋山人、参黄子)撰
1. 明万历四十六年(1618)程标刻本 7(卷末抄配一页) 852
2. 抄本 139

06758 01963 **针灸六赋**一卷 [1643]
著者佚名
明末抄本 139

06759 02315 **针灸问答**一卷 [1643]
著者佚名
明抄本 139

06760 01964 **针灸经验方**三卷 1644
(朝)许任撰
1. 日本享保十年(1725)大阪刻本 514A 541
2. 日本安永七年(1778)浪华浅野弥兵卫刻本 3
3. 清抄本(题宋医针灸经验方) 1
4. 抄本 139

06761 00000 **针灸经考异**□□卷 [1644]
著者佚名
日本抄本 TB(存卷五)

06762 01967 **勉学堂针灸集成**四卷 [1688]
原题(清)廖润鸿(逵宾)编 (清)乐显扬(尊育)辑
子目：
(1)针灸集成二卷
(2)经穴详解二卷
1. 清康熙刻本 1 139
2. 清康熙刻光绪五年(1879)宝名斋重修本 139 139A 140 277 279 289 381 491 721 907C
3. 清康熙刻光绪五年(1879)宝名斋重修文宝堂印本 152 491 541 590 664 741 839A 922
4. 清刻本 1 2 476 831 942B
5. 抄本 590

06763 01966 **针灸重宝记**一卷 1719
(日)本乡正丰编
日本享保四年(1719)大阪池田屋三郎右卫门刻本 139

06764 00000 **东医针灸经验方**□□卷 [1722]
(朝)许浚原撰 辑者佚名
清康熙抄本 1(残)

06765 01968 **刺灸心法要诀**十卷 1742
(清)吴谦(六吉)等编
1. 清刻本 139 781 852
2. 节抄本 139
3. 见(御纂)医宗金鉴

06766 01969 **针灸要略**八卷 [1750]
(清)俞明鉴(世征)编
清马绥之抄本 590

06767 01970 **罗遗编**三卷 1763
(清)陈廷铨(隐庵、部曹)撰
清乾隆二十九年(1764)刻本 139(唐成之旧藏)

06768 01972 **针灸易学**二卷 1798
(清)李守先(善述)撰
1. 清嘉庆三年(1798)长葛茶亭李守先自刻本 3 352 491 921
2. 清道光二十七年(1847)重刻本 139 351 364A 940
3. 清光绪二十一年(1895)问春堂刻本 364A(存卷上)
4. 清光绪三十三年(1907)上海佩记书庄石印本 702 714 738B
5. 清宣统元年(1909)上海修竹斋石印本 361 706
6. 清末文光堂刻本 289 351
7. 清末维新书局刻本 781 839A
8. 清刻本 782(残，题针灸源流)

06769 01973 **针灸说约**一卷 1811
(日)石坂宗哲(廷玉、竿斋)撰

日本文化九年（1812）东都书铺千钟房刻本 139 590 706

06770 01974 **针灸逢源**六卷 1817
（清）李学川（三源、邓尉山人）编
1. 清嘉庆二十二年（1817）吴县李学川自刻本 139
2. 清嘉庆二十二年（1817）吴县李学川自刻道光二年（1822）棣华草堂增刻本 186 590 677A
3. 清嘉庆二十二年（1817）吴县李学川自刻道光二年（1822）棣华草堂增刻同治十年（1871）吴县李嘉时重修本 139 186 286 475A 511 570 572 589 590 664 728A

06771 01975 **针灸全生**二卷 1824
又名同人针灸、同人灸法、同人堂针灸
（清）萧福庵（学正道人、释本圆）撰
1. 清道光十二年（1832）锦城萧福庵刻本 139
2. 清道光十二年（1832）锦城萧福庵刻读书堂印本 854 907C
3. 清道光十二年（1832）锦城萧福庵刻来鹿堂印本 741（残）
4. 清同治八年（1869）贵文堂刻本 139 361 907C

06772 01977 **针灸便览**一卷 1849
（清）王锡鑫（文选、席珍子、亚拙山人）编
1. 清咸丰万邑魏良久刻存存汇集医学易读本 853 907C
2. 见存存汇集医学易读

06773 01978 **针灸要略**不分卷 1852
著者佚名
1. 清抄本 541
2. 抄本 651（残）

06774 01979 **刺针家鉴集**□□卷 1854
著者佚名
日本安政元年（1854）稻川播磨宇抄本 511（存下卷）

06775 02316 **针灸便用图考**一卷 1856
又名针灸便用
附本草说约一卷
（清）张希纯述 苏元箴（右铭）编
1. 清咸丰六年（1856）永怡堂刻本 280 491 590
2. 清光绪十三年（1887）聚元堂刻本 529B
3. 清光绪二十九年（1903）致文堂刻本 3 590
4. 清光绪三十二年（1906）东昌文酉堂刻本 186
5. 清宣统二年（1910）三义堂刻本 289（药性良方一卷）
6. 清刻本 139 311 393

06776 02317 **临证度针**六卷 ［1857］
（清）潘道根（确潜、晚香、徐村老农、梅心老农、饭香老人）辑
稿本 709（存卷二至六）

06777 01993 **针灸会要**八卷 ［1861］
著者佚名
清道光咸丰间抄本 701

06778 01980 **扁鹊针灸纂要**四卷 ［1874］
（清）金松亭 张鹤鸣撰
清同治十三年（1874）金氏三和堂稿本 475A（存卷一、二）

06779 01981 **针灸要法**二卷 ［1875］
著者佚名
清抄本 139

06780 01985 **钱氏针科要旨**一卷 ［1883］
（清）薛夜来撰
清光绪十八年（1892）钱福林抄本 412A（题文毅公七世孙秘本）

06781 01982 **针灸集要**一卷 1887
著者佚名
1. 清光绪十三年（1887）抄本 476
2. 吉兴裕抄本 139

06782 01996 **针灸穴法**一卷 ［1899］
著者佚名
清光绪二十五年（1899）冯文轩抄本 139

06783 01987 **针灸图说**一卷 1910
著者佚名
1. 清乾隆五十五年（1790）抄本 139
2. 抄本 286

06784 02319 **马丹阳十二穴治杂病歌**一卷 1910
原题（元）马钰（丹阳）撰
抄本 139

06785 01990 **汇选针灸益览**五卷补遗一卷 ［1911］
（清）马璘辑
清稿本 2

06786 **马祖丹阳十二神针法**一卷 ［1911］
00000 **张吴祖传女科三十六症问答**一卷
著者佚名
清抄本 401

06787 **针灸必读**一卷 ［1911］
01991 (清释)普玄子集
鹤影山人抄本 139

06788 **针灸拾录**四卷 ［1911］
01997 杏苏氏辑录
抄本 590

06789 **针法经穴编**二卷 ［1911］
00000 (清)木亢氏(盘溪子)辑
清抄本 709

06790 **历代针灸医案选按**二卷 ［1911］
02351 孔蔼如撰
抄本 738B

06791 **各经外症图**一卷 ［1911］
02321 著者佚名
清抄本 475A

06792 **针灸要诀**一卷 ［1911］
02323 著者佚名
清末抄本 491

06793 **(抄本)推穴针灸药书**一卷 ［1911］
02327 著者佚名
清抄本 1

06794 **针灸症治诀要**二卷 ［1911］
02328 附针灸八法讲义二卷
著者佚名
蔡蔚华抄本 361

06795 **针灸摘要**□□卷 ［1911］
01994 著者佚名
1. 清务本堂抄本 139
2. 龙怀玉抄本 677A
3. 抄本 301 393 851

06796 **针灸秘传**一卷 ［1911］
01995 著者佚名
抄本 2 738B

06797 **针灸录要**一卷 ［1911］
01998 著者佚名
抄本 514A

06798 **奇传针灸**三卷 ［1911］
01999 著者佚名
清抄本 590

06799 **针灸摘粹**一卷 ［1911］
02000 著者佚名
清抄本 301

06800 **针灸全书**一卷 ［1911］
02001 著者佚名
抄本 514A

06801 **针灸秘本**一卷 ［1911］
02003 (清)一如居士辑
清抄本 590

06802 **针灸指元**不分卷 ［1911］
02004 著者佚名
抄本 412B

06803 **针灸指要**一卷 ［1911］
02005 著者佚名
抄本 139

06804 **内外针灸秘传**一卷 ［1911］
02072 又名针灸要览
附太乙神针灸法
(清)任辛岩撰
张卓夫抄本 738B

06805 **针灸歌赋三种**三卷 ［1911］
02076 著者佚名
子目：
(1)流注指微针赋一卷
(2)针经标幽赋一卷
(3)流注通元指要赋一卷
抄本 590

06806 **读甲乙经丙卷要略**一卷 ［1911］
00000 (日)蓝川慎撰
日本抄本 TB

06807 **针灸捷要**一卷 ［1911］
00000 著者佚名
清抄本 286

06808 **针灸辑要**一卷 ［1911］
00000 辑者佚名
清松茂斋抄本 288

8.10.2 针灸专论

8.10.2.1 针法

06809 **云岐子论经络迎随补泻法**一卷 1315
02257 又名洁古云岐针法

(元)张璧(云岐子)撰 (金)窦杰(汉卿、子声) 杜思敬(亨甫、宝善老人)编
见济生拔粹

06810 02259 **针科全书妙诀**一卷 [1866]
(清)李昌仁(离尘子)编
清抄本 572

06811 00000 **针法经穴编**二卷 1886
(清)木亢氏(盘溪子)辑
清抄本 709

06812 02260 **针灸法**一卷 [1911]
著者佚名
抄本 651

8.10.2.2 灸法

06813 02266 **黄帝虾蟆经**一卷 419
又名黄帝针灸虾蟆忌
(日)和气奕世传
1. 日本文政六年(1823)丹波元胤刻卫生汇编本 7 139 186
2. 清抄本 433A
3. 见卫生汇编

06814 02267 **灸膏肓腧穴法**一卷 1128
又名膏肓灸法
(宋)庄绰(季裕)撰
1. 抄本 139
2. 日本抄本 TB(题新刊庄季裕编灸膏肓腧穴法)
3. 见针灸四书

06815 01951 **备急灸法**一卷 1133
附针灸择日编集一卷
(宋)闻人耆年辑 (明)全循义 金义孙编
1. 清光绪十六年(1890)上杭罗嘉杰影宋日本横滨刻本 1 2 3 21 139 203 251 277 286 301 308 309 361 381 393 412A 476 514A 541 570 572 579 590 651 664 702 728A 731 734A 735 738 738B 781 831 891 896A 911 926A 939 940
2. 清光绪十七年(1891)江宁藩署刻本 1 2 3 9 21 139 186 202 251 277 286 289 301 308A 361 412A 412B 461 491 519 521 529A 570 590 664 728A 831 926A
3. 清光绪十八年(1892)海宁钟氏刻本 2 590 851 907C 951
4. 清宣统二年(1910)上海六艺书局石印本 709 738B 926A
5. 清末抄本 940
6. 清刻本 917A

06816 02269 **备急灸法**一卷 1133
又名备急灸方
(宋)闻人耆年撰
1. 明刻本 TB
2. 清光绪十六年(1890)上杭罗嘉杰影宋刻本 2 139A 277 280 286 289 308A 433A 491 542 677A 709 731 734 735 735A 738 738A 738B 831 839A 852
3. 清光绪十七年(1891)江宁藩署刻本 493 511 512 523 TB XE
4. 日本抄本 TB
5. 见针灸择日编集备急灸法

06817 02270 **(新刊)黄帝明堂灸经**三卷 [1311]
著者佚名 (元)窦桂芳(静斋)重辑
1. 日本庆安二年(1649)刻本〔据元至大四年(1311)燕山活济堂刻本重刻本〕 139 475A
2. 日本延宝三年(1675)刻本〔据元至大四年(1311)燕山活济堂刻本重刻本〕 7 139 476 511
3. 日本抄本 TB
4. 见针灸四书

06818 02271 **西方子明堂灸经**八卷 [1368]
原题·西方子撰
1. 元刻本 1
2. 元刻明熊氏卫生堂重修本 1(存卷一至三)
3. 明嘉靖万历间山西平阳府刻本 1 204 251 491 570 664 940 TD
4. 清光绪九年至十年(1883—1884)钱塘丁丙当归草堂刻本 2 401(存卷五至八) 412B 476 572 677A 851 852
5. 见铜人针灸经西方子明堂灸经
6. 见平阳府所刻医书六种
7. 见四库全书

06819 02272 **痈疽神秘灸经**一卷　［1529］
又名痈疽神妙灸经
（元）胡元庆（鹤溪）撰　（明）薛己（新甫、立斋）校补
1. 日本享保十三年（1728）铁研斋刻本　3　277
2. 见医学集览

06820 00000 **日用灸法**一卷　［1601］
（日）曲直濑正绍（玄朔、东井）撰
见日用食性（附录）

06821 02273 **采艾编**三卷　1668
（清）叶广祚（明传）编　潘毓珩校
1. 清初刻本　572
2. 清康熙七年（1668）刻本（附析骨分经）　590（据清初刻本重刻）
3. 抄本　TA（四卷）

06822 00000 **卷怀灸镜**一卷　1716
（日）香月则实（启益、牛山、贞庵、被发翁）撰
见卷怀食镜（附录）

06823 02293 **秘传灸书**一卷　1756
著者佚名
抄本　590

06824 02274 **艾灸通说**一卷　1762
（日）后藤省（仲介、椿庵）撰
1. 日本宝历十二年（1762）中立斋刻本　589　590
2. 日本宝历十二年（1762）刻文化六年（1809）文泉堂重修本　3　139　651
3. 日本明和八年（1771）抄本　511
4. 日本文化五年（1808）三皀孝徇养浩塾抄本　139

06825 02275 **灸关元谱**一卷　［1784］
（清）王耕心（茂才）撰
清抄本　1

06826 02276 **日熨灸法**一卷　［1784］
（清）王耕心（茂才）撰
清抄本　1

06827 00000 **四花穴法**一卷　1801
著者佚名
日本享和元年（1801）丹波元简抄本　TB（日·小岛质跋）

06828 02277 **采艾编翼**三卷　1805
（清）叶茶山编
清嘉庆十年（1805）六艺堂刻本　2　139　940　944

06829 02278 **名家灸选三编**三卷　1813
（日）和气惟亨（子元、浅井先生）　平井主善（庸信）撰
日本东京都盛文堂影印本〔据日本文化十年（1813）观宜堂刻本〕　139

06830 02280 **传悟灵济录**二卷　1869
（清）张衍恩（有恒、沛霖）撰
清同治八年（1869）彩绘稿本　139

06831 02281 **灸法秘传**一卷　1883
附太乙神针一卷
（清）金镕（冶田）传　雷丰（松存、侣菊、少逸）辑订
清光绪九年（1883）楚北刘国光乐善堂刻本　139　279

06832 02282 **灸法心传**一卷　1883
（清）徐宝谦（亚陶）编
清光绪十年（1884）石门徐受沅潮州蓝乐善堂羊城刻本　1　351　590　710　738B　911

06833 02294 **灸点图解**不分卷　［1887］
著者佚名
抄本　541　738A

06834 02295 **秘传经验灸法**一卷　［1887］
著者佚名
抄本　738B

06835 02283 **灸法集验**　1909
（清）姚襄（用孚）撰
1. 清宣统元年（1909）杭州中合印书公司石印本　731　738　738A　738B　740D
2. 清抄本　4

06836 00000 **中灸丸**一卷　［1911］
著者佚名
清抄本　203

06837 00000 **秘传太医院参订灸火穴法**一卷　［1911］
（清）南阳子辑
清抄本　944

06838 02284 **经验灸法独本**一卷　［1911］
著者佚名
清抄本　851

8.10.2.3 太乙雷火针法

06839 **太乙神针**一卷 1125
02296 原题（宋）杜一针撰
1. 见太乙神针备急灸法合编
2. 见太乙神针备急灸法针灸择日编集
3. 见灸法秘传（附录）

06840 **太乙神针心法**二卷 1717
02298 （清）韩贻丰（芑斋）述
1. 清康熙五十六年（1717）刻本 2
2. 清乾隆五十八年（1793）淮阴邱时敏抄本 541
3. 清咸丰六年（1856）抄本 286

06841 **太乙神针**一卷 1727
02299 又名雷火针、太乙针方、太乙神针方、太乙神针古方、经验太乙神针方、仙传神针
（清）范毓䄵（培兰、文正先生）编
1. 清嘉庆十九年（1814）刻本 677A
2. 清道光三年（1823）京都宏文斋刻本 139
3. 清道光十六年（1836）李琼山抄本 279
4. 清道光十九年（1839）挂月山庄刻本 202
5. 清道光二十年（1840）倪有生彝铭堂抄本 572（题仙传神针）
6. 清道光二十一年（1841）樊师仲抄本 139A
7. 清道光二十九年（1849）袁质甫刻本 706
8. 清咸丰抄本 943
9. 清咸丰十年（1860）武昌陈文魁刻本 590
10. 清同治三年（1864）刻本 436
11. 清同治六年（1867）种德堂刻本 664
12. 清同治九年（1870）郑庆崧刻本 381
13. 清同治九年（1870）陈照默刻本 738B
14. 清同治十年（1871）文宝斋刻本 734A（附灸法一卷）
15. 清同治十三年（1874）淮北厘局刻本 738
16. 清同治十三年（1874）曾铧抄本（附药方从症治法） 541
17. 清同治冯卓怀刻本 851
18. 清光绪元年（1875）斌陞堂刻本 1 139A 541 590 741
19. 清光绪二年（1876）业文堂刻本 139
20. 清光绪四年（1878）南阳氏刻本（附灸法一卷） 186 391 590 702 728A 734A 738A 871
21. 清光绪四年（1878）洞庭周辛延小补轩刻本 728A
22. 清光绪七年（1881）杭州景文斋刻本 279 664
23. 清光绪七年（1881）仁和王宴海刻本 734
24. 清光绪十一年（1885）抄本 921
25. 清光绪十四年（1888）剡溪尚友斋刻本 139 854
26. 清光绪十五年（1889）刻本（附急救误食鸦片法） 145
27. 清光绪二十三年（1897）梓文斋刻本 139A 361 462 907C
28. 清光绪二十三年（1897）刻本 1 252 734A
29. 清光绪二十六年（1900）刘氏庆余堂刻本 873
30. 清宣统元年（1909）四川善成堂刻陈修园医书三十二种本 852（附咽喉脉证通论）
31. 清绵邑兴发堂刻本 852
32. 清罗月轩抄本 279
33. 清刻本 851 854（附救迷良方）
34. 清抄本 139 529A 733 734A
35. 抄本 7 541 733 901
36. 见陈修园医书二十八、三十、三十二、三十六、四十、四十八、五十、七十种
37. 见曼陀罗华阁丛书

06842 **太乙离火感应神针**一卷 1836
02301 附治病图说
（清）虚白子传
清道光十六年（1836）刻本 590

06843 **太乙神针集解**一卷 1872
02303 （清）孔广培参订
1. 清同治十一年（1872）刻本 572 590
2. 抄本 139

06844 **太乙神针**一卷 1873
02304 （清）松亭居士传 汪川如 陈士松增订
清同治十二年（1873）潮郡翰墨堂刻本 351 701 738B

06845 **延寿针治病穴道图**一卷 [1911]
02305 （清）项延寿（耐庵）撰

1. 清刻本　590
2. 抄本　139

06846 00000 **神针法**一卷　［1911］
著者佚名
清抄本　139

06847 02311 **雷火神针**一卷　［1911］
（清）张坚斋编
清橘泉堂刻本　289

8.11　推拿

06848 02355 **小儿推拿秘旨**二卷　［1604］
又名小儿推拿方脉活婴秘旨全书、小儿推拿活婴全书、小儿推拿方脉全书、（新刊）太乙秘传急救小儿推拿法
（明）姚国桢辑　詹文卿订
1. 明万历杨九如刻本（三卷）　1　TA
2. 明万历书林刘氏刻本〔题（新刊）太乙秘传急救小儿推拿法〕　1
3. 清康熙三十年（1691）文秀堂刻本　476
4. 清康熙三十年（1691）大文堂刻本　664
5. 清康熙五十三年（1714）五云堂刻本　139　461
6. 清道光十四年（1834）三让堂刻本　1　202　391
7. 清道光至咸丰书林文发堂刻本　852C　891　896A
8. 清藻文堂刻本　651
9. 清永顺堂刻本　461
10. 清三善堂刻本　738B
11. 清文林堂刻本　421
12. 清书林经国堂刻本（三卷，卷端题小儿推拿方脉活婴秘旨全书、书口题小儿推拿方脉全书、扉页题小儿推拿活婴全书）　289　351　381　391　491　541　738A
13. 清松盛堂刻本　351　728A
14. 清裕德堂刻本　351　831
15. 清致盛堂刻本　361
16. 清湖南宝翰楼刻本　734
17. 清恒言堂刻本（三卷，卷端题书林文锦堂梓行）　907C
18. 清刻本　139　186　514A　831　921
19. 抄本　139　279　738B（节抄，题推拿手法要诀）

06849 02356 **小儿推拿秘诀**一卷　1605
又名秘传男女小儿科推拿秘诀、推拿小儿秘诀、推拿小儿秘法、推拿秘旨、幼科推拿秘书
（明）周于蕃（岳夫、载波）撰　（清）舒邦俊校正
1. 清乾隆五十三年（1788）漱芳斋刻本　152
2. 清文奎堂刻本　541　741
3. 清味经堂刻本　139　279
4. 清抄本　1　2　701　731
5. 程钧抄本　541（题幼科推拿秘书）
6. 抄本　1（题推拿小儿秘法）　139　541

06850 02357 **秘传推拿妙诀**一卷补遗一卷　1612
（明）周于蕃（岳夫、载波）编注　钱汝明参订
1. 清抄本　7
2. 抄本　139　251

06851 02394 **按摩经**一卷　［1664］
著者佚名
清康熙三年（1664）抄本　308A

06852 02360 **推拿广意**三卷　1676
又名幼科推拿广意、小儿推拿广意、推拿保幼录、幼科推拿秘书广意
（清）熊应雄（运英）编　陈世凯（紫山）重编
1. 清乾隆金阊映雪草堂刻本　734
2. 清道光二年（1822）金阊三友堂刻本　301　366　381
3. 清道光十二年（1832）嘉郡博古堂刻本　7　308A
4. 清咸丰刻本　450A
5. 清光绪元年（1875）顾永良抄本　139
6. 清金阊书业堂刻本　21　202　203　279　301　302　351　391　461　476　514A　541　709　734A　736　739A
7. 清金阊书业堂刻苏州绿荫堂印本　1　2　3　301　308　361　491　514A　529A　570　664　677A　731　740A　740B　940
8. 清金阊同文堂刻本　2　202　203　381　491　493　514A　590　664　709　733　740A
9. 清金阊同文堂刻金阊绿慎堂印本　277　391　475A

10. 清光绪十四年(1888)扫叶山房刻本　139　186　202　279　303　366　381　385A　391　412B　421　433A　443　491　514A　541　589　590　651　664　677A　701　706　716　731　733　738A　839A　940
11. 清光绪二十三年(1897)经纶元纪刻本　152　301　306　421　734
12. 清光绪二十九年(1903)怡翰斋刻本　461
13. 清光绪三十年(1904)上海书局石印幼科三种本　351　664　742(存卷上、中)　852
14. 清光绪三十三年(1907)上海醉经堂石印幼科三种本　391　541　603　921
15. 清宣统元年(1909)扫叶山房石印幼科三种本　529A
16. 清宣统元年(1909)上海文元书庄石印幼科三种本　529A　781
17. 清宣统二年(1910)申汇庠记书庄石印幼科三种本　839A　911
18. 清宣统二年(1910)上海萃英书局石印幼科三种本　366　731
19. 清江阴学古山房刻本(据怡翰斋本翻刻)　202　277　286　301　491　541　664　706　731
20. 清江阴学古山房刻江阴源德堂印本　308A　491　529A　541　738B　799A　831
21. 清书业德刻本(版心下镌书业德)　288　289　308A
22. 清刻澹雅局印本　351　361　450B　514A　664　728A　731　921　922
23. 清刻本　21　139A　279　301　305　361　381　391　393　401　412A　450A　514A　521　529A　541　572　590　664　721　728A　728B　731　734　734A　737　740C　831　839A　912
24. 清抄本　1(题推拿保幼录，张世纬辑)　139　381　738B
25. 抄本　572　733
26. 石印本　21　139　139A　301　360A　364A　412A　475A　529　728A　781　831　907B　907C
27. 见幼科三种

06853 02361 **幼科推拿秘书**五卷　1691
又名推拿秘书
(清)骆如龙(潜庵)撰　骆民新(际清)抄订
1. 清乾隆三十七年(1772)宝兴堂刻本　139
2. 清乾隆五十年(1785)金陵四教堂刻本　3　139　139A　279　301　364A(存卷一至四)　475A　664　728A　800
3. 清乾隆嘉庆问怀堂刻本　475A
4. 清道光十五年(1835)聚锦堂刻本　287　385A　541
5. 清咸丰八年(1858)周东藩抄本　664
6. 清光绪十三年(1887)三义堂刻本　896A
7. 清光绪三十四年(1908)济南正益石印馆石印本　301　308　308A　677A
8. 清会德堂刻本　741
9. 清经纶堂刻本　308A　728A
10. 清刻本　541　706
11. 清抄本　306　308A　734
12. 抄本　308A　381　738B(题推拿秘要)

06854 02363 **秘传推拿捷法**一卷　1699
(清)余飞鳞传　熊光陛(如天)辑
清康熙三十八年(1699)熊氏鹤松山房抄本　738B

06855 00000 **增定便考医学广志**二卷　1711
又名推拿针灸仙术活幼良方、幼科针灸穴法、推拿针灸仙术活幼良方简编
(清)范士诰(其天)撰
康熙五十年(1711)抄本　572

06856 02364 **小儿推拿直录**一卷　1793
(清)钱櫰村(玉峰)编
清乾隆五十八年(1793)乐志堂稿本　139

06857 02365 **推拿摘要辨证指南**一卷　1796
(清)王兆鳌(学汶、汲古老人)辑
1. 清抄本　541　709(幼科总要附)
2. 见妇婴至宝

06858 08270 **幼科心法**一卷　1835
(清)熊应雄(运英)原撰　辑者佚名
清道光十五年(1835)奚少能抄本　590

06859 02368 **推拿舌形**一卷　1875
著者佚名
清光绪元年(1875)汾封堂抄本　921

06860 02369 **推拿总诀仿歌**一卷　1877
著者佚名

清光绪三年(1877)抄本 139

06861 02391 **推拿小儿全书**一卷 1877
附推拿三字经
(清)徐宗礼(谦光)撰
清光绪三年(1877)抄本 308A

06862 02372 **幼科推拿**一卷 1884
著者佚名
清抄本 139

06863 02373 **保赤推拿法**一卷 1885
又名推拿精要保赤必备
(清)夏云集(祥宇、英白)撰
1. 清光绪十一年(1885)河南新息夏云集金陵刻本 3 270 301 351 363 412A 412B 651 721 738 738B 896A 917A
2. 清抄本 541 701
3. 抄本 541

06864 02374 **推拿述略**一卷 1887
(清)夏鼎(禹铸)原撰 余楙(啸松)辑
1. 抄本 139
2. 见白岳庵杂缀医书

06865 02375 **厘正按摩要术**四卷 1888
又名小儿按摩术
(明)周于蕃(岳夫、载波)原撰 (清)张振鋆(醴泉、筱衫、惕厉子)编
1. 清光绪十五年(1889)邗上张振鋆刻述古斋幼科新书三种本 139 381 421 461 541 589 677A 781 799A 907B
2. 清光绪十五年(1889)邗上张振鋆刻十八年(1892)上海思求阙斋重修述古斋幼科新书三种本 139 361 366 436 461 491 529A 541 738A 739A 740B 831
3. 清光绪十九年(1893)四川资州月牧山人刻本 738A 852 871
4. 清光绪十九年(1893)聚昌公司铅印述古斋幼科新书三种本 139 412B
5. 清光绪二十年(1894)兰州臬署刻本 308A 421
6. 清光绪三十三年(1907)泸州文汇堂刻述古斋幼科新书三种本 361 385A 852P 854
7. 清光绪刻本 542 839A
8. 见述古斋幼科新书三种

06866 02376 **推拿法**二卷 1892
(清)张韶九撰 张光裕(近人、亮臣)编
清光绪十八年(1892)合浦官廨刻本 940

06867 02377 **推拿揉穴秘书**□□卷 1895
著者佚名
清光绪二十一年(1895)抄本 709

06868 02378 **推拿指南**六卷附编一卷 1905
(清)唐系祥(元瑞、瑞芝)撰
清光绪三十一年(1905)经元堂刻本 491

06869 00000 **推拿秘诀**一卷 1906
著者佚名
见医学玄枢(附录)

06870 00000 **幼科推法**一卷 [1908]
著者佚名
清光绪三十四年(1908)盖金荣抄本 286

06871 02380 **秘传小儿推拿要诀**不分卷 [1911]
附秘诀妙方、婴儿论
著者佚名
抄本 139

06872 02381 **小儿科推拿秘诀仙术**一卷 [1911]
著者佚名
清末抄本 139

06873 02382 **推拿秘方**一卷 [1911]
著者佚名
清抄本 701

06874 02383 **小儿推拿**不分卷 [1911]
著者佚名
清抄本 139(残)

06875 02384 **十八穴部位疗病法**一卷 [1911]
著者佚名
清抄本 139

06876 02385 **推拿小儿秘诀**不分卷 [1911]
著者佚名
清末抄本 139

06877 02386 **推拿玄秘**一卷 [1911]
著者佚名
抄本 701

06878 02387 **小儿推拿全书**一卷 [1911]
附治疗诸症方药
著者佚名
抄本 139

06879 02388 **周景濂先生小儿推拿总赋**一卷 ［1911］
著者佚名
清抄本 701

06880 02389 **幼科推拿秘录**一卷 ［1911］
著者佚名
抄本 277

06881 02390 **小儿推拿法**一卷 ［1911］
著者佚名
抄本 186

06882 02392 **推拿要诀**一卷 ［1911］
著者佚名
抄本 677A 738B

06883 02393 **推拿秘要**一卷 ［1911］
著者佚名
抄本 709

06884 02395 **秘本小儿推拿**一卷 ［1911］
著者佚名
抄本 2

06885 02396 **幼科推拿全诀**一卷 ［1911］
著者佚名
抄本 651

06886 02397 **儿科推拿摘要辨证指南**一卷 ［1911］
附汤头歌诀
著者佚名
清沈清卿抄本 541

06887 02398 **幼科推拿秘诀**一卷 ［1911］
著者佚名
抄本 541

06888 02399 **保婴推拿秘诀**一卷 ［1911］
著者佚名
抄本 139

06889 02401 **幼科掌诀**一卷 ［1911］
著者佚名
抄本 139

06890 02404 **推拿手法要诀**一卷 ［1911］
著者佚名
抄本 738B

06891 02405 **推拿秘诀**一卷 ［1911］
著者佚名
小于舟丛抄本 677A

06892 02406 **小儿推拿秘法**一卷 ［1911］
著者佚名
抄本 139

06893 00000 **小儿科前集**一卷 ［1911］
著者佚名
清抄本 589

06894 00000 **推拿精要**一卷 ［1911］
推拿汇总一卷
（清）曹炜（芝文）撰
清抄本 139

06895 00000 **儿科推拿惊法**一卷 ［1911］
著者佚名
清抄本 728A

06896 00000 **曾涤伯纂正太乙仙推总拿诀批注**一卷 ［1911］
（清）曾涤伯撰
清抄本 306

06897 00000 **推拿小儿惊风妙方**一卷 ［1911］
著者佚名
清易瑞生刻本 418

8.12 外治

06898 02429 **急救广生集**十卷 1803
又名得生堂外治秘方
（清）程鹏程（通清、南谷、讯叟）编
1. 清嘉庆十年（1805）得生堂刻本 590
2. 清道光十一年（1831）王采霞书坊刻本（据得生堂初刻本翻刻） 152 186 475A

06899 11129 **内服同功**不分卷 1857
（日）山田宽（贞顺、子顷、顷日）编
日本安政六年（1859）大阪秋田屋太右卫门刻本 511

06900 02430 **理瀹骈文**不分卷 1864
又名外治医说
（清）吴师机（尚先、杖仙、安业、潜玉老人）撰
1. 清同治三年（1864）刻本（题医中阳明） 464
2. 清同治四年（1865）刻本 3 139 185 186 203 277 279 311 366 391 412B 421 462 475A 521 529A 589 651 664 665 701 706 709 712 734 896A 911
3. 清同治十二年（1873）刻本（附略言一卷、

续增略言一卷、膏药方一卷) 2 514A 651 951
4. 清同治刻本 277 279 308 391 406 412B 421 462 529A 541 542 572 590 664 707 709 721 728A 731 831 851 939
5. 清光绪元年(1875)扬城南皮市街武林云蓝阁刻本 139 277 289 311 381 475A 522 664 701 736A
6. 清光绪五年(1879)刻本(附略言一卷、续增略言一卷、廿一膏良方一卷、补录收湿散一卷) 381 391 401 664 709 911
7. 清光绪六年(1880)古蓼王氏刻本(附略言一卷、续增略言三卷、铜人图考廿一膏良方一卷、治心病方一卷) 4 139 280 529A 541 664 709 781 839A
8. 清光绪七年(1881)广州爱育堂刻本 139 186 308A 351 476 664 728A 738 781 896A 931
9. 清光绪八年(1882)刻本 286 289
10. 清光绪十二年(1886)扬州存济堂补刻本(附略言一卷、续增略言三卷、存济堂药局修合施送方并加减法一卷、治心病方一卷) 2 139 308A 391 392 570 590 664 712 733 736
11. 清光绪二十六年(1900)刻本 702
12. 清刻本 1 139 277 289 393 412A 651 721 728A 736 736A 738B 911
13. 清抄本 311 385A 839A

06901 02431 **理瀹骈文摘要**一卷 [1864]
又名理瀹骈文节要、理瀹骈文二十一种膏药方药熬法、理瀹外治方要、二十一膏良方
附应验诸方一卷
(清)吴师机(尚先、杖仙、安业、潜玉老人)原撰 任本照编
1. 清光绪元年(1875)江苏书局刻本 1 21 139 140 251 252 277 288 361 443 450A 475A 522 541 542 570 590 651 701 706 707 712 728A 734A 738A 831 901 917A
2. 清光绪三年(1877)吴县潘敏德堂刻韡园医学六种本 2 139 186 251 277 289 304A 308A 311 391 461 511 514A 542 590 664 706 709 728A 738A 739A 740C 831 907C 922
3. 清光绪四年(1878)古蓼王宾刻本 1 277 677A 728A 741
4. 清光绪七年(1881)王宗寿刻本(题重刊理瀹骈文廿一膏良方一卷、附铜人十二经络明堂之图) 139 280 361 381 391 461 462 590 677A 702 721 799 839A 917A
5. 清光绪九年(1883)江西书局刻韡园医学六种本 139 202 286 393 401 514A 590 651 709 907C
6. 清光绪十三年(1887)古越徐氏融经馆刻本 1 2 139 301 391 570 590 664 728 896A 921
7. 清光绪十八年(1892)潍县张蔭寿堂刻本 922
8. 清光绪二十五年(1899)江苏书局刻本 289 385A 570 839A
9. 清光绪刻本 1 491 733A 735 851
10. 见韡园医学六种
11. 见会稽徐氏铸学斋丛书
12. 见理瀹骈文(版本附录)

06902 02432 **外治寿世方初编**四卷 1877
又名万病外治方
(清)邹存淦(俪笙)编
1. 清光绪三年(1877)杭州勤艺堂刻本 3 139 152 186 203 270 286 289 362 412A 475A 491 511 514A 514B(存二卷) 521 529B 541 570 579 589 590 651 664 665 677A 728A 731 732 738B 740C 839A 896A 901 907C 939
2. 清末抄本 412A
3. 抄本(二卷) 917A

06903 02433 **颖川心法汇编**一卷 1892
(清)陈炳泰(鲁彦、黄叶子)撰
清光绪十九年(1893)刻本 139 186 289 851 951

06904 00000 **医意**二卷 1896
(清)黎延祚(龄臣)撰
见医粹精言(附录)

8.13 祝由科

06905/10712 **天医符箓**一卷 1123
著者佚名
抄本 139

06906/10713 **祝由科天医十三科**二卷 ［1188］
著者佚名
1. 清光绪三十二年(1906)西蜀青城山空青洞天刻朱墨套印本 1 139 305 491 511 522
2. 清品莲堂刻本 364A 461(残)
3. 清善成堂刻朱墨套印本 1 202 737
4. 清刻本 1 139A 280 476
5. 清刻朱墨套印本 306 852

06907/00000 **天医祛病玉函金匮济世全书**四卷 1709
又名祝由科全卷
附三天秘旨一卷、小演妙术一卷、兰谷子仙阶发挥天罡大法一卷
(清)静海道人编
抄本 1

06908/10715 **祝由科**一卷 1832
(清)庞韵堂辑
清道光十二年(1832)稿本 475A

06909/06651 **治瘟录**二卷 1858
又名大洞治瘟宝录、文昌大洞治瘟宝录
(清)刘体恕辑
1. 清咸丰八年(1858)慈邑治心堂刻朱印本 21 541
2. 清同治七年(1868)同善堂刻本 413 728A

06910/07904 **催生录符**一卷 1877
附经验良方、胎前产后方
著者佚名
清光绪三年(1877)刻本 139

06911/07910 **催生符**一卷 1881
(清)纯一子传
1. 清光绪七年(1881)杭州城隍山赵公祠刻本 541
2. 清光绪七年(1881)南京李光明庄刻本 665

06912/10716 **太上祝由科**八卷 ［1900］
原题(宋)张真人(虚靖)传
1. 清抄本 1 139 461
2. 抄本 728A 733

06913/10717 **轩辕碑记医学祝由十三科**二卷 ［1910］
著者佚名
1. 清西蜀青城山空青洞天刻本 288 306 382 740A
2. 清宣统二年(1910)上海书局石印本 570
3. 清善成堂刻本 412A

06914/10718 **祝由科**八卷卷末一卷 ［1911］
著者佚名
1. 清恒瑞堂抄本 308A
2. 清抄本 1(封面题祝由科秘符) 152 (不分卷)
3. 抄本 TA

06915/10719 **祝由科续集**六卷 ［1911］
著者佚名
1. 清抄本 251
2. 抄本 733

06916/10720 **治病灵符**一卷 ［1911］
著者佚名
清抄本 1

06917/10721 **太上祝繇天医十三科**一卷 ［1911］
著者佚名
清抄本 1

06918/10722 **天医祝由科流传奥旨**一卷 ［1911］
著者佚名
抄本 139

06919/00000 **祝由方药**不分卷 ［1911］
著者佚名
清抄本 433A

06920/00000 **祝由科书**一卷 ［1911］
著者佚名
清抄本 709

06921/00000 **(秘传)祝由科**一卷 ［1911］
附文笔录一卷
著者佚名
清末刻本 734A

9 养生

9.1 养生通论

06922 10725 **淮南枕中记**一卷 [-140]
(西汉)刘安撰
见玉函山房辑佚书续编

06923 10727 **养生论**一卷 [263]
原题(晋)嵇康撰
清末民初复写本(经折装) 475A

06924 00000 **抱朴子内篇**二十卷 [364]
(晋)葛洪(稚川、抱朴子)撰
1. 清嘉庆十八年(1813)金陵道署刻本 831
2. 清光绪二十年(1894)湖南经纶元记刻本(四卷) 450A 831 852C
3. 清刻本 850
4. 见抱朴子内篇抱朴子外篇

06925 00000 **抱朴子外篇**五十卷 [364]
(晋)葛洪(稚川、抱朴子)撰
1. 明万历崇德书院刻本(二卷) 831
2. 清嘉庆二十四年(1819)冶城山馆刻本 831
3. 见抱朴子内篇抱朴子外篇

06926 10728 **抱朴子内篇**二十卷 [364]
抱朴子外篇五十卷
(晋)葛洪(稚川、抱朴子)撰
1. 明嘉靖四十四年(1565)刻本 4A
2. 明万历十二年(1584)刻本(八卷) 4A 4C 477 831
3. 明绿格抄本 831
4. 清嘉庆二十四年(1819)冶城山馆刻本 852N
5. 清同治十二年(1873)金陵道署刻本 850A
6. 清光绪元年(1875)湖北崇文书局刻本(八卷) 412A 451 477 713 852D
7. 清光绪十三年至十五年(1887—1889)吴县朱记荣槐庐家塾刻槐庐丛书本 4L 277 287 451 666 831 849 852C
8. 清光绪十五年(1889)上海校经山房刻本 284 453 477
9. 清光绪三十二年(1906)成都二仙庵刻道藏辑要本 852C
10. 见道藏
11. 见(重刊)道藏辑要
12. 见槐庐丛书
13. 见平津馆丛书
14. 见四库全书

06927 10729 **养性延命录**二卷 [536]
(梁)陶弘景(通明、华阳居士、华阳真人、贞白先生)编
1. 清末抄本 734A
2. 见道藏

06928 10731 **孙真人养生铭**一卷 682
又名保生铭
(唐)孙思邈(紫尘真人)撰
见道藏

06929 10733 **天隐子**一卷 741
又名天隐子养生书
(唐)司马承祯(子微、白云子)撰
1. 见说郛(一百二十卷本)
2. 见夷门广牍
3. 见居家必备
4. 见四库全书

06930 10734 **养生辨疑诀**一卷 820
(唐)施肩吾(栖真子)撰
见道藏

06931 10742 **保生月录**一卷 [907]
(唐)韦行规编
见说郛(一百二十卷本)

06932 03254 **大藏治病药**一卷 [907]
(唐释)灵澈撰
1. 见居家必备
2. 见水边林下

3. 见唐人说荟(又名唐代丛书)
4. 见逊敏堂丛书

06933 10744 **养生类纂**二十二卷 1220
又名杂纂诸家养生至宝、养生延寿书
(宋)周守中(守忠、榕庵)纂集
1. 明成化十年(1474)钱塘谢颎刻本 6(存卷一至十七) 139(存卷六至十八) 398(存卷一至五、十九至二十二) 541(有抄配,附养生月览)
2. 明万历三十一年(1603)虎林胡文焕文会堂刻格致丛书本 139 251 462 590 939
3. 抄本 139 301 590
4. 见寿养丛书
5. 见格致丛书

06934 10745 **养生月览**二卷 1222
(宋)周守中(守忠、榕庵)撰
1. 明成化十年(1474)钱塘谢颎刻本 1 6 541
2. 明万历二十年(1592)虎林胡文焕文会堂校刻本 1 21 139 462 475A
3. 见寿养丛书
4. 见格致丛书

06935 10746 **摄生消息论**一卷 [1227]
(金)丘处机(通密、长春子)编
1. 见学海类编
2. 见颐身集

06936 10747 **养生秘录**一卷 1269
著者佚名
见道藏

06937 10748 **保生要录**一卷 1276
(宋)蒲虔贯撰
1. 明末刻清顺治七年(1650)周南李际期宛委山堂续刻说郛一百二十卷本 738C
2. 见说郛(一百卷本)
3. 见说郛(一百二十卷本)
4. 见道藏
5. 见居家必备

06938 10749 **养生月录**一卷 1276
(宋)姜蜕撰
见说郛(一百二十卷本)

06939 10750 **延寿第一绅言**一卷 1276
(宋)李舜臣(懋钦、梦虞、愚谷老人)撰
见学海类编

06940 10751 **调燮类编**四卷 1276
原题(宋)赵希鹄撰
1. 清道光二十七年(1847)番禺潘仕成刻海山仙馆丛书本 702 738C 739 781 850 944
2. 见海山仙馆丛书

06941 10753 **四时养生常用要方**二卷 [1279]
(宋)初虞世(和甫)撰
清抄本 734(附古今录验养生必用方卷中、下)

06942 10755 **混俗颐生录**二卷 [1279]
(宋)刘词(茅山处士)编
见道藏

06943 10757 **三元参赞延寿书**五卷 1291
(元)李鹏飞(澄心老人)编
1. 明嘉靖刻本 541
2. 明刻本 139(存卷一、二)
3. 清影元抄本 570
4. 抄本 186 839A
5. 见道藏
6. 见寿养丛书
7. 见格致丛书

06944 10758 **寿亲养老新书**四卷 1307
(宋)陈直撰 (元)邹铉(敬直老人)增补
1. 明初刻本 541(残,清·黄丕烈跋) 651(清·丁丙跋)
2. 明成化十二年(1476)徐礼刻本 1(存卷四)
3. 明万历四年(1576)西夏揆文书院重刻本 1 139 570 590
4. 明刻本 1 651(王振声、杨沂孙跋)
5. 明影抄本 541(存卷二、三) TA[影抄元至正二年(1342)张士弘刻本]
6. 清道光二十八年(1848)瓶花书屋刻本 139 280 301 475A 476 651 739
7. 清同治九年(1870)河南开封朱聚文斋刻本 139 139A 203 270 277 287 288 308A 351 364 382 392 450A 511 514A 541 542 572 709 738B
8. 清光绪十六年(1890)新会刘晚荣藏修书屋刻藏修堂丛书本 1 251 462 739 851

9. 朝鲜刻本 TA
10. 抄本 308A 541（残） 731
11. 见洪楩辑刊医药摄生类八种
12. 见四库全书
13. 见藏修堂丛书
14. 见芋园丛书

06945 10759 **泰定养生主论**十六卷 1338
(元)王珪(均章、中阳老人)撰
1. 明嘉靖刻本 1 733(存卷一至十三) 738 831(存卷一、九、十)
2. 日本宽永七年(1630)木活字印本 462
3. 日本天保六年(1835)抄本 TB
4. 清抄本 139 589

06946 10760 **山居四要**五卷 1350
(元)汪汝懋(以敬、桐江、野客、遯斋)编
1. 明万历三十一年(1603)虎林胡文焕文会堂刻格致丛书本 3 139 590 738B
2. 见寿养丛书
3. 见格致丛书

06947 10761 **崔公入药镜注解**一卷 [1367]
附青云歌注释
(宋)崔嘉彦(希范、子虚、紫虚真人)原撰 (元)王道渊(混然子)注解
1. 清光绪十二年(1886)钱塘魏氏玛瑙经房刻本 139 590 702
2. 见道藏
3. 见(重刊)道藏辑要

06948 10762 **居家宜忌**一卷 [1367]
原题(元)瞿祐(宗吉)撰
1. 见说郛续
2. 见逊敏堂丛书

06949 10763 **四时宜忌**一卷 [1367]
又名四时摄生消息论
原题(明)瞿祐(宗吉)撰 (明)高濂(深甫、瑞南道人)著 辑者佚名
见学海类编

06950 11051 **臞仙神隐**四卷 [1424]
(明)朱权(臞仙、玄洲道人、涵虚子、丹丘先生)编
1. 明万历三十一年(1603)虎林胡文焕刻格致丛书本 590
2. 见格致丛书

06951 03383 **(新刊)活人心法**五卷 [1424]
又名臞仙活人心方、(新刊)臞仙活人心书、活人心
(明)朱权(臞仙、玄洲道人、涵虚子、丹丘先生)撰
1. 明永乐间刻本 139(有抄配) TD
2. 明嘉靖二十年(1541)朝鲜罗州金益寿刻本(二卷) 7 TB
3. 日本抄本(二卷) 139
4. 清抄本 139A
5. 见保生心鉴(版本附录)

06952 00000 **运化玄枢**一卷 1434
(明)朱权(臞仙、玄洲道人、涵虚子、丹丘先生)编
明刻本 1

06953 10764 **修龄要旨**一卷 1442
(明)冷谦(启敬)撰
1. 见学海类编
2. 见颐身集

06954 10768 **太上保真养生论**一卷 [1449]
著者佚名
见道藏

06955 10769 **修真秘录**一卷 [1449]
(明)符度仁撰
见道藏

06956 10770 **显道经**一卷 [1449]
著者佚名
见道藏

06957 10771 **太上老君养生诀**一卷 [1449]
著者佚名
见道藏

06958 10772 **枕中记**一卷 [1449]
著者佚名
见道藏

06959 10773 **彭祖摄生养性论**一卷 [1449]
著者佚名
见道藏

06960 10774 **孙真人摄养论**一卷 [1449]
著者佚名
见道藏

06961 10775 **抱朴子养生论**一卷 [1449]
著者佚名
见道藏

06962 **四气摄生图**一卷 ［1449］
10777 著者佚名
见道藏

06963 **摄生纂录**一卷 ［1449］
10778 著者佚名
见道藏

06964 **养生咏玄集**一卷 ［1449］
10779 著者佚名
见道藏

06965 **摄生要录**一卷 1481
10782 （明）沈仕（懋学、子登、青门山人）撰
1. 见说郛（一百二十卷本）
2. 见居家必备

06966 **安老怀幼书**四卷 1498
10783 （明）刘宇（志大）编
子目：
（1）安老书三卷 （宋）陈直撰 （元）邹铉续编
（2）怀幼书一卷 （明）娄子贞撰
1. 明弘治十一年（1498）钧州刘宇刻本 1（存卷三） 139 202（存卷三）
2. 明弘治十一年（1498）钧州刘宇刻蓝印本 733
3. 明刻本 541（有补配）
4. 日本抄本 7

06967 **长生秘诀**四卷 ［1515］
00000 （明）铁峰居士等撰
明正德十年（1515）刻万历十年（1582）印本 491

06968 **（新编）养生大要**一卷 ［1525］
10831 （明）吴球（茭山）撰
明嘉靖徽藩崇古书院刻本 1

06969 **摄生要义**一卷 1530
10804 （明）王廷相（子衡、浚川、河滨丈人）编
1. 明范氏天一阁抄本 541
2. 明万历三十一年（1603）虎林胡文焕文会堂刻格致丛书本 186 590
3. 见寿养丛书
4. 见格致丛书

06970 **医先**一卷 1550
10786 （明）王文禄（世廉、沂阳生）撰
1. 明万历十二年（1584）海盐王文禄刻百陵学山本 139 738C 921
2. 陆元熙抄本（据百陵学山本） 590
3. 见百陵学山
4. 见居家必备
5. 见说郛续

06971 **养生类要**二卷 ［1564］
10788 （明）吴正伦（子叙、春岩子、木石山人）编 吴敖（左竹山人）校
明万历十六年（1588）新安吴正伦木石山房刻本 1（存卷一） 541 714（存卷一）

06972 **万育仙书**二卷 1565
00000 （明）罗洪先（达夫、念庵、太玄散人）撰 曹若水（无极）增辑
1. 明武林陆嘉谷天爵堂刻本 139 202 590
2. 清抄本 541

06973 **万寿仙书**四卷 1565
10789 （明）罗洪先（达夫、念庵、太玄散人）撰 曹若水（无极）增辑
1. 明末刻本（附导引图） 1 139 721
2. 清道光六年（1826）傲雪山房刻本 286
3. 清道光十二年（1832）延古斋刻本 139 277 709
4. 清东升阁刻本 289
5. 清抄本 732
6. 抄本 139（残） 541 851

06974 **洪楩辑刊医药摄生类八种**八卷 1566
10790 （明）洪楩（方泉）辑
子目：
（1）医学权舆一卷 （明）孙笙传
（2）寿亲养老新书一卷 （宋）陈直撰 （元）邹铉编
（3）食治养老方一卷
（4）太上玉轴气诀一卷
（5）陈虚白规中指南一卷
（6）霞外杂俎一卷
（7）逸游事宜一卷
（8）神光经一卷
明嘉靖钱塘洪楩刻本 139

06975 **神光经**一卷 ［1566］
10791 （明）洪楩（方泉）编
见洪楩辑刊医药摄生类八种

06976 **陈虚白规中指南**一卷 ［1566］
10792 （明）洪楩（方泉）编
见洪楩辑刊医药摄生类八种

06977 10793 **太上玉轴气诀**一卷 ［1566］
（明）洪楩（方泉）编
见洪楩辑刊医药摄生类八种

06978 10794 **逸游事宜**一卷 ［1566］
（明）洪楩（方泉）编
见洪楩辑刊医药摄生类八种

06979 10795 **霞外杂俎**一卷 ［1566］
（明）洪楩（方泉）编
见洪楩辑刊医药摄生类八种

06980 10836 **净戒微言**一卷 ［1566］
离见卫生录一卷
原题（明）独斋居士撰
明嘉靖刻本 542

06981 10785 **养生四要**五卷 1576
（明）万全（密斋）撰
1. 清康熙五十一年（1712）汉阳张坦议视履堂刻万密斋医学全书本 139A 728A
2. 清雍正二年（1724）金溪胡略清畏堂刻同人堂印万密斋医学全书本 139
3. 清末忠信堂刻万密斋医学全书本 139 728A
4. 清刻本 873
5. 见万密斋医学全书

06982 10797 **遵生八笺**十九卷 1591
（明）高濂（深甫、瑞南道人）编
1. 明万历十九年（1591）雅尚斋刻本 1 3 4B 7 9 251 252（千顷堂旧藏） 286 412A 461 570 651 664 721 731A（残） 907B 907C 917A
2. 明建邑书林熊冲宇种德堂刻本 202
3. 明末清初课花书屋刻本 1 9
4. 明末清初课花书屋刻清初重修本 1 2 139 202 279 301 361 738E（存七卷） 831 832 907C 911 926A
5. 明刻本 2 4C 8 281A 288 366 391 413（存一卷） 461 570 572 715（存二卷） 722 728A 907C 921
6. 明末清初课花书屋刻清嘉庆八年（1803）金阊书业堂递修本 1 139 361 410A
7. 明末清初课花书屋刻清嘉庆十五年（1810）金阊多文堂递修本 2 7 139 203 254 301（残） 363 570 831 839A
8. 清道光十二年（1832）姑苏步月楼刻本 1 288 311 315 381 412B 589 651（残） 702 734A 737（存十一卷） 931
9. 清光绪十年（1884）刻本〔据清道光十二年（1832）姑苏步月楼本翻刻〕 2 4 4B 139 152 280 308A 381 391 396 412A 475A 476 570 572 590 664 677A 701 731 781 791 940
10. 清刻本 139 277 289 301 308 391 450A 475A（残） 702 728 728A（残） 734A 740A 740B（存卷五、六、十三、十六至十八） 871 931
11. 清抄本 514A 736B（附云笈七籤一卷）
12. 见四库全书

06983 10798 **摄生三要**一卷 1591
（明）袁黄（坤仪、了凡）撰
1. 见摄生二种合抄
2. 见学海类编

06984 10799 **摄生要语**一卷 1591
（明）息斋居士撰
1. 见摄生二种合抄
2. 见学海类编

06985 10800 **摄生二种合抄**二卷 1591
著者佚名
子目：
（1）摄生要语一卷 （明）息斋居士撰
（2）摄生三要一卷 （明）袁黄撰
息尘盦抄本 590

06986 10801 **仙灵卫生歌**一卷 ［1591］
（明）高濂（深甫、瑞南道人）撰
1. 抄本 2
2. 见水边林下

06987 10802 **寿养丛书**三十四卷 1592
（明）胡文焕（德甫、全庵、抱琴居士）编
子目：
（1）三元参赞延寿书五卷 （元）李鹏飞撰
（2）养生类纂二卷 （宋）周守忠撰
（3）养生月览二卷 （宋）周守忠编
（4）摄生集览一卷 （明）胡文焕编
（5）摄生要义一卷 （明）河滨丈人撰
（6）类修要诀二卷 （明）胡文焕编
（7）厚生训纂六卷 （明）周臣编
（8）山居四要五卷 （明）汪汝懋撰

(9)寿亲养老书一卷 （宋）陈直撰
(10)食物本草二卷 （明）胡文焕编
(11)食鉴本草二卷 （明）宁原撰
(12)养生食忌一卷 （明）胡文焕编
(13)养生导引法一卷 （明）胡文焕编
(14)保生心鉴一卷 （明）铁峰居士编
(15)修真秘要一卷 （明）王蔡编
(16)锦身机要一卷 （明）混沌子撰
1. 明万历二十年（1592）虎林胡文焕文会堂刻本 139 289 590 733 734A
2. 明万历闽建余氏种德堂刻本 139
3. 明刻本 1 7 289（残） 716

06988 10803 **厚生训纂**六卷 1592
（明）周臣（在山）编
1. 明万历二十年（1592）虎林胡文焕文会堂校刻本 289 476 572 590
2. 明万历三十九年（1611）檇李孙成名刻本（二卷） 3 475A
3. 见寿养丛书
4. 见格致丛书

06989 10805 **摄生集览**一卷 1592
（明）胡文焕（德甫、全庵、抱琴居士）编
1. 明万历三十一年（1603）虎林胡文焕文会堂刻格致丛书本 1 21 202
2. 见寿养丛书
3. 见格致丛书

06990 10806 **类修要诀**二卷 1592
（明）胡文焕（德甫、全庵、抱琴居士）编
1. 明万历二十年（1592）虎林胡文焕文会堂刻寿养丛书本 186 202
2. 见寿养丛书
3. 见格致丛书

06991 10810 **尊生要旨**一卷 1592
（明）王廷相（子衡、浚川、河滨丈人）原编 蒋学成（定宇）编 许乐善（修之）订补
1. 明万历刻本 664
2. 清顺治九年（1652）抄本 139

06992 10812 **唐宋卫生歌**一卷 1597
（明）周履靖（逸之、梅墟、梅癫道人）编
1. 抄本 651（题唐孙思邈卫生歌）
2. 见夷门广牍

06993 10813 **益龄单**一卷 1597
（明）周履靖（逸之、梅墟、梅癫道人）编
见夷门广牍

06994 10814 **士大夫食时五观**一卷 1597
（宋）黄庭坚（鲁直、涪翁、山谷道人）撰 （明）周履靖（逸之、梅墟、梅癫道人）辑校
见续易牙遗意（附录）

06995 00000 **堤疾恒谈**十五卷 1597
（明）陈士元（心叔、养吾、归云、九云道人）撰
明万历刻本 9

06996 10815 **修养节要**二卷 1600
又名修养要览
（明）宋明德撰
1. 明万历二十八年（1600）大梁宋明德长清冰雪居自刻本 721A
2. 明万历二十八年（1600）大梁宋明德长清冰雪居刻二十九年（1601）增刻本（题修养要览三卷） 1 301（残） 651

06997 10838 **长生诠**一卷 ［1602］
（明）洪应明（自诚、还初道人）编
明万历三十年（1602）刻清印仙佛奇踪本 541（残）

06998 10816 **（大雅堂订正）养生醍醐**一卷 1602
（明）李贽（卓吾）编
1. 明万历博极堂刻枕中十书本 2 541 781
2. 见枕中十书

06999 10743 **养老奉亲书**一卷 1603
又名寿亲养老书、奉亲养老书
（宋）陈直原撰 （明）胡文焕（德甫、全庵、抱琴居士）辑
1. 明万历三十一年（1603）虎林胡文焕文会堂刻本 3 139 462 491 907C
2. 清抄本 139 733
3. 见寿养丛书
4. 见格致丛书

07000 10817 **达生录**二卷 1604
（明）堵胤昌（百斯）编
1. 明万历三十二年（1604）定志斋刻本 541
2. 抄本 664

07001 10818 **养生肤语**一卷 ［1606］
（明）陈继儒（仲醇、眉公）撰
见学海类编

07002 10820 **心圣图说要言**一卷 1610
附却病心法一卷

(明)殷宗器(君陈、懒禅道人)辑
明万历三十八年(1610)刻本 21 541

07003 **食色绅言**二卷 1615
10819 (明)龙遵叙(皆春居士)撰
子目:
(1)饮食绅言一卷
(2)男女绅言一卷
1. 明万历绣水沈氏尚白斋刻宝颜堂秘笈本 1
2. 见宝颜堂秘笈

07004 **养生说略**二卷 [1620]
10821 (明)洪应明(自诚、还初道人) 陈凌云(素心子)辑
子目:
(1)悟生观一卷 (明)洪应明辑
(2)养生一卷 (明)陈凌云辑
明万历建邑书林陈氏刻本 731

07005 **五福万寿丹书**六卷 1624
10822 又名万寿丹书、五福全书、福寿丹书
(明)龚居中(应圆、如虚子、寿世主人)撰
1. 明天启四年(1624)金陵书林周如泉刻本 7 139 277(残) 279 289 461(存卷一、二) 462(残) 921
2. 明天启四年(1624)金陵周如泉刻大业堂印本 1 279 289
3. 明天启四年(1624)金陵周如泉刻世德堂印本 139
4. 清抄本 279
5. 节抄本 139(辑录养生功)

07006 **养生两种**三卷 1624
10823 辑者佚名
子目:
(1)易筋经一卷
(2)万寿仙书二卷
抄本 139(万寿仙书卷一残)

07007 **(新镌)万寿丹书**五卷 1630
00000 (明)龚居中(应圆、如虚子、寿世主人)原撰 桂绍龙(骧云)辑订
明崇祯三年(1630)福建桂绍龙刻本 2(残) 139

07008 **清寤斋心赏编**一卷 1633
10824 (明)王象晋(荩臣、康侯、三晋、子进、康宇、好生居士、名农居士)编
1. 稿本 590
2. 明崇祯六年(1633)刻本 4D 21(周肇祥跋) 139 365 450A
3. 清康熙刻王渔洋遗书本 1 253 381 713 901

07009 **东坡养生集**十二卷 1636
10842 原题(宋)苏轼(子瞻、东坡)撰 (清)王如锡(武工)编
1. 明崇祯九年(1636)江左王如锡箬庵刻本 7 651 731
2. 清康熙三年(1664)书林陈道生刻本 2 541

07010 **三教圣人修身图诀**一卷 [1636]
10825 **清修捷径**一卷
(明)张我续撰
明崇祯九年(1636)刻本 461

07011 **养生必要活人心诀**四卷 [1638]
10827 著者佚名
明崇祯十三年(1640)大有堂刻本 590

07012 **二六功课**一卷 1644
10829 (明)程羽文(石室道人)撰
1. 见水边林下
2. 见学海类编

07013 **天仙正理**二卷 [1644]
10832 附录一卷
(明)伍守阳(冲虚子)撰
1. 清光绪十五年(1889)文林堂刻本 4
2. 见伍柳仙宗

07014 **天仙正理直论增注**不分卷 [1644]
10833 (明)伍守阳(冲虚子)撰 伍守虚(真阳子)注
1. 清康熙五十八年(1719)谢嗣芳刻本 741
2. 清康熙五十八年(1719)谢嗣芳刻乾隆二十九年(1764)申兆定增修本 733 737 741 911
3. 清嘉庆六年(1801)刻本 734A
4. 清嘉庆九年(1804)重庆养云仙馆刻本 491 741(残) 831 852 911
5. 清嘉庆二十四年(1819)泰和堂刻本 1 734A(存卷一)
6. 清嘉庆二十五年(1820)刻本 1
7. 清咸丰五年(1855)上海城隍庙翼化堂刻本 401 521 734A 737A 740A

740C 943
8. 清光绪七年(1881)善成堂刻本 891
9. 清光绪八年(1882)刻本 701 741
10. 清光绪九年(1883)刻本 251
11. 清光绪二十九年(1903)刻本 734A
12. 清光绪三十二年(1906)成都二仙庵刻道藏辑要本 850A 852
13. 清宣统元年(1909)宏道堂刻本 251 736B 891
14. 清刻本 1 251 311 891
15. 见(重刊)道藏辑要

07015 10837 **养生杂纂**□□卷 [1644]
辑者佚名
明刻本 139

07016 10839 **病榻寤言**一卷 [1644]
(明)陆树声撰
1. 见水边林下
2. 见宝颜堂秘笈

07017 10840 **脉望**八卷 [1644]
又名宝颜堂订正脉望
(明)赵台鼎(长玄、华池主)撰
1. 明万历绣水沈氏尚白斋刻宝颜堂秘笈本 279 289 450B 511 590 728A
2. 清抄本 139(存卷三至六)
3. 见宝颜堂秘笈

07018 11006 **觅尘子内集正辨篇**一卷 [1644]
(明)陈朝相撰
1. 明末刻本 831
2. 抄本 1

07019 00000 **尊生秘旨**二卷 [1644]
(明)蒋学成(定宇)汇编 许乐善(修之)订补 唐湙(万湑)增辑
稿本 590

07020 10866 **尊生镜**二卷 [1644]
(明)程绍(公业、肖莪)撰
1. 明抄本 301(卢世漼跋)
2. 清雍正九年(1731)东皋荷夫抄本 2

07021 03256 **贮香小品**十卷首一卷 [1650]
(清)万俊贤(石君)编
1. 清初刻本 590(存卷一至四、六至八)
2. 清道光二年(1822)刻本 461(存卷一至三) 733(存卷一至九) 922(存卷一至四、七至九)

07022 10841 **寿世秘典**十八卷 1661
(清)丁其誉(蜚公、天柱)编
清康熙十二年(1673)如皋丁其誉颐吉堂自刻本(卷十三、十五、十六嗣刻原阙) 139(存卷一至九) 152 433A(缺卷六) 590(残)

07023 10843 **寿世青编**二卷 1662
又名寿世编
附食鉴本草、病后调理服食法
(清)尤乘(生洲、无求子、信天翁)撰
1. 清康熙三十八年(1699)刻本 1 476 491
2. 清雍正六年(1728)大兴堂刻士材三书本 252 412B 831
3. 清咸丰四年(1854)刻本 139
4. 清宏道堂刻士材三书本 541
5. 清刻本 277 360A 360B 363 396 434 466 475A 491 541 572 590 664 731 733A 734A 799 931
6. 抄本 476 579
7. 见士材三书

07024 10945 **登岸捷径**一卷 [1665]
(清)顾云逵(丹阳子)撰
清抄本 139

07025 10844 **勿药须知**一卷 1667
(清)尤乘(生洲、无求子、信天翁)撰
1. 清同治十三年(1874)虞山顾湘刻小石山房丛书本 1 9 139 251 401 461 462 651 702 739 741 781 851 852 901
2. 见小石山房丛书

07026 10845 **心经悟解**一卷 1669
(清)莫熺(丹子、皋亭)撰
见莫氏锦囊十二种

07027 10846 **修养须知**一卷 [1676]
(清)朱本中(泰来、凝阳子)撰
1. 清抄本 737
2. 见贻善堂四种须知

07028 10830 **养生君主论**三卷 [1680]
(明)汪琥(苓友、青溪子)撰
1. 清初刻本 590
2. 清抄本 139 589

07029 10848 **勿药元诠**一卷 1682
又名勿药玄诠

(清)汪昂(讱庵)编
1. 清道光二十五年(1845)京都文盛斋刻本 433A
2. 清咸丰四年(1854)京都文盛斋重刻本 1　139　279　907B
3. 清光绪十六年(1890)上洋藜乙山房刻本 461
4. 见颐身集
5. 见医方集解(版本附录)
6. 见陆地仙经(版本附录)

07030 10850 **养生杂录**一卷　[1688]
(清)胡宗鹤(知恬居士)撰
1. 清刻本　139
2. 清末抄本　736B

07031 10853 **醒世理言**一卷　1696
(清)汪启贤(肇开)　汪启圣(希贤)撰
见济世全书

07032 00000 **养生须知**一卷　1696
(清)汪启贤(肇开)　汪启圣(希贤)撰
见济世全书

07033 10854 **长生秘诀**一卷　1697
(清)石成金(天基、惺庵愚人)撰
清康熙三十六年(1697)刻本　139

07034 10855 **颐生辑要**五卷　1701
又名益轩先生铨定颐生辑要、益轩先生养生论、贝原先生养生论
(日)贝原笃信(益轩、子诚)撰　竹田定直编
1. 日本正德四年(1714)京师书林永田调兵卫刻本　152　590
2. 日本正德四年(1714)京师书林永田调兵卫刻安政三年(1856)须原屋茂兵卫等重修本　651

07035 10856 **养生训衍义**八卷　[1701]
(日)贝原笃信(益轩、子诚)撰　南拜山衍义
1. 稿本(不分卷)　1
2. 日本弘化岩井寿乐刻本　511

07036 10864 **颐养诠要**四卷　1705
(清)冯汉炜(曙之、素园、守和道人)撰　冯曦(晴川)辑定
1. 清光绪二十四年(1898)冯氏蒙香室刻本 303　541　590　701　702　706　709 740A　781　831(存卷三、四)　921
2. 见蒙香室丛书

07037 10858 **养春奇方**一卷　1709
(清)石成金(天基、惺庵愚人)撰
1. 抄本　186
2. 见传家宝全集

07038 10860 **长寿谱**一卷　1709
(清)石成金(天基、惺庵愚人)编
1. 见卫生汇录
2. 见传家宝全集

07039 10861 **救命针**一卷　1709
(清)石成金(天基、惺庵愚人)编
1. 见卫生汇录
2. 见传家宝全集

07040 00000 **古今图书集成医部全录养生部**一卷　1723
(清)蒋廷锡(扬孙、西谷)等编
清抄本　308A

07041 10869 **卫生编**三卷　1749
(清)魏祖清(东澜、九峰山人)撰
清乾隆十四年(1749)丹阳魏树蕙堂刻本 677A　713　852

07042 10876 **温泉小言**一卷　[1764]
又名温泉考
(日)原公瑶(双桂)撰
日本宽政六年(1794)平安原伯庆刻本　139

07043 11086 **寿世传真**八卷　1771
(清)徐文弼(勷右、荩山、鸣峰、超庐居士)编
1. 清乾隆三十六年(1771)刻本　277　351 541　731
2. 清道光二十五年(1845)刻本　1(存卷一)　734A　735
3. 清同治十年(1871)抄本　139
4. 清末致盛堂刻本　277　734A(残)
5. 清末致盛堂刻聚秀堂印本　2
6. 清末聚文堂刻本(据致盛堂本翻刻) 139　651(存五卷)
7. 清刻本　590　831
8. 抄本　2

07044 11087 **(新编)洗心辑要**二卷　1771
寿世传真八卷
(清)徐文弼(勷右、荩山、鸣峰、超庐居士)编

清乾隆刻本 21 363

07045 10872 **老老恒言**五卷 1773
又名养生随笔
（清）曹庭栋（慈山、六圃）撰
1. 清乾隆三十八年（1773）嘉善曹庭栋观妙楼刻本 1 152 541 733
2. 清同治九年（1870）宝善堂刻本 2 4 9 204 279 365 381 412A 475A 511 541 664 677A 702 709 732 737 741 781
3. 清光绪四年（1878）秀水孙福清望云仙馆刻槜李遗书本 1 9 541 709 852 939
4. 清刻本 1（存卷三至五） 736A

07046 11085 **洗心篇**一卷 1774
又名洗心辑要
（清）徐文弼（勷右、荩山、鸣峰、超庐居士）编
1. 清乾隆四十年（1775）刻本 541
2. 清同治七年（1868）刻本 1
3. 清同治十年（1871）山阴陈里仁刻本 1
4. 清抄本 139

07047 10874 **居易金箴**二卷 1791
（清）潘奕隽（三松、水云漫士）编
清同治七年（1868）刻本 709 781 831

07048 10875 **养生至论**一卷 1791
（清）毛世洪（达可、枫山）编
见汇刊经验方

07049 10932 **颐老切言**一卷 ［1795］
（清）福增格（赞侯、松岩）撰
清乾隆间刻本 1

07050 10879 **养生便方**不分卷 1804
（清）沈石庵（其仁）编
清嘉庆九年（1804）南村草堂刻本 590

07051 10881 **养生揽要**十三卷卷首一卷 1808
（清）孟曰寅（东旸、凤山迂叟）编
1. 清嘉庆十六年（1811）凤山孟曰寅山陕会馆刻本 381
2. 清嘉庆十六年（1811）凤山孟曰寅山陕会馆刻十八年（1813）增修本 1

07052 10927 **延寿和方汇函**二卷 ［1809］
（日）贞厚三宅（意安）编
1. 日本文化六年（1809）抄本 TB
2. 日本抄本 590

07053 10883 **一览延龄**一卷 1812
（清）黄凯钧（南薰、退庵）撰
见友渔斋医话

07054 10884 **卫济余编**十八卷 1813
又名通天晓、卫济余编通天晓
（清）王缵堂编
1. 清嘉庆二十一年（1816）凌云阁刻本 1 4C 277 308A 401 412B 450A 541 570 664 701 728A 740A
2. 清道光二年（1822）刻本 21 491
3. 清道光七年（1827）昭德堂刻本 522
4. 清道光十六年（1836）宝翰堂刻本 907C
5. 清道光二十一年（1841）海陵怀德堂刻本 1 139 303 529 733（存卷一至四、六至十八） 911
6. 清道光二十二年（1842）经国堂刻本 364 421 541 709
7. 清道光二十二年（1842）宝善堂刻本 391 461 734A
8. 清道光二十三年（1843）三让堂刻本 186 203 311 391
9. 清道光二十三年（1843）金陵四教堂刻本 1 391 743
10. 清道光二十三年（1843）同仁堂刻本 311 706 737
11. 清道光二十六年（1846）藜照书屋刻本 852
12. 清道光二十七年（1847）刻本 477
13. 清咸丰六年（1856）禅山翰选楼刻本 943
14. 清咸丰十一年（1861）杨氏文盛堂刻本 3 541 831
15. 清同治八年（1869）近文堂刻本 313 911
16. 清同治十三年（1874）三和堂刻本 4C 541 709
17. 清光绪八年（1882）文奎堂刻本 361
18. 清光绪二十年（1894）扫叶山房石印本（五卷） 734A
19. 清大文堂刻本 139A
20. 清经纶堂刻本（五卷） 289 734A 735A 736
21. 清刻本 9 21 139A 251 416 475A

522　570　665　733　734A（五卷）　839A　873

07055 10944 **医门日诵资生录**二卷　1813
(清)倪宗贤(涵初)撰　沈肯谷(蕙田)补录
清嘉庆十八年(1813)抄本　738B

07056 10887 **延龄纂要**二卷　1822
(清)罗福至(自知)编
清道光二年(1822)琳琅堂刻本　7

07057 00000 **延年各术**一卷　[1830]
(清)李宗源(一亭)撰
见医纲提要(附录)

07058 10889 **怡情小录**一卷　[1831]
(明)沈仕(懋学、子登、青门山人)撰　(清)马大年(钟岳)录
见学海类编

07059 10893 **遵生汇要**四卷　1846
(清)甘溰辑
抄本　139(存卷一)

07060 10890 **延寿丹方**一卷　[1847]
又名秘传延寿单方
(清)董文敏(大年)传　钱涛(云飘、石仓山馆主人)校
1. 清同治八年(1869)钱涛石仓山馆刻本　733
2. 清光绪二年(1876)钱涛石仓山馆重刻本　734
3. 清光绪二十一年(1895)南京李光明庄刻本　139　665　733
4. 清光绪二十一年(1895)上海书局石印传家宝全集本　277
5. 清刻传家宝全集本　415(附食愈方一卷)
6. 见传家宝全集

07061 10894 **颐身集**五卷　1850
(清)叶志诜(东卿、仲寅、遂翁)编
子目：
(1)摄生消息论一卷　(元)丘处机撰
(2)修龄要旨一卷　(明)冷谦撰
(3)勿药元诠一卷　(清)汪昂撰
(4)寿人经一卷　(清)汪晸撰
(5)延年九转法一卷　(清)方开撰
1. 清咸丰二年(1852)汉阳叶志诜广东抚署刻本　1　2　3　21　139　186　251　289　391　476　590　651　664　781　839A
2. 清光绪三年(1877)萧山华莲峰刻本　2　3　21　139　186　251　450A　476　541　590　651　664　713　781　839A　907C
3. 见汉阳叶氏丛刻

07062 13234 **援生四书**四卷　1853
(清)田绵淮(伯沺、寒劲子)撰
清同治十二年(1873)余庆堂刻本　139　308A　475A(残)

07063 12092 **退思说略**二卷　1872
(清)吴协(寅齐)撰
子目：
(1)内篇尊生十说一卷
(2)外篇三才杂补一卷
清同治十一年(1872)吴嗣仲刻本　541

07064 10897 **养病庸言**一卷　1877
(清)沈嘉澍(子复)撰
1. 清光绪三年(1877)太仓沈嘉澍自刻本　139　433A　491　590　677A　709　839A
2. 清光绪十年(1884)抄本　139
3. 清光绪二十六年(1900)南汇张维刻本　491　541　664
4. 清光绪三十四年(1908)云间夏允麐铅印本(附别录后记一卷、附录一卷)　391　529A　677A

07065 12362 **石天基传家宝摘录**四卷　1879
(清)石成金(天基、惺庵愚人)撰　邢祖愉(华垒)辑
清光绪五年(1879)钱塘邢祖愉抄本　361

07066 10900 **济生杂录**一卷　1881
(清)守素氏原撰　太瘦生增订
清光绪七年(1881)宁波述古堂刻本　475A

07067 10903 **卫生杂录**一卷　1883
(清)守京氏原辑　澹然居士增辑
清光绪九年(1883)新安余氏刻本　152　351　541　590　677A　728A　731　738B

07068 10904 **养生诀**一卷　1888
(清)汪肖彭(封翁)述　许琴兰(兆纶)撰
清光绪十四年(1888)刻本　541　664

07069 10901 **中外卫生要旨**四卷　1890
(清)郑官应(正翔、陶斋)编
1. 清光绪十九年(1893)刻本　3　139　251

289 361 475A 514A 529A 541 570 590 664 677A 709 728A（残） 907B 940

2. 清光绪二十八年（1902）铅印本（五卷） 2 139 186 279 280 450A 462 514A 522 541 572 664 728A（存卷二） 731 781 907B

07070 10908 **养生秘旨**一卷 1893

著者佚名

清光绪十九年（1893）贻仁堂抄本 139

07071 10909 **净发须知**二卷 ［1895］

（清）吴铎（希振）辑

清光绪二十一年（1895）三义堂刻本 1

07072 05910 **天元病机九章**一卷 1896

（清）蓝蕤紛（治安）撰

1. 清光绪二十二年（1896）北京文采斋刻本 381

2. 清光绪二十二年（1896）北京文采斋刻二十四年（1898）聚文斋增刻本 1 289

07073 10912 **无药疗病法**不分卷 1900

（清）邵博强撰

清光绪抄本 901

07074 10913 **养生录**一卷 1900

（清）钱鼎（象九）编

抄本 939

07075 10916 **卫生学问答**二卷 1901

（清）丁福保（仲祜、畴隐居士）编

1. 清光绪二十七年（1901）中西小学堂刻本 475A 911

2. 清光绪二十七年（1901）无锡丁福保畴隐庐石印畴隐庐丛书本 1 381 541 579 664 709 735 736 737 911（存卷上） 951

3. 清光绪二十八年（1902）广业书局刻本 139A 852 907C

4. 清光绪二十九年（1903）成都刻本 852 875

5. 清光绪二十九年（1903）上海文明书局铅印本 1 139A

6. 清光绪三十年（1904）甘肃高等学堂刻本 443 450A

07076 10918 **卫生保寿术**一卷 1903

（清）许继祥撰

清光绪二十九年（1903）铅印本 1 942

07077 07018 **立生急要**四卷 1907

著者佚名

清光绪三十三年（1907）汉口顾善堂刻本 381

07078 10917 **葆精大论**一卷 1908

（清）王建善（立才） 仇光裕（蓉秋）译著

清光绪二十七年（1901）铅印本 139A 363 541

07079 10923 **石莲谈戮**二卷 ［1909］

（清）吴重熹辑

清末抄本 251

07080 10925 **卫生择要**三卷 1910

又名卫生摄要

（清）张燮思（施斋、期艾主人）编

清宣统二年（1910）扬州江都梓阁稿本 907C

07081 10928 **保寿摘要**二卷 ［1910］

著者佚名

日本抄本 651

07082 10929 **寿养丛书辑要调摄门**一卷 1911

著者佚名

抄本 279

07083 00000 **聋叟却老编**一卷 1911

（清）聋叟撰

清抄本 541

07084 10931 **卫生汇录**十卷 ［1911］

（清）石成金（天基、惺庵愚人）原撰 辑者佚名

子目：

（1）食鉴本草一卷

（2）食愈方一卷

（3）经验良方（天基神方）一卷

（4）起居饮食各法一卷

（5）长寿谱一卷

（6）救命针一卷

（7）居家应世养生调摄各法一卷

（8）养生延年要法一卷

（9）保元益寿秘诀一卷

（10）居家必知一卷

抄本 140

07085 10933 **节饮集说**一卷 ［1911］

（清）简缘老人撰

清刻本 1 664

07086 **养生余论**一卷 ［1911］
10941 （清）姚椿（春木、子寿、樗寮生、蹇道人）辑 何其伟（韦人、书田、竹竿山人）批
稿本 541

07087 **济世寿人养心集**二卷 ［1911］
10942 （清）葛绳镐（橘井居士）撰
稿本 541

07088 **养生说**一卷 ［1911］
00000 著者佚名
清末补过庐朱格抄本 831

07089 **却病延年杂抄五种**一卷 ［1911］
00000 辑者佚名
清抄本 736B

07090 **养生备要**一卷 ［1911］
00000 著者佚名
清刻本 850

9.2 养生专论

9.2.1 服食

9.2.1.1 食养

07091 **食医心鉴**一卷 ［853］
03080 （唐）昝殷撰
日本抄本（卷末附日·丹波元坚校读记） 3

07092 **吃茶养生记**二卷 1215
10851 （日）荣西（明庵、千光、叶上）撰
1. 日本元禄七年（1694）刻本 589
2. 日本文化四年（1807）平安书林佐佐木总四郎刻本 476

07093 **日用本草**三卷 1329
03081 又名家传日用本草
（元）吴瑞（元瑞、瑞卿）编
见食物本草（李杲编，七卷本附录）

07094 **饮膳正要**三卷 1331
03082 （元）忽思慧撰
1. 元刻本 7（残）
2. 明初刻本 1（存卷一二十五叶）
3. 明景泰七年（1456）内府刻本 1 7 139（存卷二） 422 663（附元刻本残卷）
4. 清抄本 1 412A 651
5. 日本抄本 7

07095 **饮食须知**八卷 ［1367］
03083 原题（元）贾铭（文鼎、华山老人）撰
1. 清道光十一年（1831）六安晁氏木活字印学海类编本 401 781 901
2. 见学海类编

07096 **神仙服食灵草菖蒲丸方传**一卷 ［1449］
10780 著者佚名
见道藏

07097 **纯阳吕真人药石制**一卷 ［1449］
10781 著者佚名
见道藏

07098 **食物本草**二卷 ［1520］
03084 （明）薛己（新甫、立斋）编
见本草约言

07099 **食品集**二卷附录一卷 1537
03087 （明）吴禄（子学、宾竹）编
明嘉靖三十五年（1556）刻本 1

07100 **食物本草**四卷 ［1550］
03085 （明）卢和（廉夫、易庵）原撰 汪颖（秀夫）增补
1. 明隆庆四年（1570）海丰谷中虚金陵仲氏一乐堂后泉书室刻本 476 831 931 TD
2. 明万历二十年（1592）虎林胡文焕文会堂刻寿养丛书本（二卷） 3 7 139
3. 清顺治十八年（1661）清江黄子进刻本 3
4. 清抄本 3
5. 见寿养丛书
6. 见医家萃览
7. 见格致丛书

07101 **食物本草**四卷 ［1550］
03086 （明）卢和（廉夫、易庵）原撰 汪颖（秀夫）增补 抄绘者佚名
明隆庆间抄彩绘本 1

07102 **（新刻）食鉴本草**二卷 ［1566］
03088 附养生食忌、养生导引法
（明）宁源（山臞）编
1. 明万历二十年（1592）虎林胡文焕文会堂刻寿养丛书本 2 3 7（存卷二） 139（存卷一，无附录） 590 702
2. 见寿养丛书
3. 见格致丛书

07103 **食治养老方**一卷 ［1566］
03089 （明）洪楩（方泉）编

见洪楩辑刊医药摄生类八种

07104 10808 **养生食忌**一卷 1592
(明)胡文焕(德甫、全庵、抱琴居士)辑
1. 见寿养丛书
2. 见格致丛书

07105 03090 **蒲水斋食治广要**八卷 [1592]
(明)应廖(石麟)撰
明天启四年(1624)刻本 1 852

07106 03091 **(新刻)吴氏家传养生必要仙制药性全备食物本草**四卷 1593
(明)吴文炳(绍轩、光甫、沛泉)编
明潭阳书林刘钦恩藜光堂刻本 1 139

07107 02865 **日用食性**一卷 [1601]
附日用灸法一卷
(日)曲直濑正绍(玄朔、东井)撰
日本宽永十九年(1642)二条通风月宗知新刻本 139

07108 03092 **食物辑要**八卷 1619
(明)穆世锡(予叔、云谷)撰
明万历刻本(微缩胶卷) 1 651

07109 03093 **食物本草**七卷 [1620]
附日用本草三卷
原题(元)李杲(明之、东垣)编
明万历四十八年(1620)吴郡钱允治刻本 3 7 462 590 734A TA

07110 03094 **食物本草**二卷 [1620]
原题(元)李杲(明之、东垣)撰 (明)唐恕斋校正
明刻本 1

07111 03095 **上医本草**四卷 [1620]
(明)赵南星(梦白、侪鹤居士)编
1. 明泰昌元年(1620)赵悦学刻本 2 3 21 139 152 277 279 385 476 541 570 572 590 651 731 738A 851
2. 明泰昌元年(1620)赵悦学刻清同治十一年(1872)乐城张惇德重修本 1 285 288

07112 03096 **食物本草**二十二卷 [1627]
附救荒野谱、救荒野谱补遗
原题(元)李杲(明之、东垣)编 (明)李时珍(东璧、濒湖)参订 姚可成(蒿莱野人)辑补
1. 明崇祯十五年(1642)吴门书林刻本 7 139(存卷一至十) 140 541 590 721
2. 明崇祯十五年(1642)吴门书林刻明末清初递修本 1 664 TA

07113 00000 **食物宜忌**二卷 1630
(明)龚居中(应圆、如虚子、寿世主人)撰
见五福全书

07114 03097 **养生要括**一卷 1634
(明)孟笨(福兆、伯山)编
明崇祯七年(1634)刻本 139

07115 03099 **山公医旨**五卷 [1644]
又名本草医旨食物类
附脉诀类、辨症秘旨
(明)施永图(明台、山公)撰
1. 明末刻本 541 590(残)
2. 清抄本 1(存脉诀一卷)

07116 00000 **神仙服饵**二卷 [1644]
著者佚名
清虞山钱曾述古堂抄本 TB

07117 03100 **艺林汇考饮食篇**四卷 1661
(清)沈自南(留侯)撰
清顺治刻本 139

07118 02866 **食物和歌本草增补**七卷 1667
(日)下京而愠齐撰
日本宽文七年(1667)刻本 139

07119 02868 **阅甫食物本草**二卷 1670
(日)雒玄医宜(春庵)撰
日本宽文十一年(1671)书林村上勘兵卫刻本 186

07120 03102 **饮食须知**一卷 1676
(清)朱本中(泰来、凝阳子)撰
1. 清康熙二十八年(1689)古越吴兴祚刻本 1 302 541
2. 清别下斋抄本 251
3. 见贻善堂四种须知

07121 02870 **食物摘要**八卷 1678
(日)新井玄圭撰
日本延宝六年(1678)刻本 651

07122 03103 **食物本草会纂**十二卷 1691
附日用家抄一卷、脉诀秘传一卷
(清)沈李龙(云将)编
1. 清康熙三十年(1691)抱青阁刻本 1 2 139 251 277 280 308A 361 412A

433A 450 462 476 541 542 590 728A 896A 907C 922
2. 清乾隆四十八年（1783）金阊书业堂刻本 1 3 7 8 9 139 140 186 202 203 204 288 289 302 351 361 381 391 401 412B 431 433 461 476 491 511 514A 514B 541 570 572 590 651 702 709 712 728A 733 734A 737 738B 839A 907C 911 940 TC
3. 清乾隆四十八年（1783）金阊书业堂刻绿荫堂印本 139 203
4. 清嘉庆八年（1803）金陵致和堂刻本（八卷） 1 2 139 140 251 252 254 270 279 280 286 301 385A 401 412A 412B 443 461 475A（残） 570 651 664 728A 741 746A 896A 921
5. 清道光元年（1821）萧山裕文堂刻本 21 139 252 270 280 303 306 364 381 421 541 589 733 738 746A
6. 清道光八年（1828）金陵老致和堂刻本（八卷） 2 139 252 280 491 896A
7. 清道光二十三年（1843）尊德堂刻本 185 252 514A 523 570 664 709（存卷一、二、四至十二） 743（存卷一至四） 746A 781 907C 926A
8. 清道光二十三年（1843）尊德堂刻文盛堂重修本 734A
9. 清道光二十三年（1843）四盛堂刻本 1 7 279 280 287 301 651 728A 896A 944
10. 清刻本 1 2 139 186 279 305 306 308A 311 410A 412A 461 512 530 664 702 706 728A 733 736A 850 852 896A 901 940 XF

07123 / 02874 **本朝食鉴**十二卷 1692
（日）野必大（千里）撰
日本元禄八年（1695）刻本 186

07124 / 03104 **食物须知**一卷 1695
（清）汪启贤（肇开）等撰
见济世全书

07125 / 03105 **食鉴本草**一卷 1709
（清）石成金（天基、惺庵愚人）编
1. 清刻本 413
2. 见卫生汇录
3. 见传家宝全集

07126 / 03744 **食愈方**一卷 1709
（清）石成金（天基、惺庵愚人）编
1. 清刻本 415
2. 见卫生汇录
3. 见传家宝全集

07127 / 02882 **卷怀食镜**一卷 1716
附卷怀灸镜一卷
（日）香月则实（启益、牛山、贞庵、被发翁）编
日本宽政二年（1790）京兆书铺柳枝轩汲古堂刻本 21 139

07128 / 03106 **博济编**初集七卷二集一卷 [1722]
（清）周景行编
清康熙抄本 541

07129 / 02886 **食疗正要**四卷 1726
（日）松冈玄达（成章）撰
日本明和六年（1769）平安书铺刻本 186

07130 / 03108 **（增补）食物本草备考**二卷 1732
（清）何克谏（其言、青萝隐士）撰
1. 清雍正十年（1732）金陵抱青阁刻本 462
2. 清咸丰八年（1858）广州连元阁刻本 931
3. 清咸丰八年（1858）广州连元阁刻光绪十三年（1887）佛山文光楼印本 277 931
4. 清光绪广州九曜坊守经堂刻本 203 931
5. 清末广州麟玉楼刻本 944
6. 广州德文堂刻本 940
7. 清佛山会元楼刻本 279
8. 清广州丹桂堂刻本 590

07131 / 03109 **食鉴本草**四卷 1736
（清）柴裔（竹蹊）编
1. 清乾隆五年（1740）翠荫堂刻本 186 590 651
2. 清乾隆五年（1740）翠荫堂刻六年（1741）经义堂印本 2（残） 186

07132 / 00000 **食品辨明**一卷 1765
（日）林贞亮编
见本草辨明（附录）

07133 / 11088 **服食须知**一卷 1775
（清）沈懋发（萍如）撰

清乾隆四十年(1775)刻本 139

07134 04463 **勿药单方**四卷 ［1777］
(清)汪涛(亦山)编
1. 清乾隆四十二年(1777)抄本 203
2. 清刻本 366
3. 抄本 279 728A 738A

07135 03110 **食物小录**二卷 1778
又名食物本草
(清)李文培(友章)编
1. 清乾隆四十三年(1778)资生堂刻本 279
2. 清光绪十三年(1887)大成堂刻本 664 728A
3. 清抄本 186〔据清乾隆四十三年(1778)资生堂刻本抄录,附解毒方〕 277
4. 抄本 279 289 396

07136 03111 **不药全家乐**一卷 ［1788］
又名不医全家乐
原题(清)郭兰(春芳、星楼)编
清乾隆五十三年(1788)万元堂刻本 351(残) 362 364A

07137 03112 **脉药联珠食物考**一卷 1795
(清)龙柏(佩芳、青霏子)撰
1. 清嘉庆二十一年(1816)醒愚阁刻本 152 185 541 570 572 677A 706 907C
2. 见脉药联珠合刻
3. 见翠琅玕馆丛书

07138 03113 **调疾饮食辨**六卷卷末一卷 1813
附诸方针线
(清)章穆(深远、杏云老人)撰
清道光三年(1823)经国堂刻本 1 3 9 21 139 140 203 251 279 289 301 308A 385A 529A 541 590 665 677A 731A(存卷六及卷末) 733A 738B 741(残) 746A 781 851

07139 03114 **(增补)食物秘书**一卷 1820
著者佚名
见陈修园医书四十八、五十、七十种

07140 02922 **本朝食鉴**十二卷 1849
(日)野必大(千里)撰
日本嘉永二年(1849)东京敬业社铅印本 139

07141 03120 **诚斋食物记**一卷 1849
(清)程翔霄(诚斋)编
清道光二十九年(1849)抄本 541

07142 03115 **本草饮食谱**一卷 1850
又名食物
(清)文晟(叔来)编
1. 清同治十一年(1872)萍乡文星瑞延庆堂维扬刻光绪十一年(1885)京江文成堂重修六种新编本 139 286 303 315 529B
2. 见六种新编

07143 03117 **食鉴本草**一卷 1883
原题(清)费伯雄(晋卿、砚云子)编
1. 清光绪九年(1883)刻袖珍本 279 286
2. 抄本(附生产保全母子神方、秘传延寿丹方) 579
3. 见费氏食养三种

07144 03107 **养生食鉴**二卷附图考一卷 1894
(清)何克谏(其言、青萝隐士) 何景雪(省斋)编
清光绪二十年(1894)梁溪周承烈石印本 286 463 541 590 922

07145 03119 **每日食物却病考**二卷 1896
(清)吴汝纪(肃卿)撰
清光绪二十二年(1896)上海书局石印本 590 651 706

07146 03123 **(会纂)食物本草**一卷 ［1911］
附救荒辟谷简便奇方、应急达生篇辑抄
著者佚名
抄本 139

9.2.1.2 救荒

07147 00000 **救荒活民书**三卷 1209
(宋)董煟(季兴、南隐)撰
1. 见四库全书
2. 见墨海金壶
3. 见半亩园丛书

07148 00000 **救荒活民类要**三卷 1330
(元)张光大(致可)编
刻本 140

07149 03141 **救荒本草**二卷附录一卷 1406
(明)朱橚撰

1. 明嘉靖四年（1525）毕昭蔡天祐刻本 1 3 202
2. 明嘉靖三十四年（1555）陆柬刻本 1 541
3. 明万历十四年（1586）刻本 139
4. 明万历二十一年（1593）钱塘胡文焕刻本 139
5. 日本享保元年（1716）皇都书铺白松堂柳枝轩含翠亭合刻本（十四卷） 7 139 279 462 476 590
6. 日本宽政十一年（1799）长松堂刻本（十四卷） 21
7. 清道光十七年（1837）刻农政全书本（十四卷） 139 702
8. 清咸丰六年（1856）来鹿堂刻本（十四卷） 139 421（残） 542 839A
9. 清同治十三年（1874）山东书局刻农政全书本（十四卷） 781
10. 见四库全书

07150 03142 **野菜谱**一卷 ［1503］
又名救荒野谱
（明）王磐（鸿渐、西楼）撰
1. 明嘉靖三十年（1551）张守中刻本 1
2. 明嘉靖刻本 541
3. 明刻本 1 4B 651（清·丁丙跋）
4. 抄本 139 741
5. 见说郛（一百二十卷本）

07151 03143 **茹草编**四卷 1582
（明）周履靖（逸之、梅墟、梅癫道人）撰 周绍濂校
1. 明万历二十五年（1597）金陵荆山书林刻夷门广牍本 139 541（存卷一、三）
2. 见夷门广牍

07152 03144 **野菜博录**三卷 1622
（明）鲍山（元则、在斋）编
1. 明天启二年（1622）刻本 251 651
2. 抄本 590
3. 见四库全书

07153 03145 **救荒野谱补遗**二卷 1642
（明）王磐（鸿渐、西楼）撰 姚可成（蒿莱野人）补遗
1. 日本正德五年（1715）皇都书铺白松堂刻本 677A
2. 清嘉庆十三年（1808）虞山张海鹏刻借月山房汇抄本 3
3. 日本平安长书肆松堂刻本 139
4. 见食物本草（二十二卷本附录）
5. 见借月山房汇抄

07154 02919 **救荒本草启蒙**十四卷 1841
附救荒启蒙野谱
（日）小野惠亩（职孝）撰
日本天保十四年（1843）博文馆刻本 139

07155 00000 **济荒必备**三卷 1849
（清）陈仅（余山、渔珊）撰
清道光二十九年（1849）鄞县陈仅刻本 728A

07156 04231 **疗饥良方**一卷 1854
又名救荒良方
（清）英三俊辑
1. 清咸丰四年（1854）刻本 434
2. 清光绪二十二年（1896）重庆留香斋刻本 279 303 728A 851 XA
3. 清光绪二十三年（1897）刻本（附关帝核丸方一卷） 944
4. 清刻本 541 741

07157 04196 **太白丹方**一卷 1889
又名辟谷太白丹方
（清）王昂霄（耕心）撰
清光绪刻本 139 514A 746A

07158 11267 **辟谷太白丹方**一卷 1889
附新定太白丹方
（清）容启述 王昂霄（耕心）撰
1. 清光绪十五年（1889）刻本 491
2. 清光绪三十三年（1907）刻本 381 746A
3. 清刻本（题太白丹方，不著撰人） 139

9.2.1.3 饮馔

07159 03148 **食经**一卷 ［907］
（□）谢讽撰
见说郛（一百二十卷本）

07160 03149 **食谱**一卷 ［907］
（唐）章巨源撰
1. 清抄本 139
2. 见说郛（一百二十卷本）

07161 03151 **山家清供**二卷 1176
（宋）林洪（龙发）撰

1. 清同治十三年(1874)虞山顾湘刻本 139 651 713 741
2. 见说郛(一百卷本)
3. 见说郛(一百二十卷本)
4. 见夷门广牍
5. 见小石山房丛书

07162 03150 **本心斋蔬食谱**一卷 1276
又名蔬食谱
(宋)陈达叟编
1. 清初虞山钱曾述古堂抄本 1
2. 清抄本 139
3. 见说郛(一百卷本)
4. 见说郛(一百二十卷本)
5. 见借月山房汇抄

07163 00000 **中馈录**一卷 [1279]
(宋)吴氏撰
见说郛(一百二十卷本)

07164 03153 **馔史**一卷 1367
著者佚名
见学海类编

07165 00000 **云林堂饮食制度集**一卷 [1368]
(元)倪瓒撰
1. 清初毛氏汲古阁抄本 1
2. 清抄本 1

07166 03154 **易牙遗意**二卷 [1582]
(明)韩奕(公望)编 周履靖(逸之、梅墟、梅癫道人)校
1. 明万历二十五年(1597)金陵荆山书林刻夷门广牍本 139 462
2. 见夷门广牍

07167 03155 **续易牙遗意**一卷 1590
附食时五观
(明)周履靖(逸之、梅墟、梅癫道人)编
明万历二十五年(1597)金陵荆山书林刻本 139 462

07168 00000 **叚食良方**一卷 [1644]
(明)吾炙主人辑
清初钱氏述古堂抄本 1

07169 03158 **清供录**一卷 1660
(清)清风主人撰
抄本 186

07170 03159 **食宪鸿秘**二卷附录一卷 [1709]
(清)朱彝尊(锡鬯、竹垞)撰
1. 清雍正九年(1731)广宁年希尧刻本 1 139
2. 清抄本 1

07171 03160 **醒园录**二卷 1752
(清)李化楠(廷节、石亭、让斋)编
1. 清乾隆绵州李调元刻本 1 139 831
2. 见函海

07172 03161 **随园食单**四卷 1792
(清)袁枚(子美、随园老人)撰
1. 清乾隆五十七年(1792)小仓山房刻本 139 713 831 839A 940
2. 清嘉庆元年(1796)经纶堂刻本 139 522
3. 清光绪十八年(1892)上海图书集成印书局铅印本 570
4. 清刻本 4p 288 311 407A 476 477 704 874

07173 03162 **蔬汇**一卷 1792
(清)袁枚(子美、随园老人)编
抄本 421

07174 03163 **用作盐梅**二卷 1795
著者佚名
抄本 139

07175 03164 **养小录**三卷 1818
(清)顾仲(中村、浙西饕士)撰
见学海类编

07176 03165 **随息居饮食谱**一卷 1861
(清)王士雄(孟英、梦隐、潜斋、半痴山人、息居隐士、随息居士)撰
1. 清同治二年(1863)上海刻本 139 152 255 279 304A 412A 541 570 604 664 706 731 736B 738A 741 746A 781 799A 871 907C 939 943
2. 清光绪十八年(1892)上海醉六堂刻潜斋医书五种本 3 21 186 280 301 303 491 511 541 570 590 677A 728A 731 739A 922
3. 清光绪二十二年(1896)上海图书集成印书局铅印潜斋医书五种本 279 541 728A 736
4. 清光绪三十年(1904)上海鸿文书局石印潜斋医书五种本 450A 664
5. 清刻本 203 251 279 412A 831 907C
6. 见潜斋医书五种

07177 **粥谱**一卷　1881
03166 **广粥谱**一卷
(清)黄云鹄(芸谷、翔云、缃芸)编
清光绪七年(1881)蕲州黄云鹄刻本　1　21　401　475A　491　590　831　852　911

07178 **中馈录**一卷　[1907]
03152 (清)曾懿(伯渊、朗秋)辑订
1. 清光绪三十三年(1907)长沙刻古欢室全集本　186　450A
2. 见古欢室全集

9.2.2　房中

07179 **玄女房中经**一卷　[682]
10732 原题(唐)孙思邈(紫尘真人)撰
1. 见说郛(一百二十卷本)
2. 见程刻秘传医书四种

07180 **天地阴阳交会大乐赋**一卷　[826]
10735 (唐)白行简撰
见双梅景闇丛书

07181 **素女经**一卷　[907]
10736 著者佚名　(清)叶德辉(奂彬、直山、郎园)辑
1. 清光绪二十九年(1903)长沙叶德辉郎园刻双梅景闇丛书本　413
2. 见双梅景闇丛书

07182 **素女方**一卷　[907]
10737 著者佚名
1. 清嘉庆十五年(1810)兰陵孙氏刻平津馆丛书本　541
2. 见平津馆丛书
3. 见双梅景闇丛书
4. 见医部秘钞三种

07183 **玉房秘诀**一卷　[907]
10738 **玉房指要**一卷
著者佚名　(清)叶德辉(奂彬、直山、郎园)辑
见双梅景闇丛书

07184 **洞玄子**一卷　[907]
10739 著者佚名
见双梅景闇丛书

07185 **素女经**一卷　[907]
10740 **素女方**一卷
玉房秘诀一卷
洞玄子一卷
著者佚名
抄本　579

07186 **素女方**一卷　[907]
10741 **玉房秘诀**一卷
玉房指要一卷
洞玄子一卷
著者佚名
抄本　541

07187 **锦身机要**三卷　1515
11067 附大道修真捷要选仙指源篇
(明)混沌子撰　鲁至刚注
1. 明万历二十年(1592)虎林胡文焕文会堂刻寿养丛书本　1　3　21
2. 见平阳府所刻医书六种
3. 见寿养丛书
4. 见格致丛书

07188 **陈希夷房术玄机中萃纂要**一卷　[1638]
10828 又名房术奇书
(明)洪基(九有)辑
见摄生总要

07189 **房中诸方**一卷　1836
00000 (清)莫琇(蕴辉)编
见莫氏抄录验方五种

9.2.3　广嗣

07190 **轩辕黄帝补生后嗣论**不分卷　1450
08041 著者佚名
见医苑

07191 **广嗣要语**二卷　1544
08042 (明)俞桥(子木、溯洄道人)撰
1. 明嘉靖二十三年(1544)刻本　TA
2. 明万历三十一年(1603)虎林胡文焕刻格致丛书本(三卷)　2
3. 明抄本　139　664(一卷)
4. 濂溪书院抄本　590(巢念修旧藏)
5. 清抄本　570(一卷)

07192 **广嗣纪要**十六卷　1572
08043 又名万世家传广嗣纪要
(明)万全(密斋)撰
1. 明万历建邑书林余良史刻本(题新刻万

氏家传广嗣纪要五卷） 541
2. 明万历二十四年（1596）刻本（题万氏家传广嗣纪要十六卷） 462
3. 清雍正二年（1724）金溪胡略清畏堂刻万密斋医学全书本 139 277
4. 清雍正二年（1724）金溪胡略清畏堂刻乾隆六年（1741）同人堂印万密斋医学全书本 139 277 541 781 896A
5. 清末忠信堂刻万密斋医学全书本 139 361 590
6. 抄本（据建邑书林余良史刻本）139（五卷）
7. 清刻本 280 852M
8. 见万密斋医学全书

07193 08044 **螽斯集**一卷 1581
（明）蔡汝贤（用卿、思齐、龙阳）撰
1. 明万历九年（1581）刻本 1
2. 清抄本 1

07194 08045 **广嗣全诀**十二卷 1591
（明）陈文治（国章、岳溪）编
1. 明万历刻本 2（存卷一、五、六） 733（存卷三） 738（存卷九）
2. 明万历十九年（1591）刻本 572（卷一至四抄配）

07195 08046 **祈嗣真诠**一卷 ［1591］
又名陈眉公订正祈嗣真诠一卷
（明）袁黄（坤仪、了凡）撰
1. 明万历绣水沈氏尚白斋刻宝颜堂秘笈本 1
2. 清乾隆四十五年（1780）瞿城王珠慎斋刻本 21
3. 见宝颜堂秘笈

07196 08047 **广嗣须知**一卷 1592
（明）胡文焕（德甫、全庵、抱琴居士）编
1. 明万历虎林胡文焕文会堂刻本 2
2. 清抄本 590
3. 日本抄本 590

07197 08048 **（秘传）延龄种子方**一卷 1608
痘疹碎金赋二卷
痘疹世医心法三卷
（明）黎民化（先衡）撰
明万历三十六年（1608）刻本 2（存四卷）

07198 08049 **宜麟策**一卷续篇一卷 1624
（明）张介宾（景岳、会卿、通一子）撰 （清）吴宁澜（溶堂）续增
1. 清乾隆四十五年（1780）瞿城王珠慎斋刻本（无续篇） 21 709 781
2. 清嘉庆十四年（1809）刻本 2 139A 412B 572 738B
3. 清嘉庆二十一年（1816）刻本 286 738A
4. 清同治十三年（1874）刻本 731
5. 清光绪元年（1875）常州韩文焕斋刻本 308A 713 731
6. 清光绪二十六年（1900）章子珍抄本 308A
7. 清鸿远书屋抄本 733
8. 见体生集
9. 见毓芝堂四种

07199 00000 **胤嗣全书**一卷 1626
附小儿症方一卷
（清）李盛春（日新）编
见医学研说

07200 08050 **妙一斋医学正印种子编**五卷 1635
又名种子全编、医学正印女科
（明）岳甫嘉（仲仁、心翼）撰
1. 明崇祯九年（1636）兰陵岳虞峦杭州刻东吴铭新斋重修本 139 202（残） 385 570（存女科调经） 572 589 590 944（存卷一）
2. 明崇祯九年（1636）兰陵岳虞峦杭州刻绣谷三乐斋递修本 139 251 277 289 361 412A 514A 541 570
3. 清乾隆五十八年（1793）山阴陈文统刻本 1 139 286 651 734A
4. 抄本 140 186 279 590 738B 799A

07201 08053 **摄生种子秘剖**三卷 1638
（明）洪基（九有）撰
1. 清刻本 731
2. 见摄生总要

07202 00000 **继嗣珍宝**一卷 1638
（明）洪基（九有）辑
1. 清刻摄生总要本 731
2. 见摄生总要

07203 08055 **性原广嗣**六卷 1691
（清）王宏翰（惠源、浩然子）撰
清康熙三十年（1691）刻本 907B

07204 **广嗣秘诀验方**一卷 1696
08056 （清）汪启贤（肇开） 汪启圣（希贤）撰 汪大年（自培）增补
见济世全书

07205 **求嗣指源**二卷 ［1707］
08057 （清）钱峻（青抡）撰
1. 清光绪二十二年（1896）吉林三利泉记刻本 139 522
2. 抄本 308A

07206 **种子心法**一卷 ［1709］
08058 附保产心法
（清）石成金（天基、惺庵愚人）撰
抄本 279

07207 **广嗣要方**二卷 ［1722］
08079 附种子秘诀真传钟吕二仙采真问答
（清）松柏老人撰
清康熙刻本 2 590

07208 **广嗣编**二卷 1750
08059 （清）方耐庵（允淳、东山逸樵）撰
1. 清乾隆十五年（1750）务本轩刻本 541
2. 清抄本 139（残）

07209 **衍庆编**二卷 ［1751］
08069 （清）庄大椿（书年、澹闲、髯客、出险道人）撰
1. 清同治十年（1871）森玉堂刻本 1
2. 清光绪二年（1876）陈濂刻本 286

07210 **种子仙方**一卷 ［1762］
00000 （清）唐千顷（桐园）编
见伤寒痘疹辨证（附录）

07211 **种子要方**一卷 ［1764］
08060 （清）徐大椿（灵胎、洄溪老人）撰
见徐灵胎医书三十二种

07212 **保生衍庆编**二卷 ［1776］
08070 **慈幼万全编**一卷
（清）庄大椿（书年、澹闲、髯客、出险道人）编
清乾隆四十一年（1776）刻本 921

07213 **广生编**一卷 ［1777］
08061 （清）庄一夔（在田）撰
见保赤全编

07214 **父精母血说——有情无情说**一卷 1801
08062 （日）西海撰
日本享和元年（1801）抄本 139

07215 **体生集**七卷 1810
08063 （清）庄一夔（在田）辑
子目：
（1）宜麟策一卷续编一卷
（2）达生编二卷
（3）福幼编一卷
（4）遂生编一卷附稀痘良方一卷
清咸丰十年（1860）锦城沈清臣抄本 139

07216 **种子心法**一卷 1821
08064 （清）王实颖（西成、耘苗主人）编
1. 清道光元年（1821）崇川王实颖刻广嗣五种备要本 728A
2. 见广嗣五种备要

07217 **广嗣五种备要**五卷 1821
08065 （清）王实颖（西成、耘苗主人）辑
子目：
（1）种子心法一卷
（2）保胎方论一卷
（3）达生真诀一卷
（4）新产证治一卷
（5）全婴须知一卷
清道光元年（1821）崇川王实颖刻本 1 3 139 186 289 306 361 412B 475A 514A 529A 664 728A 907C

07218 **都春堂熊罴梦**四卷 1839
08066 （清）吴云间（虎峰）辑 吴春霞等校
清道光十九年（1839）都春堂刻本 391 590

07219 **种子金丹**三卷 ［1846］
08081 （清）周子椿编
子目：
（1）种子金丹一卷 （清）周子椿撰
（2）产后编二卷 （清）傅山撰
清道光二十六年（1846）周子椿刻本 491 570

07220 **种子金丹**一卷 ［1846］
00000 （清）周子椿编
1. 清道光二十六年（1846）刻本 412A
2. 见种子金丹全集

07221 **吕祖种子良方**二卷 1849
00000 附醒心真经一卷
原题（唐）吕岩（洞宾、纯阳）撰
清道光二十九年（1849）刻本 570

07222 08067 **生育辑要**十六卷 1860
(清)张宝孟(熙樵)编
清同治元年(1862)晓园刻本 738B

07223 08068 **广生编**二卷 1867
又名包氏医述
附十剂表二卷、十剂解一卷
(清)包诚(兴言)撰
清同治七年(1868)蕴璞斋刻本 2 139 308A 391 491 590 664 677A 734A 735 781 831 891 921

07224 08071 **神效育子方**一卷 1873
(清)赵冬郎撰
清光绪二十七年(1901)金陵槐荫堂刻本 651

07225 08072 **广嗣金丹**四卷 1886
又名广嗣金丹要录
(清)何守愚(芥园)编
1. 清光绪十二年(1886)青湘阁书坊刻本 940
2. 清光绪二十二年(1896)佛山天禄阁刻本 931 944

07226 08074 **广嗣秘书**四卷 1891
原题(宋)陈抟(图南、扶摇子、白云先生、希夷先生)辑
清光绪十七年(1891)上海百尺楼刻本 541

07227 08075 **叶氏秘本种子金丹**二卷 1896
原题(清)叶桂(天士、香岩、南阳先生)撰
清光绪二十二年(1896)上海书局石印本 308A

07228 08076 **乾坤种玉新编**三卷 [1908]
(日)高太启郎撰 福田室主译
石印本 514A 915

07229 08077 **种子奇方**一卷 [1908]
(清)康强(逢吉)撰
清光绪无锡日升山房刻本 541

07230 08082 **延龄广嗣**一卷 [1911]
王建章撰
抄本 277

07231 08099 **毓麟验方**一卷 [1911]
著者佚名
清怡云堂抄本 738B

9.2.4 导引

07232 11034 **灵剑子**一卷 [373]
附灵剑子导引子午记一卷
(晋)许逊(敬之)撰
见道藏

07233 00000 **太上黄庭玉景内经**一卷 [420]
太上黄庭玉景外经一卷
(晋)魏华存撰
明万历十一年(1583)丰城熊高刻朱印本 839A

07234 11036 **存神炼气铭**一卷 [682]
(唐)孙思邈(紫尘真人)撰
见道藏

07235 11037 **黄庭内景玉经注**三卷 848
(唐)白履忠(梁丘子)注
1. 清道光十七年(1837)龚庆荣刻本 301
2. 见(重刊)道藏辑要

07236 11038 **太上黄庭外景经**一卷 848
(唐)白履忠(梁丘子)注
1. 抄本 4I
2. 见(重刊)道藏辑要

07237 11039 **黄庭内景五脏六腑补泻图并序**一卷 848
又名黄庭内景图
(唐)胡愔(见素子)撰
1. 明抄本 4I
2. 见道藏

07238 00000 **太上黄庭内景玉经**一卷 848
(唐)白履忠(梁丘子)注
1. 明万历刻本 4M
2. 清同治八年(1869)刻本 450A
3. 清刻本 734A 735A 736A
4. 抄本 4I

07239 00000 **太上黄庭内景玉经**一卷 848
外景玉经三卷
(唐)白履忠(梁丘子)注
清同治八年(1869)刻本 736B

07240 11040 **黄庭经注**一卷 [907]
(唐)白履忠(梁丘子)注
明刻本 139

07241 11041 **二十四气坐功导引治病图**一卷 [989]
(宋)陈抟(图南、扶摇子、白云先生、希夷先

生）（明）罗洪先（达夫、念庵、太玄散人）（清）潘霨（伟如、韡园居士）等撰
抄本（附奇经八脉考） 139（残）

07242 11043 **道言内外秘诀全书**六十三卷 ［1127］
（宋）吕真（纯阳）传 （明）彭伯筏（好古、一壑居士）辑
明万历新安吴勉学刻黄之寀重修文锦堂印本 4 4C 453 728A 731A

07243 11046 **太上黄庭中景经**一卷 ［1234］
（金）李千乘注
见（重刊）道藏辑要

07244 11047 **悟真篇**一卷 ［1279］
（宋）张伯端（平叔、紫阳真人）撰
1. 清抄本 736A
2. 见（重刊）道藏辑要

07245 11048 **悟真篇直指详说**一卷 ［1279］
（宋）翁葆光撰
见（重刊）道藏辑要

07246 11050 **悟真篇三注**三卷 ［1367］
（宋）张伯端（平叔、紫阳真人）原撰 薛道光（太原、紫贤真人） 陆野（子野）（元）陈致虚（观吾、上阳子）注
1. 明刻本 4A 361
2. 清乾隆十五年（1750）文锦堂刻本（附悟真篇外集、金丹真传一卷、规中指南一卷、参同契分节三卷、参同契笺注分节解三卷） 139
3. 清嘉庆十四年（1809）聚锦堂刻本 313
4. 清道光五年（1825）刻本 313 736B
5. 清道光二十一年（1841）刻本 4A
6. 清道光三十年（1850）刻本 852M
7. 清光绪二十二年（1896）刻本 736B
8. 清末善成堂刻本 4
9. 清古石山房刻本 4C
10. 清刻本 740A 852K
11. 见悟真全书
12. 见道藏

07247 00000 **悟真篇集注**五卷 ［1367］
（宋）张伯端（平叔、紫阳真人）等撰
1. 元刻明修本 1（叶士表等注）
2. 清同治十二年（1873）刻本 713 943（仇兆鳌辑补）

07248 00000 **易筋经**二卷 ［1391］
洗髓经一卷
原题（西竺）菩提达摩（达摩大师、达摩祖师）撰 般刺密谛译 （释）慧可译
1. 明洪武二十四年（1391）抄本（题洗髓经） 541
2. 清道光三年（1823）刻本 852F
3. 清道光二十三年（1843）山左齐河祝阿马一贞刻本 139
4. 清光绪二十年（1894）宏道堂刻本 139 287 901 939

07249 00000 **黄庭经注解**二卷 ［1424］
附考证一卷、征验一卷
（明）朱权（臞仙、玄洲道人、涵虚子、丹丘先生）
清四川刻本 852C

07250 11052 **胎息经注**一卷 ［1449］
原题（□）幻真先生撰
1. 明崇祯三年（1630）虞山毛氏汲古阁刻津逮秘书本 9
2. 见道藏
3. 见夷门广牍
4. 见津逮秘书
5. 见学津讨原
6. 见（重刊）道藏辑要

07251 11053 **太清导引养生经**一卷 ［1449］
著者佚名
见道藏

07252 11054 **太上养生胎息气经**一卷 ［1449］
著者佚名
见道藏

07253 11055 **古仙导引按摩法**一卷 ［1449］
著者佚名
见道藏精华录

07254 10809 **保生心鉴**一卷 1506
（明）铁峰居士撰
1. 明万历二十年（1592）虎林胡文焕文会堂刻寿养丛书本 139
2. 明万历三十一年（1603）虎林胡文焕文会堂刻格致丛书本 21 139 202 741
3. 清经锄堂抄本 1（附活人心法） 651
4. 抄本 709
5. 见寿养丛书

6. 见格致丛书

07255 11057 **修真秘要**一卷 1506

著者佚名 （明）王棨霄（庭瞻）传

1. 明嘉靖万历间刻本（附保生心鉴、养生导引法） 651
2. 明万历二十年（1592）虎林胡文焕文会堂刻寿养丛书本 3 21 308A
3. 抄本 21 709
4. 见平阳府所刻医书六种
5. 见寿养丛书
6. 见格致丛书

07256 11044 **朱子静坐说**一卷 1509

原题（宋）朱熹（元晦、仲晦、晦庵）撰

日本永正六年（1509）屋州西替町风月孙助刻本 541

07257 11058 **胎息经疏**一卷 ［1532］

又名胎息经疏略

（明）王文禄（世廉、沂阳生）撰

1. 明万历十二年（1584）海盐王文禄刻百陵学山本 738C
2. 清光绪元年（1875）湖北崇文书局刻本 741
3. 见百陵学山
4. 见说郛续

07258 00000 **经络配四时图**一卷 ［1547］

原题（明）仇英绘 文徵明题

明抄彩绘本 831

07259 11062 **炼形内旨**一卷 1578

（明）周履靖（逸之、梅墟、梅癫道人）校

见夷门广牍

07260 11063 **赤凤髓**三卷 1578

（明）周履靖（逸之、梅墟、梅癫道人）编 吴惟贞续增

1. 明万历金陵荆山书林刻夷门广牍本 590
2. 见夷门广牍

07261 11064 **逍遥子导引诀**一卷 ［1578］

原题（□）逍遥子撰 （明）周履靖（逸之、梅墟、梅癫道人）校

见夷门广牍

07262 00000 **阴符经阐秘**一卷 1588

（明）陈楚良（益元道人）撰

见武林陈氏家传仙方佛法灵寿丹（附录）

07263 11065 **颐养十五种**十八卷 1591

又名高濂等气功著作十五种、服气法等三十二种

（明）高濂（深甫、瑞南道人）等撰

子目：

(1)守庚申法一卷 （明）高濂撰
(2)八段锦一卷 （明）高濂撰
(3)陈希夷坐功图一卷 （明）陈抟撰
(4)治万病坐功图一卷 （明）高濂撰
(5)按摩导引诀一卷 （明）高濂撰
(6)延年诀一卷 （明）高濂撰
(7)神咒录一卷 （明）皇甫周撰
(8)太清中黄胎藏论一卷 （明）苍山与道人撰
(9)至道玄微七论一卷 （明）高濂撰
(10)内丹三要论一卷 （明）高濂撰
(11)服内元气论一卷 （明）高濂撰
(12)服气法一卷 （明）高濂撰
(13)六气歌诀一卷 （明）高濂撰
(14)李真人长生十六字诀一卷附三宝归身诀一卷 （明）高濂撰
(15)绝三尸符咒一卷 著者佚名
(16)八段锦坐立功图一卷 （明）莱青真人撰
(17)胎息经注一卷 （明）高濂撰

1. 明刻本 301 391
2. 清抄本 1（题服气法等三十二种）

07264 11068 **养生导引法**一卷 1592

（明）胡文焕（德甫、全庵、抱琴居士）校

1. 明万历二十年（1592）虎林胡文焕文会堂刻寿养丛书本 21 139
2. 清经锄堂抄本 1
3. 见平阳府所刻医书六种
4. 见寿养丛书
5. 见格致丛书

07265 10811 **（新镌）卫生真诀**二卷 1597

又名仙传四十九方

（明）罗洪先（达夫、念庵、太玄散人）撰

1. 明崇祯十一年（1638）抄本 251
2. 明抄本 139
3. 清光绪九年（1883）戴兆春抄本 21

07266 11069 **金笥玄玄**一卷 1597

（明）周履靖（逸之、梅墟、梅癫道人）校

1. 明万历二十五年（1597）金陵荆山书林刻本（附逍遥子导引诀） 7

2. 见夷门广牍

07267 11070 **性命圭旨**四卷 1615
又名性命双修万神圭旨
（明）尹真人撰
1. 明万历四十三年（1615）新安吴之鹤刻本 1 4 21 728A 831
2. 清顺治康熙间武陵胡虞潢刻本 139 406 572 590 728A
3. 清康熙九年（1670）曹若济周舆闲钱羽刻棣鄂堂印本 288 351 352 362 443 461 475A 589 728 907B
4. 清乾隆三槐堂刻本 139 728 731 907B
5. 清乾隆五十八年（1793）祝其会然居士刻本（附续一卷） 7 21（宝仁堂藏板）
6. 清末善成堂刻本 7 139 139A
7. 清末善成堂刻一山房印本 4 139 279 288 351 364 514A 709 734A 736B 781 831
8. 清末上海江左书林刻本 139
9. 清末江左书林刻扫叶山房印本 288 572 734A
10. 清末宜园山房刻本 351
11. 清末邵阳宏道堂刻本 831
12. 清刻本 288 307 308A 731 734A 873
13. 清抄本 255 736

07268 11071 **性命圭旨删补定本**五卷 ［1615］
（明）尹真人原撰 醉翁谁是我删补
清刻本 139（缩微胶卷）

07269 11073 **道元一炁**内篇四卷外篇二卷 1634
（明）曹士珩（元白、俞俞道人）撰
1. 明崇祯七年（1634）汪翰等刻本 252
2. 明崇祯九年（1636）方逢时刻本 21
3. 明崇祯刻本 1 21（残）
4. 抄本 279

07270 11125 **黄庭经**一卷 ［1639］
（明）陈继儒（仲醇、眉公）辑
1. 稿本 253
2. 抄本 732

07271 11074 **养生秘要活人心诀**一卷 1640
著者佚名
清刻本 590

07272 11076 **丹亭卢真人广胎息经注**十二卷 1644
又名丹亭真人传道密集
（明）卢真人撰
明孙净仪抄本 572

07273 11131 **欣赏修真**一卷 ［1644］
又名希夷坐功图
著者佚名
明刻本 186

07274 00000 **黄庭内景经**二卷 ［1644］
外景经一卷
（明）李一元注
清抄本 310

07275 00000 **性命圭旨补遗九说**四卷 ［1644］
（明）施天容撰
清刻本 734A

07276 11078 **性命圭旨约说**一卷 1669
（明）尹真人撰 （清）莫熺（丹子、皋亭）删订
见莫氏锦囊十二种

07277 11079 **黄庭经注**一卷 1669
（清）莫熺（丹子、皋亭）撰
见莫氏锦囊十二种

07278 11090 **太上黄庭经注**三卷 1673
（清）石和阳（嵩隐子）撰 李明徹（青来）评
清乾隆五十八年（1793）李明徹刻本 839A

07279 11080 **黄庭内景经统注**不分卷 1695
（清）施骏（澹庵）辑注
清抄本 139

07280 11081 **黄庭经注解**一卷 ［1695］
（清）涵虚子撰
清杭州西湖慧空经房刻本 139

07281 11082 **添油接命金丹大道**一卷 1696
（清）汪启贤（肇开） 汪启圣（希贤）注 汪大年（自培）增补
1. 清抄本 139
2. 见济世全书

07282 00000 **清净金丹大道**一卷 1696
（清）汪启贤（肇开） 汪启圣（希贤）注 汪大年（自培）增补
见济世全书

07283 00000 **悟真指南**二卷 1696
（清）汪启贤（肇开） 汪启圣（希贤）注 汪大年（自培）增补

见济世全书

07284 11084 **陆地仙经**一卷 1726

(清)张百字传 马齐辑

1. 清光绪二年(1876)辽海謍丹崖李馨桂抄本 1
2. 清光绪二十四年(1898)不夜山房刻本 351
3. 清刻本 1 139(附勿药元诠一卷) 139A
4. 清抄本 139(附茹穹子入道始终) 401(附勿药元诠一卷) 731A
5. 见内科分治指掌(附录)

07285 10868 **延年九转法**一卷 [1735]

又名万病回春、却病延年法

(清)方开撰 颜伟编绘

1. 清咸丰二年(1852)广东抚署刻颐身集本 139 590 651 781
2. 清光绪六年(1880)广东聚德堂刻本(题保身良法、万病回春) 541
3. 抄本 590
4. 见颐身集

07286 10870 **修真秘旨**一卷 1759

(清)杨凤庭(西山、瑞虞)撰

抄本 139

07287 11089 **太上黄庭经发微**二卷 1791

附阴符经本义二卷

(清)董德宁(元真山人)注

清乾隆六十年(1795)古越集阳楼刻本 139

07288 00000 **易筋经义**一卷 1804

著者佚名

1. 清嘉庆九年(1804)绍兴周调梅抄本 734A
2. 清末抄本 1
3. 清岫云山人抄本 381
4. 见易筋经义服气图说

07289 10888 **尊生导养编**一卷 1823

(清)张映汉(云衢)编 康兰皋鉴定

清道光六年(1826)心正堂刻本 139A 186 651

07290 11091 **修元大道**三章 [1827]

(清)方奇(问之、偶金)撰

清道光七年(1827)白沙醉经精舍刻本 1

07291 11092 **易筋经**二卷 [1829]

原题(西竺)菩提达摩(达摩大师、达摩祖师)撰 般刺密谛译义

1. 清道光九年(1829)刻本 572
2. 清道光二十六年(1846)抄本 701
3. 清同治三年(1864)程光祖抄本 831
4. 清光绪元年(1875)河南藩库厅刻本(题卫生易筋经) 139 251 279 301 304A(存卷一) 311
5. 清光绪九年(1883)扫叶山房刻本 514A 741
6. 清光绪十一年(1885)聚文斋刻本 385B
7. 清光绪二十二年(1896)京都文成堂刻本 1 2 139 185 279 664 734A
8. 清刻本 21 279 311 541 572 733 901 907B 907C 917A
9. 清三雅堂抄本 736A
10. 清抄本 1(附乐马厂园记) 491 701 728A 852(题易筋经内府秘书) 911(存卷三、四)
11. 抄本 1 139 279 590 709 731 737 738B

07292 11093 **修昆仑证验**一卷 1846

(清)天休子(乾一先生)撰

1. 清道光二十七年(1847)济南府会文斋刻本 304A 391
2. 清抄本 139

07293 11101 **慧命经**一卷 [1846]

(清)柳华阳(传庐)撰

1. 清道光二十六年(1846)刻本 4A
2. 清同治元年(1862)苏城玛瑙经房刻本 740A
3. 清同治六年(1867)宁城述古堂刻本 740A 740B
4. 清宣统二年(1910)善成堂刻伍柳仙宗本 279
5. 北京天华馆铅印本 728A
6. 见伍柳仙宗

07294 11094 **服气祛病图说**一卷 1848

又名服气图说

著者佚名

1. 清道光二十八年(1848)瓶花书屋刻本 1
2. 清道光二十九年(1849)粤东粮署刻本

139　279　391
3. 清光绪九年（1883）扫叶山房刻本　739　741
4. 清刻本　351　944
5. 清抄本〔据道光二十八年（1848）瓶花书屋刻本抄录〕　139　651
6. 抄本　139　391　737
7. 见易筋经义服气图说

07295 00000 **黄庭经注解**二卷　［1850］
（清）李西月撰
清刻本　418

07296 11095 **寿人经**一卷　1852
（清）汪晸撰
1. 清咸丰二年（1852）汉阳叶志诜广东抚署刻颐身集本　139　651　781
2. 见颐身集

07297 11096 **调气圭臬图说**一卷　1852
（清）李九华传　法法山人撰
清咸丰二年（1852）抄本　590

07298 00000 **冲用编入药镜**四卷　［1852］
原题（南宋）崔嘉彦（希范、子虚、紫虚真人）撰　（明）陆西星　混然子　萧廷芝　张星　张应斗注　（清）曹禾（畸庵）校辑
清抄本　541

07299 11132 **五禽戏图说**一卷　［1853］
（清）寿峄编
清咸丰三年（1853）山阴寿峄刻本　731

07300 00000 **黄庭内景经**二卷　［1856］
辑者佚名
子目：
（1）内篇一卷
（2）外篇一卷
清咸丰六年（1856）绍城刻本　734A

07301 11097 **卫生要术**一卷　1858
又名易筋经八段锦合刻、十二段锦易筋经义
（清）徐文弼（勳右、荩山、鸣峰、超庐居士）原撰　潘霨（伟如、韡园居士）编
1. 清咸丰八年（1858）苏州元妙观刻本　1　139A　391　541　737
2. 清同治十一年（1872）范明山抄本　308A
3. 清同治十一年（1872）抄本　412A
4. 清光绪二年（1876）石印本〔据清咸丰八年（1858）苏州元妙观刻本〕　475A　541　734A　736B
5. 清光绪二年（1876）刻本　1　4　139　202　289　361　366　475A　541　590　664　677A　701　709　736B　852
6. 清光绪十五年（1889）积山书局石印本　279　306　590　733
7. 清光绪十八年（1892）上海吉乐斋刻本　361
8. 清京口文成堂刻本　256　277　391　412A　450　514A　651　701　702　907C
9. 清京都琉璃厂刻本　139　279　541　839A
10. 清末上海同文书局石印本　139A　301　361　541　664
11. 清刻本　302　701　709　734A　737
12. 抄本　186　279　381　590　701

07302 11099 **易筋经图说**一卷　1858
附八段锦坐功图一卷
（清）梁士贤辑　莱青真人撰　潘霨（伟如、韡园居士）编
清宣统三年（1911）大文堂刻本　940　944

07303 11100 **性命双修惠命正旨**一卷　［1862］
又名修真正旨撮要
（清）柳华阳（传庐）撰　顾曾寿（棱枷山人）撮要
1. 清同治元年（1862）惟德堂刻本　1　7
2. 清清阳道人抄本　475A

07304 11102 **金仙证论**一卷　［1862］
（清）柳华阳（传庐）撰
1. 清嘉庆三年（1798）刻本　1　491　943
2. 清道光十八年（1838）刻本（三卷）　1
3. 清道光二十八年（1848）菁华堂刻本　734A
4. 清同治九年（1870）栖霍山馆刻本（十八卷）　285　701　704A　735A
5. 清光绪四年（1878）刻本（十八卷）　522
6. 清光绪九年（1883）京都龙华斋刻本　279　401　453　522　852
7. 清光绪十三年（1887）刻本　852
8. 清光绪二十三年（1897）刻本　279　401　453　522　852
9. 清光绪二十五年（1899）剡东静心庵刻本　740A
10. 清光绪二十八年（1902）两仪堂刻本　421

11. 清光绪三十二年(1906)善成堂刻本(十八卷) 251 911(存卷一至八)
12. 清姑苏龚庆荣刻本 943
13. 见伍柳仙宗

07305 10930 **玄妙镜**三卷 1866
又名玄妙镜入道真诠
(清)李昌仁(离尘子)撰
清光绪三十一年(1905)刻本 4 289

07306 11103 **养气法**一卷 1867
著者佚名
抄本 139

07307 11104 **导引图**一卷 1875
著者佚名
1. 清光绪初抄绘本(敬慎山房主人编绘) 139
2. 抄本 514A[揭恂(木男、瓶园)辑,32图] 651

07308 11105 **元和篇**十二卷附录一卷 1875
(清)因觉生编
1. 清光绪二十六年(1900)铅印本 1 728A
2. 抄本 2

07309 11106 **论功法**一卷 1875
著者佚名
清刻本 139

07310 11107 **八段锦坐立功法图诀**一卷 1875
(清)娄杰(受之、寿芝)编
清光绪二年(1876)芳草轩刻本 139 731

07311 11108 **内功导引法**不分卷 [1875]
著者佚名
抄本 152

07312 00000 **十二按摩图法**一卷 [1875]
辑者佚名
清抄彩绘本 731(残)

07313 10898 **万病回春延年法**一卷 1878
著者佚名
清光绪四年(1878)濬文书局刻本 541

07314 00000 **十三则阐微**一卷 1878
(清)闵小艮撰 梁承诰(少卿)辑录
清光绪四年(1878)梁承诰抄本 541

07315 10899 **枕上三字诀**一卷 1879
(清)俞樾(荫甫、曲园居士)撰
1. 清光绪五年(1879)刻本 21 831
2. 清光绪五年(1879)刻二十五年(1899)德清俞樾印春在堂全书本 1 139 251 461 731 738C 781 852 922
3. 见春在堂全书

07316 11109 **内功图说**一卷 1881
又名内功图编
(清)潘霨(伟如、韡园居士)原编 武通守(文源)摹绘
1. 清光绪八年(1882)福山王氏刻本 1 2 9 139 251 277 401 462 651 702 739 781 831 901 939
2. 见丛书集成初编

07317 11111 **易筋经义**一卷 1889
服气图说二卷
又名少林拳术精义
原题(西竺)菩提达摩(达摩大师、达摩祖师)撰 佚名辑录
清光绪十五年(1889)刻本 514A

07318 11112 **黄庭内景经笺注**一卷 1891
(清)朱靖旬(溥原)注
清光绪十七年(1891)保定府署刻本 3 286

07319 11116 **易筋经外经图说**一卷 [1896]
又名易筋经图说、全图易筋经
附八段锦一卷
原题(西竺)菩提达摩(达摩大师、达摩祖师)撰
1. 清光绪上海同文书局石印本 1 364 709
2. 清宣统元年(1909)善成堂石印本 734A
3. 清宣统三年(1911)大文堂刻本(题全图易筋经) 939 944
4. 清清江宏文堂刻本 9
5. 清刻本 1 664 735

07320 11113 **伍柳仙宗**十二卷 1897
(清)邓徽绩(云笠)编
子目:
(1)仙佛合宗语录六卷 (明)伍守阳撰
(2)天仙正理增注直论一卷 (明)伍守阳撰
(3)天仙正理浅说一卷 (明)伍守阳撰
(4)金丹要诀一卷 (明)伍守阳撰
(5)丹道九篇一卷 (明)伍守阳撰
(6)慧命经一卷 (清)柳华阳撰
(7)金仙证论一卷 (清)柳华阳撰
清光绪三十二年至宣统二年(1906—1910)善成堂刻本 3 4F 831

07321 **卫生二要**一卷 1901
10915 （清）竹居主人撰
清光绪二十七年（1901）冶山竹居刻朱印本
1 279 664

07322 **悟真篇阐幽**三卷 ［1906］
11120 （清）朱元育（云阳）撰
1. 清光绪三十二年（1906）成都二仙庵刻重刊道藏辑本 4A
2. 见（重刊）道藏辑要

07323 **秘本练丹图诀**一卷 ［1906］
00000 （清）雲云抄录
清光绪三十二年（1906）绘本 1

07324 **采药秘诀**一卷 1910
10926 著者佚名
抄本 139

07325 **黄庭内景经**一卷 ［1911］
11118 （清）蒋国祚注
见（重刊）道藏辑要

07326 **黄庭外景经**一卷 ［1911］
11119 （清）蒋国祚注
见（重刊）道藏辑要

07327 **八段锦图说**一卷 ［1911］
11121 （清）莱青真人撰
1. 清广州守经堂刻本 931
2. 见易筋经图说八段锦坐功图
3. 见颐养十五种

07328 **玄功近指**一卷 ［1911］
11122 （清）李汝钧（维甸）辑
清李氏抄本 579

07329 **养心保天集**一卷 ［1911］
00000 （清）厉勤氏辑订
清抄本 541

07330 **静坐指南**一卷 ［1911］
00000 著者佚名
清抄本 832

07331 **八段锦图**一卷 ［1911］
00000 著者佚名
清抄本 852

07332 **性命指南引**一卷 ［1911］
11124 著者佚名
清抄本 139

07333 **内八卦经穴集**不分卷 ［1911］
11126 著者佚名
抄本 931

07334 **洞天秘语**不分卷 ［1911］
11127 著者佚名
清末抄本 186

07335 **却病坐运法则**一卷 ［1911］
11128 著者佚名
抄本 139

07336 **诸仙导引图说**一卷 ［1911］
11130 著者佚名
清刻本 1

07337 **调气炼外丹图经**一卷 ［1911］
11134 （□）无怀道人传
抄本 1

07338 **易筋洗髓**六卷 ［1911］
11135 著者佚名
清抄本 301

07339 **图绘祛病功法诸医方**一卷 ［1911］
00000 著者佚名
清隐居山人抄本 366

9.2.5 丹功

07340 **参同契正文**二卷 219
10726 （汉）魏伯阳（会稽山人）撰
见百陵学山

07341 **金碧五相类参同契**三卷 ［219］
11191 （汉）阴长生注
见道藏

07342 **玉洞大神丹砂真要诀**一卷 ［741］
11192 （唐）张果（姑射山人）撰
见道藏

07343 **雁门公妙解录**一卷 ［855］
11193 （唐）雁门公撰
见道藏

07344 **通玄秘术**三卷 ［864］
11194 （唐）沈知言（金鹅山布衣）编
见道藏

07345 **大丹铅汞论**一卷 ［905］
11195 （唐）金竹坡撰
见道藏

07346 **丹房奥论**一卷 1020
11196 （宋）程了一（学仙子）撰
见道藏

07347 **金华冲碧丹经秘旨**二卷 1225
11197 (宋)白玉蟾(诲琼老人)等撰 彭耜(鹤林老人)编
见道藏

07348 **规中十二字诀**一卷 1269
00000 (宋)李简易(玉谿子)撰
见悟真全书

07349 **丹房须知**一卷 [1279]
11198 (宋)吴悮(高盖山人、自然子)撰
见道藏

07350 **内丹诀**一卷 [1279]
11199 (宋)陈朴撰
见道藏

07351 **参同契**三卷 [1279]
11200 (宋)陈显微注
见(重刊)道藏辑要

07352 **参同契三相类**二卷 [1290]
00000 (汉)淳于叔通撰 (元)陈致虚(观吾、上阳子)注
见悟真全书

07353 **周易参同契分解**三卷 [1290]
00000 (汉)魏伯阳(会稽山人)撰 (元)陈致虚(观吾、上阳子)注
见悟真全书

07354 **参同契笺注分节解**三卷 [1290]
00000 (汉)陈景休撰 (元)陈致虚(观吾、上阳子)注
见悟真全书

07355 **金丹大要**十卷 [1367]
11049 (元)陈致虚(观吾、上阳子)撰
1. 清康熙积秀堂刻本 412A(残)
2. 清刻本 514A
3. 见金丹正理大全

07356 **周易参同契发挥**三卷 [1368]
00000 **释疑**一卷
(元)俞琰(玉吾、全阳子、林屋山人、石涧道人)述
1. 明初刻本 1
2. 明宣德三年(1428)朱文武刻本 733(存卷上)
3. 清同治十年(1871)钱江王诒燕堂刻本 4 252 491 522 701 709(残) 710(残) 733 736A 736B 737 737A 740A(存一卷) 740C(存卷上) 911
4. 见道藏

07357 **太清金液神丹经**三卷 [1449]
11201 著者佚名
见道藏

07358 **灵宝众真丹诀**一卷 [1449]
11202 著者佚名
见道藏

07359 **神仙服饵丹石行药法**一卷 [1449]
11203 京里先生撰
见道藏

07360 **上清经真丹秘诀**一卷 [1449]
11204 著者佚名
见道藏

07361 **太清石壁记**三卷 [1449]
11205 楚泽先生编
见道藏

07362 **太清天师口诀**一卷 [1449]
11206 著者佚名
见道藏

07363 **太清修丹秘诀**一卷 [1449]
11207 著者佚名
见道藏

07364 **黄帝九鼎神丹经诀**二十卷 [1449]
11208 著者佚名
1. 旧蓝格抄本(据道藏抄录) 4B
2. 见道藏

07365 **九转灵砂大丹资圣玄经**一卷 [1449]
11209 著者佚名
见道藏

07366 **张真人金石灵砂论**一卷 [1449]
11210 (□)张隐居撰
见道藏

07367 **太极真人九转还丹经要诀**一卷 [1449]
11211 著者佚名
见道藏

07368 **大洞炼真宝经修伏灵砂妙诀**一卷 [1449]
11212 (元)陈少微(子明、衡岳山人)撰
见道藏

07369 **大洞炼真宝经九还金丹妙诀**一卷 [1449]
11213 (元)陈少微(子明、衡岳山人)撰
见道藏

07370 **太上卫灵神化九转丹砂法**一卷 ［1449］
11214 著者佚名
见道藏

07371 **九转灵砂大丹**一卷 ［1449］
11215 著者佚名
见道藏

07372 **九转青金灵砂丹**一卷 ［1449］
11216 著者佚名
见道藏

07373 **阴阳九转成紫金点化还丹诀**一卷 ［1449］
11217 著者佚名
见道藏

07374 **灵砂大丹秘诀**一卷 ［1449］
11218 著者佚名
见道藏

07375 **碧玉朱砂寒林玉树匮**一卷 ［1449］
11219 （□）陈大师撰
见道藏

07376 **龙虎还丹诀**二卷 ［1449］
11220 （□）金陵子撰
见道藏

07377 **金华玉液大丹**一卷 ［1449］
11221 著者佚名
见道藏

07378 **感气十六转金丹**一卷 ［1449］
11222 著者佚名
见道藏

07379 **修炼大丹要旨**二卷 ［1449］
11223 著者佚名
见道藏

07380 **抱朴子神仙金汋经**三卷 ［1449］
11224 著者佚名
见道藏

07381 **诸家神品丹法**六卷 ［1449］
11225 著者佚名
见道藏

07382 **铅汞甲庚至宝集成**五卷 ［1449］
11226 著者佚名
见道藏

07383 **丹方鉴源**三卷 ［1449］
11227 （□）独孤滔（紫阁山叟）撰
见道藏

07384 **轩辕黄帝水经药法**一卷 ［1449］
11228 著者佚名
见道藏

07385 **三十六水法**一卷 ［1449］
11229 著者佚名
见道藏

07386 **红铅入黑铅诀**一卷 ［1449］
11230 著者佚名
见道藏

07387 **灵飞散传信录**一卷 ［1449］
11231 著者佚名
见道藏

07388 **玄霜掌上录**一卷 ［1449］
11232 著者佚名
见道藏

07389 **太极人杂丹药方**一卷 ［1449］
11233 著者佚名
见道藏

07390 **太古土兑经**三卷 ［1449］
11234 著者佚名
见道藏

07391 **上洞心丹经诀**三卷 ［1449］
11235 著者佚名
见道藏

07392 **九转流珠神仙九丹经**二卷 ［1449］
11236 著者佚名
见道藏

07393 **庚道集**九卷 ［1449］
11237 著者佚名
见道藏

07394 **参同契五相类秘要**一卷 ［1449］
11238 著者佚名
见道藏

07395 **阴真君金石五相类**一卷 ［1449］
11239 著者佚名
见道藏

07396 **金石簿五九数诀**一卷 ［1449］
11240 著者佚名
见道藏

07397 **上清九真中经内诀**一卷 ［1449］
11241 著者佚名
见道藏

07398 11242 **道藏丹书五种**五卷 ［1449］
著者佚名
抄本　139

07399 11243 **还丹至药篇**一卷 ［1449］
（□）贤芝膺图撰
见道藏

07400 11244 **洞元子内丹诀**二卷 ［1449］
著者佚名
见道藏

07401 11245 **内丹还元诀**二卷 ［1449］
著者佚名
见道藏

07402 11246 **金丹正理大全**二十四卷 1538
（明）涵蟾子（紫霞山人）辑
子目：
(1)金丹大要十卷　(元)陈致虚注
(2)金碧古文龙虎上经三卷
(3)周易参同契通真义三卷　真一子撰
(4)周易参同契解　抱一子撰
(5)周易参同契分章注　(元)陈致虚注
(6)玄学正宗二卷
(7)丹书二卷
(8)悟真篇注疏三卷附直指详说一卷
(9)诸真玄奥集九卷
(10)群仙珠玉集四卷
明嘉靖十七年（1538）周藩朱氏刻本　1　251　311（存群仙珠玉四卷、周易参同契三卷）　579（残）

07403 11247 **周易参同契分章注**三卷 ［1538］
附玄学正宗
原题（汉）魏伯阳（会稽山人）撰　（元）陈致虚（观吾、上阳子）注　（明）涵蟾子（紫霞山人）辑
1. 明刻本　4B　139　450A
2. 清道光二十一年（1841）星霁堂刻本　4
3. 清道光二十七年（1847）河东敦本堂刻本　735A
4. 清咸丰九年（1859）藜照书屋刻本　852K
5. 清光绪二年（1876）敦仁堂刻本　736B　740A
6. 清刻本　734A
7. 见金丹正理大全
8. 见四库全书
9. 见（重刊）道藏辑要

07404 00000 **参同契经文分节解**一卷 1546
（明）姚汝循辑
明嘉靖二十五年（1546）刻本　4A

07405 10787 **参同契疏略**二卷 1550
（明）王文禄（世廉、沂阳生）撰
见百陵学山

07406 11248 **金丹真传**一卷 1579
（明）孙汝忠（以真）编撰　张崇烈注　李堪疏
1. 明万历七年（1579）稿本　590
2. 清道光二十一年（1841）善成堂刻本　831
3. 清道光三十年（1850）刻本　4D
4. 清刻本　4（二卷）　313
5. 清抄本　139　203　572
6. 见悟真全集

07407 00000 **长生诠**六卷 1602
（明）洪应明（自诚、还初道人）撰
明万历刻本　1　461　541（缺卷一）　732（存卷四）

07408 11250 **张三丰太极炼丹秘诀**一卷 ［1643］
原题（明）张三丰（全一、君宝）撰
抄本　907B

07409 11252 **炼丹图**一卷 ［1644］
原题（东晋）许逊（敬之）撰述
明彩绘本　1

07410 00000 **参同契**一卷 1647
（汉）魏伯阳（会稽山人）原撰　（明）陶宗仪（九成）编
1. 清顺治四年（1647）周南李际期宛委山堂刻说郛本　4J　850A
2. 见说郛

07411 11253 **女娲氏炼石补天**一卷 1696
（清）汪启贤（肇开）　汪启圣（希贤）注　汪大年（自培）增补
1. 清刻本　1
2. 见济世全书

07412 11271 **参同契阐幽**三卷 1721
（清）朱元育（云阳）撰
1. 清康熙六十年（1721）大德堂刻本　4C　831
2. 抄本　831
3. 见（重刊）道藏辑要

07413 **周易参同契正义**三卷 1796
00000 （汉）魏伯阳（会稽山人）原撰 （清）董德宁（元真山人）注
清嘉庆元年（1796）刻本 417

07414 **参同契经文直指**三卷 1799
00000 （汉）魏伯阳（会稽山人）原撰 （清）刘一明（悟元山人、悟元子、素朴子、被褐散人）注
1. 清嘉庆四年（1799）刻本 408
2. 清刻本 852D

07415 **删补韩城老人火门心法离炉丹**一卷 1802
11254 （清）彭传忠撰
清嘉庆七年（1802）刻本 931（残）

07416 **抄本炼丹书四种**四卷 1820
11255 （清）傅金铨（鼎云、济一子、醉花道人）编
子目：
（1）炉火心笺一卷
（2）梦觉法黄白破愚九转金丹诀新书一卷
（3）丹房捷法一卷
（4）我度法藏问答二十三章一卷
清嘉庆二十五年（1820）抄本 139（唐成之旧藏）

07417 **炉火心笺**一卷 1820
11256 著者佚名
见抄本炼丹书四种

07418 **梦觉法黄白破愚九转金丹诀新书**一卷 1820
11257 著者佚名
见抄本炼丹书四种

07419 **丹房捷法**一卷 1820
11258 著者佚名
见抄本炼丹书四种

07420 **我度法藏问答二十三章**一卷 1820
11259 著者佚名
见抄本炼丹书四种

07421 **炉火鉴戒录**一卷 [1831]
00000 （宋）俞琰（玉吾、全阳子、林屋山人、石涧道人）撰 （清）曹溶（洁躬、鉴躬、秋岳）辑
见学海类编

07422 **诸真圣贤修性延年炼丹真传**不分卷 1850
11261 著者佚名
清道光汤金钊抄本 461

07423 **道藏炼丹杂抄十五种**不分卷 1894
11264 著者佚名
清光绪二十年（1894）抄本 139

07424 **女丹合编**十八卷 1905
11266 （清）贺龙骧编
子目：
（1）坤元经一卷 孙不二元君撰
（2）坤诀一卷 孙不二元君撰
（3）女修程途一卷 孙不二元君撰
（4）壶天性果女丹十则一卷 （清）列古佛撰
（5）女金丹二卷 贞一子撰
（6）樵阳经女工修炼一卷 （唐）吕祖传
（7）坤宁经一卷
（8）女工炼还丹图说一卷 二峨山人述
（9）女丹撮要一卷 傅金铨辑
（10）女丹汇解一卷 月西老人述
（11）女真丹诀一卷 陈永清撰
（12）女丹要言一卷 （唐）吕祖传
（13）西池集一卷 回春子注
（14）女丹诗一卷 傅金铨辑
（15）九品莲花经一卷
（16）旁门路一卷 黔中人述
（17）男女丹工异同辨一卷
1. 清光绪三十二年（1906）二仙庵刻本 4 139 366
2. 见（重刊）道藏辑要

07425 **外金丹**五卷 1911
11268 （清）傅金铨（鼎云、济一子、醉花道人）辑
1. 清善成堂刻本 450A 521 875（存卷二至五）
2. 清末江左书林石印本 891（存卷三、四）
3. 抄本 279

07426 **参同契分节秘解**三卷 1911
00000 （汉）魏伯阳（会稽山人）原撰 （清）吕惠连注
清宣统三年（1911）万金堂木活字印本 253 288 831（存卷一、二）

07427 **金丹四百字解**一卷 [1911]
11269 著者佚名
抄本 1

07428 **金丹秘旨九十三种**一卷 [1911]
11274 著者佚名
抄本 572

07429 **金丹正宗**三卷 [1911]
00000 著者佚名
清抄本 570

10 医案医话医论

10.1 医案

07430 11276 **仓公诊籍**一卷 [-91]
又名齐太仓公脉案
原题(西汉)司马迁(子长)编
抄本 139

07431 11278 **怪疴单**一卷 [1358]
原题(元)朱震亨(彦修、丹溪)撰 (明)周履靖(逸之、梅墟、梅癫道人)校
见夷门广牍

07432 00000 **滑寿医案**一卷 1359
(元)滑寿(伯仁、撄宁生)撰
见诊家枢要(版本附录)

07433 11279 **丹溪医按**二卷 1377
又名丹溪先生治验医案
(元)朱震亨(彦修、丹溪)撰 (明)戴思恭(原礼、肃斋)编 王立方传
1. 清同治五年(1866)杨镜湖抄本 709
2. 抄本 TA(一卷)

07434 11304 **医说抄方**十卷 1493
又名医说妙方
(明)史琳(天瑞)撰
明弘治六年(1493)张凤刻本 1

07435 11280 **石山医案**三卷附录一卷 1519
又名石山居士医案、汪氏医案
(明)汪机(省之、石山居士)撰
1. 明嘉靖十年(1531)新安陈桷刻本 1 412B 529 541 572 590 664 677A 896A 931 TA
2. 明嘉靖十年(1531)新安陈桷刻嘉靖二十年(1541)重修本 139 939
3. 明嘉靖十年(1531)新安陈桷刻明清递修清初祁门朴墅印石山医案丛书本 186 203 251 279 289 311 541 570 732 TB
4. 日本元禄九年(1696)大阪涩川清右卫门刻本(题石山居士医按八卷) 541 799A
5. 抄本 651(题汪氏医案) 728A
6. 见汪石山医书
7. 见四库全书

07436 11281 **名医类案**十二卷 1549
(明)江瓘(民莹)撰 江应宿增补
1. 明万历十九年(1591)古歙篁南江应宿刻本 139 476 529A 651(清·丁丙跋) 732 738B(存卷九、十) 851 939
2. 日本元和九年(1623)猪子梅寿刻本 7
3. 日本宽文元年(1661)野田庄右卫门刻本 139 590 TA
4. 清乾隆三十五年(1770)新安鲍廷博知不足斋刻本 1 2 3 7 21 139 152 185 202 203 270 277(存卷六至十二) 279 287(残) 301 303 308A 361 381 401 412A 421 435 450B 476 491 514A 519 529 529B 541 579 589 590 603 651 664 709 721 728A 731 734 734A 738A 738B 740A(存卷一至四) 740B 741 799A 831 851 852 853(缺卷五) 871 891 911 917A 926A TC
5. 清同治十年(1871)藏修堂重刻本 1 2 21 139 140 202 203 280 301 308A 351 361 362 381 393 401 431 433 443 475A 514A 541 570 651 664 713 721 728A 728B 733 734A 735 737 738 781 799A 800 839A 851 856 871 891 907C 911 926A 931 940 951 TA
6. 清光绪四年(1878)文富堂刻本 421 511 851 907C 951
7. 日本明治十四年(1881)抄本 TB
8. 清光绪十一年(1885)石泉彭懋谦粤东信述堂刻本 3 301 308A 385 385A 733 738 939

9. 清光绪二十年(1894)上海著易堂刻本 1 3 139A 202 381 385 385A 396 401 412 412A 433A 511 664 709 715 734A 738B 839A 907B XA
10. 清光绪二十二年(1896)耕余堂铅印本 21 202 289 361 412B 570 677A 701 731 734 738 739A 741 907C
11. 清宣统元年(1909)上海书局石印本 279 288 529A 546 570 706 736A 738A 738B 854 907B
12. 清刻本 366 383 666 734A 736A
13. 清抄本 541 542 732 738B
14. 抄本 139 391
15. 见四库全书

07437 11283 **周慎斋医案稿**三卷 1573
又名周慎斋先生医案
(明)周之干(慎斋)撰
1. 清洪学精抄本(题周慎斋先生医案不分卷) 728A
2. 抄本 202 590(附医论) 701(残)

07438 11285 **三吴治验**二卷 1573
(明)孙一奎(文垣、东宿、生生子)撰
1. 明万历二十四年至二十七年(1596—1599)刻赤水玄珠全集本 1 139 529A 709(存卷二) 799
2. 清刻本 677A
3. 清抄本 907C
4. 见孙文垣医案
5. 见赤水玄珠全集

07439 11286 **新都治验**二卷 1573
(明)孙一奎(文垣、东宿、生生子)撰
1. 明万历二十四年至二十七年(1596—1599)休宁孙泰来孙朋来刻赤水玄珠全集本 139(残) 277(残)
2. 清刻本 738A(残)
3. 抄本 139 664
4. 见孙文垣医案
5. 见赤水玄珠全集

07440 11287 **宜兴治验**一卷 1573
(明)孙一奎(文垣、东宿、生生子)撰
1. 见孙文垣医案
2. 见赤水玄珠全集

07441 11288 **孙一奎临诊录存医案**一卷 1573
(明)孙一奎(文垣、东宿、生生子)撰
抄本 541

07442 11284 **孙文垣医案**五卷 1599
又名生生子医案、赤水玄珠医案
(明)孙一奎(文垣、东宿、生生子)撰
子目:
(1)三吴治验二卷
(2)新都治验二卷
(3)宜兴治验一卷
1. 明万历二十四年至二十七年(1596—1599)休宁孙泰来孙朋来刻赤水玄珠全集五种本 1(序缺页) 139 186 203 279 381 393 464(残) 475A 514A 541 570(存二种) 651 716 721 799 853
2. 日本明历三年(1657)室町鲤山町田中清右卫门刻本(十三卷) 7
3. 清光绪二十六年(1900)抄本 433A
4. 清末广东东佛镇天宝楼刻水玄珠全集五种本 202
5. 清刻本 139 139A 277(存卷三至五) 677A 708 728A 738A
6. 清抄本 491 701 721 939
7. 抄本 361 381 529A
8. 见赤水玄珠全集

07443 11290 **金沙王肯堂先生医案**一卷 1602
(明)王肯堂(宇泰、损庵、念西居士)撰
清抄本(清同治元年陆懋修题识) 1

07444 11291 **芷园臆草存案**一卷 1616
(明)卢复(不远、芷园)撰
1. 清乾隆三十年(1765)钱塘王琦刻本 1 3 590
2. 抄本 701 709 738B
3. 见医林指月

07445 11292 **奇效医述**二卷 1616
(明)聂尚恒(久吾、惟贞)撰
1. 日本宽文元年(1661)松梅轩刻本 139 186 590 677A
2. 见辨证奇闻十五卷(版本附录)

07446 00000 **卢不远医案**一卷 [1620]
(明)卢复(不远、芷园)撰
见病机策(版本附录)

07447 **程原仲医案**六卷论一卷验方一卷 1621
11293 又名寸补医案
(明)程仑(原仲、星海)撰
1. 明崇祯新安方道大潘彦宾刻本 21 139 721
2. 清初张源远液香居抄本 701
3. 清乾隆二十四年(1759)柴国琏抄本 741
4. 抄本 280 677A
5. 日本抄本 3 590

07448 **新安程星海医案**一卷 [1621]
11294 (明)程仑(原仲、星海)原撰
清抄本 651

07449 **一万社草**十二卷 [1621]
00000 (明)司马大复撰 金德生评
明天启七年(1627)刻本 716(存卷一至八)

07450 **医学穷源集**六卷 1628
11295 原题(明)王肯堂(宇泰、损庵、念西居士)撰 殷宅心辑释
1. 清嘉庆二十二年(1817)雉水汤世质金阊书业堂刻本 152 709
2. 清嘉庆二十二年(1817)雉水汤世质金阊书业堂刻吟香书屋印本 1 2 3 139 251 413 572 590 706 738A 831 852
3. 清嘉庆二十二年(1817)雉水汤世质金阊书业堂刻宝仁堂印本 289 381

07451 **两都医案**二卷 1634
11301 (明)倪士奇(复贞)撰
明崇祯十四年(1641)刻本 731

07452 **陆氏三世医验**五卷附方一卷 1639
11297 又名三世医验
(明)陆岳(养愚) 陆桂(肖愚) 陆士龙(祖愚)撰
1. 清道光十八年(1838)石门马珮忞刻本 1 139 139A 152 308A 476 570(存卷一至四) 572 590 651 677A 721 728A(存卷三、四) 731 734 734A 736 738A 738B 911 940
2. 清抄本 1
3. 抄本 139 476 901 921
4. 见习医钤法

07453 **冰壑老人医案**一卷 1641
11298 (明)金九渊(少游、长鸣、冰壑老人)撰 吴天泰(谧生) 薛珩(楚玉) 朱茂晖(子若)等编
明崇祯十四年(1641)刻本 572

07454 **鹤圃堂治验**一卷 1641
11318 又名鹤圃堂三录
(清)沈时誉(明生)撰
1. 抄本 203 279 412A 738A
2. 见玉机辨证(附录)

07455 **寓意草**不分卷 1643
11299 (清)喻昌(嘉言、西昌老人)撰
1. 明崇祯十六年(1643)刻本 1 2(残) 139 185 203 306 391 396 431 476 529 541 546 651 677A 707 710 721 734 738A 740J 743 871 926A 931 939
2. 明崇祯十六年(1643)刻清葵锦堂汇印喻氏医书三种本 139 651
3. 日本享保十四年(1729)日本皇都书坊刻本 1 511
4. 明崇祯十六年(1643)刻清乾隆十六年(1751)递修本 2
5. 清乾隆二十八年(1763)黎川陈守诚集思堂刻本 3 279 921 922
6. 清乾隆二十八年(1763)黎川陈守诚集思堂刻三十年(1765)嵩秀堂重修汇印喻氏医书三种本 393 461 541 651 728A 740D 741 852 922
7. 清乾隆二十八年(1763)黎川陈守诚刻六十年(1795)博古堂递修本 381 911
8. 清乾隆五十年(1785)步月楼刻喻氏医书三种本 412A
9. 清乾隆嘉庆间宏道堂刻喻氏医书三种本 433
10. 清嘉庆七年(1802)志勤堂刻本 589
11. 清同治竹秀山房刻喻氏医书三种本 2 251 279 491 651 740B 852S
12. 清光绪二十年(1894)锡环堂刻喻氏医书三种本 308A
13. 清光绪二十年(1894)上海图书集成印书局铅印喻氏医书三种本 279 651 739A

14. 清光绪二十六年(1900)上海校经山房石印喻氏医书三种本 302 385A 391 461 603 742 799 951
15. 清光绪三十一年(1905)经元书室刻喻氏医书三种本 202 393 570 590 651 728B 733A 799 799A 800
16. 清光绪三十三年(1907)上海简青斋书局石印喻氏医书三种本 139A 301 351 353 421 475A 570 677A 702 709 728A 740C 831 901 912
17. 清光绪同文堂刻喻氏医书三种本 301 412A 433A 572 651
18. 清宣统元年(1909)扫叶山房石印喻氏医书三种本 251 279 351 363 677A 702 709 728A 736C 737
19. 清紫文阁刻本 651
20. 清善成堂刻喻氏医书三种本 280 362 465 475A 476 522 570 677A 781 852 940
21. 清东溪堂刻本 139 308A 939(残)
22. 清三让堂刻喻氏医书三种本 351 728A
23. 清文益堂刻本 907C
24. 清两仪堂刻本 741
25. 清聚锦堂刻本 279
26. 清刻本 1 8 140 277 279 302 306 351 381 401 412A 413 431 433A 522(残) 529B 677A 708 709 721 728A 731 733 736A 738A 740B 740C 741 782 851 852 852D 854 891 917A 951
27. 抄本(四卷) 651
28. 见喻氏医书三种

07456 **易氏医按**一卷 1644
11300
(明)易大良(思兰)录
1. 清乾隆三十年(1765)钱塘王琦刻宝笏楼汇印医林指月本 1 491 709 940
2. 清光绪二十二年(1896)上海图书集成印书局铅印医林指月本 139 871
3. 抄本 186 590 701 709 907C
4. 见医种子

07457 **大方医验大成**四卷 1644
11302
又名医验大成、秦景明先生医案
(明)秦昌遇(景明、广埜道人、乾乾子)撰
清抄本 139(题秦景明先生医案) 590 738A

07458 **王应震要诀**一卷 [1644]
11532
附程绍南医案一卷
(明)王应震(震云)撰
清光绪鹤沙鹿溪傅颜庄抄本 590

07459 **李中梓医案**一卷 1662
11306
又名里中医案、李士材家藏医案
(明)李中梓(士材、念莪、尽凡居士)撰 (清)李延昰(辰山、期叔)编 管元龙(升庵)辑补
清初管鸿抄本 701

07460 **诊籍**一卷 1673
11307
(清)朱世溶(若始)撰
清康熙十二年(1673)刻本 2

07461 **吴氏医验录**初集二卷二集二卷卷首一卷 1683
11308
附兰丛十戒
(清)吴楚(天士、畹庵)撰
1. 清康熙二十三年(1684)古歙吴元度刻本(初集) 3 21
2. 清康熙二十三年(1684)古歙吴元度刻乾隆十八年(1753)汪宽增刻本 139 186 491 572 590 651 677A 871
3. 清嘉庆五年(1800)朱隐淇抄本(存初集卷一) 361
4. 清咸丰三年(1853)内江博学斋刻本 664 851 852
5. 清抄本 139(存卷一) 677A 738B

07462 **前贤医案**一卷 [1683]
11309
(清)吴楚(天士、畹庵)撰
见宝命真诠(附录)

07463 **旧德堂医案**一卷 1687
11310
(清)李用粹(修之、惺庵)撰 唐玉书(翰文)编
1. 田元恺抄本(附周浦周雅宜医案、广瘟疫论) 590
2. 抄本 572 590

07464 **东庄医案**一卷 1687
11311
(清)吕留良(用晦、晚村)撰
见医宗已任编

07465 **明医治验**一卷 1696
11312
(清)汪启贤(肇开)撰 汪启圣(希贤)编

见济世全书

07466 **素圃医案**四卷 1706
11313 （清）郑重光（在辛、素圃、完夫、贞慜先生）撰
1. 清康熙四十五年（1706）古歙许彪等秩斯堂刻本 2 590 651
2. 清道光四年（1824）抄本 590（有按语）
3. 抄本 579 590 738B
4. 见郑素圃医书五种

07467 **印机草**一卷 1713
11315 又名马氏医案
（清）马俶（元仪、卧龙老人）撰 徐大椿（灵胎、洄溪老人）评定
1. 清康熙五十二年（1713）吴门马俶观成堂刻本 1 2 3 139 139A 279 541 701
2. 清康熙五十二年（1713）吴门马俶观成堂刻乾隆五十三年（1788）金阊文宝堂印本 139A 651
3. 清咸丰张芸轩抄本 709
4. 清抄本 733
5. 抄本 139
6. 见叶氏医案存真（附录）
7. 见病机汇论（附录）

07468 **简集方案**一卷 ［1713］
11317 原题（清）马俶（元仪、卧龙老人）撰
清抄本 139

07469 **医权初编**二卷 1721
05651 （清）王三尊（达士、励斋）撰
清康熙六十年（1721）刻本 570

07470 **东皋草堂医案**一卷 1722
11319 （清）王式钰（仲坚、翔千）撰
清康熙刻本 572

07471 **何嗣宗医案**一卷 ［1722］
11321 （清）何炫（令昭、自宗、嗣宗）原撰 郑连山编
抄本 677A

07472 **其慎集**五卷 1725
11323 又名医按千金要方、吴门周先生医案
（清）周南（峻来、召南、慎斋）撰 （日）城门章（阳秋）编
1. 日本享保二十一年（1736）平安仰山馆刻本 139
2. 日本享保二十一年（1736）平安仰山馆刻安永八年（1779）浪华柳河氏重修本 3

07473 **四明医案**一卷 1725
11324 （清）高斗魁（旦中、鼓峰）撰
见医宗己任编

07474 **（评选）静香楼医案**二卷卷首一卷 1729
11325 （清）尤怡（在泾、拙吾、饲鹤山人）撰 柳宝诒（谷孙、冠群、致和堂主人）评
1. 清光绪三十年（1904）江阴柳宝诒惜余小舍刻柳宝诒医学丛书本 139 280 733A 907C
2. 清黄寿南抄本 570
3. 清瑞竹堂抄本（不分卷） 541
4. 清王烈抄本 570
5. 清抄本 728A（四卷） 871
6. 抄本 186 202 279 572 590 664 677A 709 731 738A
7. 见槐庐丛书
8. 见柳选四家医案
9. 见尤在泾全集

07475 **沈氏医案**一卷 1730
11326 又名沈鲁珍先生医案
（清）沈璠（鲁珍）撰
1. 清抄本 572 590
2. 王寿康节抄本 139
3. 抄本 541 579

07476 **医案启蒙**一卷 1736
11327 （日）堀元厚（北渚）撰
日本弘化三年（1846）皇都书林菱屋孙兵卫刻本 139

07477 **潜邨医案**二卷 1745
11330 （清）杨乘六（以行、云峰、潜村）编
1. 清乾隆十年（1745）衔三堂刻本 2（附临症指南二卷） 139 433A 541 590 701 738A
2. 抄本 2 139
3. 见味因丛书

07478 **北山医案**三卷 1745
11331 附大明独立老人用药方
（日）北山寿庵（道修）编
1. 日本延享二年（1745）书林须原屋茂兵卫等刻本 7 139 139A 570 651
2. 日本延享二年（1745）书林须原屋茂兵卫

刻文政七年(1824)重修本 511 701
3. 日本无印居士之俊抄本(题北山友松著) 590

07479 11332 **临证指南医案十卷** 1746
附种福堂公选温热论医案一卷、种福堂公选良方三卷
(清)叶桂(天士、香岩、南阳先生)撰 华岫云(南田、苕溪漫士)编 徐大椿(灵胎、洄溪老人)评
1. 清乾隆三十三年(1768)锡山华岫云卫生堂刻本(无附录) 1 139 140 202 251 279 280 286 288 289 308A 315 351 361 366 391 396 401 412A 421 475A 476 570 579 590 651 710 712 721 728A 731 734(缺卷三、八) 736 738B 781 852 871 907B 911 926A XD TB
2. 清乾隆三十三年(1768)锡山华岫云卫生堂刻四十年(1775)崇德书院增刻本 1 139 203 251 301 308A 351 361 475A 590 677A 701 917A 931 939
3. 清嘉庆八年(1803)卫生堂刻本(无附录) 139 202 277 279 314 391 491 664 831 851 852 951 XD TC
4. 清嘉庆八年(1803)金阊三槐堂刻本 1 381 401 421 433 443 529 541 651 701 709 710 728A 738A 738B 839A 911 926A 939
5. 清道光三年(1823)五柳居刻本 570
6. 清道光九年(1829)卫生堂刻朱墨套印本 782 853(残)
7. 清道光九年(1829)卫生堂刻十一年(1831)天德堂印本 421 570 590 856
8. 清道光二十四年(1844)苏州经鉏堂刻朱墨套印本 1 2 7 139 186 202 203 251 255 279 280 287 308A 361 381 385 401 461 467 476 491 511 541 572 651 677A 701 709 712 721 734 734A 736(存卷一) 736B 737 781 831(缺卷一) 851 852S 907B 907C 917A 921 931 940 951
9. 清道光二十四年(1844)苏州经鉏堂刻苏州周氏朱墨套印本 270 308A 475A 491 664 712 739A 799A 951
10. 清道光三十年(1850)吴郡宝善堂刻本 1 21 351 393 590 710(存十卷) 739A 741 940
11. 清同治三年(1864)刻本 1 139 139A 251 277 280 285(缺卷一、二) 308A 311(存卷一至七) 351 385 433A 475A 511(存卷六至十) 514A 514B 541 570 590 651 664 677A 714A 721 728 728A 735A 736A 741 742(存卷一、六、九、十) 781 799A 891 922 931 940
12. 清道光九年(1829)卫生堂刻同治六年(1867)天德堂印本 289 308
13. 清道光九年(1829)卫生堂刻同治六年(1867)藜照书屋印本 3 351 385 433A
14. 清光绪九年(1883)杭省嫏嬛仙馆刻本 704J
15. 清光绪十年(1884)维扬文富堂刻本 3 277 287 288 301 363 393 433 433A 461 475A 491 521 529A 570 604 714 715 734A(存卷一至四、六、良方四卷) 736A(存卷七、良方四卷) 738A 781 799A 839A 896A 922
16. 清光绪十年(1884)古吴扫叶山房刻本 2 139 140 251 252 280 301 361 362 381 385B 393 432 433 433A 475A 521 590 707 710 715 731 733(存卷二、四、五) 734(存卷一至九) 734A 736B 737 738 740A 740B 831 852(存三卷) 911
17. 清光绪十年(1884)古吴扫叶山房刻校经山房朱墨套印本 139 257 450B 715 734A
18. 清光绪十年(1884)醉经堂刻本 738A
19. 清光绪十一年(1885)扫叶山房刻本 139 734
20. 清光绪十二年(1886)成都培元堂刻本 289(残) 412A 435 852 907C

21. 清光绪十四年(1888)、十七年(1891)蒲圻但氏刻本 252 361 799A 852 852A 871 907C
22. 清光绪十四年(1888)万珍书局铅印本 6 385A 734A(存卷四)
23. 清光绪十八年(1892)上海图书集成印书局铅印本 139 139A 152 202 251 280 286 288 308A 514A 529A 541 589 590 651 706 713 714 728A 731 734A 736B 926A 931
24. 清光绪二十年(1894)刘氏刻朱墨套印本 139 514A 541 664 728A 733 738A 852 854
25. 清光绪二十一年(1895)淮海书局石印本 412A 434 733B 854
26. 清光绪二十二年(1896)宝善书局石印本 251 279 289(存十卷) 301 308A 351 361(缺卷三至六) 433A 541 590 651 731 738 926A
27. 清光绪三十二年(1906)维经书局石印本(八卷) 493 736 737(存卷一、二)
28. 清光绪三十二年(1906)上海龙文书局石印本 2 203 251 289 301 306 308A 361 412A 421 434 493 514A 651 731 733A 734A 736 736E 737 738E 799A 907C 917A 926A 931(配补本)
29. 清光绪通州友于堂书坊刻本 186 541 716
30. 清武林文苑堂刻本 731 737 940
31. 清聚秀堂刻本 1 285
32. 清聚益堂刻本 1 308A 366(存卷一至六) 664 737
33. 清聚锦堂刻本 360A(存卷一至六) 783
34. 清文盛堂刻本 361(存附录) 412B 664
35. 清吴门五云楼书坊刻本 2 521 541 677A 736B
36. 清浙宁三味堂义记刻本 280 901
37. 清末上海著易堂铅印本 139 145 301 351 396 412B 421 541 590 651 734A 737 926A
38. 清金陵状元境文奎阁书庄石印本 289(存卷一至四、九) 308A 707
39. 清刻本 185 255 277 279 280 285 286 288 302 306 351 361 366 401 412A 412B 431 529A 541 664 677A 701 702 706 708 709 710(存八卷) 712 713 714 728A 731 733 733B(存卷二、四、五) 734(存卷五、十) 734A 735A 738B 740A(残) 740J(存卷一、三、六、七) 781 851 852C 852D 856 911 912 921 931 940
40. 清节抄本 139 541(题叶案指南) 590(题叶案臆摘) 728A(题临证指南医案总括四卷)
41. 石印本 139(无附录) 279 306 450 708 721 737 739B 740D

07480 / 11339 **南阳医案**不分卷 [1746]
(清)叶桂(天士、香岩、南阳先生)撰
1. 清苏州徐康抄本 664
2. 抄本 2

07481 / 11341 **香岩医案**八卷 [1746]
(清)叶桂(天士、香岩、南阳先生)撰
抄本 677A

07482 / 11347 **叶氏医案存真**三卷 [1746]
附马氏医案并祁案王案一卷
(清)叶桂(天士、香岩、南阳先生)撰 叶万青(讷人)编
1. 清道光十六年(1836)吴县叶氏家刻本 1 139 202 302 412A 412B 476 491 529A 701 728A 738B 742(存卷一) 896A 917A 939
2. 清光绪九年(1883)刻本 1 139 186 279 301 308A 361 412B 461 463 475A 491 514A 541 570 572 590 651 677A 721 728A 734 737 738 799A 831 926A
3. 清光绪十二年(1886)常熟抱芳阁刻本 1 2 3 21 139 152 202 289 361 412B 450B 461 491 492 514B 529 529A 579 589 590 651 677A 706 709 738B 740D 746 839A 896A 926A 944

4. 清光绪十六年(1890)羊城瑞贤书店刻本 277
5. 清光绪二十二年(1896)上海千顷堂书局石印本 2 139 202 279 280 308 308A 385A 435 522 529A 541 570 590 651 677A 721 738A 740A 740B 799A 852 896A 907C 917A 921 926A
6. 清刻本 139 733A 738B(题马氏医案存真)
7. 抄本 361 391 709

07483 11348 **评点叶案存真类编**二卷 [1746]
(清)叶桂(天士、香岩、南阳先生)撰 叶万青(讷人)编 周学海(澄之)评
1. 清光绪十九年(1893)池阳周学海刻本 1 139 270 308A 529A 677A 706 728A 738A 739D 896A
2. 抄本 529A 709
3. 见周氏医学丛书

07484 11350 **扫雪庐医案**二卷 [1746]
原题(清)叶桂(天士、香岩、南阳先生)撰
抄本 139A

07485 11351 **叶香岩先生医案**不分卷 [1746]
附病机医案
(清)叶桂(天士、香岩、南阳先生)撰 黄寿南(福申、沁梅)编
1. 王守恒抄本 709
2. 见黄寿南抄辑医书二十种

07486 11353 **儆曙斋医案举隅**一卷 1751
(清)柴潮生(屿青)撰
1. 清乾隆十八年(1753)刻本 734 737 738B
2. 抄本 590
3. 见林氏活人录汇编(版本附录)

07487 11352 **见宜翁医案**一卷 1752
(日)源正温(见宜)撰 松下见林编
1. 日本宝历九年(1759)大阪前川文荣刻本 589
2. 抄本 590

07488 11354 **洄溪医案**一卷 1757
(清)徐大椿(灵胎、洄溪老人)撰 王士雄(孟英、梦隐、潜斋、半痴山人、息居隐士、随息居士)编
1. 清咸丰七年(1857)海昌蒋光焴衍芬草堂刻徐氏医书八种本(附洄溪论医札、许辛农木部札) 1 139 289 361 381 391 393 475A 511 514A 529A 541 603 651 664 677A 701 728A 733 734 734A 735 737 738A 738B 738E 740B 740C 741 800 852A 853 871 891 907B 922 931
2. 清同治三年(1864)月山彭树萱善成堂刻徐灵胎十二种全集本 279 541 651 853
3. 清光绪二年(1876)河南聚文斋刻本 1(清·陆懋修批注) 7 351
4. 清光绪二年(1876)刻本 433 570 709 852 940(与慎疾刍言合订)
5. 清光绪四年(1878)扫叶山房刻徐氏医书八种本 741
6. 清光绪四年(1878)仁和葛元熙啸园刻啸园丛书本 202 541 664 739
7. 清光绪十五年(1889)吴县朱记荣槐庐家塾刻徐氏医书八种本 139 202 301 514A 590 677A 707 736A 738A
8. 清光绪十七年(1891)湖北官书处刻本 139 493 514A 590 731 853
9. 清光绪十九年(1893)刻本 385A 855
10. 清光绪二十六年(1900)刻本 735 738B
11. 清光绪三十三年(1907)上海六艺书局石印徐灵胎医学全书本 202
12. 清刻本 9 270 651 728B 733A 852 852S 854 917A 940
13. 抄本 139(附洄溪论医劄) 664 701 728A(题徐氏医案)
14. 见徐氏医书八种
15. 见徐灵胎十二种全集
16. 见徐灵胎医学全书
17. 见医学三书合刻
18. 见啸园丛书

07489 11356 **续名医类案**四十卷 1759
(清)许勉焕(陶初、澹从主人)撰
清乾隆二十四年(1759)稿本 139

07490 11357 **建殊录**一卷附录一卷 1763
(日)吉益为则(公言、东洞)撰

1. 日本平安斯文堂刻本 139 476
2. 日本平安斯文堂刻文政十一年(1828)印本 541
3. 见建殊录续建殊录

07491 12024 **管见集**不分卷 1764
(清)徐大椿(灵胎、洄溪老人)撰
稿本 541

07492 11358 **扫叶庄医案**四卷 1764
又名扫叶庄一瓢老人医案
(清)薛雪(生白、一瓢)撰
1. 清抄本 701
2. 抄本 579(周小农、谢诵穆校珍本医书集成底稿本) 706 709 738B

07493 11359 **薛氏医案**一卷 1764
(清)薛雪(生白、一瓢)撰
1. 清务本堂刻本 741
2. 见三家医案合刻

07494 11360 **薛一瓢医案**一卷 [1764]
(清)薛雪(生白、一瓢)撰
清何九思抄本 139

07495 11361 **苏州薛生白先生医案**一卷 [1764]
(清)薛雪(生白、一瓢)撰
清抄本 1

07496 13036 **奇效医述痘疹活幼心法合刻**二卷 1766
(明)聂尚恒(久吾、惟贞)原撰 (清)黄治幽(周开)编
清乾隆三十一年(1766)黄治幽修德堂刻本 139 361 721 728A

07497 11362 **续名医类案**三十六卷 1770
(清)魏之琇(玉璜、柳洲)撰 王士雄(孟英、梦隐、潜斋、半痴山人、息居隐士、随息居士) 杨照黎同校
1. 清乾隆三十九年(1774)稿本 664(有魏之琇钤记)
2. 清同治钱塘丁丙当归草堂抄本(六十卷) TA
3. 清光绪十一年(1885)石泉彭懋谦粤东信述堂刻本 2 139 251 287 289 308A 435 715 733 799A 853
4. 清光绪二十年(1894)上海著易堂刻本 1 3 139A 202 270 289 308A 391 396 412B 433A 514A 541 664 709 731 734A(残) 738B 851 (残) 917A
5. 清光绪二十二年(1896)耕余堂铅印本 2 21 203 288 289 401 664 734 736A
6. 清宣统元年(1909)上海书局石印本 279 664 853
7. 清刻本 412A 514A(残) 651(残)
8. 清镇魔书屋抄本(六十卷) TA(缺卷十至二十一、三十至三十一)
9. 抄本 391(残) 491 542 738B 931
10. 见名医类案续名医类案

07498 11363 **名医类案**十二卷 [1770]
续名医类案三十六卷
(明)江瓘(民莹)编 (清)魏之琇(玉璜、柳洲)续编
1. 清光绪十一年(1885)石泉彭懋谦粤东信述堂刻本 2 21 139 361 412A 450A 541 651 781 852 926A 931 939
2. 清光绪二十年(1894)上海著易堂刻本 139 203 277 361 519 521 572 579 651 831 931 939 940
3. 清光绪二十二年(1896)耕余堂铅印本 1 7 139 203 382 385 393 412A 475A 514A 521 541 570 579 590 651 706 734A 737 799A 831 907C 931 940
4. 清宣统元年(1909)上海书局石印本 1 139 186 202 203 270 277 301 308A 353 361 363 401 412A 475A 476 514A 541 572 590 651 701(残) 736B 737 799A 907C 940 XD

07499 11364 **沈芊绿医案**不分卷 1773
(清)沈金鳌(芊绿、汲门、尊生老人)撰
清润德堂抄本 706

07500 11365 **医案类语**十二卷 1774
(日)淇园先生译 吉冈元亮 中川熺 原木有则编
1. 日本安永三年(1774)刻本 186 511 589
2. 日本安永三年(1774)刻弘化三年(1846)印本 7

07501 **缪氏医案**一卷 1775
11366 又名缪方彦医案
（清）缪遵义（方彦、宜亭、松心居士）撰
1. 清光绪二十七年（1901）上海汉读楼石印三家医案合刻本 736E
2. 清道光务本堂刻三家医案合刻本 741
3. 抄本 590
4. 见三家医案合刻

07502 **松心堂医案经验抄**一卷 1775
11368 （清）缪遵义（方彦、宜亭、松心居士）撰
1. 清道光二十五年（1845）抄本 421 664
2. 清道光二十五年（1845）沈遵抄本 286
3. 清沈还抄本 853

07503 **顾西畴方案**一卷 1775
11369 又名顾雨田医案、西畴方案
（清）顾文烜（西畴、雨田）撰
1. 稿本 139
2. 清嘉庆种杏居抄本 677A
3. 清光绪十七年（1891）王霖抄本 139
4. 王文喜抄本 677A
5. 石岑抄本 590
6. 抄本 203 651 709
7. 见黄寿南抄辑医书二十种

07504 **砚北方案**不分卷 1776
11370 （清）吴蒙（正功）撰
清乾隆四十一年（1776）叶孝庆抄本 709

07505 **古今医案按**十卷 1778
11371 （清）俞震（东扶、惺斋）编 李龄寿（辛坨、匏斋）校辑
1. 清乾隆四十三年（1778）嘉善俞震酌古堂刻本 541 731
2. 清光绪九年（1883）吴江李龄寿刻本 3 21 139 139A 254 270 277 279 280 289 301 361 366 381 391 412A 412B 421（残） 461 475A 476 511 514A 521 523 541 542 570 572 579 590 651 677A 706 721 728 728A 731 734 734A 738B 851 871 896A 901 907C 926A 939
3. 清光绪九年（1883）吴江李龄寿刻二十四年（1898）乌程庞元澄印本 1 139 186 280 289 385A 391 412A 433A 461 491 579 590 734 735 738A 943
4. 清宣统元年（1909）、宣统三年（1911）上海会文堂书局石印本 1 139 202 251 270 279 280 281A 286 289 301 308A 361 385 401 421 461 475A 491 511 514A 521 529A 541 570 579 651 677A 706 709 710（存卷一、三至十） 712 728A 731 737 738 738B 740J 799A 800 839A 851 852 854 896A 907B 907C 911（存卷一至九） 931 939 940 XA
5. 清刻本 152 493 709
6. 抄本 738A

07506 **清河医案**十二卷 ［1778］
00000 **续医案**五卷
著者佚名
清抄本 TA（缺卷二）

07507 **赤崖医案**二卷 1782
11372 （清）汪廷元（瓒禾、赤崖）撰
子目：
（1）新安医案摘录一卷
（2）广陵医案摘录一卷
清乾隆四十七年（1782）刻本 738B

07508 **新安医案摘录**一卷 1782
11374 （清）汪廷元（瓒禾、赤崖）原撰
1. 清乾隆四十七年（1782）刻本 721
2. 见赤崖医案

07509 **立斋医案疏**四卷 1782
11373 （清）钱临（淮可、北山）疏注 钱本瑜（润之、璞斋）辑
1. 清乾隆四十七年（1782）刻本 2 203 590 731 734 738A
2. 清浣花室主人抄本 701

07510 **广陵医案摘录**一卷 1782
11527 附太乙神针、金疮铁扇散方
（清）汪廷元（瓒禾、赤崖）撰
1. 清乾隆四十七年（1782）刻本 461 590
2. 见赤崖医案

07511 **莲斋医意一立斋案疏**二卷 1782
11282 （明）薛己（新甫、立斋）撰 叶崧（瞻嵩）疏注
清抄本 139

07512 11375 **橡村治验**一卷　1782
(清)许豫和(宣治、橡村)撰
1. 清嘉庆六年(1801)歙县许豫和刻本　433A　707
2. 抄本　139
3. 见许氏幼科七种

07513 11329 **薛案辨疏**二卷　1782
(明)薛己(新甫、立斋)原撰　(清)钱临(淮可、北山)疏注　徐莲塘编
清抄本　139　572

07514 00000 **茨荷医案**一卷　1784
(清)纪桂芳(茨荷、中纬)撰
见乾隆吴陵纪桂芳医学丛书

07515 11376 **方星岩见闻录**五卷　1786
(清)方成垣(星岩、近薇)撰
清抄本　851

07516 11377 **奇症汇**八卷　1786
(清)沈源(岷源、抱元子)编
1. 清乾隆五十二年(1787)新城郊居草堂刻本　139　152　286
2. 抄本　590　731

07517 11653 **鲁峰医案**五卷　1787
(清)鲁峰(观岱)撰
清乾隆五十二年(1787)滦阳僧舍抄本　301

07518 00000 **谢编叶氏方案神理元机**不分卷　［1787］
(清)谢秋澄撰
清光绪二十一年(1895)顾道生抄本　541

07519 11378 **续貂集**二卷　1790
(清)张正文(含英、桐溪钓叟)撰
清乾隆五十五年(1790)耕心堂刻本　139　443

07520 11379 **寸耕堂医案**一卷　1793
(清)林玉友(渠清、寸耕居士)撰
见本草伤寒辑要合编

07521 11381 **佚名医案**□□卷　1796
著者佚名
清嘉庆抄本　139(残)

07522 00000 **方案备查**二十卷　［1796］
著者佚名
清抄本　412A

07523 11382 **锦芳太史医案求真初编**五卷　1799
又名锦芳医案、医案初编
附戒子八则
(清)黄宫绣(锦芳)撰
清嘉庆四年(1799)宜黄黄氏家刻本　2　139　289　728A　738A　738B　741　831

07524 00000 **戴思九临证医案**十卷　［1800］
(清)戴思九撰
日本抄本　TB

07525 11388 **李翁医记**二卷　1805
(清)焦循(理堂)撰
1. 清嘉庆十三年(1808)刻本　140
2. 清嘉庆十三年(1808)刻光绪二年(1876)衡阳魏氏补刻本　651　741
3. 清刻本　1　279　664　712　713　854　917A
4. 抄本　731
5. 见辨疫琐言(附录)

07526 11389 **马怀远医案**六卷　1805
又名马氏庭训
(清)马怀远(妙香主人)撰
1. 清光绪四年(1878)抄本　529A
2. 抄本　514A　590(存一卷)

07527 11390 **高氏医案**一卷　1805
(清)高秉钧(锦庭)撰　刘晓山辑
清光绪虞山徐居仁抄本　651

07528 11391 **齐氏医案崇正辨讹**六卷卷首一卷　1806
又名齐氏医案
(清)齐秉慧(有堂、德甫、戎州逸士)撰
1. 清道光十三年(1833)戎州齐秉慧尚友堂刻本　1　3　7　21　139　186　202　280　289　361　362　412A　412B　434　436　491　514A　541　590　651　677A　701　706　709　728A　731　799A　800　852R　854　907C　940
2. 清道光十六年(1836)安怀堂刻本　361
3. 清道光十七年(1837)聚奎堂刻齐氏医书四种本　664
4. 清道光十七年(1837)聚奎堂刻蜀都会友彭记印齐氏医书四种本　852(存卷一至五)　896A
5. 清道光十七年(1837)刻齐氏医书四种本　475A　728A　852　907B
6. 清末胡兴顺刻本　139　907C

7. 清刻本 140 361 435 651 714(存卷六) 734 852 852A 874 907C
8. 见齐有堂医书三种
9. 见齐氏医书四种

07529 11392 **何元长先生医案**三卷 [1806]
(清)何世仁(元长、澹安、福泉山人)撰
子目:
(1)福泉山房医案一卷
(2)世济堂医案一卷
(3)澹安医案一卷
1. 清道光杨桂浣花室抄本 572
2. 清咸丰元年(1851)昆山潘道根抄本 709
3. 清抄本 1(二卷) 139 664
4. 企一子抄本 139
5. 抄本 541 590
6. 见重古三何医案

07530 11393 **簳山草堂医案**三卷 [1806]
(清)何世仁(元长、澹安、福泉山人)撰
抄本 139A 514B

07531 11394 **张氏医案**一卷 1809
(清)张省斋撰
清嘉庆十四年(1809)邓珩抄本 709

07532 11396 **肘后偶抄**二卷 1812
(清)黄凯钧(南薰、退庵)撰
见友渔斋医话

07533 11397 **王九峰临证医案**一卷 1813
(清)王九峰(之政、献廷)撰
1. 清光绪二十二年(1896)抄本 152
2. 陈德桂抄本 421
3. 郭寿山抄本 139
4. 抄本 139 185 186 308A 475A 529A 590 651 707 731 738A 922

07534 11398 **九峰医按三种**不分卷 [1813]
(清)王九峰(之政、献廷)撰
清抄本 541

07535 00000 **九峰医案**四卷 [1813]
(清)王九峰(之政、献廷)撰
1. 清光绪二十年(1894)抄本 728A
2. 清抄本 139(题王九峰先生医案)

07536 11399 **王九峰医案**不分卷 [1813]
(清)王九峰(之政、献廷)撰
清抄本 139 286 514A

07537 11400 **王九峰先生医案**不分卷 [1813]
(清)王九峰(之政、献廷)撰
1. 清抄本 289
2. 抄本 475A 514A 529A 651

07538 11401 **丹徒王九峰先生医案**一卷 [1813]
(清)王九峰(之政、献廷)撰
1. 清抄本 TA〔清光绪二十四年(1898)谢元福跋〕
2. 抄本 541

07539 11402 **九峰脉案**二卷 [1813]
(清)王九峰(之政、献廷)撰
抄本 139A

07540 11403 **王九峰医案**不分卷 [1813]
(清)王九峰(之政、献廷)原撰 张南编
抄本 279

07541 11404 **王九峰医案**二卷 [1813]
(清)王九峰(之政、献廷)原撰 朱方 蒋宝素(问斋、帝书)编
1. 清憺愉龛制抄本 308A(题王九峰先生医案)
2. 抄本 590

07542 11405 **王九峰医案**一卷 [1813]
(清)王九峰(之政、献廷)撰 赵筑农编
抄本 738A

07543 11407 **王九峰医案**一卷 [1813]
(清)王九峰(之政、献廷)原撰 王云门编
稿本 651

07544 11408 **医案随笔**一卷 [1813]
(清)王九峰(之政、献廷)撰
清抄本 475A

07545 00000 **九峰先生脉案**不分卷 [1813]
(清)王九峰(之政、献廷)撰
清同治四年(1865)周安周宽抄本 541

07546 00000 **维扬王九峰先生医案**一卷 [1813]
(清)王九峰(之政、献廷)撰
清抄本 709

07547 11411 **山瑛正医案**一卷 1816
(清)山瑛正撰
清嘉庆二十一年(1816)抄本 475A

07548 00000 **静俭堂治验**三卷 1817
(日)片仓元周(深甫、鹤陵)撰
日本文化十四年(1817)三都书肆刻本 139

07549 00000 **鲁氏治验偶存**二卷　1818
(清)鲁烺(朗夫)撰
清嘉庆二十三年(1818)盱江鲁烺刻本　289

07550 11414 **建殊录**一卷附录一卷　1818
续建殊录一卷
(日)吉益为则(公言、东洞)原撰　武真恒志(恒德夫)编
日本平安斯文堂刻文政八年(1825)浪华书林吉田松根加贺屋善增刻本　139

07551 11413 **续建殊录**一卷　1818
(日)吉益为则(公言、东洞)原撰　武真恒志(恒德夫)编
1. 日本文政八年(1825)加贺屋善刻本　901
2. 日本东都须原屋左卫门刻本　476
3. 抄本　579
4. 见建殊录续建殊录

07552 11415 **名医类案约编**二卷　1819
续名医类案约编三卷
附树惠止止师补遗四则一卷
(明)江瓘(民莹)　(清)许勉焕(陶初、澹从主人)原撰　(清)梅治(伴梅、伴梅主人)编
见树惠不瘯儿科(附录)

07553 11417 **吴门治验录**四卷　1821
又名顾晓澜先生医案、顾氏医案
(清)顾金寿(晓澜)撰
1. 清道光五年(1825)苏州吴学圃青霞斋刻本　1　2　3　139　139A　202　203　277　281A　289　361　366　381　396　412A　433A　450　475A　491　541　570　579　651　664　734　734A(缺卷二)　738B　831　896A　911　921　922　940
2. 清道光五年(1825)苏州吴学圃青霞斋刻光绪十二年(1886)扬州文富堂印本　21　139　139A　152　186　202　270　279　289　303　396　450B　514A　541　589　603　664　665　677A　701　706　733A　734　799A　839A　851　907C　921　940
3. 上海千顷堂书局石印本　514A　529A　570　590　677A　728A　738　738A　799A　907C
4. 抄本　139　270　279(题顾氏医案)　412B　651

07554 11419 **张履成先生医案**一卷　1824
(清)张履成(阔寰)撰
清道光二十五年(1845)潘道根抄本　139

07555 05762 **证治类纂**一卷　[1824]
附证治汇补节抄
(清)端甫氏撰　章襄辑
清道光四年(1824)抄本　202

07556 00000 **顾廷纲先生内外科医案**八卷　1826
(清)顾廷纲撰
清道光六年(1826)抄本　289

07557 11387 **杏轩医案**三卷　1830
又名程杏轩医案
(清)程文囿(杏轩、观泉)撰
子目：
(1)医案初集一卷
(2)医案续录一卷
(3)医案辑录一卷
1. 清道光九年(1829)刻十年(1830)增刻本　1(存医案续录)　2　139(存医案辑录)　139A(存医案辑录)　186　541　721　741
2. 清光绪六年(1880)桓生刻本　139(存医案辑录)　289　461　579　590　664　677A　721
3. 清光绪十七年(1891)琴溪梅氏家塾汉上刻本　1　277　361　579(存医案辑录)　677A　721　736A　907C
4. 清刻本　1(存医案初集)　139(存医案续录)　185　279(存医案初集)　391
5. 清抄本　203　279
6. 抄本　2　152　461　514A(精抄)　541　590　677A　709　731

07558 11421 **三家医案合刻**三卷　1831
又名三家医案摘抄
附医效秘传三卷、温热赘言一卷
(清)吴金寿(子音)编
子目：
(1)叶氏医案一卷　(清)叶桂撰
(2)薛氏医案一卷　(清)薛雪撰
(3)缪氏医案一卷　(清)缪遵义撰

1. 清道光十一年(1831)笠泽吴金寿贮春仙馆刻本(温热赘言题灵鹤山房藏板) 1 2 3 21 139 185 186 270 289 301 303 361 381 391 393 412A 421 461 463 475A 491 511 514A 514B 529A 541 570 590 651 677A 702 706 712 728A 731 733 738 781 799A 800 839A 851 852 871 917A 922 926A 931 939
2. 清道光十一年(1831)笠泽吴金寿贮春仙馆刻苏州绿润堂印本 139 277 289 421 570 664 737
3. 清道光十一年(1831)笠泽吴金寿贮春仙馆刻苏州绿荫堂印本 270 279 289 308A 514A 896A 907C
4. 清光绪元年(1875)、二十五年(1899)上海书局石印本 412A 651 728A 907C
5. 清光绪七年(1881)姑苏绿慎堂刻本 140 202 203 279 281A 289 306 308A 351 361 366 412A 433A 461 491 511 521 529 529A 590 651 664 677A 728 921 940
6. 清光绪二十年(1894)上海图书集成印书局铅印本 385A 707 734A
7. 清光绪二十七年(1901)上海汉读楼石印本 412B 664 677A 714 721 734A 736B 896A
8. 清光绪三十三年(1907)上洋海左书局石印本 139 186 279 280 308A 351 412A 461 466 491 529A 541 590 665 702 709 721 728A 738A 742 831 851 896A 907C 911 921
9. 清末文聚堂刻本 1 3 139 203 277 289 303 381 396 491 529A 651 709 737 740A 740B 740C 891 896A 921 939 940
10. 清扫叶山房刻本 139 381 401 450 475A 523 664 736B 738A 738B 901 907B
11. 清诚德堂刻本 308A 361 799A 896A
12. 清大酉山房刻本 202
13. 清务本堂刻本 514A
14. 清宏道堂刻本 781 799 799A 852S
15. 清刻本 2(残) 139 277 279 301 306 308A 311 391 396 529A 529B 664 713 728A 734 734A 735A 736A 740C 852E 891 931 940
16. 清抄本 279
17. 清为良抄本(无附录,题三家医案摘抄) 1
18. 石印本 2(残) 412A 421 651 702 839A 931

07559 / 11336 **叶氏医案**一卷 [1831]

(清)叶桂(天士、香岩、南阳先生)撰

1. 清道光十一年(1831)笠泽吴金寿贮春仙馆刻三家医案合刻本 728B
2. 见三家医案合刻

07560 / 11337 **叶天士先生方案**一卷 [1831]

(清)叶桂(天士、香岩、南阳先生)撰

抄本 139

07561 / 11338 **叶氏医案抄**一卷 [1831]

(清)叶桂(天士、香岩、南阳先生)原撰 辑者佚名

清节抄本 529A

07562 / 11343 **叶氏医案**二卷 [1831]

(清)叶桂(天士、香岩、南阳先生)撰

1. 清道光抄本 701
2. 清光绪二十一年(1895)顾道生抄本 139

07563 / 11422 **二家诊录**二卷 1832

(日)岐山弃鱼斋翁撰 谷嶋武正编

日本抄本 590

07564 / 11423 **过庭录存**一卷 [1834]

附乐山先生遗案

(清)曹存心(仁伯、乐山)撰

1. 清咸丰九年(1859)吴文澜刻本 139 476 514B 590 709
2. 见黄寿南抄辑医书二十种

07565 / 11424 **曹仁伯医案论**二卷 [1834]

(清)曹存心(仁伯、乐山)撰

1. 顾青桥抄本 677A
2. 抄本 541 579

07566 / 11416 **叶天士曹仁伯何元长医案**三卷 [1834]

(清)叶桂(天士、香岩、南阳先生) 曹存心(仁伯、乐山) 何世仁(元长、澹安、福泉

山人）原撰　石岑辑订
清石岑抄本　590

07567 11425 **林珮琴医案**二卷　1835
又名林氏医案
（清）林珮琴（云和、羲桐）撰
清王少峰抄本　728A

07568 11426 **仿寓意草**二卷　1835
又名李冠仙医案
（清）李文荣（冠仙、如眉老人）撰
1. 清光绪十三年（1887）扬州刻本　3　139A　186　289　412A　412B　514A　541　589　590　664　677A　706　709　728B　738A　907C
2. 清抄本　590（题京江李冠仙先生医案一卷）　710　799A
3. 抄本　277

07569 11427 **珠邨草堂医案**三卷　1836
又名张梦庐医案
（清）张重（千里、广文、梦庐、子方）撰　徐国琛编
1. 清道光十六年（1836）稿本　139
2. 抄本　541（题张梦庐先生医案一卷）

07570 11428 **张梦庐先生证案**三卷　1836
（清）张重（千里、广文、梦庐、子方）撰
清休宁程麟书抄本　572

07571 11429 **张千里医案**五卷　1836
（清）张重（千里、广文、梦庐、子方）撰
1. 清道光十六年（1836）邵庆槐抄本　907C
2. 邱鸿翼抄本（一卷）　590
3. 抄本　277　731　736

07572 11430 **张梦庐学博医案**二卷　1836
（清）张重（千里、广文、梦庐、子方）撰
1. 清凌德抄本　579
2. 宋汝桢抄本　738A

07573 11431 **临证医案笔记**六卷　1836
（清）吴篪（渭泉）撰
1. 清道光十六年（1836）树滋堂刻本　2　139　152　186　203　281A　286　308A　412B　475A　476　541　579　590　651　738　738A　738B　896A　907C　940
2. 清抄本　412A　706　738A

07574 11433 **吴鞠通先生医案**不分卷　［1836］
（清）吴瑭（鞠通）撰
1. 清宣统三年（1911）抄本　728B
2. 清抄本　1
3. 抄本　139（八卷，存卷一、二）　421　514A　731　738B

07575 11434 **陈士兰先生医案**一卷　1837
（清）陈元凯（士兰）撰　潘道根（确潜、晚香、徐村老农、梅心老农、饭香老人）抄辑
清昆山潘道根抄本　590　709

07576 11435 **世济堂医案**一卷　［1837］
又名何氏医案、何元长先生医案、世济堂医存
（清）何世仁（元长、澹安、福泉山人）撰
1. 清末兰泉镜涵氏抄本　1
2. 清抄本　2　139　514B　651　709
3. 金山朱继璋抄本　590
4. 浔阳氏抄本　677A
5. 见何元长先生医案
6. 见（重古）三何医案

07577 11436 **竹簳山人医案**二卷　［1837］
（清）何其伟（韦人、书田、竹竿山人）撰
清抄本　139　541

07578 11437 **启蒙医案**六卷　1839
（清）程凤图（淑斋）撰
清抄本　139

07579 11438 **龙砂医案**一卷　［1840］
附王旭高医案
（清）姜大镛（鸿如）撰
抄本　709

07580 11439 **回春录**二卷　1843
又名王氏医案
（清）王士雄（孟英、梦隐、潜斋、半痴山人、息居隐士、随息居士）撰　周锲（光远）辑录
1. 清道光二十三年（1843）刻本　491　514A　728A　734
2. 清咸丰元年（1851）定州杨照藜吟香书屋刻本　308A　733　799A　852　951
3. 清光绪十七年（1891）蒲圻但氏刻本　361　475A　854
4. 清光绪二十二年（1896）上海图书集成印书局铅印潜斋医书五种本　4　721　854
5. 清光绪三十一年（1905）绍兴奎照楼石印本　738A

6. 抄本 541
7. 见潜斋医书五种
8. 见潜斋医学丛书十四种

07581 03556 **临证经验方**一卷 1846
又名爱庐方案
(清)张大爔(仲华、爱庐)编
1. 稿本 701
2. 清道光二十七年(1847)养恬书屋刻本 3 709 799A
3. 清光绪元年(1875)抄本 289
4. 清光绪八年(1882)刻本(题爱庐方案) 1 279 433A 514A 541 590 664 677A 701 709 734
5. 清光绪二十二年(1896)抄本(题爱庐医案,附钱子裕先生医案) 590
6. 清抄本 1 664 701 709(二卷,存卷上)
7. 抄本 579

07582 11440 **(评选)爱庐医案**一卷 1846
(清)张大爔(仲华、爱庐)原撰 柳宝诒(谷孙、冠群、致和堂主人)选评
1. 清光绪三十年(1904)江阴柳宝诒惜余小舍刻柳选四家医案本 277 491 651 907C
2. 清宣统二年(1911)上海时中书局石印柳选四家医案本 734 871
3. 省身斋抄本 541
4. 抄本 2 279 677A
5. 见柳选四家医案

07583 11441 **尚友堂医案**二卷 1846
(清)方略(南薰)撰
1. 清道光二十六年(1846)尚友堂刻本 281A 590 738A
2. 抄本 738A

07584 11443 **王氏医案**二卷 1850
王氏医案续编八卷
又名潜斋医书三种
附霍乱论二卷
(清)王士雄(孟英、梦隐、潜斋、半痴山人、息居隐士、随息居士)撰 周鑅(光远) 张鸿(柳吟) 赵梦龄(菊斋)等续辑
1. 清咸丰元年(1851)定州杨照藜吟香书屋初刻本 1 2 3 6 21 139 152 186 202 203 270 277 286 289 301 361 391 393 421 461 476 514A 541 570 589 590 651 664 707 728A 731 734A 737 738 738A 738B 739B 741 831 839A 854 871 896A 907B 917A 931 939
2. 清光绪十七年(1891)蒲圻但氏校刻本 186 270 361 677A 799A 852 853 907C
3. 清光绪十八年(1892)上海醉六堂刻潜斋医书五种本 21 185 186 279 280 381 475A 514A 529 529A 541 664 709 740B 799A 917A
4. 清光绪二十二年(1896)上海图书集成印书局铅印刻潜斋医书五种本 664 728A 738
5. 清光绪三十年(1904)上海鸿文书局石印潜斋医书五种本 740D
6. 清宣统二年(1910)石印本 521 733B 915 931
7. 清刻本 251 491 572 651 799A 851 921 940
8. 抄本 529A 922
9. 见潜斋医书五种

07585 11444 **王氏医案续编**八卷 1850
又名仁术志
(清)王士雄(孟英、梦隐、潜斋、半痴山人、息居隐士、随息居士)撰 张鸿(柳吟)辑
1. 清咸丰元年(1851)定州杨照藜吟香书屋刻本 475A 853
2. 清光绪十八年(1892)上海醉六堂刻潜斋医书五种本 139(存卷一)
3. 清光绪二十二年(1896)上海图书集成印书局铅印潜斋医书五种本 854
4. 清宣统二年(1910)石印本 541 738E
5. 清刻本 361 450B 511 529A 854 922
6. 见潜斋医书五种

07586 11450 **问斋医案**五卷 1850
(清)蒋宝素(问斋、帝书)撰
1. 清道光三十年(1850)镇江蒋宝素快志堂刻本 1 2 3 139 139A 186 202 203 251 254 270 279 281A 289

301 308A 361 381 391 393 412A 412B 421 433A 475A 491 514A 529A 529B 541 570 572 579 590 651 664 677A 706 707 728A（存卷一、二） 733A 734 738B 839A 871 896A 907C 917A 922 926A 940
2. 抄本 514A 590 651（与新增汤头歌诀合订）

07587 11451 **摘录问斋医案**不分卷 1850
著者佚名
萱寿斋抄本 541

07588 11452 **花韵楼医案**一卷 1850
（清）顾德华（鬘云）撰
1. 清宣统三年（1911）抄本 579
2. 抄本 139 590 677A
3. 清吴门孔炎南抄本 139

07589 11453 **李氏医案**五卷 1850
（清）李成荣撰
清道光三十年（1850）李德良抄本 139

07590 11454 **心太平轩医案**一卷 1850
（清）徐锦（炳南、澹安）撰
1. 清黄寿南抄本 139 289
2. 清抄本 731
3. 抄本 475A

07591 00000 **吴江陈心莲门诊方**不分卷 ［1850］
（清）陈心莲撰
清道光抄本 907C

07592 11455 **簳山何氏方案**一卷 1851
（清）何世仁（元长、澹安、福泉山人）撰
清咸丰元年（1851）昆山潘道根抄本 709

07593 11456 **周半池先生门诊方**一卷 1851
（清）周半池撰
清咸丰元年（1851）抄本 139

07594 11457 **婺源余先生医案**一卷 1851
又名余氏医案录存
（清）余国佩（振行、春山）撰
清咸丰元年（1851）刘祉纯抄本 728A

07595 11458 **曹乐山先生医案**一卷 1852
（清）曹存心（仁伯、乐山）撰
1. 清咸丰二年（1852）潘道根抄本 709
2. 清抄本 361

07596 11459 **医案集存**二卷 1853
（清）徐娱庭撰 徐文清（少娱）辑
清咸丰三年（1853）稿本 139

07597 11460 **古今医案按选**四卷 1853
（清）俞震（东扶、惺斋）编 王士雄（孟英、梦隐、潜斋、半痴山人、息居隐士、随息居士）选
清光绪三十年（1904）会稽董金鉴取斯堂刻本 139 202 351 412A 450B 462 541 572 589 590 664 728A 731 734A 735 738A 739 896A 907C 942B

07598 11461 **王氏医案三编**三卷 1853
（清）王士雄（孟英、梦隐、潜斋、半痴山人、息居隐士、随息居士）撰 徐然石（亚枝）编
1. 清咸丰四年（1854）潜斋刻潜斋医学丛书本 139 475A 651 738B 940
2. 清光绪十四年（1888）潘萼斋抄本 570
3. 抄本 590 731
4. 见潜斋医学丛书

07599 11774 **方案汇辑**一卷 ［1853］
著者佚名
清抄本 541

07600 00000 **李鸿飞先生医案**一卷 ［1853］
（清）李鸿飞撰
清同治三年（1853）朱思九抄本 590

07601 11463 **王孟英案方**一卷 1854
（清）王士雄（孟英、梦隐、潜斋、半痴山人、息居隐士、随息居士）撰
见石室丛抄医书十七种

07602 11464 **易卢孙三家医案**三卷 1857
（清）陆嵩（方山、希孙）编
子目：
（1）抚州易大艮思兰医案一卷 （清）易大艮撰
（2）芷园臆草存案一卷 （明）卢复撰
（3）新安孙一奎文垣医案一卷 （明）孙一奎撰
稿本 701

07603 11465 **吴门曹氏医案**四卷 1857
又名曹氏医案
（清）曹存心（仁伯、乐山）撰
1. 清咸丰七年（1857）昆山潘道根抄本 709
2. 清管惠卿抄本 709

07604 11466 **饭香道人医案**一卷 ［1857］
（清）潘道根（确潜、晚香、徐村老农、梅心老

农、饭香老人）撰
稿本　709

07605 11467 **壶春丹房医案**五卷　1858
（清）何昌福（平子、泉卿）撰
清何九思抄本　139

07606 11483 **费伯雄先生医案**一卷　1858
（清）费伯雄（晋卿、砚云子）撰
清咸丰八年（1858）张庚薇抄本　541

07607 11468 **乐山先生遗案**一卷　1859
又名延陵弟子纪略
（清）吴元善（秋山）编
1. 清咸丰九年（1859）吴文澜刻本　139
2. 见过庭录存（附录）
3. 见黄寿南抄辑医书二十种

07608 11469 **（评选）继志堂医案**三卷　1859
（清）曹存心（仁伯、乐山）撰　柳宝诒（谷孙、冠群、致和堂主人）评
1. 清光绪三十年（1904）江阴柳宝诒惜余小舍刻柳选四家医案本　1　139　186　270　361　475A　590　651　664　733A　839A　871
2. 抄本　361　541　677A
3. 见柳选四家医案

07609 11470 **虞山曹仁伯汤寅三先生医案**二卷　1859
著者佚名
抄本　664

07610 11471 **临证经验录**四卷　1859
又名临证应验录
附晰微补化全书目录及医案
（清）刘金方（淮山儒士）撰
1. 清咸丰九年（1859）刻本　251
2. 清抄本　590（题临证应验录）
3. 见宝应徐氏医书六种

07611 11473 **得心集医案**六卷　1861
（清）谢星焕（映庐）撰
1. 清咸丰十一年（1861）南城谢甘澍刻浒湾延寿堂印本　3　139　139A　140　152　186　202　270　279　280　281A　289　381　476　589　590　651　728A　728B　734　738A　743　831　911　921
2. 清咸丰十一年（1861）南城谢甘澍刻南城谢甘盘旧学山房印本　203　381　572　579　590　701　738B
3. 清光绪二十五年（1899）粤东佛山镇天宝楼刻本　186　279　308A　412A　514A　931　939　940

07612 11474 **乘桴医影**一卷　1861
（清）王士雄（孟英、梦隐、潜斋、半痴山人、息居隐士、随息居士）撰
清同治元年（1862）抄本　701

07613 11475 **横山北墅医案**四卷　［1861］
（清）顾司马（恕堂）撰　顾祖同编
1. 清张惠昌金吉祥庵抄本　590
2. 清抄本　139　701（残）
3. 抄本　709

07614 11476 **王旭高临证医案**四卷　1862
又名王氏医案
（清）王泰林（旭高、退思居士）撰　方仁渊（耕霞、倚云、思梅）参订
1. 清光绪二十四年（1898）琴川方仁渊倚云吟馆木活字印本　1　139（1934 年印本）　186　279　280　361　412A　475A　541　579　590　651　677A　728A（残）　728B　738A　896A　917A
2. 抄本　361　701　709

07615 11477 **（梁溪）王旭高方斯美先生方案**三卷　［1862］
（清）王泰林（旭高、退思居士）　方斯美　邵炳扬（杏泉）撰
清抄本　664

07616 11478 **（评选）环溪草堂医案**三卷　［1862］
（清）王泰林（旭高、退思居士）撰　柳宝诒（谷孙、冠群、致和堂主人）选编
1. 清光绪三十年（1904）江阴柳宝诒惜余小舍刻柳选四家医案本　139　302　475A　529A　546　590　651　664　738B　907C
2. 清宣统二年（1910）上海时中书局石印柳选四家医案本（二卷）　1　871
3. 柳宝庆抄本　139
4. 见柳选四家医案

07617 11479 **（九龙山）王泰林旭高先生医案**不分卷　［1862］
（清）王泰林（旭高、退思居士）
文伯抄本　139

07618 11481 **刘晓山医案**一卷　［1862］
又名刘氏医案

(清)刘晓山撰
1. 清同治元年(1862)抄本 514A
2. 清光绪虞山徐居仁抄本 651

07619 11482 **枕中秘要**一卷 1863
原题(唐)孙思邈(紫尘真人)撰 (清)李守永(香岩)删订
见司命秘笈

07620 11485 **吴古年先生方案**一卷 [1863]
(清)吴芹(瘦生、古年)撰 凌奂(维正、晓五、折肱老人)编
抄本 139

07621 11486 **医案偶存**十二卷 1864
(清)李铎(省斋)撰
清同治四年(1865)福建黄恩浩琴城小安山房刻本 139 186 270 677A 742(存卷三至八、十一、十二) 839A

07622 11446 **邵氏方案**六卷 [1865]
又名邵杏泉先生方案
(清)邵炳扬(杏泉)编
清抄本 203 590 709(题邵杏泉先生方案)

07623 11447 **邵氏方案三折肱**不分卷 [1865]
又名邵氏三折肱、三折肱医案
(清)邵炳扬(杏泉)编
著者佚名
抄本 590 677A 701(题三折肱医案)

07624 11487 **临证经验方**四卷 1866
又名凤氏医案
(清)凤在元(实夫、凤兮山叟)撰
见凤氏医书三种

07625 00000 **李栋才夫子医案**不分卷 1866
(清)李栋才撰
清同治五年(1866)钱逸泉抄本 728A

07626 11488 **寿芝医案**一卷 1867
(清)王廷俊(寿芝)撰
1. 清同治六年(1867)浙江翰墨斋刻本 139 572 651
2. 见寿芝医略

07627 11489 **医案梦记**二卷附案一卷 1868
(清)徐锦城(守愚、聊尔居士)撰
清光绪二十三年(1897)刻本 152 412A 461 572 589 734A 736A

07628 05999 **记瘥原委录**一卷 1868
(清)李万清等撰
清同治四年(1865)抄本 1

07629 00000 **凌初平医案**一卷 [1868]
(清)凌绂曾(初平)撰
清抄本 139

07630 11490 **纪效新书**二卷 1870
又名黄芸台治病纪效
(清)黄堂(云台)撰 黄寿南(福申、沁梅)编
清抄本 139 677A(题黄芸台治病纪效三卷)

07631 11491 **七家会诊张越阶方案**一卷 1870
(清)陈莲舫(秉钧、乐余老人)撰
见黄寿南抄辑医书二十种

07632 12431 **壶山意准**不分卷 [1870]
(清)林作建(和斋)撰
清抄本 590

07633 11492 **陈如山方案**一卷 1871
(清)陈如山(憩亭)撰
见黄寿南抄辑医书二十种

07634 11493 **医案心得集**二卷卷首一卷 1871
(清)王菊泉撰
清同治十年(1871)衡阳刘玲阁汉皋悟真山房刻本 2 289 781 839A

07635 11905 **无名氏方案**不分卷 [1871]
(清)周鸿(赞鸿、伯卿) 徐芳畦 徐雪峰等撰
子目:
(1)无名氏方案三种
(2)女科篇
(3)就诊录存
(4)方案备览
(5)医方集腋
(6)方案簿
(7)徐芳畦徐雪峰门诊方案
(8)痘疹玉髓人像
(9)霉疮秘录
清同治十年抄本 709

07636 11965 **春煦室医案**二卷 [1871]
(清)何其超(古心、超群、藏斋)撰
抄本 391 590(存卷一)

07637 11494 **临证医案**不分卷 1872
(清)施德懋撰

清同治稿本　139

07638 **康斋医案偶存**一卷　1873
11495 （清）陈其晋（康斋）撰
清同治十二年（1873）刻本　412B　651

07639 **管见医案**一卷　1873
11496 （清）陈鸿猷（长谷）撰
清同治十二年（1873）祁西陈鸿猷自刻本　721

07640 **叶案括要**八卷　1873
11333 又名评琴书屋叶案括要
（清）叶桂（天士、香岩、南阳先生）原撰　潘名熊（兰坪）编
清同治十三年（1874）拾芥园刻本　2　254　277（缺卷五、六）　461　475A　570　589　664　677A　738A　907C（缺卷八）　922　931　940

07641 **徐养恬方案**三卷　1874
11498 （清）徐养恬（澹成）撰　徐兆丰（实函）编
清同治十三年（1874）抄本　590

07642 **医学利用编**一卷　1874
11780 （清）王吉元编
清同治十三年（1874）抄本　590

07643 **沈菊人医案**二卷　1875
11500 （清）沈菊人（来亨、九峰环翠山人）撰　李筱云（茂才）　吕伯纯（上舍）编
1. 稿本　433A
2. 何坤书抄本　139
3. 抄本　139A　541　590　709

07644 **枌榆小草**二卷　1875
11502 （清）赵澍（雨人）撰
清光绪元年（1875）刻本　940

07645 **怀古楼医案**一卷　1875
11691 （清）甘州庐主辑
清光绪元年（1875）抄本　590

07646 **黄乐亭指要**四卷　［1875］
11412 （清）黄钟（乐亭）撰
清光绪四年（1875）抄本　664

07647 **存养轩草案存真**一卷　［1875］
11664 （清）黄菊泉（人淡、锡祺）撰
清抄本　590

07648 **寓意草注释**四卷　1877
11504 （清）喻昌（嘉言、西昌老人）撰　谢甘澍（杏园、遯园）注释
1. 清光绪三年（1877）南城谢甘澍刻本　1　709
2. 清光绪三年（1877）南城谢甘澍刻光绪五年（1879）印本　1　139　279　412B　514B　541　590　651　701　734　741　742　851　917A　926A　951

07649 **寸心知医案**四卷　1878
11506 又名寸心医稿
（清）孙廷问（雨香、我舟）撰
1. 清光绪四年（1878）陈世杲从善居抄本　590（程门雪、裘沛然跋）
2. 清抄本（题寸心医稿二卷）　139

07650 **竹亭医案**九卷　［1878］
11634 又名缀珠编
（清）孙采邻（亮揆、竹亭）撰
稿本　590

07651 **吴东旸医案**一卷　1879
11507 （清）吴达（东旸、澹园老人）撰
1. 清光绪十一年（1885）申江萍寄庐刻本　279　514A　541　570　651　664　701　733A　738A　738B　839A　896A
2. 清光绪三十年（1904）抄本　896A

07652 **临症易知录**八卷　1879
11508 （清）蔡景阳编
清光绪五年（1879）稿本　279

07653 **蛰庐诊录**二卷　1880
11510 （清）陈虬（志三、蛰庐、皋牢子）撰
清光绪六年（1880）刻本　139

07654 **何伯行医案**三卷　［1880］
11685 （清）何昌梓（辛木、伯颖、伯行）撰
1. 清俞颂贤抄本　541
2. 抄本　651（不分卷）

07655 **医案类录**一卷　1881
11511 又名脏腑图说症治合璧医案类录
（清）罗定昌（茂亭）撰
1. 清光绪三十年（1904）刻中外医书八种合刻本　896A　907C
2. 见中外医书八种合刻

07656 **医案秘方**一卷　1883
11633 （清）宋朗怀（向鲁）编
清光绪九年（1883）抄本　738B

07657 **慎五堂治验录**十二卷　1884
11513 （清）钱艺（兰陔）撰　钱雅乐（韵之）编

清光绪十年(1884)慎五堂稿本 590

07658 **唐氏医案**一卷 [1884]
00000 (清)唐宗海(容川)撰
清王少峰抄本 728A

07659 **治验论案**二卷 1885
11514 (清)杨毓斌(爵臣)撰
清光绪十八年(1892)南京王吉源石印本 2 139 186 279 393 590 651 701 738A

07660 **温氏医案**一卷 1886
11515 (清)温存厚(载之)撰
1. 清光绪十三年(1887)渝州温存厚刻本 3 186 706 851 871
2. 见温病浅说温氏医案

07661 **桐花寮方案**一卷 1886
11516 (清)魏仲澜撰 王霖(新之)辑订
清光绪三十二年(1906)王霖抄本 139

07662 **治疾日记**一卷 1887
11517 (清)黄誉郇(蘧斋)撰
见蘧斋医学存稿二种

07663 **调原医案**不分卷 1888
11519 (清)冯调原撰
清光绪十四年(1888)抄本 279

07664 **一得集**三卷 1889
11520 (清释)心禅撰
1. 清光绪十六年(1890)永禅室刻本 1 139 139A 152 186 541 572 590 651 677A 709 734A 896A 939
2. 抄本 579

07665 **龙砂八家医案**一卷 1889
11521 (清)姜成之编
清光绪二十二年(1896)抄本 519

07666 **五家医案**一卷 1889
00000 (清)俞寿田辑
清抄本 709(辑曹仁伯、钟孝存、薛生白、缪遵义、叶天士医案)

07667 **叶天士晚年方案真本**二卷 [1889]
11334 又名(徐批)叶天士先生方案真本
(清)叶桂(天士、香岩、南阳先生)撰 徐大椿(灵胎、洄溪老人)评 张振家(筱林)参校
清光绪十五年(1889)苏城六润斋刻本 2 139 139A 202 286 301 412A 475A 476 514B 541 542 590 677A 728A 731 738B 741

07668 **(重古)何鸿舫先生墨迹**不分卷 [1889]
11522 (清)何鸿舫(长治、补之、横柳病鸿)撰
稿本 139

07669 **何鸿舫先生手书方笺册**不分卷 [1889]
11523 (清)何鸿舫(长治、补之、横柳病鸿)撰
稿本 139

07670 **何鸿舫先生手书方笺册补遗**不分卷 [1889]
11524 (清)何鸿舫(长治、补之、横柳病鸿)撰
稿本 139

07671 **何鸿舫曹智涵方案真迹**不分卷 [1889]
11526 (清)何鸿舫(长治、补之、横柳病鸿) 曹元恒(智涵、沧洲、兰雪老人、兰叟)撰
稿本 677A

07672 **玉版金针**二卷 [1889]
01989 (清)吕邦孚(鱼吉)撰
清光绪十五年(1889)抄本 731

07673 **雪蕉轩医案**十卷 1890
11528 著者佚名 (清)元琦校
清光绪十六年(1890)抄本 139

07674 **杨寿山医案**一卷 [1890]
11917 (清)杨渊(子安、寿山)撰
清黄寿南抄本 664

07675 **临症便录续集**一卷 1892
11533 (清)李镜仙(笃会、清醒道人)撰
清光绪十八年(1892)刻本 939

07676 **周氏医案**一卷 1893
11534 (清)周家驹(千里)撰 李祥徵(子兴)辑
清光绪十九年(1893)长兴周莲舫抄本 738A

07677 **医门精萃**六卷 [1893]
05903 (清)王福照(芹之)辑
子目:
(1)徐召思徐澹安曹乐山沈平舟医案二卷
(2)叶天士医案二卷
(3)马元仪医案一卷
(4)灵兰秘室杂记一卷
清抄本 709

07678 **医门奇验**四卷 1894
11536 (清)胡金相(秋帆)撰
清光绪二十年(1894)刻本 2 251 289 590 852S

07679 **紫来堂方案**不分卷 1894
11537 (清)沈焘(安伯、平舟)撰
1. 清光绪二十年(1894)王霖抄本 139(二卷) 590
2. 清铁仙道人邓启昌抄本 590(二卷)
3. 抄本 677A 709

07680 **沈安伯医案**不分卷 [1894]
11538 (清)沈焘(安伯、平舟)撰
清抄本 1

07681 **沈安伯先生方案**一卷 [1894]
11539 (清)沈焘(安伯、平舟)撰
清宣统二年(1910)抄本 139

07682 **紫来堂医药存验**不分卷 [1894]
11649 (清)沈焘(安伯、平舟)撰 师中氏编
抄本 2

07683 **沈安伯先生二集方按**一卷 [1894]
00000 (清)沈焘(安伯、平舟)撰 王霖(新之)抄辑
清抄本 590

07684 **方案全录**一卷 1895
11540 (清)陈健安编
清光绪二十一年(1895)抄本 514A

07685 **金子久医案**四卷 1895
11541 又名金氏门诊方案、金子久门诊方案、大茅金子久先生医案
(清)金有恒(子久、寿生)撰 姚益华编
1. 清光绪二十一年(1895)傅乃康抄本 412A(题金氏门诊方案)
2. 清休宁程麟书抄本 572(题大茅金子久先生医案)
3. 抄本 475A 572 579 709

07686 **历年医案**二卷 [1895]
00000 (清)王明德(筑溪居士)撰
清光绪刻本 139

07687 **杜撰录**一卷 [1895]
00000 (清)朱朵卿撰
清抄本 541

07688 **马氏医案**一卷 1896
11544 (清)马松编
清光绪二十二年(1896)刻本 901

07689 **过氏医案**一卷 1896
11545 又名近诊医案
(清)过铸(玉书)撰
1. 清光绪二十七年(1901)无锡过氏家刻本 1 21 139 186 463 589 677A
2. 清刻本 288 590 734
3. 见(增订)治疗汇要(附录)

07690 **医验辨似**二卷 1896
11546 **医验辨似续编**一卷
(清)蒋希曾(啸渔、寄海渔父)撰
清光绪二十二年(1896)广州瑞元堂刻三十年(1904)增刻本 2 254 288 491 514A 590 731

07691 **经验医案**一卷 1896
11547 又名经验医案辨论方法
附辨论粤东疔瘢
(清)蒋希曾(啸渔、寄海渔父)撰
清光绪二十六年(1900)广州瑞元堂刻本 940 944

07692 **退庵医案**一卷 1896
11529 (清)凌淦(仲清、砺生、退庵)撰 李龄寿(辛坨、匏斋)批注 沈陈麟(春孙、囊隐道人)辑订
清光绪二十二年(1896)上海枕石斋抄本 590

07693 **诊余举隅录**二卷 1897
11549 (清)陈廷儒(匊生)撰
1. 清光绪二十四年(1898)铅印本 1 139 152 186 203 270 279 289 301 308A 361 412A 412B 461 475A 511 514A 529A 541 542 570 579 590 664 677A 709 713 728A 734A 738B 738E 907C
2. 清抄本 589

07694 **丸膏方存底**一卷 [1897]
00000 (清)陈氏撰
清抄本 589

07695 **沙桐君医案**一卷 1898
11587 又名沙氏医案
(清)沙用圭(桐君)撰
抄本 475A 590

07696 **(评点)马氏医案印机草**一卷 1898
11530 (清)马俶(元仪、卧龙老人)撰 周学海(澄之)编
1. 清光绪二十四年(1898)池阳周学海刻周氏医学丛书本 308A 590 706 721

739D
2. 见周氏医学丛书

07697 11550 **贯唯集**二卷 1899
又名通意子医案、内科贯唯集
(清)通意子(璇玑洞主)撰
1. 清光绪二十五年(1899)抄本 590
2. 清河南布衣均望抄本 709

07698 11551 **倚云轩医案医话医论**七卷 1899
(清)方仁渊(耕霞、倚云、思梅)编
1. 清光绪二十五年(1899)稿本 139
2. 抄本 277

07699 11552 **致和先生医案**一卷 [1899]
(清)致和撰
清抄本 541

07700 11680 **名医方案**不分卷 [1899]
(清)徐渡忠等撰
1. 清光绪二十五年(1899)抄本 306
2. 青莲室抄本 701

07701 11553 **柳选四家医案**八卷 1900
又名江阴柳氏医学丛书
(清)柳宝诒(谷孙、冠群、致和堂主人)编
子目:
(1)(评选)静香楼医案二卷 (清)尤怡撰
(2)(评选)继志堂医案二卷 (清)曹存心
(3)(评选)爱庐医案一卷 (清)张大爔撰
(4)(评选)环溪草堂医案三卷 (清)王泰林撰
1. 清光绪三十年(1904)江阴柳宝诒惜余小舍刻本 1 2 139 139A 186 202 203 280 286(存三卷) 289(存第三、四种) 308A 381 385B(缺第四种) 391 401 461 475A 492 514A 529A 541 572 590 651 664 677A 701(存二种四卷) 709 712 715 728A 734 781 896A 922(存三种六卷) 940
2. 清宣统二年(1910)上海时中书局石印本 152 202 385A 529A 570 572 590 664 677A 734 839A 853
3. 抄本 139 541

07702 11554 **沈子畏先生医案**不分卷 1900
又名沈氏医案
(清)沈凤葆(子畏)撰
清休宁程麟书抄本 572

07703 11555 **丁授堂先生医案**三卷 1900
又名丁授堂夫子医案
(清)丁授堂撰
1. 清光绪三十四年(1908)王少峰抄本 728A
2. 清休宁程麟书抄本 572
3. 抄本 731

07704 11556 **临证随笔存十五年**十卷 1900
(清)师愚编
休宁程麟书抄本 572

07705 11557 **皇上病案**一卷 1900
(清)力钧(轩举、医隐)撰
抄本 139

07706 11559 **顾少竺方案**一卷 1900
(清)顾少竺等撰
槐庐主人抄本 709

07707 11560 **游艺室医案**不分卷 1900
(清)顾恩湛(允若、七子山人)撰
1. 清宣统元年(1909)稿本 590
2. 清抄本 701(残)

07708 11562 **九折斋医方**不分卷 1900
又名顾允若先生门诊方
(清)顾恩湛(允若、七子山人)撰
张志云抄本 139

07709 11563 **顾允若先生门诊方案**一卷 1900
(清)顾恩湛(允若、七子山人)撰
抄本 139

07710 11564 **临诊医案**一卷 1900
(清)张骧孙(庆增、祝三)撰
抄本 590

07711 11565 **惜余小舍医案**不分卷 1900
(清)柳宝诒(谷孙、冠群、致和堂主人)编
抄本 839A

07712 11566 **惜余医案**不分卷 1900
(清)柳宝诒(谷孙、冠群、致和堂主人)撰
清玩月轩主人抄本 709

07713 11567 **徐友蕃夫子医案**不分卷 1900
(清)徐友蕃撰
清抄本 590(残)

07714 11568 **临床医案**一卷 1900
(清)徐澄撰
抄本 186

07715 12432 **冷吟医验录**一卷 1900
(清)沈焯(研芗、南邨、归真子)撰 席珏

（玉华女史）编
清光绪二十六年（1900）怀真庐抄本 677A

07716 **鲍竺生方案**不分卷 ［1900］
11569
又名读易轩医案
（清）鲍晟（竺生）撰
抄本 139A 203 709

07717 **临证医案**一卷 ［1900］
11904
惠民堂抄辑
清光绪二十六年（1900）抄本 709

07718 **汪子敬方案**不分卷 ［1900］
11912
著者佚名
抄本 709

07719 **崇实堂医案**一卷 1901
11570
（清）姚龙光（晏如）撰
1. 清光绪二十七年（1901）丹徒姚龙光自刻本 1 2 3 186 303 396 590 706 731
2. 抄本 579

07720 **陈憩亭医案**不分卷 ［1901］
11804
又名陈氏医按
（清）陈憩亭撰
1. 清光绪二十七年（1901）孙伯琴抄本 289
2. 抄本 590

07721 **昼星楼医案**不分卷 1902
11572
（清）孙西台（言言）撰
上海震东学社石印本 590 651 706 738B 799A

07722 **林屋梅道人医案**不分卷 ［1902］
00000
（清）梅道人撰
清光绪二十八年（1902）秦鹤皋抄本 139

07723 **雪雅堂医案**二卷 1903
11573
附类中秘旨一卷
（清）张士骧（伯龙）撰
清光绪三十年（1904）铅印本 461 521 734

07724 **证鉴**不分卷 1903
11575
（清）康民氏编
清光绪二十九年（1903）稿本 139

07725 **赖氏脉案**不分卷 1904
11576
又名碧云精舍医案、赖氏嵩兰医案、赖嵩兰医案
附门诊方案
（清）赖元福（嵩兰）撰
1. 清光绪三十年（1904）巢氏剩馥居抄本 590
2. 珠家阁抄本 590（题赖嵩兰处方、赖嵩兰医案）

07726 **医验辨似续编**一卷 1904
00000
（清）蒋希曾（啸渔、寄海渔父）撰
1. 清光绪三十年（1904）广州瑞元堂刻本 731 944
2. 清抄本 589
3. 见医验辨似医验辨似续编

07727 **医案合编**七卷 1904
00000
（清）廖炳蔚（黼卿） 陈元钊（练如）编
子目：
（1）医案存真注四卷 （清）叶桂（香岩）原撰 叶万青（讷人）辑 廖振宗（维城）注
（2）乐我斋医案一卷 （清）杨琼林（玉堂）撰 廖振宗（维城）注
（3）琐说治验一卷附养性山房理解一卷 （清）廖振宗（维城）撰
清光绪三十年（1904）珠江廖炳蔚同馨书局刻本 306

07728 **赵海仙医案**一卷 ［1904］
11578
（清）赵履鳌（海仙）撰
1. 清抄本 139
2. 樵青抄本 279
3. 抄本 529A

07729 **旌孝堂医案**一卷 ［1904］
11579
（清）赵履鳌（海仙） 赵冠鳌（稺松）合撰
清抄本 590

07730 **（昭阳）赵海仙先生脉案遗稿**二卷 ［1904］
11580
（清）赵履鳌（海仙）撰 卜椿森（荫庭、筱云氏）辑订
清抄本 709

07731 **李能谦医案**一卷 1905
11581
附李永铎医案
（清）李能谦（光瑞、启赞）撰
清光绪三十一年（1905）抄本 590

07732 **金爕堂方案**一卷 1905
11582
（清）金爕堂原撰 王霖（新之）编
1. 清光绪三十一年（1905）留耕堂抄本 907C
2. 清抄本（附王氏医案） 709

07733 11385 **陈氏医按**一卷 ［1906］
（清）陈念祖（修园、良有、慎修）撰
1. 清光绪三十二年（1906）成都多文会刻医学真传本 1
2. 清光绪三十二年（1906）观海堂刻医学真传本 139
3. 见医学真传陈氏医按

07734 00000 **黄岐云先生门诊处方**一卷 ［1906］
（清）黄岐云撰
清抄本 139

07735 00000 **薛润泉先生门诊方**一卷 ［1906］
（清）薛润泉撰
清抄本 139

07736 11586 **医案**二卷 1907
（清）赵廷玉（伯亭、双修）编
1. 清光绪三十三年（1907）抄本 139
2. 见赵双修医书十四种

07737 11588 **吴甫恬先生自存医案**一卷 1908
（清）吴甫恬撰
清光绪抄本 651

07738 11497 **徐氏第一世医案**一卷 1908
（清）徐养恬（澹成）撰 徐兆丰（实函） 徐士玉（琅卿）编
清光绪抄本 651

07739 11590 **徐氏第二世医案**一卷 1908
（清）徐兆丰（实函） 徐士玉（琅卿）等编
清光绪抄本 651

07740 11591 **徐氏第三世医案**一卷 1908
（清）徐士玉（琅卿）撰 徐居仁等编
清光绪抄本 651

07741 11592 **徐氏四世医案**一卷 1908
（清）徐同熙（省安）撰 徐景文（学勤）等编
清光绪抄本 651

07742 11593 **德宗景皇帝案**一卷 1908
又名各御医诊德宗景皇帝案
（清）曹元恒（智涵、沧洲、兰雪老人、兰叟） 陈秉钧（莲舫、庸叟、乐余老人）原撰 薛鼎元辑
清光绪三十四年（1908）薛鼎元抄本 475A

07743 11594 **何氏医案**不分卷 1908
附昭阳医案一卷
著者佚名
清抄本 139

07744 11595 **汇集前辈诸名家方案**十二卷 1908
（清）王霖（新之）编
清光绪抄本 139

07745 11596 **崇陵病案**八卷 1908
（清）力钧（轩举、医隐）撰
清光绪稿本 21

07746 12394 **医验随笔**一卷 1908
又名沈鲐翁医验随笔
（清）沈祖复（礼庵、奉江、鲐翁）撰 周源（逢濡）辑
抄本 541 572

07747 11597 **缪氏外疡医案**一卷 1908
附江阴柳冠群方案
（清）缪岐（柳村）撰 徐同熙（省安）辑
清光绪抄本 651

07748 11598 **医案**一卷 1908
著者佚名
清光绪三十四年（1908）杰三抄本 139

07749 11599 **医案**一卷 1908
（清）红杏村人撰
清抄本 139

07750 11600 **谢宝三方案**一卷 ［1908］
（清）谢宝三撰
清光绪稿本 139

07751 11603 **御医请脉详志**不分卷 ［1908］
（清）陈秉钧（莲舫、庸叟、乐余老人） 曹元恒（智涵、沧洲、兰雪老人、兰叟）原撰 辑者佚名
抄本 590

07752 11604 **陈氏门诊医案**一卷 1909
（清）陈秉钧（莲舫、庸叟、乐余老人）撰
李金声抄本 475A

07753 11605 **陈莲舫先生医案**三卷 1909
（清）陈秉钧（莲舫、庸叟、乐余老人）撰
抄本 590 651 738A

07754 11606 **陈徵君方案**不分卷 1909
附韩拜墀先生医案二卷
（清）陈秉钧（莲舫、庸叟、乐余老人）撰
清张淦抄本 541

07755 11655 **韩拜墀先生方案**二卷 1909
（清）韩文衡（半池、清泉、拜墀、和叟、随安子）撰 张淦（庚薇）辑
见陈徵君方案

07756 **养性轩临证医案**不分卷 1909
11608 (清)齐半读撰
清抄本 412A

07757 **吴医汇案**十二卷 1909
11609 (清)王霖(新之)撰
稿本 677A

07758 **医案集腋**二卷 [1909]
11503 (清)吴炳(云峰)辑
抄本 590

07759 **孟河巢崇山先生医案**不分卷 [1909]
11646 (清)巢峻(崇山、卧猿老人)撰
清抄本 651

07760 **问松堂医案**二卷 1910
11612 (清)金有恒(子久、寿生)撰
抄本 590

07761 **邵兰荪医案**四卷 1910
11613 又名邵氏医案
(清)邵国香(兰荪)撰
1. 清末邵兰荪稿本 738A
2. 抄本 579 901(残)

07762 **顾雨棠先生医案**三卷 1910
11617 又名雨棠证验
(清)顾雨棠撰
1. 计文正抄本 541(残)
2. 抄本 412A(题雨棠证验二卷) 590(题雨棠证验二卷) 721

07763 **槐荫山房医案**不分卷 1910
11618 (清)王毓衔(吉安)撰
抄本 541

07764 **宝善堂叶案**一卷 [1910]
11619 著者佚名
清抄本 1

07765 **戚氏医案**一卷 [1910]
11620 著者佚名
清抄本 1

07766 **医案集抄**一卷 [1910]
11621 著者佚名
清末抄本 139

07767 **吴生甫先生医案**一卷 [1910]
00000 (清)吴生甫撰
清宣统二年(1910)抄本 139

07768 **游艺室诊断簿**不分卷 1911
11622 (清)顾恩湛(允若、七子山人)撰
清宣统三年(1911)稿本 139

07769 **曹沧洲医案**二卷 1911
11623 (清)曹元恒(智涵、沧洲、兰雪老人、兰叟)撰
1. 稿本 677A
2. 抄本 664 677A

07770 **也是山人医案**一卷 1911
11626 (清)也是山人撰
抄本 579

07771 **先辈医案**二卷 1911
11627 著者佚名
清抄本 139 286

07772 **胡氏临证医案**二卷 1911
11628 (清)胡兆新撰 (日)千贺编
清抄本 701

07773 **麓人孙氏医案**六十八卷 1911
11629 (清)孙起舜撰
清嘉庆二十二年(1817)抄本 301(存卷一至三十、四十至五十一、五十三至六十八)

07774 **陈氏方案**不分卷 1911
11631 (清)陈颖川撰
清抄本 701

07775 **汪幼安医案**不分卷 1911
11632 (清)汪幼安原撰 金念萱辑
清宣统三年(1911)金念萱抄本 590

07776 **红树山庄医案**十二卷 1911
11635 (清)叶昶(馨谷)撰
清抄本 939

07777 **秘传方案**一卷 [1911]
11639 附名医汇案一卷
程殿卿撰
抄本 139

07778 **时医类案**一卷 [1911]
11641 (清)李印参编
稿本 139

07779 **利济堂医案**不分卷 [1911]
11642 顾大田撰 金鼎编
抄本 2

07780 **醉花窗医案**一卷 [1911]
11645 (清)王堉(蓉塘、润园)撰
清抄本 1

07781 **症治实录**不分卷 [1911]
11647 项文灿(锦堂、斐然)撰
抄本 651

07782 **效方留稿**一卷 ［1911］
04517
又名周雅宜顾天祥医案合编
（清）周武良辑
清周武良抄本　541

07783 **陶子春先生医案**一卷 ［1911］
11648
（清）陶芷邨（子春）　诸纯淦编
抄本　541

07784 **静岩医案**不分卷 ［1911］
11650
（清释）忍觉撰
抄本　651

07785 **江泽之医案**二卷 ［1911］
11651
（清）江曲春（泽之）撰
清抄本　590

07786 **剑慧草堂医案**三卷 ［1911］
11652
（清）潘文清撰
稿本　590

07787 **凌氏医案**四卷 ［1911］
11654
（清）凌应霖（甘伯）撰
清末民初蔡钟镛抄本　475A

07788 **寿命无穷**八卷首 ［1911］
10939
著者佚名
清抄本　541

07789 **医案摘要**不分卷 ［1911］
11656
著者佚名
清末拾翠轩抄本　701　731

07790 **四家医案**四卷 ［1911］
11657
（清）缪从义等撰
清抄本　701

07791 **城南草堂方案**二卷 ［1911］
11658
著者佚名
1. 清静学斋抄本　572　701
2. 抄本　572

07792 **青藜书屋医案**二卷 ［1911］
11659
（清）少方撰
清抄本　728A

07793 **医案两种**二卷 ［1911］
11660
著者佚名
抄本　139

07794 **二铭书屋医案**不分卷 ［1911］
11661
著者佚名
清锡之氏抄本　709

07795 **春星带草堂医案**一卷 ［1911］
11662
著者佚名
抄本　186

07796 **翼庐医案**二卷 ［1911］
11663
著者佚名
抄本　590

07797 **录雷丰述临证治案**一卷 ［1911］
11665
（清）雷丰（松存、侣菊、少逸）原撰　辑者佚名
清抄本　514A

07798 **陈氏医案**一卷 ［1911］
11666
著者佚名
清抄本　541　651　922

07799 **医案辑录**不分卷 ［1911］
11667
著者佚名
灵蕤馆抄本　541（残）

07800 **元明医验案**不分卷 ［1911］
11668
辑者佚名
抄本　738B

07801 **吴门方案**一卷 ［1911］
11669
（清）戴锦文辑
抄本　590

07802 **赵氏医案**一卷 ［1911］
11670
著者佚名
清抄本　139

07803 **象溪所集录方伎书**不分卷 ［1911］
11671
著者佚名
抄本　139

07804 **存养居医案**一卷 ［1911］
11672
（清）田筱园（小园）撰
抄本　590

07805 **竹林医案自在观**四卷 ［1911］
11673
（清）胡天宗（天宗瘦鹤、天中瘦鹤）编
清抄本　279

07806 **顾师方案**一卷 ［1911］
11674
著者佚名
抄本　664

07807 **冯氏医案**二卷 ［1911］
11676
（清）冯载阳撰　陈应亨（嘉甫）编
抄本　731

07808 **钟孝存方案**一卷 ［1911］
06050
著者佚名
清抄本　677A

07809 **学山朡案**不分卷 ［1911］
11677
（清）陈应亨（嘉甫）编
抄本　651

07810 **调理方**不分卷 [1911]
04456 (清)曹蔚若传 王丕显(丕熙、宇安)辑订
清抄本 541

07811 **金氏医案**一卷 [1911]
11679 金氏撰
抄本 475A 541

07812 **南阳类案**一卷 [1911]
11681 (清)叶桂(天士、香岩、南阳先生)原撰 辑者佚名
抄本 701

07813 **名医黄士保门诊验方**一卷 [1911]
04487 (清)翼云辑
清抄本 421

07814 **清御脉方录**一卷 [1911]
04495 著者佚名
抄本 476

07815 **临症择录**一卷 [1911]
11683 著者佚名
抄本 514A

07816 **姜越臣医案**一卷 [1911]
11684 著者佚名
抄本 579

07817 **金山何氏医案**一卷 [1911]
11686 附茸城雨棠先生脚气门案
著者佚名
抄本 590

07818 **拾翠堂医案**一卷 [1911]
11687 著者佚名
清抄本 701

07819 **南津草阁临诊案**一卷 [1911]
11688 著者佚名
京兆文正抄本 541

07820 **知医方案**一卷 [1911]
11689 著者佚名
抄本 579

07821 **涂林医案**一卷 [1911]
11690 著者佚名
张金奎抄本 2

07822 **朱枕山方案**一卷 [1911]
11692 著者佚名
抄本 2

07823 **礼耕书屋医案**三卷 [1911]
11693 著者佚名
抄本 709

07824 **凌正指南**四卷 [1911]
11694 (清)凌□泉(泰增)辑
清抄本 590

07825 **方案存查**不分卷 [1911]
11695 紫垣编
清抄本 701

07826 **古松石斋医案**一卷 [1911]
11696 著者佚名
清抄本 590

07827 **梅花庐医案**一卷 [1911]
11697 著者佚名
抄本 590

07828 **三家医案**二卷 [1911]
11698 (清)丁授堂 张梦庐 吴浩然 凌初平 郭柏荫 凌晓五撰
清抄本 361

07829 **旧青浦陈学三先生医案**一卷 [1911]
11699 (清)陈学三撰
抄本 541 590

07830 **沈氏医案**三卷 [1911]
11700 附花韵女史医案一卷
(清)沈氏编 顾德华(鬘云)撰
抄本 677A

07831 **吴氏医案**不分卷 [1911]
11702 著者佚名
清抄本 651

07832 **孤鹤医案**一卷 [1911]
11703 著者佚名
稿本 590

07833 **吴氏医案征信录**一卷 [1911]
11704 (清)吴瑭(鞠通)原撰 辑者佚名
抄本 738B

07834 **王南畴方案**六卷 [1911]
11916 (清)陈公一(凤高、巢阁、养真子)辑
清抄本 709

07835 **养素庐医案**一卷 [1911]
11705 (清)孙瑞章撰
抄本 590

07836 **上池医案**一卷 [1911]
11707 著者佚名
清抄本 736A 738B

07837 **名医方案**一卷 ［1911］
11708 著者佚名
抄本　579

07838 **证治汇编**四卷 ［1911］
06287 著者佚名
抄本　738B

07839 **王安宰方案**一卷 ［1911］
11709 （清）叶恩祀（山如）编
抄本　677A

07840 **三家医按**三卷 ［1911］
11710 （清）朱景鸿　汪艺香等撰
清抄本　922

07841 **陶禹卿治验**一卷 ［1911］
11712 陶禹卿编
抄本　277

07842 **吴氏方案**二卷 ［1911］
11713 著者佚名
清抄本　1（残）

07843 **治验稿**一卷 ［1911］
11714 著者佚名
见味因丛书

07844 **潘氏医案**二卷 ［1911］
11812 （清）潘申甫辑
清方济洲抄本　738B

07845 **临证金鉴医案**不分卷 ［1911］
06080 著者佚名
清抄本　1

07846 **近古名家方案**一卷 ［1911］
00000 著者佚名
清抄本　203

07847 **虞山邵耐思夫子医案**一卷 ［1911］
00000 （清）邵耐思撰
清邵雍抄本　139

07848 **爱月庐医案**一卷 ［1911］
00000 著者佚名
清抄本　590

07849 **医学问津**一卷 ［1911］
00000 著者佚名
清抄本　738E

07850 **南阳医案**不分卷 ［1911］
00000 著者佚名
清末稿本　139

07851 **医学问津**一卷 ［1911］
00000 著者佚名
清抄本　738E

07852 **医案**一卷 ［1911］
00000 著者佚名
清抄本　714　728A

07853 **医案**一卷 ［1911］
00000 （清）朱在明撰
清抄本　736A

07854 **临证日记**一卷 ［1911］
00000 著者佚名
清刻本　782

07855 **医案**不分卷 ［1911］
00000 著者佚名
清抄本　736A

07856 **症验录**一卷 ［1911］
00000 （清）方德章（祖述）撰
清抄本　139

07857 **医学集锦金氏医案合编**一卷 ［1911］
00000 著者佚名
清抄本　270

07858 **未定斋医案**一卷 ［1911］
00000 著者佚名
稿本　139

07859 **医案选选**一卷 ［1911］
00000 著者佚名
清抄本　570

07860 **程氏医案**八卷 ［1911］
00000 （清）程六如撰
清抄本　728A

07861 **医案选读**一卷 ［1911］
00000 （清）王少峰编
清抄本　728A

10.2　医话

07862 **医暇卮言**二卷 1676
11999 （清）程林（云来、静观居士）撰
1. 清康熙十六年（1677）刻本　731
2. 清抄本　139

07863 **北山医话前集**三卷 1713
12004 （日）芳村恂益（天仙子）撰
日本正德三年（1713）刻本　3

07864 **柳州医话**一卷　1770
12028 又名柳州医话良方
(清)魏之琇(玉璜、柳洲)撰
1. 清咸丰元年(1851)重庆堂刻三家医话本　572　651　738B
2. 见三家医话
3. 见潜斋医学丛书

07865 **张氏医话**二卷　1801
12132 (清)张节(心在、梦畹)撰
抄本　475A

07866 **客尘医话**三卷　1803
12042 (清)计楠(寿乔、甘谷外史)编
1. 清嘉庆八年(1803)秀水计楠一隅草堂刻本　651　677A
2. 抄本　541　590
3. 见一隅草堂医书
4. 见中西医学群书
5. 见黄寿南抄辑医书二十种

07867 **友渔斋医话**八卷　1812
12047 (清)黄凯钧(南薰、退庵)撰
子目：
(1)一览延龄一卷
(2)橘旁杂论二卷
(3)上池涓滴一卷
(4)肘后偶抄二卷
(5)证治指要一卷
(6)药笼小品一卷
1. 清嘉庆十七年(1812)嘉善黄凯钧自刻本　139　152　289　476　541　546　590　677A　738A　738B
2. 清抄本　139　701

07868 **蕉窗杂话**一卷　1823
12052 (日)和田璞(东郭)撰
日本文政六年(1823)文晓堂刻本　590

07869 **潜斋医话**一卷　1838
12064 又名潜斋简效方
(清)王士雄(孟英、梦隐、潜斋、半痴山人、息居隐士、随息居士)撰
1. 清咸丰元年(1851)重庆堂刻三家医话本　572　651
2. 见三家医话
3. 见潜斋医学丛书

07870 **愿体医话**一卷　1838
12065 又名愿体医话良方
(清)史典(搢臣)撰　俞世贵(桂庭)增补
1. 清咸丰元年(1851)重庆堂刻三家医话本　572　709
2. 见三家医话
3. 见潜斋医学丛书

07871 **餐英馆疗治杂话**四卷　1847
12071 (日)目黑道琢(骊恕)撰
日本弘化四年(1847)抄本　511

07872 **医药要览**一卷　1850
00000 (清)岳昶(德佑、晋昌)辑
见药性集要便读(版本附录)

07873 **三家医话**三卷　1851
12074 (清)王士雄(孟英、梦隐、潜斋、半痴山人、息居隐士、随息居士)编
子目：
(1)愿体医话良方　(清)史典撰
(2)柳州医话　(清)魏之琇撰
(3)潜斋简效方　(清)王士雄撰
清咸丰元年(1851)重庆堂刻本　139　412B　475A　651　664　731　736　738B　940

07874 **冷庐医话**五卷　1858
12079 (清)陆以湉(敬安、定圃)撰
1. 清光绪二十三年(1897)乌程庞元澄刻本　1　2　3　21　139　186　202　203　286　289　308A　361　391　401　412B　443　476　511　541　542　546　570　572　589　664　701　707　709　731　734　734A　737　737A(存卷一至四)　738　738B　799A　839A　851　926A　931
2. 清抄本　590
3. 抄本　651　706　871

07875 **先哲医话**一卷　1866
12084 (日)浅田惟常(栗园、宗伯)撰
日本明治十三年(1880)勿误药室刻本　3　7　139　186　511　570　590　651　677A

07876 **存存斋医话稿**二卷　1881
12099 (清)赵彦晖(晴初、味根、存存老人)撰
1. 清光绪七年(1881)刻本　2　3　139　139A　186　277　279　286　385A　412A　461　475A　491　514A　529　541　590　651　664　677A　701　706

728A　731　733　734A　738　738B　740C　939

2. 清末抄本　251

07877/12124　**对山医话**一卷　1902

（清）毛祥麟（瑞文、对山）撰

1. 清光绪三十一年（1905）医报馆铅印本　381

2. 抄本　590

07878/12133　**医话丛存**一卷　1909

丁福保（仲祜、畴隐居士）撰

清宣统二年（1910）文明书局铅印本　139　412A　572　731　852　896A　942B

07879/12137　**南野医话**一卷　1910

（清）查有钰（式庵）撰

稿本　572

07880/12153　**医话偶录**不分卷　[1911]

著者佚名

抄本　381

07881/12155　**茶余医话**二卷　[1911]

著者佚名

清抄本　139

07882/12157　**医话**一卷　[1911]

（清）褚召蕿（颐庵）撰

清刻本　590

07883/12158　**棲隐楼医话**八卷　[1911]

（清）俞彬蔚（镘耕）辑

抄本　570

07884/12159　**方府私话**二卷　[1911]

（日）新宫硕（驱竖斋）撰

日本石津贞等抄本　3

07885/12169　**环松楼医话**一卷　[1911]

（清）麓园编

抄本　277

07886/00000　**竹坡医话**一卷　[1911]

（清）徐钧（应铨）撰

清抄本　286

10.3　医论

07887/11966　**褚氏遗书**一卷　483

（南齐）褚澄（彦道）撰

1. 明正德元年（1506）刻本

2. 明万历刻本　541

3. 清顺治三年（1646）周南李际期宛委山堂刻说郛本　739

4. 日本延宝元年（1673）京都吉田四郎右卫门刻本　139　590

5. 清乾隆五十一年至五十九年（1786—1794）元和程永培刻修敬堂汇印六醴斋医书本　1（与十药神书合订）　279　651　710

6. 清光绪十一年（1885）邗上石林书屋刻本　541　706

7. 清光绪十七年（1891）广州藏修堂刻儒雅堂印六醴斋医书本　728B

8. 清末汀州张介祉励志斋刻本　1　721　734A　738　738B

9. 清刻本　731　733A

10. 抄本　709

11. 日本抄本　572

12. 见说郛（一百卷本）

13. 见说郛（一百二十卷本）

14. 见居家必备

15. 见四库全书

16. 见六醴斋医书

17. 见程刻秘传医书四种

07888/11967　**医经正本书**一卷　1176

附札记一卷

（宋）程迥撰

1. 明初刻本　1

2. 清光绪四年（1878）金山钱培名刻小万卷楼丛书本　9　139　391　541　921　940

3. 清光绪二年至十三年（1876—1887）归安陆心源刻十万卷楼丛书本（无附录）　1　2　9　21　139　277　381　391　401　461　462　475A　579　651　677A　702　706　707　728A　739　741　781　851　852　901　922　XE

4. 清刻本　139A　286　514A　931

5. 抄本　139　590　706

6. 见小万卷楼丛书

7. 见十万卷楼丛书

07889/11969　**格致余论**一卷　1347

（元）朱震亨（彦修、丹溪）撰

1. 元刻本（附局方发挥）　706

2. 明嘉靖八年（1529）辽藩朱宠瀼梅南书屋

刻东垣十书本 644

3. 明万历二十九年（1601）新安吴勉学刻古今医统正脉全书本 139 277 541 651 907C

4. 明刻本 1 308A 491 541 651 710 732 831 852 944

5. 日本宽文五年（1665）村上勘兵卫刻本 476

6. 日本宝历十年（1760）太田又右卫门刻本 3 511

7. 清光绪七年（1881）羊城云林阁刻东垣十书本 139 308A 443 651 732

8. 清宣统三年（1911）黄寿南抄本 570

9. 清文奎堂刻东垣十书本 139 421

10. 清刻本 21 202 279 280 303 351 476 734 743 852D 922 940 XE

11. 日本川胜又兵卫刻本 7 462

12. 日本抄本 TA

13. 见东垣十书

14. 见古今医统正脉全书

15. 见医家七部书

16. 见四库全书

17. 见丹溪全书十种

07890 11970 **格致余论疏钞**八卷 ［1347］

（元）朱震亨（彦修、丹溪）原撰 （日）广田玄伯注

日本延宝七年（1679）西村市郎右卫门刻本 139 541 651

07891 11971 **局方发挥**一卷 ［1347］

（元）朱震亨（彦修、丹溪）撰

1. 明初刻本 1 590（嘉业堂、拜经楼旧藏）

2. 明嘉靖八年（1529）辽藩朱宠瀼梅南书屋刻东垣十书本 529 731

3. 明刻本 308A 529A 706

4. 日本万治二年（1659）村上勘兵卫刻本 7 511

5. 日本元禄二年（1689）书肆武村新兵卫刻本 541 738

6. 清光绪七年（1881）羊城云林阁刻东垣十书本 443 850 871

7. 清光绪十八年（1892）浙江书局刻古今医统正脉全书本 279 491

8. 清光绪三十四年（1908）上海章福记书局石印陈修园医书八十四种本 874

9. 见东垣十书

10. 见古今医统正脉全书

11. 见四库全书

12. 见陈修园医书四十八、五十、七十种

13. 见丹溪全书十种

14. 见医家七部书

07892 11972 **医经溯洄集**一卷 1368

（元）王履（安道）撰

1. 明初刻本 541 TB

2. 明嘉靖八年（1529）辽藩朱宠瀼梅南书屋刻东垣十书本 443 493 570

3. 明万历二十九年（1601）新安吴勉学刻古今医统正脉全书本 277 289 302 361 475A 541 570 664 710 715 944

4. 日本万治元年（1658）武村市兵卫刻东垣十书本（二卷） 511

5. 日本贞享五年（1688）养志堂刻本（林恒斋标注） 139

6. 清光绪七年（1881）羊城云林阁刻东垣十书本 728A 871 940

7. 清光绪三十四年（1908）上海章福记书局石印陈修园医书四十八种一百二十九卷本 709

8. 清刻东垣十书本 743

9. 清刻本 391 401 433A 461 475A 728A 735 852D 891 911

10. 日本刻本 1 511

11. 吴佩芳抄本 139

12. 见东垣十书

13. 见古今医统正脉全书

14. 见四库全书

15. 见丹溪全书十种

16. 见陈修园医书四十八种一百二十九卷（上海章福记书局石印本）

17. 见医家七部书

07893 11973 **医经秘旨**二卷 1418

原题（明）盛寅（启东、退庵）编 （清）江之兰（含征）撰

清抄本 590（裘吉生旧藏）

07894 11975 **韩氏医通**二卷 1522

（明）韩懋（天爵、飞霞子）撰

1. 明嘉靖元年(1522)刻本 152 590(残)
2. 日本元和八年(1622)二条玉屋町村上平东寺刻本 511
3. 日本宽永十一年(1634)刻本 511
4. 日本庆安元年(1648)刻本 511
5. 清乾隆五十一年至五十九年(1786—1794)元和程永培刻修敬堂汇印六醴斋医书本 1 21 139 279 381 385 461 491 514A 590 664 706 710 728B 831 942B
6. 清光绪十七年(1891)池阳周学海刻周氏医学丛书本 251 281A 309 732
7. 清光绪十七年(1891)广州藏修堂刻儒雅堂印六醴斋医书本 461 728B
8. 清东壁山房刻本 139 289 541 831
9. 清刻本 279 281A 303 677A 733A
10. 见六醴斋医书
11. 见周氏医学丛书

07895 11974 **医论问答**一卷 1523
附王节斋小儿医论一卷
(明)王纶(汝言、节斋)撰
1. 明嘉靖二年(1523)姚江陈省斋刻本 731
2. 见明医二著

07896 11976 **医学质疑**二卷 [1572]
(明)汪宦(子良)撰
抄本 139A 702

07897 12895 **习医规格**一卷 1575
(明)李梴(健斋)撰
日本宽文八年(1668)松下见林刻本 139

07898 12896 **医之辨**一卷 [1585]
又名知足斋医辨
(日)永田德本撰
择善居拓本 139

07899 11994 **古今医家经论汇编**五卷 [1591]
(明)徐常吉(士彰、儆弘、抱一斋道人)撰
1. 明末刻本 701
2. 清余姚高氏小壶天医庐抄本 738A

07900 11977 **王宇泰医辨**三卷 1602
又名医辨
(明)王肯堂(宇泰、损庵、念西居士)原撰 (日)高见恭庵编
日本元禄五年(1692)刻本 541 651

07901 11979 **肯堂医论**三卷 1602
又名新镌医论、医论
(明)王肯堂(宇泰、损庵、念西居士)撰
1. 明万历三十九年(1611)槜李孙成名刻保合编本 1
2. 明末清初毛氏汲古阁抄本 541

07902 11980 **壶隐子医谭一得**二卷 1603
附樱宁生卮言一卷
(明)刘浴德(肖斋、子新、壶隐子)撰
1. 明万历三十三年(1605)抄本 139
2. 清抄本 1
3. 见壶隐子医书四种

07903 11981 **敬修堂医源经旨**八卷 1606
(明)余世用(化民)撰 李日宣(本晦)辑
明崇祯四年(1631)大梁刻本 541

07904 11984 **泗源先生陶氏六书岐黄余议**一卷 1612
(明)陶本学(泗源、会稽山人)撰
1. 清抄本 203 579
2. 抄本 590(题泗源先生岐黄余议) 738B

07905 11982 **医学疑问**一卷 1617
附种痘仙方一卷
(明)傅懋光等撰
明万历刻本 7

07906 11983 **医贯**六卷 1617
又名赵氏医贯、医巫闾子医贯
(明)赵献可(养葵、医巫闾子)撰
1. 明崇祯元年(1628)峡州文安之刻本 721A 733(存卷一至三)
2. 明崇祯书林张起鹏毓秀堂刻本(附增补医贯奇方一卷、穷乡便方一卷) 1 3 139(存卷三至六) 251 279 491 541 546 570 651 664 721 731 851 852 907B 907C 939
3. 清顺治金陵天章阁视履堂刻本 1 3 139 152 203 251 475A
4. 清顺治天章阁视履堂刻经业堂重修本 361 715
5. 清顺治金陵天章阁视履堂刻三多斋递修本(卷端题医无闾子医贯) 3 139 202 289 308 381 412A 443 491 570 715 721 746A 940
6. 清康熙二十六年(1687)崇德吕留良天盖

楼刻本 1 2 7 139 251 289 301 308 308A 381 511 514A 529A 541 542 570 579 590 651 664 677A 701(清·徐康跋) 731 733 738 781 831 907C 917A

7. 清乾隆四年(1739)保生堂刻本 664

8. 清乾隆步月楼刻本 279 289 301 664 728A

9. 清乾隆四年(1739)保生堂刻嘉庆十八年(1813)永盛堂重修本 664

10. 清道光二十八年(1848)蒲城祝凤喈刻本 738B

11. 清同治六年(1867)文英堂刻本 139 139A 185 186 289 421 476 529A 721 728A 734A(存卷一至四、六) 738

12. 清同治六年(1867)文英堂刻三多斋印本(题太医院增补图注赵氏医贯) 2 139 202 203 277 301(缺卷五、六) 381 572 589 707 721

13. 清同治十一年(1872)金玉楼刻本 289

14. 清光绪十一年(1885)继溪堂刻本 524 940

15. 清同治六年(1867)文英堂刻光绪重修本(题医理合参会要,卷端挖改为医方) 139

16. 清光绪致盛堂刻本 139 421 514A(三卷) 871 907C

17. 清文发堂刻本 896A

18. 清红杏山房刻本 3

19. 清宝旭斋刻本 308A

20. 清文运堂刻本 279 529A

21. 清刻本 1 21 139 139A 286 289 308A 382 401(存卷三、四) 461 491 514A 524 541 651 664 709 728B 731 733 733A 738B 831 852(存卷一至三) 896A 907C

22. 日本刻本(据毓秀堂刻本) 541 590

23. 抄本 1 139 289 393 541(残) 570 579 TA

07907 11985 **质疑录**二卷 [1624]

又名(新刻)景岳先生质疑录

(明)张介宾(景岳、会卿、通一子)撰

1. 清康熙二十七年(1688)海盐石楷刻本 1 152 202 289 401(附敖氏伤寒金镜录一卷) 733

2. 清乾隆三十二年(1767)钱塘王琦刻宝笏楼汇印医林指月本(一卷) 366 491 728A 740D 831

3. 清光绪二十二年(1896)上海图书集成印书局铅印医林指月本(一卷) 871

4. 清刻本 1 514A 590

5. 抄本 651 738B

6. 见医林指月

7. 见一隅草堂医书

07908 11986 **张景岳先生医论杂抄**一卷 [1624]

(明)张介宾(景岳、会卿、通一子)撰

抄本 139

07909 11987 **折肱漫录**六卷 1635

附续养形篇二卷、续医药篇一卷

(明)黄承昊(履素、阁斋、乐白道人)撰

1. 明崇祯八年(1635)秀水黄承昊乐白轩刻本 1 2 202 572

2. 清康熙十九年(1680)新安练本先抄本 279

3. 清初抄本 701(附预知出痘论福幼编)

4. 清乾隆五十一年至五十九年(1786—1794)元和程永培刻修敬堂汇印六醴斋医书本 139 204 289 381 385 475A 476 491 511 529A 541 579 590 651 710 721 737 738 799 839A 871 896A 911

5. 清光绪十七年(1891)广州藏修堂刻儒雅堂印六醴斋医书本 308A 701 728B

6. 清刻本 1 277 287 713 921 940

7. 见六醴斋医书

8. 见医宗撮精

07910 11988 **医学论述**一卷 [1637]

(明)李中梓(士材、念莪、尽凡居士)原撰

抄本 139

07911 11989 **格致要论**一卷 [1641]

(明)陈澈(三山、雪潭)编

见雪潭居医约

07912 11990 **阴阳论**一卷 [1643]

(日)中茎谦(旸谷)撰

见扁鹊传正解(附录)

07913 **医纂**不分卷 ［1644］
12726 （明）唐顺之（应德、荆川）辑
明抄本 1

07914 **儒医精要**一卷 ［1644］
00000 （明）赵继宗（敬斋）撰
日本庆安元年（1648）京都上村次郎右卫门刻本 139

07915 **医论广见**不分卷 ［1644］
11993 （明）高隐（果哉）撰
1. 清乾隆三十九年（1774）抄本 139（残）
2. 清抄本 279 541

07916 **医论**一卷 ［1644］
11995 著者佚名
抄本 139

07917 **祝茹穹先生医印**三卷 1656
11996 附祝茹穹先生医验一卷
（清）祝登元（茹穹）撰 赵嶷（一苍子）编注
1. 清顺治十三年（1656）旷旷居刻本 139
2. 抄本（无附录） 279

07918 **医衡**四卷 1661
11997 又名医衡病论
（清）沈时誉（明生）撰 梅鼒（公燮）编 顾是（只若）订
1. 清顺治十八年（1661）刻本 541 590 728A
2. 清同治三年（1864）汪翰卿抄本 1
3. 清玉梅仙馆抄本 475A
4. 清抄本 412A 541 570 651 710（存卷二）
5. 抄本 139（节抄下卷） 277 391 412A 433A 529A 541 570 709

07919 **侣山堂类辩**二卷 1663
11998 （清）张志聪（隐庵）撰
1. 清乾隆三十四年（1769）钱塘王琦刻宝笏楼汇印医林指月本 1 21 139 186 202 203 251 308A 491 529 570 590 651 728A 734A 831 851 852 907C 931 940
2. 清光绪十五年（1889）抄本 907B
3. 清光绪二十二年（1896）上海图书集成印书局铅印医林指月本 853（与扁鹊心书合订） 871
4. 清光绪三十一年（1905）田恩绂抄本 664
5. 抄本 139 590
6. 见医林指月

07920 **履霜集**三卷 1684
12000 （清）臧达德（公三）撰
1. 清康熙二十三年（1684）洗心斋刻本 303 308A
2. 清抄本 306 579

07921 **外经微言**九卷 1687
12001 （清）陈士铎（敬之、远公、朱华子、大雅堂主人）撰
清嘉庆二十年（1815）静乐堂抄本 277

07922 **笔谈**一卷 1694
12002 （清）陈嘉璴（树玉、友松）撰
见医学粹精

07923 **医学真传**一卷 1699
05644 （清）高世栻（士宗）撰
1. 清乾隆三十二年（1767）钱塘王琦刻宝笏楼汇印医林指月本 139 306 590 731 831 852
2. 清光绪二十二年（1896）上海图书集成印书局铅印医林指月本 139 871 926A
3. 抄本 514B 738B 851 907C
4. 见医林指月
5. 见陈修园医书三十种
6. 见医学真传陈氏医按

07924 **二火辨妄**三卷 1703
12003 （日）芳村恂益（天仙子）撰
日本正德五年（1715）锦山堂刻本 139 511 590

07925 **诊要金屑**二卷附补遗一卷 1714
12006 （日）湛斋先生撰
日本宽保三年（1743）东都文兰堂浅仓屋久兵卫刻本 139

07926 **医蔀通辨**四卷 1719
05650 （清）唐宏（履吉）辑
清抄本 139 541（存三卷）

07927 **名医疑问集**三卷 ［1722］
12008 著者佚名
1. 清康熙抄本 738A
2. 抄本 2

07928 **医学三书论**三卷 1724
12009 （清）周亮斋选定 沈棣怀编

1. 清雍正三年（1725）刻本 728A
2. 清抄本 590

07929 12010 **高鼓峰医论**一卷 1725
（清）高斗魁（旦中、鼓峰）撰
1. 清抄本 738B
2. 慎敏斋张琳抄本 289

07930 07037 **医经斑见**不分卷 1737
附甫里医案一卷
又名医学偶存
（清）赵娄东（学眉）撰
清乾隆二年（1737）抄本 746A

07931 12011 **活人精论**二卷 1738
（清）孙从添（庆增、石芝）撰
清乾隆三年（1738）郑节斋抄本 139

07932 12012 **椿庵先生遗稿**一卷 1738
（日）后藤省（仲介、椿庵）撰
1. 日本文化三年（1806）抄本 1
2. 日本抄本 3

07933 12013 **舒氏医论**一卷 1739
（清）舒诏（驰远、慎斋学人）撰
清刻本 541 741

07934 12014 **医贯砭**二卷 1741
（清）徐大椿（灵胎、洄溪老人）撰
1. 清乾隆六年（1741）古吴徐大椿刻半松斋汇印徐氏医书六种本 1 279 351 381 412A 433A 521 541 579 651 664 710 712 713 721 728A 736 831 852 854 856 907C 911 926A
2. 清道光四年（1824）半松斋刻本 529A 855 907C
3. 清同治三年（1864）月山彭树萱善成堂刻徐灵胎十二种全集本 21 851
4. 清光绪十五年（1889）吴县孙溪朱记荣槐庐家塾刻徐氏医书八种本 523 529A 741 746A 852
5. 清光绪十六年（1890）小嫏嬛阁刻本 677A 712
6. 清同治十二年（1873）湖北崇文书局刻光绪十八年（1892）湖北官书处增刻汇印徐氏医书八种本 493 514A 664 852
7. 清光绪三十三年（1907）上海六艺书局石印徐灵胎医学全书本 202
8. 清刻本 1 277 279 391 401 461 529A 541 570 590 664 728A 733A 735 736A 736C 737A 738B 831 850 852 940
9. 见徐氏医书六种
10. 见徐氏医书八种
11. 见徐灵胎十二种全集
12. 见徐灵胎医学全书

07935 05673 **脉证方治存式**一卷 1744
（清）金硕衿（介石）撰
清乾隆九年（1744）稿本 590

07936 12958 **景岳全书发挥**四卷 1746
原题（清）叶桂（天士、香岩、南阳先生）撰
叶栐（晋卿）校辑
1. 清道光二十四年（1844）吴郡叶栐眉寿堂刻本 2 185 289 362 381 514A 529A 570 677A 710 734 739B 852 907C
2. 清光绪五年（1879）吴氏醉六堂刻本 1 2 3 139 152 186 202 203 254 270 277 279 280 289 301 302 306 308A 351 361 385 385A 391 393 401 412A 412B 450 450B 462（残） 475A 476 491 514A 514B 529A 541 570 572 579 589 590 651 664 677A 709 712 713 728 728A 728B 734 734A 735 736A 736B 737 738A 738B 739 740D 740J 799A 839A 851 852 852A 896A 907C 939 940 XD
3. 清刻本 733A 734A 852A 931
4. 清抄本 541
5. 抄本 541 731

07937 12016 **医论**二卷 ［1746］
原题（清）叶桂（天士、香岩、南阳先生）撰
华岫云（南田、苕溪漫士）辑
清抄本 475A

07938 12017 **医断**一卷 1747
（日）鹤冲元逸（鹤元逸）撰
1. 日本宝历九年（1759）吉益东洞京都书铺刻本 186 289 677A 721
2. 日本文化六年（1809）浪华书林河内屋喜兵卫刻本 3 7 139
3. 日本文化十一年（1814）刻本 590

4. 日本文政八年（1825）大阪加贺屋善刻本 7
5. 日本抄本 TB

07939 12019 **杏林笔谈**二卷 1749
（日）古林长乔（贝桃）撰
1. 日本宝历七年（1757）八尾清兵卫刻本 3
2. 清光绪三十二年（1906）黄寿南抄本 896A

07940 12020 **医学源流论**二卷 1757
（清）徐大椿（灵胎、洄溪老人）撰
1. 清乾隆二十二年（1757）古吴徐大椿刻半松斋汇印徐氏医书六种本 2 21 139 254 270 277 289 303 306 362 381 385A 391 412A 461 514A 521 523 529 529A 541 570 664 710 712 721 731 736C 737 738F 746A 799 799A 851 852 854 855 856 871 907B 907C 915 922 931
2. 日本嘉永五年（1852）博采药室刻本 7 251
3. 清同治三年（1864）月山彭树萱善成堂刻徐灵胎十二种全集本 21 401
4. 清同治十二年（1873）湖北崇文书局刻徐氏医书六种本 514A 728A
5. 清光绪十五年（1889）吴县孙溪朱记荣槐庐家塾刻徐氏医书八种本 514A 852
6. 清光绪十六年（1890）小嫏嬛阁刻本 712
7. 清同治十二年（1873）湖北崇文书局刻光绪十八年（1892）湖北官书处汇印徐氏医书八种本 831
8. 清光绪十八年（1892）上海图书集成印书局铅印徐氏医书八种本 139 363 381
9. 清光绪三十三年（1907）上海六艺书局石印徐灵胎医学全书本 21 139 590 651 664 721
10. 清刻本 1 251 306 308A 361 391 412A 461 493 514A 523 664 707 733A 733B 737 738A 741 799A 907C 911
11. 袁树珊抄本 706
12. 抄本 139 289 529A
13. 日本抄本 139
14. 见徐氏医书六种
15. 见徐氏医书八种
16. 见徐灵胎十二种全集
17. 见徐灵胎医学全书

07941 12021 **杨西山先生医集**一卷 ［1757］
（清）杨凤庭（西山、瑞虞）撰
抄本 2

07942 12023 **斥医断**一卷 1762
（日）畑柳安（惟和）撰
日本宝历十二年（1762）平安书铺刻本 139 511 590

07943 12144 **医约**一卷 1763
（清）顾清远（松园） 陈祖恭（平伯）原撰 沈之炜辑
清乾隆二十八年（1763）抄本 541

07944 12022 **漫游杂记**二卷 1763
（日）永富凤（朝阳、独啸庵）撰
1. 日本明和元年（1764）北田清龙卫门刻本（不分卷） 1 2 476 651
2. 日本文化六年（1809）积玉圃刻本 1 2 139 476 590

07945 12025 **薛一瓢先生论**一卷 1764
附伤科急救方一卷、伤科急救秘方一卷
（清）薛雪（生白、一瓢）编
清末郭文俊抄本 701

07946 12026 **指南后论**二卷 1764
著者佚名
清乾隆二十九年（1764）抄本 139

07947 12018 **辨医断**一卷 1766
（日）堀江诚定（道元、鹤汀）撰
日本刻本 2

07948 13037 **金针三度**三卷 1777
三针并度三卷
（清）熊应相（廷良）撰
清抄本 1（节抄本）

07949 12030 **辨斥医断**一卷 1780
（日）田中荣信（愿仲）撰
1. 日本安永九年（1780）河内屋喜兵卫刻本 7 590
2. 日本安永九年（1780）河内屋喜兵卫刻天明三年（1783）京都林宗兵卫等印本 139 511

07950 **金台医话**一卷 1780
12033 (清)俞廷举(石村、石村居士)撰
1. 清嘉庆二年(1797)长洲李棨刻本 3
2. 清叶楚樵抄本 907C(附金鉴一卷)
3. 清抄本 139

07951 **疗治茶谈后编**一卷 1781
12031 (日)津田玄仙(兼诠)编
1. 日本天明二年(1782)东都申椒堂刻本 3
2. 日本文化五年(1808)刻本 511

07952 **医事问答**一卷 1783
12032 (日)岐山藤文(眠常)撰
日本宽政九年(1797)东都崇文堂刻本 3 677A

07953 **医论**一卷 1789
12034 (清)贺大文(藻亭)撰
见医林棒睡等三种

07954 **吴医汇讲**十一卷 1792
12035 (清)唐大烈(立三、笠山)编
1. 清乾隆五十七年(1792)吴门唐大烈问心草堂刻本 2 3 21 139A 152 186 202 203 254 280 301 303 308 308A 351 361 362 381 393 412A 433A 443 461 476 529 529B 546 572 589 590 651 664 706 707 710 712 715 731 733 735 736A 737 738A 738B 781 839A 851 907C 911 926A 931
2. 清乾隆五十七年(1792)吴门唐大烈问心草堂刻嘉庆元年(1796)增刻本 203 736B 852B
3. 清乾隆五十七年(1792)吴门唐大烈问心草堂刻嘉庆元年(1796)增刻十九年(1814)长洲唐庆耆递增本 1 139 186 202 251 270 277 279 281A 288 289 308A 361 366 381 393 412A 412B 433A 435 450 461 475A 491 511 514A 514B 529 529A 541 570 579 590 651 701 728A 728B 731 734A 736A 736B 737 738A 738F 740C 741 831 852 871 896A 907B 907C 917A 922 940
4. 清乾隆五十七年(1792)吴门唐大烈问心草堂刻嘉庆元年(1796)增刻十九年(1814)长洲唐庆耆递增同治六年(1867)湖郡王光斋印本 2 21 139 288 362 391 421 491 529A 541 590 651 738 738A 917A 926A
5. 清宣统二年(1910)上海扫叶山房石印本(附伤寒辨证歌、周身经络歌诀) 1 139 279 308A 381 514A 521 522 541 570 590 701 728A 736A 736B 742 799A 839A 852E 896A 901 931
6. 抄本 139

07955 **吴鞠通先生杂论**一卷 1798
12037 (清)吴瑭(鞠通)撰
1. 清抄本 740D
2. 见温病条辨(附录)

07956 **医论三十篇**一卷 1798
12038 (清)韦协梦(静山)撰
清嘉庆六年(1801)丹徒冯锡宸刻本 139 572 664

07957 **丛桂偶记**二卷 1799
12039 (日)原昌克(玄玙、子柔、南阳)撰
1. 日本宽政十一年(1799)丛桂亭刻本 3 139 511 570 590
2. 日本宽政十一年(1799)丛桂亭刻嘉永七年(1854)印本 1

07958 **医学辨疑**一卷 1801
12040 (清)左暄撰
清嘉庆六年(1801)旗邑汤耀文刻本 590

07959 **古今名医汇粹**八卷 1801
13032 **古今名医方论**四卷
(清)罗美(澹生、东美、东逸)编
1. 清道光三年(1823)嘉兴盛新甫刻本 401
2. 清抄本 664

07960 **名医汇论**四卷 1803
12043 (清)朱端生编
清嘉庆八年(1803)薛学孟抄本 139

07961 **医书记略**一卷 1803
12909 (清)王君日撰
清嘉庆八年(1803)刻本 465 541

07962 **医阶辨证**一卷 1810
12044 (清)汪必昌(燕亭)撰
1. 清嘉庆十五年(1810)刻聊复集本 289

2. 见聊复集

07963 12045 **医贯辑要**十二卷　1811
(清)秦大任(显扬)编
清嘉庆十六年(1811)金阊书业堂刻本　3　202　541　572　839A

07964 12046 **续医断**二卷　1811
(日)贺屋敬(恭安)撰
日本文化八年(1811)平安书林今田利兵卫等刻本　3　7　139　511　570　651

07965 00110 **医经余论**一卷　1812
又名诊家索隐
(清)罗浩(养斋)撰
1. 清嘉庆十七年(1812)刻本　590　664　901
2. 抄本　590

07966 00000 **橘旁杂论**二卷　1812
(清)黄凯钧(南薰、退庵)撰
见友渔斋医话

07967 12048 **先哲丛谈**八卷　1817
(日)原善撰
1. 日本文化刻本　3
2. 日本明治九年(1876)刻本　4A

07968 12049 **洛医汇讲**不分卷　1818
(日)山本世孺(仲直)撰
日本文政元年(1818)刻本　139　590　651

07969 12050 **精气神论**一卷　1820
(日)北尾春圃(育仁、当壮庵)撰
1. 日本文政三年(1820)真敏卿刻本　1
2. 抄本　1

07970 12051 **古今医论**一卷　1820
著者佚名
1. 见陈修园医书四十八、七十种
2. 见医籍汇录

07971 11418 **奇病录**三卷　1824
(清)徐锦(炳南、澹安)撰
清道光二十年(1840)长洲徐珊徐龙翔刻本　651

07972 12053 **医论**一卷　1825
附经验要方
(清)姜镛(松崖)撰
清道光五年(1825)洞庭山馆刻本　590　651

07973 12054 **医门棒喝初集**四卷　1825
又名医论
(清)章楠(虚谷)撰
1. 清道光七年(1827)山阴孙廷钲木活字印本　907C(缺卷一)
2. 清道光九年(1829)海宁应澍河间纪馥树刻本　277　279　308A　421　590　704　734　871　926A
3. 清道光九年(1829)海宁应澍河间纪馥树刻同治六年(1867)聚文堂重修汇印医门棒喝本　739B
4. 见医门棒喝

07974 12055 **医学临证举隅**一卷　1825
(清)李绪瀛(蓬州、东山居士)撰
清光绪二十五年(1899)刻本　2

07975 12587 **医源**一卷　1826
(日)石坂宗哲(廷玉、竽斋)撰
日本文政九年(1826)阳州园刻本　1

07976 12061 **先哲丛谈**八卷　[1827]
先哲丛谈年表一卷
(日)东条耕(琴台)撰
日本文化十三年(1816)武阪府书林庆元书堂刻文政十年(1827)江户庆寿堂玉庆元堂增刻本　3

07977 12056 **琉球百问**不分卷　1833
(清)曹存心(仁伯、乐山)撰
1. 清光绪七年(1881)海虞曹博泉曹玉年刻本　139　186　270　277　289　412A　512　589　590　664　709　738A
2. 清光绪八年(1882)抄本　139
3. 张汝伟抄本　572
4. 抄本　270　590
5. 见黄寿南抄辑医书二十种

07978 12062 **杏林内省录**六卷　1836
(日)绪方惟胜(义和)编
日本天保七年(1836)平安摄生堂刻本　3

07979 12063 **医学警悟**六卷　1836
(日)宇津木益夫(昆台、天敬、太一郎)撰
见古训医传

07980 12066 **好生绪言**二卷　1838
(日)贺屋敬(恭安)撰
日本天保十年(1839)长门贺屋敬澹园刻本　590

07981 11636 **瘦吟医赘**二卷　1839
(清)薛福(瘦吟)撰
清道光十九年(1839)抄本　738B

07982 **医略**一卷 1840
05780 （清）潘世思撰
1. 清道光二十年（1840）刻本 412A
2. 抄本 139（残） 412A

07983 **医学识小录**二卷 1841
12913 （清）孙天麒（苏门）撰
清咸丰元年（1851）昆山潘道根抄本 664

07984 **医学课儿策**一卷 1843
12067 （清）高鼎汾（上池）撰 王泰林（旭高、退思居士）注释
袁长庆抄本 590

07985 **约退斋医说仅存**二卷 1844
12069 又名约退斋辨症录
（清）胡大猷（达繇、新斋、新侪）撰
1. 清道光二十四年（1844）刻本 738A
2. 清抄本（题约退斋辨症录） 728A（存卷上）

07986 **医事丛谈**四卷 1846
12070 （日）山下玄门（宥范、有范、寥叟）撰
1. 日本嘉永四年（1851）江都书肆万笈堂刻本 202
2. 日本为仙馆刻本 3

07987 **稽古尊闻**一卷 ［1849］
12171 （清）李雨村（万春、鹤龄、清源居士）撰
清道光二十九年（1849）稿本 277

07988 **医说简略**一卷 1850
12733 （清）杨念慈（菱洲）撰
清道光培桂山房刻本 590

07989 **医理**一卷 1851
05968 （清）余国佩（振行、春山）撰
1. 清蒋希元抄本 728A
2. 抄本 709

07990 **研经言**四卷 1856
12077 （清）莫枚士（文泉、苕川迂叟）撰
清光绪五年（1879）月河莫枚士刻本 1 139 152 185 203 251 270 286 308A 412A 475A 541 572 579 590 651 664 677A 731 738A 738B 739A（存卷一、二） 851

07991 **兰轩医谈**一卷 1856
12078 （日）森立之（立夫、枳园）撰
日本安政三年（1856）问津馆木活字印本 3

07992 **医原**二卷 1861
12080 （清）石寿棠（芾南、湛棠）撰
1. 清咸丰十一年（1861）留耕书屋刻本 1 2 3 139 152 185 186 202 251 270 279 281A 286 289 361 385A 401 412A 412B 421 443 450B 461 462 475A 476 491 511 514A 514B 529 529A 541 570 590 651 664 706 707 709 728A 728B 736A 799A 831 839A 852S 901 907B 907C 917A 940
2. 清光绪十七年（1891）张谦甫铅印本（三卷） 1 139 139A 202 203 270 279 289 301 412A 412B 590 664 728A 738A 896A
3. 清抄本 412A 521
4. 抄本 412A 421 541（三卷，附医学举要六卷） 721 907C

07993 **盱客医谭**四卷 1861
12081 （清）杨希闵（铁佣、卧云居士）撰
1. 稿本 139
2. 清光绪四年（1878）稿本 3

07994 **养新堂医论读本**八卷 1864
12082 （清）周赞鸿（伯卿）编
清同治三年（1864）稿本 590

07995 **世补斋医书文集**十六卷 1866
12083 （清）陆懋修（九芝、勉旃、江左下工、林屋山人）撰
1. 清光绪十年（1884）刻十二年（1886）山左书局印世补斋医书本 362
2. 见世补斋医书

07996 **回澜说**一卷 1866
00000 （清）王丙（绳林、绳孙、朴庄）撰
1. 见世补斋医书
2. 见伤寒论注（附录，王丙撰）

07997 **医林琐语**一卷 1866
12085 **世补斋杂缀**一卷
（清）陆懋修（九芝、勉旃、江左下工、林屋山人）撰
稿本 1

07998 **公善源流**四卷 ［1866］
12922 著者佚名
清同治五年（1866）刻本 570

07999 **时医集四书文**一卷 ［1866］
12086 （清）王问臣辑 陆懋修（九芝、勉旃、江左

下工、林屋山人）传
1. 稿本 541
2. 清光绪抄本 1

08000 12154 **医医集**十四卷 ［1866］
（清）周濂渠撰 陆鲲化增补
抄本 664

08001 12087 **险症百问**一卷 ［1867］
（日）中川故（壶山、修亭）撰
日本抄本 139

08002 12088 **行余书屋医论**一卷 1869
附医案二卷
（清）连自华（书樵）撰
见连自华医书十五种

08003 12089 **读医心得**一卷 1869
（清）徐光瑞编
清同治八年（1869）稿本 139

08004 13045 **医理真传**四卷 1869
医法圆通四卷
（清）郑寿全（钦安）撰
1. 清同治十三年（1874）成都刻本 139 139A 289 361 412A 461 514A 839A 926A
2. 清光绪十三年（1887）成都五福堂刻本 139
3. 清光绪十七年（1891）宏道堂刻本 289 361 738 852
4. 清光绪二十九年（1903）七星会刻本 270 289 412A

08005 12090 **医理真传**四卷 1869
（清）郑寿全（钦安）撰
1. 清同治十三年（1874）成都刻本 21 139 203 277 279 366 412A 435 461 514A 590 728A 799A 852 877 901 907B 907C 940
2. 清光绪十三年（1887）成都五福堂刻本 139 280 475A 529B 677A 874（存卷一至三） 907C
3. 清光绪十三年（1887）文映山房刻本 385B
4. 清光绪十七年（1891）宏道堂刻本 1 186 203 413 450B 738B
5. 清光绪二十九年（1903）七星会刻本 152 362 401 529A 541 728A 728B 736A（存卷一至三） 738B 852 852A 852B 907C
6. 清光绪刻本 572 736A 852C
7. 清抱一山房刻本 3 139A 514A 896A
8. 清成都崇文斋刻本 412B 799A
9. 清四川以文斋刻本 432
10. 见医理真传医法圆通合刻

08006 12091 **医说医案合编**一卷 1870
（清）刘子翚（慎夫）编
清同治九年（1870）刻本 541

08007 12093 **医学一贯**一卷 1873
（清）王莘农（聘之）撰
清同治十二年（1873）扬州刻本 590 707 940

08008 00000 **直笔良言**一卷 1873
（清）鲁守正撰
清同治十二年（1873）仁爵堂刻本 186

08009 12015 **叶选医衡**二卷 ［1873］
原题（清）叶桂（天士、香岩、南阳先生）编
（清）沈时誉（明生）原撰 辑者佚名
1. 清同治十二年（1873）四川资州正古书屋刻本（附薛生白日讲杂记一卷） 186 280 664 853 854 907C
2. 清光绪二十四年（1898）上海图书集成印书局铅印本 1 152 308A 412A 541 590 651 664 677A 701 707 709 734 926A 931 940
3. 清光绪三十三年（1907）黄寿南抄本 570 896A
4. 清宣统二年（1910）上海文瑞楼石印本 139 186 202 270 279 308A 412B 433A 475A 514A 521 529A 541 570 572 589 590 664 712 733A 734A 736A 738A 738B 799A 839A 896A 907C 917A 939 940
5. 抄本 203 361 570 738B 907C

08010 12095 **医法圆通**四卷 1874
（清）郑寿全（钦安）编
1. 清同治十三年（1874）成都刻本 2 21 139 203 251 254 277 279 289 361 366 385 396 412A 412B 434 461 475A 491 514A 529B 541

590 651 728A 728B 799A 852 853 871 901 907B 907C 917A 940
2. 清光绪十三年（1887）成都五福堂刻本 3 139 280 381 433A 475A 799A 852
3. 清光绪十七年（1891）宏道堂刻本 139 286 361 412A 450B 579 728A 738B 852 854
4. 清光绪二十九年（1903）七星会刻本 2 277 279 361 412B 677A 728A 734 741 799A 839A 852
5. 清光绪刻本 277 413 733A 852 852C 874 891
6. 清抱一山房刻本 514A
7. 清成都崇文斋刻本 251
8. 见医理真传医法圆通合刻
9. 清抄本 475A

08011 12096 **性理绪余**五卷 1877
(清)朱祝三(尧民)编
清光绪五年（1879）白鹿山房木活字印本 3 152 721 734A（缺卷二）

08012 12097 **医原记略**一卷 1877
(清)沙书玉(石庵、石安)撰
1. 清光绪三年（1877）大港培运堂刻本 475A 590（残） 664
2. 抄本 139
3. 见石室丛抄医书十七种

08013 12098 **医学求是初集**一卷 1879
医学求是二集二卷
附医案一卷
(清)吴达(东旸、澹园老人)撰
清光绪六年至十一年（1880—1885）江阴吴氏家刻本 2 203 254 286 289 308A 381 412A 412B 475A 491 541 590 664 677A 701 712 728A（残） 731 733A 738 896A 907C

08014 00000 **医学辨正**一卷 1880
(清)张学醇(筱浦)撰
1. 清光绪七年（1881）山阴张学醇退补草堂广陵刻本 3 139 511 514A 570 572
2. 清抄本 738B

08015 12100 **医法心传**一卷 1882
(清)程鉴(芝田)撰
1. 清光绪十三年（1887）养鹤山房刻本 1 2 3 21 139 139A 186 203 277 279 286 302 303 309 361 381 391 401 433 475A 514A 529 529A 541 589 590 651 664 677A 709 728B 733A 734 734A 736A 737 738A 738B 799 839A 852 871 907C 917A 939 940
2. 见陈修园医书四十八、五十、七十种
3. 见雷氏慎修堂医书三种
4. 见医籍汇录

08016 00000 **医理信述补遗**二卷 1884
(清)夏子俊(云颖、脱夫)编
清光绪十年（1884）刻本 716 740A（存卷一） 740C

08017 12123 **医理信述**六卷补遗二卷 1884
(清)夏子俊(云颖、脱夫)编
清光绪二十五年（1899）黄城柯树德堂刻本 590 731 740B

08018 12102 **辟阴集说**一卷 [1884]
(清)吟香馆主人编
清光绪十六年（1890）江宁学廨刻本 412A（残） 541 664 677A 701

08019 12103 **医学心得**一卷 1886
(清)王廷钰(西岑)编
1. 抄本 738
2. 见正谊堂医书

08020 12104 **陋医杂语**一卷 1886
(日)木村良撰
日本明治十九年（1886）刻本 541

08021 03588 **医方丛话**八卷附一卷 1886
(清)徐士銮(沅青、苑卿)编
1. 清光绪十五年（1889）津门徐士銮蝡园刻本 1 2 3 139 139A 185 186 202 203 204 251 253 270 277 279 280 281A 289 301 302 308A 396 412A 412B 461 475A 476 491 541 570 572 590 651 664 709 721 737 738B 739 740A 740B 741 781 831 871 911 922
2. 抄本（二编） 2

08022 **温知医谈**一卷 1887
12105 （日）浅田宗伯 浅井笃太郎等撰 温知社编
日本明治二十年（1887）温知社铅印本 511

08023 **七情管见录**二卷 1887
07009 （清）张履和（应中）撰
清光绪十三年（1887）刻本 279 590

08024 **证治明辨**六卷 1887
12150 （清）王毓衔（吉安）编
清光绪十三年（1887）抄本 709

08025 **种榆山人医论**一卷 ［1887］
12152 （清）胡仁寿（悦彭、种榆山人、胡卢道人）撰
清胡仁寿抄本 572

08026 **秋室我闻录**一卷 ［1889］
12148 （清）余集（蓉裳、秋室、秋室居士）撰 袁子畲传
稿本 541（清·沈庆云跋）

08027 **医故**二卷 1890
12107 又名医诂
（清）郑文焯（俊臣、叔问、小坡）撰
清光绪十七年（1891）平江梓文阁刻书带草堂丛书本 1 2 3 9 21 139 139A 185 203 251 270 277 280 281A 303 308 308A 361 412A 461 462 475A 491 514A 529B 541 570 572 589 590 651 664 677A 701 706 707 709 712 713 738A 738B 781 831 839A 851 852 896A 901 907C 911 926A 939 940 944 951

08028 **医则**二卷 1891
12108 （清）沈夏霖（筱汀、柳桥）撰
见沈氏遗稿二种

08029 **南医辨论**二卷 1892
00000 （清）陈耀辰撰
清光绪十八年（1892）佛山翰宝楼刻本 944（存卷一）

08030 **医学指南**五卷 1893
05922 （清）李德中（允执、拙庵）撰
清光绪二十四年（1898）泊镇聚元堂刻本 186 256 279 280 286 289 366

08031 **医学总论**二卷 1895
12111 （清）陆汝衔（芥山、稼山）撰
清光绪二十一年（1895）海宁钱保塘清风室刻本 590 851 907C

08032 **医学答问**四卷 1895
12112 （清）梁玉瑜（特岩）传 陶保廉（拙存）录
1. 清光绪二十三年（1897）太原任振基兰州刻本 1 3 139 251 279 286 289 308A 361 385 421 433A 475A 664 710（存卷一） 734A（存卷一） 736 738 738B 781 831
2. 清末常熟言同霨铅印本 277 308A
3. 清末石印本 541 733
4. 清抄本 731 831（唐成之题识）

08033 **青囊有秘**一卷 1895
12113 著者佚名
1. 清光绪二十一年（1895）抄本 603
2. 抄本 590

08034 **中西医学要论图考**一卷 ［1895］
12121 （英）合信氏撰
见中西医学丛书

08035 **医粹精言**四卷 1896
12114 附医意二卷
（清）徐延祚（龄臣）撰
1. 清光绪二十二年（1896）奉天徐延祚羊城刻铁如意轩医书四种本 1 2 3 21 139 139A 140 152 185 251 277 279 280 281A 289 361 385 412A 491 514A 572 590 651 677A 738A 896A 931 944（存卷二至四）
2. 见铁如意轩医书四种

08036 **医意**二卷 1896
12115 （清）徐延祚（龄臣）撰
1. 清光绪二十二年（1896）奉天徐延祚羊城刻铁如意轩医书四种本 139A 202 203 279 280 289 514A 736A
2. 见铁如意轩医书四种

08037 **醒世琐言**一卷 1896
12116 （清）韩善征（止轩）撰
见韩氏医书六种

08038 **医论二则**二卷 1896
12117 （清）程其武（冰壶先生）等撰
清光绪二十二年（1896）抄本 139

08039 **医医琐言**二卷 1897
12118 **续医医琐言**一卷
（清）徐延祚（龄臣）撰

1. 清光绪二十二年（1896）奉天徐延祚羊城刻铁如意轩医书四种本 1 21 139 186 202 289 461 475A 529 589 590 651 677A 738 839A 940 944
2. 见铁如意轩医书四种

08040 05923 **临病考证**一卷 1898
又名医纲切要
（清）蒋金墉（梧山）编
1. 清光绪八年（1882）稿本（题医纲切要） 1
2. 清光绪二十四年（1898）蛟川蒋氏退思堂刻本 741

08041 12588 **医源总论**一卷 1898
著者佚名
清光绪二十四年（1898）张少甫抄本 529A

08042 12029 **鲙残篇**一卷 1898
（清）沈懋发（萍如）撰
清光绪二十四年（1898）刻本 139 186

08043 12122 **经历杂论**一卷 ［1898］
（清）刘恒瑞（吉人、丙生）撰
抄本 579（裘吉生旧藏）

08044 12918 **废医论**一卷 ［1899］
（清）俞樾（荫甫、曲园居士）撰
见春在堂全书

08045 05930 **王春溪明理活人论**一卷 1901
（清）王澜（春溪居士）撰
清光绪二十七年（1901）刻本 363 651

08046 10910 **保身必览**二卷 1900
（清）钱向杲（鹤岑）撰
清光绪二十七年（1901）木活字印本 251 664 709 713

08047 00000 **无妄集医论**一卷 ［1902］
（清）包育华（桃初、鹏九、白髯叟）撰
见无妄集活法医书

08048 00000 **医学真传**二卷 1906
陈氏医按一卷
（清）高世栻（士宗） 陈念祖（修园、良有、慎修）撰
1. 清光绪三十二年（1906）焕文堂刻本 921
2. 清光绪三十二年（1906）望海堂刻本 361 492 907C 940 951
3. 清光绪三十二年（1906）成都多文会刻本 1 139

08049 12920 **禁吸鸦片烟刍议**一卷 1906
（清）蒋履曾撰
清宣统二年（1910）铅印本 4E 542 713

08050 12126 **医学折衷纂要录**二卷 1907
看冰山人撰
见中西医学劝读十二种

08051 12127 **医学折衷劝读篇**三卷 1907
（清）黄传祁（籧斋）撰
见中西医学劝读十二种

08052 05953 **新医宗必读**一卷 1907
（清）何廉臣（炳元、印岩）撰
1. 清光绪三十三年（1907）抄本 701
2. 清宣统元年（1909）医学研究会石印本 289 572 590 664 736A 738B

08053 12128 **医学世界**一卷 1909
自新医院编
清宣统元年（1909）铅印本 541

08054 12129 **医医医**一卷 1909
（清）孟今氏撰
清宣统元年（1909）广州清风桥文茂印书局铅印本 139A 277 286 476 514A 529A 589 590 831 921

08055 12130 **医学求益社课卷**一卷 1909
（清）梁懋孙等撰
清宣统元年（1909）广州医学求益社石印本 279 931 XB

08056 12131 **学医一得**一卷 1909
（清）张节（心在、梦畹）撰
见张氏医参

08057 12134 **医学刍言**一卷 1909
（清）黄炽华（砺山）撰
清宣统元年（1909）南海蔡敏驭刻本 931 940

08058 12135 **医述韵语**四卷 1909
（清）刘鎏（桂蔬）撰
清宣统元年（1909）刻本 21（存卷一、二）

08059 12136 **绍兴医学会课艺**一卷 1910
何廉臣（炳元、印岩）编
清宣统二年（1910）浙东印书局铅印本 139 289 385A 590 896A 907C

08060 12138 **医学杂论**一卷 1910
著者佚名

抄本 139

08061 医论摘要一卷 1910
12140
著者佚名
抄本 139

08062 医学策问论说一卷 [1910]
12141
(清)石顽(更叟)编
见石室丛抄医书十七种

08063 医学或问四卷 1911
12142
著者佚名
清内府抄本 140

08064 摄生真诠二卷 [1911]
10938
(清)查有钰(式庵)编
清南野草堂抄本 590

08065 医论会通六卷附录一卷 [1911]
12145
(清)周自闲(省吾)辑
清抄本 541

08066 医论撮要一卷 [1911]
12147
著者佚名
抄本 139

08067 理医冰鉴一卷 [1911]
12151
(清)姚櫆(犹龙)撰
清宁远堂刻本 922

08068 医学问津一卷 [1911]
12160
著者佚名
抄本 901

08069 医学折衷二卷 [1911]
12161
(清)曹鉴开(守庭)撰
清抄本 738B

08070 医学折衷六卷 [1911]
12162
著者佚名
1. 清抄本 541
2. 抄本 590

08071 诸论节录一卷 [1911]
12163
附四言脉诀
著者佚名
抄本 139

08072 家方大成一卷 [1911]
12166
(日)加滕顺撰
抄本 511

08073 醒世篇一卷 [1911]
12167
又名包氏医学偶谈
(清)包岩(蘅村)撰
清末刻本 590 728A

08074 张景东医论一卷 [1911]
12168
(清)张寿乔(景东)撰
清苑林抄本 590

08075 证治心法指南医论二卷 [1911]
07057
(清)董松年辑
稿本 590

08076 千金诸论一卷 [1911]
03629
著者佚名
从吾所好山房抄本 421

08077 仁斋医说一卷 [1911]
12274
附女科指旧辨说摘要
著者佚名
抄本 709

08078 医艺二卷 [1911]
00000
著者佚名
清抄本 738

08079 医言一卷 [1911]
00000
著者佚名
清梅花屋抄本 831

08080 北辰稿集一卷 [1911]
00000
著者佚名
稿本 728A

08081 医理论集一卷 [1911]
00000
著者佚名
清抄本 TA

08082 润泉医论一卷 [1911]
00000
(清)薛润泉撰
清抄本 139

08083 岐黄遗训一卷 [1911]
00000
俞志骧(小农)辑
抄本 738B

08084 名家医论杂抄一卷 [1911]
00000
著者佚名
日本宝素堂抄本 TB

08085 六洲铁铸斋医帚稿一卷 [1911]
00000
(清)邓二呆撰
稿本 940

08086 名家经验医说二卷 [1911]
00000
辑者佚名
清抄本 139

08087 徐氏医论不分卷 [1911]
00000
(清)徐沂和撰 徐季英编
清抄本 139

08088 **雨窗小草**一卷 ［1911］
00000
（清）徐亦钧（竹坡）撰
清抄本 286

10.4 随笔

08089 **推求师意**二卷 1443
12290
（明）戴思恭（原礼、肃斋）撰 汪机（省之、石山居士）编
1. 明嘉靖十三年（1534）新安陈桷刻本 270 308A 529 541 590 651 664 701 728A 733 939 TA
2. 清嘉庆十二年（1807）刻本 401 541 733A
3. 明嘉靖十三年（1534）新安陈桷刻明清递修清初祁门朴墅印石山医案丛书本 733（君诒跋）
4. 清抄本 907C
5. 见汪石山医书
6. 见四库全书

08090 **郁冈斋笔麈**四卷 1602
12291
（明）王肯堂（宇泰、损庵、念西居士）撰
1. 明万历三十年（1602）金坛王懋琨刻本 1 139（有抄配） 251 541 651 734A
2. 清顺治三年（1646）周南李际期刻说郛续本 1
3. 抄本 541 709

08091 **医闾漫记**一卷 ［1644］
12294
（明）贺钦（克恭、医闾山人）撰
见说郛续

08092 **捷径医筌**五卷卷首一卷 1655
12296
中江原（惟命、顾轩、藤树先生）撰
日本明历元年（1655）平野佐兵卫刻本 511（缺卷一）

08093 **裴子言医**四卷 1657
11992
（明）裴一中（兆期、复庵居士）撰
1. 清初刻本 139 572 701（附河间原病式一卷） 851
2. 清抄本 541（附河间原病式一卷） 738B
3. 见潜斋医学丛书

08094 **崇实堂诸症名篇必读**一卷 1672
12298
又名崇实堂删定济生论诸症
（清）何镇（龙符、培元）原撰 辑者佚名
清抄本 590

08095 **医学节要集**一卷 ［1680］
12367
（日）杉山和一（养庆）撰
1. 日本明治二十年（1887）铅印本 511
2. 日本明治四十四年（1911）铅印本 590

08096 **医学至要钞**二卷 1689
12300
著者佚名
日本元禄二年（1689）刻本 570

08097 **客窗偶谈**一卷 1693
12301
（清）沈明宗（目南、秋湄）撰
1. 清抄本 590（陈存仁旧藏）
2. 见医征

08098 **医学碎金**一卷 1696
12302
（清）汪启贤（肇开） 汪君圣（希贤）撰 汪大年（自培）增补
1. 清刻本 590
2. 见济世全书

08099 **尤氏医学读书记**三卷 1729
12303
医学续记一卷
附静香楼医案三十一条
（清）尤怡（在泾、拙吾、饲鹤山人）撰
1. 清嘉庆十九年（1814）程梅龄张澐松风阁刻本 1 7 139 254 286 412A 450 491 579 590 603 701 721 839A 926A XD
2. 清光绪十二年（1886）顾伯甲抄本 664
3. 清光绪十四年（1888）吴县朱记荣槐庐刻槐庐丛书本 2 3 21 139 186 202 203 251 279（存卷一、二） 280（存二卷） 286 301 308A 361 381 401 412A 412B 435 462 475A 491 541 570 590 664 677A 702 706 707 709 721 728A 728B 737 738B ·739 781 799A 839A 851 852 854 896A 901 940
4. 清光绪十四年（1888）成都昌福公司铅印本 139 254 279 461 491 541 664 851 852 871 907C
5. 清周赞鸿抄本 896A
6. 日本跻寿馆木活字印本 7 308A 412A
7. 抄本 202 251 590 651 664（存三

卷） 731 926A
8. 见槐庐丛书
9. 见尤在泾全集

08100 **观物篇医说**四卷 1732
12304 （清）张确（介石）撰
1. 清雍正十年（1732）观物堂刻本 572 677A
2. 清咸丰七年（1857）山西五台徐继畬抄本 381
3. 清咸丰元和管庆祺抄本 541（清·管礼耕跋）
4. 抄本 2 590

08101 **古今医诗大全摘要**一卷 1738
12305 （清）张望（棕檀、闰榻）撰
见环秀堂医书丛刻

08102 **柳庄先生医事拨乱正篇**一卷 1765
12307 （日）柳庄撰
日本明和二年（1765）刻本 7

08103 **慎疾刍言**一卷 1767
12309 （清）徐大椿（灵胎、洄溪老人）撰
1. 清乾隆三十九年（1774）新疆军装局刻本 1 7 736
2. 清道光十八年（1838）蔡氏涵虚阁刻本 139 139A 279 529 529A 546 590 736A 738B 940
3. 清道光二十六年（1846）上海赵氏刻本 541
4. 清道光二十八年（1848）长洲谢嘉孚契兰堂刻本 707
5. 清咸丰七年（1857）海昌蒋光焴衍芬草堂刻本 391 651 664
6. 清同治三年（1864）汝州试院刻本 710
7. 清同治三年（1864）月山彭树萱善成堂刻徐灵胎十二种全集本 381 541 871 907C
8. 清同治十一年（1872）义经堂刻本 277 701 721
9. 清同治十二年（1873）海昌义方南舍刻本 731
10. 清同治十三年（1874）吴江费延厘大梁刻本 1（与世补斋不谢方合订） 301（深柳堂藏书） 391 521 733B 911
11. 清光绪元年（1875）归安吴氏苏城刻本 391 514A 714
12. 清光绪四年（1878）乌程汪曰桢刻荔墙丛刻本 9 401 462 541 651 702 728A 734 781 851
13. 清光绪九年（1883）归安姚氏刻咫进斋丛书本 4 21 251 401 461 651 702 707 731 781 851 852 901 911 921
14. 清光绪九年（1883）仁和葛元煦啸园刻啸园丛书本 7 9 139 251 401 461 462 651 709 781 851 852 921
15. 清光绪十一年（1885）苏州桃花坞谢氏望炊楼刻灵芝益寿草本 21 541
16. 清光绪十一年（1885）经畬书屋刻本 529 529A 731 734A
17. 清光绪山阴宋泽元忏花庵刻十三年（1887）汇印忏花盦丛书本 541 739
18. 清光绪十四年（1888）江宁翁氏刻本 736
19. 清光绪十六年（1890）山东书局刻本 279 301 541
20. 清光绪十七年（1891）刻本〔据光绪十一年（1885）经畬书屋刻本〕 514A
21. 清光绪十八年（1892）湖北官书处刻本 1 541 853
22. 清光绪二十四年（1898）山右乔氏石印本 381
23. 清光绪三十三年（1907）上海六艺书局石印徐灵胎医学全书本 202 851
24. 清宣统二年（1910）天鬻阁铅印本 1（与世补斋不谢方合订） 21 251 279 721 911
25. 清半松书屋刻本（据长洲谢嘉孚本翻刻） 21 227 270 279 289 362 391 475A 514A 651 664 728A 741 907B 907C
26. 清刻本 302 360A 443 529A 664 736 740A 740B 741 782 855 859 922
27. 抄本 541
28. 见徐氏医书八种
29. 见徐灵胎十二种全集
30. 见徐灵胎医书三十二种
31. 见徐灵胎医学全书

32. 见医学三书合刻
33. 见荔墙丛刻
34. 见愳进斋丛书
35. 见啸园丛书
36. 见桃坞谢氏汇刻方书九种
37. 见灵芝益寿草
38. 见潜斋医学丛书
39. 见万全备急方(版本附录)

08104/12310 **杂病源**一卷 1767
原题(清)徐大椿(灵胎、洄溪老人)撰
1. 清刻本 733A
2. 见徐灵胎医书三十二种
3. 见徐灵胎医学全书

08105/12311 **徐氏杂著五种**六卷 1767
又名徐灵胎先生杂著
(清)徐大椿(灵胎、洄溪老人)撰
子目:
(1)道德经注
(2)阴符经注
(3)乐府传声
(4)洄溪道情
(5)慎疾刍言
1. 清光绪十四年(1888)江左书林刻本 1 9 21 361 541 709 733 734A 736A 849 911 922
2. 清光绪十九年(1893)上海图书集成印书局铅印本 381 666 735A 736A 736B 740A
3. 清光绪二十二年(1896)上海珍艺书局铅印本 736A

08106/00000 **栎窗类抄**二十八卷 [1778]
(日)丹波元简(廉夫、栎荫拙者)撰
日本聿修堂抄本 TB

08107/12314 **散记续编**一卷 1785
(清)许豫和(宣治、橡村)撰
1. 清嘉庆六年(1801)歙县许豫和自刻本 1
2. 清刻许氏幼科七种本 1 4C 279
3. 见许氏幼科七种

08108/12315 **苏门秘录**一卷 1789
(清)王苏门(兰亭)编
清光绪十五年(1889)抄本 734

08109/12316 **医林掌故录**一卷 [1792]
(清)袁枚(子美、随园老人)编
清宣统二年(1910)抄本 728A(绍兴裘氏家藏)

08110/12906 **东洞先生遗稿**三卷 [1793]
(日)吉益猷(南涯、修夫、谦斋)等编
1. 日本宽政十二年(1800)皇都书林出云寺文次郎等刻本 139
2. 日本文政八年(1825)大阪加贺屋善刻本 139 476

08111/12907 **医賸**三卷附录一卷 1795
(日)丹波元简(廉夫、栎荫拙者)编
1. 日本宽政七年(1795)聿修堂刻本 1 21 511 570 728A
2. 日本宽政七年(1795)聿修堂刻文化六年(1809)东都青云堂印本 1 286 391 541
3. 日本宽政七年(1795)聿修堂刻文化八年(1811)东都万笈堂印本 3 139 152 931
4. 日本宽政七年(1795)聿修堂刻清光绪十年(1884)杨守敬印本 7 21 139 279 381 396 651 728A 738B 781 791 851 940
5. 见聿修堂医学丛书

08112/00000 **李濒湖抄医书**六卷 [1795]
原题(明)李时珍(东璧、濒湖)编
清乾隆抄本 TA(清·陈修园跋)

08113/12318 **星烈日记汇要摘抄**一卷 1796
(清)方玉闰(鸿蒙室主人)原撰 辑者佚名
1. 清嘉庆元年(1796)节抄本 139
2. 见星烈日记汇要(卷二十四)

08114/12319 **松心笔记**一卷 1797
(清)缪遵义(方彦、宜亭、松心居士)撰
清徐子瑜抄本 651(清·徐康跋)

08115/12312 **怡堂散记**二卷 1797
(清)许豫和(宣治、橡村)撰
1. 清同治十一年(1872)汉镇陈明德大坊刻刷善书老房粤东刻许氏幼科七种本 139 286 308A
2. 见许氏幼科七种

08116/12582 **内症杂录**一卷 [1798]
(清)徐苏甫撰
清抄本 541

08117/12320 **青囊琐探**二卷 1801
又名医学质验信集
(日)片仓元周(深甫、鹤陵)撰

1. 日本享和二年（1802）静俭堂刻本　139　433A　511　570　590　651　701
2. 清抄本　139
3. 日本抄本　1

08118 12313 **怡堂散记**二卷　1801
散记续编一卷
（清）许豫和（宣治、橡村）撰
1. 清嘉庆六年（1801）歙县许豫和自刻本　139　152　186　308A　590　651　664　677A　839A
2. 清同治十一年（1872）汉镇陈明德大坊刻刷善书老房粤东刻许氏幼科七种本　651
3. 龙斋草堂韩先鼎抄本　712
4. 见许氏幼科七种

08119 12321 **藤氏医谈**二卷　1802
（日）近藤明（隆昌、泉境草医）撰
1. 日本享和三年（1803）浪华书铺柳原积玉圃森本文金堂合刻本　1　2　3　139　202　286　308A　385A　514A　541　572　579　738B　831　901　940　951
2. 日本享和三年（1803）浪华书铺柳原积玉圃森本文金堂合刻河内屋喜兵卫印本　7　202　251　308A　391　412A　475A　491　589　590　701　706　728A　731　738B　800　851　939

08120 12324 **提耳谈**五卷　1807
（日）北尾春圃（育仁、当壮庵）撰
日本文化四年（1807）尾张书肆东壁堂刻本　3

08121 12325 **重庆堂随笔**二卷　1808
（清）王学权（秉衡、水北老人）撰　王国祥（永嘉）注
1. 清咸丰五年（1855）海宁王士雄刻本　303
2. 清光绪八年（1882）汪嘉锐抄本　511（缺一卷）
3. 清光绪二十五年（1899）抄本　651
4. 清光绪三十一年（1905）上海书局石印本　8　139　279　391　412A　541　542　590　677A　709　721　734A　735A　738B　907C　939
5. 抄本　738B
6. 见潜斋医学丛书

08122 12322 **医学日评**一卷　[1809]
（清）黄子言撰
清光绪泉唐黄子言稿本　731

08123 12330 **一见草**四卷　1810
（清）孔继菼（甫函、甫寒、云湄）撰　叶风罼（五楼）评
清嘉庆十五年（1810）叶风罼抄本　590

08124 12327 **医綮随拈**不分卷　1813
（清）徐肇基（稸堂）集
抄本　2

08125 12329 **医学逢源**二卷　1820
（清）陈念祖（修园、良有、慎修）　潘霨（伟如、韡园居士）撰　王镇南（赞三）编
清同治十年（1871）刻本　412B

08126 12332 **医略管窥**一卷　1830
（清）葛桂（轮香）撰
清道光十年（1830）昆山仁聚堂刻本　590

08127 12333 **医辙**一卷　1832
（日）中川量平撰
日本天保三年（1832）刻本　139

08128 12334 **格言集要**二卷　1835
附经验易治良方一卷、续方一卷
（清）秦世奎（东庐、髯如）　周式溎（雨樵）撰
清咸丰七年（1857）自怡书屋刻本　514A

08129 12336 **修残集**一卷　1848
著者佚名
清道光二十八年（1848）抄本　590

08130 00000 **宝素名言秘录**一卷　[1850]
（清）蒋宝素（问斋、帝书）撰
清抄本　TA

08131 12337 **医儒指南**一卷　1852
又名详论烟瘾疑难症参变医儒两道指南新书
（清）孙静轩撰
清咸丰二年（1852）山东东昌孙静轩刻本　139A

08132 12418 **医学杂抄**一卷　[1853]
（清）姚椿（春木、子寿、樗寮生、蹇道人）编
清抄本　541

08133 12338 **归砚录**四卷　1855
（清）王士雄（孟英、梦隐、潜斋、半痴山人、息居隐士、随息居士）撰

1. 清咸丰九年（1859）刻同治元年（1862）印本 1 139 251 361 437 476 541 570 590 651 677A 728B 737 738E
2. 清抄本 1
3. 抄本 139 139A 590 738A 738B

08134 00000 **汇精集**二卷 1856
（清）徐培之辑
清咸丰六年（1856）稿本 589（残）

08135 12339 **医事偶存**一卷 1857
（清）陈堃撰
清曹氏养性庐抄本 139

08136 12341 **奇证秘录**一卷 ［1861］
（清）黄秩模（正伯、立生）撰
见逊敏堂丛书

08137 12428 **临证一助**八卷 ［1862］
附薛氏湿热论歌括
（清）王泰林（旭高、退思居士）撰 杨锦（尚絅）辑
清抄本 572（裘吉生旧藏）

08138 12342 **留云山馆文抄**一卷 1863
（清）费伯雄（晋卿、砚云子）撰
见费氏全集

08139 12343 **随笔所到**一卷 1866
（清）陆懋修（九芝、勉旃、江左下工、林屋山人）撰
稿本 1

08140 12344 **示儿编**一卷 1866
（清）连自华（书樵）撰
见连自华医书十五种

08141 12345 **寄京医札**一卷 1866
（清）连自华（书樵）撰
见连自华医书十五种

08142 12347 **有恒杂记**一卷 1866
（清）连自华（书樵）撰
见连自华医书十五种

08143 05825 **医略**一卷 1866
（清）连自华（书樵）撰
见连自华医书十五种

08144 12346 **证治针经广证**一卷 1866
（清）连自华（书樵）撰
见连自华医书十五种

08145 06049 **医指**一卷 ［1870］
（清）陈莲舫（秉钧、乐余老人）辑
清抄本 541

08146 12349 **兰轩遗稿**一卷 1874
（日）伊泽信恬（澹甫、兰轩、蓤斋）撰
日本明治七年（1874）玉池森立之刻本 462 590

08147 12350 **医学一得**四卷 1874
附补遗
（清）荣汝棻（椿年）撰
清同治十三年（1874）刻本 308A

08148 12351 **王氏医存**十七卷 1874
附新选验方一卷
（清）王燕昌（汉皋）撰
清同治十三年（1874）皖城黄竹友斋刻本 1 2 3 139 139A 152 186 202 203 251 270 277 279 280 281A 286 289 301 308A 351 361 381 385A 412A 435 475A 491 514A 514B 529A 541 570 572 590 651 664 677A 706 709 728A 733A 734 736A 737 738 738B 831 839A 851 854 871 907C 926A 939 940 944

08149 12353 **杏林要言**不分卷 ［1875］
（清）江齐斋撰
清同治抄本 2

08150 12355 **牛渚漫录**四卷 1876
续牛渚漫录不分卷
（日）浅田惟常（栗园、宗伯）撰
日本明治二十五年（1892）东京吉川书房铅印本 1 139 277 570 590 677A 738

08151 12356 **医事丛记**一卷 1878
（清）杨希闵（铁佣、卧云居士）撰
清末抄本 139

08152 12411 **医学杂缀**一卷 1878
（清）查有钰（式庵）撰
清光绪四年（1878）稿本 572

08153 05858 **医理大概约说**一卷 1878
（清）刘沅（止唐）撰 刘椇文辑
1. 清光绪三十二年（1906）成都守经堂刻本 21 139 289 412B 514A 590 738B 853 871 896A 907C
2. 清光绪三十二年（1906）四川孙氏乐善堂刻本 491

3. 清宣统三年（1911）绵竹槐荫书屋刻本　907C

08154 12357 **医稗初稿**四卷　1879
（清）田晋蕃（杏邨）撰
见田晋蕃医书七种

08155 12358 **名家杂抄**五卷　1879
（清）田晋蕃（杏邨）撰
见田晋蕃医书七种

08156 12359 **中西医辨**一卷　1879
（清）田晋蕃（杏邨）撰
见田晋蕃医书七种

08157 12360 **慎疾格言**一卷　1879
著者佚名
见田晋蕃医书七种

08158 12363 **寸阴书屋日抄**二卷　1880
（清）惠震（石泉）撰
抄本　651

08159 12366 **闲窗偶笔**一卷　1886
（日）垣内己山（成章）撰
日本明治十九年（1886）铅印本　139

08160 12421 **采论医道**一卷　1887
（清）胡仁寿（悦彭、种榆山人、胡卢道人）
清抄本　590

08161 12368 **医赘省录**二卷　1890
（清）谭公望（辛才）撰
清光绪十六年（1890）稿本　139

08162 12369 **医宗解铃语**一卷　1890
（清）谭焯（文卿）撰
清光绪十六年（1890）稿本　541

08163 12370 **澡泉余录**一卷　1890
（日）浅田惟常（栗园、宗伯）撰
日本明治二十三年（1890）秀英舍铅印本　139　572　677A　911

08164 12371 **读医随笔**六卷　1891
又名分类医学菁华
（清）周学海（澄之）撰
1. 清光绪二十四年（1898）皖南建德周学海刻本　2　139A　186　270　279　308A　412A　476　521　529A　541　570　590　709　731　732　739D　896A　926A　940
2. 抄本　2
3. 见周氏医学丛书

08165 12372 **退省斋说医私识**四卷　1892
（清）姚凯元（子湘、雪子）撰
稿本　2

08166 12915 **医存**二十八卷　1894
（清）谢炳耀（彬如、心佛）撰
抄本　590

08167 12375 **念初居笔记**不分卷　1894
（清）钱艺（兰陔）撰　钱威吉（俨卿）辑
稿本　590

08168 12374 **公余医录抄**六卷　1895
（清）陈念祖（修园、良有、慎修）原撰　刘绍熙（庶咸）编
清光绪二十一年（1895）三槐书局刻本　907C

08169 12376 **汪氏病梦回生记**一卷　1896
附救急方
（清）汪云鹏（图南）撰
清光绪二十二年（1896）刻本　541

08170 12378 **医案须知**一卷　1896
（清）董韩卿订
清光绪二十二年（1896）抄本　701

08171 12379 **医学发微论**一卷　1897
（清）程祖植撰
1. 清光绪二十三年（1897）吴县叶耀元石印新学报本　738B
2. 抄本　709

08172 12119 **困学随笔**十三卷　1897
（清）朱恩（心农）撰
1. 清光绪二十三年（1897）上海宝善书局石印本　139A　152　289　385A　590　677A　709　940
2. 清王子雄抄本　728A（二卷）

08173 12380 **雨堂偶笔**四卷　1897
（清）蒋庆赢（双南）撰
清光绪二十三年（1897）刻本　308A

08174 12381 **医学一得**一卷　1899
（清）吕承源（根腴）撰
清光绪二十五年（1899）两湖书院刻本　3　541　781　799　831　907C　931

08175 12385 **待用无遗**一卷　1903
（清）张东有编
清光绪二十九年（1903）清河东有主人抄本　853

08176 **医事嘉言抄**不分卷 1903
12386 著者佚名
清光绪二十九年(1903)合资商报会社铅印本 589

08177 **不倦庐观书札记**一卷 1904
12388 (清)黄寿南(福申、沁梅)编
1. 见伤寒类辨(附录)
2. 见黄寿南抄辑医书二十种

08178 **医学及门**一卷 1904
12389 (清)俞世球(得琈、诗僧、梦兰草堂主人)撰
清光绪三十年(1904)上海时中书局铅印本 590 677A

08179 **疾病补救录**一卷 1905
10919 (清)杜时彰(静侯)编
清光绪三十一年(1905)杜时彰松鹤山房自刻本 286 590 664

08180 **医事杂录**一卷 1906
12390 唐成之(求是庐主人)编
清光绪三十二年(1906)抄本 139

08181 **杂录**一卷 1907
12392 (清)赵廷玉(伯亭、双修)编
1. 清光绪三十三年(1907)抄本 139
2. 见赵双修医书十四种

08182 **戈门杂录**一卷 1907
12382 (清)戈颂平(直斋、直哉)撰
清抄本 1

08183 **临证举隅**一卷 1908
12407 (清)田筱园(小园)撰 陈邦瑞编
清光绪三十四年(1908)抄本 907C

08184 **张氏医参附经**六卷 1909
12395 (清)张节(心在、梦畹)撰
见张氏医参

08185 **明强要览**一卷 1909
12396 (清)周颂(撷荪)撰
清宣统元年(1909)刻本 491

08186 **博爱堂医学气化录要**四卷 1909
12397 (清)陈廷儒(匊生)撰
清宣统元年(1909)铅印本 738B

08187 **(扶雅斋)读医札记**二卷 [1909]
12398 (清)侯巽(健伯)撰
清末抄本 572

08188 **医学丛抄**二卷 [1910]
12401 (清)钟石顽(更叟)编
见石室丛抄医书十七种

08189 **医学秘书**四卷 [1910]
12402 (清)钟石顽(更叟)编
见石室丛抄医书十七种

08190 **医界之铁椎**二编 1911
12403 (日)和田启十郎撰 丁福保(仲祜、畴隐居士)译
清宣统三年(1911)上海医学书局铅印本 139 277 381 572 590 738A 907C 922

08191 **涵春草堂笔记**一卷 1911
12404 王闻喜撰
稿本 677A

08192 **桂林轩临证心悟录**一卷 1911
12405 (清)邓孟高(养秋)撰
抄本 590

08193 **诸医耕心抄选**十二卷 1911
12408 著者佚名
朱肇岐抄本 901

08194 **医学刍言**二卷 1911
12410 又名冬青老人课徒草
(清)金清桂(兰升、石如、冬青老人)撰
清傅甲抄本 590

08195 **甡荞见闻用法汇要**九卷 1911
12413 (清)姚甡荞撰
清抄本 251

08196 **夏松森学医笔记**不分卷 1911
12414 (清)夏松森(梦符)撰
抄本 529A

08197 **剑镜斋旧存稿三篇**一卷 1911
12415 (清)谢家驹撰
清宣统三年(1911)并垣华石印本 139A 738

08198 **训蒙医略**五卷 [1911]
12420 著者佚名
抄本 590

08199 **师传医恒**三卷 [1911]
12425 (清)陈应亨(嘉甫)辑
清陈应亨抄本 570

08200 **金匮圆机**一卷 [1911]
12426 (清)程国彭(钟龄、普明子)原撰 辑者佚名
清抄本 590

08201 **医书节录**一卷 ［1911］
12427 著者佚名
清抄本（书名自拟） 1

08202 **千山东阳聋叟医存**二卷 ［1911］
12433 东阳聋叟撰
抄本 590

08203 **见闻杂录**一卷 ［1911］
12434 止园居士撰
抄本 728A 907B

08204 **陈宪廉医学杂录**一卷 ［1911］
00000 辑者佚名
清抄本 944

08205 **医药札记**一卷 ［1911］
00000 （清）董记民辑
清抄本 734A

08206 **述古老人亲传最上上乘法则**一卷补证一卷 ［1911］
00000 著者佚名
清抄本 782

08207 **医苑偶抄**一卷 ［1911］
00000 著者佚名
清抄本 738E

08208 **辨症录**二卷 ［1911］
00000 著者佚名
清抄本 590

11 医史

11.1 通史

08209/12589 **医学源流**一卷 1907
(清)赵廷玉(伯亭、双修)撰
1. 抄本 139 590 901
2. 见赵双修医书十四种

11.2 专史

08210/12288 **惠民药局记**一卷 1075
(宋)沈括(存中)撰
见五朝小说大观

08211/12622 **医事启源**一卷 1862
(日)今邨亮(祇卿、了庵)撰
1. 日本文久二年(1862)敬业馆刻本 1 139 541 731 839A 853 901
2. 日本抄本 1
3. 清抄本 1

08212/12624 **三病考**一卷 1878
(日)今邨亮(祇卿、了庵)撰
日本明治十一年(1878)敬业馆刻本 511

11.3 传记

11.3.1 汇传

08213/12637 **历代名医蒙求**二卷 1220
(宋)周守中(守忠、榕庵)撰
1. 宋嘉定十三年(1220)临安府尹家书籍铺刻本 TB
2. 抄本 3

08214/12638 **历代名医考**一卷 1450
又名医学源流、原医图
(明)熊宗立(道轩、勿听子)撰
1. 明景泰元年(1450)刻本 541
2. 日本宽永九年(1632)刻本 139 476
3. 日本刻本 476 590 TB
4. 见本草蒙筌(版本附录)

08215/12639 **医史**十卷 1513
(明)李濂(川父)编
1. 明刻本 541
2. 日本明治二十二年(1889)抄本(尾台榕堂评点) 139
3. 抄本 1 2 3 139 277 476

08216/12640 **历代名医传略**二卷 1597
(日)吉田意安(宗恂、玄子)撰
1. 日本庆长二年(1597)刻本 3
2. 日本宽永十年(1633)田原仁龙卫门刻本 3
3. 抄本 590

08217/00000 **医林续传**一卷 [1613]
(明)刘浴德(肖斋、子新、壶隐子)撰
见脉学三书(附录)

08218/12641 **历代医学姓氏**不分卷 1616
(明)聂尚恒(久吾、惟贞)编
王氏芸心医舍抄本 590

08219/12642 **本朝医考**三卷 1663
(日)黑川道祐编
日本宽文三年(1663)田原仁左卫门刻本 3(残) 541

08220/12643 **医仙图赞**一卷 1686
(日)有保生轩(菊隐老人)撰
影抄本(据文林堂中川氏刻本) 139

08221/12644 **古今医史**九卷 1697
附吕沧洲医评、王氏医案
(清)王宏翰(惠源、浩然子)撰
抄本 3 152 475A 541 572 590 651 731 851

08222/12645 **医术名流列传**一卷 1723
(清)陈梦雷(省斋、则霞) 蒋廷锡(扬孙、西谷)等撰
日本抄本 7 139(残)

08223 12646 **明医小史**一卷 1724
（日）望月三英（鹿门）撰
1. 日本享保九年（1724）江都书肆须原屋新兵卫蒿山房刻本 139
2. 抄本 590 738B

08224 12647 **历代医家姓氏**一卷 1774
（日）石丸源藏编
日本安永三年（1774）抄本 651

08225 12648 **医林蒙求**三卷 1804
（日）樋口器（季成）编 菊池元习校
1. 日本文化二年（1805）东都书林和泉屋吉兵卫刻本 7
2. 日本文化二年（1805）江户书林鸭伊兵卫刻本 1（学聚堂藏板） 590

08226 12649 **古代医家画像**一卷 1816
（清）林钟绘
清嘉庆二十一年（1816）抄绘本 139

08227 12650 **今世医家人名录**四卷 1820
（日）白士彝撰
日本文政三年（1820）刻本 3

08228 12651 **皇国名医传**三卷 1851
附栗园浅田先生著述目录
（日）浅田惟常（栗园、宗伯）撰
1. 日本嘉永五年（1852）勿误药室刻本 3 139 475A 541 572
2. 日本明治六年（1873）勿误药室刻本（附杏林杂话） 3 139 570 731

08229 12652 **医林集传**一卷 1856
（清）李炳芬（瑜石）编
1. 清咸丰六年（1856）抄本 590
2. 清咸丰八年（1858）抄本 541

08230 12653 **唐宋八大家医传**一卷 1882
金元明清八大家医传一卷
（日）冈田元矩（昌春）编
日本明治二十二年（1889）太田正隆杏雨社铅印本 139 590

08231 12654 **近世名医传**三卷 1885
附来舶洋医传略
（日）松尾耕三（子深）撰
日本明治十九年（1886）松尾耕三自刻本 139 476 491 511

08232 12655 **历代名医小传**一卷 1895
（清）郭浚撰
清光绪二十一年（1895）抄本 491

08233 12656 **历代名医列传**一卷 1909
丁福保（仲祜、畴隐居士）编
清宣统元年（1909）上海文明书局铅印丁氏医学丛书本 139 401 572 590 651 721 731 738A

08234 12657 **历代医家传略**一卷 ［1911］
著者佚名
抄本 851

08235 12658 **历代医考**一卷 ［1911］
附各科药方
著者佚名
抄本 590

08236 12659 **历代名医姓氏考**一卷 ［1911］
著者佚名
抄本 590

11.3.2 历代医家传记

11.3.2.1 先秦

08237 12676 **扁鹊仓公列传**一卷 -91
（西汉）司马迁（子长）撰
1. 清乾隆抄本 651
2. 日本嘉永三年（1850）存诚药室影刻本（据宋建安黄善夫刻本） 1 541 572
3. 清沈志道抄本 139
4. 见扁鹊仓公传四种

08238 12677 **扁鹊仓公列传割解**二卷 1766
（日）籐惟寅解 籐惟正路补正
1. 日本明和七年（1770）文锦堂刻本 2 3 139 511 541 590
2. 日本明和七年（1770）文锦堂刻嘉永元年（1848）京都书林林芳兵卫印本 139 511

08239 12678 **扁鹊传正解**一卷 1823
附阴阳论一卷
（日）中茎谦（旸谷）撰
日本文政六年（1823）岘斋刻本 2 3 7 139 590

08240 12058 **扁鹊志志**一卷 1830
（日）高村贞撰
日本知政馆刻本 139

08241 12679 **扁鹊传解**不分卷 1832
(日)石坂宗哲(廷玉、竽斋)撰
1. 日本天保三年(1832)刻本 139 476 590
2. 日本抄本 476

08242 12680 **扁鹊仓公传四种**四卷 1849
(日)丹波元坚(亦柔、茝庭)撰
子目:
(1)扁鹊仓公列传一卷 (西汉)司马迁撰
(2)扁鹊仓公传汇考一卷 (日)丹波元简撰
(3)扁鹊仓公传考异一卷 (日)堀川济撰
(4)扁鹊传备参一卷 (日)堀川济撰
日本嘉永三年(1850)存诚药室刻本 1 2 3 7 139 152 541 572 590 651 728A 781

08243 12681 **扁鹊仓公传汇考**一卷 1849
(日)丹波元简(廉夫、栎荫拙者)撰
1. 抄本 7 590
2. 见扁鹊仓公传四种

08244 12682 **扁鹊仓公传考异**一卷 1849
(日)堀川济(舟庵)撰
1. 日本嘉永三年(1850)存诚药室刻本(附扁鹊传备参一卷) 1
2. 见扁鹊仓公传四种

08245 12683 **扁鹊传备参**一卷 1849
(日)堀川济(舟庵)撰
见扁鹊仓公传四种

08246 12684 **扁鹊仓公传考证**不分卷 [1911]
(日)泷川龟太郎(资言、君山)撰
文寿昌抄本 462

08247 10723 **鬼臾区真君传**一卷 [1911]
著者佚名
清抄本 1

11.3.2.2 秦汉至隋

08248 12687 **华阳陶隐居内传**三卷 [1279]
(宋)贾嵩撰
见道藏精华录

08249 12688 **太极葛仙公传**三卷 [1644]
(明)谭嗣先撰
见(重刊)道藏辑要

08250 12689 **张仲景先生祠墓记**一卷 1823
又名医圣祠墓记
(日)冈田静安撰
日本文政六年(1823)养生堂刻本 139

08251 12690 **补张机传**一卷 1866
(清)陆懋修(九芝、勉旃、江左下工、林屋山人)撰
清抄本 589

11.3.2.3 唐宋元

08252 12694 **孙思邈传**一卷 [1124]
(宋)郭思(得之)辑
清嘉庆阳湖孙星衍刻本 302

08253 12695 **药王传**一卷 1890
著者佚名
清光绪十六年(1890)抄本 2

11.3.2.4 明清

08254 12698 **石山居士传**一卷 1523
附石山医案二卷、参芪论一卷
(明)李汛(彦夫)撰
抄本 590

08255 12699 **征士洄溪府君自序**一卷 1759
(清)徐大椿(灵胎、洄溪老人)撰
清洄溪草堂家刻本 139

08256 12700 **文学孝行陈府君传志铭诔杂记合编**一卷 1852
附行略及次子嘉甫传
(清)姚椿(諆樵) 沈曰富等撰
清刻本 139

08257 12701 **陆九芝采药第三图**一卷 1866
著者佚名
抄本 1

08258 12704 **傅青主先生年谱**一卷 1911
丁宝铨撰
1. 清宣统三年(1911)太原刻本 4C 4L 255
2. 抄本 541

08259 12703 **明史方技传**一卷 [1911]
(清)王鸿翥辑
清敬慎堂刻本 738B

08260 12705 **吴兴中医先正事略**不分卷 [1911]
(清)宋鞠舫编
稿本 738A

11.4 史料

08261 12715 **周官医职**一卷 ［200］
附医疾令
（汉）郑玄（康成）注
日本安政元年（1854）味经塾刻本 139

08262 12717 **神秘名医录**二卷 1077
（宋）党永年撰
明嘉靖三十二年（1553）西川成都府黄鲁曾刻本 139

08263 12718 **天养元年瓦版药师经**一卷 1144
（日释）严智撰
日本宽政十一年（1799）播州神西郡瑞云山常福寺出土瓦版拓本 139

08264 12719 **医说**十卷 1224
（宋）张杲（季明）撰
1. 宋刻本 7（元印有抄配） 651（清·黄丕烈、丁丙跋） TD（卷二补配嘉靖本）
2. 明嘉靖二十二年（1543）张子立湖广布政使司刻本 1 7 251 301 541 731
3. 明嘉靖二十三年（1544）上海顾定芳刻本 2 139 186 412B 421 475A 491 541 651 728A 851 911 TA
4. 明嘉靖二十五年（1546）沈藩刻本 3（残） 651
5. 明嘉靖二十九年（1550）应山傅凤翱刻本 651（黄丕烈、丁丙跋） 733
6. 明嘉靖刻本 1（附续医说十卷） 2 186（残）
7. 明万历十三年（1585）刻本 7 476 541
8. 明万历三十七年（1609）张尧德刻本 202（存卷一至五）
9. 明万历新安吴勉学校刻本 139 589 664 709（存卷一、五、七至九） 896A
10. 明吴中珩校刻本（附续医说十卷） 139 572 731
11. 明冯永治刻本 1（存卷一至四） 733
12. 明刻本 279（存卷一至七） 301 519 541 590（残） 664 701（存卷五、七至九）
13. 日本万治元年（1658）小岛弥平次玉村治左卫门刻本（附续医说十卷） 186 590 TA
14. 日本万治二年（1659）刻本 7 511 721
15. 清顺治十五年（1658）刻本 277（残）
16. 清宣统三年（1911）上海文明书局铅印本（附续医说十卷） 1 21 139 139A 152 186 202 289 301 308A 361 401 412A 434 461 514A 529A 541 572 590 664 677A 721 728 728A 734A（存卷三、四） 736 736A（存十六卷） 736B 738 738A 799A 839A 854 896A 907B 917A 931 940 944
17. 清抄本 251
18. 抄本 2 3 572
19. 日本抄本（影抄顾定芳本） TB
20. 见四库全书

08265 11968 **太医局诸科程文**九卷 ［1279］
（宋）何大任编 （清）四库全书馆辑
1. 清光绪四年（1878）钱塘丁丙当归草堂刻当归草堂医学丛书初编本 21 139 202 277 279 308A 362 590 733 733A 799A 907C 951
2. 清光绪三十一年（1905）上海六艺书局石印本 277 287 308A 391 475A 570 590 731 734 738A 740C 917A 931
3. 清宣统三年（1911）上海医学书局铅印本 139 303 391 590
4. 抄本 491 514A 590 651
5. 见四库全书
6. 见当归草堂医学丛书初编

08266 12894 **医家千字文注**一卷 1293
（日）惟宗时俊撰
1. 日本皇都钱屋惣四郎刻本 139
2. 日本刻本 590 651
3. 日本清水滨臣抄本 7

08267 12720 **官药局示谕**一卷 1348
（元）葛乾孙（可久）撰
见辨园医学六种

08268 12721 **医说钞方**十卷 1493
（明）史琳（天瑞）编
明弘治六年（1493）张凤刻本 1

08269 12722 **医说续编**十八卷 1493
（明）周恭（寅之、梅花主人）撰
明隆庆三年（1569）曹酌刻本 1（存卷三至十八） 139 541 651 TD

08270 12723 **续医说**十卷 1522
(明)俞弁(子容)撰
1. 明嘉靖十六年(1537)刻本 139
2. 抄本 139 572
3. 见医说(版本附录)

08271 12724 **方技传方**三卷 1573
物性志二卷
(明)邓元锡撰
1. 明万历元年(1573)刻函史本 9 851
2. 见函史

08272 12725 **陆氏遗书**一卷 1639
(明)陆岳(养愚)撰
见习医钤法

08273 12898 **月令考**一卷 1669
(清)莫熺(丹子、皋亭)撰
见莫氏锦囊十二种

08274 12899 **度量衡考**一卷 1729
(日)物茂卿(双松、徂徕先生)撰
日本享保十八年(1733)刻本 7 9 139

08275 12727 **御药房医书总档**不分卷 1767
(清)御药房编
清抄本 139

08276 12900 **善音堂药量考**一卷附录二卷 1770
(日)郇井杺(大年)撰
日本明和七年(1770)平安文泉堂刻本 7

08277 12902 **分量考略剂率**一卷 [1771]
(日)吉益为则(公言、东洞)撰
见张氏方函(附录)

08278 12728 **古书医言**四卷 1773
又名医方古言
(日)吉益为则(公言、东洞)撰
1. 日本文化二年(1805)爱鹅堂泰中主人抄本 7
2. 日本文化三年(1806)藤大信刻本 139
3. 日本文化十年(1813)晚成堂刻本 1 139 511 572 590
4. 日本元治元年(1864)晚成堂刻本 7
5. 日本节抄本 139 286

08279 12729 **医事古言**一卷 [1773]
(日)吉益为则(公言、东洞)撰
1. 日本文化二年(1805)长全馆刻本 1 572 590
2. 日本文化五年(1808)东都源信纲刻本 2

08280 12730 **医学院学范**三卷 1786
(日)畑柳安(惟和)撰
日本天明六年(1786)平安医学院刻本 541

08281 12731 **证治古言**二卷 1789
(日)江友益(江上友益)编
日本宽政元年(1789)抄本 541

08282 12903 **栎荫先生遗说**一卷 1792
(日)丹波元简(廉夫、栎荫拙者)撰
日本丹波元坚抄本 139

08283 12904 **考正古方权量说**一卷 [1792]
(清)王丙(绳林、绳孙、朴庄)撰
1. 清抄本 7 139
2. 见伤寒论注(版本附录,王丙撰)

08284 12905 **古方分量考**一卷 1793
(日)平井源贞赖撰 立花贞庵校
1. 日本宽政七年(1795)浪花书肆积玉圃刻本 139
2. 抄本 738B

08285 12732 **处阴杂志**一卷 1804
(日)饭贞密退生述
日本文化元年(1804)刻本 731

08286 12921 **医方古言**一卷 [1813]
(日)吉益为则(公言、东洞)撰
日本抄本 139

08287 00000 **宋重医药表**一卷 [1815]
(日)小岛质撰
日本抄本 TB

08288 00000 **太医院考本**不分卷 [1823]
著者佚名
清道光三年(1823)抄本 203

08289 12734 **国史医言抄**四卷 1852
(日)吉田维通(宪德)撰
日本嘉永五年(1852)若山屋茂助等刻本 3 511

08290 12735 **医余**不分卷 1863
(日)尾台逸(榕堂、士超)撰
日本文久三年(1863)江都玉山堂刻本 1 3 152 277 570 651

08291 12914 **医事问答**一卷 1864
(日)今郇亮(衹卿、了庵)撰
日本庆应元年(1865)刻本 139 651

08292 12736 **清宫处方记录簿**不分卷 [1874]
清太医院录

稿本 139

08293 / 11509 **北行日记**一卷 1880
(清)薛宝田(莘农)撰
清光绪六年(1880)刻本 1 4C 4F 139 251 362 393 455 461 491 542 590 709 831

08294 / 12737 **纪恩录**一卷 1892
(清)马文植(培之)撰
清光绪十八年(1892)刻本 139 277 541 590 664 706

08295 / 12738 **周礼医官详说**一卷 1893
(清)顾成章(咏植)撰
清光绪十九年(1893)上海申报馆铅印本 139 541 590 664

08296 / 12745 **东西医法汇录**一卷 1911
(清)潘学祖编
见中西医学全书(羊城医学会辑)

08297 / 12746 **奉天万国鼠疫研究会始末**一卷 1911
陈垣编纂
清宣统三年(1911)广州光华医社铅印本 1

08298 / 12747 **防疫纪实**四卷 1911
又名直隶省城办理临时防疫记实
(清)延龄辑
清宣统三年(1911)日新排印局铅印本 1

08299 / 12748 **卖药记**一卷 1911
(清)姚晋圻撰
稿本 541

08300 / 12751 **甘肃官医戒烟局试办章程**一卷 [1911]
甘肃官立医学馆试办章程一卷
(清)甘肃戒烟局撰
清末官报书局铅印本 1

08301 / 12752 **便览偶抄**一卷 [1911]
著者佚名
抄本 738

11.5 书目索引表谱

08302 / 12814 **医藏书目**一卷 1618
(明)殷仲春(方叔、东皋子)编
1. 明崇祯刻本 139 541
2. 清顺治十三年(1656)殷观国刻本 139
3. 清抄本 139
4. 抄本 1 572 907C

08303 / 12815 **东都官库医籍目录**一卷 1723
(日)服活斋 服敬之合编
日本享保八年(1723)抄本 139

08304 / 00000 **医林大观书目**一卷 1739
(清)改师立(莲洲)撰
清抄本 570

08305 / 12817 **医官玄稿**三卷 1752
(日)望月三英(鹿门)撰
1. 日本宝历三年(1753)苏岭山刻本 139 185 251 270 286 308 308A 391 514A 521 541 590 651 664 677A 721 728A 731 738B 901 917A 940
2. 日本明和三年(1766)京都书林直村藤右卫门刻本 1 7

08306 / 12818 **兰溪平言聿修堂架藏记**一卷 1778
(日)丹波元简(廉夫、栎荫拙者)撰
稿本 139

08307 / 12819 **聿修堂读书记**一卷 [1778]
(日)丹波元简(廉夫、栎荫拙者)编
抄本 2 139

08308 / 12820 **聿修堂藏书目录**一卷 1795
(日)丹波元简(廉夫、栎荫拙者)编
日本抄本 139

08309 / 12821 **商舶载来医家书目**一卷 [1795]
(日)向井富编
日本抄本 139

08310 / 12822 **医籍考**二卷 [1818]
(日)穗积熙编
日本文政元年(1818)抄本 1

08311 / 00000 **医书目略**三卷 [1820]
著者佚名
清抄本 286 475A

08312 / 12827 **医学读书志**二卷附志一卷 1852
(清)曹禾(畸庵)撰
1. 清咸丰二年(1852)武进曹禾刻双梧书屋医书四种本 139 541 572 677A(存下卷)
2. 清光绪九年(1883)章同寿抄本 1
3. 抄本 2 475A 590
4. 见双梧书屋医书四种

08313 / 12828 **仙台医学校所藏图书目录**一卷 1860
(日)紫田氏等编

1. 日本万延元年(1860)抄本 139
2. 日本浅妻屋书店影印本 572

08314 12829 **近代名家医书著述目录**一卷 [1860]
著者佚名
日本浅妻屋书店影印本 572

08315 12830 **(元治增补)医家书籍目录**一卷 1864
(日)渥见忠笃撰
日本抄本 139

08316 12831 **杂病广要采摭书目**一卷 1864
(日)森养真(约之)编
日本元治元年(1864)抄本 139

08317 12832 **存诚药室本邦医书目**一卷 1865
(日)森养真(约之)编
日本庆应元年(1865)抄本 139

08318 12833 **崇兰馆医书目**一卷 1866
(日)森立之(立夫、枳园)编
日本庆应二年(1866)抄本 139

08319 12834 **神传医方秘藏书目**一卷 1868
著者佚名
日本浅妻屋书店影印本 572

08320 12835 **佚名目录便览**一卷 [1875]
著者佚名
清抄本 139

08321 12836 **跻寿馆医籍备考**不分卷 1877
(日)高岛久也(祐启) 冈田元矩(昌春)合撰
日本明治十年(1877)铅印本 139

08322 12837 **汉洋病名对照录**一卷 1882
(日)落合泰藏撰
1. 日本明治十七年(1884)自适堂刻本 139 289 475A 476 590
2. 日本明治二十一年(1888)自适堂落河铅印本 514A

08323 12838 **医语类编**一卷 1882
(日)户塚卷藏编
日本明治十六年(1883)刻本 3

08324 12839 **医学读书规**一卷 1883
附勿误药室学规
(日)浅田惟常(栗园、宗伯)撰
见学医规则等六种

08325 12840 **学医规则等六种**十卷 [1883]
(日)浅田氏等撰
子目:
(1)医学读书规附勿误药室学规 (日)浅田惟常撰
(2)诊病治病诀附立法治疗书引、内外科病目 (日)河野通定撰
(3)医学心得方大略、医学修业次序(日文) (日)高桥宗翰撰
(4)栗园医训五十五则(日文) (日)浅田惟常述
(5)和汉医学讲习所教学规则(日文) (日)温知社编
(6)东洋医法保存论(日文) 著者佚名
稿本 139

08326 12978 **医林字典**一卷 1886
(清)王廷钰(西岑)编
见正谊堂医书

08327 12842 **中外病名对照表**一卷 1909
徐勤业编译
1. 清宣统元年(1909)上海科学书局铅印本 931
2. 上海焕文书局铅印本 1 21 854

08328 12843 **历代医学书目提要**不分卷 1910
丁福保(仲祜、畴隐居士)编
清宣统二年(1910)文明书局铅印本 301 572 651 731 852

08329 12844 **钦定四库全书总目提要医家类**不分卷 1911
中西医学研究会编
清宣统三年(1911)上海文明书局铅印本 279 590

08330 12845 **大德重校圣济总录目录**一卷 [1911]
著者佚名
清抄本 476

08331 00000 **周氏医学丛书序例汇抄** [1911]
辑者佚名
清抄本 362

08332 00000 **聿修堂医学丛书序例汇抄**一卷 [1911]
辑者佚名
清抄本 362

12 丛书

12.1 中医丛书

08333
13097
(新刊)仁斋直指四十卷　1264
又名万病回生仁斋直指
(宋)杨士瀛(登父、仁斋)撰　(明)朱崇正(宗儒、惠斋)补遗
子目:
(1)(新刊)仁斋直指附遗方论二十六卷
(2)(新刊)医脉真经二卷药象二卷
(3)(新刊)伤寒类书活人总括七卷
(4)(新刊)仁斋直指小儿附遗方论五卷
1. 元环溪书院刻本　1(存医脉真经一卷)　541
2. 明嘉靖二十九年(1550)朱崇正刻本(明朱崇正附遗)　1　3　7　139(存一、三、四种)　401(存仁斋直指附遗方论卷二十三至二十六)　444　541　590　709(缺仁斋直指附遗方论卷二十六)　731(存小儿附遗方论卷一至四)　733(存仁斋直指附遗方论卷十至十八)　746A(残)　831(存仁斋直指附遗方论卷一至二十五、医脉真经卷一药象卷一、伤寒类书活人总括七卷、小儿附遗方论卷二至五)　TA　TB
3. 明末书林熊咸初刻本　1　461(清·罗振玉跋、日·丹波元简、涩江全善题记)　738B
4. 明刻本　1(缺附遗方论二十六卷)　279(存二卷)　651(清·丁丙跋)
5. 清抄本　152　701(缺小儿附遗方论五卷)　738A
6. 日本抄本　1　3

08334
13098
济生拔粹十九卷　1308
(元)杜思敬(亨甫、宝善老人)编
子目:
(1)针经节要一卷　(元)杜思敬节抄
(2)云岐子论经络迎随补泻法一卷　(元)张璧撰
(3)窦太师流注指要赋一卷　(金)窦杰撰
(4)针经摘英集一卷
(5)云岐子七表八里九道脉诀论并治法一卷　(元)张璧撰
(6)洁古老人珍珠囊一卷　(金)张元素撰
(7)医学发明一卷　(元)李杲撰
(8)脾胃论一卷　(元)李杲撰
(9)洁古家珍一卷　(金)张元素撰
(10)海藏老人此事难知一卷　(元)王好古撰
(11)医垒元戎一卷　(元)王好古撰
(12)阴证略例一卷　(元)王好古撰
(13)云岐子保命集论类要二卷　(元)张璧撰
(14)海藏瘢论萃英一卷　(元)王好古撰
(15)田氏保婴集一卷　(元)田氏撰
(16)兰室秘藏一卷　(元)李杲撰
(17)活法机要一卷　(元)李杲撰
(18)卫生宝鉴一卷　(元)罗天益撰
(19)杂类名方一卷　(元)杜思敬编
1. 元延祐二年(1315)刻本　1(存卷三至七、九至十三、十七至十九)　1(存卷一至六、十一至十九)　7　831　872(存医学发明、活法机要)
2. 元至正元年(1341)真定白榆刻本　TA(存卷一至六)
3. 日本森立之影元抄本　3
4. 自适斋抄本　2

08335
13099
刘河间伤寒三书二十卷　[1368]
(金)刘完素(守真、河间居士、通玄处士)撰
子目:
(1)黄帝素问宣明论方十五卷　(金)刘完素撰
(2)(新刊)注释素问玄机原病式二卷　(金)刘完素撰　(元)薛时平注
(3)素问病机气宜保命集三卷　(金)刘完素撰
1. 明万历十三年(1585)王来贤钱楷等刻本　651
2. 明万历十三年(1585)金陵吴谏怀德堂刻清康熙步月楼重修本　139　251　277

279 361 381 412A 412B 514A 522 529B 541 542 572 590 664 709 734A 738 831 871 911 921 926A 931 939 940

3. 明万历十三年(1585)金陵吴谏怀德堂刻清康熙步月楼清同德堂递修本 280 287 301 308A 361 381 412A 412B 475A 590 706 940

4. 明万历十三年(1585)金陵吴谏怀德堂刻明清递修本 361 393 461(存后二种) 492 529B 542 590 736(存一种) 740A 740C(残)

5. 清宣统元年(1909)上海千顷堂书局石印本 21 139 186 202 254 277 279 281A 286 287 289 308 308A 385A 393 412A 412B 421 433A 435 450 475A 476 523 529A 546 570 590 664 665 677A 702 708 709 721 728A 733 734 734A 736 736C 737 738 740J 799A 839A 852 871 896A 907B 907C 911 917A 921 926A 940

6. 清刻本 186 285 288 289(存后两种五卷) 308A 311 391 435 461 514A 590 651 664 677A 706 709 728A 732 733A 734A(残) 735 735A 740B 741(残) 907B 911 917A 931 940(残)

08336
13100
刘河间医学六书二十五卷 [1373]
附二种二卷
(金)刘完素(守真、河间居士、通玄处士)等撰

子目:

(1)黄帝素问宣明论方十五卷 (金)刘完素撰
(2)素问玄机原病式一卷 (金)刘完素撰
(3)素问病机气宜保命集三卷 (金)刘完素撰
(4)伤寒直格论方三卷 (金)刘完素撰
(5)伤寒标本心法类萃二卷 (金)刘完素撰
(6)刘河间伤寒医鉴一卷 (元)马宗素撰
附:
①伤寒心要一卷 (明)镏洪编
②张子和伤寒心镜别集一卷 (金)张从正撰 常德编

1. 明万历二十九年(1601)新安吴勉学刻清康熙步月楼重修本 1 139 186 203 251 277 279 286 289 302 308A 401 433 461 475A 491(存第一、二、五种) 511 529A 542(有配补) 570 590 664 709 728A 731 734 734A(存十卷) 800 831 852 891 907C 926A 939

2. 明万历二十九年(1601)新安吴勉学刻清康熙步月楼同德堂递修本 139 286 301 308 308A 361 393 412A 417 491 522 529A 590 926A 940

3. 明万历十三年(1585)金陵吴谏怀德堂二十九年(1601)新安吴勉学刻清康熙步月楼同德堂等递修本 285 308A 391 401 475A 572

4. 清宣统元年(1909)上海千顷堂书局石印本(题刘河间伤寒六书) 21 139(残) 186 202 254 277 279 281A 287 289 308A 361 393 421 433A 435 450 475A 476 491 529A 541 570 572 590 665(缺论方、心镜) 677A 702 709 721 728A 731 733 733A 734A 737(存二种) 738 740J 799A 839A 852 871 896A 907B 907C 917A 921 926A 940

5. 清刻本 3(残) 140 186 202 203 285 288 308A(缺二) 361(缺一种) 381 391 393 396 401 432 435 511 514A 590 651 664 677A 706 709 728A 734 736 738B 740A(残) 740C(残) 741(残) 743(残) 851 907B 911 917A 931 940

08337
13101
青囊杂纂九卷 1459
(明)邵以正(通妙真人)编

子目:

(1)仙修外科集验方一卷
(2)秘传经验方一卷
(3)仙授理伤续断秘方一卷 (唐)蔺道人撰
(4)上清紫庭追痨仙方一卷 著者佚名
(5)秘传外科方一卷
(6)济急仙方一卷
(7)小儿方一卷

(8)徐氏胎产方一卷
(9)仙传济阴方一卷
1. 明弘治崇德堂刻本　139　541（存六种）　570（存济急仙方一卷、仙传济阴方一卷）　651（残）
2. 清抄本　590

08338
13109
东垣十书十九卷　［1508］
又名医学十书
辑者佚名
子目：
(1)脉诀一卷　（宋）崔嘉彦撰
(2)局方发挥一卷　（元）朱震亨撰
(3)脾胃论三卷　（金）李杲撰
(4)格致余论一卷　（元）朱震亨撰
(5)兰室秘藏三卷　（金）李杲撰
(6)内外伤辨惑论三卷　（金）李杲撰
(7)此事难知二卷　（元）王好古撰
(8)汤液本草二卷　（元）王好古撰
(9)医经溯洄集一卷　（元）王履撰
(10)外科精义二卷　（元）齐德之撰
1. 明嘉靖八年（1529）辽藩朱宠瀼梅南书屋刻本　1（无附录）　2（存二种）　139　185　186　301（残）　421（残）　462（残）　541（存九种）　590　651（清·丁丙跋、存七种）　709　721　733（存三种）　852　TD（有抄配）
2. 明嘉靖十七年（1538）詹氏进贤书堂刻本（二十卷）　521
3. 明万历十一年（1583）书林周曰校刻本（二十卷）　461　716　TA
4. 明万历十一年（1583）书林周曰校刻周庭槐印本　139
5. 明万历十一年（1583）书林周曰校刻周希旦重修本　139
6. 明万历十一年（1583）书林周曰校刻尊古堂递修本　139
7. 明万历二十九年（1601）新安吴勉学刻步月楼印本（二十卷，附医垒元戎一卷、瘫论萃英一卷）　139　285　289　314　361　383　393　396　417　461　521　541　590　664　666　728A　733（存七种）　734　831　907C
8. 明万历二十九年（1601）新安吴勉学刻敦化堂重修本（二十卷，附医垒元戎一卷、瘫论萃英一卷）　139　186　202　277　289　308A　361　381　401　412A　476　491　514A　522　590　731　831
9. 明书林杨懋卿刻本（三十二卷）　1　2　7　139
10. 明末清初吴门书林德馨堂刻本（三十二卷）　308A　361　401　475A　651　709　901
11. 明刻本　3　7　254　277　279　308A　391　401　434　450　511　514B　529A　572　590　707　722　728A　852　891　921
12. 明万历二十九年（1601）新安吴勉学刻清初金陵蕴古堂印本（二十卷，附医垒元戎一卷、瘫论萃英一卷）　139　896A
13. 日本万治元年（1658）武村市兵卫刻本（据明书林杨懋卿刻本，三十二卷）　1　2（残）　139　TA
14. 清乾隆五十二年（1787）朱宗镜节抄本　521
15. 日本万治元年（1658）武村市兵卫刻宽政（1789—1800）阪府书林重修本　541
16. 清光绪七年（1881）羊城云林阁刻本　1　139　139A　186　202　203　251　277　279　286　289　301　303　308　308A　391　393　432　433A　463　475A　529A　541　572　579　589　590　664　701　709　721　732　734A　736B　737A　738A　738B　740A　743　781　799A　800　839A　851　852D　891（残）　896A　907B　911　931　940　943
17. 清光绪三十四年（1908）成都肇经堂刻本　1　139　203　361　476　541　546　715　799A　852F　871　877　907B　907C
18. 清光绪上海文盛书局石印本　1　139　152　203　251　279　289　301　308A　412A　412B　421　529A　570　572　590　664　677A　728A　733　734A　735　737　738B　741　746　799A　839　854　896A　907B　907C　917A　939　940
19. 清末文奎堂刻本　139　140　186　202　203　279　280　286　287　308　308A　351　361　362　393　401　412A　432

433A 435 461 475A（残） 514B 529A 529B 542 546 572 664 677A 712 728 728A 728B（缺汤液本草卷上）731 736（存三种） 737 799A 839A 852 901 907B 926A 931 939 944

20. 清萃华堂刻本 139 140 186 202 280 301 308A 351 361 381 401 412A 421 514A 521 664 706 709 799A 896A 940

21. 清刻本 1（无附录） 7（无附录） 139 203 279 280 301 302 363（存六种） 393 401 412A（无附录） 436 476 522 664 721（无附录） 728A 734 734A 735 736（存九种） 736B 739C 831（无附录） 851（无附录） 852 852A 901（无附录） 907C 917A（残） 951

22. 朝鲜刻本 7 186 462 651

23. 日本京师山本长兵卫刻本 514A

24. 日本刻本 3 139 462

08339 13102 **刘氏四种**五卷 1509

又名明刊医书四种

（明）刘全备（宝善、克用）等撰

子目：

（1）病机赋一卷 （明）刘全备撰

（2）药性赋一卷 （明）刘全备撰

（3）伤寒琐言一卷 （明）陶华撰

（4）便产须知二卷 （明）颜汉撰

明正德四年（1509）刻本 139

08340 13103 **图注难经脉诀**八卷 1510

附附方一卷奇经考一卷

又名图注难经脉诀全集

（明）张世贤（天成、静斋）图注

子目：

（1）图注八十一难经辨真四卷

（2）图注脉诀辨真四卷

1. 明万历三十四年（1606）陈耀吾存德堂刻本 590

2. 明万历大樑周氏光霁堂刻本 1

3. 明冯翥刻本（附奇经八脉考一卷、濒湖脉学一卷、脉诀考证一卷） 7 140

4. 明善成堂刻本 288

5. 明刻本 3 139 289（存五卷） 541 728A

6. 清康熙二十二年（1683）禅山英文堂刻本 907B

7. 清康熙三十九年（1700）光启堂刻本 280 301 738A

8. 清雍正十年（1732）会贤明德堂刻本 701

9. 清乾隆十六年（1751）西山堂刻本 139 301 702 712 731（残）

10. 清乾隆三十三年（1768）刻本 911

11. 清乾隆三十四年（1769）西山堂刻本 301 412A

12. 清乾隆四十五年（1780）武林万卷堂刻本 139 279 590 731

13. 清乾隆四十五年（1780）武林万卷堂刻正业堂印本 734A（存难经辨真卷一、二、脉诀辨真卷一、二）

14. 清乾隆四十五年（1780）柳碧梧斋刻本 361 475A

15. 清乾隆五十一年（1786）张青万汪斗南刻本 715

16. 清乾隆怀德堂刻本（附奇经八脉考一卷脉诀考证一卷濒湖脉学一卷） 1 308 381 401 664

17. 清嘉庆七年（1802）经国堂刻本 308A 351 831

18. 清嘉庆十二年（1807）裕文堂刻本 361

19. 清嘉庆十二年（1807）古吴三余堂校刻本 288 514A

20. 清嘉庆二十二年（1817）刻本 529A

21. 清嘉庆金阊桐石山房刻本 308A 381 590

22. 清道光三年（1823）崇顺堂刻本 139 401 781

23. 清道光三年（1823）成都藜照书屋刻本 852

24. 清道光二十八年（1848）信元堂刻本 466

25. 清咸丰八年（1858）无锡日升山房刻本 186 433 529A

26. 清同治五年（1866）全茂堂刻本 308 851 907C

27. 清同治天宫堂刻本 541

28. 清光绪五年（1879）扫叶山房刻本 3 139 140 202 277 279 301 308 381 385 391 412A 475A 476 529A

529B 541 572 590 677A 709 715 728 728A 839A 896A 922 940

29. 清光绪八年(1882)京都文蔚堂刻本 140 277 280 412B 529A 831
30. 清光绪九年(1883)宝兴堂刻本 285 288 308A 385A 391 511 529A 715
31. 清光绪十五年(1889)京都泰山堂刻本 202 251 285 303 366 491 529A 728A
32. 清光绪十五年(1889)京都文成堂刻本 1 139 202 286 287 351 365 521 783
33. 清光绪十六年(1890)同元堂刻本 140 288(有抄配) 401
34. 清光绪二十二年(1896)冯氏三义堂刻本 301
35. 清光绪二十二年(1896)惠文堂刻本 302
36. 清光绪二十五年(1899)上海书局石印本 9 461 734A
37. 清光绪二十七年(1901)上海焕文书局石印本 493 707
38. 清光绪二十九年(1903)有益堂刻本 308A 351 364 364A
39. 清光绪三十年(1904)成文堂刻本 308 393 412A
40. 清光绪三十一年(1905)上海日新书局石印本 351 707 915 931
41. 清光绪三十一年(1905)扫叶山房刻本 511 514A
42. 清光绪三十二年(1906)上海章福记书局石印本 203 303 438 529A 664 852 931
43. 清光绪浙江亦西斋刻本 308A 421 521 541 570 734A(存卷一至四) 735A 736 738A 740B 922
44. 清宣统元年(1909)上海图书集成印书局铅印本 301 734A
45. 清宣统二年(1910)上海茂记书庄石印本 436 461 466 514A 524 799A 891 917A
46. 清宣统三年(1911)书业德记刻本 302
47. 清宏德堂刻本 145
48. 清书业堂刻本 139 301 308A 315 361 381 462 514A 529A 664 907C
49. 清文渊堂刻本 308A 393
50. 清文华堂刻本 907C
51. 清四明江左书林刻本 1 139 277 309 381 664
52. 清文瑞堂刻本 139 277 351 421
53. 清光霁堂刻本 1 139 351
54. 清藻思堂刻本 139
55. 清校经山房刻本 203 476 529A
56. 清扬州文枢堂刻本 529A
57. 清文光堂刻本 664 931
58. 清三元堂刻本 139 288 475A 590
59. 清姑苏扫叶永记书庄刻本 139 289 572 590
60. 清同元堂刻本 288(有抄配)
61. 清姑苏绿荫堂刻本 421
62. 清姑苏绿荫堂刻文瑞楼印本 277 514A 570 740D 891
63. 清庆云楼刻本 308A
64. 清山艺堂刻本 741
65. 清文富堂刻本 743
66. 清崇文堂刻本 1
67. 清同文会刻本 351 746A
68. 清友于堂刻本 664
69. 清灵兰堂刻本 412B
70. 清刻本 1 2 3 139 203 252 288 311 391 414 541 701 714 721 734 734A 735 737 738A 738E 740B 911 926A 940

08341/13104 **平阳府所刻医书六种**二十卷 1515

辑者佚名

子目:

(1)新刊铜人针灸经七卷 (宋)王惟一撰
(2)新编西方子明堂灸经八卷 原题·西方子撰
(3)新刊华佗玄门脉诀内照图一卷 原题(魏)华佗撰
(4)养生导引法一卷 著者佚名
(5)锦身机要二卷 混沌子撰 鲁志刚注
(6)修真秘要一卷 (明)王桀霄传

明嘉靖万历间山西平阳府刻本 139 289(存第一、二种)

08342/13105 **石山医案**三十卷 1519

又名汪氏医学丛书、汪石山医书、石山医案八种

（明）汪机（省之、石山居士）等撰

子目：

（1）脉诀刊误集解二卷附录二卷 （元）戴起宗撰 （明）汪机补订

（2）石山医案三卷附录一卷 （明）汪机撰

（3）读素问钞四卷 （元）滑寿编 （明）汪机续注

（4）运气易览三卷 （明）汪机编

（5）针灸问对三卷 （明）汪机编

（6）外科理例七卷附方一卷 （明）汪机编

（7）痘治理辨一卷附方一卷 （明）汪机编

（8）推求师意二卷 （明）戴思恭撰 汪机编

明嘉靖十年至二十年（1531—1541）崇祯六年（1633）刻明清递修清初祁门朴墅汇印本 2（存七种） 3 6 7（存七种） 21 139 139A 152 202 203 279 280 289（存二、五至八种） 308A 311 361（存二至八种） 385A（残） 396 475A（存二至七种） 529A 541 542 590 651 664 716 721（残） 732（存一种） 733（存四种） 734A（残） 738A 738B 781 851（存七种） 871 939 940（存二至八种）

08343/13106 **薛氏医按二十四种**一百零七卷 1529

又名薛院判医案二十四种、薛院判医书二十四种、薛立斋医案全集

（明）吴琯（玄有）辑

子目：

（1）十四经发挥三卷 （元）滑寿撰

（2）难经本义二卷 （元）滑寿注

（3）本草发挥四卷 （明）徐彦纯编

（4）平治会萃三卷 （元）朱震亨撰

（5）内科摘要二卷 （明）薛己撰

（6）明医杂著六卷 （明）王纶编 薛己注

（7）伤寒钤法一卷 （元）马宗素撰

（8）外科金镜录一卷 （明）薛己订

（9）原机启微二卷附一卷 （元）倪维德撰

（10）保婴撮要二十卷 （明）薛铠编

（11）钱氏小儿药证直诀四卷 （宋）钱乙撰 （明）薛己注

（12）陈氏小儿痘疹方论一卷 （宋）陈文中撰 （明）薛己注

（13）保婴金镜录一卷 （宋）钱乙撰 （明）薛己注

（14）妇人良方二十四卷 （宋）陈自明撰 （明）薛己注

（15）女科撮要二卷 （宋）陈自明编 （明）薛己注

（16）外科发挥八卷 （宋）陈自明编 （明）薛己注

（17）外科心法七卷 （宋）陈自明撰 （明）薛己注

（18）外科枢要四卷 （宋）陈自明编 （明）薛己注

（19）痈疽神秘验方 （明）陶华编

（20）外科经验方 （明）薛己撰

（21）外科精要三卷 （宋）陈自明撰 （明）薛己注

（22）正体类要二卷 （明）薛己撰

（23）口齿类要 （明）薛己撰

（24）疠疡机要三卷 （明）薛己撰

1. 明万历刻本 7 21 270 443（存七种） 464（残） 522（残） 529A 542 546 651 731 733 734A（存三种） 735A 737（存一种） 831 852 940（残）
2. 明刻本 1 186 286 308A 366 391（存三种） 412B 514B 579（残） 589 590（残） 651 677A 709 721 733（存一种） 737 738B 740B 741 839A 852（存六种） 891（存六种） 901 907B 931 939 940（残）
3. 明万历刻明末清初古吴陈长卿印本 2 202（残） 361 541 542 731 831
4. 明万历刻清聚锦堂印本 139 251 277 279（第九种残） 579 664 731 738
5. 清嘉庆十四年（1809）书业堂刻本 1 3 139 252 277 279（第十四种残） 285 289 301 351 365 381 491 511 514A 529A 572 579 589 590 677A 715 728A 728B 737 781 831 873 891 907C
6. 清道光东溪堂刻本 139 412A 461 541 677A 852A 931（清·姚衡批校并跋）
7. 清光华堂刻本 140 351 401 412A 421
8. 清光华堂刻裕元堂印本 393 432 852
9. 清光华堂刻两仪堂印本 21 203 287 476 734
10. 清光华堂刻渔古山房印本 3 139 186 308A 351 361 385A 514B 570 734A（残） 736（存一种） 740 742A（存十二卷） 839 926A 931

11. 清光华堂刻味经堂印本　139　831
12. 清养生堂刻本　514A
13. 清末上海焕文书局石印本　202　280　289　303　361　381　391　412A　475A　664　702　728A　739　799　854　896A　931
14. 清刻本　3　139　152　203　279　289　303（残）　366　401　421　491　590　702　721（残）　734A（存一种）　736（存一种）　738B（残）　740A　741　831　839A　901　939

08344 13107 **薛氏医按十六种**七十八卷　1529

又名薛氏全书、薛立斋医书十六种、薛氏医书

（明）薛己（新甫、立斋）等撰

子目：

（1）妇人良方大全二十四卷　（宋）陈自明撰　（明）薛己注
（2）保婴撮要二十卷　（明）薛铠编
（3）明医杂著六卷　（明）王纶编　薛己注
（4）外科精要三卷　（宋）陈自明编　（明）薛己注
（5）外科枢要四卷　（明）薛己撰
（6）钱氏小儿药证直诀四卷　（宋）钱乙撰　（明）薛己注
（7）原机启微三卷　（元）倪维德撰
（8）内科摘要二卷　（明）薛己撰
（9）女科撮要二卷　（明）薛己注
（10）疠疡机要三卷　（明）薛己撰
（11）正体类要二卷　（明）薛己撰
（12）陈氏小儿痘疹方论一卷　（宋）陈文中撰　（明）薛己注
（13）保婴粹要一卷　（明）薛己撰
（14）口齿类要一卷　（明）薛己撰
（15）保婴金镜录一卷　（明）薛己注
（16）敖氏伤寒金镜录一卷　（元）杜本编

1. 明崇祯元年（1628）朱明刻本　301（残）　546　590　651　733　734（存二种）　736（存十四种）　737（存九种）　740A（存一种）
2. 日本承应三年（1654）武村市兵卫刻本（题薛氏医书十六种）　731　TA
3. 明嘉靖二十五年至隆庆五年（1546—1571）王谏议范庆沈谧等刻隆庆五年（1571）沈启原增刻沈茂仁重修清顺治十五年（1658）槜李朱茂时鹤州草堂递修本　186　514A
4. 明崇祯元年（1628）朱明刻清乾隆嘉庆间博古堂印本　308A　541
5. 清刻本　3（存九种）　736C　740B　854（存九种）
6. 见四库全书

08345 13108 **家居医录十七卷**　1529

（明）薛己（新甫、立斋）撰

子目：

（1）内科摘要二卷　（明）薛己撰
（2）女科撮要二卷　（明）薛己注
（3）钱氏小儿药证直诀校注四卷　（明）薛铠注
（4）正体类要二卷　（明）薛己撰
（5）疠疡机要三卷　（明）薛己撰
（6）陈氏小儿痘疹方论一卷　（宋）陈文中撰　（明）薛己注
（7）保婴金镜录一卷　（宋）钱乙撰　（明）薛己注
（8）口齿类要一卷　（明）薛己撰
（9）保婴粹要一卷　（明）薛己撰

1. 明嘉靖刻本　1（存三、九）　21（存四、六）　139（存一、二）　391（存三、六、七）　529（残）　590（存三至八种）　733（存七种）
2. 明嘉靖刻清重修本　2（存四种）

08346 13110 **体仁汇编**六卷　1544

（明）彭用光撰

子目：

（1）太素运气脉诀二卷
（2）王叔和脉诀一卷
（3）十二经络脏腑病情药性一卷
（4）试效要方并论二卷

1. 明嘉靖二十三年（1544）蔡经刻本　541
2. 明嘉靖二十八年（1549）应山傅凤翔体仁堂刻本　139（存卷一至五）　277（存卷一、五）　280　664（存卷一）　733（存卷六）　736（存卷一）　TD
3. 明嘉靖二十八年（1549）应山傅凤翔体仁堂刻万历三十二年（1604）平湖陆长庚重修本　1　541
4. 明万历三年（1575）金陵唐锦池刻本（十卷）　7　139　277（缺卷八）　541　734A　735　TA

08347 **医学六经**六十八卷 1550
13111 （明）顾从德（汝修）编
子目：
（1）重广补注黄帝内经素问二十四卷 （唐）王冰注
（2）黄帝素问灵枢经十二卷 （宋）史崧音释
（3）针灸甲乙经十二卷 （晋）皇甫谧编
（4）难经本义二卷 （元）滑寿注
（5）脉经十卷 （晋）王熙撰
（6）华先生中藏经八卷 （汉）华佗撰
明万历二十九年（1601）新安吴勉学刻涵远斋印本 1（存一、二、三、六） 590

08348 **东垣十书**十三卷 1568
00000 （明）曹酌辑
子目：
（1）洁古家珍一卷 （金）张元素撰
（2）云岐子脉一卷 （元）张璧撰
（3）云岐子保命集二卷 （元）张璧撰
（4）脾胃论一卷 （金）李杲撰
（5）医学发明一卷 （金）李杲撰
（6）活法机要一卷 （元）朱震亨撰
（7）医垒元戎一卷 （元）王好古撰
（8）此事难知一卷 （元）王好古撰
（9）阴证略例一卷 （元）王好古撰
（10）瘫论萃英一卷 （元）王好古撰
（11）兰室秘藏一卷 （金）李杲撰
（12）田氏保婴集一卷 著者佚名
明隆庆二年（1568）曹酌刻本 570 907C

08349 **医学统宗**八卷 1569
13112 （明）何柬（文选、一阳子）编
子目：
（1）难经本义补遗二卷 （明）何柬撰
（2）治病针法一卷 （明）何柬撰
（3）诊家枢要一卷 （元）滑寿撰 （明）何柬述
（4）医书大略统体一卷
（5）攖宁生卮言一卷 （明）何柬辑
（6）杂录一卷 （明）何柬辑
（7）试方一卷 （明）何柬撰
明刻本 664（存五至七）

08350 **合刻二种医书**五十八卷 ［1578］
13026 （明）李维桢（本宁、大泌山人）编
子目：
（1）玉机微义五十卷 （明）徐用诚撰 刘纯续增
（2）医学正传八卷 （明）虞抟撰
明万历浙江布政司刻本 7 139 541

08351 **万密斋医学全书**一百零八卷 ［1579］
13113 又名万氏全书、万密斋医书十种、万密斋医学全书十种、万密斋书
（明）万全（密斋）撰
子目：
（1）保命歌括三十五卷
（2）伤寒摘锦二卷
（3）养生四要五卷
（4）万氏女科三卷
（5）幼科发挥二卷
（6）片玉心书五卷
（7）育婴秘诀四卷
（8）痘疹心法二十三卷
（9）片玉痘疹十三卷
（10）广嗣纪要十六卷
1. 清顺治十一年至十六年（1654—1659）罗田万达刻本 139（存第五至七、九种）
2. 清康熙五十一年（1712）汉阳张坦议视履堂刻本 21 202 511（残） 514A 570 590 651 677A 781 839A
3. 清雍正二年（1724）金溪胡略清畏堂刻本（书口题敷文堂） 3 186 572 589
4. 清雍正二年（1724）金溪胡略清畏堂刻乾隆六年（1741）同人堂印本 139 279 301 364A 541 542 728B 737 781 791 873 939 940
5. 清末忠信堂刻本 139 251 270 277（残） 279 289（存八种） 301 308A（残） 361（残） 514A 738A 799A 871（残）
6. 清刻本 139A 277 308A（存第五至第九种） 738B 896A
7. 日本抄本 590

08352 **医家萃览**□□卷 ［1592］
13115 （明）胡文焕（德甫、全庵、抱琴居士）编
子目：
（1）素问心得二卷
（2）灵枢心得二卷
（3）新刻脉诀一卷 （宋）崔嘉彦撰
（4）新刻太素心要二卷
（5）新刻太素脉诀秘书
（6）食经本草
（7）食物本草

(8)医学便览
(9)医学权舆一卷
(10)轩辕黄帝治病秘法一卷
(11)新刻孙真人海上仙方一卷
(12)新刻温隐居海上仙方一卷
(13)新刻应急良方一卷
(14)新刻怪证奇方二卷杂录附一卷
明万历虎林胡文焕刻汇印本 2(存七种)

08353 13116 **合并脉诀难经太素评林**二十一卷 1599
(明)王文洁(冰鉴、抚东无为子)评注
子目:
(1)锲王氏秘传叔和图注释义脉诀评林捷径统宗八卷
(2)王氏秘传图注八十一难经评林捷径统宗六卷
(3)太素张神仙脉诀玄微纲领统宗七卷
1. 明万历二十七年(1599)闽建书林刘朝琯安正堂刻本 1(存一、二) 3 7(存第二种) 541
2. 日本刻本 7(存第一种) 139

08354 13117 **古今医统正脉全书**二百零六卷 1601
又名医统正脉全书
原题(明)王肯堂(宇泰、损庵、念西居士)辑
(明)吴勉学(师古、肖愚)编
子目:
(1)黄帝内经素问二十四卷附素问遗篇一卷 (唐)王冰注
(2)黄帝内经灵枢十二卷
(3)黄帝针灸甲乙经十二卷 (晋)皇甫谧编
(4)中藏经八卷 (汉)华佗撰
(5)脉经十卷 (晋)王熙撰
(6)难经本义二卷 (元)滑寿注
(7)金匮要略方论三卷 (汉)张机撰
(8)注解伤寒论十卷 (汉)张机撰 (金)成无已注
(9)伤寒明理论四卷 (金)成无已撰
(10)脉诀一卷 (宋)崔嘉彦撰
(11)类证活人书二十二卷 (宋)朱肱撰
(12)素问玄机原病式一卷 (金)刘完素撰
(13)黄帝素问宣明论方十五卷 (金)刘完素撰
(14)伤寒直格论方三卷 (金)刘完素撰
(15)伤寒标本心法类萃二卷 (金)刘完素撰
(16)伤寒心镜一卷 (金)张从正撰 常德编
(17)伤寒心要一卷 (金)刘完素撰 镏洪编
(18)素问病机气宜保命集三卷 (金)刘完素撰
(19)儒门事亲十五卷 (金)张从正撰
(20)内外伤辨惑论三卷 (元)李杲
(21)脾胃论三卷 (元)李杲
(22)兰室秘藏三卷 (元)李杲
(23)医垒元戎 (元)王好古撰
(24)此事难知二卷 (元)王好古撰
(25)汤液本草三卷 (元)王好古编
(26)瘢论萃英一卷 (元)王好古撰
(27)丹溪心法五卷附录一卷 (元)朱震亨撰
(28)脉诀指掌病式图说一卷 (元)李杲撰
(29)格致余论一卷 (元)朱震亨撰
(30)局方发挥一卷 (元)朱震亨撰
(31)医学发明一卷 (元)朱震亨撰
(32)金匮钩玄三卷 (元)朱震亨撰
(33)活法机要一卷 (元)朱震亨撰
(34)外科精义二卷 (元)齐德之撰
(35)医经溯洄集一卷 (元)王履撰
(36)伤寒医鉴一卷 (元)马宗素撰
(37)证治要诀十二卷 (明)戴思恭编
(38)证治要诀类方四卷 (明)戴思恭编
(39)伤寒琐言一卷 (明)陶华撰
(40)伤寒家秘的本一卷 (明)陶华撰
(41)伤寒杀车捶法一卷 (明)陶华撰
(42)伤寒一提金一卷 (明)陶华撰
(43)伤寒截江网一卷 (明)陶华撰
(44)伤寒明理续论一卷 (明)陶华撰
1. 明万历二十九年(1601)新安吴勉学刻步月楼递修本 1 2 3 7 9(残) 139 139A 140 251 302 360A 361(配补本) 412B 421 491 541(存四十三种) 542 572 589 651 721 728A 731 734A(残) 738 738A 740A(残) 831 851 852(残) 922 931 940 TB
2. 明万历二十九年(1601)新安吴勉学刻清初金陵蕴古堂递修本 7 709
3. 清光绪十八年(1892)浙江书局刻本 270 279 521 570
4. 清光绪十八年(1892)浙江书局刻三十三年(1907)京师医局重修本 1 3 21 139 140 186 202 203 251 254 279 280 281A 286 289 303 308 308A 381 385 385A 391 396 412A 412B 421 443(存七至十五)

462 475A 476 491 511 514A 521 523 525（残） 529A 546 579 589 590 651 736 738 839 839A 852 891 907B 907C 911 917 936A（存六种）

08355 13118 **六科证治准绳**四十四卷 1602
(明)王肯堂(宇泰、损庵、念西居士)辑

子目：

(1)杂症准绳八卷
(2)伤寒准绳八卷
(3)类方准绳八卷
(4)外科准绳六卷
(5)幼科准绳九卷
(6)女科准绳五卷

1. 明万历三十年至三十六年（1602—1608）刻本 2（残） 7（残） 139 140 186 277 301（残） 363 366 385A 393 412B 443（存二种） 461 476 541 542 570 572（残） 590 651 664 701（残） 731 734（存一种） 852 931 939 TB
2. 日本宽文十年（1670）铜驼书林刻本 1（存二种） 279 651（残） 706 940（缺第一、四种）
3. 清康熙三十八年（1699）金坛虞氏刻本 7（存一种） 139 186 279（残） 286 308A（存一、六） 315 351 366 397 461 522（残） 677A 707 721 728A 739A 852 891 926A 931
4. 清乾隆十四年（1749）带月楼刻本 306（存五种） 351 391 417（存二种） 541 589
5. 清乾隆五十八年（1793）元和程永培修敬堂刻本 2（残） 21 139 279 280 289 301 303 308A（残） 360A 361 385 391 412A 432 476 541（存二种） 590 664 701 712 728A 734 740A（残） 831 851 926A 942B TC
6. 清嘉庆道光间嘉兴九思堂刻本 1 3 139 203 286 289 302 308A 351 361 364 412A 514A 519 523 541 590（残） 715 722 740C（残） 851 891（残）
7. 清旧学山房刻本 139 393 781
8. 清光绪十八年（1892）广州石经堂刻本 139 139A 289 308A 401 514A 521 731 738B 740J（存四种） 799A 831 922 939 940
9. 清光绪十八年（1892）上海图书集成印书局铅印本 1 8 139 152 251 279 280 287 288 289 301 302 308A 361 381 385A 393 421 433A 463 475A 514A 514B 522 524（残） 541 589 590 664 677A 706 728A 734 736 736B（残） 738A 738E 740J（存三种） 852B 854 896A 907C 921 926A 931 940（缺第三种）
10. 清光绪二十五年（1899）西蜀善成堂刻本 254 279 301 412A 412B 523 931
11. 清刻本 203 401（存三种） 541 728A 736C 737 740B（存三种）
12. 见四库全书

08356 13119 **壶隐子医书四种**四卷 1603
(明)刘浴德(肖斋、子新、壶隐子)撰

子目：

(1)脉赋训解一卷
(2)脉诀正讹一卷
(3)壶隐子应手录一卷
(4)壶隐子医谭一得一卷

清抄本 1 421

08357 13120 **医学六要**十九卷 1609
又名医学准绳六要
(明)张三锡(叔承、嗣泉) 王肯堂(宇泰、损庵、念西居士)撰

子目：

(1)经络考一卷
(2)四诊法一卷
(3)病机部二卷
(4)治法汇八卷
(5)本草选六卷
(6)运气略一卷

1. 明万历三十八年（1610）刻崇祯十七年（1644）应天张维藩等重修本 3（残） 514A 570 651（残） 677A 731（存一卷） 733 734 738A 738B

2. 明万历三十八年(1610)刻崇祯十七年(1644)应天张维藩等重修十乘楼印本 731
3. 明万历三十八年(1610)刻崇祯十七年(1644)应天张维藩等重修白下青照堂印本 2 139(残)
4. 明万历三十八年(1610)刻崇祯十七年(1644)应天张维藩等重修聚锦堂印本 286 289(缺二卷) 541 664 677A(残) 731
5. 日本刻本(据张维藩等重修本翻刻) 514A 831

08358 07783 **保产痘症合编**三卷 1613
(明)陈治道(贤本、玉台)撰 吴子扬(居敬、东园)编 陈贤才补编
子目:
(1)保产万全书一卷 (明)陈治道撰
(2)小儿痘症要诀二卷 (明)吴子扬撰
明万历四十一年(1613)梁治麟刻本 590

08359 07784 **便产痘疹合并方书**三卷 1613
(明)王朝相编
子目:
(1)便产须知二卷 (明)颜汉撰
(2)新刊经验痘疹不求人方论一卷 (明)朱栋隆撰
明万历四十一年(1613)刻本 139

08360 13133 **(新刻)明医校正参补难经脉诀合编**八卷 [1617]
(明)吴文炳(绍轩、光甫、沛泉)编
子目:
(1)(新刻)明医校正订讹八十一难经四卷 (明)熊宗立注
(2)(新刻)明医参补三合王叔和脉诀四卷 (明)吴文炳参补
明末刻本 590

08361 13121 **医种子**四十五卷附录五卷 1620
又名芷园医种子
(明)卢复(不远、芷园)撰
子目:
(1)医经种子四卷(神农本草经三卷、难经一卷)
(2)医论种子三十六卷(伤寒论十四卷、金匮要略二十二卷)
(3)医方种子二卷(薛立斋医按方一卷、金镜录一卷)
(4)医案种子三卷(薛立斋医案一卷、易思兰医案一卷、扁鹊仓公医案一卷)
附录子目:
(1)芷园臆草覆余一卷
(2)芷园臆草日记一卷
(3)芷园臆草勘方一卷
(4)芷园臆草题药一卷
(5)芷园臆草存案一卷
1. 明万历四十八年(1620)钱塘卢之颐刻天启四年(1624)增修本 590(残) 731(存四卷) 851
2. 清月枢阁抄本 139
3. 日本安政六年(1859)抄本 139(无附录)
4. 叶熊抄本 286

08362 13122 **医四书**八卷 1620
又名医学四书
(明)许兆祯(培元)撰
子目:
(1)内附山人寓言一卷祖传五龙十八神剂一卷
(2)记方二卷
(3)医镜二卷
(4)诊翼二卷
明万历二十八年(1600)苕城书林翁古泉刻本 1

08363 13123 **景岳全书**六十四卷 1624
(明)张介宾(景岳、会卿、通一子)撰
子目:
(1)传忠录三卷
(2)脉神章三卷
(3)伤寒典二卷
(4)杂证谟二十九卷
(5)妇人规二卷
(6)小儿则二卷
(7)痘疹诠四卷
(8)外科钤二卷
(9)本草正二卷
(10)新方八略一卷
(11)新方八阵一卷
(12)古方八阵八卷
(13)妇人规古方一卷
(14)小儿则古方一卷
(15)痘疹诠古方一卷

(16)外科铃古方一卷

1. 清康熙三十九年(1700)会稽鲁超刻本 2 152 579
2. 清康熙四十九年(1710)瀛海贾棠两广运使署刻本 1 139 140 186 252 279(存卷一、二) 286 288 302 308 383 385A 391 421 461 541 590 664 702 731 733 738 740G(存十一卷) 871 907C 921 931 TC
3. 清康熙四十九年(1710)瀛海贾棠刻聚锦堂印本 9 139 279 288 677A 728A 831
4. 清康熙四十九年(1710)瀛海贾棠刻荣宝堂印本 707 723
5. 清康熙四十九年(1710)瀛海贾棠刻光德堂印本 289 436 475A 572 651
6. 清康熙四十九年(1710)玉诏堂刻本(据鲁超本翻刻) 367 491 512 514B 521 572 651 736A(存三十二卷)
7. 清康熙四十九年(1710)玉诏堂刻钱塘郑氏学海楼印本 139 570
8. 康熙五十二年(1713)休宁查廷璋刻本(岳峙楼藏板初印) 3 8(存卷一至三十九) 21 203 251 279(存卷十一至三十一) 412A 412B 436(缺卷五十、五十一) 491 541 664 733(牌记误写辛卯玉诏堂) 907C
9. 清康熙五车楼刻本 541(残)
10. 清康熙五车楼刻后印本(题本衙藏板) 139 461 511(铃尺木堂印) 664 738E 740G 896A 907C(铃尺木堂印) 926A
11. 清康熙刻本 4F 21 139 279 302 311 381(卷一至三抄配) 450B 541(残) 590 728A 743(残) 907B 921(存二十六卷)
12. 清乾隆七年(1742)抄本 541(残)
13. 清乾隆十五年(1750)三畏堂刻本 21 412B 664
14. 清乾隆三十三年(1768)吴郡藜照楼刻本 731A
15. 清乾隆三十三年(1768)越郡藜照楼刻本 1 2 4C 21 139 186 202 251 255 277 279 280 281A 301 308A 361 381 412A 412B 418 433A 435 461 529A 532 541 590 728A 733B 734A 736 736(存卷一至六) 737A 738A 739A 740A 740B 741 799A 831 851 852 852C 896A 907C
16. 清乾隆四十八年(1783)敦化堂刻本 305 351 364 412A 412B 475A 476 529A 529B
17. 清乾隆四十八年(1783)文盛堂刻本(据贾棠本重刻) 251 279 287 289(缺五至五十三) 529B
18. 清乾隆四十九年(1784)文锦堂刻本 279
19. 清乾隆嘉兴九思堂刻本 7 139 152 279 651 735A(存二十四卷) 736
20. 清乾隆刻本 21 140 412B 921
21. 清嘉庆八年(1803)刻本 701
22. 清嘉庆十八年(1813)藜照楼刻本 251 436 740B
23. 清嘉庆二十一年(1816)英德堂刻本(据岳峙楼本翻刻) 737(缺卷二十二至二十五)
24. 清嘉庆二十一年(1816)文星堂刻本(据岳峙楼本翻刻) 831
25. 清嘉庆二十四年(1819)金阊书业堂刻本 3 139A 202 203 251 301 306(缺卷六、七) 308A(缺卷十九、二十五至二十七)351 361 366 391 412A 412B 421 541 590 706 721 735 735A(存四卷) 737 737A 911 917A 921 939
26. 清道光元年(1821)扫叶山房刻本 352 401 523 590 664 740D
27. 清道光十年(1830)刻本 713(缺卷六)
28. 清道光二十二年(1842)沈守真抄本(二卷) 921
29. 清道光三十年(1850)同人堂刻本 542(残)
30. 清道光三十年(1850)莆田书屋刻本 202
31. 清道光三十年(1850)大文堂刻本 302 351 393 421 589 590 715 731 734A 738B 742 799A

32. 清咸丰三年（1853）元新堂刻本 800 907B
33. 清咸丰四年（1854）聚盛堂刻本 185 664
34. 清咸丰五年(1855)佛山连元阁刻本 728 734A(存三十三卷)
35. 清同治二年（1863）聚文堂刻本 186 412A 701 738A
36. 清同治四年（1865）云峰书屋刻本 353（存三十五卷） 361(存三十九卷) 875
37. 清同治七年（1868）文光堂刻本 434 839A(缺卷五十五至五十七)
38. 清同治十一年（1872）经国堂刻本 140 701 896A
39. 清同治十三年(1874)拾芥园刻本 590
40. 清光绪九年（1883）浙宁三味仁记刻本 280 361
41. 清光绪十六年(1890)刻本 522 546
42. 清光绪十八年(1892)刻本 514A
43. 清光绪二十年(1894)上海图书集成印书局铅印本 139 256 279 286 287 288 289 302 308A 385 421 433A 463 475A 529A 590 677A 709 733A 737 738A 738B 738E 799A 839 852 891 911 931
44. 清光绪广州十八甫石经堂书局刻本 734A 735
45. 清宣统元年(1909)上海徐氏有益斋石印本 831(存二十六卷)
46. 清宏德堂刻本 839A(缺卷四、五)
47. 清青藜阁刻本 204
48. 清善成堂刻本 781
49. 清文林堂刻本 1 308A 907B 911
50. 清经元堂刻本 139 308A(残) 734A（残） 736(残) 736B(残) 839A
51. 清宏道堂刻本 901
52. 清文富堂刻本 475A 511 852 896A 940(缺卷五十、五十一)
53. 清同文堂刻本 361 664 677A 740A（存二十五卷）
54. 清致盛堂刻本 308 907B 907C
55. 清文光堂刻本 139 203 734A 738A
56. 清经纶堂刻本 203 709 737
57. 清三让堂刻本(据岳峙楼本翻刻) 139 651 799
58. 清寅畏堂刻本(据鲁超本翻刻) 714
59. 清集古堂刻本 492
60. 清修文堂刻本 308A
61. 清刻本 1 2 8(残) 203 270(残) 277 279 285（存二种） 287 303 305 306(存十二卷) 308A 311 313 351 360B(存十四卷) 361(缺八卷) 364A 366 383 393 401(存十五种) 406 410A 412A 412B 475A 491 511 521 529A 541(残) 570 664 665 709 710 715 721 728A(残) 731 733B 734 734A 735 735A（残） 736（残） 736A 736B 737 740A 740C 741(残) 742(存二十卷) 743(残) 743A(残) 852 852R 852S 854 872(存十三卷) 874(存十六卷) 877 891 896A 907C 940(残)
62. 清抄本 1(十一种) 139 541 738E（卷一、二抄配，缺卷四十一至四十三） 831 907C
63. 见四库全书

08364/13124 **医学研悦**十卷 1626

又名秘传医奥

（明）李盛春（日新）编

子目：

(1)伤暑全书二卷 (明)张鹤腾撰
(2)脉理原始一卷附诸症脉 (明)李盛春编
(3)胤嗣全书一卷附小儿症方 (明)李盛春编
(4)病机要旨一卷 (明)李盛春编
(5)治伤寒全书一卷 (明)李盛春编
(6)治杂症验方一卷 (明)李盛春编
(7)小儿形症一卷
(8)小儿研悦方一卷
(9)小儿推拿一卷

明天启六年(1626)新安戴任刻本 202 308A 541(题重刻张凤逵伤暑全书等十卷)

08365/13125 **翟氏医书五种汇刻**九卷 1628

（明）翟良（玉华）编

子目：

(1)脉诀汇编说统一卷附录二卷
(2)经络汇编释义一卷

(3)方药治症提纲一卷
(4)痘科汇编释意三卷
(5)疹科纂要一卷　(明)马之骐撰
清顺治十四年(1657)益都孙廷铨刻本　308A(有配补)

08366
13126
十竹斋刊袖珍本医书二十五卷　1632
(明)胡正心(无所)辑　胡正言(曰从)校订
子目：
(1)内科摘要二卷　(明)薛己撰
(2)原机启微二卷附录一卷　(元)倪维德撰
(3)保婴金镜一卷
(4)痘疹撮要四卷　(明)薛己撰
(5)痘疹方论二卷　(明)薛己注
(6)女科撮要二卷　(明)薛己撰
(7)嗣产法论一卷
(8)外科枢要四卷　(明)薛己撰
(9)伤寒五法二卷　(明)陈长卿撰
(10)伤寒金镜录一卷　(元)杜本撰
(11)伤寒秘要二卷　(明)陈长卿撰
(12)五运六气详解一卷　(明)董玹订
明崇祯六年(1633)休宁胡正言十竹斋刻本　139(缺第三、第七种)

08367
13127
摄生总要九卷　[1638]
又名摄生秘剖选要四种
(明)洪基(九有)撰
子目：
(1)石渠阁精订摄生秘剖(又名胞与堂丸散谱)四卷
(2)摄生种子秘剖三卷
(3)继嗣珍宝一卷
(4)陈希夷房术玄机中萃纂要(又名房术奇书)一卷
1. 清咸丰十一年(1861)仁德记刻本　491　736B(存一种)
2. 清光绪三年(1877)石渠阁刻本　139　289　461
3. 清光绪十五年(1889)敦厚堂刻本　277　311　666
4. 清光绪十五年(1889)六吉堂刻本　1　286
5. 清光绪三十一年(1905)三义堂刻本　139　831
6. 清光绪三十二年(1906)上海海左书局石印本　734A(存一种)　736B(存三种)
7. 清集锦堂刻本　21
8. 清文锦堂刻本　1　186　289
9. 清刻本　1

08368
13128
雪潭居医约八卷　1641
(明)陈澈(三山、雪潭)编　徐世荫校
子目：
(1)格致要论一卷
(2)脉色解微一卷
(3)疾病阐疏一卷
(4)六淫分类一卷
(5)内伤条辨一卷
(6)杂症汇考一卷
(7)女科正录一卷
(8)药症忌宜一卷
1. 明崇祯十四年(1641)三衢徐世荫福建刻本　1　3(残)　308A　731
2. 清康熙三十年(1691)书林燕翼堂刻本　491

08369
13129
医药镜八卷　1641
(明)蒋仪(仪用)辑
子目：
(1)医镜四卷　(明)王肯堂撰
(2)药镜四卷　(明)蒋仪撰
1. 明崇祯十四年(1641)嘉善蒋仪刻清康熙三年(1664)增刻鸳水陈诞印本　279
2. 明崇祯十四年(1641)嘉善蒋仪刻清康熙三年(1664)增刻古吴成裕堂印本　139　476　514A　541　590　738A　738B　831

08370
13130
医要集览九卷　1643
(明)唐盛公等辑
子目：
(1)脉赋一卷
(2)脉诀一卷
(3)复真刘三点先生脉诀一卷
(4)用药歌诀一卷
(5)药性赋一卷　(金)张元素撰
(6)伤寒活人指掌提纲一卷　(元)吴恕撰
(7)诸病论一卷
(8)难经一卷　原题(战国)秦越人撰
(9)珍珠囊一卷
1. 明内府刻本　2　139
2. 明刻本　1　139　140　186　251　279(存二卷)　401(存八卷)　514A　541　651(清·丁丙跋)　TA

3. 明抄本 1
4. 清康熙三十八年（1699）唐元恺刻本 1（存八种八卷） 279 289
5. 清康熙三十八年（1699）唐元恺刻文盛堂印本 3 139 152 251（存六卷） 279（存二卷） 476 514A
6. 清康熙三十八年（1699）唐元恺刻立达堂印本 139 491
7. 清康熙三十八年（1699）唐元恺刻京都中和堂印本 139
8. 清初抄本 139
9. 清抄本 1（存五卷）
10. 抄本 412A

08371/13132 **明刊医书五种**九卷 ［1643］
编者佚名
子目：
（1）医学碎金四卷 （明）周礼编
（2）太素脉秘书一卷 著者不详
（3）脉诀一卷 （宋）崔嘉彦撰
（4）新刊太素心要一卷 （明）胡文焕辑校
（5）医学要数二卷 （明）胡文焕撰
明万历刻本 301

08372/04518 **济世珍宝**五卷 ［1644］
（明）王诠（太仆山人）编
子目：
（1）西山真仙卫生歌一卷
（2）后卫生诀一卷
（3）养生却病歌一卷
（4）广嗣要语一卷 （明）俞桥撰
（5）坎离种子神方一卷
明抄本 664

08373/13136 **医方撰要五书**六卷 ［1644］
辑者佚名
子目：
（1）活人指掌二卷
（2）诸病论一卷
（3）难经一卷
（4）药性赋一卷
（5）用药歌诀一卷
明刻本 570

08374/00000 **医四书**八卷 1657
又名医学四书
（明）许兆祯（培元）撰
子目：
（1）诊翼二卷
（2）药准二卷
（3）方纪二卷
（4）医镜二卷
1. 清顺治十四年（1657）槜李朱茂时刻本 541 570（存三种六卷）
2. 清抄本 731

08375/13137 **喻氏医书三种**十六卷 1658
又名喻氏遗书三种
（清）喻昌（嘉言、西昌老人）撰
子目：
（1）医门法律六卷
（2）尚论篇四卷尚论后篇四卷卷首一卷
（3）寓意草一卷
1. 明崇祯十六年至清顺治十五年（1643—1658）刻葵锦堂汇印本（附会讲温证语录） 139（存二、三种） 308A（缺第三种）
2. 清乾隆四年（1739）靖安在兹园刻本 308A
3. 清乾隆二十八年至三十年（1763—1765）黎川陈守诚刻本 1 139 186 382 412A 432 514A 541 572 651 831 852（残） 896A 922
4. 清乾隆二十八年至三十年（1763—1765）黎川陈守诚刻嵩秀堂重修汇印本 303 385B（存二、三种） 475A 529A 541 664 926A（存一、二种） 940
5. 清乾隆五十年（1785）步月楼刻本 308A
6. 清乾隆二十八年至三十年（1763—1765）黎川陈守诚刻六十年（1795）博古堂递修本 491 922
7. 清乾隆刻本 1 279 308A 541 731 736A
8. 清乾隆嘉庆间宏道堂刻本 139 280 361
9. 清道光同治间善成堂刻本 186 287 301 308A 412A 579 664 677A 702 706 896A 907B 907C 917A 931
10. 清同治竹秀山房刻本 203 396 664 740A 851
11. 清同治文成堂刻本 529A 701

12. 清同治经纶堂刻本　288　412A　433A　491　529A　541　590　741
13. 清同治光绪间羊城同志堂刻本　931
14. 清光绪二十年(1894)锡环堂刻本　139　308A
15. 清光绪二十年(1894)上海图书集成印书局铅印本　139　286　288　301　302　351　361　590　665　677A　706　707　734A
16. 清光绪二十六年(1900)、三十三年(1907)上海校经山房石印本　186　279　288　289　308A　351　493　664　721　734A(残)　740J　926A　940
17. 清光绪三十一年(1905)新化三味书局刻本　1(残)　139　152　361　381　412A　476　514A　781
18. 清光绪三十一年(1905)经元书室刻本　139　202　289(缺第一种)　301　361　461　475A　476　521　590　709　734　896A　940(缺第一种)
19. 清光绪上海简青斋书局石印本　202　279　280　281A　288　302　303　308A　361　461　475A　519　529A　664　666　721　734A(残)　738A　931
20. 清光绪刻同文堂印本　301　391　412A　450　529A　731　734　738A　896A
21. 清三让堂刻本　139　301　351　475A　926A
22. 清文锦堂刻本　839A
23. 清奎璧堂刻本　281A
24. 清积玉会刻本　139　186　279(残)　289　362
25. 清光绪二十四年(1898)、二十六年(1900)、宣统元年(1909)上海扫叶山房石印本　139　279　286　289　301　313　361　461　514A　529A　541(存一、二种)　546　572　590　721　728A　736B
26. 清刻本　1　412A　541　940

08376
02451
医学要诀四卷　1663

原题(清)张志聪(隐庵)撰

子目:

(1)草诀一卷
(2)药性备考一卷
(3)脉诀一卷
(4)经诀一卷

清康熙刻本　1　677A　721

08377
13138
士材三书八卷　1667

又名合镌增补士材三书、善成堂增订士材三书

(明)李中梓(士材、念莪、尽凡居士)撰　(清)尤乘(生洲、无求子、信天翁)增辑

子目:

(1)诊家正眼二卷
(2)本草通玄二卷
(3)病机沙篆二卷

附:

寿世青编二卷　(清)尤乘编

1. 清康熙四十七年(1708)萃秀堂刻本　1
2. 清康熙四十七年(1708)东溪堂刻本　139
3. 清康熙四十七年(1708)萃秀堂刻大盛堂印本　664
4. 清康熙刻本　3　7　185　309　351　421(残)　475A　514A　839A　871　896A
5. 清雍正六年(1728)元兴堂刻本　664
6. 清雍正六年(1728)大兴堂刻本　139　385
7. 清乾隆三十二年(1767)承德堂刻本　202　251　412A　413　590　664
8. 清乾隆三十二年(1767)承德堂刻文盛堂印本　285　361　367(存六卷)　514A　664　728A　738A　739A　740B
9. 清乾隆三十二年(1767)承德堂刻文英堂印本　139　737(缺一卷)
10. 清乾隆三十四年(1769)藜照书屋刻本　852　926A
11. 清乾隆三十四年(1769)贵文堂刻本　280　301　306　364
12. 日本元禄八年(1695)榑桑帝城载文堂刻本　706　728B
13. 清乾隆四十八年(1783)三多斋刻本　412B　570
14. 清嘉庆八年(1803)三余堂刻本　351　713　728A
15. 清嘉庆九年(1804)金阊书业堂刻本　139　186　280　308A　361　385A　401　412B　443　450　514A　590　664　712

721　851　907C　940
16. 清嘉庆二十三年(1818)致和堂刻本　519　728
17. 清光绪十三年(1887)上海江左书林刻本　2　21　139　202　203　251　279　280　281A　301　308　308A　361　366　391　432　461　475A　491　493　511　521　529A　529B　541　664　677A　709　728A　734A　799A　896A　907B
18. 清光绪三十一年(1905)善成堂刻本　1　139　186　202　203　251(存二、三种四卷)　279(存五卷)　285　287　288　289　302　303　308A　311　351　361　366　385　412B　475A　491　514A　529A　570　728A　738A　781　799A　831　851　852(存七卷)　852A　907C(存一、二种四卷)
19. 清光绪三十三年(1907)宝兴堂刻本　301　514B
20. 清光绪上海扫叶山房石印本　139　364　514A　799A　907B
21. 清宣统二年(1910)锦文堂刻本　396
22. 清宏道堂刻本　289　363　521　541　738B　799　800
23. 清尊德堂刻本　572
24. 清经纶堂刻本　677A
25. 清经国堂刻本　677A　781
26. 清佛山会文堂刻本　940
27. 清天德堂刻本　433　799A　851
28. 清光华堂刻本　940
29. 清文光堂刻本　466(残)
30. 清裕德堂刻本　308A　351　412A
31. 清三多堂印本　433A
32. 清崇文堂刻本(题袖珍士材三书)　21　738
33. 清云萃堂刻本　381
34. 清文诚堂刻本　308A　364A(存六卷)　781
35. 清刻本　21(存四卷)　203　270　277　279　280　289　361　362　364　366　412A(残)　461　476　570　733(存二种)　734　734A　735　738B　850　851　852　877　896A　907C　917A　940

08378/13140　**贻善堂四种须知**八卷　1676
(清)朱本中(泰来、凝阳子)撰
子目:
(1)急救须知五卷
(2)饮食须知一卷
(3)修养须知一卷
(4)格物须知一卷
1. 清康熙二十八年(1689)古越吴兴祚刻本　139　186(存一、二种)　202　734　736(存二种)
2. 清康熙二十八年(1689)古越吴兴祚刻还读斋重修本　541　570　572

08379/05623　**伤寒痘疹辨证**十卷　1678
又名伤寒痘疹辨证合编
附种子仙方一卷
(清)陈尧道(素中)撰
子目:
(1)伤寒辨证四卷　(清)陈尧道撰
(2)痘科辨证三卷　(清)陈尧道撰
(3)疹科辨证一卷　(清)陈尧道编
(4)新增痘疹二卷(又名痘疹正宗)　(清)宋钟岳撰
1. 清嘉庆十一年(1806)瀛洲书屋刻本　475A
2. 清咸丰二年(1852)聚奎堂刻本　139　433A　738B

08380/13147　**冯氏锦囊秘录**五十卷　1686
(清)冯兆张(楚瞻)撰
子目:
(1)内经纂要二卷
(2)杂症大小合参十四卷
(3)脉诀纂要一卷
(4)女科精要三卷
(5)外科大小合参一卷
(6)药按锦囊治疗方论一卷
(7)痘疹全集十五卷
(8)杂症痘疹药性主治合参十二卷卷首一卷
1. 清康熙三十三年(1694)海盐冯兆张刻暨木活字印本　1　3　139(残)　709　839A(残)
2. 清康熙四十一年(1702)刻本　1　2　139　202(残)　277(残)　279　286　289　308A　361　366(残)　381(残)　382　450　542　572(残)　651　664　701

（残） 728A 733（残） 736A（残） 738A 743(残) 896A 907B 939
3. 清康熙四十一年(1702)刻三槐堂印本 139
4. 清康熙四十一年(1702)刻四十五年(1706)启后堂增修本 579 701
5. 清康熙四十一年(1702)刻四十五年(1706)增修六十一年(1722)印本 3 139 140(残) 277(残) 301(残) 351 361 381 396 590
6. 清嘉庆十八年(1813)会成堂刻本 1 3 139 186(残) 254 280 281A 289 308A 351 360A(存二种三十卷) 361(残) 362 401 412A 431 433A 435 443 475A 514A 521 570 664 665 728 737 781 799A 839A 871 907B 921 926A
7. 清嘉庆二十三年(1818)大文堂刻本 152 203 280 288 301(残) 412A 514A 514B 529A 589(残) 590 664 677A(残) 707(残) 709(残) 728A 737 740A 749A 907C 926A
8. 清道光二十二年(1842)福文堂刻本 21 202 279 421 701 740G 896A
9. 清咸丰八年(1858)翼经堂刻本 2 203 279 306(残) 308A 940
10. 清末致盛堂刻本 412 875 907C
11. 清宏道堂刻本 139 289 362 364(存七种二十五卷) 391 412B 461 475A 664
12. 清延寿堂刻本 411
13. 清集贤堂刻本 270 289 302 412A 412B 467(残) 851 873
14. 清刻本 139 186 412A 461 462 728A 940(残)
15. 清抄本 491

08381 13141 **却病延年全书**八卷 1689
又名延年却病书
续录一卷附录二卷
(清)崔瀹庵辑 刘学博(丞潞、樗圃散人)编
子目：
(1)丹经宝筏一卷
(2)运气纪要一卷
(3)脉理阐微一卷
(4)经络图解一卷
(5)病能口问一卷
(6)百病瞭然一卷
(7)古今名方一卷
(8)分病药性一卷
(9)却病延年续录一卷
附：
①脉理四言举要一卷
②奇经八脉考一卷
清抄本 1 590(存五卷)

08382 13142 **博物知本**七卷 1691
(清)尤乘(生洲、无求子、信天翁)辑
子目：
(1)脏腑性鉴二卷 (清)尤乘增补
(2)经络全书二卷 前编(明)沈子禄撰 后编(明)徐师鲁撰
(3)药品辨义三卷 (明)贾所学撰 (清)尤乘增补
1. 清康熙三十年(1691)吴门尤乘林屋刻本 1 139 277 289 541 570
2. 抄本 590 734

08383 13143 **医征**三十八卷 1693
(清)沈明宗(目南、秋湄)撰
子目：
(1)金匮要略编注二十四卷
(2)伤寒六经辨证治法八卷
(3)温热病论二卷
(4)虚劳内伤论二卷
(5)女科附翼一卷
附：
客窗偶谈一卷
1. 清初刻以宁堂汇印本 2 279(存一、三、四)
2. 抄本 590(残)

08384 13144 **图注难经脉诀**六卷 1693
(明)张世贤(天成、静斋)图注 (清)沈镜(薇垣、中和主人)删注
子目：
(1)图注八十一难经辨真四卷 (明)张世贤图注
(2)删注脉诀规正二卷 (清)沈镜删注
1. 清康熙三十二年(1693)鼎翰楼刻本 450B 529A 728A 781 831 931

2. 清道光十八年（1838）刻本　432
3. 清道光十九年（1839）文光阁刻本　287　289
4. 清道光二十七年（1847）宏道堂刻本　139　514A　746A　781　852　939
5. 清道光善成堂刻本　21　139　140　202　203　277　280　287　288　302　308A　311　351　361　396　433A　541　728A　731　734A　799A　852　854　917A　931
6. 清咸丰七年（1857）经纶堂刻本　3　139　461　570　651　741　852　911
7. 清光绪三年（1877）广州璧经堂刻本　301　351　931
8. 清光绪八年（1882）儒兴堂刻本　289　361
9. 清光绪十七年（1891）金溪三让堂刻本　139　351　664　736B
10. 清光绪十八年（1892）宝庆务本书局刻本　301　926A
11. 清光绪十八年（1892）宝庆经世书局刻本　351　922
12. 清光绪二十年（1894）益元书局刻本　301
13. 清光绪二十年（1894）维新书局刻本　308　351　940（存第二种）
14. 清光绪二十二年（1896）上海著易堂石印本　251　412A　514A　529A　541
15. 清光绪二十三年（1897）湖南经纶元记书局刻本　401　421　491　707　799　800　852　891　926A
16. 清光绪二十六年（1900）通州西山堂刻本　270　664　706　922
17. 清宣统元年（1909）义和书局刻本　351　450　799A
18. 清宣统元年（1909）太和书局刻本　286　926A
19. 清宣统元年（1909）成都同文公会刻本　185　287　412A　746A
20. 清宣统元年（1909）仁记书局刻本　381　926A
21. 清爱日堂刻本　664　743
22. 清务本堂刻本　731　734A　852
23. 清元顺堂刻本　746A
24. 清小西山房刻本　361　529A　541　664　896A
25. 清海清楼刻本　351
26. 清谦益堂刻本　301
27. 清聚盛堂刻本　529A　734A　852
28. 清宝华楼刻本　931
29. 清崇德堂刻本　926A
30. 清明德堂刻本　289
31. 清两仪堂刻本　381　721　738E　852
32. 清大文堂刻本　289　381　746A　926A
33. 清起凤堂刻本　412A
34. 清刻本　1　186　351　541　734　734A　736B
35. 抄本　450

08385/13145　**医学粹精**八卷　1694
又名医家秘奥
（清）陈嘉璴（树玉、友松）辑
子目：
（1）周慎斋先生脉法解二卷　（明）周之干撰　（清）陈嘉璴注
（2）周慎斋先生三书三卷　（明）周之干撰
（3）查了吾先生正阳篇选录一卷　（清）陈嘉璴选录
（4）胡慎柔先生五书要语一卷　（明释）住想撰
（5）笔谈一卷　（清）陈嘉璴撰
1. 清乾隆十四年（1749）道南堂刻本　139　186　511　572　738B
2. 清抄本　2　570

08386/13146　**本草医方合编**十一卷　1694
又名增补医方本草合编
（清）汪昂（讱庵）编
子目：
（1）本草备要八卷
（2）医方集解三卷
1. 清康熙桂华楼刻本　186　202　529B　896A
2. 清康熙刻本　203　361　412A　570　742　839A　871　896A　940（残）
3. 清乾隆五年（1740）绣谷胡宗文芸生堂刻本（十四卷，附医方汤头歌括一卷、经络歌诀一卷、续增日食菜物一卷）　21　301　308A　360B　381　475A　541　721　733B　739B　740J　741　852　852R　853　926A

4. 清乾隆四十二年(1777)刻本 1 926A
5. 清乾隆四十九年(1784)绣谷吴世芳星沙西酉堂刻树德堂印本 433A
6. 清乾隆五十二年(1787)桂月楼刻本 741
7. 清乾隆三让堂刻本 139 352 396 570 743 831
8. 清乾隆令德堂刻苏州小酉山房印本 270 353 361 664 922
9. 清乾隆嘉庆间刻聚盛堂印本 186 302 664
10. 清嘉庆二十二年(1817)文安堂刻本(十五卷) 443
11. 清道光十六年(1836)刻本 364A
12. 清道光十九年(1839)福文堂刻本 741
13. 清道光二十一年(1841)六合堂刻本 432 896A
14. 清道光二十四年(1844)忠信堂刻本 351
15. 清道光二十四年(1844)维经堂刻本 931
16. 清道光二十五年(1845)瓶花书屋刻本 139 186 412B 541 570 931
17. 清道光宝翰楼刻本 391 664 831
18. 清咸丰元年(1851)上海扫叶山房刻本 461 651 734 736A
19. 清咸丰五年(1855)天禄阁刻本 412A 433A
20. 清同治三年(1864)醉六堂刻本 736A
21. 清同治七年(1868)羊城明经阁刻本 366 433A
22. 清光绪九年(1883)长沙遐龄精舍刻本 140 202 303 351 433A 529A 664 734A 735 740A 740B 799A 800 831 896A 921 940
23. 清光绪十年(1884)粤东五经楼刻本 738 931
24. 清光绪十三年(1887)上海鸿文书局石印本 1 139 251 286 287 288 361 401 413 541 590 664 677A 701 709 734A 736B 896A 901 907C 921 926A 931
25. 清光绪十四年(1888)扫叶山房刻本 139 202 277(残) 301 308A 385B 493 511 521 721 907C 926A
26. 清光绪十四年(1888)上海校经山房刻本 1 308A 466
27. 清光绪十四年(1888)湖北秉宪堂刻本 514A 738D
28. 清光绪十五年(1889)善成堂刻本 287 799A
29. 清光绪十七年(1891)上洋珍艺书局铅印本 1 286 301 306 351 361 461 651 734A 736(存六卷) 736A
30. 清光绪二十年(1894)裕德堂刻本 308A 831
31. 清光绪二十年(1894)维新书局刻本 831
32. 清光绪二十二年(1896)上海图书集成印书局铅印本 202 351 363 412A 736A 831 931
33. 清光绪二十四年(1898)益元书局刻本 529A 721 743
34. 清光绪二十四年(1898)汉文书局刻本 831
35. 清光绪二十六年(1900)新化三味堂刻本 6 139A 288 351 369 412A 521 743(残) 831 896A 907B 926A XA
36. 清光绪二十七年(1901)有益堂刻本 287 288 351 352 361 412A 529A 590 664 907B
37. 清光绪三十年(1904)京都文成堂刻本 1 361
38. 清光绪三十年(1904)上海六艺书局石印本 450 701 721
39. 清光绪三十四年(1908)上海章福记书局石印本(题增补医方本草合编) 202 412B 514A 799 852 852E 922 931
40. 清光绪经纶堂刻本 140 287 360B 702 721 896A
41. 清光绪合德堂刻本 931
42. 清光绪经纶堂刻宣统元年(1909)仁记书局印本 433A
43. 清宣统元年(1909)书业德刻本(附经络歌诀一卷、奇经八脉考一卷) 308 381 491 664
44. 清宣统三年(1911)上海文会堂石印本 734A

45. 清末三元堂刻经文堂印本 139 351 707 721 799A
46. 清大文堂刻本 139 351 412A 541 721 738A 741 742A 896A
47. 清安定堂刻本 921
48. 清文光堂刻本 721 741 831 852 921
49. 清西山堂刻本 288 301 302 361 831 896A
50. 清经国堂刻本 351 529A
51. 清文秀堂刻本 351 365
52. 清敦仁堂刻本 381 740A
53. 清爱日堂刻本 738A
54. 清圣德堂刻本 831
55. 清文元堂刻本 831
56. 清三益堂刻本 308A 351 365 412A 896A
57. 清三乐堂刻本 940(残)
58. 清群玉阁刻本 351 677A
59. 清两仪堂刻本 529B
60. 清文奎堂刻本 664
61. 清令德堂刻本(十四卷) 139 351 361 366 421 529A 590 831 907C 926A
62. 清令德堂刻文诚堂印本 361 431
63. 清益元堂刻本 351 361 896A
64. 清庆春堂刻本(十六卷) 251
65. 清莲溪书屋刻本(七卷) 381 831
66. 清文富堂刻本 896A
67. 清文渊堂刻本 514B
68. 清尚德堂刻本 256 308A 433A 450 781 831 907B 921
69. 清绩经堂刻本(缺二卷) 831
70. 清二酉堂刻本 831
71. 清尚古堂刻本 734
72. 清聚秀堂刻本 742(存二卷)
73. 清华楼坊刻本 701
74. 清注礼阁刻本 362
75. 清聚学堂刻本 139 301 721
76. 清宏道堂刻本 351 740A 740B 781 784
77. 清宏盛堂刻本 352 404
78. 清聚锦堂刻本 302 412A
79. 清经元堂刻本 140 186 570 712 731 907B
80. 清天德堂刻本 1 302 351 366 409
81. 清元聚堂刻本 907B
82. 清刻本 1 21 302 305 351 360A 362 363 364A 366 368 369 383 409 414 514B 521 665 701 715 721 733B 736A 739B 740G 740J 742 742A 743(存九卷) 783 831 850 850A 852A 852C 853 854 856 907C
83. 清末石印本 475A 896A
84. 见脉学本草医方全书

08387 13149 **脉草经络五种会编**八卷 [1694]
(清)刁凤岩(鸣岐)辑

子目：

(1)增订本草备要四卷 (清)汪昂撰
(2)经络歌诀一卷 (清)汪昂撰
(3)改正内景五脏六腑经络图说一卷 (清)汪昂撰
(4)医方汤头歌诀一卷 (清)汪昂撰
(5)濒湖二十七脉歌一卷 (清)汪昂撰

1. 清光绪七年(1881)京都老二酉堂刻本 1 511 524 529A 734A 735
2. 清光绪十一年(1885)宝兴堂刻本 8(存三种)
3. 清光绪十二年(1886)敬文堂刻本 1 139A 529B 651
4. 清光绪十四年(1888)三义堂刻本 277 433A 590
5. 清刻本 351(残) 421(残) 475A(残)

08388 13150 **张氏医书七种**二十七卷 1695
(清)张璐(路玉、石顽老人)等撰

子目：

(1)张氏医通十六卷 (清)张璐撰
(2)本经逢原四卷 (清)张璐撰
(3)诊宗三昧一卷 (清)张璐撰 张登等编
(4)伤寒绪论二卷 (清)张璐撰
(5)伤寒缵论二卷 (清)张璐撰
(6)伤寒舌鉴一卷 (清)张登编
(7)伤寒兼证析义一卷 (清)张倬撰

1. 清康熙七年(1668)金阊刘任之三十四年(1695)长洲张氏隽永堂阊门宝翰楼刻四十八年(1709)宝翰楼汇印本 139(存医

通）　412A　412B　461　541(残)　579　590　651　701　733(存一种)　831　839A　852(残)　854　931

2. 清康熙七年(1668)金阊刘任之三十四年(1695)长洲张氏隽永堂阊门宝翰楼刻嘉庆六年(1801)金阊书业堂递修本　1　2　475A

3. 清嘉庆金阊书业堂刻本　139　740A(存六种)

4. 日本文化元年(1804)思得堂刻中国印本　1　2　3　21　139　186　202　277　279　280　301　361(残)　381　412A　421　476　514A　541　542　590　651　731　799A　800　852　917A　940

5. 清裕德堂刻本　280

6. 清明德堂刻本　139(缺第一种)

7. 清明德堂刻同德堂印本　139　664　734(存一种)　737(存六种)

8. 清明德堂刻文德堂印本　139　308A(残)　709

9. 清三元堂刻本　351　421　734A　740A　746　851　852A　907C

10. 清光绪二十年(1894)上海图书集成印书局铅印本　1　139　186(残)　202　289　308A　366　385　401　421　443　461　493　521　529A　541　590　651　664　677A　706　721　728　728A　734(存六种)　736A(存四种)　737(存四种)　737A(存六种)　738B　839A　911　926A　931

11. 日本文化元年(1804)思得堂刻清光绪二十五年(1899)浙江官书局杭州重印本　1　21　139　185　279　289　308　308A　361　385B(存第一至五种)　412A　412B　421　433A　435　541　542　572　589　664　702　707　728B　731　732　734　737　738　781　799A　851　901　907C　922　931　940

12. 清光绪三十三年(1907)上海书局石印本　152　308　308A(缺第六、七种)　351　361　385(缺第四种)　432　493　522　546　572　590　709　734A　736(存一种)　736B(存三种)　738　740J　799(缺第一、四、五种)　799A　852　907C　926A

13. 清刻本　289(存第二、三、七种)　303(残)　311(存六种)　721　734A(存二种)　736B　740A　939

14. 清抄本　308A(残)　514A

08389
13151
证治大还三十四卷　1697

(清)陈治(三农)撰

子目：

(1)医学近编二十卷
(2)伤寒近编前集五卷后集五卷
(3)幼幼近编四卷
(4)济阴近编五卷
(5)诊视近纂二卷
(6)药理近考二卷

清康熙云间贞白堂刻本　1　139　203　289　308A　579　590　651　677A　738B

08390
13152
济世全书三十一卷　1701

(清)汪启贤(肇开)　汪启圣(希贤)撰　汪大年(自培)等增补

子目：

一集
(1)悟真指南二卷
(2)添油接命金丹大道一卷
(3)女娲氏炼石补天一卷
(4)清净金丹大道一卷
(5)六种应验神方一卷
(6)虚痨汇选应验良方一卷
(7)女科汇选应验良方一卷
(8)幼科汇选应验良方一卷
(9)外科汇选应验良方一卷
(10)动功按摩秘诀一卷
(11)中风瘫痪验方一卷
(12)蛊膈汇选验方一卷
(13)汇选方外奇方一卷
(14)汇选增补应验良方一卷
(15)广嗣秘诀验方一卷
(16)脏腑辨论一卷

二集
(1)性命道统一卷
(2)道体源流一卷
(3)金丹撮要四卷
(4)三丰祖师秘诀一卷

(5)醒世理言一卷
(6)养生须知一卷
(7)食物须知一卷
(8)汤液须知一卷
(9)脉诀宗机一卷
(10)明医治验一卷
(11)医学碎金一卷
1. 清康熙二十年至四十年(1681—1701)刻本　1　3(存前十四种)　139(残)　139A(存三种)　289(存一集前十五种)　541(残)　570
2. 抄本　139(残)

08391 00000 **医家七部书十一种**十九卷　[1710]
辑者佚名
子目:
(1)十四经发挥三卷　(元)滑寿撰
(2)难经本义二卷附难经汇考一卷难经图一卷　(元)滑寿撰
(3)名医杂著一卷　(明)王纶撰
(4)医学正传或问一卷　(明)虞抟
(5)局方发挥一卷　(元)朱丹溪撰
(6)格致余论一卷　(元)朱丹溪撰
(7)素问玄机原病式一卷　(金)刘完素撰
(8)南北经验医方大成一卷　(元)孙允贤撰
(9)医经溯洄集二卷　(明)王履撰
(10)素问入式运气论奥三卷　(金)刘完素撰
(11)政类本草序例一卷　(宋)唐慎微　寇宗奭撰
日本正保至宝永间(1644—1710)山本长兵卫等刻汇印本　139

08392 13154 **郑素圃医书五种**二十三卷　1716
(清)郑重光(在辛、素圃、完夫、贞䝵先生)编
子目:
(1)伤寒论条辨续注十二卷
(2)素圃医案四卷
(3)温疫论补注二卷
(4)伤寒论证辨三卷
(5)伤寒论翼二卷
清康熙四十四年至五十五年(1705—1716)广陵乔国桢古歙许彪许华刻秩斯堂汇印本　590

08393 13155 **起秀堂刊医书两种**十三卷　1716
(清)陈世杰(怀三)编
子目:
(1)金匮玉函经八卷　(汉)张机撰　(晋)王熙录　(宋)林亿校正
(2)钱氏小儿药证直诀三卷附阎氏附方一卷、董氏小儿瘢疹备急方论一卷　(宋)钱乙撰　阎孝忠编
清康熙五十五年(1716)上海陈世杰起秀堂刻本　139

08394 13158 **仁寿堂医书四种**□□卷　[1722]
编者佚名
子目:
(1)金镜录伤寒验证舌法图说一卷　(元)敖氏原撰　杜本增订　(明)薛己润图
(2)经验良方(佚)
(3)经验良方续(佚)
(4)医家要语(佚)
清初仁寿堂刻本　1(存一种)

08395 13156 **经验四种十二种**　1724
(清)年希尧(允恭、偶斋主人)编
子目:
(1)集验良方六卷　(清)梁文科编
(2)经验痘疹不求人方论一卷　(明)朱栋隆撰
(3)一草亭眼科一卷附异授眼科一卷　(明)邓苑撰
(4)吴又可瘟疫论二卷补遗一卷　(明)吴有性撰
1. 清雍正二年(1724)广宁年希尧五羊官署刻本　3　139　289(存一、四种)　308A
2. 清雍正二年(1724)广宁年希尧五羊官署刻乾隆十四年(1749)天都黄晟印本　139(残)　288　570　738B

08396 07424 **萃芳集**九卷　1725
附罗田万密斋家藏妇人秘科三卷、竹林寺女科一卷
(清)高斗魁(旦中、鼓峰)等撰
子目:
(1)四明心法六卷　(清)高鼓峰撰
(2)鼓峰医案一卷　(清)高鼓峰撰
(3)东庄医案一卷　(清)吕用晦撰
(4)西塘感证一卷　(清)董废翁撰
清嘉庆石竹斋抄本　738

08397 13159 **医宗己任编**八卷　1725
(清)杨乘六(以行、云峰、潜村)编
子目:
(1)四明心法三卷　(清)高鼓峰撰

(2)四明医案一卷 (清)高鼓峰撰
(3)东庄医案一卷 (清)吕用晦撰
(4)西塘感症三卷 (清)董废翁撰
1. 清雍正十年(1732)西吴杨乘六衔三堂刻本 139 475A 476 541 733 940
2. 清雍正十年(1732)西吴杨乘六衔三堂刻有鸿斋重修本 1 21 139 251 391 412B 529A 590 734 738B 831 922
3. 清雍正十年(1732)西吴杨乘六衔三堂刻有鸿斋重修嘉兴博古堂印本 781
4. 清道光十年(1830)涵古堂刻本 3 7 139 186 301 361 396 514B 570 651 677A 706 728 731 736 896A 922 926A 940 942B
5. 清光绪十七年(1891)南京李光明庄刻本 1 2 3 7 139 139A 203 252 277 280 289 308A 361 401 450B 476 511 514A 541 570 590 664 665 712 715 721 728A 731 734 736 738B 839A 940
6. 清刻本 1 279 289 308A 541 721 734 736A 740A 740B 871 907C
7. 抄本 529A

08398 13160 **环秀堂医书丛刻**三卷 [1738]
(清)周廷兰编
子目：
(1)古今医诗大全摘要一卷 (清)张望撰
(2)铜人新图一卷 著者佚名
(3)伤寒舌鉴一卷 (清)张登撰
清刻本 901

08399 13139 **莫氏锦囊十二种**十六卷 1741
(清)莫熺(丹子、皋亭)撰
子目：
(1)医门约理一卷
(2)难经直解二卷
(3)脉学入门四言举要一卷
(4)濒湖脉学一卷
(5)脉会辨一卷
(6)脉诀考证一卷
(7)本草纲目摘要四卷
(8)月令考一卷
(9)黄帝阴符经注一卷
(10)黄庭经注一卷
(11)心经悟解一卷
(12)性命圭旨约说一卷
清顺治康熙间刻乾隆六年(1741)汇印本 1 2 139 152 185 202(残) 590(残)

08400 13161 **(御纂)医宗金鉴**九十卷卷首一卷 1742
(清)吴谦(六吉)等辑
子目：
(1)订正伤寒论注十七卷
(2)订正金匮要略注八卷
(3)删补名医方论八卷
(4)四诊心法要诀一卷
(5)运气要诀一卷
(6)伤寒心法要诀三卷
(7)杂病心法要诀五卷
(8)妇科心法要诀六卷
(9)幼科杂病心法要诀六卷
(10)痘疹心法要诀六卷
(11)幼科种痘心法要旨一卷
(12)外科心法要诀十六卷
(13)眼科心法要诀二卷
(14)刺灸心法要诀八卷
(15)正骨心法要旨四卷
1. 清乾隆七年(1742)内府稿本(附工笔精绘图) 139(存十八卷) 285(存三十六册) 413(存卷一至二十) 475A(存四诊心法要诀二卷)
2. 清乾隆武英殿刻本 1 2 3 7 21 139 140 185 202 203 204 251 279 285 287 288 289 301 302 308A 310 351 360A 412A 412B 413(存卷一至十、十三至十六) 433 433A 461 475A 476 491 493 511 514A 522 529A 541 542 572 579 590 651 664 677A 701 706 715 728A 738A 746 831 852 854 896A 907B 911 931 TC
3. 清乾隆五十九年(1794)吴经元堂重刻本 139
4. 清乾隆刻本 1 139 203 301 308A 361 383 393 412A 413(存卷七至十八) 439 450B 475A 541 542 570 709 714 728A 733B(存八十卷)

736A　917A

5. 清嘉庆二十二年（1817）茗园堂刻本　412A

6. 清道光四年（1824）云南刻本　901　907B

7. 清光绪二年（1876）江西书局重修本　1　6　7　21　139A　140　185　202　203　252　279　280　286　287　288　289　308A　397　412A（残）　421　435　462　475A　511　514A　541　570　707　709　715　731　734　734A　735　737　743　851　891　896A　911　912　915

8. 清光绪九年（1883）扫叶山房刻本　1　139　140　202　251（存七十卷）　255　270（存三十九卷）　301　303　306　308A　361　366　381　396　401　412A　421（残）　466　467　475A　491　514B　518　523（残）　529A　570　651　665　677A　721　723　736A　738B　781　800　851　852C　911　921　931

9. 清光绪十八年（1892）上海五彩书局铅印本　139　251　277　302　421　475A　570　709　728A（残）　741　839A

10. 清光绪十八年（1892）上海图书集成印书局铅印本　1　9　139　202　277（残）　286　288　301　302　303　308A　361　401　433A　443　461　541　570　579　590　651　713　731　734　734A　736A　737　738A　739　874　896A　911　931　940

11. 清光绪二十二年（1896）上海同仁馆石印本　286　799A

12. 清光绪二十八年（1902）上海醉六堂石印本　9　302　363　412A（残）　413（存卷四至七、五十五至五十八）　738　740A　740D　891

13. 清光绪二十九年（1903）上海经香阁石印本　1　21　139　361　443　461　466　664　708　791　852K　915　931（残）

14. 清光绪二十九年（1903）上海飞鸿阁书林石印本　1　361　396　450A　728A（残）　737　740A　740B

15. 清光绪三十二年（1906）上海锦章书局石印本　1　145　251（存三十二卷）　256（残）　353　393　396（残）　433A　604（残）　734A（残）　740A　852C　852D　940

16. 清光绪三十二年（1906）上海有益斋石印本　251　364A　393　396　435（残）　542　734A（残）　XF

17. 清光绪三十二年（1906）上海文新书局石印本　1　277　311　351　493　514A　531　738　740D

18. 清光绪蜀都会友堂刻本　433A　874

19. 清光绪刻本　287　301　421　541　871

20. 清宣统元年（1909）铸记书局石印本　931

21. 清宣统元年（1909）上海章福记书局石印本　277　302　306　361　443　467　590　736B　907B　911　931

22. 清宣统元年（1909）上海简青斋书局石印本　203　251（残）　302　363　415　734A（残）　735A（残）　736A　738D　740C（残）　740A　740J（存五十三卷）　741（残）　743（残）　799A　907B　931

23. 清宣统三年（1911）上海文盛书局石印本　21　202　896A　XB

24. 清三元堂刻本　740B

25. 清友于堂刻本　21

26. 清三让堂刻本　202　308A（残）　831

27. 清经元堂刻本　202

28. 清宝仁堂刻本　139

29. 清善成堂刻本　1（残）　3　139　203　287　288　302　308A（残）　366　396

30. 清聚奎堂刻本　289　740B　831

31. 清尊经阁刻本　1（存二、四至十五种）　302　412A　475A　706

32. 清书业德刻本　287

33. 清德顺堂刻本　412A

34. 清文选楼刻本　740C

35. 清积德堂刻本　907C

36. 清湖南刻本　139　734　740B

37. 清四川刻本　421　901

38. 清刻本　1　21　139　145　186　251　270　277　279　288　289（残）　301（残）　302　305　306　308A　311　351　352（残）　360A　360B（残）　360C

360D 361 362 364A 365 366 370（残） 381 383 391 393（残） 396 407（残） 409 412A 413 414 415 417 418 421 432 437 443 444（残） 450 461 462（残） 491 511 521 523 529A 542 570 590 651 664 665 677A 704 714 716 721 728 728A（存第十二种） 733A 733B 735A 736A 736B 736C 737 740A 740C（残） 741 742A（残） 743（残） 783 784 799（残） 799A 852B 852D 852R 852S 852X 854（残） 931（残） 940（残） 943

39. 清抄本 277

40. 见四库全书

08401 **主笃庵医书四种**六卷 1748
13162 （日）滕懿之（秀顺）撰

子目：

（1）小儿治痢要法一卷

（2）小儿纯阴论一卷

（3）和汉人参考一卷附后编一卷、追加一卷

（4）治痢经验一卷

日本宽延元年（1748）刻安永三年（1774）重修本 7

08402 **妇婴至宝**八卷 ［1750］
05711 （清）徐尚慧（忲忹）编

子目：

（1）达生编四卷 （清）亟斋居士编

（2）种痘法一卷 （清）毓兰居士辑

（3）福幼编一卷 （清）庄一夔撰

（4）遂生编痘科治法一卷 （清）庄一夔撰

（5）推拿摘要辨证指南一卷 （清）王兆鳌重校

1. 清嘉庆元年（1796）长洲黄月槎刻本 311（存四卷） 491 541 734

2. 清嘉庆十五年（1810）友善堂刻本（三种六卷） 491 731

3. 清道光十一年（1831）三松堂刻本（版心下镌三松堂） 450A 651 664 741

4. 清道光十一年（1831）绍兴刻本（三种六卷） 361 514A 572 589 590 651 664 721 731 734A 738A 896A 901 922 926A

5. 清道光二十年（1840）常州薛清秘阁书坊刻本 277

6. 清道光二十四年（1844）兰州浙江会馆刻本 3 731

7. 清咸丰三年（1853）桂林唐九思堂刻本 931

8. 清咸丰九年（1859）刻本（六卷） 651

9. 清同治五年（1866）杭州有容斋刻本（三种六卷） 139 252 280 301 302 391 435 475A 570 590 677A 731 736 738B 940

10. 清同治八年（1869）竟成堂刻本 1 412A 514A 740C 926A

11. 清同治十年（1871）蓉江毛氏常熟刻本 702 707 710

12. 清同治十二年（1873）昆山周文墨斋刻本 277 393 421 514A 579 590 651 664 677A 731 735 839A 871 917A

13. 清同治十三年（1874）藻春堂刻本（附随缘便录一卷女科二卷） 435 491

14. 清光绪元年（1875）广信立德刻本（三种六卷） 2 721 731 731A 738B 740A 852

15. 清光绪二年（1876）刻本（三种六卷） 677A 740C

16. 清光绪三年（1877）刻本 541

17. 清同治十二年（1873）昆山周文墨斋刻光绪五年（1879）印本 736（存五种八卷）

18. 清光绪六年（1880）扬州文富堂刻本（三种六卷） 186 289（存三卷） 412B 521 677A 715 799A

19. 清光绪八年（1882）文庆堂刻本 351 651 728A 733B 800

20. 清光绪八年（1882）苏州谢家福望炊楼刻本 570

21. 清光绪十二年（1886）京口善化堂刻本（三种六卷） 139 351 461 475A 541 664

22. 清光绪十四年（1888）刻本 731

23. 清光绪十八年（1892）苏城玛瑙经房刻本 529A 728A

24. 清光绪二十年（1894）文林书局石印本 421 701

25. 清光绪二十一年（1895）菰庞会馆石印本

（三种六卷）　491　529A
26. 清光绪二十四年（1898）张近秀斋刻本（三种六卷）　521
27. 清光绪二十七年（1901）武陵乐善不倦子刻本　831
28. 清光绪二十九年（1903）金陵蒋绍基刻本　1　511　514A　529A　570　651　664　709　728A　839A　940
29. 清宣统三年（1911）刻本（六卷）　514A
30. 清济南会文斋刻本　301
31. 清友善堂抄本　302
32. 清刻本　139　286　361　364A（存五卷）　443　570　710　733　734A　740A（三种六卷）　740C（存卷一至五）　922（三种六卷）
33. 清石印本　721
34. 见医书三种
35. 见桃坞谢氏汇刻方书九种

08403 12959 **卫生纂要**四卷　1755
（清）刘奂（礼门、山阴礼道人）编
子目：
（1）诊家枢要一卷　（元）滑寿撰
（2）经络歌诀一卷　（清）汪昂撰
（3）汤头歌诀一卷　（清）汪昂撰
（4）经验集方一卷
清乾隆二十年（1755）稿本　590

08404 13165 **乐只堂医书汇函**二十卷　1757
（清）何梦瑶（报之、西池、砚农）撰
子目：
（1）医碥七卷
（2）伤寒论近言七卷
（3）三科辑要六卷
清乾隆二十二年（1757）南海何梦瑶刻本　351（存第二至三种）

08405 13166 **盘珠集**十八卷　1761
（清）施雯（澹宁、文澍）　洪炜（缉庵、霞城）　严洁（西亭、青莲）撰
子目：
（1）气运摘要一卷　（清）施雯撰
（2）脉法大成二卷　（清）施雯撰
（3）胎产症治三卷　（清）施雯撰
（4）虚损启微二卷　（清）洪炜撰
（5）得配本草十卷　（清）严洁撰
1. 清乾隆二十六年（1761）小眉山馆木活字印本　579　590　733　738B（存第一、三、五种）
2. 清嘉庆九年（1804）雪香书屋木活字印本　734（存三种）　734A

08406 13167 **徐氏医书六种**十七卷　1764
（清）徐大椿（灵胎、洄溪老人）撰
子目：
（1）难经经释二卷
（2）神农本草经百种录一卷
（3）医贯砭二卷
（4）医学源流论二卷
（5）伤寒论类方一卷
（6）兰台轨范八卷
1. 清雍正五年至乾隆二十九年（1727—1764）古吴徐氏刻半松斋汇印本　1　7　139　186　203　279　280　288　308A（缺第四种）　361　401　412A　421（残）　443　475A　514A　541　677A　715　728A　731　734A（残）　736B　737　799A　831　852　891　911　943
2. 清同治十二年（1873）湖北崇文书局刻本　3　6　7　8　21　139　186　202　277　288　289　301　308　360D　361　393　401　412A　417　433A（缺一种）　450　475A　514A　529A　529B　541　546　570　664　701　715　728A　731　734A　735　740D　741　799A　831　839A　852　891　911　921　931
3. 清刻本　1　139　677A　734A　735A（残）　738A　740C（残）

08407 05589 **医宗撮精**十三卷　1768
（明）薛己（新甫、立斋）撰　黄承昊（履素、阇斋、乐白道人）评注　（清）白钟麟（圣书）辑订
子目：
（1）医宗摘要四卷　（明）薛己撰
（2）折肱漫录六卷附续养形篇二卷续医药篇一卷　（明）黄承昊撰
1. 清乾隆三十三年（1768）山右白钟麟扬州江膺乐伦堂刻本　139　203　412A　590
2. 清嘉庆十七年（1812）刻本　152　279　286　570　590

08408 13173 **医林指月**二十三卷 1770

又名医林指月十二种

(清)王琦(载韩、琢崖、胥山老人)辑

子目:

(1)医学真传一卷 (清)高世栻撰

(2)质疑录一卷 (明)张介宾撰

(3)医家心法一卷 (清)高鼓峰撰

(4)易氏医案一卷 (明)易大艮撰

(5)芷园臆草存案一卷 (明)卢复撰

(6)伤寒金镜录一卷 (元)杜本编

(7)痎疟论疏一卷附痎疟疏方一卷 (明)卢之颐撰

(8)达生篇二卷 (清)亟斋居士撰

(9)扁鹊心书三卷附神方一卷 原题(战国)扁鹊传 (宋)窦材编

(10)本草崇原三卷 (清)张志聪撰 高世栻辑编

(11)侣山堂类辨二卷 (清)张志聪撰

(12)学古诊则四卷 (明)卢之颐编

1. 清乾隆二十九年至三十五年(1764—1770)钱塘王琦刻宝笏楼汇印本 3 7 21 139 185 186 202 203 251 286 289(存六种) 301 351 381 462 491 541 570 572 590 677A 709 723 731 733(残) 733A 734 734A 736E 737 740(残) 741 746 891 907C 911 931 940(残)
2. 清光绪二十二年(1896)上海图书集成印书局铅印本 1 21 139 139A 185 186 202 203 251 279 280 286 289 301 305 308 308A 351 361 362 365 381 385 385A 391 396 401 412A 421 433A 450 462(残) 475A 511 514A 519 521 529A 572 590 664 677A 701 710(存七种) 728 728A 731 734 734A(残) 735 736A 736B 736E 737A(存十种) 738 738A 738B 799A 831 839A 850 852 854 871 896A 907B 907C 911 917A 921 926A 931 939 940 944 951

08409 13174 **沈氏尊生书**七十卷 1773

(清)沈金鳌(芊绿、汲门、尊生老人)撰

子目:

(1)杂病源流犀烛三十卷卷首二卷(脉象统类一卷、诸脉主病诗一卷)

(2)伤寒论纲目十六卷

(3)幼科释迷六卷

(4)妇科玉尺六卷

(5)要药分剂十卷

1. 清乾隆三十八年(1773)无锡沈金鳌芊绿草堂稿本 139
2. 清乾隆四十九年(1784)锡山奇丰额安徽刻本 6 139 140 185 203 303 381(存五种) 401(存四种) 475A 522 529A(残) 651 702 721 728A 734A 737(缺一卷) 739A 799 852(存四种)
3. 清乾隆四十九年(1784)锡山奇丰额安徽刻学余堂印本 511
4. 清乾隆四十九年(1784)锡山奇丰额安徽刻五十二年(1787)增修本 361 541 738B
5. 清乾隆四十九年(1784)锡山奇丰额安徽刻五十二年(1787)五十七年(1792)增修本 139
6. 清道光二十四年(1844)南海刘聘璧刻本 140 435 514A 710(存六十四卷)
7. 清同治十三年(1874)湖北崇文书局刻本 1 2 3 21 139 139A 140 186 202 203 251 252 254 270 279 280 285 286 287 288 289 301 308 308A(残) 351 362 366 391 393 401 412A 412B 431 433A 435 443 450 461 462 463 475A 491 514A 514B 521 523 529A 541 542(存十六卷) 546 570 572 579 590 664 677A 706 707 721 728 728A 731 732 734 734A(存三种) 736B 738 738A 738B 741 781 799A 831 839A 852 852B(存五种) 896A 901 907B 907C 911 917A 926A 939 940 942B 943(存四种)
8. 清光绪广州儒雅堂刻本(据刘聘璧本翻刻) 931
9. 清光绪二十一年(1895)上海图书集成印书局铅印本 1 139 186 203 277

280 286 302 361 363 381（残） 412A 412B 421 443 491 572 590 677A 709 728A 734 736（存一种） 737（存四种） 738B 738E 740D 839A（存四种） 851 854（残） 896A 907C 922 931

10. 清宣统元年（1909）石印本 1 139 139A 202 203 302 306 308A 396 412A 433A 434 435 475A 514A 529A 541 570 572 590 664 665 714 721 728A 731 734A 735 736A 736C（存一种） 737 738A 743 799A 901 907B 907C

11. 清刻本 203 289 308A（残） 382 385B 522 529B 728B 736A（存四种） 736C 739C 907C 940

12. 清抄本 139

08410
13176
乾隆吴陵纪桂芳医学丛书九卷 1784

（清）纪桂芳（茨荷、中纬）撰

子目：

（1）河间宣明论方发明三卷

（2）河间保命集方发明四卷

（3）东垣先生用药大旨一卷

（4）茨菏医案一卷

清乾隆四十九年（1784）稿本 139 289

08411
13177
本草伤寒辑要合编二十三卷 1790

（清）林玉友（渠清、寸耕居士）撰

子目：

（1）本草辑要六卷

（2）伤寒方论辑要十六卷

（3）寸耕堂医案一卷

清道光十一年（1831）侯官林玉友寸耕堂刻本 1 289（存辑要卷八至十六、医案一卷） 651 911

08412
13178
医林棒睡等三种五卷 1793

（清）贺勖（再存） 贺大文（藻亭）编

子目：

（1）医林棒睡三卷 （清）贺勖撰

（2）医论一卷 （清）贺大文撰

（3）脉法悟宗一卷 （清）贺大文编

清乾隆五十八年（1793）文秀堂刻本 202

08413
13179
六醴斋医书五十五卷 1794

又名六醴斋医书十种

（清）程永培（瘦樵）编

子目：

（1）褚氏遗书一卷 （南齐）褚澄编

（2）肘后备急方八卷 （晋）葛洪撰

（3）元和纪用经一卷 （唐）王冰撰

（4）苏沈内翰良方十卷 （宋）沈括等撰

（5）十药神书一卷 （元）葛可久编

（6）加减灵秘十八方一卷 （明）胡嗣廉纂

（7）韩氏医通二卷 （明）韩悉撰

（8）痘疹传心录十八卷附种痘一卷 （明）朱惠明撰

（9）折肱漫录七卷 （明）黄承昊撰

（10）慎柔五书五卷 （明）胡慎柔述 石震订

1. 清乾隆五十一年至五十九年（1786—1794）新安程永培刻修敬堂汇印本（书口题於然室） 1 139 186 202 203 204 280 289 301 308A 461 476（残） 511 529A 541 570 579 589 590 651 664 677A 706 709 728A 731 734 736A 737（存一种） 738B 740A（存一种） 831 896A 907C 917A 926A 943

2. 清光绪十七年（1891）广州藏修堂刻本 1 2 139 203 279 287 289 362 391 443（《韩氏医通》补配修敬堂本） 541 831

3. 清光绪十七年（1891）广州藏修堂刻儒雅堂印本 1 2 3 21 139 186 308 308A 351 361 385A 391 412A 412B 432 433A 443 450B 475A 491 492 511 529A 529B 541 546 572 664 677A 701 721 733（存六种） 738 738A 738B 831 839A 851 852 871 901 907B 939 940 942B

4. 清刻本 139A 254 511（残） 708 712 907C（残） 940（残）

5. 抄本 738B

08414
13180
程刻秘传医书四种四卷 ［1794］

（清）程永培（瘦樵）编

子目：

（1）褚氏遗书一卷 （南齐）褚澄撰

（2）相儿经一卷 （晋）严助撰

（3）脉经一卷 （唐）甄权撰

(4)玄女房中经一卷 （唐）孙思邈撰

清抄本 3

08415 13181 **脉药联珠合刻**九卷 1795

（清）龙柏（佩芳、青霏子）撰

子目：

(1)脉药联珠古方考三卷附脉诀一卷

(2)脉药联珠药性考四卷

(3)脉药联珠食物考一卷

1. 清嘉庆二十一年（1816）醒愚阁刻本 139 270（残） 289 514A 570 590（缺第一种） 701 721 839A 940（缺第三种）

2. 清光绪十四年（1888）顺德冯兆年刻翠琅玕馆丛书本 21 270（残） 702

3. 清崇德堂刻本 308A

4. 清刻本 3 940（残）

5. 清抄本 579 701（清·潘霨题跋）

6. 见翠琅玕馆丛书

08416 13182 **郑彤园医书**二十二卷 1795

（清）郑玉坛（彤园）撰

子目：

(1)伤寒杂病心法集解四卷附医方合编二卷

(2)幼科心法集解四卷

(3)彤园妇科六卷

(4)外科图形脉证四卷附医方便考二卷

1. 清嘉庆元年（1796）长沙郑玉坛刻本 831

2. 清光绪二十五年（1899）长沙述古书局木活字印本 139 203 590

08417 13298 **经史秘汇**六卷 ［1795］

（清）吴翌凤（凤鸣、伊仲、牧庵、枚庵）辑

子目：

(1)法古宜今一卷 （清）沈锦桐撰

(2)景岳十机摘要一卷 （明）张介宾原撰 沈锦桐（谱琴）删订

(3)毓麟策一卷 （清）沈锦桐撰

(4)温疟论一卷 （清）薛雪撰

(5)湿热条辨一卷 （清）薛雪撰

(6)受正玄机神光经一卷 原题（明）张君宝（三丰）撰

清乾隆长洲吴氏抄本 541

08418 13184 **遵生集要**十卷 1799

（清）曹施周（沛霖）编

子目：

(1)瘟疫论二卷附补遗一卷 （明）吴有性撰

(2)舌镜一卷附舌苔诸方一卷 （元）杜清碧撰

(3)增补方论一卷 （清）景冬阳撰

(4)存存书屋摘抄一卷 （清）戴天章撰

(5)咽喉总论一卷 著者佚名

(6)产宝家传一卷 （清）倪东溟撰

1. 清嘉庆四年（1799）历城杨润刻本 139 311（存三种） 590（残） 677A

2. 清抄本 1（存三种）

08419 13185 **张氏医参**十二卷 1801

（清）张节（心在、梦畹）撰

子目：

(1)学医一得一卷

(2)持脉大法一卷

(3)本草分经一卷

(4)瘟疫论一卷 （明）吴有性原撰 （清）张节摘辑

(5)痘源论一卷

(6)伤燥论一卷

(7)附经六卷一卷

1. 清嘉庆六年（1801）率真草堂刻本 139 570 728A（残）

2. 抄本 590（存一至三、五至七种）

08420 13186 **公余医录六种**二十二卷 1803

又名陈修园医书六种

（清）陈念祖（修园、良有、慎修）撰

子目：

(1)神农本草经读四卷

(2)医学三字经四卷

(3)时方妙用四卷

(4)时方歌括二卷

(5)女科要旨四卷

(6)景岳新方砭四卷

1. 清嘉庆八年（1803）大文堂刻本 139A 308

2. 清道光渔古山房刻本 277

3. 清咸丰十年（1860）经纶堂刻本 140 921

4. 清同治七年（1868）稽古堂刻本 139 854

5. 清同治九年（1870）绥定达县明德善堂刻本 289 308A 351 361 381 412A 450B 461 491（存五种） 514A 529A

677A(存五种) 926A
6. 清光绪十三年(1887)京都务本堂刻本 361 907C
7. 清光绪二十六年(1900)新化三味书局刻本 361 541
8. 清光绪二十九年(1903)成都多文堂刻本 385A
9. 清宣统元年(1909)宝庆经元书局刻本 570 736A
10. 清宣统元年(1909)宝庆经元书局刻富记书局印本 839A
11. 清两仪堂刻本 738B
12. 清成德堂刻本 852
13. 清善成堂刻本 462(残) 728A
14. 清刻本 734A(残) 785

08421/13187 **叶氏四种**四卷 1804
又名钱塘许嗣灿汇辑医书四种
(清)许嗣灿(省晨)编
子目:
(1)本草翼一卷 (清)王子接撰 叶桂增补 许嗣灿增辑
(2)脉诀元微一卷 (宋)刘开撰 许嗣灿订
(3)叶氏幼科要略一卷 (清)叶桂撰
(4)喉风要略一卷 (清)许嗣灿编
清嘉庆九年(1804)敦善堂刻本 152

08422/13275 **一隅草堂医书**七卷 [1804]
(清)计楠(寿乔、甘谷外史)辑
子目:
(1)质疑录二卷 (明)张介宾撰
(2)按部分经络一卷 (明)宁一玉编
(3)类伤寒集补一卷 (清)张泰编
(4)客尘医话三卷 (清)计楠编
清光绪十九年(1893)秀水王赓虞抄本 139

08423/12326 **味义根斋偶抄**十八卷 1810
(清)徐赓云(凤冈、撷芸)辑
子目:
(1)喉症机要二卷 (清)姚履佳校订 徐赓云增辑
(2)仙芝集六卷 (清)王昕撰
(3)接骨全书二卷 (清)徐赓云编
(4)推拿秘旨四卷 (明)马郎传
(5)幼科秘传一卷 (清)徐大椿撰
(6)雕虫集一卷 (清)徐大椿撰
(7)经络歌诀脉学合璧二卷 (明)李时珍撰 (清)汪昂撰
清嘉庆十五年(1810)抄本 589

08424/13190 **聊复集**五卷 1810
(清)汪必昌(燕亭)编 汪国瑞等校
子目:
(1)医阶诊脉一卷
(2)医阶辨证一卷
(3)医阶辨药一卷
(4)眼科心法一卷
(5)咽喉口齿玉钥全函一卷
1. 清嘉庆十五年(1810)新安汪必昌自刻本 139A 152 289 385 721 871
2. 清抄本 139 721

08425/13192 **毓芝堂四种**七卷 1812
又名丛桂堂医书四种
(清)汪和鼎(味根)编
子目:
(1)宜麟策一卷附续篇一卷 (明)张介宾撰
(2)达生篇二卷 (清)亟斋居士撰
(3)保婴易知录二卷 (清)吴宁澜撰
(4)丛桂山房集验良方一卷 著者佚名
清嘉庆十七年(1812)桂林贺广文堂刻本 2 139 203 308A 512

08426/05695 **卫生广嗣达生稀痘合编**五卷 1812
(清)吴建钮(铨庵)辑
子目:
(1)卫生要诀一卷 (清)吴建钮撰
(2)达生篇二卷 (清)亟斋居士撰
(3)保婴篇一卷稀痘篇一卷 (清)毓兰居士撰
1. 清嘉庆十七年(1812)汉皋三隽堂刻本 738B
2. 清抄本 570

08427/13193 **曾氏医书四种**十三卷 1814
(清)曾鼎(亦峦、香田)撰
子目:
(1)医宗备要三卷
(2)幼科指归二卷
(3)痘疹会通四卷
(4)妇科指归四卷
清嘉庆十九年(1814)南城曾鼎忠恕堂自刻本 1 2 21 139 651

08428/13217 **医述**十六卷 1817
(清)程文囿(杏轩、观泉)撰

子目：
(1)医学溯源二卷
(2)伤寒提钩一卷
(3)伤寒析疑一卷
(4)杂证汇参八卷
(5)女科原旨一卷
(6)幼科集要一卷
(7)痘疹精华一卷
(8)方药备考一卷
1. 清道光七年(1827)刻本　203　907C　939(存前四种十二卷)
2. 清光绪十七年(1891)泾川朱氏汉上刻本　1　3　21　139　186　277　461　475A　572(残)　590　651　664　677A　721　728A　736A　738B　851　901　940

08429 03891 **良方汇订**六卷　[1817]
(清)邱熺(浩川)等编
子目：
(1)杂疫证治一卷
(2)痧胀治法集要一卷
(3)经验简便良方一卷附备用药物一卷
(4)稀痘神方一卷
(5)引痘略一卷
清刻本　738B

08430 00000 **痧胀全书**四卷　1820
(清)刘一明(悟元山人、悟元子、素朴子、被褐散人)编
子目：
(1)晰微补化二卷　(清)王凯编
(2)杂疫证治一卷　(清)刘奎编
(3)瘟疫统治一卷
清嘉庆二十五年(1820)棲云山刘一明刻本　139　433A(残)

08431 13214 **卫生汇编第一集**二十九卷　1823
(日)丹波元胤(绍翁、奕禧、柳片)编
子目：
(1)黄帝虾蟆经一卷　著者佚名
(2)本草衍义二十卷　(宋)寇宗奭撰
(3)济生续方八卷　(宋)严用和撰
日本文政六年(1823)柳沜丹波元胤刻本　461

08432 13215 **医学四要**十八卷　1823
(清)蔡贻绩(乃庵)编
子目：
(1)医学指要六卷
(2)伤寒温疫抉要五卷
(3)内伤集要六卷
(4)医会元要一卷
清道光三年(1823)广东花县骆浩泉翰墨园刻本　139　590　737(存一种)　940(残)

08433 13216 **医门棒喝**十三卷　1825
(清)章楠(虚谷)撰
子目：
(1)初集医论四卷
(2)二集伤寒论本旨九卷
1. 清道光九年(1829)海宁应澍河间纪馥树刻十六年(1836)山阴吴国梁补刻同治六年(1867)聚文堂重修汇印本　1　2　3　21　139　139A　185　186　202　203　277　279　280　301　308　308A　361　362　381　385A　385B　393　412A　421　431　432　433　435　450　450A　461　467　475A　491　511　514A　523　529B　541　572　579　590　651　664　677A　706　708　709　712　715　716　721　728A　731　734　735A　737　738　738A　738B　740A　740B　740C　740D　746　799A　831　839A　851　852　852A　853　871　896A　907B　921　926A　931　939　943
2. 清宣统元年(1909)蠡城三友益斋石印本　1　139　203　251　254　270　277　279　280　281A　286　289　301　308A　309　361　385　385A　393　412A　421　475A　476　491　493　514A　514B　519　521　529A　541　570　589　590　664　677A　709　728A　733A　734　736A　736B　738A　740A　740B　799　799A　839A　852　852B　852D　896A　907B　907C　922　926A　931　940

08434 13218 **五书剔髓**二十卷　1826
(日)竹坪后藤编
子目：
(1)伤寒论五卷
(2)金匮要略方四卷
(3)千金方三卷
(4)千金翼方二卷

（5）外台秘要方三卷
（6）药注二卷
（7）分量考一卷
日本稽古塾刻本 139A

08435 13219 **鲍氏汇校医书四种**十八卷 1828
（清）鲍泰圻编
子目：
（1）伤寒类书活人总括七卷 （宋）杨士瀛撰
（2）传信适用方四卷 （宋）吴彦夔撰
（3）产宝诸方 著者佚名
（4）急救仙方六卷 著者佚名
清道光八年（1828）棠樾鲍泰圻广陵木活字印本 3（残） 139 286 651

08436 13040 **飧庭口诀等四种**四卷 1832
（日）佐藤氏辑
子目：
（1）飧庭口诀一卷 （日）飧庭东庵撰
（2）经穴图一卷 著者佚名
（3）乳岩辨一卷 （日）华冈震撰
（4）产科手术秘录一卷 （日）奥田道一撰
日本安政二年（1855）佐藤氏抄本 3

08437 06644 **医门普度**六卷 1832
（清）陈元（节斋、澋斋）辑订
子目：
（1）温疫论二卷 （明）吴有性撰
（2）痢疾论四卷 （清）孔毓礼辑
1. 清乾隆五十一年（1786）黎水陈元谦益堂刻宝田斋印本 139
2. 清道光五年（1825）谦益堂重刻本 289
3. 清乾隆五十一年（1786）黎水陈元谦益堂刻道光十三年（1833）周官重修本 3 139A 202 363（残） 741 917A
4. 清同治元年（1862）文林堂刻本 308A 831
5. 清同治元年（1862）浏阳西乡同善都会长沙曾郁文堂刻本 514A 590 709 728B 831
6. 清同治八年（1869）刻本 3 139
7. 清文英堂刻本 461 731 739A 940
8. 清文奎堂刻本 896A
9. 清文渊堂刻本 280 289 737 740A 740B 740C 907C
10. 清刻本 139 203 361 651 733A

08438 13221 **古训医传**二十五卷 1836
（日）宇津木益夫（昆台、天敬、太一郎）撰
子目：
（1）医学警悟六卷
（2）风寒热病方经篇七卷
（3）风寒热病方纬篇七卷
（4）药能篇五卷
日本天保七年（1836）平安视别轩刻本 3

08439 13222 **齐有堂医书三种**十一卷 ［1836］
又名齐氏医书三种
（清）齐秉慧（有堂、德甫、戎州逸士）撰
子目：
（1）医门十劝一卷
（2）齐氏医案六卷
（3）齐氏医秘二卷
清同治三年（1864）刻本 590

08440 13188 **齐氏医书四种**二十一卷 1837
（清）齐秉慧（有堂、德甫、戎州逸士）编
子目：
（1）齐氏医案六卷卷首一卷 （清）齐秉慧撰
（2）家传医秘二卷 （清）齐秉慧撰
（3）痢症汇参十卷 （清）吴道源编
（4）痘麻医案二卷 （清）齐秉慧撰
1. 清道光十七年（1837）刻聚奎堂印本 139
2. 清道光十七年（1837）刻宏道堂印本 279 289 361（缺一卷） 475A 514A

08441 13253 **逯南轩谢邃乔先生医书二种**四卷 1840
（清）谢应材（邃乔）编
子目：
（1）咽喉论一卷 （清）逯南轩撰
（2）谢氏医书二种三卷（发背对口治诀论一卷外科秘法二卷） （清）谢应材撰
附：
扬州存济堂药局膏药方一卷
清光绪八年（1882）状元第庄刻本 351 541（存咽喉论、发背对口治诀论） 728A 731

08442 13224 **瓶花书屋医书**七十九卷 1847
（清）包松溪等编
子目：
（1）医方集解二十一卷附急救良方一卷 （清）汪昂撰
（2）本草备要八卷 （清）汪昂撰
（3）本草从新十八卷 （清）吴仪洛撰

(4)成方切用二十六卷 （清）吴仪洛撰
(5)外科证治全生五卷 （清）王维德撰
清道光二十五年至二十七年（1845—1847）京口包松溪等刻本 1（存三种） 2（存四种） 139 286 301 421 476（存四种） 541 542（残） 579 651 701 852 911（存三种） 931

08443/13225 **医学切要全集**六种七卷 1847
（清）王锡鑫（文选、席珍子、亚拙山人）撰
子目：
(1)医学切要一卷
(2)眼科切要一卷
(3)幼科切要一卷
(4)痘科切要一卷
(5)外科切要一卷
(6)奇方纂要一卷
附：
医学一统一卷 （清）黄为良撰
1. 清道光二十七年（1847）重庆饶氏刻光绪八年（1882）重修本 139 139A 152 186 270 279 361 385A 401 475A 514A 529（残） 572 731 737 738 738A 741 851 852 901 940
2. 清渝州善成堂刻本 514A 857
3. 清渝州善成堂刻古渝蔚文山房印本 139（存第一、四、五种） 738A 907C

08444/00000 **医门普渡**十卷 1847
（清）经纶堂辑
子目：
(1)痢疾论四卷 （清）孔毓礼辑
(2)广瘟疫论四卷末一卷 （清）戴天章撰
(3)时疫白喉捷要一卷 （清）张绍修撰
1. 清道光二十七年（1847）经纶堂刻本 289 308A 385 529A 799A 839A
2. 清道光二十七年（1847）经纶堂刻同治七年（1868）增刻本 139 385A 491

08445/13227 **寿世新方二种**四卷 [1847]
（清）王锡鑫（文选、席珍子、亚拙山人）撰
子目：
(1)亚拙医鉴三卷
(2)方便一书一卷
1. 清光绪十六年（1890）内邑刻本 514A
2. 清光绪二十七年（1901）刻本 1 541

08446/13228 **存存汇集医学易读**四卷 1849
（清）王锡鑫（文选、席珍子、亚拙山人）撰
子目：
(1)存存汇集二卷
(2)针灸便览一卷
(3)日月眼科一卷
清咸丰万邑魏良久刻本 152 279 289 590

08447/13229 **六种新编**二十三卷 1850
又名萍乡文氏所刻医书六种、萍乡文延庆堂六种新编、医方十种汇编
（清）文晟（叔来）编
子目：
(1)内科摘录四卷卷首一卷
(2)外科摘录二卷补遗一卷附急救便方一卷
(3)慈幼便览一卷附痘疹摘录一卷
(4)增订达生编二卷附妇科杂证一卷
(5)便方补遗一卷
(6)药性摘录一卷附常用药物一卷食物一卷
1. 清同治十一年（1872）萍乡文星瑞延庆堂维杨刻本 1 139 302 475A 514A 529A 541 590 677A 712 741 907C 940
2. 清光绪穗城西湖街藏珍阁刻本 2 139 139A 361 412A 443（存第二、三、四、五种） 491 514A（残） 529A 728A 734A（存一种） 743 839A（残）
3. 清同治十一年（1872）萍乡文星瑞延庆堂维杨刻光绪十一年（1885）京江文成堂重修本 2 139 186 270 280 289 491 514A 541 664 677A 839A 907C（缺增订达生编） 921（残） 940
4. 清同治十一年（1872）萍乡文星瑞延庆堂维杨刻光绪十一年（1885）京江文成堂重修上海千顷堂印本 289 590 839A

08448/13230 **汉阳叶氏丛刻**二十八卷 1850
又名叶氏丛书
（清）叶志诜（东卿、仲寅、遂翁）编
子目：
(1)神农本草经赞三卷附月令七十二候赞一卷
(2)观身集四卷 （清）叶志诜撰
(3)颐身集五卷 （清）叶志诜撰
(4)绛囊撮要五卷 （清）云川道人编

(5)信验方四卷续录四卷 (清)卢荫长撰
(6)五种经验方一卷 (清)叶廷芳辑
(7)咽喉脉证通论一卷 著者佚名
清道光三十年至咸丰四年(1850—1854)汉阳叶志诜两广督署刻本 1(残) 139 476(残) 590(残)

08449/13231 **仙方合集**四卷 1850
(清)贾山亭(回炤子)辑
子目:
(1)大生要旨一卷 (清)唐千顷撰
(2)遂生篇一卷 (清)庄一夔撰
(3)福幼编一卷 (清)庄一夔撰
(4)瘟疫论一卷 (明)吴有性撰
清道光三十年(1850)蜀北苍溪贾氏竹桥斋刻本 139(唐成之旧藏) 152 289 799

08450/13042 **灵兰社稿**八卷 [1850]
著者佚名
子目:
(1)杂症六卷
(2)锦囊药性赋二卷
稿本 139

08451/13041 **程尔资抄辑医书八种**八卷 [1850]
(清)程资(尔资)辑
子目:
(1)伤寒摘粹秘览一卷
(2)秘传哑科症治一卷
(3)经验治蛊奇方一卷 (清)石文华撰
(4)女科一卷
(5)幼科一卷
(6)痘疮切要总说一卷 (清)邵懋臣撰
(7)治痘真诀一卷
(8)痘疮解惑论一卷
清道光抄本 139

08452/13232 **双梧书屋医书四种**十七卷 1852
(清)曹禾(畸庵)撰
子目:
(1)疡医雅言十三卷
(2)痘疹索隐一卷
(3)医学读书志二卷
(4)医学读书附志一卷
1. 清咸丰二年(1852)武进曹禾自刻本 139 186
2. 抄本 139

08453/00000 **石氏家藏秘本医书五种**十卷 1852
(清)石家珍辑
子目:
(1)集仲景方论五卷
(2)集伤寒类编一卷
(3)集瘟疫源流二卷
(4)集医易辨要一卷
(5)集图像胎原一卷
清咸丰二年(1852)扬州宝善堂刻本 443

08454/13273 **潜斋医学丛书**十七卷 [1854]
又名潜斋医学丛书十种
(清)王士雄(孟英、梦隐、潜斋、半痴山人、息居隐士、随息居士)撰
子目:
(1)言医一卷 (清)裴一中撰 王士雄评选
(2)愿体医话良方一卷 (清)史典撰 俞世贵补
(3)慎疾刍言一卷 (清)徐大椿撰 张鸿补辑
(4)霍乱论二卷 (清)王士雄撰
(5)潜斋简效方一卷附医话一卷 (清)王士雄撰
(6)柳洲医话良方一卷 (清)魏之琇撰
(7)女科辑要二卷 (清)沈尧封编
(8)重庆堂随笔二卷 (清)王学权撰 王国祥注
(9)回春录二卷 (清)王士雄撰
(10)王氏医案三编三卷 (清)王士雄 徐然石等纂
清道光至咸丰刻咸丰四年(1854)增刻汇印本 731 731A(存二种) 734(存六种) 831(清·汪曰桢题识批注)

08455/13235 **冠悔堂募刊医书三种**六卷 1855
(清)杨浚(雪沧、健公、冠悔堂主人)编
子目:
(1)小儿药证直诀三卷 (宋)钱乙撰
(2)霍乱论二卷 (清)王士雄撰
(3)验方补一卷 (清)杨浚编
清光绪十一年(1885)侯官杨浚冠悔堂福州群玉斋刻本 529A

08456/13223 **福济全珍**四卷 1855
(清)王质斋编
子目:
(1)遂生编一卷 (清)庄一夔撰
(2)福幼编一卷 (清)庄一夔撰
(3)良方集要一卷 (清)周鹤群编
(4)经验良方一卷 (清)李嘉祥编

清咸丰五年（1855）刻本 139 782

08457 00000 **遂生慈幼福幼三编**三卷 1856

（清）永盛斋辑

子目：

（1）遂生编一卷 （清）庄一夔撰

（2）慈幼编一卷 （清）著者佚名

（3）福幼编一卷 （清）庄一夔撰

清咸丰六年（1856）京都永盛斋刻本 734

08458 13043 **稿本医书五种**八卷 1858

（清）蒋锡荣（杏桥）撰

子目：

（1）救急一卷

（2）便宜一卷附良方纂要一卷

（3）诸痛一卷

（4）妇女一卷附保儿举要一卷

（5）痘疹一卷附麻疹一卷

清咸丰八年（1858）稿本 738A

08459 13212 **陈修园先生晚余三书**十三卷 1859

原题（清）陈念祖（修园、良有、慎修）撰

子目：

（1）伤寒真方歌括六卷

（2）伤寒医诀串解六卷

（3）十药神书注解一卷

1. 清咸丰九年（1859）三山林氏味根斋刻本 361 365 367（存二种十二卷） 412A 431 450 713 852 871 931
2. 清光绪元年（1875）南雅堂刻本 351
3. 清光绪十五年（1889）江左书林刻本 202 391 922
4. 清光绪二十四年（1898）成都多文会刻本 361
5. 清远安堂刻本 734A

08460 13183 **黄氏医书八种**八十卷 1860

（清）黄元御（坤载、研农、玉楸子）原撰 徐树铭（伯澄、寿蘅、子卿、澄园）编

子目：

（1）四圣心源十卷

（2）素灵微蕴四卷

（3）四圣悬枢五卷

（4）伤寒悬解十四卷

（5）伤寒说意十卷卷首一卷

（6）金匮悬解二十二卷卷首一卷卷末一卷

（7）长沙药解八卷

（8）玉楸药解八卷

1. 清咸丰十年（1860）长沙徐树铭燮和精舍刻本 1 3 4B 8 21 139 152 185 202 203 270 277 279 280 286 289 301 308A 351 352（存第一、四至七种） 361 362 366 381 382 385 385A 393 396 401 413A 421 433A 436 443 461 463 475A 476 491 514A 521 529A 529B 541 543 570 589 651 664 707 709 721 728A 731 734A 735 736（残） 741 781 783 799 799A 800 831 839A 852 852A 907B 907C 922 926A 931 939 940（存第一至四种）
2. 清咸丰十年（1860）长沙徐树铭燮和精舍刻七曲会印本 7 8 308 361 412B 461 463 467 511 731 907B 907C 931
3. 清咸丰十年（1860）长沙徐树铭燮和精舍刻青云堂印本 186 664 831
4. 清同治元年（1862）湘乡左继明望云草庐刻本 361 408 731 737 799A 852 896A
5. 清同治五年（1866）渝城刻本 21 308A 401 450B 728 734A 740A 839A 926A（残） 940
6. 清同治五年（1866）渝城刻陈氏爱竹山房印本 590 734 831（存五十四卷） 940
7. 清同治七年（1868）江夏彭汝琮成都刻本 1 2 21 139 279 301 308 351 385（残） 385B 393 398 412A 412B 435（存六种） 475A 529A 529B 541 572 664 706 734 737 896A 907C 911 917A 926A
8. 清光绪二十年（1894）上海图书集成印书局铅印本 139 202 251 280 289 306 306A 308A（缺第八种） 309 385A 391（残） 412A 463 514A 529A 590 664 677A 701 702 734A 735A 736A（存七种） 737 799A 839A 896A 901 907B 911 915 931

9. 清光绪二十六年(1900)上海源记书庄石印本 475A
10. 清光绪三十年(1904)上海图书集成印书局石印本 475A
11. 清同治元年(1862)湘乡左继明望云草庐刻光绪三十一年(1905)经元书室印本 286 308A 412B 529A 736A 831(残)
12. 清宣统元年(1909)上海江左书林石印本 9 21 139 281A 288 289 301 302 433A 475A 493 514A 709 728A 734 734A 891 907C 911
13. 清宣统元年(1909)益元书局刻本 289 301 308A 541 728B(存二种十四卷) 731 896A 921
14. 清宣统元年(1909)益元书局刻汉文书局印本 412A 467 781
15. 清黄氏家塾刻本 139 361 715 852 896A 907B
16. 清善成堂刻本 391 664 728A 907B
17. 清刻本 139 186 301 364 385 391 412A 493(残) 521 529A(残) 677A(残) 728A 736B 738A 839 839A 851 854 891 896A 911 917A 940
18. 桂柏学舍抄本 139(残)
19. 弗学斋抄本 361(残)

08461 05810 **普济全书**七卷 ［1860］
编者佚名
子目：
(1)达生编二卷附经验良方一卷 (清)亟斋居士撰 刘九思撰
(2)痘科慈航三卷附幼儿杂症方论一卷 (明)聂尚恒撰
清咸丰同治间刻本 139

08462 13200 **陈修园医书二十三种**九十九卷 1862
原题(清)陈念祖(修园、良有、慎修)撰
子目：
(1)灵素节要浅注十二卷 (清)陈念祖集注
(2)金匮要略浅注十卷 (清)陈念祖集注
(3)金匮方歌括六卷 (清)陈念祖撰
(4)伤寒论浅注六卷 (清)陈念祖撰
(5)长沙方歌括六卷 (清)陈念祖撰
(6)医学实在易八卷 (清)陈念祖撰
(7)医学从众录八卷 (清)陈念祖撰
(8)女科要旨四卷 (清)陈念祖撰
(9)神农本草经读四卷 (清)陈念祖撰
(10)医学三字经四卷 (清)陈念祖撰
(11)时方妙用四卷 (清)陈念祖撰
(12)时方歌括二卷 (清)陈念祖撰
(13)景岳新方砭四卷 (清)陈念祖撰
(14)伤寒真方歌括六卷 (清)陈念祖撰
(15)伤寒医诀串解六卷 (清)陈念祖撰
(16)十药神书注解一卷 (清)陈念祖注
(17)急救异痧奇方一卷 (清)陈念祖评
(18)经验百病内外方一卷 著者佚名
(19)霍乱转筋二卷 (清)王士雄撰
(20)绞肠痧证一卷 (清)王士雄撰
(21)吊脚痧证一卷 (清)王士雄撰
(22)时疫证治一卷 著者佚名
(23)喉科急证一卷 著者佚名
附：
急救经验良方一卷 (清)梅竹居士编
1. 清同治元年(1862)经纶堂刻本 203 301 493 740A
2. 清同治八年(1869)纬文堂刻本 735A(残)
3. 清光绪二十一年(1895)学库山房刻本 351 740A(残) 831 901
4. 清光绪二十七年(1901)新化三味书局刻本 9 203 433A 435(存四十四卷) 475A 529A 541(残) 677A 734A 781 831 931 940
5. 清光绪二十九年(1903)湖南益元书局刻本 203 361 366 476 491(残) 529A 734A(残) 741(残) 742A(存十一种) 781(残) 939
6. 清光绪三十四年(1908)湖南宝庆经元书局刻本 1(存十九种) 186 279 288 361 421 461 491(存十七种) 541 572(残) 651 721 737 831 839A 926A 940
7. 清宣统元年(1909)善成堂刻本 366 467
8. 清刻本 302 360A 417 734A(残) 735A(残) 740B

08463 **医学六种**十一卷 1863
13236 (清)屠道和(燮臣)撰
子目:
(1)本草汇纂三卷
(2)脉诀汇纂二卷
(3)药性主治一卷
(4)分类主治一卷
(5)杂证良方二卷
(6)妇婴良方二卷
附:
日食菜物脏腑主治药品
清同治二年(1863)湖北育德堂刻本 3 139 139A 412B 570 590 831

08464 **司命秘笈**三卷 1863
13238 原题(唐)孙思邈(紫尘真人)传 (清)李守永(香岩)删订
子目:
(1)龙宫三十禁方一卷
(2)华祖外症十方一卷
(3)枕中秘要一卷
1. 清同治四年(1865)扬州穆氏近文堂刻本 139 514A(残) 541 590 677A 738B 746A
2. 抄本 706

08465 **徐灵胎十二种全集**二十三卷 1864
13170 (清)徐大椿(灵胎、洄溪老人)原撰
子目:
(1)难经经释二卷
(2)神农本草经百种录一卷
(3)伤寒论类方一卷
(4)医学源流论二卷
(5)医贯砭二卷
(6)兰台轨范八卷
(7)慎疾刍言一卷
(8)洄溪医案一卷
(9)洄溪道情一卷
(10)阴符经注一卷
(11)乐府传声一卷
(12)老子道德经二卷
1. 清同治三年(1864)月山彭树萱善成堂刻本 1 139 186 202 203 270 308A 351 361 366 421 461 475A 511 521 529A 541 570 738A 799A 851 907C
2. 清经纶堂刻本 3 139 309 412A(缺第四种) 475A
3. 清文奎堂刻本 139 391 393 412A 432 514A 570 706 911(残)
4. 清经元堂刻本 202 491(存七种) 781
5. 清刻本 139 461 651 706 735A(残) 736A 736C 781 854

08466 **南雅堂医书全集**九十一卷 1865
13194 又名公余十六种、南雅堂医书全集十六种
原题(清)陈念祖(修园、良有、慎修)撰
子目:
(1)灵素节要浅注十二卷
(2)金匮要略浅注十卷
(3)金匮方歌括六卷
(4)伤寒论浅注六卷
(5)长沙方歌括六卷
(6)医学实在易八卷
(7)医学从众录八卷
(8)女科要旨四卷
(9)神农本草经读四卷
(10)医学三字经四卷
(11)时方妙用四卷
(12)时方歌括二卷
(13)景岳新方砭四卷
(14)伤寒真方歌括六卷
(15)伤寒医诀串解六卷
(16)十药神书注解一卷
1. 清同治四年(1865)文奎堂刻本 139 203 288 351 433A 475A 476(残) 541(存十五种) 715 728A 915
2. 清道光渔古山房刻同治五年(1866)南雅堂增刻本 1 139 203 289(残) 306(存三种) 365 381 734A 735A(残) 736A 738A 738B 740A(残) 740C(残) 939(残)
3. 清同治六年(1867)善成堂刻本 1 186(残) 302(存十三种) 308A 311 391 462(残) 491 529A(残) 664 741
4. 清同治八年(1869)羊城纬文堂刻本 139
5. 清同治九年(1870)奎璧堂刻本 301(存十种) 381 529A(残) 570 590

6. 清光绪二年(1876)友文堂刻本　852
7. 清光绪三年(1877)渔古山房刻本　186　251　308A　529A(残)　728A　734A
8. 清光绪六年(1880)经国堂刻本　385
9. 清光绪八年(1882)三山林氏味根斋刻本　1　8(残)
10. 清光绪十三年(1887)重庆五福堂刻本　139　362　715　852(残)
11. 清光绪十四年(1888)刻本　514A
12. 清光绪十三年(1887)京都务本堂刻十五年(1889)闽长乐书局增刻本　361　852　907B　907C
13. 清光绪二十一年(1895)宏道堂刻本　351(存十五种)
14. 清光绪二十一年(1895)三槐书屋刻本(附汇抄六卷)　541
15. 清光绪二十二年(1896)公济堂石印本　529A(存十五种)
16. 清光绪二十四年(1898)成都多文会刻本　851
17. 清光绪三十二年(1906)鑫记书庄石印本　361
18. 清光绪三十二年(1906)上海飞鸿阁书局石印本　301
19. 清宝章堂刻本　529A(存十三种)　735A(残)
20. 清大文堂刻本　361(残)　741　931(残)
21. 清经元堂刻本　1　139　301　351(残)
22. 清灵兰堂刻本　3　734A
23. 清刻本　1　289(存九种)　529A　734A　740C(残)

08467 13044 **凤氏医书三种**八卷　1866
(清)凤在元(实夫、凤兮山叟)编
子目:
(1)临证经验方(又名凤氏医案)四卷　(清)凤实夫撰
(2)医师秘籍二卷　(清)李言恭传
(3)内科脉镜二卷　著者佚名
清光绪三年(1877)稿本　590

08468 13239 **鉴轩医书二种**二十卷　1866
(清)谢希轼(绍圾、若瞻)编
子目:
(1)笔花医镜四卷　(清)江涵暾撰
(2)验方新编十六卷　(清)鲍相璈编
清同治五年(1866)江西崇仁谢希轼鉴轩刻本　1

08469 13240 **陆九芝先生遗稿**六卷　[1866]
(清)陆懋修(九芝、勉旃、江左下工、林屋山人)撰
子目:
(1)内经音义初稿一卷
(2)内经音义再稿一卷
(3)内经音义三稿一卷
(4)内经音义四稿一卷
(5)素问难字略一卷
(6)杂文一卷
稿本　1

08470 13241 **世补斋医书**六十四卷　[1866]
(清)陆懋修(九芝、勉旃、江左下工、林屋山人)撰
子目:
前集
(1)文集十六卷
(2)不谢方一卷
(3)伤寒论阳明病释四卷
(4)内经运气病释九卷附内经遗篇病释一卷
(5)内经运气表一卷
(6)内经难字音义一卷
后集
(7)重订傅青主女科九卷　(清)傅山撰
(8)重订戴北山广温热论五卷　(清)戴天章撰
(9)(重订)绮石理虚元鉴五卷　(清)绮石先生撰
(10)校正王朴庄伤寒论注六卷　(清)王丙撰
附:
①伤寒论附余二卷　(清)王丙撰
②伤寒例新注一卷　(清)王丙撰
③读伤寒论新法一卷　(清)王丙撰
④迴澜说一卷　(清)王丙撰
⑤时节气候决病法一卷　(清)王丙撰
1. 稿本　139(残)　393(残)　541
2. 清光绪十年(1884)刻本(前集)　1　2　3　21　139　139A　140　185　186　203　279　286　289　301　302　304　306　308A　309　361　381　393　398　401　412A　421　450B　461　475A　491　511　514A　514B　529A　541　570

572 589 590 651 664 677A 706 709 715 721 728B 734 738A 739 743（残） 799A 831 839A 850A 852 854（残） 896A 901 907B 907C 931 939 940

3. 清光绪十年（1884）刻十二年（1886）山左书局重印本（前集） 1 2 3 21 139 186 202 203 251 270 277 279 280 281A 286 288 289 301 303 308 308A 351 352 361 362 366 385 385A 385B 391 393 412A 421 432 433 433A 434 435 461 475A 476 491 511 514A 514B 521 522 529 529A 529B 541 546 570 579 590 664 677A 702 706 709 712 715 721 728A 731 732 734 734A 735 735A 737 738 738A 738B 738F 740A 740B 742（存三种） 743（残） 799A 852 901 907B 907C 911 917A 926A 931 940

4. 清宣统二年（1910）元和陆润庠刻本（后集） 1 3 139 140 186 202 203 251 277 281A 302 308A 381 412A 432 433A 511 529（残） 570 664 715 728A 735A 739 854 896A 921（残） 926A 940

5. 清刻本 301 733A 738B 740D

08471
13242 **世补斋医书续集**三卷 ［1866］

（清）陆懋修（九芝、勉旃、江左下工、林屋山人）撰

子目：

（1）世补斋医论一卷

（2）世补斋医书刊后续论一卷

（3）世补斋乙酉以后杂识一卷

清同治光绪间稿本 1

08472
13196 **陈修园医书十五种**八十七卷 ［1866］

原题（清）陈念祖（修园、良有、慎修）撰

（清）朱记荣（懋之、槐庐、孙溪逸士）辑

子目：

（1）灵素节要浅注十二卷

（2）金匮要略浅注十卷

（3）金匮方歌括六卷

（4）伤寒论浅注六卷

（5）长沙方歌括六卷

（6）医学实在易八卷

（7）医学从众录八卷

（8）女科要旨四卷

（9）神农本草经读四卷

（10）医学三字经四卷

（11）时方妙用四卷

（12）时方歌括二卷

（13）伤寒真方歌括六卷

（14）伤寒医诀串解六卷

（15）十药神书注解一卷

1. 清同治五年（1866）维经堂刻本 926A

2. 清末广东佛镇连元阁刻本 3

08473
12974 **寿芝医略**三卷 1867

（清）王廷俊（寿芝）撰

子目：

（1）类经纂要一卷

（2）难经摘抄一卷

（3）寿芝医案一卷

清同治六年（1867）浙江翰墨斋刻本 2 3 139 152 202 572 589 651 831 851 939

08474
13243 **寿世汇编**十二卷 1867

又名增辑普济应验良方、寿世汇编普济应验良方

（清）祝韵梅（宝森、连理薇馆主人）编

子目：

（1）普济应验良方八卷 （清）德轩氏编

（2）达生编一卷 （清）亟斋居士编

（3）福幼编一卷 （清）庄一夔撰

（4）遂生编一卷 （清）庄一夔撰

（5）时疫白喉捷要一卷 （清）张绍修撰

1. 清同治六年（1867）海昌祝韵梅连理薇馆自刻本 4 277 521 541 709 746A

2. 清光绪元年（1875）鉴湖金氏雨梅书屋刻本 1 21 139 186 203 286 289 391 529B 590 651 664 712 728A 734A 746A 781 839A 896A（存四种） 926A

3. 清光绪十一年（1885）清江杨钟琛金陵李光明庄刻本 1 7 139 186 203 251 270 277 286 289 308A 362 412A

412B 491 514A 541 590 664 677A 728A（残） 731 734 734A 738B 746A 852 896A（存四种） 922 926A

4. 清光绪十六年（1890）香山曹氏善怡堂刻本 541

5. 清光绪十九年（1893）万寅墀犍为刻本（附瘟疫三方） 433A 651 831 907C

6. 清光绪二十一年（1895）汝阳钱康荣联吟簃刻本 1 139 391 651 831

7. 清光绪二十四年（1898）一得斋木活字印本 738 738B

8. 清光绪二十七年（1901）兰州官书局铅印本 139

9. 清光绪三十一年（1905）浙江绍兴德裕堂刻本 202 289 308A 461 475A 590 651 724A 731 734A 740D 746A 917A 940

10. 清光绪三十四年（1908）程敬慎堂刻本 570

11. 清光绪刻本 139 736A 831

12. 清宣统元年（1909）衡州刻本 831

13. 清宣统三年（1911）刻本 731

14. 清黄翠琅斋刻本 677A

15. 清刻本 728A（存八卷）

08475 13244 **医学便览**九卷 1868

（清）栗山痴叟编

子目：

（1）伤寒读本二卷 （清）栗山痴叟编

（2）金匮读本二卷 （清）栗山痴叟辑

（3）医学三字经一卷 （清）陈念祖撰

（4）十二经脉歌一卷 （清）栗山痴叟辑

（5）指南摘要一卷 （清）叶天士原撰

（6）医学实在易一卷 （清）陈念祖撰

（7）本草求真主治一卷 （清）黄宫绣原撰

清同治七年（1868）刻本 139 514A 852

08476 13245 **小耕石斋医书**五卷 1868

又名金氏医书四种

（清）金德鉴（保三、蒯释老人）编

子目：

（1）喉科枕秘二卷

（2）急救霍乱方一卷 （清）华岳撰

（3）烂喉痹痧辑要一卷

（4）十药神书一卷 （元）葛可久撰

清同治七年（1868）孙云斋刻本 139 391 475A 590 737 738B

08477 13047 **连自华医书十五种**□□卷 1870

（清）连自华（书樵）撰

子目：

（1）程文仿

（2）汪仲伊杂病辑逸（缺）

（3）脉诀订真一卷

（4）望诊（缺）

（5）望诊补一卷

（6）证治针经广证一卷

（7）温热指南（缺）

（8）喉症方案一卷

（9）京城白喉约说一卷

（10）行余书屋医论一卷附医案

（11）有恒杂记一卷

（12）医略一卷

（13）寄京医札一卷

（14）示儿编一卷

（15）读妇科心法志疑

附：

①串雅内外编

②咽喉脉证通论

稿本 139

08478 13072 **黄寿南抄辑医书二十种** ［1870-1914］

（清）黄寿南（福申、沁梅）辑

子目：

（1）伤寒类辨一卷附类伤寒辨一卷

（2）不倦庐观书札记一卷

（3）类伤寒集补一卷

（4）伤寒直解辨证歌附高鼓峰四明心法一卷

（5）烂喉痧集记三卷附喉痧汇论一卷

（6）痧痘金针附王寿田治痘方略一卷

（7）女科心法纂补二卷 （清）郑钦谕撰 黄寿南补注

（8）叶香岩先生医案附病机选案一不分卷

（9）陈莘田外科临证一卷

（10）陈莘田医案续集一卷

（11）陈如山方案一卷

（12）顾西畴城南诊治一卷

（13）顾西畴方案一卷

（14）七家会诊张越阶方案一卷

(15) 曹仁伯琉球百问一卷
(16) 曹仁伯过庭录存一卷
(17) 延陵弟子纪略一卷
(18) 客尘医话一卷 (清)计楠撰
(19) 按部分经录一卷
(20) 杨氏问心堂杂记一卷
1. 清同治九年(1870)抄本 139
2. 清宣统三年(1911)抄本 570(存十六种)

08479/13247 **医学三书合刻**三卷 1875
(清)陶慰农编
子目:
(1) 慎疾刍言一卷 (清)徐大椿撰
(2) 洄溪医案一卷 (清)徐大椿撰
(3) 摘录叶天士经验方一卷
清光绪元年(1875)古莲花池书院刻本 1 139 139A 203 521 541(存二种) 570(存三种) 701 731

08480/13248 **医苑**十卷 1875
辑者佚名
子目:
(1) 玉函经三卷 (唐)杜光庭撰
(2) 注解胎产大通论一卷 (梁)杨子健撰
(3) 秘传离娄经一卷 著者佚名
(4) 小儿痘疹经验良方一卷 (清)魏君用编
(5) 医萃一卷 (明)萧昂撰
(6) 医抄一卷(玉笈方抄、经验抄) 著者佚名
(7) 胤嗣录一卷 (明)刘玚撰
(8) 轩辕黄帝补生后嗣论一卷 著者佚名
清光绪初抄本 139

08481/13265 **钟氏医书歌诀四种**二十九卷 1875
(清)钟文焕(霁帆)撰
子目:
(1) 伤寒悬解经方歌诀十一卷
(2) 金匮悬解经方歌诀八卷
(3) 长沙药解歌诀四卷
(4) 玉楸药解歌诀六卷
清光绪十三年(1887)宜宾徐廷卫师德堂宜人精舍刻本 139(缺第四种) 270 852

08482/13198 **陈修园医书十八种**九十四卷 1875
原题(清)陈念祖(修园、良有、慎修)撰
子目:
(1) 灵素节要浅注十二卷 (清)陈念祖集注
(2) 金匮要略浅注十卷 (清)陈念祖集注
(3) 金匮方歌括六卷 (清)陈念祖撰
(4) 伤寒论浅注六卷 (清)陈念祖撰
(5) 长沙方歌括六卷 (清)陈念祖撰
(6) 医学实在易八卷 (清)陈念祖撰
(7) 医学从众录八卷 (清)陈念祖撰
(8) 女科要旨四卷 (清)陈念祖撰
(9) 神农本草经读四卷 (清)陈念祖撰
(10) 医学三字经四卷 (清)陈念祖撰
(11) 时方妙用四卷 (清)陈念祖撰
(12) 时方歌括二卷 (清)陈念祖撰
(13) 景岳新方砭四卷 (清)陈念祖撰
(14) 伤寒真方歌括六卷 (清)陈念祖撰
(15) 伤寒医诀串解六卷 (清)陈念祖撰
(16) 十药神书注解 (清)陈念祖注
(17) 急救经验良方 (清)竹梅居士编
(18) 霍乱论二卷 (清)王士雄撰
1. 清光绪元年(1875)刻本 728A
2. 清光绪十四年(1888)扫叶山房刻本 382 735A(残) 740A(残) 852C 896A
3. 清光绪十九年(1893)校经堂刻本 303
4. 清光绪务本书局刻本 740A 940

08483/13049 **泉唐沈氏医书九种**十二卷 [1875]
(清)沈灵犀编
子目:
(1) 伤寒分类集成三卷
(2) 伤寒摘要二卷
(3) 读金匮要略大意一卷
(4) 中风简要一卷
(5) 诸痹汇要一卷
(6) 痿证大要一卷
(7) 虚劳要则一卷
(8) 水气指南一卷
(9) 温病方书一卷
稿本 139

08484/13189 **宗圣要旨**十三卷 1876
(清)席树馨(鹤如)辑
子目:
(1) 伤寒贯珠集八卷 (清)尤怡撰
(2) 古方选注三卷 (清)王子接编
(3) 本草钞一卷 (明)方有执编
(4) 运气总论一卷 (明)李梴编
(5) 脉确一卷 (清)黄琳撰

清光绪二年（1876）妫川席树馨刻本 590 738A 743（存卷一至五） 851

08485 **徐氏医书八种**十八卷 1878
13169 又名徐氏十三种医书
(清)徐大椿（灵胎、洄溪老人）原撰
子目：
(1)难经经释二卷
(2)神农本草经百种录一卷
(3)医贯砭二卷
(4)医学源流论二卷
(5)伤寒论类方一卷
(6)兰台轨范八卷
(7)慎疾刍言一卷
(8)洄溪医案一卷
1. 清光绪四年（1878）扫叶山房刻本 1 139 140 203 251 279 285 288 308 308A 351 381 412A 443 450A 490 491 529A 541 572 589 664 677A 701 707 709（存六种） 712 716 721 728A 734A（存二种） 738E 741 799A 839A 907B 922 926A
2. 清光绪十五年（1889）吴县朱记荣校经山房刻本 1 139 185 186 202 204 277 289 302 352 361 381 412A 412B 433A（残） 461 475A 491 511 514A 514B 523（存六种） 529A 529B 541 570 701 709 715 721 734（存六种） 737 738 738A 738B 799A 839A 852 896A 907B 917A 922 931 939 940
3. 清光绪十五年（1889）文奎山房刻本 280 421 799A
4. 清咸丰七年（1857）海昌蒋光焴衍芬草堂刻光绪十六年（1890）岭南小嫏嬛阁增刻本 308（残） 737A（存二种） 740A 799A 839A
5. 清同治十二年（1873）湖北崇文书局刻光绪十七年（1891）十八年（1892）湖北官书处增刻汇印本 2 7 139 140 186 202 270 279 289 302 308 308A 393 436 467 514A 522 541 570 590 677A 701 702 707 709（缺第六种） 731 734（陈颐寿批并跋） 736（缺第四、五、七种） 736B 737 738A 738E 741 781 799 799A 800 831 839A 896A 901 907B 921 926A
6. 清光绪十九年（1893）上海图书集成印书局铅印本（附杂著四种、外科正宗） 139 186 301 302 351 385A 391 412A 461 463 467（残） 475A 514A 529A 541 664 677A 701 728A 737 799A 839A 907B 926A 931
7. 清光绪二十二年（1896）珍艺书局石印本（附杂著四种、外科正宗） 1 139 308A 412A 462（残） 514A 707 728A 731 737 738A 799A 839A
8. 清光绪上海著易堂书局铅印本（附杂著四种、外科正宗） 514A 731 734A（存七种）
9. 清善成堂刻本 277 361 412A 831 852
10. 清刻本 139 186 308A 393 401 412A 734A（残） 736A 799A 831 851 852 911 942B

08486 **平江贺氏汇刊医书**五卷 1878
13250 (清)贺缙绅辑
子目：
(1)福幼编一卷 (清)庄一夔撰
(2)经验方一卷（又名难产神效方） (清)蔡松汀撰
(3)时疫白喉捷要一卷 (清)张绍修撰
(4)西洋点痘论一卷 (清)邱熺撰
(5)救吞鸦片烟方法一卷 著者佚名
清光绪四年（1878）刻本 139

08487 **家传课读**四卷 1878
05859 (清)戴葆元（心田）编
子目：
(1)金匮汤头歌括一卷
(2)温病条辨汤头歌括一卷
(3)临证指南方歌二卷
清光绪四年（1878）思补堂刻本 139 590 741（存卷一、二）

08488 **当归草堂医学丛书初编**四十卷 1878
13251 又名医学丛书初编
(清)丁丙（嘉鱼、松生、松存、八千卷楼主人）辑
子目：
(1)颅囟经二卷 (宋)著者佚名

(2)传信适用方四卷 (宋)吴彦夔撰
(3)卫济宝书二卷 (宋)东轩居士撰
(4)太医局诸科程文九卷 宋太医局编
(5)产育宝庆集方二卷 (宋)李师圣等编
(6)济生方八卷 (宋)严用和撰
(7)产宝诸方一卷 (宋)著者佚名
(8)急救仙方六卷 (宋)著者佚名
(9)瑞竹堂经验方五卷 (元)沙图穆苏编
(10)痎疟论疏一卷 (明)卢之颐撰

清光绪四年(1878)钱塘丁丙当归草堂刻本 1 2 3 4 4C 6 7 21 139 152 185 186 202 203 251 254 255 277 279 281A 286 289 301 303 308 308A 351 361 362 381 385 391 412A 412B 421 432 461 475A(残) 476 491 492 493 514A 514B 529A 529B 541 546 570 572 589 590 651 664 677A 701 702 706 708 709 712 713 728 728A 728B 731 731A 733B 734 734A 735 736 736B 737 738 738A 738B 740A 740B 740C 741(残) 781 799A 800 831 839A 849 851 852 852A 854 871 891 896A 907B 907C 911 917A 921(残) 922 926A 931 940 942B 943 944

08489/13256 **韡园医学六种**二十四卷 1879
(清)潘霨(伟如、韡园居士)编
子目:
(1)伤寒论类方四卷附长沙方歌括一卷 (清)徐大椿编 潘霨增辑
(2)医学金针八卷 (清)陈念祖原撰 潘霨增辑
(3)女科要略一卷附产宝一卷 (清)潘霨增编
(4)理瀹外治方要二卷附应验诸方一卷 (清)吴尚先撰
(5)外科症治全生集四卷 (清)王维德编
(6)十药神书一卷
附:
霍乱吐泄方论、官药局示谕夏令施诊歌诀一卷 (元)葛可久编 (清)潘霨校注

1. 清同治五年(1866)吴县潘霨敏德堂刻光绪三年至五年(1877—1879)增刻本 3 289 514A 917A
2. 清光绪九年至十年(1883—1884)江西书局刻本 1 2 21 139 139A 152 185 186 202 203 251 254 279 280 286 288 289 308(残) 308A 361 381 385A 391 401 408 412A 412B 413A 421 433A 435 461 475A 476 491 511 514A 522 529A 541 570 572 579 589 590 651 664 701 709 712 721 731 734 734A(残) 736B 738 738A 741 781 799A 831 851 891 896A 901 911 921 926A 931 940(缺第二种)

08490/13050 **田晋蕃医书七种**□□卷 1879
(清)田晋蕃(杏邨)撰
子目:
(1)医经类纂初稿五卷
(2)内经素问校正一卷
(3)医稗初稿一卷
(4)名家杂抄五卷
(5)田晋蕃日记(佚)
(6)中西医辨一卷
(7)慎疾格言一卷

清光绪五年至十年(1879—1884)稿本 139

08491/05861 **医学同源**三卷 1880
(清)徐延旭(晓山)撰
子目:
(1)金匮方歌二卷 (清)李容墀辑
(2)痢疾特启论一卷 (清)熊兰亭撰

清光绪六年(1880)梧州郡署刻本 677A 741(残)

08492/13255 **潘刻医书四种**十卷 1883
(清)潘仕成(德畬)辑
子目:
(1)外科证治全生集四卷 (清)王维德撰
(2)咽喉秘集二卷 吴张氏原本 海山仙馆编
(3)痧症全书三卷 (清)王凯编
(4)异授眼科一卷 著者佚名

1. 清光绪九年(1883)山西太原濬文书局刻本 2 570(存三种)
2. 抄本 21

08493/13257 **雷氏慎修堂医书三种**十三卷 1883
又名医学三书、雷氏三种

（清）雷丰（松存、侣菊、少逸）等撰

子目：

（1）时病论八卷 （清）雷丰撰

（2）医家四要四卷 （清）程羲等撰

（3）医法心传一卷 （清）程芝田撰

清光绪十年至十三年（1884—1887）刻养鹤山房汇印本 1 139 186 286 289 361 391 412A 412B 475A 476 491 570 590 731 734A 736A 907B 926A 931

08494 13258 **聿修堂医学丛书**六十九卷 1884

又名聿修堂丛书

（日）丹波元简（廉夫、栎荫拙者）等撰 （清）杨守敬（鹏云、惺吾、邻苏老人）辑

子目：

（1）素问识八卷 （日）丹波元简撰

（2）难经疏证二卷 （日）丹波元胤撰

（3）伤寒论辑义七卷 （日）丹波元简撰

（4）伤寒论述义五卷 （日）丹波元坚撰

（5）伤寒广要十二卷 （日）丹波元坚撰

（6）金匮要略辑义六卷 （日）丹波元简撰

（7）金匮述义三卷 （日）丹波元坚撰

（8）药治通义十二卷 （日）丹波元坚撰

（9）脉学辑要三卷 （日）丹波元简撰

（10）救急选方二卷 （日）丹波元简撰

（11）医賸三卷 （日）丹波元简撰

（12）医略抄 （日）丹波雅忠撰

（13）经穴纂要五卷 （日）小阪元祐撰

日本文化三年至天保十年（1806—1839）刻清光绪十年（1884）宜都杨守敬汇印本 1 2 3 4 7 21 139 140 152 186 202 251 279 286 308A（残） 352 361 391 393 401 435（存十二种） 461 476 491 514A 570 572 651 677A 721 728A 738A 743（存五种九卷） 781 831 851 852 891 939 940（残）

08495 05879 **急救喉证刺疔合编**二卷 1884

（清）费山寿（友堂）编

子目：

（1）急救喉证全集一卷 （清）费山寿编

（2）刺疔捷法一卷 （清）张镜撰

清光绪十一年（1885）三省书屋刻本 1 3 21 289 475A 541 590 651 664 677A 709 839A

08496 13259 **中西汇通医书五种**二十九卷 1884

（清）唐宗海（容川）撰

子目：

（1）中西汇通医经精义二卷

（2）金匮要略浅注补正九卷

（3）伤寒论浅注补正七卷卷首一卷

（4）血证论八卷

（5）本草问答二卷

1. 清光绪二十年（1894）申江顺成书局石印本 3 4 139 152 202 289 412A 511 541 570 589 707 721 734A 735A 736A 741（残） 799 901 942B

2. 清光绪二十年（1894）申江袖海山房书局石印本 3 289 570 942B

3. 清光绪三十二年（1906）善成堂刻本 8（残） 139 203 279 289 412A 731 736C 799A 896A（残）

4. 清光绪三十三年（1907）上海朱氏焕文书局石印本 412B 739A 931

5. 清光绪三十四年（1908）上海千顷堂书局石印本 1 3 21 139 139A 186 202 203 251 277 279 280 285 286 287 288 289 301 302 303 306 308A（缺第二种） 309 351 352（存一至四种） 361 381 385 385A 385B 391 393 396 412A 412B 421 433 433A 461 462 467 475A 491 493 511 514A 514B 519 521 524 529A 529B 541 572 651 664 677A 702 707 721 728 731 734 740J 741 799A 839A 851 852 901 907B 907C 917A 926A 931 940 942B

6. 清光绪曝腹轩抄本 907B

7. 清宣统二年（1910）成都文伦书局铅印本（附医易通说二卷） 1 186 202 251 308A 361 491 851（残） 907C 926A

08497 07914 **四生合编**四卷 ［1884］

（清）杨浚（雪沧、健公、冠悔堂主人）辑

子目:
(1)达生编一卷 (清)亟斋居士撰
(2)生化编一卷 (清)傅山撰
(3)资生编一卷 (清)傅山撰
(4)遂生编一卷 (清)庄一夔撰
清光绪十年(1884)温陵杨浚福州刻本 3 186 738B 940

08498 13260 **戈氏医学丛书**三十卷 1885
(清)戈颂平(直斋、直哉)撰
子目:
(1)黄帝内经素问指归九卷
(2)伤寒论指归六卷
(3)伤寒杂病论金匮指归十卷
(4)神农本草经指归四卷附录一卷
清抄本 514A 590(存第一至三种) 707

08499 13261 **灵芝益寿草**二卷 1885
附外科证治全生择要诸方
(清)谢家福(家树、绥之、锐止、望炊)编
子目:
(1)慎疾刍言一卷 (清)徐大椿撰
(2)世补斋不谢方一卷 (清)陆懋修撰
1. 清光绪十一年(1885)苏州谢家福望炊楼刻本 590
2. 清光绪二十二年(1896)桂垣书局刻本 139
3. 见桃坞谢氏汇刻方书九种

08500 13262 **桃坞谢氏汇刻方书九种**十八卷 1885
(清)谢家福(家树、绥之、锐止、望炊)编
子目:
(1)慎疾刍言一卷 (清)徐大椿撰
(2)世补斋不谢方一卷 (清)陆懋修撰
(3)良方集腋二卷 (清)谢元庆撰
(4)良方集腋合璧二卷附一卷 (清)谢元庆撰
(5)拔萃良方一卷 原题(清)张昭撰 (清)恬素氏编
(6)妇婴至宝六卷 原题(清)亟斋居士编 潘理斋增补
(7)产宝一卷 (清)倪枝维撰 潘霨增补
(8)痨症十药神书一卷 (元)葛可久编
(9)外科证治全生集二卷 (清)王维德编
清光绪八年至二十一年(1882—1895)苏州谢家福望炊楼刻光绪汇印本 1 21 270 289 361 381 475A 541 701 (存第一、二、三、四、六种) 709 738

08501 07915 **回春丹**二卷 1885
(清)陈宝善辑
子目:
(1)经验良方一卷 (清)陈宝善撰
(2)达生编一卷 (清)亟斋居士撰
(3)福幼编一卷 (清)庄一夔撰
清光绪十一年(1885)暨阳陈宝善刻本 139

08502 13264 **正谊堂医书**九卷 1886
(清)王廷钰(西岑)编
子目:
(1)医林字典一卷 (清)王廷钰撰
(2)读伤寒论歌一卷 (清)王廷钰撰
(3)外感伤寒证提纲一卷 (清)王廷钰撰
(4)诸痛证提纲一卷 (清)王廷钰撰
(5)喉症类集一卷 (清)王廷钰撰
(6)时疫白喉捷要一卷 (清)王廷钰撰
(7)生产妙诀十六歌一卷 (清)王廷钰撰
(8)儿科痘证歌一卷 (清)王廷钰撰
(9)医学心得一卷 (清)王廷钰撰
1. 清光绪十二年(1886)稿本 139
2. 抄本 308A

08503 13266 **白岳庵杂缀医书**六卷 1887
又名余氏总集
(清)余楙(啸松)撰
子目:
(1)万选良方一卷
(2)洄溪秘方一卷
(3)牛痘要法一卷
(4)方解别录一卷
(5)推拿述略一卷
1. 清光绪十三年(1887)刻本 139(存三种) 152 279 590 736(题余氏总集)
2. 清末赵翰香居铅印本 733(存三种) 736B(存三种)

08504 13267 **姜氏医学丛书**十五卷 1887
(清)姜国伊(尹人)编
子目:
(1)神农本经一卷 (清)姜国伊编
(2)本经经释一卷 (清)姜国伊编
(3)脉经真本十卷卷首一卷 (晋)王熙撰
(4)伤寒方经解一卷 (清)姜国伊编

(5)姜氏医学六种一卷 (清)姜国伊编
清光绪十八年(1892)成都黄氏茹古书局刻本 139 186 277 308A 511 514A(存四种) 590 738B 926A

08505
13052 **仪孟园刻医书二种**二卷 1887
(清)黄自元(觐虞、董虞、敬与、澹叟)编
子目:
(1)集喉症诸方一卷 (清)黄德濂等撰
(2)娠妇须知一卷 (清)黄求撰 孙正己增补
清光绪十三年(1887)安化黄氏仪孟园刻本 139 839A

08506
13053 **蘧斋医学存稿二种**二卷 1887
(清)黄訔郇(蘧斋)撰
子目:
(1)景岳发挥订误一卷
(2)治疾日记一卷
清光绪十三年(1887)黄氏稿本 139

08507
13268 **述古斋幼科新书三种**六卷 1888
又名述古斋医书三种
(清)张振鋆(醴泉、筱衫、惕厉子)编撰
子目:
(1)厘正按摩要术四卷 (明)周于藩原撰 (清)张振鋆编
(2)鬻婴提要说一卷 (清)张振鋆编
(3)痧喉正义一卷附录一卷 (清)张振鋆编
1. 清光绪十五年(1889)邗上张振鋆刻本 1 2 3 21 139 152 251 270 279 280 286 289 301 308A 401 412A 461 476 491 511 514A 529A 541 570 651 664 721 728 728A 734 736B 740A 781 831 907C
2. 清光绪十五年(1889)邗上张振鋆刻十八年(1892)上海思求阙斋重修本 139 186 202 203 270 277 279 351 361 391 431 433 433A 491 514A 541 542 590 740A 839A 896A
3. 清光绪十五年(1889)邗上张振鋆刻十八年(1892)上海思求阙斋重修古香阁印本 391 412B 433A 701 709
4. 清光绪十五年(1889)邗上张振鋆刻十八年(1892)上海思求阙斋重修翼化堂印本 186 475A 541 677A 712
5. 清光绪十九年(1893)四川资州高培谷刻本 1 139 203 279 308 514A 851
6. 清光绪十九年(1893)聚昌公司铅印本 361 907C
7. 清光绪二十年(1894)兰州臬署刻本 461
8. 清光绪三十三年(1907)泸州文汇堂刻本 412A 907C

08508
13249 **汪氏医学六种**十八卷 [1888]
(清)汪宏(广庵)撰
子目:
(1)注解神农本草经九卷卷首一卷 (清)汪宏注 程端参订
(2)本经歌括一卷 著者佚名
(3)入门要诀一卷 (清)汪宏撰
(4)望诊遵经二卷 (清)汪宏撰
(5)本草经附歌括三卷 (清)汪宏撰
(6)脉诀一卷 (宋)崔嘉彦撰 (明)李言闻删补
清光绪十四年(1888)歙东汪村竹里会贤堂刻本 289(存第二至五种) 590(缺第二)

08509
05853 **毓德堂医约**四卷 1889
(清)徐圆成(古春)编
子目:
(1)救急成方一卷 (清)沈志裕撰
(2)慢惊秘诀一卷 (清)庄一夔撰
(3)痘症秘诀一卷 (清)庄一夔撰
(4)疡科治法一卷 (清)沈志裕撰
清光绪二年至三十年(1876—1904)刻十五年(1889)汇印本 514A 590(存卷三、四) 734A

08510
13195 **公余医录五种**十八卷 1889
又名陈修园医书五种
原题(清)陈念祖(修园、良有、慎修)撰
子目:
(1)神农本草经读四卷
(2)医学三字经四卷
(3)时方妙用四卷
(4)时方歌括二卷
(5)女科要旨四卷
清光绪十五年(1889)上海江左书林刻本 21 289(存第三、四种) 351 365 383 391 475A 514B(存三种) 541 734A 740A(残)

08511 13197 **陈修园医书十六种**九十一卷附录十三卷 1889
又名陈修园医书二十五种
原题（清）陈念祖（修园、良有、慎修）撰
子目：
（1）灵素节要浅注十二卷
（2）金匮要略浅注十卷
（3）金匮方歌括六卷
（4）伤寒论浅注六卷
（5）长沙方歌括六卷
（6）医学实在易八卷
（7）医学从众录八卷
（8）女科要旨四卷
（9）神农本草经读四卷
（10）医学三字经四卷
（11）时方妙用四卷
（12）时方歌括二卷
（13）景岳新方砭四卷
（14）伤寒真方歌括六卷
（15）伤寒医诀串解六卷
（16）十药神书注解一卷
附：
①急救经验良方一卷 （清）竹梅居士编
②急救异痧奇方一卷 著者佚名 （清）陈念祖评
③经验百病内外方一卷 原题（清）陈念祖辑
④瘟疫明辨四卷卷末一卷 （清）戴天章辨正
⑤咽喉脉证通论一卷 著者佚名
⑥白喉治法忌表抉微一卷 （清）耐修子录
⑦太乙神针一卷
⑧救迷良方一卷 （清）何其伟辑
⑨福幼编一卷 （清）庄一夔撰
1. 清光绪十五年（1889）上海江左书林刻本 1 361 476（残） 570（存十一种） 735A（残） 740A（残）
2. 清光绪十九年（1893）校经堂刻本 289 590
3. 清光绪二十六年（1900）两仪堂刻本 741（残）
4. 清刻本 289 412A 570

08512 13252 **回春集**四十三卷 1889
（清）周镇辑 陈锐基增辑
子目：
（1）医学三字经四卷 （清）陈念祖撰
（2）四圣心源十卷 （清）黄元御撰
（3）伤寒论浅注六卷 （清）陈念祖注
（4）金匮要略浅注十卷 （清）陈念祖注
（5）温病条辨六卷卷首一卷 （清）吴瑭撰
（6）四圣悬枢五卷 （清）黄元御撰
（7）外科证治全生集一卷（节录） （清）王维德编 陈锐基辑
清光绪四年至六年（1878—1880）咸安周镇同镇堂刻十五年（1889）陈锐基增刻本 139

08513 06060 **真本生生集**六卷 1890
（清）梁昀（乐亭、位育斋居士）撰
子目：
（1）达生编一卷附种子诗解砭一卷
（2）遂生编一卷附牛痘释疑一卷
（3）福幼编一卷附筋骨痛方一卷
清光绪刻本 854

08514 07512 **卫生宝笈**六卷 1890
（清）潘理斋辑
子目：
（1）达生编四卷 （清）亟斋居士编 三农老人附注
（2）种痘法一卷 （清）毓兰居士撰
（3）福幼编一卷 （清）庄一夔撰
清光绪二十五年（1899）吴县潘承悦梦琴书屋刻本 139A 664 728A 731

08515 06671 **温病提要咽喉脉症合刻**二卷 1890
编者佚名
子目：
（1）温病提要一卷 （清）曹华峰撰
（2）咽喉脉症通论 著者佚名
清光绪十六年（1890）严溪精舍刻本 461

08516 13270 **周氏医学丛书**一百九十四卷 1891
（清）周学海（澄之）撰辑
子目：
初集（原名周澂之校刻医学丛书）
（1）本草经三卷 （魏）吴普等撰
（2）本草经疏三十卷 （明）缪希雍
（3）王叔和脉经十卷 （晋）王熙撰
（4）脉诀刊误二卷 （元）戴起宗撰
（5）难经本义二卷 （元）滑寿撰 （清）周学海增辑
（6）中藏经三卷附方一卷 原题（汉）华佗撰
（7）内照法一卷 （汉）华佗撰
（8）诸病源候论五十卷 （隋）巢元方撰

(9) 脉因证治四卷　(元)朱震亨撰
(10) 钱氏小儿药证直诀三卷　(宋)钱乙撰
(11) 阎氏小儿方论一卷　(宋)阎孝忠撰
(12) 董氏小儿斑疹备急方论一卷　(宋)董汲撰
二集
(13) 脉义简摩八卷　(清)周学海撰
(14) 脉简补义二卷　(清)周学海撰
(15) 诊家直诀二卷　(清)周学海撰
(16) 辨脉平脉章句二卷　(汉)张机撰　(清)周学海章句
(17) 内经评文三十六卷　(清)周学海编
(18) 读医随笔六卷　(清)周学海撰
(19) 诊家枢要一卷附录一卷　(元)滑寿撰　(清)周学海评注
(20) 藏腑标本药式一卷　(金)张元素撰　(清)周学海校正
(21) 金匮钩玄三卷　(元)朱震亨撰　(清)周学海评注
(22) 三消论一卷　(金)刘完素撰　(清)周学海注
(23) 温热论一卷　(清)叶桂撰　(清)周学海注
(24) 幼科要略二卷　(清)叶桂撰　(清)周学海注
(25) 叶案存真类编二卷　(清)叶桂撰　(清)周学海类评
(26) 印机草一卷　(清)马元仪撰　周学海评注
三集
(27) 评注史载之方二卷　(清)周学海注
(28) 慎柔五书五卷　(清)胡慎柔撰　(清)周学海评注
(29) 韩氏医通二卷　(明)韩懋撰
(30) 伤寒补例二卷　(清)周学海撰
(31) 形色外诊简摩二卷　(清)周学海撰
(32) 重订诊家直诀二卷　(清)周学海撰
清光绪十七年至宣统三年(1891—1911)池阳周学海福慧双修馆刻本　1　2　3(残)　21(残)　139　185　186　202　203　254　277(残)　279　289　308A　309　315　352　381　391　412A　412B　421　433A　461　462　491　493(残)　514A　522　523　529A(残)　541　570　579　589　590　651(残)　664　677A　702　709　721　723(残)　728　728A(残)　732　734　738A　738B　831　839A　851　852　871　907B　907C　917A　926A　931　940　942B

08517
13055
笔花医镜药要便蒙合刻六卷　1891
(清)延清编
子目：
(1) 笔花医镜四卷　(清)江涵暾撰
(2) 药要便蒙二卷　(清)谈鸿鋆撰
1. 清光绪十七年(1891)京都龙光斋刻本　139　186　289　570　728B　781　839A
2. 清光绪十八年(1892)金陵汤明林聚珍书局刻二十四年(1898)增刻本　491

08518
05899
笔花片石合刻七卷　1892
(清)良卿氏(森玉轩主人)编
子目：
(1) 笔花医镜五卷　(清)江涵暾撰
(2) 片石居疡科治法辑要二卷　(清)沈志裕撰
清光绪十八年(1892)上海中西书局石印本　139　139A　152　286　541　734A

08519
13272
潜斋医书五种二十卷　1892
又名潜斋遗书五种
(清)王士雄(孟英、梦隐、潜斋、半痴山人、息居隐士、随息居士)撰
子目：
(1) 王氏医案二卷　(清)周鍱编
(2) 王氏医案续编八卷　(清)张鸿编
(3) 随息居重订霍乱论四卷　(清)王士雄撰
(4) 温热经纬五卷　(清)王士雄撰
(5) 随息居饮食谱一卷　(清)王士雄撰
1. 清光绪十八年(1892)上海醉六堂刻本　1　21　139　186　203　251　277　289　301　361　385A　391　393　421　491　541　570　590　709　721　728A　738　740A　781　852　907C　922　926A　940
2. 清光绪十八年(1892)上海醉六堂刻苏州交通益记图书馆印本　475A　491　529A　799A
3. 清光绪二十二年(1896)上海图书集成印书局铅印本　21　139　203　280　351　385　393　396　401(残)　475A　514A　541　664　707　731　734　734A　736A　736B　737　738A　799　799A　901　907C　911　926A
4. 清光绪三十年(1904)上海鸿文书局石印

本 302 306 308A 363 412B 514A 541 570 709 734（存三种） 736B 737 738E 896A 907C

08520 13203 **陈修园医书三十种**一百零六卷 1892
原题（清）陈念祖（修园、良有、慎修）撰

子目：

(1)灵素节要浅注十二卷 （清）陈念祖集注
(2)金匮要略浅注十卷 （清）陈念祖集注
(3)金匮方歌括六卷 （清）陈念祖撰
(4)伤寒论浅注六卷 （清）陈念祖注
(5)长沙方歌括六卷 （清）陈念祖撰
(6)医学实在易八卷 （清）陈念祖撰
(7)医学从众录八卷 （清）陈念祖撰
(8)女科要旨四卷 （清）陈念祖撰
(9)神农本草经读四卷 （清）陈念祖撰
(10)医学三字经四卷 （清）陈念祖撰
(11)时方妙用四卷 （清）陈念祖撰
(12)时方歌括二卷 （清）陈念祖撰
(13)景岳新方砭四卷 （清）陈念祖撰
(14)伤寒真方歌括六卷 （清）陈念祖撰
(15)伤寒医诀串解六卷 （清）陈念祖撰
(16)十药神书注解一卷 （清）陈念祖注
(17)急救异痧奇方一卷 （清）陈念祖评
(18)经验百病内外方一卷 著者佚名
(19)霍乱论二卷 （清）王士雄撰
(20)绞肠痧证一卷 （清）王士雄撰
(21)吊脚痧证一卷 （清）王士雄撰
(22)咽喉脉证通论一卷 著者佚名
(23)急救喉疹要法一卷 著者佚名
(24)白喉治证抉微一卷 （清）耐修子录
(25)喉痧正的一卷 （清）曹心怡撰
(26)修园心案一卷 （清）陈念祖撰
(27)太乙神针方一卷 （清）范培兰传
(28)救迷良方一卷 （清）何其伟撰
(29)福幼编一卷 （清）庄一夔撰
(30)医学真传一卷 （清）高士宗撰

1. 清光绪十八年（1892）上海图书集成印书局石印本 1 287 366 391 395 735A 740A 740C（残） 901
2. 清光绪二十九年（1903）文宝琳记石印本 746
3. 清光绪二十九年（1903）上海书局石印本 306 529A 839A
4. 清光绪三十一年（1905）上海商务印书馆铅印本 279 306 353 491（存十七种） 541 731 907C 922
5. 清光绪三十一年（1905）上海文盛堂书局石印本 1 21 351 714A 733B（存二十二种） 734 738B 742 940（残）

08521 13199 **陈修园医书二十一种**九十七卷 1892
原题（清）陈念祖（修园、良有、慎修）撰

子目：

(1)灵素节要浅注十二卷 （清）陈念祖集注
(2)金匮要略浅注十卷 （清）陈念祖集注
(3)金匮方歌括六卷 （清）陈念祖撰
(4)伤寒论浅注六卷 （清）陈念祖撰
(5)长沙方歌括六卷 （清）陈念祖撰
(6)医学实在易八卷 （清）陈念祖撰
(7)医学从众录八卷 （清）陈念祖撰
(8)女科要旨四卷 （清）陈念祖撰
(9)神农本草经读四卷 （清）陈念祖撰
(10)医学三字经四卷 （清）陈念祖撰
(11)时方妙用四卷 （清）陈念祖撰
(12)时方歌括二卷 （清）陈念祖撰
(13)景岳新方砭四卷 （清）陈念祖撰
(14)伤寒真方歌括六卷 （清）陈念祖撰
(15)伤寒医诀串解六卷 （清）陈念祖撰
(16)十药神书注解一卷 （清）陈念祖注
(17)急救异痧奇方一卷 （清）陈念祖评
(18)经验百病内外方一卷 著者佚名
(19)霍乱转筋二卷 （清）王士雄撰
(20)绞肠痧证一卷 （清）王士雄撰
(21)吊脚痧证一卷 （清）王士雄撰

1. 清光绪十八年（1892）敦厚堂刻本 1（存十九种） 3（存十八种） 203 289 308 361 391（残） 491（残） 514A 590（存十二种） 740A（存十八种） 740B 740C 907B
2. 清光绪十八年（1892）上海图书集成印书局铅印本 9 139 185 251 285 286 289（残） 301 306 308A（残） 309 366 415 462 491 521 529A 541 570 590 664 677A 713 728A 731 734 734A 735A 736B 738 740C 740J 799A 831 852C 896A 907B 911 915 926A 940
3. 清光绪二十一年（1895）聚和堂刻本

308A
4. 清光绪二十二年（1896）珍艺书局铅印本　4　277（残）　413（存十八种）　891　901　907B
5. 清光绪二十五年（1899）上海文澜书局石印本　412A　433　740A　740B
6. 清光绪二十九年（1903）蜀东信义书局刻本　203
7. 清光绪三十一年（1905）江右泰和萧敷趣园刻本　511　741
8. 清刻本　529B　728A　736B
9. 抄本　303

08522 **医门精粹**六卷　［1893］
00000 （清）王福照（芹之）辑
子目：
（1）徐召恩先生方案一卷
（2）叶天士先生方案二卷
（3）马元仪先生方案杂症一卷
（4）灵兰秘室杂记一卷
清抄本　709

08523 **李自求抄医书四种**四卷　［1894］
13057 （清）李自求辑
子目：
（1）脉学脉诀一卷
（2）妇科产前一卷
（3）妇科产后一卷
（4）家传经验良方一卷
清抄本　921

08524 **贵池刘氏信天堂汇刻医书三种**八卷　1895
05909 （清）刘含芳（芗林）辑
子目：
（1）幼科铁镜六卷　（清）夏鼎撰
（2）引种牛痘法一卷　（清）邱熺撰
（3）华祖灰余集一卷　（清）程钟龄辑订
清光绪二十一年（1895）贵池刘含芳信天堂刻本　139

08525 **陈修园医书三十二种**一百零七卷　1895
13204 又名南雅堂医书三十二种
原题（清）陈念祖（修园、良有、慎修）撰
子目：
（1）神农本草经读四卷　（清）陈念祖撰
（2）医学三字经四卷　（清）陈念祖撰
（3）时方妙用四卷　（清）陈念祖撰
（4）时方歌括四卷　（清）陈念祖撰
（5）女科要旨四卷　（清）陈念祖撰
（6）景岳新方砭四卷　（清）陈念祖集注
（7）金匮要略浅注六卷　（清）陈念祖注
（8）伤寒论浅注六卷　（清）陈念祖撰
（9）长沙方歌括六卷　（清）陈念祖撰
（10）医学实在易八卷　（清）陈念祖撰
（11）医学从众录八卷　（清）陈念祖撰
（12）灵素节要浅注十二卷　（清）陈念祖集注
（13）伤寒真方歌括六卷　（清）陈念祖撰
（14）伤寒医诀串解六卷　（清）陈念祖撰
（15）十药神书注解一卷　（清）陈念祖注
（16）金匮方歌括六卷　（清）陈念祖撰
（17）喉痧正的一卷　（清）曹心怡撰
（18）经验百病内外方一卷　著者佚名
（19）痢症三字诀一卷　（清）唐宗海撰
（20）救迷良方一卷　（清）何其伟撰
（21）白喉治法忌表抉微一卷　（清）耐修子录
（22）太乙神针方一卷　（清）范培兰传
（23）咽喉脉证通论一卷　著者佚名
（24）福幼编一卷　（清）庄一夔撰
（25）急救异痧奇方一卷　（清）陈念祖撰
（26）经验百病良方一卷　著者佚名
（27）春温三字诀一卷　（清）张子培撰
（28）急救喉疹要法一卷　著者佚名
（29）疟疾论三卷　（清）韩善徵撰
（30）霍乱论二卷　（清）王士雄撰
（31）养生镜一卷　（清）陆球撰
1. 清光绪二十一年（1895）宏道堂刻本　852　907B
2. 清光绪二十九年（1903）蜀东信义书局刻本　852
3. 清光绪三十一年（1905）上海醉六堂书局石印本　288　383　736C　738A　740C（残）　871
4. 清宣统元年（1909）四川善成堂刻本　21　202　279　288　351　412A（残）　412B　432　433A　467　529A　572　728A（存五种）　851　891（存二十六种）

08526 **陈修园医书二十八种**一百零四卷　1896
13202 原题（清）陈念祖（修园、良有、慎修）撰
子目：
（1）神农本草经读四卷　（清）陈念祖撰

(2)医学三字经四卷 (清)陈念祖撰
(3)时方妙用四卷 (清)陈念祖撰
(4)时方歌括二卷 (清)陈念祖撰
(5)新方八阵砭四卷 (清)陈念祖撰
(6)女科要旨四卷 (清)陈念祖撰
(7)医学实在易八卷 (清)陈念祖撰
(8)医学从众录八卷 (清)陈念祖撰
(9)金匮要略浅注十卷 (清)陈念祖集注
(10)金匮方歌括六卷 (清)陈念祖撰
(11)伤寒论浅注六卷 (清)陈念祖集注
(12)长沙方歌括六卷 (清)陈念祖撰
(13)灵素节要浅注十二卷 (清)陈念祖集注
(14)伤寒医诀串解六卷 (清)陈念祖撰
(15)伤寒真方歌括六卷 (清)陈念祖撰
(16)十药神书注解一卷 (清)陈念祖注
(17)急救异痧奇方一卷 (清)陈念祖评
(18)经验百病内外方一卷 著者佚名
(19)霍乱论二卷 (清)王士雄撰
(20)绞肠痧症一卷 (清)王士雄撰
(21)吊脚痧证一卷 (清)王士雄撰
(22)咽喉脉证通论一卷 著者佚名
(23)白喉治法抉微一卷 (清)耐修子录
(24)急治喉疹要法一卷 著者佚名
(25)喉痧正的一卷 (清)曹心怡撰
(26)太乙神针方一卷 (清)范培兰传
(27)救迷良方一卷 (清)何其伟撰
(28)福幼编一卷 (清)庄一夔撰

1. 清光绪二十二年(1896)公济堂石印本 831(存十九种九十六卷)
2. 清光绪二十九年(1903)上海锦章书局石印本 664 740A
3. 清光绪三十年(1904)上海日新书局石印本 289 570(存二十七种) 707 931
4. 石印本 433A(存二十七种) 570 728A 734A 736B 740A

08527 / 13279 **铁如意轩医书四种**十一卷 1896

又名徐氏医书四种

(清)徐延祚(龄臣)撰

子目:

(1)医粹精言四卷
(2)医意内景图说二卷
(3)医医琐言二卷续一卷
(4)医意二卷

清光绪二十三年(1897)奉天徐氏铁如意轩刻本 3 21 139 152 203 475A(残) 736A

08528 / 05917 **韩氏医书六种**十四卷 1897

(清)韩善徵(止轩)撰

子目:

(1)疟疾论三卷
(2)痢疾论四卷
(3)时病撮要一卷
(4)阳痿论二卷
(5)金匮杂病辨三卷
(6)醒世琐言一卷

清光绪二十三年(1897)稿本 590

08529 / 05918 **沈氏遗稿二种**三卷 1897

(清)沈夏霖(筱汀、柳桥)撰

子目:

(1)医法汇编一卷
(2)医则二卷

清稿本 139

08530 / 13278 **贻令堂医学三书**六卷 1897

(清)黄保康(霄鹏)撰 黄任恒(秩南)编

子目:

(1)医林猎要四卷
(2)吴鞠通方歌一卷
(3)陈修园方歌一卷

1. 清宣统三年(1911)南海黄芰棠刻霄鹏先生遗著本 3 21 152 731 781 940 942B
2. 清宣统三年(1911)南海黄芰棠刻保萃堂印霄鹏先生遗著本 251 541 589
3. 见霄鹏先生遗著

08531 / 13281 **中西医学丛书十种**十二卷 1897

辑者佚名

子目:

(1)中西内症玄机一卷 (美)嘉约翰口译 (清)林湘东笔述
(2)中西医学要论一卷 (英)合信氏撰
(3)花柳解毒神效方一卷 (美)嘉约翰译
(4)中西眼科指南一卷 (英)补稻维德口译
(5)中西本草问答二卷 (清)唐宗海撰
(6)泰西救急奇方一卷 (英)秀耀春撰
(7)泰西用药新法一卷 (清)孔继良撰
(8)泰西裹扎新法图解一卷 (美)嘉约翰口译

(9)泰西割症大全一卷
(10)(绘图)中西医学入门二卷　(清)唐宗海撰
清光绪二十三年(1897)石印本　152　203　280(残)　514A　529A　701(存八种八卷)　709　738B(存六种六卷)　907B　926A

08532
13058
韩氏医课不分卷　[1897]
(清)韩氏撰　韩鸿(印秋)校补
子目：
(1)本草撮要类编不分卷　(清)王荩臣撰
(2)金匮方歌括不分卷
(3)医方歌括不分卷
(4)温病方歌一卷
(5)霍乱方歌一卷
(6)景岳新方八阵歌一卷
(7)十剂选时方歌一卷
稿本　139

08533
05925
抄本医书五种十六卷　[1899]
著者佚名
子目：
(1)验方集腋十卷
(2)伤科秘本二卷
(3)外科藏书二卷
(4)痧症针灸推拿备考一卷
(5)异授眼科七十二症一卷
清光绪二十五年(1899)抄本　139

08534
13282
丹溪全书十种三十二卷　1900
(清)陈鸿业(鉴舟)辑
子目：
(1)局方发挥一卷　(元)朱震亨撰
(2)格致余论一卷　(元)朱震亨撰
(3)丹溪心法五卷　(元)朱震亨撰
(4)脉诀指掌一卷　(元)朱震亨撰
(5)金匮钩玄三卷　(元)朱震亨撰
(6)医学发明一卷　(金)李杲撰
(7)活法机要一卷　(元)朱震亨撰
(8)证治要诀十二卷　(明)戴思恭撰
(9)证治要诀类方四卷　(明)戴思恭撰
(10)医经溯洄集三卷　(元)王履撰
清光绪二十六年(1900)刻本　590　733B　735A(残)　940　951

08535
13201
陈修园医书二十四种八十八卷　1900
原题(清)陈念祖(修园、良有、慎修)撰
子目：
(1)灵素节要浅注十二卷　(清)陈念祖注
(2)金匮要略浅注十卷　(清)陈念祖注
(3)金匮方歌括六卷　(清)陈念祖撰
(4)伤寒论浅注六卷　(清)陈念祖撰
(5)长沙方歌括六卷　(清)陈念祖撰
(6)医学从众录八卷　(清)陈念祖撰
(7)女科要旨四卷　(清)陈念祖撰
(8)神农本草经读四卷　(清)陈念祖撰
(9)医学三字经四卷　(清)陈念祖撰
(10)时方妙用四卷　(清)陈念祖撰
(11)时方歌括二卷　(清)陈念祖撰
(12)景岳新方砭四卷　(清)陈念祖撰
(13)伤寒医诀串解六卷　(清)陈念祖撰
(14)十药神书注解一卷　(清)陈念祖注
(15)霍乱论二卷　(清)王士雄撰
(16)医医偶录二卷　(清)陈念祖撰
(17)救急经验良方一卷　(清)竹梅居士编
(18)急救异痧奇方一卷　(清)陈念祖撰
(19)经验百病内外方一卷　著者佚名
(20)瘟疫明辨四卷　(清)戴天章撰
(21)咽喉脉证通论一卷　著者佚名
(22)白喉治法忌表抉微一卷　(清)耐修子录
(23)太乙神针方一卷　(清)范培兰传
(24)救迷良方一卷　(清)何其伟撰
1. 清光绪二十六年(1900)两仪堂刻本　733B(存八卷)　741(残)
2. 清刻本　140(残)　740A

08536
13283
中外医书八种合刻十一卷　1901
辑者佚名
子目：
(1)脏腑图说一卷　(清)罗定昌撰
(2)中西医士脏腑图说一卷(又名脏腑各图)　(清)罗定昌撰
(3)症治要言一卷　(清)罗定昌撰
(4)医案类录一卷　(清)罗定昌撰
(5)附录医案一卷
(6)中西医解二卷　(清)唐宗海撰
(7)脉学辑要三卷　(日)丹波元简撰
(8)皮肤新编一卷　(美)嘉约翰译
1. 清光绪二十年(1894)刻二十七年(1901)成都正字山房增刻汇印本　2　139　152　203　289　461(残)　514A　521　651

728B(存前四种) 738B 940
2.清光绪三十年(1904)成都文汇堂刻本 186 491 851 871 907C
3.清光绪三十三年(1907)石印本 152 308A 351 361 664 712 728A 740J(存前四种) 839A

08537 13191 **活人精言**九卷 1901
(清)席树馨(鹤如)编
子目:
(1)伤寒补天石二卷续伤寒补天石二卷 (明)戈维城撰
(2)广瘟疫论四卷附佛崖验方一卷 (清)戴天章撰
清光绪二十七年(1901)妫川席树馨刻本 139 254 289 361 412B 570 590 728A 734 854 871

08538 12984 **无妄集活法医书**九卷 1902
(清)包育华(桃初、鹏九、白髯叟)撰
子目:
(1)伤寒论章节五卷
(2)杂病论章节一卷
(3)伤寒杂病论方法一卷
(4)经方歌括一卷
(5)无妄集医论一卷
清光绪二十八年(1902)闽杭耕心堂刻本 361

08539 13168 **徐灵胎医略六书**三十二卷附录三卷 1903
(清)徐大椿(灵胎、洄溪老人)原撰
子目:
(1)内经诠释一卷
(2)脉诀启悟二卷附经络诊视图一卷
(3)药性切用六卷
(4)六经病解一卷伤寒总论一卷
(5)伤寒约编六卷附舌鉴图一卷
(6)杂病证治九卷
(7)女科指要六卷附女科治验一卷
清光绪二十九年(1903)上海赵翰香居刻暨铅印本 2 139 152 186 202 203 251 270 279 286 289 308A 361 381 393 475A 491 514A 541 570 572 589 590 651 664 677A 728A 731 734 736A 736C 738 738A 738B 831 852S 907B 907C 911 917A 926A

08540 13284 **武昌医学馆丛书**九十六卷 1904
(清)柯逢时(巽庵)编
子目:
(1)经史证类大观本草三十一卷 (宋)唐慎微撰
(2)大观本草札记二卷 (清)柯逢时撰
(3)本草衍义二十卷 (宋)寇宗奭撰
(4)伤寒论十卷 (汉)张机撰
(5)伤寒总病论六卷 (宋)庞安时撰
(6)类症增注伤寒百问歌四卷 (宋)钱闻礼撰
(7)伤寒补亡论二十卷 (宋)郭雍撰
(8)活幼心书三卷 (元)曾世荣撰
清光绪三十年(1904)武昌柯逢时刻本 1 139 289 461(残) 781

08541 05942 **婆心佛手编**二卷 1904
(清)周伏生编
子目:
(1)良方辑要一卷 (清)钱恭豫撰
(2)外科医镜一卷 (清)张正撰
清光绪三十年(1904)石印本 590 734A

08542 13206 **陈修园医书四十种**一百一十九卷 1904
原题(清)陈念祖(修园、良有、慎修)撰
子目:
(1)灵素节要浅注十二卷 (清)陈念祖注
(2)金匮要略浅注十卷 (清)陈念祖注
(3)金匮方歌括六卷 (清)陈念祖撰
(4)伤寒论浅注六卷 (清)陈念祖注
(5)长沙方歌括六卷 (清)陈念祖撰
(6)医学实在易八卷 (清)陈念祖撰
(7)医学从众录八卷 (清)陈念祖撰
(8)女科要旨四卷 (清)陈念祖撰
(9)神农本草经读四卷 (清)陈念祖撰
(10)医学三字经四卷 (清)陈念祖撰
(11)时方妙用四卷 (清)陈念祖撰
(12)时方歌括二卷 (清)陈念祖撰
(13)景岳新方砭四卷 (清)陈念祖撰
(14)伤寒真方歌括六卷 (清)陈念祖撰
(15)伤寒医诀串解六卷 (清)陈念祖撰
(16)十药神书注解一卷 (清)陈念祖注
(17)急救异痧奇方一卷 (清)陈念祖评
(18)瘟疫明辨四卷 (清)郑奠一撰
(19)经验百病内外方一卷 著者佚名
(20)白喉治法忌表抉微一卷 (清)耐修子录

(21)福幼编一卷　(清)庄一夔撰
(22)咽喉脉证通论一卷　著者佚名
(23)救迷良方一卷　(清)何其伟撰
(24)太乙神针方一卷　(清)范培兰传
(25)霍乱论二卷　(清)王士雄撰
(26)吊脚痧方论一卷　(清)徐子默撰
(27)烂喉痧痧辑要一卷　(清)金德鉴撰
(28)疟疾论一卷　(清)韩善徵撰
(29)喉痧正的一卷　(清)曹心怡撰
(30)外科证治全生集一卷　(清)王维德撰
(31)伤寒舌鉴一卷　(清)张登撰
(32)眼科捷径一卷　著者佚名
(33)养生镜一卷　(清)陆球撰
(34)达生编一卷　(清)亟斋居士撰
(35)春温三字诀一卷　(清)张子培撰
(36)痢症三字诀一卷　(清)唐宗海撰
(37)保婴要旨一卷　(清)毓兰居士编
(38)引痘略一卷　(清)邱熺撰
(39)湿热条辨一卷　(清)薛雪撰
(40)急救喉疹要法一卷　(清)著者佚名
1. 清光绪三十年(1904)上海商务印书馆铅印本　139　277　302　306　308　308A　366　393　450A　514A(存三十七种)　734A　737　852Q
2. 清光绪三十二年(1906)上海飞鸿阁书局石印本　287　364A　410　443　736B　831

08543 **新增医书七种**七卷　1904
00000 (清)刘至喜辑

子目：

(1)咽喉脉证通论一卷　著者佚名
(2)白喉治法抉微一卷　(清)耐修子撰
(3)急救喉疹要法一卷　著者佚名
(4)喉痧正的一卷　(清)曹心怡撰
(5)太乙神针方一卷　(清)范培兰撰
(6)救迷良方一卷　(清)何其伟撰
(7)福幼编一卷　(清)庄一夔撰
1. 清光绪三十年(1904)上海日新书局石印本　831
2. 清光绪三十二年(1906)宏道堂刻本　409　850
3. 见陈修园医书二十八种

08544 **陈修园医书五十种**一百二十九卷　1905
13208 原题(清)陈念祖(修园、良有、慎修)撰

子目：

(1)灵素节要浅注十二卷　(清)陈念祖集注
(2)金匮要略浅注十卷　(清)陈念祖集注
(3)金匮方歌括六卷　(清)陈念祖撰
(4)伤寒论浅注六卷　(清)陈念祖注
(5)长沙方歌括六卷　(清)陈念祖撰
(6)医学实在易八卷　(清)陈念祖撰
(7)医学从众录八卷　(清)陈念祖撰
(8)女科要旨四卷　(清)陈念祖撰
(9)神农本草经读四卷　(清)陈念祖撰
(10)医学三字经四卷　(清)陈念祖撰
(11)时方妙用四卷　(清)陈念祖撰
(12)时方歌括二卷　(清)陈念祖撰
(13)景岳新方砭四卷　(清)陈念祖撰
(14)伤寒真方歌括六卷　(清)陈念祖撰
(15)伤寒医诀串解六卷　(清)陈念祖撰
(16)十药神书注解一卷　(清)陈念祖注
(17)急救异痧奇方一卷　(清)陈念祖撰
(18)瘟疫明辨四卷　(清)郑奠一撰
(19)经验百病内外方一卷　著者佚名
(20)白喉治法忌表抉微一卷　(清)耐修子录
(21)福幼编一卷　(清)庄一夔撰
(22)咽喉脉证通论一卷　著者佚名
(23)救迷良方一卷　(清)何其伟撰
(24)太乙神针方一卷　(清)范培兰传
(25)霍乱论二卷　(清)王士雄撰
(26)吊脚痧方论一卷　(清)徐子默撰
(27)烂喉痧痧辑要一卷　(清)金德鉴撰
(28)疟疾论一卷　(清)韩善徵撰
(29)喉痧正的一卷　(清)曹心怡撰
(30)外科证治全生集一卷　(清)王维德撰
(31)伤寒舌鉴一卷　(清)张登撰
(32)眼科捷径一卷
(33)养生镜一卷　(清)陆球撰
(34)达生编一卷　(清)亟斋居士撰
(35)春温三字诀一卷　(清)张子培撰
(36)痢症三字诀一卷　(清)唐宗海撰
(37)保婴要旨一卷　(清)毓兰居士编
(38)引痘略一卷　(清)邱熺撰
(39)湿热条辨一卷　(清)薛雪撰
(40)急救喉疹要法一卷
(41)本经便读一卷　(清)黄钰撰
(42)温热赘言一卷　(清)陈平伯撰

(43) 神农本草经百种录一卷 （清）徐大椿撰
(44) 妇科杂症一卷 （清）文晟编
(45) 医垒元戎一卷 （元）王好古撰
(46) 名医别录一卷 （清）黄钰辑
(47) 平辨脉法歌括一卷 （清）黄钰撰
(48) 局方发挥一卷 （元）朱震亨撰
(49) 医法心传一卷 （清）程芝田撰
(50) 增补食物秘书一卷
清光绪三十一年（1905）上海商务印书馆铅印本 4C 21 139 186 202 277 279 289 301 308（残） 308A 351 360B 361 381（残） 401（残） 408 412A 412B 421（残） 433A 434 435（存三十八种） 475A 476 522 523 529A 541 590 604 651 664 721（残） 731 733B（残） 734A（残） 736A 740A（残） 740C（残） 740G 741 799A（残） 839A 850 852 852Q 874 877 891（残） 896A 907B 911（残） 917A 926A 931 939 951

08545 00000 **夏氏医书五种**十一卷 ［1905］
（清）夏俊臣辑
(1) 本草三卷
(2) 脉诀一卷
(3) 伤寒论一卷
(4) 汤头歌二卷
(5) 辨症集要四卷
清抄本 289

08546 13285 **脉学本草医方全书**十四卷 1906
清太医院编
子目：
(1) 奇经八脉考一卷 （明）李时珍撰
(2) 脉诀考证一卷 （明）李时珍撰
(3) 濒湖脉学一卷 （明）李时珍撰
(4) 四言举要一卷 （宋）崔嘉彦撰
(5) 本草备要四卷 （清）汪昂撰
(6) 医方集解六卷 （清）汪昂撰
清光绪善成堂刻本 3（存五种，题医方全书五种） 302 351 385A 433A 514A 590 799A 839A 852 901 922

08547 13207 **陈修园医书四十八种**一百二十六卷 1906
原题（清）陈念祖（修园、良有、慎修）撰
子目：
(1) 灵素节要浅注十二卷 （清）陈念祖集注
(2) 金匮要略浅注十卷 （清）陈念祖集注
(3) 金匮方歌括六卷 （清）陈念祖撰
(4) 伤寒论浅注六卷 （清）陈念祖注
(5) 长沙方歌括六卷 （清）陈念祖撰
(6) 医学实在易八卷 （清）陈念祖撰
(7) 医学从众录八卷 （清）陈念祖撰
(8) 女科要旨四卷 （清）陈念祖撰
(9) 神农本草经读四卷 （清）陈念祖撰
(10) 医学三字经四卷 （清）陈念祖撰
(11) 时方妙用四卷 （清）陈念祖撰
(12) 时方歌括二卷 （清）陈念祖撰
(13) 景岳新方砭四卷 （清）陈念祖撰
(14) 伤寒真方歌括六卷 （清）陈念祖撰
(15) 伤寒医诀串解六卷 （清）陈念祖撰
(16) 十药神书注解一卷 （清）陈念祖注
(17) 急救异痧奇方一卷 （清）陈念祖撰
(18) 经验百病内外方一卷 （清）著者佚名
(19) 霍乱论二卷 （清）王士雄撰
(20) 绞肠痧证一卷 （清）王士雄撰
(21) 吊脚痧证一卷 （清）王士雄撰
(22) 眼科捷径一卷 著者佚名
(23) 伤寒舌诊一卷 （元）杜本增订
(24) 咽喉脉证通论一卷 著者佚名
(25) 白喉治法忌表抉微一卷 （清）耐修子录
(26) 急救喉疹要法一卷 著者佚名
(27) 喉痧正的一卷 （清）曹心怡撰
(28) 春温三字诀一卷 （清）张子培撰
(29) 痢症三字诀一卷 （清）唐宗海撰
(30) 湿热条辨一卷 （清）薛雪撰
(31) 温热赘言一卷 （清）寄瓢子撰
(32) 疟疾论三卷 （清）韩善征撰
(33) 达生编一卷 （清）亟斋居士撰
(34) 妇科杂症一卷 （清）文晟编
(35) 引痘略一卷 （清）邱熺撰
(36) 救迷良方一卷 （清）何其伟撰
(37) 太乙神针方一卷 （清）范培兰传
(38) 福幼编一卷 （清）庄一夔撰
(39) 本草经百种录注解一卷 （清）徐大椿撰
(40) 增补食物秘书一卷 著者佚名
(41) 平辨脉法歌诀一卷 （清）黄钰撰
(42) 本经便读一卷 （清）黄钰撰

(43) 名医别录一卷　(清)黄钰撰
(44) 局方发挥一卷　(元)朱震亨撰
(45) 医垒元戎一卷　(元)王好古撰
(46) 医法心传一卷　(清)程芝田撰
(47) 古今医论一卷　著者佚名
(48) 刺疗捷法一卷　(清)张镜撰

1. 清光绪三十二年(1906)吴闽医学书会石印本　277　308A　353　361　363　461　463　475A　476　570(存三十九种)　713(存六种)　734A(残)　736B　741　799A　831　851(存三十六种)　907B　911(存十五种)　917A
2. 清光绪三十三年(1907)巴蜀善成堂刻本　365(残)　417　734A(残)　740A　891(残)
3. 清光绪三十四年(1908)上海商务印书馆铅印本　277　301(存四种)　851　907C

08548 / 13171 **徐灵胎医学全书**三十一卷　1907

又名徐氏医书十六种、徐氏医学十六种

(清)徐大椿(灵胎、洄溪老人)原撰

子目：

前集
(1) 难经经释二卷
(2) 神农本草经百种录一卷
(3) 医贯砭二卷
(4) 医学源流论二卷
(5) 伤寒论类方一卷
(6) 兰台轨范八卷
(7) 慎疾刍言一卷
(8) 洄溪医案一卷

后集
(9) 内经诠释一卷
(10) 脉诀启悟注释一卷
(11) 伤寒约编六卷
(12) 杂病源一卷
(13) 洄溪脉学一卷
(14) 六经病解一卷
(15) 舌鉴总论一卷
(16) 女科医案一卷

1. 清光绪三十三年(1907)上海章福记书局石印本　139　186　202　203　279　289　302　303　308A　361　412B　413　421　432　461　462　466　475A　514B　541　570　589　590　728A　738B　743　799A　831　852A　854　907B　907C　917A　921　922(残)　926A　931　940
2. 清光绪三十三年(1907)上海六艺书局石印本　139　139A　186　202　203　289　351　433A　434(存十六种)　435　461　464　514B　519　522　529A　541　570　572　590　664　677A　708　709　710　728A　737(残)　738A　740D　742(存三种)　799A　831　839A(残)　851　852Q　854(残)　896A　907B　907C　915　917A　926A　931　940(残)

08549 / 05950 **中西医通汇函**八种二十四卷　1907

中西医通汇函续集三种十二卷

(清)朱钧(幼平、翼盦)编

子目：

(1) 医学读书记三卷附医学续记一卷
(2) 保赤全书三卷
(3) 精选治疟必愈三卷
(4) 脉原三卷
(5) 伤寒论述义五卷
(6) 金匮心典三卷
(7) 静香楼医案一卷
(8) 医林改错二卷

续集
(1) 血证论八卷
(2) 本草问答二卷
(3) 医经精义二卷

清光绪三十三年(1907)上海朱氏焕文书局石印本　514A　529　529A　739　852(存三十卷)

08550 / 13286 **尤在泾全集**八卷　1907

(清)朱钧(幼平、翼盦)编

子目：

(1) 医学读书记三卷附医学续记一卷　(清)尤怡撰
(2) 静香楼医案一卷　(清)尤怡撰
(3) 金匮要略心典三卷　(清)尤怡撰

1. 清光绪三十三年(1907)上海朱氏焕文书局石印本　529A　940(存一、二种)
2. 见中西医通汇函

08551 / 13059 **赵双修医书十四种**十四卷　1907

(清)赵廷玉(伯亭、双修)编

子目：
(1)伤寒明理论一卷
(2)医学传心赋一卷 (清)刘一仁撰
(3)医学源流一卷
(4)基础理论一卷
(5)六经说一卷
(6)伤寒条辨一卷
(7)杂病治法一卷
(8)虚劳秘要一卷 (清)何嗣宗撰
(9)女科揭要一卷
(10)医方撮要一卷又名女科要旨
(11)医案(一)一卷
(12)医案(二)一卷
(13)本草一卷
(14)杂录一卷
清光绪三十三年(1907)稿本 139

08552 13287 **中西医学群书**十七卷 1907
(清)陈佚君编
子目：
(1)颅囟经二卷 著者佚名
(2)卫济宝书二卷 (宋)东轩居士撰
(3)脏腑标本药式一卷 (金)张元素撰
(4)三消论一卷 (金)刘完素撰 (清)周学海注
(5)诊家枢要一卷 (元)滑寿撰 (清)周学海注
(6)痎疟论疏一卷 (明)卢之颐撰
(7)金匮钩玄三卷 (元)朱震亨撰 (清)周学海评注
(8)幼科要略二卷 (清)叶桂撰 周学海注
(9)温热论一卷 (清)叶桂撰 周学海注
(10)客尘医话三卷 (清)计楠撰
1. 清光绪三十三年(1907)南洋医学社刻本 139A 286 289 308A 738B 907C
2. 清光绪三十三年(1907)上海六艺书局石印本 186 254 286 289 361 412B 461 475A 590 651 706 728A 731 736 736A 737 740J(存八种) 907C 931

08553 13288 **中西医学劝读十二种**四十三卷 1907
(清)冯步蟾(子觉、复性子)编
子目：
(1)中西汇通医经精义二卷 (清)唐宗海撰
(2)中西汇参医学二卷 (清)童孙庵 罗定昌等撰
(3)伤寒论浅注补正七卷卷首一卷 (清)唐宗海补正
(4)金匮要略浅注补正九卷 (清)唐宗海补正
(5)血证论八卷 (清)唐宗海撰
(6)医学折衷劝读篇三卷 (清)黄传祁撰
(7)痎疟论疏一卷 (明)卢之颐撰
(8)医方折衷纂要录二卷 看冰山人撰
(9)扁鹊心书三卷附神方一卷 (宋)窦材编
(10)本草问答二卷 (清)唐宗海撰
(11)薛生白湿热条辨一卷 (清)章楠释
(12)叶天士温热论一卷 (清)章楠释
清光绪三十四年(1908)彭锡龄王觐光津镇赞化文社刻本 139 186 831 839A

08554 13205 **陈修园医书三十六种**一百零九卷 1907
原题(清)陈念祖(修园、良有、慎修)撰
子目：
(1)神农本草经读四卷 (清)陈念祖撰
(2)医学三字经四卷 (清)陈念祖撰
(3)时方歌括二卷 (清)陈念祖撰
(4)时方妙用四卷 (清)陈念祖撰
(5)景岳新方砭四卷 (清)陈念祖撰
(6)医学实在易八卷 (清)陈念祖撰
(7)医学从众录八卷 (清)陈念祖撰
(8)金匮要略浅注十二卷 (清)陈念祖注
(9)金匮方歌括六卷 (清)陈念祖撰
(10)伤寒论浅注六卷 (清)陈念祖注
(11)长沙方歌括六卷 (清)陈念祖撰
(12)灵素集注节要五卷 (清)陈念祖撰
(13)伤寒医诀串解六卷 (清)陈念祖撰
(14)伤寒真方歌括六卷 (清)陈念祖撰
(15)十药神书注解六卷 (清)陈念祖注
(16)急救异痧奇方一卷 (清)陈念祖评
(17)经验百病内外方一卷 著者佚名
(18)霍乱论二卷 (清)王士雄撰
(19)咽喉脉证通论一卷 著者佚名
(20)白喉治法忌表抉微一卷 (清)耐修子录
(21)急救喉痧要法一卷 著者佚名
(22)喉痧正的一卷 (清)曹心怡撰
(23)太乙神针方一卷 (清)范培兰传
(24)救迷良方一卷 (清)何其伟撰
(25)福幼编一卷 (清)庄一夔撰
(26)养生镜一卷 (清)陆球撰
(27)疟疾论一卷 (清)韩善徵撰
(28)春温三字诀一卷 (清)张子培撰

(29) 伤寒舌鉴一卷 （清）张登撰
(30) 大生要旨一卷 （清）唐千顷撰
(31) 保婴要旨一卷 （清）毓兰居士辑
(32) 外科证治全生集一卷 （清）王维德编
(33) 痢症三字诀一卷 （清）唐宗海撰
(34) 女科要旨四卷 （清）陈念祖撰
(35) 眼科捷径一卷 著者佚名
(36) 吊脚痧方论一卷 （清）徐子默撰
清光绪三十三年（1907）上海经香阁书庄石印本 288 391（残） 396（残） 433A 514A 664 728A 740A（残）

08555
13210
陈修园医书七十种一百四十八卷 1907
原题（清）陈念祖（修园、良有、慎修）撰
子目：
（1）灵素节要浅注十二卷 （清）陈念祖集注
（2）金匮要略浅注十卷 （清）陈念祖集注
（3）金匮方歌括六卷 （清）陈念祖撰
（4）伤寒论浅注六卷 （清）陈念祖注
（5）长沙方歌括六卷 （清）陈念祖撰
（6）医学实在易八卷 （清）陈念祖撰
（7）医学从众录八卷 （清）陈念祖撰
（8）女科要旨四卷 （清）陈念祖撰
（9）神农本草经读四卷 （清）陈念祖撰
(10) 医学三字经四卷 （清）陈念祖撰
(11) 时方妙用四卷 （清）陈念祖撰
(12) 时方歌括二卷 （清）陈念祖撰
(13) 景岳新方砭四卷 （清）陈念祖撰
(14) 伤寒真方歌括六卷 （清）陈念祖撰
(15) 伤寒医诀串解六卷 （清）陈念祖撰
(16) 十药神书注解一卷 （清）陈念祖集注
(17) 颅囟经二卷 著者佚名
(18) 急救奇痧方 （清）陈念祖撰
(19) 霍乱论二卷 （清）王士雄撰
(20) 伤寒舌诊 （元）杜本增订
(21) 眼科捷径一卷 著者佚名
(22) 急救喉疹要法一卷 著者佚名
(23) 咽喉脉症通论一卷 著者佚名
(24) 白喉治法忌表抉微一卷 （清）耐修子录
(25) 痢症三字诀一卷 （清）唐宗海撰
(26) 喉痧正的一卷 （清）曹心怡撰
(27) 春温三字诀一卷 （清）张子培撰
(28) 疟疾论一卷 （清）韩善徵撰
(29) 湿热条辨一卷 （清）薛雪撰
(30) 温热赘言一卷 （清）陈平伯撰
(31) 引痘略一卷 （清）邱熺撰
(32) 达生编一卷 （清）亟斋居士编
(33) 妇科杂症一卷 （清）文晟编
(34) 福幼编一卷 （清）庄一夔撰
(35) 救迷良方一卷 （清）何其伟撰
(36) 太乙神针方一卷 （清）范培兰传
(37) 平辨脉法歌诀一卷 （清）黄钰撰
(38) 神农本草经百种录一卷 （清）徐大椿撰
(39) 增补食物秘书一卷 著者佚名
(40) 局方发挥一卷 （元）朱震亨撰
(41) 本经便读一卷 （清）黄钰撰
(42) 名医别录一卷 （清）黄钰辑
(43) 古今医论一卷 著者佚名
(44) 医垒元戎一卷 （元）王好古撰
(45) 刺疔捷法一卷 （清）张镜撰
(46) 医法心传一卷 （清）程芝田撰
(47) 养生镜一卷 （清）陆球撰
(48) 吊脚痧证一卷 （清）王士雄撰
(49) 经验百病内外方一卷 著者佚名
(50) 绞肠痧证一卷 （清）王士雄撰
(51) 至 (70) 附医学论二十种
1. 清光绪三十三年（1907）上海广雅启新书局石印本 139A 522 523（残）
2. 清末石印本 522 664 742

08556
13289
医学初阶二十八卷 1908
（清）严岳莲（祖馨、德与、雁峰、贲园居士）编 （民国）严式诲辑补
子目：
（1）本经逢原四卷 （清）张璐撰
（2）伤寒论浅注方论合编六卷 （清）陈念祖注
（3）金匮要略浅注方论合编十卷 （清）陈念祖注
（4）温病条辨六卷卷首一卷 （清）吴瑭撰
清光绪三十四年（1908）宣统元年（1909）渭南严岳莲刻 1924 年渭南严式诲增修本 2 6 391（残） 412B 491 579 800 851

08557
09733
痧疔济急合篇三卷 1908
著者佚名
子目：
（1）痧症发微二卷 （清）郭右陶原撰
（2）济世神针一卷 （清）应其南撰
清光绪葆生抄本 541

08558 00000 **陈修园医书四十八种**一百二十九卷　1908
原题（清）陈念祖（修园、良有、慎修）撰

子目：

（1）灵素节要浅注十二卷　（清）陈念祖注
（2）金匮要略浅注十卷　（清）陈念祖注
（3）金匮方歌括六卷　（清）陈念祖撰
（4）伤寒论浅注六卷　（清）陈念祖注
（5）长沙方歌括六卷　（清）陈念祖撰
（6）医学实在易八卷　（清）陈念祖撰
（7）医学从众录八卷　（清）陈念祖撰
（8）女科要旨四卷　（清）陈念祖撰
（9）神农本草经读四卷　（清）陈念祖撰
（10）医学三字经四卷　（清）陈念祖撰
（11）时方妙用四卷　（清）陈念祖撰
（12）时方歌括二卷　（清）陈念祖撰
（13）景岳新方砭四卷　（清）陈念祖撰
（14）伤寒真方歌括六卷　（清）陈念祖撰
（15）伤寒医诀串解六卷　（清）陈念祖撰
（16）十药神书注解一卷　（清）陈念祖注
（17）急救异痧奇方一卷　（清）陈念祖撰
（18）经验百病内外方一卷　（清）著者佚名
（19）霍乱论二卷附绞肠痧方一卷吊脚痧方一卷　（清）王士雄撰
（20）眼科捷径一卷　著者佚名
（21）养生镜一卷　（清）陆球撰
（22）伤寒舌鉴一卷　（清）张登撰
（23）外科证治全生集一卷　（清）王维德撰
（24）咽喉脉证通论一卷　著者佚名
（25）白喉治法忌表抉微一卷　（清）耐修子录
（26）急救喉疹要法一卷　著者佚名
（27）喉痧正的一卷　（清）曹心怡撰
（28）烂喉丹痧辑要一卷　（清）金德鉴撰
（29）春温三字诀一卷　（清）张子培撰
（30）痢症三字诀一卷　（清）唐宗海撰
（31）湿热条辨一卷　（清）薛雪撰
（32）温热赘言一卷　（清）寄瓢子撰
（33）疟疾论三卷　（清）韩善征撰
（34）大生要旨一卷　（清）唐千顷撰
（35）保婴要旨一卷　（清）毓兰居士辑
（36）达生编一卷　（清）亟斋居士撰
（37）福幼编一卷　（清）庄一夔撰
（38）引痘略一卷　（清）邱熺撰
（39）救迷良方一卷　（清）何其伟撰
（40）太乙神针方一卷　（清）范培兰传
（41）局方发挥一卷　（元）朱震亨撰
（42）医垒元戎一卷　（元）王好古撰
（43）医经溯洄集一卷　（元）王履撰
（44）瘢论萃英一卷附医案一卷　（元）王好古撰
（45）脉诀一卷
（46）易氏医案一卷　（明）易大艮撰
（47）医法心传一卷　（清）程芝田撰
（48）刺疔捷法一卷　（清）张镜撰

清光绪三十四年（1908）上海章福记书局石印本　186　277　301　302　364A　393　421　709　714　736A　740A（残）　852Q　854　907B

08559 00000 **陈修园医书七十种**一百四十八卷　1908
原题（清）陈念祖（修园、良有、慎修）撰

（1）灵素节要浅注十二卷　（清）陈念祖集注
（2）金匮要略浅注十卷　（清）陈念祖集注
（3）金匮方歌括六卷　（清）陈念祖撰
（4）伤寒论浅注六卷　（清）陈念祖注
（5）长沙方歌括六卷　（清）陈念祖撰
（6）医学实在易八卷　（清）陈念祖撰
（7）医学从众录八卷　（清）陈念祖撰
（8）女科要旨四卷　（清）陈念祖撰
（9）神农本草经读四卷　（清）陈念祖撰
（10）医学三字经四卷　（清）陈念祖撰
（11）时方妙用四卷　（清）陈念祖撰
（12）时方歌括二卷　（清）陈念祖撰
（13）景岳新方砭四卷　（清）陈念祖撰
（14）伤寒真方歌括六卷　（清）陈念祖撰
（15）伤寒医诀串解六卷　（清）陈念祖撰
（16）十药神书注解一卷　（清）陈念祖注
（17）急救异痧奇方一卷　（清）陈念祖撰
（18）经验百病内外方一卷　（清）著者佚名
（19）霍乱论二卷附绞肠痧方一卷吊脚痧方一卷　（清）王士雄撰
（20）眼科捷径一卷　著者佚名
（21）养生镜一卷　（清）陆球撰
（22）伤寒舌鉴一卷　（清）张登撰
（23）外科证治全生集一卷　（清）王维德撰
（24）咽喉脉证通论一卷　著者佚名
（25）白喉治法忌表抉微一卷　（清）耐修子录
（26）急救喉疹要法一卷　著者佚名
（27）喉痧正的一卷　（清）曹心怡撰

(28)烂喉丹痧辑要一卷　（清）金德鉴撰
(29)春温三字诀一卷　（清）张子培撰
(30)痢症三字诀一卷　（清）唐宗海撰
(31)湿热条辨一卷　（清）薛雪撰
(32)温热赘言一卷　（清）寄瓢子撰
(33)疟疾论三卷　（清）韩善征撰
(34)大生要旨一卷　（清）唐千顷撰
(35)保婴要旨一卷　（清）毓兰居士辑
(36)达生编一卷　（清）亟斋居士撰
(37)福幼编一卷　（清）庄一夔撰
(38)引痘略一卷　（清）邱熺撰
(39)救迷良方一卷　（清）何其伟撰
(40)太乙神针方一卷　（清）范培兰传
(41)局方发挥一卷　（元）朱震亨撰
(42)医垒元戎一卷　（元）王好古撰
(43)医经溯洄集一卷　（元）王履撰
(44)瘢论萃英一卷附医案一卷　（元）王好古撰
(45)脉诀一卷
(46)易氏医案一卷　（明）易大艮撰
(47)医法心传一卷　（清）程芝田撰
(48)刺疔捷法一卷　（清）张镜撰
(49)养生镜一卷　（清）陆乐山撰
(50)医家心法一卷　（清）高斗魁撰
(51)至(70)附医学论二十种
清光绪三十四年戊申（1908）上海章福记书局石印本　302　308A　311　391　467　475A　491（存三十八种）　541　714　728A　738A　738E　738F

08560/13290　**济世专门编**六卷　［1908］
辑者佚名
子目：
（1）达生编一卷　（清）亟斋居士撰
（2）福幼编一卷　（清）庄一夔撰
（3）遂生编一卷　（清）庄一夔撰
（4）倪涵初疟痢三方一卷　（清）倪涵初撰
（5）孙真人专治三十六种风证神方一卷
（6）救荒良方一卷
清刻本　139　541

08561/00000　**孙氏医家丛书**三卷　［1908］
（清）孙又川辑
子目：
（1）伤寒一卷
（2）杂症一卷
（3）胎产一卷
清光绪抄本　734A

08562/00000　**王寿君医学捷径**八卷　［1908］
（清）王寿君撰
子目：
（1）瘟疫捷要一卷
（2）杂病捷要一卷
（3）切诊捷要一卷
（4）疹科捷要一卷
（5）妇科捷要一卷
（6）望诊捷要一卷
（7）运气要诀一卷
（8）杂证捷要一卷
清光绪三十四年（1908）抄本　139

08563/04319　**急治汇编**五卷　1909
（清）张和棻（性如、莘墅）撰
子目：
（1）脚气证辑要一卷
（2）喉痧治验录一卷
（3）五疫症治辨一卷
（4）吊脚痧方论一卷　（清）徐子默著
（5）霍乱新论一卷　（清）俞彰信著
清宣统元年（1909）存存斋石印本　139　203　279　286　361　570　572　590　664　677A　704　907C

08564/13294　**豫医双璧**三十五卷　1909
（清）吴重憙（仲怿）编
子目：
（1）伤寒补亡论二十卷　（宋）郭雍撰
（2）儒门事亲十五卷　（金）张从正撰
清宣统元年（1909）海丰吴重憙梁园节署铅印本　1　9　21　139　185　186　202　203　270　279　280　286　288　289　301　308A　351　360A　361　363　381　385　385A　391　412B　432　433A　461　475A　476　491　492　511　514A　514B　529A　541　570　589　590　651　664　709　728A　728B　738　800　839A　891　896A　907C　926A　931

08565/13295　**利溥集**十八卷　1909
（清）王鸿骥（翔鹤）编
子目：
（1）脉诀采真三卷

(2)药性选要四卷
(3)医书捷抄七卷
(4)素问提要三卷灵枢提要一卷
清宣统二年(1910)成都闲存斋刻本 21 139 186 286 289 308A 412A 491 590 851 907C 951

08566 13060 **石室丛抄医书十九种**三十四卷 1910
(清)钟石顽(更叟)辑
子目：
(1)脉经一卷
(2)伤寒证治二卷
(3)良方汇录六卷
(4)医学汇编三卷
(5)医林改错二卷
(6)脉诀图证汇参二卷
(7)医学秘书四卷
(8)医学丛抄二卷
(9)王孟英案方一卷
(10)傅青主女科一卷
(11)外科秘方二卷
(12)医原记略一卷
(13)疡科补苴一卷
(14)十二经经图并见症用药法一卷
(15)咽喉症类一卷
(16)痧喉症治阐解一卷
(17)医学策问论说序文手札类一卷
(18)医宗备要一卷
(19)俪语集锦一卷
清宣统二年(1910)抄本 590

08567 13297 **霄鹏先生遗著**九卷 1911
(清)黄保康(霄鹏)撰 黄任恒(秩南)编
子目：
(1)贻令堂医学三书
(2)贻令堂杂俎一卷卷首一卷
(3)与婿遗言一卷
清宣统三年(1911)南海黄芰棠刻本 1 9 139 251 493 541 590 701 740A 740C 921 944

08568 13063 **倚云斋医书四种**四卷 1911
(清)洪鹤翥撰
子目：
(1)倚云斋追往集记一卷
(2)倚云斋悟方集记一卷
(3)袖珍脉诀一卷
(4)脉诀辨似一卷附天泉论
稿本 139

08569 13062 **肇坤医稿五种**五卷 1911
(清)肇坤辑
子目：
(1)六经撮要一卷
(2)伤寒论撮要一卷
(3)时病论撮要一卷
(4)撮要男妇科一卷
(5)撮要妇儿科一卷
稿本 139

08570 13413 **味因丛书** 1911
辑者佚名
子目：
(1)旅舍备要方 (宋)董汲撰
(2)易氏医案 (明)易大艮撰
(3)治验稿
(4)潜邨医案 (清)杨乘六编
清抄本 709

08571 06006 **积善小补堂汇刻医书**三卷 [1911]
辑者佚名
子目：
(1)急救奇方附意外须防一卷
(2)白喉秘旨一卷
(3)痢症阐微一卷
清末湖南刻本 139

08572 06032 **医传真要**二卷 [1911]
(清)杨士廷辑
子目：
(1)外科治略提纲一卷
(2)罗太无口授三法一卷
清宣统三年(1911)杨士廷抄本 139

08573 13027 **寿养丛书选抄三种**六卷 [1911]
(明)胡文焕(德甫、全庵、抱琴居士)编
子目：
(1)寿亲养老书四卷 (宋)陈直撰
(2)医学权舆一卷 (明)胡文焕节抄
(3)脉诀一卷 (宋)崔嘉彦撰
清德堂抄本 139

08574 13302 **(编辑)金鉴心法歌诀**四卷 [1911]
辑者佚名
子目：

(1)伤寒心法歌诀一卷
(2)妇科摘要一卷
(3)妇科心法要诀一卷
(4)杂病心法要诀一卷
清抄本 308A

08575 13432 **中医学堂讲录**三卷 [1911]
(清)何仲皋(汝夔)撰
子目:
(1)医学引深一卷
(2)寒温条辨歌括一卷
(3)内经显化篇一卷
清何育骧抄本 361

08576 13068 **疢恒轩五种书**不分卷 [1911]
附歧黄书、药性书
(清)吴蒙(正功)撰
清抄本 1

08577 13069 **医学汇编三种**三卷 [1911]
冠时编
子目:
(1)沈读伤寒论一卷
(2)金匮杂病论一卷
(3)证治家言一卷
抄本 139

08578 13066 **医书四种**四卷 [1911]
著者佚名
子目:
(1)医学三字经一卷
(2)叶天士医案一卷
(3)伤寒瘟疫论一卷
(4)陈修园医选一卷
清抄本 139

08579 00000 **洒心斋医稿**三卷 [1911]
著者佚名
子目:
(1)本草按一卷
(2)汤药集一卷
(3)证治录一卷
清抄本 139

08580 00000 **幼科摘要秘诀**三卷 [1911]
(清)吴竹坪(秉盦)辑
子目:
(1)节抄幼科铁镜一卷
(2)节抄福幼编一卷
(3)节抄幼科要略一卷
清抄本 139

08581 00000 **毓秀堂世传医术六种**□□卷 [1911]
(清)□子修辑
子目:
(1)方论精要二十六卷
(2)切脉锦书三卷
(3)本草征要二卷
(4)名医方论四卷
清抄本 203

08582 00000 **良中子神医天真**二卷 [1911]
著者佚名
子目:
(1)图解篇一卷
(2)药性录一卷
日本抄本 1

12.2 汇编类丛书中的中医著作

08583 13352 **说郛**一百二十卷 [1367]
(元)陶宗仪(九成)辑 (明)陶珽校补
医书子目:
(1)山家清供一卷 (宋)林洪撰
(2)天隐子养生书一卷 (唐)司马承祯撰
(3)保生要录一卷 (宋)蒲处贯撰
(4)保生月录一卷 (宋)韦行规撰
(5)养生月录一卷 (宋)姜蜕撰
(6)摄生要录一卷 (明)沈仕撰
(7)禅本草一卷 (宋释)慧日撰
(8)麹本草一卷 (宋)田锡撰
(9)食谱一卷 (唐)章巨源撰
(10)食经一卷 谢讽撰
(11)中馈录一卷 吴氏撰
(12)南方草木状三卷 (晋)稽含撰
(13)菌谱一卷 (宋)陈仁玉撰
(14)蔬食谱一卷 (宋)陈达叟撰
(15)野菜谱一卷 (明)王磐撰
(16)茹草纪事一卷 (宋)林洪撰
(17)药谱一卷 (唐)侯宁极撰
(18)药录一卷 (晋)李当之撰
(19)何首乌录一卷 (唐)李翱撰
(20)彰明附子记一卷 (宋)杨天惠撰
(21)褚氏遗书一卷 (南齐)褚澄撰

(22)脉经一卷 (晋)王熙撰
(23)子午经一卷 (周)扁鹊撰
(24)玄女房中经一卷 (唐)孙思邈撰
(25)相儿经 (晋)严助撰
(26)参同契一卷 (晋)魏伯阳撰
1. 明末刻本 1
2. 明末刻清顺治三年(1646)周南李际期宛委山堂增刻本 1 2 4B 4D 4I 4J 6 7 9 21 139(存五种,题养生五种) 145 251 253 255 285 287 351 381 391 401 422 431 443 461 462 541 542 579 666 701 702 708 709 731(残) 733 734 734A 736B 741 791(残) 831(残) 850 851 852 852D 852T 901 911 931 943

08584 **说郛一百卷** [1367]
13353 (元)陶宗仪(九成)辑
医书子目:
(1)山家清供一卷 (宋)林洪撰
(2)清异录(药部) (宋)陶谷撰
(3)蔬食谱一卷 (宋)陈达叟撰
(4)菌谱一卷 (宋)陈仁玉撰
(5)褚氏遗书一卷 (南齐)褚澄撰
(6)保生要录一卷 (宋)蒲处贯撰
(7)南方草木状三卷 (晋)稽含撰
1. 明潯南书舍抄本 1
2. 明钮氏世学楼抄本 1
3. 明抄本 1

08585 **道藏** [1449]
13354 辑者佚名
医书子目:
(1)图经衍义本草四十二卷图经集注衍义本草五卷 (宋)寇宗奭编
(2)黄帝内经素问补注释文五十卷 (唐)王冰注 (宋)林亿等校正
(3)黄帝素问灵枢集注二十三卷灵枢略一卷 (宋)史崧撰
(4)黄帝内经素问遗篇五卷 (宋)刘温舒补
(5)素问入式运气论奥三卷 (宋)刘温舒撰
(6)素问六气玄珠密语十七卷 (唐)王冰撰
(7)黄帝八十一难经纂图句解七卷附注义图序论一卷 (宋)李駉撰
(8)孙真人备急千金要方九十三卷目录二卷 (唐)孙思邈撰
(9)急救仙方十一卷
(10)仙传外科秘方十一卷 (明)赵宜真编
(11)葛仙翁肘后备急方八卷 (晋)葛洪撰
(12)胎息经注一卷 幻真先生注
(13)胎息秘要歌诀一卷
(14)崔公入药镜注解一卷 (元)王玠撰
(15)修真精义杂论一卷 (唐)司马承祯述
(16)灵宝众真丹诀一卷
(17)神仙服饵丹石行药法一卷 (唐)京里先生撰
(18)黄庭内景五脏六腑补泻图并序一卷 (唐)胡愔述
(19)灵剑子一卷灵剑子导引子午记一卷 (晋)许逊述
(20)摄生纂录一卷
(21)养生秘录一卷
(22)四气摄生图一卷
(23)太清导引养生经一卷
(24)太上养生胎息气经一卷
(25)太清调气经一卷
(26)太上老君养生诀一卷
(27)太清服气口诀一卷
(28)嵩山太无先生气经二卷
(29)延陵先生集新旧服气经一卷 桑榆子评
(30)幻真先生服内元炁诀一卷
(31)服气精义论一卷 (唐)司马承祯述
(32)气法要妙至诀一卷
(33)上清司命茅真君修行指迷诀一卷
(34)神仙食炁金匮妙录一卷 (唐)京里先生撰
(35)枕中记一卷
(36)养性延命录二卷 (梁)陶弘景集
(37)三洞枢机杂说一卷
(38)彭祖摄生养性论一卷
(39)孙真人摄养论一卷
(40)抱朴子养生论一卷
(41)养生咏玄集一卷
(42)神仙服食灵草菖蒲丸方传一卷
(43)上清经真丹秘诀一卷
(44)混俗颐生录二卷 刘词编
(45)保生要录一卷 (宋)蒲处贯撰
(46)修真秘录一卷 符度仁撰
(47)三元参赞延寿书一卷 (元)李鹏飞编

(48) 太上保真养生论一卷
(49) 养生辨疑诀一卷　(唐)施肩吾撰
(50) 显道经一卷　著者佚名
(51) 太清金液神丹经三卷
(52) 太清石壁记三卷　楚泽先生编
(53) 太清经天师口诀一卷
(54) 太清修丹秘诀一卷
(55) 黄帝九鼎神丹经诀二十卷
(56) 九转灵砂大丹资圣玄经一卷
(57) 张真人金石灵砂论一卷　张隐居撰
(58) 太极真人九转还丹经要诀一卷
(59) 大洞炼真宝经修伏灵砂妙诀一卷　(元)陈少微撰
(60) 大洞炼真宝经九还金丹妙诀一卷　(元)陈少微撰
(61) 太上卫灵神化九转丹砂法一卷
(62) 九转灵砂大丹一卷
(63) 九转青金灵砂丹一卷
(64) 阴阳九转成紫金点化还丹诀一卷
(65) 玉洞大神丹砂真要诀一卷　(唐)张果纂
(66) 灵砂大丹秘诀一卷
(67) 碧玉朱砂寒林玉树匮一卷　陈大师撰
(68) 丹房须知一卷　(宋)吴悮撰
(69) 石药尔雅一卷
(70) 纯阳吕真人药石制一卷
(71) 金碧五相类参同契三卷　(汉)阴长生注
(72) 参同契五相类秘要一卷
(73) 阴真君金石五相类一卷
(74) 金石簿五九数诀一卷
(75) 上清九真中经内诀一卷
(76) 龙虎还丹诀二卷　(唐)金陵子撰
(77) 金华玉液大丹一卷
(78) 感气十六转金丹一卷
(79) 修炼大丹要旨二卷
(80) 金华冲碧丹经秘旨二卷　(宋)白玉蟾传　彭耜编
(81) 抱朴子神仙金汋经三卷
(82) 诸家神品丹法六卷
(83) 铅汞甲庚至宝集成五卷
(84) 丹房奥论一卷　(宋)程了一撰
(85) 大丹铅汞论一卷　(唐)金竹坡撰
(86) 丹方鉴源三卷　(唐)独孤滔撰
(87) 轩辕黄帝水经药法一卷
(88) 三十六水法一卷
(89) 红铅入黑铅诀一卷
(90) 通玄秘术三卷　(唐)沈知言集
(91) 灵飞散传信录一卷
(92) 雁门公妙解录一卷　(唐)雁门公撰
(93) 玄霜掌上录一卷
(94) 太极真人杂丹药方一卷
(95) 神仙养生秘术一卷　太白山人传　(后赵)刘景先受
(96) 太古土兑经三卷
(97) 上洞心丹经诀三卷
(98) 九转流珠神仙九丹经二卷
(99) 庚道集九卷
(100) 还丹至药篇一卷　(宋)贤芝膺图述
(101) 内丹诀一卷　(宋)陈朴撰
(102) 洞元子内丹诀二卷
(103) 内丹还元诀二卷
(104) 长生指要篇一卷　(宋)林自然述
(105) 抱朴子内篇二十卷外篇五十卷　(晋)葛洪撰
(106) 正一法文修真旨要一卷
(107) 上清太极真人撰所施行秘要经一卷
(108) 上清黄庭五脏六腑真人玉轴经一卷
(109) 长生胎元神用经一卷　郎肇注
(110) 太清道林摄生论一卷
(111) 长生诠经一卷
(112) 太初元气接要保生之论一卷
(113) 存神炼气铭一卷　(唐)孙思邈述
(114) 保生铭一卷　(唐)孙思邈述
(115) 周易参同契发挥二卷　(元)俞琰述
(116) 悟真篇三注　(宋)张伯端撰　薛道光　陆墅　陈致虚注

1. 明正统刻本　1　541　851
2. 清光绪二十年(1894)节抄本(第七十五至九十四种)　139

08586
00000
奚囊广要　1528
又名奚囊杂要
(明)洪詹溥(子美)辑
医书子目:
(1)保产育婴录一卷
(2)丹溪治痘要法一卷
(3)备急海上仙方一卷
明嘉靖七年(1528)龙游童佩乐志堂刻本　1

08587 **百陵学山** 1584
13355 (明)王文禄(世廉、沂阳生)辑
医书子目:
(1)医先一卷 (明)王文禄撰
(2)胎息经疏略一卷 (明)王文禄撰
(3)参同契正文二卷 (汉)魏伯阳撰
(4)参同契疏略二卷 (明)王文禄撰
(5)阴阳管见一卷 (明)何瑭撰
明万历刻本 1 511 541

08588 **夷门广牍** 1597
13356 (明)周履靖(逸之、梅墟、梅癫道人)辑
医书子目:
(1)胎息经一卷 原题·幻真先生撰
(2)天隐子一卷 (唐)司马承祯撰
(3)炼形内旨一卷 (明)著者佚名
(4)赤凤髓三卷 (明)周履靖编 (明)吴维贞续增
(5)金笥玄玄一卷 著者佚名
(6)逍遥子导引诀一卷 (原题)逍遥子撰
(7)唐宋卫生歌一卷 (明)周履靖编
(8)益龄单一卷 (明)周履靖编
(9)怪疴单一卷 (元)朱震亨撰
(10)山家清供二卷 (宋)林洪撰
(11)茹草编四卷 (明)周履靖编
(12)易牙遗意二卷 (明)韩奕编
明万历二十五年(1597)金陵荆山书林刻本 1 7 21 251 255 511 541 542 651 733 851

08589 **(大雅堂订正)枕中十书十卷** 1602
00000 (明)李贽(卓吾)编
医书子目:
养生醍醐一卷
明万历博极堂刻本 1 461

08590 **宝颜堂秘笈** [1602]
13357 (明)陈继儒(仲醇、眉公)辑
医书子目:
(1)脉望八卷 (明)赵台鼎撰
(2)男女绅言一卷 (明)龙遵叙撰
(3)饮食绅言一卷 (明)龙遵叙撰
(4)祈嗣真诠一卷 (明)袁黄撰
(5)病榻寤言一卷 (明)陆树声撰
(6)脚气集二卷 (宋)车若水撰
明万历绣水沈氏尚白斋刻本 1 2 4B 4I 7(残) 9(残) 21 287 351 401 541(残) 542 579 651 721 731 731A 852(残)

08591 **格致丛书** [1603]
13358 (明)胡文焕(德甫、全庵、抱琴居士)辑
医书子目:
(1)三元参赞延寿书五卷 (元)李鹏飞撰
(2)养生类纂二卷 (宋)周守中撰
(3)养生月览二卷 (宋)周守中撰
(4)摄生集览一卷 著者佚名
(5)摄生要义一卷 (明)王廷相撰
(6)类修要诀二卷 (明)胡文焕编
(7)厚生训纂六卷 (明)周臣编
(8)山居四要五卷 (元)汪汝懋编
(9)寿亲养老书一卷 (宋)陈直撰
(10)食物本草二卷 (明)卢和撰
(11)食鉴本草二卷 (明)宁原编
(12)南方草木状二卷 (晋)嵇含撰
(13)养生食忌一卷 (明)胡文焕编
(14)养生导引法 (明)胡文焕编
(15)保生心鉴一卷 (明)铁峰居士撰
(16)修真秘要一卷 (明)王棨霄传
(17)锦身机要三卷 (明)混沌子撰
(18)臞仙神隐四卷 (明)朱权编
(19)温隐居海上仙方前集一卷
(20)孙真人海上仙方后集一卷
明万历三十一年(1603)刻本 1 2(残) 4B 6(残) 7(残) 21 139 251(残) 541 542(残) 579 731(残) 731A(残) 734A(残) 740A(残) 831 852(残)

08592 **三才图会** 1607
00000 (明)王圻(元翰、洪洲) 王思义(允明)辑
医书子目:
(1)身体图会七卷
(2)草木图会十二卷
1. 明万历三十七年(1609)王圻刻本 1 21 251 353 381 391 542 831 852C
2. 明万历三十七年(1609)王圻刻王尔宾重修本 9
3. 明万历三十七年(1609)王圻刻清潭滨黄晟补刻本 461

08593 **居家必备** [1643]
13359 辑者佚名

医书子目：
(1)大藏治病药　(唐释)灵澈撰
(2)种药疏　(元)俞宗本撰
(3)天隐子养生书　(宋)司马承祯撰
(4)保生要录　(宋)蒲处贯撰
(5)摄生要录　(明)沈仕撰
(6)四时摄生消息论　(明)高濂撰
(7)按摩导引诀　(明)高濂撰
(8)治万病坐功诀　(明)高濂撰
(9)服食方　(明)高濂撰
(10)解百毒方　(明)高濂撰
(11)褚氏遗书　(南齐)褚澄撰
(12)医先　(明)王文禄撰
1. 明刻本　1　4B　7
2. 清刻本　1

08594 13360 **津逮秘书**　1644
(明)毛晋(凤苞、子久)辑
医书子目：
胎息经一卷　幻真先生注
明崇祯虞山毛氏汲古阁刻本　1　2　4　4B　4I　4J　6(残)　7　9　251　253　255　287　304A　451　461　521　541　542　579　651　701　708　721　722　731　734A　781　831　849　851(残)　852　852C　901　911　931

08595 13361 **水边林下**　1645
原题(清)湖南漫士辑
医书子目：
(1)野蔬品一卷　(明)高濂辑
(2)服气诀一卷　(明)高濂辑
(3)种药疏一卷　(明)俞宗本编
(4)药谱一卷　(唐)侯宁极撰
(5)仙灵卫生歌一卷　(明)高濂撰
(6)二六功课一卷　(明)程羽文撰
(7)病榻寤言一卷　(明)陆树生撰
(8)大藏治病药一卷　(唐释)灵澈撰
清初刻本　1　701

08596 13362 **说郛续**四十六卷　［1646］
(明)陶珽辑
医书子目：
(1)医闾漫记一卷　(明)贺钦撰
(2)脚气集一卷　(宋)车若水撰
(3)禅门本草补一卷　(明)袁中道撰
(4)胎息经疏一卷　(明)王文禄撰
(5)析骨分经一卷　(明)宁一玉撰
(6)医先一卷　(明)王文禄撰
(7)居家宜忌一卷　(明)瞿佑撰
(8)药圃同春一卷　(明)夏旦撰
(9)郁冈斋笔麈一卷　(明)王肯堂撰
1. 明末刻本　1
2. 清顺治三年(1646)周南李际期宛委山堂刻本　1　2　4I　9　21　145　251　287　351　381　401　422　431　461　541　542　579　651　701　733　734A　831　851　852　911

08597 00000 **檀几丛书**　1695
(清)王晫(丹麓)　张潮(山来)编
医书子目：
行医八事图一卷　(清)丁雄飞撰
清康熙三十四年(1695)武林王晫天都张潮刻本　1　364　707

08598 00000 **传家宝全集**　1709
又名家宝全集、传家宝
(清)石成金(天基、惺庵愚人)撰
医书子目：
(1)食鉴本草一卷
(2)食愈方一卷
(3)秘传延寿单方一卷
(4)长寿谱一卷
(5)救命针一卷
(6)长生秘诀一卷
(7)快活方四集四卷
(8)成生法一卷
(9)卫生必读歌一卷
(10)通天乐一卷
(11)养春奇方一卷
(12)养生镜一卷
(13)天基神方一卷
(14)种子心法一卷
(15)种子神效药方一卷
(16)保产心法一卷
(17)达生法言一卷
(18)全婴心法一卷
1. 清乾隆四年(1739)扬州石氏家刻本　1　4A　9　21　251　285　304A　360A(缺二卷)　364(存八卷)　443　450A(存十

七卷) 522 709 722
2. 清嘉庆十年(1805)石基年等刻本 21 401
3. 清道光郝企庄抄本 491
4. 清咸丰元年(1851)常熟珍艺堂刻本 9
5. 清同治六年(1867)吴兴方寿天敬德堂最乐斋善书坊刻本 1
6. 清光绪二十一年(1895)上海书局石印本 1 282 284 522 666 734A 737A 740C
7. 清刻本 1 9 21 145(残) 284 288(残) 353 363 391 401 443 453 522(残) 542(残) 710 734A 736B 740A 742 832 852(存二十三卷) 872(存十四卷)

08599 13363 **武英殿聚珍版书** [1777]
辑者佚名
医书子目:
(1)苏沈良方八卷拾遗一卷校勘记一卷 (宋)苏轼 沈括撰 校勘记 (清)孙星衍撰
(2)小儿药证直诀三卷 (宋)钱乙撰
1. 清乾隆武英殿木活字印本 1 4B 251 255 287 304A 360B 453 731A 734A 736A 736B 831 921
2. 清乾隆浙江重刻本 1 4B 251 287 288 541 651 731 731A 734A 735A 736A 736B 740A 781 851 852 931
3. 清乾隆四十二年(1776)刻道光同治间递修光绪二十一年(1895)补刻本 1 4D 6 7 139 251 287 288 301 311 351 365 391 421 461 511 521 541 579(残) 651 701 722 723 731 734A 736A 740A 740C 741 831 849 851 852 852C 901 911 931
4. 清同治十三年(1874)江西书局刻本 1 4 4A 6 7 9 21 251 255 257 287 288 301 351 401 421 422 451 453 461 492 521 541 579 651 722 731 740A 741 781 791 850 850A 851 852 852C 943
5. 清光绪二十五年(1899)广州广雅书局刻本 1 4B 4F 6 7 9 251 255 368 391 422 461 477 511 541 579 651 713 736B 737A 740C 741 781 831 851 852 852D 901 931 943

08600 13364 **四库全书** 1782
(清)纪昀(晓岚)等辑
医书子目:
(1)黄帝素问二十四卷 (唐)王冰注
(2)灵枢经十二卷 (宋)史崧音释
(3)难经本义二卷 (战国)秦越人撰 (元)滑寿注
(4)甲乙经八卷 (晋)皇甫谧撰
(5)金匮要略论注二十四卷 (汉)张机撰 (清)徐彬注
(6)伤寒论注十卷附伤寒明理论三卷论方一卷 (汉)张机撰 (金)成无己注
(7)肘后备急方八卷 (晋)葛洪撰
(8)褚氏遗书 (南齐)褚澄撰
(9)巢氏诸病源候论五十卷 (隋)巢元方撰
(10)千金要方九十三卷 (唐)孙思邈撰 (宋)郭思节辑
(11)银海精微二卷 (唐)孙思邈撰
(12)外台秘要四十卷 (唐)王焘撰
(13)颅囟经二卷 著者佚名
(14)铜人针灸经七卷 著者佚名
(15)西方子明堂灸经八卷 原题·西方子撰
(16)博济方五卷 (宋)王衮撰
(17)苏沈良方八卷 (宋)苏轼 沈括集
(18)寿亲养老新书四卷 (宋)陈直撰 (元)邹铉续
(19)脚气治法总要二卷 (宋)董汲撰
(20)旅舍备要方一卷 (宋)董汲撰
(21)素问入式运气论奥三卷附黄帝内经素问遗篇 (宋)刘温舒撰
(22)伤寒微旨二卷 (宋)韩祇和撰
(23)伤寒总病论六卷附音训一卷修治药法一卷 (宋)庞安时撰
(24)圣济总录纂要二十六卷 (清)程林删定
(25)证类本草三十卷 (宋)唐慎微撰
(26)全生指迷方四卷 (宋)王贶撰
(27)小儿卫生总微论方二十卷 著者佚名
(28)类证普济本事方十卷 (宋)许叔微撰
(29)太平惠民和剂局方十卷附指南总论三卷 (宋)陈师文等编

(30) 卫生十全方三卷附奇疾方 (宋)夏德撰
(31) 传信适用方二卷 (宋)吴彦夔撰
(32) 卫济宝书二卷 东轩居士撰
(33) 医说十卷 (宋)张杲撰
(34) 针灸资生经七卷 (宋)王执中撰
(35) 妇人大全良方二十四卷 (宋)陈自明撰
(36) 太医局程文九卷 著者佚名
(37) 三因极一病证方论十八卷 (宋)陈言撰
(38) 产育宝庆方二卷 (宋)郭稽中撰
(39) 集验背疽方一卷 (宋)李迅撰
(40) 济生方八卷 (宋)严用和撰
(41) 产宝诸方一卷 著者佚名
(42) 仁斋直指二十六卷附伤寒类书活人总括七卷 (宋)杨士瀛撰
(43) 急救仙方六卷 著者佚名
(44) 素问玄机原病式一卷 (金)刘完素撰
(45) 黄帝素问宣明论方十五卷 (金)刘完素撰
(46) 伤寒直格方三卷伤寒标本心法类萃二卷 (金)刘完素撰
(47) 素问病机气宜保命集三卷 (金)张元素撰
(48) 儒门事亲十五卷 (金)张从正撰
(49) 内外伤辨惑论三卷 (金)李杲撰
(50) 脾胃论三卷 (金)李杲撰
(51) 兰室秘藏三卷 (金)李杲撰
(52) 医垒元戎十二卷 (元)王好古撰
(53) 此事难知二卷 (元)王好古撰
(54) 汤液本草三卷 (元)王好古撰
(55) 瑞竹堂经验方五卷 (元)沙图穆苏撰
(56) 世医得效方二十卷 (元)危亦林撰
(57) 格致余论一卷 (元)朱震亨撰
(58) 局方发挥一卷 (元)朱震亨撰
(59) 金匮钩玄三卷 (元)朱震亨撰
(60) 扁鹊神应针灸玉龙经一卷 (元)王国瑞撰
(61) 外科精义二卷 (元)齐德之撰
(62) 脉诀刊误二卷附录二卷 (元)戴启宗撰
(63) 医经溯洄集二卷 (元)王履撰
(64) 普济方四百二十六卷 (明)朱橚撰
(65) 推求师意二卷 (明)戴思恭撰
(66) 玉机微义五十卷 (明)徐用诚撰 刘纯续增
(67) 仁端录十六卷 (明)徐谦撰
(68) 薛氏医案七十八卷 (明)薛己撰
(69) 针灸问对三卷 (明)汪机撰
(70) 外科理例七卷附方一卷 (明)汪机撰
(71) 石山医案三卷附案一卷 (明)汪机撰 陈桷编
(72) 名医类案十二卷 (明)江瓘编
(73) 赤水玄珠三十卷 (明)孙一奎撰
(74) 医旨绪余二卷 (明)孙一奎撰
(75) 证治准绳一百二十卷 (明)王肯堂撰
(76) 本草纲目五十二卷 (明)李时珍撰
(77) 奇经八脉考一卷 (明)李时珍撰
(78) 濒湖脉学一卷 (明)李时珍撰
(79) 伤寒论条辨八卷附本草钞一卷或问一卷痉书一卷 (明)方有执撰
(80) 先醒斋医学广笔记四卷 (明)缪希雍撰
(81) 神农本草经疏三十卷 (明)缪希雍撰
(82) 类经三十二卷 (明)张介宾编
(83) 景岳全书六十四卷 (明)张介宾编
(84) 温疫论二卷补遗一卷 (明)吴有性撰
(85) 痎疟论疏一卷 (明)卢之颐撰
(86) 本草乘雅半偈十卷 (明)卢之颐撰
(87) 御纂医宗金鉴九十卷 (清)吴谦等撰
(88) 尚论篇八卷 (清)喻昌撰
(89) 医门法律十二卷附寓意草四卷 (清)喻昌撰
(90) 伤寒舌鉴一卷 (清)张登撰
(91) 伤寒兼证析义一卷 (清)张倬撰
(92) 绛雪园古方选注三卷附得宜本草一卷 (清)王子接撰
(93) 续名医类案六十卷 (清)魏之琇撰
(94) 神农本草经百种录一卷 (清)徐大椿撰
(95) 伤寒类方一卷 (清)徐大椿撰
(96) 兰台轨范八卷 (清)徐大椿撰
(97) 医学源流论二卷 (清)徐大椿撰
(98) 南方草木状三卷 (晋)嵇含撰
(99) 救荒本草二卷 (明)朱橚撰
(100) 野菜博录四卷 (明)鲍山撰
(101) 遵生八笺十九卷 (明)高濂撰
(102) 天隐子养生书一卷 著者佚名
(103) 悟真篇注疏三卷附直指禅说 (宋)张伯端撰 翁葆光注 (元)载起宗疏
(104) 周易参同契分章注三卷 (元)陈致虚编
(105) 抱朴子内外篇八卷 (晋)葛洪撰
(106) 广群芳谱一百卷 (清)汪灏等撰
(107) 救荒活民书三卷 (宋)董煟撰

1. 清文津阁本 1
2. 清文溯阁本 461

3. 清文渊阁本 TB
4. 清文澜阁本 731

08601 13365 **函海** 1784
(清)李调元(羹堂、雨村、童山蠢翁)辑
医书子目：
(1)产育宝庆集二卷 (宋)郭稽中撰
(2)颅囟经一卷 著者佚名
1. 清乾隆三十五年至四十九年(1770—1784)绵州李调元万卷楼刻嘉庆十四年(1809)李鼎元重校后印本 1 4I 6 7 21 288 351 421 461 511 541 701 721 731 741 831 851 852 901 922 931
2. 清乾隆三十五年至四十九年(1770—1784)绵州李调元万卷楼刻嘉庆十四年(1809)李鼎元重校道光五年(1825)李朝夔增修本 1 6 9 21 251 381 401 461 541 579 651 666 709 731 741 781 791 831 852 901 911 922 943
3. 清光绪七年(1881)广汉钟登甲乐道斋刻本 1 2 3 7 9 301(残) 391 521 541 542(残) 651 714 731 741 781 831 851 852 901

08602 13366 **唐人说荟** [1792]
又名唐代丛书
(清)陈世熙(莲塘居士)辑
医书子目：
(1)食谱一卷 (唐)章巨源撰
(2)药谱一卷 (唐)侯宁极撰
(3)异疾志一卷 (唐)段成式撰
(4)大藏治病药一卷 (唐释)灵澈撰
1. 清乾隆五十八年(1793)挹秀轩刻本 1 2 3 4 4F 6 352 541 579 731 733 734A 831 850
2. 清嘉庆十一年(1806)天门渤海马纬云弁山楼刻本(题唐代丛书) 1 2 4B 4C 4F 7 9 255 287 288 391 406 451 453 461 477 493 523 541 542 651 666 701 711 721 722(残) 734A(残) 736A 736B 741 831 849 851 852 901 921(残) 943
3. 清道光二十三年(1843)刻本 251 287 523 541 852C 931
4. 清同治三年(1864)纬文堂刻本 735A 737 832
5. 清同治八年(1869)右文堂刻本 1 252 255 491 737
6. 清光绪二十二年(1896)上海赐书堂石印本 287 422 666
7. 清光绪陈其钰刻本 1
8. 清翰宝楼刻本 364 453(残) 461 943
9. 清宣统三年(1911)上海天宝书局石印本 287 304 365 391 413 422 450A 477 511 521 541 579 665 721 737A 781 852 901

08603 13367 **古愚老人消夏录** [1795]
又名古愚丛书
(清)汪汲(葵田、曙泉、海阳竹林人、古愚)撰
医书子目：
(1)解毒编一卷
(2)怪疾奇方一卷附药谱一卷
(3)汇集经验方一卷
清乾隆嘉庆间清河汪氏古愚山房刻本 1 4 4A 4C 4F 6 7 9 21 251 288 301 365 401 461 477 511 542 579 651 701 708 713 721 731 734A 740J 781 791 831 849 851 852 943

08604 13368 **学津讨原** 1805
(清)张海鹏(若云、子瑜)辑
医书子目：
(1)增广太平惠民和剂局方十卷用药总论三卷 (宋)陈师文等编
(2)胎息经一卷 (□)幻真先生注
清嘉庆十年(1805)虞山张海鹏照旷阁刻本 1 2 4B 9(残) 21 251 255 288 303 351 366 406 421 453 461 493(残) 523(残) 541 542 651 731 736A 740A 781 791 851 852 911(残)

08605 13370 **平津馆丛书** 1808
(清)孙星衍(渊如、伯渊)辑

医书子目：
(1)华氏中藏经三卷　原题(汉)华佗撰
(2)素女方一卷　著者佚名
(3)秘授清宁丸方一卷　(清)孙星衍辑
(4)千金宝要六卷　(唐)孙思邈原撰　(宋)郭思编
(5)释人一卷　(清)孙星衍辑
(6)抱朴子内篇二十卷　(晋)葛洪撰
(7)抱朴子外篇五十卷　(晋)葛洪撰

1. 清嘉庆五年至二十年(1800—1815)兰陵孙星衍刻本　1　2　4B　4D　7　9　139　251　252　253　279　301　303　308A　361　369　391(残)　401　461　477　493　511　514A　521　541　542　701　709　713　721(残)　722　731　733(残)　734A　737　737A　740A　741　781　831　851　852　852C　852G　931　943
2. 清光绪十一年(1885)吴县朱记荣槐庐家塾刻本　1　4　4A　4B　4C　4D　4F　4I　6　7　9　21　139　140　251　252　255　287　301　303　304　306　351　363　381　391　401　412B　413　421　431　433B　443　450A　451　453　461　491　511　521　541　542　579　651　666　701　708　721　722　731　733　734A　736B　737　737A　740A　740C　741　781　791(残)　831　832　849　850　851　852　852C　852T　877　891　896A　901　911　921　931　943

08606
00000
佚存丛书　[1810]
(日)林衡(号天瀑山)辑
医书子目：
(1)五行大义五卷　(隋)萧吉撰
(2)难经集注五卷　(明)王九思等撰
清光绪八年(1882)上海黄润生木活字印本　1　9　145　251　252　401　413　422　453　461　491　701　715　733　734A　736　832　849　852　891

08607
13371
借月山房汇抄　1812
(清)张海鹏(若云、子瑜)辑
医书子目：
(1)本心斋蔬食谱一卷　(宋)陈达叟撰
(2)救荒野谱一卷　(明)姚可成撰
(3)参谱一卷　(清)黄叔灿撰
(4)种痘心法一卷　(清)朱奕梁撰
(5)种痘指掌一卷　著者佚名
(6)喉科秘本一卷附喉科附方一卷　(清)尤乘撰
清嘉庆十七年(1812)虞山张海鹏刻本　1　2　4C　4D　21　731

08608
13372
墨海金壶　1817
(清)张海鹏(若云、子瑜)辑
医书子目：
(1)伤寒微旨论二卷　(宋)韩祇和撰
(2)博济方五卷　(宋)王衮撰
(3)旅舍备要方一卷　(宋)董汲撰
(4)全生指迷方四卷　(宋)王贶撰
(5)救荒活民书三卷　(宋)董煟撰
清嘉庆十三年至十六年(1808—1811)海虞张海鹏刻二十二年(1817)汇印本　1　251　521(残)　542　651

08609
13373
士礼居黄氏丛书　1818
(清)黄丕烈(绍武、荛圃、复翁)辑
医书子目：
(1)伤寒总病论六卷附札记一卷　(宋)庞安时撰
(2)洪氏集验方五卷　(宋)洪遵撰
1. 清嘉庆至道光间吴县黄丕烈士礼居刻本　1　4B　4C　7　21　139　139A　287　301　421　511　541　542　703　714　722　731　735A　740C　741　791(残)　831　849　852
2. 清光绪十三年(1887)上海蜚英馆石印本　1　4　4B　4C　4F　7　9　21　139　251　255　287　301　360B　363　401　422　450A　453　461　477　511　541　542　579　651　665　666　708　713　731　731A　781　831　849　852　852C　922　931

08610
13374
宛委别藏　1820
(清)阮元(伯元、芸台)辑
医书子目：
(1)难经集注五卷　(明)王九思等撰
(2)中藏经三卷　(汉)华佗撰
(3)脉经十卷　(晋)王熙撰
(4)千金宝要六卷　(唐)孙思邈撰　(宋)郭思节辑
(5)玉函经一卷　(前蜀)杜光庭撰
(6)史载之方二卷　(宋)史堪撰
(7)伤寒明理论三卷后集一卷　(金)成无己撰

(8)陈氏小儿病源方论四卷 （宋）陈文中撰
(9)类编朱氏集验医方十五卷 （宋）朱佐撰
稿本 1

08611 13376 **艺海珠尘** ［1820］
（清）吴省兰（泉之）辑 钱熙辅增辑
医书子目：
(1)苏沈良方八卷 （宋）苏轼 沈括撰
(2)一草亭目科全书一卷 （清）邓苑撰
(3)治蛊新方一卷 （清）路顺德撰 缪福照重订
(4)伤寒论翼二卷 （清）柯琴撰
1. 清嘉庆南汇吴省兰听彝堂刻本 1 2 4 4A 4B 4C 4F 4G 6 7 9 21 139 145 203 251 252 253 255 257 287（残） 288（残） 301 311（残） 351 353（残） 381 391（残） 401 413 443 450A（残） 461 493（残） 511 541 542 579 651（残） 701 713 715 721 731 733 734 735B 736（残） 736A 737A 737A（残） 740A 740C 741 781（残） 791（残） 831 849 851 852 901 911 921 922(残) 931 943(残)
2. 清嘉庆南汇吴省兰听彝堂刻文萃堂重印本 1 911(残)
3. 清嘉庆南汇吴省兰听彝堂刻道光三十年(1850)金山钱熙辅漱石轩增刻本 1 251 255 284 401 491 521 722（残） 736(残) 831 832 852D

08612 13377 **泽古斋重钞** 1823
（清）陈璜辑
医书子目：
(1)喉科秘本一卷附喉科方一卷 （清）尤乘撰
(2)种痘心法一卷 （清）朱奕梁撰
(3)种痘指掌一卷 著者佚名
(4)参谱一卷 （清）黄叔灿撰
1. 清嘉庆十七年(1812)虞山张海鹏刻道光四年(1824)上海陈氏补刻借月山房汇抄本 1 2 351 511(残) 651
2. 见借月山房汇抄

08613 00000 **书三味楼丛书** ［1825］
（清）张应时（润与、虚谷）辑
医书子目：
(1)痘疹慈航一卷 （清）欧阳调律撰
(2)福幼编一卷 （清）庄一夔撰
(3)遂生编一卷 （清）庄一夔撰
(4)伤寒括要二卷 （明）李中梓撰
清嘉庆十五年至道光五年（1810—1825）华亭张应时书三味楼刻本 541

08614 00000 **宛邻书屋丛书** 1830
（清）张琦（翰风、玉可、宛邻）辑
医书子目：
(1)素问释义十卷 （清）张琦撰
(2)四圣心源十卷 （清）黄元御撰
(3)素灵微蕴十卷 （清）黄元御撰
(4)伤寒悬解十四卷 （清）黄元御撰
(5)长沙药解四卷 （清）黄元御撰
(6)庄氏慈幼二书一卷 （清）庄一夔撰
(7)本草述录六卷 （清）刘若金撰 张琦节录
清道光十年至十二年（1830—1832）阳湖张琦宛邻书屋刻本 1 9 139（存一、三、六） 203 301 401（残） 413 461 477 511（存一、三、六） 733（残） 896A

08615 13378 **学海类编** 1831
（清）曹溶（洁躬、鉴躬、秋岳）辑 陶樾增订
医书子目：
(1)学医随笔一卷 （宋）魏了翁撰
(2)上池杂说一卷 （明）冯时可撰
(3)延寿第一绅言一卷 （宋）愚谷老人撰
(4)摄生消息论一卷 （元）丘处机撰
(5)饮食须知八卷 （元）贾铭撰
(6)四时宜忌一卷 （元）瞿佑撰
(7)馔史一卷 著者佚名
(8)修龄要旨一卷 （明）冷谦撰
(9)二六功课一卷 （明）石室道人撰
(10)摄生要语一卷 （明）息斋居士撰
(11)养生肤语一卷 （明）陈继儒撰
(12)摄生三要一卷 （清）袁黄撰
(13)养小录三卷 （清）顾仲编
(14)怡情小录一卷 （明）沈仕撰
(15)炉火戒录一卷 （宋）俞炎撰
清道光十一年（1831）六安晁氏木活字本 1 2 4B 4C 461 541 579 651 851 852 911

08616 13379 **珠丛别录** ［1835］
（清）钱熙祚（雪枝、锡之）辑

医书子目：

(1)博济方五卷 (宋)王衮撰

(2)旅舍备要方一卷 (宋)董汲撰

(3)伤寒微旨论二卷 (宋)韩祇和撰

(4)全生指迷方四卷 (宋)王贶撰

(5)救荒活民书三卷 (宋)董煟撰

清道光金山钱熙祚刻本 1 2 7 251 303(残) 541 542 651 722 851

08617
13380
惜阴轩丛书 1840

(清)李锡龄(孟熙)辑

医书子目：

(1)卫生宝鉴二十四卷补遗一卷 (元)罗天益撰

(2)小儿药证直诀三卷 (宋)钱乙撰

1. 清道光十四年至二十六年(1834—1846)三原李锡龄宏道书院刻咸丰八年(1858)增刻本 1 2 4 4A 4B 4D 4F 4I 7 139 251 255 301 303(残) 351 360B 408 409 414 421 461 462 477 493 542 651 702 722 731 741 781 831 849 911 921 922 943

2. 清光绪二十二年(1896)长沙胡氏惜阴书局刻本 1 4 4C 6 7 9 139 251 287 288 301 401 421 461 493 511 541 542 579 651 666 701 702 721 731 736B 741 781 791(残) 831 851 852 852C 877 901 931 943

08618
13381
守山阁丛书 1844

(清)钱熙祚(雪枝、锡之)辑

医书子目：

(1)难经集注五卷 (明)王九思撰

(2)脉经十卷 (晋)王熙撰

(3)脉诀刊误二卷 (元)戴启宗撰

1. 清道光二十四年(1844)金山钱熙祚刻本 1 2 4A 4I 7(残) 9 21 139 251 311 351 421 461 493 511 541 651 665 741

2. 清光绪十五年(1889)上海鸿文书局石印本 1 4 4A 6 7 9 21 139 140 251 255 279 301 461 511 523 541 542 579 651 701 702 713 714 721 734A 741 781 831 850A 851 852 852C 911 921 922(残) 931 943

08619
00000
昭代丛书 [1844]

(清)张潮(山来)辑 杨复吉(列欧)增辑 沈懋德(云高)续辑

医书子目：

(1)医津一筏一卷 (清)江之兰撰

(2)释骨一卷 (清)沈彤撰

(3)人参谱一卷 (清)陆烜编

1. 清道光十三年至二十四年(1833—1844)吴江沈懋德世楷堂刻本 1 9 21 251 252 285 288 353 370 381 401 413 422 431 436 453 461 491 521 523 542 701 707 710 715 722 736(残) 737(残) 740(残) 831 832 849 852 922(残) 942(残) 943(残)

2. 清道光十三年至二十四年(1833—1844)吴江沈懋德世楷堂刻光绪二年(1876)印本 145 391 443 709 852

08620
13382
海山仙馆丛书 [1850]

(清)潘仕成(德畬)辑

医书子目：

(1)调燮类编四卷

(2)女科二卷产后编二卷 (清)傅山撰

清道光二十五年至咸丰元年(1845—1851)番禺潘仕成刻光绪十一年(1885)增刻汇印本 1 2 4 4A 4B 4C 4D 4F 4I 4L 6(残) 7 9 139 251 253 255 287 288 301 303 304 351 363 391 401 406 421 422 433B 450A 451 453 461 477 493 511 521 523 541 542 579 651 701 708 713 714 721 722 731 734A 735A(残) 736B 737A 740A 740C 741 781 791 831 849 850A 851 852 852C 852T 877 901 911 921 922 931 943 944

08621
13383
琳琅秘室丛书 1853

(清)胡珽(心耘)辑

医书子目：

伤寒九十论一卷附校伪一卷补校一卷 (宋)许叔微撰

1. 清咸丰三年(1853)仁和胡珽木活字印本 2 4C 251 401 541 542 651 851
2. 清光绪十四年(1888)会稽董氏取斯堂木活字印本 1 4 4B 4I 6 7 9 21 139 251 304A 401 421 461 511 541 542 579 651 701 708 731 734A 741 781 791 831 849 850 851 852 901 931(残)

08622 13384 **长恩书室丛书** 1854

(清)庄肇麟(木生)辑

医书子目：

(1)旅舍备要方一卷 (宋)董汲撰
(2)伤寒微旨论二卷 (宋)韩祗和撰
(3)全生指迷方四卷 (宋)王贶撰

清咸丰四年(1854)新昌庄肇麟过客轩刻本 1 2 4 4C 4I 6 7 9 21 139 251 301 303 351(残) 363 422 461 477 511 521 541 542 579 651 701 708 713 731 736A 736B 740C(残) 781 791 831 849 851 852 852D 911 921(残) 931 943

08623 13385 **逊敏堂丛书** [1861]

(清)黄秩模(正伯、立生)辑

医书子目：

(1)异疾志一卷 (唐)段成式撰
(2)大藏治病药一卷 (唐释)灵澈撰
(3)药谱一卷 (唐)侯宁极撰
(4)本草经解要附余一卷 (清)杨守敬撰
(5)麻疹证治要略一卷 (清)郑志昀撰
(6)本草纲目正误一卷 (清)赵学敏撰
(7)奇证秘录一卷 (清)黄秩模撰
(8)食谱一卷 (唐)章巨源撰
(9)居家宜忌一卷 (明)瞿佑撰

清道光至咸丰(1821—1861)宜黄黄秩模仙屏书屋刻暨木活字印本 1 2 4B 4D 6 7 9 21 511 541 542 651 721 731 781(残) 831 849 851 921(残) 943

08624 13386 **半亩园丛书** [1862]

(清)吴坤修(石厚、竹庄)辑

医书子目：

(1)救荒活民书三卷拾遗一卷 (宋)董煟撰
(2)伤寒微旨论二卷 (宋)韩祗和撰
(3)旅舍备要方一卷 (宋)董汲撰
(4)全生指迷方四卷 (宋)王贶撰

清同治新建吴坤修皖城刻本 2 21 301 461 651 734A 736A 736B 852

08625 13387 **述古丛钞** 1870

(清)刘晚荣辑

医书子目：

(1)伤寒百证歌五卷 (宋)许叔微撰
(2)经络歌诀一卷 (清)汪昂撰
(3)伤寒六经定法一卷附问答一卷 (清)舒诏撰
(4)药症忌宜一卷 (清)陈澈撰

清同治九年至光绪五年(1870—1879)古冈刘晚荣藏修书屋刻本 1 2 4 4A 4B 4E 7 9 21 251 287 288 301(残) 303 351 391 421(残) 461 493 511 523 541 542 579 651 665 701 708 731 734A 781 791 831 849 850 852 852T 931 943

08626 13388 **小石山房丛书** 1874

(清)顾湘(翠岚、兰江、石墩山人、石墩山民)辑

医书子目：

(1)山家清供一卷 (宋)林洪撰
(2)勿药须知一卷 (清)尤乘撰

清同治十三年(1874)虞山顾湘小石山房自刻本 1 2 4 4A 4B 4C 4D 4F 4I 6 7 9 21 139 251 255 288 301 303 364A(残) 391 401 421 422 450A 453 461 477 493 511 523 541 542 579 651 666 701 708 713 721 722 731A 734A 737A 740A 781 791 831 849 851 852 852C 852T 901 911 921 931 943

08627 13389 **玉函山房辑佚书续编** [1874]

(清)王仁俊(籀许、捍郑、干臣)辑

医书子目：

(1)淮南枕中记一卷 (西汉)刘安撰
(2)神农本草一卷 (魏)吴普等述

稿本 541

08628 13390 **十万卷楼丛书** 1876

(清)陆心源(刚甫、存斋、潜园老人)辑

医书子目：

(1)本草衍义二十卷　(宋)寇宗奭撰
(2)注解伤寒发微论二卷　(宋)许叔微撰
(3)注解伤寒百证歌五卷　(宋)许叔微撰
(4)阴证略例一卷　(元)王好古撰
(5)史载之方二卷　(宋)史堪撰
(6)卫生家宝产科备要八卷　(宋)朱端章撰
(7)医经正本书一卷　(宋)程迥撰
(8)圣济经十卷　宋徽宗敕撰
清光绪二年至十三年(1876—1887)归安陆心源刻本　1　2　6　7　9　21　139　251　301　361(残)　391(残)　401　421　461　462　475A(残)　493　511　521(残)　523　541　542　579　651　701　702　731　741　781　791(残)　851　852　911　922　931

08629 **潜园总集**　[1876]
13392
(清)陆心源(刚甫、存斋、潜园老人)辑
医书子目：
(1)巢氏诸病源候论校一卷
(2)外台秘要校九卷
清同治光绪间刻本　1　2　6　7　9　21　140　251　288　421　541　542　579　651　731　731A　737A　740A　781　791(残)　831　851　852

08630 **荔墙丛刻**　1878
13393
(清)汪曰桢(刚木、谢城、薪甫、荔墙蹇士)辑
医书子目：
(1)叶氏眼科方一卷　(清)叶桂撰
(2)慎疾刍言一卷　(清)徐大椿撰
(3)随山宇方钞一卷　(清)汪曰桢撰
(4)温热经纬五卷　(清)王士雄撰
清光绪四年(1878)乌程汪曰桢会稽学署刻本　1　2　4　4B　6　7　9　21　461　477　511　541　542　579　651　708　713　731　734A　781　849　851　911　931

08631 **啸园丛书**　1883
13394
(清)葛元煦(理斋、啸园、西冷啸翁)辑
医书子目：
(1)洄溪医案一卷附一卷　(清)徐大椿撰
(2)慎疾刍言一卷　(清)徐大椿撰
(3)景岳新方砭四卷　(清)陈念祖撰
(4)理虚元鉴二卷　(明)汪绮石撰
(5)保生胎养良方一卷　(清)何霁光撰
清光绪二年至九年(1876—1883)仁和葛元煦刻本　1　2　4B　4C　4D　6　7　9　21　139(残)　251　255　288　301　303　304A　351　391　421　450A　461　462　477　523　541　542　579　651　721　731　731A　734A　736A　736B　737A　740A　741　781　791　831　849　850　851　852　901　911　921(残)　931　943

08632 **武陵山人遗书**　1883
13395
(清)顾观光(宾王、尚之、武陵山人)辑
医书子目：
(1)神农本草经四卷　(魏)吴普等述
(2)伤寒杂病论集一卷　(清)顾观光注
清光绪九年(1883)独山莫祥芝上海刻本　1　2　4　4B　4F　6　7　9　139　251　252　289　381　391　401　450A　461　462　477　511(残)　521　541　542　579　651　709　731　734A　736B　737　737A　781　831　832　849　851　852　901　911　943

08633 **咫进斋丛书**　1883
13396
(清)姚觐元(彦侍)辑
医书子目：
(1)咽喉脉证通论一卷　著者佚名
(2)慎疾刍言一卷　(清)徐大椿撰
清光绪九年(1883)归安姚觐元刻本　1　4　4A　4B　4C　4D　4F　4I　6　7　9　21　139　140　251　253　255　287　288　301　303　351　363　365　391　401　421　450A　453　461　475A(残)　477　493　511　521　523　541　542　579　590　651　666　701　702　708　713　714　731　736A　740A　781　791　831　849　851　852　852T　877　901　911　921　922　931　943

08634 **碧琳琅馆丛书**　1884
13397
(清)方功惠(庆龄、柳桥)辑
医书子目：
(1)素问入式运气论奥三卷　(宋)刘温舒撰
(2)黄帝内经素问遗篇一卷　(宋)刘温舒撰

清光绪十年(1884)巴陵方功惠广东刻本 1 2 4B 4C 6(残) 7 251 287 288 301(残) 493 541 579(残) 731 851 852(残)

08635 13398 **槐庐丛书** 1887

(清)朱记荣(懋之、槐庐、孙溪逸士)辑

医书子目:

(1)针灸甲乙经十二卷 (晋)皇甫谧撰 (宋)林亿等校正

(2)医学读书记三卷续记一卷 (清)尤怡撰

(3)静香楼医案一卷 (清)尤怡撰

(4)何氏心传一卷 (清)何炫撰

(5)抱朴子内篇二十卷 (晋)葛洪撰

(6)抱朴子外篇五十卷 (晋)葛洪撰

清光绪十三年至十五年(1887—1889)吴县朱记荣槐庐家塾刻本 1 2 4 4C 4I 6 7 9 21 139 251 255 258 301 303 304 351 360B 363 391(残) 401 417 421 450A 453 461 462 493 511 521 523 541 542 579 651 701 702 708 713 714 721 722 731 734A 740A 740C 741 781(残) 791 831 849 851 852 852C 852D 852T 901 911 931 943

08636 13399 **翠琅玕馆丛书** 1888

(清)冯兆年(穗知)辑

医书子目:

(1)丹溪脉因证治二卷 (元)朱震亨撰

(2)脉药联珠四卷 (清)龙柏撰

(3)脉药联珠古方考四卷 (清)龙柏撰

清光绪十四年(1888)顺德冯兆年刻本 1 4 6 7 9 21 139 287 288 477 542 579 721 851

08637 13401 **藏修堂丛书** 1890

(清)刘晚荣辑

医书子目:

(1)张仲景注解伤寒百证歌五卷 (宋)许叔微撰

(2)寿亲养老新书四卷 (宋)陈直撰 (元)邹铉编

(3)药症忌宜一卷 (清)陈澈撰

(4)经络歌诀一卷 (清)汪昂撰

(5)伤寒六经定法一卷问答一卷 (清)舒诏撰

清同治九年至光绪五年(1870—1879)新会刘晚荣藏修书屋刻光绪十六年(1890)增刻汇印本 1 2 6 7 351 651 731 831 931 943

08638 13403 **曼陀罗华阁丛书** 1892

(清)杜文澜(小舫)辑

医书子目:

(1)妇科秘方一卷 著者佚名

(2)胎产护生篇一卷补遗一卷 (明)李长科辑

(3)太乙神针方一卷 (清)范培兰撰 杜文澜编

清咸丰同治间秀水杜文澜刻光绪十八年(1892)上海扫叶山房重修本 1 6 7 9 251 477 541 542(残) 651 708 731 734A 852

08639 13404 **会稽徐氏铸学斋丛书** 1893

(清)徐友兰(佩之、叔蓓、孑民居亭主人、八杉斋主人)辑

医书子目:

(1)四科简效方四卷 (清)王士雄撰

(2)精选集验良方二卷 (清)关梓撰

(3)理瀹骈文摘要二卷 (清)吴尚先撰

清咸丰至光绪会稽徐友兰刻光绪二十六年(1900)汇印本 1 251 541 733 734A 737 849

08640 00000 **二十二子合刻** 1893

(清)积山书局编

医书子目:

(1)重广补注黄帝内经素问二十四卷

(2)黄帝内经灵枢十二卷附素问遗篇一卷

1. 清光绪二十年(1894)上海积山书局石印本 477 542 710 734
2. 清光绪二十二年(1896)上海积山书局石印本 436 443 491 734A 740A

08641 13402 **守中正斋丛书** 1894

(清)姜国伊(尹人)撰

医书子目:

(1)神农本草经一卷 (清)姜国伊辑

(2)本经经释一卷 (清)姜国伊辑

(3)脉经真本十卷首一卷 (晋)王熙撰

(4)伤寒方经解一卷

(5)姜氏医学六种一卷

清光绪二十年(1894)成都茹古书局刻本 139(残) 541 781

08642 13405 **求志居丛书** 1896

（清）陈隆泽辑校

医书子目：

（1）博济方五卷　（宋）王衮撰

（2）旅舍备要方一卷　（宋）董汲撰

（3）伤寒微旨二卷　（宋）韩祗和撰

（4）全生指迷方四卷　（宋）王贶撰

（5）伤寒九十论一卷　（宋）许叔微撰

（6）褚氏遗书一卷

（7）黄帝内经明堂一卷

1. 清光绪二十二年（1896）虞山陈隆泽刻本　139（存三种）　152　475A（存三种）

2. 清光绪二十二年（1896）虞山陈隆泽刻二十六年（1900）增刻宁波文光斋汇印本　289　733　734

08643 13406 **渐西村舍汇刊** 1897

（清）袁昶（爽秋）辑

医书子目：

（1）黄帝内经太素三十卷附遗文一卷（原缺七卷）　（隋）杨上善注

（2）黄帝内经明堂一卷附录一卷　（隋）杨上善注

清光绪十六年至二十四年（1890—1898）桐庐袁昶通隐堂刻本　1　2　3　4C　7　21　303（残）　391　450A　461　511（残）　523　541　542　579　651　721　731　731A　734A　735A（残）　736B　737A　740A　740C（残）　791　849　851　852T　931

08644 13407 **春在堂全书** 1899

（清）俞樾（荫甫、曲园居士）撰

医书子目：

（1）枕上三字诀一卷

（2）废医论一卷

清同治至光绪德清俞樾刻光绪末汇印本　1　2　4　4A　4B　4C　4D　4E　4F　4I　6　7　9　139　251　253　255　257　284　287　288　301　303　360C　363　391　401　406　421　422　433B　450A　453　455　461　477　493　511（残）　521　541　542　579　651　701　708　713　721　722　731　731A　733A　734A　735A　736A　736B　737A　740A　740C　741　781　791（残）　831　849　850　851　852　852C　877　901　911　921　922　931　943

08645 00000 **星隐楼集** 1900

（清）钱振锽（谪星）撰

医书子目：

性命书二卷

清光绪二十六年（1900）星隐楼木活字印本　1

08646 13408 **牖蒙丛编** 1901

（清）王锡祺辑

医书子目：

（1）医学三字经　（清）陈念祖撰

（2）脉学四言举要　（宋）崔嘉彦撰　（明）李言闻删补

（3）药性赋　（明）罗必炜参订

（4）汤头歌诀　（清）汪昂撰

（5）经络歌诀　（清）汪昂撰

（6）金匮歌括　（清）陈念祖撰

（7）医中百误歌　（清）程国彭撰

清光绪二十七年（1901）南清河王锡祺小方壶斋木活字印本　1　542　708

08647 13409 **双楳景闇丛书** 1903

（清）叶德辉（奂彬、直山、郎园）辑

医书子目：

（1）素女经一卷

（2）素女方一卷

（3）玉房秘诀一卷玉房指要一卷

（4）洞玄子一卷

（5）天地阴阳交欢大乐赋一卷　（唐）白行简撰

清光绪二十九年至宣统三年（1903—1911）长沙叶德辉郎园刻本　1　2　3　4F　6　7　9　21　251　288　301　303　304A　365　370　391（残）　421　422　450A　453　461　477　493　511　523（残）　541　542　579　651　666　721　731　734A　781　849　851　852　852C　852G　901　931　943

08648 13410 **古欢室全集** 1906

（清）曾懿（伯渊、朗秋）撰

医书子目：

（1）医学篇四卷

（2）女学篇一卷

（3）中馈录一卷

清光绪三十三年(1907)长沙刻本 1 139 511 541 590 664 736A 781 791 839 851 852

08649 13411 **(重刊)道藏辑要** 1906

(清)彭定求辑 阎永和增

医书子目：

(1)黄庭内景经一卷 (清)蒋国祚注

(2)黄庭外景经一卷 (清)蒋国祚注

(3)太上黄庭内景玉经一卷 梁丘子注

(4)太上黄庭外景经一卷 梁丘子注

(5)太上黄庭中景经一卷 (金)李千乘注

(6)胎息经注一卷 幻真先生撰

(7)太极葛仙公传一卷 (明)谭嗣先撰

(8)参同契阐幽三卷 (清)朱元育撰

(9)参同契分章注三卷 (元)陈致虚撰

(10)参同契三卷 (宋)陈显微注

(11)入药镜一卷 (汉)崔希范撰 (元)王玠 (明)李攀龙 彭好古注

(12)葛仙翁肘后备急方八卷 (晋)葛洪撰

(13)孙真人备急千金要方五卷 (唐)孙思邈 (宋)林亿等校正

(14)悟真篇三卷 (宋)张伯端撰

(15)悟真篇直指详说一卷 (宋)翁葆光撰

(16)悟真篇阐幽三卷 (清)朱元育撰

(17)天仙正理直论增注一卷 (明)伍守阳撰

(18)女丹合编十八卷 (清)贺龙骧编

清光绪三十二年(1906)成都二仙庵刻本 4 4A 4B 4C 9 21 288 541 579 708 852

08650 13412 **申报馆丛书** ［1908］

(清)尊文阁主辑

医书子目：

(1)外科全生集 (清)王维德撰

(2)一草亭目科全书 (清)邓苑撰

(3)异授眼科 著者佚名

清光绪上海申报馆铅印本 1 2(残) 4C 4D 4I 7(残) 9(残) 255 511(残) 541(残) 542(残) 579(残) 731 731A 734A 735A 736A 736B 737A 740C 901(残) 922(残)

本书出版得到中国中医科学院
科技创新工程项目(CI2021A00505)资助

新编

中国中医古籍总目

下册

主编 李鸿涛

中医古籍出版社

目录

书名笔画索引

一　画

[一]

二　画

[一]

[丿]

[乛]

三　画

[一]

[丿]

[丶]

[一]

四 画

[一]

[|]

[丶]

[乛]

五 画

[一]

[|]

[丿]

[、]

[一]

六　画

[一]

[丨]

［丿］

[、]

[一]

七 画

[一]

[|]

[、]

[乛]

八 画

[一]

[丨]

[丿]

【丶】

[一]

九 画

[一]

[|]

[丿]

[丶]

[乛]

十　画

[一]

[丨]

[丿]

[、]

[一]

十一画

[一]

[|]

[丿]

[丶]

[ㄱ]

十二画

[一]

[|]

[丿]

[、]

[乛]

十三画

[一]

[丨]

[丿]

[、]

[乛]

十四画

[一]

[|]

[丿]

[丶]

[ㄱ]

十五画

[一]

[丨]

[丿]

[丶]

[乛]

十六画

[一]

[丨]

[丿]

[丶]

十七画

[一]

[丿]

[丶]

[乛]

十八画

[一]

[丿]

[丶]

十九画

[一]

[丿]

二十画

[丨]

[丿]

二十一画

[丶]

二十二画

[一]

[丿]

[丶]

[乛]

书名音序索引

ban

bao

bei

ben

bi

bian

biao

bin

chang

chao

che

chen

cheng

chi

chong

chu

chuai

chuan

chuang

chun

ci

cong

cu

cui

cun

cuo

[D]

da

dai

dan

dang

dao

de

deng

di

dian

diao

die

ding

dong

dou

du

duan

dui

dun

duo

[E]

e

er

[F]

fa

fan

fang

[G]

gai

gan

gang

gao

ge

geng

gong

gu

guai

guan

hao

he

hei

heng

hong

hou

hu

hua

huai

huan

huang

hui

hun

huo

[J]

ji

jia

jian

jiang

jiao

jie

jin

jing

jiu

ju

juan

jue

jun

[K]

kai

kan

kang

kao

ke

ken

kou

ku

kua

kuai

kui

kun

[L]

lai

lan

lang

lao

le

lei

leng

li

lian

liang

liao

lie

lin

ling

liu

long

lou

lu

lü

lun

luo

[M]

ma

mai

man

mao

mei

meng

mi

mian

miao

min

ming

mo

mu

[N]

nan

nang

nei

neng

ni

nian

nie

ning

niu

nong

nü

nüe

[P]

pan

pao

pei

peng

pi

pian

pin

ping

po

pu

[Q]

qi

qian

qie

qin

qing

qiong

qiu

qu

quan

que

qun

[R]

rang

ren

ri

ru

ruan

rui

run

[S]

sa

sai

san

sang

sao

sha

shan

shang

shao

she

shen

sheng

shi

shou

shu

shuang

shui

shun

shuo

si

song

sou

su

sui

sun

suo

[T]

tai

tiao

tie

ting

tong

tu

tui

tun

[W]

wai

wan

wang

wei

wen

weng

wo

wu

[X]

xi

xia

xian

xiang

xiao

xie

xin

xing

xiong

xiu

xu

xuan

xue

xun

[Y]

ya

yan

yang

yao

ye

yi

yin

ying

yong

you

yu

yuan

yue

yun

[Z]

za

zan

zang

zao

ze

zeng

zha

zhai

zhan

zhang

zhao

zhe

zhen

zheng

zhi

zhong

zhou

zhu

zhuan

zhuang

zhui

zhuo

zi

zong

zou

zu

zuan

zui

zun

zuo

著者笔画索引

二　画

[一]

[丨]

[丿]

[乛]

三　画

[一]

[|]

[丿]

[丶]

[乛]

四　画

[一]

[|]

[丿]

[丶]

[乛]

五 画

[一]

[丨]

[丿]

[丶]

[乛]

六　画

[一]

[丨]

[丿]

[、]

[乛]

七　画

[一]

[丨]

[丿]

[丶]

[一]

八 画

[一]

[丶]

[乛]

九　画

[一]

[丨]

[丿]

[、]

[乛]

十 画

[一]

[|]

[、]

[乛]

十一画

[一]

［丨］

［丿］

［丶］

[乛]

十二画

[一]

[丨]

[丿]

十四画

[一]

[丨]

[丿]

[丶]

十五画

十六画

[一]

[丨]

[丿]

[丶]

十七画

[一]

[丿]

[丶]

[乛]

十八画

[一]

[丨]

十九画

[一]

二十画

[丿]

二十四画

[丿]

著者音序索引

bei

ben

bi

bian

bo

bu

[C]

cai

cao

chai

chang

chao

che

chen

cheng

chi

dan

dang

dao

de

deng

di

diao

ding

dong

dou

du

duan

duo

[E]

en

er

[F]

fa

fan

fang

fei

feng

fu

［G］

gai

gan

gang

gao

ge

geng

gong

gu

guan

guang

gui

guo

[H]

ha

hai

han

hang

hao

he

hei

hong

hou

hu

hua

huai

huang

hui

huo

[J]

ji

jia

jian

jiang

jiao

leng

li

lian

liang

liao

lin

ling

liu

long

lou

lu

lü

luo

[M]

ma

mai

mao

mei

meng

mi

miao

min

ming

mo

mu

[N]

nai

nan

nei

ni

nian

nie

ning

niu

[O]

ou

[P]

pan

pang

pei

peng

pian

pin

ping

pu

[Q]

qi

qian

qiang

qiao

qin

qing

qiu

qu

quan

[R]

ran

rao

ren

rong

ru

ruan

rui

[S]

san

sang

sen

sha

shan

shang

shao

shen

sheng

shi

shou

shu

shuai

shuang

shui

si

song

su

sui

tang

tao

teng

ti

tian

ting

tong

tu

[W]

wan

wang

wei

wen

weng

wo

wu

[X]

xi

xia

xian

xiang

xiao

xie

xin

xing

xiong

xiu

xu

xuan

xue

[Y]

yan

yang

yao

ye

yi

yin

ying

yong

you

yu

yuan

yue

yun

［Z］

zai

zan

zang

zao

ze

zeng

zha

zhai

zhan

zhang

zhao

zhe

zhen

zheng

zhi

zhu

zhuang

zhuo

zi

zong

zou

zuo

著者字号笔画索引

一　画

[一]

二　画

[一]

[丨]

[丿]

[乛]

三 画

[一]

[丨]

[丿]

[丶]

[乛]

四 画

[一]

[丨]

[丿]

[丶]

[一]

五 画

[一]

[|]

[丿]

[丶]

[乛]

六画

[一]

[|]

[丿]

[、]

[乛]

七　画

[一]

[|]

[丿]

[乛]

八画

[一]

[丨]

[丿]

[丶]

[一]

九　画

[一]

【丨】

[丿]

[、]

[乛]

十　画

[一]

[丨]

[丿]

[丶]

[乛]

十一画

[一]

[丨]

[丿]

[丶]

[乛]

十二画

[一]

［丨］

[丿]

[丶]

[乛]

十三画

[一]

[乛]

十四画

[一]

[丨]

[丿]

[丶]

[乛]

十五画

[一]

[丨]

［乛］

十六画

［一］

［丨］

［丿］

[丶]

十七画

[一]

[丨]

著者字号音序索引

[A]

a

ai

an

ang

[B]

ba

bai

ban

bang

bao

bei

bu

[C]

cai

can

cang

cao

cha

chai

chang

chao

che

chen

cheng

chi

chong

chou

chu

chuan

chun

ci

cong

cu

cui

cun

[D]

da

dai

dan

dang

dao

de

deng

di

dian

diao

ding

dong

dou

du

duan

dui

dun

［E］

e

er

[F]

fa

fan

fang

fei

fen

feng

fou

fu

[G]

gai

gan

gang

gao

ge

gen

geng

gong

gou

gu

guan

guang

gui

guo

[H]

hai

han

hao

he

heng

hong

hou

hu

hua

huai

huan

huang

hui

hun

huo

[J]

ji

jia

jian

jiang

jiao

jie

jin

jing

jiu

ju

juan

jue

jun

［K］

kai

kan

kang

kao

ke

kong

kuai

kuang

kui

kun

kuo

[L]

lai

lan

lian

liang

liao

lie

lin

ling

liu

long

lu

lü

lun

luo

[M]

ma

mai

man

mao

mei

meng

mi

mian

miao

min

ming

mo

mu

[N]

nai

nan

nang

ne

neng

nian

pi

piao

pin

ping

pu

[Q]

qi

qian

qiang

qiao

qie

qin

qing

qiong

qiu

qu

quan

que

[R]

ran

rang

rao

ren

ri

rong

rou

ru

rui

run

ruo

[S]

san

she

shen

sheng

shi

shou

shu

shuang

shui

shun

shuo

si

song

su

sui

sun

suo

[T]

tai

tan

tang

tao

te

teng

ti

tian

tiao

tie

ting

tong

wen

wo

wu

[X]

xi

xia

xian

xiang

xiao

xie

xin

xing

xiong

xiu

xu

xuan

xue

xun

[Y]

ya

yan

yang

yao

ye

yi

yin

ying

yong

you

yu

yuan

yue

yun

[Z]

zai

zan

zao

ze

zhai

zhan

zhang

zhao

zhe

zhen

zheng

zhi

zhong

zhou

zhu

zhuan

zhuang

zhuo

zi

zong

zu

zuan

zui

zun

zuo

刊刻、抄录、印行者笔画索引

一　画

[一]

[乛]

二　画

[一]

[丨]

三 画

[丨]

[一]

四 画

[一]

[|]

[丿]

[乛]

五　画

[一]

[丿]

[、]

六 画

[丨]

[丶]

七 画

[一]

[丨]

[丿]

[、]

[一]

八　画

[一]

[丨]

[丿]

[一]

九　画

[一]

[|]

[丿]

[丶]

[乛]

十画

[一]

[丨]

[丿]

[、]

［乛］

十一画

[一]

[|]

[丿]

[丶]

十二画

[一]

[|]

[丿]

[丶]

[乛]

十三画

[一]

[丨]

[丿]

[丶]

[乛]

十四画

[一]

[丨]

[丿]

[丶]

[乛]

十五画

[一]

[丨]

[丿]

[丶]

[乛]

十六画

[一]

[丨]

[丿]

[丶]

[乛]

十七画

[一]

[丨]

[丿]

[丶]

[乛]

十八画

[一]

[丨]

[乛]

十九画

[一]

[丨]

[丶]

二十画

[一]

[丨]

[丿]

[丶]

二十一画

[丿]

[乛]

二十二画

[一]

二十三画

[丶]

二十四画

[丿]

刊刻、抄录、印行者音序索引

bai

ban

bao

bei

ben

beng

bi

bian

bie

bin

bing

bo

bu

[C]

cai

cang

cao

ce

chai

chan

chang

chao

chen

cheng

chi

chong

chou

chu

chuan

chun

ci

cong

cui

cun

[D]

da

dai

dan

dang

dao

de

deng

di

dian

die

ding

dong

du

duan

dun

duo

[E]

e

en

er

[F]

fan

fang

fei

fen

feng

fo

fu

[G]

gai

gan

gang

gao

ge

geng

gong

gu

gui

guo

[H]

hai

han

hang

hao

he

hei

heng

hong

hou

hua

huai

huan

huang

hui

hun

huo

[J]

ji

jia

jian

jiang

jiao

jie

jin

jing

jiu

ju

juan

jue

jun

[K]

ka

kai

kang

kao

ke

kong

kou

ku

kuai

kuan

kuang

kui

kun

kuo

［L］

lai

lan

lang

lao

le

lei

leng

li

lian

liang

liao

lin

ling

liu

long

lou

lu

[M]

ma

mao

mei

meng

mi

mian

miao

min

ming

mo

mu

[N]

na

nai

nan

nei

ni

nian

niao

nie

ning

niu

[O]

ou

[P]

pan

pang

pei

peng

pi

pian

pin

ping

po

pu

[Q]

qi

qian

qiang

qiao

qie

qin

qing

qiong

ri

rong

ru

ruan

rui

run

ruo

[S]

san

sao

se

sen

seng

sha

shan

shang

shao

she

shen

sheng

shi

shou

shu

shuai

shuang

shui

shun

su

sui

sun

suo

[T]

tai

tan

tang

tao

teng

ti

tian

tiao

tie

ting

tong

tou

tu

tui

tun

tuo

[W]

wan

wang

wei

wen

[X]

xi

xia

xian

xiang

xiao

xie

xin

xing

xiong

xiu

xu

xuan

xue

xun

[Y]

ya

yan

yang

yao

ye

yi

yin

ying

yong

you

yu

yuan

yue

yun

[Z]

zai

zan

zao

ze

zeng

zha

zhan

zhang

zhao

zhe

zhen

zheng

zhi

zhong

zhou

zhu

zhuan

zhuang

zhuo

zi

zong

zou

zu

zui

zun

zuo

附 录

《中医图书联合目录》（1961 年出版）

主　　编： 中华人民共和国卫生部中医研究院　北京图书馆

《全国中医图书联合目录》（1991 年中医古籍出版社出版）

主　　编： 薛清录

副 主 编： 傅景华　王庆福　王树芬　刘振远　陆寿康　伊广谦

编写人员： 王咪咪　王淑民　王德琛　王滨生　刘国正　刘　宁　田雅贤　包来发
许晚成　朱定华　吴炳银　李艳芳　何秀明　杨则彝　郑金生　陈天真
陈玉泉　陈湘萍　周科尧　周树琦　张正昭　招萼华　金　立　胡　滨
郝瑶甫　徐岩春　职延广　董秀琴　程宝书　褚鸿仪　薛初龙

《中国中医古籍总目》（2007 年上海辞书出版社出版）

主　　编： 薛清录

副 主 编： 刘国正　刘振远　周继贤　孟兴昌　裘　俭　牛亚华

学科主编： 孟庆云　王树芬　郑金生　黄龙祥　伊广谦　郭君双　万　芳　孟兴昌
廖　果　刘振远

编写人员： 于丽丽　马芳莉　马茹人　王咪咪　王华南　白　华　刘俊辉　刘培生
纪征瀚　孙炜华　孙海舒　汤　江　杨继红　杨德利　李达麟　李会敏
李丽君　李青青　李春杰　李　政　李素云　李　斌　李　薇　李鸿涛
吴文清　邱　浩　沈嘉怡　张玉兰　张伟娜　张晓红　汪沪双　林子雄
尚文玲　和中浚　郎彩茹　房亚玉　孟凡红　孟庆文　饶国庆　段　青
姜　岩　贾克琳　顾宁一　高　平　郭新农　黄齐霞　曹伟清　曹峰祥
符永驰　康小梅　章碧明　阎桂银　梁　颖　韩献芳　蒋丁苾　程　英
普伍胜　鲍玉琴　蔡永敏　缴　健